Zvi Bodie

Essentials of Investments

(Eleventh Edition)

“十三五”国家重点出版物出版规划项目
经济科学译丛

投资学精要（第11版）

兹维·博迪（Zvi Bodie）
亚历克斯·凯恩（Alex Kane） 著
艾伦·J. 马科斯（Alan J. Marcus）

张婷婷 钟俊虹 译
胡 波 校

中国人民大学出版社
·北京·

《经济科学译丛》总序

中国是一个文明古国，有着几千年的辉煌历史。近百年来，中国由盛而衰，一度成为世界上最贫穷、落后的国家之一。中国共产党领导的革命，把中国从饥饿、贫困、被欺侮、被奴役的境地中解放出来，1949 年中华人民共和国成立，中国人民从此当家做主。1978 年以来的改革开放，使中国真正走上了通向繁荣富强的道路。

中国改革开放的目标是建立一个有效的社会主义市场经济体制，加速发展经济，提高人民生活水平。但是，要完成这一历史使命绝非易事，我们不仅需要从自己的实践中总结教训，也要从别人的实践中获取经验，还要用理论来指导我们的改革。市场经济虽然对我们这个共和国来说是全新的，但市场经济的运行在发达国家已有几百年的历史，市场经济的理论亦在不断发展完善，并形成了一个现代经济学理论体系。虽然许多经济学名著出自西方学者之手，研究的是西方国家的经济问题，但他们归纳出来的许多经济学理论反映的是人类社会的普遍行为，这些理论是全人类的共同财富。要想迅速稳定地改革和发展我国的经济，我们必须学习和借鉴世界各国包括西方国家在内的先进经济学的理论与知识。

本着这一目的，我们组织翻译了这套经济学教科书系列。这套译丛的特点是：第一，全面系统。除了经济学、宏观经济学、微观经济学等基本原理之外，这套译丛还包括了产业组织理论、国际经济学、发展经济学、货币金融学、财政学、劳动经济学、计量经济学等重要领域。第二，简明通俗。与经济学的经典名著不同，这套丛书都是国外大学通用的经济学教科书，大部分都已发行了几版或十几版。作者尽可能地用简明通俗的语言来阐述深奥的经济学原理，并附有案例与习题，对于初学者来说，更容易理解与掌握。

经济学是一门社会科学，许多基本原理的应用受各种不同的社会、政治或经济体制的影响，许多经济学理论是建立在一定的假设条件上的，假设条件不同，结论也就不一定成立。因此，正确理解掌握经济分析的方法而不是生搬硬套某些不同条件下产生的结论，才是我们学习当代经济学的正确方法。

本套译丛于 1995 年春由中国人民大学出版社发起筹备并成立了由许多经济学专家学者组成的编辑委员会。中国留美经济学会的许多学者参与了原著的推荐工作。中国人民大学出版社向所有原著的出版社购买了翻译版权。北京大学、中国人民大学、复旦大学以及中国社会科学院的许多专家教授参与了翻译工作。前任策划编辑梁晶女士为本套译丛的出版做出了重要贡献，在此表示衷心的感谢。在中国构建高水平社会主义市场经济体制的时期，我们把这套译丛献给读者，希望为中国经济的深入改革与发展做出贡献。

《经济科学译丛》编辑委员会

前　言

在过去的30年中，投资行业发生了迅速而深刻的变化，并且发生了历史性的金融危机。在此期间，金融市场的广泛扩张部分是由于证券化和信用增强方面催生出了新的交易策略。通信和信息技术的发展以及投资理论的发展反过来使得这些战略变得可行。

然而，危机也根植于这些事态发展的裂缝中。许多证券设计方面的创新促进了高杠杆率和对风险转移策略功效的夸大。这引起了对风险的自满情绪，再加上放松监管以及透明度降低，从而掩盖了系统中许多大型企业的不稳定状况。

我们的内容必然随着金融市场的发展而更新。我们对市场结构和交易技术近期的惊人变化给予了极大的关注。但是，与此同时，许多投资的基本原则仍然很重要。我们将继续围绕一个基本主题来组织这本书——证券市场是近乎有效的，这意味着你应该期望在这些市场上没有几个明显的便宜货。根据我们对证券的了解，它们的价格通常可以适当地反映其风险和收益属性；在这些竞争激烈的市场中，免费午餐很少而且相差甚远。这个起点仍然是证券评估的有效方法。尽管市场效率的程度一直并将继续是争论的焦点，但第一条估值原则仍然有效，尤其是在缺乏私人信息的情况下，价格是最佳的价值向导。本书融入了对风险分析的更多重视。

本书还非常重视资产配置，主要基于以下两个原因。首先，它符合大多数个人在建立投资组合时实际遵循的程序。通常，你首先将所有资金存入银行账户，然后才考虑将多少资金投资于可能提供更高预期回报的风险较高的项目。此时的逻辑步骤是考虑其他风险资产类别，例如股票、债券或房地产。这是资产配置决策。其次，在大多数情况下，资产配置决策在确定总体投资业绩方面要比特定的证券选择决策重要得多。资产配置是投资组合风险—收益状况的主要决定因素，因此在投资策略中应首先关注资产配置。

本书还着重于投资分析，这使我们能够介绍投资理论的实际应用并传达对实际价值的见解。我们提供了Excel电子表格的系统集合，为你提供了进一步探索概念的工具。这些电子表格可作为本文的Connect资源的一部分获得，并提供专业投资者可以使用的复杂分析工具。

在努力将理论与实践联系起来的过程中，我们还尝试让我们的方法与特许金融分析师（CFA）协会的方法保持一致。该协会为希望成为特许金融分析师的候选人提供一项教育和认证计划。CFA协会的课程代表着杰出学者和从业者委员会关于投资专业人士所需核心知识的共识。在大多数章末尾的CFA习题中，我们继续包括以前的CFA考试中出现的问题以及从CFA备考资料中精选的类似CFA风格的问题。

本书将向你介绍所有投资者关注的主要问题。它可以为你提供技巧，从而对流行媒体和更专业的金融期刊所涵盖的当前问题和辩论进行复杂的评估。无论你是打算成为投资专家还是仅仅是个人投资者，你都会发现这些技能必不可少。

第 11 版的组织结构

《投资学精要（第 11 版）》是一本十分适用于本科生作为投资入门课程的教材。章节以模块的方式编写，这样教师可以十分灵活机动地跳过某些章节或重新安排顺序。下面将说明本版新添或更新的内容。

第 1 部分勾勒出了非技术学派进行投资的大概过程。我们讨论了金融市场的主要参与者，讲述了证券和交易机制的不同种类。这些章节使得教师可以在课程的开始阶段布置有关证券分析的作业。

本章更新了关于证券化的主要内容以及2008年金融危机的起因和后果。

加入了一个新的部分来详细介绍电子交易、算法交易和高频交易的兴起以及市场结构的改变。

包含了更广泛的交易所交易基金的创新。

第 2 部分包括现代投资组合理论的核心内容。对于本课程所强调的证券分析内容而言，跳过本部分内容并不影响本书的连续性。

所有数据均进行了更新，可以从我们的网站 www.mhhe.com/bkm上找到。这些数据会被用于新的风险管理和尾端风险处理中。

本章介绍了可用于计算协方差矩阵、投资机会组合和指数模型的电子表格。

本章介绍了更多关于单因素模型和多因素模型的内容。

考虑了支持和反对有效市场的证据。

包含了大量对行为金融的处理，并提供了对技术分析的介绍。

第 3 部分是涉及证券估值的三个部分中的第一部分。

关于主权信用违约掉期的新资料。

包含有关久期和凸性的电子表格资料。

第 1 部分
投资的要素

1 投资：背景和现状
2 资产的种类和金融工具
3 证券市场
4 共同基金及其他投资公司

第 2 部分
投资组合理论

5 风险、收益与历史记录
6 有效的多样化策略
7 资本资产定价模型与套利定价理论
8 有效市场假说
9 行为金融学和技术分析

第 3 部分
固定收益证券

10 债券价格与收益率
11 债券投资组合的管理

第4部分
证券分析

12 宏观经济分析和行业分析
13 权益估值
14 财务报表分析

第5部分
衍生产品市场

15 期权市场
16 期权定价
17 期货市场与风险管理

第6部分
积极型投资管理

18 评估投资业绩
19 国际分散化
20 对冲基金
21 税收、通货膨胀与投资策略
22 投资者和投资过程

第4部分提供了“自上而下”的投资方式，在进行具体的证券分析之前介绍了总体的宏观经济分析。

讨论了主权债务危机等国际政治发展如何对经济前景产生影响。

包含了自由现金流的估值方法，还增加了对现金流贴现模型的缺陷的讨论。

包含了指导公司绩效分析的比率应如何组织的基本原理。

第5部分强调了为何这些市场在金融市场中的地位越来越重要，并且是金融创新的主要源头。

关于期权回报、策略和内置期权股票的详细介绍。

本章提供了大量关于风险中性估值法及其在二叉树期权定价模型中的应用的新资料。

第6部分整合了有关积极型投资管理的资料，并且将理论应用到了实际的投资组合管理中，是理想的期末结课单元。

重新修订了有关业绩评估方法的内容。

提供了关于国际分散化好处的证据。

更新了对冲基金业绩的评估方法和对冲基金暴露于“黑天鹅”的风险。

提供了大量的电子表格，用于分析税收和通货膨胀在长期金融战略中的相互影响。

根据注册金融分析师的课程设置，本章还包括了“如何成为一名注册金融分析师”的向导。

本书特色

教学模式的特点

□ 学习目标

每章的开头都简要概括了学习本章所要达到的目标，描述了本章所涉及的内容，并让学生初步了解读完本章之后应掌握的概念。章末习题和 CFA 习题后面都标明了每道题所对应的学习目标。

□ 每章概述

每章开始部分会有一段简短的、更加深入的关于本章所涉及概念的叙述。

□ 页边关键词

关键词以黑体字显示，并且在该词第一次出现时在页边给出了其定义。每章的章末中都有全章关键词的列表。

□ 公式

正文中列出了关键公式。为便于查找，核心公式已在每章末尾列出。

□ “市场前沿”专栏

书中以专栏读物的形式列示选自金融类出版物（如《华尔街日报》）的短文。这些专栏在正文里也有所讨论，便于学生将每章内容与真实世界联系起来。

□ 概念测验

章节正文里的这些自我检测性问题便于学生在深入学习之前，了解自己是否已经理解了前面的内容，同时，概念测验也有利于学生巩固所学的知识。这些问题的详细答案可以通过扫描二维码查看。

□ 丰富的案例

各章中的案例都附有名称。以这些案例提供的解答方案为范本，学生能够逐步学会解决具体的问题，同时还能了解怎样将一般原理用于回答实际问题。

Excel 综合练习

Excel 应用

由于现在许多课程都要求学生运用电子工作表进行分析，因此本书再次在全书中整合了 Excel。这部分内容使学生知道如何创建和使用工作表来解决具体问题。通常在正文中，我们用一个案例来简要说明电子工作表应用的内容，并提出一些思考题要求学生运用电子工作表来解答。学生可以在本书的配套网站上获得实际的工作表（www.mhhe.com/bkm）。在这个网站上，有许多关于工作表该如何创建和使用的讨论。另外，工作表还包含解释输入和输出变量的内容。这些思考题的答案只有教师通过密码才能获得，所以教师可以将这些练习当成家庭作业或练习题来使用。

下面的章节提供电子表格

第 3 章：保证金信用购买，卖空
第 11 章：免疫，凸性
第 15 章：期权、股票和借款，跨式组合和价差策略
第 17 章：现货—期货平价关系和时间价差
第 18 章：业绩测度指数，业绩归因
第 19 章：国际分散化

下面的章节提供电子表格模板

第 5 章：电子表格 5.1
第 6 章：电子表格 6.1～6.6
第 10 章：电子表格 10.1&10.2
第 11 章：电子表格 11.1&11.2
第 13 章：电子表格 13.1&13.2
第 16 章：电子表格 16.1
第 21 章：电子表格 21.1～21.10

章末特点

习题

我们认为解题是学习投资学中很关键的部分，所以我们提供了各种各样的习题。我们根据习题的难度等级将习题分为三类：初级题、中级题和挑战题。

Excel 习题

每章最后精选的题目有一些需要用到 Excel 软件。Excel 模板可以在本书的网站 www.mhhe.com/bkm 上获得。

CFA 习题

在应用章节我们提供了最近 CFA 考试中的一些试题。这些试题代表了投资领域的专业人士认为与资金

管理实践相关的问题。附录 B 列出了书中出现的每一道 CFA 试题所在试卷的级别和出现的年份，以便我们查找这些试卷。

Web 站点管理员练习

每章中出现的 Web 站点管理员练习使学生能够在线检验技能。每个练习均能使学生将理论应用于实际问题及真实世界的情形中。读者可以通过扫描二维码阅读。

目　录

第 1 部分

投资的要素

即使粗略地扫一眼《华尔街日报》，我们也能看到很多证券、市场及金融机构方面的报道。尽管它们看起来有些杂乱无章，但实际上，金融环境并非无序的。在纷繁复杂的金融工具以及它们进行交易所处的金融市场背后，存在着一些规律。

这些介绍性的章节将对投资环境进行一个总览。我们将向读者介绍主要的证券交易市场、交易过程以及市场的主要参与者。你将看到，在一个金融体系中，市场以及在市场中交易的证券都会在满足市场参与者日益复杂和不断变化的需求中得到发展。

同其他行业一样，为了争夺业务，不同金融市场之间也存在激烈的创新与竞争。全美证券交易商自动报价交易系统（即 NASDAQ 市场）、纽约证券交易所（NYSE）以及一些非美国的电子交易所之间进行着激烈而公开的竞争。

对投资者来说，交易活动可能意味着巨额的财富。在线交易的爆炸式发展已经为他们节约了成百上千万美元的交易成本。然而，也有人担忧迅猛发展的电子交易已经威胁到了证券市场的稳定性。不论如何，众所周知的是，这些进展将继续改变投资业的面貌，华尔街上的企业也正在争先恐后地调整自己的战略，以适应这种变化。

下面几章将帮助你理解证券和金融市场的基本种类以及交易是如何进行的。

本部分包括以下章节：

1 投资：背景和现状

学习目标：

LO1—1　定义投资；
LO1—2　区分实物资产和金融资产；
LO1—3　解释金融市场的经济职能以及各种证券与公司治理的关系；
LO1—4　描述构建投资组合的主要步骤；
LO1—5　识别不同类型的金融市场以及这些市场中的主要参与者；
LO1—6　解释 2008 年金融危机的起因和影响。

投资（investment）是指在当前付出资金或其他资源，以期在未来得到更多好处。例如，某人可能会购买股票，期望该股票的未来走势能够平衡该投资者在投资期间的资金投入及其投资风险。学习这本书所花的时间（更不用说买这本书的花费了）也是一种投资，你放弃了现在的闲暇以及利用这段时间工作可能取得的收入，期望你未来的工作能力可以得到有效地加强，以证明你付出的时间和努力是值得的。虽然这两个投资在很多方面有所不同，但是它们共有一个所有投资都具备的关键特征：你现在牺牲了某种价值，并期望未来能从这种牺牲中获得收益。

投资：为获得未来更大的收益而进行的现期资源投入。

本书能帮助你成为一个见多识广的投资者。我们将集中讨论证券投资，如股票、债券、期权、期货等，我们所讨论的很多东西在分析其他投资时也是有用的。本书将告诉你不同证券市场的组织结构及其背景，分析在不同市场（比如债券或股票市场）上定价及管理风险的原则，并向你介绍构建投资组合的原则。

总的来说，本章将重点介绍以下三方面，为读者理解后面的内容提供一个有用的铺垫。首先，在探讨“投资”这一主题之前，我们先考虑金融资产在经济中所起的作用。我们将讨论证券资产和能够为消费者生产物品或提供服务的实物资产之间的关系，以及为什么金融资产对发达经济体的运转起着重要的作用。在这一背景之下，我们将探讨投资者在安排其投资组合时所面临的各种决定。这些投资决定通常是在高收益伴随高风险的环境下做出的。在这一环境下，人们很难发现被明显错误定价的资产。这些主题——风险—收益的权衡及金融资产的有效定价——对投资过程有着重要的意义，值得我们在本书开始时对它们的含义进行简要的讨论。其含义将在后面的章节得到更充分的展示。

我们概括描述了证券市场的组织架构以及其中的各类参与者。总的来说，这些描述应该能够使你对各类证券市场中的主要参与者以及他们所处的环境有一个大致的把握。

最后，我们讨论了2007年开始并在2008年达到巅峰的那场金融危机。这场危机戏剧性地阐释了金融系统和实体经济的联系。这里，我们主要关注危机的起源以及从中可以学到的关于系统风险的教训。在本章的结尾，我们将对本教材中余下的部分进行概述。

1.1 实物资产与金融资产

实物资产：用于生产商品和服务的资产。

金融资产：对实物资产及其产生的收益的索取权。

一个社会的物质财富最终取决于其经济体的生产力，即社会成员创造的商品和服务。这种生产力就是经济中**实物资产**（real assets）的功能之一，这些实物资产包括土地、建筑物、机器设备以及可用来生产商品和服务的知识。

与实物资产相对的是**金融资产**（financial assets），如股票和债券。这些证券只不过是一张纸，甚至更可能只是计算机中的条目，它们并不能对社会生产力产生直接贡献。实际上，它们是经济发展到一定阶段后，人们据以拥有实物资产的凭证。金融资产是对实物资产所产生的收益的索取权（或是对政府收益的索取权）。如果我们无法建立自己的汽车制造厂（一种实物资产），我们仍可以通过购买通用汽车或丰田汽车公司的股票（一种金融资产）来分享汽车制造的收益。

实物资产能产生净收益，而金融资产只决定收益或财富在投资者之间的分配。人们可以选择在当前将所持有的财富消费掉，或者是进行投资，等待未来再消费。如果他们选择了投资，他们可以通过购买各种各样的证券从而以金融资产的方式持有其财富。当投资者购买了公司证券后，公司即可用融来的资金购置实物资产，如厂房、设备、技术或者存货。因此，投资者投资于证券获得的收益最终实际上来自因发行证券而获得融资的实物资产所产生的收益。

当我们比较美国家庭部门的资产负债表（见表1.1）与美国国内净财富（见表1.2）的构成时，实物资产与金融资产的区别就一目了然了。家庭部门的财富包括像银行存款、公司股票或债券这样的金融资产，但这些证券同时也是其发行人的负债。例如，你购买了丰田汽车公司的债券，对你而言这是你的资产，因为据此你拥有了获取利息和本金的权利，而对于丰田汽车公司来说，这是它的负债，因为它有义务向你支付这些利息和本金，你的资产是丰田汽车公司的负债。这样，当我们加总计算所有的资产负债表时，这类权益就被抵消了，而只留下实物资产作为经济体的净财富。国民财富包括建筑物、设备、存货及土地等。[①]

表1.1　2017年美国家庭部门的资产负债表

资产	金额（10亿美元）	比例（%）	负债和净值	金额（10亿美元）	比例（%）
实物资产					
房地产	26 528.0	24.6	抵押贷款	9 994.0	9.3
耐用消费品	5 418.0	5.0	消费信贷	3 765.0	3.5
其他	485.0	0.4	银行和其他贷款	998.0	0.9

① 你可能会奇怪，为什么国内经济实物资产总量（表1.2），67 786亿美元，会比表1.1中家庭持有的实物资产32 431亿美元大如此多。一个主要原因是企业持有的实物资产，例如，房屋、设备和器械，被反映到家庭所持有的金融资产中，尤其是通过公司股票和其他股票市场投资的价值。同样，表1.2包括非企业权益资产。最后一个原因是估值方法存在一些差异。例如，表1.1中的股票证券投资价格以市场价格衡量，而表1.2中的设备和厂房是以重置成本衡量的。

续表

资产	金额（10 亿美元）	比例（%）	负债	金额（10 亿美元）	比例（%）
实物资产合计	32 431.0	30.1	其他	348.0	0.3
			负债小计	15 104.0	14.0
金融资产					
存款	10 369.0	9.6			
寿险储备	1 368.0	1.3			
养老金储备	22 259.0	20.6			
企业权益	15 874.0	14.7			
非企业权益资产	11 249.0	10.4			
互助基金份额	7 875.0	7.3			
债务债券	5 239.0	4.9			
其他	1 244.0	1.2			
金融资产合计	75 478.0	69.9	净值	92 805.0	86.0
总计	107 910.0	100.0		107 910.0	100.0

说明：由于四舍五入的原因，列的加总可能与总计存在出入。

资料来源：*Flow of Funds Accounts of the United States*，Board of Governors of the Federal Reserve System，March 2017.

表 1.2　国内净财富

资产	金额（10 亿美元）
商业房地产	18 335
住宅房地产	33 061
设备和知识产权	8 449
存货	2 523
耐用消费品	5 418
总计	67 786

说明：由于四舍五入的原因，列的加总可能与总计存在出入。

资料来源：*Flow of Funds Accounts of the United States*，Board of Governors of the Federal Reserve System，March 2017.

本书将集中讨论金融资产，但你不应该忘记，人们购买的金融资产的成败最终取决于其对应的实物资产的业绩。

概念测验 1.1

下列资产是实物资产还是金融资产？

a. 专利；　　b. 租赁凭证；

c. 消费者的信誉；　　d. 大学教育；

e. 一张 5 美元的票据。

扫描二维码
获取答案解析

1.2 金融资产的类别

固定收益证券：在一定时期内支付一定现金流的证券。

通常人们很容易区分以下三种金融资产：固定收益证券、权益及衍生证券。**固定收益证券**（fixed-income or debt securities）能提供固定数额或根据固定公式计算出的现金流。例如，公司债券的发行人承诺将每年向债券持有人支付一笔固定数额的利息。其他所谓的浮动收益债券则承诺以当时的市场利率为基础支付利息。例如，某一债券可能以高于美国国库券利率两个百分点的利率支付利息。除非借款人被宣布破产，这类证券的收益支付将按固定的数额或公式进行，因此，固定收益证券的投资收益与债券发行人的财务状况的相关程度最低。

然而，固定收益证券的期限和支付条款却是多种多样的。作为一个极端，货币市场（money market）中交易的是短期的、高流动性的，并且通常是风险极低的固定收益证券。货币市场证券的例子包括美国国库券及银行大额存单。与此相反，固定收益资本市场（capital market）中交易的则是长期债券，像联邦债券以及由联邦机构、州、市、公司等发行的长期债券。这些债券有的非常安全，只有极小的违约风险（如联邦债券），有的则相对风险较大（如高收益债券或垃圾债券）。这些债券在向投资者支付利息及在发行人破产的情况下对投资者的保护等方面，也具有很大的差异性。我们将在第 2 章对这类证券进行初步介绍，然后在第 3 部分进行详细分析。

权益：对公司股票的所有权。

与固定收益证券不同的是，普通股或**权益**（equity）代表了对公司股票的所有权。权益所有者并不能得到任何形式的支付承诺，他们拥有企业资产的一定份额，通过企业可能支付的股利获得收益。如果企业经营成功，则权益价值上升，反之则下降。因此，权益投资的收益与企业经营业绩及企业资产额直接相关，正因为如此，权益投资的风险相对于固定收益证券投资要高一些。权益市场和权益定价是第 4 部分的主题。

衍生证券：依据其他资产价格提供收益的证券。

最后，**衍生证券**（derivative securities），如期权和远期合约，其收益根据其他资产如股票和债券的价格确定。例如，如果英特尔公司的股票价格低于其执行价格，比如 35 美元，则其股票的买入期权分文不值，但是，如果其股价高于其执行价格，期权就可能会非常值钱。① 衍生证券正是因为其价值由其他证券价值决定而得名。例如，英特尔买入期权的价值由其股票的价格决定。其他的衍生证券包括远期和互换合约。我们将在第 5 部分中详细阐述。

衍生证券已成为投资环境中必不可少的一部分。人们通过运用衍生证券进行套期保值，或者将风险转移给其他市场参与者，这也许是衍生证券最主要的用处。这样的交易每天都在成功地进行，通过利用衍生证券进行风险管理是如此平常，以至数以万亿美元计的衍生证券市场并不令人惊奇。然而，衍生证券也可以被用来进行高度投机的活动，经常有一些这样的投机活动失败，导致了广为人知的数亿美元的损失。尽管这些损失引起了人们大量的关注，但实际上，这只是衍生证券作为风险管理工具的例外情况，衍生证券将在证券投资组合和金融体系中继续发挥重要的作用。我们会在后面的章节中对这一点进行解释。

投资者和企业也经常会涉足其他一些金融市场。从事国际贸易的企业经常将资金

① 买入期权是一种以给定的价格在执行日时（或者之前）买入股票的权利。如果英特尔公司的股票价格低于 35 美元，则以 35 美元的价格购买股票的权利一文不值。但如果股票价格在执行日前超过 35 美元，期权便可以执行，以每股 35 美元购买英特尔公司股票。

在美元和其他货币之间来回兑换。仅在伦敦外汇市场中每天都会交易逾 2 万亿美元的货币，这主要是通过最大的国际银行的网络进行的。

投资者还可能会直接投资一些实物资产。比如，许多商品是在芝加哥商品交易所等交易所进行交易的。在那里，你可以购买或出售玉米、小麦、天然气、金、银等商品。

大宗商品和衍生品市场使企业能够调整它们的各种业务风险敞口。比如，一家建筑公司可以通过购买铜期货合约的方式锁定铜的价格，从而消除原材料价格突然上涨的风险。无论哪里存在不确定性，都可能会有投资者想要对其进行交易，去进行投机或者消除风险，满足相应需求的市场便可能会应运而生。

1.3 金融市场和经济体系

我们已经指出，实物资产决定了一个经济体系的财富，而金融资产只代表了对这些实物资产的索取权。然而，金融资产及其相应的交易市场在发达的经济体系中发挥着重要的作用。金融资产使得我们可以最大限度地利用经济体中的实物资产。

□ 金融市场的信号功能

股票价格反映了投资者对一个公司当前绩效和未来前景的集体评估。当市场对该公司持更为乐观的态度时，其股价将上升。更高的价格使公司更容易筹集资本，从而鼓励投资。通过这种方式，股票价格在市场经济中的资本分配方面发挥了重要作用，将资本引向拥有最大潜力的公司和应用中。

资本市场真的使资源得到最有效的利用了吗？有时，它们似乎会遭遇惨痛的失败。众多企业或整个行业可能会“热”一段时间（想一想在 2000 年达到顶峰后暴跌的互联网泡沫），吸引大量投资者的资本流入，然后在仅仅几年之后走向崩溃。这个过程看起来非常浪费。

但是，我们需要注意我们的效率水平。没有人确切知道哪些企业会成功，而哪些企业将会失败。因此，期望市场永不犯错并不合理。股票市场鼓励资本流向那些在当时看起来拥有最好前景的公司。众多聪明、训练有素并且待遇优厚的专业人士会分析在股票市场上市交易的公司的前景，股票价格反映了他们的集体判断。

你可能对市场的资源配置效率存在怀疑。如果你的确心存怀疑，那么请花一些时间来考虑其他的选项。一个中央计划者会犯更少的错误吗？你会更希望国会做出这些决策吗？套用温斯顿·丘吉尔对民主的评论：排除了所有其他已经做过的尝试之后，市场才可能是最差的资金配置方式。

□ 消费时机的选择

在一个经济体系中，总存在一些个体的收入大于其当前的消费需求，而其他一些个体（比如退休者）的消费则大于其当前的收入。你如何将生命中高收入时期的购买力转移到低收入时期呢？方法之一就是将你的财富“储存”在金融资产上。在高收入时期，你可以把自己的储蓄投资于金融资产，例如股票和债券；在低收入时期，你可以将这些资产卖掉，从而为你的消费需求提供资金。通过这种方法，你就可以对你一生的消费进行“转移”，从而将你的消费分配于能给你带来最大满足程度的时期。这样，金融市场就使得个人当前的消费决定不再带有强迫性，否则你就必须花光当前的所有收入。

□ 风险的分配

事实上，所有的实物资产都包含着风险。例如，当丰田汽车公司建立其汽车企业的时候，它根本无法确切地知道这些企业将产生怎样的现金流。金融市场和在市场上交易的各种金融机构可以让具有冒险精神和判断力的投资者来承担风险，同时让那些风险承受能力低的个人靠边站。举例来说，如果丰田汽车通过向公众发行股票和债券的方式来筹集资金创办企业，那些乐观的或者说风险承受能力较高的投资者可以购买丰田汽车的股份，而那些较保守的投资者则可以购买丰田汽车的债券，因为债券承诺提供一种固定的回报，而股票持有者则在享受更高回报可能的同时，承担了大部分风险。这样一来，资本市场使所有投资所固有的风险得以被分配给了那些更愿意承担风险的投资者。

这种风险分配也有利于那些需要募集资金进行投资的公司。当投资者能够挑选符合其所偏好的风险—收益特征的证券种类时，每一种证券都能以最优的可能价格出售，这就为经济体系实物资产的形成提供了便利。

□ 所有权和经营权的分离

许多企业都是由同一个体拥有和经营管理的。这种简单的组织形式非常适合小企业，实际上，它同时也是工业革命之前最普遍的一种企业组织形式。然而今天，伴随着全球市场和大规模生产，企业的规模和资本需求已急剧飙升。例如在 2016 年底，通用电气资产负债表上列出的地产、房产和设备的总值已经超过了 500 亿美元，其总资产更是超过了 3 500 亿美元。很显然，像这种规模的企业已经不再适用“所有者经营”的模式了。实际上，通用电气的股东已超过 50 万人，这些股东对公司拥有与其股份成比例的所有权和利害关系。

这样一大群股东显然不能都参与企业的日常管理。于是，他们选出了一个执行董事会，执行董事会再去雇用企业的管理人员并加以监督。这种结构意味着企业的所有者和管理者是两个不同的群体。这就使得企业具备了在所有者管理的情况下不可能产生的稳定性。例如，当某些股东不愿持有企业的股份时，他们可以将股份出售给其他投资者，而不会冲击企业的管理层。通过这种方式，金融资产以及使其能够进行交易的金融市场便使得所有权和经营权的分离易于实现了。

从持有企业成千上万股份的大型养老基金到那些可能只持有一个股份的小投资者，这些完全不同的企业所有者如何在企业经营目标上达成一致呢？金融市场再次提供了某种指导。所有股东都会同意这样一种观点：企业的管理人员应该执行能够增加股东财富的战略。这种战略将使所有的股东更加富有，使他们能够更好地追求个人目标，不管这些个人目标会是什么。

经理们真的会努力使公司价值最大化吗？很容易看出他们是如何从事并非使股东利益最大化的活动的。例如，他们也许会进行“帝国扩张”，或者避免投资于高风险的项目，以保护他们自身的利益，或者过度消费诸如公司飞机之类的奢侈品，仅仅因为这些消费的成本大部分是由股东来承担的。这种潜在的利益冲突叫做**代理问题**（agency problems），因为作为公司代理人，被股东雇用的经理也许追求的是其自身利

代理问题：经理和股东间的利益冲突。

益的最大化。

人们已经设计出了一些机制来降低潜在的代理成本。首先，报酬计划把经理的收入同公司的业绩联系起来。股票期权是那些高层经理们全部报酬的一个主要部分，这就意味着只有公司的股票价格上涨，经理们才能获得收入，这对股东有利。（当然我们刚学过，过度运用期权也会产生其自身的代理问题。期权可以激励经理暂时操控信息，以维持公司的股价，并且赋予他们在公司股价回归到反映公司的真实价值之前执行期权的权利，更多关于这个方面的内容马上将会讲到。）其次，尽管有时董事会被描述成经理阶层的保护伞，但是近年来他们也越来越多地将表现不佳的管理团队解雇。再次，证券分析师和诸如共同基金或者养老基金这样的大型机构投资者会密切关注公司的情况，至少会使表现不佳的经理们感到难受。如今，此类大型投资者持有大约在美国公开登记公司股票的一半。

最后，表现不佳的经理们还要承担被接管的风险。如果董事会在管理经理方面出现松懈，原则上不满意的股东们可以选举一个新的董事会，他们可以通过启动一场"代理权争夺战"来实现这一点。这样股东们就可以获得足够的权利（如代替其他股东投票的权利）来控制公司并在另一个董事会中参与投票。从历史上说，这种威胁通常最小。尝试进行这种努力的股东必须运用自己的资金来实现，但管理者却可以用公司资产来保护自己的利益。

然而，近些年，代理权争夺战的胜算随着所谓的激进投资者的增加而有所提升。有一些大型的资金雄厚的投资者——通常是对冲基金——把一些公司认定为在某种程度上经营管理不善。他们可以通过购买这些公司的大量的股票竞争到董事会的席位，以实现某种改革。据估计，自 2009 年底，标准普尔 500 指数（S&P 500）公司中大约有 15%的公司遇到过一位激进者的竞争，并且激进者们持有标准普尔 500 指数公司大约一半的股票份额。在 2014 年，大约有四分之三的代理投票由异议分子赢得。①

除了代理权争夺战，真正的接管威胁来自其他公司。如果一个公司发现另一家公司管理者的表现不尽如人意，它就会接管这个公司的业务，并用自己的管理队伍来代替原公司的管理层。股票价格通常会上涨以反映对业绩改进的预期，这也为接管活动提供了激励。

案例 1.1

激进投资者和公司控制

下面列出了一些广为人知的激进投资者和他们最近举措的案例。

卡尔·伊坎（Carl Icahn），是一位最早和最好斗的激进投资者。曾挑战苹果公司以向投资者增加回购和现金分配。

威廉·阿克曼（William Ackman），来自潘兴广场资本管理有限公司（Pershing Square），通过大量持有杰西潘尼百货（JC Penney）、瓦利安特制药（Valeant Pharmaceuticals）和卡夫食品（Kraft Foods）股份，以影响管理层决策。

① "An investor calls", *The Economist*, February 7, 2015.

纳尔逊·佩尔茨（Nelson Peltz），来自特瑞安基金管理公司（Trian），通过如股票回购和将高管薪酬与企业绩效更紧密地结合起来，推动通用电气向股东返还资本。

丹·洛布（Dan Loeb），来自第三点管理有限责任公司（Third Point），迫使雀巢（Nestlé）出售其在欧莱雅（L'Oreal）的股份及其他“非必要”股份。

杰夫·史密斯（Jeff Smith），来自右舷价值投资公司（Starboard Value），推动史泰博（Staples）和欧迪办公（Office Depot）并购，虽然获得了公司的同意，但是并购最终因反垄断而被制止。

□ 公司治理和公司伦理

我们已经讨论了证券市场在促进资源实现最优配置上起到的重要作用。但是，只有在投资者利用正确的信息进行决策时，市场信号对资源的配置才是有效的。也就是说，市场需要有足够的透明度以保证投资者在信息充足的情况下做出决策。如果公司可以在公司前景上误导公众，市场就会发生许多错误。

虽然用来对股票持有者和经理人进行激励的机制有很多，但是2000—2002年这三年仍被似乎无休止的丑闻所填充，这些丑闻共同标志着一场公司治理和公司伦理的危机。例如，电信公司世通公司（WorldCom）通过不恰当地将费用划归投资，至少将其利润夸大了38亿美元。当真相暴露时，它导致了美国历史上最大的破产案，直到2008年，这一纪录才由雷曼兄弟（Lehman Brothers）破产案打破。美国历史上第三大破产案是安然公司（Enron），它曾经利用“特殊目的实体”（special purpose entities）来从会计报表上消除负债，从而呈现出错误的公司财务状况。遗憾的是，这些公司拥有众多同伴。其他公司，像美国来爱德（Rite Aid）、南方保健（Healthsouth）、环球电讯（Global Crossing）和奎斯特通讯公司（Qwest Communications）也曾操纵和谎报会计账目金额达数十亿美元。这些丑闻不只局限在美国，意大利奶制品企业帕玛拉特（Parmalat），曾宣称其拥有一笔48亿美元的存款账户，而该存款账户事实上并不存在。这些证据表明，代理和激励问题还远未解决。

该时期的其他丑闻包括出自股票市场分析师的系统性误导和过于乐观的研究报告（他们过于乐观的分析被用来换取将来投资银行业务的经营许可，而分析师则不是因其分析的准确性和洞察力得到回报，而是根据他们为公司取得投资银行业务所做的贡献来获取回报），以及首次公开发行（IPOs）时作为补偿对公司管理层进行的股权分配。

至于那些被当作企业把关者的审计者呢？同样地，这里的激励也发生了偏离。商业实务中近期所发生的变化使得这些企业中的咨询业务相比其审计业务更加有利可图。例如，安然公司（现已倒闭）的审计者阿瑟·安德森（Arthur Andersen）在对安然的咨询业务中赚到了比对其审计业务更多的钱；为保护其咨询业务带来的利润，安德森及其他审计者在对待他们的审计对象时过于宽松这一现象就不足为奇了。

在2002年，为回应道德丑闻的泛滥，美国国会通过了《萨班斯-奥克斯利法案》（Sarbanes-Oxley Act），试图使公司治理的规则更加严格。例如，法案要求公司配备更多的独立董事，即自身不是管理者（或与管理者无密切关系）的董事。法案还要求每个公司的首席财务官以个人名义为公司财务报表做出担保，创造一个监督委员会来监督上市公司的审计状况，并且阻止审计者向其顾客提供其他各式各样的服务。

1.4 投资过程

投资者的投资组合简单地说就是他所投资资产的集合。这个投资组合一旦建立起来，它就会通过出售现有证券并且用收益购买新的证券、将额外资金用于投资以增大投资组合的整体规模，或者出售证券以缩减投资组合的规模等方法来实现该投资组合的不断更新或“再度平衡”。

投资资产可以分为几大类，例如股票、债券、房地产以及商品等。投资者在建立投资组合时使用两种类型的决策：一种是**资产配置**（asset allocation）决策，这种决策就是在基本的资产类别中选择；另一种是**证券选择**（security selection）决策，它是在每一类资产中对持有特定证券的选择。

资产配置：在广泛的资产类别中进行投资组合的配比。

证券选择：在每种资产类别中对特定证券的选择。

“自上而下”（top-down）资产组合的建立从资产配置开始。例如，对于一个当前所有现金都集中在银行账户上的个人而言，他首先要做的就是决定股票、债券以及其他诸如此类的资产在其投资组合中所占的比例，投资组合自身最基本的特征就通过这种方法得以形成。例如，自 1926 年以来，大公司普通股的年均收益率大概为 12%，而美国国库券的平均收益率不到 4%。另外，股票的风险性要大得多，年收益率可以在最低−46% 到最高 55%之间波动（用标准普尔 500 指数衡量）。相比较而言，国库券可以有效地控制风险：在你买国库券的时候，你就已经知道它的收益率是多少了。因此，决定你的投资在股票市场与可以交易国库券的现金市场间如何分配，将会对你投资组合的风险与收益产生极大的影响，只有在完成了资产配置决策以后，一个采取“自上而下”战略的投资者才有可能决定在每个资产类别中持有哪几种特定的证券。

证券分析（security analysis）是指对可能包含在资产组合中的证券进行的价值评估。例如，投资者可能会询问是默克公司（Merck）还是辉瑞公司（Pfizer）的定价更诱人。股票和债券都必须进行价值评估，以确定其投资吸引力，但是对股票进行评估的难度要远远大于对债券进行评估的难度，因为股票的市场表现对发行机构的状况更敏感。

证券分析：对证券价值的分析。

同“自上而下”相对应的是“自下而上”（bottom-up）战略。在这个过程中，投资组合的构建会更多地关注那些看上去定价诱人的股票而不是资产配置。这种方法会导致在经济运行的某一环节出现事先未预料到的风险。例如，一个这样的资产组合将很可能会受到某一行业中企业不良表现的影响，或者暴露于某种不确定性风险中。但是，不管怎样，“自下而上”战略确实关注了那些有可能提供最具吸引力的投资机会的资产。

1.5 市场是竞争性的

金融市场具有高度竞争性。成千上万有良好背景的证券分析人员不断地搜集市场信息，以获得最好的购买机会。这种竞争性意味着我们不应该期待找到什么新的价格被低估的证券，世上没有免费的午餐。对于这个“世上没有免费的午餐”的命题，存在着一些解释，下面我们就来看看其中的两个。

□ 风险—收益权衡

投资者为了预期的未来收益而投资，但是这种收益很少能够得到精确的预测。投资总是有风险的，实际收益也总是偏离投资初期的预期收益。例如，在 1931 年（自 1926 年以来，市场表现最糟的年份），股票市场损失了自身价值的 46%；而 1933 年（市场表现最好的年份），股票市场的收益率为 55%。我们可以肯定的是，投资者在这两个年份的开始都未曾预料到会有这样极端的市场表现。

事实上，在其他条件相同的情况下，投资者愿意选择那些具有更高预期收益率的投资。[①] 然而，“世上没有免费的午餐”这一原则告诉我们，其他条件是不可能相同的。如果你希望有一个高的预期收益，你就必须承担相应的高风险。如果存在一种很高的、无须承担额外风险的预期收益，那么所有人就会蜂拥而至购买这种高收益率资产，结果这种资产的价格必然飙升。有一些个人考虑投资于当前价格很高的资产，他们将会发现，这种投资的诱惑力要比他们认为的低得多。价格会不断上涨，直到其预期收益同它的风险不相称。从这一点来看，投资者可以预期一个与资产风险相适的“公平”的收益，而不应期望更高。

风险—收益权衡：拥有较高预期收益的资产要承担较高的风险。

类似地，如果收益独立于风险，人们将会抛售高风险资产。这些资产的价格将会下跌（同时它们预期的未来收益率将会上升），直到它们具备足够的吸引力，被投资者考虑再度纳入其投资组合。我们推断，在证券市场上应该存在着一种**风险—收益权衡**（risk-return trade-off），高风险资产定价应该比低风险资产提供更高的预期收益率。

当然，这一讨论遗留了一些重要的问题。资产的风险应该怎样度量？在风险（正确度量的）和预期收益之间定量的权衡又是怎样的？也许人们会这样想：风险对资产收益的波动性必然有一定的影响，然而事实证明，这种想法只是部分正确。当我们把资产混合成多样化的组合时，我们需要考虑资产间的相互作用以及多样化对整个资产组合的风险的影响。多样化的意思是，许多资产被放在一个组合之中，从而某一特定资产的风险敞口就会受到限制。多样化对资产组合风险的作用、正确的风险度量方法的含义以及风险与收益的关系都是第 2 部分所要讨论的主题，也是现代资产组合理论所关注的问题。资产组合理论的开创者有两个：哈里·马科维茨（Harry Markowitz）和威廉·夏普（William Sharpe），他们都是诺贝尔经济学奖获得者。

□ 有效市场

另外一个对“世上没有免费的午餐”命题的解释是：在证券市场上，我们几乎不可能期望找到所谓的便宜货。关于金融市场，存在着这样一个假说：金融市场可以迅速、有效地处理一切有关证券的信息。也就是说，证券的价格通常反映了投资者在考虑证券价值时所能得到的全部信息。我们将用整个第 8 章来讨论有关这个假说的理论和依据。依据这一假说，当某一证券新的信息开始传播时，这种证券的价格就会迅速地对其做出调整。因此，在任何时候，证券的价格就等于市场对证券价值的一致估计。

---

① 预期收益并不是投资者确信他们将获得的收益，也不是他们最可能得到的收益。相反，预期收益是所有可能结果的平均值。在这些可能的结果中，一些结果出现的概率要大于另一些结果。也就是说，预期收益是所有可能的经济情况的平均收益率。

如果这是事实，那么市场上就不会存在价格被高估或低估的证券。

一个关于有效市场假说的有趣解释涉及在积极的和消极的投资管理策略之间的选择。**消极管理**（passive management）策略要求持有高度多样化的资产组合，同时并不要求通过证券分析试着获得更高的投资效益。**积极管理**（active management）策略则试着通过识别错误定价的证券，或者通过对整体资产市场表现的时机选择来提高收益，例如，在股票市场呈现牛市特征时增加自己的股票持有量。如果市场是有效的，同时价格反映了所有相关信息，那么也许采用消极管理策略会更好，而不必在金融市场上花费大量精力和无用的努力去试图战胜竞争者。

消极管理：购买并持有多样化的投资组合，而不必寻找被高估或低估的资产。

积极管理：尝试找到被高估或被低估的资产，或者预测市场趋势。

如果有效市场假说走向极端，就没有积极证券分析的立足之地了；只有傻子才会花费大量精力去积极地对证券进行分析。然而，如果没有证券分析，价格最终将偏离其“正确的”价值，这就为证券专家进入市场提供了新的激励因素。因此，我们将在第 9 章分析有效市场假说所面临的挑战。即使在像证券市场这样一个高度竞争的环境下，有效性也只是相对的。对那些富有洞察力和创造力的投资者而言，盈利的机会永远存在，这也激发了我们在第 6 部分中对积极资产组合管理的讨论。更重要的是，我们在对证券分析和资产组合的构建进行讨论之前，通常需要对接近有效市场的可能性做出说明。

1.6 市场参与者

总体来看，金融市场上有三类主要参与者：

1. 公司是净资金需求者。它们募集资金用于厂房和设备的投资。这些实物资产产生的收入为公司证券的投资者提供了收益来源。

2. 居民是典型的净资金供给者。他们购买那些需要募集资金的公司所发行的证券。

3. 政府可能是借入者，也可能是贷出者。这依赖于税收收入和政府支出之间的关系。自第二次世界大战结束以来，美国政府一直实行典型的预算赤字政策。也就是说，它的税收收入一直低于其支出。所以，政府必须借入资金，以弥补预算赤字。发行国库券、中期国债和长期国债是政府向公众借款的主要方法。只是在 20 世纪 90 年代末，美国政府才出现了预算盈余，具备了偿还部分债务的能力。

股份有限公司和政府并不直接向个人出售其全部或者绝大部分证券。例如，大约有一半的股票被大型金融机构持有。这些金融机构包括养老基金、共同基金、保险公司和银行等。它们在市场上处于证券发行人（公司）和证券持有者（个人投资者）之间。基于这个原因，它们被称为金融中介。类似地，股份有限公司自己并不向公众出售证券，它们雇用代理机构向公众投资者出售，这些代理机构叫做投资银行。下面我们来讨论这些中介机构的作用。

□ 金融中介

居民希望为自己的储蓄寻找令人满意的投资，然而大多数居民的资金规模较小，使得直接投资对他们来说很困难。一个小投资者，如果想把钱贷出去，是不可能通过在地方报纸上登广告寻找到有意愿的、令人满意的借款者的。而且，他也不可能通过将资金分散投资于几家公司来降低风险。此外，单个贷款者也不具备评估和控制借款金融中介：连接借入者和借出者的机构，接受借出者的资金并借给借入者。

者信用风险的能力。

基于这些原因，**金融中介**（financial intermediaries）就介入其中，把资金的供给者（投资者）和资金的需求者（主要是公司）联系起来。这些金融中介包括银行、投资公司、保险公司和信用合作组织。金融中介通过发行证券，用于募集资金购买其他股份有限公司的证券。

例如，一家银行通过借款（吸收存款）来筹集资金，再把这些钱贷给其他借款者。向存款者支付的利息率和向借款者索取的利息率的差额就是银行利润的来源。通过这种方法，贷款者和借款者并不需要直接联系。每一方都和银行发生联系，银行成为双方的中介。当每一方都独立地和银行这一中介联系的时候，贷款者和借款者的匹配问题也就得到了解决。

金融中介和其他商业机构的区别在于，它的资产和负债都具有高度的金融性。表1.3给出了最大的金融中介之一——商业银行的资产负债表，其中只包括数目很少的实物资产。将表1.3同表1.4中非金融机构的资产负债表相比较，表1.4中实物资产约占一半，我们会发现，两者的差异主要是因为金融中介仅仅是将资金从一个部门转移到另一个部门。实际上，这些金融机构基本的社会功能就是为居民储蓄向商业部门转移提供渠道。

表1.3 被联邦存款保险公司（Federal Deposit Insurance Corporation，FDIC）承保的商业银行和储蓄机构的资产负债表

资产	金额（10亿美元）	比例（%）	负债和净值	金额（10亿美元）	比例（%）
实物资产			负债		
设备与房屋	120.2	0.7	存款	12 894.7	76.8
其他实物资产	10.9	0.0	债务和其他借入资金	1 170.9	7.0
实物资产合计	125.2	0.7	联邦基金和回购协议	233.7	1.4
			其他	611.1	3.6
			负债合计	14 910.4	88.9
金融资产					
现金	1 810.0	10.8			
债券投资	3 559.5	21.2			
贷款和租赁	9 183.9	54.7			
其他金融资产	1 059.2	6.3			
金融资产合计	15 612.5	93.0			
其他资产					
无形资产	350.4	2.1			
其他	692.1	4.1			
其他资产合计	1 042.5	7.2	净值	1 869.8	11.1
总计	16 780.2	100.0		16 780.2	100.0

说明：由于四舍五入的原因，列的加总可能与总计存在出入。

资料来源：Federal Deposit Insurance Corporation，www.fdic.gov，March 2017.

表 1.4　美国非金融机构的资产负债表

资产	金额（10 亿美元）	比例（%）	负债和净值	金额（10 亿美元）	比例（%）
实物资产			负债		
设备与知识产权	6 936.0	16.6	债券与抵押债券	6 299.0	15.1
房地产	13 319.0	31.9	银行贷款	985.0	2.4
存货	2 280.0	5.5	其他贷款	1 140.0	2.7
实物资产合计	22 535.0	54.0	商业账款	2 146.0	5.1
			其他贷款	7 495.0	17.9
			负债合计	18 065.0	43.3
金融资产					
存款和现金	1 070.0	2.6			
有价证券	1 011.0	2.4			
商业和消费信贷	2 800.0	6.7			
其他	14 344.0	34.3			
金融资产合计	19 224.0	46.0	净值	29 694.0	56.7
总计	41 759.0	100.0		41 759.0	100.0

说明：由于四舍五入的原因，列的加总可能与总计存在出入。

资料来源：*Flow of Funds Accounts of the United States*，Board of Governors of the Federal Reserve System，March 2017.

金融中介的其他一些例子还包括投资公司、保险公司和信用合作组织。所有这些公司在发挥其中介作用时都有着类似的优点。首先，通过聚合许多小投资者的资源，使得它们可以向大额借款者提供数目巨大的贷款。其次，通过向许多借款者发放贷款，金融机构获得了显著的多样化效应，使得它们能够提供风险可能很高的单笔贷款。最后，金融中介在其整个业务中都运用了专门技术，充分考虑了专家的意见，同时，它们还能够凭借规模经济来评估和控制风险。

投资公司（investment companies）同样也产生于规模经济，它聚集并管理许多投资者的资金。这里的问题是，许多居民的资产组合都不具备足够大的规模，以覆盖充分多样化的证券种类；而且，股票经纪人的费用以及购买许多不同公司一两手股票所需的研究成本都是很昂贵的。共同基金就具有大规模交易和组合管理的优点。每一个参与其中的投资者都按其投资规模分配全部资金一定比例的份额。这一系统对于小投资者来说是有利的，他们愿意向基金操作者支付一定的管理费用。

投资公司：管理投资者的基金。一个投资公司可以同时管理几个共同基金。

投资公司也可以为具有特定目标的大投资者量身定做资产组合。相反，共同基金在零售市场上出售，它们的投资理念主要因其吸引大量客户的策略而与投资公司相区别。

和共同基金一样，对冲基金也吸收和投资来自大量客户的资金。但是它们只开放给机构投资者，如养老基金、捐赠基金或富人。它们更倾向于去追求复杂和高风险策略。不同于共同基金收取其所管理的总资产的固定比例作为酬金，它们通常收取一定比例的交易收益。

规模经济同样解释了投资者可以利用投资分析服务实现增值。时事通讯、数据库以及股票经纪人的研究服务都在谋求出售给广大的投资客户。这一计划的产生水到渠成，投资者确实非常需要信息，但是他们只管理着自身小规模的资产组合，如果他们亲自收集所有的信息，显然很不经济。这样，一个盈利机会就出现了：可以由一家公司向许多客户提供这种服务并收取费用。

□ 投资银行

就像经济的规模化和专业化为金融中介提供了盈利机会一样，它也同样为那些提供专门化服务的公司创造了合适的市场位置。一些企业通过向公众出售诸如股票、债券之类的证券来募集其大部分资本。然而，因为这些企业并不是经常这么做，所以专门从事这方面业务的投资银行可以以较低的价格向其提供这些服务。

投资银行：专门向公众发行新证券的公司，主要是承销发行。

一级市场：向公众提供新发行证券的市场。

二级市场：发行的证券在投资者间相互交易的市场。

一些**投资银行**（investment bank）从发行证券应收取的费用、合适的利息率以及其他一些方面对证券发行公司提出建议。最终，是投资银行掌握着**一级市场**（primary market）上的证券营销，新发行的证券在一级市场上被提供给投资者。投资银行的这一角色叫作承销商。此后，投资者可以将先前发行的股票在**二级市场**（secondary market）上进行交易。

在20世纪的大部分时间里，投资银行和商业银行在美国的法律中是分离的。尽管在1999年这一规则得以解除，直到2008年，华尔街仍被高盛（Goldman Sachs）、美林（Merrill Lynch）、雷曼兄弟等大型独立投资银行占据。但是，当所有剩存的主要美国投资银行被商业银行并购、宣布破产或重组后，这种独立模式在2008年9月陡然结束了。下面的“市场前沿”专栏将对这些事件做出简要介绍。

市场前沿

从投资银行产业独立出来的商业银行

直到1999年，《格拉斯-斯蒂格尔法案》（Glass-Steagall Act）都禁止银行同时接受存款和承销证券。换句话说，它迫使投资银行业务与商业银行业务相分离。但废除《格拉斯-斯蒂格尔法案》之后，许多大型商业银行开始转变为“全能银行”，可以提供全面的商业银行和投资银行服务。在某些情况下，商业银行从头开始建立起自己的投资银行部门；但通常，它们通过并购扩张。例如，大通·曼哈顿银行（Chase Manhattan）并购J. P. 摩根成立了J. P. 摩根大通（JP Morgan Chase）。同样，花旗集团（Citigroup）收购了所罗门美邦公司（Salomon Smith Barney），以为其客户提供财富管理、经纪、投资银行和资产管理服务。欧洲大部分地区从来没有迫使商业银行业务和投资银行业务分离，所以它们的银行巨头诸如瑞士信贷集团（Credit Suisse）、德意志银行（Deutsche Bank）、汇丰银行（HSBC）和瑞士联合银行集团（UBS）一直是全能银行。不管怎样，直到2008年，美国独立的投资银行部门仍然很大并且充满活力，包括那些传奇名字，诸如高盛、摩根士丹利、美林和雷曼兄弟。

但是，在2008年，当几家投资银行因其持有的抵押贷款支持证券受到巨大损失而被困扰时，该行业遭受了严重的震荡。3月，濒临破产的贝尔斯登（Bear Stearns）被摩根大通并购。9月14日，美林也出现了大额度的抵押贷款相关损失，经协商同意被美国银行（Bank of America）收购。第二天，因未能找到一个能够并且愿意从它巨大的亏损中拯救它的收购者，雷曼兄弟刷新了美国历史上最大的破产案。在接下来的一周中，仅存的两个主要的投资银行——高盛和摩根士丹利——决定将从投资银行转变为传统的银行控股公司。自此之后，它们开始受到国家银行监管机构（如美联储）的监督，并需遵守用于监管商业银行的更为严格的资本充足率。① 这两家公司认为这是一个合理的转换，因为作为商业银行，它们不仅将更加稳

---

① 例如，在2008年，商业银行典型的杠杆比率（总资产除以银行资本）大约为10∶1。相比之下，投资银行的杠杆比率则高达30∶1。这种杠杆在好的时机可以增加利润，却无法为亏损提供足够的缓冲，并且当银行的资产组合遭受重大损失时使其更容易倒闭。

定，而且可以通过银行存款业务吸纳资金并能够向美联储申请紧急贷款。这些兼并和转换标志着独立的投资银行行业（但不是投资银行业务）的结束。这些服务现在已由大型全能银行提供了。

如今，关于商业银行和投资银行分离的争论似乎随着《格拉斯-斯蒂格尔法案》(Glass-Steagall Act)的废除而结束，现在又重新开始了。《多德-弗兰克华尔街改革和消费者保护法案》(Dodd-Frank Wall Street Reform and Consumer Protection Act) 对银行活动施加了新的限制。例如，以美联储前主席保罗·沃尔克 (Paul Volcker) 命名的“沃尔克规则”(Volcker Rule) 禁止银行“自营交易”(proprietary trading)，即为自己的账户交易证券，并限制银行对对冲基金或私人股本基金的投资。这一规定意在限制银行可能承担的风险。虽然“沃尔克规则”的限制性比《格拉斯-斯蒂格尔法案》更少，但两者的动机都是这样一种信念，即享受联邦担保的银行应该受到对其可以从事的活动种类的限制。自营交易是投资银行的核心活动，因此对商业银行这种活动的限制重新引入了其商业模式之间的分离。然而，对此类交易的限制引发了该行业的推波助澜，这表明它们导致顶级交易员从银行流入对冲基金。关于商业银行和投资银行分离的辩论仍在继续。

□ 风险投资和私募股权

虽然大公司可以在它们的投资银行家的帮助下直接从股票和债券市场筹集资金，小型的和年轻的、尚未公开发行过证券的公司则没有这个选项。处于起步阶段的公司更多是依赖于银行贷款和愿意投资以换取该公司所有权股份的投资者们。投资于这些年轻公司的权益性投资叫作**风险投资**（venture capital，VC）。风险投资的来源主要有专门的风险投资基金、富有的天使投资人和机构养老基金等公共机构。

风险投资：投资于新的私有企业的资金。

大部分风险投资基金都是有限合伙企业。管理公司先利用自有资金建立起来，再向养老基金等有限合伙人筹集额外的资本。这些资金可能会投资于各种各样的创业公司。管理公司通常拥有被投资的初创公司的董事会席位，帮助其招聘高级管理人员并为所投资公司提供商业建议。管理公司会向风险投资基金收取投资监管费用。在一段时间后，比如 10 年，该基金将进行清算并将收益分给其投资者。

风险资本投资者通常会积极地参与到创业公司的管理中。其他激进投资者也会亲自投身于公司管理之中，不同的是，他们更关注处于危机中的或者可以通过购买、“改善”、再出售来获利的公司。总的来说，这些对非证券交易上市公司的投资被称为**私募股权**（private equity）投资。

私募股权：投资于不在股票市场上市交易的公司的资金。

1.7 2008 年的金融危机

本章描述了金融体系的大致轮廓，以及经济体系中金融体系和包含商品生产和服务的实体经济之间的联系。2008 年的金融危机用一种痛苦的方式阐释了两部分之间的密切联系。在这一节我们对这次危机进行了概括性的总结，希望能得出一些关于金融体系的作用以及系统风险的起因和影响的经验教训。其中的一些问题十分复杂，我们在这里只做简要介绍，而把关于它们更详细的阐释放在后面我们有了更多的背景分析时再进行。

□ 危机的起因

2007 年初，大多数观察家认为这令人难以置信，在两年内世界金融体系将面临自大萧条以来最糟糕的危机。当时，美国经济似乎越来越强大。上一次严重的宏观经济威胁是在高科技泡沫破灭后的 2000—2002 年间，但美联储针对那个刚刚到来的经济衰退大幅度降低利率。图 1.1 显示国债利率在 2001—2004 年间出现了戏剧性的下降，主要的货币中心银行相互借贷所使用的利率——伦敦银行间同业拆借利率（LIBOR）——同时下跌。[①] 这些行动看起来似乎很成功，经济衰退也短暂且温和。

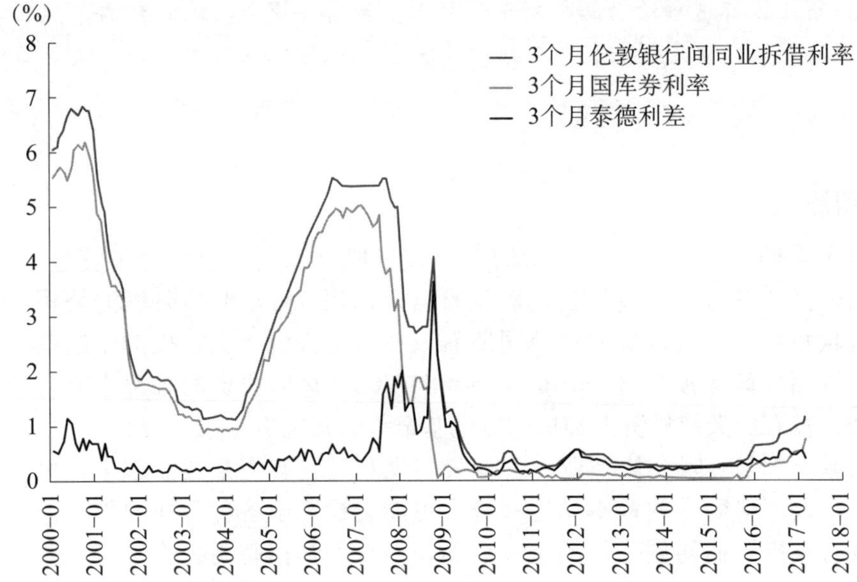

图 1.1　短期伦敦银行间同业拆借利率（LIBOR）、国库券利率和泰德利差

21 世纪头十年中期时经济一度再次看似很健康。尽管股票市场在 2001—2002 年间大幅下降，但图 1.2 显示了从 2003 年开始戏剧性地逆转了方向，并使得所有后科技危机时代的损失在几年之间得以完全恢复。同样重要的是，银行业看起来很健康。LIBOR（银行间借贷利率）和国库券利率（美国政府借款利率）之间的利差［通常称为泰德利差（TED spread）[②]］——银行业信用风险常用的度量标准——在 2007 年初期只有 0.25%（参见图 1.1 中最下面那一条线），这表明市场对银行业违约风险和“交易对手”风险的担忧程度极低。

戏剧性下降的利率和看似稳定的经济为房地产市场带来了一场历史性的繁荣。图 1.3 显示，美国房价在 20 世纪 90 年代末开始明显上升，并在 2001 年以后随着利率的骤然下降而急剧攀升。自 1997 年开始的 10 年间，美国的住房平均价格大约增至原来的 3 倍。

---

① LIBOR 指伦敦银行间同业拆借利率。它是美国以外（主要集中于伦敦）的银行间借贷市场美元计价的贷款利率。这一利率通常是针对 3 个月期的贷款。

② TED 代表“国库券-欧洲美元利差”（Treasury-Eurodollar spread），计算这个利差所使用的欧洲美元的利率就是伦敦银行间同业拆借利率。

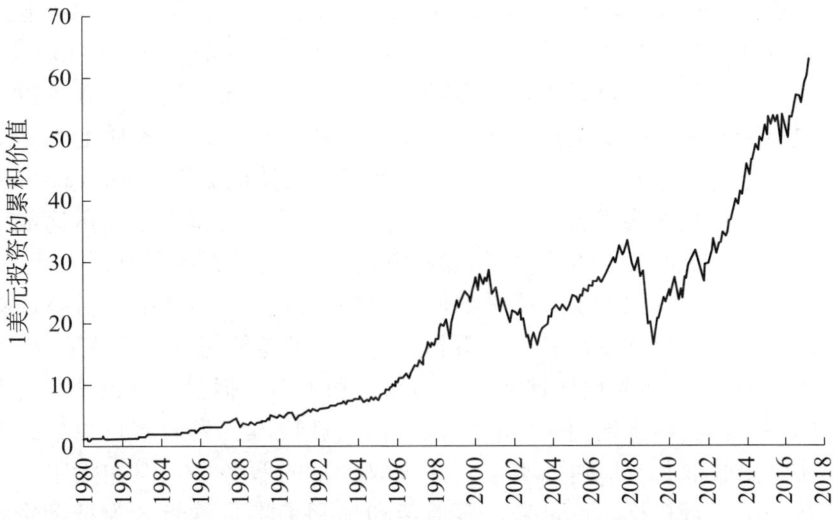

图 1.2　投资于标准普尔 500 指数的 1 美元的累积价值

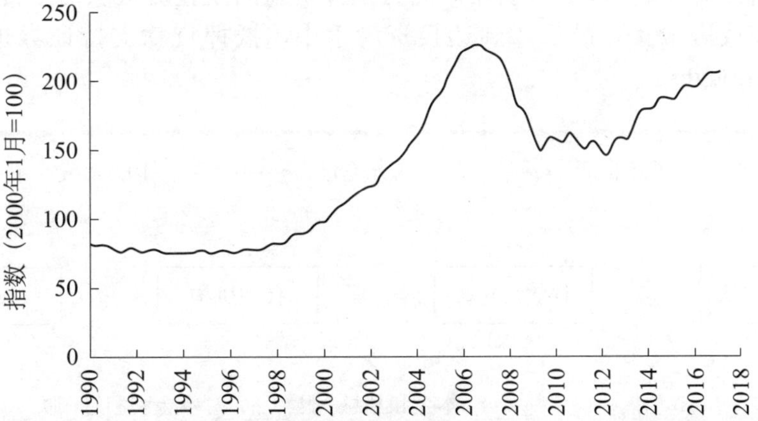

图 1.3　美国房价的凯斯-席勒指数（Case-Shiller index）（10 个城市的指数）

但对政府宏观经济政策降低风险的力量的信心、令人印象深刻的后高科技危机时代的经济复苏，尤其是积极降低利率后随之而来的房地产价格的暴涨，可能都为 2008 年的经济崩溃埋下了种子。一方面，美联储降低利率的政策导致了各种投资收益率的下降和投资者对有高收益替代品的渴望。另一方面，低波动性和持续高涨的自满情绪导致了投资者在寻找这些收益更高的投资产品时具有了更高的风险容忍程度。表现最为明显的是爆炸式发展的抵押贷款证券化市场，美国住房和抵押贷款金融市场是这场不断汇聚的风暴的中心。

□ 住房金融的变化

在 1970 年以前，大多数抵押贷款来自当地的出借人，如社区储蓄银行或信用社。房主将借款资金用于购买住房，并且用很长一段时间（通常是 30 年）来偿还。典型的储蓄机构会持有这些长期住房贷款的资产组合作为其主要的资产，而其主要的负债则为其吸收的存款。到了20世纪70年代，当房利美［Fannie Mae，或联邦国民抵押贷款协会（Federal National Mortgage Association，FNMA）］和房地美［Freddie Mac，或联邦住房贷款抵押公司（Federal Home Loan Mortgage Corporation，FHLMC）］开始从其初始持有人那里买入大量的抵押贷款，并捆绑起来使其得以像其他金融资产一样进行交易时，传统格局开始出现变化。这些组合——本质上都是对其所基于的抵押贷款的索取权——很快就被称为“抵押贷款支持证券”（mortgage-backed securities），而这一过程被称为**证券化**（securitization）。房利美和房地美迅速成为抵押贷款市场的巨头，它们之间交易着超过半数的来自私人部门的抵押贷款。

证券化：将贷款放入以其作抵押的标准化证券资产池中，然后像其他证券一样交易。

图1.4说明了现金流是如何从原始借款人传递到抵押贷款证券的最终投资者那里的。例如，贷款发起者（储蓄和贷出人）可能给房屋所有人一笔10万美元的贷款。房主会用30多年来偿还这笔贷款的利息和本金。但是，贷款贷出之后，贷款发起者会将抵押贷款卖给房地美和房利美以收回贷款成本。发起者可以继续服务贷款（如，从房主那里收取每月应付的本息）并收取少量的服务费，但扣除服务费后的贷款支付将被传送给代理机构。反过来，房地美和房利美将贷款组合为抵押贷款支持证券，并将这些证券卖给养老基金和共同基金等投资者。该机构（房利美或房地美）通常将为贷款（包括每个组合）的信用风险（也叫违约风险）提供担保，并在将现金流转给最终投资者之前收取一笔担保费用。因为抵押贷款的现金流被从房主传递到银行，再转向房利美或房地美，最后才到达投资者手中，抵押贷款支持证券也称为转手证券（pass-throughs）。

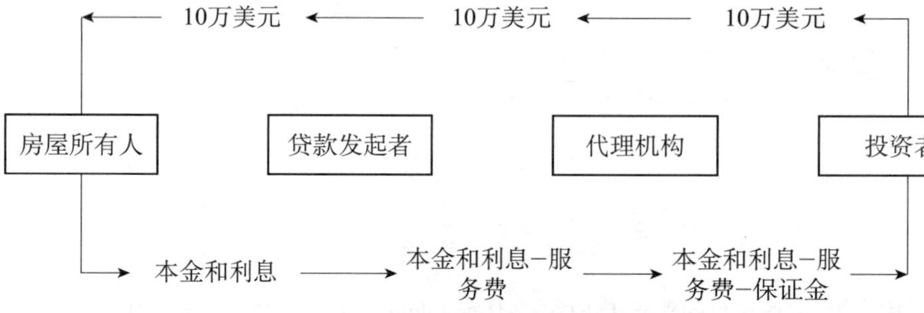

图1.4　抵押贷款转手证券的现金流

过去10年，绝大多数被证券化为转手证券的抵押贷款都是由房地美或房利美持有或担保的。这些都是符合低风险标准的抵押贷款，意味着合格的被机构证券化的贷款金额不会太大，并且房主必须符合承销标准，以保证他们偿还贷款的能力。例如，贷款金额与房屋价值之比不超过80%。

尽管合格的贷款几乎完全通过房地美和房利美进行组合，但是，一旦资产证券化模式得以确立，它便为一个新产品拉开了帷幕：被私有制公司利用、有着更高违约风险的、不合格的“次级贷款”证券化得到的产品。政府代理商的转手证券和这些所谓的自有品牌的转手证券之间的一个重要区别是，自有品牌的转手证券的投资者需要自行承担房主可能拖欠贷款的风险。因此，只要贷款可以卖给投资者，原始抵押贷款经纪人几乎没有任何动力去做尽职调查。当然，这些投资者与借款人并没有直接接触，也无法完成关于贷款质量详细的审核。相反，他们依靠借款人的信用评分，而这一评分渐渐取代了传统的审核。

缺乏信息审核的贷款又向着对借款人的能力几乎没有认证的且没有信息审核的贷款迅速发展，其他次级承销标准也迅速恶化。例如，住房贷款可允许的杠杆（用贷款额与住房价值的比率衡量）急剧上升。到 2006 年，大多数次级借款人购买房屋的金额全部来源于贷款。当房价下跌时，这些高杠杆贷款迅速“缩水”，这意味着房屋的价值尚且低于贷款余额，许多房主决定一走了之或者放弃他们的房子——以及他们的贷款。

可调利率抵押贷款（adjustable rate mortgage，ARMs）也越来越受欢迎，迅速成为次贷市场的规范。这些贷款为借款人提供了很低的初始利率或“诱惑性”的利率，但这些利率最终将根据当前的市场收益率进行调整，例如，国库券利率加 3%。由于许多这些借款人在诱惑性利率的引诱下“刷爆了”他们的借款能力，一旦贷款利率重置，尤其是市场利率上升的情况下，他们的月支付额将会飙升。

尽管存在这些显而易见的风险，过去 10 年间房价的持续增长似乎给许多投资者带来盲目的自信，人们普遍认为持续攀升的房价会为表现糟糕的贷款买单。但从 2004 年开始，通过再融资来偿还贷款的能力减弱。首先，更高的利率给使用可调整利率进行抵押贷款的房主带来了偿债压力。其次，如图 1.3 所示，房价在 2006 年达到顶峰，因此，房主使用其房屋所有权再融资贷款的能力下降了。2007 年，住房违约率开始激增，一同激增的还有抵押贷款支持证券的损失，危机开始高速发展。

□ 抵押贷款衍生品

有人可能会问：谁会愿购买这些高风险次级抵押贷款？证券化、重组和信用增级为这一问题提供了大部分答案。新的风险转移工具使投资银行能够从初始发行的“垃圾”贷款中开拓出 AAA 级证券。其中，最重要并且最终毁了这些创新的就是担保债务凭证（CDO）。

担保债务凭证是为了将一个贷款池的信用风险（也叫违约风险）集中到一类投资者身上，使得这个贷款池的其他投资者相对地免受这种风险。其设计理念是通过分级（将贷款池分为优先级和低级）给贷款偿还设定优先偿还次序。优先级对整个贷款池的偿付额有优先索取权。低级的投资者只有在优先级得以偿付之后才会得到支付。例如，如果一个池被分成两个级别，其中 70%为优先级而 30%为低级，只要贷款池中不少于 70%的额度得到偿还，即只要贷款池的违约率低于 30%，高级投资者便能得到全额偿还。即使贷款池由高风险的次级贷款组成，违约率似乎也很难超过 30%，因此，高级部分通常被主流评级机构［如：穆迪（Moody's）、标准普尔（Standard & Poor's）和惠誉（Fitch）］授予最高级（即 AAA）的评级。通过这种方法，大量的 AAA 级证券得以从低评级的抵押贷款池中产生出来。

当然，我们现在知道这些评级是错误的。担保债务凭证的高级-次级结构为高级部分提供了远低于投资者预期的保护。当全国房价开始一同下降时，所有地区的违约率都在上升，而期望中多样化贷款地区能够带来的好处从未出现。

为什么评级机构大幅低估了这些次贷证券中的信用风险呢？首先，违约率是用房地产业繁荣和经济异常繁荣共存的非典型时期的历史数据估算得出的。此外，评级分析师还用历史违约情况来评估一类新的贷款人——他们没有首付，有爆炸式增长的应付贷款，并且其贷款只有很少的信息审查甚至完全没有信息审查（通常称为骗子贷款）。当市场发生如此巨变时，过去的违约情况与现在已经几乎没有相关度了。而且，当时人们对区域分散化对投资风险的降低能力也过于乐观了。

概念测验 1.2

当房地美和房利美将合格的抵押贷款证券化时，它们为证券所基于的抵押贷款的违约风险提供了担保。相反，次级抵押贷款支持证券所基于的贷款并未得到担保，所以投资者要承担其违约风险。想要更好地控制和分配违约风险，以上两种安排是否必要？

扫描二维码
获取答案解析

□ 信用违约互换

与担保债务凭证市场同时，信用违约互换（credit default swaps，CDS）也在这一时期崩溃了。信用违约互换实质上是一个针对一个或多个借款人的违约风险的保险合同（我们将在第 10 章进行更详细的介绍）。互换的买方为规避信用风险而支付年度保费（像一笔保险费）。信用违约互换成为信用增强的另一种方法，似乎能让投资者购买次级贷款并保证其安全。但在实践中，一些互换发行人增加的信用风险敞口水平超过了其承受能力，没有足够的资金来支持这些义务。例如，仅大型保险公司美国国际集团（AIG）一家就卖出了超过 4 000 亿美元针对次级抵押贷款的信用违约互换合约。

□ 系统风险的增长

到 2007 年，金融体系出现了一些令人不安的迹象。许多大型银行和相关金融机构采取了一个显然有利可图的融资方案：以低利率短期融资来持有高收益率、长期、流动性差[①]的资产，并将其资产与负债之间的利息差看作其经济利润。但这种商业模式是不稳定的：因主要依靠短期贷款进行融资，这些企业需要不断再融资（即，在贷款到期时借入更多的资金），否则就不得不迅速出售其流动性较差的资产组合，而这在存在金融压力的时期将十分困难。此外，这些机构有很高的杠杆并且没有资本为损失做缓冲。尤其是华尔街的大型投资银行，它们的杠杆比率急剧增加，这也为再融资增加了难度——尤其是当其资产组合的价值受到质疑时。即使很小的投资组合损失也可能使它们的净资产成为负值，而这时将没有人愿意延长它们的贷款期限。

市场脆弱的另一个原因是，投资者普遍通过担保债务凭证等产品寻求信用保护。其中许多都是非现金资产，难以估值，并且高度依赖于对其他贷款未来表现的预期。在经济普遍低迷、评级下调时，这些资产将难以出售。

系统风险：金融系统崩溃的风险，尤其是一个市场崩溃扩散到其他市场的风险。

这个新的金融模式充满了**系统风险**（systematic risk），即当一个市场出现问题并蔓延到其他市场时可能引发的潜在的金融体系的崩溃问题。当债权人如银行资本有限，害怕进一步亏损，他们可能会理性地选择囤积资本而不是贷款给小公司等客户，从而使其借款人的融资问题进一步恶化。

□ 痛苦终于来临

2007 年秋，房价持续下降（见图 1.3），抵押贷款违约率增加，股票市场也进入了自由落体阶段（见图 1.2）。许多曾大量投资于抵押贷款的投资银行摇摇欲坠。

危机在 2008 年 9 月达到巅峰。9 月 7 日，大型联邦抵押贷款机构房利美和房地美

---

① 流动性指的是投资者将投资变现的速度和方便程度。非现金资产，例如，房地产，很难快速卖出，如果需要快速变现，则可能需要对在从容变现情况下所能索取的价格打一个较大的折扣。

这两个已大量持有次级抵押贷款支持证券头寸的机构被接管。（更多的阵痛将在第 2 章讲述。）美国住房和抵押贷款金融行业这两大支柱的失败使金融市场陷入了恐慌。9 月的第二周，很明显雷曼兄弟和美林都到了破产的边缘。9 月 14 日，美林被美国银行收购。第二天，雷曼兄弟拒绝了同样的条件，申请了破产保护。两天后，在 9 月 17 日，由于美国国际集团的倒闭将给持有其大量信用担保（即信用违约互换合约）的银行业带来极度的不稳定性，美国政府被迫借出 850 亿美元给美国国际集团。第二天，财政部公布了它的第一个提议：斥资 7 000 亿美元购买“有毒的”抵押贷款支持证券。

雷曼兄弟破产的一个毁灭性的影响发生在货币市场的短期借贷上。雷曼兄弟曾通过发行商业票据这种非常短期的无担保债务借入巨额资金。商业票据的一个主要客户是对短期、高质量商业借款人的债务进行投资的货币市场共同基金。当雷曼摇摇欲坠时，对这些基金的大笔商业票据投资带来的巨额损失的恐惧蔓延开来，全国各地货币市场基金的客户纷纷撤出他们的资金。反过来，这些资金迅速从商业票据市场撤出，并涌入更安全、流动性更强的国库券中，短期融资市场几乎停止运行。

信贷市场的冻结消除了金融危机只使华尔街内部遭受影响的最后可能。依赖于商业票据市场的大公司现在已无法筹集短期资金。银行同样难以筹集资金。（回顾图 1.1，你将看到，衡量银行破产风险的泰德利差在 2008 年飙升。）由于银行不愿或不能给客户提供信贷，成千上万依靠银行信贷的小企业也变得无法为其正常业务运营融资了。缺乏资本的公司被迫急剧缩减其经营规模。失业率迅速上升，经济正处于数十年来最严重的衰退中。金融市场的动荡蔓延到实体经济，中产阶级与大资本家一同陷入了旷日持久的痛苦之中。

这场危机并不局限于美国。全球住房市场下跌，许多欧洲银行不得不被本国政府救助，而政府本身也债台高筑。随着银行救助成本的不断上升，这些政府偿还自身债务的能力受到质疑。这样，银行业危机就升级为一场主权债务危机。

希腊是受灾最严重的国家。其约 4 600 亿美元的政府债务大大超过其年度国内生产总值（GDP）。2011 年，它拖欠了总额约为 1 300 亿美元的债务。尽管欧盟、欧洲央行和国际货币基金组织提出了一系列救援计划，但在 2017 年，它仍处于不稳定状态。

□《多德-弗兰克法案》

这次危机引发了许多对华尔街进行改革的呼吁，并最终导致 2010 年通过了《多德-弗兰克华尔街改革和消费者保护法案》（以下简称《多德-弗兰克法案》）。法案提出了几种机制来缓解系统风险。

法案对银行的资本充足率、流动性和风险管理提出了更严格的规定，尤其是当银行变得更大、它们破产的可能将会更多地威胁到其他机构时更是这样。当银行拥有更多的资本支持，一家银行破产引发另一家破产的可能将得到控制。此外，当银行持有更多的资本，它们也不太愿意加大风险，因为潜在的损失将由其自身而不是联邦存款保险公司（FDIC）来承担。

《多德-弗兰克法案》还试图限制银行可能从事的高风险活动。所谓的“沃尔克规则”是根据美联储前主席保罗·沃尔克命名的，限制了银行用自己的账户进行交易和拥有或投资于对冲基金或私募股权基金的能力。

债券评级机构的激励机制也是一个痛点：由被评级公司支付其评级机构这一点鲜有人感到满意。该法案在证券交易委员会下创建了一个信用评级办公室来监督信用评级机构。

现在说这些改革哪些——如果真的有的话——能够坚持下去还为时过早。《多德-弗兰克法案》的实施仍需要监管机构进行大量解释，一些国会议员仍在攻击该法案。但危机已经明确展示了金融系统对实体经济运行的重要作用。

1.8 教材概要

本教材共有 6 个部分。这些部分是相对独立的，可以按照各种顺序进行学习。第 1 部分主要是对金融市场、金融工具和证券交易进行介绍。这一部分同时也描述了共同基金行业。

第 2 部分是对现代资产组合理论的一个相对详细的介绍。这一部分主要针对下列问题展开：资产组合风险多样化的作用；投资者资产组合的有效多样化；资产组合在风险和收益之间谋求平衡的选择，以及风险和预期收益之间的权衡。这一部分还讨论了有效市场假说以及基于投资者理性理论行为的批判。

第 3～5 部分涵盖了证券分析和估值的内容。第 3 部分集中于固定收益证券市场的研究，第 4 部分则是关于股票市场的内容，第 5 部分主要讲述衍生产品，例如期权和期货合约。

第 6 部分介绍了积极型投资管理。它展示了不同投资者的目标和制约因素将如何产生不同的投资政策。本部分讨论了投资管理在几乎有效市场中的作用，思考了如何评价采取积极策略的管理者的业绩，并对对冲基金进行了仔细的考察。这一部分还说明了如何将投资组合构建的原则延伸到国际领域中。

小结

- 实物资产创造财富。金融资产是对部分或全部财富的索取权。金融资产决定了实物资产的所有权是如何在投资者中进行分配的。
- 金融资产可归类为固定收益（债务）、股权或衍生工具。自上而下的投资组合构建技术从资产配置决策开始，跨越广泛的资产类别分配资金，再进入更具体的资产选择决策。
- 金融市场的竞争导致了风险-收益权衡，在这种权衡中，预期回报率较高的证券也给投资者带来了更大的风险。然而，风险的存在意味着实际回报可能与投资期开始时的预期回报有很大差异。证券分析师之间的竞争也导致金融市场几乎在信息上是有效的，这意味着价格反映了所有关于证券价值的现有信息。消极投资策略在近似有效的市场中可能是有意义的。
- 金融中介机构集中投资者的资金并对其进行投资。因为小型投资者无法有效地收集信息、实现多样化和监督投资组合，因此，存在着对这些金融中介的服务需求。相比之下，金融中介是一个可以利用规模经济的大型投资者。
- 投资银行使得企业的资金募集更具效率。投资银行家在为新发行证券定价和将这些证券推销给投资者方面不断积累专业知识。截至 2008 年底，所有主要的、独立的美国投资银行都已被并购或重组为银行控股公司。在从未禁止过全能型银行的欧洲，大型银行长期以来一直保持着商业银行和投资银行部门。
- 2008 年的金融危机表明了经济的实体和金融方面之间的联系以及系统风险的重要性。系统风险可能受到透明度的限制，使交易员和投资者能够评估其交易对手的风险、防止交易参与者因潜在损失而降低的资本要求、频繁结算损益，以防止损失积累到超出机构的承受能力，鼓励采取措施阻止过度承担风险，以及由负责评估安全风险的人员进行准确和公正的分析。

关键词

积极管理	金融资产	投资银行	实物资产	证券分析
代理问题	金融中介	投资公司	风险—收益权衡	证券选择
资产配置	固定收益证券	消极管理	二级市场	系统风险
衍生证券	证券	一级市场	证券化	风险投资
权益	投资	私募股权		

习题

1. 权益证券和固定收益证券的区别有哪些？(LO1—5)

2. 初级资产和衍生资产的区别是什么？(LO1—1)

3. 资产配置和证券选择的区别是什么？(LO1—4)

4. 什么是代理问题？有什么方法能解决它们？(LO1—3)

5. 实物资产和金融资产的区别有哪些？(LO1—2)

6. 投资银行业务与商业银行业务的区别是什么？(LO1—5)

7. 对每笔交易，判断其交易的是实物资产还是金融资产。在交易中是否创造或销毁了某种金融资产？(LO1—2)

a. 丰田为建造新工厂借了一笔银行贷款。

b. 丰田清偿了它的贷款。

c. 丰田花费 1 000 万美元的现金购买了备用的汽车零件。

8. 假设悲观情绪来了，整个经济体的房价下降了 10%。(LO1—2)

a. 该经济体的实物资产存量变了吗？

b. 人们变得更穷了吗？

c. 你能解释你对前两小题的回答的区别吗？

9. Lanni Products 是一家处于创业阶段的计算机软件开发公司。这家公司现在拥有价值 3 万美元的电脑设备，它手上还有 2 万美元现金。请你判断下列交易行为中是否存在实物资产或金融资产。在这些交易中，有没有金融资产被创造出来或销毁？(LO1—2)

a. Lanni 取得了一笔银行贷款。它获得了 5 万美元的现金，并且签署了一份协议，保证在 3 年之后归还。

b. Lanni 把从银行获得的现金加上自有的 2 万美元用于开发一种新的财务计划软件。

c. Lanni 将其软件产品卖给微软，这些产品将被冠以微软的名字出售，Lanni 获得了以 2 000 股微软股票形式支付的报酬。

d. Lanni 将股票以 70 美元/股的价格出售，并且动用所得款项的一部分来偿还银行贷款。

10. 继续考察上一题中的 Lanni Products 公司。(LO1—2)

a. 在它刚刚得到银行贷款之后，准备一份该公司的资产负债表，实物资产占其全部资产的比重是多少？

b. 在它花费 7 万美元开发软件产品之后，考虑其资产负债表，实物资产占其全部金融资产的比重是多少？

c. 在它从微软公司获得以股票形式支付的报酬之后，考虑其资产负债表，实物资产占其全部资产的比重是多少？

11. 对金融系统采取什么样的改革有助于降低其系统风险？(LO1—6)

12. 考察表 1.3 中商业银行的资产负债表。(LO1—2)

a. 实物资产占总资产的比例是多少？

b. 非金融企业的这一比例是多少（表 1.4）？

c. 为什么会存在这一差别？

13. 为什么金融资产看起来是家庭财富的组合，而不是国民财富的组合？为什么金融资产会影响一个经济体的物质财富？(LO1—2)

14. 从减轻代理问题的角度，即从减轻管理者和股东之间的潜在利益冲突的角度，讨论下列各种类型的管理报酬的优缺点。(LO1—3)

a. 固定的薪水。

b. 必须持有至少五年的该公司的股票。

c. 和公司利润挂钩的薪水。

15. 我们已经知道，大型机构投资者或债权人的监管是一个降低代理问题的机制。为什么个人投资者没有同样的监督公司管理的动力呢？(LO1—3)

16. 华尔街公司通常用交易员获取的交易利润的一部分来补偿其交易员，这一措施会对交易员承担风险的意愿产生怎样的影响呢？这一措施会产生怎样的代理问题？(LO1—3)

17. 为什么你会认为只有在高度发达的资本市场中才会产生证券化呢？(LO1—6)

18. 你认为一个经济体中证券化和金融中介的职能之间有什么关系？比如，当全国的住房抵押贷款支持证券市场高度发达时，地方银行为住房抵押贷款提供资金的职能会受到什么影响？(LO1—6)

19. 为三种金融中介各举一个例子，并解释它们是如何充当小型投资者和大型资本市场或企业之间的桥梁的。(LO1—5)

20. 股份有限公司通过在一级市场上发行股份从投资者那里募集资金，这是否意味着公司的财务主管可以忽视已发行证券在二级市场上的交易？(LO1—4)

21. 自 1926 年以来，将投资于股票和投资于国库券的平均收益率相比较，前者比后者每年高大约 8%，那么，为什么还会有人投资于国库券呢？（LO1—1）

22. 你看到了一本书的广告，宣称这本书将向你展示怎样无风险地挣到 100 万美元，你会买这本书吗？（LO1—1）

Web 站点管理员

请扫描二维码或登录中国人民大学出版社官网 www.crup.com.cn 下载。

2 资产的种类和金融工具

学习目标：

LO2—1　区别在货币市场和资本市场进行交易的主要资产；
LO2—2　描述股票市场指数是如何建立的；
LO2—3　计算投资于期权和远期合约的收益或损失。

我们刚刚在第1章中学到，建立一个投资组合的第一步是决定在不同资产中，如安全的货币市场债券、银行存款、长期债券、股票，甚至是房地产和储备贵金属之类的资产中，各投入多少钱，这个过程叫做资产配置。在每一种资产中投资者再从更加详细的目录中选择具体的资产，这个过程叫做证券选择。

每一个广义的资产种类都包含多种具体的债券类型，每种债券都有多种变换。本章的任务就是将不同种类的证券的重要特征介绍给读者。在这之后，我们将按照资产的分类介绍各种金融工具。

传统上金融市场被划分为货币市场和资本市场，货币市场工具包括短期的、可交易的、流动的、低风险的债券。货币市场工具有时被叫做现金等价物（cash equivalent），或者简称为现金。与之相反，资本市场包含长期的更具风险的证券。资本市场的证券相比货币市场更加多种多样。因此，我们将资本市场划分为三个部分来介绍：长期债券市场，股票市场，期权和远期交易的衍生品市场。

我们首先讲述货币市场工具，然后再介绍固定收益证券和权益证券。在这一章里，我们还将解释各种股票市场指数的结构，因为它们在资产组合的建立和评估中发挥着重要的作用。最后，我们将考虑期权和远期合约等衍生证券。表2.1是本章内容涵盖的金融市场、工具和市场指数的概要。

表2.1　金融市场和指数

货币市场	**债券市场**
国库券	国库券和票据
存单	联邦机构债务
商业票据	市政债券
银行承兑汇票	公司债券
欧洲美元	抵押支持证券
回购协议和反向回购	**权益市场**
联邦基金	普通股
经纪人通知贷款	优先股

续表

指数	**衍生产品市场**
道琼斯指数	期权
标准普尔指数	远期和期货
债券市场指数	互换
国际指数	

2.1 货币市场

货币市场：包括短期的、高流动性的和相对低风险的债务工具的市场。

货币市场（money market）是由非常短期的、可交易性很强的债务证券组成。许多这种证券的单位交易额都非常大，以至超出了个人投资者的购买能力。这样，货币市场共同基金就应运而生，使个人投资者能够方便地投资于这些证券。这些共同基金将许多个人投资者的资金集中起来，再用于购买各种各样的货币市场证券。

□ 国库券

国库券：短期政府债券，以低于面值的价格折价发行，并且在到期时归还面值。

美国**国库券**（Treasury bills，T-bills 或 bills）在所有的货币市场工具中是流动性最强的，它代表了借款的一种最简单的形式。政府通过将国库券出售给公众来募集资金，公众按标明的到期日价值的一定折扣购买国库券。在国库券到期后，政府会按照票面价值支付给持有者。购买价格和最终的到期价值之间的差额就是投资者的收益。

国库券发行的初始到期日为 4 周、13 周、26 周或 52 周。个人投资者可以直接从财政部购买国库券或者在二级市场上从政府债券经纪人手中购买。国库券流动性非常好，这意味着它非常容易变现，手续费低，价格风险小。不同于其他货币市场工具 10 万美元的最低购买额度，虽然 1 万美元面值的国库券更为常见，但国库券的最低购买额度仅为 100 美元。尽管国库券赚取的利息在联邦层面上仍要缴税，但其可以免除地方税和州税，这是国库券与其他货币市场工具的另一区别。

图 2.1 是一份来自《华尔街日报在线》(*Wall Street Journal Online*）的国库券行情表的一部分（请查看市场栏目—市场数据—价格—国库券报价）。这本金融刊物刊登了债券的收益，而不是仅仅提供每只债券的价格。你会看到分别以买价和卖价计算的收益率。买价（bid price）是为了购买国库券你愿意支付给证券交易商的价格。而卖价（asked price）是指卖出证券给交易商时你所得到的比买价稍低一点的价格。买卖价差（bid-asked spread）是指两者之差，是交易商的利润来源。

到期日	距离到期日天数	买价	卖价	涨跌幅	到期收益率
2017 年 6 月 8 日	51	0.730	0.720	无	0.731
2017 年 8 月 17 日	121	0.793	0.783	−0.010	0.795
2017 年 10 月 12 日	177	0.905	0.895	−0.028	0.905
2017 年 12 月 7 日	233	0.928	0.918	−0.023	0.936
2018 年 3 月 29 日	345	0.988	0.978	−0.020	1.000

图 2.1　国库券行情表

资料来源：*Wall Street Journal Online*，April 18，2017.

图 2.1 中前两行收益率是以银行折价法（bank-discount method）计算的。这意味着债券的折价来自它的到期日，或者说按照 360 天/年折算成年利率，然后以面值的百分比形式呈现。例如，图中铺灰行内到期日为 2017 年 10 月 12 日的债券距离到期日还有 177 天，以卖价计算的收益率为 0.895%。这意味着交易商愿意卖出的价格为 0.895%×(177/360)=0.440%。所以面值为 10 000 美元的国库券的购买价是 10 000×(1−0.004 4)=9 956.00（美元）。同样的，以买价计算的收益率是 0.905%，交易商愿意付出的购买价为 10 000×[1−0.009 05×(177/360)]=9 995.504（美元）。注意，价格和收益率是负相关的，所以在图 2.1 中较高的卖价收益率对应着较低的买价。

用银行折价法计算收益率已经有悠久的历史了，但是其至少在两个方面存在缺点。首先，其假设一年只有 360 天。其次，其计算收益率的基础是面值而非投资者实际支付的金额。[①] 此时以买入价购买该国库券并且持有至到期的投资者会发现在 177 天间其投资增长为买入价的 10 000/9 956.00=1.004 419 倍，即收益率为 0.441 9%。用 365 天/年将其转化为年收益率为 0.441 9%×365/177=0.911%，这个数字在最后一栏以“卖价收益率”（asked yield）显示。这个收益率被称作国库券的债券等价收益率（bond-equivalent yield）。

□ 大额可转让定期存单

大额可转让定期存单：一种银行定期存款。

大额可转让定期存单（certificate of deposit，CD）就是银行的定期存款。定期存款不能在存款者需要时随时提取，银行只在存单的固定期限到期时才向储户支付本金和利息。金额超过 10 万美元的存单是可以转让的。也就是说，如果存单的所有者需要现金，他可以在到期日之前将存单出售给其他投资者。短期存单具有高流动性，尤其是期限为 3 个月或稍长的存单。联邦存款保险公司将存单与银行存款视为等同，所以在银行破产时，存单同样可以获得最高为 25 万美元的保险金额。

□ 商业票据

商业票据：由大公司发行的短期无抵押债务。

一家典型的公司既是长期资金的净借入者（用于资本投资），又是短期资金的净借入者（用作运营资金）。一些大型的、著名的公司经常直接向公众发行它们自己的短期无担保债务票据，而不是向银行借款，这些票据就称为**商业票据**（commercial paper，CP）。有时，商业票据以某一银行的信用为担保，这就使得借款者（发行票据的公司）可以将这些经过担保的商业票据当作一种类似于现金的东西使用。只不过到期以后，它们必须对票据进行清偿。

商业票据的期限最长为 270 天，大多数商业票据的期限一般不到 1～2 个月，其金额为 10 万美元的倍数。因此，小投资者只能通过货币市场共同基金间接地投资于商业票据。

假定公司的经营状况在像 1 个月那么短的时间内是可以控制和预测的，那么商业票据就被认为是一种相当安全的资产。商业票据可以在二级市场上进行交易，因而具有高度的流动性。大多数商业票据的发行人在发行前都要经过一些代理机构（例如标准普尔公司）的评级。商业票据的收益率主要取决于其期限的长短以及信用等级。

---

① 所有这些“误差”都是在计算机出现之前为了方便计算而产生的。以面值代替购买价计算折价更加简单，同样的，用 365 天计算太烦琐，用 360 天来估计更加简单。

虽然在过去大多数商业票据是由非金融企业发行的，但在金融危机之前的几年里，银行等金融企业发行的所谓的资产支持商业票据急剧增加。这种短期商业票据通常被筹集资金的机构用来投资于其他资产，其中最臭名昭著的便是次级抵押贷款。这些资产反过来被用作商业票据的抵押品——因此票据被贴上了“资产支持”的标签。自 2007 年夏天，当这些次级抵押贷款开始违约时，这种做法引发了许多困难。银行发现自己无法发行新的商业票据为到期的、过去发行的商业票据头寸进行再融资了。

□ 银行承兑汇票

银行承兑汇票：由客户向银行提出的在未来指定日期支付一定金额的支付命令。

银行承兑汇票（banker's acceptance）就是银行的客户向银行递交的一份支付命令，命令银行在未来的某一日期支付一定数额的现金。银行承兑汇票的期限一般在 6 个月之内。当银行对汇票进行背书表示“承兑”的时候，它就向汇票的持有者承担了最终付款责任。因为这一点，银行承兑汇票可以在二级市场上进行交易，就像任何其他对银行拥有的债权一样。银行承兑汇票被看作很安全的资产，因为它用银行的信用代替了汇票交易者的信用。银行承兑汇票在国际贸易中应用很广泛，因为在国际贸易中，交易一方不知道另一方的信用状况。银行承兑汇票像国库券一样，按票面价值的一定折扣出售。

□ 欧洲美元

欧洲美元：在国外银行或美国银行国外分行存放的以美元标值的存款。

欧洲美元（Eurodollars）是在国外银行或美国银行海外分支机构的美元存款。因为位于美国本土之外，所以这些银行可以不受美国联邦储备委员会的监管。欧洲美元前面有“欧洲”这一前缀，只不过因为欧洲是美国本土之外美元存款的最初实践地，但是这并不意味着这些存款的账户都要在欧洲银行开立。

大多数欧洲美元存款都是大额的，而且大多数都是期限少于 6 个月的定期存款。欧洲美元大额存单是欧洲美元定期存款的一个变形。除了表示一家银行在美国以外的分支机构（尤其是伦敦分支机构）的负债之外，欧洲美元存单和其他美国本土银行的存单没什么两样。一些公司也发行欧洲美元债券，也就是在美国本土以外发行以美元计价的债券。这种债券因为期限很长，并不是一种货币市场工具。

□ 回购协议与反向回购

回购协议：短期出售证券，并同意以更高的价格回购的协议。

政府证券的交易商经常使用**回购协议**（repurchase agreement，也写作 repo 或 RP）作为一种短期（通常是隔夜）借款方式。交易商一般在前一天晚上将证券出售给投资者，同时签署协议，在第二天再以稍高的价格将其买回。两个价格之间的价差就是隔夜利息。于是交易商就相当于向投资者借了期限为一天的贷款，而那些证券就是贷款的担保。

定期回购从本质上讲是一种与贷款性质相同的交易，只不过贷款的期限可以是 30 天或者更长。回购协议一般被认为没有什么信用风险，因为它有证券作担保。反向回购（reverse repo）就是回购协议的一个镜像，也就是说，交易商买下投资者手中的政府证券，同时签署协议，在未来某一天以略高的价格再将这些证券卖给原来的投资者。

□ 经纪人通知贷款

购买股票的投资者可以从他们的经纪人那里借得部分资金用于股票投资。同样，经纪人也可以从银行贷款。其条件是如果银行需要（银行通过通知的形式告知），他们就必须立即归还贷款。这种贷款的利率通常要比短期国库券的利率高一个百分点。

□ 联邦基金

就像我们中的大多数人在银行拥有存款一样，一般的银行在联邦储备银行也拥有存款。每一个联邦储备系统的会员银行都被要求在联邦储备银行的储备账户上至少维持一笔最低数额的存款。法定准备金的数额由该银行储户的存款总额决定，银行在这些储备账户上的基金就被称为**联邦基金**（Federal funds 或 Fed funds）。在任何时候，都有一些银行，它们所拥有的储备金要比联邦储备银行规定的还多。还有一些银行，主要是纽约或其他金融中心的大银行，它们则倾向于储备金数额低于所要求的底线。在联邦基金市场上，拥有富余储备金的银行就把这些富余的资金借给那些储备金短缺的银行。这些贷款通常都是隔夜交易，其利率称为联邦基金利率（Federal funds rate）。

联邦基金：商业银行在联邦储备银行账户上的资金。

尽管联邦基金市场产生主要是为银行余额转移以满足存款准备金率的要求提供途径，然而如今市场发展到一定程度，许多大型银行已直接将联邦基金作为其总资金来源的一个组成部分了。因此，联邦基金利率是金融机构间非常短期的贷款的利率。尽管大多数投资者不能参与这个市场，但联邦基金利率仍作为货币政策的一个重要晴雨表而备受关注。

□ 伦敦银行间同业拆借市场

伦敦银行间同业拆借利率（London Interbank Offer Rate，LIBOR）是欧洲货币市场的首要短期利率，可作为各种交易的参考利率。它最初的设计是反映银行之间贷款的利率。然而，近年来这种银行间贷款大幅下降，特别是期限较长的贷款，但 LIBOR 仍然是许多金融合同的关键基准。例如，一家公司某笔贷款的利率可以是 LIBOR 加上两个百分点。数百亿美元的贷款、抵押贷款和衍生品合同都与之相关。

伦敦银行间同业拆借利率：在伦敦市场上银行间借款的利率。

LIBOR 和类似的利率，如 EURIBOR（欧洲银行间同业拆借利率，European interbank offer rate）和 TIBOR（东京银行间同业拆借利率，Tokyo interbank offer rate），被广泛应用到许多主要货币（例如，美元、英镑、日元和欧元）的报价中，期限从隔夜到几个月不等。然而，这些都是基于参与银行报告的利率调查结果，而不是实际交易。由于最近银行间贷款稀少，鉴于 2012 年 LIBOR 市场的一大丑闻，寻求替代方案的工作正在进行。

英国监管机构已经提议到 2021 年逐步淘汰 LIBOR。他们提出了一个名为 SONIA（英镑隔夜银行间平均利率，Sterling Overnight Interbank Average Rate）的替代利率，它是一个实际交易发生的隔夜利率。美国监管机构提出，美元 LIBOR 将被美国国债回购协议的利率所取代。

2012 年涉及修复 LIBOR 的丑闻深深震撼了这些市场，凸显了基于调查基准的相当大的缺陷。我们将在“市场前沿”专栏中讨论这些问题。

市场前沿

LIBOR 丑闻

LIBOR 最初设计是为了调查银行间的拆借利率，但是很快就成了具有深远意义的短期利率的关键决定因素。超过 350 万亿美元的衍生品合同与之相关，与 LIBOR 浮动利率挂钩的数万亿美元贷款和债券目前尚未偿还。以 LIBOR 计价的五种货币（美元、日元、欧元、英镑和瑞士法郎）提供的贷款期限从一天到一年不等，其中 3 个月期是最为常见的。

但是，LIBOR 不是实际交易发生的利率，相反，它只是一种对“估计”借贷利率的调查，这使得它容易受到操纵。几家大型银行被要求报告它们声称可以在银行间市场借款的利率。从响应样本中对异常值进行修剪，以中端估计值的平均值计算 LIBOR。

随着时间的推移，许多问题开始浮出水面。首先，为了使得自己在金融上看起来更强大，许多银行似乎低报了它们声称可以借款的利率。还有一些调查要求提供其他银行可以借款的利率估计数，结果却偏高。此外，LIBOR 似乎没有反映当前的市场状况。即使在其他利率波动的情况下，大多数 LIBOR 提交结果每天都没有变化，而 LIBOR 利差与其他信用风险指标的相关性之低令人惊讶。

更糟糕的是，一旦市场受到严格审查，就有消息称，参与银行正在合谋操纵其 LIBOR 提交结果，以提高其衍生品交易的利润。交易者使用电子邮件和即时消息来告诉对方他们是希望看到更高的还是更低的提交结果。这个非正式垄断联盟的成员基本上成立了一个“互惠银行”，以帮助彼此根据它们的交易状态，调高或者调低调查的平均结果。

针对这种行为，多家银行被处以 60 多亿美元的罚款，其中包括德意志银行（25 亿美元）、瑞银（15 亿美元）、苏格兰皇家银行（11 亿美元）、拉博银行（10 亿美元）和兴业银行（6 亿美元）。但政府罚款可能只是个开始。2016 年，联邦上诉法院裁定，涉及违反反垄断法的行为可以提起私人诉讼。支付与 LIBOR 利率挂钩的借款人认为，参与银行合谋操纵利率的行为对他们造成了伤害。

若干改革建议应运而生，并且实施了一些改革。直到最近，英国银行家协会（the British Bankers Association）将 LIBOR 调查的责任交给了英国监管机构。在更容易串通的、不太活跃的货币和期限里的 LIBOR 定价已经被取消了。更实质性的建议是基于实际的、可核查的交易，也就是实际贷款，取代调查利率。英国监管机构已表示希望在 2021 年逐步淘汰 LIBOR。两个主要的取而代之的竞争者，一个是 SONIA，这是英国市场的隔夜利率；另一个是按美元利率计算，也就是美国国债回购协议的利率。

这些建议没有回答一些重要问题。例如，如果 LIBOR 被逐步淘汰，基于 LIBOR 的长期合同期限超过 2021 年的将发生什么情况？例如，LIBOR 是抵押贷款中最常见的指数，其中大多数的期限为 30 年。并且，由于 SONIA 只是隔夜利率，有什么可以取代更长期限的 LIBOR 基准利率？

□ 货币市场工具的收益率

尽管大多数货币市场工具都具有较低的风险，但它们并不是无风险的。货币市场上的证券承诺其收益率高于无违约风险的国库券，一定程度上是因为它们的风险更高。那些希望投资流动性更高的投资者，其收益率显然要低一些，他们可以投资于像国库券这样易于转换成现金的证券。例如，图 2.2 就说明了银行存单的收益率与国库券相比，具有更高的风险溢价。而且如图 2.2 所示，风险溢价随着金融危机的爆发而增加，这些金融危机包括在石油输出国组织（OPEC）干扰下的能源价格波动、1987 年股市大跌、1998 年长期资本管理公司的倒闭，以及 2008—2009 年的金融危机。如果你回顾一下第 1 章中的图 1.1，你会发现泰德利差（伦敦银行间同业拆借利率与国库券的利差）也在金融危机期间达到巅峰。

货币市场基金是指投资于货币市场工具并成为该市场主要资金来源的共同基金，下面的“市场前沿”专栏将对金融危机给这些基金带来的负面影响做出讨论。

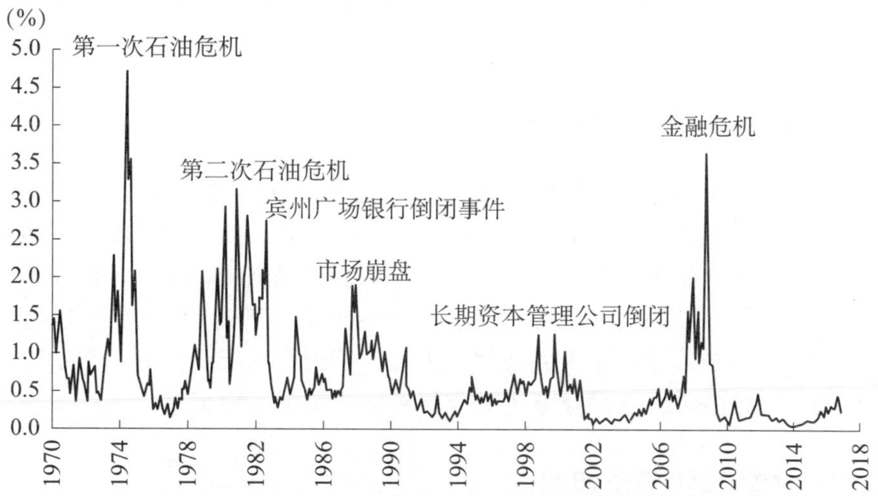

图 2.2　3 个月期大额存单与国库券的利差

市场前沿

货币市场基金和 2008 年金融危机

货币市场基金是投资于货币市场短期债务工具的共同基金。它们被规定只能持有最高质量的短期债务：其所持债务的平均到期期限必须被保持在 3 个月以下。由于这个非常保守的投资组合，货币市场基金通常享有极低的价格风险。其投资者通常能获得用他们的基金签发支票的特权，并经常使用它们作为银行账户的近似替代品。由于基金几乎总是将每股价值维持在 1 美元，并将所有投资收益作为利息转移给投资者，因此这种做法是行得通的。

截至 2008 年，只有一个基金跌破面值，也就是说，遭受的损失大到足以迫使每股价值低于 1 美元。但当雷曼兄弟在 2008 年 9 月 15 日申请破产保护之后，一些已经投入巨资在其商业票据中的基金遭受了重大损失。第二天，历史最悠久的货币市场基金 Reserve Primary Fund 跌破了面值，其每股价值跌至仅 0.97 美元。

意识到货币市场基金在信贷危机中处境危险，投资者开始了一波类似于银行挤兑似的资金赎回。由于担心资本进一步外流，美国财政部宣布将向愿意支付保险费用的货币市场基金提供联邦保险。这个计划类似于联邦存款保险公司的银行保险。随着联邦保险的出现，挤兑被平息了。

然而，华尔街货币市场基金的骚动已经蔓延到了普通民众。由于担心更多的投资者赎回，货币市场基金已经不敢认购即使是十分短期的基金，它们对商业票据的需求也迅速干涸了。整个经济体的企业已经开始将这些市场作为短期融资的主要来源，用于薪水到存货的各种支出。货币市场的进一步衰弱将立即给整个经济带来严重的影响。

为了结束恐慌，稳定货币市场，联邦政府决定为投资货币市场基金提供担保。事实上，该担保确实安抚了投资者，并且结束了挤兑，但让政府承担了高达 3 万亿美元的潜在负债——当时货币市场基金中的资产。

此后，美国监管机构批准了一系列改革措施，以降低这些基金的挤兑风险。机构货币市场基金（那些服务机构而不是散户投资者）必须根据其资产价值“浮动”其股价，而不是保持每股 1 美元的固定价值。这限制了投资者在危机期间竞争首先撤出资金的动力，而股价则保持在不可持续的 1 美元水平。此外，如果基金资产下降超过 30%，基金将有权限制赎回或征收最高 2% 的赎回费。最后，这些规则要求提高透明度，更多地披露资产价值、投资组合构成和流动性。

2.2 债券市场

债券市场是由比货币市场交易工具期限更长的一些借贷工具构成的。这个市场包括中期国债和长期国债、公司债券、市政债券、担保债券以及联邦机构债务。

这些金融工具有时被认为构成了固定收益资本市场，因为它们中的绝大多数要么承诺提供一种固定的收益流，要么承诺提供一种由特定的公式决定的收益流。在实践中，这些公式导致收入的波动性远远大于固定状况。因此，“固定收益”一词不完全合适，把这些证券叫做债务工具或债券会更简单、更直接。

□ 中期国债和长期国债

中期国债和长期国债： 联邦政府发行的期限大于等于一年的债券。

美国政府所借的资金大部分是通过出售**中期国债**（Treasury notes）和**长期国债**（Treasury bonds）这一方式筹集的。中期国债的初始期限最高为 10 年，而长期国债的期限则从 10 年到 30 年不等。这两者都是以 100 美元的整数倍发行的，但通常都是以 1 000 美元为单位进行交易。它们都采用一种叫做“息票支付”（coupon payment）的每半年支付一次利息的支付方式。为什么要叫做“息票支付”呢？因为在没有计算机的时候，投资者必须将贴在债券上的息票剪下，并将其递交给发行代理机构。他们只有采用这种方式，才能获得利息支付。

图 2.3 是摘录的中期国债和长期国债的行情表。行情表中的债券于 2020 年 5 月到期，它的息票收入或者说利息支付为票面价值的 1.5%。这意味着对于面值为 1 000 美元的债券来说，它每年的利息收入是 15 美元。这 15 美元每半年支付一次，每次支付 7.5 美元。

到期日	票面利率	买价	卖价	涨跌幅	到期收益率
2019 年 4 月 15 日	0.875	99.382 8	99.398 4	0.054 7	1.182
2020 年 5 月 31 日	1.500	100.304 7	100.320 3	0.171 9	1.394
2022 年 5 月 31 日	1.875	100.679 7	100.695 3	0.375 0	1.732
2031 年 2 月 15 日	5.375	136.531 3	136.593 8	1.179 7	2.275
2043 年 2 月 15 日	3.125	105.453 1	105.484 4	1.531 3	2.824
2047 年 2 月 15 日	3.000	103.179 7	103.210 9	1.531 3	2.840

图 2.3 中期国债和长期国债行情表

资料来源：*The Wall Street Journal Online*, April 18, 2017.

图 2.3 中 2020 年 5 月到期的国债的买价是 100.304 7$\left(\text{这是 } 100\frac{39}{128}\text{ 的十进制形式。}\right.$最小报价单位，也叫长期国债市场的价差，是$\left.\frac{1}{128}\text{的倍数}\right)$。尽管国债通常以 1 000 美

元的面值平价进行交易，然而买价和卖价还是习惯表示为面值的一个百分比。因此，买价可以被解释为面值的100.304 7%，或者说对于面值为1 000美元的债券，买价为1 003.047美元。类似地，出售给交易商的卖价为面值的100.320 3%，或者说是1 003.203美元。图中0.171 9意味着这一天的收盘价比前一天的收盘价上涨了0.171 9% $\left(\text{相当于}\frac{22}{128}\right)$，最终，以卖价为基础的到期收益率为1.394%。

图中最后一列所报告的到期收益率衡量的是：一个购买债券的投资者如果将其持有至到期，那么他的年收益率将会是多少。它将股利收入和1 000美元购买价与到期最终价的差值都纳入计算。我们将在第10章详细地讨论到期收益率。

概念测验 2.1

在图2.3中，2022年5月到期的、息票率为1.875%的长期国债的买价、卖价、到期收益率各是多少？之前一天的卖价是多少？

扫描二维码
获取答案解析

□ 通胀保值国债

构建一个投资组合最好以风险最小的产品作为起点。纵观世界，许多国家的政府，包括美国，都已发行与物价指数相关联的证券来为它们的公民提供一种对冲通货膨胀风险的有效方法。

在美国，通胀保值国债被称作TIPS（Treasury Inflation Protected Securities）。这些债券的本金金额按一定比例随着消费者价格指数的变化而变化。所以，这些债券提供了一个稳定的实际收入（经过通胀调整的）现金流，而且若持有至到期，投资者从这些债券上得到的实际利息率是无风险的。我们会在第10章中对TIPS进行更详细的介绍。

□ 联邦机构债务

一些政府机构也会发行它们自己的证券来为其活动募集资金。这些机构通常是因为一些公共政策原因而成立的，为了将资金引导至经济的某一特定部门，这些经济部门通常是国会认为通过普通的私人渠道无法募集到足够资金的部门。

最主要的一些有关抵押贷款的机构是联邦住宅贷款银行（FHLB，Federal Home Loan Bank）、联邦国民抵押贷款协会（FNMA，或者Fannie Mae，房利美）、政府国民抵押贷款协会（GNMA，或Ginnie Mae）以及联邦住宅抵押贷款公司（FHLMC，或Freddie Mac，房地美）。

尽管联邦机构的债务并没有明确地得到过联邦政府的担保，人们仍然假定政府会救援那些处于违约边缘的机构。这些信念在2008年9月当房利美和房地美真正遭遇严重的金融危机时得到了验证。当两家公司濒临破产时，政府介入并将其双双接管，指派联邦住房金融局运营该公司，并事实上同意兑现两家公司的债券。（回顾第1章中对房利美和房地美失败的更多讨论。）

□ 国际债券

很多公司从海外借款，很多投资者也从外国发行人那里购买债券。除了全国资本市场外，还有一个位于伦敦的活跃的国际资本市场。

欧洲债券（Eurobond）是以非发行国货币计价的债券。例如，以美元计价、在英国出售的债券就可以被称为欧洲债券。类似地，投资者也可能提及欧洲日元债券，即在日本国外出售的、以日元计价的债券。由于新的欧洲货币被称为欧元，因此，欧洲债券这一术语可能引起混淆，最好直接把它看作国际债券。

与以外币计值发行的债券相比，很多公司在海外以投资者所在国的本币发行债券。例如，扬基（Yankee）债券就是由非美国发行人在美国出售的、以美元计值的债券。类似地，武士（Samurai）债券是由非日本发行人在日本出售的、以日元计值的债券。

□ 市政债券

市政债券：国家和地方政府发行的免税债券。

市政债券（municipal bonds）由州政府或地方政府发行。除了这种债券的利息收入不必缴纳联邦所得税外，它类似于国库券和公司债券。在发行这种债券的州内，它通常还不必缴纳州和地方政府税。如果这种债券到期后价格高于购买价格或者出售价格高于购买价格，那么投资者必须缴纳资本所得税。

市政债券有两种基本形式。一种是普遍义务债券（general obligation bonds），它以发行人的“全部信心和信用”（如税收权力）为支撑；另一种是收益债券（revenue bonds），发行这种债券的目的是为特定的项目融资。它以该项目每年的收入或者以运作该项目的地方机构的年收入作为支持。机场、医院以及收费公路或者港务机关都是收益债券典型的发行人。收益债券比普遍义务债券的违约风险更大。

工业发展债券（industrial development bond）是一种为商业企业融资的收益债券，例如为私人企业控制的新建工厂融资。实际上，这种设计赋予一些公司类似于市政当局的以免税利率借款的能力，联邦政府限制了这种债券的发行数量。[①] 图 2.4 绘出了工业发展债券和普遍义务市政债券的未偿还额。

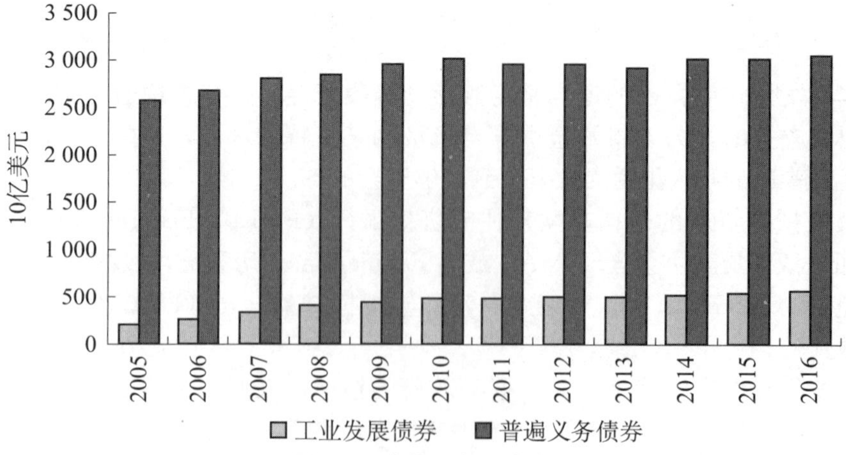

图 2.4 未偿还免税债券

资料来源：*Flow of Funds Accounts of the United States*，Board of Governors of the Federal Reserve System，March 2017.

① 注意：尽管工业发展债券的利息收入可免除联邦税，但如果借款额被用于盈利公司的融资，其仍然有最小税额的限制。

同国债一样，市政债券的期限也很广泛。有相当数量的债务以短期税收预期票据的形式发行。这样做的目的是，在真正的税收收入征集上来之前，募集一些资金用于现在的开销。其他一些市政债券可能是长期的，用于为一些大额资本投资筹集资金。长期市政债券期限的上限为 30 年。

市政债券最典型的一个特征就是可以免税。因为投资者无须缴纳任何联邦利息所得税或州内的利息所得税，所以他们愿意接受这些证券较低的收益率。

一个投资者要想在免税债券和应税债券之间做出选择，他首先要比较一下这两种债券的税后收益率。一个正确的比较需要计算税后收益率，同时要对所得税和资本利得税有一个清楚的认识。在实践中，存在着一个比较简单的经验法则。如果我们用 t 代表联邦和州的有关税种的边际税率之和，用 r_t 表示应税债券的税前收益率，那么 $r_t(1-t)$ 就表示这些债券的税后收益率。[①] 如果这一数值高于市政债券的收益率 r_m，那么投资者最好持有应税债券。相反，如果免税市政债券的税后收益率更高，投资者最好投资于免税市政债券。

一种用于比较这两种债券的可行方法是，找出应税债券能够带来与市政债券相等的税后收益率的票面利息率。为了导出这一数值，我们先设两种债券的税后收益率相等，然后我们就可以解出免税债券的等价应税收益率（equivalent taxable yield)。这就是应税债券要想具有和免税债券相等的税后收益率所必须提供的利息率。

$$r_t(1-t)=r_m \tag{2.1}$$

或

$$r_t=r_m/(1-t) \tag{2.2}$$

这样，等价应税收益率简单地通过 r_m 除以 $1-t$ 就得到了。表 2.2 列出了一些市政债券的等价应税收益率以及税率。

表 2.2　对应于各种免税债券的等价应税收益率（%）

边际税率	免税收益率				
	1%	2%	3%	4%	5%
20	1.25	2.50	3.75	5.00	6.25
30	1.43	2.86	4.29	5.71	7.15
40	1.67	3.33	5.00	6.67	8.33
50	2.00	4.00	6.00	8.00	10.00

表 2.2 经常出现在免税债券共同基金的营销文案中，因为它向那些边际税率很高的投资者展示了市政债券所具有的吸引人的等价应税收益率。表中的数据都是根据公式（2.2）计算出来的。如果等价应税收益率超过了应税债券所提供的实际收益率，那么投资者最好持有免税的市政债券。等价应税收益率随着投资者边际税率的上升而增长。税率越高，市政债券的免税功能就越有价值。这样，对于那些具有高边际税率的

① 联邦税与州税的综合税率取决于在联邦层面是否可以减免州税。对于采取标准扣除的个人来说，州税收不影响联邦税收。州税收的增加也不会影响那些已经在为州和地方税收征收最高 1 万元美元减税的个人的联邦税收。对这些投资者来说，综合税率只是联邦和州税率的总和。例如，如果你的联邦税率是 28%，你的州税率是 5%，你的综合税率将是 33%。然而，如果州税（边际税率）可以扣除联邦税，那么综合税率反映的则是你所需缴纳的计税基数是你的利息收入扣除州税之后的净值。因此，你需要支付的联邦税以利息收入×$(1-t_{state})$ 为计税基础，你的每一美元市政利息的税后收入为 $(1-t_{federal})\times(1-t_{state})$。在我们的例子中，每一美元的税后收益为 $(1-0.28)\times(1-0.05)=0.684$，即综合税率为 $1-0.684=0.316$，或者 31.6%。

投资者而言，他们倾向于持有市政债券。

我们同样可以通过公式（2.1）或（2.2）找出使投资者投资于两种债券的收益率相等的边际税率。通过解公式（2.1），我们得到：

$$t=1-r_m/r_t \tag{2.3}$$

这样，收益比率 r_m/r_t 就成为决定市政债券吸引力的一个关键因素。这一比率越高，通过公式（2.3）求出的边际税率就越低，愿意持有市政债券的投资者就越多。

作为边际税率的一个粗略的指引，图 2.5 描述了 20 年期市政债券收益率和 Baa 级公司债券收益的比率。这些债券的违约风险在许多时期可能大致相当，但肯定会随着时间的推移而波动。例如，这一比率在 2011—2013 年的急剧上涨可能反映了当时对一些州和市政府不稳定的财务状况的担忧，从而导致债券信用利差的升高。

案例 2.1

应税与免税收益率

图 2.5 显示，在近 60 年的多数时间里，免税和应税收益率的比率一直在 0.70 左右徘徊。对于提供更高税后收益率的免税债券而言，这会对上面的边际税率产生什么影响？公式（2.3）说明，如果一个投资者的综合税率（联邦税加上地方税）超过 1－0.70＝0.30，或者 30%，那么他将从市政债券中获得更高的税后收益率。但是，值得注意的是，由于很难对这些债券之间的风险差异做出精确的控制，所以边际税率只能取一个近似的数值。

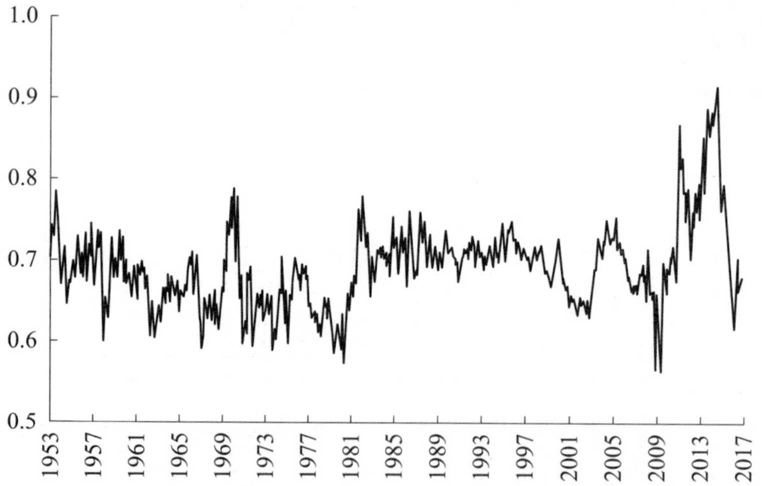

图 2.5　市场债券与企业 Baa 评级债券的收益率比率

资料来源：www.federalreserve.gov/releases/h15/data.htm.

概念测验 2.2

假设你的综合税率是 30%。你愿意获得 6%的应税收益率还是 4%的免税收益率？对于 4%的免税收益率而言，其等价应税收益率是多少？

扫描二维码
获取答案解析

□ 公司债券

公司债券（corporate bonds）是私人公司直接向公众借款的一种手段。公司债券的构建在很大程度上类似于国库券。它也是在其存续期内每半年用息票形式支付一次利息，并且在到期以后向投资者偿还票面价值。两者之间最大的差异就是风险不同。

公司债券：由私人公司发行的长期债务，每半年付息一次，并且在到期日归还面值。

在购买公司债券时，违约风险是一个很现实的考虑。我们将在第 10 章更详细地考察这一问题。在这里，我们只需区分有担保债券、无担保债券和次级债券。有担保债券在公司破产时，有特定的担保品作为支持；无担保债券，也称为信用债券（debentures），则没有担保品作为支持；次级债券在公司破产时，对公司清算资产的求偿权位于优先债券之后。

公司债券有时还有一些附属的选择权。可赎回债券（callable bonds）给予公司以约定价格购回债券的权利。可转换债券给予投资者将一份债券转换成约定数目股票的权利。这些选择权将在第 3 部分详细介绍。

□ 抵押贷款和资产支持证券

由于抵押贷款支持证券的爆炸式发展，几乎所有人都可以投资于抵押贷款投资组合，而这些证券已成为固定收益市场的一个主要组成部分。

如第 1 章所述，抵押贷款支持证券的所有权既是抵押贷款池的所有权凭证，又是以这一资产池为担保的债务。大多数传统的转手证券是由标准类抵押贷款组成的，这意味着贷款必须满足某些承销指南（借款人信用的衡量标准）才能被房利美和房地美购买。然而，在金融危机前的几年里，大量的次级抵押贷款，即借给财务状况不佳的借款人的高风险贷款，被私营的发行人捆绑出售。图 2.6 展示了这些证券至少在金融危机之前的爆炸性增长。

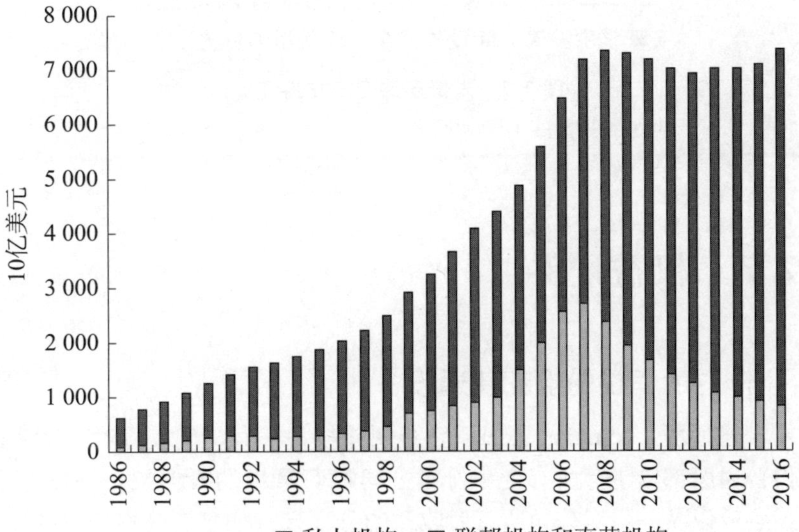

图 2.6　未偿还的抵押贷款支持证券

资料来源：Securities Industry & Financial Markets Association，www.sifma.org，April 2017.

为了让低收入家庭更有能力买房，受到政府赞助的企业被鼓励购买次级抵押贷款证券。这些贷款被证明是灾难性的，数万亿美元的损失在银行、对冲基金、其他投资者以及房地美和房利美之间蔓延，这些机构因其购买的次级抵押贷款损失了数十亿美元。从图 2.6 可以看出，私营的抵押贷款转手证券市场从 2007 年开始迅速萎缩。

尽管存在这些问题，但很少有人相信证券化本身将会停止，哪怕在这个市场的实践肯定会比往年更加保守，尤其是在最终借款人必须满足信贷标准这一点上。事实上，证券化已经成为许多信贷市场上越来越常见的主题。例如，现在，汽车贷款、学生贷款、房屋净值贷款、信用卡贷款，甚至是私人企业的债务被打包成直接可以在资本市场上交易的转手证券的现象十分常见。图 2.7 表明截至 2007 年，非抵押贷款资产支持证券的快速增长。在金融危机之后，市场明显萎缩，但资产抵押市场的规模仍相当可观。

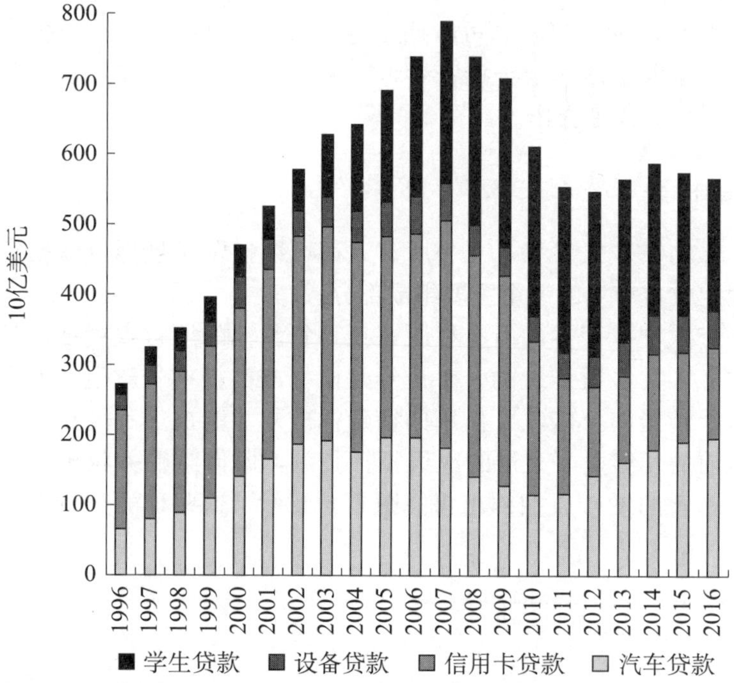

图 2.7　未偿还的资产支持证券

资料来源：Securities Industry & Financial Markets Association，www. sifma. org.

2.3　权益证券

□ 作为所有权份额的普通股

普通股：上市公司的股票，其股东拥有投票权并可获得股利。

普通股（common stocks），也叫作权益证券，代表着对一家公司的所有权份额。每一份普通股都给予其所有者一份对公司经营管理的投票权、一份在公司年度股东大会上的投票权以及一份对公司所有者收益的分享权（如享有公司分派的任何股利的权利）。[①]

① 通常情况下，公司发行两种普通股。其中一种享有投票权，而另一种则不享有。因为不享有投票权的普通股权利受到限制，所以它们的价格要低一些。这也相应地反映了这种普通股所控制的价值。

一家股份有限公司通常由股东选出的董事会控制，董事会再选聘公司的经理，负责公司日常的经营管理，董事会每年只召开几次会议。经理拥有对公司大多数业务方面事情的决定权，而无须经过董事会同意。董事会的职责在于监督管理者，使其行为符合股东财富最大化的要求。

董事会的成员在年度大会上选举出来。那些不参加年度股东大会的股东可以授权代理人以自己的名义进行投票。管理者通常恳求股东委托授权，以便获得大多数股东的支持。因此，管理层通常有相当大的自由裁量权以合适的方式来运营该公司，而不需要由公司真正的股权持有人来进行日常监督。

我们在第 1 章中提到，这种所有权和控制权的分离产生了代理问题，其中包括经理所追求的目标不是股东利益最大化。然而，通过一些机制的设计可以缓解代理问题，其中包括将经理薪酬与公司盈利挂钩的薪酬方案；对董事会和证券分析师、债权人或者大型机构投资者等进行监督；当不满意的股东试图代替当前的管理团队时，就出现了代理权争夺战的威胁；或者是面临被另一家公司接管的挑战。

大多数大公司的普通股可以在一家或者更多股票交易市场上自由地买卖。那些股票不能公开交易的公司被称为封闭式持股公司。在大多数封闭式持股公司里，公司的所有者在公司的管理中也起着重要的作用。收购一般不是一个问题。

□ 普通股的特征

作为一种投资，普通股最重要的两个特征就是剩余索取权和有限责任。

剩余索取权（residual claim）意味着股东在所有对公司的资产和收入拥有索取权的人中排在最后。在公司资产的清算中，股东只有在所有其他索取者的要求都得到满足后，才对公司的剩余财产拥有索取权。这些索取者包括税务部门、公司雇员、供应商、公司债券持有者以及其他一些信贷者。进一步地，股东只对公司运营收入扣除利息和所得税后的部分拥有索取权。管理者可以将这种剩余收益以现金股利的形式派发给股东，或者将这部分收益用于再投资，以增加股东手中股份的价值。

有限责任意味着在公司倒闭时，股东的最大损失只是其初始投资。在这方面，股东不同于非股份有限公司的所有者，后者的债权人可以对其私人财产拥有索取权，例如房屋、汽车以及家具。当股份有限公司破产时，公司的股东最坏的结果就是拥有一大堆没有任何价值的股票。他们个人不对公司的债务负责，他们的责任是有限的。

概念测验 2.3

a. 如果你购买了通用电气（GE）的 100 股普通股，你将享有什么样的权利？

b. 这一投资在下一年度最多可赚多少钱？

c. 如果你的购买价格为 30 美元/股，一年后你可能的最大损失为多少？

扫描二维码
获取答案解析

□ 股票市场行情表

图 2.8 显示了一小部分在纽约证券交易所（New York Stock Exchange，NYSE）交易的股票的主要交易数据。在纽约证券交易所中，投资者可以购买和出售股份。这

样的市场有很多，纽约证券交易所只是其中之一。我们将在下一章讨论这些市场中的证券交易情况。

以字母 G 开头	代码	收盘价	净涨跌幅	交易量	52 周最高价	52 周最低价	股利	收益率	市盈率	最近一年涨跌幅
Game Stop CIA	GME	23.57	−0.40	1 440 828	32.67	20.10	1.52	6.45	6.87	−6.69
Gannett	GCI	8.40	−0.45	824 448	16.48	7.30	0.64	7.62	23.33	−13.49
Gap	GPS	25.70	−0.41	3 705 292	30.74	17.00	0.92	3.58	15.21	14.53
GasLog Partners	GLOP	23.00	−0.65	310 485	25.20	17.26	2.00	8.70	9.75	11.92
GATX	GATX	59.19	−0.32	342 362	64.46	40.66	1.68	2.84	9.77	−3.88
GCP Applied Technologies	GCP	33.70	…	433 531	34.05	22.06	…	…	33.37	25.98
Genco Shipping & Trading	GNK	9.71	−0.64	200 018	14.99	3.62	…	…	…	31.57
General Cable	BGC	18.55	0.90	745 461	20.80	11.65	0.72	3.88	…	−2.62
General Dynamics	GD	194.55	0.37	1 085 423	196.97	135.68	3.36	1.73	20.03	12.68
General Electric	GE	29.20	−0.03	19 159 156	33.00	28.19	0.96	3.29	27.21	−7.59

图 2.8　纽约证券交易所的股票行情表

资料来源：*The Wall Street Journal Online*, May 5, 2017.

为了解释图 2.8，我们考察一下行情表中最后一行所显示的通用电气公司（General Electric）股票的价格行情。表格提供了代码（GE）、股票的收盘价（29.2）、与前一天相比价格的变化（−0.03）。在这一天通用电气公司的交易量超过了 1 900 万股。该行情表还提供了在过去 52 周中通用电气股票的最高价和最低价。在股利（DIV）栏下的 0.96 代表着最近的季度股利是 0.24 美元/股，这与每年股利 0.24×4=0.96（美元）是一致的，与股利收益率（也就是为股票支付的每一美元的年股利收入）0.96/29.00=0.0329 1 或者 3.29%也是一致的。

股利收益率仅仅是收益率的一部分。它忽视了预期的资本利得（又称资本收益率，capital gains）（即股价上涨）或损失。低股利收益率公司可能会提供一个更好的资本收益前景，否则投资者就不会在其资产组合中持有这些股票。总览图 2.8，你会看到股利收益率在不同公司间差异很大。

市盈率（P/E ratio），或者说价格-收益比率（price-to-earnings ratio）就是某种股票当前的市场价格与上一年收益的比率。市盈率告诉我们，投资者必须为公司每一股股票所产生的每一美元收益支付多少钱。例如通用电气，它的市盈率是 27.21。不同公司的市盈率差异很大。在图 2.8 中，如果没有列出股利收益率和市盈率，就意味着这家公司没有股利，或者公司的收益为零或负。我们将在第 4 部分对市盈率作更详细的说明。最后，我们可以看到通用电气的股票价格自年初以来下降了 7.59%。

□ 优先股

优先股：其股东不拥有公司的投票权，通常支付一个固定的股利流。

优先股（preferred stock）具有一些既类似于权益又类似于债务的特点。如同债券一样，它向持有者许诺每年提供一个固定的收入流。从这一点上看，优先股类似于一种无期限的债券，或者说永久债券。它与债券的另外一个相似之处就是，同债券一样，它不给予其持有者在公司管理方面的投票权。

然而，优先股是一种权益投资。公司一般仍会向优先股的持有者支付股利，尽管它并没有这样做的契约性义务。优先股的股利是累积性的，也就是说，任何未支付的股利累积都必须在向普通股股东发放任何股利之前全部予以支付。相反，公司具有对其债务支付利息的契约性义务。这些利息支付的违约将会促使公司走向破产。

优先股和债券的另一个区别是，它给公司带来的税务处理不同。因为对优先股的支付被看作是一种股利而不是债务利息，所以对于公司来说，它不是一种可以在税前扣除的开支。这一不利之处在很大程度上可以被这样一个事实所抵消，那就是公司在计算其纳税收入时，可以将该公司从其他国内公司获得的优先股股利的 50%扣除（2018 年之前，股利扣除是 70%）。这样，对于一些公司而言，优先股就成为一种颇具吸引力的固定收益投资。

尽管当公司破产时，优先股对公司剩余财产的索取权排在债券之后，但它出售时的收益率一般比债券要低。这大概是由于这种收益率反映了股利收入在计算纳税收入时可进行扣除这一优点，因为鉴于优先股相对于债券有更高的风险，优先股的收益率还是应该比债券高。个人投资者则无法享受扣除额的好处，因此他们一般会觉得，同其他一些资产相比，优先股的收益率并不是那么吸引人。

公司还会像发行债券那样发行很多优先股的变形产品。有一种优先股可以被其发行公司赎回，这种优先股被称为可赎回优先股。还有一种优先股可以以特定的比例转换成普通股。在市场上，一种相对较新的创新就是可调利率的优先股，如同可调利率的债券，这种优先股将其股利利率同当前的市场利率联系起来。

□ 存托凭证

美国存托凭证（American Depositary Receipts），或称 ADRs，是在美国市场上交易的代表对国外股票所有权的凭证。每份 ADR 可以等于几分之一股、一股或者多股国外公司股票。ADRs 的发明让国外公司在美国的证券注册变得更容易，它是美国投资者投资和交易国外公司股票最普遍的方式。

2.4 股票和债券市场指数

□ 股票市场指数

道琼斯工业平均指数每天的表现是晚间新闻报道的一个重要内容，它是衡量股票市场表现最著名的一种方法，但是它也只是许多指数中的一种。其他建立基础更广泛的指数都是每天计算和公布的。另外，衡量债券市场表现的指数也可以十分容易地得到。

日益增长的国际贸易和国际投资使得外国一些金融市场指数也成为日常新闻的一部分。这样，外国的一些股票市场指数，例如日经指数和伦敦《金融时报》指数，也成为家喻户晓的名称。

□ 道琼斯工业平均指数

以 30 家大型“蓝筹”公司股票为基础的道琼斯工业平均指数（Dow Jones Industrial Average，DJIA）从1896年就开始计算了，它的悠久历史可能是它在公众心目中拥有卓越形象的一大原因。（直到1928年，这一指数仍只包括20种股票。）

最初，道琼斯工业平均指数的计算仅是指数中所包括的股票价格的平均值。因此，如果指数中包括30种股票，我们就必须把这30种股票的价格加总再除以30，道琼斯股票百分比的变化也就是30种股票平均价格的百分比变化。

这一过程意味着道琼斯指数百分比的变化可以用来衡量投资于一组股票中每只股票各一股的资产组合的收益（不包括股利），这样一个资产组合的价值就是这30种股票价格的总和。因为30种股票平均价格的百分比变化与30种股票价格总和的百分比变化是一样的，所以在每一天，股指和这种资产组合都有相同的百分比变化。

价格加权平均指数： 通过将股票价格加总并除以约数计算出来的平均数。

道琼斯工业平均指数衡量持有每一种股票一定份额的投资组合的回报率（不包括股利），投入投资组合中每一个公司的资金是和该公司的股价成比例的，所以被称作**价格加权平均指数**（price-weighted average）。

案例 2.2

价格加权平均指数

参考表2.3中的数据。我们暂且假设道琼斯指数只由两种股票组成，我们来比较持有每个公司一股的组合与价格加权的组合的价值变化。股票ABC出售的初始价格是25美元/股，最终价格为30美元/股，股票XYZ出售的初始价格是100美元/股，最终价格是90美元/股。

表2.3 用于计算股票价格指数的相关数据

股票	初始价格（美元）	最终价格（美元）	股份数（百万）	所投资股票的初始价值（百万美元）	所投资股票的最终价值（百万美元）
ABC	25	30	20	500	600
XYZ	100	90	1	100	90
总和				600	690

组合：初始价格＝25＋100＝125（美元）

最终价格＝30＋90＝120（美元）

组合价格变化的百分比＝(－5)/125＝－0.04＝－4%

指数：初始指数价格＝(25＋100)/2＝62.5（美元）

最终指数价格＝(30＋90)/2＝60（美元）

指数价格变化的百分比＝(－2.5)/62.5＝－0.04＝－4%

所以，两个组合的最终价值都降低了4%。

注意价格加权平均指数使得那些定价高的股票在决定市场指数的表现时具有更高的权重。例如，尽管ABC公司的股票上涨了20%，而XYZ公司的股票只下跌了10%，但是整个指数的价值却下跌了。这是因为ABC公司股票价格上涨20%只代表5美元/股的价格收益，这比不上XYZ公司股票价格下跌10%所带来的价格损失（10美元/股）。这种“道琼斯型资产组合”如果全部投资于XYZ公司的股票，其价值将是全部投资于ABC公司股票价值的4倍。这是因为XYZ公司股票的价格是ABC公司股票价格的4倍。因此，XYZ公司股票的价格在更大程度上决定了平均值的大小。我们由此得出结论：价格更高的股票可以决定价格加权平均指数。

你也许会感到疑惑：如果道琼斯工业平均指数是 30 种股票的平均价格，那么为什么它（2018 年年初）位于 25 000 点的水平上呢？道琼斯工业平均指数不再等于这 30 种股票的平均价格，这是由于下列情况的出现，计算平均值的过程会发生调整：股票发生了拆分，某一股票的股利支付率超过了 10%，或者是 30 家工业企业中的某一家被其他公司取代。当这些事件发生时，用于计算平均价格的除数就会相应地进行调整，以排除这些事件对指数的影响。

案例 2.3

拆分后的价格加权指数

假设案例 2.2 中 XYZ 公司的股票每一股拆分成两股，其价格相应地下跌为 50 美元/股，我们不希望平均价格也下跌，因为这将不正确地反映整个市场发生了普遍的价格下跌。当股票拆分后，除数也应相应地下降，以使平均价格不受拆分的影响。表 2.4 表明了这一点。XYZ 公司股票的初始价格在表 2.3 中是 100 美元/股。当在期初股票拆分以后，其价格就下降为 50 美元/股。值得注意的是，XYZ 股票的股份数也相应地加倍了，这使得总股数的市场价值不受影响。

我们按如下方法计算新的除数。在股票拆分之前，其价值是 125/2=62.5。我们需要寻找到一个新的除数 d，使得指数在股票拆分之后没有变化，并且它的价格降至 50 美元。因此，我们通过以下等式解出 d：

$$(\text{ABC 公司的股价} + \text{XYZ 公司的股价})/d = (25+50)/d = 62.5$$

这意味着除数由最初的 2.0 变为 1.20。

由于拆分股票会影响 XYZ 股票的价格，它同时会改变价格加权指数中两只股票的比重。因此，指数的回报率会受到拆分的影响。

在期末，ABC 股票价格为 30 美元，XYZ 股票价格为 45 美元，代表着表 2.3 中假设的 −10% 的收益率。价格加权指数的新的价值是(30+45)/1.2=62.5。指数是没有变化的，所以收益率是 0，比没有拆分之前的 −4% 大。相对表现较差的 XYZ 股票的权重被拆分降低了，因为拆分后价格降低了，所以平均绩效提高了。这个例子说明价格加权指数的机制是存在套利机会的，因为它是由平均价格而不是平均市场价值（每股的价格乘以发行在外的股票数）决定的。

表 2.4　股票拆分后计算股票价格指数的相关数据

股票	初始价格（美元）	最终价格（美元）	股份数（百万）	发行在外的股票的初始价值（百万美元）	发行在外的股票的最终价值（百万美元）
ABC	25	30	20	500	600
XYZ	50	45	2	100	90
总和				600	690

当一家公司被排除出股指计算，另一家价格不同的公司加入进来时，除数也以与股票拆分后同样的方式更新着，以使平均价格不受这种公司替换的影响。截至 2018 年，道琼斯工业平均指数的除数值已经降到了 0.145。

因为道琼斯工业平均指数建立在少数公司的基础上，所以我们必须注意保证它们能够代表整个市场。因此，用于计算平均值的公司经常发生变换，以反映整个经济的变化。表 2.5 展示了 1928 年和 2018 年道琼斯工业平均指数的构成。该表为 20 世纪美国经济的改变提供了明显的证据。许多在 1928 年“最为卓越的蓝筹公司”如今已不再存在，而 1928 年间作为经济支柱的行业如今已被一些当时无法想象得到的行业所取代。

概念测验 2.4

假设表 2.3 中 XYZ 公司的股票价格上升到 110 美元，而 ABC 公司的股票价格下降到 20 美元，求出这两种股票价格加权平均值的百分比变化。将这种变化同持有每家公司一股股票的投资组合收益的百分比变化作比较。

扫描二维码
获取答案解析

表 2.5　道琼斯工业平均指数中包含的公司：1928 年和 2018 年

1928 年的道琼斯公司	如今的道琼斯公司	公司代码	所属行业	纳入指数的年份
赖特航空（Wright Aeronautical）	3M	MMM	涉及多个行业	1976
联合化学（Allied Chemical）	美国运通公司（American Express）	AXP	消费金融	1982
北美公司（North American）	苹果公司（Apple）	AAPL	电子设备	2015
维克多留声机公司（Victor Talking Machine）	波音公司（Boeing）	BA	航空航天和国防	1987
国际镍业（International Nickel）	卡特彼勒公司（Caterpillar）	CAT	建筑	1991
国际收割机（International Harvester）	雪佛龙公司（Chevron）	CVX	石油和天然气	2008
西屋电气公司（Westinghouse）	思科系统公司（Cisco Systems）	CSCO	计算机设备	2009
得克萨斯海湾硫黄公司（Texas Gulf Sulphur）	可口可乐公司（Coca-Cola）	KO	饮料	1987
得克萨斯股份有限公司（Texas Corp）	杜邦公司（DuPont）	DD	化学品	1935
标准石油公司（Standard Oil（NJ））	埃克森-美孚公司（ExxonMobil）	XOM	石油与天然气	1928
通用电气公司（General Electric）	通用电气公司（General Electric）	GE	涉及多个行业	1907
美国烟草公司（American Tobacco）	高盛集团（Goldman Sachs）	GS	投资银行	2013
西尔斯（Sears Roebuck）	家得宝（Home Depot）	HD	家居产品零售业	1999
通用汽车公司（General Motors）	英特尔（Intel）	INTC	半导体业	1999
克莱斯勒（Chrysler）	IBM	IBM	计算机服务	1979
大西洋精炼（Atlantic Refining）	强生公司（Johnson & Johnson）	JNJ	制药业	1997
派拉蒙影业（Paramount Publix）	J. P. 摩根大通（JP Morgan Chase）	JPM	银行业	1991
伯利恒钢铁（Bethlehem Steel）	麦当劳（McDonald's）	MCD	餐饮业	1985
通用铁路信号公司（General Railway Signal）	默克（Merck）	MRK	制药业	1979
麦克卡车公司（Mack Trucks）	微软（Microsoft）	MSFT	软件	1999
联合碳化物（Union Carbide）	耐克（Nike）	NKE	服装	2013
美国冶炼公司（American Smelting）	辉瑞（Pfizer）	PFE	制药业	2004
美国制罐公司（American Can）	宝洁（Procter & Gamble）	PG	家庭用品	1932
普斯通公司（Postum Inc.）	旅行者（Travelers）	TRV	保险业	2009
纳什汽车公司（Nash Motors）	联营医疗集团（United Health Group）	UNH	健康保险	2012
美国糖业公司（American Sugar）	联合技术（United Technologies）	UTX	航空航天	1939
古德里奇公司（Goodrich）	威瑞森（Verizon）	VZ	电信	2004
无线电股份有限公司（Radio Corp）	维萨（Visa）	V	电子支付	2013
沃尔沃斯公司（Woolworth）	沃尔玛（Walmart）	WMT	零售商	1997
美国钢铁公司（U. S. Steel）	迪士尼（Walt Disney）	DIS	广播和娱乐	1991

□ 标准普尔 500 指数

与道琼斯工业平均指数相比，标准普尔 500 指数在两个方面表现出了优越性。首先，它的范围更广泛，在指数的计算中包括了 500 家公司。其次，它是一种**市值加权指数**（market value-weighted index）。在案例 2.2 所讨论的 ABC 公司和 XYZ 公司的例子中，标准普尔 500 指数给予 ABC 股票的权重将是给予 XYZ 股票权重的 5 倍，因为前者的市值是后者的 5 倍（5 亿美元比 1 亿美元）。

市值加权指数：以公司市场价值占总价值的比例为权数，对指数中每种证券收益进行的加权平均。

标准普尔 500 指数是通过计算这 500 家公司的总市值以及这 500 家公司前一个交易日的总市值得出的。某一天与前一天相比总市值的百分比增加就意味着指数的增加。①如果一个投资组合包括了所有这 500 家公司的股票，并且每种股票的投资额都与公司的市值成比例，那么这个投资组合的收益率就等于股指的收益率，只是股指并不反映这些公司支付的现金股利。

案例 2.4

市值加权指数

为了说明市值加权指数是如何计算的，我们再来看一下表 2.3。在我们所设想的两只股票的世界中，所有未偿还股票的期末价值是 6.9 亿美元，初始价值是 6 亿美元。如果 ABC 股票和 XYZ 股票的市值加权指数的初始值被设为 100，那么在期末，这一指数将变为 $100\times(690/600)=115$。对于一个持有这两种股票，并且每种股票的投资额都与其公司市值成比例的投资组合来说，股指的增加就反映了该投资组合的收益增加了 15%。

与价格加权指数不同的是，市值加权指数赋予了 ABC 股票更大的权重。因为价格加权指数赋予高价格 XYZ 股票更大的权重，所以指数会下跌，而市值加权指数赋予市值更高的 ABC 股票更大的权重，所以指数会上升。

同时关注一下表 2.3 和表 2.4，我们会发现市值加权指数不会受到股票拆分的影响。尽管 XYZ 股票进行了拆分，它的总市值仍然从 10 亿美元上升到 11 亿美元，这使得指数的市场表现同股票拆分不相关。

市值加权指数和价格加权指数都具有的比较好的一个特点是，它们都反映了简单资产组合策略的收益。如果一个人购买了所有股指中所包含的股票，同时对每种股票的投资额与其市值成比率，那么市值加权指数就会完美地标示出这一投资组合的资本收益。类似地，价格加权指数反映了这样一个投资组合的收益变化：该投资组合包括了指数中所有的公司，并且对每家公司所拥有的股份数相等。

如今，投资者可以很容易地通过市场指数购买他们的投资组合。一种方式是投资于这样一种共同基金，其拥有的公司股份的构成与标准普尔 500 指数或其他指数的构成相同。这些指数基金的收益等于特定股指的收益，因此，它们还为一些权益投资者提供了一种低成本的消极投资方式。另一种方式是购买交易所交易基金（exchange-traded fund），或者 ETF，也就是一种可以作为一个整体买入或者卖出的股票投资组合，可以

① 实际上，现在多数指数使用的是修改过的市值权重。其权重通过“自由筹码”（free float）而不是通过总的市场价值进行计算。“自由筹码”指的是可以在投资者之间自由交易的股票价值。例如，这个计算方法不会将创建人家族或者政府持有的股票纳入，因为它们不能被投资者自由交易。这个区别在日本和欧洲更为重要，因为那里有很大一部分股票包含在非交易的投资组合中。

像一个单一股票一样进行交易。可投资的 ETF 投资组合范围从非常广泛的全球市场指数到具体行业指数。我们将在第 4 章详细讨论共同基金和 ETF。

概念测验 2.5

重新考虑一下概念测验 2.4 中的 XYZ 公司和 ABC 公司。计算市值加权指数的百分比变化。考虑这样一个资产组合（即指数组合），它每投资于 XYZ 股票 100 美元，就投资于 ABC 股票 500 美元，并将这一资产组合的收益率与上面股指的百分比变化相比较。

扫描二维码
获取答案解析

□ 其他美国市场价值指数

纽约证券交易所公布了一种以市值为权重的包括纽约证券交易所所有上市股票的综合指数，另外还有一些关于工业、公用事业、交通运输业以及金融业股票的附属指数。纳斯达克（NASDAQ）指数计算的是在纳斯达克市场上交易的超过 3 000 家公司的综合指数。纳斯达克 100（NASDAQ 100）指数是综合指数中较大型公司的一个子集，但是其占总市值的很大一部分。

计算最复杂的美国权益市场指数是威尔希尔 5000（Wilshire 5000）指数，它基本上包含了所有交易活跃的美国股票的市场价值。这一指数实际上包括了超过 5 000 种股票，但是如今只有不到 4 000 种股票在美国进行交易。CRSP（芝加哥大学证券价格研究中心，the Center for Research in Security Prices at the University of Chicago）发布了一个类似的综合指数。

□ 等权重指数

市场表现有时通过某一指数中所有股票的加权平均值来衡量。通过赋予每只股票相同的权重，这样一种平均化的技巧引发了一种对每种股票都进行等额投资的资产组合策略。这既不同于价格加权，也不同于市值加权，后者要求对每种股票的投资都成比例。

等权重指数：通过简单的收益平均值计算出的指数。

与价格或市值加权指数不同的是，**等权重指数**（equally weighted index）并不对应于购买并持有的资产组合策略。假设你开始时等额投资于表 2.3 中的两只股票：ABC 和 XYZ。因为 1 年后，ABC 股票的价值上升了 20%，而 XYZ 股票的价值下降了 10%，所以你的投资组合中两种股票不再拥有相等的权重，而是投资于股票 ABC 的权重更大一些。为了使资产组合中两种股票重新具有相同的权重，你需要重新寻求平衡：或者出售 ABC 的股票，或者购买 XYZ 的股票。如果你希望资产组合的收益始终同等权重指数保持一致，这样一个重新寻求平衡的过程就是必要的。

□ 国外以及国际股票市场指数

金融市场在全球范围内的发展包括了这些市场股票指数的建立。其中一些最重要的指数包括日经指数（日本）、FTSE 指数（英国）以及 DAX 指数（德国）、恒生指数（香港）和 TSX（多伦多）。日经 225 指数是东京股票交易所股票的价格加权平均指数。日经 300 是一种价值加权指数。MSCI（摩根士丹利资本国际，Morgan Stanley Capital International）在国际指标建立方面是领先者，它计算了数十个经济体的指数以及一些地区性指数。表 2.6 列出了 MSCI 所计算的一些指数。

表 2.6　MSCI 股票指数样本

地区性指数		经济体	
发达经济体市场	新兴市场	发达经济体市场	新兴市场
EAFE（欧洲、澳大利亚、远东）	新兴市场（EM）	澳大利亚	巴西
欧洲	EM 亚洲	奥地利	智利
EMU（欧洲货币联盟）	EM 远东	比利时	中国
远东	EM 拉丁美洲	加拿大	哥伦比亚
Kokusai（除了日本以外的整个世界）	EM 东欧	丹麦	捷克
北欧国家	EM 欧洲	芬兰	埃及
北美	EM 欧洲和中东	法国	希腊
世界指数		德国	匈牙利
印度尼西亚		中国香港	印度
除了美国以外的整个世界		爱尔兰	韩国
		以色列	马来西亚
		意大利	墨西哥
		日本	秘鲁
		荷兰	菲律宾
		新西兰	波兰
		挪威	俄罗斯
		葡萄牙	南非
		新加坡	中国台湾
		西班牙	泰国
		瑞典	土耳其
		瑞士	
		英国	
		美国	

资料来源：MSCI. www. msci. com.

□ 债券市场指数

就像股票市场指数提供了一个关于市场整体表现的指导一样，一些债券市场指数也衡量了多种债券的市场表现。最有名的三种指数是美林公司、巴克莱银行以及花旗广义投资级债券指数。图 2.9 列出了 2017 年美国固定收益市场的各种组成部分。

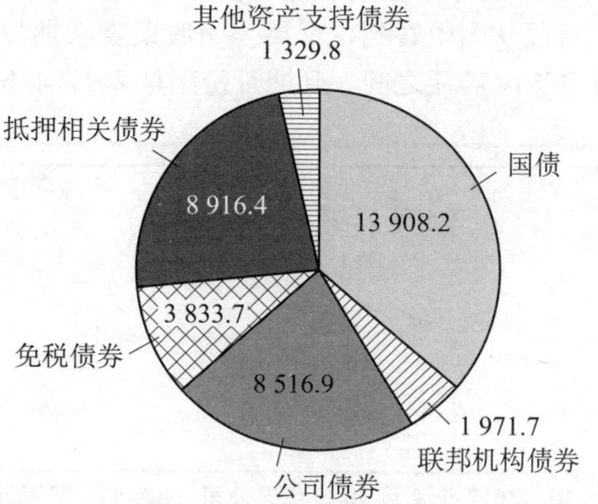

图 2.9　美国固定收益市场（以 10 亿美元为单位）

资料来源：Securities Industry & Financial Markets Association，www. sifma. org，April 2017.

这些指数的主要问题是，有些证券的收益率很难计算，因为它们交易不频繁，这使得即时可靠的价格很难得到。在实际中，一些价格必须从债券估值模型中获得。这些被叫做“矩阵价格”（matrix prices）的数据可能跟真实市场价值不一致。

2.5 衍生产品市场

衍生资产：依据其他证券的价格确定支付额的证券。

期货、期权和相关衍生合约提供的收益取决于其他变量的价值，如商品价格、债券和股票价格、利率或市场指数值。因此，这些工具有时被称为**衍生资产**（derivative asset）：它们的价值衍生自其他资产的价值。我们将在第 5 部分详细讨论衍生资产。

□ 期权

看涨期权：在约定到期日或到期日之前以约定的价格购买某种资产的权利。

看涨期权（call option）给予其所有者在约定的到期日或在到期日之前，以特定的行权价格购买某种资产的权利。例如，一份执行价格为 140 美元的 5 月份到期的苹果公司股票的看涨期权，给予其所有者在 5 月份到期日或到期日之前以 140 美元的价格购买苹果公司股票的权利。每一份期权合约可用来购买 100 份股票，其报价是以每股股票为基础的。期权的持有者并不一定要执行这种权利。只有当标的资产的市场价值超过行权价格时，期权的持有者才会行使这种权利。

当市场价格超过执行价格时，期权的持有者可以按行权价格购买资产，并且从市场价格和行权价格的差额中获利。否则，期权将不会被执行。如果期权在到期日之前不被执行，它就会自动到期并且不再拥有任何价值。因而，当股票价格上涨时，看涨期权可以提供更大的利润。它也因此代表一种牛市的投资工具。

看跌期权：在约定到期日或到期日之前以约定的价格出售某种资产的权利。

相反，**看跌期权**（put option）给予投资者在约定的到期日或在到期日之前以特定的行权价格出售某种资产的权利。一份行权价格为 140 美元的 5 月份到期的苹果公司股票的看跌期权给予其所有者在 5 月份到期日或到期日之前以 140 美元的价格出售苹果公司股票的权利，即使当时该股票的市场价格低于 140 美元。当资产价值下跌的时候，看跌期权的利润才会增长。只有当其持有者确定资产的当前价格比行权价格低时，看跌期权才会被执行。

图 2.10 是一份苹果公司股票期权价格行情表。当天苹果公司的股票价格是 141.20 美元。我们可以从图中看到，苹果公司股票看涨期权和看跌期权的行权价格分布在每股 135 美元和 145 美元之间，到期月份则是 2017 年 5 月和 6 月。

到期日	行权价格	看涨期权	看跌期权
2017 年 5 月 12 日	135	7.63	1.17
2017 年 5 月 12 日	140	3.80	2.71
2017 年 5 月 12 日	145	1.61	5.60
2017 年 6 月 16 日	135	8.05	2.07
2017 年 6 月 16 日	140	4.80	3.90
2017 年 6 月 16 日	145	2.50	6.65

图 2.10　2017 年 4 月 18 日苹果公司（AAPL）期权行情表

注：2017 年 4 月 18 日苹果公司股票价格为 141.2 美元。

资料来源：Compiled from data downloaded from Nasdaq，www.nasdaq.com.

紧接着给出的是每种期权的价格。例如，2017 年 6 月到期、行权价格为 140 美元的看涨期权售价是 4.8 美元。每一份期权合同包括 100 股股票的期权，因此就是 480 美元。

值得注意的是，随着行权价格的上升，看涨期权的价格会下降。例如，2017 年 6 月到期、行权价格为 145 美元的看涨期权，其成本仅为 2.50 美元。这意味着，行权价格越高，购买股票的权利就越没有价值。相反，看跌期权的价格随着行权价格的上升而上升。在 6 月份以 140 美元出售苹果公司股票的权利，其价格仅为 3.90 美元；而以 145 美元为行权价格的看跌期权价格则为 6.65 美元。

期权价格还会随着到期时间的增长而提高。很明显，投资者更愿意拥有在 2017 年 6 月之前的任意时间，而不是在 2017 年 5 月之前的任意时间，以 140 美元的价格购买苹果公司股票的权利。拥有更远到期日的期权其价格更高，这一点不足为奇。例如，2017 年 5 月到期、行权价格为 140 美元的看涨期权价格仅为 3.80 美元，而到期日为 2017 年 6 月的看涨期权价格则为 4.80 美元。

概念测验 2.6

如果股票在期权到期日的价格为 150 美元，那么对于一个行权价格为 140 美元、2017 年 6 月到期的苹果公司股票的看涨期权的投资者而言，他的收益或损失将会是多少？购买一份具有相同行权价格和到期日的看跌期权，他的收益或损失又会是多少？

扫描二维码
获取答案解析

□ 期货合约

期货合约（futures contract）规定要在到期日或特定的交割日进行某种资产（或者，在某种特殊的情况下，等值现金）的交割。资产交割的价格是双方一致同意的，叫做期货价格，它会在合约到期日予以支付。承诺在交割日购买资产的一方处于多头，承诺在合约的到期日交割某种资产的交易者则处于空头。

期货合约：约定交易双方在未来日期以约定价格购买一项资产的合约。

图 2.11 是在芝加哥期货交易所交易的玉米期货合约在 2017 年 4 月 18 日的行情。每份合约的交割规模为 5 000 蒲式耳玉米。下面每一行列明了不同到期日的合约的详细价格。第一行是期限最近的到期日为 2017 年 5 月的一组合约，也叫即月合约。最新的价格是 3.612 5 美元/蒲式耳。

到期日	最新价格	涨跌幅	最高价格	最低价格
2017 年 5 月	3.612 5	−0.052 5	3.680 0	3.607 5
2017 年 7 月	3.677 5	−0.055 0	3.745 0	3.672 5
2017 年 9 月	3.752 5	−0.047 5	3.812 5	3.747 5
2017 年 12 月	3.857 5	−0.045 0	3.915 0	3.852 5
2018 年 3 月	3.957 5	−0.040 0	4.002 5	3.947 5

图 2.11　2017 年 4 月 18 日芝加哥期货交易所玉米期货价格

资料来源：www.cmegroup.com，April 18，2017.

处于多头的交易者从价格的上升中获利。假设在到期日，玉米的价格为 3.812 5 美元/蒲式耳。这样于 4 月 18 日以 3.612 5 美元的期货价格建立头寸的多头交易者就能在交割日以 3.612 5 美元/蒲式耳的价格购买玉米，而这一天玉米的到期日实际价格为

3.812 5 美元/蒲式耳。

因为每份合约的交割数量为 5 000 蒲式耳，所以，在不考虑交易费用的情况下，多头交易者的收益为 5 000×(3.812 5−3.612 5)=1 000（美元）。相反，空头交易者必须以先前约定的合约价格交割 5 000 蒲式耳玉米，他的损失等于多头交易者的收益。

看涨期权和期货合约多头交易者的区别在于，前者是以约定价格购买某种资产的权利，而后者是以约定价格购买某种资产的义务。期货合约要求多头交易者必须按照合约价格购买资产；看涨期权仅仅是赋予持有者以行权价格购买资产的权利。只有能够获利时，期权持有者才会行使这种权利。

显然，如果期货合约价格与看涨期权价格相等，那么看涨期权的持有者相比期货合约的多头交易者处于更有利的位置。但是，这一优势是要付出代价的。看涨期权必须购买才能获得权利，而期货合约的签订则无须成本。期权的购买价格称为期权费(premium)，它代表着购买者对其只在获利时行使权利的机会所必须支付的补偿。类似地，看跌期权的持有者和期货合约的空头交易者的区别在于，前者代表以执行价格出售某种资产的权利，后者代表以合约价格出售某种资产的义务。

小结

- 货币市场的债券都是非常短期的债务义务，它们通常具有高度的流动性和相对较低的信用风险。由于它们期限较短且风险较低，因此它们获得的资本利得和可能的损失也较小。这些证券通常以大面额进行交易，但是也可以通过货币市场基金间接购买。
- 大多数美国政府借款采取发行中期国债和长期国债的形式。这些付息债券通常按照或者接近票面价值发行。中期国债与付息公司债券类似。
- 市政债券最为显著的特征是它们是免税的。这种债券的利息收入（但是不包括资本利得）免征收入所得税。市政债券等价应税收益率等于 $r_{\text{muni}}/(1-t)$，其中 r_{muni} 是市政债券的利率，t 是投资者的税收范围。
- 以抵押为支持的转手债券是一系列抵押贷款的组合。转手债券的所有者将获得全部本金和由债券发行人支付的利息收入。最初发行抵押贷款的公司仅服务于抵押贷款本身，也就是仅对抵押贷款的购买者进行转手支付。政府代理机构发行的转手证券的本金和利息的支付是有担保的，但是基于私营企业抵押贷款池的支付则没有担保。
- 普通股代表了对一家公司的所有权。每一股份的持有人都有权对公司的治理机构模式进行投票，并按照拥有的股份比例参与对股利的分配。股票或股权的所有者对公司的收益拥有剩余索取权。
- 优先股的所有者在公司的生命期内获得固定的股利收入，它是一个永续年金。公司不能支付优先股的股利并不一定破产，可以将未支付的股利累积起来，以后再支付。可调整利率优先股是基于一个短期利率指引来支付股利。
- 许多股票市场指数衡量了整个市场的表现。历史最悠久和最著名的股票市场指数是道琼斯工业平均指数，它以价格为权重。如今，每天也有许多范围更广的以市值为权重计算的股票指数。这些指数包括标准普尔 500 综合股票指数、纽约证券交易所股票指数和纳斯达克指数、威尔希尔 5000 指数和几种国际性指数，包括日经指数（Nikkei）、FTSE 指数和 DAX 指数。
- 看涨期权是以约定的行权价格在到期日之前或者到期日当天购买某种资产的权利。看跌期权是以某一行权价格出售某种资产的权利。随着标的资产价值的增加，看涨期权的价值增加，而看跌期权的价值则下降。
- 期货合约是在到期日以约定的期货价格出售或者购买意向资产的合约。如果资产价值增加，那么多头方，也就是承诺购买的一方将获利。而空头方，即承诺交付资产的一方将会遭受损失。

关键词

银行承兑汇票	大额可转让定期存单	普通股	衍生资产	欧洲美元
看涨期权	商业票据	公司债券	等权重指数	联邦基金
期货合约	市值加权指数	市政债券	看跌期权	长期国债
伦敦银行间同业拆借利率（LIBOR）		优先股	回购协议	中期国债
货币市场	价格加权平均指数	国库券		

核心公式

等价应税收益率：$r_{\text{muni}}/(1-t)$，其中 r_{muni} 是免税市政债券的利率，t 是联邦税率加上州税率

临界税率（使需缴税的债券与免税债券等价的税率）：$1-r_{\text{muni}}/r_{\text{taxable}}$

习题

1. 普通股、优先股和公司债券的主要区别有哪些？（LO2—1）

2. 为什么专家认为威尔希尔 5000 指数在描述股票总体表现方面比道琼斯工业平均指数更好？（LO2—2）

3. 货币市场证券与其他固定收益证券的特征有何不同？（LO2—1）

4. 货币市场的主要组成部分有哪些？（LO2—1）

5. 描述投资者向自己的投资组合中增加国际股票的可选办法。（LO2—1）

6. 为什么高税率类的投资者比低税率类的投资者更倾向于投资市政债券？（LO2—1）

7. 伦敦银行间同业拆借利率的含义是什么？联邦基金利率呢？（LO2—1）

8. 市政收益债券和一般的债务债券有什么区别？你认为它们中哪一个的到期收益率更低？（LO2—1）

9. 为什么公司比其他潜在投资者更倾向于持有优先股？（LO2—1）

10. 有限责任是什么意思？（LO2—1）

11. 以下哪一项是对回购协议的正确表述？（LO2—1）

a. 出售某种证券，并承诺在未来某个特定的日子以特定的价格回购该证券。

b. 出售某种证券，并承诺在未来某个不确定的日子以特定的价格回购该证券。

c. 购买某种证券，并承诺在未来某个特定的日子购买更多的该种证券。

12. 为什么货币市场证券有时被称作“现金等价物”？（LO2—1）

13. 一份市政债券的票面利率为 4.25%，并且平价交易。对于一个需缴税率为 35%的纳税人来说，其等价应税收益率是多少？（LO2—1）

14. 假定短期市政债券当前的收益率为 4%，而与之对应的应税债券的收益率为 5%。下面哪一个税率能使你获得较高的税后收益率？（LO2—1）

a. 0；

b. 10%；

c. 20%；

d. 30%。

15. 一个投资者的税率为 30%。如果公司债券的收益率为 9%，那么市政债券要提供多大的收益率，才能使得投资者投资于市政债券而不是公司债券？（LO2—1）

16. 如果税率分别为 0、10%、20%和 30%，计算第 14 题中的短期市政债券的等价应税收益率。（LO2—1）

17. 回到图 2.3，找到关于 2043 年 2 月到期的长期国债的信息。（LO2—1）

a. 购买一份这种债券需要支付多少钱？

b. 其票面利率是多少？

c. 这个债券当前的收益率（即票面收益与债券价格之比）是多少？

18. 回到图 2.8，观察通用动力公司（General Dynamics）的行情表。（LO2—1）

a. 该公司昨天的收盘价是多少？

b. 5 000 美元可以买多少股该公司的股票？

c. 你每年可以从这些股票中分到多少股利？

d. 通用动力公司股票的每股收益是多少？

19. 考虑下表中的三只股票。P_t 代表在 t 时刻的股票价格。Q_t 代表在 t 时刻的股票数量。股票 C 在最后一期被拆分，每一股拆分成两股。（LO2—2）

	P_0	Q_0	P_1	Q_1	P_2	Q_2
A	90	100	95	100	95	100
B	50	200	45	200	45	200
C	100	200	110	200	55	400

a. 计算三种股票的价格加权平均指数在第一期的收益率（$t=0$ 到 $t=1$）。

b. 在第二年价格加权平均指数的除数会发生哪些变化？

c. 计算第二期的价格加权平均指数（$t=1$ 到 $t=2$）。

20. 利用上一题中的数据，计算由上面三种股票组成的指数在第一期的收益率。（LO2—2）

a. 市值加权指数。

b. 等权重指数。

21. 当共同基金试图建立一种与某种整个股市的等权重指数挂钩的指数基金时，会面临哪些问题？（LO2—2）

22. 如果将英特尔公司（目前每股价值约为 40 美元）替换为联邦快递公司（目前每股价值约为 210 美元），道琼斯工业平均指数的分母会发生什么变化？（LO2—2）

23. 一张国库券，票面价值为 10 000 美元，87 天后到期，以银行贴现卖价收益率 3.4%出售。国库券的价格是多少？债券等价收益率是多少？（LO2—1）

24. 哪一种证券的出售价格会更高？（LO2—3）

a. 票面利率为 5%的 10 年期国债和票面利率为 6%的 10 年期国债。

b. 行权价格为 40 美元的 3 个月期看涨期权和行权价格为 35 美元的 3 个月期看涨期权，两者的标的股票相同。

c. 价格为 50 美元的股票看跌期权和价格为 60 美元的另一只股票的看跌期权。

（假定股票和期权的所有其他相关特征相同。）

25. 查看图 2.11 中的玉米期货合约行情表。假定你购买了一份 2017 年 12 月到期的玉米合约。如果合约在 12 月到期时的价格为 3.95 美元/蒲式耳，你将从中获益或损失多少？（每份合约需交割 5 000 蒲式耳的玉米。）（LO2—3）

26. 回到图 2.10 并观察苹果公司股票的期权，假定你购买了一份 6 月到期、行权价格为 140 美元的看涨期权。（LO2—3）

a. 如果 6 月份的股票价格为 144 美元，你是否会执行期权？你的利润和收益率是多少？

b. 如果你购买了行权价格为 135 美元的看涨期权，你的利润和收益率是多少？

c. 如果你购买了行权价格为 140 美元的看跌期权，你的利润和收益率是多少？

27. 以下各个描述与什么期权头寸相关？（LO2—3）

a. 以特定价格购买某种资产的权利；

b. 以特定价格出售某种资产的权利；

c. 以特定价格购买某种资产的义务；

d. 以特定价格出售某种资产的义务。

28. 为什么行权价格比标的股票价格高的看涨期权的售价为正？（LO2—3）

29. 同时交易股票 XYZ 的一份看涨期权和一份看跌期权，执行价格都为 50 美元，到期期限都为 6 个月。（LO2—3）

假定 6 个月内的股票价格会出现下列五种情况：

（i）40 美元；（ii）45 美元；（iii）50 美元；（iv）55 美元；（v）60 美元。

一个投资者购买了看涨期权，期权费为 4 美元；另一个投资者购买了看跌期权，期权费为 6 美元。

按照上述股票价格的假定，他们的收益率分别是多少？

30. 如果经济将要进入严重的衰退期，那么商业票据和国库券之间的收益率价差会出现什么变化？（LO2—1）

31. 观察图 2.8 中所列的股票，有多少股票 52 周内的最高价比其最低价高出 50%？从普通股的价格波动中，你能得出什么结论？（LO2—1）

32. 如果一个公司以 40 美元购买了一份优先股，在年末以 40 美元卖出，且年末有 4 美元的股利，计算该公司的税后收益率。公司适用的税率为 30%。（LO2—1）

□ 挑战题

33. 解释看跌期权和空头期货合约的不同之处。（LO2—3）

34. 解释看涨期权和多头期货合约的不同之处。（LO2—3）

CFA 习题

1. 优先股的收益率通常比同等质量的债券的收益率更低是因为（LO2—1）

a. 适销性；

b. 风险；

c. 税收；

d. 赎回保障。

Web 站点管理员

请扫描二维码或登录中国人民大学出版社官网 www.crup.com.cn 下载。

3 证券市场

学习目标：

LO3—1　描述企业如何向公众发行证券；

LO3—2　识别各种投资者可以向其经纪人提交的指令；

LO3—3　描述交易商市场、专家指导的证券交易所以及电子通讯网络中的交易行为；

LO3—4　比较保证金信用购买与卖空的技巧和投资含义。

本章将会为你介绍交易证券的多种方式和渠道。我们将会看到各种不同的交易方式，从直接议价到完全由计算机自动完成。

证券进行的首次交易是指证券的发行。因此，我们在研究证券交易时，首先应看一下证券市场的“助产士”——投资银行是怎样在市场上将证券推销给公众的。然后，我们再转向各个证券交易所，来看看已发行的证券是怎样在投资者之间进行交易的，我们将重点比较交易商市场、电子化市场、专家经纪商市场之间的不同。在这种背景下，我们转向具体的交易场所，例如研究纽约证券交易所、纳斯达克和一些全电子化市场，并比较交易执行的机制和对跨市场交易一体化的持续追求。

然后我们再转向对具体交易类型的考察，比如保证金交易和卖空股票交易。最后，我们讨论政府对证券交易的监管问题，包括内部交易法规、巡回中断，以及证券市场作为自我监管组织的作用。

3.1　公司如何发行证券

公司经常需要为其许多投资项目筹集新的资本。一般来说，它们可以通过借款或出售该公司的股票来筹集资金。公司通常雇用投资银行家来管理这些证券的出售，新发行证券的出售会在**一级市场**（primary market）进行。然而，一旦这些证券发行完毕，投资者可能会希望在彼此之间进行交易。例如，你可能会决定通过向另一个投资者出售你的一些苹果公司的股份来筹集资金。这笔交易将不会影响苹果公司股票总的在外流通数量。现有证券的交易在**二级市场**（secondary market）进行。

一级市场：用于发行新证券的市场。

二级市场：已发行证券进行交易的市场。

上市公司的股票会不停地在著名的市场——如纽约证券交易所或纳斯达克——进

行交易。在那里，任何投资者都可以为他或她的投资组合购买股票。这些公司也称为公开交易的（public traded）公司、公众所有的（public owned）公司，或简单来讲，上市公司（public companies）。然而，其他公司则是私营企业（private corporation），其股票由少量的管理者和投资者所有。尽管这些公司的企业所有权份额仍由持股比例决定，但这些股票并不在公开交易所进行交易。一些私营企业是相对年轻的公司，尚未选择让它们的股票向一般公众开放；而其他私营企业则可能是更成熟的公司，在很大程度上仍然属于公司的创始人或家庭所有，并且其他股东可能也认为私人组织形式是可取的。

□ 私人控股公司

私人控股公司由相对较少的股东所有。私营公司较少有义务向公众披露财务报表和其他信息。这可以节省资金，并且使公司不必披露可能会被竞争对手所利用的信息。一些公司还认为，取消季度收益公告可以给它们更大的自由去追求长期目标，而不必承受来自股东的压力。

私募：股票直接被出售给一小部分机构或富有的私人投资者的发行方式。

当私营企业需要募集资金时，它们会直接向少数机构或富有的个人投资者通过**私募**（private replacement）的方式出售股票。美国证券交易委员会（SEC）的第144A条款准许它们直接募集资金，而不必准备那些公开发售所要求的广泛而成本高昂的登记文件。尽管这一点很有吸引力，但私人控股公司的股票并不能在证券交易所等二级市场进行交易，这大大减少了它们的流动性，并很可能降低投资者支付给它们的价格。流动性（liquidity）有许多特殊含义，但一般来说，它指的是在短期以一个公平的价格交易资产的能力。购买流动性较差证券的投资者会要求一定的价格让步。

直到最近，私人控股公司的股东数量最多只能是499人。这限制了他们从更广泛的投资者基础上筹集大量资本的能力。因此，美国几乎所有最大的公司都是上市公司。

随着公司对上市的信息需求有越来越多的不满，联邦监管机构面临着放松私人所有权约束的压力，它们正在重新考虑一些对私营公司的限制。2012年签署成为法律的《JOBS法案》（Jumpstart Our Business Startups），允许公司在向证券交易委员会注册其普通股并成为上市公司之前，将股东人数从500人增加到2 000人。它还放宽了限制私营公司向公众营销其股票的程度的规定。例如，为了使公司更容易从事众筹，小型公开发行可以免除在美国证券交易委员会注册的义务。

最近，一些公司已经建立了计算机网络，使得私营企业股票的持有者可以在彼此之间进行交易。然而，与受证券交易委员会监管的公开股票市场不同，这些网络几乎不要求披露财务信息，并且仅对市场的运作提供相对较少的监管。但怀疑论者担心，这些市场的投资者无论是对公司、其他投资者对公司的兴趣，还是对公司股票交易的执行过程，都无法获得一个清晰的判断。

□ 上市公司

当私人企业希望从范围更广的投资者那里筹集资金时，它可能会决定上市。这意味着它要将其证券出售给公众，并允许这些投资者在已有的证券市场上自由交易这些股票。第一次向公众发行股票被称为公司的**首次公开发行**（initial public offering，IPO）。此后，该公司可能再次向公众发行更多股票。股权再融资（seasoned equity offering）是指已经上市的公司增发新的股票。例如，苹果销售的新股票就会被认为是增发新股。

首次公开发行：以前的私人企业第一次发行股票。

公开发行的股票和债券通常由投资银行负责销售，投资银行的这个角色被称为**承销商**（underwriter）。通常不止一个投资银行销售证券，一家主导企业会组建一个包含其他投资银行的承销团，共同承担发行股票的责任。

承销商：从发行公司处购买证券并将证券再次卖出去的公司。

投资银行家参考证券发行中的各个条款，对公司提出建议。预先注册登记表（preliminary registration statement）必须在证券发行前上报证券交易委员会（SEC），阐述发行情况及公司前景。当声明形成定稿，并得到 SEC 的批准后，它被称为**募股说明书**（prospectus）。此时，证券的发行价格才可以正式公开。

募股说明书：描述公司和发行证券的文件。

在一份典型的承销协议中，投资银行从发行公司那里购买证券，然后再将其出售给公众。发行公司以公开发行价格减去一个作为承销商报酬的价差的价格将证券卖给承销团，这个过程称为包销承诺（firm commitment）。除了价差，投资银行还可能会收到公司的普通股股票或其他证券作为报酬。图 3.1 描述了在证券发行过程中，发行公司、主承销商、承销团以及公众之间的关系。

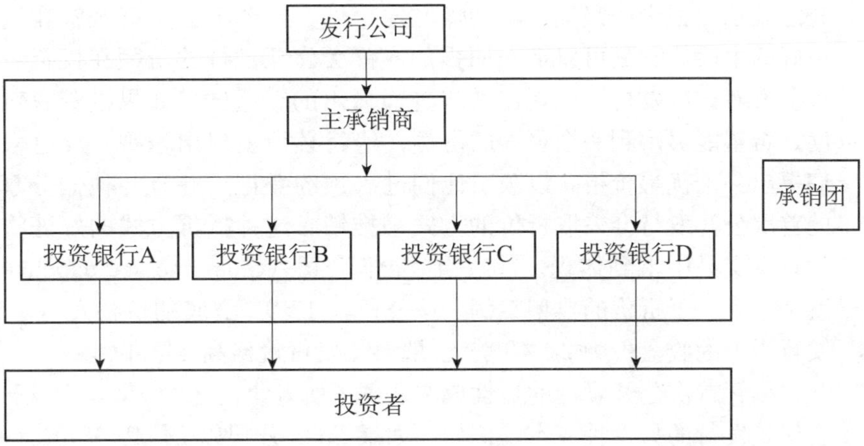

图 3.1　发行公司、主承销商、承销团以及公众之间的关系

□ 暂搁注册

1982 年，一项重要的革新在证券发行中得以实施：美国证券交易委员会通过了第 415 条款，即允许发行公司在注册登记后的两年之内，逐步将证券发行给公众。由于证券的发行已经在证券交易委员会进行过登记，因此公司如果想要出售证券，只需作出简短的通知即可，避免了大量的文件工作。而且，它们可以在不必花费大量筹资成本的情况下少量发行。证券可以“被上架暂时搁置”（on the self），随时准备发行。这一革新由此得名：暂搁注册（shelf registration）。

概念测验 3.1

为什么“暂搁注册需要在时间上作出限定”这一点十分重要？

扫描二维码
获取答案解析

□ 首次公开发行

投资银行承担了新证券的公开发行。一旦美国证券交易委员会对注册登记表作出了评议，而且首次募股说明书被发放给了有兴趣的投资者，投资银行就会组织路演（road show），它们遍游全国，大力宣传即将进行的发行。路演起到了两个作用：第一，它会激发潜在投资者的兴趣，并向他们提供关于发行的信息；第二，它也会向发行公司和承销商提供信息，以帮助它们确定以何种价位来公开发行证券。大投资者会与承销商交流意见，表达它们对首次公开发行的证券的兴趣，这种兴趣的表达被称为预约（book）。而调查潜在投资者的过程被称为簿记（book building）。这些兴趣的表达与暗示将为发行公司提供极有价值的信息，因为机构投资者通常对市场需求、公司乃至其竞争者的发展前景有着极强的洞察力。对于投资银行来说，根据投资环境的反馈来修改对发行价格和发行数量的最初判定非常普遍。

那么，投资者又为什么会将自己对发行的兴趣如此诚实地告诉投资银行呢？他们故意表示出很少的兴趣，以期降低发行价，这会不会更好呢？在这一过程中，诚实是更好的手段，它是可以带来回报的。首次公开发行的份额在投资者之间的分配是基于投资者对这次发行所表现出的兴趣而做出的。这样，如果投资者对某一证券持乐观态度，希望能够得到一个更大的份额，他就必须表现出乐观。反过来，承销商需要给他们提出一个优惠价格，以吸引他们进入预约登记，并且与他们分享信息。因此，证券的首次公开发行会采取折价的方式来推销。这种折价方式的好处将在证券公开市场上的首日交易中得到体现。2017 年 Snap 公司（Snap Inc.，Snapchat 的母公司）的 IPO 就是一个关于折价的典型案例。该公司以 17 美元/股的价格发行了约 2 000 万股股票，发行当天的收盘价为 24.48 美元/股，比发行价格高 44%以上。

尽管首次公开发行的显性成本达到了所筹集资金的 7%，但这种折价发行仍应该被看作是发行的另一种成本。例如，如果 Snap 公司以 24.48 美元这一被投资者普遍接受的价格卖出它的股票，它的首次公开发行将筹集到的资金会比实际筹到的多 44%。这部分“留在桌子上的钱”已经远远超过了股票发行的显性成本。然而，定价偏低似乎是一种广泛存在的现象。比如，图 3.2 显示了世界各个国家（地区）首次公开发行股票的平均初始收益率。结果表明，首次公开发行股票都是以一个诱人的价格销售给投资者的。

首次公开发行的定价问题并非小事，并不是所有的首次公开发行都采取折价的方式。有些证券在发行之后表现很差。2012 年 Facebook 的首次公开发行就是一个典型的失败案例。在其首次公开发行的一周内，Facebook 的股价从发行价 38 美元下跌了 15%，五个月之后，股票的售价约为发行价的一半。（然而，最终，坚持持有股票的投资者还是获利了，到 2018 年初，股价大约为 180 美元。）

有趣的是，尽管首次公开发行有着非常吸引人的首日投资回报，但它却是一种很差的长期投资手段。里特教授计算了一个假想的投资者的投资收益率，假设这个投资者购买了等量的每一笔在 1980—2015 年间 IPO 的股票，并将每一笔股票持有五年。这个投资组合的绩效，与同等规模和同等账面价值—市场价格比率的公司组成的风格相近的投资组合的绩效表现，每年相差约 7.16%。[①]

---

① 杰伊·里特（Jay Ritter）教授的网站上有关于 IPO 更丰富的信息和数据：http://bear.warrington.ufl.edu/ritter.ipodata.htm。

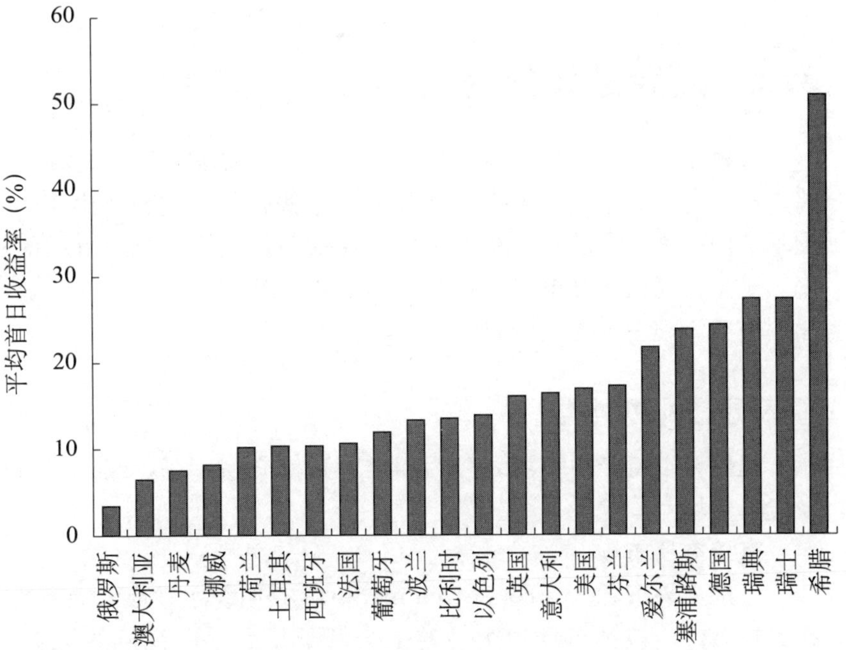

（A）大部分欧洲地区首次公开发行首日收益率

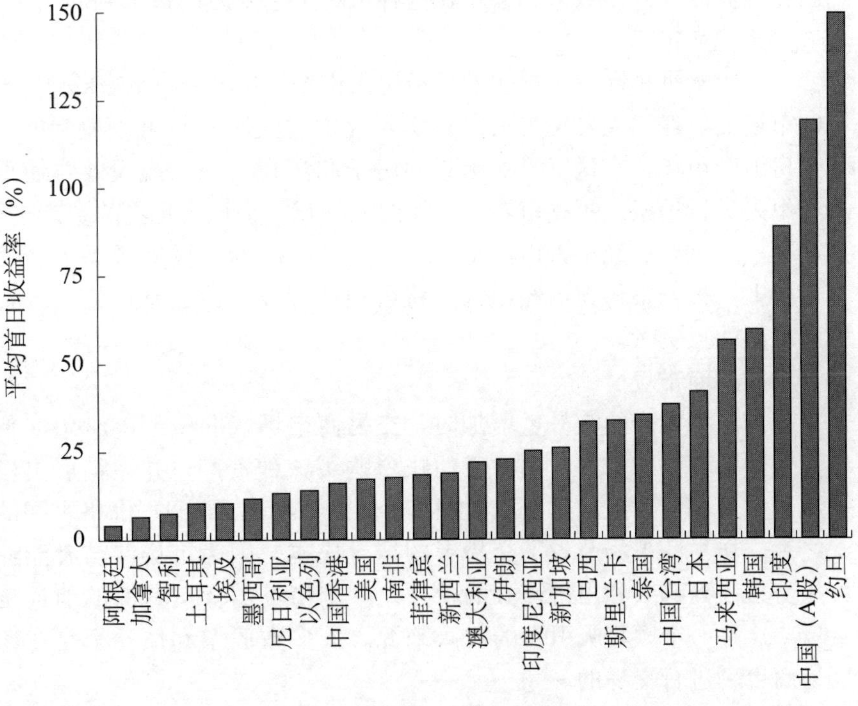

（B）非欧洲地区首次公开发行首日收益率

图 3.2 （A）美国和欧洲与（B）非欧洲地区首次公开发行的平均初始收益率

资料来源：Provided by Professor J. Ritter of the University of Florida，2015. 这是以下这篇文章中包含的信息的更新版本：T. Loughran，J. Ritter，and K. Rydqvist，"Initial Public Offerings：International Insights，" *Pacific-Basin Finance Journal* 2（1994），pp. 165－199.

有一些 IPO 甚至无法完全销售到市场。持有无效市场证券的承销商被迫将其在二级市场上亏本出售。因此，投资银行承担承销发行的价格风险。

3.2 证券是如何交易的

金融市场不断发展以满足苛刻的交易者的需求。如果没有一个有序的市场，结果将不堪设想。一个人要想投资于金融资产就必须找到想要出售的人。不久，那些供有交易意向的人集会的地方变得越来越受欢迎。最终，金融市场便从这些集会地演变而来。于是，老伦敦城里一个叫做劳埃德的酒馆孕育了海上保险业，曼哈顿华尔街上的小斜坡成为整个金融世界的标志。

□ 交易市场的种类

我们可以将交易市场划分为四类：直接交易市场，经纪人市场，交易商市场，以及竞价市场。

直接交易市场

直接交易市场（direct search market）是组织水平最低的市场，买家和卖家必须直接寻找对方。该种市场中交易的一个例子是二手电视机的买卖，卖家在克雷格列表（Craigslist）上做广告以寻找买家。该种市场的标志是零星地参与、低廉的价格和非标准化的商品。大多数人和公司在这种市场上想要专门追求利润的做法往往得不到回报。

经纪人市场

组织水平稍高一个层次的是经纪人市场（brokered market）。在一个商品交易活跃的市场上，经纪人发现为买家和卖家提供搜索服务是可以盈利的。一个很好的例子便是房地产市场，在这里寻找闲置的房子和潜在买家的规模效益使得参与者愿意付钱请经纪人进行搜索。每种市场上的经纪人练就了为该市场上的资产进行估价的专门技能。

一个重要的经纪人市场是一级市场，该市场为投资者提供新发行的证券。在一级市场上，投资银行充当经纪人，将公司证券发行给公众；它们寻找从发行公司直接购买股票的投资者。

交易商市场

交易商市场：在该市场中交易者专注于某种特殊资产，并用自己的账户买卖该种资产。

当某种资产的交易量增加时，**交易商市场**（dealer markets）便会出现。每个交易商专注于不同的资产，用自己的账户购买该种资产，并在稍后出售以从存货中获取利润。交易商购买（或称 bid）价格与出售（或称 asked）价格之间的价差是其利润来源之一。交易商市场节省了交易者的搜寻成本，因为市场参与者能够容易地查询到他们从交易商处购买和出售证券的价格。一个市场需要交易商的前提是有相当数量的交易量，这是一个颇具吸引力的收入来源。大多数股票和债券都是在场外交易市场这一交易商市场进行交易的。

竞价市场

竞价市场：所有交易者聚在一起并进行资产买卖的市场。

竞价市场（auction markets）是整合最好的证券交易市场，在该市场中所有交易者聚到一处（物理场所或电子场所）买卖资产。纽约证券交易所（New York Stock Exchange，NYSE）便是竞价市场的一个例子。竞价市场相对于交易商市场的一个优势是，交易者不必再在交易商之间搜寻最优价格。只要所有的参与者能够聚到一起，他们便能够达成一个广泛接受的价格并且消除买卖价差。

这里要注意，场外交易商市场和股票交易所都是二级市场，它们是为了投资者之间相互买卖已有的股票而组织起来的。

概念测验 3.2

许多资产可以在多种市场上进行交易。下列资产都在何种市场上进行交易呢？

a. 二手汽车

b. 油画作品

c. 稀有硬币

扫描二维码
获取答案解析

□ 指令的类型

在比较各式各样的交易实践和竞争激烈的证券交易市场之前，我们先总览一下交易者在这些市场中可能采取的交易的类型。广义来讲，存在两种指令类型：市场指令和限价指令。

市场指令

市场指令是立即以当前市场价格执行买入或者卖出交易的指令。例如，一位投资者可能打电话询问他的经纪人 Facebook 股票的市场价格是多少。经纪人可能报告说最好的**买价**（bid price）是 149.75 美元/股，最好的**卖价**（ask price）是 149.76 美元/股，这意味着如果投资者想购买一股 Facebook 股票需要支付 149.76 美元，而如果他想卖出一些他持有的 Facebook 股票，他每股将获得 149.75 美元。这个案例中的**买卖价差**（bid-ask spread）是 0.01 美元。所以，一个"立即购买"100 股股票的指令将在 149.76 美元/股的价格上执行，而一个"立即出售"的指令将在 149.75 美元/股的价格上成交。

买价：交易商或者其他交易者愿意购买某个证券的价格。

卖价：交易商或者其他交易者愿意卖出某个证券的价格。

买卖价差：交易商买卖证券的价格之差。

这简单的一幕中仍然存在着一些潜在的复杂性。首先，以上所引用的标价实际上代表着当前交易一个特定数量的股票的成交价格。如果市场上的报单多于这个数量，这一报单就必须在不同的价格上成交。例如，市场上以最佳卖价可售的股票数量只有 1 000 股，而投资者 A 要求购买 1 500 股，那么，他就必须为其余的 500 股付出略高于所报卖价的价格。图 3.3 显示了股票市场的平均深度（即在最好的买卖价格上可供交易的股份总数）。注意，标准普尔 500 指数中所包含的大股票的深度要远远高于构成罗素（Russell）2000 指数的较小股票的深度。深度是流动性的另一个组成部分。其次，其他交易者可能在报价上战胜该投资者，这意味着该投资者的股票可能在更差的价格下成交。最后，在投资者 A 的指令到达之前，最优的报价可能已经改变，这也导致了股票在与下达命令时刻的价格不同的价格上成交。

限价指令

投资者也可以赋予指令特定的价格，在该价格下他们愿意买入或者卖出股票。**限价买入指令**（limit buy order）可以命令经纪人当股价达到或者低于某个特定值时，买入一定数量的股票。相反地，限价卖出指令（limit sell order）命令经纪人如果股票价格上升超过某个特定界限，则卖出股票。等待执行的限价指令的汇总叫作限价委托登记簿（limit order book）。

限价买入（卖出）指令：投资者愿意以某个特定价格买入（卖出）证券的指令。

图 3.4 是在 BATS 证券交易所（几个电子证券交易所之一）交易的 Facebook 公司股票限价指令的一部分。注意最好的指令列在清单的最上面：以最高价买的指令和以最低价卖的指令。位于清单最上面的买卖指令（149.75 美元和 149.76 美元）被叫做内部报价，它们是最高的买入指令和最低的卖出指令。对 Facebook 公司来讲，内部价差

此时只有 1 美分/股。然而，内部报价中的指令数量往往相对较小，因此，热衷于大宗交易的投资者面对的实际价差通常会比这个价差大，因为无法在内部报价数量之内将他们的指令成交完毕。

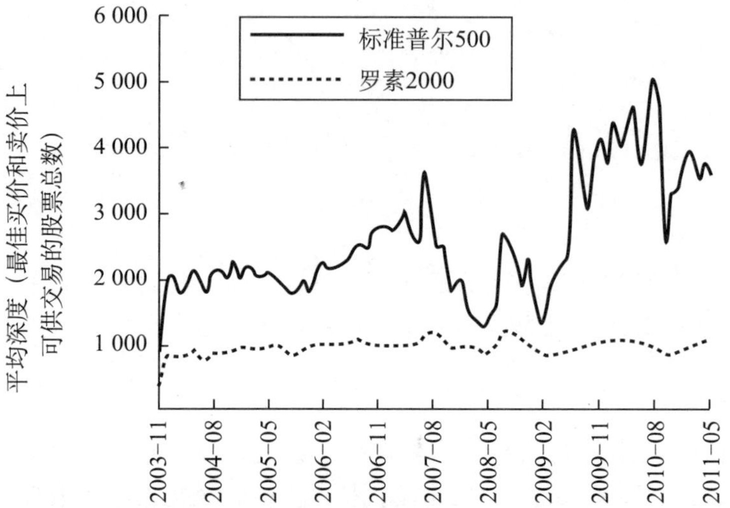

图 3.3　大型公司股（标准普尔 500）与小型公司股（罗素 2000）的平均市场深度

资料来源：节选自 James J. Angel，Lawrence E. Harris，and Chester Spatt，“Equity Trading in the 21st Century，” *Quarterly Journal of Finance* 1（2011），pp. 1－53；Knight Capital Group。

Facebook，Inc.（FB）

149.73 ↓ 0.56（0.38%）3:05 EDT

买价		卖价	
价格	规模	价格	规模
147.75	50	149.76	500
149.74	701	149.77	308
149.73	150	149.78	300
149.72	400	149.79	500
149.71	400	149.80	884

图 3.4　2017 年 5 月 16 日 BATS 市场上 Facebook 限价订单的一部分

资料来源：www. bats. com.

概念测验 3.3

在下述情形下，你会向你的经纪人发出何种交易指令呢？

a. 你想购买英特尔股票来多样化你的投资组合，你相信此时股票价格正处于合理位置，并且希望交易快速、低成本地完成。

b. 你想购买英特尔股票，但是认为基于公司前景，当前价格太高了，如果股票价格可以降低 5%，你会愿意购买该股票来扩充投资组合。

c. 你相信你持有的联邦快递股份可能定价过高，并且也正在考虑这个问题。但是，价格波动可能会导致每股几美元的短期增长。如果股价上涨 2 美元，你会完全相信它们是定价过高，并希望立即将其出售。

扫描二维码
获取答案解析

□ 交易机制

希望购买或出售股票的投资者会向经纪公司递交指令，经纪人会为代表客户安排交易而收取一笔佣金。经纪人拥有一些可以执行交易的途径，也就是说，找到一个买家或卖家，安排他们进行股票交易。

广义上讲，美国现存的交易系统有三种：场外交易市场，电子通讯网络和专家经纪商市场。电子交易是目前最为普遍的，但是广为人知的纳斯达克（NASDAQ）或纽约证券交易所（NYSE）实际上使用了多种交易程序，所以在研究这些市场之前，理解每种交易系统的基本操作很有必要。

交易商市场（dealer markets）

目前大概有 35 000 只证券在**场外交易市场**（over-the-counter，OTC）上进行交易。成千上万的经纪公司在美国证券交易委员会（SEC）注册成为证券交易商。交易商按照它们想购买或者出售证券的价格进行报价，然后经纪人与报出最有吸引力价格的交易商联系并完成交易。

场外交易市场：由经纪商与交易商组成的协商证券交易价格的非正式网络。

在 1971 年以前，所有场外交易股票的报价都是手工进行的，并于每日张榜公布。1971 年，全国证券交易商协会自动报价系统（即纳斯达克）正式成立，它通过计算机联网，提供了一个所有交易商买卖证券价格的即时信息。交易商可以利用网络显示他们愿意购买证券的买价和愿意出售证券的卖价，买卖之间的价差便是交易商的利润。这一系统使接受投资者买卖指令的经纪人可以检查所有的报价，并选择最佳报价的交易商，最终达成交易。

就像组建之初那样，纳斯达克更像一个报价系统而不是交易系统。经纪人通过网络查询交易商的买卖价格，寻找最优交易机会，而实际的交易需要投资者的经纪人与交易商之间直接谈判（往往通过电话）来完成。然而，正如我们所看到的那样，纳斯达克的发展已经远远超过了一个纯粹的报价系统。交易商仍然通过网络公布其买卖价格，但是**纳斯达克股票市场**（NASDAQ Stock Market）允许按照报价自动执行交易，无须直接协商，并且绝大多数交易都是电子化执行的。

纳斯达克股票市场：为场外市场提供计算机连接的自动报价系统。

电子通讯网络

电子通讯网络（electronic communication networks，ECNs）允许参与者通过网络发布市场指令或者限价指令，所有参与者都能够使用限价委托登记簿（limit order book）。图 3.4 是一个来自 BATS 证交所（最领先的电子通讯网络之一）的关于限价委托登记簿的例子。能够“交叉”的指令，即那些能够互相配对的指令，可以自动地执行，无须经纪人插手。例如，如果有一个 149.75 美元/股的卖价，那么以 149.75 美元/股或者更高的价格购买一股股票的指令能够被立即执行。因此，电子通讯网络是真正的交易系统而不仅仅是报价系统。

电子通讯网络：支持不经做市商直接交易的计算机网络系统。

电子通讯网络有很多优势。无须经纪人直接配对的交易消除了存在于其他交易方式下的买卖价差。相反的，交易以合理的成本执行，一般不到每股一美分。电子通讯网络的吸引力还体现在其执行交易的速度上。最后，该系统还给予了投资者的交易很大程度的隐私保护。

专家经纪商市场

专家系统已经在很大程度上为电子通讯网络所取代，但早在 20 年前，他们仍是股票市场交易组织的主要形式。在这些系统中，纽约证券交易所等交易所会指派**专家经**

专家经纪商：为一家或多家公司的股票做市的交易商，并通过在市场中自买自卖维持一个公平而有效的市场。

纪商（specialist）管理每种证券的交易。希望代表客户进行证券买卖的经纪人必须同场内的专家交易商进行交易。尽管每一种证券都只指定一名专家交易商，但是每家专家交易公司会为多只证券做市。专家经纪商有一本“笔记簿”，上面记录了所有未执行的止损交易。当限制指令可以以市价执行时，专家经纪商就会执行这笔交易。如此，未成交指令的最高买价和最低卖价将达成交易。

当限价买入指令和限价卖出指令太少，以至最高买价和最低卖价之间的价差过大时，专家经纪商还必须保持一个“公平和有序”的市场。在这种情况下，专家经纪公司就需要以更窄的买卖价差用自己的库存买卖股票。在这个角色中，专家经纪商作为股票交易商并为其他交易者提供流动性。在这种背景下，流动性提供者是那些愿意从其他人手中购买证券或出售证券给其他交易者的人。

3.3　电子交易的崛起

建立之初，纳斯达克市场主要是场外交易市场，纽约证券交易所则是一家专家经纪商市场。但如今，这两个市场都主要是电子市场。这些变化是由新技术和新法规的交互作用产生的。新规定允许经纪人进行业务竞争，打破了认为经销商拥有可以得到的最好的买卖报价信息的观念，迫使市场走向一体化；并允许证券交易以更小的最小报价单位（叫做 tick sizes）进行。技术发展使得交易员能够迅速比较不同市场间的价格，并且在提供最好价格的市场进行交易。由此产生的竞争将交易执行成本压低到了相比于几十年前相当小的水平上。

1975 年，纽约证券交易所取消了固定佣金制度，这为经纪商提供了通过降低收费竞争业务的自由。同年，国会修改了证券交易法并创建了全国市场体系，使得各交易所的交易部分地集中化，并加强了不同市场的做市商之间的竞争。这一举动意在实现对交易的集中报告以及建立集中报价系统，从而能够为交易员提供在跨市场交易机会方面更为广阔的视野。

1994 年，纳斯达克丑闻的余波竟然成为市场发展和融合的主要动力。在那次丑闻中，纳斯达克的经销商被发现相互勾结以保持较宽的买卖价差。举个例子，如果一只股票的买价和卖价分别为 30 美元和 $30\frac{1}{2}$ 美元，希望向经销商购买股票的零售客户将为每股支付 $30\frac{1}{2}$ 美元，而希望出售股票的客户只会得到 30 美元。经销商将得到这 $\frac{1}{2}$ 点的价差作为利润。其他交易者也许会愿意以更好的价格进行交易（比如，他们可能愿意以 $30\frac{1}{8}$ 美元买入股票，或者以 $30\frac{3}{8}$ 美元卖出），但是那些更好的报价并没有被提供给公众，这使得经销商可以从其人为扩大的价差中获利，而以公众的损失为代价。当这些行为曝光后，纳斯达克被提起了反垄断诉讼。

为了应对这一丑闻，美国证券交易委员会制定了新的订单处理规则。现在，经销商报价必须反映客户的限价指令，使他们能够有效地与经销商进行竞争来获取交易。作为反垄断协议的一部分，纳斯达克同意将电子通讯网络的报价加入其公开展示之中，使得电子交易所也能够加入对交易机会的竞争。这项协议达成后不久，美国证券交易委员会正式通过了另类交易系统（Alternative Trading Systems，ATS）规则，给予了电子通讯网络权利注册成为证券交易所。可想而知，电子通讯网络获得了更大的市场份额，而在这种新的竞争的加入下，买卖价差也缩小了。

更有戏剧性的交易成本下降是在 1997 年，当年，美国证券交易委员会批准最小报价单位从$\frac{1}{8}$美元下降到$\frac{1}{16}$美元。不久之后，在 2001 年，“十进制”的产生使得最小报价单位下降到了 1 美分，买卖价差再次急剧下降。图 3.5 显示了对由最小报价单位不同划分出的三个不同时期的“有效价差”（交易成本）的估算值。注意图中最小报价单位的改变对有效价差下降的显著影响。

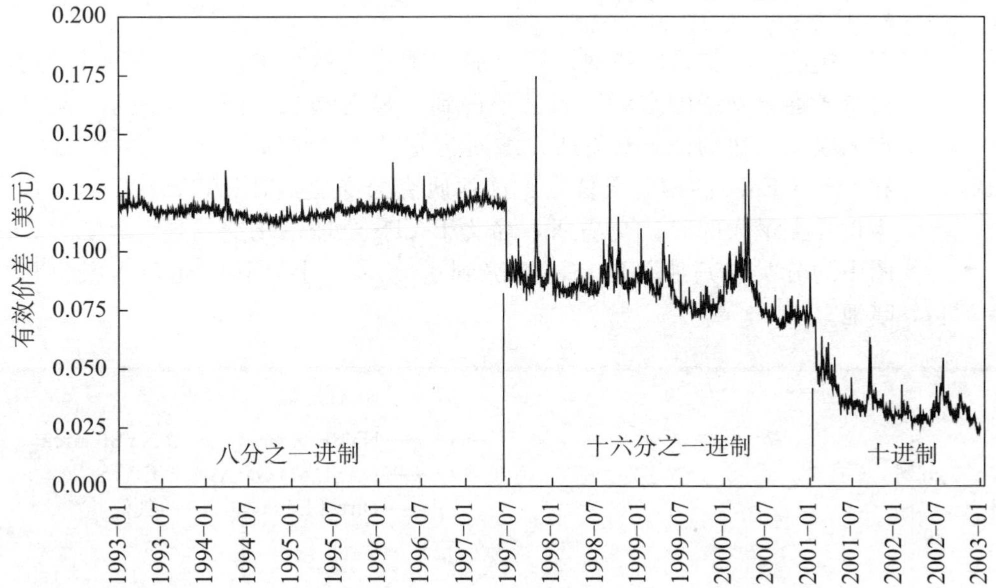

图 3.5 有效价差随最小报价单位下降而显著下降

说明：有效价差以美元/股为单位，是纽约证券交易所上市股票的市值加权平均。

资料来源：Tarun Chordia，Richard Roll，and Avanidhar Subrahmanyam，“Liquidity and Market Efficiency，” *Journal of Financial Economics* 87（2008），pp. 249－268.

技术的进步使得交易行为也发生了变化。第一家电子通讯网络——极讯公司（Instinet）——成立于 1969 年。到了 20 世纪 90 年代，世界各地的交易所迅速采用了全电子交易系统。这次变革以欧洲为先导，美国交易所紧随其后。2000 年，纳斯达克股票市场作为一个单独的实体从全美证券交易商协会（NASD）中剥离出来，并迅速发展成为一个集中的限价指令匹配系统——一个高效的电子通讯网络。纽约证券交易所于 2006 年收购电子群岛交易所（Archipelago Exchange），并将其命名为纽约证券交易所群岛分所（NYSE Arca）。

2005 年，纽约证券交易所正式通过了《全美市场系统（National Market System）法案》（以下简称《NMS 法案》），并于 2007 年全面实施。目标是将交易所电子化链接在一起，从而创造一个综合的电子市场。该法案要求当其他交易所的报价可以被自动执行的时候，交易所认同该报价。不能电子化处理报价的交易所会被全美市场系统规则列为“慢市场”（slow market），可以被其他市场参与者忽略。当时仍致力于专家经纪商系统的纽约证券交易所承受着极大的被遗弃的风险，为了应对这一压力，纽约证券交易所大举向自动执行交易进军。电子交易网络和《NMS 法案》带来的市场一体化使得世界各交易所之间的竞争更为激烈；纽约证券交易所失去了对在自有交易所上市的股票的有效垄断，并且，在 21 世纪头十年末，在纽约证券交易所交易的上市公司的股票份额已从 75%左右降至 25%。

如今，交易绝大多数是电子交易，至少对股票来说是如此。债券仍然主要在更传统的交易者市场进行交易。

3.4 美国市场

纽约证券交易所和纳斯达克股票市场仍然是美国最大的两个股票交易市场，但是电子通讯网络的市场份额已经得到了显著增长。图 3.6 展示了纽约证券交易所上市的股票在纽约证券交易所、纳斯达克以及主要的电子通讯网络 BATS、NYSE Arca 和 Direct Edge 的相对交易量。这项研究公布之后，BATS 和 Direct Edge 合并了，成为世界上最大的股票交易所，名为 BATS 全球市场交易所（BATS Global Markets）。图中的分类“其他”近来已经涨到了 30%以上，其中还包含我们即将讲到的资金暗池。

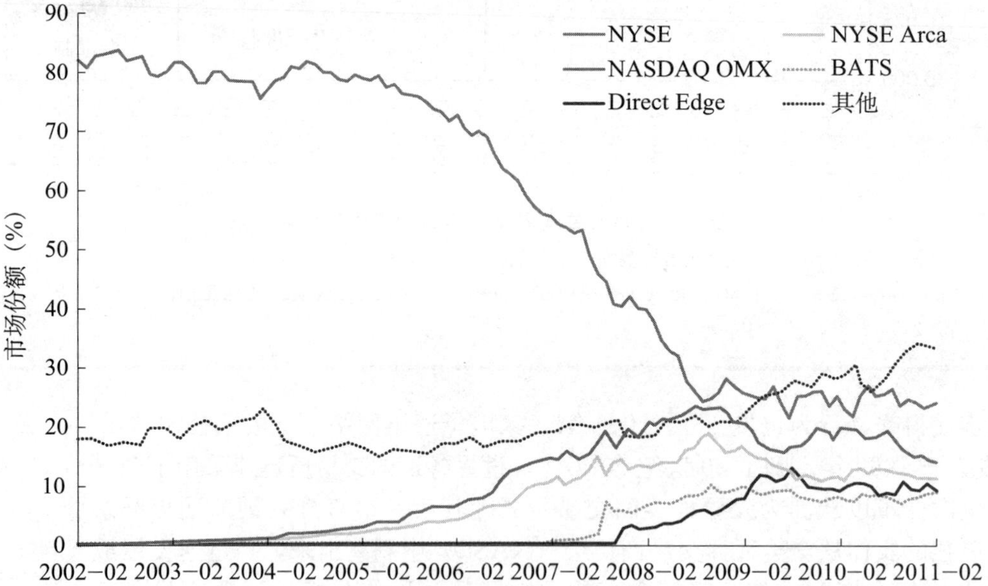

图 3.6 纽约证券交易所上市股票交易的市场份额

资料来源：James J. Angel，Lawrence E. Harris，and Chester Spatt，“Equity Trading in the 21st Century，” *Quarterly Journal of Finance* 1（2011），pp. 1-53.

□ 纳斯达克

纳斯达克股票市场现在拥有大约 3 000 家上市公司。它正在一步步引入更多复杂的交易平台，现在其大多数交易都是由这些平台进行处理。这些平台的最新版本——纳斯达克市场中心（NASDAQ Market Center），将纳斯达克之前的电子交易市场整合成了一个统一的整体。2007 年，NASDAQ 与掌握着 7 家北欧与波罗的海的股票交易所的瑞典—芬兰公司——北欧证券交易商（OMX）——合并组成了 NASDAQ OMX 集团。在保有纳斯达克股票交易所的同时，该集团还拥有 7 个位于欧洲的股票市场以及 1 个位于美国的期权和期货交易所。

纳斯达克共有三种级别的交易商。最高的一级，即三级交易商，即注册的做市商。这些公司为证券市场做市，拥有证券储备，并报出其愿意买卖证券的价格。三级交易商可以持续输入并更改其意愿买价或卖价，并能够以最快的速度执行交易。它们的利润来自买卖价差。

二级交易商能够收到所有的买卖报价，但它们无权自己报价。它们可以看到哪个做市商给出了最好的价格。这些交易商通常是经纪公司，它们替客户而不是用自己的账户进行交易。

一级交易商只能获得“内部报价”（即最高的买价和最低的卖价），但无法知道在这个价位上有多少股票愿意进行交易。一级交易商是那些并不活跃买入或卖出股票的投资者，他们只是想获得当前的价格信息。

□ 纽约证券交易所

纽约证券交易所是美国最大的**证券交易所**（stock exchanges）。2006 年，纽约证券交易所与群岛（Archipelago）交易所合并成立了纽约证券交易所集团（NYSE Group）的上市公司。此后，在 2007 年，该公司与欧洲证券交易所——泛欧交易所（Euronext）合并成为纽约证券交易所泛欧交易所（NYSE Euronext，简称纽约—泛欧交易所）。2008 年，该公司收购了美国证券交易所（American Stock Exchange），将其重新命名为纽约证券交易所美国交易所（NYSE Amex）并专注于小型企业。每天有 10 亿股以上的交易在纽约证券交易所进行。纽约证券交易所群岛交易所（NYSE Arca）是该公司的电子通讯网络。2013 年，纽约证券交易所泛欧交易所被洲际交易所（International Exchange，ICE）收购，该交易所迄今为止的主要业务是能源期货交易。洲际交易所保留了纽约证券交易所泛欧交易所的名称。

证券交易所：会员之间买卖已发行的证券的二级市场。

纽约证券交易所曾经长期致力于专家经纪商交易系统，很大程度上依赖于人工参与交易执行。随着 1976 年指令转化系统（Designated Order Turnaround，DOT）的引入，纽约证券交易所开始将小规模交易向电子交易过渡，此后又引入了可以将指令直接传给专家经纪商的超级指令转化系统（SuperDOT）。2000 年，交易所推出了 Direct+，可以自动在没有人工干预的情况下处理小额交易（最多 1 099 股）。在 2004 年，它开始解除对 Direct+交易规模的限制。2006 年，纽约证券交易所混合市场（NYSE Hybrid Market）的引入急剧加速了变化，纽约证券交易所混合市场使得经纪商既可以发送即时的电子化执行指令，又可以将指令发送给有能力从其他交易者那里寻求更好报价的专家经纪商。混合系统使得纽约证券交易所可以符合《NMS 法案》对“速动市场”的限定，但仍具备为更复杂的交易提供人工干预的优势。相反，纽约证券交易所群岛交易所市场则是完全电子化的。

□ 电子通讯网络

随着时间的推移，更多完全自动化的市场抢占了较少自动化的市场，其中最典型的是纽约证券交易所。如今，最大的电子通讯网络包括纳斯达克、BATS、纽约证券交易所群岛交易所等。和电子通讯网络相联系的经纪商可以通过计算机获取信息并在限价指令簿输入指令。当指令被接收后，系统会判断是否存在一个相匹配的指令，如果存在，交易就会被立即执行。

最初，电子通讯网络只开放给使用相同系统的交易者。但随着《NMS法案》的实施，电子通讯网络开始将各自的限价指令发布在其他网络上。交易者可以使用他们的电脑系统筛选大量电子通讯网络的限价指令簿，并瞬间向有最好价格的市场发出指令。这些跨市场链接已经成为所谓的高频交易员的更受欢迎策略的动力，这种策略追求从更小的、暂时性的市场间价格差异中获利。在这里，速度显然是关键，各种电子交易网络也是在可以提供的速度方面进行竞争。**延迟**（latency）是指接受、处理并交割交易指令所需要的时间。例如，BATS曾宣称（2017年）其延迟时间约为100微秒，即0.000 1秒。

延迟：接受、处理并交割交易指令所需要的时间。

3.5 新型交易策略

电子交易机制与计算机技术的结合对交易策略和工具产生了广泛的影响。算法交易代表利用计算机程序执行交易策略。高频交易是一种特殊的算法交易，利用计算机程序在非常短暂的几分之一秒内发出指令，远远快于任何人工处理信息推动交易的速度。这些高频交易商已经取代了许多曾经由证券市场的经纪人提供的市场流动性。但当高频交易商放弃市场，比如2010年发生的所谓的闪电崩盘，流动性同样可以在瞬间蒸发。资金暗池是指保持匿名的交易场所，但这也会对市场流动性造成影响。我们将在本节稍后介绍这些新产物。

□ 算法交易

算法交易：利用计算机程序迅速做出交易决策。

算法交易（algorithmic trading）是利用计算机程序做出交易决策。在美国远超过半数的股权数量被认为是由计算机算法交易发起的。这些交易利用证券价格的微小差异进行，并需要大量、快速地进行跨市场价格比较，这一点非常适合计算机分析。这些策略在最小报价单位改为十进制之前是无法实施的。

一些算法交易尝试利用非常短期的趋势（短至几秒钟），获取诸如关于公司的新信息，或者，更具有争议性的，关于其他交易者的意图。有一些人利用配对交易（pairs trading），即两只（或者更大组合）股票的正常价格之间的关系，从暂时偏离历史值回归到与历史一致的水平时，便可以从中获取薄利。还有一些人试图利用股票价格之间和股指期货合约价格的差异。

一些算法交易涉及的活动类似于传统做市。交易员试图通过以买价购买股票并迅速在价格变化之前以卖价卖出的方式从买卖价差中获利。虽然这一模仿做市商的角色为其他股票交易者提供了流动性，但这些算法交易员不是注册的做市商，所以没有固定的义务去维持买价和卖价。如果他们在动荡期间放弃市场，市场流动性可能会受到颠覆性的冲击。2010年5月6日闪电崩盘期间似乎遭遇了这个问题，当股市遇到极度动荡时，道琼斯工业平均指数在当日回升600点左右之前下降了1 000点。下面的“市场前沿”专栏将讨论这个令人震惊和不安的事件。

市场前沿

2010 年 5 月闪电崩盘

2010 年 5 月 6 日纽约时间下午 2:42，道琼斯工业平均指数在当天已经下跌了约 300 点。市场展示了对欧洲债务危机的担忧，神经位于崩溃的边缘。然后，在接下来的 5 分钟内，道琼斯工业平均指数进一步下跌了 600 点。又仅仅在此后的 20 分钟内，它之前下跌的 600 点大部分已经得到回升。除了整个市场惊人的盘中波动率之外，个别股票交易和交易所交易基金更为混乱。安硕罗素 1000（iShares Russell 1000）价值基金暂时从每股 59 美元降至 8 美分。刚才卖价还是 38 美元/股的大型咨询公司埃森哲（Accenture）的股票，在一两分钟之后便开始以 1 美分的价格交易了。另一个极端是，苹果和惠普公司的股价瞬间上升到超过 100 000 美元。这些市场显然已崩溃。

关于闪电崩盘的原因仍未达成一致意见。当交易指向一个共同基金（被认为是 Waddell & Reed 金融）的一笔 40 亿美元的市场指数期货合约卖出交易时，美国证券交易委员会发布了一份报告。随着市场价格开始下跌，许多算法交易程序退出了市场，而仍在市场中的则只有净卖家，从而导致股票价格被进一步压低。随着越来越多的算法交易员退出，这些市场的流动性蒸发了：许多股票的买家都消失了。

最后，交易在短期内停止。而当交易恢复时，买家决定利用众多被严重压低的股票价格，导致市场像崩溃时一样迅速反弹。鉴于盘中动荡和明显扭曲的交易价格，纽约证券交易所和纳斯达克决定取消所有超过接近当天开盘价的“参考价”60%以上的交易。几乎 70%被取消的交易都涉及 ETF。

美国证券交易委员会已经批准实验新的断路器，5 分钟内上升或下降超过 10%的大股票将被停止交易 5 分钟。这个做法是为了在人工交易员有机会确定价格是否根据基本信息进行调整之前，防止交易算法迅速带来股价变动。

闪电崩盘表明了在面对巨大的、由算法交易员带来的市场成交量变化时市场的脆弱性。这些高频交易员在动荡时期退出市场的潜在可能仍然是一个问题，并且许多观察家都不相信我们已经得到了足够的保护，以保证未来闪电崩盘不会再次发生。

□ 高频交易

很容易看出，许多算法交易策略都需要极其快速地触发交易并执行。**高频交易**（high-frequency trading）是算法交易的一个子集，它依靠计算机程序极其迅速地作出决策。高频交易员争夺那些提供非常小额利润的交易。但如果机会足够多，他们就可以积累一大笔钱。

高频交易： 算法交易的一个子集，依靠计算机程序极其迅速地作出交易决策。

我们认为，一种高频策略需要一种做市手段，试图从买卖价差中获取利润。另一种则依赖于跨市场套利，在这种策略中即使是市场间微小的价格差异，也能够让公司以一个价格买入证券同时以另一个略高的价格出售该证券。这些策略的竞争优势在于最快地识别并执行这些获利机会。第一个“命中”买卖价格的公司将享受到巨大的溢价。

现在高频交易员的交易执行时间以毫秒甚至微秒计算。这导致了一些贸易公司将它们的交易中心“机房共置”在电子交易所的计算机系统附近。当执行或延迟时间不到 1 毫秒时，交易指令从远程位置到纽约证券交易所所需的额外时间将足以使公司无法赢得交易。

要理解为什么“机房共置”已经成为一个关键问题，考虑下面这个计算：即使光能够在 1 毫秒传播 186 英里，源于芝加哥的指令以光速传播到纽约也要花费几乎 5 毫秒的时间，因此，这个指令不可能与一个机房共置设施竞争。

从某些方面来看，“机房共置”只是一个古老现象的一种新版本。考虑为什么即使在电话出现之前，许多经纪公司最初就将它们的总部设置在纽约：它们与纽约证券交易所驻扎在一起，以使得它们的经纪人可以将交易迅速有效地带到交易所。如今，交易通过电子传输，但交易员快速执行之间的竞争意味着靠近市场的需要（现在体现为计算机服务器）仍然存在。

□ 资金暗池

大宗交易：至少买卖 10 000 股股票的大额交易。

资金暗池：参与者可以匿名买卖大宗证券的电子交易网络。

许多大型交易商寻求匿名交易。他们担心，如果别人看到他们执行一个购买或销售计划，他们的意图就会被公开，以至价格对他们不利。非常大的交易［称为**大宗交易**（block），通常定义为超过 10 000 股的交易］传统上被带到“大宗证券公司”，那里有经纪商专门匹配大宗交易的买卖双方。大宗交易经纪商的部分专业知识在于识别可能对大宗交易感兴趣的交易者。这些经纪商谨慎地安排大型交易退出公众的视线，以避免价格走向对它们的客户不利。

如今，大宗交易很大程度上已经被**资金暗池**（dark pools）所取代，该交易系统的参与者可以匿名购买或出售大量的证券。公众无法像传统交易所那样看到订单信息，交易者的身份也是保密的。交易只有在完成后才会被公开，这也为其他参与交易项目的交易者提供了保护。

许多大型交易者倾向于暗池，因为它使他们不太容易受到高频交易者的影响。他们想要一个交易场所，其他的交易者在他们面前更难以推断他们的交易意图和交易。然而，这种理想并不总是能实现。在 2011 年，经营暗池的管道有限责任公司（Pipeline LLC）被指控使高频交易员能够参与其市场，并衡量池内其他参与者的意图。同样，2014 年，巴克莱被指控在其运营的暗池中虚假陈述高频交易水平。人们仍然担心，暗池在多大程度上提供了其据称能够为其他贸易商提供的保护。

资金暗池由于有助于市场分裂而存在一定程度的争议。当很多指令从合并的限制指令簿移除后，就会剩下更少的指令来吸收证券的需求波动，并且公开价格也可能不再能够“公平地”反映所有可获得的关于证券需求的信息。

处理大型交易的另一种方法是将它们拆分为许多小的交易，每一种都可以在电子市场上执行，以掩盖最终买卖的总股份数量很大这个事实。这种趋势导致了平均交易规模的快速下降，如今平均交易规模已不足 300 股。

□ 债券交易

2006 年，纽约证券交易所获得监管部门的批准扩大其债券交易系统，将所有在纽约证券交易所上市的公司的债务发行包括在内。过去，每个债券都需要在上市之前注册，这样的要求使得债券合法上市过于烦琐。与这些新上市债券相结合，纽约证券交易所已经扩大了电子债券的交易平台，该平台现在叫做纽约证券交易所债券市场（NYSE Bonds）。

然而，绝大多数债券交易都发生在场外市场中的债券交易商之间，即使对于实际上是在纽约证券交易所上市的债券也是如此。这个市场是一个如美林证券公司（现在是美国银行的一部分）、所罗门美邦（花旗集团的一个部门）和高盛等债券交易商由计算机报价系统连接起来的网络。

由于这些交易商并不持有各种向公众发行的债券的大量库存，它们不一定能够从其库存中向客户出售债券，或为自己的库存购买债券。新的电子交易平台，例如，MarketAxess，目前可以直接连接买家和卖家。但是这些平台还没有取代传统的交易商市场。深化电子交易的障碍之一是债券市场缺乏标准化，一家公司可能有几十种不同的债券，这些债券有不同的息票利率、到期日和资历。鉴于债券发行的多样性和债券投资者往往零星的交易活动，即使是这些电子平台也依靠愿意充当交易商的投资银行的参与，以保持库存匹配投资者的指令。这些未偿还债券中的任何一种每年也只能交易几次。然而，在金融危机和风险承担能力下降之后，银行已然退出了这一角色。

因此，在实践中，公司债券市场往往相当"单薄"，因为在任何特定时间都可能很少有投资者对债券交易感兴趣。因此，由于很难在需要的时候快速出售资产，债券市场存在流动性风险。

3.6 股票市场全球化

图 3.7 显示了世界主要证券交易市场上市公司的市值。根据这个测量，纽约证券交易所泛欧交易所（NYSE Euronext）是目前为止最大的股票市场。如今，所有主要的股票市场实际上都已电子化了。

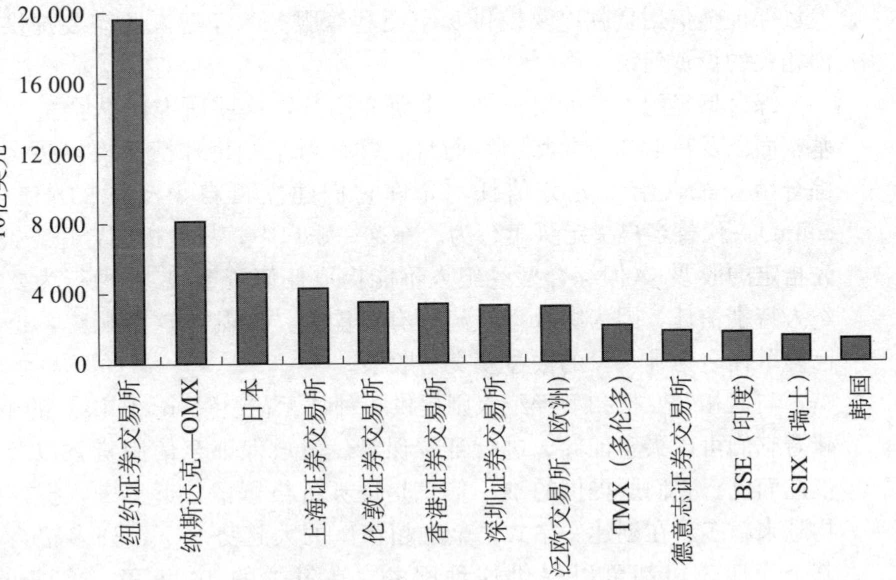

图 3.7　2016 年世界主要证券交易所的市值

资料来源：World Federation of Exchanges.

近年来，证券市场都处在国际联合和兼并的压力之下，这种压力主要源自电子交易的影响。在越来越大的程度上，交易者将证券市场看作是将自己与其他交易者相连的计算机网络系统，同时，对世界范围内可供交易的证券的限制也在不断降低。在这种背景下，对交易所而言，为投资者提供最廉价和最有效率的交易执行和清算机制，就变得越来越重要。这表明全球联盟可以促进跨境贸易，并从规模经济中受益。交易所意识到它们最终必须提供24小时全球服务。最后一点：当公司需要筹集资本时，它们希望能跨越国境的限制。

这些压力导致了交易所并购浪潮的出现。在过去20年的并购浪潮之后，目前行业中有几家大型证券交易机构：洲际交易所（Intercontinental Exchange，运营纽约一泛欧交易所以及几家商品期货和期权市场）、纳斯达克（NASDAQ）、伦敦证券交易所（LSE）、德意志证券交易所（Deutsche Boerse）、芝加哥商品交易所（CME Group，主要从事期权和期货交易）、东京证交所（TSE）和香港证券交易所（HKEX）。还有一些其他并购的尝试，但被反垄断监管机构制止了。其中两个失败的交易之一是2011年德意志证券交易所和纽约—泛欧交易所之间拟议合并，另一个是2017年伦敦证券交易所和德意志证券交易所之间拟议合并。尽管如此，这些并购的尝试表明了交易所面临压力及合并的欲望。

3.7 交易成本

在证券交易中，一部分成本是显而易见的。最明显的是，你要向你的经纪人支付佣金。一般来说，个人投资者会选择两种不同的经纪人：综合型经纪人和折扣型经纪人。提供各项服务的综合型经纪人经常被称为账户主管或金融顾问。

除了执行各种买卖指令这一最基本的服务之外，综合型经纪人还要进行证券保管、发放保证金信用贷款以及提供卖空便利等服务。经纪人还需要提供经常性信息，并提出相关的投资建议。

综合型经纪人一般要依靠一个研究团队，这些研究团队会进行分析、预测经济的基本面以及行业和企业状况，而且经常针对某一特殊情况提出买卖建议。一些客户对综合型经纪人给予充分信任，允许它们建立可自由支配的账户（discretionary account），代替客户决定买卖行为。在这一账户中，只要机会合适，经纪人就可以买卖预先指定的股票。（但综合型经纪人不能提取任何资金。）这种行为要求客户对综合型经纪人特别信任，因为综合型经纪人有可能去“搅乱”这个账户，也就是说，仅仅以自己赚取佣金为唯一目的去过度交易股票。

与之相对，折扣型经纪人则提供一种“无花边”（no frills）的服务。无花边服务意味着它们可以买卖证券、进行证券保管、发放保证金信用贷款以及提供卖空服务，但仅此而已。它们所提供的唯一信息是证券价格行情。近年来，提供折扣经纪服务的机构越来越多。在创建一站式“金融超市”的大趋势之下，许多银行、金融机构及共同基金管理公司都可以提供这种服务。在过去的10年里，像Schwab、E* Trade和Ameritrade等折扣经纪公司的股票交易费用稳步降低，更不用说共同基金公司了，如富达（Fidelity）的佣金已不到10美元。

除了经纪人的佣金这一最明显的交易成本之外，交易成本还有其隐性部分——交易商的买卖价差。有时，经纪人本身就是交易商，并不收取佣金，而完全以赚取价差的方式来盈利。一些观察细致的人们可以区分出来的另一个隐性成本是，当投资者希望成交的数量大于市场上现存的报单数量时，投资者在价格上必须做出的让步。

3.8 保证金信用购买

当购买证券时，投资者很容易通过经纪人通知贷款（broker's call loans）的方式获得融资，这一行为叫做保证金信用购买（buying on margin）。

利用保证金信用购买股票意味着投资者从经纪人那里借入购买股票的部分价款。**保证金**（margin）是指账户购买价格中投资者贡献的部分；剩余部分从经纪人处借得。经纪人再以通知贷款利率向银行贷款，为这笔购买融资；经纪人对客户的收费则包括通知贷款利率（参见第 2 章）加上贷款的服务费用。所有利用贷款买入的证券必须以经纪人名义来登记，由经纪公司保存，因为它是贷款的抵押品。

保证金：通过部分从经纪商借款的方式购买证券。保证金是投资者的账户净值。

联邦储备委员会对保证金信用贷款的融资比例做出了限制。现在的初始保证金要求为 50%，这就意味着至少有 50%的价款是用自有资金而不是借款来支付的。

案例 3.1

保证金

保证金的百分比被定义为账户的净值（或叫做权益价值）与证券市值的比率。为了说明这一点，我们假设一个投资者最初付出 6 000 美元购买了价值 1 万美元的股票（100 股，每股 100 美元），他向经纪人借了剩下的 4 000 美元。资产负债表如下：

资产		负债及所有者权益	
股票价值	10 000 美元	向经纪人的借款	4 000 美元
		权益	6 000 美元

则初始的保证金比率为：

$$保证金比率=\frac{权益账面价值}{股票价值}=\frac{6\ 000}{10\ 000}=0.60 或 60\%$$

如果股价跌到 70 美元/股，资产负债表变为：

资产		负债及所有者权益	
股票价值	7 000 美元	向经纪人的借款	4 000 美元
		权益	3 000 美元

资产价值下跌完全是由于股价下跌，即权益价值下跌引起的。

保证金比率为：

$$保证金比率=\frac{权益账面价值}{股票价值}=\frac{3\ 000}{7\ 000}=0.43 或 43\%$$

如果股票价值跌破 4 000 美元，那么，所有者权益就会变成负值，意味着股票价值将不再足以作为保证金的抵押。为了防止这种情况的发生，经纪人就会设立一个维持保证金（maintenance margin）。如果保证金比率跌到了维持水平以下，经纪人就会发出一个追加保证金通知，要求投资者存入现金或其他有价证券到该保证金账户中。如果投资者不做出任何反应，经纪人就可以在这个保证金账户上卖出证券，偿付一定数额的贷款，使保证金比率恢复到一个可以接受的水平。

案例 3.2

维持保证金

假设维持保证金比率为 30%，那么，股票价值跌至多少时，经纪人才发出一个追加保证金指令？

设 P 为股价，投资者的股票价值即为 $100P$，权益账面价值为 $100P-4\ 000$ 美元。保证金比率为 $(100P-4\ 000$ 美元$)/100P$，股价将通过下式求出：

$$\frac{100P-4\ 000}{100P}=0.3$$

解得 $P=57.14$ 美元。如果股票价值跌破 57.14 美元/股，投资者就会收到一个追加保证金通知。

概念测验 3.4

假设上例中的维持保证金比率为 40%，那么，股价跌至何价位时，经纪人才会发出一个追加保证金通知？

扫描二维码
获取答案解析

为什么投资者会用保证金信用购买证券呢？他们这样做是为了投入一笔比他们自己的钱更多的资金。这样，如果股价上扬，他们就可以获得更多的利益。但一旦股价下跌，他们也会遭受更大的风险。

为了进一步弄清原因，我们来看下一个例子。假设一个投资者认为 Fincorp 的股票将上涨，当时其股票的卖价为 100 美元/股。该投资者有 10 000 美元，他认为 Fincorp 的股票会在明年上升 30%。不考虑股利，如果他投资 10 000 美元买 100 股，他的预期收益率为 30%。

但现在假设这个投资者又从经纪人那里借了 10 000 美元，也将其投资于 Fincorp 的股票，他的总投资额为 20 000 美元（买 200 股）。假设保证金信用贷款的年利率为 9%，如果 Fincorp 股票的价格到年底上涨了 30%，那么这个投资者的收益率是多少？

200 股股票的价值为 26 000 美元，偿付 10 900 美元的本金和利息后，还剩下 15 100 美元（$=26\ 000-10\ 900$），本例中的收益率为：

$$\frac{15\ 100-10\ 000}{10\ 000}=51\%$$

这样，在股价上升 30%的情况下，投资者 10 000 美元投资的收益率上升到 51%。

但是，这样做同样会加大股价下跌的风险。假设股票价格不是上升而是下降，每股跌了 30%。在这种情况下，200 股股票的价值为 14 000 美元，投资者在偿付本息之后只剩下 3 100 美元，收益率是灾难性的：

$$\frac{3\ 100-10\ 000}{10\ 000}=-69\%$$

表 3.1 总结了这个假定的交易的各种可能结果。如果股票价值没有变化，投资者损失 9%，即贷款成本。

表 3.1 保证金信用购买股票的各种情况说明

股价变化	年末股票价格（美元）	支付本息*（美元）	投资收益率（%）
上涨 30%	26 000	10 900	51
不变	20 000	10 900	−9
下跌 30%	14 000	10 900	−69

*假设投资者为购买价值为 20 000 美元的股票，以 9%的年利率借入了 10 000 美元。

Excel 应用

保证金信用购买

下面的 Excel 电子表格模板使得保证金和股价变动的各种分析变得容易，它还可用于比较保证金交易投资和不使用借入资金投资的收益率。

	A	B	C	D	E	F	G	H
1								
2								
3			B 列所采用的公式	最终价格（美元）	投资收益率		最终价格（美元）	无保证金的价格收益率
4	首次权益投资	10 000.00 美元	输入数据		−42.00%			−19.00%
5	借入金额	10 000.00 美元	(B4/B10)−B4	20.00	−122.00%		20.00	−59.00%
6	初始股价	50.00 美元	输入数据	25.00	−102.00%		25.00	−49.00%
7	买入的股份	400	(B4/B10)/B6	30.00	−82.00%		30.00	−39.00%
8	最终股价	40.00 美元	输入数据	35.00	−62.00%		35.00	−29.00%
9	持有期现金股利	0.50 美元	输入数据	40.00	−42.00%		40.00	−19.00%
10	初始保证金比率	50.00%	输入数据	45.00	−22.00%		45.00	−9.00%
11	维持保证金比率	30.00%	输入数据	50.00	−2.00%		50.00	1.00%
12				55.00	18.00%		55.00	11.00%
13	保证金贷款利率	8.00%	输入数据	60.00	38.00%		60.00	21.00%
14	按月计持有期	6	输入数据	65.00	58.00%		65.00	31.00%
15				70.00	78.00%		70.00	41.00%
16	**投资收益率**			75.00	98.00%		70.00	51.00%
17	股票资本利得	−4 000.00 美元	B7×(B8−B6)	80.00	118.00%		80.00	61.00%
18	股利	200.00 美元	B7×B9					
19	保证金贷款利息	400.00 美元	B5×(B14/12)×B13					
20	净收入	−4 200.00 美元	B17+B18−B19				图例：	
21	初始投资	10 000.000 美元	B4				输入计算	
22	投资收益率	−42.00%	B20/B21				所得数据	

Excel 问题：

1. 假设你买的 100 股股票最初售价为 50 美元/股，你从你的经纪人那里借了所需资金的 25%；也就是说，你购买的初始保证金是 25%。你支付的保证金贷款利率为 8%。

a. 你投资了多少你自己的钱？你从你的经纪人那里借了多少钱？

b. 当一年持有期末的股票价格为以下情况时，你的收益率分别是多少？

(1) 40 美元；(2) 50 美元；(3) 60 美元。

2. 假设你的初始保证金是 50%，重做第 1 题，并说明保证金是如何影响你的头寸的风险和收益的。

概念测验 3.5

假设在上一例中，投资者只借了 5 000 美元，利率同样是每年 9%。如果股价上涨了 30%，收益率是多少？如果股价下降了 30%呢？如果股价不变呢？

扫描二维码
获取答案解析

3.9 卖空

卖空：投资者出售从经纪商拆借而非自有的证券，以后再从市场上购买并还清贷款。

投资者看好一家公司，会先买入股票，然后期望以一个更高的价格再将其卖出。**卖空**（short sale）则是投资者看跌一家公司，并从证券价格的下降中获利。

在卖空交易中，你首先卖出股票，然后再购买股票。卖空者先从他的经纪人那里借入股票，将其卖掉。然后，必须再买进同一股票，用来偿还之前借入的股票，这一过程被称为轧平头寸。[①] 表 3.2 比较了购买股票与卖空的区别。

表 3.2　购买股票与卖空股票的现金流情况

时间	行为	现金流
购买股票		
0	买入股票	−初始价格
1	获得股利，卖出股票	最终价格+股利
利润=（最终价格+股利）−初始价格		
卖空股票		
0	借入股票并卖出	+初始价格
1	支付股利，买入股票，偿还借入的股票	−（最终价格+股利）
利润=初始价格−（最终价格+股利）		

说明：负的现金流意味着现金的流出。

卖空者预期股票价格要下跌，这样他就可以以一个比初始卖出股票时更低的价格来购入他原先卖出的股票；如果其预期得以实现，卖空者就能够赚得利润。卖空者不仅要偿还证券，还必须付给借出证券者在他进行卖空操作期间的股利。

在现实中，所借出的股票通常是由卖空者的经纪公司来提供的，公司一般持有其他投资者以街名登记的多种证券（也就是说，经纪人代表他们的客户以自己的名字注册持有股票），证券的拥有者无须知道他的证券被借给卖者了。如果证券拥有者想要卖出他的份额，经纪公司只需再向其他投资者借入即可。因此，卖空的期限可能并不确定。然而，如果经纪公司不能拿出新的股票来补回卖出的股票，卖空者就必须立即从证券市场上购买，以偿还其股票，结束这笔借贷。

最后，交易所规定，卖空所获得的收入必须保存在经纪人的账户上。卖空者不能将这笔资金用于投资，以产生收入，尽管大的机构投资者通常会从经纪人保存的卖空收入中取得一些资金。卖空者同样被要求向其经纪人缴纳保证金（现金或抵押品），以

① 无担保卖空（naked short selling）是传统卖空的变形。在无担保卖空中，交易者卖出他们尚未借入的股票，并假定无论何时卖空交易需要被平仓，该笔股票都能够被买入并交割。

抵补卖空期间股价上涨带来的损失。

案例 3.3

卖　空

为了阐明卖空的机制，假设你认为 Dot Bomb 公司的股票将下跌（对其表示悲观），它的股票的当前市场价格为 100 美元/股。你告诉你的经纪人卖空 1 000 股，你的经纪人就会从其他客户账户中或者从其他经纪人账户中借给你 1 000 股。

卖空所得的 100 000 美元现金就会贷记到你的账户。假设这个经纪人对卖空有 50%的保证金要求，这就意味着你的账户上至少要有价值 50 000 美元的现金或其他有价证券，以满足经纪人的保证金要求。

我们假设你有价值 50 000 美元的国库券，那么你在经纪人处的账户就会如下表所示。

资产		负债及所有者权益	
现金	100 000 美元	在 Dot Bomb 股票上的卖空头寸（1 000 股）	100 000 美元
国库券	50 000 美元	权益	50 000 美元

你的初始保证金比率是这个账户中的权益（50 000 美元）与你所借入的并且最终必须偿还的股票当前价值（100 000 美元）的比率。

$$\text{保证金比率}=\frac{\text{权益}}{\text{借入股票的价值}}=\frac{50\ 000}{100\ 000}=0.50$$

假设你的判断是正确的，Dot Bomb 的股票下跌到 70 美元/股，你现在就可以在获利的情况下轧平头寸。为了对冲空头，你需要买入 1 000 股股票偿还你借入的股票。由于现在股票价格仅仅为 70 美元/股，你只需花 70 000 美元。[①] 因为在你借入股票并将其卖掉时，你的账户里已经贷记了 100 000 美元，所以你的利润为 30 000 美元：这个利润等于股价下跌的数额乘以购入股票的数量。

与保证金信用购买的投资者相同，卖空者也要担心追加保证金通知。如果股票价格上涨，账户中的保证金会减少，如果保证金降到维持水平之下，卖空者就会收到追加保证金通知了。

案例 3.4

卖空头寸的追加保证金通知

假设你的经纪人要求卖空的维持保证金比率为 30%，这就意味着无论何时，你账户上的权益至少应为你的空头头寸价值的 30%。那么，当 Dot Bomb 的股价上升到多少时，你的经纪人会发出追加保证金通知呢？

设 P 为 Dot Bomb 的股价，你的空头头寸的价值为 $1\ 000P$，你的账户上的权益价值为 150 000 美元－$1\ 000P$，你的空头保证金比率为权益/股票价格＝$(150\ 000-1\ 000P)/1\ 000P$。则 P 需满足：

$$P=\frac{\text{权益}}{\text{借入股票的价值}}=\frac{150\ 000-1\ 000P}{1\ 000P}=0.3$$

解得 $P=115.38$ 美元。

如果 Dot Bomb 的股票价格上升到 115.38 美元/股，你将收到追加保证金通知，此时，你要么追加现金，要么买入股票偿还你借入的股票，以对冲空头。

① 注意当用保证金购买股票时，从经纪商处借入资金的数量是一定的，所以贷款的数量与股票价格不相关。相反，当进行卖空交易时，借入股票的数目是一定的，并且要被归还给经纪商。因此，当股票价格变化时，贷款的价值也随之变化。

概念测验 3.6

a. 如果 Dot Bomb 的股价上升到 110 美元/股，试编制资产负债表。

b. 如果案例 3.4 中，卖空维持保证金比率为 40%，那么股价涨到多少时，投资者会收到追加保证金通知？

扫描二维码
获取答案解析

Excel 应用

卖　空

下面的 Excel 电子表格模板是利用 Dot Bomb 公司的案例建立起来的。这个模型便于我们分析收益率、追加保证金通知以及不同的初始和维持保证金的作用。这个模型中也包括对股票最终价格和投资收益的敏感性分析。

	A	B	C	D	E
1					
2					
3			B 列所采用的公式	最终价格（美元）	投资收益率
4	首次权益投资	50 000.00 美元	输入数据		60.00%
5	初始股价	100.00 美元	输入数据	170.00	−140.00%
6	卖空股票的数量	1 000 美元	(B4/B9)/B5	160.00	−120.00%
7	最终股价	70.00 美元	输入数据	150.00	−100.00%
8	持有期现金股利	0.00 美元	输入数据	140.00	−80.00%
9	初始保证金比率	50.00%	输入数据	130.00	−60.00%
10	维持保证金比率	30.00%	输入数据	120.00	−40.00%
11				110.00	−20.00%
12	**卖空收益率**			100.00	0.00%
13	股票资本利得	30 000.00 美元	B6×(B5−B7)	90.00	20.00%
14	股利	0.00 美元	B8×B6	80.00	40.00%
15	净收入	30 000.00 美元	B13−B14	70.00	60.00%
16	初始投资	50 000.00 美元	B4	60.00	80.00%
17	投资收益率	60.00%	B15/B16	50.00	100.00%
18				40.00	120.00%
19	**保证金头寸**			30.00	140.00%
20	以最终价格计算的保证金	114.29%	(B4+(B5×B6)−B14−(B6×B7))/(B6×B7)	20.00	160.00%
21				10.00	180.00%
22	追加保证金通知的价格	115.38 美元	(B4+(B5×B6)−B14)/(B6×(1+B10))		
23				图例：	
24				输入计算	
25				所得数据	

Excel 问题：

1. 假设你以每股 100 美元的初始售价卖空 100 股股票。初始保证金要求是出售的股票市价的 50%。你在保证金账户的资金并不支付利息。

a. 你需要在你的保证金账户存入多少钱？

b. 当一年持有期结束时，对应如下股票价格，你的投资收益率分别是多少（假设股票不支付股利）？（1）90 美元；（2）100 美元；（3）110 美元。

2. 现在假设年底股票为每股支付 2 美元股利，再做第 1 题 b 小题。股票的总收益率和你的空头收益率之间是什么关系？

卖空交易会周期性地受到谴责，特别是当股价下跌带来金融压力的时期。过去几年一直没有例外，下面的“市场前沿”专栏更详细地介绍了关于卖空的各种争议。

市场前沿

卖空再遭谴责

长期以来，人们一直用怀疑的眼光看待卖空，即使不是以彻头彻尾的敌意的眼光。18 世纪的大部分时间英国都禁止卖空，拿破仑甚至称卖空者为国家的敌人。在美国，卖空被视为 1929 年股市崩盘的成因。2008 年，投资银行贝尔斯登（Bear Stearns）和雷曼兄弟（Lehman Brothers）的倒闭也同样被归咎于卖空者。由于 2008 年 9 月其他金融机构的股价暴跌，美国证券交易委员会临时发布了关于其中约 800 家企业的卖空禁令。同样的，英国金融监管机构金融服务管理局禁止卖空 30 家金融公司，澳大利亚也禁止了所有卖空交易。

这些禁令发布的原因是，卖空为股价带来了下行的压力，但这些股价下降在某些情况下可能并不必要：传闻有些投资者会首先卖空，然后传播关于公司的负面谣言以降低其价格。不过，更常见的卖空是单纯地断定股价太高，应当下降。无论如何，在 2008 年末的市场压力下，人们普遍的感受是，即使持有空头头寸是合法的，监管机构也应尽它们所能去支撑受到影响的机构。

对卖空的敌意很可能源于对坏消息和从坏消息中获益的人的混淆。卖空使得分析表明，公司股价被高估的投资者可以采取行动，并在其判断正确时获利。卖空可能只是预期股票价格将会下降，而不是导致股票价格下跌。他们的销售只是迫使市场更快地反映陷入困境的企业不断恶化的前景。换句话说，卖空是将全面的信息和观点——包括乐观的和消极的——反映在股票价格中的过程的一部分。

例如，卖空者曾持有大量世通、安然、泰科等公司的（负的）头寸，甚至是在这些公司的问题被监管机构发现之前。事实上，人们还可能会认为，正是这些空头头寸的涌现帮助监管机构识别出了先前未被发现的丑闻。而且，雷曼兄弟和贝尔斯登的倒闭也是因其抵押贷款相关投资带来的实际损失，而非毫无根据的谣言。

学术研究支持卖空有助于有效的价格发现这一猜测。例如，卖空股票的需求越大，其未来收益往往越低。此外，威胁卖空者将采取法律行动或进行负面宣传的公司未来收益往往更为惨淡。① 卖空禁令可能最终只不过是一个可以理解的、被误导的“杀死信息传播者”的冲动。

---

① 相关例子参见 C. Jones and O. A. Lamont，“Short Sale Constraints and Stock Returns,” *Journal of Financial Economics*，November 2002，pp. 207 - 239，或 O. A. Lamont，“Go Down Fighting：Short Seller vs. Firms,” *Review of Asset Pricing Studies*（2），2012，pp. 1 - 30。

3.10 证券市场上的监管

在美国证券交易市场上进行证券交易要受到许多法律的监管。主要的法律包括：1933 年《证券法》（Securities Act）和 1934 年《证券交易法》（Securities Exchange Act）。1933 年《证券法》要求对新证券发行的相关信息做出完全披露。它要求新证券进行注册并且在发行公告中详细披露公司的财务状况。美国证券交易委员会批准公司的募股说明书或财务报告绝不意味着认可证券是一个好的投资品种，它只关心公司的财务信息是否完全披露。对于公司证券的价值，投资者必须自己去评价。

1934 年《证券交易法》建立了证券交易委员会来执行 1933 年《证券法》中所提出的条款。它还扩展了 1933 年《证券法》中的信息披露原则，对于公司在二级市场上交易的已发行证券，也需要定期披露相关的财务信息。

1934 年《证券交易法》还授权美国证券交易委员会负责证券交易所、场外交易、经纪人和交易商的注册登记和监管工作。美国证券交易委员会是一个负责对证券市场进行全面管理的机构，它还要与其他监管机构合作，共同担负起管理职能。商品期货交易委员会（CFTC）管理期货市场的交易，美联储则对美国金融系统的健康发展负有广泛的责任。在证券监管职能中，美联储负责制定股票和股票期权的保证金要求比例，并对为证券市场参与者提供资金的银行进行监管。

1970 年《证券投资者保护法》（Securities Investor Protection Act）建立了证券投资者保护公司（Securities Investor Protection Corporation，SIPC），一旦投资者的经纪公司倒闭，SIPC 就会为其提供保护。正如联邦存款保险公司对存款者进行保护，防止银行倒闭使它们受到损失一样，证券投资者保护公司保证在经纪公司倒闭时，投资者可以在其持有的账户上收到以街名命名的证券，上限为每一客户 50 万美元。证券投资者保护公司凭借向其参加者或成员及经纪公司收取保险费来筹集资金。

除了联邦法律的约束以外，证券交易还要受州法律条文的约束，这些法律通常被称为蓝天法（blue sky rules），因为它们的目标在于使投资者清楚地认识投资的前景。在 1933 年《证券法》出台之前，由州法律制裁证券销售中的欺诈行为。1956 年《统一证券法》（Uniform Securities Act）颁布，许多州接受了其中的部分条款，至此各州的证券法在一定程度上得到了统一。

□ 自我监管

除了政府监管以外，证券市场还有相当多的自我监管。在这方面最重要的监督者是美国金融业监管局（Financial Industry Regulatory Authority，FINRA），它是对美国证券公司进行监管的最大非政府机构。FINRA 成立于 2007 年，是通过整合全美证券交易商协会（NASD）和纽约证券交易所的自律部门建立的。它将其广泛的使命描述为促进投资者保护和市场诚信。它检查证券公司，撰写并执行有关交易惯例的规则，并管理投资者和注册公司的争端解决论坛。

除了交易的监管以外，还存在着专业投资者的自我监管。例如，注册金融分析师协会给出了一套管理注册金融分析师（CFAs）的道德准则。下面的“市场前沿”专栏简单地列明了这些准则。

市场前沿

摘自《注册金融分析师协会职业道德准则》

一、专业素质

- 法律知识。会员和候选人必须理解和遵守所有适用法律、法规或规章（包括金融分析师协会道德规范和职业行为标准）。
- 独立性与客观性。会员和候选人必须在执业活动中保持独立性和客观性。
- 虚假陈述。会员和候选人不得有意虚假陈述投资分析、建议或其他专业活动。

二、资本市场信誉

- 重要非公开信息。掌握重要非公开信息的会员和候选人不得利用重要非公开信息或者使他人利用该信息。
- 操纵市场。会员和候选人不得从事歪曲价格或人为抬高交易量试图误导市场参与者的行为。

三、对客户的责任

- 忠诚、审慎和谨慎。会员和候选人必须将客户的利益置于其雇主或者自身利益之上。
- 公平交易。会员和候选人在提供投资分析时，必须客观公正地与所有客户进行交易。
- 适当性。会员和候选人与客户有咨询关系时，他们必须对客户或潜在客户的投资经验、风险和回报目标，以及财务约束进行合理的调查。
- 业绩介绍。在传达投资业绩时，会员和候选人必须尽力确保其内容公平、准确和完整。
- 保密。会员和候选人必须对当前、以前和潜在的客户信息保密，除非法律要求披露，或者客户或潜在客户允许披露。

四、对雇主的责任

- 忠诚。会员和候选人必须依雇主利益行事。
- 监管责任。会员和候选人必须作出合理的努力，以确保任何受其监管或者授权的个人遵守适用的法律、规则、法规以及本守则和标准。

五、投资分析和建议

- 勤奋和合理的基础。对于任何投资分析、建议或行动，会员和候选人必须有适当的研究和调查支持的合理和充分的基础。
- 沟通。会员和候选人在对投资分析进行介绍时，必须区分事实和观点。

六、利益冲突

- 冲突披露。会员和候选人必须全面和公平地披露所有可合理预期会损害其独立性和客观性的事项。
- 交易优先权。客户和雇主的投资交易必须优先于会员或者候选人为实际受益人的投资交易。

七、CFA 会员或者 CFA 候选人的责任

- 会员行为。会员和候选人不得从事任何危害 CFA 协会和 CFA 特许状声誉的行为。

资料来源：Excerpted from "Code of Ethics and Standards of Professional Conduct," *Standards of Practice Handbook*, 11th Ed. 2014, CFA Institute.

□《萨班斯-奥克斯利法案》

2000—2002 年间的丑闻主要集中在三个方面：首次公开发行中的股票分配，向公众提供了受污染的证券研究和投资建议，以及可能是最重要的，误导性的财务状况和

会计制度。2002年，为了回应这些问题，国会通过了《萨班斯-奥克斯利法案》，通常称为SOX，其主要的改革有：

- 建立一个上市公司会计监督平台来监督上市公司的会计运作。
- 规定每个公司董事会中的审计委员会必须包括独立的公司财务专家。
- 首席执行官和首席财务官必须以个人名义担保其公司的财务报告，确保其“从任何一方面来讲都公正地展现了公司运作和财务状况”。如果事实证明报告中有误导，将被处以惩罚。遵守GAAP（公认会计准则）仍然是必需的，但已远远不够。
- 审计师不再向顾客提供某些其他服务。此举意在阻止咨询业务的潜在利润妨碍审计工作的质量。
- 董事会必须包括独立董事，并且定期召开没有公司管理者参加的董事会议（这样他们就不能干预讨论）。

最近，已经有相当多的迹象表明，《萨班斯-奥克斯利法案》将被推迟执行。许多观察家认为，该法律相关的合规成本太过繁重，尤其是对于小公司而言。并且，严厉的监管使得公司在决定上市地点时，相比于美国，更愿意选择外国地区。此外，面对日益增长的全球化程度和资金跨国流动的容易程度，单一国家监管的有效性也面临着挑战。

“规则”与“原则”是监管中最具争议的问题之一。基于“规则”的监管试图明确规定哪些做法是允许的或者是不允许的。这通常是美国的方法，尤其是美国证券交易委员会的做法。相比之下，基于“原则”的监管则依赖于一套对风险承担、监管目标以及各种受到认可的金融实践更为模糊的理解。这个方法在全球范围内更受欢迎。

□ 内幕交易

内幕信息：由公司高层管理人员、大股东及有权了解公司信息的个人所掌握的公司非公开信息。

交易制度同样禁止内幕交易。任何人在证券交易中通过**内幕信息**（insider information）来获利都是非法的。所谓内幕信息，是指由高层管理人员、董事或大股东所掌握的、尚没有公之于众的信息。但是内部人的定义是很模糊的。很明显，一个公司的首席财务官是内部人，然而公司的最大供货商是不是内部人就难以确认了。然而，供货商可能会从订单的明显变化中推断公司近期的发展前景。这就使得供货商是一种独特的私人信息来源，但供货商在技术上却不能算作一个内部人。这些模棱两可的问题困扰着安全分析师，他们的主要工作是尽可能多地揭露有关公司预期前景的信息。合法的私人信息和非法的内幕信息之间的区别可以是模糊的。（我们将在第8章再回到这个问题。）

美国证券交易委员会要求高层管理人员、董事及大股东报告其公司股票中的所有交易。之后，美国证券交易委员发布了一个内幕交易的纲要，其意义在于提醒公众关于内部人所投出的对市场的信任或不信任票的潜在意义。

三种形式的证据可以确认内部人的确利用了内幕信息。第一，在内幕交易中，主要负责人都犯下了比较明显的罪行。

第二，有大量的证据表明，在有用的信息向公众公开之前，就已经被泄露给了交易者。例如，在公司宣布股利分配增加的前几天，股价就开始上涨了（市场认为这是一条关于公司前景的利好消息）。同样，在公司获得高于平均水平的收益率这条信息公开披露之前几天，公司的股价就大涨。很明显，部分投资者在消息公开之前就已经行动了。在消息发布给公众的当天，股价仍会大幅度地继续上涨，这表明内部人及其关系人尚未将股价完全上调至与消息相称的水平。

第三类证据是内幕交易者如何处理其非法所得。研究人员研究了美国证券交易委员会关于内幕交易的概览。在其中最著名的一项研究中，贾菲（Jaffe，1974）分析了在内部人购买和卖出之后的几个月内，股票收益率的异常波动。在几个月之前，内部人买入的股票比卖出的股票多 3 倍，而在其后的 8 个月内，股价上涨了 5%。反之，如果内部人卖出的股票超过其买入的股票，这只股票的表现恐怕会变得非常糟糕。

小结

● 公司发行证券筹集资本，为其投资活动募资。投资银行家在一级市场上向公众销售这些证券，他们一般承担承销商的角色，从公司买入股票，再转手卖给公众，赚取差价。在证券被允许发行给公众之前，公司必须先发布美国证券交易委员会批准的募股说明书，向公众提供关于公司前景的信息。

● 已经发行的证券在二级市场上进行交易，也就是在有组织的证券交易所或场外交易市场（主要是债券）进行交易。经纪公司可以在证券市场中拥有席位，将其服务销售给个人投资者，并从中收取佣金。

● 交易可以通过电子通讯网络在交易商市场上进行，也可以在专家经纪商市场上进行。在交易商市场上，证券交易商报出它们愿意买入或者卖出的价格。经纪人在最好的价格上为客户执行交易。在电子通讯市场上，即时的限价执行登记簿显示了哪些交易可以成交。互相达成协议的买方和卖方由运营市场的计算机系统自动完成交易。

● 纳斯达克传统上是一个交易商市场，在这个市场中，经销商们形成一个网络，直接就证券销售进行谈判。纽约证券交易所传统上是一个专家经纪人市场。但是，如今，这两个交易所的大部分交易都电子化了。

● 保证金信用购买意味着从经纪人那里借钱，从而可以比仅用自己的钱购买更多的证券。通过保证金信用购买证券，投资者同时扩大了股价上升可能的获利水平和股价下降损失的风险程度。如果保证金账户中的所有者权益下降到不足以满足维持保证金需要的程度，投资者就会收到经纪人发出的追加保证金的通知。

● 卖空是一种卖出投资者并不拥有证券的行为。卖空者从经纪人那里借入他们想要卖出的证券，并且在任何时候，只要经纪人要求，都必须平仓。从卖空行为中获得的现金收入必须由经纪人保存在他的账户上，并且经纪人通常会要求卖空者存入一定数量的现金或证券，作为这笔卖空的保证金（抵押）。

● 证券交易必须接受美国证券交易委员会、其他政府机构以及交易所自我约束机制的监管。许多重要的监管制度都要求充分披露该证券交易的有关信息。内幕交易监管原则也禁止交易者试图从内幕信息中获得利润。

关键词

算法交易	资金暗池	内幕信息	场外交易市场	卖空
卖价	交易商市场	延迟	一级市场	专家经纪商
竞价市场	电子通讯网络	限价买入（卖出）指令	私募	证券交易所
买卖价差	高频交易	保证金	募股说明书	止损指令
买价	首次公开发行	纳斯达克股票市场	二级市场	承销商
大宗交易				

习题

1. 首次公开发行和增发新股的区别是什么？(LO3—1)

2. 买卖股票的实际成本包含哪些方面？(LO3—3)

3. 一级市场和二级市场的区别是什么？(LO3—3)

4. 证券交易商如何盈利？(LO3—3)

5. 什么情况下更倾向于私募而不是公开发行股票？(LO3—1)

6. 止损指令、限价卖出指令和市价订单的区别是什么？(LO3—3)

7. 为什么近年来平均交易规模出现了下降？(LO3—3)

8. 承销商的角色是什么？募股说明书呢？(LO3—1)

9. 保证金交易是如何放大一个投资组合的可能的收益和风险的？(LO3—4)

10. 市价订单：(LO3—2)

a. 价格不确定但执行确定；

b. 价格和执行均不确定；

c. 执行不确定但价格确定。

11. 在发展中国家流动性差的证券最可能在哪里进行交易？(LO3—3)

a. 经纪商市场；

b. 电子交易市场；

c. 电子限价指令市场。

12. 以下陈述是否正确？如果有误，请更正。(LO3—4)

a. 投资者如希望立即出售股票，应要求其经纪商输入限价指令；

b. 卖价低于买价；

c. 微软向公众发行的增发股票将被称为 IPO；

d. ECN（电子通讯网络）是证券交易商用来宣传其愿意买卖股票价格的计算机链接。

13. 给一个综合型经纪人和一个折扣型经纪人打电话，计算实施以下策略的成本：(LO3—3)

a. 买入 100 股 IBM 的股票，然后在 6 个月后卖掉。

b. 投资 6 个月期 IBM 股票的平价看涨期权，数额同上，然后在 6 个月后卖掉。

14. DRK 股份有限公司在 IPO 时卖出了 100 000 股股票，承销商明确要收取的服务费为 60 000 美元。IPO 价格为 40 美元/股，但发行后股价立即上涨为 44 美元/股。(LO3—1)

a. 你认为 DRK 这次发行股票的总成本是多少？

b. 证券承销的全部成本是承销商利润的来源之一吗？

15. 迪伊・特雷德开立了一个经纪账户，买入了 300 股 Internet Dreams 的股票，每股 40 美元。她向经纪人借入了 4 000 美元，贷款利率为 8%。(LO3—4)

a. 在她初次购买股票时，她的保证金比率是多少？

b. 如果到该年年末，股价下跌到 30 美元/股，她账户中的保证金比率还有多少？

c. 如果维持保证金比率为 30%，她会收到追加保证金通知吗？

d. 她的投资收益率是多少？

16. Old Economy Traders 开立了一个保证金账户来卖空 1 000 股 Internet Dreams 的股票。与上一题一样，初始保证金要求为 50%。(保证金账户不支付利息。) 一年以后，股票价格从 40 美元上涨到 50 美元，每股的股利为 2 美元。(LO3—4)

a. 目前账户上的保证金比率为多少？

b. 如果维持保证金比率要求为 30%，Old Economy Traders 会收到追加保证金通知吗？

c. 这笔投资的收益率是多少？

17. 下面是一个专家经纪商的限价指令登记簿。上一笔交易发生在 50 美元的价位上。(LO3—3)

限价买入指令		限价卖出指令	
价格（美元）	委托数量（股）	价格（美元）	委托数量（股）
49.75	500	50.25	100
49.50	800	51.50	100
49.25	500	54.75	300
49.00	200	58.25	100
48.50	600		

a. 如果市场上有一条买入指令，数量为 100 股，它将在什么价位成交？

b. 下一笔买入指令将在什么价位成交？

c. 如果你是专家经纪商，你将增加还是减少这种股票的库存？

18. 你在 Telecom 的股票上做多头。该股票当前的市场价格是每股 50 美元，你有 5 000 美元可用于投资。你从经纪商那里以 8%的年利率借入 5 000 美元，并将所有的 10 000 美元投资到 Telecom 的股票中。(LO3—4)

a. 第二年，Telecom 的股票上涨了 10%，你的投资收益率是多少？(股利忽略不计。)

b. 如果维持保证金比率是 30%，当股票价格降低到什么程度时，你将会收到追加保证金通知？假设价格急速下降。

19. 你在 Telecom 的股票上做空头，决定以当前每股 50 美元的市场价格卖空 100 股股票。(LO3—4)

a. 如果最初做空头的保证金要求为 50%，那么你必须在这些保证金账户中存入多少现金或证券才能满足这一要求？

b. 如果维持保证金比率是 30%，那么在股票价格上涨为多少时，你就会接到追加保证金通知？

20. 下面是关于万豪国际酒店（Marriott）股票价格的一

些信息：（LO3—2）

	买价（美元）	卖价（美元）
万豪	19.95	20.05

你下了一个止损卖出指令，委托卖价为 68 美元/股，你应该告诉你的经纪人什么？

在市场价下，你的指令会被执行吗？

21. 下面是关于 Fincorp 公司股票价格的一些信息：假设这一股票首先在一个交易商市场进行交易。（LO3—2）

买价（美元）	卖价（美元）
55.25	55.50

a. 假设你向你的经纪人提交了一个市价买入指令，你的交易可以在什么价位成交？

b. 假设你向你的经纪人提交了一个市价卖出指令，你的交易可以在什么价位成交？

c. 假设你向你的经纪人提交了一个限价卖出指令，委托价格为 55.62 美元/股，你的委托指令会成交吗？

d. 假设你向你的经纪人提交了一个限价买入指令，委托价格为 55.37 美元/股，你的委托指令会成交吗？

22. 你借入资金 20 000 美元以保证金方式购买 Ixnay 公司股票，其价格为 40 美元/股。你的账户的初始保证金率为 50%，维持保证金率为 35%。两天之后，股票价格下跌为 35 美元/股。

a. 你会收到追加保证金通知吗？

b. Ixnay 股票价格要下跌多少，你才会收到追加保证金通知？

23. 1 月 1 日，你卖空了一手（100 股）Snow 的股票，价格为 21 美元/股。3 月 1 日，发放了每股 3 美元的股利。4 月 1 日，你以 15 美元/股的价格购入股票，以补平头寸。你需要付 50 美分/股的交易费用。那么，在 4 月 1 日，你的账户价值是多少？

□ 挑战题

24. 假设 XTel 股票现在的卖价为 40 美元/股，你买了 500 股股票，其中 15 000 美元是你自己的资金，而其余的则是向你的经纪人以 8%的利率借入的。

a. 讨论你的经纪账户净值增加的百分比，前提是股票价格马上变化到如下价位：(i) 44 美元，(ii) 40 美元，(iii) 36 美元。股票价格变动百分比和你的收益率之间有什么关系？

b. 如果维持保证金比率是 25%，当股票价格降低到什么程度时，你将会收到追加保证金通知？

c. 如果最初你自己的钱只投资了 10 000 美元，那么，b 小题中的答案会发生什么变化？

d. 再次假设你有 15 000 美元是你自己的资金。如果在一年之后，股票价格为 (i) 44 美元，(ii) 40 美元，(iii) 36 美元时，你在这笔保证金头寸中的收益率是多少？股票价格变动百分比和你的收益率之间有什么关系？假设 XTel 不分配股利。

e. 继续假设一年过去了，当股票价格降低到什么程度时，你将会收到追加保证金通知？

25. 假设你卖空 500 股英特尔的股票，现在的卖价是 40 美元/股，你给了你的经纪人 15 000 美元建立一个保证金账户。

a. 如果你的保证金账户中的资金没有利息，一年以后，当股票卖价达到 (i) 44 美元，(ii) 40 美元，(iii) 36 美元时，你的投资收益率是多少？假设 XTel 不支付股利。

b. 如果维持保证金比率是 25%，当股票价格上涨到什么程度时，你将会收到追加保证金通知？

c. 假设 XTel 的股利为每股 1 美元，重新计算 a 小题和 b 小题。a 小题中的价格应被看作股利已经支付后的价格。

Web 站点管理员

请扫描二维码或登录中国人民大学出版社
官网 www.crup.com.cn 下载。

4 共同基金及其他投资公司

学习目标：

LO4—1 列举投资于一家投资公司而不是直接购买证券的优点和缺点；
LO4—2 比较开放式基金、封闭式基金、单位投资信托、对冲基金以及交易所交易基金的区别；
LO4—3 定义资产净值并计算共同基金的收益率；
LO4—4 根据投资类型来对共同基金进行分类；
LO4—5 指明支出和营业收入对共同基金投资业绩的影响。

前一章我们介绍了证券市场结构和证券交易机制。然而，个人投资者逐渐开始选择不再直接进行证券交易，而是将资金交给投资公司，由投资公司代他们进行交易。在这些金融中介机构中，最重要的就是共同基金。现在，超过半数的美国家庭都持有共同基金。我们也会介绍其他类型的投资公司，如单位投资信托及封闭式基金，以便说明它们之间的差别。

在本章开始时，我们将首先对投资者面对的不同类型的投资公司进行描述和比较，这些投资公司包括：单位投资信托、封闭式基金和开放式基金，即我们日常所说的共同基金。我们将用大部分篇幅来描述共同基金，了解它们的功能、投资风格与投资策略以及投资成本。

接下来，我们将初步看一下这些基金的投资业绩。我们会考虑支出及营业收入对基金投资业绩的影响以及在相邻两个投资期间基金投资表现的延续性。换句话说，在过去表现最好的基金在将来也一定表现最好吗？最后，我们将讨论共同基金的信息来源，并且详细讨论由行业先驱之一的晨星报告提供的共同基金的信息。

4.1 投资公司

投资公司：将个人投资者的资金投资于股票和其他资产的金融中介。

投资公司（investment companies）是一种金融中介机构，它将个人投资者的资金集中起来，投资于众多证券或其他资产。“汇集资产”是证券投资公司背后的核心含义。在投资公司建立的证券组合中，每个投资者按照投资数额比例享有对资产组合的要求权。因此，这些公司为小型投资者提供了一个“团队合作”的机制，以获得大规模投资的好处。

投资公司为投资者实现了以下重要功能：

1. 记录保存与管理。投资公司出具阶段性管理情况报告，记录资本利得的分配、股利、投资以及本金赎买等情况，同时，它们可以替投资者对利息及股利收入进行再投资。

2. 多样化和可分割性。通过汇集资产，投资公司使投资者能够部分持有各种不同证券。个人投资者不能像大投资者那样运作，但投资公司却使他们实现了这一点。

3. 专业管理。投资公司具备专职的证券分析人员和证券投资管理人员，为他们的投资者获取最佳投资结果。

4. 降低交易成本。因为投资公司进行的是大宗交易，所以它们可以在经纪费用及佣金方面节省一大笔开支。

尽管投资公司把个人投资者的钱集中起来管理，但它们同样需要在投资者之间分清他们对资产的所有权。投资者购买投资公司的股份，他们的所有权是按照购买份额的数量来划分的。每一股的价值被称为**资产净值**（net asset value，NAV）。资产净值是资产市值减去负债之后的价值在每一股份上的体现。

资产净值：每股资产减去每股负债。

$$资产净值=\frac{资产市值减去负债}{发行在外的股份总数}$$

假设一只共同基金管理着价值 1.2 亿美元的证券投资组合，该基金需支付证券分析师投资咨询费 400 万美元，此外还需支付 100 万美元的租金、工资报酬及杂费等。基金总共有 500 万个基金份额，则：

$$资产净值=\frac{12\ 000-500}{500}=23（美元/基金份额）$$

概念测验 4.1

以下数据来自 2016 年底富达价值基金（Fidelity's Value Fund）年报（所有数据均以百万为单位）。这只证券投资组合的资产净值是多少？

资产	6 897.2 美元
负债	156.3 美元
基金份额数	65.45

扫描二维码
获取答案解析

4.2 投资公司的类型

在美国，根据 1940 年出台的《投资公司法》，投资公司被分为两种：单位投资信托和管理型投资公司。单位投资信托基金中的证券投资组合基本上是固定的，由此它被称为无管理的投资公司。与之相对应，管理型投资公司之所以得名，是因为投资组合中的证券在不断地被买入和卖出：投资组合是有管理的。管理型投资公司又进一步分为封闭式和开放式。开放式投资公司就是我们通常所说的共同基金（mutual funds）。

单位投资信托：在基金存续期内投资于固定的资产组合的来源于很多投资者的资金集合。

□ 单位投资信托

单位投资信托（unit investment trust）是指在基金存续期内投资于固定的资产组

合的资金集合形式。为了形成这样一种单位投资信托，基金发起人（sponsor，通常是某家经纪公司）购买那些已存入信托的证券投资组合，然后将它卖给公众基金股份，也叫做“基金单位”，在信托投资中，称为“可赎回信托凭证”。证券投资组合本金产生的一切收入和支出都是由受托人（通常是一家银行或信托公司）付给基金股份持有人的。

很少有积极管理型的单位投资信托，因为基金一旦建立，其证券投资组合结构也就被固定下来了，所以这些信托又被称为“无管理的信托”。信托基金一般投资于相对单一的资产类型，例如，某一信托基金投资于市政债券，另一基金投资于公司债务。这种证券组合类型的单一性与缺乏积极的管理密切相关。信托基金为投资者提供了一个购买特定类型资产池的工具，可以根据需要将其纳入整体投资组合中。由于投资组合的组成是如此稳定，管理费可以低于那些管理型基金。

单位投资信托发起人通过以标的资产购买成本加上一定溢价的价格出售信托中的股份来获取利润。例如，某一信托基金购买了价值 500 万美元的资产，并且以每股 1 030 美元的价格向公众出售了 5 000 股（假设该公司无负债），这就意味着信托持有证券资产净值 3%的溢价。3%的溢价就是受托人建立信托的费用。

对于那些希望将持有的信托基金变现的投资者来说，他们可以以资产净值将基金股份卖回给受托人，而受托人可以从证券投资组合中卖出证券，以获得足够的现金来支付投资者，或者将股份卖给一个新的投资者（以略高于资产净值价格卖给投资者）。

单位投资信托的市场份额近年来逐渐被共同基金侵占。随着共同基金资产的飙升，投资信托中的资产从 1990 年的 1 050 亿美元下降到 2016 年的 850 亿美元。

□ 管理型投资公司

管理型投资公司主要有两种类型：封闭式和开放式。在任何一种类型中，由基金持有人选举出来的基金董事会将雇用一家管理投资公司来对证券投资组合实行管理，该管理公司每年收取一定的费用，通常为资产的 0.2%～1.5%。很多情况下，管理公司就是发起基金的公司，例如，富达管理与研究公司（Fidelity Management and Research）发起了许多富达共同基金，并负责管理投资组合。对于每一只共同基金，它都会估算出一个管理费用。在其他情况下，共同基金也会聘用外部的投资组合管理人。例如，先锋公司（Vanguard）聘请了威灵顿资产管理公司（Wellington Management）作为威灵顿基金的投资管理人。大多数管理公司都会与几家基金订立管理合同。

开放式基金：以资产净值购买或赎回份额的基金。

封闭式基金：份额不可赎回，但是可以不同于资产净值交易的基金。

开放式基金（open-end fund）允许随时以资产净值赎回或购进基金股份（尽管对买卖行为都要收取一定的费用）。当开放式基金的投资者们希望变现其资产时，他们就可以以资产净值将股份卖回基金公司。与之相反，**封闭式基金**（closed-end fund）的投资者如果想处理其资产，他们就只能将基金股份卖给其他投资者。封闭式基金可以在有组织的证券交易所中像股票一样通过经纪人进行买卖，因此它们的市场价格也会与资产净值有一定的偏差。

图 4.1 是《华尔街日报在线》上的一份封闭式基金价格行情表。第一列给出了基金名称和股票代码。接下来的两列列出了该基金最近的资产净值和收盘价。溢价或折价是市场价与资产净值之间的差异百分比：(价格－资产净值)/资产净值。对资产净值的折价（由负差异表示）比溢价更常见；事实上，对于这个图中的小样本来说，每个基金都以折价出售。最后一列是代表 52 周的价格变动率加上股利收益率的总收益率。

基金（股票代码）	资产净值	市场价	涨跌幅	52 周市场收益率
Gabelli Div & Inc Tr（GDV）	22.52	21.08	−6.39	24.87
Gabelli Equity Trust（GAB）	6.07	6.00	−1.15	22.44
General Amer Investors（GAM）	39.86	33.51	−15.93	24.30
Guggenheim Enh Eq Inc（GPM）	8.55	8.16	−4.56	26.35
J Hancock Tx-Adv Div Inc（HTD）	26.03	25.09	−3.61	13.44
Liberty All-Star Equity（USA）	6.33	5.43	−14.22	25.01
Liberty All-Star Growth（ASG）	5.09	4.61	−9.43	29.62
Nuveen Tx-Adv TR Strat（JTA）	13.51	12.47	−7.70	22.27

图 4.1　封闭式共同基金

资料来源：*The Wall Street Journal Online*，May 18，2017.

价格与资产净值的普遍背离，通常表现为利润率的大幅波动，仍是一个无法充分解释的难题。要了解为什么这是一个难题，请参考以资产净值折价出售的封闭式基金。如果基金出售投资组合中的所有资产，它将实现收益等于资产净值。基金的市值与资产净值的差额将代表基金投资者每股资产的增量。尽管有这种明显盈利的机会，大幅度的折价销售看起来依然会长期存在。

而且，一些研究表明，平均来讲，基金的溢价或者折价在长期趋向于消失，所以折价销售的基金收益率会因为折价变小而上升。庞蒂夫（Pontiff，1995）指出，以20%折价交易的基金在 12 个月的预期收益率比以资产净值销售的基金高出 6%。

有趣的是，尽管很多封闭式基金都会以低于资产净值的折扣价格出售，但它的发行价却往往超过资产净值。这是另一个有待解决的难题，因为很难解释投资者为什么在明知基金价格发行后不久即会下跌的情况下，还会溢价购买这些基金。

和封闭式基金相反，开放式基金的价格永远不会跌到资产净值之下，因为这些基金随时可以以资产净值赎回基金份额。而且，当基金承担**销售费用**（load）时，其发行价会超过资产净值。收取销售费用的基金是共同基金的一种，它由证券经纪人或直接由共同基金集团来销售。

销售费用：为购买共同基金所支付的销售佣金。

和封闭式基金不同的是，开放式基金不是在有组织的证券交易所中进行交易的，投资者仅仅通过投资公司以资产净值购买和变现基金股份。因此，基金发行在外的股份每天都在变化。在 2017 年初，大约有 2 600 亿美元的资产被封闭式基金持有。

□ 其他投资机构

有一些金融中介机构，它们不像投资公司那样有正式的组织或规范化的管理，却执行着与投资公司相似的职能。其中比较重要的就是混合基金、不动产投资信托和对冲基金。

混合基金

混合基金（commingled fund）是以合伙法律形式聚合投资者资金的一种基金形式，由管理公司对合作关系进行组织。例如，由一家银行或保险公司来组织基金，从中收取管理费用。典型的合伙人包括信托或退休账户，它们拥有的资产组合远大于个人投资者，但如果进行独立管理，规模仍太小。

在形式上，混合基金与开放式基金很相似，但它不以基金股份作为投资载体，而是提供一种可以以资产净值买卖的基金单位。银行或保险公司会提供大量不同的混合基金供信托或退休账户选择。例如，货币市场基金、债券基金和普通股基金。

不动产投资信托

不动产投资信托（real estate investment trusts，REITs）与封闭式基金很相似，它投资于不动产或以不动产为抵押的贷款。除了发行基金股份之外，它还通过向银行借款、发行债券或抵押贷款等方式筹集资金。大多数不动产投资信托有着很高的债务杠杆，通常负债率为70%。

不动产投资信托有两种主要形式。权益信托直接投资于不动产，而抵押贷款信托则主要投资于抵押贷款或工程建筑贷款。REITs一般由银行、保险公司和抵押贷款公司建立，它们执行管理职能，并从中收取费用。

对冲基金

对冲基金：私人投资池，对富有的个人或机构投资者开放，不受证券交易委员会规定的约束，所以可投资于比共同基金风险更高的证券。

类似于共同基金，**对冲基金**（hedge funds）是允许私人投资者将资产集中并交由基金经理投资的一种投资形式。但是，对冲基金通常以私人合伙的形式，不受证券交易委员会的法律限制，它们通常只对富有的个人或机构投资者开放。许多对冲基金要求投资者同意“锁定”条款，也就是说，投资者在开始长达几年的时间里不能够赎回基金。“锁定”条款允许对冲基金投资于非流动性的资产，而不用担心基金的赎回请求。而且，因为对冲基金很少受管制，对冲基金经理可以采取不对共同基金经理开放的投资策略，如大量应用衍生工具、卖空交易和杠杆交易等。

对冲基金从设计之初便是投资于多种资产，其下属不同的基金分别专注于衍生品、有破产可能的企业、货币投机、可转换债券、新兴市场、兼并套利等等。如果观察到投资机会的转移，一些基金的投资便会从一种资产类别跳转到另一种资产类别。

对冲基金在过去几年里增长非常迅速，其所管理的资产从1990年的500亿美元增长到2017年的近4万亿美元。我们将用整个第20章对对冲基金进行详细介绍。

4.3 共同基金

共同基金是开放式投资基金的一个更为常用的名称。这是当前美国投资公司最主要的形式，大约占投资公司资产的88%。到2017年，共同基金旗下管理的资产已经接近16万亿美元，此外，还有约20万亿美元投资于非美国发起人的共同基金。

□ 投资策略

每一种共同基金都有其特定的投资策略，这在其募股说明书中有所描述。例如，货币市场共同基金持有货币市场中的短期低风险工具（参见第2章的相关内容），而债券基金则持有固定收益证券。有些基金甚至规定了更狭窄的投资范围。例如，一些固定收益基金主要持有国库券，而另一些则主要持有抵押支持证券。

基金管理公司管理一系列共同基金或“基金会”。它们组织整个基金系列，并向其收取管理费来运作基金。通过一个伞形结构管理多个基金，这些公司使投资者能够轻松地跨市场部门分配资产，并在集中保存记录的同时，将资产跨基金转换。一些著名的管理公司包括富达、先锋和美国普信（T. Rowe Price）。2017年，美国总共有8 000只共同基金，它们是由850个基金会提供的。

下面我们介绍一些不同投资策略的基金种类：

货币市场基金

货币市场基金投资于货币市场证券，例如国库券、商业票据、回购协议或者大额可转让存单。这些资产的平均到期时间略多于一个月。持有人可以凭此基金签发支票，资产净值固定为每一股份 1 美元①，因此与股份赎回相关联的资本利得（损失）也就无须纳税。

货币市场基金被归类为优质基金与政府基金。顾名思义，政府基金持有短期美国财政部或机构证券，并持有由此类证券抵押的回购协议。优质基金还持有商业票据或银行信用违约互换等其他货币市场工具。虽然这些资产肯定处于信用风险范围的非常安全的一端，但它们的风险比政府证券高，在市场压力时期更容易出现流动性下降的情况。金融危机发生后，优质基金现在受到“关口”的影响，允许资金在严重中断期间暂时停止赎回。毫不意外地，自危机以来，需求从优质资金大幅转向政府资金。

此外，虽然优质和政府零售货币市场基金都将资产净值维持在每股 1 美元，但优质机构基金现在必须计算资产净值。虽然资本利得或损失通常会很小，但资产净值的这种“浮动”也促成了从优质资金向政府资金的转移。

权益基金

权益基金主要投资于股票市场——尽管出于谨慎的目的，基金管理者也可以将其投资于固定收益证券或其他种类的证券。通常，权益基金会持有一小部分货币市场证券，以保证有足够的流动性用于满足那些潜在的赎回需要。

传统上，权益基金可以按其对资本利得或现时收入的偏好不同来进行分类。因此，收入型基金（income funds）倾向于持有提供高股利收入公司的股票，以获取较高的现时收入。而成长型基金（growth funds）则宁愿放弃现时收入，而更看好资本利得的前景。虽然这种分类仅是字面意义上的不同，但在现实生活中，与之相关的风险水平值得一提：成长型股票——相应地，成长型基金——较收入型基金要更具风险偏好，并且，一旦遇到经济环境变化，它的反应也会更加剧烈。

特殊行业基金

某些被叫做特殊行业基金（sector funds）的权益基金着眼于一些特定行业。例如，富达基金就提供了数十种“选择型基金”。每一种都投资于一个特殊的行业。例如生物科学、公用事业、能源和电信业等。还有其他一些专门投资于特定国家的证券的基金。

债券基金

正如它的名字所示，这种基金偏爱固定收益资产，但其中仍然有非常大的细化空间。例如，许多基金集中投资于公司债券、国库券、抵押支持债券和市政债券（免税）。事实上，有些市政债券基金仅仅投资于某一特定州（甚至某一市）的债券，以满足该州居民规避债券利息的地区和联邦税收的愿望。许多基金还会根据证券期限的不同，选择短期、中期或长期债券，或者根据信用风险的不同，选择范围从非常安全的证券到高收益率的垃圾债券中的一些证券进行投资。

国际基金

许多基金专注于国际投资。全球基金（global funds）投资于世界范围内的债券，包括美国债券。而与此不同，国际基金（international funds）投资于非美国公司的债

---

① 第 2 章的“市场前沿”专栏指出，货币市场基金能够将资产净值维持在 1 美元，是因为它们投资的是质量最高、价格风险最小的短期债务。仅在罕见的情况下，基金经历的损失才足以使得资产净值低于 1 美元。2008 年 9 月，美国最古老的货币市场基金——储备基金（Reserve Primary Fund）——由于持有雷曼兄弟的商业票据而跌破了 1 美元，其资产净值跌至 0.97 美元。

券。地区基金（regional funds）专注于世界上的某一个地区，新兴市场基金（emerging market funds）投资于发展中国家的公司。

均衡基金

有些基金是为个人投资者的整个证券组合设计的。因此，它既持有权益证券，又持有固定收益证券，两者保持一个相对稳定的比例。生命周期基金（life-cycle funds）是一种均衡基金（balanced funds），资产种类包含积极型（目标为年轻的投资者）和保守型（为年老投资者设计）两种。静态分配的生命周期基金在股票和债券中保持着固定的比例，而目标日期基金（target-date funds）会随着投资者年龄的增长而越来越保守。

母基金：主要投资于其他共同基金的共同基金。

许多均衡基金实际上是**母基金**（funds of funds），它们是主要投资于其他共同基金的共同基金。均衡母基金按照其投资目标制定投资于股票基金和债券基金的比例。

资产配置和灵活基金

这种基金与均衡基金的相似之处是，它也同时持有股票和债券。但是，根据管理者对各个市场相对表现的预测，分配给每一市场的投资额比例会发生剧烈变动。这种基金的业绩与市场时机的选择有很大的关系，因此它并不是低风险的投资工具。

指数基金

指数基金试图与整个市场指数的表现相匹配。按照不同的证券在某一特定指数中的权重，该基金相应地购买同样比例的该证券。例如，先锋500指数基金就是复制标准普尔500股价指数构成的共同基金。因为标准普尔500指数是一个价值加权指数，基金根据每一家标准普尔500指数的成份公司发行在外的股票的市值所占的比重来购买该公司的股票。对于小型投资者来讲，指数基金是执行一个消极投资策略的低成本方式，不必进行任何证券分析。2017年投资于权益基金的资产有25%都是投资于指数基金。近年来，这一比例大幅增长。

当然，指数基金也可能投资于非权益指数。例如，先锋基金即提供了一个债券指数基金和一个不动产指数基金。

表4.1为按投资方向不同所划分的共同基金的几组数字。有时，基金的名称就描述了它的投资策略。例如，先锋的GNMA基金（Vanguard's GNMA Funds）投资于抵押支持证券，市政中期基金（Municipal Intermediate Fund）投资于中期市政债券，高收益公司债券（High-Yield Corporate Bond Fund）大部分投资于具有高收益率的投机级债券（也叫“垃圾债券”）。然而，普通股基金的名称则很少能反映它的投资策略，例如先锋集团的温莎（Windsor）和威灵顿（Wellington）基金。

表4.1　美国共同基金的投资类别

	资产（10亿美元）	总资产占比（%）	基金数量
权益基金			
股本增值型	1 779	10.9	1 315
全球配置型	2 163	13.2	1 518
总报酬型	4 635	28.4	1 919
全部权益基金	8 577	52.5	4 752
债券基金			
投资级型	1 641	10.0	625
高收益型	373	2.3	245
全球配置型	420	2.6	370

续表

	资产（10 亿美元）	总资产占比（%）	基金数量
政府债券型	281	1.7	190
多部门型	320	2.0	319
单一地区市政债券型	161	1.0	319
国家级市政债券型	453	2.8	256
全部债券基金	3 650	22.3	2 176
混合型（债券/股票）基金			
货币市场基金			
应税型	2 598	15.9	319
免税型	130	0.8	102
全部货币市场基金	2 728	16.7	421
总计	16 344	100.0	8 066

注：单列汇总包含舍入误差。

资料来源：*2017 Investment Company Fact Book*，Investment Company Institute.

□ 基金是怎样销售的

基金的销售方式一般有两种：一是由承销商直接销售，二是由经纪人代替承销商进行间接销售。直接销售一般通过邮寄、基金在各地的办事处，以及电话或者互联网方式销售。投资者也可以直接联系基金来购买基金股份。例如，阅读当地报纸的财经版，你就会发现很多基金销售广告，上面有免费电话或者网址，你可以获取该基金的募股说明书和开户申请表。

当前，近 50%的基金销售是通过销售队伍来完成的。经纪人或者金融咨询人员通过把基金股份卖给投资者来收取佣金（这部分佣金最终由投资者承担，这一点在此略过不谈）。那些仅仅依靠经纪人建议来选择共同基金的投资者应当注意，一些经纪人通过销售某一特定基金获取报酬，因此，经纪人与投资者可能在基金选取方面存在利益冲突。

许多基金也可以通过“金融超市”进行销售，“金融超市”会出售许多基金复合体的基金。这一方法允许客户向许多不同的投资集团购买基金。金融超市不再向顾客收取佣金，而是把佣金分成许多份，由共同基金公司来分摊。另一个优点是：尽管基金是由不同的基金公司提供的，但是所有从金融超市购买的基金都会按照统一标准记录。但是，许多人指出，这种超市带来了更高的费率，因为共同基金会将这个项目的参与费用转移到更高的管理费中。

4.4 共同基金的投资成本

□ 费用结构

个人投资者对共同基金的选择，除了考虑其投资策略和过去的业绩之外，还要考虑其投资成本和其他费用支出。几乎所有共同基金的重要比较性数据都可以在晨星公司的《晨星共同基金指南》（*Mutual Fund Sourcebook*）中获得，这本书在许多学校或公共图书馆都可以找到。但首先，你应该知道四种主要的费用类型。

运营费用

运营费用是指在基金对证券组合进行运作和管理的过程中所产生的成本，包括付给投资管理者的管理费用和咨询费用。这一费用通常用总资产的一个比率来表示，从0.2%到1.5%不等。基金持有人并不会为这些费用得到一个明确的账单，这笔费用定期从基金的总资产中扣减，基金持有人就是在资产不断减持的过程中支付这一费用的。

2016年美国权益基金费率的简单平均数是1.28%。但更大的基金往往有较低的费用比率（投资者也会将更多的资产投在低成本的基金中），所以管理下的资产的规模进行加权得到的平均费率相当小，仅为0.63%。毫不意外地，指数基金（按照管理资产加权）的平均费率实际上更低，仅为0.09%，而相对积极管理型基金要高一些，为0.82%。

除了运营费用外，多数基金还会征收市场费用和渠道费用。这些费用主要是支付给向公众出售基金的经纪人或者投资咨询师的。投资者可以通过直接向基金发起人购买来避免这些费用，但是许多投资者更愿意付出这部分费用来得到其经纪人的建议。

前端费用

前端费用（front-end load）是指当你购入证券时付出的佣金或手续费。它主要用于支付给销售基金的经纪人，最高不能超过8.5%，但在现实生活中，很少有超过6%的前端费用。低费用型基金（low-load funds）的费率最高为被投资资金的3%。购买无费用型基金（no-load funds）无须支付前端费用。如今约有一半的基金（按照资产计算）是无费用型的。收费会显著降低投资总金额。例如，如果每1 000美元的投资就有6%的前端费用，即销售费用为60元，这就意味着净投资只有940美元。这样，为了实现盈亏平衡，你必须至少获得6.4%的累积净投资收益率（60/940＝0.064）。

后端费用

后端费用（back-end load）是指你赎回或“退出”过程中产生的费用。一般基金会制定一个起始费率，大约为5%或6%，对于仍未退出的投资，费率会每年递减1个百分点。这样，起始费率为6%的后端费用将在你投资的第3年初降至4%。这一费用的正式名称是“条件递延销售费用”。

12b-1费用

12b-1费用： 共同基金收取的用于支付促销和分配成本的年费。

美国证券交易委员会允许12b-1基金经理用基金资产支付营销费用，如广告费、刊登年报和募股说明书等费用，更重要的是，用于支付销售基金股份的经纪人的佣金。**12b-1费用**（12b-1 fees）由美国证券交易委员会批准使用这一费用计划的条文而得名。基金可以应用12b-1来代替前端费用，或者在前端费用的基础上来筹集付给经纪人的费用。像运营费用一样，投资者无法确切地知道12b-1收取了多少费用，这笔费用也会从总资产中扣除。因此，12b-1费用（如果有的话）也必须加在运营费用当中来计算基金的年支出比率。现在，美国证券交易委员会要求所有基金都必须在其募股说明书中包括一个综合费用表，该表包含所有的相关支出。12b-1费用被限定为基金年平均净资产的1%。①

共同基金在费用结构上出现了不同的“等级”，它们反映了同一证券投资组合的所

① 基金出售的12b-1费用比率的上限为0.75%，但基金还被允许提取相当于基金资产0.25%的资金，用于补偿个人服务或基金持有人账户的维护费。

有权，但征收不同的费用组合。典型的A类基金份额出售时会附加前端费用和一小部分12b-1费用，通常为0.25%左右；C类基金份额更多依赖于收取12b-1费用。I类基金份额出售给机构投资者。有一些被称为Y类基金份额的不收取费用或者免收12b-1费用。①

每个投资者都必须选择最适合他们的费用组合。很显然，那些由共同基金集团直接提供的无费用基金当然是最便宜的一种选择，聪明的投资者对这一点是最敏感的。但是，正如我们之前提到的，很多投资者都愿意支付咨询费用，因此，更常见的方式是投资者向出售基金的财务顾问支付财务顾问佣金。另外，投资者还可以只雇用一个收费的财务经理，他仅仅收取服务费，而不收取佣金。这些咨询者可以帮助投资者选择低收费或不收费的基金组合（并提供其他金融咨询建议）。近几年，独立的财务策划已经成为基金销售的一个日趋重要的渠道。

案例 4.1

不同等级的费用结构（德累福斯高收益基金）

下表是2017年德累福斯高收益基金不同等级的费用。注意A类基金和C类基金之间前端费用和12b-1费用之间的消长关系。

	A类	C类	I类
前端费用	4.5%[a]	0	0
后端费用	0	1%[b]	0
12b-1费用	0.25%	1.0[c]	0
费率	0.7%	0.7%	0.7%

说明：a. 依据投资的规模计算。50 000美元以上投资的费用更低。

b. 依据持有的时间计算。

c. 包括0.25%的服务费。

如果你通过经纪人来购买基金，你将面临是支付销售费用还是12b-1费用的选择，而这主要取决于你的投资时限。销售费用仅在每次购买时发生，而12b-1费用则每年发生。因而，如果你想长时间地持有基金，一次性的销售费用则优于逐年发生的12b-1费用。

□ 费用及共同基金的收益

共同基金的收益率是由资产净值的变动幅度加上收入分配（例如股利或资本利得收入）占最初投资额的比重来计算的。如果我们用NAV_0和NAV_1分别代表投资期初与投资期末时的资产净值，那么：

$$收益率=\frac{NAV_1-NAV_0+收入与资本利得的分配}{NAV_0}$$

例如，如果一只基金在月初的资产净值为20美元，股利收入为0.15美元，资本

① 也有许多基金使用B类基金股份。此类基金依赖于12b-1费用和一个适当的后端费用。如果一个投资者持有B类基金股份时间足够长，比如6～8年，该基金股份就会转变为A类基金股份。但是，近年来，B类基金股份已经不太常见了。

利得为 0.05 美元，月末的资产净值为 20.10 美元，当月的收益率为：

$$收益率=\frac{20.10-20.00+0.15+0.05}{20.00}=0.015 或 1.5\%$$

注意，这种收益率的计算没有考虑到任何佣金，如购买基金时需支付的前端费用等。

另外，收益率还受到基金的支出以及 12b-1 费用的影响，由于这些费用是定期从证券投资组合中扣除的，因此会直接减少资产净值。这样，投资者的实际收益率等于上述收益率减去总费用支出比率。

案例 4.2

费用与收益率

为了阐明费用是如何影响收益率的，我们假设一只在年初拥有 1 亿美元资产的基金，发行在外的基金份额为 1 000 万份。该资金投资于一个股票组合，不产生任何股利收入，但其价值将增长 10%。其费率为 1%，其中包括 12b-1 费用。那么该基金的收益率为多少？

最初的资产净值为 1 亿美元/1 000 万个基金份额，即 10 美元/基金份额。在没有费用支出的前提下，基金资产将增长至 1.1 亿美元，资产净值增至每股 11 美元，收益率为 10%。然而，基金费率为 1%，因此，将有 100 万美元作为费用被从收入中扣除，剩余的资产价值仅为 1.09 亿美元。资产净值为 10.90 美元，收益率仅为 9%，这一收益率等于总的收益率减去总的费用支出率。

费用对基金的业绩有非常大的影响。表 4.2 显示了一名投资者的投资情况，其初始资金为 10 000 美元，投资于扣除费用前的年收益率均为 12%的三种基金，但这三种基金的费率结构不同。表 4.2 显示了每种投资基金在经过几个投资期后的累积值。基金 A 总的运营费率为 0.5%，没有销售费用，也没有 12b-1 费用。这可能代表了一个低成本的基金，如先锋基金。基金 B 没有销售费用，但有 1%的管理成本和 0.5%的 12b-1 费用，这是高端的积极管理型权益基金的费率水平。最后，基金 C 有 1%的管理成本，没有 12b-1 费用，但是在购买基金或进行股利再投资时，需支付 8%的前端费用。

注意低成本的基金 A 具有高收益率的优势。另外，时段越长，这一优势就越明显。

表 4.2 成本对投资业绩的影响

	累积收益（所有的股利都进行再投资）		
	基金 A（美元）	基金 B（美元）	基金 C（美元）
初始投资额*	10 000	10 000	9 200
5 年	17 234	16 474	15 502
10 年	29 699	27 141	26 123
15 年	51 183	44 713	44 018
20 年	88 206	73 662	74 173

* 如果有前端费用，此为扣除该费用后的投资。

说明：

1. 基金 A 无销售费用，总运营费率为 0.5%。
2. 基金 B 无销售费用，总运营费率为 1.5%。
3. 基金 C 在购买和进行股利再投资时有 8%的销售费用，运营费率为 1%。
4. 各项基金扣除费用前的年毛收益率为 12%。

概念测验 4.2

某一权益基金卖出 A 类基金份额，前端费用为 4%，B 类基金份额的 12b-1 费用为每年 0.5%，后端费用以 5%开始计算，每年递减 1%（到第 5 年为止）。假设基金投资组合扣除运营费用后的年收益率为 10%。那么，投资 10 000 美元于 A 类与 B 类基金份额，在 (a) 1 年后，(b) 4 年后，(c) 10 年后，其价值分别为多少？在每一投资时段结束后，哪种费用结构提供了更高的净收入？

扫描二维码
获取答案解析

尽管成本与费用对于投资业绩的影响很大，但有时投资者很难准确计算出共同基金的真实成本。因为存在一种很普遍的现象，即费用的支出往往采取**软货币酬金**（soft dollars）的方式。资产组合管理者将基金的交易权交给特定的经纪人，在其身上赢得软货币酬金信用。基于这一信用，该经纪人会支付基金的部分费用，如数据库、计算机硬件或股票报价系统的费用等。软货币酬金协议意味着股票经纪人有效地将部分交易佣金返还给基金。对于基金来讲，软货币酬金协议的好处在于用软货币酬金支付的费用并不包括在资金的成本之中，因此，含有大量软货币酬金的基金就可以向公众宣布一个实际上并不存在的低费率。不过，该基金需要向其券商支付不必要的高额佣金，以获得软货币酬金的"回扣"。较高的交易佣金的影响表现在净投资业绩上，而不是报告的支出费率上。

软货币酬金：经纪商为换取投资经理业务而"免费"提供的研究服务的价值。

4.5 共同基金收入的税负情况

在美国的税收条例中，共同基金的投资收入被赋予"转手性质"，即税负是由投资者而不是由基金本身承担。一旦基金满足了某些条件，其收入即可作为转手给投资者的收入来处理，这些条件中最值得注意的是基金投资必须是充分分散的，而且最终所有的收入都必须分配给投资者。

基金的短期资本利得、长期资本利得以及股利收入都转手给了投资者，就像投资者是直接获得收入一样。对于个人投资者来讲，投资收入的转手有一个重要的不利之处。如果你自己对证券组合进行管理，你就可以决定任何一只证券在何时实现资本利得或损失；因此，你可以安排变现时机，从而有效地管理自己的税负。但是，当你投资于共同基金时，出售证券的时间安排就不在你的控制之内了，它将减弱你对税负的管理能力。①

资产组合具有高周转率的基金可能在税负管理方面特别缺乏效率。**周转率**（turnover）是指投资组合交易量与投资组合总资产之间的比率，它测量的是资产组合每年"被替换"的比例。例如，一只组合价值为 1 亿美元的基金卖出了价值为 5 000 万美元的证券，而买入了其他证券，其周转率为 50%。组合的高周转率意味着资本利得或资本损失是立即实现的，因此投资者也就无从安排变现时间来对其税负进行管理。直到最近，权益基金代表性周转率约为 60%，这是以管理的资产为基础计算的。而与此相

周转率：投资组合交易量相对于投资总资产的比率。

---

① 在现实中，投资者需要了解的一个有趣的现象是：通常情况下，共同基金的资本利得与股利是按一年一次或一年两次付给基金持有人的。这意味着刚刚购买共同基金的投资者就可以收到分配给他的资本利得（并为此付税），而产生这项资本利得的交易却早在他购买共同基金之前就发生了。特别是在年末的分配中，这一现象就更值得思考了。

反，低换手率的基金（如指数基金）的换手率仅为 2%，这不仅在税收方面是经济的，而且可以节省交易费用。在过去的几年中，资产加权平均周转率大幅下降，2016 年降到了 34%。这一下降可能部分反映了从积极管理型基金向指数化基金的转变。

美国证券交易所要求基金披露投资组合周转率对税负的影响。基金必须在募股说明书中披露过去 1 年、5 年和 10 年的税后收益率。推销基金的文件中不应只包括业绩表现的数据，也应包括税后的收益情况。税后收益率是以转手给投资者的应税收入和资本利得为基础计算出来的，并且假设投资者处于最高的纳税等级。

概念测验 4.3

一个投资者证券组合的当前价值为 100 万美元。该投资者以 150 美元/股的价格卖出了 1 000 股 FedEx 的股票，以 25 美元/股的价格卖出了 10 000 股思科系统公司的股票。该投资者用这笔收入购买了 2 500 股 IBM 的股票，买价为 160 美元/股。

a. 该投资组合的周转率为多少？

b. 如果最初该投资者是以 140 美元/股的价格买入 FedEx 的股票，以 20 美元/股的价格买入思科系统的股票，投资者的资本利得税率为 15%，那么这笔交易为该投资者带来的本年度额外税收是多少？

扫描二维码
获取答案解析

4.6 交易所交易基金

交易所交易基金：允许投资者像交易股票一样交易整个投资组合的共同基金。

交易所交易基金（exchange-traded fund，ETF）是共同基金的一种，最早起源于 1993 年，它允许投资者像交易股票一样交易指数投资组合。第一只交易所交易基金是"蜘蛛"（spider）。"蜘蛛"是标准普尔存托凭证（SPDR，Standard & Poor's Depository Receipt）的昵称，持有与标准普尔 500 指数相匹配的投资组合。共同基金只能在每天结束计算资产净值后才能买卖，与此不同，投资者可以像交易其他任何股票一样，全天交易"蜘蛛"。"蜘蛛"促进了其他类似品种的诞生，如"钻石"（Diamonds，基于道琼斯工业平均指数，代码为 DIA）、立方体（Qubes，基于纳斯达克 100 指数，代码为 QQQ）和 WEBS（World Equity Benchmark Shares，世界股票基准股，它是外国股票市场指数的投资组合的股份）。到 2017 年初，大约有 2.5 万亿美元投资于大约 1 700 只交易所交易基金中，大致包括五类：一般美国市场指数，狭义产业（或"部门"）投资组合，国际指数，商品以及债券投资组合。表 4.3 的 A 部分显示了交易所交易基金的一些发起人；B 部分是交易所交易基金的一个小样本，以便让你了解可供买卖的产品种类。

表 4.3　ETF 发起人及其产品

A. ETF 发起人	
发起人	产品名称
贝莱德集团（BlackRock）	安硕
美林	HOLDRS（持有公司存托凭证："Holders"）
道富（StateStreet）	Select Sector SPDRs（标准普尔存托凭证："Spiders"）
先锋	先锋 ETFs

续表

B. ETF 产品样本		
名称	代码	追踪的指数
一般美国指数		
蜘蛛（Spider）	SPY	标准普尔 500 指数
钻石（Diamonds）	DIA	道琼斯工业指数
立方体（Qubes）	QQQ	纳斯达克 100 指数
安硕罗素 2000（iShare Russell 2000）	IWM	罗素 2000 指数
先锋	VTI	威尔希尔 5000 指数
产业指数		
能源精选蜘蛛（Energy Select Spider）	XLE	标准普尔 500 能源公司
安硕能源部门（iShares Energy Sector）	IYE	道琼斯能源公司
石油服务 HOLDRS（Oil Service HOLDRS）	OIH	石油服务公司投资组合
金融部门蜘蛛（Financial Sector Spider）	XLF	标准普尔 500 金融公司
安硕金融部门（iShares Financial Sector）	IYF	道琼斯金融公司
先锋财政 ETF（Vanguard Financials ETF）	VFH	摩根士丹利资本国际公司金融指数
国际指数		
WEBS 英国	EWU	摩根士丹利资本国际公司金融指数
WEBS 法国	EWQ	摩根士丹利资本国际公司金融指数
WEBS 日本	EWJ	摩根士丹利资本国际公司金融指数

图 4.2 显示了自 1998 年以来 ETF 市场的快速增长。直到 2008 年，大多数 ETF 都必须跟踪指定指数，并且跟踪各种指数的 ETF 仍然是产业主导。不过，也有几十个行业部门 ETF 和追踪特定指标基金（如价值、增长或者股利），以及，正如图 4.2 表明的那样，还有许多商品、债券和国际 ETF。图 4.3 显示，ETF 已经占领了投资公司全球管理资产的很大一部分。

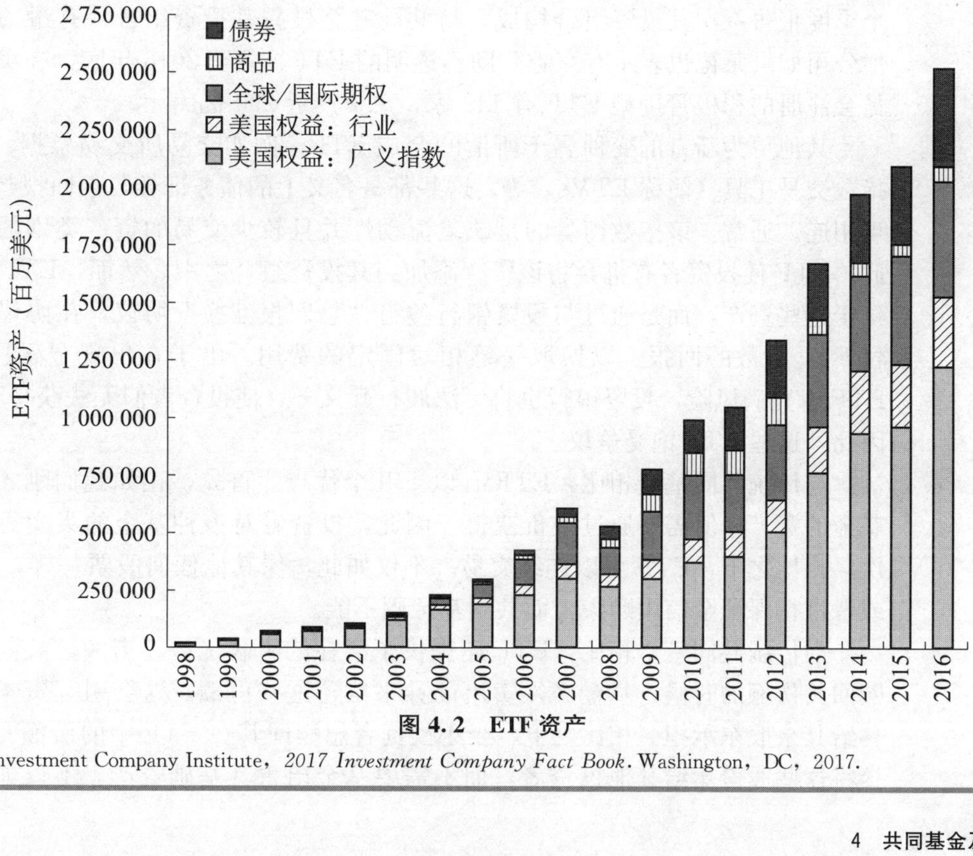

图 4.2　ETF 资产

资料来源：Investment Company Institute，*2017 Investment Company Fact Book*. Washington，DC，2017.

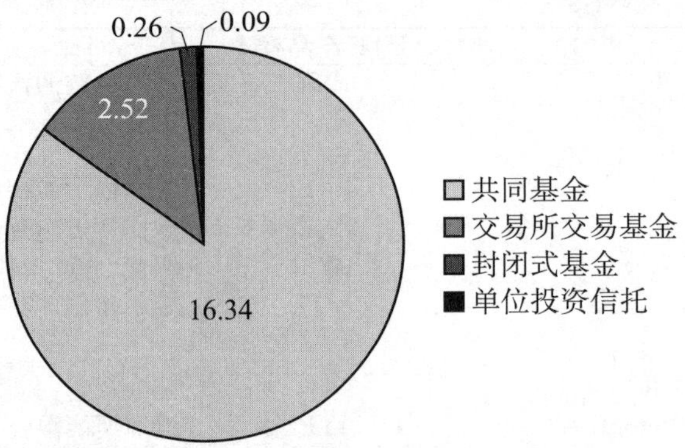

图 4.3　投资公司管理下的资产（10 亿美元）

资料来源：Investment Company Institute，*2017 Investment Company Fact Book*. Washington，DC，2017.

贝莱德集团（BlackRock）是 ETF 市场的领导者，其产品名称为安硕（iShares）。该公司发起了数十个权益指数基金 ETF，包括许多广泛的美国股票指数、广泛的国际和单一国家基金以及美国和全球行业基金。贝莱德集团也提供了一些债券 ETF 和一些黄金、白银等大宗商品基金。更多关于这些基金的信息，参见 www. iShares. com。

最近有各种各样新的 ETF 产品被设计出来。其中包括日收益率盯住某一指数收益率数倍的杠杆 ETF，以及收益率与某个指数反向运动的反向 ETF。此外，现在还有少数积极管理型的 ETF 基金（如，积极管理型共同基金），试图超越市场指数。然而，直到最近，这些基金还必须每天报告投资组合持有情况，这使得竞争对手很容易利用它们的买卖计划。这一要求严重限制了这一细分市场的增长。然而，2014 年，美国证券交易委员会允许伊顿万斯提供一个积极管理型的"不透明"的 ETF，该 ETF 只需每个季度报告一次其投资组合构成，与共同基金披露其投资组合持有量的频率相同。其他公司如贝莱德也表示有兴趣赞助不透明的 ETF。截至 2016 年底，在美国证券交易委员会注册的积极管理型 ETF 有 148 家，总资产近 290 亿美元。

其他更为新奇的变种属于所谓的合成 ETF，例如交易所交易票据（简称 ETNs）、指数交易工具（简称 ETVs）等。这些都是名义上的债务证券，但回报与指数的绩效表现相连。通常，该指数衡量的是缺乏流动性并且较少交易的资产类别的绩效表现，因此，ETF 使投资者有机会将该资产添加到其投资组合之中。然而，ETF 并不是直接投资于这些资产，而是通过与投资银行签订"总回报互换"协议，在协议中银行同意支付 ETF 指数的回报，以换取一笔相对固定的费用。由于在出现金融压力的时期中，ETF 将充满风险，投资银行也将无法履行其义务，使投资者们无法获得其承诺的回报，因此，这些 ETF 饱受争议。

与传统共同基金相比，ETF 有以下几个优点。首先，正如我们刚才提到的，共同基金的资产净值需要通过报价获得，因此，投资者对该种基金的买卖每天只能进行一次。相比之下，ETF 可以连续交易。不仅如此，像其他任何股票一样，ETF 可以卖空或者进行保证金信用购买，而共同基金则不能。

与传统共同基金相比，ETF 还提供了潜在的税收优势。当大量共同基金的投资者赎回其份额的时候，基金必须卖出证券来偿还这些份额。这会引起资本利得税，并转移给其余股东承担。相比之下，当小投资者想赎回其在 ETF 中的份额时，他们可以直接将这些股份卖给其他投资者，而不需要基金出售其基础资产。不仅如此，当大型投资者想赎回其在 ETF 中的份额时，这些赎回可以在基础投资组合的股份中实现，从而避免纳税。

大型投资者能够将 ETF 兑换为指数构成的股票投资组合，或将股票投资组合换成相应的 ETF 份额，这确保了 ETF 的价格不能长期偏离该投资组合的资产净值。任何偏差都将为这些大型交易者提供套利交易机会，从而迅速消除这种差异。

同时，ETF 还比共同基金更便宜。购买 ETF 的投资者通过经纪人完成投资，而不是直接向基金购买。因此，基金节约了直接面向小投资者的营销成本。这种费用减少进一步降低了管理费用。例如，先锋总股票市场共同基金费率为 0.15%，该基金追踪的是全美权益市场指数，然而，其总股票市场 ETF 的费率仅为 0.04%。

不过，ETF 当然也存在一些缺点。首先，共同基金可以从免佣基金中按照资产净值购买，无须交纳费用，而 ETF 必须经过经纪人购买并交纳费用。投资者在购买 ETF 的时候，还会导致买卖价差出现。

此外，由于 ETF 像证券一样进行交易，其价格可能会偏离其资产净值，至少在短时间内，这些价格差异也会轻而易举地吞噬掉 ETF 相对于共同基金的成本优势。虽然这些差异通常很小，但当市场面临压力时，它们也可能会出现不可预知的飙升。第 3 章简要地讨论了所谓的 2010 年 5 月 6 日闪电崩盘，当时道琼斯工业平均指数在 7 分钟内下降了 583 点，当天下降了近 1 000 点。值得注意的是，在接下来的 10 分钟该指数回升了超过 600 点。在这个令人难以置信的波动的警示下，证券交易所取消了许多以扭曲的价格进行的交易。那一天约五分之一的 ETF 转手价格不到收盘价的一半，被取消的交易中 ETF 交易约占三分之二。

本节至少指出了两个问题。首先，当市场运作异常时，ETF 投资组合的资产净值难以衡量，尤其是对于跟踪流动性较差资产的 ETF 来说更是如此。使得这一问题更为严重的是，一些 ETF 可能只被少数经销商支持。如果它们在动荡期间退出市场，可能会导致价格出现剧烈波动。

4.7 共同基金投资的表现：初步探讨

我们前面曾经讲过，对于个人投资者来说，共同基金的好处之一就是可以将资产组合委托给投资专家管理。投资者通过资产配置决策来对整个资产组合的总体特征加以控制。每个个人投资者可以选择其资产组合中债券基金、权益基金以及货币市场基金的比例，但把每一种投资类别内的具体证券组合选择权交给基金管理人。基金持有人都希望投资组合管理人比自己管理得更好。

共同基金业的投资记录如何？这个看起来非常直接的问题却很难直接回答，因为我们需要一个标准来衡量其绩效。例如，我们显然不会去比较一只权益基金与一只货币市场基金的收益率。两个市场中风险的迥然不同决定了每一年的业绩乃至平均的投资业绩将有非常大的差异。我们会发现，权益基金的业绩将超过货币市场基金（平均水平），而这是对投资者所经受的高风险的一种补偿。那么，在某一给定的风险水平下，我们如何确定共同基金管理者的管理水平是否与既定的风险水平相对应？换句话说，评价投资表现的适宜标准是什么？

恰当地测度资产组合的风险，并利用这一测度工具来选择一个恰当的标准，这是一项极其困难的工作。本书的第 2 部分和第 3 部分将围绕恰当衡量证券组合风险及风险与收益之间的权衡这两个问题进行阐述。因此，在本章，我们将运用最简单的标准来对这个问题进行初步探讨，而对那些不同基金之间的细微风险差异则不予讨论。等到第 8 章，我们将再次关注这个问题，在对资产组合的各种不同风险之间的差异进行调整之后，对共同基金的业绩进行一次深入的考察。

这里，我们将威尔希尔 5000 指数回报率作为一个指标来对各权益基金管理人的业绩进行评价。回忆一下第 2 章，它是在纽约证券交易所、纳斯达克和美国股票交易所中交易的 3 600 多只股票的价值加权指数。[①] 这一指数是美国权益市场中最具综合性的指数。威尔希尔 5000 指数可以作为衡量职业管理者业绩的一个标准，因为它是和简单的消极投资策略相对应的：按各股票市场价值所占的比例买入指数中所有的股票。另外，即使对于小型投资者来说，这也是一种可行的投资策略，因为先锋集团已经推出了一种指数基金（总股票市场指数基金），复制了威尔希尔 5000 指数的业绩。使用威尔希尔 5000 指数作为标准，我们在评估共同基金经理的业绩时面临一个问题：怎样将积极管理型权益基金的业绩与通过简单复制股票市场综合指数构成的消极管理型基金的业绩进行比较？

将威尔希尔 5000 指数基金的表现和专业管理的共同基金的业绩进行简单比较，会得出一个令所有基金管理者都非常沮丧的结果。图 4.4 显示了 1971—2016 年 46 年间，有 28 年各种权益基金的平均收益率都低于威尔希尔 5000 指数的收益率。指数的平均收益率是 12.1%，比共同基金的收益率高 1.0%。[②]

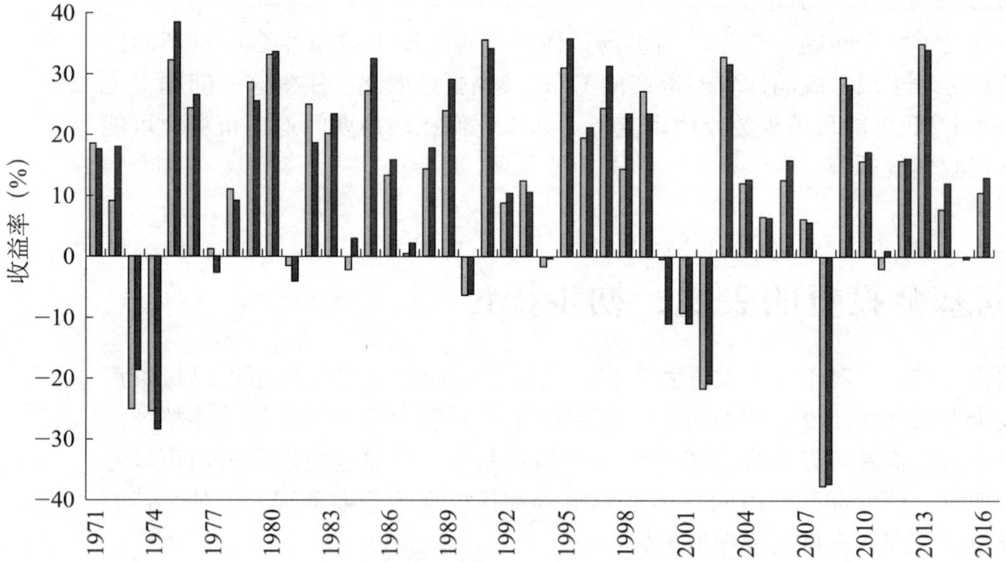

图 4.4　积极管理型权益基金与威尔希尔 5000 指数收益率

① 威尔希尔指数一度超过 5 000 只股票。但是，如今公开交易的公司相比 20 多年前要少得多。许多公司要么合并，要么倒闭，要么私有化，从交易所退市。这些消失的公司并没有被新上市的公司所取代，因为近年来 IPO 的数量也急剧下降。

② 当然，实际中基金会产生交易费用而指数不会，所以对于积极管理的基金和消极的指数，公平的比较方式是将威尔希尔 5000 指数的收益率减去一个交易费用估值，然后再进行比较。先锋公司的总股票市场指数投资组合（追踪威尔希尔 5000 指数）费率仅为 0.15%，因为其交易次数少，所以交易费用也较少。因此，在指数收益率中减去大约 0.2%是合理的。这种处理不会消除平均业绩之间的差异。

当然，可能会有人指出，市场上有好的管理者和差的管理者，事实上，好的管理者可以使其投资组合的业绩始终超过指数基金。为了检验这一观点，我们来验证一下一个在第一年中有良好投资业绩的管理者是否会在第二年中也有良好的投资业绩。换句话说，良好的投资业绩是由于运气好而仅仅在某年随机出现的呢，还是由于管理者的高超水平而可以连年保持的呢？

我们可以通过考察大量权益基金投资组合的业绩来回答这一问题。根据总投资回报，可以将基金分成两类，并提出如下问题："在一个周期内，上半期有投资收益的样本基金，在下半期是否继续表现良好？"

表 4.4 展示了马尔基尔（Malkiel，1995）的相关研究分析。表 4.4 展示了当年部分"成功者"（例如，业绩占前 50%的基金）在接下来的一年中是否依然是成功者还是变为失败者。如果投资业绩从一个时段到另一个时段的变化是随机的，那么表中每一栏的概率应该为 50%。也就是说，业绩好的一半基金和业绩差的一半基金在下一个时段里出现在业绩好的一半区域或业绩差的一半区域的可能性是相同的。另外，如果投资业绩完全取决于技巧，而没有任何随机性，我们会看到，投资业绩将全部落在对角线上：业绩好的一半基金仍然留在业绩好的一半区域，而业绩差的一半基金仍然留在业绩差的一半区域。但事实上表 4.4A 部分显示，我们发现，20 世纪 70 年代最初业绩好的一半基金有 65.1%在接下来的时期仍处于业绩好的一半区域，而业绩差的一半基金则有 64.5%在接下来的时期仍然处于业绩差的一半区域。这一证据证明了以下观点：至少有一部分基金的业绩表现是与技术而不是与运气相关的，所以，投资的相对绩效从一个时段到另一个时段也具有延续性。[①]

另外，这一关系在不同的样本期也不稳定。尽管在 20 世纪 70 年代（见表 4.4 的 A 部分）初始投资业绩对下一年的业绩有预测作用，但在 20 世纪 80 年代（B 部分），业绩的持续性实际上已经消失了。

表 4.4　投资业绩的持续性

初期的表现	接下来一期的投资业绩	
	业绩好的一半	业绩差的一半
A. 20 世纪 70 年代马尔基尔的研究		
业绩好的一半	65.1%	34.9%
业绩差的一半	35.5%	64.5%
B. 20 世纪 80 年代马尔基尔的研究		
业绩好的一半	51.7%	48.3%
业绩差的一半	47.5%	52.5%

资料来源：Burton G. Malkiel, "Returns from Investing in Equity Mutual Funds 1971—1991," *Journal of Finance* 50 (June 1995), pp. 549 - 572.

与马尔基尔的研究结果相似，一些近期发表在《华尔街日报》[②] 上的研究表明，同一时期表现最好的共同基金在未来的表现不比其他基金好。事实上，在美国本土基金中，表现最好的基金（五星级基金）更可能跌入最底层（一星级基金），而不是保持其在顶级基金的地位。过去的成功远不能预测未来的成功。

---

① 另一种可能性是，基金业绩的连续性是由于不同基金之间费用结构的差异造成的。我们将在第 8 章讨论这种可能性。

② The Morningstar Mirage, *The Wall Street Journal*, October 25, 2017.

其他研究也表明，专业经理人的业绩持续性很低，不好的业绩表现更容易持续下去。[①] 这有一定的道理，那些持续导致很差的投资业绩的特征很容易被辨认出来，例如，显著的高费用以及与交易成本相关的高周转率。然而，要想揭开成功选择股票的能力的秘密确实是很困难的。（如果很容易，我们就都发财了。）因而，我们观察到的基金业绩的持续性大部分是业绩持续表现差的情况。这给了我们以下启示：尽管发现业绩好的基金是十分困难的，但考察以往基金业绩数据的真正价值在于，我们可以识别并尽量避开那些前景黯淡的基金。

概念测验 4.4

假设你观察 400 名资产组合管理者的投资业绩，并将其在该年度的投资业绩进行排序。样本中业绩好的一半管理者中，有 20%是真正技艺高超的，而其他 80%则全凭运气。那么，在下一年中，你预测现在业绩好的一半管理者们在下一年仍在业绩好区域的比例有多少？假设技艺高超的经理总是处在业绩好的区域。

扫描二维码
获取答案解析

4.8 共同基金的信息

有关共同基金信息的第一个来源是它的募股说明书。美国证券交易委员会要求在募股说明书的“投资目标说明”部分对基金的投资目标和策略进行简要描述，并对投资策略和风险加以详细介绍。募股说明书中也必须阐明基金的投资顾问和基金管理人，同时，募股说明书还要在费率表中列出购买基金份额的相关成本。前端费用、后端费用等销售费用和管理费用、12b-1 费用等年度运营费用也要在费率表中详细列明。

基金还有两种渠道可以提供其信息。补充信息公告（SAI），也被叫做募股说明书的 B 部分，它包括财政年度末资产组合中的明细证券、经过审计的财务报表、基金经理人员和主管人员的名单，以及他们在基金中的私人投资，还有基金支付的经纪费和佣金。与基金的募股说明书不同的是，补充信息公告需要投资者主动要求才能获得；一个行业内流传的笑话是，SAI 代表着“总是被忽略的东西”（something always ignored）。基金的年度报告也包含了基金的组合构成与财务报表，并对上一个报告期内影响基金业绩的因素进行了分析讨论。

在超过 8 000 只共同基金中找到一只最适合自己特殊需要的基金很不容易，一些出版社提供了共同基金“百科全书”来帮助投资者寻找。其中一个比较著名的是晨星公司。晨星公司的网站 www.morningstar.com 上发布了大量基金的信息，雅虎的网站 finance.yahoo.com/mutualfunds 也非常不错，提供了近期业绩和一些筛选基金的有用信息。美国投资公司协会——全国共同基金协会、封闭式基金协会和单位投资信托——每年都会出版《共同基金目录》（*Directory of Mutual Funds*），其中包含了基金的收费情况和基金的联系电话等信息。为了阐明基金的信息将涵盖哪些方面，我们可以参见图 4.5 中晨星公司的富达麦哲伦基金报告样本。

---

① 例如，参见 Mark M. Carhart，“On Persistence in Mutual Fund Performance,” *Journal of Finance* 52 (1997)，57－82。卡哈特的研究还解决了生存偏差，即表现较好的基金倾向于继续经营，从而继续留在样本中。我们将在第 8 章讨论他的研究。

Data through March 31, 2017 FINRA members: For internal or institutional use only.

Fidelity® Magellan®

Ticker	Yield	Total Assets	Mstar Category
FMAGX	0.5%	$15,362 mil	Large Growth

Benchmark 1: Russell 1000 Growth TR USD
Benchmark 2: S&P 500 TR USD

Morningstar Analyst Rating 09-30-16

Neutral

Morningstar Pillars

Process	Neutral
Performance	Neutral
People	Positive
Parent	Positive
Price	Positive

Morningstar Analyst Rating

Morningstar evaluates mutual funds based on five key pillars, which its analysts believe lead to funds that are more likely to outperform over the long term on a risk-adjusted basis.

Analyst Rating Spectrum

Gold Silver Bronze Neutral Negative

Pillar Spectrum

Positive Negative Neutral

Historical Profile
Return Average
Risk Above Avg
Rating ★★ Below Avg

Investment Style
Equity

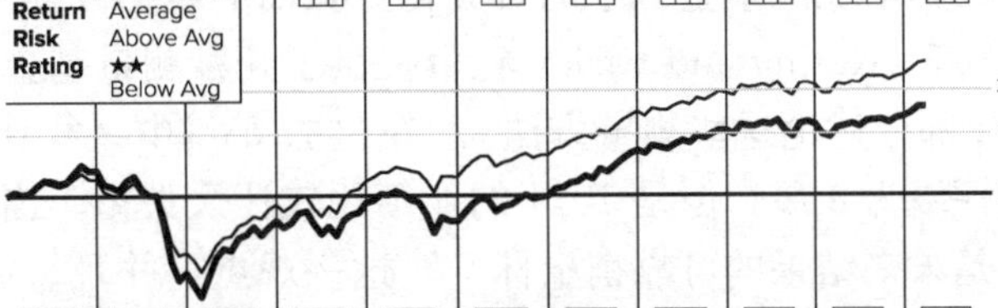

Growth of $10,000
— Investment Values of Fund
— Investment Values of Benchmark 1

Performance Quartile (within Category)

2007	2008	2009	2010	2011	2012	2013	2014	2015	2016	03-17	History
93.87	45.86	64.32	71.67	62.98	73.27	92.37	92.52	89.43	91.36	97.22	NAV
18.83	−49.40	41.13	12.41	−11.55	17.99	35.30	14.08	4.06	5.24	6.41	Total Return %
7.01	−10.96	3.92	−4.30	−14.19	2.73	1.81	1.03	−1.61	−1.84	−2.49	+/- Bmark 1
13.33	−12.40	14.67	−2.66	−13.66	1.99	2.91	0.39	2.67	−6.72	0.35	+/- Bmark 2
0.51	0.13	0.78	0.84	0.57	1.59	0.92	0.80	0.59	0.62	0.00	Income Return %
18.31	−49.52	40.35	11.56	−12.12	16.39	34.37	13.27	3.46	4.63	6.41	Capital Return %
21	95	23	76	97	21	34	10	47	36	81	Total Rtn % Rank Cat
0.44	0.11	0.36	0.54	0.41	1.00	0.67	0.71	0.54	0.55	0.00	Income $
11.68	2.86	0.02	0.07	0.02	0.02	5.85	11.43	6.44	2.12	0.00	Capital Gains $
0.54	0.73	0.71	0.75	0.60	0.54	0.47	0.50	0.68	0.84	—	Expense Ratio %
0.41	0.37	0.51	0.49	0.83	0.69	1.27	0.92	0.83	0.62	—	Income Ratio %
41	57	67	39	42	99	88	77	71	78	—	Turnover Rate %
44,822	18,948	22,610	19,913	12,985	11,869	13,542	14,107	13,468	12,931	13,469	Net Assets $mil

Performance 03-31-17

	1st Qtr	2nd Qtr	3rd Qtr	4th Qtr	Total
2013	9.13	2.84	9.05	10.54	35.30
2014	2.04	4.58	1.67	5.16	14.08
2015	2.84	1.12	−7.61	8.30	4.06
2016	−2.15	0.71	4.64	2.06	5.24
2017	6.41	—	—	—	—

Trailing	Total Return%	+/- Bmark 1	+/- Bmark 2	%Rank Cat	Growth of $10,000
3 Mo	6.41	−2.50	0.35	81	10,641
6 Mo	8.60	−1.41	−1.52	46	10,860
1 Yr	14.45	−1.31	−2.72	56	11,445
3 Yr Avg	9.22	−2.05	−1.15	42	13,028
5 Yr Avg	12.76	−0.56	−0.54	26	18,233
10 Yr Avg	5.79	−3.34	−1.72	90	17,551
15 Yr Avg	5.16	−2.05	−1.94	92	21,264

Tax Analysis	Tax Adj Rtn%	%Rank Cat	Tax-Cost Rat	%Rank Cat
3 Yr (estimated)	7.05	39	1.98	55
5 Yr (estimated)	10.89	30	1.66	58
10 Yr (estimated)	4.57	88	1.15	71

Potential Capital Gain Exposure: 33% of assets

Rating and Risk

Time Period	Load-Adj Return %	Morningstar Rtn vs Cat	Morningstar Risk vs Cat	Morningstar Risk-Adj Rating
1 Yr	14.45			
3 Yr	9.22	Avg	Avg	★★★
5 Yr	12.76	+Avg	Avg	★★★★
10 Yr	5.79	−Avg	High	★
Incept	15.85			

Other Measures	Standard Index	Best Fit Index
Alpha	−1.6	−1.4
Beta	1.06	0.99
R-Squared	94	95

Standard Deviation	11.38
Mean	9.22
Sharpe Ratio	0.82

Portfolio Analysis 02-28-17

Total Stocks: 122

Share change since 01-31-17	Sector	YTD Ret %	% Assets
⊕ Apple Inc	Technology	24.53	7.17
Bank of America Corporati	Finan Svcs	7.08	3.77
⊕ Amgen Inc	Hlth Care	13.00	3.18
JPMorgan Chase & Co	Finan Svcs	2.35	2.86
Amazon.com Inc	Cnsmr Cyc	18.23	2.19
Citigroup Inc	Finan Svcs	0.93	2.17
Facebook Inc A	Technology	23.47	2.12
Berkshire Hathaway Inc B	Finan Svcs	2.27	2.11
Goldman Sachs Group Inc	Finan Svcs	−.79	2.01
Wells Fargo & Co	Finan Svcs	1.69	1.83
⊕ LyondellBasell Industries	Basic Mat	7.30	1.78
Northrop Grumman Corp	Industrl	2.65	1.77
UnitedHealth Group Inc	Hlth Care	2.87	1.77
Global Payments Inc	Industrl	16.25	1.68
Alphabet Inc A	Technology	6.98	1.62
Alphabet Inc C	Technology	—	1.59
Agilent Technologies Inc	Hlth Care	16.33	1.54
⊕ Caterpillar Inc	Industrl	0.85	1.53
Capital One Financial Cor	Finan Svcs	−0.21	1.23
⊕ ConocoPhillips	Energy	−0.01	1.16

Current Investment Style

Value Blend Growth; Large Mid Small

Market Cap	%
Giant	46.1
Large	32.5
Mid	19.7
Small	1.5
Micro	0.3
Avg $mil: 70,257	

Value Measures		Rel Category
Price/Earnings	20.66	0.92
Price/Book	2.52	0.65
Price/Sales	2.59	1.02
Price/Cash Flow	11.20	0.86
Dividend Yield %	1.43	1.12

Growth Measures	%	Rel Category
Long-Term Erngs	10.48	0.87
Book Value	3.13	0.44
Sales	−1.34	−0.21
Cash Flow	−4.72	−0.46
Historical Erngs	9.07	0.86

Profitability	%
Return on Equity	15.96
Return on Assets	5.65
Net Margin	12.11

Sector Weightings	% of Stocks	Rel Bmark 1
Cyclical	40.04	1.33
BasicMat	3.13	0.99
CnsmrCyc	11.07	0.58
FinanSvcs	24.99	4.19
Real Est	0.85	0.44
Sensitive	41.63	0.94
CommSrvs	1.65	0.42
Energy	8.60	17.20
Industrl	11.58	0.96
Technlgy	19.80	0.71
Defensive	18.32	0.72
CnsmrDef	5.45	0.61
Hlthcare	12.87	0.79
Utilities	0.00	0.00

Composition - Net

Cash	1.2
Stocks	98.8
Bonds	0.0
Other	0.0
Foreign (% of Stock)	2.4

Morningstar's Take by Katie Rushkewicz Reichart, CFA 09-30-16

Since taking over Fidelity Magellan five years ago, manager Jeff Feingold has reinvented the fund. Compared with his bolder predecessor, Feingold takes a more constrained approach, aiming to spread out the fund's bets and better control risk. While the fund has landed in the top third of the large-growth Morningstar Category on his watch, it has lagged the S&P 500 and Russell 1000 Growth Index. Yet to be tested in a prolonged downturn, the fund hasn't quite measured up in the brief market pullbacks it's experienced. The fund's Morningstar Analyst Rating remains Neutral.

Feingold melds Fidelity's copious amount of fundamental research with proprietary quantitative screens he's developed with the help of a dedicated quant analyst. The screens are intended to search for sound ideas as well as help balance the portfolio's overall risk by striving for a mix of fast growers, cheap firms with improving prospects, and high-quality companies with stable earnings. There's evidence he's dampened volatility compared with his predecessor; the fund went from having one of the highest standard deviations in the category to being closer to the peer group norm, which helps smooth the ride for shareholders.

Thus far, the fund hasn't stood out for strong downside performance. It fared a bit better than average compared with the category in the May 2015-February 2016 drawdown but lost a bit more than the S&P 500 and Russell 1000 Growth Index during that period.

The fund has had more of an advantage in up markets during Feingold's tenure. He's shown particular strength within the technology, healthcare, and industrials sectors, according to Morningstar attribution. However, he's pulled back on some bets, including banks, that have not worked out as well as he expected. With the quant model providing a constant assessment of the portfolio and other opportunities, there can be a tendency to take a shorter-term outlook with some names; indeed, the fund's turnover has clocked in above the category average since Feingold's start, which can increase trading costs.

Address:	Fidelity Magellan Fund Boston, MA 02109 800-544-8544
Web Address:	www.fidelity.com
Inception:	05-02-63
Advisor:	Fidelity Management & Research Company
Subadvisor:	FMR Investment Management (U.K.) Limited

Minimum Purchase:	$2500	Add: —	IRA: $2500
Min Auto Inv Plan:	—	Add: —	
Sales Fees:	No-load		
Management Fee:	0.30%		
Actual Fees:	Mgt:0.68%	Dist:0.00%	
Expense Projections:	3Yr:$271	5Yr:$471	10Yr:$1049
Income Distribution:	Semi-Annually		

MORNINGSTAR® Mutual Funds EQ

图 4.5 晨星公司报告

资料来源：Morningstar Mutual Funds，March 31，2017，© 2017 Morningstar，Inc.

左侧题为“业绩”（Performance）的表格报告了该基金在过去几年的季度收益率，下面是更长期限的收益率。你可以在“+/−Bmark”标示的列中比较两个基准率（罗素1000和标准普尔500）的收益率，及其比较分组（或称为“星辰类别”，即股票规模大幅增长的基金）中的百分比。页面的右上方提供的是历史收益率和费用。“排名和风险”（Rating and Risk）栏目提供了几种测量基金风险和收益特点的方法（我们将在第2部分讨论这些测量方法）。在过去5年中，相比于风险，基金提供了良好的收益率，评级为4星，但是10年的业绩比较让人失望。当然，我们都习惯于“过去的表现并不是未来结果的可靠衡量标准”这一观点，并且，这也可能是晨星公司评级的真实写照。与免责声明一致，过去的结果对于未来的表现几乎没有预测能力，正如我们在上一节中看到的那样。

有关基金业绩的更多数据，请参见页面顶部附近的图表。其中线图比较了该基金过去10年投资10 000美元与第一次基准投资的增长。线图下方是每年的方框，用于描述该年度基金的相对表现。方框中的阴影区域显示了基金业绩相对于具有相同目标的其他基金的四分位数。如果阴影带位于方框的顶部，那么该公司在那个时期是表现最佳的四分之一，依此类推。条形图下方的表格显示了基金逐年业绩的历史数据。

在表格下方，“投资组合分析”（Portfolio Analysis）栏目表显示了基金的资产配置，然后是晨星公司著名的风格框。在这个框中，晨星评估风格有两个指标：一个指标是投资组合中持有的公司规模，以未偿还股权的市场价值作为测量标准；另一个指标是价值或者增长指标。晨星将每股市价与每股收益或每股账面价值的比值较低的股票定义为价值型股票。之所以叫价值型股票，是因为价格相对于价值的多个测度指标来说较低。根据股价与公司盈利、账面成本、销售、现金流和股利的各个比值，可以将股票划分为不同类型。价值型股票的这些比值都较低。相对而言，增长型股票就是这两个比值都较高的股票，说明投资者相信该公司将出现高成长，因而股价高也是合理的。在图4.5中，阴影部分意味着麦哲伦基金证券组合倾向于持有大公司的股票（顶行）和增长型股票（右栏）。

最后，右侧栏提供了现有投资组合构成。你可以查阅到该基金的20个“Top Holdings”以及各个行业的投资组合权重。

小结

● 单位投资信托、封闭式基金管理公司以及开放式基金管理公司都被归入投资公司类别，并且受到投资公司法的监管。从本质上说，单位投资信托是不用管理的，它的投资组合一旦确立就固定不变。相反，管理型投资公司，当其投资组合经理认为有必要时，就可以改变其投资组合的构成。封闭式基金的交易与其他证券相同，它们不能从投资者手中赎回基金份额，而开放式基金可按投资者的要求，以净资产价值赎回基金份额。

● 资产净值等于基金所持有的资产市值减去基金负债，再除以发行在外的基金份额。

● 共同基金在很大程度上免除了个人投资者自己管理证券的麻烦，可以为它们的资产组合提供专业化的管理，也为它们带来了通常只有大投资者才有的优势，比如节约交易成本等。另外，投资与共同基金也要支付管理费用和其他费用，这降低了投资者的收益率。基金也减少了某些投资者变现资本利得的机会。

● 共同基金通常按照投资策略进行分类，主要分为货币市场基金和权益基金。权益基金，按照对收益和增长的不同重视程度可进一步细分为固定收益型基金、平衡和收入型基金、资产配置型基金、指数化基金以及特定行业基金。

● 投资于共同基金的成本包括前端费用（也就是销售费用）、后端费用（也就是赎回费用，或者更恰当地说，延期销售费用）、基金运营费用以及12b-1费用（这是二次发生的费用，用于支付将基金销售给公众的开销）。

● 共同基金的收入不必按照基金级别缴纳税收。相反，只要基金符合一定的转手要求，收入就被视为基金投资者在基金中的收益。

● 在过去46年里，权益性共同基金的平均收益率已经降到了消极性指数基金的收益率之下，消极性指数基金持有的投资组合可复制各种覆盖范围广泛的指数，如标准普尔500指数或者威尔希尔5000指数。这种令人失望的记录在一定程度上是积极管理型基金的成本造成的，例如，为挑选股票而支付的研究成本，和由于较高的投资组合周转率而导致的交易成本。基金业绩的持续性往往是模糊不清的，在某些样本期间，业绩较好的基金在接下来的期间保持了良好的绩效，而在另一些样本期间却并非如此。

关键词

封闭式基金	对冲基金	资产净值	周转率
交易所交易基金	投资公司	开放式基金	12b-1 费用
母基金	销售费用	软货币酬金	单位投资信托

习题

1. 小型投资者通过共同基金投资的优势是什么？劣势是什么？（LO4—1）

2. 为什么封闭式基金的卖价不同于其净价值，而开放式基金却相同呢？（LO4—2）

3. 12b-1 费用是什么？（LO4—1）

4. 单位投资信托和封闭式基金的区别有哪些？（LO4—2）

5. 交易所交易基金与共同基金相比有哪些优势和劣势？（LO4—2）

6. 对冲基金和共同基金的区别有哪些？（LO4—2）

7. 你认为典型的开放式固定收益共同基金与固定收益单位投资信托相比，哪一个运作成本更高？为什么？（LO4—2）

8. 均衡基金和资产配置基金都会既投资于股票也投资于债券，这两类基金的区别是什么？（LO4—4）

9. 相对而言，你投资于以下资产的有利之处有哪些？（LO4—2）

a. 单位投资信托；

b. 开放式共同基金；

c. 你自己选择的特定股票和债券。

10. 开放式权益型共同基金需要把一小部分资金（通常为整个投资组合的5%左右）投资于流动性强的货币市场资产，而封闭式基金则不必持有此类现金等价物证券。这个投资策略的差异可能是由开放式基金和封闭式基金的哪些区别导致的？（LO4—2）

11. 一只开放式基金的资产净值为10.70美元/股，该基金的前端费率为6%，其发行价格为多少？

12. 一只开放式基金的发行价格为12.30美元/股，该基金的前端费率为5%，那么其资产净值为多少？

13. Fingroup 基金中的证券组合如下表所示：

股票	股票数量	价格（美元）
A	200 000	35
B	300 000	40
C	400 000	20
D	600 000	25

基金没有借入任何资金，其组合管理者累计的管理费用总计为30 000美元，基金在市场的发行份额为4 000 000股，那么这只基金的资产净值是多少？（LO4—3）

14. 重新考虑上一题中的 Fingroup 基金。如果在这一年中，组合管理者卖出所有它持有的D股票，以200 000股每股价格为50美元的E股票和200 000股每股价格为25美元

的F股票来取代D股票，那么这一证券组合的周转率为多少？（LO4—5）

15. Closed基金是一只封闭式基金，其证券组合的当前价值是2亿美元，它的债务总额为300万美元，发行在外的基金份额数是500万份。（LO4—3）

a. 该基金的资产净值是多少？

b. 如果该基金以36美元/股销售，则其溢价或折价占资产净值的百分比是多少？

16. Corporate基金的资产净值在年初时为12.50美元/股，在年底时其资产净值为12.10美元，该基金在年底分配的股利收入和资本利得为1.50美元/股，则该基金的投资者在年底获得的收益率为多少？（LO4—3）

17. 一只封闭式基金的资产净值在年初时为12.00美元/股，在年底时为12.10美元/股。在年初时该基金以高于资产净值2%的溢价卖出，在年底时该基金以低于资产净值7%的折价卖出，该基金在每年底分配的股利收入和资本利得为1.50美元/股。（LO4—3）

a. 该基金的投资者在这一年获得的收益率为多少？

b. 本年度持有与基金经理相同证券的投资者的收益率是多少？

18. Loaded-Up基金收取1%的12b-1费用，并将费率保持在0.75%；Economy基金收取2%的前端费用，但并没有12b-1费用，且费率为0.25%。假设这两个基金的投资组合年收益率（扣除费用之前）都是6%，在以下投资期之后，这两个基金的投资分别会增长多少？（LO4—5）

a. 1年；

b. 3年；

c. 10年。

19. City Street基金有一笔4.5亿美元的投资组合和一笔1 000万美元的负债。（LO4—3）

a. 如果该基金发行了4 400万股股票，其资产净值是多少？

b. 如果一个大型投资者赎回了100万股股票，该投资组合的价值、流通股票的数量以及其资产净值会发生什么样的变化？

20. a. Impressive基金去年的投资业绩非常出色，其投资收益率在同类投资策略的投资基金中排名前10%，你认为在下一年中它还会有这样的业绩吗？为什么？

b. 假设该基金是去年业绩最差的基金之一，那么你会不会或多或少地认为这种业绩会持续到今年？为什么？（LO4—5）

21. 假设一只基金的资产净值在年初时为2亿美元，发行在外的基金份额为1 000万股，该基金投资于一个组合，该组合在每年年末提供200万美元的股利。该投资组合中的股票价值增长了8%，但没有股票被卖出，也没有资本利得分配。基金收取1%的12b－1费用，每年年末从基金的资产中扣除。（LO4—3）

a. 在年初和年末时，该基金的资产净值分别是多少？

b. 该基金的投资者获得的投资收益率是多少？

22. New基金去年的日平均资产为22亿美元，它去年总共卖出了价值为4亿美元的股票，买入了价值为5亿美元的股票，则该基金的周转率是多少？（LO4—5）

23. 如果第22题中New基金的销售费率为1.1%，管理佣金率为0.7%。

a. 在一年中，基金付给投资管理人的总费用是多少？

b. 其他管理费用是多少？

24. 你在年初以20美元/单位的价格从New基金购买了1 000个基金份额，付出的前端费用是4%，基金的组合价值以每年12%的幅度增长，其费率为1.2%。如果你在年底时卖出该基金份额，你的收益率是多少？（LO4—5）

25. Investment基金以6%的前端费用卖出A类基金份额；B类基金份额的年12b－1费用占资产的比例为0.5%，后端费用的初始比例为5%，每年递减1%（直到第五年）。假设基金组合的净收益率（扣除运营费用）为每年10%。（LO4—5）

a. 如果你打算在4年以后卖出该基金，则A类基金和B类基金哪一个对你来说更好？

b. 如果是在15年后卖出基金，哪一个更好？

26. 你考虑投资于一只共同基金，销售费用为4%，运营费率为0.5%。你同样可以投资于银行大额可转让定期存单(CD)，利率为6%。（LO4—5）

a. 如果你打算投资两年，那么基金的收益率至少多高才能比得上银行大额可转让定期存单的收益率？假设按年度复利计。

b. 如果你打算投资6年，答案会如何变化？为什么会有这些变化？

c. 现在假设该基金每年有0.75%的12b－1费用，而不是前端费用：

i. 基金的收益率至少多高才能比得上银行大额可转让定期存单的收益率？

ii. 在这一例子中，答案是否与你的投资期限有关？

27. 假设一个基金管理者每次的交易成本（如，佣金和买卖价差）都是交易金额的0.4%。如果基金的周转率是50%，则交易成本会使该投资组合的收益率下降多少？（LO4—5）

28. 你预期一只免税的市政债券组合可以提供4%的投资收益率，基金的管理费用为0.6%。（LO4—5）

a. 费用占总收入的多大比率？

b. 如果一只权益基金的管理费用也是0.6%，但是你预期一个12%的投资收益率，则费用占总收入的多大比率？

c. 为什么管理费用在债券基金中所占的比率比在权益基金中更大？你的结论是否有助于解释为什么无管理的单位投资信托更集中于固定收益市场？

29. 为什么恰当地比较权益型基金和固定收益共同基金

的绩效是一件比较难的事情？（LO4—4）

□ 挑战题

30. 假设你观察了 350 个投资组合管理者 5 年的业绩，并根据其投资收益的业绩排名。5 年后，你发现有 11 只证券组合的投资收益率始终排在业绩靠前的一半。这种连贯性使你得出结论：这些投资者一定是技艺高超的。于是你投资于这些基金。你的结论可信吗？（LO4—5）

Web 站点管理员

请扫描二维码或登录中国人民大学出版社
官网 www.crup.com.cn 下载。

第2部分

投资组合理论

过去的90年间人们目睹了大萧条时期、7次不同程度的衰退以及始于2007年的严重衰退。然而即使存在着这些衰退，在此期间投资于广泛的股票投资组合的1美元仍比投资于安全资产的1美元的价值多增长了超过250倍。那么，为什么仍会有人投资于安全资产呢？因为投资者厌恶风险，对他们来说低风险与高预期收益率同样重要。第2部分的头一章——第5章——提供了解释历史收益率的必要工具，以及投资者使用安全资产和风险资产构建投资组合的历史经验。

在决定一个投资者愿意给予风险资产的投资比例之前，必须首先确定如何构建一个有效的风险资产投资组合。第6章阐述了现代投资组合理论（MPT），其中包括如何构建风险投资组合。其目标是有效实现在资产类别之间（如债券和股票）和这些资产类别的各个证券之间的多样化。

这些分析引起了我们对其他一些问题的思考。例如，投资者如何衡量投资组合中某一单个资产的风险？你可能会对这个问题的答案感到十分惊讶。一旦我们可以恰当地衡量风险，风险与收益之间联系的真实基础又是什么呢？一个“有吸引力”的投资至少应达到多大的收益率？这些问题都将成为本部分研究的主要内容。第7章介绍了资本资产定价模型（CAPM）、套利定价理论（APT）以及单指数和多指数模型等所有应用于金融经济学的支柱，这些模型将各种证券的风险与投资者可以合理预期的收益连接了起来。

接下来，我们将提及投资管理领域中一个颇有争议的问题。与采取简单的投资策略（例如，购买市场指数基金）相比，哪种投资组合管理者——业余的还是职业的——的工作业绩会更好？第8章阐述的事实至少会让你在追求积极的投资策略之前迟疑片刻。你将会逐渐理解，为什么优秀的积极投资管理者必须要超过他们采取消极策略的同事。最后，第9章行为金融学会涉及心理学的经验教训，对投资者非理性行为导致的资产回报的异常模式给出解释。

本部分包括以下章节：

第5章　风险、收益与历史记录

第6章　有效的多样化策略

第7章　资本资产定价模型与套利定价理论

第8章　有效市场假说

第9章　行为金融学和技术分析

5 风险、收益与历史记录

学习目标：

LO5—1 计算多年期投资收益的各种度量方法；

LO5—2 利用股票与债券价格表现的历史数据或前瞻性情景分析，总结这些投资的风险与收益特征；

LO5—3 确定由风险资产与国库券等无风险资产所构成的投资组合的预期收益与风险；

LO5—4 使用夏普比率评估投资组合的投资绩效并为资产配置提供指导。

如今，投资者可以持有多种类型的资产，他们可以轻易构建包括外国股票与债券、不动产、贵金属以及收藏品的投资组合。更为复杂的投资组合还可能包括期货、期权等衍生品，用来规避特定风险。这些资产如何构建成一份令人满意的投资组合呢？

显然，对任何一个证券的评估都应当基于它对整个投资组合的预期收益与风险的影响，对这种影响的考察必须以投资组合的整体业绩为依据。我们在本章的开始，首先介绍一些计算收益率的常用方法。接下来，我们会考察几个分散度比较高的投资组合的历史业绩。

然后，我们将分析投资者在进行最简单的风险控制活动时所面临的权衡——资产配置：组合中无风险货币市场证券与股票等风险证券所占比例的确定。我们将展示不同的比例确定对投资组合预期收益率的影响，讨论针对不同类型的投资者的最佳组合方法。在此基础上，我们就能够对消极型投资策略进行评价了，这将作为我们下一章介绍的积极型投资策略的基准。

5.1 收益率

股票的**持有期收益率**（holding-period return，HPR）取决于投资期内股票价格上涨（或下跌）的程度，以及这种股票所能提供的其他一些形式的收益。收益率被定义为1美元的投资在投资期间的收益（价格上涨与股利）。

持有期收益率：在给定投资期限内的收益率。

$$\text{持有期收益率}=\frac{\text{期末价格}-\text{期初价格}+\text{现金股利}}{\text{期初价格}} \tag{5.1}$$

在持有期收益率的定义中，隐含着一个十分重要的假定，即在持有期期末支付股利。如果没有这个假定，那么这个定义忽略了从股利支付日到持有期期末这段时间的再投资收益。以股利形式表现的收益率，即“现金分红/初始价格”，叫做股利收益率(dividend yield)。因此，持有期收益率就是股利收益率与资本收益率之和。

这个公式还可以以其他形式表现出来。例如，如果投资者持有的是债券，这个公式同样适用，只需将其中的股利支付改为利息支付即可。

案例 5.1

持有期收益率

目前，股票的价格是 100 美元/股，你的投资期为 1 年。你预期该年的现金股利是 4 美元，也就是说，你预期的股利收益率是 4%。

你的持有期收益率将取决于本年基金的价格波动。如果你预期本年每股价格将达到 110 美元，那么，你的资本利得就是 10 美元，所以你的资本收益率应当是 10/100=0.10 或 10%。持有期收益率是股利收益率与资本收益率之和，4%+10%=14%。

$$\text{持有期收益率}=\frac{110-100+4}{100}=0.14 \text{ 或 } 14\%$$

□ 多个时期投资收益率的衡量

持有期收益率是对单一期间的投资收益进行衡量的简单明了的方法。但通常情况下，你可能对较长期间的投资收益更感兴趣。例如，你可能很想知道如何评估一个共同基金过去 5 年的运作效果。在这种情况下，收益的衡量具有很大的不确定性。

假设一家基金开始运作时有 100 万美元。基金从新投资者与现有投资者那里获得新的投资，同时，也面临着现有投资者的赎回要求。因此，其净现金流既可能是正的，也可能是负的。这家基金的情况如表 5.1 所示，其中，括号中的数字代表负数。

表 5.1　一个共同基金的年度现金流和收益率

	第 1 年	第 2 年	第 3 年	第 4 年
期初管理资产总额（百万美元）	1.0	1.2	2.0	0.8
持有期收益率（%）	10.0	25.0	−20.0	20.0
净现金流入之前的总资产（百万美元）	1.1	1.5	1.6	1.0
净现金流入（百万美元）*	0.1	0.5	−0.8	0.6
期末管理资产总额（百万美元）	1.2	2.0	0.8	1.6

* 净现金流入等于新增投资减去赎回要求，假定这些活动都发生在每年年末。

这些数字所反映的真实情况是：当公司运营绩效较好时（例如，持有期收益率比较高），它可以吸引到更多的新资金，否则，它可能会出现净现金流出。例如，第 1 年 10%的收益率使得基金资产增加了 0.1×100=10（万美元）；同时，该基金吸引新的投资增加了 10 万美元，因此，该年度这一基金管理的资产增至 120 万美元。第 2 年，该基金持有期收益率表现更佳，达到了 25%，吸引了更大的净流入，基金所管理的资产在第 2 年年末达到 200 万美元。然而，第三季度的持有期收益率是负的，因此，第三季度的现金流量也是负数。

考虑到基金既有现金流入，又有现金流出，那么我们该如何评价基金整个周期内的业绩呢？业绩衡量的方法有许多种，例如，算术平均法、加权平均法和资金加权收益率等。这些方法各有利弊，因此，一定要注意把握它们之间的异同。

算术平均法： 每个时期的收益率之和除以期数。

算术平均法（arithmetic average）：年度收益率的算数平均值，等于每期收益额之和除以期数。在上一个例子中，季度收益率的算术平均就是（10＋25－20＋20）/4＝8.75%。过去收益率的算数平均数通常用来预测未来的业绩。

几何平均法： 总收益等于各期累积收益的单期收益率。

几何平均法（geometric average）：年度收益率的几何平均值。这种收益率的计算是通过将各季度的收益相乘，从中找出季度收益率的均值。在这个例子中，按照几何平均法计算出来的季度收益率（r_G）就是：

$$(1+0.10)\times(1+0.25)\times(1-0.20)\times(1+0.20)=(1+r_G)^4$$

等式左边是 1 美元投资在四个年度周期的收益率总和。等式右边是 1 美元投资每年收益率 r_G 的总和。于是，我们可以计算出 r_G：

$$\begin{aligned} r_G &= [(1+0.10)\times(1+0.25)\times(1-0.20)\times(1+0.20)]^{1/4}-1 \\ &= 0.0719 \text{ 或 } 7.19\% \end{aligned} \qquad (5.2)$$

这种几何平均收益率又称为时间加权平均收益率（time-weighted average return），它忽略了基金在管理下随年度发生的变化。事实上，在有新增投资时，如果收益率比较高，投资者的累积收益率相应也会较高；相反，当基金所管理的资金相对较少时，累积收益率也会较低。在这个例子中，第 2 年与第 4 年的收益率最高，分别为 25%和 20%，在这两个时间段里，基金金额分别为 1 200 000 美元与 800 000 美元；而在基金金额分别为 2 000 000 美元与 1 000 000 美元的时间段里，收益率很不理想（分别为－20%与 10%）。基金在管理下，虽然资金减少，但是收益率却更高——这与我们刚才所得出的结论显然不符。

共同基金所公布的收益率的历史数据被要求是时间加权平均收益率，原因就在于，基金管理人不能完全控制他所管理的全部资金。当评估一家基金历史业绩的“代表性”数据时，我们不应当将某一时间段的数据看得比其他时间段更重要。

资金加权收益率

当我们考虑基金管理的资金规模变动时，我们实际上是把基金的现金流量看作公司财务中的资本预算问题并计算投资组合管理者的内部收益率（IRR）。期初价值为 1 000 000 美元，净现金流量则被当作一个投资项目的现金流来处理。第 4 年投资组合的“清算价值”（liquidation value）就是该项目最终的现金流。在本例中，投资者的净现金流量如下表所示：

	季度				
	0	1	2	3	4
净现金流量（百万美元）	－1.0	－0.1	－0.5	0.8	－0.6＋1.56＝0.96

在该表中，时间“0”那一列反映了基金最初的金额为 100 万美元，第“1”和“2”年的负数形式是那些年额外的净现金流入，而第“3”年的正现金流代表一次基金撤资。第“4”年则反映了最终现金流总和（为负）加上第 4 年年底投资组合的价值，这个价值表示对投资组合年末清算的价值。

资金加权平均收益率： 一项投资的内部收益率。

资金加权平均收益率（dollar-weighted average return）是投资项目的内部收益率。内部收益率是使得投资组合所实现的现金流量的现值（包含投资组合第 4 年年末清算可获得的 156 万美元）与为建立投资组合所投入的资金相等的利率。内部收益率可由下式推导出来：

$$0=(-1.0)+\frac{-0.1}{1+\mathrm{IRR}}+\frac{-0.5}{(1+\mathrm{IRR})^2}+\frac{0.8}{(1+\mathrm{IRR})^3}+\frac{0.96}{(1+\mathrm{IRR})^4} \tag{5.3}$$

在这个例子中，内部收益率=0.033 8=3.38%。资金加权收益率小于时间加权平均收益率，即7.19%。其原因正如我们前面所讲的，当基金所管理的资金较少时，投资组合收益率会比较高。在这种情况下，资金加权平均收益率与时间加权平均收益率之间的差异会比较大。

概念测验 5.1

一家基金的期初金额为1 000万美元，该基金所公布的3个月的收益率如下表所示（括号中的数字为负数）：

	月度		
	1	2	3
净现金流入（月末，百万美元）	3	5	0
持有期收益率（%）	2	8	(4)

扫描二维码获取答案解析

计算其算术平均月收益率、时间加权平均月收益率与资金加权平均月收益率。

□ 年收益率的习惯表示方法

有几种方法可以用来年化收益率，比如，每年的收益率。给定期限内资产现金流的收益率，比如，（按月支付的）抵押贷款和（半年期的）债券，通常被引述为年利率（APRs），即，不计复利，用简单利率方法年化每个周期的利率：

APR=每个时间段的利率×每年所包含的时间段的个数

但是，由于忽略了复利，APR并不能等同于你投资的基金的实际增长率。这个增长率叫做有效年利率（EAR）。如果将一年分为n个时间段，那么，我们首先将每个时间段的利率记为APR/n，然后再计算这个利率的复利率。例如，每月支付一次的抵押类产品的$n=12$，半年支付一次的债券的$n=2$。

$$1+\mathrm{EAR}=(1+\text{每个时间段的利率})^n=\left(1+\frac{\mathrm{APR}}{n}\right)^n \tag{5.4}$$

由于每期利率是APR/n，一年后（即n期以后）的累积收益率为$(1+\mathrm{APR}/n)^n$。注意，当给定APR且要求将其转化成有效年利率时，你需要知道持有期的长短。

重新整理公式（5.4）。我们便可以在给定EAR的情况下得到APR①：

$$\mathrm{APR}=[(1+\mathrm{EAR})^{1/n}-1]\times n$$

当n变得越来越大时（即现金流越来越频繁），有效年利率与APR的差异也会越来越大。我们可以想象n无穷大，那么，根据公式（5.4），APR与有效年利率之间的关系就可以用下式表示：

$$1+\mathrm{EAR}=e^{\mathrm{APR}} \tag{5.5A}$$

也可以写作：

$$\mathrm{APR}=\ln(1+\mathrm{EAR})=r_{cc} \tag{5.5B}$$

正如公式（5.5B）所示，当我们想要强调使用的是连续复利利率时，我们将使用

① Excel函数“EFFECT”能够将APR换算成EAR，而“NOMINAL”则可以进行反向运算。

r_{cc}来表示。

解释跨期收益率的困难还不止这些。目前还有两个问题没有解决，即投资的不确定性与通货膨胀效应。

案例 5.2

国库券收益率的年化计算

假定你以 9 900 美元购买了期限为 6 个月的国库券。债券到期时，你可以收回 10 000 美元的面值。如果没有其他的利息支付，这 6 个月期投资的持有期收益率为：

$$\text{HPR}=\frac{\text{现金收入}+\text{价格变动}}{\text{期初价格}}=\frac{0+100}{9\ 900}=0.010\ 1=1.01\%$$

因此，APR 为 $1.01\%\times 2=2.02\%$。有效年利率则更高：

$$1+\text{EAR}=(1.010\ 1)^2=1.020\ 3$$

那么，有效年利率 $\text{EAR}=0.020\ 3=2.03\%$。

5.2 通货膨胀和实际利率

当商品和服务的价格发生变化时，我们需要区分名义收益率和实际收益率。例如，当你将资金投入银行账户时，通常你会收到**名义利率**（nominal interest rate）报价。这是你账户的美元价值增长的速率。相反，**实际利率**（real interest rate）是随着你资金的增长可以购买的商品利率。

名义利率：以名义（未按照购买力调整）美元计算的利率。

实际利率：投资产生的购买力增长率。

举个例子，一年前，你以10%的利率存入 1 000 美元，投资期限为一年。这 10%是你的名义收益率。到期后，你将会获得 1 100 美元现金。你投资的实际收益率是多少呢？这将取决于如今你的这笔资金的购买力相比于一年前的购买力。消费物价指数（CPI）可以用来衡量购买力，是一个城镇平均四口之家一揽子消费的商品和服务的平均价格。

假设**通货膨胀率**（CPI 的变动百分比，用 i 表示）$i=6\%$，去年售价 1 美元的 1 片面包，今年的售价可能是 1.06 美元。去年，你可以用你的基金购买 1 000 片面包，而经过一年的投资后，你可以购买的面包片数量为 1 100/1.06=1 038 片。因此，你的购买力增加了 3.8%。这就是你的实际利率。

通货膨胀率：随着价格上涨的利率，以 CPI 的增长率来衡量。

你年底收到的部分利息收入已被美元购买力的下降所抵消。10%的利率，扣除货币购买力降低 6%后，购买力将净增长近 4%。

你的购买力随着投资基金的增长成比例增加，但随着价格的增长而下降。在我们的示例中，当你在银行存款中赚取了 10% 的名义收益，但面包价格上涨了 6%时，你可以购买的面包数量增加了 1.10/1.06=1.038 的倍数。总的来说，如果我们将 r_{nom}定义为名义利率，r_{real}定义为实际利率，i 定义为通货膨胀率，那么我们可以得出结论：

$$1+r_{\text{real}}=\frac{1+r_{\text{nom}}}{1+i} \tag{5.6}$$

根据公式（5.6），可以解出实际利率为：

$$r_{\text{real}}=\frac{r_{\text{nom}}-i}{1+i} \tag{5.7}$$

通常，公式（5.7）的近似等式为：

$$r_{real} \approx r_{nom} - i \tag{5.8}$$

换句话说，实际利率约等于名义利率减去通货膨胀率。根据近似原则，公式（5.8）忽略了因素 $1+i$，实际利率将略高。

案例 5.3

实际利率和名义利率

如果一份一年期大额可转让存单的利率是8%，并且你预计未来一年的通货膨胀率为5%，那么使用公式（5.8）中的近似公式，你将得到实际利率为 $r_{real} \approx 8\% - 5\% = 3\%$。

使用公式（5.7）中的精确公式，实际利率为 $r_{real} = \dfrac{0.08-0.05}{1+0.05} = 0.0286$，或者2.86%。

因此，近似原则仅夸大了实际利率0.14个百分点。近似原则对小幅度通货膨胀率更为准确，对于连续复合利率则完全正确。*

* 注意，对于连续复合利率，公式（5.8）则完全正确。因为 $\ln(x/y) = \ln x - \ln y$，连续复合实际收益率，$r_{cc}(\text{real})$，可以从有效年利率中得出：

$$r_{cc}(\text{real}) = \ln(1+r_{real}) = \ln\left(\frac{1+r_{nom}}{1+i}\right) = \ln(1+r_{nom}) - \ln(1+i) = r_{cc}(\text{nom}) - i_{cc}$$

□ 均衡名义利率

我们可以看到，实际收益率接近于名义收益率减去通货膨胀率，由于投资者关注的是真实收益，即购买力增加的部分，因此，当预期通货膨胀率更高时，他们需要更高的名义收益率。

欧文·费希尔（Irving Fisher，1930）指出，名义利率应当随着预期通货膨胀率一比一增加，以保障投资者的实际收益率。使用 $E(i)$ 来表示当前对未来的预期通货膨胀，费希尔得出了以下等式：

$$r_{nom} = r_{real} + E(i) \tag{5.9}$$

假设实际利率是2%，预期通货膨胀率是4%，那么，名义利率大概是6%。如果预期通货膨胀率上涨到5%，名义利率应当上升到大约7%。名义利率的上涨抵消了预期通货膨胀率的上涨，从而使得投资者购买力的上涨维持在2%不变。

概念测验 5.2

a. 假设实际利率是每年3%，预期通货膨胀率是8%，那么名义利率是多少？

b. 假设预期通货膨胀率上涨到10%，但是实际利率不变。名义利率将如何变动？

扫描二维码
获取答案解析

公式（5.9）与预期通货膨胀有关，但是我们能够观察到的是实际的通货膨胀。因此，费希尔等式的实证有效性很大程度上取决于市场参与者能够预测投资基线通货膨胀的能力程度。

表 5.2 显示了为期 1 个月的美国国库券的历史收益率、通货膨胀率和由此而产生的实际利率。你可以在线获取这些系列 1926 年之后的全部月度收益率，网址为 http://mhhe.com/bodie11e。

表 5.2 的第一列列出了三个时期的平均年利率。整个样本中，国库券的平均年利率是 3.42%，然而，平均通货膨胀率是 2.99%，这意味着，平均实际利率仅有 0.53%。但是，这段时间的变化是相当大的。

表 5.2　1929—2016 年，国库券利率、通货膨胀利率和实际利率

	平均年利率			标准差		
	国库券	通货膨胀率	实际利率	国库券	通货膨胀率	实际利率
全部样本	3.42	2.99	0.53	3.12	4.05	3.80
1926—1951 年	1.04	1.68	−0.29	1.29	5.95	6.27
1952—2016 年	4.38	3.51	0.86	3.13	2.87	2.14

* 每年实际利率的计算公式为：$(1+r_{nom})/(1+i)-1$。表中提供的是每年实际利率的平均利率。这一平均值有别于利用公式（5.6）中的 r_{nom} 和 i 计算出的平均值。

1952—2016 年（基本上是战后时期），最近一段时期的平均名义利率为 4.38%，明显高于之前的 1.04%。原因就是通货膨胀，样本后期通货膨胀率的平均值为 3.51%，也明显高于前一时期的 1.68%。然而，最近一段时期的名义利率仍然很高，使得平均实际利率较高，为 0.86%，尤其是与前一时期的 −29 个基点（为 −0.29%）相比而言。

图 5.1 显示了我们为什么在 1952 年划分样本周期。那一年之后，通货膨胀的波动性要小得多，而且，可能正因为如此，名义利率对通货膨胀率的跟踪要可靠得多，导致实际利率更加稳定。这表现在表 5.2 最后一列中记录的实际利率的标准差显著减少。在样本的早期，标准差为 6.27%，而后一时期仅为 2.14%。在 1952 年后的时期里，实际利率的标准差较低，通货膨胀率的标准差也反映出了类似的下降。我们的结论是：当通胀本身更具可预测性，投资者可以更准确地衡量他们提供可接受的实际收益率所需的名义利率时，费希尔关系似乎更有效。

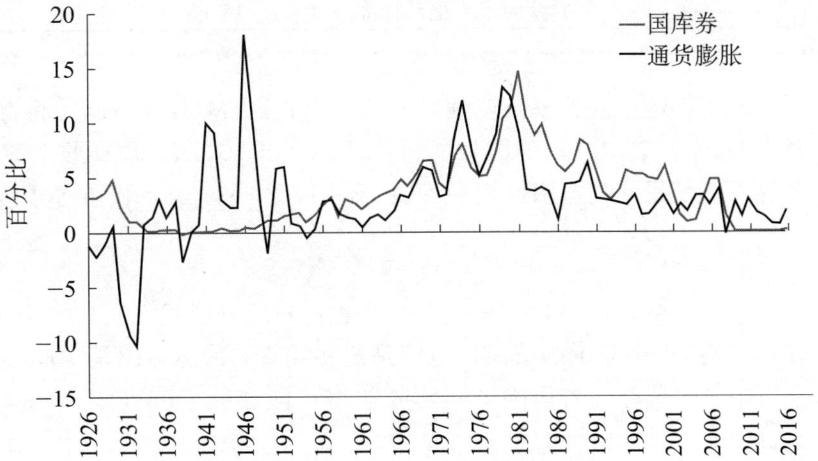

图 5.1　1926—2016 年的通货膨胀和利率

5.3 风险和风险溢价

任何一个投资项目的未来持有期收益率都会面临不确定性，有些情况下，这种不确定性还很大。投资风险来自许多方面，例如宏观经济的波动、单个企业财富总量的变化以及特定资产收益的变化。

□ 情景分析与概率分布

情景分析：列举一些可能出现的经济情况，并给出每种情况出现的可能性和该种情况可能实现的持有期收益率的分析过程。

概率分布：列举可能出现的结果和相应的概率。

预期收益：持有期收益分布的平均值。

当我们试图限制风险时，总会碰到这样的问题：持有期收益率（HPRs）可能是多少？解决这一问题的一个好方法就是列举出所有可能的结果（或"情景"），指明每种情况发生的可能性，以及每种情况下的持有期收益率，这种方法就被称为**情景分析**（scenario analysis）。所有可能的持有期收益率就叫做持有期收益率的**概率分布**（probability distribution）。我们通常将包含很多股票的投资组合（例如，指数基金）称为"股票市场"。电子表格 5.1 给出了对股票市场进行情景分析的一个简单例子（假定只有四种可能的情况）。

概率分布的结果来自对投资组合收益与风险的衡量。投资的报酬就是它的**预期收益**（expected return），预期收益一般被看作将同一笔资产的投资重复多次所得出的持有期收益的平均值。预期收益又被称为持有期收益的平均分配额，或收益均值。

电子表格 5.1　股票市场情景分析

	A	B	C	D	E	F
1	情景	概率	HPR（%）	B列×C列	与平均收益率的方差	B列×偏差的平方
2						
3	1. 重度衰退	0.05	−37	−1.85	−47.00	110.45
4	2. 轻度衰退	0.25	−11	−2.75	−21.00	110.25
5	3. 正常增长	0.40	14	5.60	4.00	6.40
6	4. 繁荣	0.30	30	9.00	20.00	120.00
7	各列汇总：	预期收益率的均值＝10.00				方差＝347.10
8	方差的平方根＝标准差（%）＝18.63					

要根据给出的数据计算预期收益，我们将情景用 s 表示，将每种情景下的持有期收益率用 $r(s)$ 表示，每种情景的可能性用 $p(s)$ 表示。预期收益率［用 $E(r)$ 表示］是各种可能情景的收益率加权平均值，$s=1,2,\cdots,S$，权重等于该情景出现的概率。

$$E(r)=\sum_{s=1}^{S}p(s)r(s) \tag{5.10}$$

电子表格 5.1 的 D 列中的每一个数据对应着公式（5.10）中用来求和的一个数值。在单元格 D7 中显示的数值，也就是这些数值的加总，便是预期收益率，$E(r)=10\%$。

由于投资存在着风险，实际收益率可能会低于或高于 10%。如果经济形势较好，投资收益率可能就会比较高，譬如为 30%；如果经济出现严重衰退，投资收益率就会很低，譬如为−37%。我们应当如何评估投资中存在的不确定性呢？

在各种情景下，投资的"意外"收益率是指实际收益率与预期收益率之差。例如，在经济繁荣时期（情景 4），意外收益率是 $r(4)-E(r)=30\%-10\%=20\%$；在经济重度衰退时期（情景 1），意外收益率是 $r(1)-E(r)=-37\%-10\%=-47\%$。

投资的不确定性是各种可能的意外收益率及其概率的函数。衡量风险的指标有许多，其中首推**方差**（variance），方差即为偏离平均值的平方的预期值（例如，各种情景下的“意外收益”的平方的预期值）。

方差：偏离平均值的平方的预期值。

$$\text{Var}(r)\equiv\sigma^2=\sum_{s=1}^{S}p(s)[r(s)-E(r)]^2 \quad (5.11)$$

我们首先要对偏差进行平方运算，因为负的偏差有可能会抵消正的偏差，从而使得偏差的均值为 0。而经过平方的偏差肯定是正数。当然，平方运算不是一个线性转换，因此会夸大偏差（无论是正的还是负的），而使一些较小的偏差被忽略。

对偏差进行平方运算的另外一个结果是，方差的单位是百分比的平方。为了使风险的衡量指标的单位与预期收益率（%）相同，我们可以对方差进行平方根运算，这样就可以得到**标准差**（standard deviation），即“方差的平方根”：

标准差：方差的平方根。

$$\text{SD}(r)\equiv\sigma=\sqrt{\text{Var}(r)} \quad (5.12)$$

案例 5.4

预期收益率与标准差

将电子表格 5.1 的数据代入公式（5.10），我们就会发现股票指数基金的预期收益率是：

$$E(r)=0.05\times(-37)+0.25\times(-11)+0.40\times14+0.30\times30=10\%$$

通过公式（5.11），我们可以计算方差。首先，我们需要计算每种情景下的持有期收益率与平均收益率之间的差额。然后，我们对这些差额进行平方运算。之后，我们将这个结果乘以各种情景出现的可能性，从而求得方差。运算结果是：

$$\sigma^2=0.05\times((-37)-10)^2+0.25\times((-11)-10)^2+0.40\times(14-10)^2+0.30\times(30-10)^2$$
$$=347.10$$

标准差为：

$$\sigma=\sqrt{347.10}=18.63\%$$

电子表格 5.1 的 G 列展现了这些计算。该列中的每一栏都是方差与该情景出现概率的乘积。G7 单元格展示了概率加权偏差的和，该数值的平方根即为标准差的数值（G8 单元格）。①

概念测验 5.3

一个股票组合当前的价值为 2 300 万美元。一个金融分析师利用情景分析法在下面的表格中列举了下一年中持有期收益率可能出现的各种不确定性。在每种情景下，投资组合的年度持有期收益率各是多少？请计算预期持有期收益率和收益率的标准差。

扫描二维码
获取答案解析

① Excel 中函数 SUMPRODUCT 提供了一种计算平均值和方差的便捷方法。例如，SUMPRODUCT(B3：B6，C3：C6) 将指定的第一列（B 列）的每个元素乘以第二列（C 列）的相应元素，然后将每个产品相加。在电子表格 5.1 中，这些产品中的每一个都是每一种情景乘以持有期收益率。这些产品的总和就是预期收益率 [参见公式（5.10）]。同样，SUMPRODUCT(B3：B6，F3：F6) 将每个场景的概率乘以该场景中均值的平方差（F 列），然后将这些项相加，从而得出方差 [公式（5.11）]。

	A	B	C	D	E
1	企业情况	情景，s	概率，p	年末价值（百万美元）	每年的股利（百万美元）
2	高增长	1	0.30	35	4.40
3	正常增长	2	0.45	27	4.00
4	无增长	3	0.20	15	4.00
5	衰退	4	0.05	8	2.00

□ 正态分布

正态分布是投资理论和实践的核心。众所周知，其钟形图是对称的，三个标准的“典型”数值——均值（前面讨论的预期值）、中位数（将数据按从小到大的顺序排列，居于中间的那个数据）和众数（最可能的值）——完全等同。

图 5.2 展示了一个均值为 10%、标准差（SD）为 20%的正态分布。注意，均值附近的结果出现的概率是最高的，而远离均值的结果出现的概率会显著降低。

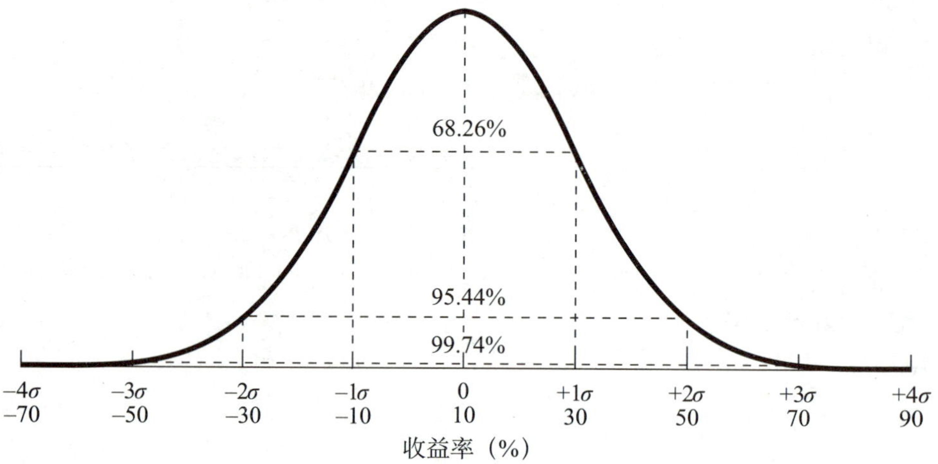

图 5.2 收益率均值为 10%、标准差为 20%的正态分布

但是究竟怎样才算是“远离均值”呢？如果典型波动率较高，比均值低 15%的收益率并不值得注意，比如当收益率的标准差为 20%时。但是，如果标准差仅为 5%，出现同样的结果就会很反常。因此，考虑结果与均值间的偏差相当于多少个标准差很有必要。如果标准差为 20%，那么 15%的负面意外将只相当于标准差的四分之三，尽管不幸，但并不少见。但如果标准差仅为 5%，15%的偏差就是一个“3 西格玛（σ）事件”，相当罕见。

我们可以将任何正态分布的收益率 r_i 转换为一个“标准差得分”：首先减去平均收益率（为了获得与均值或“意外”收益率的偏差），然后除以标准差（这样我们就能够知道实际所得的收益率与均值的偏差相当于多少单位的标准差）。

$$r_i^{\text{std}} = \frac{r_i - E(r_i)}{\sigma_i} \tag{5.13A}$$

这个标准化的收益率 r_i^{std} 符合均值为 0、标准差为 1 的正态分布。因此，我们称 r_i^{std} 为符合标准正态分布的变量。

相应地，我们可以从标准正态分布收益率 r_i^{std} 出发，通过乘以标准差再加上平均收益率来求得原始收益率：

$$r_i = E(r_i) + r_i^{std} \times \sigma_i \tag{5.13B}$$

事实上，这也是我们画出图 5.2 的方法。从一个标准正态分布（均值=0，标准差=1）开始；接下来，将与均值间的距离乘以假定的标准差 20%；最后，通过给均值增加 10% 重新定位均值。这就给了我们一个均值为 10%、标准差为 20%的正态变量。

图 5.2 显示，当收益率符合正态分布时，大约三分之二（更准确地说是 68.26%）的观测值都会落在距离均值一个标准差以内的地方，也就是说，收益率样本中某个观测值与均值之间的距离不超过一个标准差的概率是 68.26%。偏离均值两个标准差以上则更为罕见：95.44%的观测值都会落在这个范围内。最后，1 000 个观测值中预计只有 2.6 个观测值会偏离均值三个标准差以上。

当收益率符合正态分布时，正态分布有两个特殊性质可以使得投资管理得到明显简化：

（1）由两个或两个以上的收益率符合正态分布的资产组成的投资组合，其收益率也符合正态分布。

（2）正态分布可以由其均值和标准差完全描述出来，而不再需要其他统计数值对其收益率的表现进行描述。

这两个属性反过来意味着以下结论：

（3）标准差是衡量由收益率符合正态分布的资产所组成的投资组合的风险的恰当方法。在这种情况下，没有其他统计数据能比投资组合的标准差更好地衡量其风险了。

□ 正态性和投资期限

由收益率符合正态分布的资产组成的投资组合，其收益率也符合正态分布，这一事实表明，在对正态分布投资组合进行风险分析时，利用标准差这一便于计算的数值来衡量风险十分恰当。

但是，即使任何特定时期的收益率都符合正态分布，这些收益率对于其他持有期仍符合正态分布吗？假设月利率符合均值为 1%的正态分布，则预期年收益率为 $(1.01)^{12}-1$，这个由月收益率的非线性函数求得的年收益率也会符合正态分布吗？可惜，答案是否定的。同样，为什么在月利率为 $(1+日利率)^{30}-1$ 的情况下，月利率会符合正态分布？实际上，它们并不符合。所以，使用正态分布对其进行简化真的可行吗？

尽管存在这些潜在问题，当收益率在很短的时间内（如一个小时甚至一天）符合正态分布时，持有期长达一个月的持有期收益率也会符合近似正态分布，因此，实践中我们可以把它当作符合正态分布来处理。

要说明为什么相对短期的利率仍符合渐近正态分布，请考虑以下计算：假设连续复合收益是正态分布，并且在一个特定的月份中，等于 0.01（即 1%，当我们使用连续复利时必须用小数来计算）。这意味着，实际年利率的期望值为 $E(r)=e^{0.01}-1=0.010\,05$。实际年利率与连续复利利率的差别是微不足道的，只有半个基点。在更短的时间内，差别就更小了。因此，当连续复利利率符合正态分布时，由于期限不超过一个月的利率与其连续复利利率十分相近，我们仍可以将其当作符合正态分布来处理。

长期收益率，例如年持有期收益率确实会与正态分布存在更大程度的偏离。使用我们的数字，假设连续复合收益率每月为 1%，连续复合年利率将为 12%，实际年利率［使用公式（5.5A）计算］将会是 $E(r)=e^{0.12}-1=0.1275$。在这个范围内，实际年利率和连续复合利率的差值是有意义的，为 0.75%。但即使如此，如果我们用复利计算这些持有期收益率，它们仍将符合正态分布。以上论述的实践含义是：当正态分布起到关键性作用的时候，应当使用连续复利进行计算。

（正态）连续复利利率会随时间发生变化的另一个重要方面是：正如总连续复利利率的增加与投资周期的长度成正比，连续复利利率的方差（不是标准差）也是如此。因此，对于一个年度复利利率的标准差为 0.2（20%）的资产，其年方差为 $(0.20)^2=0.04$，一个季度的方差为 0.01，而这意味着一个季度的标准差为 0.10（10%）。因为方差的增长与时间长度成正比，而标准差的增长与时间的平方根成正比。

□ 对正态性的偏离与在险价值

标准差衡量的是可能的资产收益的分散性。但是，更具体地说，假设你担心在最坏的情况下你的投资组合会发生大型投资损失，你可能会问："在一个相当极端的情况下我会损失多少，比如，如果我的收益率位于分布的第五个百分位？"你可以预期你的投资收益率只有 5%的时间会低于这个值，而在 95%的时间里都会比这个值高。在投资中，这个值叫做**在险价值**（value at risk，用 VaR 表示，以区别于方差的通用符号 Var）。风险厌恶型投资者可能会希望对投资组合的 VaR 进行限制，也就是说，将对应的损失限制在 5%的概率内。在险价值分析最常见的概率阈值是 5%和 1%。

在险价值：一种下行风险的度量方法。表示在给定的概率下（通常为 5%）可能遭受的最大损失。

当收益率符合正态分布时，VaR 可以由分布的均值和标准差计算得出。我们可以用 Excel 的标准正态公式＝NORMSINV(0.05）进行计算。这个函数会计算均值为 0、方差为 1 的正态分布的第五个百分位的数值，该数值为－1.644 85。换句话说，低于均值 1.644 85 个标准差的数值便是给定概率为 5%的在险价值，也就是第五个百分位的数值。

$$\text{VaR}=E(r)+(-1.64485)\sigma \tag{5.14}$$

我们可以直接用 Excel 的非标准正态公式 NORMINV(0.05，$E(r)$，σ）计算出这个值。

当面对的实际收益率可能不符合正态分布时，在险价值传递出比均值和标准差更重要的附加信息，具体地说，指因偏离正常值而遭受严重损失的风险。面对可能不是正态分布的实际收益分布，我们必须直接估计在险价值。5% VaR 是位于第五个百分位的收益率。如果情景分析中规定的概率分布没有指定与第五个百分位值完全对应的收益，则需要使用插值函数来找到 5%的在险价值。

在实践中，分析师有时会将历史样本的在险价值和与样品拥有相同均值和方差的正态分布对应的在险价值进行比较，这些在险价值之间的差异显示了观测利率与正态的偏离程度。

概念测验 5.4

a. 回到概念测验 5.3，投资组合 5%的在险价值是多少？

b. 具有与该投资组合相同的均值和标准差的正态分布收益的投资组合的在险价值是多少？

扫描二维码
获取答案解析

由于风险在很大程度上是由极端的负收益率出现的可能性决定的，我们还需要应用三个额外的统计量来观察在考虑到潜在极端值的情况下，一个投资组合的概率分布是否与正态分布明显不同。第一个统计量是**峰度**（kurtosis），用于比较某个概率分布中极端值出现的频率与正态分布中的区别。正态分布的峰度为 0，所以正的峰度表示极端值出现的频率高于这个基准，负的峰度值则表明极端值出现的频率小于正态分布。峰度有时也叫作"厚尾风险"，因为峰度为正的概率分布中，位于分布函数两端的极端事件出现的可能性都高于正态分布，换句话说，该分布表现出"厚尾"的特征。类似地，暴露于极端事件的风险通常叫作"尾部风险"，因为这些结果位于概率分布的远端，也叫"尾部"。

峰度：用于衡量一个概率分布相对于正态分布的厚尾程度。用于表明极端结果出现的可能性。

正如方差是偏离平均值的平方偏差的平均值，峰度是由离平均值的四次方偏差的平均值计算出来的（表示为标准差的四次方的倍数）。由于在计算方差时偏差被提高到 4 次方，而在计算方差时它们只被提高到 2 次方，因此峰度对极端结果更为敏感，是衡量尾部风险的自然指标。

第二个统计量是**偏度**（skew），用于衡量分布的不对称性。偏度是从均值到三次方偏差的平均值（表示为标准差的三次方的倍数）。当负偏差被提高到奇次幂时，结果仍然是负的。因此，负偏态值表示极端坏的结果比极端正的结果更频繁，而正偏态值表示极端正的结果更频繁。相反，由于峰度取偶数次方的偏差，所有结果都是正的，因此峰度衡量的是观察概率分布两端结果的趋势——正或负。

偏度：用于衡量一个概率分布的对称性。

最后，衡量尾部风险的第三个常见指标是，与具有相同均值和标准差的正态分布的频率相比，尾部风险的相对频率为负值。极端回报通常被称为"跳跃"（jumps），因为股票价格会突然大幅波动。一个粗略衡量下行风险的方法是，将收益率低于均值 3 个或 3 个以上标准差的观测值与正态分布中 -3σ 收益率的相对频率进行比较，正态分布中 -3σ 收益率仅为 0.13%，即每 1 000 个观测值中有 1.3 个观测值。因此，这些回报是罕见的，但当它们发生时，对投资业绩有很大的影响。

□ 风险溢价与风险厌恶

如果你投资于电子表格 5.1 所示的股票指数基金，你的投资额是多少？首先，你必须考虑补偿投资风险的预期回报是多少。

我们在衡量这种"回报"时，所选取的尺度一般是股票指数基金的预期持有期收益率与**无风险利率**（risk-free rate）的差值，这里的无风险利率指的是国库券的收益率。我们将这个差值叫做**风险溢价**（risk premium）。在这个例子中，假定无风险利率是 4%，指数基金的预期收益率是 10%，那么股票每年的风险溢价就是 6%。

无风险利率：风险预估可以确定获得的收益率，通常用国库券利率来衡量。

风险溢价：超过无风险证券的超额收益。

国库券的收益率也会随着时间的推移而变化。然而，我们在投资国库券之初就能够知道将会获得的收益率，但是我们却直到风险资产的投资期末才知道其收益率。因此，为了学习风险资产的风险溢价，我们编辑了一系列**超额收益率**（excess returns），即每期超过国债利率的收益率。任何资产风险溢价的估计值都是其历史超额收益率的平均值。

超额收益率：超过无风险利率的收益率。

投资者投资股票的意愿取决于**风险厌恶**（risk aversion）程度。很明显，投资者是风险厌恶的，因为如果没有正的风险溢价，他们就不会愿意投资股票。从理论上讲，风险资产的风险溢价必须始终为正，才能诱使风险厌恶的投资者持有市场上供给的风险资产。

风险厌恶：不愿意承受风险。

投机和赌博的区别在于其正的风险溢价。投资者承担风险以获得风险溢价则为投机。尽管需要承担风险，投机者依然愿意采取投机行为，是基于有利的风险—收益权衡。相比之下，赌徒承担风险的意愿仅源于风险本身带来的乐趣。即使不存在风险溢价，赌徒也愿意承担风险。

要确定一个投资者的最优投资组合策略，我们首先需要量化其风险厌恶程度。为此，我们先来看他愿意如何在风险和预期收益之间进行权衡。一个明显的基准是既不会波动也没有风险溢价的无风险资产：它支付一个确定的收益率，r_f。风险厌恶型投资者不会在不可能获得高于无风险利率的溢价的情况下持有风险资产。因此，评估风险厌恶程度的一种自然方法是观察个人愿意投资的投资组合的风险—收益权衡。如果他们对任何给定的风险水平要求更高的风险溢价，我们就推断出他们有更高的风险厌恶程度。

更具体地说，一个人的风险厌恶程度可以通过对比该投资者的全部财富（整个投资组合，C）的风险溢价 $E(r_C)-r_f$ 与其组合收益率的方差 σ_C^2 推断得出。在整个财富组合中，单个资产的风险溢价和波动性与这里的投资者无关。唯一重要的底线是：整个投资组合的风险溢价与整个投资组合的风险之比。

风险溢价与方差之比衡量的是每单位波动性所要求的“回报”。例如，如果我们观察到一个投资者的全部财富都投资在投资组合 Q 中，年风险溢价为 0.10（10%），方差为 0.025 6（标准差=0.16，或 16%），我们可以推断该投资者的风险厌恶程度为：

$$A=\frac{E(r_Q)-r_f}{\sigma_Q^2}=\frac{0.10}{0.0256}=3.91 \tag{5.15}$$

风险的价格：投资组合的风险溢价与其方差的比率。

我们将一个投资组合的风险溢价与其方差之比叫做**风险的价格**（price of risk）。[①] 接下来，我们将关注在给定风险厌恶程度（比如 $A=3.91$）的情况下，投资者应如何在风险资产和无风险资产之间分配其财富。

为了了解投资者在美国资本市场表现出的风险厌恶情绪，我们可以看看这些投资者持有的一个具有代表性的投资组合。假定所有短期借款与贷款可以相互抵消，也就是说，平均净借贷为零。在这种情况下，普通投资者持有一个完整的投资组合，由标准普尔 500 指数（S&P 500）等股市指数代表；标记为 M。用标准普尔 500 指数长期历史收益率序列来估计投资者对均值和方差的预期，我们可以用这些股票市场数据重新构造公式（5.15），从而得到平均风险厌恶程度的估计。粗略地说，市场的平均超额收益为 0.08，而方差接近 0.04。因此，我们推断平均风险厌恶程度为：

$$\overline{A}=\frac{\text{平均}(r_M)-r_f}{\text{样本}\,\sigma_M^2}\approx\frac{0.08}{0.04}=2 \tag{5.16}$$

市场指数投资组合的风险价格反映了投资者的平均风险厌恶程度，这一风险价格有时被称作风险的市场价格。公认对 A 值的合理估计应位于 1.5 和 4 之间。

□ 夏普比率

风险厌恶意味着投资者将要求更高的回报（以他们的投资组合风险溢价来衡量）来接受更高的投资组合波动性。通常用来表示投资组合中风险—收益权衡的统计值叫做**夏普比率**（Sharp ratio），定义为：

夏普比率：投资组合超额收益率与其标准差的比率。

$$S=\frac{\text{投资组合的风险溢价}}{\text{组合超额收益的标准差}}=\frac{E(r_P)-r_f}{\sigma_P} \tag{5.17}$$

无风险资产的风险溢价和标准差都为 0。因此，风险投资组合的夏普比率量化了投

---

① 请注意，当我们使用方差而不是标准差时，投资组合的风险价格并不依赖于持有期。原因是方差与持有期成正比。由于投资组合的收益和风险溢价也与持有期成正比，所以投资组合在任何持有期都要支付相同的风险价格。

资组合标准差（SD）每增加 1%的增量回报（风险溢价的增加）。例如，一个年风险溢价为 8%、标准差为 20%的投资组合，夏普比率为 8/20=0.4。夏普比率越高，每单位标准差的回报就越高，换句话说，投资组合的效率就越高。根据超额收益的均值和标准差（或方差）进行的投资组合分析称为**均值—方差分析**（mean-variance analysis）。

均值—方差分析：根据预期收益和标准差（或方差）来评估投资组合。

提示：我们将在下一章看到，虽然标准差对于风险分散的投资组合来说是很有效的风险度量方式，但是对于单个证券的风险分析却并不适用。因此，夏普比率仅是对投资组合排名的有效统计，它不适合比较单个资产。我们将研究反映一些重要资产类别表现的广泛多样化投资组合的历史夏普比率。

概念测验 5.5

a. 一个很有声望的分析师预测标准普尔 500 指数组合下一年的收益率能达到 10%，一年期国库券利率是 5%。根据标准普尔 500 指数最近的收益率数据可知，收益率的标准差是 18%。假定标准普尔 500 指数可以代表平均组合，那么从这些信息中可得出投资者的平均风险厌恶程度是多少？

b. a 题中组合的夏普比率是多少？

扫描二维码
获取答案解析

5.4 历史记录

□ 使用时间序列的收益

情景分析始于未来收益的概率分布。但是概率和收益率从何而来呢？在很大程度上，它们是根据历史收益率的样本估算出来的。假设我们观察一个多样化股票投资组合的 10 年期月收益率序列。我们可以把这 120 次观察中的每一次解释为历史提供给我们的一个潜在的“情景”。从这段历史中，我们可以对未来的收益进行情景分析。

作为第一步，我们估计历史样本的预期收益和标准差。我们假设这 120 个收益中的每一个都代表了一次独立于历史概率分布的抽取。因此，每个收益被分配 1/120=0.008 3 的等概率。当你在公式（5.10）中使用这样相等的概率时，你得到了观测值的算术平均，通常用来估计平均收益。

同样的方法也可以运用到在险价值中。在 120 个收益样本中，最下面的 6 个观察值构成了分布中较低的 5%。从底部开始的第 7 个观察值刚好位于第 5 百分位（恰好超过了样本观察值的 5%），因此它将是历史样本的 5%在险价值。

从公式（5.11）估计方差需要做一些小的修改。记住，方差是离平均收益平方偏差的期望值。但真实的均值是无法观察到的；在使用历史数据时，我们使用样本平均值进行估计。如果我们将方差计算为样本均值的平方偏差的平均值，我们会稍微低估它，因为这个过程忽略了样本均值必然包含一些估计误差这一事实。事实证明，必要的修正很简单：对于一个含有 n 个元素的观测样本，我们将样本均值的平方偏差之和除以$n-1$，而不是 n。这种修正有时被称为自由度偏差的修正。因此，对一个时间序列收益的方差和标准差的估计 r_t 为：

$$\bar{r}_t = \frac{1}{n}\sum r_t \text{ ; } \mathrm{Var}(r_t) = \frac{1}{n-1}\sum (r_t - \bar{r}_t)^2 \text{ ; } \mathrm{SD}(r_t) = \sqrt{\mathrm{Var}(r_t)} \quad (5.18)$$

案例 5.5

从历史数据估算均值和标准差

为了说明如何计算历史数据的平均收益率和标准差，让我们使用下表中5年的数据计算假设的股票指数基金的收益率。这段时间的平均收益率是16.7%，计算方法是将下面第（1）列的和除以观察次数。在第（2）列中，我们取每年的收益率与16.7%的平均收益率的偏差。在第（3）列中，我们计算平方偏差。由公式（5.18）可知，方差为五个标准差的平方和除以（5−1），标准差为方差的平方根。如果将费率列输入Excel电子表格，则输入AVERAGE和STDEV.S函数会直接给出统计数据。

年	（1）收益率（%）	（2）平均收益偏差（%）	（3）平方偏差
1	16.9	0.2	0.0
2	31.3	14.6	213.2
3	−3.2	−19.9	396.0
4	30.7	14.0	196.0
5	7.7	−9.0	81.0
总计	83.4		886.2

$$平均收益率=\frac{83.4}{5}=16.7\%$$

$$方差=\frac{886.2}{5-1}=221.55$$

$$标准差=\sqrt{221.55}=14.9\%$$

□ 风险与收益：初探

我们通过比较长期（特别是10年期）国债和美国股票多样化投资组合的表现，开始对风险和收益进行实证研究。国库券被普遍认为是所有资产中风险最小的。基本上不存在美国政府不履行对这些投资者的承诺的风险，而且他们的期限短意味着价格是稳定的。长期美国国债也肯定会得到偿还，但这些债券的价格会随着利率的变化而波动，因此它们带来了有意义的风险。最后，普通股是三种证券中风险最高的。作为公司的股东，你的回报将取决于公司的成败。

我们的股票投资组合是最广泛的美国股票投资组合，包括所有在纽约证券交易所、美国证券交易所和纳斯达克上市的股票。我们称之为“美国市场指数”。由于大公司在经济中发挥更大的作用，该指数是一个价值加权的投资组合，因此由大公司主导。月度数据系列包括1926年7月—2017年3月期间这些股票的收益率，这段时间跨度约为90年。年度收益系列包括1927—2016年的全年收益。

图5.3是这三种投资组合的年收益率的频率分布。股票收益率相对于短期国库券或短期债券的波动性更大，这是显而易见的。与股票收益相比，国债收益的分布更加集中在正态分布的中间，异常值少得多。国债收益率的分布更加紧密。更重要的是，国债发行的利差并不反映风险，而是反映无风险利率随时间的变化。①

---

① 你可能想知道图5.3（A）的频率分布中出现负国库券利率的原因。联邦政府直到20世纪40年代才发行短期国债。在早期，我们使用商业票据作为短期无风险资产最近似的替代。在少数情况下，这些债券的发行价格略高于面值，因此收益率略为负值。任何购买美国国债的人都知道当国债到期时（名义上）的收益率是多少，因此收益率的变化并不反映短期持有期间的风险。

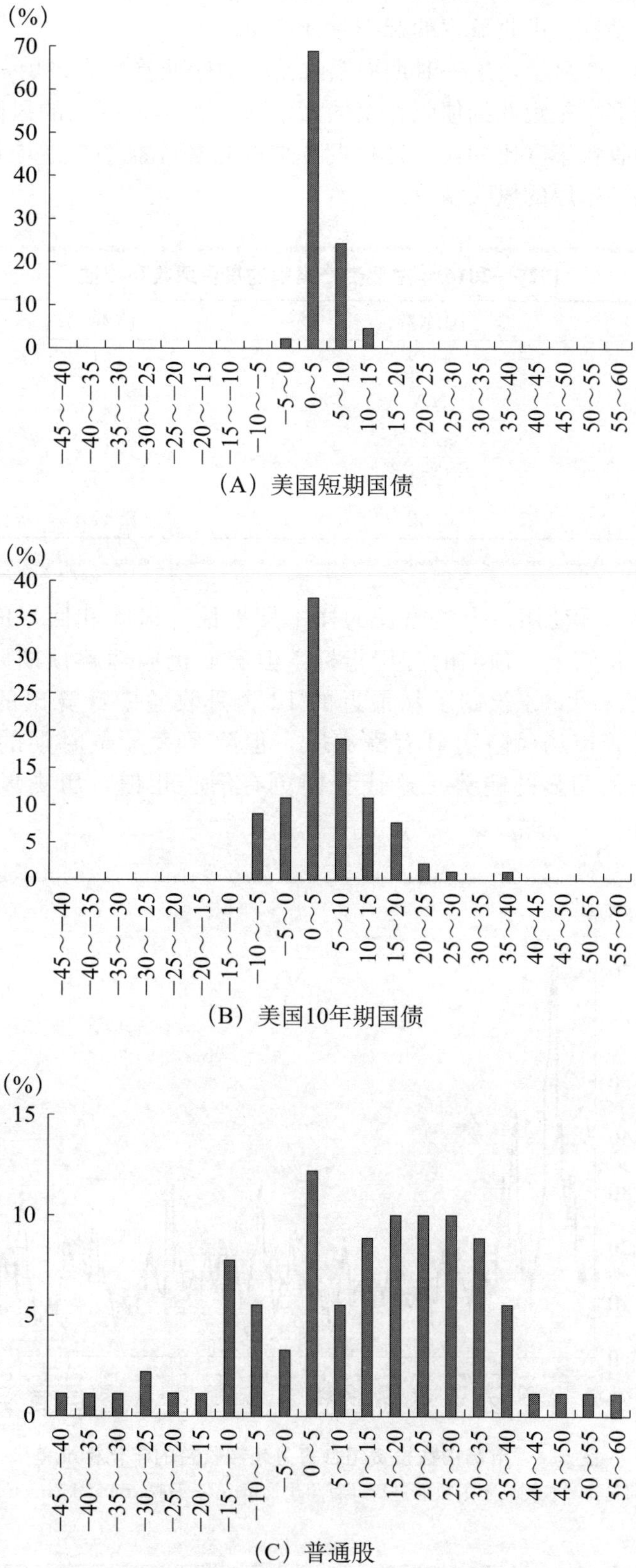

图 5.3　1926—2010 年以连续复利计息的年收益率的频数分布

虽然频率分布是投资风险的一种方便直观的表示，但我们还需要一种方法来量化这种波动性：由收益率的标准差计算而来。

表 5.3 显示，这一时期股票收益率的标准差为 19.99%，是长期国债收益率 8.14% 的两倍多，是短期国债收益率的六倍多。当然，更大的风险带来了更大的回报。股票的超额收益率（比如，超过短期国债的超额收益率）平均每年为 8.48%，为股票投资者提供了丰厚的风险溢价。

表 5.3　1927—2016 年主要资产类别的投资风险和收益

	国库券	债券	股票
算术平均值	3.42	5.51	11.91
风险溢价	NA	2.08	8.48
标准差	3.14	8.14	19.99
最大值	14.71	38.07	56.38
最小值	−0.02	−8.47	−43.73

表 5.3 使用一个相当长的样本期来估计风险和回报的平均水平。虽然平均值很可能是我们未来预期的有用指标，但我们仍应理解预期风险和预期收益都会随着时间波动。图 5.4 绘制了从最近的 12 个月收益中计算出的市场每年超额收益的标准差。尽管市场风险明显有涨有跌，但除了大萧条时期的异常高企外，其水平似乎没有任何明显的趋势。这让我们更有信心相信，历史风险估计为未来提供了有用的指导。

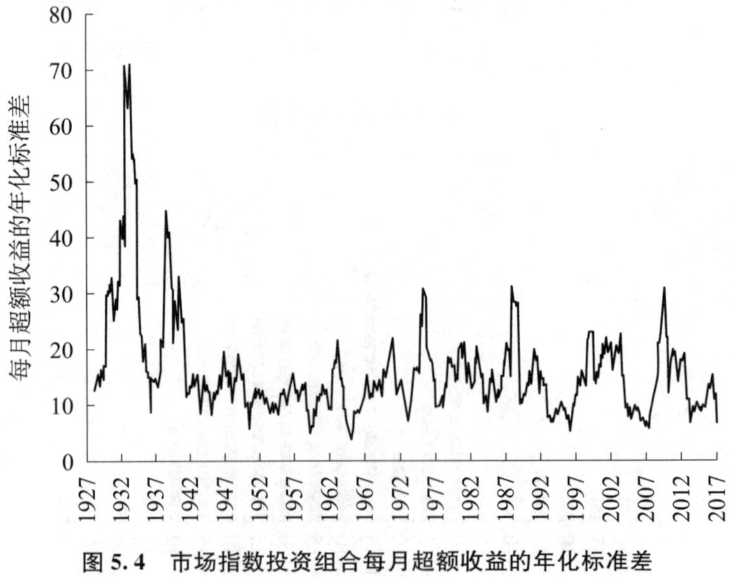

图 5.4　市场指数投资组合每月超额收益的年化标准差

资料来源：作者使用肯尼斯·弗伦奇教授网站上的数据进行计算得出。http：//mba.tuck.dartmouth.edu/pages/faculty/ken.french/data_library.html.

当然，正如我们在前几节中强调的，除非收益是正态分布的，否则标准偏差不足以衡量风险。我们还需要考虑“尾部风险”，也就是说，我们在概率分布的左尾部接触到不太可能但非常大的结果。图 5.5 提供了这种暴露的一些证据。它显示了 1926 年以来市场指数月度超额收益的频率分布。每对组合中的第一个条形图显示了在每个范围内超额收益的历史频率，第二个条形图显示了如果这些收益遵循与实际经验分布相同的均值和方差的正态分布，我们将观察到的频率。你可以在这里看到一些厚尾分布的证据：高回报和低回报的实际频率都高于正态分布的预测。

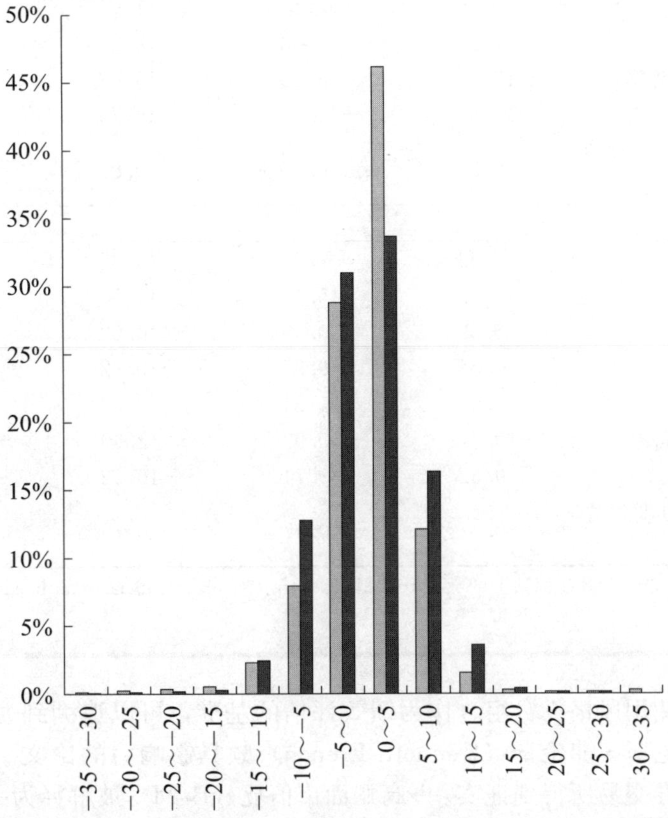

图 5.5　月度市场指数超额收益的频率分布及平均值和标准差与历史样本匹配的正态分布的预测频率

说明：1. 浅灰色条形图表示月度市场指数超额收益的频率分布，深灰色条形图表示平均值和标准差与历史样本匹配的正态分布的预测频率。

2. 收益率为连续复利率，因为它最适合与正态分布进行比较。（进一步的讨论见 5.3 节。）

资料来源：此市场指数的月收益率频率分布来自肯尼斯·弗伦奇教授的网站：http：//mba. tuck. dartmouth. edu/pages/faculty/ken. french/data _ library. html.

表 5.4 提供了关于超额股本收益分配的进一步证据。在这里，我们使用市场指数和几个“风格”投资组合的月度数据进行比较。你可能还记得，在第 4 章（图 4.5）中，共同基金的业绩通常是相对于其他具有类似投资风格的基金进行评估的。（参见图 4.5 中的晨星样式框。）风格通常从两个维度来定义：规模（基金是投资于大盘股还是小盘股?）和价值与增长的关系。市场价值与账面价值之比高的公司被视为“成长型公司”，因为要证明其相对于当前账面价值的高价格是合理的，市场必然预期到快速增长。

表 5.4　市场指数和四个“风格”投资组合的超额收益的每月统计

	市场指数	大规模/成长型	大规模/价值型	小规模/价值型	小规模/成长型
A. 1926.7—2017.3					
平均超额收益（年化）	8.41	8.10	11.96	8.75	15.57
标准差（年化）	18.58	18.40	24.82	26.15	28.32
夏普比率	0.45	0.44	0.48	0.33	0.55
偏度	0.19	−0.10	1.63	0.69	2.18
峰度	7.82	5.63	18.25	7.83	22.15
VaR（1%）实际（月度）收益率	−13.81	−14.50	−19.48	−20.56	−20.42
VaR（1%）正态分布	−11.82	−11.73	−15.75	−16.87	−17.82
低于均值超过 3 个标准差的月度收益率的百分比	0.94%	0.75%	0.85%	0.85%	0.57%
B. 1952.1—2017.3					
平均超额收益（年化）	7.68	7.36	10.35	7.23	13.65
标准差（年化）	14.83	15.42	16.50	22.28	18.47
夏普比率	0.52	0.48	0.63	0.32	0.74
偏度	−0.53	−0.37	−0.32	−0.38	−0.34
峰度	1.93	1.84	2.26	2.15	3.42
VaR（1%）实际（月度）收益率	−10.77	−10.97	−12.49	−17.08	−15.15
VaR（1%）正态分布	−9.32	−9.74	−10.22	−14.36	−11.27
低于均值超过 3 个标准差的月度收益率的百分比	0.47%	0.47%	0.75%	0.66%	0.85%

资料来源：作者依据肯尼斯·弗伦奇教授网站上的数据计算得出：http://mba.tuck.dartmouth.edu/pages/faculty/ken.french/data_library.

使用风格投资组合作为绩效评估的基准，可以追溯到尤金·法玛（Eugene Fama）和肯尼斯·弗伦奇（Kenneth French）颇具影响力的论文。这些模式已经在世界各地的证券交易所得到证实。① 高账面市值比（B/M）被解释为一个信号，表明公司的价值主要是由已经存在的资产驱动的，而不是对未来高增长的预期。这些被称为“价值”型公司。相比之下，账面市值比较低的公司，其市值主要来自充足的增长机会。在其他条件相同的情况下，从历史上看，价值型公司的实际平均收益率要高于成长型公司，小企业的平均收益率也高于大型企业。法玛-弗伦奇数据库包括按规模（大、小）和按照账面市值比（高、中、低）进行分类的美国证券市场投资组合的收益。②

按照法玛-弗伦奇的分类，我们将账面市值比前 30%的公司划分为“价值型公司”，将账面市值比后 30%的公司划分为“成长型公司”。我们还对公司市值中值以上和低于中值的公司进行了划分，以建立小公司和大公司的子样本。因此，我们得到了四个比较投资组合：大规模/成长型、大规模/价值型、小规模/成长型和小规模/价值型。

表 5.4（A）显示了使用完整样本期间（1926 年 7 月—2017 年 3 月）月度数据的结果。最上面的两行显示了每个投资组合的年平均超额收益和标准差。大盘指数平均每年跑赢美国国债 8.41%，标准差为 18.58%，得出夏普比率（第三行）为 8.41/18.58=

① 参见 Fama and French, “The Cross Section of Expected Stock Returns,” *Journal of Finance* 47, pp. 427 - 465.

② 我们使用法玛-弗伦奇数据来构建图 5.3 到图 5.5、表 5.3 和表 5.4。数据来源参见 http://mba.tuck.dartmouth.edu/pages/faculty/ken.french/data_library.html。

0.45。根据法玛-弗伦奇的分析，在夏普比率为 0.55 时，小规模/价值型公司的平均超额收益最高，风险—收益权衡最佳。然而，图 5.5 显示，股票收益的分布出现了比正态分布更大的尾部，因此，我们需要考虑的风险度量不仅仅是标准差。从而，该表还展示了几个衡量尾部风险的指标。

其他一些风险度量实际上并没有显示出与对称正态分布的显著偏离。偏度一般接近于零，如果下行风险显著大于上行潜力，我们预计偏度将是负的，但实际上，它往往是正的。此外，虽然这些投资组合的实际 1% VaR 均高于均值和标准差与历史样本相匹配的正态分布预测的 1% VaR，但实证和预测的在险价值统计差异并不大。根据这个指标，正态分布似乎非常接近实际收益分布。

然而，也有其他证据表明，这些投资组合的回报分布中存在“厚尾”现象。首先，请注意峰度（测量分布两端的“厚度”）是一致高的。当然，投资者关心的是分布的下（左）尾，他们不会因为得到极好的回报而失眠！不幸的是，从表中可以看出，与正态分布相比，收益分布的左尾部被高估了。如果超额收益是正态分布，那么只有 0.13% 的超额收益会比均值低超过 3 个标准差。事实上，该表的底线显示，对于每一个投资组合来说，低于这一下限的实际超额回报率至少是 0.13%的几倍。

图 5.1 向我们展示了战后年份（更准确地说，1951 年后的年份），至少在通胀和利率方面更具可预测性。这表明，研究 1951 年后的股票收益率，以及近期股票投资的风险和收益特征是否发生了重大变化，可能具有指导意义。有关统计数字见表 5.4（B）。考虑到通货膨胀和利率的历史，也许并不奇怪，最近时期实际上波动更小。近年来，所有五种投资组合的标准差都显著降低，而我们衡量“厚尾”的峰度也显著下降。在险价值也下降了。虽然超额收益率比平均变化值低 3 个标准差以上的百分比在整个投资组合中并不一致，但由于这段时期的标准差较低，这些负收益率也就不那么显著了。

综上所述，图 5.5 中的频率分布及表 5.4 中市场指数和风格投资组合的统计数据提供了一些明显不一致的厚尾证据，因此，投资者不应认为正常是理所当然的。另外，极端收益实际上相当罕见，尤其是近年来。1951 年后，低于均值 3 个标准差的市场指数收益率为 0.47%，而正态分布的预期收益率为 0.13%。“超额”的极端糟糕的结果因此只有 0.34%，大约 294 个月（$24\frac{1}{2}$年）出现一次。因此，当我们考虑构建和评估我们的投资组合时，将正态性提供的简化作为可接受的近似是合理的。

5.5 风险资产组合与无风险资产组合之间的资产配置

历史表明，长期债券投资的风险要大于国库券，而股票投资的风险会比前两者更大。另外，投资的风险越大，其所提供的平均收益率也越大。当然，投资者不会只集中选择某一类资产。他们投资组合中的资产可以由这几类资产共同构成。

控制投资组合风险的最简单的办法是明确股票、债券等广义资产与国库券等安全资产的投资比例。投资组合管理的这一部分叫做**资产配置**（asset allocation），它对投资组合的绩效有显著影响。约翰·伯格利（John Bogle）在先锋投资公司担任董事长时曾说过：

资产配置：在广泛的投资类别中所进行的投资组合选择。

> 投资过程中最基本的决策就是对你的资产进行分配：你应当持有多少股票？多少债券？多少现金储备？……这种决策（可以在账户中体现出来）可以用来解

释不同机构所管理的养老金总收益率差异的94%……我们有理由相信，这个决策同样可以解释不同的个人投资者之间收益率的差异。[①]

资本配置：在风险资产与无风险资产之间进行选择。

资产配置的最基本形式便是将投资组合划分为风险资产与无风险资产。投资组合中投资于风险资产的部分叫做风险资产的**资本配置**（capital allocation），这一比例直接取决于投资者的风险厌恶程度。

现在关注资本配置决策，我们考虑一个在短期国债和风险资产投资组合之间分配资金的投资者。我们假设风险组合 P 为包含一系列固定比例的风险资产的共同基金或ETF（交易所交易基金）。因此，当我们将更多财富投入 P 或者撤出 P 时，风险投资组合中各种证券的比重并不会发生变化。关于如何构建最优风险投资组合的问题，我们将在下一章介绍。我们将由无风险资产和风险资产组合 P 所组成的整个投资组合叫做**完全资产组合**（complete portfolio），该组合包括投资者的全部财富。

完全资产组合：由风险资产与无风险资产构成的整个投资组合。

□ 无风险资产

由于政府，而且只有政府，才有征税的权力及控制货币供给的能力，因此政府可以发行无风险债券。由于通货膨胀可以降低货币资金的购买力，因此无风险债券在实体经济中无法保证风险为零。按实际价值计算，唯一的无风险资产将是与价格挂钩的政府债券，如TIPS。即便如此，只有当债券的到期日与投资者所期望的持有期相同时，一种无违约、完美指数的债券才能向投资者提供有保证的实际回报。尽管具备这些条件，但人们普遍认为美国国债是一种无风险资产。与股市回报的不确定性相比，几周甚至几个月的通胀不确定性可以忽略不计。

实际上，大多数投资者将更广泛的货币市场工具视为有效的无风险资产。所有货币市场工具实际上都不受利率风险（债券价格因市场利率变化而出现的意外波动）的影响，因为它们的期限较短，而且就违约或信用风险而言，它们都相当安全。

货币市场共同基金在很大程度上持有三种类型的证券：短期国债、其他短期国债和美国机构债券，以及回购协议。他们还持有银行存单（CDs）和商业票据。这些工具确实存在一些违约风险，因此提供的承诺收益率高于美国国债。90天期存单和美国国债收益率之差的历史记录见第2章的图2.2。然而，与长期债券相比，上述任何一种货币市场工具的风险都微不足道。因此，我们将货币市场基金和国债视为大多数投资者最容易获得的无风险资产。

□ 资产组合的预期收益与风险

考虑投资者在资本配置框架中必须做出的决策层次。风险投资组合的性质可以用预期收益和风险来概括，通过标准差来衡量。无风险资产的标准差为零：它的收益率是已知的。投资者必须决定整个投资组合中分配给风险投资组合的比例。要做出这个选择，首先必须对应于任何可能的配置确定预期收益和风险。这是配置决策的技术部分。

考虑到所有投资者都会面临风险—收益权衡，每个人都可以在风险投资组合和无风险资产之间选择自己喜欢的配置。这种选择取决于个人偏好，尤其是风险厌恶程度。我们从风险—收益权衡开始。

① John C. Bogle, *Bogle on Mutual Funds* (Burr Ridge, IL: Irwin Professional Publishing, 1994), p. 235.

既然前面假定风险资产组合 P 的内部构成已经确定，我们现在唯一需要确定的就是将全部投资资金分配在风险组合上的比重 y。剩余的比例（$1-y$）则投资于收益率为 r_f 的无风险资产。

我们将风险资产组合的实际收益率定义为 r_P，风险资产组合 P 的预期收益率为 $E(r_P)$，标准差为 σ_P。举个例子，我们假定 $E(r_P)=15\%$，$\sigma_P=22\%$，$r_f=7\%$，因此风险资产的风险溢价是 $E(r_P)-r_f=8\%$。

我们从两个极端的例子开始讨论。如果你将所有资金都投资于风险资产，即你选择了 $y=1$，那么你的整个资产组合的预期收益率是 15%，标准差是 22%。这种风险—收益组合在图 5.6 中对应的是 P 点。在另一个例子中，你将所有资金都投资于无风险资产，也就是说 $y=0$。在这个例子中，你将赚取无风险收益率 7%。（这种情况在图 5.6 中对应的是 F 点。）

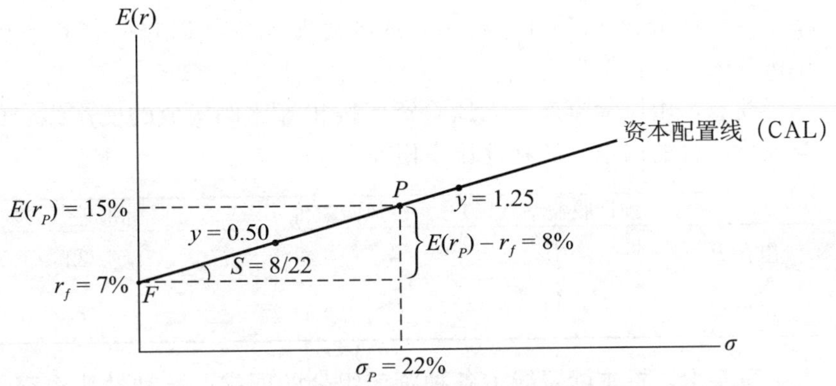

图 5.6 风险资产和无风险资产的投资机会

下面我们看几个更为现实的例子。如果将整个投资组合 C 等额分配风险资产与无风险资产，也就是说 $y=0.5$，那么整个投资组合的预期收益率就应当是 $E(r_P)$ 和 r_f 的平均数。因此，$E(r_C)=0.5\times7\%+0.5\times15\%=11\%$。整个投资组合的风险溢价为 $11\%-7\%=4\%$，即组合 P 的风险溢价的一半。整个投资组合的标准差也是组合 P 的标准差的一半，即 11%。这个例子说明，当我们将风险组合的比重减少 1/2 时，我们的风险与风险溢价也会同时减少 1/2。

根据上面的例子我们可以知道，整个资产组合 C 的风险溢价应当等于风险组合的风险溢价乘以风险组合在整个投资组合中的比重，即

$$E(r_C)-r_f=y[E(r_P)-r_f] \tag{5.19}$$

整个资产组合的标准差应当等于风险资产的标准差乘以风险资产在整个资产组合中的比重，即

$$\sigma_C=y\sigma_P \tag{5.20}$$

总之，整个资产组合的风险溢价与标准差都与风险组合的投资比重成比例。因此，从图 5.6 中可以看出，不同的资本配置决策对应着风险与收益之间的不同组合，描述这些组合的所有点，即 y 值所代表的资本配置方案，都会落在 F 与 P 之间的连线上。这条直线的截距为 r_f，斜率即为资产组合 P 的夏普比率：

$$S=\frac{E(r_P)-r_f}{\sigma_P}=\frac{15-7}{22}=0.36 \tag{5.21}$$

概念测验 5.6

当 $y=0.75$ 时，整个资产组合的预期收益率、风险溢价、标准差以及风险溢价与标准差的比率各是多少？

扫描二维码
获取答案解析

□ 资本配置线

资本配置线：通过对无风险资产和风险资产进行组合分配所获得的收益和风险的各种组合。

图 5.6 中的直线表示通过选择不同的 y，实现资本配置调整过程中风险与收益之间的各种组合。因此，这条线又被称为**资本配置线**（capital allocation line，CAL）。资本配置线的斜率 S 表示投资者每增加一单位标准差，所获取的预期收益率的增加量，也就是风险每增加一单位所带来的收益的增加量。因此，斜率又被称为回报—波动性比率（reward-to-variability ratio），或者夏普比率［以首先使用它的威廉·夏普（William Sharpe）的名字命名］。

注意，由风险资产与无风险资产按相等比例构成的资产组合的回报—波动性比率与风险组合的回报—波动性比率相等。

	预期收益率（%）	风险溢价（%）	标准差（%）	回报—波动性比率
组合 P	15	8	22	$\frac{8}{22}=0.36$
组合 C	11	4	11	$\frac{4}{11}=0.36$

事实上，资本配置线上各种资产组合的回报—波动性比率都是相等的。尽管针对投资者对 y 值的不同选择，风险—收益组合会发生变动，但回报—波动性比率是不变的。

在各种投资机会组合中，组合 P 右侧的点有什么特征呢？你可以通过选择大于 1 的 y 值来构建 P 点右侧的整个资产组合。这意味着你借入 $y-1$ 比例的资金，并将这笔资金和你自己的财富一起投资于风险投资组合 P。如果你可以以无风险利率 7%借到钱，那么你的收益率将为 $r_C=-(y-1)r_f+yr_P=r_f+y(r_P-r_f)$。这个完全资产组合的风险溢价为 $y[E(r_P)-r_f]$，标准差为 $y\sigma_P$。这也证明了你所得到的夏普比率与其他在同一条资本配置线上的投资组合的夏普比率是一样的。

案例 5.6

杠杆化的投资组合

假定某个投资者的投资预算是 300 000 美元，这个投资者又借入 120 000 美元，将全部 420 000 美元都投资于风险资产。这里风险资产的部分投资是借入资金，因此被称为杠杆化的投资组合。在这种情况下，

$$y=\frac{420\ 000}{300\ 000}=1.4$$

$1-y=1-1.4=-0.4$，说明投资者持有空头的无风险资产，即无风险资产的空头头寸。投资者不是按 7%的利率投资于无风险资产，而是按 7%的利率借入无风险资产。无风险资产的权重为 -0.4，风险资产的权重为 1.4，投资组合的收益率为：

$E(r_C)=7+1.4\times 8=18.2\%$

另一种计算投资组合的回报—波动性比率的方法如下：你希望在投资组合 P 中获得 6 300 美元（=420 000×15%）的收入，同时付出 8 400 美元（=7%×120 000）的贷款利息，经过简单的扣除后，得到了54 000美元的预期收益，该收益是 3 000 000 美元投资预算的 18.2%。因此，$E(r_C)=18.2\%$。

你的投资组合展现出了同样的回报—波动性比率或夏普比率：

$\sigma_C=1.4\times 22=30.8\%$

$$S=\frac{E(r_C)-r_f}{\sigma_C}=\frac{11.2}{30.8}=0.36$$

我们可以看到，杠杆化的投资组合的预期收益率与标准差都高于未经过杠杆化处理的风险资产头寸。

□ 风险厌恶与资本配置

风险组合与无风险资产的不同比例构成不同的投资组合，通过对这种资本配置决策的考察，我们得到了资本配置线，它实际上是由不同的风险—收益组合所构成的图表。投资者要从资本配置线上无数个风险—收益组合中做出最优的选择。对于同一条资本配置线，各个投资者由于风险厌恶程度不同，会选择不同的风险资产头寸。具体而言，投资者的风险厌恶程度越高，愿意持有的风险资产就越少、无风险资产就越多。

我们怎样才能找到风险投资组合和无风险资产之间的最优配置方案呢？回想一下公式（5.6），一个特定投资者的风险厌恶程度（A）衡量了他对其全部财富所投资于的投资组合所要求的风险价格。投资者要求的风险补偿必须要与其风险投资组合 P 所提供的风险价格相匹配。通过将风险组合的风险价格除以投资者的风险厌恶程度（即投资者要求的风险价格），我们就能求得投资者偏好的资本配置 y：

$$y=\frac{\text{可获得的风险溢价与方差的比率}}{\text{投资者要求的风险溢价与方差的比率}}$$

$$=\frac{[E(r_P)-r_f]/\sigma_P^2}{A}=\frac{E(r_P)-r_f}{A\sigma_P^2} \tag{5.22}$$

由公式（5.22）可以直观地看出，风险投资组合的最优配置与风险价格成正比，与投资者的风险厌恶程度成反比。

公式（5.15）（$A=3.91$）的投资者面对公式（5.16）（价格风险=2）的市场指数组合时会怎么做？由公式（5.22）可知，该投资者将 $y=2/3.91=0.51$（51%）投资于市场指数组合，将 $1-y=0.49$ 投资于无风险资产。

从图中可以看出，更多的风险厌恶型投资者将选择如图 5.6 所示的资本配置线 F 点附近的投资组合。更具风险容忍度的投资者会选择更接近 P 的点，从而获得更高的预期收益和风险。风险容忍度最高的投资者会选择 P 点右侧的投资组合。这些杠杆投资组合提供更高的预期收益，但风险更大。

投资者的资产配置选择也将取决于风险—收益权衡。当夏普比率更高时，投资者将承担风险更高的头寸。假设一个投资者重新评估了风险投资组合的概率分布，现在他看到了一个更大的预期收益，而没有伴随着标准差的增加。这相当于夏普比率的增加，或者相当于资本配置线斜率的增加，因此，投资者会选择更高的 y，也就是说，在风险投资组合中更大的头寸。

专业的投资咨询师的工作就是考察客户可以选择的投资机会，分析客户的风险容忍度，并帮助客户选择最优的投资组合。[1]

5.6 消极型投资策略与资本市场线

消极型投资策略：避免进行证券分析的投资策略。通常指指数策略。

消极型投资策略（passive strategy）假定股票价格是“公平”的，节省了股票分析的成本。这种投资策略有时看上去十分天真。然而我们从第8章的分析中可以看出，专业资金管理人之间的激烈竞争会使得证券价格趋近于某个价格水平，在这个价格水平下，进一步的证券分析并不会产生额外的利润。也就是说，消极型投资策略对许多投资者都是适用的。

为了节省获取某个股票或某组股票的信息费用，我们可以采取“中性”的分散化方法。这种方法的策略就是构建股票的多样化组合，这些股票反映了宏观经济中企业部门的状况，这种方法形成的组合也就是价值加权组合。例如，投资于通用电气股票的比例等于通用电气市值与所有上市股票市值之比。

资本市场线：用市场指数组合代替风险资产的资本配置线。

这样的策略又称为指数策略。投资者投资于构成某种股票指数（比如标准普尔500指数）的所有股票，这个组合的收益率就是股票指数的增长率。指数投资是消极型投资者经常使用的投资策略。我们把由1个月期国库券与股票指数基金所构成的资本配置线称为**资本市场线**（capital market line，CML）。资本市场线代表的是基于股票和国库券的消极型投资策略所产生的各种投资机会的集合。

□ 资本市场线的历史证据

表5.5[2]给出了标准普尔500指数1927—2016年以及三个子时期的历史表现数据。1927—2016年，夏普比率为0.42。换句话说，投资者每获得1%的标准差，其平均超额收益率就比国债收益率高出0.42%。

表5.5　市场指数的超额收益统计

	平均值	标准差	夏普比率
1927—2016	8.48	20.29	0.42
1927—1956	11.22	24.75	0.45
1957—1987	5.46	17.91	0.31
1988—2016	8.88	17.69	0.50

但我们从历史数据中推断出的风险与回报之间的权衡远非精确。这是因为市场指数的超额收益变化很大，年标准差为20.29%。由于年复一年的波动性如此之高，风险与回报之间的权衡也是高度可变的，也就不足为奇了。各个子时期的夏普比率差别很大，从0.31到0.50不等。这里需要注意的是，在使用历史数据预测未来业绩时，我们应该相对谨慎。由于回报和风险回报之间的权衡是极其难以预测的，因此我们只能粗略地预估未来几个时期的这种权衡。

事实上，最近金融经济学家关于“真实的”权益风险溢价的讨论非常多，越来越

① “风险容忍”是“风险厌恶”的对立面。这两者中的任意一个都可以形容投资者对风险的态度。我们通常更倾向于使用“风险厌恶”，但现实中市场参与者一般用“风险容忍”这一词汇。

② 表5.5使用的是1926—2016年的年度数据。

多的意见倾向于认为历史平均值是对未来风险溢价的不太现实的过高估计。这种论断主要基于以下几个因素：在考察股票收益率时，使用较长的时间区间；使用多个国家而不仅仅是美国的数据计算超额收益率（Dimson，Marsh，and Staunton，2001）；直接调查财务经理对股市收益率的预期（Graham and Harvey，2001）；来自股票市场数据的关于投资者预期的推断（Jagannathan，McGrattan，and Scherbina，2000；Fama and French，2002）。下面的“市场前沿”专栏讨论了其中的一些事实。

市场前沿

乐观者的胜利

总体上看，最近 90 年美国股票投资者的际遇相当不错。即使将悲惨的金融危机包括在内，股票投资的年均收益率仍比安全的国库券高出约 8%，实际收益率平均超过 6%，这意味着投资组合的实际价值每 12 年就会翻倍！

这种情况是否具有代表性？伦敦商学院的 3 名教授埃尔罗伊·迪姆森（Elroy Dimson）、保罗·马什（Paul Marsh）、迈克·斯汤顿（Mike Staunton）在一本新著中，将美国的经历扩展到了其他国家和更长的时间区间。他们的结论正如该书书名所写的，是《乐观者的胜利：101 年全球投资收益》（*Triumph of the Optimists：101 Years of Global Investment Returns*）*：在他们研究的每一个国家（包括北美、欧洲、亚洲和非洲的市场），乐观的投资者——那些以投资于股票而非债券和国库券的方式对经济押注的人——大获全胜。在长期中，无论在什么地方，股票都使债券一败涂地。

然而，权益风险溢价可能并没有表 5.5 所示的 1926 年后的数字那样大。首先，20 世纪的前 25 年（其中包括第一次世界大战）并不利于股票。其次，美国的收益率比其他大部分国家的收益性都要好，所以更有代表性的风险溢价可能会低于美国的历史风险溢价。最后，适用于历史分析的样本存在自选性带来的问题。只有那些幸存的市场才能用于研究分析。这就遗漏了诸如俄罗斯、中国这样的国家，这些国家的市场是封闭的，如果将这些国家的结果也包含在内，股票投资的平均业绩一定会被拉低。尽管如此，仍然有大量的证据表明存在风险溢价，这些风险溢价在作者所见的各个地方彰显着力量。

＊参见 Elroy Dimson，Paul Marsh，Mike Staunton，*Triumph of the Optimists：101 Years of Global Investment Returns*（Princeton，NJ：Princeton University Press，2002）.

□ 消极投资的成本与收益

事实上，尽管资本配置决策十分困难，但这并不意味着它的实现会很复杂。消极型策略的实现十分简单和便宜：选择一个广泛的指数基金或 ETF，并将你的储蓄在该基金和货币市场基金之间进行配置。只有在有证据表明采取更多行动有利可图的情况下，投资者才会花费自己的时间与精力或雇佣专业人士来追求积极型的投资策略。稍后我们将看到，这会比你预想的更难实现。

投资者只有在相信收益会大于成本的情况下才可能会选择积极的投资策略，而积极策略的成本可能会相当大。作为一个基准，美国股票指数基金和国际股票指数基金的年费比率分别为 10～40 个基点。投资货币市场基金的成本会更小，而国库券购买更是不需要花费成本的。

这里有一个关于积极型投资策略成本的粗略想法：积极型股票共同基金的平均年费率约为投资资产的 8%，投资于更多诸如房地产或贵金属等其他资产的共同基金的年费率可能会更高。投资于对冲基金将花费你投资资产的1%～2%以及20%或更多的超额收益。

由于复利的存在，额外1%的年度成本会对你的投资组合的未来价值造成很大的影响。在无风险利率为2%、风险溢价为8%的情况下，在30年的投资期内，你的财富会增长至 $(1.10)^{30}=17.45$ 倍。如果费用是1%，那么你的净收益率将减少到9%，同样的投资期内，你的财富增长因子则只有 $(1.09)^{30}=13.26$。这笔看似很小的管理费会使你的最终财富价值减少约四分之一。

第8章将对积极型投资策略的潜在好处进行详细的讨论。新闻通常都不利于积极型投资者，然而，积极管理行业仍然存在，这主要是由于以下因素：(1) 成功投资可能带来巨大的收益——这里复利的影响同样适用，即使积极型投资策略只能为你的总收益率增加几个基点，也会带来巨大的投资回报；(2) 绩效评估十分困难（第18章将对此进行讨论）；以及 (3) 存在无知的投资者愿意为专业的资金管理付费。毫无疑问，一些基金经理确实能够超越消极型策略。问题是：(1) 你如何找出他们？(2) 他们的收费可能会超过他们的盈利潜力。无论投资者做出什么样的选择，有一件事都很清楚：使用消极型市场指数构建的资本市场线未必是一个不好的选择。

小结

- 实际利率大约等于名义利率减去通货膨胀率。当通货膨胀提高时，名义利率也倾向于提高，从而使实际利率比名义利率更加稳定。
- 美国国库券只有在名义收益率上才是没有风险的。不管怎样，短期国库券的实际利率的标准差要小于长期债券和普通股票等资产，为了便于分析，我们假定国库券是无风险资产。除了国库券，回购协议和商业票据等货币市场工具由于期限短、安全性好，也被认为是无风险资产。这些投资产品也存在违约风险，但与其他风险资产相比要小得多。为了方便起见，我们通常将货币市场基金看作是无风险资产。
- 预期收益率是所有可能情况下的加权平均收益率，其权重等于每种情况出现的概率。方差是所有可能与平均收益的平方的偏差的概率加权平均。标准差是方差的平方根。
- 当收益符合正态分布时，均值和标准差充分描述了收益的概率分布。然而，股票的历史回报率比正态分布显示出更频繁、更大的负偏差。实际分布的风险值、偏度和峰度量化了这些投资偏离正常值的程度和隐含的尾部风险。
- 投资者面临着风险与预期收益之间的权衡。历史数据证实了我们的直觉，即低风险资产的平均收益率应该低于高风险资产。
- 将资金从风险投资组合转向无风险资产是降低风险的最简单的方法。另一种方法是分散风险投资组合。我们将在后面几章讨论多样化。
- 风险投资组合的特征在于其夏普比率，即回报—波动性比率。这个比率是资本配置线（CAL）的斜率，这条线连接无风险资产和风险资产。所有风险资产和无风险资产的组合都在这条线上。投资者更喜欢斜度较大的资本配置线，因为这意味着任何风险水平的预期收益率都更高。
- 投资者在资本配置线投资组合中的优先选择将取决于风险厌恶程度。厌恶风险的投资者将会把他们全部的投资组合更多地放在美国国债上。风险容忍度较高的投资者将在其全部投资组合中持有较高比例的风险资产。
- 资本市场线是使用消极投资策略的资本配置线，该策略将市场指数投资组合（如标准普尔500指数）视为风险资产。消极策略是一种低成本的方法，它可以获得多样化的投资组合，其表现将反映整体股市的表现。

关键词

算术平均法	超额收益率	名义利率	风险溢价
资产配置	预期收益	消极型投资策略	情景分析
风险资产	几何平均法	风险的价格	夏普比率（回报—波动性比率）
资本配置	持有期收益率	概率分布	偏度
资本配置线（CAL）	通货膨胀率	实际利率	标准差
资本市场线（CML）	峰度	风险厌恶	在险价值
完全资产组合	均值—方差分析	无风险利率	方差
资金加权平均收益率			

核心公式

n 个收益率的算数平均值：$(r_1+r_2+\cdots+r_n)/n$

n 个收益率的几何平均值：$[(1+r_1)(1+r_2)\cdots(1+r_n)]^{1/n}-1$

连续复利收益率：$r_{cc}=\ln(1+\text{实际年利率})$

实际收益率：$\dfrac{1+\text{名义收益率}}{1+\text{通货膨胀率}}-1$

实际收益率（连续复利）：$r_{\text{nominal}}-\text{通货膨胀率}$

预期收益率：$\sum[\text{情景出现的概率}\times\text{该情景下的收益率}]$

方差：$\sum[\text{情景出现的概率}\times(\text{该情景下的收益率与均值的偏差})^2]$

标准差：$\sqrt{\text{方差}}$

夏普比率：$\dfrac{\text{投资组合的风险溢价}}{\text{超额收益率的标准差}}=\dfrac{E(r_P)-r_f}{\sigma_P}$

风险资产的最优资产配置比例 y：$\dfrac{E(r_P)-r_f}{A\sigma_P^2}$

习题

1. 假设你估计某个投资组合 5%的 VaR 是−30%。现在你想估计该投资组合 1%的 VaR（收益率小于该值的概率为 1%）。1%的 VaR 会大于还是小于−30%？(LO5—2)

2. 当利用某个投资组合的历史资产收益率来估算其夏普比率时，我们通常使用简单（算数）平均收益率和国库券收益率的差值来进行计算。为什么这里不使用几何平均值呢？(LO5—4)

3. 在估算夏普比率时，使用考虑到通货膨胀率的平均实际超额收益率来计算有意义吗？(LO5—4)

4. 你刚刚决定了下一年的资本配置，当你意识到你低估了风险投资组合的预期回报率和标准差的 1.05 倍时，你会增加、减少还是保持对无风险国债的配置不变？(LO5—4)

5. 假定你对股票市场的预期如下表所示：

经济状态	概率	持有期收益率（%）
繁荣时期	0.3	44
正常时期	0.4	14
衰退时期	0.3	−16

运用公式（5.10）～（5.12）计算持有期收益率的均值与标准差。(LO5—4)

6. Business Adventure 公司的股票售价为每股 40 美元，该股票年底股利与年底时的价格取决于年底时的经济状况，具体如下：(LO5—2)

	股利（美元）	股票价格（美元）
繁荣时期	2.00	50
正常时期	1.00	43
衰退时期	0.50	34

a. 假设这三种情景发生的概率相等，请计算预期持有期收益率和持有期收益率的标准差。

b. 假设国库券利率为 4%。如果投资组合由相等金额的 Business Adventure 股票与国库券构成，那么这个投资组合的预期收益率是多少？

7. XYZ 股票价格与股利情况的历史记录如下表所示：

年度	年初价格（美元）	年末股利（美元）
2015	100	4
2016	110	4
2017	90	4
2018	95	4

一个投资者在 2015 年初买入 3 股 XYZ 股票，2016 年初又买入 2 股，2017 年初卖出 1 股该股票，2018 年初卖出所持

有的所有 XYZ 股票。(LO5—1)

a. 投资者的时间加权算术平均收益率与几何平均收益率各是多少?

b. 资金加权收益率是多少?提示:最好做出从 2015 年 1 月 1 日到 2018 年 1 月 1 日的现金流量表。如果你的计算器不能计算内部收益率,你可以使用电子表格或者试错法来计算。

8. a. 假设你预测下一年市场收益的标准差是 20%,根据公式(5.16),风险厌恶程度 $A=4$,那么,市场风险溢价最恰当的估计值应当是多少?(LO5—4)

b. 风险厌恶程度为多少时,才能与 9%的市场风险溢价相一致?

c. 如果投资者的风险容忍度上升,风险溢价会发生什么变化?

9. 以历史风险溢价为指导,如果当前无风险利率为 3%,你对市场指数股票投资组合的预期持有期收益率是多少?(LO5—3)

10. 股票、短期国债、长期国债的历史平均实际收益率各是多少?(LO5—2)

11. 考虑一个风险组合。年末这个组合的现金流量有可能是 50 000 美元,也有可能是 150 000 美元,这两种情况出现的概率都为 0.5。国库券利率是 5%。(LO5—3)

a. 如果你的风险溢价是 10%,你愿意将多少资金投资于该风险组合?

b. 如果你按照 a 的答案投资风险组合,组合的预期收益率是多少?

c. 假设现在你要求的风险溢价是 15%,你愿意投资的金额是多少?

d. 比较 a 小题与 c 小题的答案,组合所要求的风险溢价与组合可被出售的价格之间的关系是什么?

在第 12～16 题中,假设你管理的风险组合的预期收益率是 17%,标准差是 27%,国库券利率是 7%。

12. 你的客户将 70%的资金投资于你管理的基金,30%投资于国库券或货币市场基金。(LO5—3)

a. 这位客户的投资组合的预期收益率与标准差是多少?

b. 假定你的风险组合的构成比例如下表所示:

股票 A	27%
股票 B	33%
股票 C	40%

那么,你的客户的总投资组合(包括国库券)的构成比例是怎样的?

c. 你的风险组合与你的客户的投资组合的夏普比率各是多少?

d. 在预期收益率/标准差的基础上,画出你的风险组合的资本配置线,这条资本配置线的斜率是多少?标出你的客户的投资组合在这条资本配置线上的位置。

13. 假定上一题中的客户要调整你的风险组合在其整个投资组合中的比重(y),以使整个投资组合的预期收益率达到 15%。(LO5—3)

a. 调整后的比例 y 应当是多少?

b. 你的客户投资于三种股票的比重与投资于国库券的比重是多少?

c. 你客户的投资组合的收益率的标准差是多少?

14. 假设上一题中的客户要调整投资于你的风险组合在整个投资组合中的比重(y),目的是在使整个组合的标准差不超过 20%的前提下,使得整个组合的预期收益率最大化。(LO5—3)

a. 调整后的比例 y 应当是多少?

b. 整个组合的预期收益率是多少?

15. 你估计投资于构成与标准普尔 500 股票指数相同的消极型投资组合的预期收益率为 13%,标准差为 25%。请在预期收益率—标准差坐标轴上画出资本市场线与你的基金的资本配置线。(LO5—4)

a. 资本市场线的斜率是多少?

b. 用一段话总结你的基金相比于消极型基金的优势。

16. 你的客户(还是上面几题中的那一个)希望知道是否应当将在你的基金上的投资转移到消极型投资组合上。(LO5—4)

a. 向你的客户解释这种投资转移的不利之处。

b. 向你的客户解释即使你索取最高的管理费(年末从你对基金的投资额中扣除一定比例的金额),投资于你的基金仍然比投资于消极型基金对他有利。(提示:你的客户扣除管理费后的预期收益率的减少会降低资本配置线的斜率。)

17. 如果投资者认为股票市场的波动性加大,股票的预期收益率会发生怎样的变化?(LO5—4)

18. 你管理着一个权益基金,其期望风险溢价是 10%,标准差是 14%,国库券利率是 6%。你的客户选择将其投资组合的 60 000 美元投资于你的权益基金,并将 40 000 美元投资于国库券货币市场基金。你的客户的投资组合的预期收益率和标准差是多少?(LO5—3)

19. 上一题中权益基金的回报—波动性比率是多少?(LO5—4)

对于第 20～22 题,请从 www.mhhe.com/bkm 下载电子表格 5.3:1926—2016 年的收益率。

20. 按照书中表 5.3 计算大型股的方法,计算子区间内各小市值股票的均值和标准差。(LO5—2)

a. 小型股是否比大型股的回报—波动性比率更高?

b. 小型股是否像表 5.5 中的大型股一样,在早期显示出类似的较高的标准差?

21. 将小型股和大型股的名义收益率转化为实际收益率。不使用超额收益率而使用实际收益率重新制作表 5.3。将结

果与表 5.3 中的结果相比较。在这个样本期间，实际或名义回报率波动更大吗？(LO5—1)

22. 对小型股重复上一题中的计算，并与名义利率下的结果相比较。(LO5—1)

□ 挑战题

23. 从 www.mhhe.com/bkm 的在线学习中心下载纽约证券交易所、纳斯达克和美国证券交易所整体以及标准普尔 500 指数的 1927—2016 年收益率，并利用这些历史数据分别计算这两个指数的以下数值：(LO5—2)

a. 平均收益率；

b. 收益率的标准差；

c. 收益率的偏度；

d. 收益率的峰度；

e. 5%的在险价值。

f. 根据你对 b～e 小题的计算结果，比较两种指数的风险。

CFA 习题

1. 从 2010 年 1 月 1 日到 2016 年 12 月 31 日，由不支付股利的股票所构成的组合的几何平均收益率是 5%，算术平均收益率是 6.0%。如果 2010 年年初整个组合的市场价值是 100 000 美元，那么到 2016 年年末时，该组合的市场价值变为多少？(LO5—1)

2. 下面是几个有关标准差的陈述，哪个（些）是正确的？标准差是：(LO5—2)

a. 方差的平方根。

b. 与原始数据的单位相同。

c. 既可以是正数，也可以是负数。

3. 下面哪种说法正确反映了资产配置决策在整个投资过程中的重要性？资产配置决策：(LO5—3)

a. 帮助投资者确定投资目标。

b. 确定投资组合中应当包括的证券。

c. 帮助确定投资组合随时间变动的收益率与波动性。

d. 帮助投资者确定合适的投资期限。

使用下面的数据回答习题 4～6。

投资	预期收益率 ($E(r)$)	标准差 (σ)
1	0.12	0.30
2	0.15	0.50
3	0.21	0.16
4	0.24	0.21

根据投资者的效用公式：$U=E(r)-\frac{1}{2}A\sigma^2$（其中，$A=4$），投资者的满意度随预期收益率的增加和方差的减少而上升。

4. 根据上面的效用公式，如果你是风险厌恶的，且 $A=4$，你会选择哪个投资？(LO5—4)

5. 根据上面的效用公式，如果你是风险中性的，你会选择哪个投资？(LO5—4)

6. 效用公式中的变量 A 表示：(LO5—4)

a. 投资者的收益率要求。

b. 当投资者要求更高的风险溢价作为对给定的收益方差增加的补偿时，A 更高。

c. 投资者偏好于平均每四单位风险获得一单位收益。

使用下面的股票 X 和股票 Y 的预期值回答习题 7～9。

	熊市	正常市场	牛市
概率	0.2	0.5	0.3
股票 X	−20%	18%	50%
股票 Y	−15%	20%	10%

7. 股票 X 和 Y 的预期收益率是多少？(LO5—2)

8. 股票 X 和 Y 的收益率标准差是多少？(LO5—2)

9. 假设在你 10 000 美元的投资组合中有 9 000 美元投资于股票 X，1 000 美元投资于股票 Y，你的投资组合的预期收益率是多少？(LO5—3)

10. 下表显示了一个经济体的三种状态，以及每种股票在给定状态下的收益率概率。

经济状态	经济状态的概率	股票表现	在给定经济状态下股票表现的概率
好	0.3	好	0.6
		中	0.3
		差	0.1
中	0.5	好	0.4
		中	0.3
		差	0.3
差	0.2	好	0.2
		中	0.3
		差	0.5

经济体处于“中”的状态而股票表现为“差”的情形发生的概率是多少？（LO5—2）

11. 一个分析师估计，某只股票在不同的经济状态下的收益率如下表所示，该股票的预期收益率是多少？（LO5—2）

经济状态	概率	收益率（%）
好	0.1	15
中	0.6	13
差	0.3	7

Web 站点管理员

请扫描二维码或登录中国人民大学出版社官网 www.crup.com.cn 下载。

6 有效的多样化策略

学习目标：

LO6—1　了解协方差与相关性如何影响多样化降低组合风险的能力；
LO6—2　使用历史数据或情景分析计算均值、方差和协方差；
LO6—3　构建有效投资组合，并使用夏普比率估算投资组合的效率；
LO6—4　计算最优风险组合的构成；
LO6—5　使用指数模型分析证券与投资组合的风险和收益特征；
LO6—6　了解投资期限对投资组合风险的影响。

在本章中，我们将介绍投资者如何构建最优的风险组合。有效的多样化策略是本章的核心概念。

多样化的思想由来已久，早在经济学理论出现之前，就有“不要把所有的鸡蛋放在一个篮子里”的俗语。但是直到1952年，才出现解释如何有效发挥多样化的效用的模型，哈里·马科维茨也因此获得了诺贝尔经济学奖。本章的主要内容均来自马科维茨的理论，以及后人对他的理论的发展。

我们首先用一个鸟瞰图来解释多样化投资如何降低组合收益率的波动性。之后，我们将着手构建一个最优的风险组合。我们运用自上而下的分析方法，首先介绍资产在股票、债券、货币市场证券等几种广义的资产类别之间的配置，然后进一步说明最优资产配置原理可以很好地解决多种风险资产之间的证券选择问题。我们讨论了风险组合的有效配置，并说明这种配置可以帮助我们实现最好的资本配置。最后，我们详细说明了证券收益的指数模型如何简化对有效组合的研究，并对单个证券的风险特征进行了阐释。

人们普遍认为，长期投资可以减轻资产风险的影响，本章的最后一节专门驳斥了这种误解。我们认为，人们普遍相信的“时间分散化”只是一种幻觉，并不是真正的多样化。

6.1　多样化与组合风险

假定你的风险组合中只有一种股票，譬如说数码计算机公司的股票，哪些风险会影响到这个组合呢?

我们可以肯定存在两种不确定性的来源。第一种风险来自宏观经济状况，例如商业周期、通货膨胀率、汇率等。这些宏观因素很难预测，并且都会对公司的股票产生影响。除了这些因素以外，还有一些公司的特定因素会影响到数码计算机公司股票的收益，例如公司的研发成果、公司的管理方式与管理哲学等。公司的特定因素只会影响该公司自身，而不会对其他公司产生显著影响。

现在在风险组合中再增加一种证券。如果你将一半资金投资于埃克森-美孚（Exxon Mobil）股票，另一半资金仍然投资于数码股票，你的组合风险会发生怎样的变化呢？因为公司特定因素对这两个公司的影响不同（统计表明，公司特定因素对这两个公司的影响是相互独立的），因此这种调整可以降低组合风险。例如，如果石油的价格下跌，对埃克森-美孚公司产生不利影响时，计算机的价格可能在上涨，对数码公司的经营更加有利。这两种效应可以相互抵消，起到稳定组合收益的作用。

但为什么只投资于两种股票呢？分散投资于更多的股票，可以进一步降低公司特定因素带来的风险，使组合的波动性得以下降。但是，没有任何方法可以避免所有的风险。因为所有的股票都受宏观经济的影响，无论我们如何努力，都不可能消除宏观经济风险。

图 6.1 解释了我们刚才所提到的观点。在图（A）中，当所有的风险都来自公司特定因素时，多样化投资使得组合风险降至最低。由于各个风险来源之间是相互独立的，当投资于多种证券时，每种特定因素所带来的风险就微乎其微了。这也是大数法则的一个运用。由于各个风险来源相互独立而使得风险水平降低的作用又称为保险法则(insurance principle)。

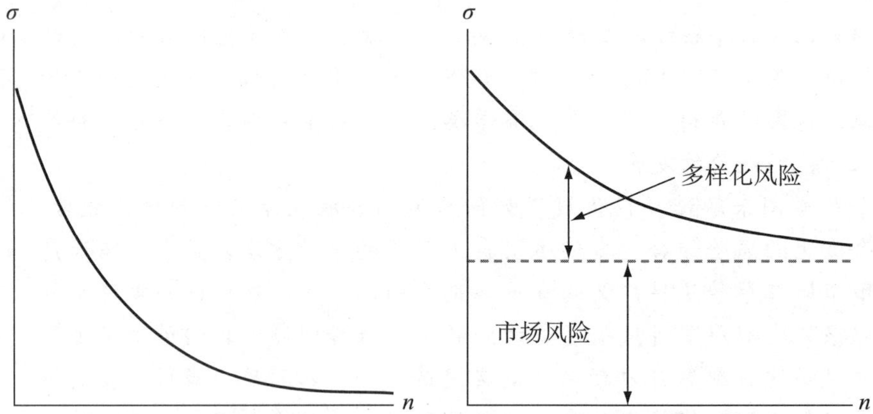

(A)　公司特定风险　　(B)　市场和特有风险

图 6.1　组合风险与组合中股票数目之间的函数关系

市场风险、系统风险、不可分散风险：在整个经济中普遍存在的风险因素。

特有风险、公司特定风险、非系统风险、可分散风险：可通过多样化组合消除的风险。

然而，当风险因素影响到所有公司时，即使最广泛的多样化也不能消除风险。在图 6.1 (B) 中，随着作为投资对象的证券数目的增加，组合的标准差逐渐降低，但是始终不会降为零。采取多样化投资策略后依然存在的风险就称为**市场风险**（market risk），也就是说风险是由市场风险因素导致的，也可以称为**系统风险**（systematic risk），或**不可分散风险**（nondiversifiable risk）。通过多样化投资可以避免的风险就称为**特有风险**（unique risk）、**公司特定风险**（firm specific risk）、**非系统风险**（nonsystematic risk）或**可分散风险**（diversifiable risk）。

这种分析是以经验主义的研究为基础的。图 6.2 运用纽约证券交易所的证券数据，分析了组合多样化的影响，表明了随机构建的等权重组合的标准差的平均值与组合中的股票数目之间存在密切的关系。平均来讲，多样化投资可以降低组合风险，但多样化的效果受到股票市场总体风险的限制。下面的“市场前沿”专栏强调了忽视风险分散的危险性。

市场前沿

危险的 401(k) 计划

对许多人来说，401(k) 计划是退休储蓄的主要来源。雇员会留出一定比例的工资，在这个过程中，他们的收入可以免受当前税收的影响。此外，雇主通常会匹配其中的一部分。所以，如果雇员把他或她工资的 8%加入 401(k) 计划，雇主可能会额外贡献工资的 4%。在许多计划中，储蓄被投资于公司的股票。作为公司的部分所有者，公司可能会鼓励员工更聪明、更努力地工作，让每个人都过得更好。这听起来像是一个双赢的安排，会出什么问题呢？事实证明，有很多问题。

问题是，一旦你开始将投资组合集中在公司股票上，你就会以两种方式增加风险。

首先，把你的投资集中在单一的公司而不是多样化的投资组合上几乎没有任何意义。一只股票的波动性通常是多样化投资组合的两倍以上。因此，当你用一家公司的股票来填满你的 401(k) 计划时，你所承担的波动性远远超过了必要的水平，而其中的大部分波动性甚至没有转化为更高的平均回报率。

其次，当你投资于自己的公司时，你是在把自己在这家公司的风险敞口增加一倍。如果你的公司内爆，你可能会失去你的收入来源，同时，你的投资组合也被大幅削减。只要问问雷曼兄弟 (Lehman Brothers) 的员工就知道了，他们的 401(k) 计划意味着持有该公司大量股票，当公司倒闭时，员工的 401(k) 计划连同他们的工作一起被削减了。

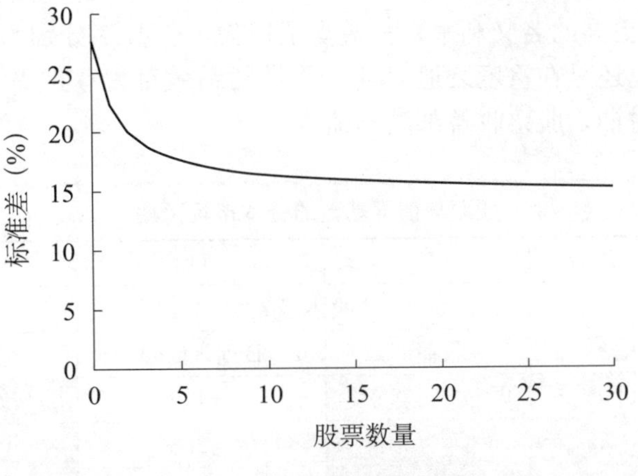

图 6.2 投资组合风险随着多样化的增加而降低

资料来源：作者的计算。这是一个最新的情节，第一次出现在 Meis Statman，“How Many Stocks Make a Diversified Portfolio?” *Journal of Financial and Quantitative Analysis* 22，September 1987。该图使用 2010—2014 年 5 年期间的数据。

在这里的讨论中值得指出的是，美国的宏观风险并不与其他国家的宏观风险同步。国际分散可以进一步减少投资组合风险，但是，同样的，国家间的经济政治因素会对所有国家产生影响，只是程度有所不同，这限制了风险降低的程度。

6.2 两种风险资产之间的资产配置

在上一节中，我们考察了使用几种证券的等权重投资组合进行简单的多样化。现在是研究有效多样化的时候了，通过这种方法，我们构建的投资组合为任何给定的预期收益水平提供了尽可能低的风险。

两种风险资产的投资组合相对容易分析，它们说明了适用于多种资产投资组合的原则和考虑事项。我们将从一个两种资产的风险投资组合开始，我们假设这两种资产是债券基金和股票基金。

一旦我们理解了两种风险资产的投资组合，我们将重新引入无风险资产的选择。这将完成跨三个关键资产类别的资产配置问题：股票、债券和国库券。为许多高风险证券构建有效的投资组合，是这种精简资产配置操作的直接延伸。

□ 协方差与相关系数

想要构建由两种风险资产组成的最优投资组合，我们必须了解资产收益的不确定性之间是如何相互影响的。研究表明，决定组合风险的关键因素是两种资产收益率变动的方向之间的关系，即是同向的还是反向的。也就是说，组合风险取决于组合中资产收益率之间的相关性。我们现在可以理解运用情景分析的原因了。

电子表格 6.1 中的情景分析假定了经济状况有四种可能的情景：重度衰退、轻度衰退、正常增长和繁荣。股票基金的收益主要取决于宏观经济状况。股票基金在这四个时期的收益率分别为－37％、－11％、14％、30％。不同于股票基金，债券基金在轻度衰退时业绩最好，收益率为 15％（利率下降导致的资本利得），而在正常增长情景下，债券基金的收益率为 8％。此外，债券基金在重度衰退和在繁荣时期的通货膨胀时（导致了更高的名义利率）都遭受了损失，收益率分别为－9％和－5％。注意，不论在轻度衰退还是在重度衰退时期，债券的绩效都好于股票；而不论在正常增长时期还是在繁荣时期，股票收益都高于债券。

电子表格 6.1　股票与债券基金的资本市场预期

	A	B	C	D	E	F
1			股票基金		债券基金	
2	情景	概率	收益率	B列×C列	收益率	B列×E列
3	重度衰退	0.05	－37	－1.9	－9	－0.45
4	轻度衰退	0.25	－11	－2.8	15	3.8
5	正常增长	0.40	14	5.6	8	3.2
6	繁荣	0.30	30	9.0	－5	－1.5
7	预期或平均收益率		总计	10.0	总计	5.0

每种基金的预期收益率是四种情景下收益率的加权平均值。电子表格 6.1 最后一行显示股票基金的预期收益率是 10%，债券基金的预期收益率是 5%。方差是每种情景下的收益率与预期收益率之间偏差的平方的均值；标准差是方差的平方根，电子表格 6.2 计算了这几个统计值。

电子表格 6.2　　收益率的方差

	A	B	C	D	E	F	G	H	I	J
1				股票基金			债券基金			
2–5	情景	概率	收益率	与预期收益率的偏差	偏差的平方	B列×E列	收益率	与预期收益率的偏差	偏差的平方	B列×I列
6	重度衰退	0.05	−37	−47	2 209	110.45	−9	−14	196	9.80
7	轻度衰退	0.25	−11	−21	441	110.25	15	10	100	25.00
8	正常增长	0.40	14	4	16	6.40	8	3	9	3.60
9	繁荣	0.30	30	20	400	120.00	−5	−10	100	30.00
10				方差＝SUM		347.10			总计：	68.40
11		标准差＝SQRT(方差)				18.63			总计：	8.27

由股票基金与债券基金所构成的组合的风险特征是什么？组合收益是每种情景下收益的加权平均，权重是每种基金投资在组合中的比重。假定组合由 40%的股票基金和 60%的债券基金组成。每种情景下的组合收益率就是两种基金收益率的均值。例如：

轻度衰退时期的组合收益率＝0.40×(−11%)＋0.60×15%＝4.6%

这一结果出现在电子表格 6.3 中（第 6 行 C 列）。

电子表格 6.3　　股票和债券基金组合的业绩

	A	B	C	D	E	F	G
1			40%投资于股票、60%投资于债券的组合				
2–4	情景	概率	收益率	B列×C列	与预期收益率的偏差	偏差的平方	B列×F列
5	重度衰退	0.05	−20.2	−1.01	−27.2	739.84	36.99
6	轻度衰退	0.25	4.6	1.15	−2.4	5.76	1.44
7	正常增长	0.40	10.4	4.16	3.4	11.56	4.62
8	繁荣	0.30	9.0	2.70	2.0	4.00	1.20
9		预期收益率		7.00		方差	44.26
10					标准差		6.65

电子表格 6.3 显示了每种情况下投资组合的收益率。注意，投资组合的预期收益率刚好是两种资产的预期收益的加权平均，投资组合的波动性实际上是低于其构成基金的：多样化投资组合的标准差 6.65%远远小于股票的 18.63%，甚至低于债券的 8.27%。

投资组合的低风险是由于股票基金和债券基金的业绩呈负相关关系。在轻度衰退中，股市表现不佳，但被债券基金的大幅正收益所抵消。相反，在繁荣时期，债券价格下跌，但股市表现很好。投资组合风险降低，因为这两种资产收益率的方差通常是相互抵消的。

因此，投资者自然应该问的问题是：如何衡量两种资产收益率的变化趋势——要么是同步变化，要么是反向变化？提供这种度量的统计数据是协方差和相关系数。

协方差的计算方法与方差相似。不过我们不是将资产收益与其预期价值之差乘以本身（即平方），而是将其乘以另一项资产收益与预期的偏差。这个乘积的符号和大小取决于与平均值的偏差是否同时移动（即在相同的情况下，两者都是积极的或消极的），以及它们在同一时间是大还是小。

我们从电子表格 6.4 开始计算每个基金的回报与其期望值的偏差（C 列和 D 列）。在 E 列中，我们将股票基金与其均值的偏差乘以债券基金的偏差。如果两项资产的收益率都超过各自的均值，或者都低于各自的均值，那么该产品将是积极的。如果一项资产超过其平均收益，而另一项资产低于其平均收益，那么该产品将是消极的。第 4 行显示，在温和的衰退中，股票基金的收益率比预期值低 21%，而债券基金的收益率超过其平均值 10%。因此，两个偏差的乘积为 (−21)×10 =−210，如 E 列所示。偏差的乘积为负，因为一种资产（股票）表现不佳，而另一种资产（债券）表现良好。

电子表格 6.4　股票与债券基金之间收益率的协方差

	A	B	C	D	E	F
1			与平均收益的偏差		协方差	
2	情景	概率	股票基金	债券基金	偏差的乘积	B 列×E 列
3	重度衰退	0.05	−47	−14	658	32.9
4	轻度衰退	0.25	−21	10	−210	−52.5
5	正常增长	0.40	4	3	12	4.8
6	繁荣	0.30	20	−10	−200	−60.0
7				协方差＝	总计：	−74.8
8	相关系数＝协方差/(股票的标准差×债券的标准差)＝					−0.49

乘积的概率加权平均称为协方差，衡量资产收益的平均趋势是协同变化的，即协变。股票和债券基金收益的协方差公式如（6.1）所示。该公式中的每个特定情景都由 i 标记或“索引”。一般情况下，i 的范围从情景 1 到 n（情景总数；这里 $n=4$），每种情景的概率记为 p(i)。

$$\mathrm{Cov}(r_S, r_B) = \sum_{i=1}^{n} p(i)[r_S(i) - E(r_S)][r_B(i) - E(r_B)] \tag{6.1}$$

在电子表格 6.4 的最后一行，我们用公式（6.1）计算了股票基金与债券基金收益率之间的协方差。这个指标是负的，表明总体来看两种资产收益率变动的方向是相反的，也就是说，当一种资产表现较好时，另一种资产表现不佳。

和方差一样，协方差的单位是百分比的平方，这就是很难解释它的大小的原因。例如，在 F7 格中，当协方差是−74.8 时，表明股票基金与债券基金收益率变动的反向关系是强还是弱呢？这很难说。一个更容易解释的统计指标是相关系数。相关系数是协方差除以两种基金收益率的标准差的乘积，我们用希腊字母 ρ 表示相关系数。

$$\text{相关系数} = \rho_{SB} = \frac{\mathrm{Cov}(r_S, r_B)}{\sigma_S \times \sigma_B} = \frac{-74.8}{18.63 \times 8.27} = -0.49 \tag{6.2}$$

相关系数是一个介于−1到+1之间的数值。相关系数为−1表明两种资产收益率变动的趋势完全相反。当相关系数为−1时，如果你知道另一种资产的收益率，你就可以100%预测一种资产收益率的变动性。反之，相关系数为+1则表示完全正相关。相关系数为零表明这两种资产的收益是不相关的。公式（6.2）中 $\rho_{SB}=-0.49$ 的相关系数证实了股票基金和债券基金的收益率呈反向变化的趋势。

公式（6.2）表明，当需要计算协方差时，我们可以用相关系数将其表示出来：

$$\mathrm{Cov}(r_S, r_B) = \rho_{SB}\sigma_S\sigma_B \tag{6.3}$$

我们现在可以了解风险资产的风险与收益特征了。

概念测验 6.1

假定在电子表格6.1中，债券基金在四种情景下的收益率分别是：严重衰退时期为−10%，轻度衰退时期为10%，正常增长时期为7%，繁荣时期为2%。股票基金在四种情景下的收益率分别是−37%、−11%、14%和30%。计算两种组合收益率的协方差与相关系数。

扫描二维码
获取答案解析

□ 利用历史数据

我们已经了解了组合的风险与收益取决于组合中证券收益率的均值与方差，以及它们之间收益率的协方差。要得到这些统计数据的一种方法便是如电子表格6.1至电子表格6.4之类的情景分析，另一种最常用的方法就是利用历史数据进行预测。理由是，波动率和协同波动率随时间变化十分缓慢。因此，如果我们用近期的数据估计这些统计数据，我们的估计会为不远的将来提供一个有效的预测。

我们利用已实现的收益率预估收益率的方差和协方差。对方差的估计是样本均值周围平方偏差的平均值，对协方差的估计是方差乘积的平均值。请注意，正如在情景分析中一样，风险的焦点是收益与平均值的偏离。然而，我们使用的是样本期间的平均收益，而不是基于情景分析的平均收益。我们可以用一个例子来说明。

案例 6.1

运用历史数据估算均值、标准差、协方差和相关系数

考虑下面的电子表格中给出的两个共同基金10年的收益率。虽然这些数据远少于多数分析师使用的数据，但为了便于说明，我们会假设这些数据足以用来估计平均收益和相关风险统计值。在实践中，分析师将使用更高频的数据（例如，每月甚至每天数据）来评估风险系数，并用基本面分析来补充历史数据对未来收益率的预测。

电子表格的估算始于B列和C列中的原始收益率数据，我们使用标准的Excel函数来获得平均收益率、标准差、协方差和相关系数（见第18～21行）。我们还证实了（在F14单元格）协方差是每个资产收益率与其均值的偏差的乘积的概率加权平均数。

这个电子表格中的平均收益率和标准差与我们以前的情景分析相近。然而，股票和债券的收益率之间的相关性在这个例子中更低但为正，这比我们在情景分析中得出的−0.49的相关系数更符合历史经验。

	A	B	C	D	E	F
1	年份	收益率		与平均收益率的偏差		偏差的乘积
2		股票基金	债券基金	股票基金	债券基金	
3	2009	30.17	5.08	20.17	0.08	1.53
4	2010	32.97	7.52	22.97	2.52	57.78
5	2011	21.04	−8.82	11.04	−13.82	−152.56
6	2012	−8.10	5.27	−18.10	0.27	−4.82
7	2013	−12.89	12.20	−22.89	7.20	−164.75
8	2014	−28.53	−7.79	−38.53	−12.79	493.00
9	2015	22.49	6.38	12.49	1.38	17.18
10	2016	12.58	12.40	2.58	7.40	19.05
11	2017	14.81	17.29	4.81	12.29	59.05
12	2018	15.50	0.51	5.50	−4.49	−24.70
13						
14	均值	10.00	5.00	协方差=偏差乘积的均值：30.08		
15	方差	19.00	8.00	相关系数=协方差/(股票基金的方差×债券基金的方差)：0.20		
16						
17	Excel 函数					
18	均值=AVERAGE(B3：B12)					
19	标准差=STDEVP(B3：B12)					
20	协方差=COVAR(B3：B12，C3：C12)					
21	相关系数=CORREL(B3：B12，C3：C12)					

对于案例 6.1 还需要强调两点。首先，你可能还记得在统计学课程上以及第 5 章中，当用含有 n 个观测值的样本估算收益率的方差时，我们通常会将偏差的平方除以 $n-1$ 而不是 n。这是因为我们计算偏差时使用的是估算的平均收益率，而不是真正的（但未知的）预期收益率，据说这个过程是用于对"损失的自由度"做出调整。在 Excel 中，函数 STDEV.P 计算标准差时除以的是 n，而函数 STDEV.S 使用的是 $n-1$。Excel 的协方差和相关系数函数使用的都是 n。在案例 6.1 中，我们忽略了这个问题，并全部用除以 n 进行计算。在任何情况下，当拥有大量的观测值时，对损失的自由度的调整可以忽略不计。例如 60 个收益率（如，5 年的月度数据）除以 60 或 59 计算得到的方差和协方差，后者仅为前者的 1.017 倍。

其次，我们再次强调历史估算法在统计学上的可靠性。正如案例中指出的那样，根据历史数据估计的方差和协方差被认为是对未来统计量的有效估计（至少短期来看是这样）。然而，用过去收益率的平均值预测未来收益率时存在较大的噪音（即不精确）。在这个例子中，我们运用小样本数据来计算过去的平均值，因为我们的目标仅仅是为了说明计算方法。在实际中，专业的投资者花费大量的资源来研究宏观经济和证券，以提高收益均值预测的准确性。

概念测验 6.2

下面的图表示不同时期股票组合之间的收益率关系。在 A 部分中，我们给出了第一对股票收益率的散点图。绘出 B～E 部分的散点图（或用 Excel 制作），并针对 A～E 的散点图，从 $\rho=-1$，0，0.2，0.5，1.0 中选取最能描述图中两只股票收益率之间关系的相关系数。

扫描二维码
获取答案解析

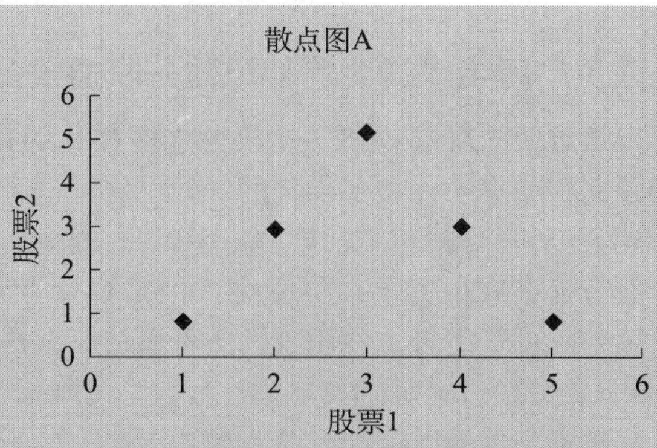

A.

收益率	
股票 1	股票 2
5	1
1	1
4	3
2	3
3	5

B.

收益率	
股票 1	股票 2
1	1
2	2
3	3
4	4
5	5

C.

收益率	
股票 1	股票 2
1	5
2	4
3	3
4	2
5	1

D.

收益率	
股票 1	股票 2
5	5
1	3
4	3
2	0
3	5

E.

收益率	
股票 1	股票 2
5	4
1	3
4	1
2	0
3	5

□ 两种风险资产所组成的组合的三个规则

假定投资于债券基金的比例为 w_B，投资于股票基金的比例就是 $1-w_B$，表示为 w_S。组合特征的确定可以依据下面三个规则，这三个规则是以随机变量之间联系的统计学原理为基础的。

规则 1：组合的收益率是构成组合的所有证券的收益率的加权平均，权重是组合中各种证券的投资比例。

$$r_P = w_B r_B + w_S r_S \tag{6.4}$$

规则 2：组合的预期收益率是构成组合的所有证券的预期收益率的加权平均，权重是组合中各种证券的投资比例。

$$E(r_P) = w_B E(r_B) + w_S E(r_S) \tag{6.5}$$

规则 1 和规则 2 表示组合的实际收益率及其均值收益率是其组成证券的收益率和投资比例的线性关系。第三个规则，即有关组合方差的性质的表达就没有这么简单了。

规则 3：由两种风险资产所组成的风险组合的收益率的方差可以表述为：

$$\sigma_P^2 = (w_B\sigma_B)^2 + (w_S\sigma_S)^2 + 2(w_B\sigma_B)(w_S\sigma_S)\rho_{BS} \tag{6.6}$$

式中，ρ_{BS} 为股票与债券基金之间收益率的相关系数。注意，利用公式（6.3），我们可以将公式（6.6）中最后一项替换为 $2w_Bw_S\mathrm{Cov}(r_B, r_S)$。

组合的方差是组合元素收益的方差与组合元素收益的相关系数之和。至于为什么会有后一项，我们可以从前面介绍的内容中找到答案。如果组合中各种证券之间的相关系数很小或是负数，两种资产之间的方差相互抵消的可能性就会比较大，这样就可以降低组合的风险。这可以从等式（6.6）中得到证明：相关系数越小，组合的风险也就越低。

描述组合方差的公式要比描述组合收益率的公式复杂得多，这说明了一个道理：多样化投资的潜在收益很大。

□ 两种风险资产所组成的组合的风险—收益权衡

我们可以通过使用规则 2 和 3 比较更加多样化的投资组合和不太多样化的基准组合的风险和预期收益率来评估多样化的好处。假设一个投资者输入以下数据进行估算：

$$E(r_B)=5\%;\ \sigma_B=8\%;\ E(r_S)=10\%;\ \sigma_S=19\%;\ \rho_{BS}=0.2$$

目前，所有资本都投资于债券基金。但是投资者正在考虑一种 40%投资于股票、60%投资于债券的投资组合。使用规则 2 可以计算出这一组合的预期收益率：

$$E(r_P)=0.4\times10\%+0.6\times5\%=7\%$$

相比于只投资于债券，资本收益率增加了 2%。使用规则 3 可以计算出组合的标准差为：

$$\sigma=\sqrt{(0.4\times19)^2+(0.6\times8)^2+2\times(0.4\times19)\times(0.6\times8)\times0.2}=9.76\%$$

这小于两种资产的标准差的加权平均值：0.4×19+0.6×8=12.4%。这 2.64%的差额就是资产多样化的好处。多样化投资使投资者在组合的标准差低于构成组合的证券的标准差平均值的前提下，获取股票所带来的高收益，而这一收益是没有成本的。

案例 6.2

多样化投资的收益

假定我们将投资资金的 85%投资于债券，15%投资于股票。我们所构建的投资组合的预期收益率为 (0.85×5)%+(0.15×10)%=5.75%，高于债券投资的收益率。再一次，运用公式（6.6），我们可以计算该组合的方差为：

$$(0.85\times8)^2+(0.15\times19)^2+2\times(0.85\times8)\times(0.15\times19)\times0.2=62.1$$

标准差为 $\sqrt{62.1}=7.88\%$，低于单独的债券或股票投资的标准差。在投资组合中增加一种波动性较大的资产（股票），组合的风险反而降低了！这就是多样化投资的魅力所在。

我们可以通过调整投资比例，进一步降低组合的风险，使整个投资组合的整体风险最低的债券投资与股票投资的比例分别为 90.8%与 9.2%。[①] 在这种情况下，组合的标准差与预期收益率分别是 7.80%与 5.46%。

那么，这种投资组合是否一定优于案例 6.2 中股票投资占 15%的投资组合呢？这取决于投资者如何权衡风险和收益，因为方差较小的投资组合的预期收益也较低。

投资机会集：可行的风险投资组合的风险—收益集合。

投资分析家的工作职责就是向投资者展示**投资机会集**（investment opportunity set）。投资机会集是由不同投资比例的投资组合所生成的全部组合风险与组合收益率之间的关系。我们用电子表格 6.5 来学习投资机会集。表中的 A 列和 B 列列出了一些股票和债券的不同投资比例，后面的几列展示了每种投资组合的预期收益率和标准差。图 6.3 中画出了相应的风险—收益组合。

① 最小方差（因此有最小的标准差）组合中债券的权重公式为 $w_B=\dfrac{\sigma_S^2-\sigma_B\sigma_S\rho_{BS}}{\sigma_S^2+\sigma_B^2-2\sigma_B\sigma_S\rho_{BS}}$，股票的权重为 $w_S=1-w_B$。在相关系数等于 0 的情况下，方差最小化权重简化了股票方差与股票和债券方差之和的比率：$\sigma_S^2/(\sigma_B^2+\sigma_S^2)$。

电子表格 6.5　　债券与股票基金的投资机会组合

1	A	B	C	D	E
2			输入数据		
3	$E(r_S)$	$E(r_B)$	σ_S	σ_B	ρ_{SB}
3	10	5	19	8	0.2
4	组合权重		预期收益率（r_P）		标准差
5	w_S	$w_B=1-w_S$	A 列×A3＋B 列×B3		公式（6.6）
6	−0.2	1.2	4.0		9.59
7	−0.1	1.1	4.5		8.62
8	0.0	1.0	5.0		8.00
9	0.092	0.908	5.5		7.804
10	0.1	0.9	5.5		7.81
11	0.2	0.8	6.0		8.07
12	0.3	0.7	6.5		8.75
13	0.4	0.6	7.0		9.77
14	0.5	0.5	7.5		11.02
15	0.6	0.4	8.0		12.44
16	0.7	0.3	8.5		13.98
17	0.8	0.2	9.0		15.60
18	0.9	0.1	9.5		17.28
19	1.0	0.0	10.0		19.00
20	1.1	−0.1	10.5		20.75
21	1.2	−0.2	11.0		22.53
22	注：				
23	1. 负权重表示空头；				
24	2. 最小方差组合的权重计算方法参见上页注释。				
25	3. 第 9 行就是最小方差组合。				

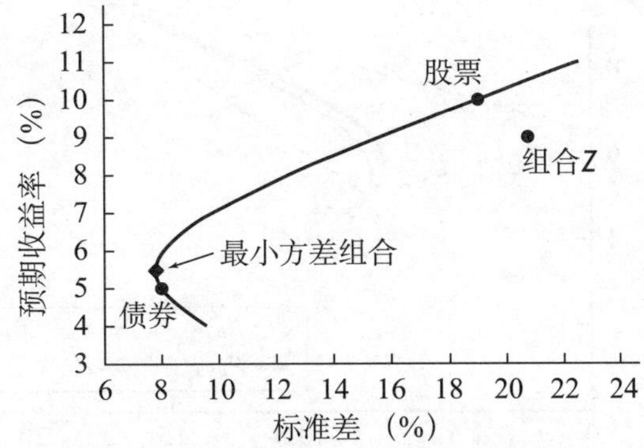

图 6.3　股票与债券基金的投资机会组合

□ 均值—方差标准

投资者喜欢位于图 6.3 左上方的投资组合。这些组合具有两个特征：高预期收益率（图中的上方）与较低的波动性（图中的左侧）。投资者的这种偏好提示我们可以用均值—方差标准来衡量与比较投资组合。如果在组合 A 与组合 B 之间，所有的投资者

都更偏好 A，我们就可以说组合 A 优于组合 B。原因就在于，组合 A 的收益率均值较高，且方差和标准差较小：

$$E(r_A) \geqslant E(r_B) \text{ 且 } \sigma_A \leqslant \sigma_B$$

在图 6.3 中，组合 A 位于组合 B 的“左上方”。如果要在组合 A 与组合 B 之间进行选择，所有的投资者都会选择组合 A。例如，图 6.3 中，股票基金要优于组合 Z，原因在于，股票基金的预期收益率比较高，且波动性也比较小。

位于风险最小的组合下方的投资组合是没有效率的，应当被排除。A 点上方曲线的 P 都优于 A 点下方曲线的 P（选择一条垂直线）。而位于组合 A 上方曲线上的组合之间的比较则不那么明显，因为在这个区域内，高收益率同时也伴随着高风险。具体哪个点是最好的选择将会在介绍加入无风险资产的投资组合时讲到。

在前面的分析中，我们都假定股票基金与债券基金之间收益率的相关系数为 0.2。我们已经知道，股票与债券之间收益率相关系数的增大会降低多样化投资的效用。那么，股票与债券之间的完全正相关关系意味着什么呢?

假定相关系数等于 1.0，公式（6.6）就可以简化为完全平方的形式。进一步观察，我们发现公式（6.6）中 $\rho_{BS}=1$ 使得我们可以将其写成完全平方形式，即：

$$\sigma_P^2 = w_B^2\sigma_B^2 + w_S^2\sigma_S^2 + 2w_B\sigma_B w_S\sigma_S = (w_B\sigma_B + w_S\sigma_S)^2$$

$$\sigma_P = w_B\sigma_B + w_S\sigma_S$$

只有在完全正相关的情况下，组合的标准差才是构成组合的各种证券的标准差的加权平均，此时，多样化投资没有收益。组合的收益率均值与标准差都只是简单的加权平均。图 6.4 展示了在完全正相关假定下的投资机会组合，此时，组合表现为一条直线。在图 6.4 中，没有任何一个组合因为缺乏效率而被排除，投资决策完全依赖于投资者的风险偏好。在完全正相关的情况下，多样化投资是没有意义的。

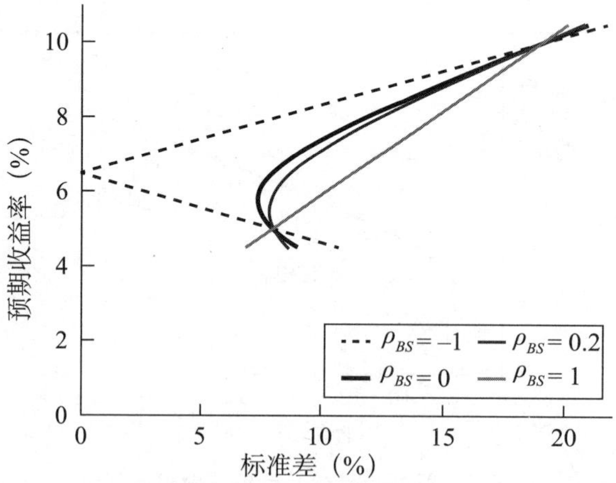

图 6.4　各种相关系数下债券与股票的投资机会集

只有在完全正相关的假定下，多样化投资才是没有收益的。只要相关系数 $\rho<1$，组合的标准差就必然小于组合中所有证券的标准差的加权平均。也就是说，只要相关系数不等于 1，多样化投资就是有意义的。

我们已经分析了多样化投资有收益的情况（$\rho_{BS}<0$）及多样化投资收益为 0 的情况

($\rho_{BS}=1$)。因为相关系数的取值介于这个范围，因此，多样化投资的收益也介于这两者之间。

在现实中，根据历史经验资料，股票与债券之间收益率的相关系数大致为 0.20。到目前为止，我们假设的预期收益率与标准差也应当反映历史经验，因此，在图 6.4 中，我们将 $\rho_{BS}=0.2$ 的情况明确表示出来。电子表格 6.6 列举了图 6.4 中的一些投资机会组合。如图 6.4 所示，当相关系数 $\rho_{BS}=0.2$ 时，多样化投资的收益要好于完全正相关的情况，但不如零相关关系的情况。

电子表格 6.6　　不同相关系数假定下债券与股票之间的投资机会集

	A	B	C	D	E	F	G
1		输入数据					
2	$E(r_S)$	$E(r_B)$	σ_S	σ_B			
3	10	5	19	8			
4							
5	股票权重	组合收益率	在给定相关系数 ρ 下组合的标准差[1]				
6	w_S	$E(r_P)$=A列×A3+(1−A列)×B3	−1	0	0.2	0.5	1
7	−0.1	4.5	10.70	9.00	8.62	8.02	6.90
8	0.0	5.0	8.00	8.00	8.00	8.00	8.00
9	0.1	5.5	5.30	7.45	7.81	8.31	9.10
10	0.2	6.0	2.60	7.44	8.07	8.93	10.20
11	0.3	6.5	0.10	7.99	8.75	9.79	11.30
12	0.4	7.0	2.80	8.99	9.77	10.83	12.40
13	0.6	8.0	8.20	11.84	12.44	13.29	14.60
14	0.8	9.0	13.60	15.28	15.60	16.06	16.80
15	1.0	10.0	19.00	19.00	19.00	19.00	19.00
16	1.1	10.5	20.92	20.92	20.75	20.51	20.10
17			最小方差组合[2,3,4,5]				
18	$w_S(\min)=(\sigma_B^2-\sigma_B\sigma_S\rho)/(\sigma_S^2+\sigma_B^2-2\times\sigma_B\sigma_S\rho)=$		0.296 3	0.150 6	0.092 3	−0.044 0	−0.727 3
19	$E(r_P)=w_S(\min)\times$A3+$(1-w_S(\min))\times$B3=		6.48	5.75	5.46	4.78	1.36
20		$\sigma_P=$	0.00	7.37	7.80	7.97	0.00

注：

1. σ_P=SQRT[(A列×C3)^2+((1−A列)×D3)^2+2×A列×C3×(1−A列)×D3×ρ]。

2. 标准差是根据公式（6.6）并运用最小方差组合中的比重计算的：

σ_P=SQRT[(w_S(min)×C3)^2+((1− w_S(min))×D3)^2+2× w_S(min)×C3×(1−w_S(min))×D3×ρ]

3. 随着相关系数增加，最小方差组合要求对股票投资的比重逐渐减小（相关系数高到一定程度后甚至头寸为负），整个组合的表现变得没那么有吸引力了。

4. 注意，在相关系数大于等于 0.5 时，只有卖空股票才能够实现最小方差。其标准差低于债券的标准差，但是均值也比债券低。

5. 在绝对正相关的情况下（如 G 列），你可以将标准差调整到 0，只要将股票的空头头寸逐渐增大到一定程度即可。平均收益率会降至 1.36%。

资产收益率之间存在负相关关系也是可能的，在这种情况下，多样化投资的收益更大。下面我们将重点分析这种极端情况。当两种资产完全负相关时，我们将 $\rho_{BS}=-1.0$代入公式（6.6）中，将其简化为完全平方的形式，即：

$$\sigma_P^2=(w_B\sigma_B-w_S\sigma_S)^2$$

这个公式又可以变换为：

$$\sigma_P = \text{ABS}(w_B\sigma_B - w_S\sigma_S) \tag{6.7}$$

公式（6.7）右侧表示的是 $w_B\sigma_B - w_S\sigma_S$ 的绝对值形式。可以对公式进行这种变换的原因在于，标准差总是正的。

在完全负相关的情况下，多样化投资的收益达到了极限。由公式（6.7）可以得出使组合的标准差为0的组合构成比例。[①]根据我们给出的资料，$w_B=70.37\%$时，组合的标准差就等于0。也就是说，当我们投资股票的比例是29.63%时（而不是将所有的资金都投资于债券时），组合不存在风险，此时，组合的预期收益率是5%～6.48%。当然，在现实生活中，这种情况很难实现。

概念测验 6.3

由于某种原因，你的资金投资于股票与债券的比例必须是相等的，都为50%，使用电子表格6.5中的数据回答以下问题：

a. 如果你的投资组合的标准差是10%，那么，组合中股票与债券收益的相关系数是多少？

b. 你的组合的预期收益率是多少？

c. 假定组合中股票与债券的相关系数是0.22而不是你在a小题中计算出的数值，并且你可以自由确定你的投资比例。那么，你目前的投资与a小题中相比，收益率如何呢？

扫描二维码
获取答案解析

6.3 包含无风险资产的最优风险组合

现在我们可以对资产配置问题进行扩展，将无风险资产考虑进来。当投资者在风险投资组合和无风险投资组合之间选择资本配置时，他们自然会希望选择风险投资组合，因为承担风险会带来最大的回报。我们将看到，这是回报—波动性比率或夏普比率最高的投资组合。夏普比率越高，对应于任何波动水平的预期回报率就越大。因此，我们的下一步将是构建一个结合了提供最高夏普比率的主要资产类别（这里是债券和股票基金）的风险投资组合。

我们继续运用电子表格6.5提供的数据，但现在不仅可以投资于有风险的股票基金与债券基金，同时还可以投资于收益率为3%的无风险国库券。将无风险资产添加到股票和债券组成的高风险投资组合中，会得到一条直线型的机会集，即我们在第5章已经介绍过的资本配置线（CAL）。我们现在考虑由各种无风险资产和各种可能的风险投资组合（由不同比例的股票基金和债券基金构成）构成的资本配置线。

我们从图6.5中债券基金和股票基金构成的风险资产机会集讲起。其中，方差最小的组合用MIN表示。CAL_{MIN}是一条经过该点的直线，它显示了不同头寸的短期国债和最小风险投资组合之间对风险与收益的权衡。从图中我们可以立即发现，通过使用组合A而不是最小风险组合作为高风险投资组合，我们可以做得更好（即，获得一个更高的夏普比率）。CAL_A优于CAL_{MIN}，因为对于任何一个预期收益率的波动率，前者

① 在$\rho=-1$的情况下，使标准差等于0的债券构成比例是$w_B=\frac{\sigma_S}{\sigma_B+\sigma_S}$。比较这个公式与第154页注释中当$\rho=0$时使标准差最小的债券投资比例的公式。

都可以提供一个更高的预期收益率。

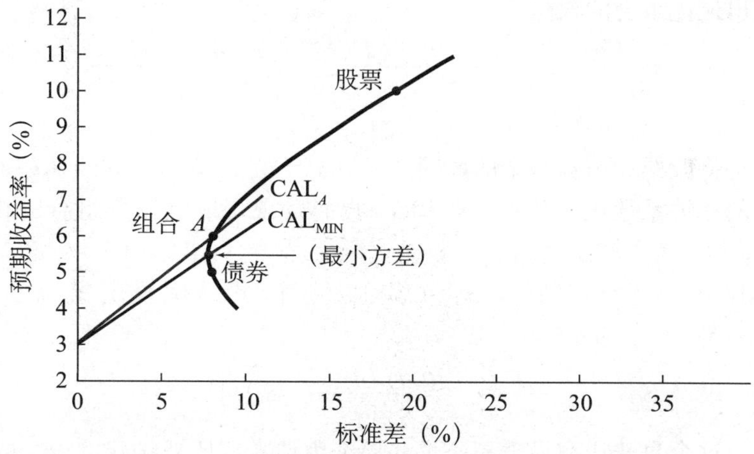

图 6.5　股票、债券和无风险资产的投资机会集与两条资本配置线

资本配置线的斜率就是风险组合的夏普比率，即超额收益率与标准差之比：

$$S_P=\frac{E(r_P)-r_f}{\sigma_P} \tag{6.8}$$

在国债利率为 3%的情况下，我们可以找到并比较投资组合 A 和 MIN 的夏普比率。投资组合 A 在股票基金中的权重为 0.2，预期收益率为 6%，标准差为 8.07%（见电子表格 6.6 的第 10 行）。因此，这两个组合的夏普比率为：

$$S_{MIN}=\frac{5.46-3}{7.80}=0.32；S_A=\frac{6-3}{8.07}=0.37 \tag{6.9}$$

组合 A 比最低风险组合有更高的夏普比率表明，组合 A 改进了风险—收益权衡。

我们的分析并不应止于组合 A。我们可以继续分析，寻求与投资机会集相切的资本配置线。在可行的范围内，这条资本分配线的回报—波动性比率最大。因此，图 6.6 中切点 O 处的组合就被称为**最优风险组合**（optimal risky portfolio，O）与国库券的组合，最优风险组合是在可能的最高的资本配置线上的风险组合。

最优风险组合：能够同无风险资产搭配形成完全资产的最优风险资产组合。

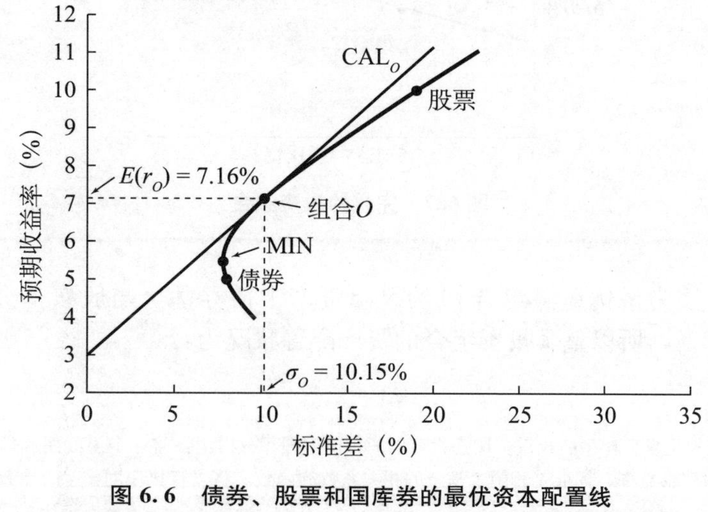

图 6.6　债券、股票和国库券的最优资本配置线

为找到最优风险资产组合 O 的构成，我们需要寻找能够使组合的夏普比率最大化的股票和债券基金的权重。在只有两个高风险资产的情况下，我们可以使用以下等式解出最优组合的权重①：

$$w_B = \frac{[E(r_B)-r_f]\sigma_S^2 - [E(r_S)-r_f]\sigma_B\sigma_S\rho_{BS}}{[E(r_B)-r_f]\sigma_S^2 + [E(r_S)-r_f]\sigma_B^2 - [E(r_B)-r_f+E(r_S)-r_f]\sigma_B\sigma_S\rho_{BS}}$$

$$w_S = 1 - w_B \tag{6.10}$$

将股票和债券基金的风险溢价（高于无风险利率的预期超额收益）、标准差和收益率的相关系数代入公式（6.10），我们发现，最优投资组合的权重是 $W_B(O)=0.568$，$W_S(O)=0.432$。使用这些权重，利用公式（6.5）、（6.6）和（6.8）进行计算，可以得到 $E(r_O)=7.16\%$，$\sigma_O=10.15\%$，因此最优投资组合的夏普比率（CAL 的斜率）是：

$$S_O = \frac{E(r_O)-r_f}{\sigma_O} = \frac{7.16-3}{10.15} = 0.41$$

这个夏普比率显著高于那些单纯由债券或股票构建的组合的夏普比率。

从上一章我们已经知道，投资者在选择风险组合与无风险资产构建整个投资组合时，主要考虑的因素是其风险厌恶程度。大部分风险厌恶型的投资者宁愿获取较低的预期收益率，从而选择风险较低的投资组合；而风险容忍型的投资者则更愿意选择高风险、高收益的投资组合。然而，无论哪种类型的投资者，都愿意将组合 O 作为风险组合，原因在于组合 O 对应的资本配置线最陡峭，即每单位风险所对应的收益率最高。投资者之间的差异体现在组合 O 与无风险资产在整个投资组合中构成比例的不同。

图 6.7 中的组合 C 代表了一种可能的选择。投资者投资于组合 O 与国库券的比例分别为 55% 与 45%，该组合的收益率与标准差分别为：

$$E(r_C)=3+0.55\times(7.16-3)=5.29\%$$

$$\sigma_C=0.55\times10.15=5.58\%$$

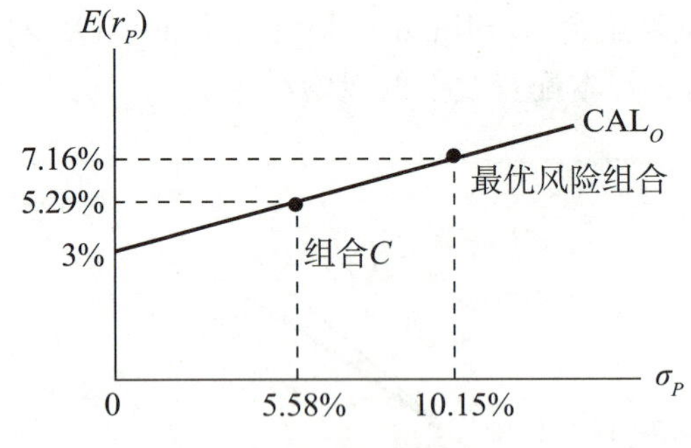

图 6.7 完整的投资组合

因为最优风险组合 O 的风险资产中债券基金与股票基金的构成分别为 56.8% 与 43.2%，所以整个投资组合的资产配置状况为：

① 等式（6.10）给定了能最大化夏普比率的权重，该公式可以通过使用微积分得出：将一个由股票和债券基金构成的投资组合的夏普比率写为 w_B 和 $w_S=1-w_B$，以及预期收益率、标准差和两个基金的相关系数的函数。将夏普比率对 w_B 的导数设为零，就能得到一个可以求解最优 w_B 的等式。

无风险资产的比重		45.00%
债券基金的比重	0.568×55%=	31.24%
股票基金的比重	0.432×55%=	23.76%
总计		100.00%

图 6.8 描述了资产配置的状况。这种配置反映了对有效多样化（最优风险组合 O 的构建）与风险厌恶（无风险资产与风险组合 O 共同构成整个投资组合 C）这两个因素的考虑。

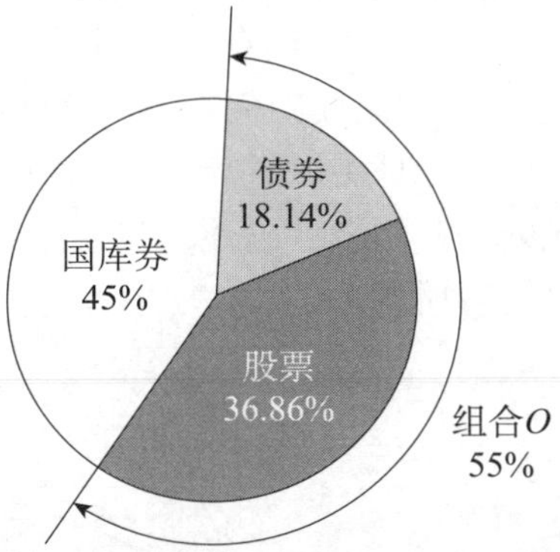

图 6.8 整个投资组合的构成：资产配置问题的解决

概念测验 6.4

组合中证券的构成主要包括风险股票（X）、股票指数基金（M）与国库券。这些证券的主要指标包括：

	预期收益率（%）	标准差（%）
X	15	50
M	10	20
国库券	5	0

扫描二维码
获取答案解析

X 与 M 之间的相关系数是−0.2。

a. 绘出 X 与 M 的投资机会组合。

b. 求出最优风险组合（O）的预期收益率、标准差和夏普比率，并比较 X 和 M 的夏普比率。

c. 计算由国库券与组合 O 构成的投资组合所对应的资本配置线的斜率。

d. 假定投资者将 2/9（即 22.22%）的投资资金投资于风险组合 O，剩下的资金投资于国库券。试计算整个投资组合的构成、预期收益率、标准差和夏普比率。

6.4 多种风险资产间的有效多样化

我们可以将对两种风险资产所构成的风险组合的研究扩展到用多种风险资产与无风险资产构建投资组合的问题。首先，我们要将两种风险资产的机会集扩展为许多资产的机会集。然后，我们通过寻找最陡峭的资本配置线（最大化夏普比率）来确定最优的风险组合。最后，我们要根据投资者的风险厌恶特征，选择由最优风险组合与无风险资产所构成的最优投资组合。

□ 风险资产的有效边界

图 6.9 反映了在投资组合中增加风险资产可以改善投资者的投资机会。*A*、*B*、*C* 三个点代表了三种股票的预期收益率与标准差。经过 *A*、*B* 两点的曲线表示由这两种股票的任意比例所构成的投资组合的风险—收益权衡。由此可知，经过 *B*、*C* 两点的曲线表示由这两种股票的任意比例所构成的投资组合的风险—收益权衡。现在考察 *AB* 曲线上的 *E* 点与 *BC* 曲线上的 *F* 点。这两个点代表了从两种关系中所选取的两种投资组合。经过 *E* 点与 *F* 点的曲线则代表了由这两种风险组合的任意比例所构成的所有投资组合。既然 *E*、*F* 组合是由 *A*、*B*、*C* 三种股票构成，那么，*EF* 曲线也可以看作对由三种证券所构成的一些组合的描述。应当注意的是，*EF* 曲线将投资机会组合向左上方延伸，这正是投资者所期望的。

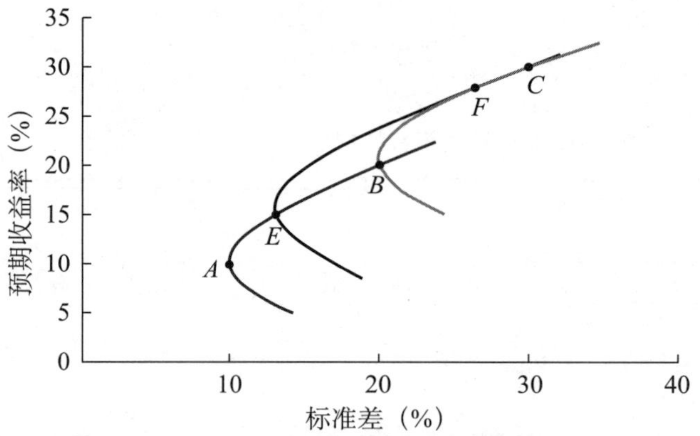

图 6.9　*A*、*B*、*C* 三种股票构成的组合

我们还可以从这三条曲线上选取其他一些点，将它们连接起来，形成新的投资组合，从而将投资机会组合继续向左上方延伸。如果在分析中考虑更多的股票，那么，这种分析方法的效果会更好。从图 6.10 可以看出，由这种方法形成的所有曲线的有效边界将位于所有单个股票的左上方。

这种寻求风险资产的有效边界的分析方法是由哈里·马科维茨在 1951 年率先提出的，马科维茨本人也由于这个贡献而获得了诺贝尔经济学奖。我们在这里将简要介绍这种分析方法。

首先，我们要确定风险—收益机会集，以构建最接近左上方的预期收益率和标准差的证券投资组合。输入的数据是现有的每一项资产的预期收益和标准差，以及每一对资产之间的相关系数。将所有左上方的投资组合相连，可以得到风险资产的**有效边界**（efficient frontier）。这个边界代表了在一定标准差水平上预期收益率最高的所有可能的投资组合，可以被视为有效的多样化。图 6.10（A）显示了其中一个边界。

有效边界：每个风险水平下预期收益率最高的所有可能的投资组合的集合。

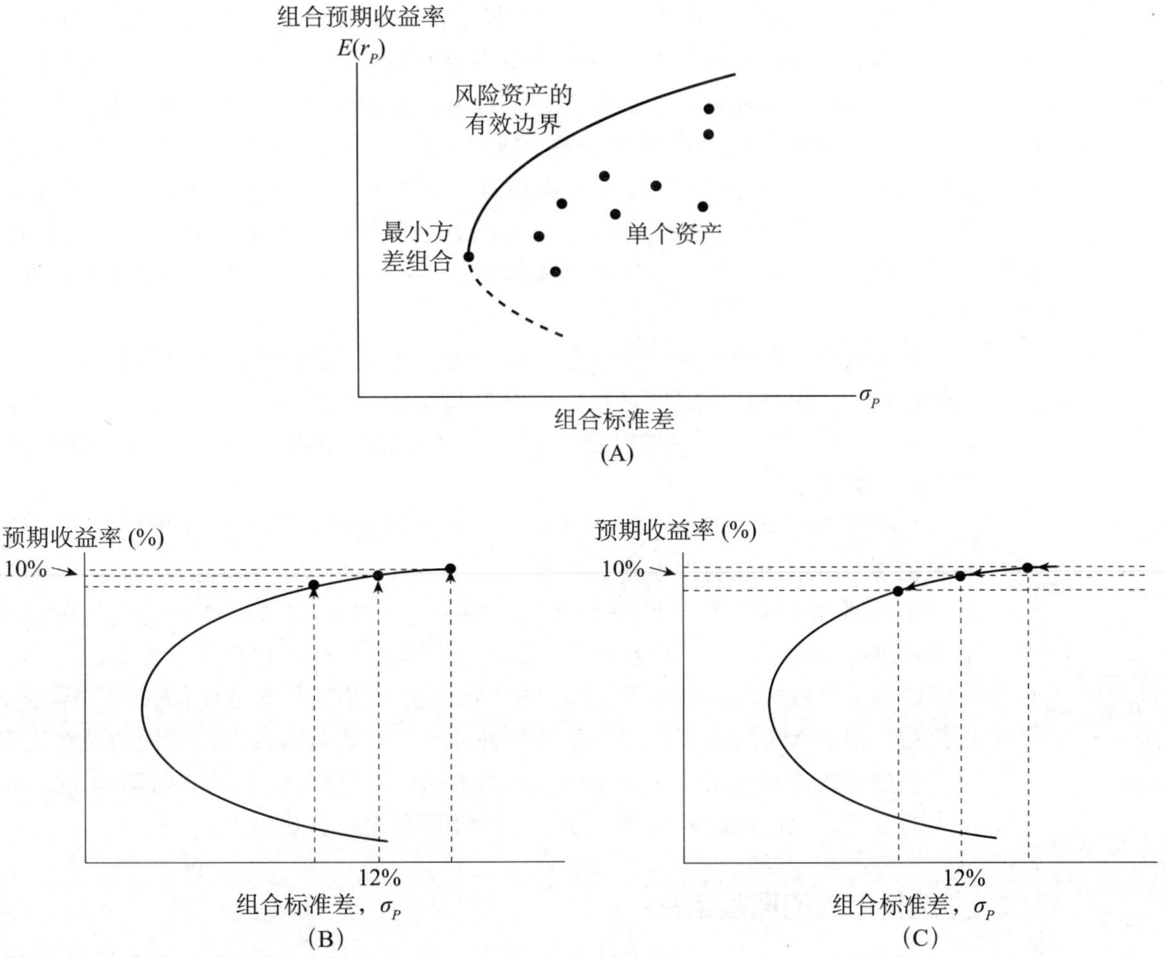

图 6.10 风险资产与单个资产的有效边界

有两种等效的方法来生成有效边界，我们在图 6.10（B）和（C）中对此进行了演示：一种方法是最大化任何标准偏差水平的预期收益；另一种方法是最小化任何预期收益水平的标准差。

对于第一种方法，最大化任何风险水平的预期收益，我们为标准差选择一个目标值，例如，标准差为 12%，并搜索与此波动水平相一致的具有最高预期收益的投资组合。因此，我们给我们的优化软件一个任务：在两个约束条件的制约下获取最大化的预期收益，这两个约束条件是：（1）投资组合的权重总和必须为 1（这称为可行性约束，因为任何合法的投资组合权重总和必须为 100%）；（2）投资组合的标准差必须匹配目标价值，$\sigma=12\%$。对所有投资组合优化软件搜索 $\sigma=12\%$，发现最高的可行的投资组合在垂直线 $\sigma=12\%$上；这是预期收益最高的投资组合。该投资组合位于标准差为 12%的上升的垂直箭头的顶部。从这一点到纵轴的水平跟踪线表明，对于这个组合，$E(r)=10\%$。现在你在有效边界上就有了一个点。对其他目标波动水平重复上述操作，你会发现有效边界上的其他点。当你像我们在图 6.10（B）中所做的那样“连接这些点”时，你将绘制如图 6.10 所示的边界。

第二种方法是最小化对应于每一个预期收益率的波动性。在这里，你需要画一些

在 G 点上方的水平线（G 点下方的组合都是无效的，因为它们的风险溢价都低于 G 点，而方差都高于 G 点）。在图 6.10（C）中，我们绘制了第一条水平线，预期收益率为10%。现在软件的任务是在可行性约束下最小化标准差。但是在这个方法中，我们用一个对投资组合预期收益的约束代替了对标准差的约束，也就是说，我们要求 $E(r)=10\%$，所以我们寻找的投资组合是在水平为 10%的水平线上最左边的——这是在预期收益率 10%下标准差最低的投资组合。从图 6.10（B）可知，这个投资组合必须在 $\sigma=12\%$。使用其他预期收益率重复此方法，你将发现沿着有效边界的其他点。再一次，像我们在图 6.10（C）中所做的那样将这些点连接起来，你将得到图 6.10 的边界。

在实践中，各种约束可能会阻止特定投资者在有效边界上选择投资组合。如果一家机构被禁止做空任何资产，投资组合经理必须在优化程序中添加约束，以排除负面（空头）头寸。为了实施卖空限制，优化程序中的附加约束是：优化组合中的所有资产权重必须大于或等于零。

一些客户可能希望确保预期股利收益率达到最低水平。在这种情况下，输入数据必须包含一组预期股利收益率，优化程序的约束条件是：预期投资组合的股利收益率将等于或超过预期水平。另一个常见的限制是，禁止对从事“不受欢迎的社会活动”的公司进行投资。这一约束意味着，这些公司的投资组合权重必须为零。

原则上，投资组合经理可以定制一个有效的边界来满足任何特定的目标。当然，任何约束都带有价格标签，因为受到额外约束的有效前沿将提供更低的夏普比率。

推导有效边界并用任意数量的资产和任意一组约束作图是非常简单的。对于数量不大的资产，仅使用电子表格程序便可以计算和绘制有效边界。

□ 选择最优的风险组合

最优化计划的第二步就要将无风险资产考虑进来。运用现行的无风险利率，我们寻求夏普比率最高的资本配置线（即最陡峭的资本配置线），如图 6.5 与图 6.6 所示。

由最优风险组合 O 所形成的资本配置线与风险资产的有效边界相切，这条资本配置线优于其他任何可行的资本配置线。因此，组合 O 就是最优风险组合。

还有另一种方法可以找到最好的风险投资组合。因为我们知道，最优投资组合是使夏普比率最大化的投资组合，而不是求解整个有效边界，我们可以直接确定最优投资组合。我们设置优化程序最大化夏普比率，并使其仅受可行性约束（投资组合权重之和为 1）。提供尽可能高的夏普比率的投资组合是最优组合 O。虽然最后这个方法不会产生整个最小方差边界，但是在许多应用中，只有最优风险资产组合是必要的。

□ 整个最优投资组合的确定与资产分割

最终，每个投资者都会在由最优风险投资组合 O 和国库券构成的投资组合中选择最适合自己的组合，如图 6.7 所示。

无论客户的风险厌恶程度如何，一个投资经理向所有客户建议的最优风险组合都是同一的（都为 O）。只有当客户在资本配置线上选择其最优投资组合时，风险厌恶程度才发挥作用。无论风险厌恶与否，所有客户都会将投资组合 O 作为最佳的风险投资工具。

这一结论就是詹姆斯·托宾（James Tobin）在1958年提出的**资产分割**（separation property）的概念。资产分割说明投资选择可被分解为两项任务：第一项任务是要确定最优风险组合，是纯技术性的工作。在基础资料一致的情况下，所有客户面临的最优风险组合都是同一的。第二项任务是投资者根据个人偏好构建由组合 O 与国库券构成的完整的投资组合，这取决于客户的风险厌恶程度。第二项任务中的决策者是客户个人。

资产分割：表明组合选择的资产可以被分解为两个独立的任务：一个是最优风险组合的决定，这是一个纯技术问题；另一个是个人对风险资产和无风险资产最优配比的选择。

实践中，由于存在着对做空、股利、税收因素以及客户其他方面的偏好等限制因素，不同客户的最优风险组合可能有差异。为了分析方便，我们假定少量组合就可以满足众多投资者的需要。在这里，我们可以推导出共同基金业存在的理论基础。

由于有计算机的帮助，最优化技术是投资组合构建中最简单的部分。当不同的投资组合经理输入不同的数据来推导有效边界时，其所得出的有效边界和“最优”组合也会不同。因此，投资组合经理之间的竞争实际上是投资选择背后的证券分析能力的竞争。“垃圾进，垃圾出”规则（GIGO）在投资组合选择中体现得可谓淋漓尽致。如果证券分析的质量不高，市场指数基金等消极型投资组合的收益反而会比积极型投资组合的收益更高。

概念测验 6.5

两个投资组合经理分别供职于两家相互竞争的投资管理公司，他们都使用证券分析技术，运用输入的数据来构建最优组合。如果经理A推导出的有效边界位于经理B得到的有效边界的左上方，能否得出这样的结论：经理A的证券分析能力要优于经理B?

扫描二维码
获取答案解析

□ 构建最优风险组合：一个例证

为了说明最优风险资产组合的构建方法，我们假设有一个分析师希望使用六个国家的股票市场指数来构建一个有效多样化的全球投资组合。表6.1（A）显示了输入的数据。标准差和相关系数矩阵是用最近的历史数据估算得到的，而对风险溢价的预测则来自基本面分析。表6.1中显示美国股票指数投资组合的夏普比率最高。鉴于美国在这段时期的夏普比率很高，人们可能会得出这样的结论：美国投资者不会从国际多样化中获得太多好处。但即使在这个样本期，我们也会看到多样化是有益的。

表6.1（B）显示了有效边界的构建，如下所示：首先，我们通过在可行性约束下最小化标准差来构建全球最小方差组合 G，然后我们在同样的约束下最大化夏普比率，找到最优风险组合 O。为了画出这条曲线，我们会选择更多的风险溢价；对于每一个风险溢价，我们都在可行性约束下最大化夏普比率。我们在图6.11中画出的点中有一个就是全球最大化夏普比率组合 O。

结果相当惊人。我们观察到全球最小方差组合的标准差是10.94%，远低于最小方差国家（英国）的标准差14.93%。G 点是由在德国和法国的空头头寸以及一个较大的相对低风险的英国多头头寸组成的。并且，这个投资组合的夏普比率高于除美国以外的所有国家！但是，即便是这个组合也将被喜欢拥有最高夏普比率的投资组合的人拒绝。

表 6.1　允许卖空和禁止卖空时国际分散化的有效边界及包含卖空的资本配置线

A. 输入表

	超额收益率			
	均值	方差	夏普比率	输入表
美国	0.060 0	0.149 5	0.401 3	来自基本面分析的预期超额收益率
英国	0.053 0	0.149 3	0.355 1	来自历史收益率的标准差和协方差矩阵
法国	0.068 0	0.200 8	0.338 6	
德国	0.080 0	0.227 0	0.352 5	
日本	0.045 0	0.187 8	0.239 7	
中国	0.073 0	0.300 4	0.243 0	

协方差矩阵

	美国	英国	法国	德国	日本	中国
美国	1					
英国	0.83	1				
法国	0.83	0.92	1			
德国	0.85	0.88	0.96	1		
日本	0.43	0.44	0.47	0.43	1	
中国	0.16	0.28	0.26	0.29	0.14	1

B. 有效边界——允许卖空

投资组合	(1)	(2)	*G*	(4)	(5)	(6)	(7)	*O*	(9)	(10)	(11)	(12)	(13)
风险溢价	0.032 5	0.037 5	0.041 0	0.042 5	0.045 0	0.050 0	0.055 0	0.058 474	0.060 0	0.065 0	0.070 0	0.080 0	0.085 0
标准差	0.114 7	0.110 3	0.109 4	0.109 5	0.110 6	0.115 4	0.123 4	0.130 601	0.134 1	0.146 9	0.161 2	0.193 3	0.210 4
斜率(夏普比率)	0.283 2	0.340 0	0.374 9	0.388 0	0.407 0	0.433 4	0.445 7	0.447 733	0.447 4	0.442 5	0.434 1	0.414 0	0.404 0
组合权重													
美国	0.594 8	0.626 8	0.647 6	0.656 9	0.672 4	0.703 3	0.734 2	0.755 643	0.765 1	0.796 0	0.826 9	0.888 7	0.919 6
英国	1.066 7	0.887 8	0.768 1	0.715 5	0.627 9	0.452 7	0.277 5	0.155 808	0.102 3	−0.072 8	−0.248 0	−0.598 4	−0.773 6
法国	−0.101 4	−0.130 8	−0.161 8	−0.172 7	−0.190 8	−0.227 2	−0.263 5	−0.288 8	−0.299 9	−0.336 2	−0.372 5	−0.445 2	−0.481 6
德国	−0.842 4	−0.670 2	−0.543 1	−0.490 1	−0.490 1	−0.225 3	−0.048 7	0.074 0	0.127 8	0.304 4	0.481 0	0.834 1	1.010 7
日本	0.215 8	0.198 5	0.186 6	0.181 5	0.172 9	0.155 8	0.138 6	0.126 709	0.121 5	0.104 3	0.087 2	0.052 9	0.035 7
中国	0.066 4	0.087 9	0.102 5	0.108 9	0.119 5	0.140 7	0.161 9	0.176 649	0.183 1	0.204 3	0.225 6	0.268 0	0.289 2

续表

C. 包含卖空的资本配置线													
风险溢价	0.000 0	0.049 4	0.049 0	0.049 0	0.049 5	0.051 7	0.055 3	0.058 5	0.060 0	0.065 8	0.072 2	0.086 5	0.134 3
标准差	0.000 0	0.110 3	0.109 4	0.109 5	0.110 6	0.115 4	0.123 4	0.130 6	0.134 1	0.146 9	0.161 2	0.193 3	0.300 0
D. 有效边界——不允许卖空													
投资组合	(1)	(2)	(3)	(4)	(5)	最小化 Var	(7)	(8)	最优	(10)	(11)	(12)	(13)
风险溢价	0.045 0	0.047 5	0.049 0	0.051 0	0.053 5	0.056 0	0.057 3	0.059 0	0.060 7	0.065 0	0.07	0.075 0	0.080 0
标准差	0.187 8	0.155 5	0.143 5	0.137 2	0.133 0	0.131 648	0.132 1	0.133 7	0.136 7	0.149 3	0.167 533 2	0.189 3	0.227 0
斜率（夏普比率）	0.239 7	0.305 5	0.341 4	0.371 8	0.402 2	0.425 089	0.433 9	0.441 1	0.443 9	0.435 3	0.417 827 7	0.396 3	0.352 5
组合权重													
美国	0.000 0	0.000 0	0.000 0	0.067 1	0.237 5	0.405 2	0.496 4	0.612 2	0.706 7	0.636 7	0.422 3	0.168 0	0.000 0
英国	0.000 0	0.312 5	0.500 0	0.546 5	0.396 7	0.249 1	0.168 9	0.067 0	0.000 0	0.000 0	0.000 0	0.000 0	0.000 0
法国	0.000 0	0.000 0	0.000 0	0.000 0	0.000 0	0.000 0	0.000 0	0.000 0	0.000 0	0.000 0	0.000 0	0.000 0	0.000 0
德国	0.000 0	0.000 0	0.000 0	0.000 0	0.000 0	0.000 0	0.000 0	0.000 0	0.000 0	0.132 4	0.355 8	0.597 6	1.000 0
日本	1.000 0	0.687 5	0.500 0	0.364 2	0.302 9	0.242 4	0.209 6	0.167 9	0.111 4	0.023 2	0.000 0	0.000 0	0.000 0
中国	0.000 0	0.000 0	0.000 0	0.022 2	0.063 0	0.103 2	0.125 1	0.152 9	0.181 9	0.207 7	0.221 9	0.234 3	0.000 0

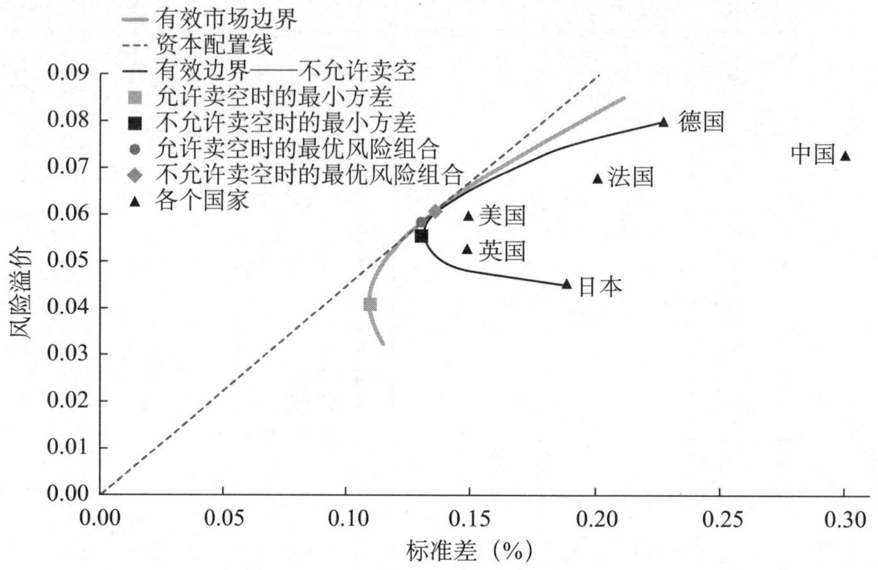

图 6.11　根据表 6.1 所画的有效市场边界和资本配置线

投资组合 O 的夏普比率为 0.447 7，与美国的 0.401 3 相比已经实现了显著改善，这一点可以从表 6.1（C）中的资本配置线上看出来。资本配置线上的点与有效边界上的点有相同的标准差，因此，资本配置线上每个点的风险溢价都等于投资组合 O 的夏普比率乘以其标准差。[①] 注意资本配置线上的投资组合（（9））与美国指数拥有相同的风险溢价，6%。但其标准差为 13.41%，比美国指数 14.95%的标准差低 1.5%。这个组合投资于美国指数的权重仍有 76.51%，尽管它确实需要持有法国指数的一个巨大的空头头寸（−29.99%）。

许多机构投资者禁止使用空头头寸，而个人也可能由于股价无限的上升潜力所导致的空头头寸可能带来的无限潜在损失而反对持有较大的空头头寸。表 6.1（D）显示了当对投资组合加入一个额外的约束（即所有权重不得为负）时的有效边界。

看一下如图 6.11 所示的两个有效边界，禁止卖空边界的两端显然不如没有额外约束的边界。这是因为不论是低收益率组合还是高收益率组合的边界的构建通常都需要引入空头头寸。在边界低收益率/低波动性的那一端，投资组合做空高度相关且风险溢价较低的股票，从而在损失较少预期收益率的情况下降低组合的方差。在另一端（高预期收益的一端），我们发现含有低风险溢价股票的空头头寸取代了较大的高风险溢价股票的多头头寸。因此，在极端风险溢价方面，受卖空限制的有效边界与不受限制的有效边界存在着更大的差异。

6.5　单指数股票市场

在本章的开始，我们区分了系统风险与公司特定风险。系统风险来自影响所有证

① 由于夏普比率 S=风险溢价/标准差，我们可以将这个式子转换为标准差=风险溢价/S_O，资本配置线上的每一点都拥有同样的斜率，而这一斜率就等于组合 O 的夏普比率。

券的宏观经济因素；公司特定风险则只会影响某一特定企业或某类企业。**指数模型**（index model）就是旨在对影响某一证券或某一证券组合的这两种要素进行评估的统计模型。首先运用指数模型来解释多样化投资收益的是另外一位诺贝尔经济学奖获得者——威廉·S. 夏普（William S. Sharpe，1963）。我们将在下一章详细介绍他的主要研究成果——资本资产定价模型（capital asset pricing model）。

指数模型：将股票收益与广泛市场指数和公司特定因素收益相关联的模型。

指数模型的实用性使得该模型得到了广泛的运用。要构建 100 种证券的有效边界，我们需要这 100 种证券的预期收益率与方差，以及 100×99/2＝4 950 个相关系数。事实上，100 种证券所构成的组合囊括的范围是非常小的。如果要构建 1 000 种证券的有效边界，那么我们就需要 1 000 个预期收益率与方差，以及 499 500 个相关系数。如果我们假定一个共同因素体现了所有证券收益之间的相关系数，而其他所有的方差都可以归结为公司特定因素，那么就可以大大减少我们需要估计的变量个数。

我们可以在图 6.12 中看到被激发的指数模型。我们从一个历史样本开始，这个样本是对市场指数和某种特定证券（比如福特股票）超额收益的配对观察。在图 6.12 中，我们有 60 对月超额收益，在一个五年的样本中，每个月有一对。每个点表示一个特定月份的一对收益值。例如，2012 年 1 月，福特的超额收益率为 15.9%，而市场收益率为 5.4%。

为了描述福特的收益率和市场指数之间的典型关系，我们通过图 6.12 中的散点图拟合出一条直线。从这条“最佳契合线”可以明显看出，福特的收益率与市场的收益率之间存在着正相关关系。这证明了广泛的市场条件对福特股票表现的重要性。这条线的斜率反映了福特对市场状况的敏感性：一条更陡的线意味着福特的收益率对市场收益率的反应更灵敏。另外，散点图也表明，市场状况并不是全部：如果收益率完美地跟踪了市场的收益率，那么所有的收益率对都将完全位于直线上。这条线周围分散的点表明，公司特有的事件也对福特的收益率产生了重大影响。

如何确定最合适的直线？如果我们用 R_i 表示一个证券的**超额收益**（excess return），M 表示市场指数，$R_M = r_M - r_f$，那么，福特的超额收益即为 $R_{\text{Ford}} = r_{\text{Ford}} - r_f$。我们用单变量线性回归估计直线。具体地说，我们在指数 R_M 的超额收益上对福特的超额收益作了回归。更具体地，对于任意股票 i，用 $R_i(t)$ 表示第 t 个月的超额收益，用 $R_M(t)$ 表示市场指数的超额收益，则指标模型可表示为[①]：

超额收益：超过无风险收益率的那部分收益。

$$R_i(t) = \alpha_i + \beta_i R_M(t) + e_i(t) \tag{6.11}$$

这个等式的截距是证券 i 的 $\boldsymbol{\alpha}$（用希腊字母 α_i 表示），是当市场超额收益率为零时，证券的预期超额收益率。它是图 6.12 中的垂直截距。也可以被认为是由市场波动引起的任何超过国库券利率的股票的预期收益率。

$\boldsymbol{\alpha}$：股票的预期收益率高于市场超额收益率的部分。

图 6.12 中直线的斜率称为证券的 $\boldsymbol{\beta}$ 系数，用 β_i 表示。β 是指证券收益率每增加或减少 1%，证券收益率就会增加或减少多少，从而衡量证券对市场经济冲击的敏感度。因此，β 系数是衡量**系统风险**（systematic risk）的自然指标。$e_i(t)$ 是第 t 个月证券收益中的零均值、公司特定风险，常称为残差。残差越大（正的或负的），收益值在图 6.12

$\boldsymbol{\beta}$：某个证券的收益对市场指数的敏感度。

系统风险：在整个经济中普遍存在的风险部分，也称为市场风险或不可分散风险。

① 在等式（6.11）和图 6.12 中，我们使用超额收益而不是总收益。这是因为我们将无风险国债视为投资者资金的另一种投资选择。只有当超额收益为正时，你才会乐于将资金从无风险资产转移到风险替代品。因此，衡量一项高风险投资的表现最好是用超额收益，而不是总收益。然而，从业人员经常使用一个“修改过”的指数模型，类似于等式（6.11），但它使用的是总收益率，而不是超额收益率。这种做法在使用日常数据时最为常见。在这种情况下，票据的收益率大约是每天 0.01%，所以总收益率和超额收益率几乎没有区别。

公司特定风险或剩余风险：收益方差的组成部分，其独立于市场因素。

证券特征线：给定市场超额收益的证券的超额收益预测图。

中的直线周围的散射就越大。这种分散反映了**公司特定风险**（firm-specific），或相当于**剩余风险**（residual risk）。剩余风险和系统风险都会影响总收益的波动。

结果是，当我们估计图 6.12 中散点图的回归线时，我们得到了以下估计：

$$R_{\text{Ford}}(t) = -0.98\% + 1.32R_M(t) + e_i(t) \tag{6.12}$$

这条回归线"最适合"散点图中的数据（见图 6.12）。我们称这条线为福特的**证券特征线**（security characteristic line，SCL）。

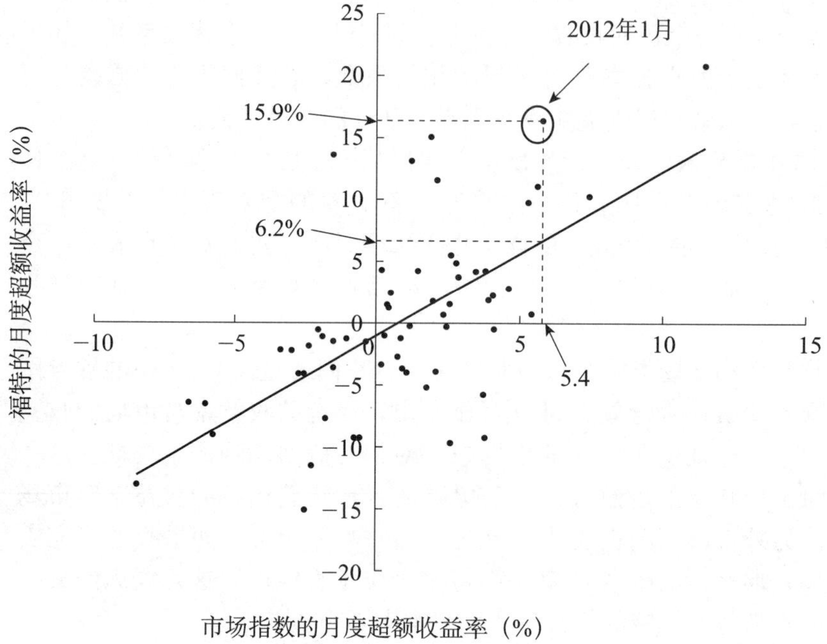

图 6.12　福特公司市场指数的散点图和福特公司的证券特征线

证券特征线告诉我们，市场指数收益每增加 1%，股票收益就会上涨 1.32%。残值的平均值是零，所以在这个样本时期，在一个月中市场是"持平的"，市场的超额收益率为零，福特的超额收益率预计为−0.98%。

投资者自然会被 α 为正值的股票所吸引，因为正值意味着更高的平均超额收益（即风险溢价），而无须承担任何额外的市场风险敞口的"成本"。例如，如果你认为某个证券被低估，α 可能很大，因此提供了一个有吸引力的预期收益。在下一章，我们将会看到，当证券价格处于均衡状态时，这些有吸引力的机会应该消失，在这种情况下，α 将接近零。但现在，我们假设每个证券分析师都给出了自己对 α 的估计。如果经理相信他们能在证券分析方面做得更好，那么他们就有信心找到 α 值非零的股票。

请注意，到目前为止，指数模型中几乎没有"理论"。该模型只是描述市场收益与特定公司收益之间典型关系的一种方式。经济中所有股票的平均 β 值是 1；股票对由所有股票组成的市场指数的变化的平均反应必须是 1∶1。[①] 根据定义，市场指数的 β 值为

① 注意，只有 β 的加权平均值（使用市值作为权重）为 1，因为股票市场指数是价值加权的。从第 5 章我们知道，按市值分配的证券是不对称的：大公司相对较少，而小公司则多得多。因此，当以价值加权指数（如标准普尔 500 指数）为基准计算单个证券的 β 值时，β 值的简单平均值将大于 1，这是受较小公司股票 β 值较高的总体趋势推动的。

1，很明显，指数本身对变化的响应是 1∶1。周期性或激进型股票对整体经济的敏感度高于平均水平，因此具有大于 1 的 β 值。相反，防御型股票的 β 值小于 1。这些股票的收益率对市场收益率的反应低于 1∶1。

虽然指数模型主要是经验性的，但它将帮助我们解决两个重要的理论问题：(1) 我们期望观察到的股票 β 值与预期收益率之间的关系是什么？(2) 当市场处于均衡状态时，我们应该观察到的 α 值是多少？接下来我们将介绍这部分内容。

总而言之，指数模型将证券的实际收益率分为宏观因素（系统风险）和微观因素（公司特定风险）两部分。每种证券的超额收益率由以下三部分组成：

	代表符号
1. 由于市场总体波动而产生的收益率（由 R_M 代表）；β_i 是证券对市场的敏感度	$\beta_i R_M$
2. 只对某一证券产生影响的不确定事件对证券收益率的影响	e_i
3. 股票的超额收益率，如果市场要素是中性的，即市场的超额收益率是 0	α_i

由于影响公司收益的公司特定因素与市场收益无关，我们可以将股票超额收益率的方差表示为①：

$$\begin{aligned}\text{方差}(R_i) &= \text{方差}(\alpha_i+\beta_i R_M+e_i)\\ &= \text{方差}(\beta_i R_M)+\text{方差}(e_i)\\ &= \beta_i^2\sigma_M^2+\sigma^2(e_i)\\ &= \text{系统风险}+\text{公司特定风险}\end{aligned} \tag{6.13}$$

因此，每个证券收益率的总体波动性可以归结为两个因素：

1. 整个市场的不确定性的方差。这个方差来自 R_M 的方差 σ_M^2 和该股票对 R_M 的敏感度 β 两个方面。

2. 公司特定风险要素的方差 e_i，这个部分与市场绩效无关。

□ 单一指数模型的统计表述

等式 (6.11) 可以被看作 R_i 关于市场超额收益率 R_M 的一元回归方程。证券的超额收益率 R_i 是该方程的因变量。等式的右侧由三项构成：截距 α_i；回归系数 β_i 与自变量 R_M 的乘积；证券的剩余收益（未解释的收益）e_i。

然而，回归线并不代表实际收益；散点图上的点几乎不完全位于回归线上。相反，这条线代表平均趋势；它显示了 R_{Ford} 在市场超额收益 R_M 下的期望。回归线的代数表示为：

$$E(R_{\text{Ford}} \mid R_M)=\alpha_{\text{Ford}}+\beta_{\text{Ford}}R_M \tag{6.14}$$

这个等式表示：在 R_M 值一定的前提下，R_{Ford} 的预期值等于两项之和：回归截距；斜率系数与给定值 R_M 的乘积。

因为回归线表示预期，而这些预期可能无法实现（如图 6.12 所示），所以实际的预期还包括一个残差 e_i，反映了公司特定收益部分。这个部分是由散点图的点到回归线之间的垂直距离来测量的。例如，2012 年 1 月，当市场超额收益率为 5.4%时，我们预测福特的超额收益率为 (−0.98%)+1.32×5.4%=6.2%。实际上，其实际超额收益率为 15.9%，导致了一个较大的正剩余 9.7%，如图 6.12 所示。福特在那个月一

① α_i 是一个常数，对 R_i 的方差没有影响。R_M 和 e 的协方差为零。

定有非常好的公司特有收益。新闻 α_i 代表了公司特有收益；$e_i(t)$ 表示某意外事件引起的收益。

回归线上实际收益的离散程度由残差的方差 $\sigma^2(e)$ 来度量。这种针对公司特有风险的大小因证券而异。衡量系统风险相对重要性的一种方法是测量系统方差与总方差的比率，我们称之为回归线的 R^2：

$$R^2 = \frac{\text{系统方差(可解释方差)}}{\text{总方差}}$$

$$= \frac{\beta_{\text{Ford}}^2 \sigma_M^2}{\sigma_{\text{Ford}}^2} = \frac{\beta_{\text{Ford}}^2 \sigma_M^2}{\beta_{\text{Ford}}^2 \sigma_M^2 + \sigma^2(e_{\text{Ford}})} \tag{6.15}$$

R^2 是可解释方差与总方差的比率，即可归因于市场波动的总方差的比例。残差越小，R^2 越大。在极限情况下，如果 $\sigma^2(e)$ 为零，则 R^2 将为 1.0。在这种情况下，由于完全没有公司特定风险，市场指数的超额收益完全可以解释股票的超额收益。一般来说，R^2 是市场与股票收益相关系数的平方。

如果 β 是负的，那么当市场上涨时，股票更有可能下跌。它们的超额收益将呈负相关。然而，了解市场收益会传达有关股票收益的信息，因此 R^2 仍将高于零。在任一极端，相关系数为 1 或 −1 时，证券收益完全由市场指数的收益决定，R^2 将为 1，散点图的所有点将完全位于最佳拟合线上。

因此，一般来说，一个较高的 R^2（相当于具有高绝对值的相关系数）告诉我们，在决定股票收益时系统因素的影响大于公司特定因素。相比之下，一个较低的 R^2 意味着市场在解释股票收益的方差方面起着相对不重要的作用，在这种情况下，公司特定因素占主导地位。

下面的案例 6.3 将说明如何使用电子表格程序利用历史数据估算单指数模型。

概念测验 6.6

从系统风险、可分散风险、截距方面分别解释图 6.13 中的 8 个散点图。

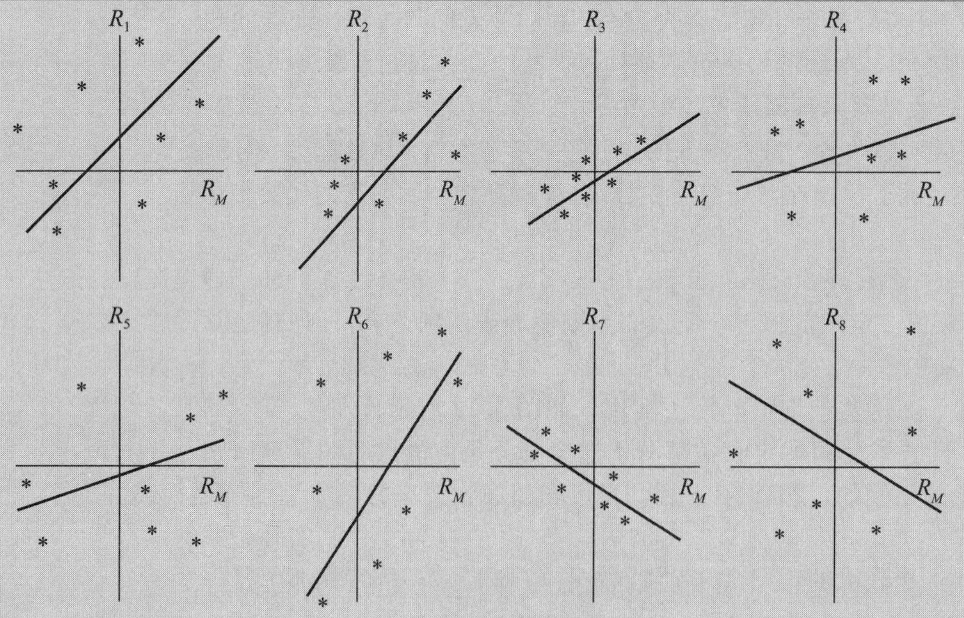

图 6.13　各种散点图

扫描二维码
获取答案解析

案例 6.3

运用历史数据估算指数模型

以下电子表格说明了如何设置回归分析以估计指数模型回归的参数。我们输入两只股票和市场指数的12个月的假设收益率以及无风险利率，并在G～I栏中计算超额收益率。

然后，我们转到“数据”(Data）选项卡，单击“数据分析”(Data Analysis)，然后选择“回归工具”(Regression)。该工具会询问输入左侧变量（Y 范围）、右侧变量（X 范围）和希望回归输出的位置的范围。对于股票 ABC，Y 范围为 H4：H15，X 范围为 G4：G15。

回归输出包括 R^2（单元格 D22）、回归残差的标准差（称为标准误，单元格 D24）、这一（非常短的）样本周期该股票预估的 α 和 β（单元格 D29 和 D30），以及在标准差列中，对回归系数、t 统计和 p 值这些估值精度的测量。

股票 ABC 的系统风险较低，β 仅为 0.525。其 R^2 为 0.252，表明其收益方差中只有 25.2%是由市场指数变动推动的。

	A	B	C	D	E	F	G	H	I
1		无风险	收益率				超额收益率		
2	月	利率	市场指数	股票 ABC	股票 XYZ		市场指数	股票 ABC	股票 XYZ
3									
4	1	1.02%	3.71%	2.81%	4.23%		2.69%	1.79%	3.21%
5	2	1.06%	0.28%	−1.89%	−0.78%		−0.78%	−2.95%	−1.84%
6	3	1.11%	2.84%	1.85%	3.02%		1.73%	0.74%	1.91%
7	4	1.04%	−1.51%	−1.36%	−2.98%		−2.55%	−2.40%	−4.02%
8	5	0.98%	−1.86%	−3.31%	−2.34%		−2.84%	−4.29%	−3.32%
9	6	1.03%	−2.29%	9.72%	2.03%		−3.32%	8.69%	1.00%
10	7	1.06%	−1.77%	0.91%	−0.5%		−2.83%	−0.15%	−1.62%
11	8	1.05%	−8.49%	−5.09%	−6.45%		−9.54%	−6.14%	−7.50%
12	9	1.05%	4.39%	3.63%	6.85%		3.34%	2.58%	5.80%
13	10%	1.07%	−2.63%	−3.21%	−3.09%		−3.70%	−4.28%	−4.16
14	11	1.04%	1.37%	2.81%	2.63%		0.33%	1.77%	1.59%
15	12%	1.01%	5.39%	2.82%	6.95%		4.38%	1.81%	5.94%
16									
17									
18			股票 ABC 的回归结果						
19									
20			回归统计						
21			多重 R	0.502					
22			R^2	0.252					
23			调整后 R^2	0.177					
24			标准差	0.037					
25			观测值	12					
26									
27									
28				协方差	标准差		t 统计	p 值	
29			截距	0.34%	1.11%		0.306	0.766	
30			市场指数	0.525	0.286		1.836	0.096	

概念测验 6.7

a. 案例 6.3 中，股票 XYZ 的特征线是什么？
b. 股票 ABC 与股票 XYZ 是否具有较高的系统风险？
c. 股票 XYZ 的方差中有多大比例来自公司特定风险？

扫描二维码
获取答案解析

Excel 应用

指数模型估算

以下是电子表格的摘录，其中包含三只股票 2007—2009 年跨越金融危机的三年期月度收益率。

	A	B	C	D	E	F
1	月度收益率（十进位制）					
2	月份	福特	沃尔玛	美国银行	市场指数	国库券
3	2007 年 1 月	0.082 6	0.032 7	−0.015 2	0.019 4	0.004 2
4	2007 年 2 月	−0.027 1	0.013 0	−0.022 6	−0.014 0	0.004 2
5	2007 年 3 月	−0.002 5	−0.023 6	0.003 7	0.012 9	0.004 1
6	2007 年 4 月	0.019 0	0.020 7	−0.002 4	0.039 8	0.004 1
7	2007 年 5 月	0.037 3	−0.002 1	0.007 3	0.038 9	0.003 9
8	2007 年 6 月	0.129 5	0.010 7	−0.035 9	−0.014 8	0.003 8
9	2007 年 7 月	−0.096 6	−0.044 9	−0.030 1	−0.031 8	0.004 0
10	2007 年 8 月	−0.082 3	−0.045 7	0.068 7	0.011 6	0.003 5

Excel 问题：

1. 这些公司的 β 值分别是多少？
2. 鉴于每家公司都面临金融危机的风险，你为每个公司找到的 β 值的相对大小对你而言具有直观的意义吗？

□ 从指数模型开始学习

在案例 6.3 中，我们展示了如何在 Excel 中估算指数模型回归。我们首先收集了每个公司和市场指数的每月超额收益观察样本。然后，我们通过散点拟合"最佳"线，描述股票收益与市场指数之间的典型关系。这正是我们在图 6.2 中估计福特回归线的方式。回归线的斜率是福特的 β、截距、其 α 和反映了福特收益的公司特定风险或剩余风险的标准差的回归线周围残差的散点。

表 6.2 显示了近 20 家大公司的指数模型回归。请注意，公司的平均 β 值为 0.915，与 1.0 的预期值相差不远。模型似乎提供了系统风险的合理预估。正如人们所料，对宏观经济状况有高敞口的公司（如，美国钢铁公司、福特公司和迪士尼公司）的 β 值大于 1。其业务对宏观经济不太敏感的公司（如，沃尔玛、麦当劳和可口可乐）的 β 值低于 1。在几乎所有情况下，回归的 β 值都远远大于其标准误的两倍。这告诉我们，β 值的 t 统计远高于 2，因此，我们可以很容易地否定 β 值为零的假设。换句话说，有强有力的证据表明，这些股票的收益部分是由大盘的表现推动的。

表 6.2　指数模型估计：2011—2015 年广义市场指数超过 60 个月的超额股票收益对超额股票收益的回归

代码	公司	β	α	R^2	剩余标准差	标准误 β	标准误 α	调整 β
MSFT	微软	0.856	0.008	0.224	0.056	0.209	0.007	0.904
KO	可口可乐	0.406	0.004	0.129	0.037	0.138	0.005	0.604
XOM	埃克森-美孚	0.876	−0.003	0.460	0.033	0.125	0.004	0.917
GE	通用	1.093	0.004	0.467	0.041	0.153	0.005	1.062
BA	波音	0.944	0.009	0.350	0.045	0.169	0.006	0.963
NEM	纽蒙特矿业	0.316	−0.016	0.011	0.107	0.400	0.014	0.544
PFE	辉瑞	0.837	0.007	0.432	0.034	0.126	0.004	0.891
F	福特	1.326	−0.010	0.394	0.058	0.216	0.008	1.217
DIS	沃尔特·迪士尼	1.352	0.009	0.617	0.037	0.140	0.005	1.235
BP	英国石油	1.533	−0.012	0.584	0.045	0.170	0.006	1.355
MCD	麦当劳	0.455	0.006	0.186	0.033	0.125	0.004	0.637
WMT	沃尔玛	0.209	0.003	0.023	0.048	0.179	0.006	0.473
INTC	英特尔	0.831	0.006	0.221	0.055	0.205	0.007	0.887
BAC	美洲银行	1.681	−0.005	0.361	0.078	0.294	0.010	1.454
VZ	威瑞森	0.237	0.007	0.037	0.042	0.158	0.006	0.492
X	美国钢铁	1.844	−0.039	0.255	0.111	0.414	0.015	1.563
AMZN	亚马逊	0.866	0.018	0.142	0.075	0.279	0.010	0.911
GOOG	Alphabet（谷歌）	0.799	0.011	0.166	0.063	0.235	0.008	0.866
	均值	0.915	0.000	0.281	0.055	0.207	0.007	0.943
	标准差	0.488	0.013	0.186	0.024	0.088	0.003	0.325

虽然这个样本的 α 从每月 −3.9% 到每月 1.8% 不等，但这个样本的平均 α 几乎为零。由于这种非市场风险溢价平均为零，我们的结论是：平均而言，这些公司既不被低估，也不被高估。一些表现比 5 年期初的预期要好，另一些则表现更差，但没有明显的系统性倾向达不到或低于最初的预期。此外，与围绕其真实值的统计不确定性相比，这些 α 估计值通常很小。整个样本中只有两家公司的 α 估计值是其标准误的两倍多。换句话说，α 估计值在统计上并不显著。作为一般规则，人们不能否认真实值为零的假设。

指数模型回归还告诉了我们更多关于公司特定风险的信息。名为“剩余标准差”的列是残差 e 的标准差，是我们衡量公司特定风险的指标。值得注意的是这种风险有多高，平均每月 5.5%。这再次提醒我们多样化的重要性。任何将投资组合集中在一种或几种证券中的人都承受着巨大的波动性，而这种波动性很容易实现多样化。

这些回归的 R^2 也反映了公司特定风险的高水平。对于这个股票样本，只有 28.1% 的收益方差是由于市场引起的，这意味着 71.9% 是由于公司特定因素引起的。当然，多样化的投资组合将具有更低的剩余标准差和高得多的 R^2。我们将在下一章中继续讨论这一点。

预测 β 值

作为一种经验规则，β 值似乎表现出一种称为均值回归（mean reversion）的统计属性。这表明高 β 值（即 $\beta>1$）证券在未来倾向于表现出较低的 β 值，而低 β 值（即 $\beta<1$）证券在未来倾向于表现出更高的 β 值。希望预测未来 β 值的研究人员经常从历史

数据中调整β值估计值，使得回归值趋向于1。

计算均值回归的一个简单方法是将β值预测为样本估计值和β值平均值（该平均值必须为1）的加权平均。一个常见的粗略计算加权的方案是样本估计值的2/3加上1/3（值为1时）。例如，假设过去的数据得出β值估计值为0.65，那么，调整后的β值预测将是：

$$\text{调整后的}\beta\text{值} = \frac{2}{3} \times 0.65 + \frac{1}{3} \times 1 = 0.77$$

β值的最终预测实际上比样本估计值更接近于1。如果查看表6.2的最后一列，你将看到样本中每个公司的调整β值。

一种更复杂的调整技术将根据样本β值的统计质量确定其权重。更精确的β值估计会得到更高的权重。然而，如表6.2所示，从过去的数据中对β值的统计估计通常并不精确，因为数据中有许多"噪音"是由公司特定事件造成的。投资组合的问题不那么严重，因为多样化降低了公司特有风险的方差。

人们可能希望通过使用较长时间序列的回报来获得更精确的β预估值。遗憾的是，这不是一个解决方案，因为随着时间的推移，β值会发生变化，旧数据可能会误导当前β值。

□ 用指数模型进行证券分析

想象你是一个负责一家小型慈善机构的捐赠款项的投资经理。在没有数据可用于证券分析的情况下，你会选择一个由一个或多个指数基金和国债组成的消极型投资组合。将这个组合记为M。你估算出其标准差为σ_M，预期风险溢价为R_M。现在你发现你有足够的信息来对一只股票（比如谷歌）进行基本面分析了。你预测谷歌的风险溢价为R_G，并估算出了其对于基准组合M的β值（β_G）和剩余标准差$\sigma(e_G)$。接下来你应该做些什么呢？

特雷诺和布莱克（Treynor and Black，1973）提出了一个简洁的解决方案，使用了来自指数模型的估计值。我们将只概述他们的论点，并为从他们的方法中产生的投资组合指导提供一些客观判断事实。

特雷诺和布莱克将我们例子中的投资者视为混合了两种风险证券：消极型市场指数，M，和单一分析股票，谷歌。有了这个限制，我们的目标是找到这两种资产的最佳组合，具体地说，就是能够产生具有最高夏普比率的投资组合的组合。等式（6.10）已经给出了最优投资组合权重的表达式，但事实证明，指数模型可以使我们进一步简化这个等式。

值得注意的是，你预测的R_G表明谷歌的$\alpha_G = R_G - \beta_G R_M$。接下来，我们将使用两个关键统计数据$\alpha_G/\sigma^2(e_G)$和$R_M/\sigma_M^2$，分两步去计算谷歌在最优风险资产组合中的头寸。第一步，我们首先计算

$$w_G^0 = \frac{\alpha_G/\sigma^2(e_G)}{R_M/\sigma_M^2} \tag{6.16}$$

第二步，我们使用谷歌公司的β值对公式（6.16）进行调整：

$$w_G^* = \frac{w_G^0}{1 + w_G^0(1-\beta_G)};\ w_M^* = 1 - w_G^* \tag{6.17}$$

该组合的夏普比率会高于消极型投资组合M，因为

$$S_O^2 - S_M^2 = \left(\frac{\alpha_G}{\sigma(e_G)}\right)^2 \tag{6.18}$$

等式（6.16）告诉我们，谷歌的最优头寸需要在 α 和潜在的可分散风险之间进行权衡。如果谷歌看起来被低估，提供了一个正的 α 值，那么将其加入投资组合就变得很有吸引力。但通过将投资组合集中于谷歌，投资者会面临高于必要水平的风险，否则就会分散风险。α 与剩余风险的比值越高，投资者愿意在投资组合中持有的谷歌股份就越多。同样，等式（6.18）告诉我们，相比纯粹消极的市场指数，改善风险投资组合的夏普比率的投资组合将会得到一个关于比率 $\alpha_G/\sigma(e_G)$ 的方程，我们称该比率为谷歌的**信息比率**（information ratio）。[①]

信息比率：α 与剩余标准差的比值。

特雷诺-布莱克模型的优势在分析多个股票时尤为明显。在前面的示例中，你可以将谷歌看作是你的整个投资组合的组成部分。如果你不单单分析谷歌，而是分析几只股票，这些股票的投资组合将构成你的**积极型投资组合**（active portfolio），然后与消极指数混合。你可以使用等式（6.16）～（6.18）中积极型投资组合的 α、β 和剩余标准差来获得最优投资组合 O 的权重及其夏普比率。因此，剩下的唯一任务是确定积极型投资组合的确切组成，以及它的 α、β 和剩余标准差。

积极型投资组合：由分析选择的股票所构成的最优投资组合。

假设除了分析谷歌，你还分析了数字公司的股票（D），并估算了其 α、β 和剩余方差。此外，你还估算了谷歌和数字公司的信息比率 $\alpha_G/\sigma^2(e_G)$，以及你的积极型投资组合中所包含的股票的信息比率之和。利用谷歌和数字公司的数据，

$$\sum_i \alpha_i/\sigma^2(e_i) = \alpha_G/\sigma^2(e_G) + \alpha_D/\sigma^2(e_D) \tag{6.19}$$

特雷诺和布莱克证明了积极型投资组合中每种证券的最优权重为

$$W_{GA} = \frac{\alpha_G/\sigma^2(e_G)}{\sum_i \alpha_i/\sigma^2(e_i)};\ W_{DA} = \frac{\alpha_D/\sigma^2(e_D)}{\sum_i \alpha_i/\sigma^2(e_i)} \tag{6.20}$$

注意，积极型投资组合的构建有两个相互冲突的考虑因素：一方面，α 值高的股票应当被赋予更高的权重，以利用其预期收益率的优势；另一方面，剩余方差高的股票的头寸应当较小，以规避公司特定风险。

积极型投资组合的 α 和 β 是其所包含的每只股票的 α 和 β 的加权平均，组合的剩余方差是每个股票的剩余方差使用权重的平方加权求和的结果：

$$\alpha_A = W_{GA}\alpha_{GA} + W_{DA}\alpha_{DA} \qquad \beta_A = W_{GA}\beta_{GA} + W_{DA}\beta_{DA}$$
$$\sigma^2(e_A) = W_{GA}^2\sigma^2(e_G) + W_{DA}^2\sigma^2(e_D) \tag{6.21}$$

给定这些参数，我们就可以使用等式（6.16）～（6.18）来确定积极型投资组合中最优投资组合的权重和其夏普比率了。

案例 6.4

特雷诺-布莱克模型

假设你的基准组合是标准普尔 500 指数。表 6.3（A）中是消极型指数以及谷歌和数字公司这两个股票的相关数据。这两只股票的 α 值均大于 0，所以你希望你的最优投资组合能够包含这两只股票。然而，其持有量不能过多，以避免过多承担本可以分散掉的公司特定风险。最优的权衡结果应当使得夏普比率最大化，我们使用特雷诺-布莱克模型来实现这个目的。

① 有的作者将信息比率定义为非系统标准差的每单位超额收益，并使用评价比率来指代 α 与非系统风险的比率。我们将始终如一地将信息比率定义为 α 与剩余收益的标准差的比率。但是，我们提醒你使用确实会有所不同。

我们先从表 6.3（B）开始，假设我们的积极型投资组合仅包含信息比率为 1.04/9.01＝0.115 的谷歌股票，然后让这个“投资组合”与消极型指数一起构成等式（6.16）～（6.18）中的最优风险资产组合。表 6.2 中的计算表明，最优投资组合的夏普比率为 0.20，而消极型的基准组合的夏普比率仅为 0.16。这个最优组合的 43.64％投资于谷歌公司的股票，56.36％投资于标准普尔 500。

在表 6.3（C）中，我们将数字公司加入被积极分析的股票中。积极型投资组合中谷歌和数字公司的最优权重分别为 55.53％和 44.47％。这使得积极型投资组合的信息比率为 0.14，并将最优投资组合的夏

表 6.3　使用指数模型构建最优投资组合

输入表				
		积极型投资组合		
	消极型组合（标准普尔 500）	谷歌	数字公司	
（A）输入数据				
风险溢价	0.7	2.20	1.74	
标准差	4.31	11.39	10.49	
夏普比率	0.16	不适用	不适用	
α 值		1.04	0.75	
β 值		1.65	1.41	
剩余标准差		9.01	8.55	
信息比率＝α/剩余标准差		0.115 4	0.087 7	
α/剩余方差		0.012 8	0.010 3	
投资组合的构建				
（B）积极型投资组合中只含有谷歌公司股票时的最优投资组合				
绩效数据				
夏普比率＝SQRT（指数的夏普比率^2＋谷歌的信息比率^2）	0.20			
最优投资组合的构成				
W^0＝（α/剩余标准差）/（指数风险溢价/指数方差）		0.340 0		
W^*＝W^0/（1＋W^0（1－β））	0.563 6	0.436 4		
（C）积极型投资组合中包含谷歌和数字公司两只股票时的最优投资组合				
				积极型投资组合（加总）
积极型投资组合的构成				
股票的 W^0［等式（6.15）］		0.340 0	0.272 3	0.612 2
W^0/所分析股票的 W^0 之和		0.555 3	0.444 7	1.000 0
积极型投资组合的绩效				
α＝股票在积极型投资组合中的权重×股票的 α		0.58	0.33	0.91
β＝股票在积极型投资组合中的权重×股票的 β		0.92	0.63	1.54
剩余方差＝权重的平方×股票剩余方差		25.03	14.46	39.49
剩余标准差＝SQRT（积极型投资组合的剩余方差）				6.28
信息比率＝积极型投资组合的 α/剩余标准差				0.14
最优投资组合的绩效				
夏普比率	0.24			
	指数	积极型投资组合		
最优投资组合的构成				
W^0		0.612 2		
W^*	0.872	0.917 3		
		谷歌	数字公司	
积极型投资组合的权重×积极型投资组合中股票的权重		0.509 4	0.407 9	

普比率提升至 0.24。最优投资组合中积极型投资组合和指数的权重分别为 91.73%和 8.27%。由于积极型投资组合的剩余标准差（6.28%）远低于任何一只股票，如此大的倾斜程度是可行的。最后，最优投资组合在谷歌和数字公司中的权重分别为 50.94%和 40.79%。注意，谷歌现在所占的比重比没有加入数字公司中时更大了！这是由于积极型投资组合的多样化使得向拥有较大 α 的谷歌股票倾斜成为可能。

6.6 风险共担、风险分担和时间多样化

迄今为止，我们已经讨论了一个时期内的组合投资。因为我们没有对这个时期的长短进行假定，所以投资者可以任取一个时间长度，由此，我们的分析似乎对短期投资和长期投资一样适用。然而，许多人认为，长期投资提供了“时间多样化”，即，即使市场指数在任何特定年份的表现可能低于票据，但平均法则意味着，由于其正的风险溢价，市场将在漫长的投资期内跑赢票据。因此，他们认为，长期投资者可以谨慎地将更高比例的投资组合分配给市场。

这是一个有效的论点吗？并不是。但这个问题提出了关于多样化如何运作的微妙问题。因此，在最后一节中，我们重新考虑多样化如何降低风险的基本论点，然后说明为什么时间多样化的概念是基于对投资组合多样化理论的曲解。

考虑一家销售许多相同火灾保单的保险公司。任何特定保单的回报是随机金额 x 美元，其中 x 的方差为 σ^2，公司的总支出等于每个保单的付款总和，$\sum_{i=1}^{n} x_i$。在多样化的背景下，人们可能会认为，如果公司出售 n 个不相关的保单，它将分散几乎所有风险。但是这个论点并不完全正确。

当不同保单持有人之间的火灾风险不相关时，总支出的方差只是单个保单方差的总和（因为我们不必担心协方差条款）。因此，

$$\mathrm{Var}\left(\sum_{i=1}^{n} x_i\right) = n\sigma^2 \tag{6.22}$$

相反，保单的平均回报方差为

$$\mathrm{Var}\left(\frac{1}{n}\sum_{i=1}^{n} x_i\right) = \frac{1}{n^2} \times n\sigma^2 = \frac{\sigma^2}{n} \tag{6.23}$$

平均回报的标准差为 $\sigma/\sqrt{n}$。随着公司签订越来越多的保单，n 增加，平均回报的不确定性逐渐减少，最终接近于零。

但保险公司的利润真的越来越安全了吗？几秒钟的思考应该使你相信，这是不可能的。如何假设暴露于一份额外增加的不相关风险保单能够降低风险？这就像是说，一个赌徒通过多次投注来降低每轮赌盘的风险。他每次投注的平均回报可能变得更加可预测，但赢或输的总金额必然更加不确定。同样，虽然平均保单付款的方差随保单数量增加而减小［等式（6.23）］，但总回报的方差实际上变得更加不确定［等式（6.22）］。

因此，风险共担（risk pooling），即汇集许多独立的风险来源，只是保险业商业模式的一部分。该战略的另一个重要部分是风险分担（risk sharing）。假设保险公司销售 n 个保单。现在，该公司上市，向投资者出售股票。假设 n 个投资者每人购买公司一份股份，这样每个投资者就拥有公司 $1/n$ 的股份。随着 n 的增加，每个投资者的投资都保持不变：虽然有更多的保单，但更大的风险池分散在额外的股东中。总支出

为 $\sum_{i=1}^{n} x_i$，所有权份额为 $1/n$，每个投资者的风险敞口为 $\text{Var}\left(\frac{1}{n}\sum_{i=1}^{n} x_i\right)=\frac{1}{n^2}\times n\sigma^2=\frac{\sigma^2}{n}$，随着 n 的增加，该风险接近零。

这一计算表明，风险分担是风险共担的关键补充。随着越来越多的保单汇集在一起，越来越多的投资者分享了这些保单，从而阻止了任何个人的总风险随着保单数量的增加而增加。随着更多的保单被添加到保险池中，每个投资者对任何单一保单的风险敞口都会减少。平均法则确实起作用——但你必须确保不要无意中放大你的赌注，因为你“多样化”了多种风险来源。

这一论点对于我们理解股票投资组合的多样化也是至关重要的。投资组合多样化意味着将固定投资预算分到许多资产上。当我们指定投资者财富的（固定）规模，并且只关注如何将财富分摊到不同的资产时，我们在整个章节中使用了这一假设前提。假设一个专门投资于微软的投资组合金额为 10 万美元，如果要将其多样化，则固定的 10 万美元必须在微软的股票和（假设）亚马逊以及许多其他公司的股票之间分配。目前在微软投资了 10 万美元的投资者，不会通过在亚马逊再增加 10 万美元的投资来降低总风险。这将使更多的资金面临风险，就像在不分散更多投资者风险的情况下卖出更多保单会增加而不是减少保险公司回报的差异一样。真正的多样化要求将给定的投资预算分配给大量不同的资产，从而限制任何一种证券的风险。

□ 时间多样化

这种分析对于时间多样化和长期投资风险意味着什么？假设对股票指数进行为期一年的投资，类似于出售一种保单的公司。将你的投资期限延伸到第二年就像出售第二个保单。这对你的风险有何影响？你每年的平均收益可能更容易预测，但是通过将你的资金置于风险中一年，你的累计收益的不确定性肯定会增加。这就像是一家从事风险共担而非风险分担的保险公司。随着赌注的增加，风险也必然增加。可以明确的是，投资期限的延长并不能降低风险。

真正的多样化意味着将资金总额固定在风险中，然后将风险分散到多个不确定因素中。在延长投资期限的背景下，这将要求一个两年期的投资者将其资金置于风险中两年而不是作为一个一年期的投资者，每年只有一半的股票存在于股票市场。这将每年不确定事件的风险减少了一半，就像与另一位投资者分担风险会将每个投资者对每个保单的风险降低一半一样。

为了说明时间多样化的谬误，让我们通过一个具体的例子来演示。我们假设市场收益每年都是独立的，平均年收益率为 5%，标准差为 30%。为了简化，我们假设无风险利率为零，因此股票是否优于票据的问题等同于股票收益是否为正的问题。

使用连续复合收益也是有帮助的，这意味着 n 年后的总收益或累计收益只是逐年连续复利收益的总和，累计收益的方差是年度方差的 n 倍，因此，标准差是年标准差的$\sqrt{n}$倍。另外，平均收益率的标准差是年标准差的 $1/\sqrt{n}$ 倍。这些与我们在等式（6.22）和（6.23）中发现的关系实际上是一致的。

表 6.4 显示了投资期限对风险的影响。每年的平均收益率为 0.05（第 1 行），因此预期的总收益或累计收益是时间期限（第 2 行）的 0.05 倍。累计回报的标准差与投资期限的平方根成比例增加，而平均回报的标准差随着投资期限的平方根（第 3 行和第 4 行）的增加而下降。由于预期收益为正，标准差随投资期限而下降，因此平均收益将

为正的概率随着投资期限的延长而增加。如果我们假设收益是正态分布的，我们可以准确地计算出这个概率（第 5 行）。随着投资者的投资期限越来越长，获得正收益的概率接近 100%。这是时间多样化降低风险论点的本质。

但概率并不能说明整个故事。我们还需要问一下，如果它落在分布的左尾，业绩会有多糟糕。由于总收益的标准差随着投资期限（第 3 行）而增加，因此在业绩不佳的情况下表现不佳的程度将逐渐恶化。例如，1 年期间 1%VaR（在险价值）导致投资资金损失 47.7%，而 30 年期间 1%Var 的风险价值是灾难性累计损失的 90.2%（第 7 行）。0.1%VaR 表现更为极端。显然，投资收益在长期中并不安全，时间多样化只是一种幻想。

表 6.4　不同投资期限的投资风险

	投资期限（年）			
	1	10	30	描述
1. 平均收益的均值	0.050	0.050	0.050	$=0.05$
2. 总收益的均值	0.050	0.500	1.500	$=0.05\times T$
3. 总收益的标准差	0.300	0.949	1.643	$=0.30\sqrt{T}$
4. 平均收益的标准差	0.300	0.095	0.055	$=0.30\sqrt{T}$
5. 概率（收益>0）	0.566	0.701	0.819	来自正态分布
6. 1%VaR 总收益	−0.648	−1.707	−2.323	连续复合累计收益
7. 1%VaR 累计损失	0.477	0.819	0.902	=1−预期（从第 6 行开始累计收益）
8. 0.1%VaR 总收益	−0.877	−2.432	−3.578	连续复合收益
9. 0.1%VaR 累计损失	0.584	0.912	0.972	=1−预期（从第 7 行开始累计收益）

小结

- 投资组合的预期收益率是以投资比例为权重的组合资产预期收益率的加权平均。
- 投资组合的方差是成份证券方差加上资产间协方差项之和。
- 即使相关性为正，只要资产之间不是完全正相关的，投资组合标准差也会小于各成份标准差的加权平均。因此，只要资产的相关性不那么完美，投资组合多样化就能降低风险。
- 资产对投资组合方差的贡献取决于其与投资组合中其他资产的相关性以及自身的方差。如果某个资产与组合中其他资产在收益上存在完全负相关关系，那么，就可以使整个组合的方差为 0，因此，可以作为避险工具。
- 风险资产的有效边界是在给定的投资组合标准差水平下，可以使投资组合预期收益最大化的一组投资组合的图形表示。理性的投资者会选择在有效边界上构建投资组合。
- 一个投资组合经理推导有效边界时，首先确定预期收益和标准差的估计值，并确定它们之间的相关性，然后将数据输入一个优化程序，从而得到有效边界上投资组合的投资比例、预期收益和标准差。
- 在实践中，由于证券分析方法和质量的差异，不同的投资组合经理会得出不同的有效投资组合。投资组合经理之间的竞争主要体现在与管理费相联系的证券分析质量的竞争。
- 如果有一种无风险资产可用，且输入数据相同，所有投资者都会在有效边界上选择相同的投资组合，即与资本配置线相切的投资组合，这是夏普比率最高的风险投资组合。所有具有相同输入数据的投资者都将持有相同的风险投资组合，只是在每个人对这个最优投资组合和无风险资产的配置比例上有所不同。这一结果是投资组合选择的分离原则的特征。

● 单指标模型表达了一个证券的超额收益作为市场超额收益的函数：$R_i = \alpha_i + \beta_i R_M + e_i$。该方程也可以解释证券超额收益率对市场指数超额收益率的回归。回归线被称为证券特征线，截距为 α_i，斜率为 β_i。

● 在单一指数模型中，证券或投资组合的收益率差异可以分解为系统风险和公司特定风险。方差的系统要素等于 β^2 与市场超额收益方差的乘积。公司特定要素是指数模型方程中剩余项的方差。

● 信息比率是 α 比率与公司特定风险的标准差的比率。α 较高的股票更具吸引力，因为它们为任何级别的系统风险提供了更高的预期收益。但是，将投资组合向单个公司倾斜会使投资者面临更高的剩余（公司特定）风险，这些风险可能会多样化。信息比率较高的股票可以提供更好的风险—收益权衡，并要求在活跃投资组合中增加权重。特雷诺-布莱克模型使用指数模型构建最佳头寸。

● 时间多样化是一种观念，即在较长的时间范围，不同的投资周期提供多样化，从而降低风险。这种观念是基于对多样化如何运作的误解。更长的投资周期使累积投资成果更大，而不是风险更小。

关键词

积极型投资组合	有效边界	信息比率	非系统风险	资产分割
α	超额收益	投资机会集	最优风险组合	系统风险
β	公司特定风险	市场风险	剩余风险	特有风险
可分散风险	指数模型	不可分散风险	证券特征线	

核心公式

投资组合的预期收益率：$E(r_P) = w_B E(r_B) + w_S E(r_S)$

投资组合收益率的方差：$\sigma_P^2 = (w_B\sigma_B)^2 + (w_S\sigma_S)^2 + 2(w_B\sigma_B)(w_S\sigma_S)\rho_{BS}$

投资组合的夏普比率：$S_P = \dfrac{E(r_P) - r_f}{\sigma_P}$

由两种风险资产（B 和 S）和一种无风险资产组成的夏普比率最大化投资组合中资产的权重：

$$w_B = \frac{[E(r_B)-r_f]\,\sigma_S^2 - [E(r_S)-r_f]\sigma_B\sigma_S\rho_{BS}}{[E(r_B)-r_f]\sigma_S^2 + [E(r_S)-r_f]\sigma_B^2 - [E(r_B)-r_f+E(r_S)-r_f]\sigma_B\sigma_S\rho_{BS}}$$

$$w_S = 1 - w_B$$

指数模型公式：$R_i = \alpha_i + \beta_i R_M + e_i$

基于指数模型公式的证券方差分解公式：Variance（R_i）$= \beta_i^2\sigma_M^2 + \sigma^2(e_i)$

指数收益率能够解释的证券方差的百分比：

$$R^2 = \frac{\text{系统方差(可解释方差)}}{\text{总体方差}} = \frac{\beta_i^2\sigma_M^2}{\sigma_i^2} = \frac{\beta_i^2\sigma_M^2}{\beta_i^2\sigma_M^2 + \sigma^2(e_i)}$$

积极型投资组合 A 的最优头寸：

$$w_A^* = \frac{w_A^0}{1 + w_A^0(1-\beta_A)};\ w_M^* = 1 - w_A^*$$

$$w_A^0 = \frac{\alpha_A/\sigma^2(e_A)}{R_M/\sigma_M^2}$$

积极型投资组合中证券 G 的最优权重：

$$W_{GA} = \frac{\alpha_G/\sigma^2(e_G)}{\sum_i \alpha_i/\sigma^2(e_i)}$$

习题

1. 在建立一个由两种风险资产组成的投资组合时，如果要想获得资产多样化的收益，其相关系数需要具备什么样的条件？

解释你的答案。(LO6—1)

2. 当向一个含有许多风险资产的投资组合中再加入一种风险资产时，该资产的以下哪个特征更为重要：标准差还是与其他资产的协方差？解释你的答案。(LO6—1)

3. 一个投资组合的预期收益率为 12%，标准差为 20%，无风险利率为 4%。以下哪一项会为该组合的夏普比率带来最大的增长？(LO6—3)

a. 预期收益率增长 1%。

b. 无风险利率下降 1%。

c. 标准差下降 1%。

4. 投资者为构建其完整的投资组合考虑了各种在最优风险组合和无风险国债之间的资产配置。完整组合的夏普比率会如何受到配置比例变动的影响？(LO6—3)

5. 市场指数组合的标准差为 20%。股票 A 的β值为 1.5，其剩余标准差为 30%。(LO6—5)

a. 以下哪一项会给股票的方差带来更大的增长：β增加 0.15 还是标准差增加 3%（从 30%增长为 33%）？

b. 一个持有市场指数组合的投资者决定将其资产配置变为 90%投资于市场指数组合、10%投资于股票 A。a 小题中的哪一项对该组合标准差的变动影响更大？

6. 假定电子表格 6.1 中的股票基金在四种情景下的收益率分别为−40%、−14%、17%和 30%。(LO6—2)

a. 你预期股票基金的收益率均值和方差会高于、等于还是低于电子表格 6.2 的结果？为什么？

b. 按照类似电子表格 6.2 的格式计算股票基金的收益率均值与方差。确认你在 a 小题中的预期是否正确。

c. 按照电子表格 6.4 的格式计算股票基金与债券基金的协方差。试解释协方差的变化原因。

7. 利用电子表格 6.1 中给出的股票基金与债券基金的收益率资料，但假定四种情景的概率分别为：重度衰退 0.10，轻度衰退 0.20，正常增长 0.35，经济繁荣 0.35。(LO6—2)

a. 你预期股票基金的收益率均值、方差是会高于、等于还是低于电子表格 6.2 的结果？为什么？

b. 按照电子表格 6.2 的格式计算股票基金的收益率均值与方差。确认你在 a 小题中的预期是否正确。

c. 按照电子表格 6.4 的格式计算股票基金与债券基金的协方差。试解释协方差变动的原因。

下面的资料适用于 8～12 题：

一个养老基金经理正在权衡三种共同基金：第一种是股票基金，第二种是长期政府与公司债券基金，第三种是收益率为 5.5%的国库券货币市场基金。风险基金的概率分布为：

	预期收益率（%）	标准差（%）
股票基金	15	32
债券基金	9	23

两种基金收益率之间的相关系数为 0.15。

8. 用图表示两种风险基金的投资机会组合。股票基金可能的投资比例从 0 到 100%不等，投资比例之间的变动间隔为 20%。图中所显示的方差最小的投资组合的预期收益率与标准差是多少？(LO6—2)

9. 从无风险利率出发，绘出投资机会组合的切线。你的图中所显示的最优风险组合的预期收益率与标准差各是多少？(LO6—3)

10. 最可行的资本配置线的夏普比率是多少？(LO6—3)

11. 假定你的组合的预期收益率为 12%，并且是有效的，即在最可行的资本配置线上。(LO6—4)

a. 你的组合的标准差是多少？

b. 你投资于国库券与两种风险基金的比例是多少？

12. a. 如果你投资于两种风险基金，要求的预期收益率是 12%，你的投资组合的比例应当是怎样的？

b. 比较它的标准差与上一题中的标准差，可以得出什么结论？(LO6—4)

13. 股票的预期收益率是 10%，标准差是 20%。黄金的预期收益率是 5%，标准差是 25%。(LO6—3)

a. 无论从预期收益率还是从标准差的角度来讲，黄金都要劣于股票。那么，会有投资者持有黄金吗？如果有人愿意持有黄金，试用图形解释原因。

b. 如果股票与黄金之间的相关系数为 1，再次回答 a 小题。用图形解释为什么投资者愿意或不愿意持有黄金。

c. 这些预期收益率、标准差、相关系数资料能否体现证券市场的均衡关系？

14. 假定证券市场上交易的股票品种很多，并且有可能以无风险利率 r_f 借贷。其中两种股票的特征如下：

股票	预期收益率（%）	标准差（%）
A	8	40
B	13	60
相关系数＝−1		

均衡的无风险利率 r_f 是否会高于 10%？（提示：能否有一种特殊的股票组合可以代替无风险资产？）(LO6—3)

15. 登录 Connect 网站，你会发现包含股票和长期国债年收益数据的电子表格。将过去 20 年的数据复制到新的电子表格中，分析在过去 20 年中由大公司股票和长期国债组成的投资组合的风险—收益权衡。

a. 每种资产的平均收益率和标准差是多少？

b. 它们年收益率的相关系数是多少？

c. 当两种资产的比重变化时，组合的平均收益率和标准差是多少？例如，考虑股票的比重从 0 开始，以 0.10 为单位递增，直到比重为 1 时结束。

d. 股票和债券最小方差组合的平均收益率和标准差分别是多少？（LO6—2）

16. 假定所有证券的预期收益率、标准差以及借贷资金的无风险利率已知。投资者所得到的最优投资组合是否一致？请解释。（LO6—4）

17. 你的助手所分析的一组股票的有效边界如下图所示。该图看上去有些奇怪，但你的助手坚持这是他分析的结果。你会相信他吗？有可能得到这样的图吗？（LO6—4）

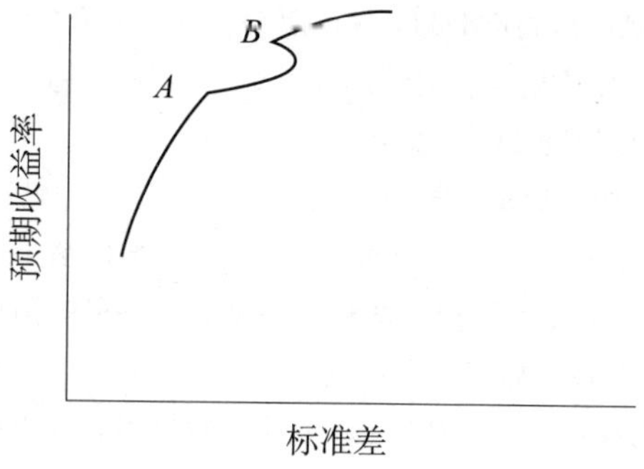

18. 组合的标准差与成份资产的标准差的加权平均值之间有什么联系？（LO6—1）

19. 一个投资项目有 0.7 的可能性使你的投资收益率一年内翻倍，有 0.3 的可能性使你的投资贬值 50%。那么，这个投资项目收益率的标准差是多少？（LO6—2）

20. 投资者预期本年市场收益率为 10%，β 值为 1.2 的股票的预期收益率为 12%。如果该年市场收益率实际上是 8%，你会如何修改你对股票收益率的预期？（LO6—5）

21. 在由两种股票组成的股票市场上，股票的月度收益率的散点图如下：（LO6—5）

a. 对于持有分散度很高的股票组合的投资者而言，哪种股票的风险更大？

b. 对于只持有一种股票的投资者而言，哪种股票的风险更大？

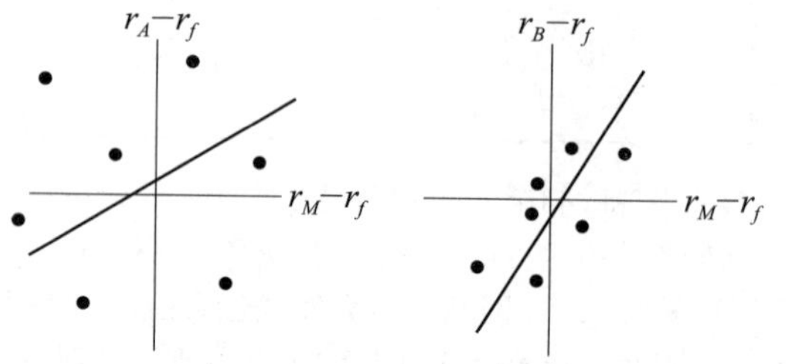

22. 登录 Connect 网站，查找第 6 章的资料，你会发现一张包含苹果公司股票、标准普尔 500 指数、国库券最近 5 年来月收益率的电子表格。仿照案例 6.3 建立电子表格，计算苹果公司的 β 值。（LO6—5）

23. 下表显示了通用风险公司 6 个月收益率的资料。该公司的 β 值是多少？（提示：从散点图上寻找答案。）（LO6—5）

月度	市场收益率（%）	通用风险公司的收益率（%）
1	0	+2
2	0	0
3	−1	0
4	−1	−2
5	+1	+4
6	+1	+2

□ 挑战题

24. 在 Connect 网站，你可以找到超过 60 个月的 Alphabet、谷歌、国库券和标准普尔 500 指数的收益率数据，其中，标准普尔 500 指数将被我们用作市场指数投资组合。（LO6—4）

a. 使用这些数据和 Excel 回归方程计算谷歌每个阶段的超额收益率、α、β 和剩余标准差 $\sigma(e)$。

b. 标准普尔 500 各阶段的夏普指数是多少？

c. 谷歌各阶段的信息比率是多少？

d. 设想一个投资者，其风险组合目前投资于标准普尔 500 那样的指数组合，现在想要投资于谷歌。基于 a 小题到 c 小题的答案，该风险组合投资于谷歌的最优比例是多少？请使用等式（6.16）和（6.17）作答。

e. 基于等式（6.18）和你对 d 小题的回答，在增加了对谷歌公司的投资之后，该最优风险组合的夏普比率增长了多少？

25. 邻里保险公司向当地房主出售火灾险保单。保费为 110 美元，火灾概率为 0.001，如果发生火灾，保险赔偿金（保单支付）将为 100 000 美元。（LO6—6）

a. 列出每种保单两种可能的支出，以及每种的可能性。

b. 假设你拥有整个公司，并且公司只出售一种保单。你的利润的预期值和方差分别是多少？

c. 现在，假设你出售两种保单。这两种保单中，火灾的风险是独立的。列出三种可能性以及它们各自出现的概率。

d. 你的利润的预期值和方差分别为多少？

e. 比较 b 小题和 d 小题的答案。你利润方差的风险共担是增加了还是减少了？

f. 继续假设该公司已经发行了两种保单，但现在假设你是合伙人之一，这样你们每个人都拥有公司的一半。列出两种保单公司可能必须支付的费用中，你可能支出的份额及其相关概率。

g. 你利润的预期值和方差分别为多少？

h. 比较 b 小题和 g 小题的答案。你的风险发生了怎样的变化？你的预期收益呢？

i. 比较 e 小题和 h 小题的答案。关于风险共担和风险分担，你可以得出什么结论？

CFA 习题

1. 一个包含三种资产的投资组合的具体特征如下：

资产	预期收益率（%）	标准差（%）	权重
X	15	22	0.50
Y	10	8	0.40
Z	6	3	0.10

这个组合的预期收益率是多少？（LO6—1）

2. 乔治·斯蒂芬森（George Stephenson）现在持有的200万美元的投资组合如下所示：

乔治·斯蒂芬森现在持有的组合的概况				
	价值（美元）	占总额的百分比（%）	预期年收益率（%）	年标准差（%）
短期债券	200 000	10	4.6	1.6
本国大公司股票	600 000	30	12.4	19.5
本国小公司股票	1 200 000	60	16.0	29.9
总组合	2 000 000	100	13.8	23.1

斯蒂芬森将要收到额外的200万美元，并且打算将其投资到最能补充现有组合的指数基金中。注册金融分析师斯蒂芬妮·科帕（Stephanie Coppa）正在评估下表中的四只指数基金，评估标准为满足下面两个条件的能力：(1) 保持或者提高预期收益率；(2) 保持或者降低波动性。

每一只基金投资的资产都不能被现有组合涵盖。

指数基金情况			
指数基金	预期年收益率（%）	预期年标准差（%）	与现有组合的相关系数
基金 *A*	15	25	+0.80
基金 *B*	11	22	+0.60
基金 *C*	16	25	+0.90
基金 *D*	14	22	+0.65

斯蒂芬妮应当为斯蒂芬森推荐哪一只基金？解释你的选择为何最能满足斯蒂芬森的两个条件。计算不做硬性要求。（LO6—4）

3. 阿比盖尔·格雷斯（Abigail Grace）拥有一只价值900 000美元的充分分散的资产组合，她还继承了ABC公司价值100 000美元的股票。她的财务顾问为她提供了以下估计：（LO6—5）

风险和收益特征		
	预期月收益率（%）	月收益率的标准差（%）
原始组合	0.67	2.37
ABC公司股票	1.25	2.95

ABC股票和原始组合收益率的相关系数是0.40。

a. 继承收入改变了阿比盖尔·格雷斯的总投资组合，她正在考虑是否保留ABC公司的股票。假设格雷斯保留了ABC股票，计算：

i. 她的新组合的预期收益率，其中包含ABC股票。

ii. ABC股票的收益率与原始组合的收益率的协方差。

iii. 她的包含ABC股票的新组合的标准差。

b. 如果格雷斯卖掉了ABC股票，她将把资金投资于无风险政府债券，其收益率为每月0.42%。假设格雷斯卖出了ABC股票并且用政府债券代替，计算：

i. 她的包含政府债券的新组合的预期收益率。

ii. 政府债券的收益率与原始组合的收益率的协方差。

iii. 她的包含政府债券的新组合的标准差。

c. 比较其包含政府债券的新组合的β值与原始组合的β值的大小。

d. 跟她的丈夫交谈过之后，格雷斯正在考虑将价值100 000美元的ABC公司的股票换成同样价值的XYZ公司的股票。XYZ公司的股票与ABC公司的股票具有相同的预期收益率和标准差。她的丈夫说："保留ABC公司股票和把它换成XYZ公司的股票并没有差别。"评价她丈夫的观点是否正确，并给出你的理由。

e. 在与她财务顾问的一次谈话中，格雷斯说："只要我的组合不亏钱，我就很满足了"，她接着说，"比起追求高收益率，我更担心的是赔钱。"指出利用收益率标准差描述格雷斯所面临的风险的不足之处。

下面的资料适用于4～6题：

汉瑟瑞公司（Hennessy & Associates）管理威尔斯泰德养老基金（Wilstead Pension Fund）3 000万美元的股票组合。贾森·琼斯（Jason Jones）是威尔斯泰德养老基金主管财务的副总裁，他发现汉瑟瑞是该养老基金的6个管理人中业绩最好的一个。在过去的5年中，汉瑟瑞的业绩有4年甚至超过了标准普尔500指数。即使在表现略逊的一年里，失误也是较小的。

汉瑟瑞是“自下而上型”的管理人，该公司基本上避免了“紧跟市场”的做法。它的重点是对单个股票的评估与选择，而不是在众多优秀行业中进行权衡决策。

6个管理人的管理风格的相似性并不明显。除汉瑟瑞以外的5位经理人管理的股票总额为2.5亿美元，涵盖的个股数目超过150只。

琼斯相信汉瑟瑞在股票筛选方面有较好的经验。但是他也认为，好的业绩受到组合较高分散度的限制。在过去几年里，组合中所包含的股票数目一般为40～50只，每只股票的权重为2%～3%。在大多数年份里，汉瑟瑞业绩较好的原因在于每年都有10只或12只股票的收益率较高。

根据以上分析，琼斯准备向威尔斯泰德养老基金委员会提交如下计划：

> 我们应当通知汉瑟瑞，将它的组合中股票的数目限制在20只以内。这样汉瑟瑞就会仔细筛选其组合中的股票，保留其中业绩最好的部分。除了这个限制以外，汉瑟瑞仍可以像过去一样，对其管理的组合自由地做出决策。

因为养老基金委员会的所有成员都相信汉瑟瑞在选择股票方面的经验超过一般的管理人，因此他们一致同意琼斯提出的建议。但是一些成员也认为，在实施这个建议时，还应当考虑其他一些问题。

4. 回答以下问题：(LO6—1)

a. 将组合中股票的数目限制在20只以内，对组合的风险会产生什么影响？请解释。

b. 汉瑟瑞能否在不改变组合风险程度的前提下，将组合中股票的数目由40只调整为20只？请解释。

5. 委员会中的一个成员十分支持琼斯的建议，他认为如果将组合中股票的数目进一步降低至10，会进一步提高汉瑟瑞的业绩。如果将股票数目限制在20以内的建议有积极的作用，请解释为什么将股票数目限制在10以内的建议的积极意义小于上一个建议。(假定威尔斯泰德在评估汉瑟瑞管理的组合时，不考虑基金中其他的投资组合。)(LO6—1)

6. 委员会中另外一个成员认为，应当分析汉瑟瑞管理的组合的变动对整个基金的影响。请解释该种观点将会对委员会做出的限制汉瑟瑞管理组合持有10只或20只股票的决定产生什么影响？(LO6—1)

7. 达德利·特鲁迪(Dudley Trudy)是一名CFA，最近与他的一位客户会面。特鲁迪投资于从各个行业中选出的30只股票。会面结束时，他的客户说道：“我相信你的选股能力并且认为你应当把我的股票投资到你最看好的5只股票中。当你明显地更看中其中一些股票的时候，为什么一定要投资于全部30只？”特鲁迪打算用现代资产组合理论来回应这位客户。(LO6—1)

a. 对比系统风险和公司特定风险的概念，并且分别举例。

b. 评价客户的建议。讨论系统风险和公司特定风险如何随着组合中证券数目的增加而变化。

Web站点管理员

请扫描二维码或登录中国人民大学出版社官网 www.crup.com.cn 下载。

7 资本资产定价模型与套利定价理论

学习目标：

LO7—1 使用资本市场理论计算证券风险溢价；
LO7—2 构建证券市场线，并利用证券市场线进行分析；
LO7—3 学会解释和运用多元证券市场线；
LO7—4 学会利用含有被错误定价证券的资产组合中所蕴含的套利机会；
LO7—5 利用套利定价理论识别被错误定价的证券。

资本资产定价模型（CAPM）是现代金融经济学中最耀眼的部分。资本资产定价模型可以帮助我们准确预测资产风险与其预期收益率之间的联系。这种联系的意义主要体现在两个方面：

首先，它为我们评估一项可能的投资提供了收益率标准。例如，证券分析师可能希望知道他所预测的证券的预期收益率与该证券既定的风险水平下的“公平”收益率之间的关系。其次，这个模型可以帮助我们科学预测尚未在市场上进行交易的资产的预期收益率。例如，我们如何对首次公开发行的证券进行定价？公司新上马的某个主要投资项目会如何影响投资者对公司股票收益率的要求？

虽然资本资产定价模型并不能完全经受住经验的检验，但它仍然得到了广泛的运用，原因就在于其独特的研究角度与一些重要的应用。该模型的所有概括都保留其中心结论，即只有系统风险才会获得风险溢价。虽然衡量系统风险的最佳方法可能是微妙的，但基本资本资产定价模型的所有更复杂的同类都可以被视为这一关键主题的变体。

资本资产定价模型背后考虑了多种风险来源。因此，我们还讨论了风险和收益的多因素模型，并展示了这些模型是如何更丰富地描述风险—收益关系的。

最后，我们考虑风险—收益关系的另一种解释方式——套利定价理论（arbitrage pricing theory，APT）。套利是利用证券的错误定价来赚取无风险利润的经济行为。资本市场理论最基本的原则是：在均衡的市场价格下是不存在套利机会的。如果证券的实际价格使套利有可能发生，那么追求利润的交易就会推动证券价格趋近其均衡价格。我们将看到这种无套利原则最终可以推导出与资本资产定价模型一致的风险—收益关系。与资本资产定价模型的一般形式相同，简单的套利定价理论模型很容易推广到多元系统风险的情况。

7.1 资本资产定价模型

历史上，资本资产定价模型的提出要先于前一章所介绍的指数模型［等式（6.11）］。由于指数模型与资本资产定价模型背后的直觉十分匹配，该模型作为一种对股票市场的直观描述在资本资产定价模型之后得到了广泛应用。因此，我们可以使用指数模型来帮助理解资本资产定价模型。

正如我们在上一章所提到的，指数模型描述了单个股票的超额收益率 R_i 和广泛市场指数投资组合收益率 R_M 之间的实证关系：$R_i=\alpha_i+\beta_i R_M+e_i$，其中 e_i 是均值为零的"噪音"，也叫公司特定风险。因此，给定市场超额收益率 R_M，股票的预期超额收益为 $E(R_i \mid R_M)=\beta_i R_M+\alpha_i$。

根据这个等式，有两条路径可以得出正的风险溢价。首先，如果一只股票的 β 值为正，它将"继承"部分市场的风险溢价。然而，这种好处有代价：正的 β 值也意味着股票面临系统风险。因此，较高的 β 值意味着更高的风险溢价，但市场风险也更高。最后，这种权衡是"中性的"，也就是说，伴随着更高的 β 值，更高的回报与沿着资本市场线移动、从票据转向市场指数所实现的回报完全一样。换句话说，这种权衡既不比消极型指数策略更好，也不会更差。然而，获得更高风险溢价的第二条潜在途径是投资具有正 α 值的股票，这将是一本万利的。较高的 α 值意味着更高的预期收益，而不会相应增加风险。

这对于投资经理意味着什么呢？寻找 α 值为正的股票，不投资 α 值为负的股票，更好的是，如果不禁止卖空的话，卖空 α 值为负的股票。投资者对 α 值为正的股票的需求将使其价格上升。随着股票价格的上升，在其他条件相同的情况下，预期收益下降，而这会减少并最终消除当初带来了过度需求的 α 值。相反，α 值为负的股票的需求下降将降低其价格，推动其 α 值回归到 0。最终，这些买进或卖出的压力会使得大多数证券的 α 值在大部分时间为 0。换句话说，除非你自己的股票分析告诉你 α 值非 0，否则你都应该假定 α 是 0。

当 α 为 0 时，承受公司特定风险便不会带来收益，此时，承受系统风险是获得高于国库券利率的预期收益率的唯一途径。换句话说，均衡风险溢价将完全由系统风险（由 β 测量）确定。由于没有承担可分散风险的回报，在这种情况下，最好的投资组合应当完全消除非系统风险，该组合应该是一个模拟整个市场构建的指数组合。这只是资本资产定价模型的结论，但是科学需要更多的实证检验。现在，我们更仔细地研究一下模型及其含义。

□ 模型：假设与含义

资本资产定价模型： 一种将证券所需收益率与其以 β 值衡量的风险联系起来的模型。

资本资产定价模型（capital asset pricing model，CAPM）基于两组假设，如表 7.1 所示。第一组假设与投资者行为有关，允许我们假设投资者在最重要的方面是相似的，特别是他们都是均值—方差优化方案的偏好者，具有相同的投资时间范围，并且他们使用同一输入列表时，反映出相同的信息集。第二组与市场结构有关，主张市场运行良好，交易几乎没有障碍。即使粗略地考虑一下这些假设，也会发现它们是相当强大的，人们可能会有理由怀疑，从这些理论中衍生出来的理论能否经得起实证检验。因此，本章后面将介绍一下这个模型的泛化。

表 7.1	资本资产定价模型的假设
1. 投资者行为	
(a) 投资者都是理性的，都是均值—方差的最优化者。	
(b) 他们的投资时期都是相同的（一个单一的周期）。	
(c) 投资者都使用相同的输入列表，这种假设通常被称为同质预期（homogeneous expectations）。同质预期假设所有相关信息都是公开可用的。	
2. 市场结构	
(a) 所有资产都是公开持有的，并在公开交易所交易。	
(b) 投资者既可以以共同的无风险利率借贷，也可以做空交易证券。	
(c) 没有税费。	
(d) 没有交易费用。	

我们先从资本资产定价模型的简单版本开始。虽然对风险的适当量化和对准确的风险—收益权衡的预测可能因模型的复杂程度而有所不同，但其核心含义是：风险溢价将与系统风险成比例，且独立于公司特定风险，在其所有的扩展中都有效。部分由于这种共性，简单的资本资产定价模型虽然存在经验上的不足，但仍然得到了广泛的应用。

我们首先总结一下这种经济中普遍存在的均衡。我们将在以下几节中详细说明这些含义。

1. 所有投资者都将选择持有**市场投资组合**（market portfolio，M），其中包括可投资领域的所有资产。为了简单起见，我们把所有资产都当作股票。每种股票在市场组合中的比例等于该股票的市值（每股价格乘以已发行股票的数量）除以所有股票的总市值。

市场投资组合：每种证券的持有量都与其市场价值成比例的投资组合。

2. 市场投资组合将位于有效边界。此外，它将是最优风险投资组合，即资本配置线（CAL）与有效边界的切点。因此，资本市场线（CML），即从无风险利率到市场投资组合 M 的线，也是可获得的最佳资本配置线。所有投资者都将 M 作为他们的最优风险投资组合，只是在投资于它和无风险资产的数量上有所不同。

3. 市场投资组合的风险溢价与市场投资组合的方差、投资者典型的避险程度成正比。从数学上看：

$$E(r_M)-r_f=\overline{A}\sigma_M^2 \tag{7.1}$$

式中，σ_M 为市场投资组合的收益的标准差；$\overline{A}$ 为投资者风险厌恶程度的平均水平。

4. 单个资产的风险溢价等于市场投资组合 M 的风险溢价与证券的 β 系数的乘积。β 系数衡量股票收益率对市场投资组合收益率变动的反应程度。在指数模型中，β 系数就是证券收益与市场投资组合收益率之间的回归（斜率）系数，反映了对整个证券市场变动的敏感度。

□ 为什么所有的投资者都持有市场投资组合

我们首先假设所有投资者都使用有效多样化的马科维茨模型优化他们的投资组合。也就是说，每个投资者使用一个输入列表（指定预期收益、方差和协方差）来绘制一个使用所有可用风险资产的有效边界，并通过在边界上绘制切线（资本配置线）来标识有效风险投资组合 P，如图 7.1 所示。需要注意的是，该框架采用了假设 1（a）（投资者都是均值—方差的最优化者），2（a）（所有资产都可进行交易，并且可以在投资组合中持有），以及 2（b）（投资者可以在无风险利率的情况下借入或者借出，因此可以选择沿着资本配置线相切的投资组合）。

资本资产定价模型的问题是：如果所有投资者共享一个相同的可投资领域，并使用相同的输入列表来绘制他们的有效边界，将会发生什么。使用公共输入列表显然需要假设 1（c），但请注意，它也依赖于假设 1（b），即每个投资者都在针对共同的投资期限进行优化。它还隐含地假设，投资者的选择不会受到可能影响净收益率的税率或交易成本差异的影响［假设 2（c）和 2（d）］。

毫无疑问，根据我们的假设，投资者会得出相同的风险资产的有效边界。面对相同的无风险利率［假设 2（b）］，他们会绘制出一条相同的资本配置线的切线，自然所有人都会得到相同的风险投资组合 P。因此，所有投资者都会为每种风险资产选择相同的权重。这些权重必须是什么呢？

资本资产定价模型的一个关键见解是：由于市场投资组合是所有这些相同风险投资组合的集合，因此，它也必须具有相同的权重。［请注意，此结论依赖于假设 2（a），因为它要求所有资产都可以交易并包含在投资者的投资组合中。］因此，如果所有投资者选择相同的风险投资组合，则它必须是市场投资组合，也就是说，可投资领域中所有资产的价值加权投资组合。我们得出结论：基于每个投资者的最优风险投资组合的资本配置线，实际上也就是资本市场线，如图 7.1 所示。这意味着我们可以对风险—收益权衡有更多的了解。

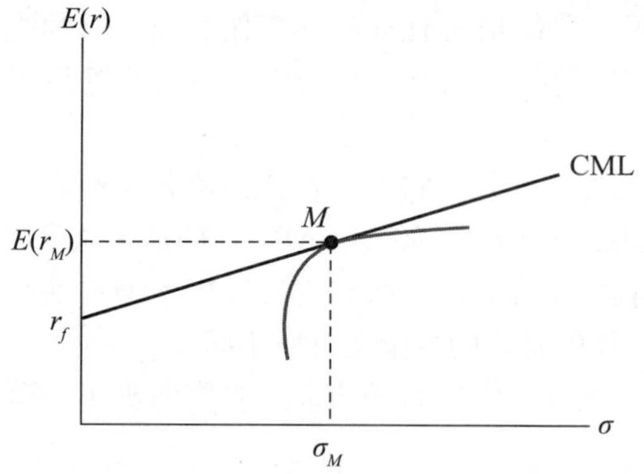

图 7.1　有效边界与资本市场线

□ 消极型投资策略是有效的

资本资产定价模型表明，如果将资本市场线作为最优的资本配置线，消极型投资策略就比积极型投资策略更有效。市场投资组合比例是投资者买卖指令交易的结果，只有在没有更多利润可赚时，买卖指令才会停止。在资本资产定价模型的简单世界中，积极的投资者使用宝贵的资源进行证券分析。消极的投资者只需要简单地投资于市场投资组合，并从该投资组合的效率中获益，就能"搭便车"。事实上，在缺乏私人信息的情况下［假设 1（c）］，如果一个投资者的风险投资组合不是来自市场，那么投资于资本配置线上的任何一点的积极型投资者，其收益都不如使用资本市场线的消极型投资者。

我们有时将这个结论称为**共同基金定理**（mutual fund theorem）。这个定理表明，只有风险资产共同基金（即市场指数基金）才能够满足所有投资者的投资需求。共同基金定理是第 6 章所讲的资产分割的另一种表达。如果所有的投资者都选择持有市场指数共同基金，那么投资组合选择决策就可以分为两个部分：（1）从技术层面分析，即由专业管理人员推导出有效共同基金；（2）从个人层面分析，在这里，投资者的风险厌恶程度决定整个投资组合分配于共同基金与无风险资产上的比例。所有的投资者都承认，他们愿意持有的共同基金是市场投资组合。

共同基金定理：表明所有投资者需要相同的风险资产的组合，并可以通过一个单一共同基金构成的投资组合得以实现。

现实中，投资经理通常会构建不同于市场指数的风险组合，我们将其中的原因归结为他们在风险与预期收益率的预测上存在差异［与假设 1（c）相悖］。然而，消极型投资者会将市场指数近似地看作有效风险组合。

概念测验 7.1

如果只有一些投资者进行证券分析，而所有的其他人都持有市场组合（M），那么对于没有进行证券分析的投资者而言，资本市场线是否依然是最优的资本配置线？试简要解释。

扫描二维码
获取答案解析

□ 市场投资组合的风险溢价

在第 5 章中，我们分析了如果投资者可以投资于无风险资产，他是如何确定投资于风险组合的比例的。现在我们回到将多少资金投资于市场组合 M 和投资于无风险资产的决策问题，那么我们如何确定市场组合 M 的均衡风险溢价呢？

等式（7.1）表示市场投资组合的均衡风险溢价，$E(r_M)-r_f$，将与普通投资者的风险厌恶程度和市场投资组合的风险 σ_M^2 成正比。现在我们可以解释这一结论了。

当投资者购买股票时，他们的购买需求就会抬高股票价格，从而降低预期收益率与风险溢价。但是，如果风险溢价下降，会有更多的风险厌恶型投资者将资金从风险市场组合中抽出，并增加对无风险资产的投资。为了达到均衡，市场投资组合的风险溢价就会重新上升，吸引投资者持有与供给量相当的股票量。如果风险溢价过高，对于证券的需求量就会增多，价格就会上升；如果价格过低，投资者的需求就会低于股票的供给，价格会相应地下降。因此，市场投资组合的均衡风险溢价既与用市场收益率方差衡量的市场风险成比例，又与在等式（7.1）中用 $\overline{A}$ 表示的投资者的平均风险厌恶程度成比例。

案例 7.1

市场风险、风险溢价与风险厌恶

假定无风险利率是 5%，投资者的平均风险厌恶系数 $\overline{A}$ 是 2，市场投资组合的标准差是 20%。从等式（7.1）可知，均衡市场溢价①是 2×0.202=0.08，所以市场的预期收益率为：

$$E(r_M)=r_f+\text{均衡风险溢价}=0.05+0.08=0.13=13\%$$

① 等式（7.1）中的收益率应该用小数形式而不是百分数形式表示。

如果投资者的风险厌恶程度增加，那么要吸引他们购买股票，必须具有更高的风险溢价。例如，如果风险厌恶的平均程度为 3，市场风险溢价就是 $3\times0.20^2=0.12$，即 12%，预期收益率是 17%。

概念测验 7.2

标准普尔 500 的历史数据表明，国库券的标准差大约是 20%。如果风险厌恶系数是 3.5，那么，与市场标准差的历史数据一致的风险溢价是多少？

扫描二维码
获取答案解析

□ 单个证券的预期收益率

我们从 6.5 节的等式（6.13）中看到，单一证券对投资组合系统风险的贡献取决于它的 β 值。β 值告诉我们，证券对市场冲击的反应有多么强烈。β 值大于 1 的激进型股票夸大了投资组合对大盘走势的反应，β 值小于 1 的防御型股票则抑制了这种反应。

随着投资者进行多样化投资，他们暴露于任何一种单一证券的公司特定风险的风险都在逐渐减弱，但他们对整个市场波动的风险仍然存在。这是上一章图 6.1 中得出的教训。因此，对多样化投资者而言，重要的是投资组合的系统风险，以及每只股票对这种风险的贡献。与增量系统风险相比，投资者自然会寻找具有最佳增量回报（风险溢价）的股票。在均衡状态下，所有股票的回报与风险之比应该是均等的。例如，如果我们专注于一只特定的股票，比如数字计算机（Digital Computer），并将其与市场指数（β 值为 1）进行比较，我们应该会发现：

$$\frac{E(r_M)-r_f}{1}=\frac{E(r_D)-r_f}{\beta_D}$$

预期收益率—β 值关系式：资本资产定价模型表明，证券的风险溢价同该债券的 β 值成比例。

将这个等式进行变形，就可以得到资本资产定价模型中的**预期收益率—β 值关系式**（expected return-beta relationship）：

$$E(r_D)=r_f+\beta_D[E(r_M)-r_f] \tag{7.2}$$

用文字表述就是：资产的风险溢价等于该资产的系统风险（β 值）乘以（基准）市场投资组合的风险溢价。这种预期收益率（相当于平均收益率）—β 值关系式是资本资产定价模型的一个重要组成部分。

等式（7.2）告诉我们，总预期收益率是无风险利率（“等待”的补偿，即货币的时间价值）加上风险溢价（对投资收益“担忧”的补偿）的总和。此外，它对风险溢价的大小做出了非常具体的预测，即它是基准风险溢价（广义市场投资组合的风险溢价）和特定资产的相对风险（以 β 值为衡量标准）的乘积。

需要注意的是，风险溢价不依赖于股票的总波动率。因此，例如，开发一种可能取得巨大成功或完全失败的新药的公司的股票市场表现可能具有极高的方差，但这些股票的投资者不会因此而要求高预期收益。他们认识到，由于公司的成功在很大程度上独立于宏观经济风险和其他投资组合的收益，因此它对整体投资组合风险的贡献很小，不能保证很大的风险溢价。资本资产定价模型预测只有系统风险应该被“定价”，即需要风险溢价；公司特定的风险不应该被定价。

案例 7.2

预期收益率与风险溢价

假定市场组合的风险溢价是8%，我们预计数字公司股票的β值为$\beta_D=1.2$，所以这一股票的预期风险溢价是市场风险溢价的1.2倍，即1.2×8%=9.6%。数字公司股票的预期收益率就等于无风险利率与风险溢价之和。例如，如果国库券的利率是3%，那么预期收益率就应当是3%+9.6%=12.6%，或者可以直接运用等式（7.2）：

$$E(r_D)=r_f+\beta_D(\text{市场风险溢价})=3\%+1.2\times 8\%=12.6\%$$

如果我们估计数字公司股票的β值只有1.1，数字公司股票的风险溢价就会下降为8.8%。同样地，如果市场风险溢价只有6%，数字公司的β值仍然为1.2，此时数字公司股票的风险溢价就会变为7.2%。

现实中许多投资者持有不同于市场投资组合的积极型投资组合，这并不意味着资本资产定价模型是无效的。任何高度分散化的投资组合都可以最大限度地避免公司特定风险，而仅承担系统风险。即使投资者持有的不是精确的市场投资组合，一个高度分散化的投资组合与市场之间依然有着十分密切的关系，并且β值仍然是市场风险的重要衡量指标。

事实上，一些研究结果表明，虽然不同的投资者之间的差异使他们持有不同的投资组合，但是我们可以对资本资产定价模型进行修订。布伦南（Brennan，1970）的研究说明，不同投资者之间个人税率的差异会对市场均衡产生重大影响。另一位学者迈耶斯（Mayers，1972）通过分析，发现了人力资本（收入能力）等非交易性资产对市场均衡的影响。两位学者的研究结果表明，尽管市场投资组合并不是投资者的最优风险投资组合，但经过修订后的预期收益率—β值关系式仍然有效。

如果对于任何单个资产而言，预期收益率—β值关系式都是有效的，那么这一关系必然对于所有的资产组合都有效。投资组合的β值只是投资组合中股票β值的加权平均，权重是投资组合的构成比例。同时，根据等式（7.2），投资组合的β值还是预测投资组合风险溢价的重要指标。

案例 7.3

投资组合的β值与风险溢价

分析如下表所示的投资组合：

资产	β值	风险溢价（%）	投资组合权重
微软公司股票	1.2	9.0	0.5
美国电力公司股票	0.8	6.0	0.3
黄金	0.0	0.0	0.2
组合	0.84	?	1.0

如果市场风险溢价是7.5%，根据资本资产定价模型，每种证券的风险溢价都是其β值乘以7.5%，投资组合的风险溢价是0.84×7.5%=6.3%。如果将投资组合中的每种证券进行加权平均运算，可以得到相同的结果。（请自己证明。）

注意：许多人都认为，管理良好的公司会提供较高的收益率。如果用企业在厂房、设备上的投资的会计收益率来衡量收益率，这种观点是正确的。但是，资本资产定价模型是用资本市场上企业证券的投资收益率来衡量的。

如果大家公认某个公司运转良好，该公司的股票价格就会上升，而在较高的价位上购买该公司股票的投资者的收益率就不会很高。证券价格反映了公众对该公司发展前景的信心，但是公司的风险（用β值衡量）会影响预期收益率。在理性市场上，只有当投资者愿意承担系统风险时，才会获取比较高的预期收益率。

概念测验 7.3

假定市场投资组合的风险溢价是 8%，标准差是 22%。如果一个投资组合由通用汽车公司股票与数字公司股票按照 25%与 75%的比例构成，并且通用汽车公司与数字公司股票的β值分别为 0.8 与 1.2，那么这个投资组合的风险溢价是多少？

扫描二维码
获取答案解析

□ 证券市场线

预期收益率—β值关系式（或相当于均值—β值关系式）是一个收益—风险等式。因为β值与证券对高度分散化的最优风险投资组合的方差的贡献成正比，所以，一种证券的β值是衡量风险的相当合适的指标。

证券市场线：资本资产定价模型所得出的预期收益率—β值关系式的图形表示。

如图 7.2 所示，预期收益率—β值关系式可以表示成**证券市场线**（security market line，SML）的形式。证券市场线的斜率是市场组合的风险溢价。我们可以从纵轴上看到的对应于$\beta=1.0$（这实际上是市场投资组合的β值）的预期收益率就是市场投资组合的预期收益率。

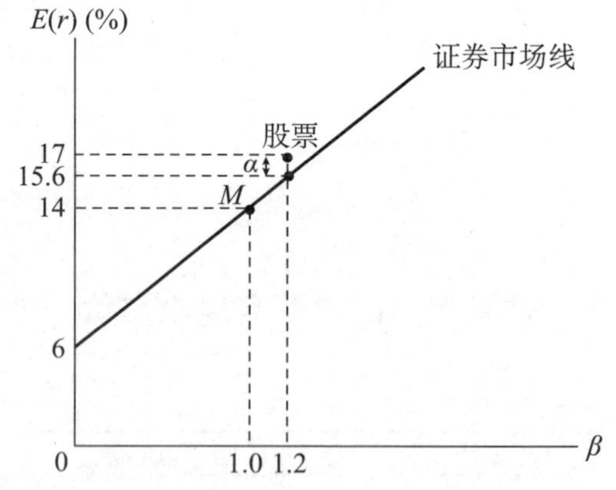

图 7.2 证券市场线与α值为正的一只股票

我们可以将证券市场线（SML）与资本市场线（CML）进行比较。资本市场线描述了有效投资组合（由市场投资组合与无风险资产所构成的整个投资组合）的风险溢价与投资组合标准差之间的函数关系。之所以得出资本市场线，原因在于：标准差可以有效地衡量投资组合的风险，因而可以作为衡量整个投资组合的风险的辅助工具。

然而，证券市场线则描述了单个资产的风险溢价与资产风险之间的函数关系。用于评估单个资产（单个资产是高度分散化的投资组合中的一部分）风险的不是该资产的标准差而是其 β 值。证券市场线既适用于投资组合，又适用于单个资产。

证券市场线可以帮助我们评估投资的业绩。证券市场线提供了能够补偿投资者的投资风险与货币时间价值所要求的预期收益率。

因为证券市场线是对预期收益率—β 值关系式的图形表述，“公平定价”的资产就会正好位于证券市场线上，这些资产的预期收益率与它们的风险水平相匹配。只要资本资产定价模型有效，那么，在均衡状态下，所有的资产都会位于证券市场线上。定价较低的资产，即在其 β 值一定的前提下，其预期收益率高于资本资产定价模型所推导出的结果，位于证券市场线的上方。同理，定价较高的资产就会位于证券市场线的下方。股票的公平（均衡）收益率与其实际预期收益率之间的差额就是股票的 **α 值**（alpha）。被错误定价的证券的预期收益率为 $E(r)=\alpha+r_f+\beta[E(r_M)-r_f]$。

α 值：超过均衡模型（如资本资产定价模型）预测的证券非正常收益率。

案例 7.4

证券的 α 值

假定市场的预期收益率为 14%，一只股票的 β 值为 1.2，国库券利率是 6%。利用证券市场线，我们可以得到该股票的预期收益率：

$$E(r)=r_f+\beta[E(r_M)-r_f]$$
$$=6+1.2\times(14-6)=15.6\%$$

如果某人预期该股票的实际收益率会达到 17%，那么，如图 7.2 所示，该股票的 α 值就为 1.4%。如果预期收益率仅为 15%，该股票的 α 值则为负数，是 −0.6%。

□ 资本资产定价模型的应用

资本资产定价模型对于投资管理行业有着十分重要的意义。假定证券市场线是衡量风险资产公平预期收益率的标准，那么，一个证券分析人士就可以计算他所预期的收益率。需要注意的是，与简单的资本资产定价模型所假定的环境不同，我们假定积极型投资者所进行的证券分析结果存在差异。如果投资者认为应当购买一只股票，也就是说，该股票定价过低，那么它将提供正的 α 系数，即预期收益率超过了证券市场线所显示的公平收益率。

资本资产定价模型对于资本预算决策也有着十分重要的意义。如果一个公司正在考虑一个新的投资项目，证券市场线能够提供该项目的必要收益率，这就是该项目的内部收益率（IRR）或“最低收益率”（hurdle rate）。

案例 7.5

资本资产定价模型与资本预算

银泉公司（Silverado Springs Inc.）正在考虑投资一个新的泉水灌装厂。根据预测，该项投资的内部收益率是 14%，研究显示，类似产品的 β 值为 1.3。如果无风险利率是 4%，预期的市场风险溢价是 8%，该工程的“最低收益率”为 4+1.3×8=14.4（%）。因为内部收益率小于经过风险调整的贴现率或最低收益率，因此，这个投资项目的净现值为负，所以不应投资。

资本资产定价模型的另一个应用是效用率的确定（utility rate-making）。也就是说，运用资本资产定价模型，管理层规定厂房和设备投资必须达到的收益率标准。

案例 7.6

资本资产定价模型与管理规则

假定股东在某公司的投资金额为1亿美元，权益的β值为0.6。如果国库券利率是6%，市场风险溢价是8%，那么，1亿美元公平的年利润率应当是$6+0.6\times8=10.8$（%），公平利润应当是1 080万美元。由于规则制定者接受资本资产定价模型，因此他们会依据此利润水平来制定价格。

概念测验 7.4

a. 股票XYZ的预期收益率为12%，β值为1.0。股票ABC的预期收益率为13%，β值为1.5，并且市场的预期收益率是11%，无风险利率是5%。按照资本资产定价模型，应当购买哪种股票？每种股票的α值是多少？绘制出两种股票的股票市场线，并在图上标明每种股票的α值。

扫描二维码获取答案解析

b. 无风险利率是8%，市场组合的预期收益率是16%。一家公司正在考虑一项新的投资，该投资的预期β值为1.3。这个投资项目的预期收益率应当达到多大？如果投资的内部收益率是19%，那么投资项目的α值是多少？

7.2 资本资产定价模型与指数模型

资本资产定价模型有两个限制：它依赖于理论上的市场投资组合，该组合囊括了所有资产（包括不动产、人力资本、外国股票等各种形式的资产）；以及它适用于与实际收益率相对应的预期收益率。在实际应用和测试资本资产定价模型时，我们采取的是指数模型的形式，并用实际收益率代替预期收益率。

指数模型采用标准普尔500等市场指数（第5章中介绍过的市场指数）替代了理论上包含一切的市场投资组合。该模型的一个重要优势就是：指数的组成与收益率十分清楚且广泛公开，因此，能够为绩效评估提供一个清晰的衡量标准。

我们可以从资本资产定价模型的核心预测开始：市场投资组合是有效的均值—方差组合。我们可以通过验证一个旨在代表整个市场的指数是有效的均值—方差组合的指数模型来验证这一假设。为了检验一个指数的均值—方差有效性，我们必须证明它的夏普比率没有被任何其他投资组合超过。我们将在下一章对这个问题进行测试。

证券市场线是构成资本资产定价模型最常见的方法，即股票的风险溢价是其β值与市场风险溢价的乘积。它也可以使用上一章的指数模型进行验证。

指数模型认为，证券超额收益率可以通过等式（6.11）进行描述，在此，重写为等式（7.3）：

$$r_{it}-r_{ft}=\alpha_i+\beta_i(r_{Mt}-r_{ft})+e_{it} \tag{7.3}$$

式中，r_{it}为资产i的持有期收益率；α_i与β_i为将资产i的实际超额收益率与指数的实际超额收益率联系起来的证券特征线的截距与斜率。我们将指数在 t 时间段内的收益用 r_M 表示，旨在表明该指数是代表市场投资组合。等式（7.3）表示任意股票的超额收益率都是由广泛市场因素 $\beta_i(r_{M_t}-r_{f_t})$、非市场风险溢价 α_i 以及该时期公司特定风险 e_{it} 三者构成的实际超额收益率的总和。由于公司特定风险的残差预期为 0，给定等式（7.4），股票 i 的预期超额收益率相当于风险溢价：

$$E(r_{i_t})-r_{f_t}=\alpha_i+\beta_i[E(r_{M_t})-r_{f_t}] \tag{7.4}$$

我们将等式（7.2）稍微调整一下，在任何时期，资本资产定价模型的预期收益率—β 值关系如下所示：

$$E(r_{i_t})-r_f=\beta_i[E(r_{M_t})-r_{f_t}] \tag{7.5}$$

比较等式（7.4）和等式（7.5），我们就会发现，资本资产定价模型预测，对于每只股票来说，$\alpha_i=0$。

资本资产定价模型的逻辑是：股票提供高于无风险利率的预期收益的唯一原因是，股票施加了系统风险，投资者必须得到补偿。然而，一个正的 α 意味着收益没有风险。投资者将不遗余力地追求正 α 的股票并抬高其价格；在这些较高的价格下，预期收益率将降低。相应地，投资者将避开或卖空负 α 的股票，压低价格，提高预期收益。这种投资组合的再平衡将继续下去，直到所有的 α 值都接近 0。此时，投资者将满足于完全分散化，并且消除唯一风险，即持有尽可能广泛的市场投资组合。当所有股票的 α 均为 0 时，市场投资组合是最佳风险投资组合。

因此，资本资产定价模型的一个含义是，如果用一个充分代表整个市场投资组合的市场指数来估计指数模型回归，那么任何一组股票的 α 估计值都应该集中在 0 附近。在任何一个样本期内，如果某些公司的业绩都好于预期，那么它们的 α 值也会是正的。那些表现糟糕的公司，它们的 α 值则为负的。然而，平均来说，α 值应当是 0。我们将在第 8 章中讨论一些关于这个预测的实证研究。

然而，将资本资产定价模型用指数模型的形式来表达存在一个弊端。如果一个指数的回归截距与 0 相差很大，那么我们无法说明其原因究竟在于所选择的指数不具有代表性，还是由于理论本身的缺陷。这个问题首先由理查德·罗尔（Richard Roll，1977）指出，称为罗尔批判（Roll's critique），我们将在下一节中进行讨论。

在实际生活中，资本资产定价模型中确实存在一些持续为正的 α 值，我们将在第 8 章深入探讨这个问题。这个问题主要包括几个方面：（1）股票大小的差别；（2）公司最近宣布了未预料到的大规模盈利；（3）具有较高的公司账面价值与市场价值比率的股票；（4）最近出现了股票价格的大规模上涨。这些结果都对模型提出了挑战。

7.3 资本资产定价模型如何预测风险溢价？

在许多方面，投资组合理论与资本资产定价模型成为从业人员接受的工具。许多投资行业的人士深信公司特定风险与系统风险之间的差别，并认为 β 值是衡量系统风险的最恰当的指标。一项广泛的调查发现，约四分之三的金融经理在估算资本成本时使用资本资产定价模型。[①] 在资产管理行业，α 值是定期计算的。另外，投资组合经理的

① 参见 J. R. Graham and C. R. Harvey，“The Theory and Practice of Corporate Finance：Evidence from the Field，” *Journal of Financial Economics* 61（2001），pp. 187－243。

薪酬很少基于 α 或其他理论上适当的风险调整措施（我们将在接下来的第 18 章讨论这些风险调整措施）。对于这个问题，我们应该如何认识呢？

部分问题显然源自资本资产定价模型在解释不同资产收益率差异方面成败参半。让我们回顾一下这方面的一些证据。

资本资产定价模型最初由夏普（Sharpe）于 1964 年提出，并在金融界掀起了一场风暴。布莱克、詹森和斯科尔斯（Black，Jensen，and Scholes，1972）以及法玛和麦克白（Fama and MacBeth，1973）的早期测试对资本资产定价模型具有相当大的支持作用：β 值较高的投资组合的平均收益率更高，但 β 风险的回报低于资本资产定价模型简单版本的预测。

尽管这类针对资本资产定价模型的证据基本上仍停留在学术界的象牙塔内，但 1977 年罗尔（Roll，1977）发表的论文《对资本资产定价测试的批评》（A Critique of Capital Asset Pricing Tests）同样震动了实务界。罗尔指出，真正的市场投资组合永远无法被观察到。通常用来代表市场投资组合的股市指数实际上不包括投资者的大部分财富，例如房地产、固定收益证券、外国投资，尤其是人力资本的价值。如果不能很好地衡量投资者广泛资产的收益率，这一理论必然无法检验。

"罗尔的批评"引发了一系列论文的发表，其中最具代表性的是《β 值还有效吗？》（Is Beta Dead?）。[①] 这篇论文说明，虽然罗尔在理论上是绝对正确的，但最近的研究表明，用一个广泛的市场指数来代表不能被观测到的真实市场投资组合所带来的错误，或许甚至不是资本资产定价模型最大的问题。例如，1992 年法玛和弗伦奇（Fama and French，1992）发表的一项研究更加沉重地打击了资本资产定价模型。他们的研究表明，与资本资产定价模型相反，公司的某些特征，如公司规模、公司账面价值与市场价值的比率，在预测预期收益方面要比 β 值更有用。

法玛和弗伦奇以及其他一些经济学家都发表了关于这个主题的后续研究。我们将在本章稍后更详细地讨论这些研究。从这些研究中似乎可以清楚地看出，β 值并不能反映风险的全部情况。似乎存在一些风险因素，它们对证券收益率的影响超出了 β 值对市场敏感度的一维衡量。在下一节中，我们将介绍一个风险溢价理论，该理论明确考虑了多种风险因素的影响。

另一种风险因素——流动性——曾经在很长一段时间内被忽视。尽管早在 1986 年阿米哈德（Amihud）和门德尔松（Mendelson）就曾分析过这个问题，但在目前仍不能准确地衡量流动性因素并把它放到资产管理模型当中。然而，现在有充分的证据表明，股票交易所的交易机制将会影响在其中交易的资产的流动性，并且对其市场价值产生很大的影响。

然而，尽管如此，β 值并没有失效。另外一项研究表明，如果我们用比标准普尔 500 更广泛的指数代表市场投资组合（典型的是包括人力资本的指数），并且允许 β 值随时间变动，那么 β 值解释证券收益的能力就会大大加强（Jagannathan and Wang，1996）。我们知道，资本资产定价模型并不是一个完美的模型，它最终还是需要改进的。尽管如此，该模型的逻辑仍然具有说服力，并抓住了其所有更为复杂的变体所提出的两个关键点：第一，分散风险和不能通过分散避免的系统风险之间的关键区别；第二，投资者将需要一个承担不可分散风险的溢价。因此，资本资产定价模型为严格思考证券风险与收益之间的关系提供了一个有用的框架。

---

① 参见 A. Wallace，"Is Beta Dead?" *Institutional Investor* 14（July 1980），pp. 22 - 30.

7.4　多因素模型和资本资产定价模型

指数模型可以让我们将股票方差分解为系统风险和公司特定风险，这些风险可以在大型投资组合中实现分散化。在指数模型中，市场投资组合的收益率概括了宏观经济因素的总体影响。然而，在现实中，系统风险并非来自单一来源，而是来自多个全经济因素的不确定性，例如经济周期风险、利率或通胀率风险、能源价格风险等。显然，更明确地表示系统风险，使股票对其各个方面表现出不同的敏感性，将是对单因素模型的有益改进。1973 年，默顿（Merton，1973）是第一个证明资本资产定价模型可以扩展到多个系统风险来源的人。

我们希望，考虑多个系统因素的模型——**多因素模型**（multifactor models）——能够更好地描述证券收益。默顿的模型得出了一条多因素的证券市场线，在这条线中，市场外的风险因素捕捉到了投资者希望对冲的系统风险的重要维度的影响。

多因素模型：假设证券收益率由一些系统性因子的变化决定的模型。

让我们用一个双因素模型来说明。假设两个最重要的宏观经济风险来源是经济周期的状况（反映在广泛市场指数的收益上）和利率的意外变化（反映在国债投资组合的收益上）。任何股票的收益率都将受到宏观风险来源和公司特定风险的影响。因此，我们可以对单指标模型——等式（7.3）——进行如下扩展，用上一个例子中的 R 表示超额收益：

$$R_{it} = \alpha_i + \beta_{iM} R_{M_t} + \beta_{iTB} R_{TBt} + e_{it} \tag{7.6}$$

式中，β_{iTB} 是股票超额收益率对国债投资组合超额收益率变动的敏感性系数，R_{TBt} 是在第 t 个月国债组合的超额收益率。

我们需要如何修改资本资产定价模型的证券市场线，以反映系统风险的多个来源？显而易见，多因素指数模型产生了一条多因素证券市场线，其中风险溢价由对每个系统风险因素的敞口以及与这些因素相关的风险溢价决定。

在等式（7.6）的双因素经济中，证券的预期收益率为三项之和：

1. 无风险收益率。

2. 证券对市场指数的敏感性（例如市场的 β 值，β_{iM}）乘以指数的风险溢价，$[E(r_M)-r_f]$。

3. 证券对利率的敏感性（例如，国债 β 值，β_{iTB}）乘以国债组合的风险溢价，$[E(r_{TB})-r_f]$。

证券 i 的双因素证券市场线的数学表达式如下：

$$E(r_i) = r_f + \beta_{iM}[E(r_M) - r_f] + \beta_{iTB}[E(r_{TB}) - r_f] \tag{7.7}$$

等式（7.7）是简单的证券市场线的扩展。一旦我们将单指数证券市场线推广至多个风险来源，且每个风险都有其相应的风险溢价，这两者的含义就变得非常相似了。

案例 7.7

双因素证券市场线

东北航空公司的市场 β 值为 1.2，国债 β 值为 0.7。假设市场指数的风险溢价为 6%，债券组合的风险溢价为 3%。这样，东北航空股票的风险溢价就是各个系统风险溢价的加总。

风险溢价中可归结为市场风险的部分是股票对市场风险的敞口 1.2 乘以相应的风险溢价 6%，或者表示为 1.2×6%=7.2%。类似的，风险溢价中可归结为利率风险的部分是 0.7×3%=2.1%。总的风险溢价是 7.2+2.1=9.3(%)。所以，如果无风险利率是 4%，投资组合的预期收益率应当为：

4%	无风险利率
+7.2%	市场风险敞口的风险溢价
+2.1%	利率风险敞口的风险溢价
13.3%	总预期收益率

简而言之，可以是 $E(r)=4\%+1.2\times 6\%+0.7\times 3\%=13.3\%$。

概念测验 7.5

假设案例 7.7 中的风险溢价是 $E(r_M)-r_f=4\%$ 和 $E(r_{TB})-r_f=2\%$。东北航空公司的均衡预期收益率应当是多少？

扫描二维码
获取答案解析

显然，相比资本资产定价模型的单因素模型，多因素模型给我们提供了更加多样化的思路去思考风险敞口和相应的补偿问题。但是新增加的系统风险因子应该是什么呢？

经济学理论提出了三种可能影响投资者福利的因素：（1）与重要消费品价格相关的因素，如住房或能源；（2）与未来投资机会相关的因素，如利率、收益波动率或风险溢价；（3）与一般经济状况相关的因素，如工业生产和就业。采用这些理论上可信的因素的可能候选项的多因素方程，并没有对单因素模型的解释力产生明显的改善。相反，如今对多因素模型最常用的方法来自 1992 年尤金·法玛（Eugene Fama）和肯尼思·弗伦奇（Kenneth French，1992）的研究，他们提出了基于预测超额收益的经验成功的市场外因素。接下来，我们将介绍他们的方法。

□ 法玛-弗伦奇三因素模型

法玛与弗伦奇提出了一个三因素模型，这个模型后来成为资产收益率实证研究的标准工具。法玛与弗伦奇在市场指数投资组合的基础上，加入公司规模和账面价值—市场价格比率来解释平均收益率。新加入两个因素的原因是：我们观察到小型公司股票的平均收益和账面价值—市场价格比率较高的公司股票的平均收益，比根据资本资产定价模型预估所得的数值要高。

账面价值—市场价格比率高的公司包括相对成熟的公司。这些公司从已经存在的资产中获得了更大的市场价值份额，而不是增长机会。这类股票通常被称为价值型股票（value stocks）。相比之下，账面价值—市场价格比率低的公司被视为成长型公司（growth firms），其市值来自未来现金流的预期增长，而非现有资产。我们将在下一章回顾，相当多的证据表明，价值型股票的平均收益率高于成长型股票；这种差异被称为价值溢价（value premium）。

法玛与弗伦奇并不认为公司规模或账面价值—市场价格比率直接决定了公司的风

险溢价。相反，他们将这些因素视为更基本的风险来源的代理，而这些风险并没有完全被证券的资本资产定价模型的β值所捕获。因此，这些市场外因素可以被解释为提供基本风险因素敞口的投资组合，无论这些风险因素是什么。

高账面价值—市场价格比率可能反映系统风险的一个机制是受大型固定资产的影响。当经济衰退时，这些资产就不能满负荷使用，价值的很大一部分可能会流失。因此，在固定资产上的大量投资可能导致较高的账面价值—市场价格比率，这可能意味着比历史上估计的β值更高的系统风险。

公司规模也可以预测风险的某些方面。在其他条件相同的情况下，大公司的股票比小公司的风险要小，因为大公司有更多的分析师，而且有更准确的信息。有了消息灵通的投资者，价格将更准确地反映真实价值，更不容易受到系统风险和公司特定风险波动的影响。拥有更雄厚的财力和更大的债务能力，大公司也能更好地抵御经济衰退。在这两方面，小公司股票的风险溢价都将高于β值本身。

□ 预估一个三因素证券市场线

法玛与弗伦奇建议将规模因素作为低市值公司（低资本化公司）和高市值公司（高资本化公司）的收益差异来衡量。他们用 SMB（small minus big）表示大小因子，用 HML（high minus low）表示高账面市值比与低账面市值比股票的收益率之差，以此来衡量价值与增长因素之比。

两个不同投资组合之间的收益率之差具有引申的经济意义。例如，SMB 组合的收益率等于用卖空大公司股票的钱来做多小公司股票所能获得的收益率。值得注意的是，这是一个净投资为零的组合。[①]

在前一章中，我们对福特的单因素模型进行了估算。现在我们可以估算福特的三因素模型了。要做到这一点，我们需要估计福特对每个因素的β值。因此，我们对单指标模型的回归等式（7.3）进行了拓展，拟合得到如下多元回归方程：

$$R_{\text{Ford},t}-r_{ft}=\alpha_{\text{Ford}}+\beta_M(r_{M,t}-r_{ft})+\beta_{\text{HML}}r_{\text{HML},t}+\beta_{\text{SMB}}r_{\text{SMB},t}+e_{\text{Ford},t} \qquad (7.8)$$

等式（7.8）右侧的三个β值表示福特的β值相对于三个假设的系统风险来源：市场因素（M）、价值对增长因素（HML）和公司规模因素（SMB）。

表 7.2 显示了福特的单因素和三因素指数模型的估计值。每个回归中的截距是对样本期内（每月）α值的估计。超额市场指数收益率的系数r_M-r_f是对传统β值的估计，而 SMB 和 HML 的系数是对两个市场外风险因素β值的估计。括号中的项是与每个参数估计相关的t统计。

事实证明，额外的市场风险因素并没有给福特增加多少风险。尽管 SMB 和 HML 的β值均为正值，表明当小型公司表现优于大型企业，且账面价值—市场价格比率高的公司表现优于账面价值—市场价格比率低的公司时，福特的收益率有一定的上升趋势，但这两种估计结果在统计上都不显著；两个t统计值都低于 2 的常规截止值。添加这两个因子既不能显著增加回归的R^2，也不能降低未解释残差的标准差。因此，我们得出结论：对福特来说，标准市场β值是风险的主要决定因素。当然，其他公司对各种风险因素的风险敞口也会有自己独特的配置。

---

① SMB 组合和 HML 组合解释起来是一件很微妙的事情，因为这两个组合的净投资都为 0，所以我们无法计算每投资 1 美元所产生的利润。例如，在 SMB 组合中，在小公司股票中投资的每一美元，都有大公司股票中做空的部分与之对应。这个投资组合的“收益率”实际上是指所有投资的利润除以投资于小规模公司股票的金额（或者等价地说，在大规模公司股票上做空的金额）。

使用三因素模型来估计预期收益率，需要预测两种额外市场风险溢价和市场指数的溢价。假设无风险利率为 $r_f=1\%$，市场风险溢价为 $E(r_M)-r_f=6\%$，SMB 的风险溢价为 2%，HML 的风险溢价为 3%。然后使用这些基准风险溢价和表 7.2[①] 中估计的 β 值计算福特的预期收益率：

$$E(r_{\text{Ford}}) = r_f + \beta_{\text{Ford},M}[E(r_M) - r_f] + \beta_{\text{Ford,SMB}}E(r_{\text{SMB}}) + \beta_{\text{Ford,HML}}E(r_{\text{HML}})$$
$$= 1\% + (1.235 \times 6\%) + (0.246 \times 2\%) + (0.692 \times 3\%) = 10.978\%$$

相反，如果我们使用单指数模型的 β 值估计，我们将得到：

$$r_f + \beta[E(r_M) - r_f] = 1\% + 1.326 \times 6\% = 8.956\%$$

福特在 SMB 和 HML 因子上的正 β 值意味着，从三因素模型中推断出的预期收益高于从单指标模型中推断出的预期收益。

注意，在这两种情况下，我们都没有将 α 值的回归估计添加到预期收益的预测中。均衡预期收益只取决于风险；市场均衡中的 α 值必须为零。虽然一种证券在特定的样本期（如正 α 值时期）的表现可能优于基准收益率，但我们预计这种表现不会持续到未来。事实上，作为一个实证研究，个别公司的 α 值几乎没有表现出任何持久性。

表 7.2　2011 年 1 月—2015 年 12 月福特的单指数和三因素法玛-弗伦奇回归估计月度数据

	单指数模型	三因素模型
截距	−0.978% (−1.277)	−0.742% (−0.958)
r_M-r_f	1.326 (6.145)	1.235 (5.430)
SMB		0.246 (0.667)
HML		0.692 (1.612)
R^2	0.394	0.426
残差标准差	5.77%	5.72%

资料来源：作者的计算。

□ 多因素模型和资本资产定价模型的有效性

单指数资本资产定价模型没有经受住实践的检验，因为其实证模型——单指数模型难以解释许多证券的收益率。简而言之，在单指数回归分析中，太多证券的 α 值（资本资产定价模型认为应当为 0）显著不为 0。尽管存在这些不足，资本资产定价模型仍然在实践中被广泛使用。

多因素模型，如 FF 模型，也要经受广泛存在的显著不为 0 的 α 值的检验。在这方面，三因素模型相比单指数模型有了很大的提高。但应用这些模型是有代价的：在很多应用中要求了解新加入的因素的预期收益率。如果这些新加入的因素的预期值本身就存在预测错误，这些模型就不如在理论上稍差的单指数模型精确。然而，多因素模型有一个致命的吸引力，因为现实世界中风险来源是多方面的。

最初的 FF 模型催生了一个家庭手工业，产生了新的要素组合，包括但不限于动量或流动性因素。人们预计，这些额外因素的增量贡献将小于前两个因素，即 SMB 和

---

① 当我们估计等式（7.8）时，我们必须从市场收益中减去无风险收益，但不能从 SMB 或 HML 投资组合的收益中减去。这是因为 SMB 和 HML 因素已经分别是针对市场规模或账面价值的风险溢价。我们从市场指数收益中减去无风险利率，将其作为风险溢价。因素投资组合的数据可从肯尼思·弗伦奇的网站 mba. tuck. dartmouth. edu/pages/faculty/ken. french/data _ library. html 获得。

HML。然而，寻找预期收益—风险关系的最终版本还远远没有结束。

7.5 套利定价理论

怀疑资本资产定价模型有效性的原因之一便是其假设不切实际。其中，最受争议的假设便是假设 1（a）～1（c），即假设所有投资者除了财富和风险厌恶程度以外完全同质。正是由于这个原因，也因为其提供了重要的经济洞察力，另一个资产定价方案——套利定价理论（arbitrage pricing theory，APT）引起了广泛关注。为了理解这个理论，我们先从套利定价的概念开始说起。

套利（arbitrage）就是指利用两种或更多证券之间相对价格上的偏差来获取无风险利润。举一个简单的例子，考虑一只在两个市场中定价不同的证券。在价格高的市场上卖出债券，用所得资金同时在价格便宜的市场上买入，这样就能无本万利。当投资者不断地重复这个策略时，价格被迫回归相等，所以套利机会几乎一出现就消失了。

套利：通过证券间的相对错误定价来创造无风险利润。

1976 年，罗斯（Ross，1976）是第一个把这个概念应用到证券均衡收益率上的人，他进一步发展了**套利定价理论**（arbitrage pricing theory，APT）。套利定价理论建立在有效的资本市场排除套利机会的假设前提下。违反套利定价理论的定价关系将会引起极大的复原压力，即使只有非常小的一部分投资者知道这个不均衡的存在。罗斯的贡献在于得出了均衡收益率，这种均衡收益率在价格符合“无套利规则”的市场中占主导地位。

套利定价理论：从大型资本市场无套利分析产生的关于风险—收益关系的理论。

□ 单一指数证券市场的多样化

假设一个证券组合，其收益遵循单指数模型［见等式（7.3）］。这个投资组合的系统性和非系统性方差分别是多少？

投资组合的 β 值是单个证券 β 值的简单平均值，我们称之为平均 β。系统方差 $=\beta^2\sigma_M^2$。这是图 6.1（B）中的市场风险水平。市场方差（σ_M^2）和投资组合的 β 值决定了其市场风险。

每个证券收益的系统风险，$\beta_i R_M$，完全由市场因素决定，因此与任何其他证券收益的系统风险完全相关。所以无论涉及多少种证券，都不会对系统风险产生分散效应。单一证券与具有相同 β 值的多样化投资组合具有相同的系统风险。证券的数量不会造成差异。

这与公司特定风险有很大的不同。试想一个由 n 种证券组成的投资组合，每种证券的权重为 w_i。投资组合收益的非系统部分是：

$$e_P = \sum_{i=1}^{n} w_i e_i$$

由于公司特定风险 e_i 是不相关的，投资组合的非系统方差是单个公司特定风险方差的权重之和[①]：

$$\sigma^2(e_P) = \sum_{i=1}^{n} w_i^2 \sigma^2(e_i) \tag{7.9}$$

① 我们使用统计的结果，当我们将一个随机变量（在本例中是 e_i）乘以一个常数（在本例中是 w_i）时，方差是该常数的平方的乘积。等式（7.9）中和的方差等于方差的和，因为在这种情况下（根据指数模型中的假设），所有的协方差都是零。

将每个单独的非系统方差乘以投资组合权重的平方。对于多样化的投资组合，平方权重非常小。例如，如果 $w_i=0.01$（设想一个投资组合包括100种证券），那么 $w_i^2=-0.001$。因此，等式（7.9）中的和远远小于投资组合中股票公司特定的平均方差。我们可以得出结论：随着证券数量的增加和投资组合的多样化，非系统风险的影响变得越来越小。

我们从图7.3的散点图中可以看到这种效果。灰点表示的是联合太平洋铁路公司（Union Pacific RailRoad）单一股票5年期间的月度收益率与市场指数收益率之比。黑点代表的是一只多样化股票共同基金——先锋成长收益基金（Vanguard's Growth & Income Fund）。在此期间，该股和该基金的 β 值几乎完全相同。但它们的非系统风险差别很大：与共同基金相比，联合太平洋基金的收益率与回归线之间的差距要大得多，共同基金的多样化实际上消除了残差风险。

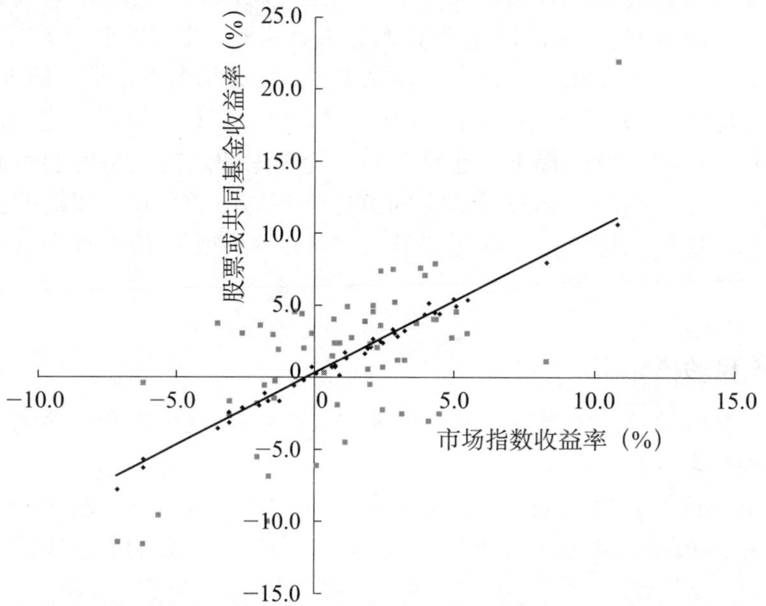

图7.3　联合太平洋铁路和先锋成长收益基金散点图

说明：1. 灰点表示联合太平洋铁路公司，黑点表示先锋成长收益基金。

2. 两者的 β 值几乎正好等于1，但单一股票的分散风险要大得多。

总之，投资组合中证券的数量与系统风险无关。只有平均 β 值才至关重要。相比之下，随着投资组合变得更加多样化，公司特定风险变得越来越无关紧要。当我们考虑风险—收益关系时，这是一个至关重要的见解。人们不会期望投资者因承担风险而获得回报，而风险可以通过多样化轻易消除。此外，已消除对公司特定风险敞口的多样化投资者将只面临系统风险，因此将 β 值视为相关风险度量。风险溢价应取决于证券的 β 值，而不是其公司特定的风险。这是我们现在准备得出的套利定价理论证券市场线的基础。

□ 高度多样化的投资组合

等式（7.9）告诉我们，随着多样化的发展，即当每种证券的权重接近于0时，投资组合的非系统方差接近于 0。我们将定义一个**高度多样化的投资组合**（well-diversified portfolio），其每一个权重 w_i 都足够小，以至对于实践而言，非系统方差 σ^2（e_P）可以忽略不计。

高度多样化的投资组合：投资组合足够多样化，以至非系统风险可以忽略不计。

由于任何一个高度多样化的投资组合的预期 e_P 值都为 0，且其变量也实际上为 0，因此 e_p 的任何实现值几乎都为 0。因此，对于一个高度多样化的投资组合，P，就所有实际目的而言，我们可以从指数模型等式中去掉剩余项，得出：

$$r_P - r_f = \alpha_P + \beta_P(r_M - r_f) \tag{7.10}$$

图 7.4 中的实线，即图（A），描绘了一个高度多样化的投资组合 P 的超额收益率，其中 $E(r_P)-r_f=E(R_P)=10\%$，并且 $\beta_P=1$，用于市场超额收益率的各种实现。将图（A）与图（B）进行比较，对于 $\beta_S=1$ 的单只股票 S 来说，两个图非常相似。未多样化股票受到非系统风险的影响，这一风险表现在围绕这条线的分散点上。相比之下，高度多样化的投资组合的收益完全由系统因素决定。

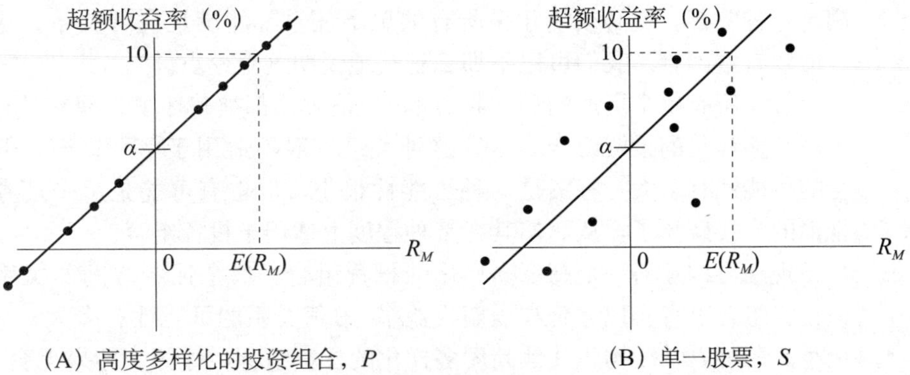

图 7.4　证券特征线

□ 套利定价模型的证券市场线

假设你构建了一个高度多样化的投资组合，假设 β 值为 0.7。根据等式（7.10），任一时期的收益率为 $r_P=r_f+\alpha_P+0.7(r_M-r_f)$。现在考虑另一个投资组合，该投资组合由市场指数和国债构成，权重分别为 0.7 和 0.3。我们称之为模仿投资组合（mimicking portfolio），因为它复制了对投资组合 P 的系统风险敞口。模仿投资组合的收益率为 $0.3r_f+0.7r_M$，可重写为 $r_f+0.7(r_M-r_f)$。现在假设你购买 1 美元的投资组合 P，然后出售 1 美元的模仿投资组合。你的净投资将为 0，你的收益将是无风险的：

买入 1 美元的投资组合 P	1 美元 $\times[r_f+\alpha_P+0.7(r_M-r_f)]$
卖出 1 美元的模仿投资组合	-1 美元 $\times[r_f+0.7(r_M-r_f)]$
净利润	1 美元 $\times\alpha_P$

如果 α_P 为正，投资者将以无限大的规模实施这一策略（无风险且需要零净投资），并获得无限大的利润。如果 α_P 为负，投资者会做相反的选择：卖出 1 美元的 P，购买 1 美元的模仿投资组合，再次获得无限利润。这些大规模投资将不确定地持续下去，直到 α 值趋近于 0。不管投资组合 P 的 β 值是什么，我们都可以采用相同的

策略。我们可以得出结论：如果资本市场要排除容易的套利机会，等式（7.10）中的 α_P 必须为 0。

因此，设定 $\alpha_P=0$，并在等式（7.10）中取期望值，以找到投资组合的预期收益：

$$E(r_P)=r_f+\beta_P[E(r_M)-r_f] \tag{7.11}$$

但这是资本资产定价模型常见的预期收益率—β 值关系！它意味着 β 值而非公司特定风险应该推动资产风险溢价，这与我们之前的结论，即公司特定风险可以通过分散化来消除，不谋而合。由等式（7.11）可知，仅凭借套利定价理论的无套利要求，资本资产定价模型的 SML 也必须适用于高度多样化的投资组合。

□ 单个资产和套利定价理论

我们已经证明，如果要排除套利机会，每个高度多样化的投资组合的预期收益必须满足资本资产定价模型预测的 SML。自然的问题是：这种关系是否告诉了我们有关公司股票预期收益率的任何信息？答案是，如果要使所有高度多样化的投资组合都能满足这种关系，就必须使几乎所有的单个证券都能满足这种关系，尽管要充分证明这一命题有些困难。我们可以不那么正式地说明这个论点。

假设所有单个资产的预期收益率—β 值关系都被破坏了。现在从这些资产中创建一个高度多样化的投资组合。尽管这种关系一般不适用于单个资产，但它适用于投资组合的可能性有多大？答案是这种可能性很小，但也有可能是单一证券之间的关系被以抵消的方式破坏了，从而使其在某种程度上适用于投资组合。

现在再构建另一个高度多样化的投资组合。单个证券之间的关系十分密切，以至该投资组合也将实现无套利预期收益率—β 值关系的可能性有多大？显然，这种可能性更小。还可以继续构建其他高度多样化的投资组合，等等。如果无套利预期收益—β 值关系必须适用于这些不同的完全多样化的投资组合中的每一种，那么几乎可以肯定的是，这种关系适用于除少数个别证券以外的所有证券。

我们使用这个术语实际上是经过深思熟虑的，因为我们必须将这一结论与所有证券肯定都符合这一关系的说法区分开来。我们不能用后一种说法的原因与投资组合多样化程度高的资产有关。

回想一下，要想获得多样化投资的资格，一个投资组合必须在所有证券中持有非常小的头寸。例如，如果只有一种证券违反了预期收益率—β 值关系，那么这种违反对一个多样化程度很高的投资组合的影响将太小，不会对任何实际目的产生影响，也不会出现有意义的套利机会。但是，如果许多证券违反了预期收益率—β 值关系，那么这种关系将不适用于多样化程度较高的投资组合，套利机会将出现。因此，我们的结论是：单一指数证券市场的无套利条件意味着所有完全分散化的投资组合以及除少数个别证券外的所有证券的预期收益率—β 值关系。

□ 实践中的高度多样化的投资组合

在投资组合规模不是无限的情况下，多样化对投资组合的标准差的影响是什么？为了说明这一点，设想一个投资组合由 1 000 只股票构成，每只股票的权重相等，考虑它们的剩余标准差。如果每只股票的年化剩余标准差为 $\sigma(e_i)=40\%$，那么投资组合的可忽略标准差为 $40/\sqrt{1\,000}=1.26\%$。

什么是“大”的投资组合？许多投资者广泛持有 ETF 或持有数百种不同的股票

的共同基金，但很少有基金持有数量超过1000股。因此，对于合理的投资组合，即使是广泛的多样化也不可能实现套利定价理论的“充分多样化”理想状态下的风险降低程度。这是模型的一个缺点。另外，即使在实践中能够达到的剩余风险水平，也应使套利定价理论的证券市场线至少对风险—收益关系具有良好的认可。在下一节中，我们将套利定价理论和资本资产定价模型的比较优势作为风险和回报模型加以论述。

□ 套利定价理论和资本资产定价模型

套利定价理论和资本资产定价模型具有许多相同的功能。它为我们提供了一个收益率基准，可用于资本预算、证券估值或投资业绩评估。此外，套利定价理论强调了需要风险溢价形式回报的不可分散风险和不需要风险溢价形式回报的不可分散风险之间的关键区别。

在许多方面，套利定价理论是一个非常吸引人的模型。资本资产定价模型依赖于均值—方差有效投资组合中的风险—收益的边际权衡，套利定价理论则采用更引人注目的套利策略。它并不要求几乎所有的投资者都是均值—方差优化者。相反，它建立在一个非常可信的假设之上：一个理性的资本市场将排除套利机会。违反套利定价理论的定价关系将导致恢复这些关系的巨大压力。此外，套利定价理论提供了一种预期收益率—β值关系，使用一个多样化程度较高的指数投资组合作为基准，而不是采用由支撑资本资产定价模型的所有资产组成的难以捉摸且难以观察的市场投资组合。当我们用一个广泛但可观察的指数投资组合取代资本资产定价模型未观察到的市场投资组合时，我们就不能再肯定这个投资组合将成为资本资产定价模型证券市场线的一个足够的基准。

尽管有这些明显的优势，但套利定价理论并没有完全主导资本资产定价模型。资本资产定价模型对所有证券的预期收益率—β值关系给出了明确的表述，而套利定价理论则暗示，这种关系适用于除少数证券外的所有证券。由于套利定价理论是建立在高度多样化的投资组合基础上的，它不能排除任何特定资产违反预期收益率—β值关系的可能性。此外，我们已经看到，即使是大型投资组合也可能存在不可忽视的剩余风险。

然而，值得注意和欣慰的是，尽管这两种模型的实现途径不同，但它们最终都到达了同一条证券市场线。最重要的是，它们都强调了公司特有风险和系统风险之间的区别，这是所有现代风险和回报模型的核心。

□ 套利定价理论的多因素推广

到目前为止，我们已经在一个单因素的世界中研究了套利定价理论。实际上，正如我们在上文中所指出的，系统风险有多个来源，如经济周期的不确定性、利率、能源价格等等。据推测，这些因素中的任何一个都将影响股票的适当预期收益率。套利定价理论可以推广到适应这些多重风险来源，其方式与多因素资本资产定价模型非常相似。

将等式（7.3）的单指标模型扩展为双指标模型：

$$r_i - r_f = \beta_{i1}(r_{M1} - r_f) + \beta_{i2}(r_{M2} - r_f) + \alpha_i + e_i \tag{7.12}$$

式中，$r_{M1}-r_f$ 和 $r_{M2}-r_f$ 是为跟踪这两个系统因素而设计的“因素组合”的超额收益。例如，因素1可能是工业生产的意外变化，而因素2可能是短期利率的意外变化。我因素投资组合：一个高度多样化的投资组合，其中一个因素的β值为1，其他因素的β值为0。

们再次假设，任何β值的组合都有许多可用的证券。这意味着我们可以形成高度多样化的**因素投资组合**（factor portfolios），其中一个因素的β值为1，其他所有因素的β值为0。因此，对第一个因素β值为1的因素投资组合的收益率将为r_{M1}，对第二个因素β值为1的因素投资组合的收益率将为r_{M2}，等等。因素组合可以作为证券市场线关系多因素推广的基准组合。

案例 7.8

多因素证券市场线

假定存在两个因素投资组合，这里称作组合1与组合2，其预期收益率分别为$E(r_1)=10\%$，$E(r_2)=12\%$。如果无风险利率是4%，第一个因素投资组合的风险溢价就是6%，第二个因素投资组合的风险溢价就是8%。

考虑一个高度分散化的套利投资组合P，它对第一个因素的$\beta_{P1}=0.5$，对第二个因素的$\beta_{P2}=0.75$。与多因素资本资产定价模型类似，多因素套利定价理论认为，投资组合的风险溢价必须等于风险溢价之和，以此来补偿系统风险的每一个来源。可以归结为风险因素1的风险溢价等于组合对风险因素1的风险暴露β_{P1}乘以第一个因素组合的风险溢价$E(r_1)-r_f$。因此，组合P的风险溢价中补偿风险因素1的部分为$\beta_{P1}[E(r_1)-r_f]=0.5\times(10\%-4\%)=3\%$。同理，组合$P$的风险溢价中补偿风险因素2的部分为$\beta_{P2}[E(r_2)-r_2]=0.75\times(12\%-4\%)=6\%$。投资组合的风险溢价即为$3\%+6\%=9\%$，投资组合的总预期收益率就是13%。

4%	无风险利率
+3%	第一个因素的风险溢价
+6%	第二个因素的风险溢价
13%	总预期收益率

如果案例7.8中的投资组合P的实际预期收益率不为13%，就存在套利机会。为了说明这一点，假设投资组合P的预期收益率为15%，因此正的α值为2%。

和之前一样，创建一个模仿投资组合来复制P的系统风险。如果β_{P1}是投资组合P对第一个因素投资组合的β值，β_{P2}是对第二个因素投资组合的β值，我们就可以建立如下模仿投资组合：模仿投资组合在因素投资组合1中的权重应当是β_{P1}，因素投资组合2的权重应当是β_{P2}，模仿投资组合的剩余部分放置在短期国债中，由此我们将得到一个权重（$1-\beta_{P1}-\beta_{P2}$）。因此，模仿投资组合的收益率如下：

$$\beta_{P1}r_{M1}+\beta_{P2}r_{M2}+(1-\beta_{P1}-\beta_{P2})r_f=r_f+\beta_{P1}(r_{M1}-r_f)+\beta_{P2}(r_{M2}-r_f) \quad (7.13)$$

等式（7.13）中没有剩余风险，因为模仿投资组合是由高度分散化的因素投资组合构成的。其预期收益率为$4\%+0.5\times(10-4)+0.75\times(12-4)=13\%$。因此，模仿投资组合与投资组合$P$具有完全相同的因素敞口，但其预期收益率为13%，而不是15%。这是得出$\alpha_P=2\%$的另一种方式。

给定其较高的收益和相同的因素敞口，套利者将买入大量组合P，卖出等量的模仿组合。他们的净投资为0，他们的头寸是无风险的，因为投资组合P上的因素风险敞口和模仿投资组合抵消了。这种套利活动将推高投资组合P的价格，降低其预期收益率，直到α_P被迫为零。我们可以得出结论：在缺乏套利机会的情况下，多因素SML必然占优势。

有两个系统风险的来源——双因素组合 $M1$ 和 $M2$。相应的，这些组合的 β 值分别为 β_1 和 β_2，我们可以将证券的双因素 SML 表示为：

$$E(r_i)=r_f+\beta_1[E(r_{M1})-r_f]+\beta_2[E(r_{M2})-r_f] \tag{7.14}$$

正如单因素套利定价理论和资本资产定价模型会产生相同的 SML 一样，两种模型的多因素扩展也会产生相同的 SML。

概念测验 7.6

使用案例 7.8 中的因素投资组合，计算 $\beta_1=0.2$、$\beta_2=1.4$ 的证券的公平收益率。

扫描二维码
获取答案解析

□ 智能 β 值与多因素模型

我们已经看到，资本资产定价模型和套利定价理论都具有多因素推广。这些推广至少有两个重要的含义。首先，投资者应该意识到，他们的投资组合受到不止一个系统风险来源的影响，他们需要考虑他们希望对每个系统因素建立多大的风险敞口。其次，当他们评估投资业绩时，他们应该意识到风险溢价来自对几个风险因素的敞口，需要计算出控制每个风险因素的 α 值。

一款名为智能 β 值的交易所交易基金（smart-beta ETFs）的新产品对这两个问题都有重要意义。它们类似于指数交易所交易基金，但它们不是使用市值权重来跟踪一个广泛的市场指数，而是旨在提供对价值、增长或波动性等特定特征的敞口。其中比较突出的主题是法玛-弗伦奇三因素模型的外部市场因素：规模（SMB）和价值（HML）。另一个共同因素是动量（WML，代表 winners-minus-losers，赢家减输家），是指一个投资组合的收益，该投资组合购买近期表现良好的股票，卖出表现不佳的股票。最近考虑的其他因素是基于波动性（以股票收益率的标准差衡量）、质量（资产收益率高与低或类似盈利能力指标的公司的收益率之差）、投资（高资产增长率公司与低资产增长率公司的收益之差）和股利收益率。

智能 β 值的交易所交易基金允许投资者利用易于交易的指数型产品调整投资组合的风险敞口，使之接近或远离一系列市场外风险因素。它们因此非常适合多因素环境。它们还提出了适当的业绩评价问题。当投资者能够廉价而有效地管理多维系统风险来源的风险敞口时，投资成功就会被一个多因素 α 值所捕获，从而为证券选择的成功提供一个清晰的衡量标准。这就是等式（7.14）所示的多因素 SML 要表达的信息。

对此，2018 年，曹、许、肖和展（Cao，Hsu，Xiao，and Zhan，2018）进行的一项有趣的初步研究表明，自从引入智能 β 值的交易所交易基金以来，投资者在评估共同基金业绩时，越来越倾向于多因素 SML。他们的证据是：自这些交易所交易基金活跃交易出现以来，流入或流出共同基金的资金更加密切地追踪多因素 α 值，而不是传统的单因素资本资产定价模型的 α 值。

小结

- 资本资产定价模型假设投资者是理性的、单周期的计划者，他们相信证券分析，基于一个共同的输入列表，寻求均值—方差最优投资组合。
- 资本资产定价模型假设理想的证券市场是：(a) 没有税收，(b) 没有交易成本，(c) 所有风险资产都是公开交易的，(d) 任何金额都可以以固定的无风险利率借贷。这些假设意味着所有投资者都将持有相同的风险投资组合。资本资产定价模型表明，在均衡条件下，市场投资组合是唯一的均值—方差有效的相切的投资组合，这也表明消极型策略是有效的。
- 市场投资组合是加权平均组合。每种证券的持有比例等于其市值除以所有证券的总市值。市场投资组合的风险溢价与其方差 σ_M^2 和普通投资者的风险厌恶情绪成比例。
- 资本资产定价模型认为，任何一个资产或投资组合的风险溢价都是其 β 值与市场投资组合的风险溢价的乘积。证券市场线描述了以 β 值为自变量的投资者所需投资收益的函数。这个预期收益率是评估投资业绩的基准。
- 在单一指数证券市场中，一旦指定了一个指数，就可以通过对该指数的超额收益进行回归，从而估计出证券的 β 值。这条回归线称为证券特征线（SCL）。证券特征线的截距称为 α 系数，表示当指数超额收益为 0 时，证券的平均超额收益。资本资产定价模型认为 α 系数的均值应当为 0。
- 资本资产定价模型和证券市场线可用于建立评价投资业绩的基准，或为资本预算应用确定适当的贴现率。它们还被用于监管有关受监管行业的“公平”收益率。
- 资本资产定价模型通常采用单因素模型，所有的系统风险都被概括在广义的市场指数中。然而，基础模型的多因素推广或许可以包括多种系统风险来源。在资本资产定价模型的这种多因素推广中，任何证券的风险溢价都是由其对每个系统风险因素的敏感程度以及与该风险源相关的风险溢价决定的。
- 寻找市场外系统风险因素的一般方法有两种：一种是寻找实证分析中与高平均收益有关的因素，或许这可以成为系统风险的衡量因子；另一种方法侧重于寻找对广大投资者而言所要面临的重要的风险来源，以及由此可能带来的风险溢价。
- 当两种或多种证券价格之间的差异使投资者能够构建一个零净投资组合，从而产生一定的利润时，套利机会就出现了。套利机会的存在以及由此产生的交易量将对证券价格构成压力，这种压力将推动价格发生变化，直到套利机会消失。只要少数投资者意识到套利机会，就可以触发这个价格调整的过程，因为他们的交易量是很大的。
- 当证券定价不存在套利机会时，市场满足无套利条件。满足无套利条件的价格关系十分重要，因为我们假设它们在现实市场中成立。
- 如果投资组合中包含大量的证券，其比例之大使得投资组合的剩余风险或可分散风险可以忽略不计，则我们认为这种投资组合是高度分散化的投资组合。
- 在单一要素证券市场中，为了满足无套利条件，所有具有高度分散化的投资组合都必须满足证券市场线的预期收益率—β 值关系。如果所有高度分散化的投资组合都满足预期收益率—β 值关系，那么除少数证券外，所有其他证券也必须满足这一关系。
- 套利定价理论可以推导出与资本资产定价模型相同的预期收益率—β 值关系，但并不要求所有投资者都是追求均值—方差最优化的。但是，套利定价理论不能确保所有的证券在任何时刻都满足这种关系。
- 多因素套利定价理论对单一要素模型进行了扩展，囊括了多个系统风险来源。

关键词

α 值	套利定价理论（APT）	因素投资组合	共同基金定理
套利	资本资产定价模型（CAPM）	市场投资组合	证券市场线（SML）
套利投资组合	预期收益率—β 值关系式	多因素模型	高度多样化的投资组合

核心公式

市场投资组合的风险溢价与平均风险厌恶程度和市场风险成比例：$E(r_M)-r_f=\overline{A}\sigma_M^2$

资本资产定价模型，证券市场线：预期收益率与系统风险的关系：$E(r_i)=r_f+\beta_i[E(r_M)-r_f]$

使用实际收益率的指数模型：$r_{it}-r_{ft}=\alpha_i+\beta_i(r_{Mt}-r_{ft})+e_{it}$

使用实际超额收益率的双指数模型，其中 $M1$ 和 $M2$ 为两个系统因素：$R_{it}=\alpha_i+\beta_{i,M1}R_{M1,t}+\beta_{i,M2}R_{M2,t}+e_{it}$

两因素证券市场线（$M1$ 和 $M2$ 是投资组合的两个因素）：$E(r_i)=r_f+\beta_{iM1}[E(r_{M1})-r_f]+\beta_{iM2}[E(r_{M2})-r_f]$

使用实际收益率的法玛-弗伦奇三因素模型：$r_i-r_f=\alpha_i+\beta_M(r_M-r_f)+\beta_{HML}r_{HML}+\beta_{SMB}r_{SMB}+e_i$

习题

1. 假设投资者相信市场指数投资组合的标准差增加了 50%，在资本资产定价模型中，这种变化对谷歌的投资项目的必要收益率的影响是多少？（LO7—1）

2. 考虑一下这句话："如果我们可以确定一个夏普比率高于标准普尔 500 指数的投资组合，那么我们应该拒绝单一指数的资本资产定价模型。"你是否同意这个观点？说明你的理由。（LO7—1）

3. 下面的表述正确吗？说明你的理由。（LO7—5）

a. β 值为 0 的股票的预期收益率为 0。

b. 根据资本资产定价模型，投资者对波动性较高的证券要求的收益率也较高。

c. 你可以通过将 0.75 的投资预算投资于短期国债，其余的投资于市场投资组合，构建一个 β 值为 0.75 的投资组合。

4. 下面是两个公司的数据。国库券利率为 4%，市场风险溢价为 6%。

公司	1 美元折扣店	所有商品均卖 5 美元
预期收益率	12%	11%
收益率的标准差	8%	10%
β	1.5	1.0

根据资本资产定价模型计算每个公司公平的收益率。（LO7—1）

5. 判断上一题中的两个公司是折价、溢价还是平价。（LO7—2）

6. 如果市场的预期收益率为 15%，β 值为 1 的股票的预期收益率应是多少？（LO7—2）

a. 15%；

b. 大于 15%；

c. 在不知道无风险利率的情况下无法确定。

7. 卡斯金（Kaskin）有限公司的股票 β 值为 1.2，奎因（Quinn）有限公司的股票 β 值为 0.6，以下哪一项陈述最为准确？（LO7—1）

a. 卡斯金有限公司的股票的预期收益率高于奎因有限公司的股票；

b. 卡斯金有限公司的股票的总风险高于奎因有限公司的股票；

c. 卡斯金有限公司的股票的系统风险高于奎因有限公司的股票。

8. 在单因素市场中，资本资产定价模型和套利定价理论的证券市场线关系表明，任何证券的风险溢价都与 β 成正比，或者相当于，证券的预期收益必须是 β 的线性函数。假设事实并非如此，具体而言，预期收益率与 β 值成比例增加，如下图所示。（LO7—1）

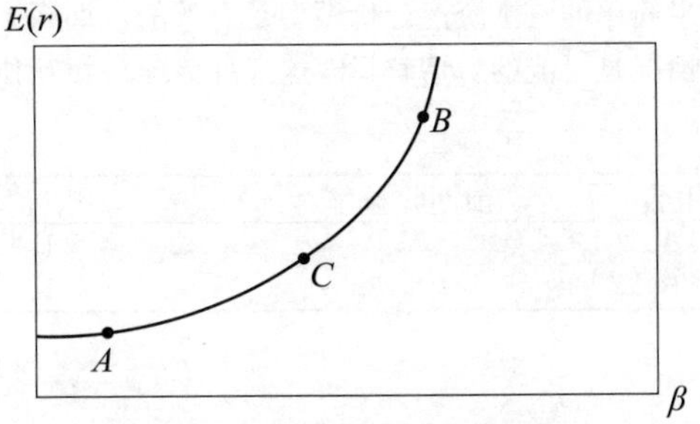

a. 你如何在资本资产定价模型中构建积极的 α 证券，或者在套利定价理论背景下构建套利投资组合？

b. 这个数字能够准确描述市场均衡中的均值-β 值关系吗？提示：考虑投资组合 A 和 B 的组合收益，以匹配投资组

合 C 的 β 值。

c. 一些研究人员研究了多样化投资组合的平均收益与这些投资组合的 β 和 β^2 之间的关系。他们应该发现 β^2 对投资组合的收益有何影响？

9. 如果 $r_f=5\%$，$E(r_M)=15\%$，$E(r_P)=20\%$ 的投资组合的 β 值是多少？(LO7—2)

10. 某一证券的市场价格为 40 美元，预期收益率为 13%，无风险利率是 7%，市场风险溢价是 8%。如果其他指标不变，该股票的 β 值加倍，那么，该证券的市场价格会发生怎样的变化？假定股票的股利保持稳定。(LO7—2)

11. 如果你是一家大型制造业公司的顾问，你正在考虑一个投资项目，该项目的税后净现金流量如下（单位：百万美元）：

从现在起计算的年数	税后净现金流量
0	−20
1～9	10
10	20

项目的 β 值为 1.7。假定 $r_f=9\%$，$E(r_M)=19\%$，计算该项目的净现值。在净现金流量变为负值之前，项目可能出现的最大 β 值是多少？(LO7—2)

12. 下表给出了在两种市场收益率的前提下，两只股票的预期收益率数据。(LO7—2)

市场收益率（%）	激进型股票（%）	保守型股票（%）
5	2	3.5
20	32	14

a. 这两只股票的 β 值是多少？

b. 如果市场收益率同样可能为 5%或 20%，那么每只股票的预期收益率是多少？

c. 如果国库券利率为 8%，市场收益率可能为 5%或 20%，绘制这个经济体的证券市场线。

d. 在证券市场线上标出这两种证券。它们的 α 系数各是多少？

e. 对于具有防御型公司股票风险特征的项目，积极进取的公司的管理层应该使用什么门槛？

如果简单的资本资产定价模型是有效的，那么 13～19 题中哪种情况是可能的？请解释。这 7 种情况是相互独立的。

13.

组合	预期收益率（%）	β 值
A	20	1.4
B	25	1.2

(LO7—1)

14.

组合	预期收益率（%）	标准差（%）
A	30	35
B	40	25

(LO7—1)

15.

组合	预期收益率（%）	标准差（%）
无风险组合	10	0
市场组合	18	24
A	16	12

(LO7—1)

16.

组合	预期收益率（%）	标准差（%）
无风险组合	10	0
市场组合	18	24
A	20	22

(LO7—1)

17.

组合	预期收益率（%）	β 值
无风险组合	10	0
市场组合	18	1.0
A	16	1.5

(LO7—1)

18.

组合	预期收益率（%）	β 值
无风险组合	10	0
市场组合	18	1.0
A	16	0.9

(LO7—1)

19.

组合	预期收益率（%）	标准差（%）
无风险组合	10	0
市场组合	18	24
A	16	22

(LO7—1)

20. 登录 Connect 网站，查找到第 7 章的资料，你将会发现一张包含 GM、福特、丰田、标准普尔 500 指数以及国库券每月收益率的电子表格。(LO7—1)

a. 计算 5 年期间内每个公司的指数模型，比较每个公司的 β 值。

b. 现在仅用开始两年的样本来估计每个公司的 β 值。这些较短的子区间里估计出的 β 值稳定性如何？

在 21～23 题中，假定无风险利率是 8%，市场的预期收益率为 18%。使用简单（单因素）资本资产定价模型的证券市场线来回答下列问题。

21. 某股票目前的市场价格为 100 美元，年底每股分红 9 美元，其 β 值为 1.0。投资者预期该股票年底的市场价格为多少？(LO7—2)

22. 我正在考虑收购一家公司，预期年永久现金流量为1 000 美元，但是我无法确定该项目的风险。如果我认为该公司的β值为 0，而实际上该公司的β值是 1.0，那么我提出的报价比公司的实际价值高多少？（LO7—2）

23. 预期收益率为 6%的股票的β值是多少？（LO7—2）

24. 两个投资咨询家在相互比较业绩。第一个人的平均收益率为 19%，β值是 1.5；第二个人的平均收益率为 16%，β值为 1.0。（LO7—2）

a. 两个投资咨询家中，哪一个在个股选择方面更为优秀（不考虑市场的总体变动）？

b. 如果国库券利率是 6%，当期市场收益率为 14%，哪一个投资咨询家在选择股票方面表现更为优秀？

c. 如果国库券利率是 3%，市场收益率是 15%，情况又是怎样的？

25. 假设短期政府证券（没有风险）的收益率是 4%。市场对β值为 1.0 的组合的必要收益率为 12%。根据资本资产定价模型：（LO7—2）

a. 市场投资组合的预期收益率是多少？

b. β值为 0 的股票的预期收益率是多少？

c. 假定你正在考虑购买价格为 40 美元的某种股票。预计下一年股票的股利为 3 美元/股，然后在 41 美元的价位上卖出。股票风险是在$\beta=-0.5$上估计的。该股票的价格是被高估还是低估了呢？

26. 在目前的股利比率与预期资本利得的基础上，组合A与组合B的预期收益率分别为 11%与 14%。它们的β值分别为 0.8 与 1.5。国库券目前的收益率为 6%，标准普尔 500 指数的预期收益率为 12%。组合A、组合B、指数的年标准差分别为 10%、31%与 20%。（LO7—2）

a. 如果你现在持有的是市场投资组合，你是否会在你的组合中增加上述某种投资组合？试解释。

b. 如果你只能投资于国库券与上述几种组合之一，你会怎样选择？

27. 下表描述的是单一指数的经济，所有的组合都是高度分散化的。

组合	$E(r)$	β值
A	10%	1.0
F	4%	0

假定存在另外一个高度分散化的组合E，其β值为 2/3，预期收益率是 9%。是否存在套利机会？如果存在，套利策略具体是怎样的？（LO7—4）

28. 假定组合A与组合B都是高度分散化的，且$E(r_A)=14\%$，$E(r_B)=14.8\%$。如果经济中只有一个要素，且$\beta_A=1.0$，$\beta_B=1.1$，无风险利率是多少？（LO7—4）

29. 假定市场指数为股市收益的共同影响因素，经济中所有股票的β值都是 1.0，公司特定收益率的标准差为 30%。假定一个分析师研究了 20 只股票，发现其中一半的α系数都是 3%，另一半的α系数等于-3%。分析师按相等权重买入由各种α系数为正的股票构成的组合，并按相等权重卖空由各种α系数为负的股票构成的组合，金额都是 100 万美元。（LO7—4）

a. 分析师的预期利润（以美元为单位）及其标准差是多少？

b. 如果分析师研究的是 50 只股票，而非 20 只股票，你的答案会如何调整？如果研究的是 100 只股票呢？

30. 如果套利定价理论是有效的，经济中的系统要素的数目必须比较少。为什么？（LO7—4）

31. 套利定价理论本身并没有提供有关确定风险溢价的因素的信息。研究人员如何确定应当调查哪些因素？工业生产是不是确定风险溢价的合理因素？请说明原因。（LO7—3）

32. 假定美国经济的两个因素既定：工业生产的增长率IP与通货膨胀率IR。预期前者为 4%，后者为 6%。一只股票对IP与IR的β值分别为 1.0 与 0.4，其预期收益率为 14%。如果工业生产的实际增长率为 5%，通货膨胀率为 7%，你预计该股票的预期收益率会是多少？（LO7—3）

33. 假定有两个相互独立的经济变量：M_1与M_2。无风险利率是 7%，所有具有独立的公司特定要素的股票的标准差为 50%。组合A与组合B都是高度分散化的。

组合	M_1的β值	M_2的β值	预期收益率（%）
A	1.8	2.1	40
B	2.0	−0.5	10

经济中的预期收益率—β值关系式是怎样的？（LO7—5）

□ 挑战题

34. 作为猪肉生产公司的一名财务实习生，詹妮弗·温赖特（Jennifer Wainwright）的任务是及时追踪公司资本成本的变化情况。她发现这是一个运用上学期学过的套利定价理论的好机会。因此，她认为三个可能进入套利定价理论模型的因素是：（i）广义市场指数的收益率，如标准普尔 500 指数；（ii）利率水平，以 10 年期国债的到期收益率来表示；（iii）生猪的价格，这对公司非常重要。她计划根据这些因素找到猪肉生产公司的β值，并且估计每个因素的风险溢价。评论詹妮弗的因素选择情况。哪个因素与公司的资本成本最有关联？你能为她的观点提供改进意见吗？（LO7—3）

35. 假设市场可以用以下三个系统风险来源进行描述。下表中每个要素的均值都是 0（所以要素的值代表实际值与之前的预期值之差），每种系统风险的风险溢价在最后一列给出。

系统因素	风险溢价（%）
工业生产率（IP）	6
利率（INT）	2
信用风险（CRED）	4

特定股票的超额收益率 R 由下面的公式给出，该公式将真实收益率与预期收益率之差和三种系统因素联系起来：

$$R=6\%+1.0IP+0.5INT+0.75CRED+e$$

使用套利定价理论计算该股票的均衡预期超额收益率，并判断该股票是折价还是溢价。（LO7—3）

CFA 习题

1. 以下有关证券市场线的表述中，哪些是正确的？（LO7—2）

a. 证券市场线可以作为评估投资预期收益的基准。

b. 证券市场线使所有的投资者投资于相同的风险资产的组合。

c. 证券市场线是预期收益率—β 值关系式的图形表达。

d. 定价正确的资产都位于证券市场线上。

2. 凯伦·凯（Karen Kay）是柯林斯资产管理公司（Collins Asset Management）的一名基金经理，她正在运用资本资产定价模型给他的客户提供建议。她研究的结果如下表所示。（LO7—2）

预期收益率、标准差和 β 值			
	预期收益率（%）	标准差（%）	β 值
X 股票	14.0	36	0.8
Y 股票	17.0	25	1.5
市场指数	14.0	15	1.0
无风险利率	5.0		

a. 计算每只股票的预期收益率和 α 值。

b. 为满足投资者的以下要求，推荐哪只股票是更合适的？

i. 将这只股票添加到高度多样化的股票组合中。

ii. 将这只股票单独持有。

3. 琼·麦凯（Joan McKay）是一家银行信托部门的基金经理。麦凯会见了两个客户：凯文·默里（Kevin Murray）和萨莎·约克（Lisa York），目的是复核他们的投资目标。每个客户都表现出了更改投资目标的意愿。他们现在都持有高度多样化的风险资产投资组合。（LO7—1）

a. 默里希望提高其组合的预期收益率，麦凯将会采取什么样的措施实现默里的目标呢？用资本市场线来解释你的观点。

b. 约克希望减少她组合的风险，但是不愿意牵涉借贷行为。说明麦凯将会采取什么措施达到约克的投资目的。用证券市场线来解释你的观点。

4. 特许金融分析师杰弗里·布鲁纳（Jeffrey Bruner）利用资本资产定价模型（CAPM）来识别错误定价的股票。一位咨询师建议他利用套利定价模型（APT）来代替资本资产定价模型。在比较资本资产定价模型和套利定价模型的过程中，咨询师提出了以下观点：（LO7—5）

a. 资本资产定价模型和套利定价模型都要求一个均值—方差有效市场组合。

b. 资本资产定价模型认为一个特定因素解释了证券的收益率，而套利定价模型不这样认为。

判断每一个观点正确与否。对于每一个错误观点，解释其不正确的原因。

5. 证券市场线描述了：（LO7—2）

a. 证券预期收益率作为其系统风险的函数。

b. 作为风险证券最优投资组合的市场组合。

c. 证券收益率和指数收益率之间的关系。

d. 作为市场投资组合和无风险资产构成的一个完全投资组合。

6. 根据资本资产定价模型，$\beta=1$ 且 $\alpha=0$ 的投资组合的预期收益率为：（LO7—2）

a. 在 r_M 和 r_f 之间。

b. 无风险利率 r_f。

c. $\beta(r_M-r_f)$。

d. 市场的预期收益率 r_M。

下表（用于第 7 题和第 8 题）显示了两个投资组合的风险与收益情况：

投资组合	年均收益率（%）	标准差（%）	β 值
R	11	10	0.5
标准普尔 500 指数	14	12	1.0

7. 相对于证券市场线而言，当对投资组合 R 描点时，投资组合 R 位于：（LO7—2）

a. 恰好在证券市场线上。

b. 证券市场线下方。

c. 证券市场线上方。

d. 所给数据不充分。

8. 相对于资本市场线而言，当对投资组合 R 描点时，投资组合 R 位于：(LO7—2)

a. 恰好在资本市场线上。

b. 资本市场线下方。

c. 资本市场线上方。

d. 所给数据不充分。

9. 在资本资产定价模型下，简要解释投资者是否会预期持有投资组合 A 比持有投资组合 B 有更高的收益率。假设两种投资组合都是高度分散化的。(LO7—2)

	投资组合 A	投资组合 B
系统风险 (β)	1.0	1.0
单个证券的特定风险	高	低

10. 假设 X 和 Y 两种投资组合都是高度分散化的，且无风险利率是 8%：

投资组合	预期收益率 (%)	β值
X	16	1.00
Y	12	0.25

在这种情况下，你可以得出结论，投资组合 X 和 Y：(LO7—4)

a. 处于均衡状态。

b. 存在套利机会。

c. 均被低估。

d. 均被公平定价。

11. 根据套利定价理论：(LO7—4)

a. 高 β 值的股票价格总是被高估。

b. 低 β 值的股票价格总是被高估。

c. 正的 α 投资机会将很快消失。

d. 理性投资者将追求与自己的风险容忍度一致的套利。

12. 当以下哪种情况出现时，将产生有正的 α 的充分多样化的零投资组合：(LO7—5)

a. 投资组合的预期收益率为 0。

b. 资本市场线与机会集相切。

c. 一价定律依然成立。

d. 无风险套利机会存在。

13. 当均衡价格关系被打破时，投资者建立尽可能大的头寸。这是以下哪个理论的一个例子？(LO7—4)

a. 占优理论。

b. 均值—方差有效边界。

c. 套利行为。

d. 资本资产定价模型。

14. 与资本资产定价模型相比，套利定价理论：(LO7—4)

a. 要求市场处于均衡状态。

b. 使用以微观变量为基础的风险溢价。

c. 识别决定预期收益率的具体因素，并确定因素的数量。

d. 不要求关于市场投资组合的严格假设。

Web 站点管理员

请扫描二维码或登录中国人民大学出版社官网 www.crup.com.cn 下载。

8 有效市场假说

学习目标：

LO8—1　了解在一个有效市场上导致证券价格变动不可预测的原因；
LO8—2　用事实说明支持或反对有效市场假说的理由；
LO8—3　解释股票市场上的异象；
LO8—4　说明在信息有效的市场中，如何制定投资策略。

20世纪50年代，计算机在经济学中最早的应用之一就是分析经济时间序列。经济周期理论学派认为，通过对主要经济变量跨期演变进程的分析，可以发现经济总是由繁荣走向衰退，又由衰退走向繁荣的。还有一些经济学家则将分析的重点放在了各个时期股票价格的波动上。如果我们假定股票价格可以反映公司的发展前景，那么经济发展的高峰与低谷则会相应地体现在股票价格上。

莫里斯·肯德尔（Maurice Kendall，1953）较早地验证了这个命题。他惊奇地发现，股票价格没有可以预测的特征，价格的变动表现出很大的随机性。在任何一个特定的日子，无论经济状况如何，股票价格都既有可能上升，也有可能下跌。

肯德尔的发现引起了一些金融经济学家的浓厚兴趣。他们最初认为，肯德尔的理论说明了主宰股票市场的是带有很大不确定性的市场心理学，或者说是"原始冲动"——股票市场的发展并不遵循逻辑规则。总之，他的研究似乎证明了市场的非理性。然而，经过进一步的研究，这些经济学家发现他们对肯德尔理论的最初解释存在着偏差。

不久之后，很多经济学家普遍认为，价格的随机波动表示的是运转良好的或有效的市场，而不是非理性的市场。在本章中，我们将分析这一惊人结论的推理过程。我们试图说明分析师之间的竞争怎样自然而然地导致了市场的有效性。此外，我们还研究了有效市场假说对于投资策略的意义，并分析了市场有效性观点的支持者与反对者的经验依据。

8.1　随机游走与有效市场假说

如果肯德尔的理论能够证明股票价格的变动是可以预测的，这对于投资者的意义显然胜过开采一座金矿。如果投资者能够利用肯德尔的公式预测股票价格，他们就可以根据计算机模型的暗示，购入价格将要上升的股票，卖出价格即将下跌的股票，从中获取无尽的利润。

稍加思索，我们就会发现这种情形不可能维持长久。例如，假定 XYZ 股票目前的市价为 100 美元，如果计算机模型以极大的把握预计该股票的价格在三天内会上涨到 110 美元，凡是知晓这个预测的投资者都会尽可能地购买该股票，已经持有该股票的投资者也不愿意轻易抛出该股票，结果必然是，股票价格会立刻上涨到 110 美元。也就是说，未来价格上涨的预测会导致价格的迅速上涨。解释这一现象的另一个依据是，计算机模型所预测的"好消息"会立刻反映在股票价格的波动上。

这个简单的例子说明了为什么肯德尔探求股票价格重复运动的特征的努力是徒劳的。关于未来价格的有利预测会导致当前价格的迅速上涨，原因在于，所有的市场参与者都试图在价格实际上涨之前采取行动。

从更广泛的意义上讲，任何公开信息都可以用于预测股票的表现，都会反映在股票价格的波动上。只要有任何信息表明某股票价格被低估，投资获利的机会十分好，投资者就会争先恐后地投资于该股票，从而将该股票的价格抬高至其公平水平。因此，可以预测的只有"通常收益率"，这里的"通常收益率"是指与股票的风险水平一致的收益率水平。

但是在现有信息的前提下，如果价格被哄抬至其公平水平，那么只有当新的信息出现时，价格才会上涨或下跌。从定义上讲，新的信息必须是不可预测的，如果它可以预测，那么就应当是今天信息的一部分。因此，由于不可预测的新信息所引起的价格变动也就是不可预见的了。

这也就是股票价格的**随机游走**（random walk）规则的本质内容。这一规则说明了股票价格的变动是随机的、不可预测的。股票价格的随机波动不是市场非理性的证实，而是一部分经验丰富的投资者先于其他市场人士发现相关信息的必然结果。

随机游走：证券价格变化的随机性和不可预测性。

应当注意的是，不要把价格变动的随机性与价格水平的非理性混淆！如果价格决定是理性的，那么只有新的信息的出现才会导致价格水平发生变动。因此，随机游走是价格水平中包含所有有用信息的必然产物。事实上，如果股票价格是可以预测的，那么就可以充分证实市场的无效性。因为预测股票价格的能力说明了现在的价格并没有包含所有有用的信息。正是由于这个原因，我们将股票价格反映了所有有用信息的观点称作**有效市场假说**（efficient market hypothesis，EMH）。[①]

有效市场假说（EMH）：证券价格完全反映了所有可用信息的假设。

图 8.1 显示了在有效市场中股票价格对于新信息的反应。这幅图给出了作为收购对象的样本企业的价格反应。在大多数收购中，收购公司往往支付一个超出现有价格的较大的溢价水平。因此，收购意向的披露往往造成股价陡涨。图 8.1 说明，股票价格在消息向公众披露的当天有较大上升。然而，在消息披露之后，价格并没有进一步的显著变动，这意味着价格已经在交易日当天反映了新信息的影响，包括收购溢价可能的程度。

我们可以通过观察一天的分时交易数据发现股价对新信息作出快速反应的证据。例如，帕特尔和沃夫森（Patel and Wolfson，1984）发现，多数对股票股利或者收益公告的反应发生在公告发出后的 10 分钟内。对如此快速的反应的一个合理解释是由巴斯和格林（Busse and Green，2002）提出的，他们在研究中跟踪了在 CNBC 的"晨间评

---

① 市场有效性不应当与第 6 章中介绍的有效投资组合混淆。一个信息上有效的市场是指信息被及时散布并迅速反映到价格中的市场，而有效投资组合是指对给定的风险水平预期收益率最大的组合。

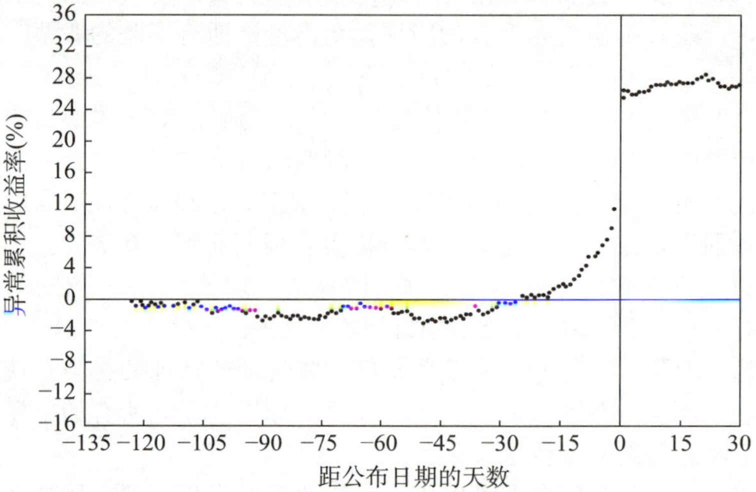

图 8.1　收购前后的异常累积收益率：目标公司

资料来源：该图是下文出现的图的更新版本：Arthur Keown and John Pinkerton, "Merger Announcements and Insider Trading Activity," *Journal of Finance* 36 (September 1981), pp. 855－869. Used with permission of John Wiley and Sons, via Copyright Clearance Center. Updates courtesy of Jinghua Yan.

论”或“午间评论”中出现的公司在当天每分钟的股价变化。[①] 图 8.2 中的时刻 0 代表股票在午间节目中被提及的时刻。上面的线是出现好消息后公司平均的股价运动，下面的线是出现坏消息后股票价格的变化。注意，上面的线保持水平时，意味着市场已经充分发现了消息的价值，这大约发生在报告发出后的 5 分钟内。下面的线大约 12 分钟后才能保持水平。

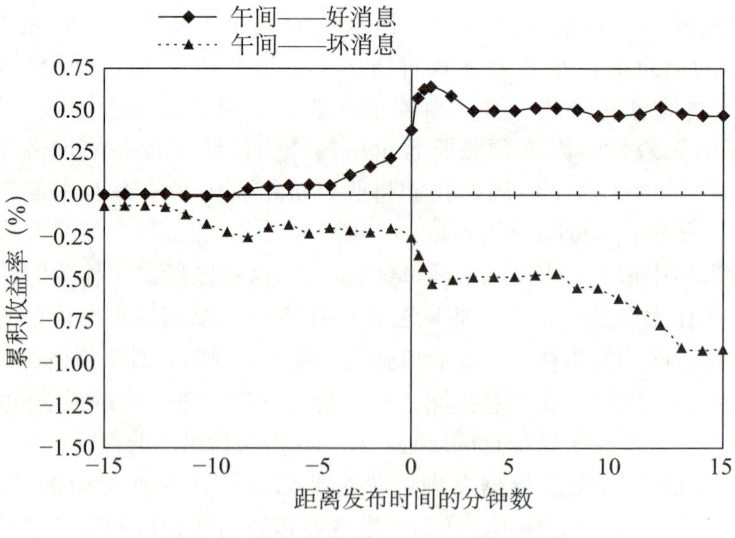

图 8.2　股票价格对 CNBC 报道的反应

说明：图中显示了股票价格对在 CNBC“午间评论”栏目中披露的信息的反应。该图从信息发布 15 分钟前开始绘制。

资料来源：Reprinted from J. A. Busse and T. C. Green, "Market Efficiency in Real Time," *Journal of Financial Economics* 65 (2002), p. 422.

① 你可以在 www.bus.emory.edu/cgreen/cnbc.html 上找到该图的午间动画形式。

□ 作为有效性来源的竞争

我们为什么预期股票价格可以反映"所有的信息"？毕竟，如果你正在花费时间与金钱搜集信息，你肯定希望你能够发现其他投资者所不能发现的信息。如果信息的搜集整理与分析是有成本的，你一定期望你的投资分析能够增加预期收益。

这个观点被格罗斯曼和斯蒂格利茨（Grossman and Stiglitz，1980）的研究进一步强化。他们认为，当且仅当花费时间和资源去分析和揭露新的信息可以得到更高的投资收益率时，投资者才有动机从事这种活动。因此在市场均衡中，有效的信息收集行为应该是非常有成效的。而且，我们也并不奇怪，市场有效程度随着市场变化而不同。例如，新兴市场因为分析强度小、财务披露要求低，因此比美国市场的有效性要低。小股票相对被华尔街分析师忽视，因此比大股票的有效性低。所以，我们不能下结论说投资者完全不能跟上新信息的脚步，这需要考虑投资者的竞争力情况。

案例 8.1

投资业绩增长的回报

假定一个投资管理公司管理着50亿美元的组合。如果基金经理正在准备开发一个研究项目，该项目每年可以使组合的收益增加1%的1/10，其货币收益就是50亿美元×0.001，即500万美元。因此，该基金将愿意每年在该投资项目上的研究预算高达500万美元，以增加每年仅1%的1/10的收益率。对于投资收益率如此小的一个增长，回报便如此巨大，因此基金经理愿意花费大量的资金在行业研究、技术支持、学术研究中也就不足为奇了。所以总体说来，价格变化是难以预测的。

由于有众多的分析师依托丰富的资源致力于研究工作，因此市场上就不会再有什么可以轻易采摘的果实了。并且，由于研究工作所带来的收益率增长十分小，因此只有大规模的投资组合的经理人员才会将重点放在研究方面。

虽然我们不可能发现"所有"的相关信息，但是的确有如此众多的人士在不遗余力地搜寻所有可能提高投资业绩的线索。这些有雄厚资金支持的、高回报的、进取型的分析师之间的竞争使价格中几乎包含了所有有用信息。

人们常说，华尔街最宝贵的商品是信息，信息的竞争十分激烈。想想层出不穷的所谓的可选数据公司产业，它们专门为大型投资者发掘和出售有助于了解企业前景的信息。例如，这些公司利用卫星图像估算沃尔玛等大型零售商外停靠的车辆的数量，从而获取每日销量感。其他公司利用卫星图像估算油箱的高度，从而获取油量存储的规模。一些公司使用大型计算机网络和机器学习技术保持对社交媒体的关注，以期相关信息在成为全民通识之前能提前被它们截获。[①]

有时候对竞争优势的追求可能会引发对非法内幕信息的搜集。近年来，发生了一些重大内幕交易的案例。例如，2011年，曾经管理着65亿美元资产的盖伦集团（Galleon Group）对冲基金负责人拉杰·拉贾拉特南（Raj Rajaratnam），曾因向某家网络公司的内部人士和交易员征求建议而获内幕交易罪。2014年，另一个成功的对冲基金——

---

① 其他一些有趣的案例，可以参见"The Watchers," *The Economist*, August 20, 2016, p. 56。

SAC 资本顾问公司（SAC Capital Advisors）——支付了 18 亿美元用于处理一个内幕交易调查。这些公司跨越了法律底线非法获取信息，而合法和非法的信息来源往往难以明确区分。例如，有一些专家网络公司收取一定的费用，为投资者介绍行业专家，这些行业专家向投资者提供关于某一公司的专业见解。正如“市场前沿”专栏中讨论的那样，这样很容易导致内幕交易，事实上，这也正是针对 SAC 资本顾问公司案件的关键因素。

市场前沿

信息时代的媒人

华尔街最宝贵的商品就是信息，知情人可以通过提供信息获得丰厚的报酬。一个由专家人脉提供者组成的行业迅速崛起，该行业的公司向需要信息进行决策的投资者出售对各种企业或行业有独特见解的专家的联系方式。这类公司被称为“信息时代的媒人”。其所提供的专家范围广泛，从有助于预测畅销药物上市的医生，到能够预测会影响商品价格的天气的气象学家，以及可以提供关于某个公司或行业的专业见解的业务主管，都属于这个范畴。

但是，其中的一些专家兜售了内幕信息。2011 年，第一全球研究公司（Primary Global Research）的一名顾问因出售信息给对冲基金 SAC 资本顾问公司而获罪。第一全球研究公司还有其他几个员工也因内幕交易罪被起诉。

专家公司应该只提供公开信息以及专家的见解和观点。但雇用拥有内幕信息的专家以收取不菲的访问费用显然充满了诱惑力。美国证券交易委员会对合法和非法服务之间的界限表示担忧。

鉴于审查的增加，买卖双方在专家信息合规方面做出了大量的努力。最大的网络公司是美国格理集团（Gerson Lehrman Group），其稳定拥有 30 万名专家。现在，该公司对专家会谈的对象和主题都保持着精确到分钟的记录。[①] 这些记录在进行内幕交易调查时可以转交给当局工作人员。对它们来说，一些对冲基金已经停止使用专家人脉网络公司或发布了清晰的关于其员工何时可以与顾问进行交流的规则。

然而，即使有了这些保护措施，内幕交易的空间仍然存在。例如，投资者和专家可以通过合法网络公司相遇，然后脱离该公司单独建立咨询关系。合法连接成了非法销售内幕信息的开始。只要有作弊的动机，方法总是存在的。

□ 有效市场假说的几种形式

一般来说，有效市场假说有三种形式：弱式有效市场假说、半强式有效市场假说与强式有效市场假说。这三种形式之间的区别体现在对“所有有用信息”这一概念的不同理解上。

弱式有效市场假说： 证券价格已经反映了所有历史交易信息。

弱式有效市场假说（weak-form EMH）的中心观点是：通过观察历史价格、交易量或者短期利率等市场交易数据所获取的信息都会反映在股票价格中。它实际上说明了趋势分析是徒劳的。股票价格的历史数据是公开的，其获取是免费的。弱式有效市场假说认为，如果这些数据能够传递有关未来业绩的可靠信号，那么所有投资者都已

① “Expert Networks Are the Matchmakers for the Information Age,” *The Economist*, June 16, 2011.

经学会了利用这些数据。最终，当这些信号广为人知时，它们就失去了价值，例如，一个买入信号会导致价格立即上涨。

半强式有效市场假说（semistrong-form EMH）认为所有有关公司发展前景的公开信息都应当包含在股票价格中。除了过去的价格，这类信息还包括公司产品线、管理质量、资产负债表构成、专利权、收益预测、会计实务等基本数据。如果任何投资者都可以通过公开途径获取这些信息，那么股票价格中就会包含这些信息。

半强式有效市场假说： 证券价格已经反映了所有公开可用的信息。

最后，**强式有效市场假说**（strong-form EMH）认为股票价格中包含所有有关公司的信息，甚至应当包含只有公司内部人员才可能获取的信息。强式有效市场假说是一种十分极端的形式。一般认为，公司高层管理人员可以利用公众无法获取的信息谋取利润。事实上，美国证券交易委员会（SEC）的许多行为都是要防止内部人员利用其优势地位谋取收益。1934 年《证券交易法》的 10b-5 规则就是要求公司高层管理人员、董事、大股东要向证券交易委员会如实汇报其交易。这些内部人员、他们的亲属以及任何相关人员利用公司内部人员提供的信息牟利的行为都是违法的。

强式有效市场假说： 证券价格反映了所有相关信息，包括内幕信息。

对内部交易做出一个明确的定义是一件十分困难的事情。毕竟，证券分析师的工作就是发现其他市场参与者所不知道的信息。正如我们在第 3 章和上面的“市场前沿”专栏中所看到的那样，内幕信息与私人信息之间的界限是十分模糊的。

有一点需要注意，所有的有效市场假说形式都有一个共同点：他们都认为，价格应该反映可获得的信息。我们并不指望交易员是超人或者市场价格从不出错，我们总是喜欢搜集尽可能多的有关公司前景的信息。回想起来，市场价格有时会高得离谱或者低得离谱。有效市场假说仅仅指出，在给定的时间里，使用当前的信息，我们无法确定今天的价格究竟是过高还是过低。不过，如果市场是理性的，我们至少可以期待价格平均来看是正确的。

概念测验 8.1

a. 如果你发现高层管理人员在投资于本公司的股票时会获取比较高的收益。这是否违背弱式有效市场假说？是否违背强式有效市场假说？

b. 如果弱式有效市场假说是正确的，那么，是否可以说明强式有效市场假说也是正确的呢？反之，强式有效市场假说是否可以说明弱式有效市场假说的合理性呢？

扫描二维码
获取答案解析

8.2 有效市场假说的含义

□ 技术分析

从本质上讲，**技术分析**（technical analysis）就是要寻找股票价格的周期性特征或可预测特征。虽然技术分析人士认为信息的价值必须与公司的经济前景相联系，但是，他们依然认为这些信息对于成功的交易策略而言并不是必需的。无论证券价格变动的基本原因是什么，如果证券价格的反应足够慢，分析师就可以确定其调整期间内的发展趋势。技术分析假定证券价格对基本的供需因素的反应是十分迟缓的，这显然与有效市场的观点相矛盾。

技术分析： 对周期性的和可预测性的证券价格走势的研究，并判断市场上买卖压力的位置。

技术分析师又被称为图表分析师，因为他们往往致力于分析股票价格的历史记录，并绘制相应的图表，期望从中发现能够提供利润机会的某种特征。下面以技术分析中的相对强弱指标分析方法（relative strength approach）为例来说明。图表分析师将股票的近期表现与市场表现或行业中其他股票的表现进行比较。一个简单的相对强弱指标分析方法是选取股票价格与市场指标（如标准普尔 500 指数）之间的比值。如果这个指标随着时间的推移呈现增长态势，就说明该股票的表现好于整个市场，因此，我们就认为该股票处于相对强势区。这种态势将会持续一段时间，以提供相应的利润机会。

压力点：被认为很难上升突破的股票价格或指数水平。

支撑点：被认为很难下降跌破的股票价格或指数水平。

在技术分析中经常听到的一组词语是**压力点**（resistance level）和**支撑点**（support level）。如果价格位于这些点之下，那么通常很难突破上升；如果价格位于这些点之上，那么价格很难下降。这些点位被认为是由市场心理决定的。

案例 8.2

压力点

我们考虑股票 XYZ，该股票已经以 72 美元的价格交易了几个月时间，然后跌至 65 美元。如果这只股票之后开始上涨，则 72 美元被认为是一个压力点（根据这个理论），因为原来以 72 美元价格买入的投资者迫不及待地期望在不亏钱的时候马上卖出股票。因此，在 72 美元附近存在卖出的压力。这种行为使得市场上形成了一种“记忆”，这种记忆让过去价格的历史影响了现在对未来价格的预期。

有效市场假说认为技术分析是没有价值的。价格与交易量的历史记录是公开的信息，获取的成本十分小。因此，在分析过去价格的过程中所能获取的信息都已经反映在股票价格中了。不同的投资者都要分析股票的价格历史，他们的分析经验与分析水平之间的竞争将股票价格推至与其风险一致的公平价格水平上。在这个价格水平上，任何人都不能获取额外利润。

为了解释这个体系如何工作，考虑下面的情形：在案例 8.2 中，如果市场认为 72 美元是股票 XYZ 的压力点，那么没有人愿意在 71.50 美元的价位购买该股票，因为价格已经没有上升空间了，但是下降的幅度却可以很大。然而，如果没有人愿意在 71.50 美元的价位购买股票，那么 71.50 美元就会成为一个压力点。但是，利用相同的分析手段，没有人会愿意在 71 美元或者 70 美元等价位购买股票。压力点在逻辑上是一个谜团。如果股票可以在 71.50 美元的价位上进行交易，那么投资者认为价格上升和下降的可能性相同。投资者在 71.50 美元愿意购买（甚至是持有）股票，这一事实证明了投资者认为他们在这个价位上可以获得公平的收益率。

概念测验 8.2

如果市场中的每一个人都相信压力点，为什么这个信念不能成为自我实现的预言呢？

扫描二维码
获取答案解析

一个有趣的问题是：一条起作用的技术分析准则在被广泛认同之后能否继续起作用？聪明的分析师可能偶然发现一个盈利的交易策略，但是有效市场的评价标准是：这个交易策略被发现之后会不会体现在股票价格中。一旦有一条有效的技术准则（或者价格模式）被发现，大量的交易者试图利用它盈利时，这条准则就会转为无效了。

因此，市场动态就是一个循环，不断地寻找盈利的交易策略，然后成功的策略被过度运用失去有效性，再寻找更多的交易策略。我们将在下一章中介绍技术分析的基本原理和具体方法。

□ 基本面分析

基本面分析：研究证券价值的决定因素，如收益和股利前景，对未来利率和公司风险的预期。

基本面分析（fundamental analysis）是通过预测公司股利及盈利状况的前景，估计未来的利率走势，评估公司的风险水平，从而预计公司股票未来的价格。这种分析实际上是要确定一个股东从每股股票中所获取的收益的贴现值。如果贴现值高于股票价格，基本面分析师则认为该股票值得购买。

基本面分析师首先要分析的是公司股票过去的收益水平及该公司的资产情况。此外，他们还要进行细致的经济分析，通常包括公司管理质量、公司在该行业中的地位，以及整个行业的发展前景的评估。分析的目的在于挖掘其他市场人士尚未发现的预示公司业绩前景的线索。第 12～14 章将详细讨论有关基本面分析的一些具体问题。

再次强调，有效市场假说认为大部分基本面分析几乎都没有什么意义。如果分析师依靠的是公开的收益和行业信息资料，那么与其他分析师相比，一个分析师对公司前景的预测并不会表现出任何优势。有许多信息灵通、资金雄厚的公司都在进行这种市场研究，面对激烈的竞争，一个分析师很难挖掘到其他分析师不可能发现的信息。只有那些视角独特的分析师才有可能脱颖而出。

与单纯识别那些具有很好前景且运转良好的公司相比，基本面分析更为困难。如果市场都认为一些公司前景十分不错，那么一个投资者发现这些好公司就没有多大意义了。如果这已经成为市场参与人士的共识，投资者就愿意对这些公司的股票支付较高的价格，因此其较高的收益也就无法实现了。

研究的捷径不在于发现好公司，而在于挖掘那些其价值没有被市场认识的公司。同理，如果一家运转不佳的公司的实际情况并不像其价格表现得那样差，那么这家公司也有投资的价值。

基本面分析困难的原因就在于此。只对一家公司进行高超的分析是不够的；因为市场价格被认为已经反映了所有有用的信息，因此，只有当你的分析水平高于你的竞争者时，你才会有获利的机会。

□ 积极型投资组合管理与消极型投资组合管理

随便选择一只股票是很难盈利的。投资者之间存在着激烈的竞争，使得任何易于实现的股票评估技术都得到了广泛的运用，从中所获取的任何信息也一定都包含在了股票价格中。只有那些高深的、没有被广泛应用的分析技术才有可能提供有关获利机会的独特见解。

然而，这些技术只有对那些大的组合的经理才具有经济可行性。如果你可以用于投资的资金只有 10 万美元，每年业绩提高 1%也只能带来 1 000 美元的利润，因此你很难在证券分析方面投入大量的精力与金钱。而对于拥有 10 亿美元资金的经理而言，1%的业绩增长就意味着 1 000 万美元的收益。

如果小型投资者在积极型组合管理策略中处于不利地位，他们应当做出什么选择呢？他们最好将资金投在共同基金或者交易所交易基金（ETFs）上，从而获取规模经营的好处。

然而，投资者还需要做出其他许多困难的决策。投资者能够确保大的共同基金就一定能够发现定价存在偏差的证券吗？进一步地讲，任何一个定价错误的证券所带来的收益一定能够弥补积极型投资管理的成本吗？

有效市场假说的支持者认为，积极型的投资管理既耗费了大量的精力，又对成本问题关注不够。因此，他们更支持**消极型投资策略**（passive investment strategy）。这一策略并不试图用计谋打败市场，不探讨股票价格被高估还是低估的问题，只需要建立高度分散化的证券组合即可，它也因此被称为“购买并持有”策略。因为有效市场假说认为，在现有有用信息的基础上，股票价格位于公平价格水平上。因此频繁的证券买卖行为既引发了大量的交易成本，又无益于提高投资业绩。

消极型投资策略：购买并支持有多样化的投资组合，而不必寻找被高估或低估的资产。

指数基金：持有与市场指数（如标准普尔500）比例相同的股票的共同基金，因此意义不大。

消极型管理经常采用的一个策略就是建立**指数基金**（index fund），这实际上是对以广泛的市场为基础的证券指数业绩的复制。例如，先锋集团引入了一种新的基金，即按照标准普尔500指数的成份股及其权重构建先锋500指数组合。投资于该基金的投资者在管理成本相对较低的前提下，实现了较广泛的多样化投资。管理费用较低是因为先锋集团不必支付分析师评估股票前景的费用，并且由于组合的周转率较小，因此交易成本也不大。当时，典型的积极管理型基金的年费率约为资产的1%，而先锋500指数组合的费率仅为总资产的0.14%，对大型投资者仅为0.04%。如今，先锋集团的500指数组合已经成为最大的股票共同基金组合之一，在2018年初，其资产已超过4 000亿美元，其指数化投资组合中股票共同基金所占的份额已从2001年的10%大幅上升至2018年的25%左右。交易所交易基金占股票投资总额的10%，也是主要的指数产品。

目前指数已经不仅局限于标准普尔500指数。例如，先锋集团提供的一些指数基金跟踪的指数，包括范围更广的全美股票市场CRSP指数、巴克莱资本美国综合债券指数、小型资本美国公司的CRSP[①]指数以及英国《金融时报》欧洲和太平洋盆地股票市场指数。许多其他的基金公司也提供指数投资组合，但是先锋集团是指数基金零售市场的主宰者。2015年，先锋集团的指数基金成了最大的固定收益共同基金。

交易所交易基金，或者ETF，是一种封闭式（通常是低费用的）基金，可以替代指数基金。就像第4章中提到的那样，这是一种高度多样化的组合，它可以像普通股票一样被交易。交易所交易基金可以复制许多广义的市场指数，如标准普尔500指数、CRSP 500指数，以及数十个国际或者行业股票指数，这使得投资者不用选择股票也可以实现多样化投资。

概念测验 8.3

如果所有的投资者都采取消极型投资策略，市场有效性会发生怎样的变化？

扫描二维码
获取答案解析

① CRSP是芝加哥大学证券价格研究中心（Center for Research in Security Prices at the University of Chicago）的简称。

□ 有效市场中投资组合管理的作用

如果市场是有效的，那么为什么还要理性地选择股票组合，而不是在《华尔街日报》上随便选择一些股票来构建投资组合呢？根据股票价格的公平性，很容易得到刚才所说的这个简单的结论，但这一结论有些过于简单了。即使在完善的有效市场中，理性的投资组合管理仍然是有用的。

投资组合选择的一个基本原则是多样化。即使每种股票都是公平定价的，这些股票仍然面临着公司特定风险，而我们已经了解到，这种风险是可以通过多样化投资来消除的。因此，即使在有效市场中，理性的证券选择也要求认真地确定多样化的组合。此外，投资组合还可以提供投资者所要求的系统风险水平。即使在有效市场中，投资者依然要选择其所偏好的收益模式。

理性的投资策略还要求投资者在选择股票时，应当考虑税收因素。如果你所适用的税率较高，你所偏好的证券肯定与低税率的投资者有所不同。显然，高税率的投资者会更偏好于税前收益较低但是免税的市政债券，而低税率的投资者则不然。经过仔细分析，你还可以发现高税率的投资者会将其投资组合侧重于那些能够提供资本收益，而非股利与利息收入的证券，因为投资者所适用的税率越高，推迟实现资本收益的选择权就越有价值。高税率的投资者还更偏好于不动产投资等收益对税收十分敏感的投资类型。

理性投资组合管理的第三个观点与投资者的风险特征有关。例如，一个奖金取决于丰田公司的利润水平的丰田汽车公司高级经理不应该再投资于其他的汽车类股票。由于他的收益在一定程度上取决于丰田公司的经营状况，因此他已过度投资于丰田公司了，不应该进一步加剧多样化的匮乏程度。2008 年 9 月，当雷曼兄弟倒闭时，投资于该公司的雷曼兄弟员工痛苦地接受了这一教训。雷曼兄弟的 24 000 名员工持有该公司大约 30%的股份，这些股票给他们带来的损失约为 100 亿美元。

不同年龄段的投资者由于其风险承受能力不同，因此所采取的投资策略也存在着差别。例如，年龄较大的投资者因为要依靠其储蓄生活，考虑到长期债券的市场价值会随着利率水平的变动发生较大的变化（我们将在第 4 部分讨论这个问题），因此他们会尽量避免投资于长期债券。这类投资者需要维持本金的安全性。而较年轻的投资者着眼于较长的时间段，因此会更偏好于长期通胀指数化债券。对于他们而言，长期债券所能提供的稳定的收入流要比本金更为重要。

总之，即使在有效市场中，投资组合管理也有着重要作用。考虑到投资者的年龄、适用税率、风险厌恶程度、职业等因素不同，投资决策的最优选择也会发生变动。有效市场中的投资组合管理不是要击败市场，而是要使投资组合与上述因素相适应。

□ 资源配置

迄今为止，我们主要集中考虑了有效市场假说在投资方面的影响。对有效市场的偏离可能会使具有信息优势的一方获得盈利机会，而使处于信息劣势的一方付出相应的代价。

然而，信息有效性的偏离还会引起巨大的成本，这些成本将由所有人共同承担，也就是说，会引起无效的资源配置。回忆一下，在资本主义经济中，对厂房、设备和专业技术等实物资产的投资在很大程度上受到金融资产价格的引导。例如，如果反映在股票市场价格中的电信行业的生产力价值超过了其达到这一生产力的成本，投资经理可能会由此判断电信投资似乎有正的净现值。通过这种方式，资本市场价格指导资源配置。

如果市场是低效的，且证券经常被错误定价，资源将出现系统性的错配问题。证券定价过高的公司会以过低的价格获得资本，而证券定价过低的公司则可能因过高的融资成本而放弃好的投资机会。因此，无效的资本市场将使市场经济配置资源的强大优势大打折扣。例如 20 世纪 90 年代末的互联网泡沫，当时市场强烈的、实际上是疯狂的关于互联网和电信公司前景的过度乐观的信号，最终导致了对这些行业的巨额过度投资。

然而，在放弃市场这一引导资源配置的手段之前，我们必须明白我们可以从市场预期中得到什么。需要特别指出的是，我们不应该将所有可用信息均反映在价格中的有效市场和完美预见市场相混淆。即使是“所有可用信息”也并不是完美信息，而且，普遍理性的市场预期有时也会是错误的；事实上，这一预期有时错得离谱。

8.3 市场是有效的吗?

□ 问题

显然，职业投资组合经理并不欢迎有效市场假说。有效市场假说认为许多投资组合经理寻求被低估的证券是对时间与金钱的浪费，并且不会产生有效的多样化投资组合，是对客户的一种误导。因此，有效市场假说从来没有得到过华尔街人士的广泛接受，直到今天，有关人士仍然对证券分析可以在多大程度上改善投资业绩这个问题争论不休。然而，在讨论这一假说的经验证明之前，我们需要指出，三个问题的存在使这场争论恐怕不可能得到最终解决，即规模问题、选择偏好问题、幸运事件问题。

规模问题

我们发现，管理着 50 亿美元组合的投资经理，如果他每年可使投资业绩提高 1% 的 1/10，就意味着他每年可以使投资收益增加 0.001×50 亿=500 万（美元）。他的工作是十分出色的！然而，作为观察者，我们不可能用统计方法衡量这位投资经理的贡献。与此同时，0.1%的业绩将被市场的波动性所淹没。我们注意到，高度分散化的标准普尔 500 指数的年标准差为 20%。由于市场波动性的存在，业绩的少许增长也是很难预测的。

所有人恐怕都认为股票价格是趋近于其公平价值的。只有那些资金雄厚的投资组合经理人员才愿意去挖掘定价存在偏差的证券。按照这个观点，市场价格向其公平价值趋近的推动力来自经验丰富的投资管理人员的行为。因此，我们不应当以定性的方式提问：“市场是有效的吗?”而应当采取定量的方式提问：“市场有效性的程度如何?”

选择偏好问题

假定你发现一个肯定可以获利的投资项目。你有两个选择：在《华尔街日报》上公开你的发现，提高自己的声誉；或者，保守这个秘密，并利用它获取利润。许多投资者都会选择后者。只有那些认为这个投资项目不会带来额外利润的投资者才会将其公之于众。因此，我们会发现，许多分析技术并不能提供投资回报，所以市场有效性的反对者据此推断，真正发挥作用的那些分析技术还没有被公开。这就是选择偏好问题。在我们所能观察到的结果中，我们往往预先挑选出能证明有效性失灵的结果。因此，我们无法准确评估投资组合经理人员制定战胜市场的投资策略的能力。

幸运事件问题

几乎每个月，我们都可以看到有关某个投资者或投资公司在最近一段时间内业绩优秀的报道。这些投资者良好的记录似乎并不能证实有效市场假说。

然而，这一结论显然有失偏颇。类似于组合经理之间的竞争，我们以抛硬币的游戏为例，如果我们重复进行 50 次抛硬币试验，正、反面出现的概率应当各为 50%。然而若 10 000 个人比赛抛硬币，其中有一两个人抛出 75%的正面并不稀奇。事实上，根据统计学理论，参与试验的人中，正面被抛出的频率为 75%的预期人数是 2 个。如果要表彰抛出正面次数最多的人就太可笑了，因为这些人只不过在事件当天比较幸运而已（参见下面的“市场前沿”专栏）。

市场前沿

如何才能确保有利的市场时机？

如果你非常希望以股票市场成功资讯人士的身份成为新闻时讯追踪的焦点，你必须首先使潜在的客户了解你的特殊天赋。但是如果你并不具备市场预测的能力呢？答案很简单：在报纸杂志上每年发表 8 篇市场预测文章。

在第 1 年，你的 8 篇文章中，有 4 篇预测股票将呈现上涨态势，另外 4 篇则观点完全相反。第 2 年，在最初持乐观预测的文章中，一半仍然保持这种态度，另外一半则预测股价将下跌。最初持悲观预测的文章也做如上调整。持续这种做法，我们就可以得到下表（其中，U 代表乐观预测，D 代表悲观预测）。

	市场预测文章							
年度	1	2	3	4	5	6	7	8
1	U	U	U	U	D	D	D	D
2	U	U	D	D	U	U	D	D
3	U	D	U	D	U	D	U	D

3 年后，无论市场发生了怎样的变化，总有一篇文章能够正确地预测市场的发展。这是因为，3 年里市场变化的结果可能有 $2^3=8$（种），我们的 8 篇文章已经涵盖了所有的可能性。我们只需要抛弃其余 7 篇预测错误的文章就可以了。如果我们要实现 4 年的准确预测记录，我们需要的就是 $2^4=16$ 篇文章；5 年的成功预测记录则需要 32 篇文章。

无论如何，能够长期成功地预测市场的一篇文章会使市场发现你惊人的预测天赋，于是，会有许多投资者心甘情愿出高价采纳你的建议。虽然你从来没有研究过市场，但你的声望在这一行业中却是如日中天。

注意：刚才的这个计划是不实际的。我们所要表达的主要观点是：在数以万计的预测市场的文章中，有些文章虽然看似成功，但它们可能是歪打正着。但是，成功的预测记录似乎就暗示着高超的预测技能，于是这些人就出现在《华尔街日报》上，而其他的人则被遗忘。

用上面的例子来说明有效市场是比较恰当的。如果我们假定在所有有用信息的前提下，股票价格是公平的，任何有关股票的赌博行为都好像是抛硬币的游戏。赌博输赢的概率是相等的。然而，如果许多投资者参与赌博，从统计角度讲，会有一些幸运的投资者在大多数这种赌博中成为赢家。与此同时，还有一些人会在大多数这种赌博中成为惨败的一方，只不过我们对这些可怜的投资者知晓不多而已。而胜利者则会以股票市场明星的身份频频出现在《华尔街日报》上，成为金融报道的焦点。

我们的观点是，在事实的背后，至少有一个成功的投资方案的支持。对此持怀疑态度的人会将这种结果称为幸运，而成功的投资者则称之为技术。正确的考察方法应当是看一看成功的投资者是否在今后一段时间内依然保持其优秀的业绩，但这种方法很少有人采用。

在明确了上述三个问题后，我们来介绍有效市场假说的经验证明。

概念测验 8.4

比尔·米勒管理的 Legg Mason 公司价值信托基金相对标准普尔 500 指数保持超额收益长达 15 年之久，直到 2005 年终结。米勒的表现有没有让你放弃对有效市场的信仰呢？如果没有，是否存在什么基金表现记录足以使你放弃对有效市场的信仰呢？现在假设在接下来的 3 年中，基金表现严重不如标准普尔 500 指数；而在 2008 年末，该基金 18 年的累计绩效表现与标准普尔 500 指数并没有什么明显区别。这会对你的观点产生什么影响？

扫描二维码
获取答案解析

□ 弱式有效市场检验：股票收益率的模式

短期收益

原先对有效市场的检验都是对弱式有效市场的检验。投资者通过分析历史价格的变动趋势，能否寻找到获取额外利润的机会呢？这实际上是对技术分析功效的检验。

分析股票价格趋势的一个方法是测量股票市场收益的序列相关情况。序列相关是指与历史收益相联系的股票收益的变动趋势。正的序列相关表明，跟随正收益的依然是正收益（动能势头的要素性质）；负的序列相关则表明，正的序列相关之后很可能是负的序列相关（修正或逆转性质）。康拉德和考尔（Conrad and Kaul，1988）以及罗和麦金利（Lo and MacKinlay，1988）等人分析了纽约证券交易所的周收益数据，发现在短期收益之间存在正的序列相关关系。然而，周收益之间的相关系数一般比较小，对大股票而言更是如此。他们的研究虽然发现了短期内的价格趋势[①]，但并不能说明短期内交易机会的存在。

动量效应：股票反常的好的表现或差的表现都倾向于在下一段时期内再持续一段时间。

广义的股票指数只显示了弱的序列相关性，但市场表现好的和表现差的板块似乎存在着更加强烈的动能关系。贾格迪什与蒂特曼（Jegadeesh and Titman，1993）通过对中期股价行为（持有期为 3～12 个月）的考察，发现股票价格表现出显著的**动量效应**（momentum effect），即好的表现与较差的表现都会持续一段时间。他们的结论是：

---

① 另一方面，也存在证据显示个股的价格（与广义市场指数相对）在短时期内更倾向于逆转而不是维持态势。例如，B. Lehmann，"Fads，Martingale and Market Efficiency，" *Quarterly Journal of Economics* 105（February 1990），pp. 1－28；N. Jegadeesh，"Evidence of Predictable Behavior of Security Returns，" *Journal of Finance* 45（September 1990），pp. 881－898。然而，就像莱曼（Lehmann）提到的那样，对此最好的解释是，由于股价发生大的变动之后的流动性问题，此时市场的做市商开始调整他们在该股票上的头寸。

尽管单个股票的价格是很难预测的，但由最近表现较好的股票构建的组合提供利润机会的把握要比其他股票更大。因此，我们似乎掌握了关于整个市场和市场板块（例如，特殊市场）在短期和中期存在价格动能的证据。

长期收益

尽管短期和中期收益率显示出股票价格存在动能效应，但是法玛和弗伦奇（Fama and French，1988）以及波特巴和萨默斯（Poterba and Summers，1988）对较长时间段的收益（例如一年以上的收益）的研究却发现，整个市场的表现长期来看存在着负的序列相关性。这个结论支持了"时尚假定"（fads hypothesis）的说法。时尚假定认为，股票价格会对相关事件做出过度反应。这种过度反应使得在较短的时间段会出现正的序列相关关系（动能特征）。之后对这种过度行为的修正就会使得股价的表现发生变化，即较好的表现往往跟随着不理想的表现，而较差的表现也会发生逆转。修正作用说明在较长的时间段内，正的收益经过发展会转变为负收益，即收益的相关系数为负。这种对过度行为的修正使得股票价格围绕其公平价值表现出很大的波动性。也就是说，市场价格与内在价值相比，波动性是非常大的。

虽然长期收益的研究结果十分惊人，但是它并不能作为对有效市场的总结性证实。首先，研究的结果不能用于解释股票市场的反复无常。对这些结果的另一种解释是，它们仅表明市场风险溢价随时间发生变化。例如，当风险溢价所要求的收益率上涨时，股票的价格会下跌。当市场平均收益率上升到较高水平时，人们就会认为股票价格将出现回落。按照这种观点，过度反应与修正作用实际上不过是市场价格对贴现率变动的理性反应。

除了暗示长期内总体股票市场收益过度反应的研究外，许多其他研究还表明，从长远来看，特定证券的极端表现也会趋向于自身反转：近期表现较好的股票在接下来的一个时间段里很可能表现不佳，而过去表现不理想的一些股票未来业绩反而会高于市场的平均收益率。德邦特和塞勒（De Bondt and Thaler，1985）与乔普拉、拉科尼肖克和里特（Chopra，Lakonishok，and Ritter，1992）发现，在一个时期表现较差的公司在下一个时期有很强的逆转趋势，而在给定时间段表现最好的公司在接下来的一个时间段表现较差。

例如，德邦特和塞勒发现，如果要根据股票 5 年期的表现进行排列，并以投资业绩为基础构建组合，则在未来的 5 年里，基期的"失败"组合（投资业绩最差的 35 只股票）的业绩要比"优秀"组合（投资业绩最好的 35 只股票）的业绩高出 25%。这种"失败"组合出现反弹、"优秀"组合出现衰落的**逆转效应**（reversal effect）说明了股票市场对相关消息的过度反应。一旦投资者意识到过度反应的现象，投资业绩就会出现逆转。刚才的分析实际上说明了反向投资策略的可行性，即尽量投资于近期表现不佳的股票，而避免投资于表现较好的股票。而且，此行为的收益率是可观的。

逆转效应：一个时期内表现差和表现好的股票在接下来的时期内会出现逆转的趋势。

因此，股票价格在短期内存在动能特征，而在较长时间段里，却呈现出逆转特征。对这种现象的一种解释是，短期反应过度（产生价格动能特征）的现象导致了长期的逆转现象（市场意识到并纠正了过去的错误）。

□ 市场总体收益率的预测者

许多研究表明，易于观测的变量具有预测市场收益的能力。例如，法玛与弗伦奇（Fama and French，1988）的研究表明，股票市场的总体收益会随着股利—价格比率或股利比率的增长而呈现上升趋势。坎贝尔和席勒（Campbell and Shiller，1988）发现，盈利比率（earning yield）可以预测市场收益。凯姆与斯坦博（Keim and Stambaugh，1986）经过研究发现，最高信用级别的债券与最低信用级别的债券之间的收益率价差等债券市场指标有利于预测市场收益。

但是，要对这些结果进行合理的解释是十分困难的。一方面，这些结果说明了股票收益是可以预测的，从而违背了有效市场假说。然而更为可能的是，这些变量代表的是市场风险溢价。例如，给定股利或盈利水平，随着风险溢价的增长（预期市场收益率的增加），股票价格会有下降的趋势，股利或盈利比率也会变大。因此，与较高的股利或盈利比率相联系的是较高的市场收益率，所以这并不是对有效市场假说的违背。市场收益率的可预测性应当归结为风险溢价的可预测性，而不是额外收益的可预测性。

法玛与弗伦奇（Fama and French，1989）的研究表明，较高信用级别的债券与较低信用级别的债券之间的收益率价差对后者具有比前者更强的预测力，对股票收益具有比债券收益更强的预测力。这说明收益的可预测性实际上是要解释风险溢价的可预测性，而并不是为了说明市场的无效性。与此相似，股票的股利收益率有利于预测债券收益也说明该比率解释的是一种对两个市场都很普遍的风险溢价，而不是股权市场定价偏差的问题。

□ 半强式有效市场检验：市场异象

在构建投资组合时，基本面分析比技术分析所要求的信息更广泛。基本面分析的功效检验追问的是，在某种证券交易历史之外的公开信息是否可以被用于提高投资业绩？因此，这也就是对半强式有效市场的检验。令人吃惊的是，一些容易获得的统计数据，如某种股票的市盈率或者其市值，似乎预测了异常的风险调整收益率。这些发现（在下面我们还会对此进行回顾）与有效市场假说相悖，因而常被称为市场**异象**（anomalies）。

异象：与有效市场假说相违背的收益率模式。

这些检验的一个主要难题就是，大部分检验要求对资产组合的业绩进行风险调整，并且大多数检验是利用资本资产定价模型进行风险调整的。然而，我们知道，即使β值能够较为准确地描述股票风险，根据经验量化的风险与预期收益率之间的权衡也不同于资本资产定价模型的预测结果。如果我们使用资本资产定价模型不恰当地调整组合的风险收益率，我们就会得出错误的结论，即一些投资组合策略可能会提供更高的收益率，而实际上它仅是风险调整程序失效了。

另一种说法是，对经过风险调整的收益率的检验同时也是对有效市场假说与风险调整程序的检验。如果某种组合策略会产生高于其他策略的收益率，我们就必须做出选择：要么抛弃有效市场假说，要么抛弃风险调整技术。通常，作为风险调整技术的基础的假定条件不如有效市场假说那么实际；如果我们抛弃风险调整技术，就无法得到有关有效市场假说的任何结论。

巴苏（Basu，1977，1983）发现了有关这个问题的一个例子。市盈率较低的股票所构成的投资组合的平均收益率要高于市盈率较高的股票构成的投资组合。即使组合的收益率经过组合β值的调整，这种**市盈率效应**（P/E effect）也依然存在。这是否说明按照市盈率指标对股票定价存在偏差呢？由于市盈率的分析十分简便，因此刚才的结论令我们感到十分惊讶与困惑。虽然通过艰苦努力的工作与细心的观察分析有可能取得较高的收益，但是这种基本的技术也不足以产生额外的利润。

市盈率效应：低市盈率股票投资组合表现出比高市盈率股票投资组合拥有更高经风险调整的平均收益率。

对上面的结果的一个解释是：资本市场均衡模型错在收益没有经过风险的恰当调

整，因此存在着偏差。如果两家公司的预期收益率相同，那么，风险较大的股票会在较低的价位上卖出，因此，其市盈率也较低。因为风险较高，市盈率较低的股票其预期收益率仍然有可能较高。所以，如果资本资产定价模型的β值没有经过充分的风险调整，市盈率就可以作为对风险进行衡量的工具，并且如果运用资本资产定价模型来建立业绩基准，市盈率还可以用来解释异常收益。

小公司效应

班茨（Banz，1981）率先发现了规模效应或**小公司效应**（small-firm effect），如图8.3所示。该图显示了投资组合的历史业绩，这些投资组合通过将纽约证券交易所每年交易的股票按照企业规模（即发行在外的股票总价值）划分为10个投资组合得出。1926—2010年小公司的年均收益率持续地表现较高。投资组合10（最大的企业）和投资组合1（最小的企业）的年均收益率差异是7.6%。当然，较小企业的股票具有更大的风险。但甚至在利用资本资产定价模型对收益率进行相应的调整后，小规模企业的投资组合仍持续表现为溢价。

小公司效应：在1月份，小公司的股票通常会获得超额收益率。

设想一下，如果一个资产规模为10亿美元的投资组合能够达到这样的收益率，这个溢价将是十分巨大的。很明显，遵循"投资于市值较小的股票"等简单的规则就可以赚取超额利润。毕竟，所有投资者都可以以很低的成本评估公司的规模。从来没有人会想到如此少的付出就可以得到巨额回报。

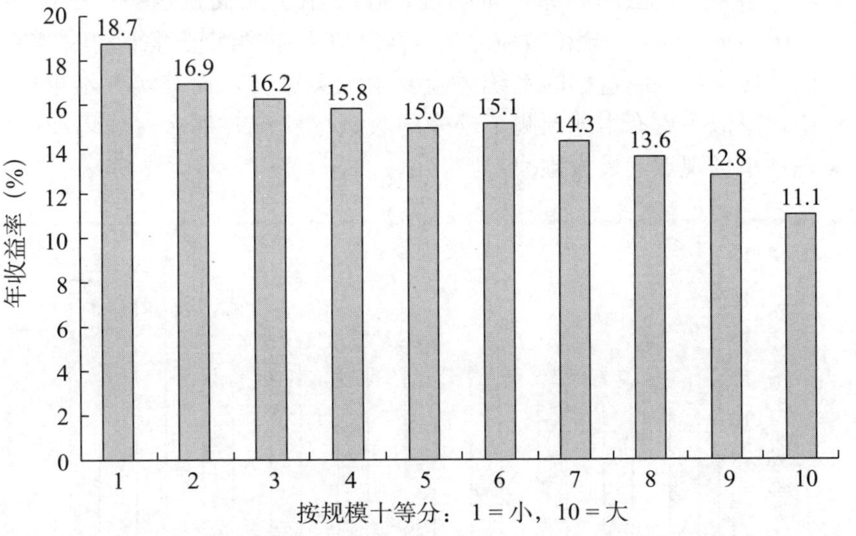

图8.3　10个由不同规模的公司组成的资产组合的平均年收益率，1926—2016年

资料来源：作者根据从肯尼思·弗伦奇的数据资料库中得到的数据所作的计算。http://mba.tuck.dartmouth.edu/pages/faculty/ken.french/data_library.html.

被忽视的公司效应与流动性效应

阿贝尔与斯特雷贝尔（Arbel and Strebel，1983）对小公司效应做出了另外一种解释。由于小公司很容易被大的机构交易者所忽视，因此有关小公司的信息较难获取。这种信息的不足使得对小公司投资的风险更大，因而所要求的收益率也较高。毕竟"品牌公司"会得到机构投资者更多的重视，因此保证了其信息的较高质量。投资者在没有预期到特别高的收益率之前，不会贸然购买小公司的"一般"股票。

被忽视的公司效应： 投资于不知名公司能够获得超额收益率的趋势。

为了证实**"被忽视的公司效应"**（neglected-firm effect），默顿（Merton，1987）在一篇文章中表明被忽视的小公司可能获得更高的均衡收益率，以补偿由于有限信息而产生的风险。在这种情况下，小公司溢价不是严格意义上的市场缺陷，而是一种风险溢价。

阿米哈德与门德尔松（Amihud and Mendelson，1986，1991）对股票收益的流动性效应进行了分析，认为流动性效应与小公司效应和被忽视的公司效应都有密切关系。他们认为，流动性较差的股票的交易成本比较高，因此投资者在购买这种股票时，会必要收益率溢价。经过分析，他们发现流动性较差的公司经过风险调整的收益率会表现得非常高。一般说来，小公司与被忽视的公司股票流动性较差，因此，流动性效应也可以作为对这些公司较高收益率的解释。然而，利用这些影响可能比看起来要困难得多。小公司股票的高交易成本很容易抹去任何明显的异常获利机会。

账面价值—市场价格比率效应

法玛和弗伦奇（Fama and French，1992）的研究证明公司股本的账面价值—市场价格比率是预期股票价格的重要工具。法玛和弗伦奇按照公司股本的账面价值—市场价格比率将公司划分为 10 个层次，并对它们的收益率进行了分析。图 8.4 是他们的结果的更新版本。该比率最高的一类公司的平均年收益率为 17.0%，而该比率最低的一类公司的平均年收益率仅为 10.9%。收益率对公司股本的账面价值—市场价格比率有很强的依赖性，而这是独立于 β 值的，这说明该比率较高的公司的价值是被低估的，或者该比率可以作为影响均衡预期收益率的风险要素的一个指标。

账面价值—市场价格比率效应： 投资于账面价值—市场价格比率高的公司能够获得超额收益率的趋势。

事实上，法玛和弗伦奇发现，在控制了**账面价值—市场价格比率效应**（book-to-market effect）与规模效应之后，β 值似乎在预测证券平均收益率方面没有什么作用。既然应当影响收益率的系统风险要素无关紧要，而其实并不重要的账面价值—市场价格比率似乎更有力地预测了未来的收益率状况，那么，法玛和弗伦奇的研究似乎是对理性市场观点的极大挑战。

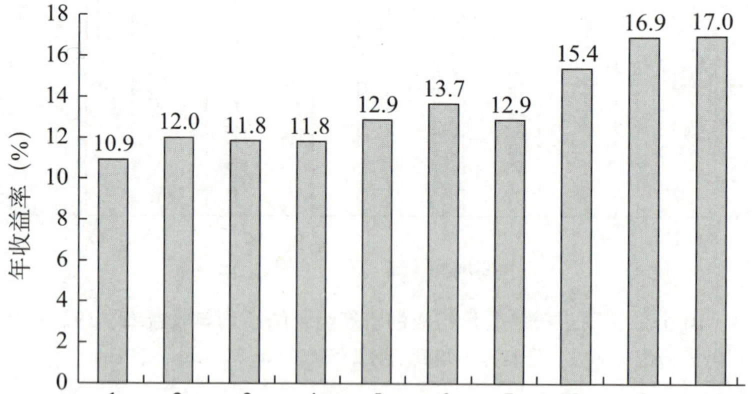

图 8.4 1926—2016 年作为账面价值—市场价格比率的函数的平均年收益率

资料来源：肯尼思·弗伦奇教授的个人网址：http：//mba. tuck. dartmouth. edu/pages/faculty/ken. french/data _ library. html。

盈利公告发布后的价格波动

根据有效市场理论，任何新信息都应当非常迅速地体现在股票价格的波动中。因此，一种令人费解的市场异象就是，股票价格对公司盈利状况公告并不敏感。这一现象被鲍尔和布朗（Ball and Brown，1968）发现。他们的发现此后被众多其他文章证实和扩展。①

要评估盈利公告中"新闻"内容的价值，可以通过将公司公布的实际盈利同在此之前公众对它的预期盈利进行比较。实际盈利与预期盈利之间的差额就是"意外盈利"(earnings surprise)。(市场对盈利的预期可以简单地通过将华尔街上所有分析师的预测进行平均，也可以通过对过去的盈利进行趋势分析得出。）伦德尔曼、琼斯和拉托尼(Rendleman，Jones，and Latané，1982）关于对盈利公告的迟缓反应的研究影响颇大。他们计算了一批大样本公司的意外盈利，并根据异常收益的大小将公司的盈利公告归为1～10 个类别，然后计算出每一类股票的异常收益。一段时期内的异常收益是指经过该时期市场收益率与投资组合 β 值调整的、由该类别中所有股票构成的组合的收益。异常收益衡量了在该时期既定的市场条件下的预期状况。图 8.5 反映了每个类别的累积异常收益。

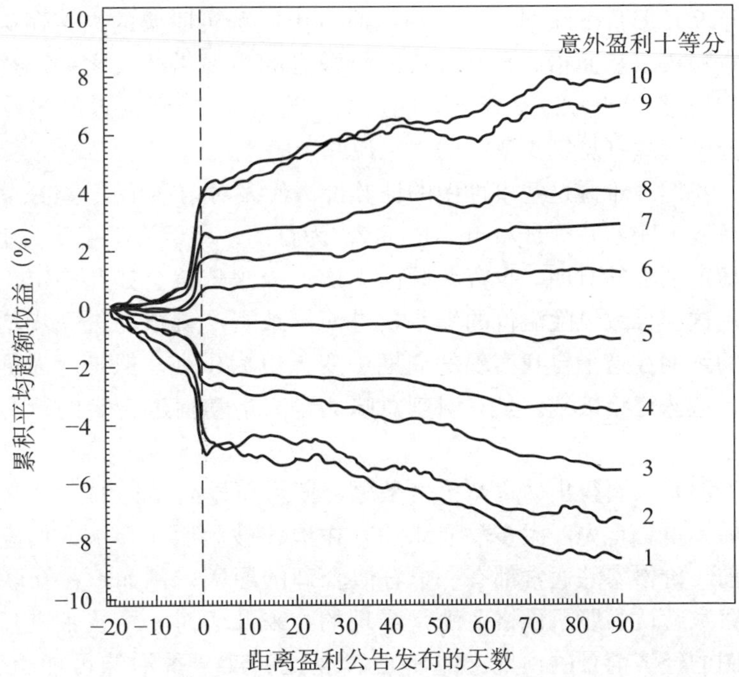

图 8.5　盈利公告所引起的累积异常收益

资料来源：Reprinted from R. J. Rendleman Jr., C. P. Jones, and H. A. Latané, "Empirical Anomalies Based on Unexpected Earnings and the Importance of Risk Adjustments," *Journal of Financial Economics* 10 (1982), pp. 269 - 287.

这个研究的结果是十分惊人的。根据意外盈利进行的排序与各个类别的异常收益之间的确有着很强的相关关系。在盈利公告发布当天（时间 0），异常收益是比较大的（累积异常收益有较大的增长）。意外盈利为正的公司的异常收益也为正，意外盈利为负的公司的异常收益也为负。

---

① 关于这一现象有非常多的文章，通常被称作盈利公告发布后的价格波动现象。最近的文献专注于解释为什么会观察到这种波动，可以参见 V. Bernard and J. Thomas，"Evidence That Stock Prices Do Not Fully Reflect the Implications of Current Earnings for Future Earning," *Journal of Accounting and Economics* 13 (1990)，pp. 305 - 340，或者 R. H. Battalio and R. Mendenhall，"Earning Expectation，Investor Trade Size，and Anomalous Returns around Earnings Announcements," *Journal of Financial Economics* 77 (2005)，pp. 289 - 319。

通过对盈利公告发布日之后的股票价格运动的研究，得到了十分重要的也是十分有趣的结论。即使在盈利公告发布日之后，意外盈利为正的公司的累积异常收益继续增长，而负的意外盈利的公司仍然继续维持负的异常收益。看起来市场对盈利信息的调整是逐步的，因此异常收益的反应也会持续一段时间。

显然，单个投资者只需要等待盈利公告发布日的消息，并购买正的意外盈利的公司的股票组合，就可以获取异常收益。这种可以预测的持续趋势在有效市场中显然是不可能的。

泡沫和市场有效性

回顾历史可以发现，资产价格经常会失去其真实性。例如，在 17 世纪荷兰的郁金香热中，郁金香价格一度达到了熟练工人年收入的数倍。这一事件已成为价格显著偏离内在价值的投机“泡沫”的象征。不到一个世纪之后，英国南海泡沫也变得举世闻名。在这次事件中，南海公司的股价从 1720 年 1 月的 128 英镑上升到同年 5 月的 550 英镑，并于同年 8 月达到约 1 000 英镑的巅峰——这一巅峰的达到就在泡沫破灭之前，同年 9 月股价下跌到 150 英镑，使得借钱购买股票的人普遍破产。事实上，该公司是愿意购买（从而抬高）其股价的投资者的主要借款人之一。这个事态发展过程对于那些经历过 1995—2002 年互联网繁荣与萧条[①]，或者最近的起源于房价泡沫崩溃的 2008 年金融海啸（见第 1 章）的人来说并不陌生。

我们很难说这些事件中的证券价格代表对内在价值理性、无偏差的评估。事实上，以海曼 · 明斯基（Hyman Minsky）为首的一些经济学家认为泡沫是自然出现的。在物价稳定上涨的时期，投资者倾向于认为未来依然会如此稳定，从而愿意承担更多的风险。这会导致风险溢价的缩小，进而导致资产价格的进一步增加，并使得投资者对未来的预期在这个自我实现的周期中变得更为乐观。但是，当价格和冒险行为严重过度时，泡沫终将破裂。具有讽刺意味的是，最初促进稳定的行为却最终导致了不稳定的发生。

但是，要得出“资产价格是源于套利和显而易见的大量交易机会”这一结论还是需要慎重。首先，大多数泡沫只有在泡沫破灭后才会被人们意识到是泡沫。当泡沫破灭前，价格暴涨通常都有一个看似合理的原因。例如，在互联网繁荣时期，许多当代观察家就认为股票价格上涨是合理的，来源于对一个技术进步推动的、新的和更有利可图的经济前景的预期。即使是非理性的郁金香泡沫可能也在后来的复述中被夸大了。[②] 此外，证券估值本身就十分困难。鉴于对证券内在价值的估计本身就很不精确，过分相信错误的定价就可能导致狂妄自大的结果。

此外，即使你怀疑价格实际上是“错的”，你也很难利用它们。我们将在下一章对此进行更详细的探讨。现在，我们可以简单指出一些阻止你在发现错误定价时对其看空的因素：卖空溢价股票的成本；获得证券卖空的潜在困难；以及即使你最终是正确的，但短期内市场可能并不同意你的看法的可能性，而这会导致短期内价格仍在上涨并毁掉你的投资组合。

---

① 互联网的繁荣催生了一个新的词汇——非理性繁荣（irrational exuberance）。举一个这方面的例子：处于 1720 年投资热潮中的一家正在走向上市的公司，仅仅简单地将自己描述为“一个正在进行一项拥有巨大优势，但是没有人知道它是什么的项目。”

② 对这一可能性的讨论，参见 Peter Garber，*Famous First Bubbles*：*The Fundamentals of Early Manias*（Cambridge：MIT Press，2000）和 Anne Goldgar，*Tulipmania*：*Money*，*Honor*，*and Knowledge in the Dutch Golden Age*（Chicago：University of Chicago Press，2007）。

□ 强式有效市场检验：内部信息

如果内部人通过交易自己的股票而获得超额收益，这不足为奇。换句话说，我们预计市场不会强式有效；我们基于内部信息调节和限制交易。内部人交易的较高获利能力早已被贾菲（Jaffee，1974）、塞安（Seyhun，1986）、吉弗里与帕尔曼（Givoly and Palmon，1985）以及其他一些经济学家所证明。贾菲较早就发现，在内部人大量购买股票后，股票价格就会大幅度上升；在内部人大规模抛售股票后，股票价格就会大幅度下跌。

其他投资者跟随内部人进行交易能够获得收益吗？证券交易委员会规定，所有内部人都要汇报其所有的交易活动，并向公众公开。此时如果市场是有效的，充分而迅速的信息披露应当导致所有的投资者都不可能通过追随内部人的行为而获利。一些网页对内部交易的部分信息进行了转载。

塞安的研究发现，追随内部人交易将无济于事。虽然内部人购买报告发布后，股价仍有上涨的趋势，但异常收益不足以超越交易成本。

□ 对异象的解释

我们应该如何解释关于市场异象的文献不断增长这一现象呢？这是否意味着市场总体上是无效的，因而采取最简单的交易规则就可以获得巨大的获利机会？又或者这其中另有文章？

风险溢价还是市场无效？

小公司效应、账面价值—市场价格比率效应、动能效应、长期逆转效应是实证金融学中最令人费解的现象，对这些效应有几种解释。首先应当注意的是，这些现象之间是相互关联的。小公司、账面价值—市场价格比率较高的公司、近期股票市场上的“失败者”之间有一个共同的特征，那就是股票价格在最近几个月或几年中是下跌的。事实上，一家公司股票价格下降，就有可能使其变为小公司或账面价值—市场价格比率较低的公司。这类公司中还包括很多目前遭遇困难的“不幸”公司。

法玛与弗伦奇（Fama and French，1993）将这些市场异象解释为风险溢价的表现。运用三因素模型，他们说明了在规模或者账面价值—市场价格比率因素上，具有较高的“β值”（也称为因素载荷）的股票，具有更高的平均收益率，他们将这种收益归结为与这些要素相联系的风险溢价。该模型比单因素的资本资产定价模型对证券收益率的解释能力要好。规模和账面价值—市场价格比率都不是风险因素，但是它们可能是更加基本的风险因素的代表。因此，法玛和弗伦奇认为，这些股票的规律与有效市场是一致的，其预期收益率与风险是相匹配的。从这个方面考虑，“类型因素”（style factors）的收益率，例如根据账面价值—市场价格比率指标构建的资产组合的收益率（特别是法玛-弗伦奇的“高减低”账面价值—市场价格比率组合）或者根据公司规模构建的资产组合的收益率（“小减大”公司组合的收益率），在许多国家确实可以预测经济周期。图 8.6 显示了这些组合的收益率在国内生产总值大幅上升的前一年会出现正值。

拉科尼肖克、施莱弗和维什尼（Lakonishok，Shleifer，and Vishney，1995）提出了相反的解释。他们认为，这些现象说明的是市场的无效性——更确切地讲，是股票市场分析人士的预测中存在的系统错误。他们论证分析师们过分运用过去的收益数据

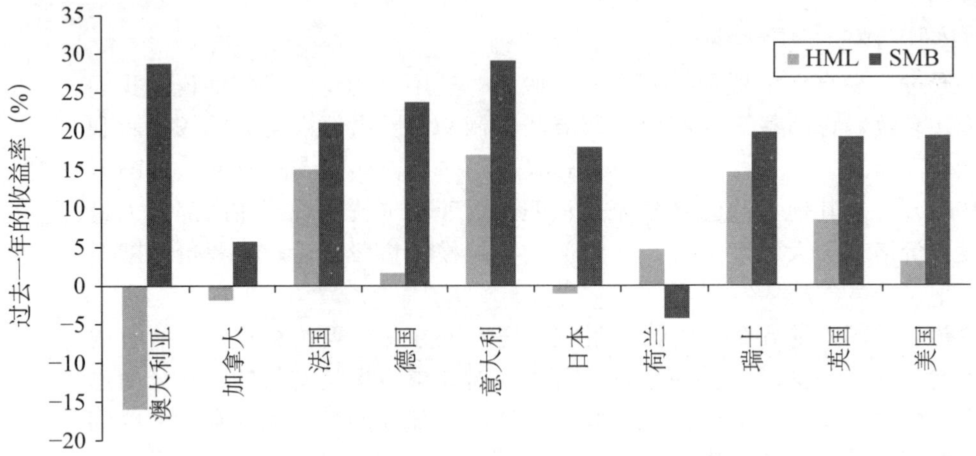

图 8.6 作为 GDP 预测的“类型组合”的收益率

说明：图中显示了 GDP 迅速增长之前的一年与 GDP 表现较差之前的一年类型组合的平均收益率之差。正值表示类型组合的收益率在宏观经济表现好之前的几年里表现更出色。HML＝高减低组合，根据账面价值—市场价格比率划分。SMB＝小减大组合，根据公司规模划分。

资料来源：Reprinted from J. Liew and M. Vassalou，“Can Book-to-Market，Size，and Momentum Be Risk Factors That Predict Economic Growth?” *Journal of Financial Economics* 57（2000），pp. 221 - 245.

推断未来，因此，会对近期表现较好的公司定价过高，而对近期表现较差的公司定价过低。最终，当市场参与者认识到自己的错误时，价格会发生逆转。这个解释与逆转现象相吻合，并且在一定程度上与小公司效应和账面价值—市场价格比率效应相吻合，因为出现股价大幅下降的公司往往是小公司或者是账面价值—市场价格比率比较高的公司。

如果拉科尼肖克、施莱弗和维什尼是正确的，那么我们需要发现分析师在预测成功公司和失败公司的收益率时所犯的系统性错误。拉波塔（La Porta，1996）的研究与这种模式一致。他发现，分析师预测利润增长率低的公司的股票的表现要好于那些预测利润增长率高的公司。分析师们可能对低增长的公司过分悲观，对高增长的公司过分乐观。当这种极端的预测被“修正”时，低预期增长的公司表现就超过了高预期增长的公司。

是市场异象还是数据挖掘的问题?

上面已经介绍了通常所讲的几种市场异象，但是我们的分析远不止于此。一些人可能会想，这些市场异象究竟是金融市场所无法解释的难题，还是数据挖掘的人为产物？毕竟一个人如果不停地在电脑上运行过去的收益率数据，从多方面检查股票的收益，总能找到一些能预测收益的指标。

然而，即使我们意识到了数据挖掘的潜在缺陷，对于我们刚才所讲的市场异象，一种普遍思路仍然认为是因为其中存在着难以解释的谜团。价值型股票是市盈率较低，或账面价值—市场价格比率较高，或价格低于其历史水平的股票，但一般人都认为，这种股票所提供的平均收益率高于增长型股票。

说明数据挖掘问题的一个方法就是寻求一组尚未被研究的数据，考察正在研究的相关关系是否也表现在这组新数据中。这种研究也揭示了世界其他证券市场上的规模效应、动能效应、账面价值—市场价格比率效应。因而尽管这些现象是系统风险溢价的表现形式，但该类风险还没有被完全理解。

随时间变化的异象

我们之前曾指出，虽然没有一个市场能够完全有效，但在运转良好的市场中，异象应该是自我毁灭的。随着市场参与者了解到有利可图的交易策略，他们利用这些策略的尝试应该将价格提升到不再有异常利润的水平。

麦克莱恩和庞蒂夫（McLean and Pontiff，2016）验证了这一动态。他们识别出学术文献中与异常收益相关的97个特征，并跟踪了每个发现的发表日期。这使得他们可以在特定发现公布于众的相应日期对每个异常的样本进行分析。他们得出的结论是：发布后异常收益的衰减约为60%（例如，发行前5%的异常收益平均在发布后下降至2%）。[①] 他们指出，被视为异常的股票交易量和方差会增加，对"定价过高"股票的空头兴趣也会增加。这些模式与内部人试图利用新发现的错误定价的行为是一致的。此外，α的衰减在规模更大、流动性更强、特质风险较低的股票上表现得最为明显。正是这些股票的交易活动追求可靠的异常收益是最可行的。因此，尽管超额收益并没有完全消失，但这些结果与市场逐步走向更高效率的趋势是一致的。

乔迪亚、苏布拉马尼亚姆和童（Chordia，Subrahmanyam，and Tong，2012）发现了流动性和低交易成本有助于有效发现价格的证据。他们关注与几个特征相关的异常收益，包括规模、账面市值比、动量和营业额（这可能与被忽视的公司效应相反）。他们打破了1993年的样本，就在标记数量开始在美国市场迅速下降之前不久，他们发现1993年以前与这些特点有关的异常收益在1993年以后的时期基本上消失了。对此，他们的解释是，随着利用异常现象的成本下降，市场变得更有效率了。

8.4 共同基金和分析师绩效

我们已经提出了有效市场理论的若干问题。对于投资者来说，市场有效性问题浓缩为有经验的投资者能否赚取持续的超常利润。对此最好的测试是观察市场专家的投资组合能否赚取比盯住市场的消极指数基金更高的收益率。我们将观察专业性表现的两个方面：推荐投资仓位的股票市场分析师的表现和实际控制投资组合的共同基金经理的表现。

□ 股票市场分析师

历史上，股票市场分析师是为经纪公司工作的，这为理解他们的投资建议带来了一个直接的问题：分析师不可避免地要对公司的前景做出倾向于积极的估计。[②] 例如，巴伯、莱哈维、麦克尼科尔斯和特鲁曼（Barber，Lehavy，McNichols，and Trueman，2001）发现，在1（强烈卖出）～5（强烈买入）的标尺之间，在1996年5 628个覆盖公司的平均建议是2.04。所以，我们不能按照字面来理解积极的建议（买入）。我们应该观察分析师的推荐相对于其他公司的强烈程度，或者观察在长期持续推荐当中的变化。

---

① 大约26%的衰减发生在样本的最后日期和发布日期之间，作者指出，这可能反映了明显异常收益部分实际上是由于数据挖掘而导致的。剩下的衰退将归因于成熟投资者的行为，他们的交易将异常的价格拉回到内在价值。

② 这个问题将来也许会得到淡化：就像在第3章中提到的那样，一项近期的改革意在缓解经纪公司销售股票的同时提供投资建议所存在的利益冲突，这一改革将分析部门从其他活动中分离出来。

沃马克（Womack，1996）关注分析师投资建议的改变并且发现积极的改变往往伴随着5%的股价增长，消极的改变平均带来11%的股价下降。我们想知道这些股价变化反映的是市场对分析师初步分析的认可，还是对公司内部的洞察，抑或是简单地由推荐本身带来的买或者卖的压力。沃马克认为价格的影响似乎是持续的，因此与假说——分析师实际上能够揭露新信息——相一致。贾格迪什、金、克里舍和李（Jegadeesh，Kim，Krische，and Lee，2004）同样也发现，持续一致的推荐发生变化与股价变化相关，但是推荐变化的程度与未来价格变化程度的预期是不一致的。

巴伯、莱哈维、麦克尼科尔斯和特鲁曼（Barber，Lehavy，McNichols，and Trueman，2001）关注持续一致的评价，证明拥有最好推荐的公司比拥有最差推荐的公司的表现要好。虽然他们的结果看起来令人印象深刻，但是作者注意到，因为分析师一致推荐的投资组合策略会带来很强的交易压力，这可能会抵消该策略的潜在收益。

总而言之，许多文献资料认为分析师能够增加价值，但是仍然有模棱两可的部分。分析师提高推荐等级之后的超额收益是其所揭露的新信息带来的，还是投资者的需求因为预期改变而发生变化的结果？并且，投资者是必须承担交易费用的，这些信息对他们是否有利用价值？

□ 共同基金经理

我们在第4章中已经分析过，偶然的证据并不能说明职业化管理的投资组合可以击败市场。第4章的图4.4已经证实了，在1972—2016年间，按照威尔希尔5000种股票指数构建的消极型投资组合的收益率要高于权益基金的平均收益率。另外，还存在业绩持续性的问题：在一个时期业绩较好的投资经理在之后的时期也应当有比较不错的业绩。这表明优秀的投资经理会比较持续地战胜其竞争者，从而与市场价格已经包含了所有相关信息的观点相矛盾。

然而，第4章分析的基础是，总收益没有经过系统风险要素的调整。在本节我们将在更加重视业绩评估基准的基础上，重新考虑有关共同基金业绩的问题。

首先，我们需要考虑共同基金样本的风险调整收益率（即资本资产定价模型的α系数，或以每期的β值和市场收益率计算的超额必要收益率）。但是，股票市场指数可能不足以作为共同基金业绩评估的基准：因为共同基金要保持一定比例的小公司的股权，而标准普尔500指数则全部是由大公司组成。当小公司的股价表现好于大公司时，作为一个整体的共同基金的表现要好于该指数；当小公司的表现逊于大公司时，共同基金的业绩就会比该指数差。

考察小公司股票在不同子时期的收益率，就会发现评估基准的重要性。[①] 例如，在1945—1964年的20年间，经过风险调整后，小公司股票指数的收益率每年平均比标准普尔500指数低大约4%（也就是说经过系统风险调整后的小公司的α值是-4%）。在接下来的20年间，即1965—1984年，小公司的收益率又比标准普尔500指数高10%。因此，如果分析师在早期观察共同基金的业绩，就会比较悲观，这不是因为基金经理选择的股票不好，而是因为与标准普尔500指数相比，共同基金持有了更多的小公司股票。而分析师如果在后一段时期观察共同基金的业绩，由于小公司股票的表现比较

---

① 这里的分析与统计引自埃尔顿、格鲁伯、达斯和赫拉瓦卡（Elton，Gruber，Das，and Hlavka，1993）的一篇论文：“Efficiency with Costly Information：A Reinterpretation of Evidence from Managed Portfolios,” *Review of Financial Studies* 6（1993），pp. 1－22。该文章我们前面已经简单地讨论过。

好，则会得出比较乐观的结论。即使这种影响与基金经理挑选股票的能力没有关系，这种"模式选择"（例如，选择小公司的股票，这实际上属于资产配置决策）也会对业绩评估产生很大的影响。①

现在最常用的绩效衡量标准是四因素模型，它包含了三个法玛-弗伦奇因素（市场指数的收益率，基于规模和账面价值—市场价格比率建立的投资组合的收益率），并加入了一个动量因素（基于上一年的股票收益率建立的投资组合）作为补充。使用包含了这四个因素的扩展指数模型求得的 α 值，控制了可能影响平均收益率的各种共同基金风格选择（例如，倾向于选择成长型股票还是价值型股票，或倾向于选择小企业股票还是大企业股票）的影响。图 8.7 显示了美国国内股票基金的四因素 α 值的概率分布。② 该分布结果显示，α 值大致呈钟形分布，且均值是一个稍微偏离零值的负数。平均而言，这些基金的表现并不会比与其具有相同风格选择的基准组合更好。

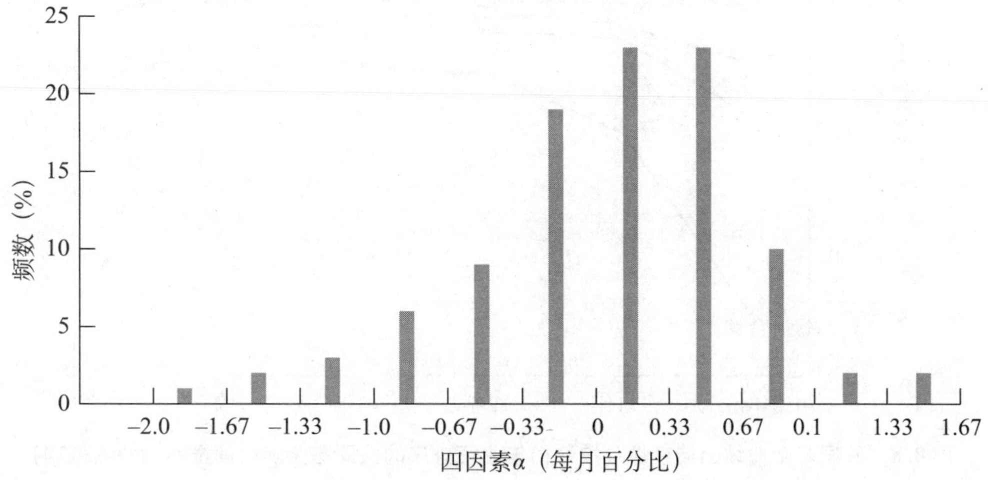

图 8.7 使用预期收益率的四因素模型计算出的共同基金 α 值

资料来源：Professor Richard Evans，University of Virginia，Darden School of Business. Used with permission.

法玛和弗伦奇（Fama and French，2010）使用四因素模型评估了股票共同基金的表现，并得出了与图 8.7 一致的结论。他们发现，尽管在扣除费用之前权益型共同基金的 α 值可能为正，但在扣除了其对顾客收取的费用后，α 值仍是负的。同样，沃默斯（Wermers，2000）使用两种风格的投资组合和共同基金持有的股票的特征来控制绩效表现，仍然得出了总 α 为正、控制了费用和风险的 α 为负的结论。

卡哈特（Carhart，1997）再次检验了共同基金绩效表现的持续性，以探究在某个时期表现优异的基金在下一时期是否能够持续拥有好的绩效。他使用上文所述的四因素拓展模型控制了这四个因素之后发现，组合经理的相对业绩有着较强的持续性，但是这种持续性很大一部分要归结为费用与交易成本，而非总的投资收益率。

即使考虑到费用和周转率问题的存在，一些业绩的持续性似乎也应当归因于投资策略的差异。然而卡哈特发现，持续性的证据集中在两个极端上，即业绩最好和最差

---

① 我们已经了解到，资产配置决策一般由单个投资者做出。投资者选择愿意持有的资产种类，构建其投资组合。在这些资产种类中，挑选具体的股票则是投资组合经理的工作职责。

② 感谢理查德·伊文斯（Richard Evans）教授为我们提供了这个数据。

的组合经理。卡哈特研究中的图 8.8 记录了业绩的持续性。股票组合按照业绩被分为 10 组，每一组在下一年的业绩情况如该图所示。我们可以很清楚地看到，除了表现最好的一组和表现最差的一组，其他各组在下一年的表现几乎与前一年无关。卡哈特的结果表明，或许存在少部分杰出的经理，他们能够持续战胜消极投资组合，但是对于大部分基金经理，其表现超过或者低于消极投资组合其实是一个运气问题。

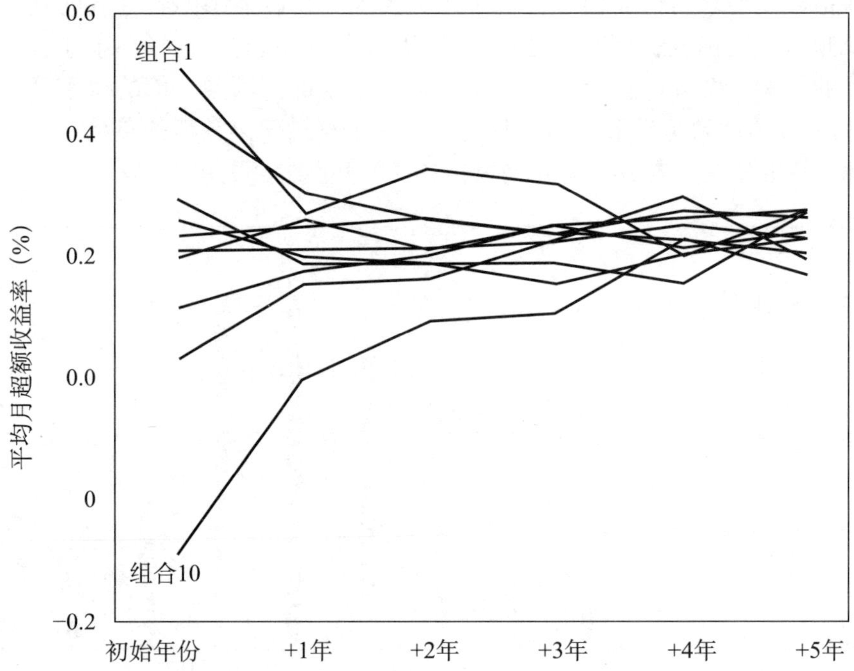

图 8.8　共同基金业绩的持续性（按最初年业绩排序的共同基金随时间推移的业绩表现）

资料来源：Mark M. Carhart, "On Persistence in Mutual Fund Performance," *Journal of Finance* 52 (1997), pp. 57 - 82.

博伦和巴斯（Bollen and Busse，2004）为绩效的持续性找到了更多的证据，至少在较短的时期内是这样。他们利用四因素模型使用一个基准季度对共同基金按业绩排序，根据基期的 α 值将基金分到 10 个十分位数之间，然后观察其在下一季度的表现。图 8.9 展示了他们的研究结果。实线反映的是基期（表示每个季度）每个十分位数的基金的平均 α 值。该线的陡峭程度反映了在排名期间基金绩效表现的分散性。虚线是第二季度每个区间的基金的平均表现。这条线的平缓程度表明，大部分原始绩效的差异已经消失了。然而，该线仍然明显向下倾斜，表明至少在短期内（如一个季度），绩效表现具有一定的持续性。不过，该可持续的绩效表现可能只是初始绩效差异中很小的一部分，或许已经小到不值得共同基金的客户基于此对基金进行选择了。

这种模式实际上与伯克和格林（Berk and Green，2004）的一篇有影响力的论文的预测结果十分一致。他们认为，技术精湛的共同基金经理的优异表现将持续吸引新的资金，直到管理这些额外资金的附加成本和管理复杂性将 α 值压低到 0 为止。因此，基金经理的能力不仅反映在其卓越的绩效中，还会反映在其管理下的基金金额上。所以，即使管理者技能精湛，α 值也终将是短暂的，正如我们在图 8.9 中所看到的那样。

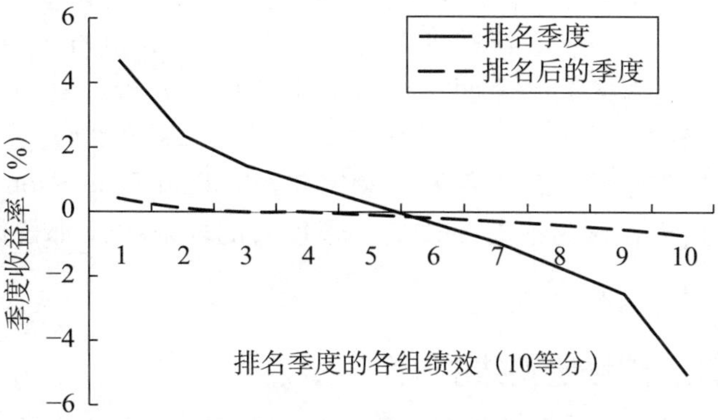

图 8.9　排名季度和下一季度中的风险调整后绩效

资料来源：Nicolas P. B. Bollen and Jeffrey A. Busse, "Short-Term Persistence in Mutual Fund Performance," *Review of Financial Studies* 19 (2004), pp. 569 - 597.

德尔·古尔西奥和罗伊特（Del Guercio and Reuter，2014）对共同基金的表现提供了一个更好的解释。他们将共同基金投资者分为两类，一类是直接为自己购买基金，另一类是通过经纪人购买基金。他们的理由是，直销部门可能更懂财务，而经纪销售部门在没有专业建议的情况下更难以做出财务决策。与这一假设相一致的是，他们表明，通过直接出售购买的投资者将其资产直接投向 α 值为正的基金（与伯克和格林的观点一致），但通过经纪人出售购买的投资者通常不会这样做。这为直销基金提供了一种激励，相比于经纪人销售基金，直销基金愿意相对更多地投资到 α 值的产出方面，例如有才华的投资组合经理或分析师。此外，它们还显示，直销基金的佣金后业绩与指数基金一样好（还是与伯克和格林的观点一致），而经纪人基金的业绩则要差得多。因此，积极管理型共同基金的平均表现不佳，似乎主要是由经纪人出售的基金推动的，而这种不佳表现可能被解释为一种隐性成本，即消息不灵通的投资者为从经纪人那里得到的建议买单。

与对股权基金经理的广泛研究相比，对债券型基金经理业绩的研究较少。布莱克、埃尔顿和格鲁伯（Black，Elton，and Gruber，1993）考察了固定收益基金的业绩表现。他们发现，平均而言，债券基金的收益率不会超过消极的固定收益指数，差距与费率大体相等。而且没有证据显示过去的业绩可以预测将来的回报。最近，陈、费尔森和皮特斯（Chen，Ferson，and Peters，2010）发现，平均而言，债券类共同基金的总收益率高于消极型债券指数，但一旦扣除它们向投资者收取的费用之后，其表现就不如指数了，这与其他人对股权基金的结论类似。

因此，对专业管理人员的风险调整业绩的证据充其量是混杂的。我们发现，专业管理人员的业绩大致与市场有效性是一致的。投资组合经理作为一个群体的业绩超过或落后于市场的幅度带有很大的统计不确定性。很明显，专业经理的业绩优于消极型策略并不是常规现象。研究表明，大部分投资者的业绩不会超过消极型策略，即使超过，幅度也是比较小的。

另外，彼得·林奇［Peter Lynch，富达麦哲伦基金（Fidelity's Magellan Fund）的前管理人］、沃伦·巴菲特［Warren Buffet，伯克希尔·哈撒韦基金（Berkshire Hathaway）的管理人］、约翰·坦普尔顿［John Templeton，坦普尔顿基金（Templeton Funds）的前管理人］、马里奥·盖伯里［Mario Gabelli，美国高仪（GAMCO）投

资公司创始人］等少数投资明星持续优秀的投资记录似乎与绝对有效的市场不符。科索沃斯基、蒂默曼、沃默斯和怀特（Kosowski，Timmerman，Wermers，and White，2006）通过对共同基金明星进行详细的统计分析，发现少数投资经理的股票选择能力所带来的收益足以覆盖其成本，并且其卓越的绩效表现通常能够持续。1989 年，诺贝尔经济学奖获得者保罗·萨缪尔森（Paul Samuelson，1989）对这个问题进行了深入的研究，认为绝大多数基金管理人的职业生涯都说明没有一种绝对可以成功的投资策略。

□ 因此，市场是有效的吗?

有一个广为流传的笑话：两位经济学家一起散步，他们发现地上有一张 20 美元的钞票，其中一人要捡起它，另一个人说："不要捡，如果不是假钞，早就有人捡起来了。"

其中的寓意是十分明显的。对有效市场的教条主义信仰会麻痹投资者，使大家普遍认为研究工作是没有必要的。这种极端的观点是缺乏理论与现实依据的。毕竟在实际生活中，存在着许多市场异象，因此，对定价错误的证券的研究还要继续。

无数的经验事实都说明，绝对优越的投资策略是不存在的。市场是竞争性的，只有发达的信息与深入的洞察力才可能带来利润，容易采摘的果实早已经被采摘了。的确，与大部分投资者相比，个别投资者具备较强的优越性，但数量很少，在统计上可以忽略。

我们的结论是：市场是非常有效的，但是勤奋、智慧与创造力仍然值得期待。

小结

- 统计研究表明，股票价格的变动遵循随机游走的规则，投资者很难从中发现可预测性的特征。这类研究被作为有效市场假说的证据，即股票市场价格中包含了所有有用的信息，只有新消息的发布才会引起股票价格的变动，而新消息既有可能是好消息，也有可能是坏消息。
- 有效市场假说有三种类型。弱式有效市场假说认为，从过去的股票价格中所推导出的任何信息都已经反映在股票价格中了。半强式有效市场假说认为，所有公开的信息都已经反映在股票的价格中了。强式有效市场假说是最极端的一种，它认为，包括内部信息在内的所有信息都已经反映在股票的价格中了。
- 技术分析强调的是股票价格的特征，并将它作为买卖行为压力的象征指标。基本面分析强调的是决定公司价值的因素，例如盈利能力与增长前景。由于两种类型的分析都是建立在公开信息的基础上的，因此，在有效市场的前提下，都不可能产生意外收益。
- 有效市场假说的支持者赞同消极型投资策略。消极型投资策略是购买并持有代表广泛市场的指数基金。它们既不浪费资源用于市场研究，又不进行频繁的市场买卖，从而节约了交易成本。消极型投资策略可能更适合单个投资者的需要。
- 实证研究总体来说并不支持技术分析可以产生交易利润。值得注意的是，中期动能效应策略的成功是一种例外情况。

● 有关基本面分析的市场异象主要体现为账面价值—市场价值比率效应、小公司效应、动量效应、被忽视的公司效应、盈利公布后的股价波动效应。这些异象反映的是市场无效性，还是对难以观察的风险的回报？这仍然是一个争论不休的问题。

● 大体上讲，专业化管理的基金的业绩记录对“专业人员可以持续击败市场”这一观点的可信度几乎起不到证明作用。

关键词

异象	指数基金	市盈率效应	半强式有效市场假说	技术分析
账面价值—市场价格比率效应		随机游走	小公司效应	弱式有效市场假说
有效市场假说	被忽视的公司效应	压力点	强式有效市场假说	动量效应
基本面分析	消极型投资策略	逆转效应	支撑点	

习题

1. 如果市场是有效的，在两个不重叠的时间段内，同一股票收益率之间的相关系数是多少？（LO8—1）

2. “如果所有证券都得到了公平的定价，那么它们都将拥有相等的预期收益率。”请评论上述观点。（LO8—1）

3. 如果证券价格上涨和下跌的概率相同，为什么投资者从市场上获得的收益率的均值会大于0呢？（LO8—1）

4. 诸如微软之类的成功企业能够持续多年获得较大的正利润，这是否与有效市场假说相违背呢？（LO8—2）

5. 在鸡尾酒会上，你的同事告诉你过去三年中的每一年他都战胜了市场，假设你相信他的话，那么，这是否会使你对有效市场的信心产生动摇呢？（LO8—2）

6. 如果有效市场假说是科学的，下面哪种表述是正确的？（LO8—1）

a. 该假说说明了精湛的预测技能。

b. 该假说说明价格中包含了所有的有用信息。

c. 该假说说明市场是非理性的。

d. 该假说说明价格是不波动的。

7. 在有效市场中，以下哪个好处是专业的投资组合管理不能提供的呢？（LO8—4）

a. 低成本多样化。

b. 盯住某个风险水平。

c. 低成本的绩效保持。

d. 更好的风险—收益权衡。

8. 哪个版本的有效市场假说（弱式、半强式或强式）聚焦于容量最大的信息集？（LO8—1）

9. “股价的高度可变性表明，市场并不知道如何对股票进行定价。”评论这一观点。（LO8—1）

10. 市场效率低下的诱因中，哪一个是最容易利用的？（LO8—4）

a. 机构的大量卖出导致股票价格突然下降。

b. 交易员受到卖空限制导致股票价格过高。

c. 投资者对经济生产力提高过度乐观导致股市估值过高。

11. 下面哪种表述同弱式有效市场假说相矛盾？并解释。（LO8—3）

a. 25%的共同基金的业绩超过市场平均水平。

b. 内部人赚取意外的交易利润。

c. 每当1月份，股票市场的收益率就会超过正常收益率。

12. 假设你对过去的股票价格进行分析后有如下发现，其中哪一种与弱式有效市场假说相矛盾？请解释。（LO8—3）

a. 平均收益率远远高于0。

b. 本星期与下一星期市场收益率的相关系数等于0。

c. 如果在股票价格上涨达到10%时买入股票，而在股票价格下跌超过10%时卖出股票，就可以获取比较高的收益。

d. 持有股利收益率较低的股票可以获取高于平均水平的资本收益。

13. 下列哪一项提供了反驳半强式有效市场的证据？请解释。（LO8—3）

a. 在平均意义上，共同基金经理不能获得高于市场的收益率。

b. 在股利异常增加的公告发布之后买入（或者卖出）股票并不能获得超额利润。

c. 低市盈率比率的公司能够获得正的超额收益。

d. 在任何一年都有大约50%的养老基金表现超过市场。

14. 稳定增长公司在它94年的发展历史中，从来没有遗漏过一次股利支付。这是否会增加这家公司的股票对你的吸引力？

15. 假设你发现在大型股利支付之前股票价格会上涨，并出现平均来看为正的异常收益。这是否违反了有效市场假说？

16. 请对下面的说法做出评论："如果商业周期是可以预测的，并且一只股票的 β 值为正，那么该股票的收益就是可以预测的。"

17. 下列现象中，哪一个既不违背有效市场假说，又与其不一致？试简要解释。

a. 在一个特定年度，近 50%的专门化管理的共同基金的业绩会高于标准普尔 500 指数。

b. 在风险调整的基础上，某一年业绩超过市场的基金管理人在下一年很可能也会取得较好的业绩。

c. 1 月份股票价格的波动性比其他月份更大。

d. 1 月份宣布盈利增加的公司的股票收益在 2 月份会高于市场。

e. 在某一星期表现不错的股票，在下一星期表现十分不好。

18. 为什么下面的"效应"被认为是有效市场中的异象？这些效应有合理的解释吗？

a. 市盈率效应。

b. 账面价值—市场价格比率效应。

c. 动量效应。

d. 小公司效应。

19. 成本平均化策略是要在每个月买入相同金额的某种股票，例如 500 美元。这一策略的基点是：当股票价格下跌时，你的固定投资金额可以买入较多的股份；而当股票价格上升时，买入的股份就会较少。长期平均下来，则股价低时买入的股票较多，而股价较高时买入的较少，从而你就可以发现有利的市场时机。试评价这一策略。

20. 我们知道，市场会对好消息做出积极的反应，而且衰退期的结束等好的事件又在一定程度上是可以预测的，那么为什么我们在经济复苏时不能做出经济将向好的预测呢？

21. XYZ 公司的运转非常糟糕。如果按照管理质量将公司归为 1（最差）～10（最好）类。你认为该公司应归入 3，而市场上的大多数人则认为应归入 2，你是否会投资该股票？

22. 喜讯公司刚刚宣布了它的盈利增长的消息，它的股票价格就下跌了。是否存在对这种现象的理性解释呢？

23. 交投清淡的小公司股票股市倾向于拥有正的资本资产定价模型 α 值，这违反了有效市场假说吗？

□ 挑战题

24. 考察下图，它代表了内部人买入或者卖出他们公司股票前后股票的累积异常收益（CARs）。你如何解释这幅图？我们在事件发生前后可以得到的规律是什么？（LO8—3）

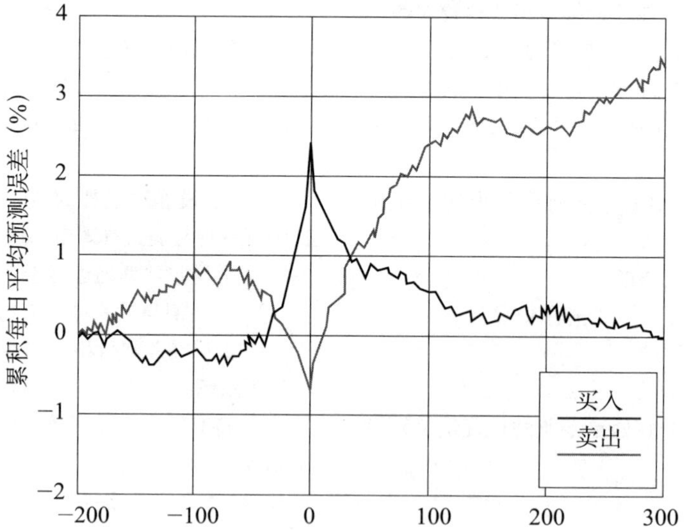

资料来源：Reprinted from Nejat H. Seyhun, "Insiders, Profits, Costs of Trading and Market Efficiency," *Journal of Financial Economics* 16, pp. 189 - 212, copyright June 1986, with permission from Elsevier.

25. 假设在商业周期的不同阶段，风险溢价也会发生变化。例如，在经济衰退时，人们都在担心自己的工作，风险承受能力可能会更低，风险溢价可能更高。在经济蓬勃发展时，投资者的风险承受能力较高，风险溢价较低。

a. 这种可以预见的风险溢价变化是否违反了有效市场假说？

b. 风险溢价上升和下降的周期会造成股票价格的"过度反应"（首先大幅度下跌，然后再回升）吗？

CFA 习题

1. 半强式有效市场假说认为股票价格：(LO8—1)

a. 全部反映了历史价格信息。

b. 全部反映了所有公开信息。

c. 全部反映了包括内部信息在内的所有相关信息。

d. 可能是能够预测的。

2. 假设一家公司意外地宣称向股东发放大额现金股利。在一个没有信息泄露的市场中，我们应当预期到：(LO8—1)

a. 在公布当时异常的股价波动。

b. 在公布之前异常的股价上涨。

c. 在公布之后异常的股价下跌。

d. 在公布前后都没有异常股价变动。

3. 下列哪一项提供了反对半强式有效市场假说的证据？(LO8—3)

a. 在任何一年都有约50%的养老基金表现超出市场。

b. 在利润增长公告发布之后购买股票并不能获得超额利润。

c. 趋势分析在预测股票价格方面没有价值。

d. 低P/E比率的公司在长期可以获得正的超额收益率。

4. 根据有效市场假说：(LO8—3)

a. β值较高的股票总是被高估的。

b. β值较低的股票总是被高估的。

c. 股票的正的α值会很快消失。

d. 因为套利的存在，负的α值的股票总是收益率较低。

5. 当以下哪种情况发生时，会出现“随机游走”？(LO8—1)

a. 股票价格的变化是随机可预测的。

b. 股票价格对新旧信息的反应都是缓慢的。

c. 未来价格的变化与过去价格无关。

d. 过去的信息可以用于预测未来价格。

6. 市场异象是指：(LO8—3)

a. 外部对股票市场激烈的、短期的冲击。

b. 价格或交易量与历史趋势不符。

c. 干扰有效的证券买卖行为的交易或价格结构。

d. 不同于有效市场假说预测结果的价格行为。

7. 一些学者认为，专业投资经理的业绩不会超过市场，而另外一些学者则持反对意见。比较支持(a)消极型组合管理与支持(b)积极型组合管理的两种股票市场假定。(LO8—2)

8. 你是一个投资组合经理，正在会见客户。在谈话过程中，客户向你提出了如下问题：“我的孙子正在学习投资，他告诉我在股票市场中赚钱的一个最简单的办法是在12月底买入小市值公司的股票，并在1个月后卖出股票。这是什么意思？”(LO8—2)

a. 与这种投资策略相关的市场异象是什么？

b. 解释你为什么认为该策略有效或无效。

9. a. 简单地解释有效市场假说的概念，以及它的三种形式——弱式有效、半强式有效、强式有效。简单地讨论现有的实证研究对三种有效市场假说的支持程度。

b. 简要讨论有效市场假说对以下投资策略的意义。(LO8—4)

i. 以图表为基础的技术分析。

ii. 基本面分析。

c. 简要讨论在有效市场环境下组合经理的责任和角色。(LO8—4)

10. “增长”和“价值”可以有多种定义，但“增长”通常包含着这样一种思想，即投资组合强调或者仅包含那些被认为每股盈利增长将超过平均水平的股票。这些投资组合的典型特征包括：低现金收益、高的账面价值—市场价格比率，以及高的市盈率。“价值”常常蕴涵着这样一种思想，即投资组合强调或者仅包含那些当前表现出低的账面价值—市场价格比率、低的市盈率、超过平均水平的股利比率，且其市场价格被认为低于发行的内在价值的股票。(LO8—3)

a. 列举三个理由并解释为什么在一个扩展的时期内，价值股票投资的表现可能会优于增长股票投资。

b. 解释为什么a小题中的结果不大可能出现在一个被公认为高度有效的市场上。

11. 你的客户需要关于积极组合管理策略优点的材料。她对一个问题非常感兴趣：积极的基金经理能否持续地发现市场中的非有效价格从而获得平均水平以上的收益率，并且不承担额外的风险？

半强式有效市场假说认为所有公开可用的信息

都已经迅速正确地反映到证券价格中了。这就意味着投资者在信息公开后购买股票不能获得超额收益率，因为股票价格已经反映了信息的全部影响。（LO 8—2）

a. 举出两个支持以上有效市场假说的含义的实证证据，并解释。

b. 举出两个反驳以上有效市场假说的含义的实证证据，并解释。

c. 讨论即使市场是半强式有效的，投资者仍不愿意投资于市场指数的原因。

Web 站点管理员

请扫描二维码或登录中国人民大学出版社官网 www.crup.com.cn 下载。

9 行为金融学和技术分析

学习目标：

LO9—1 描述一些行为偏差，并说明为什么这些偏差会导致股票市场上价格和收益率出现异象；

LO9—2 解释为什么套利限制会使得由行为偏差导致的异象一直存在；

LO9—3 解释为什么技术分析可能是有利可图的；

LO9—4 使用诸如成交量、卖权—买权比率、市场宽度、空头股数或信心指数等指标测度市场的“技术环境”。

有效市场假说做出了两个重要预测。第一，它意味着证券价格恰当地反映了投资者所有可利用的信息。第二个含义也随即揭示出来：积极的交易者发现很难有比盯住市场指数的消极策略更好的表现。要做到这一点需要超乎寻常的洞察力；这在一个高度竞争的市场中是很难获得的。

遗憾的是，我们很难设计一种指标来衡量证券的“真实”或者内在价值，直接检测价格是否与这些价值相匹配也是同样困难的。于是，大多数市场有效性的检验都将精力集中在积极交易策略的表现上面。这些检验包括两种类型。一些有关异象的文献检验了那些似乎能够提供经风险调整后超额收益率的策略（例如，投资于具有动能或者价值的股票而不是所谓有魅力的股票）。还有一些研究了实际投资的结果，即探究专业经理人能否打败市场。

没有任何一种方法得出了确定性结论。那些有关异象的文献认为有一部分策略可以提供超额收益率。但是我们对此也存在质疑：这些表面上的异常收益是否反映了那些没有包含在简单风险收益模型中的风险溢价，抑或它们只是反映了数据挖掘技术？而且，在现实组合中，基金经理通常无力把这些反常转化为超额收益，这更加深了对于他们真实情况的质疑。

有一种相对较新的思想流派被称为行为金融学，其认为，现在广泛传播的关于交易策略的文献因为没有注意到有效市场的第一个含义而忽视了一个很大并且很重要的方面——证券价格的正确性。这或许是更为重要的那一方面，因为市场经济依靠价格来实现资源的有效配置。行为金融学派则认为，即使证券价格是错误的，利用这些错误仍然是很困难的，因此未能发现明显成功的交易规则和交易者就不能作为证明市场有效性的证据了。

一般的理论认为投资者是理性的，而行为金融学却以他们可能是非理性的假设作为开始。我们会探究在其他情况下没有涉及的信息处理和非理性行为问题，并且说明这些行为应用到金融市场中可能会引起前一章中所提到的反常现象。接下来我们考虑一些策略的局限性，这些策略尝试利用非理性行为带来的定价错误谋利。如果这种套利行为的局限性是严重的，即使一些理性投资者试图去利用定价错误，这些定价错误仍然是可以存在的。之后我们转向技术分析，阐述在有效市场中这些完全失效的技术分析如何在行为模型中得以利用。本章的最后，我们对技术策略做了简单总结。

9.1 来自行为的批判

行为金融学：强调心理因素对投资者行为的潜在影响的金融学模型。

行为金融学（behavioral finance）诞生的前提是一般的金融理论忽略了的现实，即人们是如何做决定的，而且人与人是不同的。[①] 越来越多的经济学家能够理解那些有关异象的文献中的一些非理性现象，这些现象似乎刻画出了个人在做出复杂决定时的特征。这些非理性现象可以被分成两类：一类是投资者并不总能恰当地处理信息，因此他们推导出的未来收益率的概率分布是错误的；另一类是即使得到收益率正确的概率分布，他们也经常会做出前后矛盾的非最优的决定。

当然，非理性投资者的存在本身并不能使资本市场无效率。如果这种非理性确实影响价格，眼疾手快的套利者会利用套利机会使价格回归到恰当的价值水平。于是，行为批判的另一方面便是在现实中，这种套利机会是受限制的，因此没有足够大的力量来使价格与内在价值相匹配。

这一方面内容是非常重要的。每个人都会同意，如果价格是对的（即价格＝内在价值），也就不存在简单的获利机会。但是反过来却不一定是正确的。如果行为学派所认为的套利是受限制的观点是对的，那么不存在套利机会并不一定意味着市场是有效的。我们注意到关于市场有效性的大部分测试关注的是套利机会的存在与否，通常通过基金经理的业绩表现出来。但是他们没有跑赢消极的投资策略并不一定意味着市场是有效的。

接下来我们从行为批判的第一个方面开始总结这个理论，即考察一个未被之前的心理学家讨论过的信息采集过程中的偏差。然后我们检验一些可以刻画决策者特征的非理性行为。最后，我们观察对套利行为的限制，并且在这场行为辩论的开始阶段得到一个暂时性的结论。

□ 信息采集过程

信息采集过程中的误差会使投资者错误地估计事件发生的可能性和相应的收益率。许多这种类型的偏误被陆续揭示出来。下面是其中较为重要的四个偏误。

预测偏误

卡尼曼和特沃斯基（Kahneman and Tversky，1972，1973）的一系列实验表明，在进行预测的时候，与早先的信念相比，人们总是更加注重近期的经验［有时也叫作记忆偏差（memory bias）］，并且在信息具有内在不确定的情况下，人们倾向于做出过于极端的预测。德邦特和塞勒（DeBondt and Thaler，1990）论证，市盈率效应可由过

① 这一节的讨论是建立在一篇杰出的调研文章上的：Nicholas Barberis and Richard Thaler，"A Survey of Behavioral Finance，" *Handbook of the Economics of Finance*，eds. G. M. Constantinides，M. Harris，and R. Stulz（Amsterdam：Elsevier，2003）。

于极端的盈利预期来解释。从这种角度来看，如果预测一个企业的未来盈利很高，那么相对于企业的客观发展潜力来讲，这些预测往往过高。这就导致最初的市盈率很高（源于反映在股票中的过于乐观的情绪），而当投资者接下来发现自己出现了偏误的时候，股票价格就会下降。因此，高市盈率的企业往往是较差的投资对象。

过度自信

人们总是倾向于高估自己的经验以及预测的准确程度，并高估自己的能力。在一个著名的调查中，瑞士 90%的司机认为自己的驾驶技术在平均水平以上。这些过度自信可用于解释为什么积极的管理比消极的管理更为盛行——对市场有效性的信徒而言，它本身就是一种反常现象。虽然近来的指数化策略越来越受欢迎，但共同基金产业中仅有 25%左右的股票被置于指数化账户中。在业绩相对较差的情况下（考虑第 4 章及之前章节中所描述的积极管理的共同基金令人失望的业绩），积极管理的策略依然占主导地位，这与高估自己能力的倾向是一致的。

巴伯和奥迪恩（Barber and Odean，2001）举了一个金融市场上颇有意思的过度自信的例子。他们比较了男人和女人在经纪账户中的交易行为和平均收益率，他们发现，男人（尤其是单身男人）比女人的交易行为更加积极，这与心理学文献中记载的男人普遍过度自信完全吻合。他们还发现，高的交易行为往往意味着不尽如人意的投资业绩。按转手率计，前 20%的账户的平均收益率比后 20%的账户低了 7 个百分点。正如作者所总结的："交易（也就意味着过度自信）有损于你的财富。"

过度自信似乎是广泛存在的现象，也出现在公司金融领域。例如，过于自信的 CEO 更有可能在企业收购时付给目标公司多余的报酬（Malmedie and Tate，2008）。正如过度自信会使投资组合贬值一样，它也可能导致这些企业做出不好的实物资产投资。

保守主义

保守主义偏误（conservatism bias）是指投资者在出现新的证据时对自身观念的更新较慢（太保守）。这意味着他们可能对公司信息不能做出应有的反应，所以价格只能逐渐地反映出新的信息。这种偏误会增大股票市场的动能效应。

保守主义偏误： 指投资者在出现新的证据时对自身观念的更新较慢（太保守）。

样本量忽视和代表性偏误

代表性偏误（representativeness）是指人们通常不把样本大小纳入考虑范围，想当然地认为小样本的代表性同大样本是一样的。于是人们过快地从小样本中推测出规律，并把似乎正确的规律推广到过于遥远的未来。我们很容易看到这种模式是如何与过度自信相一致的。一个短期的收益利好消息或者高收益会使这些投资者对其未来可能表现的估计进行修正，并由此产生购买压力，夸大价格的上涨。最终，价格和真实价值之间的差距变得刺眼，市场就会修正最初的误差。有趣的是，一段时期表现最好的股票会在收益公布的前后几天内遭受逆转，这意味着修正就发生在投资者得知他们最初的设想过于极端的时候（Chopra，Lakonishok，and Ritter，1992）。

代表性偏误： 人们太容易相信小样本能够代表一般性事物并且过快地推断出规律。

概念测验 9.1

我们在前面的章节中看到，股票似乎在短期或者中期存在着一种动能，并伴随着长期的逆转。这种模式是怎样从保守主义和代表性偏误的相互作用中产生的？

扫描二维码
获取答案解析

□ 行为偏误

即使信息采集过程是完美的，一些研究也指出人们倾向于利用这些信息做出并非完全理性的决定。这些行为偏误很大程度上影响了人们对风险和收益的认识，进而影响了它们对风险—收益的权衡。

框架

框架：决策受到选择框架程度的影响，例如对待收益的基准线较低而对待损失的基准线较高。

决策似乎受到选择**框架**（framing）的影响。例如，当某个赌局以可能损失的形式出现时，投资者可能会拒绝这个赌局；但当这个赌局以可能获利的形式出现时，投资者可能就会接受这个赌局。换句话讲，人们面对收益时会表现为风险厌恶，而面对损失时则表现为风险偏好。但是在很多时候，如何表述一个风险事件——以收益或者损失形式——是一件很随意的事。

案例 9.1

框　架

设想一个抛硬币游戏，如果出现反面将会带来50美元收入。现在，假设给你50美元，同时接受一个赌局：如果硬币抛出正面则输掉50美元。在两种情况下，你都会在出现正面时一无所有，而在出现反面时获得50美元。但是第一种描述角度将抛硬币表述为一个收益风险，而第二种描述角度将其表述为一个损失风险。不同的描述角度会使人们对赌局的反应不同。

心理账户

心理账户：是人们对某些特定决策进行隔离的另一种框架形式。

心理账户（mental accounting）是人们对某些特定决策进行隔离的另一种框架形式。例如，一个投资者可能在一个账户中承担大量的风险，但在另一个用于子女教育的账户中却建立了相当保守的头寸组合。理性地来看，最好的方式是将这两个账户都看作投资者总体投资组合的一部分，而这个投资组合将两个账户的“风险—收益关系”整合到了一个统一的框架中。尽管如此，谢福林和斯塔特曼（Shefrin and Statman，2000）认为，传统金融理论与行为金融理论之间的主要区别在于，行为方法将投资者视为在“资产金字塔中不同的心理账户层”中建立他们的投资组合，其中每一层都可能有特定的目标并实现不同程度的风险规避。

在另一篇文章中，谢福林和斯塔特曼（Shefrin and Statman，1984）认为行为动机与某些投资者对于高现金股利股票（他们乐于使用股利收入，但不愿以卖出具有相同收益率的另一种股票的方式“让资本消耗”）的非理性偏好是一致的，而且，某些投资者倾向于过长时间地持有损失的股票头寸（因为“行为投资者”迟迟不愿实现损失）。事实上，投资者更喜欢卖出赚钱的股票而不愿卖出赔钱的股票，这恰恰与最小化税收的策略相反（Shefrin and Statman，1985；Odean，1998）。这种对损失的不情愿被称为**处置效应**（disposition effect）。

处置效应：投资者不愿出售已跌价投资的股票。

心理账户效应也可以用于解释股票市场中的动能现象。赌场盈利效应（house money effect）指的是赌博者在赢钱的时候更愿意接受新的赌局。他们认为（也就是框架问题）赌局是使用他们赚到的钱参与的，也就是用赌场的钱而不是自己的钱参与，于是更愿意承担风险。类似地，股票市场大涨之后，人们会以为投资是建立在“资本利得账户”之上的，于是变得更能忍受风险，将未来现金流用更低的利率贴现，并且进一步推动价格。

后悔规避

心理学家发现，当决策制定不合常规的时候，做决策的个体如果发现结果非常糟糕，他会更加后悔（更多地责备自己）。例如，如果投资于一个名不见经传的小公司而遭遇了损失，那么其带来的后悔程度要超过购买蓝筹股的投资组合而遭遇同样损失所带来的后悔程度。购买蓝筹股的任何损失更容易被归结为运气不好而非决策失误，因此就不会那么后悔。德邦特和塞勒（DeBondt and Thaler，1987）认为，这种**后悔规避**（regret avoidance）与规模和账面价值—市场价格比率效应是一致的。账面价值—市场价格比率高的企业往往具有较低的股票价格。这些企业“不受欢迎”，在财务上更容易被置于危险地位。类似地，不为人所知的小企业也不是常见的投资对象。这些企业需要投资者具有更多的“勇气”，从而增加了必要收益率，心理账户会加大这种效应。如果投资者关注单只股票的收益或损失，而不是关注组合的收益，则他们会对于近期表现差的股票更加风险厌恶，用更高的利率贴现现金流，因此创造更高的价值股票的风险溢价。

后悔规避：当人们所做出的违反常规的决定的结果糟糕时，他们会更加责备自己，所以他们选择常规性的决策，以避免后悔。

概念测验 9.2

如何用后悔规避解释市盈率效应（在前一章中讨论过）？

扫描二维码
获取答案解析

情感因素

传统的投资组合选择模型关注的是资产的风险和收益。但行为金融学也关注情感，情感是消费者对潜在购买或股票的“好”或“坏”的感觉。例如，那些在社会责任政策或有吸引力的工作条件方面享有声誉的公司，或那些生产受欢迎产品的公司，可能在公众印象中产生更大的影响。如果投资者青睐有良好影响的股票，可能会推高股价，拉低平均收益率。斯塔特曼、费希尔和安吉纳（Statman，Fisher，and Anginer，2008）寻找情感影响证券定价的证据。他们发现，在《财富》杂志（*Fortune*）对最受尊敬的公司（例如，情感程度较高）的调查中，股票的排名很高。与那些最不受尊敬的公司相比，这些公司经风险调整后的平均收益率往往较低，这表明它们的股价相对于其潜在盈利能力而言被抬高了，因此，它们的预期未来收益率较低。

前景理论

前景理论（prospect theory）修正了标准金融理论中对于理性风险厌恶投资者的解析性描述。[①] 图 9.1（A）呈现了传统意义上对风险厌恶型投资者的描述。财富越多，得到的满足程度或者“效用”就越多，但是增长速度是递减的（曲线随着投资者财富增多而越来越平坦）。这引起了风险厌恶：获得 1 000 美元所增加的效用小于失去 1 000

前景理论：一种行为金融理论，认为投资者的效用取决于相对于起始点的损失或者收益，而与财富绝对值无关。

① 前景理论由一篇非常有影响力的关于非确定性下决策制定的论文提出。这篇论文是由 D. Kahneman 和 A. Tversky 完成的，“Prospect Theory：An Analysis of Decision under Risk，” *Econometrica* 47（1979），pp. 263 - 291。

美元所减少的效用；因此投资者会拒绝没有风险溢价的风险资产。

图 9.1（B）展示了一个与传统的描述相竞争的偏好模式，被称作“损失厌恶”。效用不再像图（A）中描述的那样依赖于财富的水平，而是依赖于相对现有水平的财富的变化。此外，在原点的左边（原点代表着现有财富水平不变），曲线是凸的而非凹的。这有许多隐含的意义。部分传统的效用函数暗示着，随着财富的增加，投资者的风险厌恶程度会降低，但图（B）中展示的效用函数总是会围绕着现有财富点，这样便消除了这种风险厌恶程度的降低，并且可能帮助我们解释历史上过高的股票风险溢价。进一步讲，图（B）中原点左侧的凸型曲线使投资者在面对损失时成为风险偏好者而非风险厌恶者。与损失厌恶一致的是，我们观察到如果国债期货合约的交易员在上午交易时段发生损失，他们在下午的交易中明显愿意承受更高的风险（Coval and Shumway，2005）。

这些只是行为偏误中的一小部分例子。它们中的许多可以解释投资者的行为。

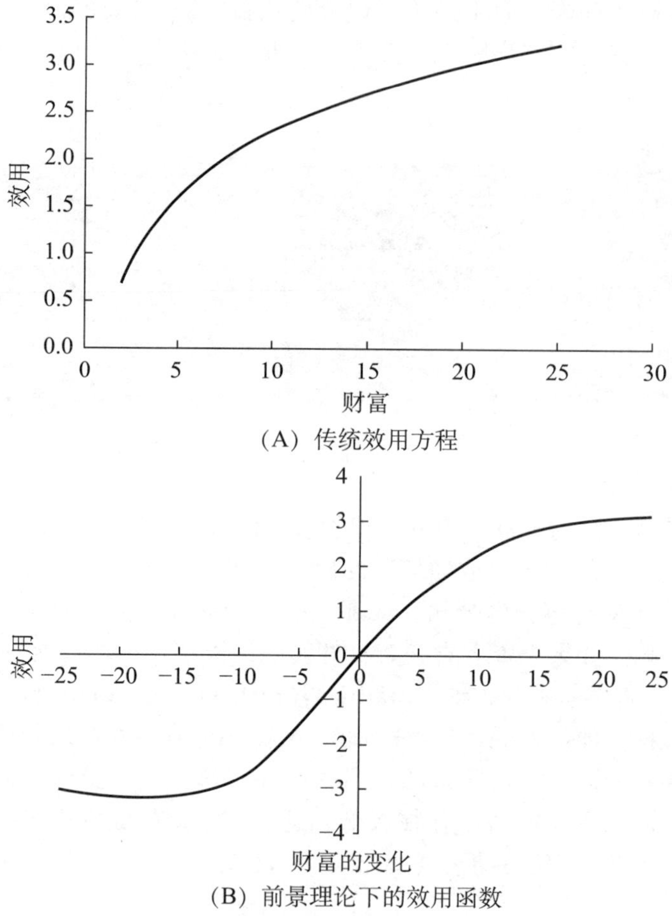

图 9.1　前景理论

说明：（A）传统的效用函数定义在财富的绝对水平上且是凹的，故得到风险厌恶。

（B）在损失厌恶下，效用函数定义在现有财富值的变化上。在原点的左侧，函数是凸函数，因为面对损失时投资者是风险偏好的。

□ 套利的局限性

如果理性的套利可以完全纠正行为偏误的投资者所犯的错误，那么行为偏误不会对股票定价产生影响。追求利润的投资者会修正任何不准确的定价。然而，行为金融的支持者认为在实践中，一些因素制约着人们从错误定价中获利。[①]

基本风险

假设 IBM 的股价被低估了。购买该股可以获得获利机会，但这很难是无风险的，因为这种假设的定价过低现象可能变得更加严重。尽管价格最终可能回归内在价值，但是这可能在投资期限之外才会发生。例如，投资者可能是一位共同基金经理，如果短期业绩不佳，他可能会失去客户（更不用说工作了！），或者是一个交易员，如果市场与自己预计的相反，即使是暂时的，他也可能赔光所有的资金。

著名的经济学家约翰·梅纳德·凯恩斯（John Maynard Keynes）曾说过一句话："市场保持非理性的时间可能比你保持偿债能力的时间还要长。"利用明显获利机会所招致的基本风险，很有可能会限制交易员的行为。

执行成本

发掘定价过高的资产是非常困难的。卖空一项资产需要发生费用；卖空者在通知到来时需要归还借来的证券，这导致了卖空的不确定性；其他投资者像养老金或者共同基金经理面临着严格的卖空限制。这些可能限制套利使价格回归公平价值的作用。

模型风险

我们经常会担心盈利的机会实际上是言过其实的。或许我们用来给证券定价的模型是错误的，而价格实际上是对的。错误定价会使投资机会看起来好一些，但仍然是有风险的，这将会限制购买的数量。

案例 9.2

基本风险

在 2010 年的大部分时间里，纳斯达克指数围绕着 2 300 点波动。按照这种情况，指数 10 年前达到的 5 000 点左右的水平简直是疯狂的。当然一定有很多经历过 20 世纪 90 年代末互联网泡沫时期的投资者发现指数被严重高估了，这意味着卖出的好机会。但这几乎不是一个无风险的套利机会。当纳斯达克指数在 1999 年第一次冲破 3 500 点（比 2011 年指数高 30%）时，很可能已经被高估了。1999 年相信纳斯达克指数在 3 500 点时被高估并且决定卖空的投资者会遭受巨大的损失，因为指数又上升了 1 500 点，直到抵达 5 000 点高峰。纳斯达克最终还是崩盘了，在 2002 年的后期，跌落到 1 200 点以下。虽然投资者可能在最终被证明定价过高是正确的时候获得了相当大的满足感，但在市场"修正"之前的一年进入市场，他也可能破产。

□ 套利的局限性和一价定律

我们可以对许多不常见的定理的适用性展开辩论，但是毋庸置疑，理性市场应该满足一价定律（同样的资产应当具有同样的价格）。然而我们有许多违背一价定律的例子。这些例子是学习套利局限性很好的案例。

① 关于套利局限性的较有影响的参考文章有：J. B. DeLong，A. Schleifier，L. Summers，and R. Waldmann，"Noise Trader Risk in Financial Markets，" *Journal of Political Economy* 98（August 1990），pp. 704－738；A. Schleifer and R. Vishny，"The Limits of Arbitrage，" *Journal of Finance* 52（March 1997），pp. 35－55。

"连体双胞胎"公司（"Siamese twin" companies）[①]

1907年，荷兰皇家石油（Royal Dutch Petroleum）和壳牌运输（Shell Transport）合并为一家公司。两家公司仍然分别进行交易，并且达成协议，将合并公司的利润以60/40的比例分成。荷兰皇家石油公司的股东获得现金流的60%，壳牌运输公司的股东获得40%。于是我们可以推断荷兰皇家石油公司价格应当是壳牌公司的60/40=1.5倍。但是实际情况并非如此。图9.2显示这两家公司的相对价值在长期很大程度上偏离了它们之间的平价关系。

这个错误定价是不是带来了套利机会？如果荷兰皇家石油价格高于壳牌的1.5倍，为什么不买进相对低估的壳牌而卖空高估的皇家石油？这听起来像是一个合理的策略。但是如果你在1993年2月皇家石油价格超出其平价关系10%时追随这个策略，图9.2显示你将会损失一大笔钱，因为溢价扩大到17%，直到1999年才最终回归正常。就像案例9.2那样，这个机会中存在基本风险。

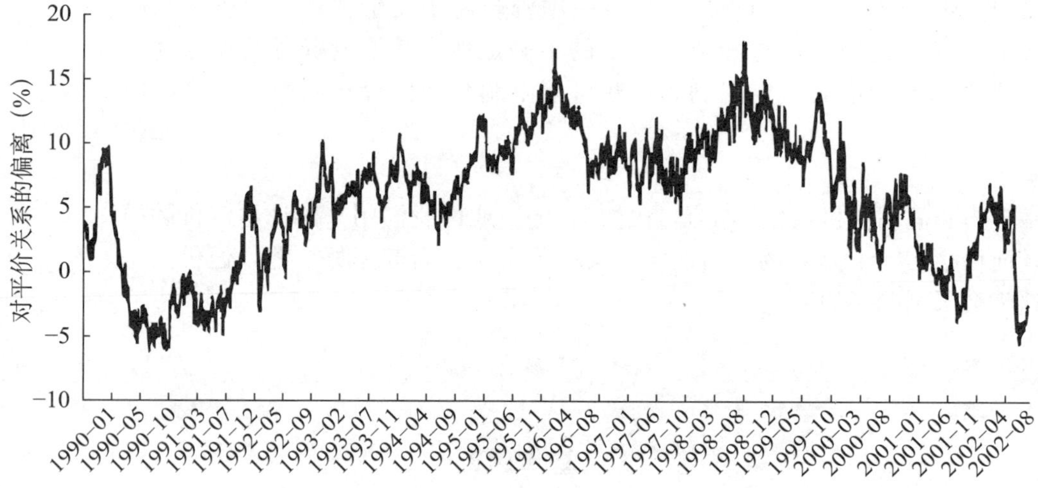

图9.2　荷兰皇家石油对壳牌的相对价格（偏离平价关系）

资料来源：O. A. Lamont and R. H. Thaler, "Anomalies: The Law of One Price in Financial Markets," *Journal of Economic Perspectives* 17 (Fall 2003), pp. 191-202.

股权分离

许多股权分离也违背了一价定律。[②] 为了解释清楚这一点，我们来考虑3Com公司的案例，其在1999年决定将其子公司Palm分离出去。3Com公司首先在首次公开发行（IPO）中卖出其持有的Palm股票的5%，并宣称会将剩余的95%的股票在6个月之后分配给3Com公司的股东。在这次让股易权（spinoff）中，每持有一股3Com公司的股票将会得到1.5股Palm公司的股票。

在让股易权发生之前，如果Palm公司的股票开始交易，则3Com公司的股价至少应当为Palm公司股价的1.5倍。毕竟每一股3Com公司的股票都会给其持有者带来1.5股Palm公司股票和对一个盈利公司的拥有权。而实际上，Palm公司的股票在首次公开发行中的卖价高于3Com公司股价。3Com公司的自有价值（stub price）（即3Com公司的股价

---

① 以下讨论基于K. A. Froot and E. M. Dabora, "How Are Stock Prices Affected by the Location of Trade?" *Journal of Financial Economics* 53 (1999), pp. 189-216。

② 参见O. A. Lamont and R. H. Thaler, "Can the Market Add and Subtract? Mispricing in Tech Carve-outs," *Journal of Political Economy* 111 (2003), pp. 227-268。

减去该股可以带来的 Palm 公司的股票价值）可以用 3Com 公司的股票价格减去 1.5 倍的 Palm 公司的股票价格来计算。然而，这种计算方法意味着 3Com 公司的自有价值是负值，这个结果忽视了该公司是一个每股现金资产为 10 美元的盈利公司。

应用套利策略似乎又是明显的。为什么不买进 3Com 公司而卖出 Palm 公司呢？这个案例中的套利限制是投资者不可以卖空 Palm 公司股票。事实上，所有 Palm 公司的可用股票已经被借出卖空了，3Com 公司负的自有价值存在了 2 个多月。

封闭式基金

我们在第 4 章中提到封闭式基金经常在净值基础上折价出售或溢价出售。这“几乎”也是对一价定律的违背，因为我们预计基金的价值与其持有股票的价值相等。我们说“几乎”是因为在现实中，封闭式基金的价值和其拥有的股票价值之间存在着一些差距，其中之一便是费用。一方面，基金发生的费用最终是由投资者负担的，这将会减少基金的价值。而另一方面，如果基金经理可以投资于那些经风险调整后收益率为正的资产，基金价值可能要超过资产价值。

李、施莱弗和塞勒（Lee，Shleifer，and Thaler，1991）认为封闭式基金的折价和溢价是由投资者的情绪变化引起的。他们指出，多种基金的折价同时变化并且和小公司的收益情况有关，这意味着这些都受经常变动的情绪所影响。投资者可能考虑要买进折价出售的基金，卖出溢价的基金，但是折价和溢价可能变得更加严重，意味着这种策略也面临着基本风险。庞蒂夫（Pontiff，1996）指出，封闭式基金中股价对资产净值的偏离比那些更难套利的基金，例如，那些有着更特殊的波动性的基金更大。

然而，封闭式基金折价是异象的一个很好的例子，这些现象是可以用理性原因解释的。罗斯（Ross，2002）证明了即使费用和基金的异常收益是适度的，这些现象也可以与理性投资者并存。他指出，如果基金的股利收益率为 δ，经风险调整后的异常收益率为 α，费率为 ε，利用固定增长的股利贴现模型（见第 13 章），该基金超过其资产净值的溢价是

$$\frac{\text{价格}-\text{NAV}}{\text{NAV}}=\frac{\alpha-\varepsilon}{\delta+\varepsilon-\alpha}$$

如果基金经理的表现能够补偿费用带来的损失（即如果 $\alpha>\varepsilon$），基金就会以高于资产净值的价格溢价卖出；如果不是，就会折价卖出。例如，假设 $\alpha=0.015$，费率是 $\varepsilon=0.012\,5$，股利收益率是 $\delta=0.02$，则溢价为 0.14 或者 14%。但是如果市场与基金经理作对，将其对 α 的估计值调整到 0.005，那么溢价迅速降低，变为 43%的折价。

这种分析或许能够解释为什么封闭式基金总是溢价发行，如果投资者认为 α 小于 ε，他们将不会认购基金份额。但事实是，大多数的溢价最终变成了折价，这暗示了实现投资者的预期异常困难。[①]

概念测验 9.3

基本风险可能被“底线”所限制，底线是指价格和内在价值之间存在着收敛的趋势。如果一家封闭式基金宣布计划 6 个月之后清算，你认为这家基金的折价会发生什么变化？什么时候该基金会将资产净值分配给投资者？

扫描二维码
获取答案解析

① 我们或许会问，为什么不将这种分析溢价和折价的逻辑应用到开放式共同基金上去，它们也有着相似的费率？因为这些基金的投资者可以随时以资产净值赎回基金份额，基金份额便不能以资产净值的折价销售。开放式基金的费用会降低每一期的收益率而不是计入价格中引起折价。

□ 泡沫和行为经济

在上面的案例 9.2 中，我们指出股票价格在 20 世纪 90 年代末大幅上涨，更让人吃惊的是在科技股占多数比重的纳斯达克市场上股价的上涨，这在现在看来明显是一个泡沫。从 1995 年开始接下来的 6 年里，纳斯达克指数上涨了 6 倍以上。前任美联储主席格林斯潘（Alan Greenspan）将这场互联网泡沫描述为“非理性繁荣”（irrational exuberance）的一个例子，他的评价后来被事实证明是正确的：截至 2002 年 10 月，指数下降到不足两年半前股市峰值的四分之一。这段轶闻作为一个市场被非理性投资者的情绪推动的案例，似乎正可以用来支持行为理论。而且与行为理论一致的是，随着互联网泡沫的发展，它开始变得自我依赖，投资者对自己的投资能力越来越自信（过度自信偏误），并且更加倾向于将短期的模式推广到遥远的长期（代表性偏误）。

仅仅五年之后，又一波泡沫来袭，这一次是关于房价的泡沫。正如在出现互联网泡沫时那样，持续的价格上涨预期推动了购买者的投机性需求。当然此后不久，房价停滞并下跌。泡沫破灭的同时引发了近 75 年来最为严重的这一场金融危机。

另外，泡沫一旦破灭才会变得容易辨认。当泡沫正在进行时，我们并不清楚价格是不是已经非理性繁荣，事实上，当时许多金融评论家认为泡沫是与有着远大前景的“新经济”相一致的。我们从一个简单的例子中便可以看出，确认一只股票的真实价值是件多么困难的事。[1]

而且，其他证据也证明了互联网泡沫至少是部分非理性的。例如，劳、迪米特诺夫和库珀（Rau，Dimitrov，and Cooper，2001）的研究证明了在这段时期公司在自己名字后面加上“.Com”将会带来股票价格的显著上涨。这听起来并不像是理性的定价。

案例 9.3

股票市场泡沫？

在 2000 年互联网泡沫顶峰期附近，标准普尔 500 指数中包含的公司所发放的股利总共为 1.546 亿美元。如果指数的贴现利率为 9.2%，预期股利增长率为 8%，按照固定增长的股利贴现模型（该模型的更多内容见第 13 章），这些股票的价值应当为：

$$价值=\frac{股利}{贴现率-增长率}=\frac{1.546}{0.092-0.08}=128.83\text{（亿美元）}$$

这个结果与当时这些公司的实际价值非常相近。但是估计结果对于输入参数非常敏感，对公司预期的一个非常小的调整将会带来价格的巨大变化。假设预期股利增长率降为 7.4%，这将使指数价值降为：

$$价值=\frac{股利}{贴现率-增长率}=\frac{1.546}{0.092-0.074}=85.89\text{（亿美元）}$$

这个结果差不多使标准普尔 500 指数下降到 2002 年 10 月时的水平。根据这个案例，20 世纪 90 年代的上涨与崩盘似乎更容易与理性行为共存。

---

① 案例 9.3 摘自 R. A. Brealey，S. C. Myers，and F. Allen，*Principles of Corporate Finance*，9th ed.（Burr Ridge，IL：McGraw-Hill/Irwin，2008）。

□ 对行为批判的评价

作为投资者，我们很关心盈利机会的存在性问题。对于有效市场悖论的行为金融学解释并没有给我们提供如何利用这些非理性行为的指导。

然而，就像我们之前强调的那样，有效市场假说的一个重要推论是，证券价格是实际资产配置的有效指导。如果价格是扭曲的，那么证券市场就会在指导经济实现资源的有效配置时给出误导性信号（和激励）。在这种关键的情况下，行为金融学对于有效市场假说的批判对投资策略的形成来说是非常重要的。

金融经济学家对于行为金融学批判的力度问题有着激烈的争论。一些人认为行为金融学方法框架太松散，实际上从非理性偏误的清单上选择几个项目组合起来便可以解释任意的异象。从某些特定的异象出发“倒推出”行为金融学的解释是相对简单的，而这些批评者愿意看到的是用一种持续、统一的行为理论来解释一系列的异象。

更加基础的问题是，另一些人并不相信所有的异象都是针对有效市场假说而提出的控诉。法玛（Fama，1998）回顾了所有异象的文献并且为行为学派提出了一个难题。他指出这些异象背后的非理性行为相互之间是不一致的。例如，一些论文证明了长期修正效应（与过度反应一致），而另一些论文则证明了异常收益的长期存在现象（与反应不足一致）。而且，这些结果的统计显著性并不像看上去那么好。在选择收益率基准点时的微小错误在长期收益的计算中可能积累成很大的异象。因此，这些研究结果中很大一部分对于基准点的选取是非常敏感的，法玛指出，计算方法上的细微变化会对结论产生很大影响。

然而，行为金融学对投资者决策制定是完全理性的这一观点的批判是非常可取的，但是有限理性对于资产定价影响程度问题仍是充满争议的。无论投资者的非理性因素是否影响资产价格，行为金融都在投资组合管理中写下了浓墨重彩的一笔。有一些投资者了解有关信息获得或者制定决策时可能出现的缺陷，那么他们就能更好地避免这些偏误。具有讽刺意味的是，从行为金融学的观点出发也有可能得到与有效市场拥护者一样的政策结论。例如，一个避免行为雷区的简单方法就是追随消极的大型指数化投资组合策略。看起来很少有个人投资者能一直跑赢消极策略，那么无论投资者是理性的还是非理性的，这个结论都是正确的。

9.2 技术分析和行为金融

技术分析师试图利用重复发生并可预测的股票价格运动模式来获得超额利润。技术分析派人士并不否认基本面信息的价值，但是他们相信股票价格只是渐渐地靠近内在价值。在基本面情况发生变化时，敏锐的投资者可以在向新的均衡点运动的过程中获利。

例如，行为趋势中最好的证明便是处置效应（disposition effect），其指的是投资者倾向于持有已发生损失的投资资产。有行为偏误的投资者似乎不愿意将损失变现。格林布拉特和汉（Grinblatt and Han，2005）指出，尽管股票基本价值服从随机游走，处置效应仍可以引起股票价格的动能效应。具有“处置效应”的公司投资者依赖于股价的历史状况，这一事实意味着只有长期股价才会趋近于内在价值，这与技术分析的核心驱动力一致。

霍夫曼和谢福林（Hoffman and Shefrin，2014）发现，使用技术分析的投资者似乎表现出与过度自信和过度乐观相关的类似行为特征。行为偏差也可能与技术分析师对大量数据的使用相一致。前面提到的一个重要的行为特征是过度自信，这是一种高估自己能力的系统性偏差。当交易员变得过分自信时，他们会过多地交易，这与交易量和市场收益之间都有联系（Gervais and Odean，2001）。因此，技术分析者会利用交易量数据和价格历史数据来指导交易策略。

最后，技术学派相信市场的基本面会受非理性行为和行为偏误的影响，这些变量有时被称为“情绪变量”（sentiment variables）。随机的价格变动或多或少会预示价格趋势，最终要创造机会利用价格修正消除这些波动。

□ 趋势和修正

许多技术分析者试图解释市场价格变化的趋势。这实际上是在寻找动能。当分析者寻找上升的价格趋势时，动能可以是绝对的，当分析者寻找优于其他板块的投资机会（可能同时持有两个板块）时，动能就是相对的。相对强弱指标统计量（relative strength statistics）就是用于发现这些潜在机会的。

动能和移动平均值

我们都愿意购买那些有上升趋势的公司股票，那么问题来了：如果这种趋势真的存在，我们如何才能发现这种趋势呢？一个基本的工具就是移动平均值。

股票价格的移动平均值是给定的一个时间间隔内的平均值，这个间隔随时间的变化而变化。例如，50天的移动平均值是最近50天内价格的平均值。每天都要重新计算一遍移动平均值，去掉最旧的观察值，加上最近的观察值。图9.3是英特尔公司的移动平均图。请注意移动平均线是原始数据序列（锯齿状线）“平滑”后的形式。

在股票价格下降的时期，移动平均线在当前价格线的上方（因为移动平均是将过去的价格和更高的价格平均计算的结果）。相反，当价格上涨的时候，移动平均线将在当前价格线的下方。

当市场价格从下方穿过移动平均线时，如图9.3中的A点所示，被认为是买入信号，因为它表明市场开始从下降趋势（价格在移动平均线以下）转入上升趋势（价格在移动平均线以上）。相反，当价格在B点下降到移动平均线以下时，被认为是卖出股票的信号。

我们还可以采用其他技术来发现股价中的动能。其中两个比较有名的是艾略特波浪理论（Elliott wave theory）和康德拉季耶夫波浪理论（Kondratieff waves）。二者都断定股票市场价格的长期趋势可能会受到较短期趋势以及不大重要的日常波动的影响。艾略特波浪理论将长期和短期波动周期相叠加，试图说明实际价格变动的复杂形式。一旦确定了长期波，那么当长期市场方向为正时，投资者大概就可以买入了。虽然实际股票价格中包含相当大的噪音，但是通过解析周期，人们可以根据这一理论预测大致方向。同样，康德拉季耶夫波浪是以一个俄国经济学家的名字命名的，他认为宏观经济（即股票市场）的大致波动周期会持续48～60年。然而康德拉季耶夫的说法很难通过实证评估。由于该周期持续大约50年，即每个世纪仅有两个独立数据点，故很难有足够的数据来检验这个理论的预测能力。

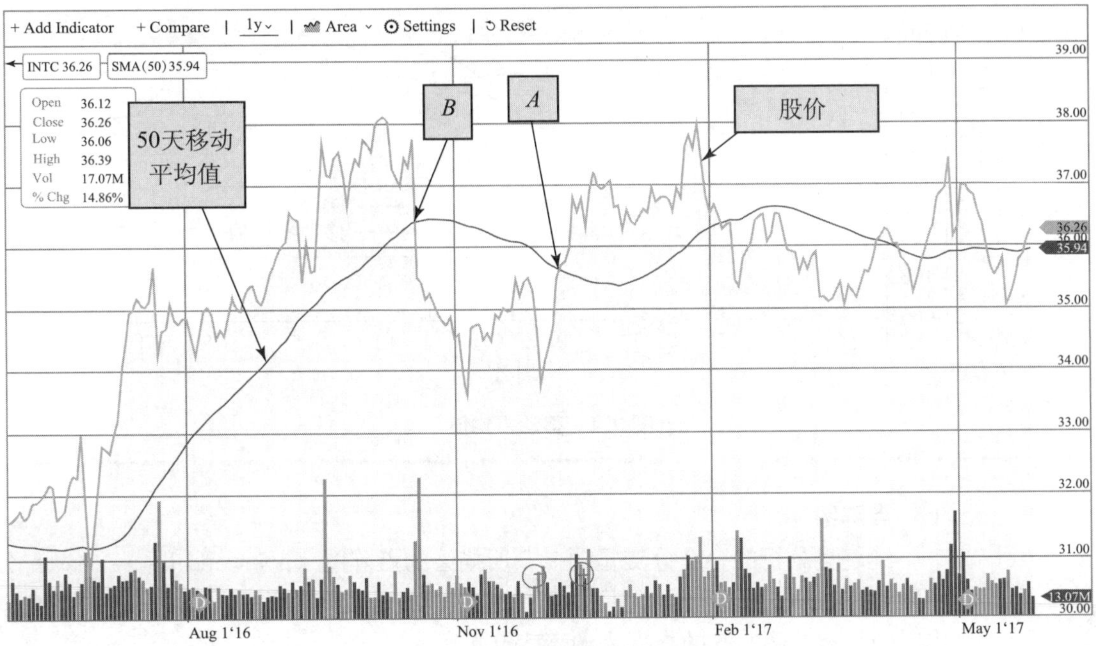

图 9.3　英特尔公司股价和 50 天移动平均值

资料来源：Yahoo! Finance，finance.yahoo.com，May 25，2017.

案例 9.4

移动平均值

考虑下面一组价格数据。每个观察值表示道琼斯工业平均指数（DJIA）每周最后一个交易日的收盘水平。每周的 5 周移动平均值是过去 5 周道琼斯工业平均指数的平均值。例如，第一个移动平均值便是第 5 周的移动平均值，它等于第 1 周到第 5 周的指数 21 290、21 380、21 399、21 379 和 21 450 的平均值。第二个移动平均值等于第 2 周到第 6 周指数的平均值，依此类推。

图 9.4 描绘了指数和 5 周移动平均值的轨迹。请注意，指数本身的走势上下波动较为剧烈，而移动平均值的轨迹则相对比较平缓，这是因为每周股价运动的影响已被前面几周的价格所抵消。根据移动平均规则，第 16 周是一个卖出点。指数从上向下穿过了移动平均线，显示股价向下运动趋势的开始。

周	道琼斯工业平均指数	第 5 周移动平均值	周	道琼斯工业平均指数	第 5 周移动平均值
1	21 290		11	21 590	21 555
2	21 380		12	21 652	21 586
3	21 399		13	21 625	21 598
4	21 379		14	21 657	21 624
5	21 450	21 380	15	21 699	21 645
6	21 513	21 424	16	21 647	21 656
7	21 500	21 448	17	21 610	21 648
8	21 565	21 481	18	21 595	21 642
9	21 524	21 510	19	21 499	21 610
10	21 597	21 540	20	21 466	21 563

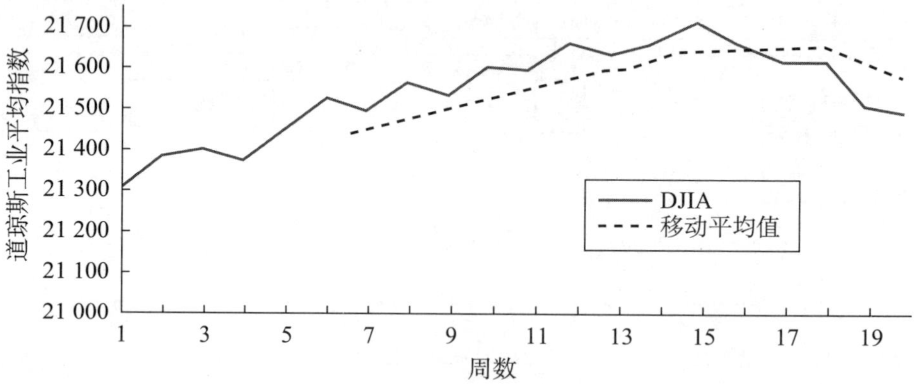

图 9.4　移动平均值

点阵图

纯趋势分析的一个分支是图 9.5 所描绘的点阵图（point and figure chart）分析。这种图形没有时间这个维度，它只是简单地刻画股价变化时向上或向下的主要趋势，而不考虑时间因素。图 9.5 的数据来源于表 9.1。

正如表 9.1 所示，假定一只股票的当前价格为 40 美元。如果价格上升了 2 美元，你在图 9.5 的第一列中画上一个×，股票价格是 42 美元，如果股价再上升 2 美元，那么你再在第一列中添加一个×，这时股价为 44 美元。如果股价接着下跌 2 美元，你就另起一列，在对应 42 美元的那一行画上一个○，接下来价格每下跌 2 美元，你都在第二列添上一个○。当价格又开始反转，朝上运动时，你应再起一列，即价格每上升 2 美元，就在第三列画上一个×。

表 9.1 的星号表示在图表中画一个新的×或○符号。表中的短剑符号表示应在图中另起一列画上×或○符号。

当股票价格穿透先前的低价区时，卖出信号出现；当原先的高价区被突破时，买入信号出现。一个振荡区域（congestion area）是包括由几次价格反转产生的×和○符号的水平区域。这些区域同支撑线和压力线相呼应，并在图 9.6 中表现出来，它实际上是一个由支撑线和压力线标记的图表。

当价格变动超过 2 美元时，人们可以修改点阵图，但是通常的做法是，在标出加减之前先建立一个图表来显示长期合理的价格变化。

50				
48			×	
46			×	○
44	×		×	○
42	×	○	×	○
40		○	×	○
38		○	×	○
36		○	×	○
34				○

图 9.5　表 9.1 对应的点阵图

表 9.1　股票历史价格

日期	价格（美元）	日期	价格（美元）
1月2日	40.00	2月1日	40.00*
1月3日	40.50	2月2日	41.00
1月4日	41.00	2月5日	40.50
1月5日	42.00*	2月6日	42.00*
1月8日	41.50	2月7日	45.00*
1月9日	42.50	2月8日	44.50
1月10日	43.00	2月9日	46.00*
1月11日	43.75	2月12日	47.00
1月12日	44.00*	2月13日	48.00*
1月15日	45.00	2月14日	47.50
1月16日	44.00	2月15日	46.00†
1月17日	41.50†	2月16日	45.00
1月18日	41.00	2月19日	44.00*
1月19日	40.00*	2月20日	42.00*
1月22日	39.00	2月21日	41.00
1月23日	39.50	2月22日	40.00*
1月24日	39.75	2月23日	41.00
1月25日	38.00*	2月26日	40.50
1月26日	35.00*	2月27日	38.00*
1月29日	36.00†	2月28日	39.00
1月30日	37.00	3月1日	36.00*
1月31日	39.00*	3月2日	34.00*

说明：* 表示引起股利至少上下波动 2 美元的事件。† 表示引起股价逆转的价格变动。

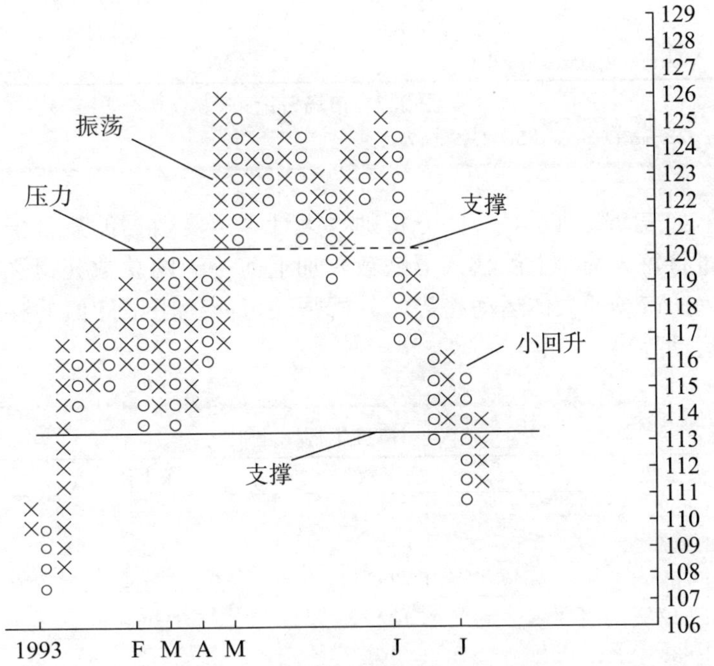

图 9.6　大西洋富田公司的点阵图

概念测验 9.4

运用表 9.1 的历史数据，画一个点阵图，价格变动单位为 3 美元。

扫描二维码
获取答案解析

广度指标

广度指标：度量了当市场指数变动时，市场上所有股票价格对此变动的反应程度。

市场的**广度指标**（breadth）是度量了当市场指数变动时，市场上所有股票价格对此变动的反应程度的指标。最常用的广度指标是股价上涨数与下跌数的差额。如果上涨数比下跌数多得多，市场就被认为处于强势，因为多头力量的分布较为广泛。《华尔街日报》也每天报道这些广度指标（见图 9.7）。

4:06 PM EDT 5/25/2017			
Markets Diary			
Issues	NYSE	Nasdaq	Amex
Advancing	1 569	1 531	130
Declining	1 423	1 324	165
Unchanged	124	162	34
Total	3 116	3 017	329
Issues at			
New 52 week high	238	222	6
New 52 week low	42	64	7
Share Volume			
Total	3 537 923 017	1 777 718 240	92 408 271
Advancing	1 513 206 869	1 135 738 916	37 411 984
Declining	1 999 419 305	610 544 842	47 595 937
Unchanged	25 296 843	31 434 482	7 400 350

See 4 p. m. Closing Diaries. Volume updates until 8 p. m. Get Markets Diary by Email

图 9.7 市场日记

资料来源：*The Wall Street Journal Online*，May 25，2017.

如表 9.2 所示，一些分析师每天计算广度数据的累计值。每天的广度累计值可以通过将每天的净上涨数（下跌数）加上前一天的总数获得。累计值数列的方向可以用来确认市场的大体运动趋势。分析师还可能运用累计值的移动平均值来观测市场的大体运动趋势。

表 9.2 广度指标

日期	上涨家数	下跌家数	净上涨家数	广度累计值
1	1 802	1 748	54	54
2	1 917	1 640	277	331
3	1 703	1 772	−69	262
4	1 512	2 122	−610	−348
5	1 633	2 004	−371	−719

说明：上涨家数之和与下跌家数之和基本每天都在变化，因为一些股票的价格没有发生变化。

相对强弱指标

相对强弱指标（relative strength）是度量某只证券的表现比市场整体或者某个既定行业强或弱的程度的指标。相对强弱指标可以通过计算证券价格与行业价格指数的比值得到。例如，丰田公司相对于其所处行业的强弱指标可以通过计算丰田公司股价的变动幅度与整个汽车行业指数的变动幅度之比得到。相对强弱指标上升意味着丰田公司股票的表现强于汽车行业其他股票的表现。如果该指标能保持一段时间的强势，一般这是买入的信号。

相对强弱指标： 同市场指数相比，特定股票或行业的近期表现。

与此类似，一个行业相对于市场整体的强弱指标可以通过计算行业价格指数与市场价格指数的比值得到。

□ 情绪类指标

行为金融学非常关注市场"情绪"，这可以解释为投资者普遍的乐观程度。技术分析师设计了几个衡量市场情绪的指标，我们介绍其中的一些。

trin 统计量

市场交易量有时用来衡量市场上升或下降的强度。在市场上升或下跌时，投资者参与程度的增加被认为是衡量股价运动是否有效的指标。技术派人士认为，当市场上升伴随着逐渐上升的交易量时，这种上涨是价格持续上涨的有力征兆。与此类似，市场反转时若成交量较大，则下跌程度可能更深。**trin 统计量**（trin statistic）被定义为：

trin 统计量： 下跌成交量的平均值与上涨成交量的平均值的比值。

$$\text{trin 统计量}=\frac{\text{下跌成交量}/\text{下跌数量}}{\text{上涨成交量}/\text{上涨数量}}$$

因此，trin 统计量等于下跌成交量的平均值与上涨成交量的平均值的比值。比率大于 1.0 时被认为市场是熊市，因为下跌股票的成交量平均值大于上涨股票的成交量平均值，说明净卖出压力大。

《华尔街日报在线》每天在其市场每日数据部分刊登 trin 统计量所必需的数据。利用图 9.7 中的数据，我们可以得到当天纽约证券交易所的 trin 统计量为：

$$\text{trin}=\frac{199\ 419\ 305\ \text{美元}/1\ 423}{1\ 513\ 206\ 869\ \text{美元}/1\ 569}=1.457$$

注意，对于每个买者来说，必须有一个卖者与之相对应。市场上升时成交量的上升并不意味着买者和卖者之间更大的不平衡。例如，当 trin 统计量大于 1.0 时，市场被看作熊市，我们也可以认为这说明在下降时买入的活动更多。

信心指数

信心指数最早是《巴伦》(*Barron's*) 运用债券市场数据计算出来的。其理论前提是债券交易者的行为揭示了将要在股市出现的趋势。

信心指数（confidence index）等于 10 个顶级公司债券的平均收益率与 10 个中等级别公司债券的平均收益率的比值。这个比值总是小于 1，因为高级别债券所承诺提供的到期收益率较小。当债券交易者对经济表示乐观时，他们对低级别债券所要求的违约溢价率就较低，这两类债券的收益率价差就变小，信心指数接近 1。因而，较高的信心指数通常是牛市的信号。

信心指数： 顶级公司债券的平均收益率与中等级别公司债券的平均收益率的比值。

概念测验 9.5

当对于经济衰退的担心传染整个市场后，信心指数下降。那么当低级别债券的收益率上升时，你预计股市将要下跌吗？或者它是否已经下跌了？

扫描二维码
获取答案解析

空头净额

空头净额：投资者当前在市场上卖空的股票数。

空头净额（short interest）是投资者当前在市场上卖空的股票数。一些技术派人士将高水平的空头净额当成是牛市的信号，但也有一些人将其看成是熊市的信号。牛市观点认为，由于所有的空头头寸都要平仓（也就是说，空头售出者最终要购买股票来偿还那些借来的股票），空头净额代表了对股票的潜在需求。由于空头头寸要被回补，这种购买需求将促使股价上升。

持熊市观点的人对空头净额的解释是基于这个事实，即空头售出者通常是老练的大投资者。因此，空头利益的增加反映了那些对市场“了然于胸”的投资者的熊市情绪，而这就是关于市场前景的负面信号。

卖权—买权比率

卖权—买权比率：未平仓看跌期权合约数与未平仓看涨期权合约数的比值。

看涨期权给予投资者以固定的执行价格买入一种股票的权利，因而实际上是一种赌股票价格将要上升的方式。看跌期权给予投资者以固定的执行价格卖出一种股票的权利，因此是一种赌股价将要下跌的方式。[①] 未平仓看跌期权合约数与未平仓看涨期权合约数的比值被称为**卖权—买权比率**（put/call ratio）。由于看跌期权持有者在市场下跌时将受益，而看涨期权持有者在市场上涨时才受益，因此这个比率对历史标准水平的偏离被认为是反映市场情绪的信号，因而可以用来预测市场的波动。

但是另外一些投资者却完全相反，他们认为，当市场中的其他投资者都十分悲观时，这正是买入的好时机，因为股票价格已被过度低估了。因此，他们将卖权—买权比率的上升看成是买入股票的好时机。

□ 一个提醒

人们经常梦想能寻找到一个完美的股价运动形态，而且人们辨别这种形态的能力十分强。遗憾的是，人们有时候观察到的形态实际上并不存在。例如，图 9.8 提供了 1956 年道琼斯工业平均指数的模拟值和实际值，这些数据来源于哈里·罗伯茨（Harry Roberts，1959）所做的一个著名研究。在图 9.8（B）中，股价的运动形态是一个经典的头肩顶形态，在这个形态中，中间隆起的部分（头部）旁边有两个肩。当股价指数“穿透右肩”时（即技术触发点），通常认为股价仍将下跌，这个时候应该抛出股票。图 9.8（A）也被认为是一个经典的股价形态。

你能分辨出这两个图中哪一个图是由实际的道琼斯指数构成的，哪一个是由虚拟值构成的吗？[②]

图 9.9 给出了图 9.8 中股价轨迹的周变化情况。这两个数据都是随机抽取的，从图中可见，这两个数列——股票实际价格和模拟价格——的无规则性都是很明显的。

---

① 看涨期权和看跌期权已在第 2 章 2.5 节给出定义了，我们将在第 15 章进行更加完整的讨论。

② 图 9.8（A）是根据实际数据画出的，而图 9.8（B）则是根据随机模拟软件得出的数据画出的。

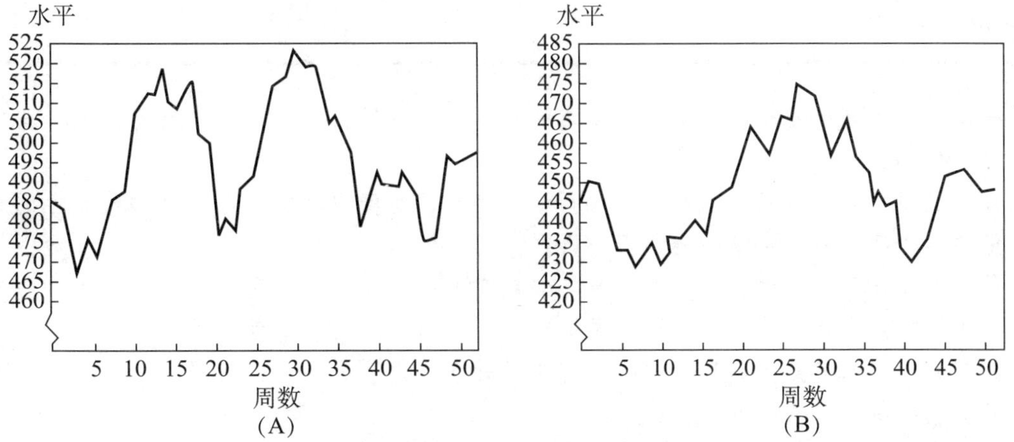

1953年12月30日—1956年12月28日期间的周五收盘价

图 9.8　52 周内股票市场价格水平的实际轨迹和模拟轨迹

说明：1955 年 12 月 30 日—1956 年 12 月 28 日期间道琼斯工业平均指数的周五收盘价。

资料来源：Harry Roberts，"Stock Market 'Patterns' and Financial Analysis: Methodological Suggestions，" *Journal of Finance* 14 (March 1959)，pp. 1 - 10.

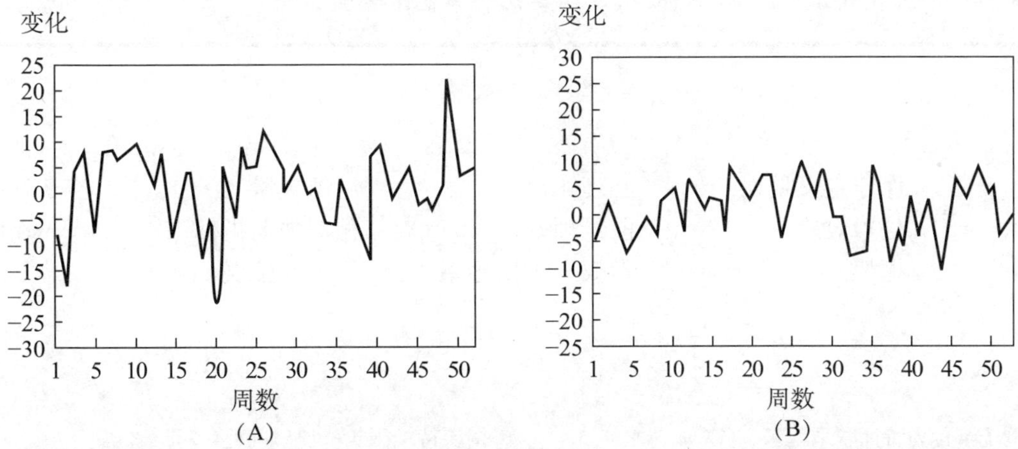

1956年1月6日—1956年12月28日期间道琼斯工业平均指数从上周五到下周五的变化（收盘价）

图 9.9　52 周内股票市场价格变化的实际轨迹和模拟轨迹

说明：1956 年 1 月 6 日—1956 年 12 月 28 日期间道琼斯工业平均指数从上周五到下周五的变化。

资料来源：Harry Roberts，"Stock Market 'Patterns' and Financial Analysis: Methodological Suggestions，" *Journal of Finance* 14 (March 1959)，pp. 1 - 10.

人们总是倾向于发现实际并不存在的形态，而与这种倾向相关的一个问题就是数据挖掘。通过事后的分析，你总能发现那些能赚取巨额利润的形态和交易规则。当你检验这些规则时，一些交易规则确实在过去起过作用。但遗憾的是，某些事后分析起来十分管用的理论并不能保证未来交易的成功。

在评估一项交易规则时，你在考察这些交易规则的成功记录之前应问问这些规则是否合情合理。如果无法得到合理的解释，尽管你的投资所依据的规则在最近确实十分管用，但是十分主观。因此，一个很难回答但又十分关键的问题就随之而来，也就是：我们是否有理由相信那些在过去有效的规则在将来还能持续起作用？

小结

- 行为金融学重点研究描述投资者决策制定的系统性非理性行为。这些"行为缺点"与有效市场假说中的异象是一致的。
- 在心理学文章中揭示的信息过程误差包括记忆偏差、过度自信、保守主义和代表性问题。而行为倾向则包括框架、心理账户、后悔规避和损失厌恶。
- 套利的限制阻止了理性的投资者利用价格偏差套利的行为，而这种价格偏差是由行为投资者引起的。例如，基本风险意味着即使证券是被错误定价的，利用它来套利仍然是有风险的。这就限制了对错误定价证券的套利行为。其他限制套利的因素有执行成本、模型风险和卖空费用。偶尔存在的一价定律的范例意味着套利限制有时候是很严重的。
- 众多对套利的限制意味着即使价格与内在价值不相等，仍然很难利用定价错误进行套利。因此，交易员不能够打败市场并不能证明市场是有效的，价格等于内在价值。
- 技术分析是指探究重复发生的股市价格运动模式的过程。它源于一个理念，即市场价格对新信息的调整过程是缓慢的。当基本面发生变化时，机敏的投资者就能够利用达到新平衡的过程获利。
- 技术分析试图去寻找股票指数的潜在趋势。移动平均、相对强度和广度指标被应用到不同的基于趋势的策略中。也可通过交易量数据和情绪类指标进行分析。这些指标与一些行为金融的模型相一致。
- 情绪类指标包括 trin 统计量、信心指数和卖权—买权比率等。

关键词

行为金融学	保守主义偏误	心理账户	后悔规避	空头净额
广度指标	处置效应	前景理论	相对强弱指标	trin 统计量
信心指数	框架	卖权—买权比率	代表性偏误	

习题

1. 将下列例子与行为特征联系起来。(LO9—1)

a. 投资者在出现新的证据时对自身观念的更新较慢。	i. 处置效应
b. 投资者不愿意接受由于自己的非常规决策带来的损失。	ii. 代表性偏误
c. 相对于其他账户而言，投资者对他们的养老金账户的风险接受能力较小。	iii. 后悔规避
d. 投资者不愿意出售已发生账面损失的投资资产。	iv. 保守主义偏误
e. 投资者在从过去推测未来时没有考虑样本的大小。	v. 心理账户

2. 在阅读完《华尔街日报》上三个成功投资者的故事之后，你认为积极的投资也能为你带来超额收益。你所展现出来的是哪种行为倾向？(LO9—1)

3. 基本风险的含义是什么？为什么这种风险会使得行为偏误持续很长一段时间？(LO9—2)

4. 行为学派对有效市场假说批判的关键点是什么？这些批判本身有什么问题？(LO9—2)

5. 行为学派的批判所暗示的投资策略是怎样的？(LO9—1)

6. 朱迪·戴维斯 (Jill Davis) 告诉她的经纪人她不想出售那些价值低于买入价的股票。她认为只要她再多持有一段时间，这些股票价格就会回升，那时她再出售。从她做决定的方式来看，她的行为特征是怎样的？(LO9—1)

a. 损失规避。

b. 保守主义。

c. 代表性效应。

7. 波莉·史鲁姆 (Polly Shrum) 在卖了一只股票之后就不在媒体上关注这只股票。她害怕这只股票的价格会持续上涨。从她做决定的方式来看，她的行为特征是怎样的？(LO9—1)

a. 后悔规避。

b. 代表性效应。

c. 心理账户。

8. 以下这些行动都与后悔的感觉一致，除了：（LO9—1）

a. 快速卖出表现不好的股票。

b. 雇用一个全职服务的经纪人。

c. 过久地持有表现不好的股票。

9. 从技术分析的角度来看，利用移动平均法则，下列哪一个是买入信号？（LO9—4）

a. 股票价格向上穿过 52 周的移动平均值。

b. 股票价格向下穿过 52 周的移动平均值。

c. 股票的移动平均值在增加。

d. 股票的移动平均值在降低。

10. 数据挖掘是什么意思？为什么技术分析师要小心这部分内容？（LO9—3）

11. 如果股票价格是随机游走的，那么股票信息也许仍不是有效的。解释这一点为什么是对的，以及为什么这对我们在经济中的资本有效配置很重要。（LO9—2）

12. “套利限制”是什么意思？给出一些关于套利限制的例子。（LO9—2）

13. 当公司内在价值受到冲击时，股票价格会缓慢地靠近这个新的内在价值。这是不是一个有效市场的拥护者或者技术分析师的思路特征？请解释。（LO9—3）

14. 运用图 9.7 中摘自《华尔街日报》的数据，计算纳斯达克市场的 trin 统计量。想一想这个比值是买入信号还是卖出信号？（LO9—4）

15. 运用图 9.7 中的数据计算市场广度指标。想一想这个指标是买入信号还是卖出信号？（LO9—4）

16. 收集几个月内的道琼斯工业平均指数的数据，然后尽量找出该指数波动的主要趋势。你认为市场当前的走势是向上还是向下？（LO9—4）

17. Baa 级债券当前的收益率为 6%，而 Aa 级债券当前的收益率为 4%。假定由于预期通货膨胀率的上升，这两种债券的收益率都上升了 1%。（LO9—4）

a. 在这种情况下，信心指数为多少？

b. 在技术分析师的眼中，这是一个买入信号还是一个卖出信号？

c. 这个值对你有何意义？

18. 表 9.3 列出了计算机公司股票价格和计算机行业指数的数据。在这段时期内，计算机公司的股票价格走势相对较强吗？（LO9—4）

19. 运用表 9.3 的数据计算计算机公司的 5 日移动平均值。你能识别出任何一个买入或卖出信号吗？（LO9—4）

20. a. 运用表 9.3 的数据画一个点阵图。点阵图中价格变动单位为 2 美元。

b. 点阵图中的买入或卖出信号与由移动平均值规则预测出的买入或卖出信号相对应吗（参见前一个问题）？（LO9—4）

21. 昨天，道琼斯工业指数上升了 54 点，但上涨家数只有 1 367 家，而下跌家数有 1 704 家。为什么在这一天市场指数上涨 54 点的情况下技术分析师仍担心股市的走势？（LO9—4）

表 9.3　计算机公司股价历史记录

交易日	计算机公司	行业指数	交易日	计算机公司	行业指数
1	19.63	50.0	21	19.63	54.1
2	20	50.1	22	21.50	54.0
3	20.50	50.5	23	22	53.9
4	22	50.4	24	23.13	53.7
5	21.13	51.0	25	24	54.8
6	22	50.7	26	25.25	54.5
7	21.88	50.5	27	26.25	54.6
8	22.50	51.1	28	27	54.1
9	23.13	51.5	29	27.50	54.2
10	23.88	51.7	30	28	54.8
11	24.50	51.4	31	28.50	54.2
12	23.25	51.7	32	28	54.8
13	22.13	52.2	33	27.50	54.9
14	22	52.0	34	29	55.2
15	20.63	53.1	35	29.25	55.7
16	20.25	53.5	36	29.50	56.1
17	19.75	53.9	37	30	56.7
18	18.75	53.6	38	28.50	56.7
19	17.50	52.9	39	27.75	56.5
20	19	53.4	40	28	56.1

22. 表 9.4 列出了市场上涨家数和下跌家数的数据。计算广度的累计值，并思考一下这个技术指标值是买入信号还是卖出信号。（LO9—4）

表 9.4　市场的上涨家数和下跌家数

交易日	计算机公司	行业指数	交易日	计算机公司	行业指数
1	906	704	6	970	702
2	653	986	7	1 002	609
3	721	789	8	903	722
4	503	968	9	850	748
5	497	1095	10	766	766

23. 在前面的习题中，如果在第一天上涨股票的交易量为 11 亿股，而下跌股票的交易量为 9 亿股，那么该天的 trin 统计量为多少？这个值是买入信号还是卖出信号？（LO9—4）

24. 根据下表数据，判断信心指数是上升还是下降。

(LO9—4)

	去年(%)	今年(%)
顶级公司债券的收益率	8	8.5
中等级别债券的收益率	10.5	10

25. 登录Connect寻找第9章的相关链接，在那里你会发现标准普尔500指数的5年每周收益率。(LO9—4)

a. 建立电子数据表格，计算26周移动平均线。将样本初始时间的指数值设定为100。那么每一周的指数收益率就是用前一周的指数乘以(1+前一周的收益率)。

b. 指出每一次指数从下方穿过其移动平均线的时刻。在这之后有多少次跟随着的是指数的上涨？多少次是下跌？

c. 指出每一次指数从上方穿过其移动平均线的时刻。在这之后有多少次跟随着的是指数的上涨？多少次是下跌？

d. 移动平均线准则寻找买卖机会的成功概率如何？

26. 登录Connect寻找第9章的相关链接，在那里你会发现标准普尔500指数和富达的精选银行基金(代码FSRBX)的5年每周收益率。(LO9—4)

a. 建立电子数据表格，计算银行板块对整个市场的相对强度。(提示：在之前的问题中，将初始时刻的银行板块指数和标准普尔500指数都设为100，然后用每周的收益率来更新每个指数的水平。)

b. 指出每一次相对强弱指数相比5周前上升至少5%的时刻。在这之后有多少次跟随着的银行板块指数表现好于标准普尔500指数？有多少次差于标准普尔500指数？

c. 指出每一次相对强弱指数相比5周前下降至少5%的时刻。在这之后有多少次跟随着的银行板块指数表现好于标准普尔500指数？有多少次差于标准普尔500指数？

d. 相对强弱指标寻找买卖机会的成功概率如何？

□ 挑战题

27. 一个明显违背一价定律的例子是经常存在于封闭式共同基金中的价格和资产净值之间的差异。那么在多样化的共同基金中得到的差异更大还是在不那么多样化的共同基金中得到的差异更大？为什么？(LO9—2)

CFA习题

1. 唐·桑普森(Don Sampson)在与其财务咨询师开会时，将自己的投资哲学总结如下：(LO9—1)

序号	观点
1	投资应该提供很强的潜在收益率，同时将风险控制在一定范围内。我倾向于保守和使风险最小化，即使这会丧失潜在的增长机会。
2	所有的非政府部分投资必须投资于行业龙头企业或者财务强势的企业。
3	公司收入一定要与投资者利息收入和现金股利相一致。所持有的股票必须是支付现金股利的。
4	投资决策必须是建立在多数人对宏观经济走势和公司增长前景的预测的基础上的。
5	如果一项投资的价值下降到购买成本之下，那么这个投资必须一直持有到恢复购买价格的时候。我更情愿从成功的投资中快速获取利润。
6	我会定期地指导投资品的购买，包括衍生证券。这些从个人研究出发的激进的投资策略与我的投资策略并不一致，我详细记录这类投资，但是我确实有几次大的成功。

从上面表格中选择最能够说明以下行为金融概念的选项，并解释理由。

i. 心理账户；

ii. 过度自信(幻想控制)；

iii. 处置效应。

2. 蒙蒂·弗罗斯特(Monty Frost)将延期纳税退休金账户中的金额全部投资于股票，因为过去他的投资组合中国际投资部分表现很差，他决定将国际投资比例下降为2%。弗罗斯特的投资顾问给出了一个增加国际投资的建议，弗罗斯特用以下理由做出回应。(LO9—1)

a. 基于过去差劲的表现，一旦国际股票投资的市场价值恢复到之前水平，我就决定卖出剩余的国际投资。

b. 在过去的5年里，大多数国际股票组合的投资结果让人失望。然而在这段时间里，XYZ国家的市场比其他任何市场表现都出色。如果要让我增加国际投资，我更愿意投资于全部由XYZ国家股票组成的组合。

c. 国际投资从来都是风险较大，因此我决定用我的“投机”账户进行国际投资交易，这是我变富的唯一希望。我不想把这部分钱包括在我的退休账户里，因为这里的钱是防止我退休以后一贫如洗的。

弗罗斯特的投资顾问非常熟悉行为金融的相关概念，但是他倾向于向顾客推荐传统的或标准的(现代投资组合理论)投资策略。

指出弗罗斯特以上三个观点中反映的行为金融学概念。解释他的每一个观点是如何与传统金融相

违背的。(LO9—1)

3. 路易丝 (Louise) 和克里斯托弗·麦克林 (Christopher Maclin) 居住在英国伦敦，现在租住在市中心。在一次关于麦克林的财务计划的讨论中，他向自己的财务顾问格兰特·韦伯 (Grant Webb) 表达了以下观点：

a. “我利用互联网调查了未来5年房价的前景展望，我相信现在是购买房子的最佳时机。”

b. “我不想把我组合中的债券以低于买价的价格卖出。”

c. “我不想卖出我的公司的股票，因为我了解我的公司并且它的前景非常乐观。”

对于a～c的每一个观点，陈述它所描述的行为金融学概念。解释每一个行为金融学概念如何影响麦克林的投资决策。(LO9—1)

4. 一位退休的投资者在与其财务顾问的谈话中说：

a. “过去两年里，我从Petrie公司得到的收益率非常令我满意，我认为它在未来一定会有超额收益。”

b. “我对Petrie公司的收益率很满意是因为这笔投资的特定用途。因为这个原因，我希望我的退休基金能够继续持有Petrie公司股票。”

陈述投资者的两个观点与哪些行为金融原则最一致。(LO9—1)

5. 克莱尔·皮尔斯 (Claire Pierce) 对他的生活环境和投资前景进行了以下评论：

> 我需要供养我的父母，他们生活在海外的波哥岛 (Pogo Island) 上。波哥岛的经济近两年来快速增长，通货膨胀率很低，舆论认为在可预见的未来该岛将一直保持这种喜人的增长趋势。经济的增长是由一种自然原材料的出口引起的，这种材料应用于现有的新技术。
>
> 我想将我的投资组合的10%投资于波哥岛的政府债券。我想购买长期政府债券，因为我的父母很可能在世10年以上。专家一致认为，在可预见的未来波哥岛不会发生通货膨胀，所以我确定债权产生的收益能够支撑我父母几年的费用支出。因为债券以当地货币计价，所以不存在汇率风险。我还想购买波哥岛的股票，但是我不想侵占长期投资的份额。股票、债券和其他投资的总额不能发生变化。因此，我考虑卖出我的美国债券来购买波哥岛的股票。一种可能是我的高收益债券基金，它的净值截止到现在下降了5%。我对这只基金的前景并不乐观；实际上，我认为它会下降得更多，但也不排除回升的可能，虽然概率很低。所以我决定卖出我的核心债券基金，它今年增长了5%。我认为这项投资会继续产生吸引人的回报，但是也有可能今年的收益会消失殆尽，虽然可能性很小。
>
> 一旦转移配置完成，我的投资分配就完美完成，唯一的例外是我的小公司基金，它的表现很差。我决定，一旦解套，就将这些投资尽快卖出。

陈述皮尔斯的观点中涉及的三个行为金融学概念。讨论投资者的实际投资标准和传统金融是如何挑战这三个概念的。(LO9—1)

Web站点管理员

请扫描二维码或登录中国人民大学出版社官网 www.crup.com.cn 下载。

第 3 部分

固定收益证券

风险厌恶型投资者总是希望不必过多地关注投资就可以适当地获得稳定的收益，债券市场正是这类投资者的舞台。但这个市场也不再平静。2008—2009 年金融危机以及 2009 年开始的主权债务危机，使得固定收益市场处于风暴的中心。

这些市场不再与风险无关。在过去的 30 年里，利率的波动程度越来越大，这是任何一个人在 1965 年时连做梦都不会想到的。波动性意味着投资者遭受损失与获得利润的可能性都非常大，我们在过去的几年里看到了不少关于这两方面的例子。

长期资本管理公司是当时世界上最成功的对冲基金，其在 1998 年因投资形势逆转而倒台，震惊了华尔街。它的损失中超过 10 亿美元的损失都是因为利率的变化。但是这些损失与于 2008—2009 年市场崩溃所带来的破坏相比还是很小的。2007 年，贝尔斯登（Bear Stearns）旗下的两只对冲基金在抵押债券上的损失就超过 10 亿美元，标志着这个时期的开始。接下来的两年，其他抵押贷款证券的投资者和为这些证券提供保险的人损失了上千万美元。当然，这些例子中，位于交易另一方的投资者取得了很高的收益。2007 年，对冲基金经理约翰·保尔森（John Paulson）选择看跌，使其基金价值超过了 150 亿美元。

在本书第 3 部分，我们将介绍债券市场与债券。我们将说明如何对这些证券进行评估，以及这些证券的价值如何随着利率的变动而发生变化。我们还将分析债券价格对利率变动的敏感性的决定因素，以及投资者是如何评估与管理利率风险的。

本部分包括以下章节：

10 债券价格与收益率

学习目标：

LO10—1 解释一些债权合同中的常用术语以及金融媒体对债券价格的报价方式；
LO10—2 根据债券的到期收益率计算其价格，根据债券价格计算其到期收益率；
LO10—3 在利率预测的基础上，计算债券价格是如何随时间变动的；
LO10—4 描述赎回特征、可转换性、偿债基金准备金并分析它们是如何影响债券价格和到期收益率的；
LO10—5 确定债券安全性与信用级别的决定要素，以及信用风险是如何在债券收益率和信用违约掉期的价格中反映出来的；
LO10—6 计算债券收益率的一些衡量指标并说明税收对这些指标有何影响；
LO10—7 分析有可能影响收益率曲线形状的一些因素，这些因素通过收益率曲线最终影响利率。

前面几章我们在介绍风险与收益之间的联系时，对证券做了高度的抽象。假定我们已经对各种债券进行了详尽的分析，评价了每种债券的风险—收益特征。

现在，我们专门对几个证券市场进行分析。我们考察了价值评估原则、风险与收益的决定因素以及在各个市场中被广泛运用的投资组合战略。

我们首先分析债务性证券（debt security）。债务性证券是对某一指定阶段收入流的要求权。债务性证券通常被称作固定收益证券，因为它要么承诺某一固定的收入流，要么承诺由一个固定公式决定的收入流。这些证券具有容易理解的优点，因为支付公式已经在之前公开了。只要证券发行人信誉好，支付给证券持有者的现金流的不确定性就是最小的。这些特征会为我们提供一个方便的起始点去分析潜在投资手段。

债券是基本的债务性证券，本章首先概述债券市场，包括国债、公司债券和国际债券。接下来，我们将分析债券价格的确定是如何与市场利率保持一致的，并且债券价格是如何随着市场利率的变动而进行调整的。在这样的背景下，我们可以比较各种各样的债券收益指标，如到期收益率、看涨收益率、持有期收益率和可实现复合收益率。我们将展示债券价格如何随时间演变，讨论适用于债务性证券的某些税收规则，并展示如何计算税后收益。接下来，我们将考虑违约或信用风险对债券定价的影响，并研究信用风险的决定因素和债券收益率中的违约溢价。最后，我们来看利率的期限结构、到期收益率和到期时间之间的关系。

10.1 债券的特征

债券：发行人有义务在确定的期限内向持有人支付确定金额的证券。

面值：在债券到期日向债券持有人支付的金额。

息票率：每一美元面值所获得的年利息支付额。

零息债券：不付利息的债券，该种债券折价发行并且在到期日只支付面值。

债券（bond）的发行与借款安排有密切联系。借款人向贷款人发行（即卖出）债券，以获取一定量的资金；债券在本质上讲是借款人的"借据"（IOU）。借款契约要求发行人在特定的时间向债券持有人支付特定金额的货币。典型的息票债券要求发行人在债券的有效期内向持有人每半年支付一次利息，又称作息票支付（coupon payment）。之所以称作息票支付，是因为支付日之前，大部分投资者需要撕掉债券所附的息票，并将息票给发行人，用以索取利息。当债券到期时，发行人向投资者支付债券的**面值**（face value，或 par value），从而清偿该笔债务。债券的**息票率**（coupon rate）是用来计算债券利息支付额的，即年利息支付额等于债券的息票率乘以债券的面值。债券的息票率、到期日、面值都应当明确地列明在发行人与债券持有人签订的合同中，即债券契约（bond indenture）中。

例如，一个面值为 1 000 美元、息票率为 8%的债券，以 1 000 美元的价格卖给投资者。在该债券的生命周期内，比如说 30 年，发行人每年要向投资者支付的利息为 80 美元。每年 80 美元的利息要分两次支付，即一次 40 美元。在债券到期日，发行人还要向投资者支付 1 000 美元的面值。

为了吸引投资者按照面值购买债券，债券的息票率一般设定得比较高。然而有些时候，借款人会发行一种**零息债券**（zero-coupon bond），即不支付利息。投资者在到期日时收到与面值等额的货币，但没有任何利息：债券的息票率为 0。这些债券的发行价格会低于面值，投资者的收益只表现为发行价格与到期时面值的差额。我们将在后面介绍这几种债券。

□ 中期国债与长期国债

图 10.1 是摘自《华尔街日报在线》的国债的价格行情表。中期国债的原始期限为 1～10 年，长期国债的期限则为 10～30 年。也许可以直接从财政部买到面值仅为 100 美元的中期国债与长期国债，但面值为 1 000 美元的更为常见。二者均每半年付息一次。

图 10.1 中铺灰的债券是在 2047 年 2 月 15 日到期的债券。它的息票率是 3%，面值为 1 000 美元。因此，债券每年的利息为 30 美元，每年支付两次，每次支付 15 美元。每年支付利息的时间为 2 月与 8 月。虽然债券是以面值 1 000 美元销售的，但买价与卖价[①]却是以面值的百分数的形式表示的。因此债券的买价为面值的 98.281 3%，或者 982 813 美元。在《华尔街日报》上市的债券中，最小价格增量或最小价格变动幅度为$\frac{1}{128}$，因此这只债券也可以被视为以面值的 98 $\frac{36}{128}$%出售。[②]

① 前面我们曾经介绍过，买价是投资者可以向交易商卖出该债券的价格；卖价就是投资者可以从交易商那里买进该债券的价格。卖价会比买价略高。

② 在正规交易所交易的债券受交易所设定的最小交易规模限制。例如，两年期美国国债期货合约（在芝加哥交易所交易）的最小价格增量或最小价格变动幅度是$\frac{1}{128}$，但较长期美国国债的变动幅度更大。私人交易者可以协商他们自己的变动幅度大小。例如，你可以在彭博社（Bloomberg）的屏幕上找到报价，报价单位的大小低至$\frac{1}{256}$。

最后一列以卖价到期收益率标示，指的是根据卖方报价计算的债券到期收益率。如果一个投资者按照卖价买入债券，并一直持有至到期日，他的平均收益率就可以用到期收益率来衡量。我们将在后面详细介绍到期收益率。

到期日	息票率	买价	卖价	涨跌幅	卖价到期收益率
2018年2月15日	3.500	102.500 0	102.515 6	−0.054 7	0.959
2020年12月31日	1.750	99.718 8	99.734 4	−0.140 6	1.821
2022年11月15日	1.625	97.093 8	97.109 4	−0.218 8	2.163
2022年2月15日	1.625	92.914 1	92.929 7	−0.273 4	2.508
2026年2月15日	6.000	128.492 2	128.507 8	−0.343 8	2.450
2030年3月15日	6.250	140.554 7	140.617 2	−0.445 3	2.604
2043年11月15日	3.750	112.398 4	112.429 7	−0.773 4	3.065
2047年2月15日	3.000	98.250 0	98.281 3	−0.570 3	3.088

图 10.1　2017 年 2 月 15 日美国国债价格和收益率

资料来源：*The Wall Street Journal Online*，April 22，2017.

应计利息与债券报价

你在报纸或杂志的金融专栏中看到的债券价格并不是投资者实际支付的债券价格，这是因为报价中没有包括两个息票支付日之间的利息。

如果债券的购买发生在两次利息支付之间，买方还应当向卖方支付应计利息，即未来半年的利息中分配给这段时间的数额。例如，如果在上一次利息支付日之后的 30 天购买债券，债券半年的利息支付期间为 182 天，卖方就应当得到半年利息总额的$\frac{30}{182}$。因此，投资者购买债券实际支付的价格是发票价格（invoice price），等于报价与应计利息之和。

通常，这一期间应计利息的计算公式为：

$$\text{应计利息}=\frac{\text{年利息支付额}}{2}\times\frac{\text{从上次发放利息至今的天数}}{\text{发放利息的天数}}$$

案例 10.1

应计利息

假定息票率为 8%，半年支付的利息就应当是 40 美元。由于上一次利息支付已经过去了 30 天，债券的应计利息就是 $40\times\frac{30}{182}=6.59$（美元）。如果债券的报价为 990 美元，那么投资者实际支付的价格应当是 $990+6.59=996.59$（美元）。

债券报价中不包括应计利息的惯例说明了为什么即将到期的债券的报价是 1 000 美元，而非 1 000 美元加上一次利息支付。如果一个投资者在到期日的前一天购买息票率为 8%的债券，在第二天就可以收到 1 040 美元，因此，他应付的价格也应当是 1 040 美元。事实上，40 美元是上一个半年支付期的应计利息。报纸的金融版面上的债券报价实际上是扣除了应计利息的价格，因为该债券标价为 1 000 美元。[1]

□ 公司债券

与政府相同，公司也可以通过发行债券借入资金。图 10.2 是《华尔街日报》网站上所刊登的公司债券行情表的一部分。尽管一些债券在纽约证交所的债券交易平台上进行电子交易，而且一些电子交易平台现在允许参与者直接交易债券，但大多数债券仍在传统的场外交易市场上交易，即在通过计算机报价系统连接起来的债券交易商网络上交易。在一定程度上，这是由于债券发行缺乏一致性。虽然大多数上市公司只发行了一种普通股，但它们可能有几十种债券，具有不同的期限、票面利率和级别等等。实际上，在任何一个特定时间，愿意交易某种特定债券的投资者是比较少的，从这个意义上讲，债券市场是比较“式微”的。

图 10.2 中的债券行情表包括了每只债券的息票率、到期日、价格和到期收益率等信息。第五栏是由三家主要的债券评级机构——穆迪（Moody's）、标准普尔（Standard & Poor's）、惠誉（Fitch）给出的债券安全性评估。等级为 A 的债券要比那些被评为 B 或更低级别的债券更加安全。我们可以发现这样一条规律：等级高的较安全的债券其到期收益率较低。在本章的结尾，我们将回头讨论这个问题。

发行人名称	代码	息票率	到期日	穆迪/标准普尔	高	低	收盘价	变化	收益率（%）
NORTHWESTERN UNIV	NWUA4062616	4.643%	12/01/2044	/AAA	118.504 00	118.304 00	118.504 00	2.2450 00	3.579 884
SANOFI S A	SNY3990861	1.250%	04/10/2018	A1/	99.945 00	99.828 00	99.919 60	0.1436 00	1.344 026
MORGAN STANLEY	MS4190343	1.875%	01/05/2018	A3/BBB+	100.383 00	100.127 00	100.306 00	−0.060 733	1.355 591
WESTPAC BKG CORP	WBK4461873	2.150%	03/06/2020	Aa2/	100.384 00	100.270 00	100.384 00	0.0750 00	2.005 983
ROYAL BK CDA	RY4207609	1.875%	02/05/2020	Aaa/	99.892 00	99.812 00	99.812 00	0.079 000	1.946 994
CREDIT SUISSE AG NEW YORK BRH MEDIUM TER	CS4237858	1.700%	04/27/2018	A1/A	100.095 00	100.036 00	100.076 00	0.053 000	1.614 536
PACCAR FINL CORP MEDIUM TERM SR NTS BOOK	PCAR4361418	1.300%	05/10/2019	A1/A+	99.182 13	99.059 00	99.116 00	0.050 000	1.764 976
HSBC USA INC	HBC4217868	2.350%	03/05/2020	A2/A	100.762 00	100.564 00	100.564 00	−0.214 000	2.137 972

图 10.2 公司债券发行价

资料来源：FINRA（Financial Industry Regulatory Authority），May 30，2017.

① 与债券相反，股票并不是按照统一价格进行交易，再利用“应计利息”来调整。无论是谁在除息之前持有股票，都能够获得全部股利支付，股票价格反映了即将收到的利息的价值。因此，股价通常会在除息日随利息的多少而下降。我们没有必要区分股票的报告价格和发票价格。

公司债券的提前赎回条款

一些公司债券在发行时就附有提前赎回条款。提前赎回条款允许发行人在到期日之前按照事先约定的赎回价格（call price）收回债券。例如，当市场利率很高时，一家公司发行的债券的息票率可能也会比较高。当市场利率下跌时，该公司就可以收回这批高利率的债券，发行息票率较低的新债券，从而降低利息费用。新债券发行所获取的资金用来按照赎回价格收回现有的高利率的债券，这就是再筹资（refunding）。有些**可赎回债券**（callable bonds）规定了债券赎回保护期，即在债券发行后的一段时间内，债券是不可以被赎回的，这种债券就被称为递延可赎回债券（deferred callable bonds）。

可赎回债券：在赎回期内发行人可以按照特定赎回价格进行回购的债券。

对于公司而言，赎回方面的选择权是十分有价值的。公司可以在市场利率下跌时收回债券，在更低的利率水平上再筹资。当然，发行人的收益就是投资者的负担。债券的持有人按照赎回价格放弃债券，从而也就放弃了这笔投资极富诱惑力的利息前景。为了弥补投资者的风险，可赎回债券的息票率与承诺的到期收益率都要比不可赎回债券高。

概念测验 10.1

假定通用汽车公司发行了两种债券，它们的息票率与到期日都是相同的。不同的是，一种债券是可以赎回的，另一种债券是不可赎回的，哪种债券的价格会比较高？

扫描二维码
获取答案解析

可转换债券

可转换债券（convertible bond）赋予债券持有人一种权利，即可以将债券转换成公司特定数量的普通股。转换比率（conversion ratio）是每单位债券可以转换的股份的数量。假定可转换债券的面值是 1 000 美元，可以转换成 40 股该公司的股票。目前股票价格是 20 美元，所以这个权利目前看来没有利润。如果后来股票价格上涨到 30 美元，每张债券就可以转换为价值为 1 200 美元的股票。市场转化价值（market conversion value）是债券可以交换的股票的当前价值。例如，股票价格为 20 美元时，市场转化价值为 800 美元。转化溢价（conversion premium）是债券价值超过转化价值的差额。如果债券价格为 950 美元，其转化溢价就是 150 美元。

可转换债券：给予持有人将债券转换为一定数量的公司股票选择权的债券。

可转换债券赋予了债券持有人享有该公司股票升值的利益的权利。然而，这种权利是有代价的，可转换债券的息票率与承诺的到期收益率都要比不可转换债券略低。与此同时，如果这个选择权是有利可图的，可转换债券的实际收益率就会超过其承诺的到期收益率。

我们将在第 15 章详细讨论可转换债券与可赎回债券。

卖权债券

可赎回债券赋予了债券发行人在赎回期间收回债券或将债券展期的选择权，**卖权债券**（put bond）则赋予了债券持有人这种权利。例如，如果债券的息票率超过当期市场利率，债券持有人会选择继续持有债券；当债券的息票率过低时，继续持有就不是最优选择了，债券持有人可以将债券本金收回，并在新的市场利率水平下进行新的投资。

卖权债券：持有人可以选择在特定日期兑换面值或者延长一定期限的债券。

浮动利率债券

浮动利率债券（floating rate bond）的利息支付是与某种市场利率指标相联系的。例

浮动利率债券：根据市场利率阶段性调整利息率的债券。

如，利率可以在当时的国库券利率上加2%，每年调整一次。如果在调整日国库券利率是4%，债券下一年的息票率就是6%。这种安排意味着债券利率始终接近当前市场利率。

浮动利率债券的主要风险来自信用状况的变动。债券利率与市场利率的价差在债券的生命期内是固定的。如果公司财务状况恶化，所要求的利率价差就会高于债券所提供的利率价差。在这种情况下，债券价格就会下跌。浮动利率债券的利率水平调整的依据是市场利率的一般水平的变动，而不会随着公司信用条件的变动进行调整。

□ 优先股

虽然严格地讲，优先股（preferred stock）属于权益的范围，但通常我们将优先股放在固定收益证券的范围内进行讨论。这是因为优先股与债券一样，预先规定了股利支付。然而优先股又不同于债券，公司不能支付优先股的股利并不会导致公司破产。相反，公司所欠的股利可以被累积。在优先股股东没有收到股利之前，公司不能支付普通股的股利。一旦公司破产，优先股股东的求偿权在债券持有人之后，但要优先于普通股股东。

优先股的股利一般是固定的。因此，它实际上是一种永续年金，无限期地提供稳定的现金流。相比之下，浮动利率优先股更像是浮动利率债券。股利率与当前市场利率挂钩，并定期调整。

与债券不同，一方面，优先股的股利不能被作为费用在税前扣除，这就降低了优先股作为资本来源对公司的吸引力。另一方面，优先股还具有一些税收抵免的好处。当一家公司购买了另外一家公司的优先股时，它所需纳税的部分只是股利的50%。例如，如果一家公司适用的税率是21%，它获得的优先股股利为10 000美元，所需纳税的股利收入是5 000美元：优先股股利缴纳的税收总额就是0.21×5 000=1 050（美元），因此，有效税率为0.50×21%=10.5%。考虑到这项税收政策，我们就不难理解为什么公司持有大多数的优先股了。

公司很少会将完整的投票权赋予优先股股东。除非放弃股利的优先权，优先股股东才会获得充分的投票权。

□ 其他类型的国内债券发行人

除了财政部和私人公司以外，还有一些其他类型的债券发行人。例如，州和地方政府可以发行市政债券。市政债券最突出的特征是利息支付是可以免税的。我们在第2章分析了市政债券、税收豁免的价值以及这些债券的等价应税收益率。

联邦住宅贷款银行委员会、农场信贷机构这类政府机构与美国政府国民抵押贷款协会、联邦国民抵押贷款协会、联邦住宅抵押贷款公司等抵押转手机构都会发行相当数量的债券。我们在第2章已经介绍了这方面的内容。

□ 国际债券

国际债券可以分为两种类型：外国债券（foreign bond）与欧洲债券（Eurobond）。外国债券是由国外的而不是出售地的借款人发行的债券。债券的面值货币是其市场所在国的货币。例如，一个德国公司在美国发行的以美元为面值的债券就是外国债券。根据市场所在国的不同，这些债券被冠以各式各样的名字。例如，在美国发行的外国债券被称作扬基债券（Yankee bond）。在日本发行的以日元为面值的外国债券就是武士债券（Samurai bond）。以英镑为面值在英国发行的外国债券被称为猛犬债券（Bulldog bond)。

与外国债券不同，欧洲债券是以一个国家的货币标值，却在另外一个国家发行的债券。例如，欧洲美元市场指的就是在美国国土范围之外（不只是欧洲）发行的以美元为面值货币的债券市场。由于欧洲美元市场在美国的管辖范围之外，所以欧洲美元债券不必受美国联邦机构的管束。与此相同，欧洲日元债券是在日本以外的国家或地区发行的以日元为面值的债券。欧洲英镑债券是在英国以外的国家或地区发行的以英镑为面值的债券等等。

□ 债券市场上的创新

发行人经常发行具有特殊特征的创新型债券，这说明债券的设计是可以十分灵活的。下面是一些新的债券品种，这些品种可以使你感受到证券设计的潜在多样性。

反向浮动债券

反向浮动债券（reverse floaters）与我们刚才所介绍的浮动利率债券十分相似。不同之处在于，当市场利率总体上升时，这些债券的息票率是下跌的。当利率升高的时候，投资者在这些债券上的损失是双倍的。当贴现率上升时，不仅债券的每一美元现金流的现值会下降，这些现金流也会下降。（当然，当利率下降时，投资这些债券的投资者会获得双倍收益。）

资产支持债券

米拉麦克斯（Miramax）发行的债券票面利率与《低俗小说》（*Pulp Fiction*）和其他电影的财务表现挂钩。太阳城（Solar City）发行的债券以其安装在全国各地的屋顶太阳能电池板所产生的收入作为支撑。“大卫·鲍伊债券”（David Bowie bonds）与他的一些专辑的版税挂钩。这些是资产支持证券的例子。特定资产集合的收入用于偿还债务。更传统的资产支持证券是抵押贷款支持证券，或由汽车或信用卡贷款支持的证券，这些我们在第 2 章已经讨论过了。

支付选择权债券

支付选择权债券（pay-in-kind bonds）的发行人可以选择利息是以现金还是以相等金额的债券的形式支付。如果发行人现金短缺，它可以用新债券支付利息，而不需动用现金。

灾难债券

经营东京迪士尼公园的东方乐园公司（Oriental Land Co.）曾经发行了一种债券，其最终支付取决于公园附近是否发生了地震。国际足联（the Fédération Internationale de Football Association，FIFA）曾发行过巨灾债券，如果恐怖主义迫使取消世界杯，这些债券的支付将会停止。2017 年，世界银行（World Bank）发行了“流行病债券”（pandemic bonds），如果埃博拉（Ebola）等六种致命病毒中的任何一种达到特定的传染水平，投资者将丧失本金。这些债券为世界银行抗击可能出现的流行病筹集了资金，但如果世界银行因疾病暴发而不堪重负，这些债券将减轻世界银行的支付负担。

这些债券是将“巨灾风险”从保险公司转移到资本市场的一种方式。这些债券的投资者因承担风险而获得更高票面利率的补偿。但一旦发生灾难，债券持有人将失去全部或部分投资。“灾难”可以定义为保险损失总额，也可以定义为特定的标准，如飓风的风速、地震的里氏震级或流行病债券的传染级别。近年来，随着保险公司设法在更大范围的资本市场上分散风险，巨灾债券的发行量有所增长。2017 年约有 300 亿美元的各类巨灾债券未偿付。

指数化债券

指数化债券（indexed bond）的支付是与一般物价指数或某种特定商品的价格联系在一起的。例如，墨西哥曾发行了一种与石油价格相关的债券。有些债券与一般价格水平挂钩。1997 年 1 月，美国财政部开始发行这种通货膨胀指数化的政府债券，这些债券被称为通胀保值国债（TIPS）。由于这种债券将面值与一般物价水平联系在一起，利息支付与本金偿还因而与消费者价格指数成正比，因此这些债券的利率就是无风险实际利率。

为了理解通胀保值国债是怎么一回事，我们考虑一种新发行的债券，该债券的期限为 3 年，面值 1 000 美元，息票率为 4%。为了简化，我们假定利息每年支付一次。假定接下来 3 年的通货膨胀率分别为 2%、3%和 1%。表 10.1 表明了如何计算这些债券的现金流。第 1 笔支付发生在第 1 年末，即 $t=1$ 时。由于该年的通货膨胀率是 2%，债券的面值从 1 000 美元增加到 1 020 美元；由于息票率是 4%，利息支付额将是这一数额的 4%，即 0.04×1 020=40.80 美元。注意，面值紧随通货膨胀增加。由于利息支付是面值的 4%，故会随着一般价格水平呈比例上涨。因此，债券支付的现金流按实际水平计价是固定的。当债券到期时，投资者收到 42.44 美元的最后一笔利息加上（按价格水平指数化的）1 061.11 美元的本金偿还。[①]

第 1 年债券的名义收益率是：

$$名义收益率=\frac{利息+价格升值}{初始价格}=\frac{40.80+20}{1\ 000}=6.08\%$$

债券的实际收益率实际上就等于 4%的真实收益率：

$$实际收益率=\frac{1+名义收益率}{1+通货膨胀率}-1=\frac{1.060\ 8}{1.02}=0.04\ 或\ 4\%$$

只要债券的实际收益率保持不变，就可以用类似的方法证明（见本章章末习题 19），3 年中每年的收益率都是 4%。如果实际收益率改变了，那么债券就会产生资本利得或者损失。在 2018 年初，30 年期的通胀保值国债实际收益率略低于 1%。

表 10.1　通胀保值国债的本金和利息支付

时间	刚结束年份的通货膨胀（%）	面值（美元）	利息（美元）	+	本金偿还（美元）	=	总支付（美元）
0		1 000.00					
1	2	1 020.00	40.80		0		40.80
2	3	1 050.60	42.02		0		42.02
3	1	1 061.11	42.44		1 061.11		1 103.55

资料来源：*The Wall street Journal Online*，April 22，2017.

10.2　债券定价

由于债券的利息与本金支付都发生在未来，投资者愿意为这些支付的要求权所付的价格取决于在将来收到的一定量货币的现值与手中持有的现金价值的比较。而现值

① 顺便提及，全部的名义收入（即利息加上当年的本金增加）在当年都是应税的。

的计算又要依据市场利率。我们在第 5 章已经介绍过，名义无风险利率由两部分组成：(1) 实际无风险利率；(2) 超过实际利率的溢价，以补偿预期通货膨胀。另外，由于大部分债券都是有风险的，贴现率中还应当反映违约风险、流动性、税收特性、赎回风险等债券特征。

为了分析方便，我们对问题做了简化，假定任何一个时点上的现金流的贴现率都是相同的，但是我们很容易放宽这个假设。实际上，不同时期所产生的现金流量应当是不同的，但我们暂时忽略这一限制条件。

要对证券的价值进行评估，我们需要对该证券的预期现金流量按照恰当的贴现率进行贴现。债券所产生的现金流量包括到期之前支付的利息与到期时最终支付的面值。因此：

债券价值＝息票的现值＋面值的现值

如果我们将到期日定义为 T，贴现率定义为 r，债券的价值公式可以表示为：

$$\text{债券价值} = \sum_{t=1}^{T} \frac{\text{息票}}{(1+r)^t} + \frac{\text{面值}}{(1+r)^T} \tag{10.1}$$

公式 (10.1) 的求和符号是让我们把每一期息票的现值加起来；每一期息票根据其支付日期贴现。公式 (10.1) 右侧第一项说明我们应当将各个时间段的息票的现值（即年金的现值）相加。第二项是最终支付的债券面值的现值，即一个单一支付额的现值。

你可能从入门的金融学课程中学到，当利率为 r 时，持续 T 期的 1 美元年金的现值等于$\frac{1}{r}\left[1-\frac{1}{(1+r)^T}\right]$。我们将这个表达式称为在利率 r 下的 T 期年金因子（annuity factor）。[①] 类似地，我们称$\frac{1}{(1+r)^T}$为现值因子（PV factor），即在 T 期后收到的 1 美元的现值。因此，我们可以将债券价格写为：

$$\begin{aligned} \text{价格} &= \text{息票} \times \frac{1}{r}\left[1-\frac{1}{(1+r)^T}\right] + \text{面值} \times \frac{1}{(1+r)^T} \\ &= \text{息票} \times \text{年金因子}(r,T) + \text{面值} \times \text{现值因子}(r,T) \end{aligned} \tag{10.2}$$

案例 10.2

债券定价

我们在前面讨论了息票率为 8%、面值为 1 000 美元的 30 年期债券，分 60 次支付利息，每次的利息支付额为 40 美元。假定年利率为 8%，即 6 个月的利率为 4%。该债券的价值就可以这样计算：

$$\text{债券价格} = \sum_{t=1}^{60} \frac{40}{(1.04)^t} + \frac{1\,000}{(1.04)^{60}}$$

我们对符号进行简化，可以把该公式改写为：

债券价格＝40×年金因子(4%，60)＋1 000×现值因子（4%，60)

---

① 以下是得出年金现值的公式的快速方法。T 期年金可以被看作一个在本期末第一次支付的永续年金减去另一个在 $T+1$ 期末第一次支付的永续年金。延迟永续年金的净值正好提供了 T 期的支付。我们知道每一期支付 1 美元的永续年金的价值是$\frac{1}{r}$美元。因此，这种延迟的永续年金的现值就是$\frac{1}{r}$美元再贴现 T 期，即$\frac{1}{r}\times\frac{1}{(1+r)^T}$。年金现值是第一个永续年金的现值减去延迟的永续年金的现值，即$\frac{1}{r}\left[1-\frac{1}{(1+r)^T}\right]$。

根据公式，很容易计算债券 60 次息票的现值为 904.94 美元，最终支付的债券面值的现值为 95.06 美元，所以债券的总价值为 1 000 美元。你可以直接根据公式（10.2）计算债券价格，也可以借助金融计算器或电子表格（参见电子表格 10.1）进行运算。

在这个案例中，息票率等于到期收益率，债券的价值等于面值。如果市场利率不等于债券的息票率，债券出售的价格就不会是面值。例如，如果利率是 10%（6 个月利率是 5%），债券的价格就会是 810.71 美元，比面值低 189.29 美元。计算过程如下：

40×年金因子（5%，60）+1 000×现值因子（5%，60）

=757.17+53.54=810.71（美元）

当市场利率上升时，债券持有人收到的支付流的现值就会降低。因此，当市场利率上升时，债券价格就会降低。这就是债券估值的一条重要规则。①

债券价格在没有电子表格或金融计算器的情况下计算起来很烦琐，但使用这两种工具都很容易计算。金融计算器中设置有现值公式与终值公式的程序，这样将会极大地简化我们对类似案例 10.2 问题的计算。对于债券定价等货币时间价值的计算问题，基本的金融计算器有五个相关的键：

[n] [i] [PV] [FV] [PMT]

- *n* 是时间段的个数。就债券而言，*n* 等于债券到期之前时间段的个数。如果债券每半年支付一次利息，*n* 就是以半年为单位的时间段的个数，即利息支付期的个数。例如，如果债券还有 10 年到期，*n* 就等于 20。
- *i* 是以百分数形式（不是小数，那是电子表格中采用的形式）表示的每个时间段的利率。例如，利率为 6%，*i* 应当等于 6，而不是 0.06。
- *PV* 是现值。许多金融计算器都规定 *PV* 应当是负数。因为债券的购买应当是现金流出（outflow），而收到利息和面值应当属于现金流入（inflow）。
- *FV* 是债券面值的未来价值。就债券而言，*FV* 是未来现金流量的一次性支付额，即面值。
- *PMT* 是重复进行支付的金额。对于息票债券而言，*PMT* 是所支付的利息；对于零息债券而言，*PMT* 就等于 0。

在计算器中输入上述任何 4 个数据，就可以得到第 5 个数据。

案例 10.3

利用金融计算器计算债券的价值

我们能够说明如何利用金融计算器计算案例 10.2 中的债券。为了得出市场年利率为 8%时的债券价格，我们在金融计算器中输入下列数据：

n	60	债券还有 30 年到期，因此利息支付次数为 60。
i	4	半年利率为 4%。
FV	1 000	债券到期时，将会一次性地支付 1 000 美元。
PMT	40	每半年支付一次的利息为 40 美元。

① 你需要避开一个陷阱：你不能把债券的息票率和市场利率弄混了。息票率决定了支付给债券持有者的利息。一旦债券发行，息票率就固定不变。当市场利率升高时，投资者是以一个更高的利率对固定的支付进行贴现，即现值，此时债券价格下跌。

在大部分金融计算器上，你首先要按“计算”键（计算器面板标为 COMP 或 CPT），然后输入 PV，得到债券价格，即债券现金流的现值。如果你那样做了，你就会发现值为－1 000。负号意味着由于投资者从债券中得到了现金流，那么用来购买债券的价格就是现金流出，或者说负的现金流。

如果当利率为 10%时你想得到债券价值（案例 10.2 的第二部分），只需要按半年期到期收益率 5%（先按“5”再按“i”），当你计算现值时，显示的数据是－810.71。

概念测验 10.2

如果半年期市场利率从 4%下降到 3%，计算债券的价格。比较利率降低所带来的资本利得收益与利率从 4%上涨到 5%时导致的资本损失。

扫描二维码
获取答案解析

图 10.3 反映了息票率为 8%的 30 年期债券的价格，利率的范围包括从债券按面值销售时的 8%到按 810.71 美元销售时的 10%。斜率为负说明了价格与收益率之间的反向关系。从表 10.2 和图 10.3 中我们可以发现，利率上涨所引起的价格下跌的幅度要小于由利率下降引起的价格上涨的幅度。因为债券价格曲线是向外凸的，因此债券价格的这个特征被称为凸性（convexity）。这种形状反映了利率的迅速上涨所引起的债券价格的降低幅度是逐渐变小的。[①] 因此，在较高的利率水平上，价格曲线就会变得比较平坦，我们将在下一章继续讨论债券价格曲线的凸性问题。

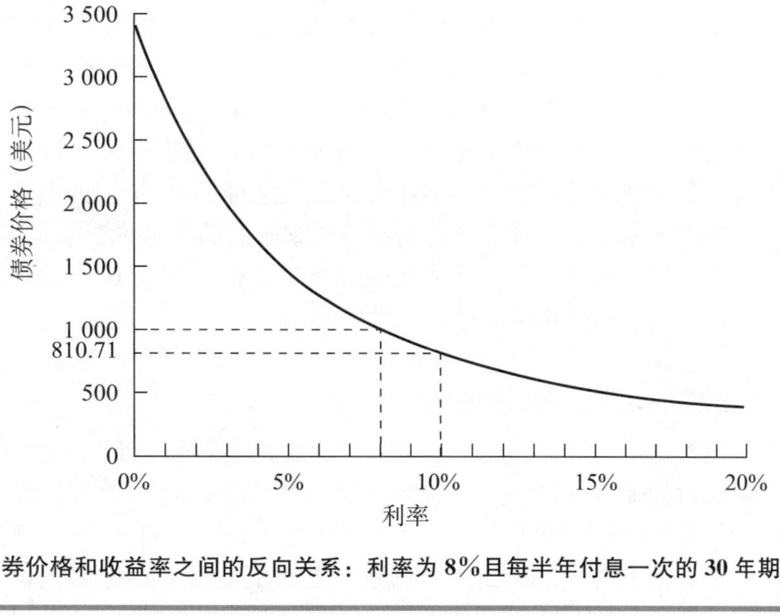

图 10.3　债券价格和收益率之间的反向关系：利率为 8%且每半年付息一次的 30 年期债券的价格

① 在较高的利率水平上，债券的价值就会降低，这就导致利率上升对债券价格的影响越来越小。利率的进一步增长作用于一个相对较小的基础，继而利率上涨所引发的效应会比较小。

表 10.2　不同利率水平下债券的价格（债券息票率为 8%，每半年付息一次）

到期时间	在既定的市场利率水平下的债券价格（美元）				
	2%	4%	6%	8%	10%
1 年	1 059.11	1 038.83	1 019.13	1 000.00	981.41
10 年	1 541.37	1 327.03	1 148.77	1 000.00	875.38
20 年	1 985.04	1 547.11	1 231.15	1 000.00	828.41
30 年	2 348.65	1 695.22	1 276.76	1 000.00	810.71

典型的公司债券是以面值发行的，这意味着债券的承销人（代表发行公司将债券销售给公众的公司）确定的息票率应当与市场收益率十分接近。如果息票率不够高，投资者就不会以面值购买该债券。

债券发行以后，债券持有人就会在二级市场上买卖债券。在二级市场上，债券的价格与市场利率成反向变动。

债券与收益率之间的反向变动关系是固定收益证券的主要特征。利率波动是固定收益市场上的主要风险。我们在下一章将着重评估债券价格对市场收益率反应的敏感性。现在，我们已经可以明确影响债券敏感性的一个重要因素——债券的到期期限。

评估债券价格风险的一条重要原则是：如果其他所有的因素不变，债券的到期期限越长，债券价格对市场利率波动的敏感性就越大。例如，表 10.2 反映了息票率为 8%的债券在不同期限、不同市场利率条件下的价格状况。在市场利率不等于 8%的情况下（市场利率为 8%时，债券以面值销售），距离到期日的时间越长，债券价格变动的幅度就越大。

这很好理解。如果你按面值购买了息票率为 8%的债券，当市场利率上升时，你就会遭受损失：当其他投资可以获取更高的收益时，你却将你的资金收益率固定在 8%的水平上。这会表现为债券的资本损失——债券的市场价格下跌。你的资金收益率固定的时间越长，资本损失就越大，相应的债券价格下跌的幅度就越大。在表 10.2 中，1 年期债券所表现出的价格敏感性十分不明显，也就是说，当只有 1 年的收益是不确定的时，利率波动的影响就不会那么大。但是对于 30 年期的债券，利率波动对债券价格的影响十分剧烈。贴现的压力对于最长期限的债券来说影响最大。

这就是短期国库券被认为是最安全证券的原因所在。短期国库券不仅没有违约风险，而且其价格受市场利率波动性的影响不大。

□ 息票日之间的债券定价

债券定价公式（10.2）假设下一次息票支付恰好是在债券的完整支付期上，比如每年支付的债券就是一年，每半年支付的债券就是六个月。但是你很可能希望在一年的 365 天都能够对债券定价，而不仅仅是每年支付利息的那一两天！

从理论上讲，债券在两个息票日之间不会影响对它的定价。步骤是一样的：计算每一笔未支付息票的现值并加总。如果债券是处在息票日之间，息票支付之前的那段剩余时间会给计算带来一些麻烦。

幸运的是，很多金融计算器和大部分像 Excel 这样的电子表格软件中都包含有债券定价公式。在这些电子表格软件里，只要输入今天的日期和债券到期日，就能得到债券在任何一天的价格。

就像我们之前提到的，债券通常是按应计利息的净值标价。这些出现在金融报刊上的价格被称作统一价格（flat price）。而购买者实际支付的发票价格（invoice price）包括应计利息。所以，

发票价格＝统一价格＋应计利息

债券支付息票时，由于应计利息为零，统一价格就等于发票价格。但这仅仅是少数情况，不是一般状态。

Excel 的定价功能给出的是债券的统一价格。要得到发票价格，我们还需要加上应计利息。Excel 能算出从上次票息日起经过了多少天，这可用来计算应计利息。电子表格 10.1 演示了如何使用这些功能。它给出了两个例子，一个是只有一次息票支付，因而没有应计利息的债券，另一个是处在票息日之间的债券。

□ 用 Excel 给债券定价

Excel 要求你输入购买债券的日期（settlement date，被称为结算日）和债券到期日。

Excel 对债券定价的公式＝价格（结算日，到期日，年息票率，到期收益率，赎回价值相当于面值的百分比，每年付息次数）

以图 10.1 中铺灰部分中 2047 年 2 月到期、息票率为 3%的债券为例，我们可将数值输入电子表格 10.1。或者也可以简单地将下面这个公式输入 Excel：

＝价格（日期（2017，2，15），日期（2047，2，15），0.03，0.030 88，100，2）

Excel 中用来计算结算日和到期日的日期公式，采用的格式是日期（年，月，日）。第一个日期是 2017 年 2 月 15 日，这是购入债券的时间；第二个日期是 2047 年 2 月 15 日，这是债券到期的时间。参见电子表格 10.1。

注意，息票率和到期收益率都是以小数形式表示，而不是以百分数的形式表示的。大多数情况下，赎回价值是 100（也就是面值的 100%）。类似地，计算出的结果也表示为面值的一个百分比。然而，偶尔也会遇到相对于面值溢价或折价发行的债券。前面讨论过的可赎回债券就是一个例子。

Excel 的定价函数计算出的债券价格为 98.286 7（B12 单元格），这非常接近《华尔街日报》登出的价格（报纸上的到期收益率只有三位小数，这造成了些许误差）。该债券仅支付了一次息票。换句话说，结算日恰好是息票期的开始，所以不必调整应计利息。

为了说明处于两个息票日之间的债券的定价步骤，我们运用工作表计算 2043 年 11 月到期、息票率为 3.75%的债券，这种债券也列示在图 10.1 中。借助于工作表 D 列的数据，我们在 D12 单元格计算出债券的（统一）价格是 112.439 8。除去几美分的误差，这个价格与《华尔街日报》上的价格是相同的。

债券的发票价格又如何呢？第 12～16 行进行了必要的调整。C13 单元格的公式计算从上个息票日开始的天数。天数计算建立在债券的结算日、到期日、息票期（1＝1 年期，2＝半年期）和计数习惯（选择 1 计算实际天数）的基础上。C14 单元格的函数计算每个息票期的天数。因此，第 15 行的应计利息等于半年息票乘以上次息票支付到现在的时间占整个息票期的比例。最后，第 16 行的发票价格等于统一价格（这与《华尔街日报》上的报价相同）加上应计利息。

最后一个例子，假设你想得到例 10.2 中的债券价格，这是一种息票率为 8%（每半年付息一次）的 30 年期的债券。例子的后半部分给出的市场利率是 10%。然而，例

子中没有给出特定的结算日和到期日。你仍然可以运用定价函数给债券估价。很简单，随便选择一个起始的结算日（2000 年 1 月 1 日比较方便），然后让到期日在 30 年之后。输入的数据出现在电子表格的 F 列，最终的计算结果在 F16 单元格，为面值的 81.071%。

电子表格 10.1　　利用电子表格为债券定价

	A	B	C	D	E	F	G
1		3%的息票债券		3.75%的息票债券		8%的息票债券	
2		2047 年 2 月到期	B 列公式	2043 年 11 月到期		30 年期	
3							
4	结算日	2/15/2017	=DATE（2017，2，15）	2/15/2017		1/1/2000	
5	到期日	2/15/2047	=DATE（2047，2，15）	11/15/2043		1/1/2030	
6	年息票率	0.03		0.037 5		0.08	
7	到期收益率	0.030 88		0.030 65		0.1	
8	回购价格（面值的百分比）	100		100		100	
9	每年付息次数	2		2		2	
10							
11							
12	统一价格（面值的百分比）	98.286 7	=PRICE（B4，B5，B6，B7，B8，B9）	112.439 8		81.070 7	
13	距离上次付息时间	0	=COUPDAYBS（B4，B5，2，1）	92		0	
14	付息日时间间隔	181	=COUPDAYS（B4，B5，2，1）	181		182	
15	应计利息	0	=（B13/B14）×B6×100/2	0.953		0	
16	发票价格	98.286 7	=B12+B15	113.392 8		81.070 7	

10.3　债券收益率

大多数债券不按面值出售。但是最终，它们会以面值到期。因此，我们希望有一种收益率衡量方法，既可以衡量债券的息票收入，又可以衡量债券生命期内价格的上涨或下跌。到期收益率是衡量债券整个生命期内总收益率的标准指标。但是它远称不上完美，我们还将探索这个指标的几种衍生形式。

□ 到期收益率

在实际中，投资者购买某债券的决策依据并不是债券承诺的收益率。取而代之，投资者要根据债券的价格、到期日、息票支付额等特征计算债券所能够提供的收益率。这种**到期收益率**（yield to maturity，YTM）是使债券支付额的现值等于债券价格的贴现率。现在购买某债券并持有至到期日，该债券所能够提供的平均收益率就是到期收益率。要计算债券的到期收益率，我们需要在债券价格既定的前提下，计算出债券价格公式中的贴现率。

到期收益率：使债券未来支付额的现值等于债券价格的贴现率。

案例 10.4

到期收益率

例如，假定息票率为8%的30年期债券的价格为1 276.76美元。如果投资者按照这个价格购买该债券，所能获得的平均收益率是多少？要回答这个问题，我们就要找出使债券未来60个半年期的所有支付额的现值等于债券价格的利率水平，这个利率与债券的价格水平一致。我们可以从下式中解出r：

$$1\ 276.76=\sum_{t=1}^{60}\frac{40}{(1+r)^t}+\frac{1\ 000}{(1+r)^{60}}$$

或

$$1\ 276.76=40\times 年金因子(r,60)+1\ 000\times 现值因子(r,60)$$

这两个公式中只有一个未知变量，即利率r。利用金融计算器或电子表格，我们可以推断出半年期利率$r=0.03$或3%。[①] 这就是债券的到期收益率。

金融类报纸报道的收益率是以年为基础的。利用简单的利息计算技术，我们就可以将债券的半年期收益率转化为以年为单位的收益率，即年百分比收益率（annual percentage rate，APR)。运用这种简单的办法所计算的年收益率被称为债券等价收益率(bond equivalent yields)。因此报纸上所报道的债券等价收益率是将半年收益率乘以2，即6%。

而债券的有效年收益率则包含了复利因素。如果投资的半年期收益率为3%，那么一年后1美元投资的收益为$1\times(1.03)^2=1.060\ 9$（美元)，因此债券的有效年收益率为6.09%。

在案例10.4中，我们注意到金融计算器或者电子表格可以用于计算息票债券的到期收益率。接下来，我们将用两个案例来演示如何使用这些工具。案例10.5演示了如何使用金融计算器进行计算，而案例10.6则使用Excel来进行计算。

案例 10.5

使用金融计算器计算到期收益率

考虑我们刚刚解决的那个到期收益率问题。我们在金融计算器中输入下列数据：

n	60	债券还有30年到期，因此半年利息支付次数为60。
PMT	40	每半年支付一次的利息为40美元。
PV	(—) 1 276.76	购买该债券的价格为1 276.76美元，作为现金流出，该数据应当是负数。
FV	1 000	债券到期时，将会一次性地支付1 000美元。

输入上述数据后，我们就可以得到使1 276.76美元的现值等于60次40美元支付额的现值与到期1 000美元支付额的现值之和的利率水平。在大部分金融计算器上，你首先要按“计算”键，计算器面板标为COMP或CPT，然后输入i获取利率数据，你就会发现半年期利率等于3%。(由于现金流量是每半年支付一次，因此金融计算器计算的利息也是半年期利率。）债券的等价收益率将在金融报刊上报道为6%。

① 如果没有金融计算器，我们可以利用试错法计算出这个结果。

Excel 也包含计算到期收益率的内置函数。我们将用下面的示例和电子表格 10.2 一起进行说明。

案例 10.6

利用 EXCEL 计算到期收益率

Excel 也提供计算到期收益率的功能。公式是

=YIELD（结算日，到期日，年息票率，债券价格，赎回价值相当于面值的百分比，每年息票支付次数）

该项功能中用到的债券价格应当是统一价格，不包含应计利息。例如，要得到案例 10.5 中债券的到期收益率，我们使用电子表格 10.2 中的 B 列。如果债券每年仅支付一次息票，就把“每年支付次数”这个输入项改为 1（见 D8 单元格），收益率会降低到 5.99%。

电子表格 10.2　利用电子表格计算到期收益率(30 年期债券，息票率=8%，价格=面值的 100%)

	A	B	C	D
1		半年付息一次		一年付息一次
2				
3	结算日	1/1/2000		1/1/2000
4	到期日	1/1/2030		1/1/2030
5	年息票率	0.08		0.08
6	债券价格	127.676		127.676
7	回购价格（面值的百分比）	100		100
8	每年付息次数	2		1
9				
10	到期收益率（小数）	0.060 0		0.059 9

此处公式为:=YIELD(B4，B5，B6，B7，B8，B9)

债券的到期收益率为投资于债券的内部收益率。如果我们假定债券的任何利息都可以在相当于到期收益率的水平上进行再投资，到期收益率就可以被看作债券生命期内收益的复利率。[①] 人们一般都认为，到期收益率常被看作平均收益率的代表。

当期收益率：年利息收入除以债券价格。

债券的**当期收益率**（current yield）与到期收益率不同，债券的当期收益率等于债券的年利息支付额与债券价格之比。例如，利率为 8%的 30 年期债券的当期收益率为：80/1 276.76=0.062 7，即年收益率为 6.27%。前面我们曾经计算过，该债券的有效年到期收益率为 6.09%。该债券是溢价出售（是以 1 276 美元而不是 1 000 美元出售），其息

① 如果再投资的利率不等于债券的到期收益率，收益的复利率就不等于到期收益率。我们将在案例 10.8 中说明这个问题。

票率（8%）会高于当期收益率（6.27%），也高于到期收益率（6.09%）。息票率高于当期收益率，是因为息票率等于利息支付额除以债券面值（1 000 美元），而不是债券价格（1 276 美元）。同理，当期收益率高于到期收益率的原因在于，到期收益率包含了债券的内在资本损失因素。当期 1 276.76 美元的价格水平到期时会下降为 1 000 美元。

这个例子显示了一个一般规则：对**溢价债券**（premium bond）而言，息票率高于当期收益率，而当期收益率又通常高于到期收益率。对于**折价债券**（discount bond）而言，三者的关系恰好相反（见概念测验 10.3）。

溢价债券：以高于面值的价格发行的债券。

折价债券：以低于面值的价格发行的债券。

我们常常听到人们随意地谈论债券的收益率。在这些情况下，他们通常指的是到期收益率。

概念测验 10.3

折价出售的债券的息票率、当期收益率、到期收益率之间有什么联系？假定债券以到期收益率 10%出售，使用 8%的息票率（半年付息一次）的债券说明这一关系。

扫描二维码
获取答案解析

□ 赎回收益率

计算到期收益率的前提是债券将被持有至到期日。如果债券是可以赎回的，有可能在到期日之前退出市场，情况又会怎样？

图 10.4 说明了持有可赎回债券的投资者所面临的风险。灰色线说明的是面值为 1 000 美元、息票率为 8%的 30 年期不可赎回债券在不同市场利率水平下的价值。债券价格等于未来承诺支付的金额的现值。如果利率下降，债券价格会呈上升态势。我们现在来看另外一种债券，其息票率和到期日与上一个债券都相同。该债券可以在面值的 110%，即 1 100 美元的价格水平上被赎回。当利率下降时，债券预期支付额的现值会上升，那么赎回条款允许发行人在赎回价格水平上购回债券。如果赎回价格低于预期支付额的现值，发行人赎回债券就会使债券持有人的收益受损。

图 10.4 中的黑线说明了可赎回债券的价值。当利率水平比较高时，因为预期支付额的现值远小于赎回价格，这时可赎回债券的风险很小，可赎回债券与不可赎回债券的价值趋于一致。在比较低的利率水平上，两类债券价值的差距开始拉大。它们之间的价值差实际上就是公司按赎回价格水平赎回债券的选择权的价值。当利率非常低时，预期支付额的现值会大大超过赎回价格，债券就会被赎回，其价值也就是赎回价格，即 1 100 美元。

上面的分析表明，如果债券特别容易被赎回，债券市场分析人士更关心的可能是赎回收益率，而不是到期收益率。赎回收益率的计算方法与到期收益率大致相似，只不过是用距离赎回的时间长度代替了距离到期的时间长度，用赎回价格代替了面值。这种计算方法假定债券赎回行为在能赎回的时候即发生，因此又称为“第一次赎回收益率”（yield to first call）。

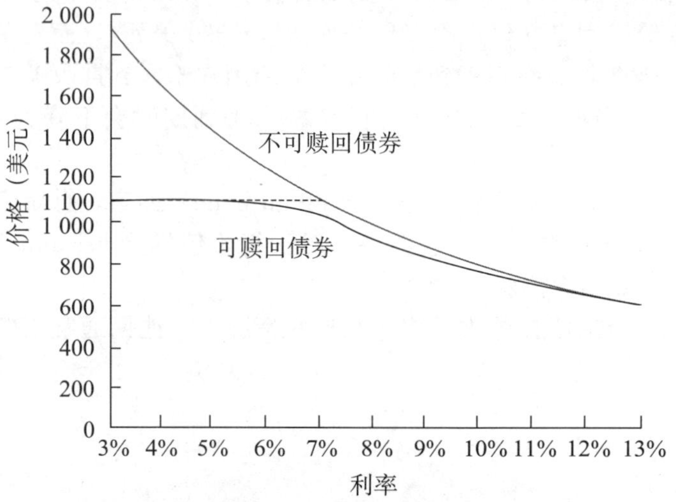

图 10.4　可赎回债券与不可赎回债券的价格

说明：息票率=8%；到期日=30 年；每年付息一次。

案例 10.7

赎回收益率

息票率为 8%的 30 年期债券的价格为 1 150 美元，10 年后可以以 1 100 美元的价格被赎回。下面是该债券的到期收益率与赎回收益率的计算过程：

	赎回收益率	到期收益率
息票支付额	40 美元	40 美元
半年支付期的次数	20	60
期末支付金额	1 100 美元	1 100 美元
价格	1 150 美元	1 150 美元

赎回收益率为 6.64%。用金融计算器验证这一结果：输入下列数据：n=20，PV=−1 150，FV=1 100，PMT=40，得到 i=3.32%，因此债券的等价收益率应当是 6.64%。相反地，到期收益率为 6.82%。为了验证这个结果，输入 n=60，PV=−1 150，FV=1 000，PMT=40，得到 i=3.41%，因此债券的等价收益率应当是 6.82%。在 Excel 中计算赎回收益率=YIELD(日期（2000，01，01），日期（2010，01，01），0.08，115，110，2)。注意赎回价值是 110，即面值的 110%。

我们注意到大部分可赎回债券最初的一段时间都属于赎回保护期。此外，赎回保护的一个隐蔽形式就是债券的销售价格远远低于其赎回价格。即使利率有所下降，这种债券的价格依然会低于其赎回价格，因此赎回行为当然不会发生。

如果溢价发行债券的价格接近于其赎回价格，那么一旦利率继续下降，赎回行为就很可能会发生。利率下降时，贴现债券潜在的价格升值不会受到赎回可能性的限制，因而可赎回溢价债券的收益率很可能就会低于贴现债券的收益率。对于溢价债券的投资者而言，债券很可能在到期日之前就退出流通，因此他们更关心赎回收益率，而不是到期收益率。

概念测验 10.4

息票率为9%的20年到期的债券每半年支付一次利息，发行人可在5年后以1 050美元的价格赎回该债券。当期债券的到期收益率是8%（债券等价收益率）。债券的赎回收益率是多少？

扫描二维码
获取答案解析

□ 已实现的复利收益率与到期收益率

我们已经介绍过，如果所有的利息都可以在相当于到期收益率的收益水平上进行再投资，到期收益率就等于债券生命期内的实际收益率。我们来看一个案例，一个按面值出售的债券，距离到期日还有两年，每年付息一次且息票率为10%，到期收益率就等于10%。从图10.5（A）中，我们可以得出以下结论：如果100美元的利息支付可以在10%的利率水平上进行再投资，两年后该1 000美元的债券就会变为1 210美元。我们将第一年获取的利息进行再投资，第二年的价值就会增长为110美元，再加上第二年支付的利息与面值，就可以得出1 210美元的总价值。总结起来就是，投资的初始价值V_0＝1 000美元，两年后终值为1 210美元。投资资金的复利增长率可以这样计算：

$$V_0(1+r)^2=V_2$$

$$1\,000\text{ 美元}\times(1+r)^2=1\,210\text{ 美元}$$

$$r=0.10=10\%$$

也就是说，如果再投资的收益率等于10%的到期收益率，**已实现的复利收益率**（realized compound yield）就等于到期收益率。

已实现的复利收益率： 到期日前债券所有的息票收入一直进行再投资所得到的复利收益率。

但是，如果再投资的收益率不是10%，情况又会怎样呢？如果利息再投资的收益率高于10%，投资资金的期末价值就会超过1 210美元，已实现的复利收益率也会高于10%。如果再投资收益率低于10%，已实现的复利收益率也会低于10%，考虑下面的案例10.8。

案例 10.8

已实现的复利收益率

假定息票再投资利率为8%。图10.5（B）解释了下列计算过程：

第一次利息收入的息票支付的终值	100×1.08＝108美元
＋第二年的现金支付额（最终息票加上面值）	1 100美元
＝包括再投资息票的投资总价值	1 208美元

假定所有的息票都用于再投资，那么，通过计算投资资金增长的复利率，我们就可以得到已实现的复利收益率。投资者按1 000美元面值购买的债券的最终价值为1 208美元。

$$1\,000\text{ 美元}\times(1+r)^2=1\,208\text{ 美元}$$

$$r=0.099\,1=9.91\,\%$$

案例10.8强调了在再投资利率随时间变动的情况下，传统的到期收益率存在的问题。在实际经济中，未来利率带有很大的不确定性，因此，其间息票再投资的收益率水平也是未知的。于是在投资期结束后，我们就可以计算实际复利收益率。在此之前，如果不能预测未来的再投资利率，就无法计算已实现的复利收益率。这使实际收益率这个度量指标的吸引力有所下降。

期限分析：依据对债券到期收益率和息票再投资率的预测而进行的对债券跨年度收益的分析。

我们还可以计算持有期间大于一期的实际复利收益率，这叫做**期限分析**（horizon analysis），与案例 10.8 中的步骤相似。总收益率的预测同时依赖于你在卖出时对债券到期收益率的预测和你对将息票收入进行再投资的收益率的预测。当投资期限更长时，再投资的利息将在你的最终收入中占有更大的比重。

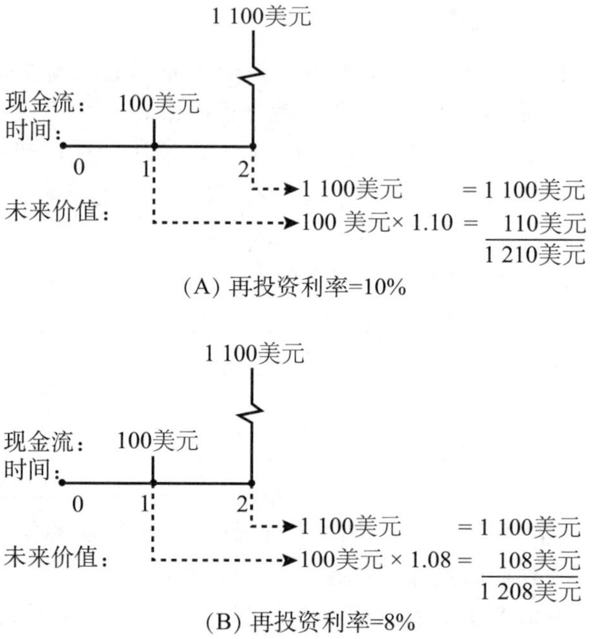

图 10.5 投资资金的增长

说明：在（A）中，息票再投资利率等于到期收益率 10%。在（B）中，息票再投资利率仅为 8%。

案例 10.9

期限分析

假如你以 980 美元（当时其到期收益率是 7.67%）购买 30 年期（年）息票率为 7.5%（每年付息一次）的债券，并计划持有 20 年。你预测，债券在出售时的到期收益率是 8%，息票的再投资利率是 6%。在你的投资期末，债券离到期还有 10 年，因此，预计卖出价格（使用 8%的到期收益率）是 966.45 美元。按复利计，20 笔息票支付将增加到 2 758.92 美元。（在 6%的利率下，这是 20 年期 75 美元年金的终值。）

在这些预测的基础上，20 年内你的 980 美元投资将增长到 966.45+2 758.92=3 725.37（美元）。这对应于 6.90%的年复利收益率：

$$980\text{ 美元} \times (1+r)^{20} = 3\ 725.37\text{ 美元}$$

$$r = 0.069\ 0 = 6.90\%$$

案例 10.8 和案例 10.9 说明，当利率变动时，债券投资者实际上面对两种会相互抵消的风险。一方面，利率上升，债券价格下降，降低了投资组合的价值；另一方面，息票的再投资收益在高利率下会更快地累积。这种**再投资利率风险**（reinvestment rate risk）会抵消价格风险的影响。在下一章更详细地分析这种平衡时我们将会发现，通过仔细调整自己的债券投资组合，投资者可以在任何一个投资期限内很好地平衡这两种效果。

再投资利率风险：息票利息再投资时未来累积价值的不确定性。

10.4 不同时期的债券价格

我们前面讲过，当息票率与市场利率相等时，债券就会按面值销售。在这种环境下，投资者在各个时间段收到的利息实际上是对货币的时间价值的公平补偿。这种补偿中不包含其他的资本收益。

如果息票率低于市场利率，该债券所提供的利息就会低于其他市场投资的收益。要实现这种投资的公平收益，投资者就需要赚取价格上涨所带来的收益。因此，债券最初的发行价格就应当低于其面值，从而可以提供“内置”的资本收益。

案例 10.10

公平的持有期收益

为了解释债券内置的资本收益或损失，我们来看一个例子。假定几年前发行的一个债券，当时的市场利率是 7%，债券的年息票率也是 7%（为了分析方便，假定债券每年支付一次利息）。现在，债券距离其到期日还有 3 年，市场收益率为每年 8%。债券的公平市场价格就是尚未支付的利息与面值的现值，即[①]：

70×年金因子（8%，3)+1 000×现值因子（8%，3)=974.23（美元）

这个价格水平是低于面值的。

在下一年里，在下一次利息支付之后距离到期日还剩 2 年，债券的价格就应当是：

70×年金因子（8%，2)+1 000×现值因子（8%，2)=982.17（美元）

这一年的资本收益就是 7.94 美元。如果一个投资者在 974.23 美元的价格水平上购买这一债券，该年的总收益就应当等于息票支付与资本收益之和，即 70+7.94=77.94（美元）。这意味着当期收益率与市场其他投资收益率是相等的，即 77.94/974.23=8%。

概念测验 10.5

案例 10.10 中，如果距离到期日还有 1 年，下一年的价格又会怎样呢？如果一个投资者在 982.17 美元的价格水平上购买债券，并在一年后卖出该债券，该投资者的收益率是多少？

扫描二维码
获取答案解析

如果债券价格是根据现值公式确定的，那么息票率较低的债券，其价格低于面值的差额所带来的资本收益一定要足够大，从而保证债券的收益率是公平的。相反，如

① 利用计算器，输入 n=3，i=8，PMT=70，FV=1 000，计算 PV。

果息票率超过市场利率，该债券的利息收入就会超过其他市场投资方式。投资者对这种债券的需求使得债券价格会超过其面值。当债券接近到期日时，由于利息支付次数变少，其价值就会降低，资本损失就会抵消较高的利息，投资者所获得的也是公平收益率。

本章章末的习题 16 涉及的就是一个息票率较高的债券。图 10.6 描述了随着到期日的临近，高息票率债券与低息票率债券的价格变动轨迹。低息票率的债券可以提供资本收益，而高息票率的债券则会遭受资本损失。①

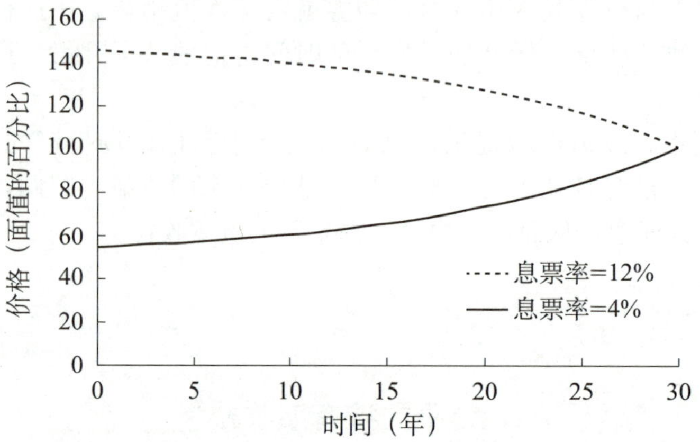

图 10.6　两个 30 年后到期且每一个都以到期收益率 8%出售的债券的价格路径

说明：随着到期日临近，债券价格越来越接近面值。

通过上面的案例，我们要说明的是，任何债券向投资者提供的收益率都是相等的。但是这种情况只发生在机制完善的资本市场中，这样即使资本利得和收入部分不一样，债券的价格也是由竞争性利率确定的。并且任何证券必须在扣除了税收因素，并经过风险调整以后才可以相互比较。如果不是这样，投资者就会尽量卖出收益低的证券，从而压低这些证券的价格水平，最终结果是这些证券的收益率与其他证券相当。只有当所有的证券都实现了公平定价时，这个价格调整过程才会结束（需要进行必要的风险和税收因素调整）。

我们可以在图 10.1 中看到这种价格调整的证据。比较一下将于 2026 年 2 月到期的两种债券。一个债券的息票率是 1.625%，而另一个债券的息票率要高得多，是 6%。但是这种债券的高息票率并不意味着它提供了更高的收益；相反，它的售价更高。这两种债券的到期收益率几乎相等，都在 2.5%左右。这是有道理的，因为投资者应该关心他们的总收益，包括票息收入和价格变化。最后，同类债券的价格会不断调整，直至收益率基本持平。

当然，图 10.1 中债券的收益率并不完全相等。显然，较长期债券此时提供了较高的承诺收益率，这是一种常见的模式，反映了债券的相对风险。我们将在后面的章节中探讨收益率和到期期限之间的关系。

① 我们在图中假设市场利率是不变的。如果利率是波动的，债券价格的路径将是“跳跃式”的，围绕着图 10.6 中的价格路径波动，并且随着利率的升降而反映资本利得或损失。但是，最终价格会在到期日回归到面值，溢价发行债券的价格会随着时间的推移下降，而折价发行债券的价格会随着时间的推移上升。

□ 到期收益率与持有期收益率

在案例 10.10 中，持有期收益率和到期收益率相等，债券年初和年末的收益率都是 8%，债券的持有期收益率也是 8%。这其实是一个一般性的结果。当期间内的到期收益率不变时，债券的收益率和到期收益率相等。正如我们已经提到的，这并不是一个令人吃惊的结果：债券必须提供一个与其他证券相比具有竞争力的收益率。

然而，当收益率波动的时候，债券的收益率也会波动。市场利率的意外变化将导致债券收益率的意外变化，此后，债券的持有期收益率可能好于或者坏于其最初出售的收益率。债券到期收益率的上升降低了其价格，这意味着持有期收益率要低于初始时的收益率。相反，到期收益率的下降使得持有期收益率高于初始收益率。

案例 10.11

到期收益率与持有期收益率

考虑一个 30 年期的债券，每年支付 80 美元息票，购买的价格为其面值，即 1 000 美元。该债券的到期收益率就等于 8%。如果一年内收益率保持在 8%，债券价格将保持在票面价值，那么持有期收益率也将是 8%。但如果收益率低于 8%，债券价格就会上涨。假设收益率下降，价格上涨到 1 050 美元，那么持有期收益率会大于 8%：

$$持有期收益率=\frac{80+(1\,050-1\,000)}{1\,000}=0.13 或 13\%$$

概念测验 10.6

请说明当到期收益率上升时，持有期收益率会低于初始收益率。例如，假定在案例 10.11 中，在第一年末，债券的到期收益率是 8.5%。计算一年持有期的收益率并将这一收益率与债券初始 8% 的到期收益率相比较。

扫描二维码
获取答案解析

考虑到期收益率和持有期收益率的差异，还有另一种方法。到期收益率仅依赖于债券的利息、当前价格和到期面值。所有这些价值都是当前可以观察到的，因而到期收益率很容易计算。如果对债券的投资延续到债券到期时，到期收益率可以被解释为平均收益率的一种度量方式。相比之下，持有期收益率是特定投资期间的收益率，并依赖于持有期末的债券市场价格。当然，这个价格今天是未知的。因为持有期的债券价格将会对利率的意外变动做出反应，因此，持有期收益率至多只能被预测。

□ 零息债券和本息剥离式国债（Treasury STRIPS）

初始贴现发行（original-issue discount，OID）的债券不如以面值发行的债券那么普遍，但是息票率比较低的债券一般会采取贴现发行的方式。有关这种债券的一个极端的例子就是零息债券（zero-coupon bond）。零息债券没有利息，它的所有收益都表现为价格升值的形式。也就是说，零息债券只向投资者提供一次现金流，即债券到期时的支付。

美国国库券是典型的短期零息债券。面值为 10 000 美元的发行价格与销售价格都低于 10 000 美元，而承诺到期时支付 10 000 美元。投资者的所有收益都体现为价格上升的方式。

较长期限的零息债券一般都源自财政部发行的付息票据与债券。购买国债息票债券的经纪人可能会要求财政部将该债券支付的现金流量分为 n 个独立的证券，每个证券都享有对该债券每次支付的要求权。例如，一个 10 年期的债券，每半年付息一次，那么，20 次的利息支付就可以被看作 20 个独立的零息债券，因此，这些债券的到期日从 6 个月到 10 年不等。原债券到期时的支付则可以看作另外一个零息债券。每次支付都可以看作一个独立的证券，有其自己的 CUSIP 号码。在美联储的通信网络上，可以进行这些债券的电子交易。这些零息债券的支付同样是美国财政部的义务，被称为本息剥离式国债（Treasury STRIPS），我们通常将这种分离交易的财政计划称为 STRIPS（Separate Trading of Registered Interest and Principal of Securities）。

随着时间的推移，零息债券的价格会如何变化呢？在到期日，零息债券的价格肯定等于其面值。由于货币时间价值的因素，到期日以前，债券价格是低于其面值的。随着时间的推移，债券价格逐渐接近面值。事实上，如果利率保持不变，债券价格的上升速度应当与利率水平相当。

为了解释这个特点，我们来考虑一个还有 30 年到期的债券。假定市场年利率为 10%，目前债券价格就应当是 $1\ 000/(1.10)^{30}=57.31$（美元）。下一年，债券距离其到期日还有 29 年，价格应当是 $1\ 000/(1.10)^{29}=63.04$（美元）。在这一年里，债券价格上涨了 10%。由于债券面值的贴现期减少了 1 年，因此，其价格上涨的幅度应当是 1 年期贴现因子。

图 10.7 说明了在市场利率为 10% 的水平上，30 年期零息债券价格水平的变动轨迹。到期日之前价格上涨遵循的是指数函数，而非线性函数。

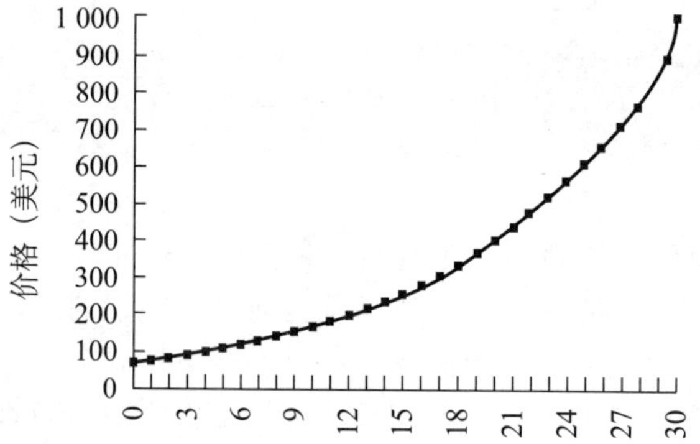

图 10.7　30 年期零息债券在不同时期的价格

说明：到期收益率为 10% [价格等于 $1\ 000/(1.10)^T$，其中 T 为距离到期日的时间]。

□ 税后收益

税务机关认识到，零息债券等原始发行折扣债券的“内在”价格增值，是对债券持有人的隐性利息支付。因此，美国国内税务局（the Internal Revenue Service，IRS）会计算一个价格升值表，为一个纳税年度内的内置升值计算应纳税利息收入，即使资产没有出售或直到未来一年才到期。如果 OID 债券在纳税年度出售，任何因市场利率变化而产生的额外收益或损失都将被视为资本收益或损失。

案例 10.12

初始贴现发行债券的税收问题

期初利率为10%的30年期零息债券的发行价格等于$1\,000/(1.10)^{30}=57.31$（美元）。下一年，如果保持10%的收益率不变，美国国内税务局计算的债券价格应当是$1\,000/(1.10)^{29}=63.04$（美元）。因此美国国内税务局计算的利息收入是63.04－57.31＝5.73（美元），这个金额是应当缴税的。应当注意的是，这个计算过程的基础是收益率不变，即忽略了市场利率的变动。

如果利率下跌了，假定为9.9%，债券的实际价格应当是$1\,000/(1.099)^{29}=64.72$（美元）。如果该债券被卖出，64.72美元与63.04美元的价差就是资本利得收入，应当缴纳资本利得税。如果债券没有被卖出，价格差额就是没有实现的收益，并不形成当年的税收。无论在哪种情况下，国内税务局计算出来的5.73美元的利息收入都应缴纳一般的所得税。

案例10.12说明的这个过程同样可应用于其他不属于零息债券的贴现债券。考虑另外一个例子，30年期债券的息票率为4%，到期收益率为8%。为了分析方便，我们假定债券每年付息一次。由于息票率较低，债券的发行价格远低于其面值，根据计算，应当是549.69美元（你可以自行验证）。如果债券的到期收益率仍为8%，一年以后债券的价格会上升为553.66美元。因此，税前的持有期收益率恰好是8%：

$$\text{持有期收益率}=\frac{40+(553.66-549.69)}{549.69}=0.08$$

在收益率不变的基础上，债券价格的上升就被看作潜在的利息收入，所以投资者要对553.66－549.69＝3.97（美元）的应计利息与40美元的息票收入缴税。如果债券在该年底卖出，并且债券收益率的确发生了变化，债券价格与“收益率不变”基础上计算出来的553.66美元之间的差额就被看作资本利得收入。

概念测验 10.7

假定在第一年末息票率为4%的30年期债券的到期收益率降为7%。第一年后，投资者卖出该债券。如果投资者利息收入的税率为38%，资本利得的税率为20%，投资者的税后收益率为多少？

扫描二维码
获取答案解析

10.5 违约风险与债券定价

虽然债券所承诺的现金流是固定的，但是，如果投资者不能以十足的把握确定发行人不会违约，收入流就不是没有风险的。美国政府债券可以被看作没有违约风险，但公司债券就不是这样了。如果发行公司破产，债券持有人就不会收到它曾经承诺过的任何支付金额。因此，公司债券的实际支付是不确定的，要视公司的最终财务状况而定。

穆迪投资者服务公司（Moody's Investor Services）、标准普尔公司（Standard & Poor's Corporation）、惠誉投资者服务公司（Fitch Investors Service）都可以衡量债券违约风险，并提供公司的财务信息与大公司债券或市政债券的信用风险等级。国际主权债券在新兴市场上也面临信用风险，因此通常也需要评级。每家公司的信用等级反映了对它们所发行的债券的安全性的评估。最高等级是 AAA 和 Aaa。穆迪公司用后缀 1、2、3 来进行更精细的等级划分，例如 Aaa1，Aaa2，Aaa3。其他公司则多采用＋或－等标记。

投资级债券：被标准普尔评为 BBB 及更高等级，或被穆迪公司评为 Baa 及更高等级的债券。

投机级债券或垃圾债券：被标准普尔评为 BB 及更低等级，被穆迪公司评为 Ba 及更低等级，或无等级的债券。

信用级别等于或高于 BBB（标准普尔公司、惠誉投资者服务公司）或者等于或高于 Baa（穆迪投资者服务公司）的债券被认为是**投资级债券**（investment grade bonds），其他债券则被认为是**投机级债券或垃圾债券**（speculative grade bond or junk bond）。保险公司等机构投资者通常不允许投资于投机级债券。

图 10.8 介绍了各个信用级别的划分。

	债券评级			
	最高的信用级别	较高的信用级别	投机级	最差的信用级别
标准普尔	AAA AA	A BBB	BB B	CCC D
穆迪	Aaa Aa	A Baa	Ba B	Caa C

有时，标准普尔与穆迪公司都对信用级别进行调整。标准普尔采用＋或－来表示：A＋表示信用能力最强的 A 级；A－表示信用能力最差的 A 级。穆迪公司则用 1、2、3 表示对信用级别的调整：1 是最高的信用能力。

穆迪	标准普尔	
Aaa	AAA	最高的信用级别。公司偿还本金和利息的能力非常强。
Aa	AA	偿还本金与利息的能力很强。与上一个信用级别合称高信用级别类债券。
A	A	公司偿还本金与利息的能力比较强。但这类债券很容易受到经济环境或经济状况的反向变动的影响。
Baa	BBB	公司有足够的能力偿还本金与利息。尽管正常情况下这些公司有足够的保护系数，但与上面几类债券相比，经济形势的反向变动或者环境的变动会大大降低这类债券的偿还能力。这一类债券是中等信用级别的债券。
Ba B Caa Ca	B CCC CC	根据利息支付或本金偿还的特征，这类债券被认为是投机级债券。BB 与 Ba 级债券表示投机级别最低。Ca 与 CC 级债券表示投机级别最高。虽然这类债券也有一定的质量与保护性的特征，但是其更被看重的是其在面临经济环境出现反向变动时支付的不确定性以及主要风险暴露。一些债券有很大的违约可能。
C	C	这些债券通常被用作收入债券，即没有利息支付。
D	D	这类债券已经出现违约现象，或者利息的支付或本金的偿还已经被拖欠。

图 10.8　债券的每个信用级别的定义标准

资料来源：Stephen A. Ross，Randolph W. Westerfield，and Jeffrey A. Jaffe，*Corporate Finance*，9th ed. 2010 © McGraw-Hill Publishing. 数据来自各个版本的 *Standard & Poor's Bond Guide and Moo-dy's Bond Guide*。

□ 垃圾债券

垃圾债券，也被称作高收益债券（high-yield bond），实际上就是投机级债券。1977 年以前，几乎所有的垃圾级债券都是“堕落的天使”，即债券本来是投资级债券，但后来信用级别被降低了。1977 年以后，公司开始发行“原始垃圾债券”。

这种创新来源于德雷克塞尔·伯纳姆·兰伯特（Drexel Burnham Lambert）和他的交易商迈克尔·米尔肯（Michael Milken）。德雷克塞尔很长时间以来一直希望能够为垃圾债券的潜在投资者建立交易网络。不能发行投资级债券的公司可以通过德雷克塞尔（或其他投资银行家）直接向公众发行债券，因为这开创了融资的新渠道。和银行贷款相比，垃圾债券是低成本的融资方式。

20 世纪 80 年代，垃圾债券被用作杠杆收购与敌意收购的工具，遭到了很多人的贬斥。不久之后，80 年代末期，德雷克塞尔和迈克尔·米尔肯因与华尔街内幕交易丑闻之间的关联被告上了法庭，对垃圾债券市场也是一个不小的打击。

在德雷克塞尔事件的影响下，高收益的垃圾债券市场的发展几乎停止。但是，不久以后，这一市场出现了戏剧性的反弹，然而，值得注意的是，现今发行的高收益债券的平均信用等级要比 80 年代繁荣时期的平均质量高。当然，在金融危机期间，垃圾债券比投资等级债券更易遭受损失。在 2008—2009 年金融危机期间，这些债券的价格大幅跌落，相对应的投资收益率大幅上升。国债和 B 级债券的收益率差额从 2007 年初的 3%扩大到 2009 年初惊人的 19%。

□ 债券安全性的决定因素

债券评级机构在确定信用级别时依据的是发行人的某些财务比率的水平与发展趋势。评估安全性的关键指标有：

1. 债务保障比率（coverage ratio）。即公司收益与固定成本的比率。例如，利息保障倍数（times-interest-earned ratio）是息税前收益与利息之间的比率。固定支出保障比率（fixed-charge coverage ratio）在利息债务中加上了租金支付与偿债基金支付，计算收益与所有现金债务之间的比率。债务保障比率较低或下降说明现金流可能出现了困难。

2. 杠杆比率（leverage ratio or debt-to-equity ratio）。即债务与权益比率。杠杆比率过高说明负债过多，公司的收益很可能无法满足债券的偿债要求。

3. 流动性比率（liquidity ratios）。最常见的两个流动性比率是流动比率（current ratio，流动资产/流动负债）与速动比率（quick ratio，流动资产扣除存货/流动负债）。这两个比率衡量的是公司运用流动性最强的资产偿还债务的能力。

4. 盈利性比率（profitability ratios）。是对资产或权益收益率的衡量。盈利性比率反映了公司整体的财务状况。资产收益率（息税前收益/总资产）或权益收益率（净收入/权益）是最普遍的盈利性比率。资产或权益收益率较高的公司展示的公司投资的利润前景十分诱人，因此更适合在证券市场上筹资。

5. 现金流量—债务比率（cash flow-to-debt ratio）。总现金流与发行在外的债务的比率。

穆迪定期为几个评级等级的公司计算选择比率的中间值，我们在表 10.3 中给出了这些值。当然，比率必须根据行业标准进行评估，分析师对特定比率给予的权重也有所不同。然而，表 10.3 显示了比率随公司评级等级的提高而提高的趋势。

□ 债券契约

债券契约（bond indenture）作为债券发行人与债券持有人之间的合同，不仅要列明利息支付的时间表，而且为了保护债券持有人的利益，还要规定对发行人的一些限制措施。这些限制措施主要包括抵押品、偿债基金、股利政策和未来借款。发行人承诺遵守这些限制性措施，以提高债券的安全性，吸引投资者。

债券契约： 定义债券发行人和持有人之前合同的文件。

表 10.3　根据评级等级确定的财务比率

	Aaa	Aa	A	Baa	Ba	B	C
EBITDA/资产（%）	20.9	15.6	13.8	10.9	9.1	7.1	4.0
营业利润率（%）	22.0	17.1	17.6	14.1	11.2	8.9	4.1
EBIT 利息保障倍数	28.9	15.1	9.7	5.9	3.5	1.7	0.6
总债务/EBITDA 乘数	0.58	2.03	1.83	2.58	3.41	5.26	8.35
总债务/(总债务+所有者权益)（%）	19.3	50.2	38.6	46.2	51.7	72.0	98.0
运营资金/总债务	1.335	0.385	0.425	0.296	0.206	0.120	0.031
留存的现金流量/净债务	1.3	0.3	0.4	0.3	0.2	0.1	0.0

说明：EBITA 是利息、税收、折旧前利润。

资料来源：Moody's Financial Metrics，*Key Ratios by Rating and Industry for Global Non-Financial Corporations*，December 2013.

偿债基金

偿债基金：要求债券发行人在到期之前定期赎回一定比例的未清偿债务的债券契约。

债券面值的支付发生在债券生命期结束时。本金的支付构成了发行人的巨额现金流出。为了确保不会造成现金流危机，公司也许会建立**偿债基金**（sinking fund），将支付的负担分摊在几个年度中。这种基金的运用方式主要有以下两种：

1. 公司每年在公开市场上购回一部分未偿付的债券。

2. 公司按特定的赎回价格赎回一部分未偿付的债券。赎回价格是在偿债基金条款中规定的。公司有权选择按照市场价格或按照偿债基金价格赎回债券，一般偿债基金的价格较低。为了将偿债基金的赎回公平地在投资者中分摊，作为赎回对象的债券的选择是根据债券的序列号随机抽取的。①

偿债基金的赎回与一般债券的赎回不同，主要体现在两个方面：首先，在偿债基金赎回价格下，发行人只能赎回特定数量限制下的债券。最好的情况是，有些债券契约规定公司享有“加倍选择权”（doubling option），即允许发行公司按照偿债基金赎回价格购回两倍数量的债券。其次，可赎回债券的赎回价格通常高于面值，但偿债基金的赎回价格通常就是债券的面值。

尽管偿债基金表面上通过提高偿还本金的可能性来保护债券持有人，但它们也会伤害投资者。公司可以选择以市场价格回购折价债券（售价低于票面价值），也可以选择按面值回购溢价债券（售价超过票面价值）。如果利率下跌，债券价格上涨，公司就可以按照偿债基金条款，以低于市场价格的赎回价格购回其债券，获得收益。在这种情况下，公司的收益就是债券持有人的损失。

序列债券发行（serial bond issue）没有偿债基金的规定。在序列债券发行中，公司发行的债券有不同的到期日，从而将公司本金偿还的负担分摊在各个时间段上，这与偿债基金十分相似，但是序列债券发行中没有赎回的规定。与偿债基金不同，序列债券发行中的债券持有人不会面临可能被赎回的风险。序列债券的缺点在于，到期日不同的债券是不同的债券，因此其流动性被大大降低，因而这些债券的交易成本就较高。

其他债务的从属性

决定债券安全性的一个因素是发行人所有未偿付的债务。如果某一天你购买了一种债券，第二天当你看到公司借款变为原来的 3 倍时，你就会觉得你的利益受到了损害。与前一天相比，你的债券的质量就会降低。为了防止发行人以这种方式损害投资

① 有些时候，偿债基金要求定期将资金交给受托人托管，尽管这种托管方式不常见。定期支付的资金被用于投资，从而使得累积的金额可以用于债券到期时的偿付。

者，**从属条款**（subordination clauses）限制了发行公司额外负债的金额，并且额外负债在优先性方面要从属于现有债务。也就是说，当公司破产时，从属或次级债券的持有人只有在高级债券被全部偿付后，才可以得到其本金与利息。

从属条款：要求在公司破产时优先支付给高级持有人的限制性条款。

股利限制

债券契约还会限制公司支付的股利数量。这些限制性规定迫使公司保留资产，而不是将其都发放给股票的持有人，从而保护了债券持有人。最典型的一条限制措施是，严格限制公司累积股利的数额不得超过公司累积净利润与股票发行收入之和。

抵押品

一些债券的发行有特定的抵押品的支持。**抵押品**（collateral）是在公司破产的情况下，债券持有人可以获取的资产。抵押品可以采取多种形式。如果抵押品是物质形式，这种债券就被称为担保债券（mortgage bond）；如果抵押品是公司持有的其他证券，这种债券就被称为抵押信托债券（collateral trust bond）；如果抵押品是机器设备，债券就被称为设备契约债券（equipment obligation bond）。铁路等行业中的设备十分标准，一旦公司违约，这些作为抵押的设备就可以比较容易地卖给其他公司，因此，在这些行业中，设备契约债券十分普遍。

抵押品：为了防止可能出现的债券违约而抵押的特定资产。

抵押债券要比**无抵押债券**（debenture）更安全，因为后者没有任何抵押品的支持。债券的安全与否完全取决于公司的获利能力。当公司违约时，无抵押债券的持有人就变成了公司的普通债权人。由于抵押债券有抵押品的支持，因此它所提供的收益率要比普通债券略低。

无抵押债券：没有特定抵押品作为支持的债券。

图 10.9 反映的是 2015 年苹果公司一次大规模债券发行的条款。我们在问题的条款旁边增加了一些注释。

评论	债券描述
1. 每年 2 月 9 日和 8 月 9 日将支付 3.45%的利息。因此，每 6 个月每张票据将支付（0.034 5/2）×1 000 ＝17.25（美元）的利息	ISSUE：Apple Inc. 3.45% Notes
2. 到 2045 年，投资者将获得面值 1 000 美元的回报	DUE：February 9，2045
3. 穆迪的债券评级为 Aa，是第二高的评级	RATING：Aa
4. 委任受托人照顾投资者的利益	TRUSTEE：Issued under an indenture between Apple and The Bank of New York Mellon Trust Company
5. 债券已注册。注册服务商会记录谁拥有债券	REGISTERED：Issued in registered，book-entry form
6. 公司没有义务在到期前定期偿还任何债券	SINKING FUND：None
7. 公司可以选择回购票据。赎回价格为 1 000 美元或以等值美国国债的价值确定的价格中的较大者	CALLABLE：In whole or in part at any time
8. 票据是优先债，与苹果公司其他所有无抵押优先债的排名相同	SENIORITY
9. 票据没有保险。也就是说，在发生违约时，没有预留资产来保护票据持有人。但是，如果苹果公司预留资产来保护任何其他债券持有人，则这些资产也将作为票据的抵押。这被称为否定质押条款	SECURITY：The notes are unsecured. However，“if Apple shall incur，assume or guarantee any Debt，… it will secure … the debt securities then outstanding equally and ratably with … such Debt.”
10. 发行的本金为 20 亿美元。这些票据以其本金的 99.11%出售	OFFERED：＄2 000 000 000 at 99.11%
11. 账簿管理人是发行和维护所售证券账簿的管理承销商	JOINT BOOK-RUNNING MANAGERS：Goldman，Sachs；Deutsche Bank Securities

图 10.9　苹果公司发行的可赎回债券

□ 到期收益率与违约风险

由于公司债券存在违约风险，我们必须区分债券所承诺的到期收益率与预期收益率。只有当公司履行了全部债券义务后，债券所承诺或规定的收益才会实现，因此债券承诺的到期收益率是债券有可能达到的最大收益。预期到期收益率必须考虑违约可能性。

例如，在2008年10月金融危机最严重的时候，福特汽车公司于2028年到期的息票率为6.625%的债券评级为CCC，售价为面值的33%，这也使得到期收益率为20%。投资者并不认为债券能够提供如此高的收益率。他们认为债券到期时，投资者不会收到债券合同中所承诺的全部支付额。以预期现金流量为基础的收益率会远远低于以承诺现金流量为基础的收益率。结果当然是福特公司渡过难关，那些持有公司债券的投资者也获得了丰厚利润：2017年，这些债券以高于面值约20%的价格出售。

案例 10.13

预期收益率与承诺的收益率

假定20年前，一公司发行了息票率为9%的债券。现在债券距离其到期日还有10年的时间，但是目前公司出现了财务困难。投资者相信公司会照常支付今后的利息，但是至到期日时，公司可能会面临破产，投资者只能收到面值的70%。目前债券的价格为750美元。

为了计算到期收益率，我们可以在金融计算器中输入下列数据：

	预期的到期收益率	承诺的到期收益率
利息支付额	45美元	45美元
半年支付期的次数	20	20
到期时的支付	700美元	1 000美元
价格	750美元	750美元

以承诺的支付额为基础的到期收益率为13.7%，以预期的支付额为基础的到期收益率为11.6%。债券承诺的到期收益率要高于投资者预期的到期收益率。

案例10.13说明，如果债券易受违约风险的影响，其价格会下降，从而承诺的到期收益率会上升。因此，违约溢价，即宣称的到期收益率与可比政府债券的收益率之间的差额将会上升。然而，债券的预期到期收益率最终是与债券的系统风险相联系，其所受影响程度小得多。我们继续用下面的例子分析。

案例 10.14

违约风险和违约溢价

假设案例10.13中公司的状况进一步恶化，投资者相信到期时债券只会以面值的55%支付。投资者现在要求12%的预期到期收益率（也就是6%的半年期收益率），该比率比案例10.13中高出0.4%。而债券价格将从750美元下降到688美元［n=20；i=6；FV=550；PMT=45美元］。在这个价格上，基于承诺现金流的宣称的到期收益率为15.2%。尽管预期到期收益率增加了0.4%，但价格下降引起承诺的到期收益率（以及违约溢价）上升了1.5%。

公司债券必须能够提供**违约溢价**（default premium）来补偿违约事件发生的可能性。一般认为政府债券不存在违约风险，因此违约溢价就被定义为公司债券所承诺的收益率与相同条件的政府债券的收益率之间的差额。如果公司依然保持其偿付能力，并按照合同规定向投资者支付所有的现金流量，那么公司债券的到期收益率就会高于政府债券。如果公司破产，公司债券的到期收益率就会低于政府债券。因为与政府相比，公司面临的风险更大，因此，公司债券的表现既有可能好于政府债券，又有可能比政府债券差。换句话说，它的风险更大。

违约溢价：为了赔偿债务违约风险而增加的保证金收入。

风险债券所提供的违约溢价的模型有时又被称为利率的风险结构（risk structure of interest rates）。违约风险越大，违约溢价就越高。图 10.10 反映的是自 1997 年以来各个风险级别的债券到期收益率的差异。在该图中，你可以清楚地看到债券承诺的收益中所包含的违约风险溢价因素。从图 10.10 中也可以注意到，2008—2009 年危机期间信用价差以令人难以置信的速度上升。

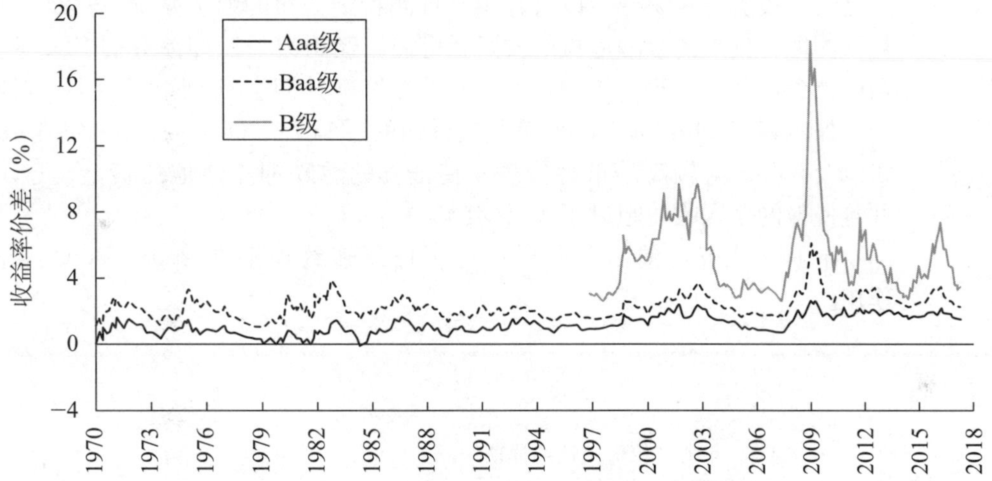

图 10.10　公司债券和 10 年期国债的收益率价差

资料来源：Federal Reserve Bank of St. Louis.

□ 信用违约掉期

一个**信用违约掉期**（credit default swap，CDS）实际上是针对公司债券或者贷款可能出现的违约风险而采取的保险政策。例如，2010 年初，5 年期希腊主权 CDS 的年度保费约为 3%，这意味着 CDS 买方将为卖方每 100 美元的本金支付 3 美元的年度"保险费"。CDS 卖方在合同期内收取这些年度付款，但如果发生违约，则必须赔偿买方债券价值的损失。[①]

信用违约掉期：针对公司债券或者贷款的违约风险而采取的保险政策。

正如最初所设想的那样，信用违约掉期的目的是使贷方能够购买抵御大量贷款损失的保护措施。CDS 的自然买家将是大型债券持有人或提供大量贷款并希望提高这些贷款的信誉的银行。即使债券发行人的信用状况不佳，"担保"债务也将与 CDS 发行人

① 实际上，信用违约掉期甚至可能还不及实际违约。合同规定了哪些特定的"信贷事件"将触发付款。例如，重组（重新订立公司的未偿债务条款，以替代正式的破产程序）可以定义为触发信用事件。

一样安全。原则上，持有 BB 级债券的投资者可以通过购买发行人的 CDS，将债务的有效质量提高到 AAA。

这种见解暗示了 CDS 合同应如何定价。如果一个以 CDS 作为保险的 BB 级债券和一个 AAA 级债券质量相当，那么这个掉期的公平价格应该大概等于 AAA 级债券和 BB 级债券的收益率价差。[①] 利率的风险结构和 CDS 的价格应该联系紧密。

图 10.11 显示了 2009—2010 年希腊政府债务的 5 年期 CDS 合同价格以及希腊和德国政府债券收益率之间的价差。作为欧元区最强劲的经济体，德国债券自然是扮演“无风险基准”角色的候选人。正如预期的那样，信贷息差和 CDS 价格几乎步调一致。

你可以在图 10.11 中看到，信用利差和 CDS 价格在 2009 年底开始急剧上升。随着人们对希腊信用风险的认识增加，保险债务的价格也上升。最终，这是有史以来最大的主权债务违约，贷款人在 2012 年同意将希腊债务减少约 1 300 亿美元。

CDS 合约以公司债务和主权债务进行交易。虽然 CDS 被视为一种债券保险，但不久之后，投资者意识到可以将其用于推测特定公司的财务状况。例如，一位在 2008 年初预测即将到来的金融危机的投资者可能已经购买了抵押债券的 CDS 合约以及金融公司的债务，并且由于其 CDS 价格在 9 月份飙升而会获利。实际上，对冲基金经理约翰·保尔森（John Paulson）就是这样做的。2007—2008 年，他对商业银行和华尔街公司以及一些风险较高的抵押贷款支持证券的看跌押注使他的资金超过了 150 亿美元，并且使他的个人收益超过了 37 亿美元。

下面的“市场前沿”专栏讨论了信用违约掉期在 2008—2009 年金融危机中的作用。

图 10.11　5 年期信用违约掉期价格

资料来源：Bloomberg，August 1，2012，www. bloomberg. com/quote/CDBR1U5：IND/chart.

① 我们之所以说“大约”，是因为高评级债券与信用违约掉期综合增强债券之间存在一些差异。例如，掉期期限可能与债券的期限不匹配。息票支付与掉期支付的税收待遇可能有所不同，债券的流动性也可能有所不同。最后，某些 CDS 可能需要一次性预付款以及年度保费。

市场前沿

信用违约掉期、系统风险和2008—2009年的金融危机

2008—2009年的金融危机在很大程度上是市场透明度的危机，这场危机使得银行和其他金融机构处于停顿状态。最大的问题就是对交易对手方的财务状况缺乏信任。如果一个机构不能肯定对方有偿付能力，那么很容易理解该机构不愿意给对方提供贷款。当对客户和贸易伙伴的信用风险敞口的怀疑飙升到大萧条以来市场从未见过的水平时，贷款市场就枯竭了。

信用违约掉期是一个典型的例子，该产品的出现加深了对交易对手可靠性的怀疑。报道称，到2008年8月未偿付的掉期达到了63万亿美元（相比之下，美国2008年的GDP大约为14万亿美元）。由于次级抵押贷款市场崩溃，经济进入深度衰退期，这些契约所产生的潜在债务已经膨胀到了以前不可想象的水平，CDS的出售者能够履行承诺令人怀疑。例如，仅保险巨头AIG公司自己就卖出了4 000亿美元的次贷以及其他贷款CDS契约，处于破产边缘。但是AIG的破产将会带来其他公司的破产，因为这些公司依赖于AIG对贷款违约保护的承诺。这将会带来更多的违约，最后政府迫于压力出面挽救AIG公司，以避免破产的连锁反应。

交易对手风险和宽松的报告要求使公司无法梳理出企业要承担的信贷风险。一个问题是，资产负债表中不必考虑CDS。而且一个公司违约的可能性会带动一连串的公司违约，这意味着出借人可能因一个并不直接交易的机构而面临风险。这样的连锁效应会产生系统风险，使得整个金融系统都进入冰冻期。随着坏账效应在不断扩大的圈子中荡漾，看起来借给任何人钱都是很轻率的举动。

在信贷危机风暴过去之后，《多德-弗兰克法案》要求新的监管和改革。提议中有一点是为诸如CDS契约的信用衍生工具建立一个中央清算所。这种制度提升了头寸的透明性，得到了对冲头寸，并要求通过保证金或抵押品账户每日确认收益或亏损头寸。如果损失增加，一定要在不可挽回之前平仓。允许交易者准确评估交易对手风险，并通过保证金账户和清算所的额外支持限制这种风险，这两点会对我们控制系统风险大有裨益。

10.6 收益率曲线

重新分析图10.1，你就会发现，不同期限的债券的到期收益率在理论上是类似的。但是事实并非如此。期限较短的债券提供的到期收益率相对较低。表示到期收益率与期限之间关系的图就是**收益率曲线**（yield curve）。由于收益率曲线将各种债券的到期收益率与期限联系起来，因此又被称为**利率期限结构**（term structure of interest rates）。收益率曲线会定期公布，你可以在《华尔街日报》或者雅虎财经等网站找到它们。图10.12引用了其中的4幅曲线图。图10.12表明一系列的收益率曲线都可以在实际中观察到。图（A）是平稳的收益率曲线。图（B）是上升的收益率曲线，而图（C）则是逆转的收益率曲线。最后图（D）是峰形的收益率曲线，先上升后下降。上升的收益率曲线是最常见的。下面就解释一下其中的原因。

收益率曲线：以到期时间为自变量的到期收益率图像。

利率期限结构：债券到期收益率和到期时间的关系。

为什么期限不同的债券所提供的收益率会有差异？两种常见的理论是从未来利率的预期与风险溢价等方面来解释这个问题的。我们将按顺序讨论这两种理论。

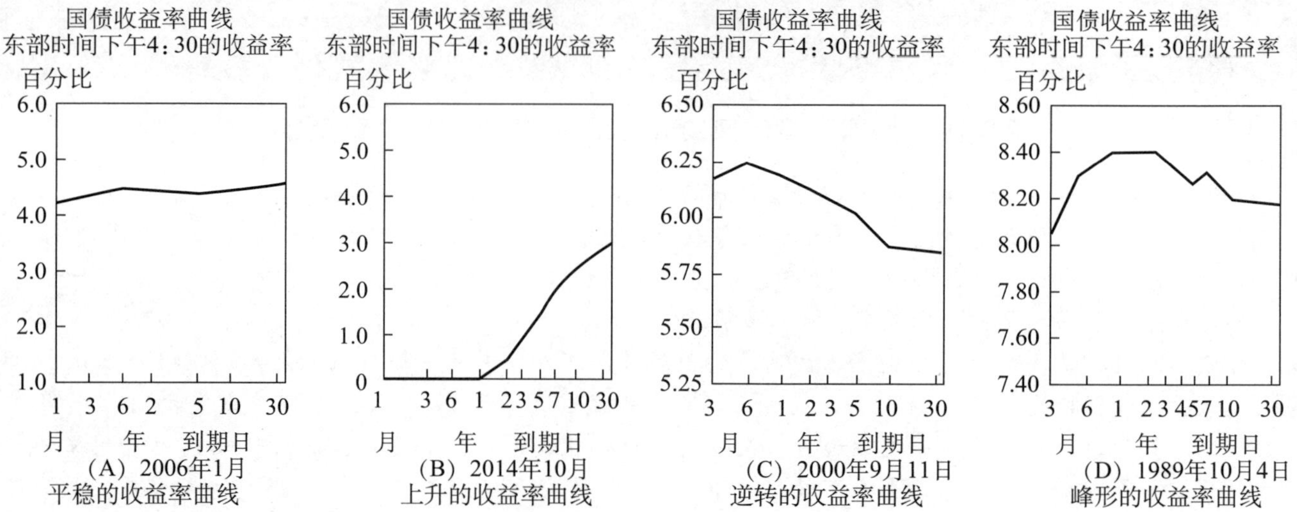

图 10.12 国债的收益率曲线

资料来源：*The Wall Street Journal*.

□ 预期理论

如果目前的年利率为 8%，假定每一位市场人士都坚定地认为下一年 1 年期债券的利率会上升到 10%。根据这种观点，现在发行的 2 年期债券的到期收益率是多少？

很容易了解到购买了 1 年期债券的投资者，在下一年将本息全部投入另一个 1 年期的债券，其平均收益率为 9%。这个值正好是第 1 年的收益率 8%和第 2 年的收益率 10%的平均值。更精确地讲，投资资金第 1 年的升值因子为 1.08，第 2 年为 1.10，所以两年期间，投资资金增长率为 1.08×1.10=1.188。因此，年增长率应当是 8.995% [因为 $(1.089\ 95)^2=1.188$]。

投资于 2 年期债券的收益率应当与上述投资策略相当。这些 2 年期的债券在 2 年的持有期内也必须提供 8.995%的年均收益率。这一结果体现在图 10.13 中。当前 8%的短期利率和下一年的预期短期利率都被描绘在时间线上，使得预期总收益率相同的 2 年期利率标在时间线下。因此，在该例中，收益率曲线向上倾斜；1 年期债券的到期收益率为 8%，2 年期债券的到期收益率为 8.995%。

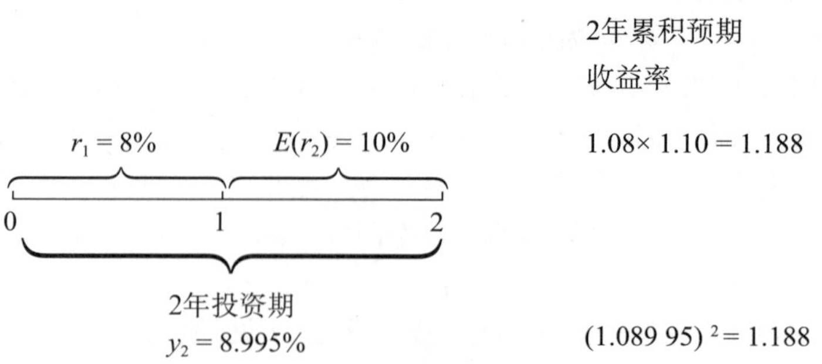

图 10.13 2 年期投资策略的收益率

这就是收益率曲线的**预期假说**（expectations hypothesis）这一概念的本质。这种理论认为，收益率曲线的形状取决于对短期利率变动的预期。长期债券的收益率较高，就是因为我们预期未来其利率会上升。同理，长期债券的收益率（向下倾斜的收益率曲线或逆转的收益率曲线）较低，原因就在于我们预期未来其利率会下跌。

预期假说：认为债券到期收益率是由对未来短期利率的预期所决定的一种理论。

预期假说理论的一个重要含义就是，所有期限的债券的预期持有期收益率应当是完全相等的。即使收益率曲线是向上倾斜的（即 2 年期债券的收益率要高于 1 年期债券的收益率），也不能说明投资者预期 2 年期债券的收益率会相对较高。我们已经发现，对于 2 年期债券的投资者而言，下一年利率上升带来的损失可以通过期初较高的到期收益率弥补。于是，在 2 年期内，甚至在任何持有期间内，该理论预言，持有期间收益率在各种期限不同的债券之间是相等的。

案例 10.15

持有期收益率

假如我们购买 1 年期的零息债券，当前收益率为 8%。如果面值是 1 000 美元，其价格应为 925.93 美元，这提供了来年 8%的收益率。假定我们购买 2 年期零息债券的收益率是 8.995%，它当前的价格应该是 $1\,000/(1.089\,95)^2=841.76$（美元）。一年过后，该零息债券的剩余期限还有 1 年。如果预测下一年的 1 年期收益率将是 10%，那么它将以 $1\,000/1.10=909.09$（美元）的价格出售。因而该年的预期收益率是 $(909.09-841.76)/841.76=0.08$ 或者 8%，这恰好等于 1 年期零息债券的收益率。这是比较容易理解的：当对债券定价时，如果忽略了风险因素，它们应该提供相同的预期收益率。

事实上，预期假说理论的支持者常常逆向运用这种分析来推测未来短期利率的市场预期。他们注意到，我们不能直接观察到下一年的利率预期，但是我们可以观察到不同到期日的债券收益率。假如，正如这个例子所示，如果 1 年期债券与 2 年期债券的到期收益率分别为 8%与 8.995%，投资于 2 年期零息债券的每 1 美元将在 2 年后增长到 $1\times(1.089\,95)^2=1.188$（美元）。投资于 1 年期零息债券的每 1 美元将会在 1 年后获得增长因子 1.08。然后，如果在第 2 年再投资或者“滚动”投资于另一个 1 年期零息债券，其价值将按一个额外的因子 $(1+r_2)$ 增长。最终的收入是 $1\times1.08\times(1+r_2)$。

这种“滚动”策略的最终收入依赖于第 2 年实际发生的利率。尽管如此，我们仍可以解出使得两种策略的预期收益相等的第 2 年的利率水平。这一“平衡”值被称为第 2 年的**远期利率**（forward rate），f_2，它由下式推出：

$$(1.089\,95)^2=1.08\times(1+f_2)$$

远期利率：推算出的未来期间的短期利率，使长期债券的预期总收益等于滚动短期债券的预期总收益。

这里 $f_2=0.10$ 或者 10%。注意，远期利率等于市场对第 2 年短期利率的预期。因此，我们得出结论：当长期债券的预期总收益等于某个短期债券的滚动收益率时，远期利率等于预期短期利率。这就是为何该理论叫做预期假说理论的原因。

更一般地，我们通过如下方式求解远期利率：在第 n 年，使 $(n-1)$ 期的零息债券滚动成为 1 年期债券，并使其收益率等于 n 期零息债券的收益率，即

$$(1+y_n)^n=(1+y_{n-1})^{n-1}(1+f_n) \tag{10.3}$$

如果第 n 年的短期利率确实等于 f_n，这两个 n 年策略的实际总收益率将相等。

案例 10.16

远期利率

假定 2 年期债券的到期收益率为 6%，3 年期债券的到期收益率为 7%。那么，第 3 年的远期利率是多少？如果不考虑复利因素，我们可以比较这两种投资策略：

1. 购买一个 3 年期债券。1 美元投资所获得的总资金应当等于：

$1\times(1.07)^3=1.2250$(美元)

2. 购买一个 2 年期债券，第 3 年将所有的资金再投资于收益率为 r_3 的 1 年期债券。1 美元投资的总收益应当等于投资资金前 2 年投资的资金增长率与第 3 年的增长率之积。

$1\times(1.06)^2\times(1+r_3)=1.1236\times(1+r_3)$

如果两种投资策略的收益率是相等的，那么：

$1.2250=1.1236\times(1+f_3)$

我们可以推断出第 3 年的远期利率应当满足 $1+f_3=1.0902$，因此 f_3 等于 9.02%。

尽管我们可以利用预期假说理论根据收益率曲线推测未来预期的市场利率，但该理论没有告诉我们究竟是哪些原因形成了这些预期。最终，利率反映了投资者对宏观经济状况的预测。因而并不奇怪，远期利率和收益率曲线是预测经济状况的有用信息。在预测经济活动走向的先行经济指标的指数中，收益率曲线的倾斜程度是比较重要的一个部分。尤其是暗示利率下降的逆转收益率曲线，被证明是预测即将到来的经济衰退的最好指标之一。

□ 流动性偏好理论

预期假说源自这样一种论断，即债券是这样定价的：对长期债券的“买入并持有”投资提供了与滚动一系列短期债券相同的收益率。然而，长期与短期债券的风险却是不同的。

我们已经看到，期限长的债券的利率风险会比短期债券风险大。因此，长期债券的投资者就会要求风险溢价来补偿这种风险。在这种情况下，即使没有未来利率上涨的预期，收益率曲线也会向上倾斜，原因就在于，投资者对风险较大的长期债券所要求的预期收益率也较高。

流动性偏好理论：投资者要求对长期债券给予风险溢价的理论。

这种观点就被称为期限结构的**流动性偏好理论**（liquidity preference theory）。由于短期债券的价格确定性较大，并且在更为活跃的市场上交易，买卖价差较小，因此，它比长期债券的流动性更好，这也是这个理论名称的由来。即使短期债券的预期收益不如长期债券高，但投资者的流动性偏好使得他们更愿意选择短期债券。

流动性溢价：投资者所要求的作为对长期风险补偿的额外预期收益。

投资者为了弥补长期债券更大的价格风险而要求的额外收益被称作**流动性溢价**（liquidity premium）。我们将流动性溢价测度为远期利率和预期短期利率之差：

$$f_n=E(r_n)+\text{流动性溢价}$$

在没有流动性溢价的情况下，远期利率和未来短期利率相等。但一般而言，我们预期远期利率更高，以此来补偿投资者因持有长期债券而导致的较低的流动性。

流动性偏好理论的支持者还注意到，借款人似乎更偏好发行长期债券。长期债券可以使他们在较长期间内将利率固定下来。因此他们可能会为这些债券提供较高的收益率。总之，债券购买人要求的长期债券的收益率比较高，发行人也愿意为长期债券支付较高的利率。结果是收益率曲线向上倾斜。

根据流动性偏好理论，远期利率将会超过市场对未来的预测。即使预测利率保持不变，由于流动性溢价的存在，收益率曲线仍然是上升的。如果一个人要运用纯粹预期假说理论来解释收益率曲线，他就会错误地认为，收益率曲线向上倾斜是因为利率上涨的预期。

案例 10.17

流动性溢价和收益率曲线

假定当前的短期利率是 8%，投资者预期下一年将维持在 8%的水平。在没有流动性溢价的情况下，如果预期收益率没有变化，2 年期债券的到期收益率也应该是 8%，收益率曲线是平坦的，远期利率也是 8%。但是，如果投资于 2 年期债券而非 1 年期债券时，投资者要求风险溢价是多少？如果流动性溢价是 1%，那么远期利率是 8%+1%=9%，而 2 年期债券的到期收益率将由下式决定：

$$(1+y_2)^2 = 1.08\times1.09 = 1.177\,2$$

这意味着 $y_2=0.085=8.5\%$。这里，收益率曲线向上倾斜完全是因为包含在长期债券价格中的流动性溢价。

概念测验 10.8

假定第 3 年的预期利率仍是 8%，但当年的流动性溢价是 1%。那么 3 年期零息债券的到期收益率是多少？这意味着收益率曲线会有怎样的斜率？

扫描二维码获取答案解析

□ 一个综合

当然，我们不能将期限结构理论看作预期与风险溢价之间的一种“或者”选择。预期与风险溢价都会影响到收益率曲线，因此，我们在分析收益率曲线时，应当全面考虑这两个因素。

图 10.14 说明了两种可能的收益率曲线的形状。在图 10.14（A）中，随着时间的推移，预期利率是上升的。如果考虑到流动性溢价，曲线向上倾斜的程度就更大。在图 10.14（B）中，我们预期利率是下降的，从而推动收益率曲线向下倾斜，而流动性使得曲线有向上倾斜的倾向。这两个相反的因素共同发生作用，结果就是出现“峰形”的收益率曲线。

这两个例子说明，变更预期与流动性溢价，二者结合就会得到一系列收益率曲线的形状。例如，由于斜率既有可能源自预期，也有可能源自风险溢价，因此向上倾斜的收益率曲线并不一定能够说明未来的预期利率会上升。一条异常陡峭的收益率曲线可能预示着利率上涨的预期，但这种推断也是很冒险的。

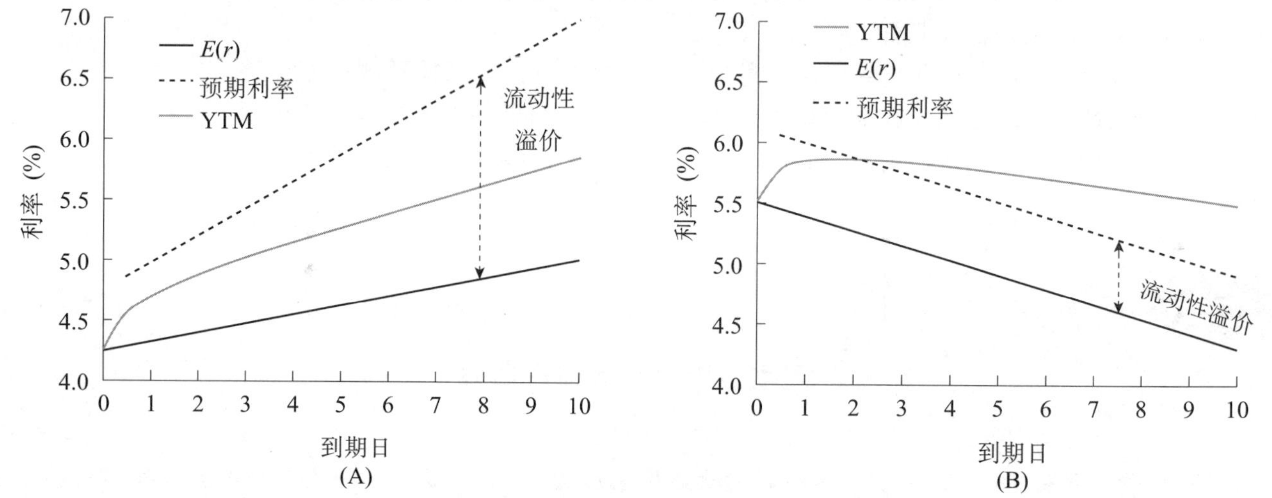

图 10.14　说明性的收益曲线

说明：(A) 中预期的短期利率上升，流动性溢价增加。结果是收益率曲线急剧上升。

(B) 中预期的短期利率下降，加上恒定的流动性溢价。结果是峰形的收益率曲线。

图 10.15 说明了自 1970 年以来 90 天国库券与 10 年期长期国债之间的收益率差异。虽然我们并不能预期利率在整个期间内都会上涨，但由于长期债券可以提供更高的到期收益率，因此收益率曲线一般是向上倾斜的。这种趋势是流动性溢价的实证基础，也就是说，向上倾斜的收益率曲线至少有部分原因在于风险溢价。

因为收益率曲线由于流动性溢价通常都向上倾斜，那么收益率曲线下降就是预期利率下降的一个很强的信号。而这种利率下降预期反过来也是经济衰退的信号，自 1970 年以来有七次经济衰退，每次都伴随着短期利率超过长期利率。由于这个原因，把收益率曲线的斜率作为先行经济指标指数的重要组成部分也就不奇怪了。

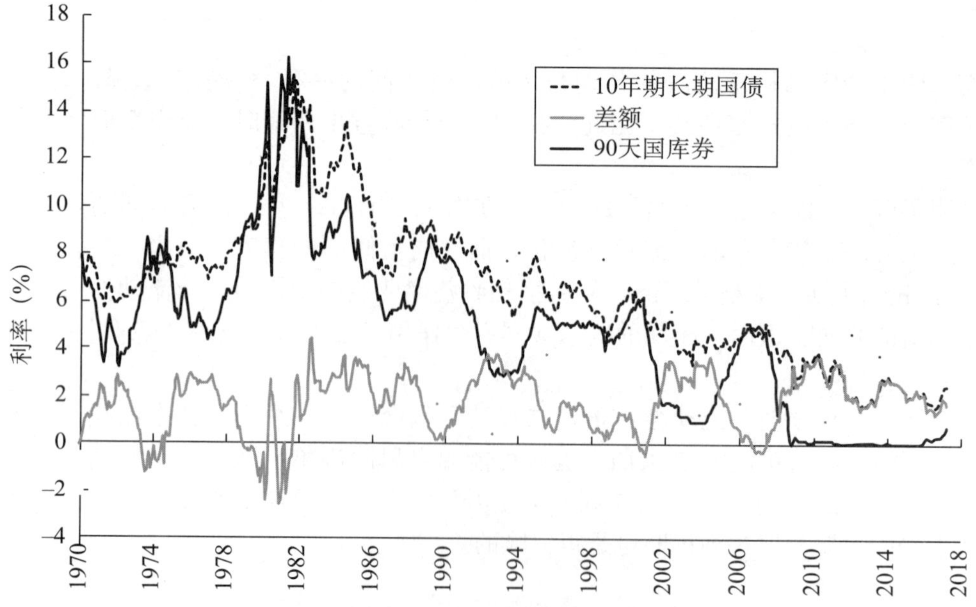

图 10.15　期限利差：90 天国库券与 10 年期长期国债的收益率

小结

- 固定收益证券的特点是承诺向持有者支付固定或特定的收入流。息票债券是一种典型的固定收益证券。
- 中期国债和长期国债的原始期限超过一年。它们一般是以面值或接近面值的价格发行，所报价格不包括应计利息。
- 可赎回债券提供较高的承诺到期收益率，以补偿投资者在利率下降、债券以约定的赎回价格被赎回时无法实现全部资本收益的情况。债券通常有一段时间的赎回保护。此外，价格远低于赎回价格的贴现债券实际上是赎回保护的另外一种形式。
- 卖权债券赋予债券持有人而不是发行人终止或延长债券寿命的权利。
- 可转换债券可根据债券持有人的意愿兑换一定数量的股票。可转换债券持有者通过接受较低的票面利率来“支付”这一选择。
- 浮动利率债券相对于参考短期利率的溢价是固定的。由于支付的利率与当前的市场条件有关，因此风险是有限的。
- 到期收益率是使证券现金流的现值与价格相等的单一贴现率。债券价格与收益率成反比。对于溢价债券，票面利率大于当期收益率，当期收益率大于到期收益率。而折价债券则正好相反。
- 到期收益率通常被认为是对购买债券并持有至到期的投资者的平均收益率。然而，当未来利率不确定时，包括再投资息票在内的实际回报可能会不同于到期收益率。相关的度量指标是到期收益率、已实现的复利收益率和预期（相对于承诺）到期收益率。
- 国库券是美国政府发行的零息债券，原始期限不超过一年。本息剥离式国债是长期无违约零息债券。零息债券的价格随时间呈指数增长，提供与利率相等的升值速度。美国国税局将这一价格增值视为投资者应纳税的利息收入。
- 当债券有潜在的违约风险时，指定的到期收益率是债券持有人能够实现的最大到期收益率。然而，在违约的情况下，承诺的收益率将无法实现。为了补偿债券投资者的违约风险，债券必须提供违约溢价，即承诺的收益率超过无违约政府债券的收益率。如果公司保持健康，其债券将比政府债券提供更高的收益。否则，收益率可能会更低。
- 债券安全性通常用财务比率分析来衡量。债券契约为保护债券持有人的债权提供了保障。普通契约规定偿债基金要求、抵押、股利限制和未来债务的次级地位。
- 信用违约掉期为债券或贷款的违约提供保险。掉期买方每年向掉期卖方支付溢价，但如果贷款后来出现违约，则收取相当于价值损失的款项。
- 利率期限结构是指期限与期限之间的关系。收益率曲线是期限结构的图形描述。远期利率是盈亏平衡利率，它将使滚动策略的总收益率与长期零息债券的收益率相等。
- 预期假说认为，远期利率是对未来利率的无偏预测。然而，流动性偏好理论认为，长期债券将带有风险溢价，即流动性溢价。正的流动性溢价可能导致收益率曲线向上倾斜，即使短期利率预期不会上升。

关键词

债券	息票率	违约溢价	浮动利率债券
可赎回债券	信用违约掉期（CDS）	折价债券	远期利率
抵押品	当期收益率	预期假说	期限分析
可转换债券	无抵押债券	面值	债券契约

投资级债券	卖权债券	投机级债券或垃圾债券	收益率曲线
流动性偏好理论	已实现的复利收益率	从属条款	到期收益率
流动性溢价	再投资利率风险	利率期限结构	零息债券
溢价债券	偿债基金		

核心公式

息票债券价格：

$$价格=息票\times\frac{1}{r}\left[1-\frac{1}{(1+r)^T}\right]+面值\times\frac{1}{(1+r)^T}$$

$$=息票\times年金因子\ (r,\ T)+面值\times现值因子\ (r,\ T)$$

远期利率：$1+f_n=\frac{(1+y_n)^n}{(1+y_{n-1})^{n-1}}$

流动性溢价：远期利率－预期短期利率

习题

1. 给出下列各种债券的定义：(LO10—1)

a. 灾难债券；

b. 欧洲债券；

c. 零息债券；

d. 武士债券；

e. 垃圾债券；

f. 可转换债券；

g. 序列债券；

h. 设备契约债券；

i. 原始发行折价债券；

j. 指数债券。

2. 可赎回债券中植入的期权是什么？卖权债券呢？(LO10—1)

3. 下列因素可能会对债券的到期收益率产生怎样的影响？(LO10—5)

a. 发行公司的利息保障倍数增加。

b. 发行公司的杠杆比率增加。

c. 发行公司的速动比率增加。

4. 一个息票债券每半年付息一次，卖出价为面值的117%。如果上一次支付是在一个月之前且息票率为6%，那么债券的发票价格是多少？(LO10—1)

5. 一个面值为1 000美元的零息债券还有5年到期，售价为746.22美元。(LO10—2)

a. 到期收益率是多少？

b. 如果债券价格迅速跌到730美元，到期收益率会有怎样的变化？

6. 为什么利率升高时债券价格会下降？难道是投资者不喜欢高利率？(LO10—2)

7. 两个到期日和息票率都相同的债券，其中一个可以在105美元的价格水平上赎回，另外一个债券的赎回价格为110美元。哪个债券的到期收益率更高？为什么？(LO10—4)

8. 如果一个债券的息票率为10%，到期收益率为8%，且债券的到期收益率不变，那么在1年内，债券价格会上升、下降还是不变呢？请解释。(LO10—2)

9. 一个售价为970美元的债券年息票率为4.8%，这个债券的当期收益率是多少？(LO10—2)

10. 一个投资者认为一种债券的信用风险可能会暂时提高，那么利用这个方法，下列哪一项的流动性最强？(LO10—5)

a. 购买信用违约掉期；

b. 出售信用违约掉期；

c. 卖空这种债券。

11. 下面哪一项最为准确地描述了信用违约掉期的行为？(LO10—5)

a. 当信用风险上升时，掉期溢价上升。

b. 当信用风险和利率风险上升时，掉期溢价上升。

c. 当信用风险上升时，掉期溢价上升；但当利率风险上升时，掉期溢价下降。

12. 你购买了一个8年期的债券，当期收益率为6%，息票率为6%（每年付息一次）。一年以后，约定到期收益率会上升到7%。那么你的持有期收益率是多少？(LO10—3)

13. 零息债券（无风险）承诺的到期收益率与实际复利到期收益率一般是相等的。为什么？(LO10—6)

14. 下面哪种证券的有效年利率更高？(LO10—6)

a. 一个面值为100 000美元，售价为97 645美元的3个月期国库券。

b. 按面值出售的息票债券，每半年支付一次利息，息票率为10%。

15. 长期国债目前的价格等于其面值，每半年支付一次利息，息票率为8%。如果政府每年支付一次利息，要以面值出售该债券，息票率应当是多少？(LO10—2)

16. 如果在市场利率为半年4%的情况下，一只债券的年息票率为10%，每半年支付一次利息，该债券距离其到期日

还有 3 年。(LO10—6)

a. 推断债券目前的价格与 6 个月之后的价格水平。

b. 债券的总收益率是多少?

17. 20 年期债券的面值为 1 000 美元,每半年付息一次,息票率为 8%。分别以以下市场价格计算债券的等价到期收益率与有效年到期收益率:(LO10—2)

a. 950 美元;

b. 1 000 美元;

c. 1 050 美元。

18. 假定债券每年支付一次利息,重新计算上一题。为什么这次的计算结果会低一些?(LO10—2)

19. 回到表 10.1,计算 TIPS 债券的以下收益率。(LO10—6)

a. 第 2 年的名义收益率是多少?

b. 第 2 年的实际收益率是多少?

c. 第 3 年的名义收益率是多少?

d. 第 3 年的实际收益率是多少?

20. 下表描述的是几种面值为 1 000 美元的零息债券,请填写该表。(LO10—2)

价格(美元)	到期期限(年)	到期收益率
400	20	?
500	20	?
500	10	?
?	10	10%
?	10	8%
400	?	8%

21. 一个面值为 1 000 美元的债券还有 10 年到期,其息票率为 8%,每年付息一次。如果当前市场价格是 800 美元,那么当到期收益率保持不变时,下一年的资本利得收益率大约是多少?(LO10—3)

22. 息票率为 7%的债券,每年的 1 月 15 日与 7 月 15 日支付一次利息。《华尔街日报》上公布的该债券 1 月 30 日的报价为 100.125。该债券的报价应当是多少?注意:利息支付期为 182 天。(LO10—1)

23. 当期收益率与到期收益率分别为 9%与 10%的债券的价格是高于面值,还是低于面值?请解释。(LO10—2)

24. 上一题中的债券的息票率是高于 9%,还是低于 9%?(LO10—2)

25. 考虑一只 2018 年 2 月 22 日交收、2026 年 3 月 15 日到期的债券。息票率为 5.5%。(LO10—1)

a. 如果到期收益率为 5.34% [债券等值收益率(bond equivalent yield),半年期复合利率],该债券在结算日的标价是多少?

b. 债券的应计利息是多少?

c. 债券的发票价格是多少?

26. 现在假设上一题中债券按 102 美元出售。(LO10—2)

a. 债券的到期收益率是多少?

b. 如果这种债券每年支付一次息票,在 102 美元的价格上,其到期收益率是多少?

27. 一个公司在经济衰退时期发行的 10 年期债券的息票率为 14%,发行价格为 900 美元。如果公司对债务进行重组,债券持有人同意公司将息票支付金额降低 1/2,债券承诺的到期收益率与投资者预期的到期收益率各是多少?该债券每年支付一次利息。(LO10—5)

28. 一个面值为 1 000 美元、每年支付一次 100 美元利息的两年期债券,目前的价格水平为 1 000 美元。债券的到期收益率是多少?下一年的利率可能会是 8%、10%、12%,在这三种情况下,债券的实际复利到期收益率是多少?(LO10—6)

29. 假定今天是 4 月 15 日。息票率为 10%的一只债券,每年的 1 月 15 日与 7 月 15 日支付一次利息。《华尔街日报》上公布的该债券的报价是 101.25。如果你今天从一个交易商手中购买了该债券,你会支付多高的价格?(LO10—1)

30. 假定两家公司按面值发行的债券有如下特征:

	ABC 债券	XYZ 债券
发行规模	12 亿美元	1.5 亿美元
到期期限	10 年*	20 年
息票率	9%	10%
抵押品	第一担保	无抵押品
赎回规定	不可赎回	10 年后可以赎回
赎回价格	无	110 美元
偿债基金	无	5 年后开始启动

* 债券可以应持有人的要求,将期限延长 10 年。

如果不考虑信用级别的因素,指出为什么 ABC 的利息会比较低。(LO10—4)

31. 5 年前,一家大公司发行了下面两种债券:固定利率债券与浮动利率债券。这两种债券的主要特征如下表所示:(LO10—4)

	息票率为 9%的债券	浮动利率债券
发行规模	2.5 亿美元	2.8 亿美元
到期期限	20 年	15 年
当前价格(面值的百分比)	93	98
当前息票率	9%	8%
利息调整	固定利息	每年调整一次
利息确定规则	—	1 年期国库券利率+2%
赎回规定	发行后 10 年可以赎回	发行后 10 年可以赎回
赎回价格	106	102
偿债基金	无	无
到期收益率	9.9%	—
发行以后价格波动区间	85~112 美元	97~102 美元

a. 为什么息票率为 9%的债券的价格波动区间要大于浮动利率债券?

b. 什么因素可以说明浮动利率债券有时并不以面值出售?

c. 为什么浮动利率债券的赎回价格对投资者并不重要?

d. 固定利率债券的赎回可能性高吗?

e. 如果公司发行的是 15 年期固定利率债券，若要按面值出售，债券的息票率应当是多少?

f. 为什么说浮动利率债券最初设置的债券到期收益率不恰当?

32. 30 年期债券的息票率为 8%，每半年付息一次。该债券可以在 5 年后以 1 100 美元的价格水平赎回。债券目前的年持有期收益率为 7%（每半年 3.5%）。(LO10—4)

a. 该债券的赎回收益率是多少?

b. 如果债券的赎回价格为 1 050 美元，债券的赎回收益率是多少?

c. 如果债券的赎回价格仍然是 1 100 美元，但是该债券可以在 2 年后赎回。债券的赎回收益率是多少?

33. 新发行的 20 年期零息债券的到期收益率为 8%，面值为 1 000 美元，那么，债券第 1 年、第 2 年与最后一年的利息收入各是多少?（LO10—3)

34. 新发行的 10 年期债券，息票率为 4%，每年支付一次利息，目前在公开市场上的价格为 800 美元，投资者下一年需要缴纳税收的利息收入是多少? 该债券被看作初始发行折价债券，并且在该年底之前不会被卖出。(LO10—3)

35. 芬科集团（Fincorp）发行了两种 20 年期的债券，两种债券的赎回价格都是 1 050 美元。第一种债券是折价发行的债券，发行价格为 580 美元，息票率为 4%，到期收益率是 8.4%。第二种债券按面值发行，息票率为 8.75%。(LO10—2)

a. 按面值发行的债券的到期收益率是多少? 为什么其到期收益率会高于贴现债券的到期收益率?

b. 如果你预期利率在 2 年后会下跌，你会购买哪种债券?

c. 为什么说初始发行折价债券的赎回保护期比较隐蔽?

36. 根据预期理论，如果收益率曲线向上倾斜，说明市场预期短期利率会上涨。这种说法正确吗? 为什么?（LO10—7)

37. 如果收益率曲线是向上倾斜的，我们就可以推断，所有投资者都预期短期利率会上涨。这种说法对吗? 为什么?（LO10—7)

38. 假定你的投资期为 1 年，并且准备在下面三种债券中进行选择。这三种债券的违约风险水平相当，都在 10 年后到期。第一种债券是到期时支付 1 000 美元的零息债券。第二种债券的息票率为 8%，每年支付一次利息，金额为 80 美元。第三种债券的息票率为 10%，每年付息一次，金额为 100 美元。(LO10—3)

a. 从目前的价格来看，如果三种债券的到期收益率都是 8%，它们各自的价格是多少?

b. 如果你预期明年年初，三种债券的到期收益率都为 8%，那时它们的价格是多少?

c. 在 1 年的持有期内各种债券的收益率是多少?

39. 根据流动性偏好理论，如果预期最近几年通货膨胀会有所缓和，长期利率就会高于短期利率。这种说法正确吗? 为什么?（LO10—7)

40. 无风险零息债券的到期收益率如下：

到期期限（年）	到期收益率（%）
1	10
2	11
3	12

a. 隐含的 1 年远期利率是多少?（LO10—7)

b. 假定利率期限结构的纯预期假说是正确的。如果市场预期是准确的，明年一年期零息债券的到期收益率是多少?（LO10—7)

c. 2 年期零息债券的到期收益率是多少?（LO10—7)

d. 如果你购买了 2 年期的零息债券，下一年内的预期总收益率是多少?（提示：计算当前和预期的未来价格，忽略税收。)

e. 如果你购买的是 3 年期零息债券呢?（LO10—6)

41. 1 年期零息债券的到期收益率为 8%，2 年期零息债券的到期收益率为 9%。(LO10—7)

a. 第 2 年的远期利率是多少?

b. 如果你支持预期假说理论，你预期下一年的短期利率是多少?

c. 如果你支持流动性偏好理论，你所预期的下一年的短期利率是会高于还是低于 b 小题中的短期利率?

42. 下表是 3 年的即期利率与远期利率，但是它们的标签被混淆了，你能判断出哪一行是远期利率吗?（LO10—7)

年	1	2	3
即期利率还是远期利率?	10%	12%	14%
即期利率还是远期利率?	10%	14.036 4%	18.107 8%

□ 挑战题

43. 考虑下列面值为 1 000 美元的零息债券：

债券	到期期限（年）	到期收益率（%）
A	1	5
B	2	6
C	3	6.5
D	4	7

根据预期理论，市场对一年后收益率曲线的预期是多少?

具体来说，以下期限债券明年的预期收益率是多少？（LO10—7）

(a) 1年，(b) 2年，(c) 3年。

44. 新发行的20年期债券，每年支付一次利息，息票率为5%，到期收益率为8%。（LO10—6）

a. 如果债券在年底时卖出，当时的到期收益率为7%，那么这1年投资期的持有期收益率是多少？

b. 如果1年后卖出该债券，此时的收益率为7%。如果利息收入适用的税率是40%，资本收益适用的税率是30%，投资者应当缴纳多少税收？债券适用初始发行折价债券的应税规则。

c. 债券的税后持有期收益率是多少？

d. 假定你在2年后卖出债券，在第2年底时债券的收益率为7%，并且债券利息可以以7%的利率水平进行1年期的再投资。那么，债券2年持有期的税前复利收益率是多少？

e. 利用b小题中所规定的税率，计算2年期税后实际复利收益率。债券适用于初始发行折价债券的应税规则。

CFA习题

1. 下面是注册金融师考试中的几道多项选择题：

a. 可以赎回的债券：（LO10—4）

(1) 可以立即收到本金与溢价，因此十分有吸引力。

(2) 利率变高时，易于被赎回。

(3) 可赎回债券比不可赎回债券的收益率高。

(4) 上述答案都不对。

b. 下列债券中，哪一种是贴现发行的？（LO10—2）

(1) 息票率高于当期收益率，当期收益率高于到期收益率。

(2) 息票率、当期收益率、到期收益率是相等的。

(3) 息票率低于当期收益率，当期收益率低于到期收益率。

(4) 息票率低于当期收益率，当期收益率高于到期收益率。

c. 一个息票率为10%的5年期债券，目前的到期收益率为8%。如果利率保持不变，1年后债券的价格会发生什么样的变化？（LO10—3）

(1) 升高。

(2) 下降。

(3) 不变。

(4) 与面值相等。

d. 下面的表述中，哪一种是正确的？（LO10—7）

(1) 根据预期理论，当未来短期利率超过当期利率时，就可以得到较为平坦的收益率曲线。

(2) 预期理论的中心思想就是，长期利率应当等于预期的短期利率。

(3) 流动性偏好理论认为，在其他所有因素都相同的前提下，长期证券的收益率会比较低。

(4) 市场分割理论认为，借款人与贷款人是被限制在收益率曲线的某个分割区间内的。

2. 2018年5月30日，贾尼丝·克尔正在考虑下表中展示的新发行的10年期AAA级公司债券：（LO10—3）

描述	息票率	价格	可赎回性	买价
Sentinal，2028年5月30日到期	4.00%	100	不可赎回	无
Colina，2018年5月30日到期	4.20%	100	当前可赎回	102

a. 假设市场利率下降了100个基点（即1%）。对比这种效应对每种债券的影响。

b. 当预期利率上升或者下降的时候，贾尼丝·克尔应该更偏好Colina债券吗？

3. 某一可转换债券有下列特征，计算该债券的转换溢价。（LO10—4）

息票率	5.25%
到期日	2028年6月15日
债券的市场价格	77.50美元
相应的普通股的市场价格	28美元
年股利	1.20美元
转换比率	20.83股

4. a. 如果债券可以赎回，那么对其收益率有什么影响？

b. 如果债券可以赎回，那么对其预期寿命有什么影响？

c. 如果将可赎回的债券放进投资组合中，有什么利弊？（LO10—4）

5. 泽洛（Zello）公司面值1 000美元的债券以960美元售出，5年后到期，年息票率为7%，每半年支付一次。（LO10—6）

a. 计算：

(1) 当前收益率。

(2) 到期收益率。

(3) 在期间内，如果一个投资者的持有期为3年，再投资利率为6%，计算其持有期收益率（同时也叫已实现的复利收益率）。在第3年末，剩余期限为2年、息票率为7%的债券将按7%的收益率出售。

b. 对于下面的固定收益率衡量手段，举出每一个相应的主要缺点：

(1) 当前收益率。

(2) 到期收益率。

(3) 持有期收益率（也叫已实现的复利收益率）。

Web 站点管理员

请扫描二维码或登录中国人民大学出版社官网 www.crup.com.cn 下载。

11 债券投资组合的管理

学习目标：

LO11—1　分析能影响价格的利率敏感性的债券特征；
LO11—2　计算债券的久期，并利用久期度量利率敏感性；
LO11—3　说明凸性如何影响债券价格对利率变化的反应；
LO11—4　针对不同的投资期限制定固定收益免疫策略；
LO11—5　分析积极管理型固定收益组合所应做的选择。

本章我们将对债券经理运用的各种策略进行讨论，并就积极型策略和消极型策略做出区分。消极型策略通常将证券的市场价格看作公平的价格，相比于试图利用优越的信息或洞察力来跑赢大市的策略，消极的管理者更倾向于在既定的市场机遇下保持一个适度的风险。消极型管理策略的一个特别的例子就是免疫策略，即试图将利率风险从资产组合中剥离出来。

积极型投资策略试图获得更多的利润，从而对利润的追求可能多于对风险的考虑。固定收益的管理方式可分为两种形式。积极的管理者可以通过利率预测来预计整个固定收益市场的运作情况；或者运用内部市场分析的某种形式来识别出固定收益市场中那些被错误定价的特定部门（特定的证券）。

由于利率风险在构建积极和消极型投资策略时都有着重要意义，因此我们将从债券价格对利率变动的敏感性分析开始我们的讨论。我们将采用久期来衡量利率敏感性，并重点关注决定久期的因素。接着，我们转向对消极型策略的考察，并说明如何运用久期匹配技术使得固定收益组合的持有期收益率免受利率风险的影响。在考察了久期的广泛应用以后，我们要考虑改进利率敏感度的衡量方法，并进而关注债券凸性的概念。

久期在积极型投资策略的制定中也是非常重要的，我们接下来就要探究一些这样的策略。最后我们讨论了积极型固定收益策略。这些策略是在市场内分析和利率预测的基础上，在固定收益市场上找到那些相对来说更有吸引力的部门或者证券。

11.1　利率风险

我们已经知道，债券价格与收益率之间存在反向变动关系。我们还知道，利率会大幅度地波动。随着利率的涨落，债券持有人将面临资本利得收益或者损失。即便所持有债券本息的支付都有保证，如国债的例子，利率的波动仍然使固定收益的投资面临着风险。

为什么债券价格会对利率波动做出反应呢？因为在一个竞争性的市场中，所有证券提供给投资者的预期收益率应是相等的。当其他竞争性债券的收益率为6%时，如果债券的息票率也为6%，那么它将以面值出售。如果市场利率为7%，那么谁还会以面值购买息票率为6%的债券呢？这时，债券的价格就一定会下跌，直到它的预期收益率上升到具有竞争力水平的7%。反过来，当市场利率下降到5%时，债券6%的收益率相对其他可供选择的投资的收益率更吸引人。于是，渴望得到这种收益率的投资者将会使得债券的价格不断提高，直到高价购买债券的投资者的最终收益率等于市场收益率。

□ 利率敏感性

债券价格对市场利率变化的敏感性显然是投资者重点关注的。图11.1有助于读者了解利率风险的决定因素，该图给出到期收益率变化所带来的四种债券价格变动的百分比，这四种债券的息票率、初始到期收益率和到期时间都不相同。四种债券的曲线都说明了当收益率上升时，债券价格下跌，并且价格曲线都是凸的，这意味着收益率的减少比收益率等规模的增加对价格有更大的影响。我们将这些观察结果归纳为以下两点：

1. 债券价格与收益率的变动呈反向关系：当收益率上升时，债券价格下降；当收益率下降时，债券价格上升。

2. 债券到期收益率的上升将导致价格变动幅度小于与同等规模收益率降低相对应的价格变动幅度。

现在比较债券 A 和债券 B 的利率敏感性，这两种债券除了期限以外，其他特征都相同。图11.1显示债券 B 比债券 A 具有更长的期限，它对利率的变动也更敏感。这也说明了另外一条性质：

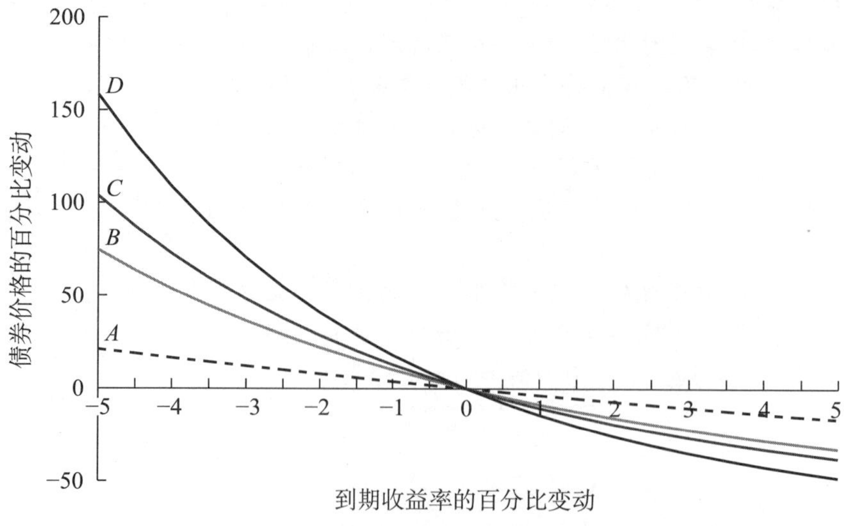

债券	息票率	到期时间	初始到期收益率
A	12%	5 年	10%
B	12%	30年	10%
C	3%	30年	10%
D	3%	30年	6%

图 11.1 债券价格变动作为到期收益率变动值的函数

3. 长期债券的价格比短期债券的价格对利率更具有敏感性。

这一结论并不令人惊讶。例如当利率上升时，现金流将会以一个更高的利率贴现，因此债券将会贬值。而这种更高的贴现率对于远期现金流的影响更大。

我们注意到，尽管债券 B 的期限是债券 A 的 6 倍，但是它的利率敏感性与债券 A 的比值小于 6。虽然利率敏感性随着期限的增加而增加，但是它上升的幅度小于期限上升的幅度。因而我们得出第四条性质是：

4. 随着期限的增加，债券价格对收益率变动的敏感性以一个递减的速率增加。换句话说，利率风险与债券期限不是不成比例，而是滞后于这个比例的变化。

债券 B 和 C 除了息票率以外，其他方面都相同，它们之间的比较说明了另外一个问题：息票率低的债券对利率变动更具有敏感性。这说明债券价格还有一个一般的性质：

5. 利率风险与债券的息票率呈反向关系。高息票率债券的价格与低息票率债券的价格相比，前者对利率的敏感性较低。

最后，债券 C 和 D 除了当期出售时的到期收益率不同以外，其他方面都相同。然而到期收益率较高的债券 C 对收益率变化的敏感性更弱。这说明了最后一个性质：

6. 债券价格对收益率变动的敏感性与债券当期出售时的到期收益率呈反向关系。

马尔基尔（Malkiel，1962）提出了前面的 5 条性质，因而有时这 6 条性质也被称为马尔基尔债券定价关系。最后一条性质是由霍默和利博维茨（Homer and Liebowitz，1972）提出的。

这 6 条性质证实了期限是利率风险的主要决定因素。但是这些性质也表明，单单一个期限不足以测度利率的敏感性。例如在图 11.1 中，债券 B 和 C 有相同的期限，但是息票率较高的债券，其价格对利率变动的敏感性较小。显然，为了度量债券的利率风险，我们需要知道的不仅仅是期限。

我们来看看为什么债券的一些属性，比如息票率或到期收益率会影响利率的敏感性。我们从一些简单的数字例子开始分析。

表 11.1 列出了年息票率为 8%的各种不同到期收益率和到期期限的债券的价格。当利率从 8%上升到 9%时，期限最短的债券的价格下降幅度少于 1%。10 年期债券的价格下降了 6.4%，20 年期债券的价格下降幅度大于 9%。

表 11.1　息票率为 8%的债券的价格

债券的到期收益率	T=1 年	T=10 年	T=20 年
8%	1 000	1 000	1 000
9%	990.83	935.82	908.71
价格变化的百分比*	−0.92%	−6.42%	−9.13%

* 到期收益率为 9%时债券价格与到期收益率为 8%（初始）时债券价格的差，再除以收益率为 8%时的债券价格。

我们现在来看看类似的例子，不过这次不是息票率为 8%的债券，而是零息债券。表 11.2 给出了计算结果。

对于期限超过 1 年的零息债券和息票债券，零息债券价格下跌的比例大于息票率为 8%的息票债券价格下跌的比例。我们可以看到，长期债券比短期债券对利率变动更为敏感，这说明了在某种意义上，相对于具有相同期限的息票债券，零息债券是期限更长的一种投资。

表 11.2　零息债券的价格

债券的到期收益率	$T=1$ 年	$T=10$ 年	$T=20$ 年
8%	925.93	463.19	214.55
9%	917.43	422.41	178.43
价格变化的百分比*	−0.92%	−8.80%	−16.84%

* 到期收益率为 9%时债券价格与到期收益率为 8%（初始）时债券价格的差，再除以收益率为 8%时的债券价格。

实际上，这种对债券有效期限的发现对于我们进行数学上精确的计算是十分有用的。一开始我们就注意到，在上述例子中，两种债券的到期时间并不能很好地测度出债券的长期或短期的性质。息票率为 8%的债券要进行多期的息票支付，这些息票支付大多数发生在债券到期日之前。每次支付都可以被看作是有自己的“到期日”。从这个意义上来说，通常将息票债券视为息票支付的“投资组合”。因此债券的有效（effective）期限应是债券支付的所有现金流的到期期限的某种平均值。相比较而言，零息债券仅在到期时有一次支付，所以它的到期时间是一个既定的值。

对高息票率的债券而言，其价值的较大部分与息票数量而不是面值支付相关，因此投资组合更多地偏重较早的短期支付，这样投资组合的“有效期限”会较短。这解释了马尔基尔的第五条性质：价格敏感性随息票率下降而下降。

类似的逻辑可以解释第六条性质，即价格敏感性随到期收益率下降而下降。较高的收益率降低了债券所有支付的现值，而较晚期支付的下降程度尤甚。因此，在较高的收益率水平上，债券价值的更大一部分源自早期的息票支付，由于早期支付的有效期限更短，债券整体价格对收益率变化的敏感性也就随之降低了。

□ 久期

为了解决多次支付债券其期限的概念问题，我们需要一种度量债券保证支付的现金流的平均期限的方法。弗雷德里克·麦考利（Frederick MaCaulay，1938）将有效期限的概念定义为债券的久期（duration），并指出根据债券每次利息或本金的支付时间的加权平均来计算**麦考利久期**（MaCaulay duration）。而每次支付时间相关的权重应当同那次支付对债券价值的“重要性”相联系。事实上，与每次支付时间相关的权重应该是这次支付在债券总价值中所占的比例。这个比例正好等于每次支付的现值除以债券的价格。

麦考利久期：对债券有效到期日的衡量，被定义为截至每次支付为止时间的加权平均数，其中权重为每次支付额的现值。

我们将与在时间 t 上支付的现金流（标示为 CF_t）相联系的权重 w_t 定义为：

$$w_t = \frac{CF_t/(1+y)^t}{\text{债券价格}}$$

式中，y 为债券的到期收益率。等式右边的分子是时间 t 上发生的现金流的现值，分母则是债券所有支付流现值的总和。权重总和为 1，因为按到期收益率贴现的现金流的总和等于债券的价格。

用这些值来计算收到各次支付的时间的加权平均值，我们就可以得到麦考利久期公式，记为 D：

$$D = \sum_{t=1}^{T} t \times w_t \tag{11.1}$$

如果我们将求和公式中的每一项写出来，那么我们可以将久期表示为：

$$D = w_1 \quad + \quad 2w_2 \quad + \quad 3w_3 \quad + \quad 4w_4 \quad + \cdots + \quad Tw_T$$

第 2 期现金流发生的时间（指 2）　第 2 期现金流的权重（指 w_2）　第 4 期现金流发生的时间（指 4）　第 4 期现金流的权重（指 w_4）

电子表格 11.1 给出了一个怎样运用等式（11.1）的例子，我们从中可以得出息票率为 8%的 3 年期债券和期限也为 3 年的零息债券的久期。我们假定每个债券的到期收益率为 10%。每笔支付的现值以出现在 B 栏的年数按 10%贴现。每笔支付发生时的相应权重（E 列）等于支付的现值（D 列）除以债券价格（D 列中的现值之和）。

F 列中出现的数字是支付时间与支付权重的乘积。每个乘积都对应于等式（11.1）中的一项。根据公式，我们可以通过将 F 列的数字相加来计算出每种债券的久期。

电子表格 11.1　应用 Excel 工作表计算两种债券的久期

	A	B	C	D	E	F
1	利率	10%				
2						
3		距离支付日				B 列
4		的时间	支付的	以 10%的		乘以
5		（年）	的金额	利率贴现	权重*	E 列
6	A. 息票率为 8%的债券	1	80	72.727	0.076 5	0.076 5
7		2	80	66.116	0.069 6	0.139 2
8		3	1 080	811.420	0.853 9	2.561 7
9	合计			950.263	1.000 0	2.777 4
10						
11	B. 零息债券	1	0	0.000	0.000 0	0.000 0
12		2	0	0.000	0.000 0	0.000 0
13		3	1 000	751.315	1.000 0	3.000 0
14	合计			751.315	1.000 0	3.000 0
15						
16	*权重＝每次支付额（D 列）的现值除以债券价格					

	A	B	C	D	E	F
1	利率	0.1				
2						
3		距离支付				B 列
4		日的时间	支付	以 10%的		乘以
5		（年）	的金额	利率贴现	权重	E 列
6	A. 息票率为 8%的债券	1	80	＝C6/（1＋$B$1)∧B6	＝D6/D$9	＝E6×B6
7		2	80	＝C7/（1＋$B$1)∧B7	＝D7/D$9	＝E7×B7
8		3	1 080	＝C8/（1＋$B$1)∧B8	＝D8/D$9	＝E8×B8
9	合计			＝SUM（D6：D8）	＝D9/D$9	＝SUM（F6：F8）
10						
11	B. 零息债券	1	0	＝C11/（1＋$B$1)∧B11	＝D11/D$14	＝E11×B11
12		2	0	＝C12/（1＋$B$1)∧B12	＝D12/D$14	＝E12×B12
13		3	1 000	＝C13/（1＋$B$1)∧B13	＝D13/D$14	＝E13×B13
14	合计			＝SUM（D11：D13）	＝D14/D$14	＝SUM（F11：F13）

零息债券的久期正好等于它的到期时间，即 3 年。这很好理解，由于只有一次支付，到期前支付的平均时间一定就是债券的期限。相比较而言，3 年期息票债券的久期就稍短，为 2.777 4 年。

电子表格 11.1 的上半部分列出了例子中的数字，下半部分是我们实际输入每个单元格的公式。输入工作表的是债券支付的现金流，在电子表格的 B 和 C 两列列出。在 D 列，我们运用 10% 的贴现率计算了每个现金流的现值，在 E 列我们计算了等式 (11.1) 所需的权重，在 F 列我们计算了直到支付为止的时间与支付权重的乘积。该列的每一项都对应于等式 (11.1) 中的某一项。这些项的和显示在单元格 F9 和 F14 中，即每种债券的久期。运用电子表格，你可以轻松地回答类似于概念测验 11.1 中的问题。

概念测验 11.1

参照电子表格 11.1，假定利率上升到 9%，那么每种债券的价格和久期将会发生什么样的变化？

扫描二维码
获取答案解析

久期之所以是债券组合管理中的关键概念，至少有三个原因：首先，它是资产组合有效平均期限的一个简单度量指标；其次，它被看作使资产组合免于利率风险的一个重要工具，我们将在下一节研究它的应用；最后，久期是债券组合利率敏感性的测度，我们将在本节研究这个问题。

我们已经注意到，价格对利率波动的敏感性通常随着期限的增加而增加。久期是符合这一关系的指标。因此，当利率变化时，债券价格变动的比率和久期是成正比的。具体地讲，根据下面的等式，债券价格变动的比率与到期收益率 y 的变化相关：

$$\frac{\Delta P}{P}=(-D)\times\frac{\Delta(1+y)}{1+y} \tag{11.2}$$

价格变化率等于 (1+债券收益率) 倍的变化率乘以债券的久期。因此，债券价格的波动性与债券的久期成比例，久期自然也就成为利率风险暴露程度的测度指标。[①] 这个关系对利率风险管理很重要。

修正久期：麦考利期限除以 (1+到期收益率)。衡量债券的利率敏感性。

从业者通常运用等式 (11.2) 的简化形式。他们将**修正久期** (modified duration) 定义为 $D^*=D/(1+y)$，并把等式 (11.2) 重新表述为：

$$\frac{\Delta P}{P}=(-D)\times\Delta y \tag{11.3}$$

债券价格变化的百分比恰好等于修正久期与债券到期收益率的变化的乘积。

案例 11.1

久期和利率风险

一种 30 年期债券的息票率为 8% (每年支付一次利息)，到期收益率为 9%。它的价格为 897.26 美元，它的久期为 11.37 年。如果债券的到期收益率上升至 9.1%，债券价格将会发生什么样的变化？

等式 (11.3) 告诉我们，债券的到期收益率每上涨 0.1% (用小数表示为 $\Delta y=0.001$)，债券价格将变动

$$\Delta P=(-D)\times\Delta y\times P=\left(-\frac{11.37}{1.09}\right)\times 0.001\times 897.26=-9.36(\text{美元})$$

① 实际上，当债券收益率的变动较大时，等式 (11.2) 近似成立。只有收益率的变动幅度越来越小时，这个估计值才越来越准确。

为了确定久期和债券价格对利率变化的敏感性之间的关系，我们将电子表格 11.1 中久期为 2.777 4 年的 3 年期息票债券的价格敏感性与久期和期限同为 2.777 4 年的零息债券的价格敏感性相比较。如果久期真的是测度价格敏感性的有效度量指标，那么两者应有相同的利率风险。

期初利率为 10%的 3 年期息票债券的售价为 950.263 美元。如果债券的收益率上升了 1 个基点（1%的 1/100），即收益率为 10.01%，那么它的价格将会跌至 950.023 1 美元，即价格下降了 0.025 2%。零息债券的期限为 2.777 4 年。在期初利率为 10%时，它的售价为 $1\,000/(1.10)^{2.777\,4}=767.425$（美元）。当利率上涨了 1 个基点时，它的价格将跌至 $1\,000/(1.100\,1)^{2.777\,4}=767.231\,3$（美元），同样也导致了 0.025 2%的资本损失。我们因此可以得出结论：久期相等的资产对利率变动的敏感性相同。

顺便提一下，这个例子也证实了等式（11.2）的有效性。正如我们后来直接计算的一样，该等式预言，这两种债券的价格变化率应是 $(-2.777\,4)\times 0.000\,1/1.10=-0.000\,252$ 或 $-0.025\,2\%$。

概念测验 11.2

a. 在概念测验 11.1 中，你计算出了息票率为 8%的 3 年期债券的久期和价格，当时的市场利率为 9%。现在假定利率上升到 9.05%，那么债券的新价值是多少？价格的变化率为多少？

b. 根据等式（11.2）或者等式（11.3）所示的久期公式计算债券价格变动的百分比，将这个计算结果与你在 a 中的计算结果相比较。

扫描二维码
获取答案解析

计算息票债券久期的等式有些乏味，面对不同的到期期限和息票率，像电子表格 11.1 那样的表调整起来也很麻烦。但幸运的是，Excel 这样的电子表格软件内置了计算久期的公式。更好的是，这些公式也适用于处在付息日之间的债券。电子表格 11.2 说明了如何利用 Excel 计算久期。这里的表格在使用习惯上与第 10 章为债券定价的表格有很多相同之处。

首先，我们用 Excel 再次确认一下电子表格 11.1（A）部分中那只 8%息票率的债券。利用 Excel 的日期公式：日期（年，月，日），将结算日（也就是今天的日期）和到期日输入电子表格 11.2 的 B2 和 B3 单元格。由于这种 3 年期债券没有说明结算日，我们随意输入 2000 年 1 月 1 日作为结算日，把到期日设定为 3 年后。息票率和到期收益率按小数形式输入 B4 和 B5 单元格，每年支付次数输入 B6 单元格。麦考利久期和修正久期分别出现在 B9 和 B10 单元格。B9 单元格显示债券的久期实际上是 2.777 4 年。修正久期为 2.524 9，它等于 2.777 4/1.10。

□ 什么决定久期？

我们前面部分给出的马尔基尔债券定价关系刻画了决定利率敏感性的因素。久期使得我们可以度量敏感性。例如如果我们想推测利率，那么久期就会告诉我们在打一个多大的赌。相反，如果我们想保持利率“中性”，并简单地匹配一个给定债券市场指数的利率敏感性时，久期使得我们可以度量敏感性并在我们自己的组合中模拟出来。由于以上这些原因，理解久期的决定因素是很重要的，而且对于那些常见的证券来说，如果有对应的久期计算公式将会十分便利。因此在这一部分，我们将总结久期的重要性质并呈现于下面的“法则”中。图 11.2 也说明了这些法则，该图的曲线描绘了具有不同票息率、到期收益率和到期时间的债券的久期。

电子表格 11.2　　利用 Excel 函数计算久期

	A	B	C
1	输入值		B 列公式
2	结算日	1/1/2000	=DATE (2000, 1, 1)
3	到期日	1/1/2003	=DATE (2003, 1, 1)
4	息票率	0.08	0.08
5	到期收益率	0.10	0.10
6	每年付息次数	1	1
7			
8	结果		
9	麦考利久期	2.777 4	=DURATION (B2, B3, B4, B5, B6)
10	修正久期	2.524 9	=MDURATION (B2, B3, B4, B5, B6)

概念测验 11.3

考虑一个每年付息一次、息票率为 9%的 8 年期债券按照 10%的到期收益率出售的情况。用电子表格 11.2 确认债券的久期是 5.97。如果债券每半年付息一次，久期会如何变化？从直觉上判断久期为什么会下降。

扫描二维码
获取答案解析

这些法则如下：

法则 1：零息债券的久期等于它的到期时间。

我们也观察到，3 年期息票债券的久期短于 3 年期零息债券的久期，这是因为在债券到期前支付的利息降低了支付时间的加权平均值。这说明了久期的另一个一般性质：

法则 2：若到期时间和到期收益率不变，当息票率降低时，债券的久期将变长，而利率敏感性将增加。

这个性质对应了马尔基尔的第五条债券定价关系，而且也归因于早期的利息支付对债券所有支付额的平均期限的影响。息票率越低，较早支付的利息在债券所有支付流的平均期限中所占的权重就越小。换句话说，（早期）息票支付对于收益率更不敏感，因此相对于（后期和更为敏感的）面值支付来讲在债券总价值中占比更小。比较图 11.2 中息票率分别为 3%和 15%的息票债券的图形轨迹，两者的到期收益率都为 15%。息票率为 15%的息票债券的久期曲线位于息票率为 3%的息票债券的久期曲线下方。

法则 3：当息票率不变时，债券的久期和利率敏感性通常随到期时间的增加而增加。债券无论是以面值出售还是高于面值出售，久期总是随到期时间的增加而增加。

久期的这条性质对应了马尔基尔的第三条关系，非常直观。令人惊奇的是，久期并不总是随到期时间的增加而增加。对于那些深度贴现债券，例如图 11.2 中，息票率为 3%的债券出售时的贴现率为 15%，久期可能会随着到期时间的增加而下降。不管怎样，事实上所有可交易的债券都可以假定久期随到期时间的增加而增加。

注意在图 11.2 中，零息债券的到期期限和久期是相等的。但是，对于所有的息票债券，当其到期时间增加 1 年时，它的久期增长少于 1 年。

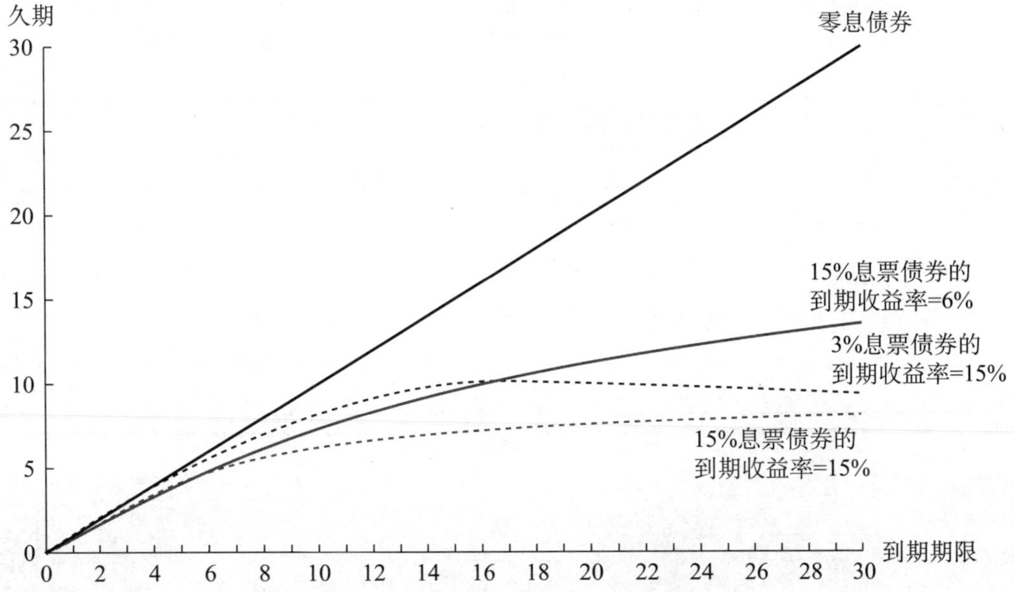

图 11.2　久期作为到期期限的函数

从图 11.2 中还可以注意到，息票率为 15%的两种债券在以不同的到期收益率出售时，会有不同的久期。低收益率的债券具有更长的久期。这很容易理解，因为在收益率较低的情况下，支付期较远的现金流具有相对较大的现值，从而在债券总价值中所占的份额较大。因而，在久期的加权平均值计算中，较远期的支付流有较大的权重，从而有较长的久期。因此我们得出下面这个法则：

法则 4：假设其他因素不变，当债券的到期收益率较低时，息票债券的久期更长，利率敏感性较高。

法则 4 就是上述债券定价关系的第六条，适用于息票债券。对于零息债券，不管到期收益率多大，久期都等于到期时间。

最后，我们提出一个关于永续年金久期的代数法则。这个法则源自等式（11.1）的久期公式，并且与其保持一致，但是它更适用于永续年金。

法则 5：永续年金的久期为

$$\text{永续年金的久期}=\frac{1+y}{y} \tag{11.4}$$

举例来说，收益率为 15%时，对于永远一年支付一次 100 美元的永续年金，其久期为 1.15/0.15=7.67（年），当收益率为 6%时，久期为 1.06/0.06=17.67 年。

等式（11.4）表明，期限和久期可能差别很大。永续年金的到期日是无限的，而收益率为 15%时其久期为 7.67 年。永续年金生命期内早期现金流的加权现值主导了久期的计算。从图 11.2 中还可以注意到，随着到期时间的增加，两种收益率为 15%的息票债券的久期将收敛于收益率相同的永续年金的久期，即 7.67 年。

可交易债券的久期的变化范围很大。表 11.3 给出了几种债券的久期，假定这些债券每年支付一次利息，年收益率为 6%。久期将随着息票率的上升而变短，并通常随着到期时间的增加而增加。根据表 11.3 和等式（11.2），如果利率从 6%上升到 6.1%，息票率为 6%的 20 年期债券的价值将下降约 1.15%[=(−12.158)×0.1%/1.06]，而息票率为 8%的 5 年期债券的价值将只下降 0.41%[=(−4.343)×0.1%/1.06]。从表 11.3 中还可以观察到，仅当债券为永续年金时，久期才与息票率无关。

表 11.3　息票债券的久期（初始收益率为 6%）

到期年限	息票率（年率,%）			
	4	6	8	10
1	1.000	1.000	1.000	1.000
5	4.611	4.465	4.342	4.237
10	8.281	7.802	7.445	7.169
20	13.216	12.158	11.495	11.041
无限期（永续年金）	17.667	17.667	17.667	17.667

概念测验 11.4

根据法则 4，证明当利率下降时，永续年金的久期将增加。

扫描二维码
获取答案解析

11.2　消极型债券管理策略

消极的管理者通常认为债券的市场价格已是公平的价格，因而他们只把目光集中于控制固定收益组合的风险。通常评价这种风险有两种方法。一些机构，如银行，关心的是使资产组合的当前净值或者净市场价值免受利率波动的风险。基于风险的资本规则要求商业银行和储蓄机构预留额外的资本作为潜在市场的价值损失，如遇到利率波动引起的损失的缓冲剂。资本数额要求直接与会出现的损失相关。其他投资者，例如养老基金，制定了几年后要达到的投资目标。这些投资者更关心的是保护他们投资组合的未来价值。

所有投资者都面临的问题便是利率风险。公司的净值和未来偿付债务的能力将随着利率的变化而变化。**免疫**（immunization）和现金流匹配技术指的就是投资者用于使它们的净值免受利率波动的风险的策略。

免疫：使净值免受利率波动影响的策略。

□ 免疫

许多银行和储蓄机构的资产与负债在期限结构方面自然存在不匹配的情况。例如，银行的负债主要是客户存款，显然大部分期限都很短，因此久期也短。相反，银行的资产多是商业贷款、消费贷款和抵押贷款，这些资产的久期比存款的久期要长，而且资产的价值对利率的波动比存款更敏感。如果利率意外上升，银行的净值可能会大幅减少，因为这时它们的资产要比它们的负债减少得更多。

同样，养老基金也存在着基金持有的资产的利率敏感性与负债现值的利率敏感性不匹配的情况，养老基金的负债即是它承诺向退休者支付的款项。下面的“市场前沿”专栏说明了当养老基金忽视资产和负债的利率风险时将面临的风险。该专栏还指出，当利率发生变化时，基金债务的现值也会发生变化。例如，这些年来养老基金尽管获得了非常高的投资收益，但是它们却亏钱了。当利率下降时，它们负债价值上升的速度将大于资产价值上升的速度。进而这篇文章总结道，基金应使资产和负债的利率敏感性相匹配，从而无论利率上升还是下降，资产的价值都能与负债价值的变化保持一致。换句话说，财务管理人员应使基金对利率波动具有免疫特性。

市场前沿

大市盈利下的养老基金亏损

2012 年是股市的好年景，标准普尔 500 指数提供了 16%的收益率，这一表现帮助提振了美国养老基金的资产负债表。然而，尽管这些公司的资产价值有所增加，但据估计，400 家美国大公司的养老金赤字总额增加了近 800 亿美元，其中许多公司在进入 2013 年的时候需要用数十亿美元的额外现金来充实其养老基金。仅福特汽车公司（Ford Motor Company）就预计将为其基金贡献 50 亿美元。*

怎么会这样？股市上涨在很大程度上要归咎于 2011 年的利率下降。随着利率下降，退休人员养老基金义务的现值甚至比支持这些承诺的资产价值增长得更快。事实证明，养老基金负债的价值对利率变化的敏感度要高于这些基金中典型资产的价值。因此，尽管利率下降往往会推高资产收益率，但也会进一步推高负债。换句话说，基金投资的期限短于其债务的期限。这种期限错配使基金容易受到利率下降的影响。

为什么这些基金不更好地匹配资产和负债的久期呢？一个原因在于，评价基金经理的标准常常是这些基金相对于债券市场标准指数的表现，这些指数的久期要远远短于养老基金负债的久期。所以从某种程度上讲，基金经理关注着错误的目标，盯着错误的利率敏感性。

* 这些估计出现在 Mike Ramsey and Vipal Monga，“Low Rates Force Companies to Pour Cash into Pensions，” *The Wall Street Journal*，February 3，2013.

养老基金并不是唯一关心利率风险的机构。任何一个在未来拥有固定利率债务的机构都会将免疫看作一个合理的风险管理政策。例如，保险公司也崇尚免疫策略。事实上，免疫的概念是 F. M. 雷丁顿（F. M. Redington，1952）创造的，他是一家寿险公司的精算师。免疫概念的思想是使资产和负债的久期匹配，进而使得公司在不管利率如何变动的情况下的资产组合都能弥补负债。

例如，一家保险公司发行了一份投资担保合约（GIC），该合约的金额为 10 000 美元。（GIC 实际上是保险公司向其客户发行的零息债券，这张合约是个人养老储蓄计划中较受欢迎的产品。）如果 GIC 的期限为 5 年，固定利率为 8%，保险公司 5 年后须支付 $10\ 000\times(1.08)^5=14\ 693.28$（美元）。

假定保险公司为了支付未来的债务，将 10 000 美元投资于以面值出售、期限为 6 年、年率为 8%的息票债券。只要市场利率保持不变，公司就可以有足够的资金偿还债务，因为债务的现值恰好等于债券的价值。

表 11.4（A）表明，如果利率保持在 8%的水平，从债券得到的资金累积起来恰好

等于用于还债的 14 693.28 美元。在这 5 年间，每年 800 美元的年终利息收入将以收益率为 8%的方式进行再投资。债券到期时出售可得 10 000 美元，债券之所以仍可按面值出售，是因为这时息票率仍然等于市场利率。5 年后再投资的总收入加上债券出售的收入恰好是 14 693.28 美元。

然而，如果利率发生变化，两种相互抵消的作用会综合影响基金增至目标价值 14 693.28 美元的能力。如果利率上升，基金将面临资本损失，影响了其到期偿债的能力。5 年后债券到期的价值比利率仍为 8%时的价值要低。但是，如果利率水平继续提高，再投资的利息收入也会以更快的速度增长，这将抵消资本的损失。也就是说，固定收益组合的投资者面临着两种有相互抵消作用的利率风险：价格风险和再投资利率风险。利率提高会导致资本损失，但同时再投资收入也会增加。如果资产组合的久期选择得当，这两种影响恰好可以相互抵消。当这一资产组合的久期恰好与债券投资者的持有期相等时，到期时投资基金的累积价值将不受利率波动的影响。由于债务持有期与资产组合久期相等，价格风险与投资风险将正好抵消，债务将是免疫的。

在我们的例子中，用发行 GIC 融资的 6 年期债券的久期为 5 年，我们可以用电子表格 11.1 或电子表格 11.2 来验证。GIC（零息债券）的久期为 5 年。由于整个基金计划中资产与负债的久期相等，保险公司可以免除利率波动的风险。为了确认这个结论的真实性，我们现在研究在不考虑利率变动的情况下，债券能否产生足够的收入，以满足 5 年后债务支付的需求。

表 11.4（B）和（C）考虑了两种可能的利率情景：利率或者降到 7%，或者升到 9%。在这两种情景下，均假设在第一次支付利息之前利率发生了变化，所有债券的利息都以新的利率再投资，并在第 5 年出售债券，以满足 GIC 的债务。

表 11.4（B）表明，如果利率降到 7%，基金的累积金额为 14 694.05 美元，有 0.77 美元的小额盈余；如果像表 11.4（C）那样，利率升至 9%，基金的累积金额为 14 696.02 美元，有 2.74 美元的小额盈余。

表 11.4　5 年后债券资产组合的最终价值（所有收入都进行再投资）

支付的次序	距离债务支付日的剩余时间	利息投资的累积价值（美元）	
（A）利率保持在 8%			
1	4	$800\times(1.08)^4=$	1 088.39
2	3	$800\times(1.08)^3=$	1 007.77
3	2	$800\times(1.08)^2=$	933.12
4	1	$800\times(1.08)^1=$	864.00
5	0	$800\times(1.08)^0=$	800.00
出售债券	0	10 800/1.08 =	10 000.00
			14 693.28
（B）利率降至 7%			
1	4	$800\times(1.07)^4=$	1 048.64
2	3	$800\times(1.07)^3=$	980.03
3	2	$800\times(1.07)^2=$	915.92
4	1	$800\times(1.07)^1=$	856.00
5	0	$800\times(1.07)^0=$	800.00
出售债券	0	10 800/1.07 =	10 093.46
			14 694.05

续表

支付的次序	距离债务支付日的剩余时间	利息投资的累积价值（美元）	
(C) 利率升至9%			
1	4	$800\times(1.09)^4=$	1 129.27
2	3	$800\times(1.09)^3=$	1 036.02
3	2	$800\times(1.09)^2=$	950.48
4	1	$800\times(1.09)^1=$	872.00
5	0	$800\times(1.09)^0=$	800.00
出售债券	0	$10\ 800/1.09=$	9 908.26
			14 696.02

说明：债券组合的销售价格等于组合的最后一期支付额（10 800美元）除以（$1+r$），因为债券的到期时间比债券售出时间晚1年。

有几点需要强调。首先，久期匹配使息票利息的累积价值（再投资风险）与债券的出售价格（价格风险）得以平衡，也就是说，当利率下降时，息票利息的再投资收益低于利率不变时的情况，但是出售债券的价格的上升抵消了损失。当利率上升时，出售债券的收入减少，但利息的增加弥补了损失，因为它有更高的再投资利率。图11.3描述了这种情况，图中的实线代表利率保持8%时债券的累积价值，虚线表示利率上升时的情况，最初的效应应是资本损失，但是该损失最终会被增长更快的再投资收益所弥补。在等于债券久期的5年到期日时，这两种影响将会消失，使得公司可以利用债券累积的收入偿还债务。

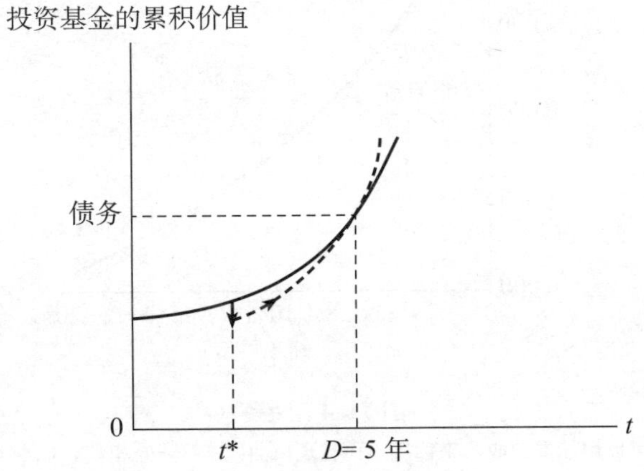

图11.3　投资基金的增长情况

说明：实线代表了在初始利率下组合价值的增长率。如果利率在t^*点时上升，组合价值下降，但是随后如虚线所示，以较快的速度增长，在时间D（久期点）两条线相交。

我们也可以通过现值而不是未来价值来分析利率免疫。表11.5（A）给出了保险公司GIC的初始资产负债表，表中资产与负债的市场价值均为10 000美元，所以投资计划恰好满足支付的需求。表11.5（B）和（C）表明无论市场利率上升还是下降，债券投资的价值都与公司投资担保合约的现值的变化数额相同。无论利率怎么变化，投资恰好可以满足支付，表11.5（B）和（C）中的余额几乎为零。久期匹配策略确保了资产与负债对于利率波动的反应是相等的。

表 11.5	市场价值资产负债表		
(A) 利率=8%			
资产		负债	
债券	10 000 美元	债务	10 000 美元
(B) 利率=7%			
资产		负债	
债券	10 476.65 美元	债务	10 476.11 美元
(C) 利率=9%			
资产		负债	
债券	9 551.41 美元	债务	9 549.62 美元

说明：债券的价值=800×年金因子（r，6）+10 000×现值因子（r，6）。

债务的价值$=\frac{14\ 693.28}{(1+r)^5}=14\ 693.28\times$现值因子（$r$，5）。

图 11.4 反映了债券现值和单一支付流的债务与利率之间的函数关系。在现行 8% 的利率下，债券现值与单一支付流的债务是相等的，债务完全可以由债券的收入来偿还。而且，图中的两条现值曲线在 $y=8\%$ 处相切。当利率变动时，资产与债务两者的价值变化相等，所以债务仍可由债券的收入偿还。当利率有更大的变动时，两条现值曲线分开，这反映了这样一个事实，即在市场利率不是 8%时，资金会有一个小的余额。

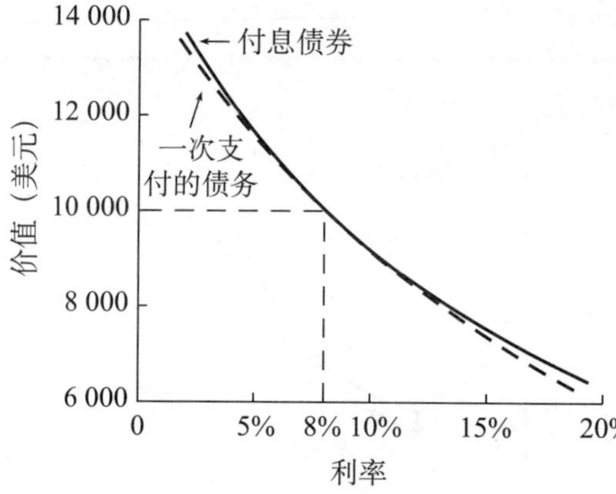

图 11.4 免疫

说明：在利率为 8%时，债务完全可以由债券的收入来偿还。而且现值曲线在 8%处相切，因此当利率变动很小时，债务仍可由债券的收入偿还。

为什么资金会有余额呢？毕竟我们已经指出，久期匹配的资产与负债结合起来将消除利率变动的风险。实际上，这一说法只适用于利率的小幅变动，因为随着债券收益率的变化，久期也要发生变化（回顾久期法则 4）。实际上，在我们的例子中，久期在到期收益率为 8%时确实是 5 年，但是在到期收益率降为 7%时，久期延长至 5.02 年，而当到期收益率为 9%时，久期则缩短至 4.97 年。也就是说，债券与债务在利率变动时久期并不是匹配的，所以这些头寸不能被完全免疫。

再平衡：根据需要对组合中的资产比例进行调整。

这个例子强调了**再平衡**（rebalancing）免疫投资组合的重要性。在利率与资产久期变化的情况下，管理者必须进行调整，使得其久期与债务久期再平衡。此外，即便利率没有变动，资产的久期也会随时间的推移而发生变化。回顾在图 11.2 中，随着时间的推移，久期减少的速度比到期期限减少得慢，因此即便负债开始时是利率免疫的，但随着时间的推移，资产与负债的久期也会以不同的比率减小。如果不对资产组合进行再平衡，久期就不会再匹配，利率免疫的目标也难以实现。久期不涉及区分价值被低估的证券，也正是因为这个原因，利率免疫是消极型策略。负责利率免疫策略的管理者仍需积极更新与监控他们的头寸。

案例 11.2

构建免疫组合

一家保险公司在7年后需支付19 487美元。市场利率为10%，所以债务的现值为10 000美元。公司资产组合管理者希望通过持有3年期息票债券和每年付息一次的永续年金对其负债的支付进行利率免疫。(这里用息票债券和永续年金是为了计算简便。)那么管理者怎样进行免疫呢?

免疫要求资产组合的久期等于负债的久期。我们的计算包括以下4步：

步骤1：计算负债的久期。在本例中，负债的久期很容易计算。它是单一支付流的债务，久期为7年。

步骤2：计算资产组合的久期。每一种资产要素的久期的加权平均值为组合的久期，权重等于每一种资产在基金中所占的比重。零息债券的久期等于其3年的到期期限。永续年金的久期为1.10/0.10=11（年)。因此，如果组合投资中零息债券的比重为 w，投资于永续年金的比重为 $1-w$，组合的久期为：

$$\text{资产的久期}=w\times 3+(1-w)\times 11\ (\text{年})$$

步骤3：令资产的久期等于负债的7年期久期，从而计算出资产组合中各种债券所占的比例。这要求解出下面公式中 w 的数值：

$$w\times 3+(1-w)\times 11=7(\text{年})$$

解得 $w=1/2$。所以管理者应把一半的资金投资于零息债券，另一半的资金投资于永续年金。这样资产组合的久期为7年。

步骤4：债券的收入能完全满足债务的资金需求。由于债务现值为10 000美元，资金必须等额地投资于零息债券和永续年金，因而管理者必须购买5 000美元的零息债券和5 000美元的永续年金。[注意，零息债券的面值为 $5\ 000\times(1.10)^3=6\ 655$（美元)。]

即使头寸已得到免疫，管理者仍不能有丝毫的松懈。这是因为存在根据利率变动进行再平衡的需要。而且，即使利率没有变动，时间的消逝也会影响久期，从而需要进行再平衡。我们继续案例11.2，看看资产组合管理者是怎样保持免疫头寸的。

案例 11.3

再平衡

假定一年已经过去，利率仍保持在10%的水平。案例11.2中的组合管理者需要重新检查他所建立的头寸。债务头寸是否还能得到完全的偿付？是否得到了完全的免疫？如果没有，那么应采取什么行动?

首先，检查资金情况。由于距离到期日又近了一年，债务的现值增加至 11 000 美元，管理者需要的投资收入也增至 11 000 美元。随着时间的流逝，零息债券的价值已从 5 000 美元增至 5 500 美元，而永续年金已支付 500 美元的年息，仍值 5 000 美元。因此，债务可以被完全偿付。

但是资产组合的构成比例必须改变。零息债券现在的久期为 2 年，而永续年金的久期仍为 11 年，债务还要 6 年才到期。新的权重必须满足下面的等式：

$$w \times 2 + (1-w) \times 11 = 6$$

这意味着 $w=5/9$。为了使组合再平衡并且保持久期的匹配，管理者必须将 $11\ 000 \times 5/9 = 6\ 111.11$（美元）投资于零息债券，这需要将年息票利息 500 美元全部投资于零息债券，再通过出售部分永续年金以获得 111.11 美元的资金投资于零息债券。

当然，资产组合的再平衡会带来买卖资产的交易成本，所以不可能不断地进行资产组合的再平衡。实际上，资产组合的管理者需要在完全免疫与控制交易成本之间寻求一个适当的折中方案，前者需要不断地进行再平衡，后者却需要降低再平衡的频率。

概念测验 11.5

回顾案例 11.3。如果利率降至 8%，第 2 年的免疫权重应为多少？

扫描二维码
获取答案解析

□ 现金流匹配和现金流量匹配法

现金流匹配：将固定收益组合中的现金流与负债的现金流相匹配。

现金流量匹配法：跨期的现金流匹配。

与免疫有关的问题似乎有一个简单的解决办法。为什么不只购买零息债券来为预期的现金支出提供恰好足够的款项呢？如果我们遵循**现金流匹配**（cash flow matching）的原则，我们就能在利率变动时使资产组合自动免疫，因为债券的现金流收入和债务的支出恰好相互抵消。

在多期基础上的现金流匹配被称为**现金流量匹配法**（dedication strategy）。在这种情况下，管理者选择零息债券或者息票债券，以使每一期提供的总现金流可以与一系列的负债相匹配。现金流量匹配法的优点在于，它是一劳永逸地消除利率风险的方法。一旦现金流得到匹配，就没有再平衡的必要。

市场前沿

免　疫

Excel 的免疫模型使你能分析任何时间区间和持有区间的免疫案例。该模型是使用 Excel 提供的债券期限公式建立的。在这些计算中，假设息票期为年。

	A	B	C	D	E	F	G	H
1	持有期免疫							
2								
3	到期收益率	0.080 0	市场价格	1 000.00				
4	息票率	0.080 0						
5	期限	6			久期	4.993		
6	面值	1 000.00						
7	持有期	5						
8	久期	4.992 7						
9								
10								
11	如果利率上升 200 个基点				如果利率下降 100 个基点			
12	利率	0.100 0			利率	0.090 0		
13	CPS 终值	488.41			CPS 终值	478.78		
14	卖价	981.82			卖价	990.83		
15	总计	1 470.23			总计	1 469.60		
16	IRR	0.080 1			IRR	0.080 0		
17								
18								
19								
20	如果利率下降 200 个基点				如果利率下降 100 个基点			
21	利率	0.060 0			利率	0.070 0		
22	CPS 终值	450.97			CPS 终值	460.06		
23	卖价	1 018.87			卖价	1 009.35		
24	总计	1 469.84			总计	1 469.40		
25	IRR	0.080 1			IRR	0.080 0		

Excel 问题：

1. 当利率上升 100 个基点时，债券的未来售价会有什么变化？再投资的息票价值会有什么变化？
2. 如果利率上升了 200 个基点呢？
3. 当我们考虑收益率有比较大的变化时，价格风险和再投资风险之间的关系是怎样的？

然而，现金流匹配并没有得到广泛的运用，可能是由于它对债券选择的严格要求。免疫/现金流量匹配法对那些不希望对利率的常规变动打赌的公司有吸引力，而这些公司可能想利用它们认为价值被低估的债券来免疫。由于现金流匹配给债券选择过程添加了很多限制，不可能仅靠被低估价值的债券来实施现金流量匹配法。为了获得更高的收益，公司放弃了准确、容易的现金流量匹配法，而是选择被低估价值的债券进行资产组合。

有时，现金流匹配是无法实施的。养老基金必须向现在与未来的退休人员不断地支付现金流，为了使养老基金的现金流匹配，它们就必须购买到期期限为上百年的固定收益证券。这样的证券并不存在，因此也就很难实施精确的现金流量匹配法。然而免疫操作很简单。例如，如果利率为 8%，养老基金债务的久期为 1.08/0.08=13.5（年）（参见久期法则 5）。因此基金可以通过购买一批市场价值等于养老基金负债的 13.5 年期零息债券来使债务免疫。

概念测验 11.6

a. 假定养老基金每年需支付永续年金 800 000 美元。为了使自身的债务得到免疫，它应购买期限和面值为多少的零息债券？

b. 现在假定利率立即上升到 8.1%。为了使债务仍能保持对未来利率冲击的免疫，应怎样进行基金的再平衡调整？交易成本可以忽略不计。

扫描二维码获取答案解析

概念测验 11.7

相对于免疫策略，交易成本的上升会怎样影响现金流量匹配法的吸引力？

扫描二维码获取答案解析

11.3 凸性

在债券组合管理中，久期显然是一个关键的工具。然而关于利率对债券价格的效应的久期法则仅是一种近似的表达。我们在这里重复介绍的等式（11.3）说明了债券价格变化的百分比约等于债券收益率的变化与修正久期的乘积：

$$\frac{\Delta P}{P}=(-D^*)\times\Delta y$$

从这个等式可以看出，债券价格变化的百分比直接与债券的收益率变化成比例。如果确实是这样，作为债券收益率变化函数的债券价格变化百分比的图形将是一条直线，它的斜率等于$-D^*$。我们从图 11.1 可知，或者从马尔基尔的 5 条债券—定价关系法则（尤其是第 2 条）中可知，债券价格与收益率之间的关系并不是线性的。久期法则虽然是债券收益率出现较小变化时的良好近似表达，但是它不能对较大程度的变化做出精确的说明。

图 11.5 说明了这一点。与图 11.1 类似，图 11.5 说明了债券价格变化的百分比与债券到期收益率变化的对应关系。曲线是息票率为 8%的 30 年期债券的价格变化百分比，债券的初始到期收益率为 8%。直线是久期法则预期的债券价格变化的百分比：在初始收益率下，债券的修正久期为 11.26 年，所以直线是等式$(-D)\times\Delta y=(-11.26)\times\Delta y$在图上的反映。注意，两条线在初始收益率处相切。因此，对于债券到期收益率的较小变化，久期法则较为精确。但是对于到期收益率的较大变化，两条线之间有一个不断扩大的“空白地带”，这表明久期法则越来越不准确。

从图 11.5 中还可以注意到，久期近似值（直线）总是低估了债券的价值。当收益率下降时，它低估了债券价格的增长程度；当收益率上升时，它高估了债券价格的下跌幅度。这是由于真实价格—收益率关系的曲率而引起的。曲线的形状，比如价格—收益率关系的形状是凸的，因此价格—收益率曲线的曲率就被称作**凸性**(convexity)。

凸性：表示债券收益率和价格间关系的曲率。

我们可以把凸性量化为价格—收益率曲线斜率的变化率，表示为债券价格的一个分数。[①] 一般来讲，在实际应用中，你可以将具有更大凸性的债券看成在价格—收益率关系中具有更大曲率的债券。不可赎回债券的凸性是正的（见图 11.5）：当收益率越高时，曲线的斜率越大（即更小的负值）。

凸性使得我们可以对随债券价格变化的久期近似值进行改进。考虑到凸性，等式（11.3）可以修正如下[②]：

$$\frac{\Delta P}{P}=(-D^{*})\times\Delta y+1/2\times 凸性\times(\Delta y)^{2} \tag{11.5}$$

等式右侧的第 1 项与等式（11.3）的久期规则相同。第 2 项是由于凸性引起的修正值。注意，对于有正的凸性的债券，不管收益率是上升还是下降，第 2 项总是正的。这一结论对应了前面刚刚提及的当收益率变动时，久期规则总是低估债券新价值这个事实。把凸性考虑进来的等式（11.5）更加精确，它预测的债券价格高于等式（11.3）的预测值。当然如果收益率变化很小，等式（11.5）中的凸性这一项由于乘以了$(\Delta y)^2$，从而得出的积也很小，使久期的近似值不会有什么增加。在这种情况下，久期规则给出的线性近似值将是足够精确的。因此，凸性在利率有一个很大的潜在变化时才会作为一个更重要的实际因素。

凸性是我们上面提及的利率免疫例子中出现小误差的原因。例如，回到表 11.5 和图 11.4，你将看到，有相同久期的单一支付流债务和息票债券投资在利率变化很小时，可以获得很好的利率免疫效果。然而，对于利率的较大变化，两条价格曲线开始分开，这意味着收益率的变化导致了小额剩余的产生。这是由于息票债券具有更大的凸性。

□ 为什么投资者喜欢凸性？

凸性通常被看作一个良好的特性。具有较大凸性的债券在收益率下降时的收益大于在收益率上升时的损失。例如，在图 11.6 中，债券 A 和 B 在初始收益率下具有同样的久期。债券价格变动比例作为利率变动的函数，其图像在该点是相切的，这意味着在该点上，它们相对于收益率变动的敏感性是相同的。然而，债券 A 比债券 B 具有更大的凸性。当利率以较大幅度波动时，债券 A 享受着更大的收益和更小的损失。如果利率具有很大的波动性，这是提高债券预期收益率的极具吸引力的不对称性质，因为债券 A 在债券上升时受益更多，但在债券下降时损失更小。当然，如果凸性是好的性质，那么它就不会是免费的：对具有较大凸性的债券而言，投资者需要支付更多并接受较低的收益率。

---

① 如果你学过微积分，你应该知道关于久期修正值的公式（11.3）可以写为 $dP/P=(-D^{*})\times dy$。因而 $-D^{*}=(-1/P)\times dP/dy$ 为价格—收益率曲线的斜率，表示为债券价格的一个分数。类似地，债券的凸性等于价格—收益率曲线的二阶导数除以债券价格：$1/P\times d^2P/dy^2$。一个年付息一次、期限为 n 年的债券的凸性计算公式为：

$$凸性=\frac{1}{P\times(1+y)^2}\sum_{t=1}^{n}\left[\frac{CF_t}{(1+y)^t}(t^2+t)\right]$$

② 为了运用凸性规则，你必须把利率表示成小数，而不是百分数。

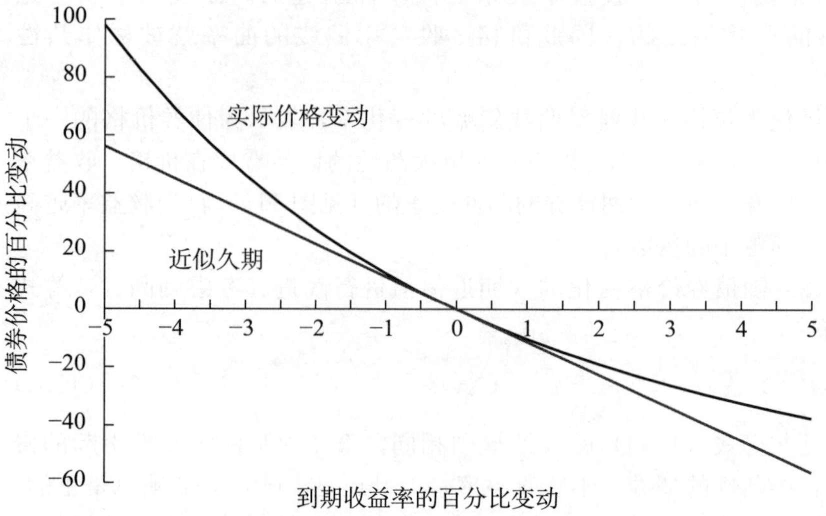

图 11.5　债券价格凸性

说明：债券价格变动的百分比是到期收益率变动的凸函数。

案例 11.4

凸　性

图 11.5 中债券的到期期限为 30 年，息票率为 8%，出售时的初始到期收益率为 8%。由于息票率等于到期收益率，债券以面值 1 000 美元出售。在初始收益率这一点上，债券的修正久期为 11.26 年，它的凸性为 212.4。（你可以在本书网站上找到一个电子表格来计算 30 年期债券的凸性，也可参见接下来的 Excel 应用。）如果债券的收益率从 8%增至 10%，债券价格将降至 811.46 美元，下跌了 18.85%。久期法则，即等式（11.3）可以预测出价格的下跌幅度：

$$\frac{\Delta P}{P}=(-D^{*})\times\Delta y=(-11.26)\times 0.02=-0.2252=-22.52\%$$

这比债券价格的实际下降幅度大得多。而等式（11.5），即久期—凸性规则更加精确：

$$\frac{\Delta P}{P}=(-D^{*})\times\Delta y+1/2\times \text{凸性}\times(\Delta y)^2$$

$$=(-11.26)\times 0.02+1/2\times 212.4\times(0.02)^2=-0.1827=-18.27\%$$

这一结果与债券价格的实际变化就十分接近了。[注意到当我们使用等式（11.5）时，我们必须把利率表示为小数而不是百分数。利率由 8%变化到 10%就表示为 $\Delta y=0.02$。]

如果收益率的变化很小，比如只有 0.1%，凸性就几乎不起作用。这时债券的价格实际下降到 988.85 美元，下降了 1.115%。不考虑凸性，我们预计债券价格下降的幅度为：

$$\frac{\Delta P}{P}=(-D^{*})\times\Delta y=-11.26\times 0.001=-0.01126=-1.126\%$$

考虑到凸性，我们可以得到几乎正确的答案为：

$$\frac{\Delta P}{P}=(-11.26)\times 0.001+1/2\times 212.4\times(0.001)^2=-0.01115=-1.115\%$$

不管怎样，即使没有考虑凸性，在这个例子中久期规则还是十分准确的。

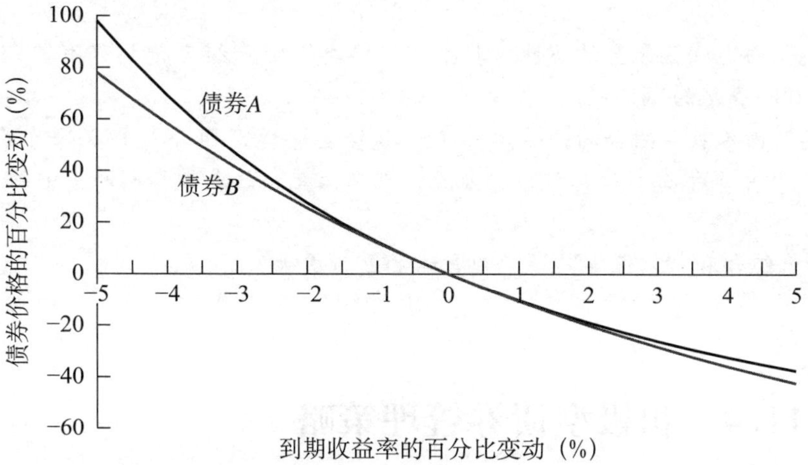

图 11.6　两种债券的凸性

说明：债券 A 比债券 B 有着更大的凸性。

市场前沿

凸　性

“凸性”电子表格可以计算债券的凸性。你可以设置到期收益率和息票。要设置较短的到期期限，可以将此后的现金流设为 0，同时让最后一次现金流入等于本金加最后一次息票支付。

	A	B	C	D	E	F	G	H
1	第 11 章							
2	凸性							
3								
4			时间（t）	现金流	PV（CF）	t+t∧2	(t+t∧2)×PV(CF)	
5								
6	息票	3	1	3	2.871	2	5.742	
7	到期收益率	0.045	2	3	2.747	6	16.483	
8	期限	10	3	3	2.629	12	31.547	
9	价格	88.13 美元	4	3	2.516	20	50.314	
10			5	3	2.407	30	72.221	
11			6	3	2.304	42	96.755	
12			7	3	2.204	56	123.451	
13			8	3	2.110	72	151.888	
14			9	3	2.019	90	181.684	
15			10	103	66.325	110	7 295.701	
16								
17			总计		88.130 922 73		8 025.785	
18								
19				凸性			83.392 425	

Excel 问题：

1. 计算“子弹类”固定收益组合的凸性，其中“子弹类”资产组合是指只有单一现金流的资产组合。假设在第 5 年支付 1 000 美元的现金流。

2. 计算“杠铃类”固定收益组合的凸性，其中“杠铃类”资产组合是指在每个期间都有相同的现金流。假设证券在第 1～9 年每年有 100 美元的现金流，那么该组合的久期和问题 1 中的“子弹类”资产组合相近。

3. “子弹类”资产组合和“杠铃类”资产组合谁的凸性更大？

11.4 积极型债券管理策略

□ 潜在利润的来源

广义地说，在积极型债券管理策略中有两个潜在价值的来源。第一个来源是利率预测，也就是说，预测整个固定收益市场范围的利率运动。如果预测利率会下降，管理者就会增加资产组合的久期；反之亦然。第二个潜在的利润来源就是在固定收益市场内寻找相对价格失衡的机会。例如，一位分析人员可能认为某种特定债券的违约溢价过大，因此债券的价格被低估。

只要分析人员的信息或见解优于市场中的其他人，这些技术就会带来超额收益。如果市场上所有的人都意识到利率会下降，你就不能从利率即将下降的信息中获益。因为在这种情况下，利率的下降预期在某种意义上已影响到债券的价格，久期长的债券售价上升，反映了市场在未来短期利率将下降的预期。如果你没有先于市场得到信息，那么你对此信息的反应可能太迟了——市场价格已经对信息做出了反应。我们已从市场有效性的讨论中了解到了这一点。

现在我们再次指出，有价值的信息是不寻常的信息。如果预测利率的人之前的预测很糟糕，那么他的预测将会毫无意义。

霍默与利博维茨（Homer and Leibowitz，1972）创造了一种流行的积极型债券组合策略的分类方式。他们把证券组合的各种再平衡活动归为四种债券互换（bond swaps）。在前两种互换方式中，投资者总是相信债券或部门之间的收益率关系会出现暂时的偏离。当这种偏离被消除时，价格偏低的债券就会有利可图。这段重新调整的时期被称作市场疲软期（workout period）。

替代互换：用一种债券交换另一种具有相似特征但有更吸引人价格的债券的行为。

1. **替代互换**（substitution swap）是一种债券与另一种相似的替代债券的交换。能相互替换的债券应有基本相同的息票率、期限、信用等级、赎回特征和相同的偿债基金条款等等。如果人们相信市场中这两种债券价格存在暂时的偏离，而债券价格的这种不一致能带来获利的机会，那么这种互换方式就出现了。

下面是一个替代互换的例子。出售息票率为 8%的 20 年期丰田公司债券，该债券的到期收益率为 6.05%。与此相对应，购买具有相同的到期期限、息票率为 8%的本田汽车公司债券，到期收益率为 6.15%。如果这两种债券有相同的信用级别，本田汽车公司就没有理由提供更高的收益率。因此本田汽车公司债券较高的收益率使得它在市场中具有更大的吸引力。当然，信用风险相同是一个重要条件。如果本田汽车公司债券实际上风险更大，那么它的高收益率也不能算作一个优点。

2. **市场间价差互换**（intermarket spread swap）是债券市场两个部门之间相互交换债券的行为。它出现于当投资者认为债券市场两个部门之间的收益率差异是暂时偏离时。

市场间价差互换： 从债券市场的一个部门转移到另一个部门。

例如，如果10年期长期国债和Baa级的10年期公司债券之间的收益率价差为3%，而历史上的差异仅为2%，投资者会考虑卖掉手中的长期国债，换成公司债券。如果随后收益率价差确实缩小了，那么持有公司债券将好于持有长期国债。

当然投资者必须仔细考虑出现收益率价差偏离的原因是否存在。例如，由于市场预期经济会出现严重的衰退，公司债券的违约溢价可能会增加。在这种情况下，公司债券与长期国债之间更大的价差也不能说明公司债券的价格与长期国债相比更具有吸引力，而只能算是对风险增加预期的调整。

3. **利率预期互换**（rate anticipation swap）是不同期限的债券之间的交换。它与利率预期高度相关。认为利率将会下降的投资者会把久期较短的债券换为久期较长的债券。例如，投资者会卖出5年期长期国债，买进25年期长期国债。新债券与原债券的信用风险相同，但久期较长。

利率预期互换： 根据对利率变化的预期而进行的互换。

4. **纯收益率增长互换**（pure yield pickup swap）是将久期较短的债券换成久期较长的债券的行为。这种互换不是由于可以预见的价格错乱，而是作为通过持有更高收益率的长期限债券以增加收益率的方式。这种策略预示着投资者愿意承受更大的利率风险。

纯收益率增长互换： 转向高收益、长期限的债券。

收益率增长互换可以用上一章图10.1中的国债价格行情表说明。从图中可以看到，较长期国债具有比短期国债更高的到期收益率。只要收益率曲线在持有期内没有改变向上倾斜的方向，将短期债券换成长期债券的投资者将获得更高的收益率。当然，如果收益率曲线的倾斜方向改变了，那么投资者将遭受重大损失。

我们可加上第五种互换，即**税收互换**（tax swap）。它是一种可以利用税收优势的互换。例如，只要资本损失确定能获得纳税方面的好处，一个投资者就愿意将价格下跌的债券换成另一种类似的债券。

税收互换： 为了获得税收利益而进行的相似债券间的互换。

□ 期限分析

利率预期的一种形式叫作**期限分析**（horizon analysis）。分析人员选择一个既定的投资期，并预测期末的债券收益率。给定了投资期期末的到期收益率预测值，就可以计算出债券价格。然后把这段期间内的利息收入加到预期的资本利得或损失中，就可以得到债券持有期总收益率的预测值。

期限分析： 主要基于对投资期末收益率曲线的预期而进行的债券收益预测。

案例 11.5

期限分析

一种息票率为10%的20年期债券（利息每年支付一次）现在的到期收益率为9%。一位2年投资计划的组合经理人员需要预测接下来2年债券的总收益率。2年后，债券还剩18年才到期。分析人员预计2年后的现在18年期债券的到期收益率为8%，在这2年内利息可被再投资于短期债券，收益率为7%。

为了计算债券的2年期总收益率，分析人员将进行下面的计算：

1. 当前价格＝100×年金因子（9%，20 年）＋1 000×现值因子（9%，20 年）

＝1 091.29（美元）

2. 价格预测值＝100×年金因子（8%，18 年）＋1 000×现值因子（8%，18 年）

＝1 187.44（美元）

3. 利息再投资的未来价值＝(100×1.07)＋100＝207（美元）

4. 2 年内的收益率＝$\frac{207+(1\,187.44-1\,091.29)}{1\,091.29}$＝0.278，或 27.8%

2 年期债券投资的年收益率＝$(1.278)^{1/2}-1$＝0.13，或 13%

概念测验 11.8

如果管理者预计 2 年后 18 年期债券的到期收益率为 10%，利息的再投资利率为 8%，那么案例 11.5 中的收益率应为多少？

扫描二维码
获取答案解析

□ 固定收益投资策略的一个例子

为了证明一个合理的、积极的固定收益投资组合策略，我们在这里讨论一个大型固定收益基金经理的政策，正如其固定收益投资经理在一次演讲中所解释的那样。该公司认为，在一般市场利率走势上押下重注是不明智的。相反，它们主要把精力集中于利用固定收益部门之间可察觉的相对较小的错误定价机会。公司把巴克莱综合债券指数的风险作为基准风险，该指数是基于大量期限在一年以上的公开交易债券而编制的。任何偏离这种消极或者中立头寸的投资行为都应进行积极的分析和论证。这家公司认为，一个中立组合的久期应等于指数的久期。

该公司只愿意对利率变动进行有限的投资。它解释到如果我们将投资组合的久期设定在指数的水平，并且不允许这个久期水平变动，那么这意味着我们将永远对利率变动保持中立。然而，我们还是认为，这些预测可以增加投资的价值，从而我们可以通过调整组合的久期把经济预测融合到债券管理过程中。但是，为了使固定收益组合的业绩不受我们某一项研究工作精确性的影响，我们限制我们所能修改的利率风险暴露程度。在大多数情况下，我们不允许组合的久期与巴克莱综合债券指数的久期差距超过 1 年。

公司尽力寻找众多在债券定价时无效率的机会，这些机会一般较小，十分不显眼，因而竞争者可能不会注意。公司的分析人员跟踪了 1 000 只证券，试图“识别那些具有吸引力或者不具有吸引力的特定证券和识别某产业或部门证券的上升趋势或者下跌趋势”。这两种活动被称为霍默·利博维茨计划中的替代互换和市场间价差互换。

该公司意识到市场机会即将来临，如果确实是这样，这种市场机会也就只来自其他分析人员较少关注的债券市场。为此，该公司准备关注一些相对比较复杂的债券，它相信，大量研究将使公司对这个部门的研究具有相对优势。最后，公司并没有承担不必要的风险。如果市场上并没有出现具有足够吸引力的债券，资金将被投资于国债这个避风港中，直到新的机会来临。

简要概括这个策略的关键特征，我们可以得出下列结论：

1. 公司比较看重市场价格。它认为，市场通常只存在那些较小的错误定价的机会。公司所获取的超额收益也只能通过抓住这些小的盈利机会慢慢累积而成，而不能寄希望于某个大机会。

2. 为了获得利润，信息就不能完全反映在市场价格中。一个大型研究队伍所关注的应是其他人所忽视的市场某一小块领域。

3. 利率的波动确实很难预测，试图跟准市场节拍的最终结果是，市场内部的盈利机会将被抹平。

小结

- 即使是国债等无违约债券也会面临利率风险。长期债券通常比短期债券对利率变化更敏感。衡量债券平均寿命的方法是麦考利久期，它的定义是证券每次支付前的加权平均值，其权重与支付的现值成比例。
- 修正期限是衡量债券价格对收益率变化的敏感性的一个直接指标。债券价格的比例变化大约等于负的修正期限乘以债券收益率的变化。
- 免疫策略是消极型债券投资组合管理的重要类型。这种策略试图使个人或公司不受利率变动的影响。这可以采取免疫净值的形式，或者相反，免疫债券投资组合的未来累计价值。
- 完全资助计划的免疫是通过匹配资产和负债的期限来实现的。随着时间的推移和利率的变化，为了保持免疫状态，投资组合必须定期重新平衡。
- 凸性是指债券的价格—收益率关系的曲率。考虑凸性可以大大提高债券价格对收益率变化响应的期限近似值的准确性。
- 更直接的免疫形式是现金流匹配。如果一个投资组合的现金流与预期负债的现金流完全匹配，那么再平衡就没有必要了。
- 积极型债券管理可以分解为利率预测技术和市场利差分析。一种流行的分类法将积极型策略分为替代互换、市场间利差互换、利率预期互换和纯收益率增长互换。

关键词

现金流匹配	免疫	修正久期	再平衡
凸性	市场间价差互换	纯收益率增长互换	替代互换
现金流量匹配法	麦考利久期	利率预期互换	税收互换
期限分析			

核心公式

麦考利久期公式：$D=\sum_{t=1}^{T} t\times w_t$

永续年金的久期$=\frac{1+y}{y}$

修正期限和债券价格风险：$\frac{\Delta P}{P}=(-D)\times\frac{\Delta(1+y)}{1+y}=(-D^*)\times\Delta y$

包括凸性的债券价格风险：$\frac{\Delta P}{P}=(-D^*)\times\Delta y+1/2\times$凸性$\times(\Delta y)^2$

习题

1. 如何使得永续年金的久期为 10 年或 20 年？其中永续年金指期限为无限长的债券。(LO11—1)

2. 你预期利率将下降，下面哪种债券会给你带来最高的资本收益？(LO11—1)

a. 息票率低，期限长；

b. 息票率高，期限短；

c. 息票率低，期限长；

d. 息票率为 0，期限长。

3. 在金融危机期间，AAA 债券和国债之间的历史收益率价差急剧扩大。(LO11—4)

a. 如果你相信不久之后价差将会回到原来的水平，你会怎样做？

b. 这会是哪种形式的债券互换？

4. 一种债券的现售价为 1 050 美元，到期收益率为 6%。假设其收益率上升 25 个基点，那么债券的价格将会下降到 1 025美元。这种债券的久期是多少？(LO11—2)

5. 除了下面哪种情况，麦考利久期将小于修正久期？(LO11—2)

a. 零息债券；

b. 溢价债券；

c. 以面值出售的债券；

d. 以上都不是。

6. 假设债券到期收益率变化的程度相同，那么是收益率上升带来的债券价格下降的程度大，还是收益率下降带来的债券价格上升的程度大？(LO11—3)

7. 短期利率的波动性大于长期利率。除此之外，长期债券收益率的波动性大于短期债券。这两种经验观察的结果如何才能一致呢？(LO11—1)

8. a. 存在一个债券，其息票率为 6%且每年付息一次，现在这个债券还有 3 年到期，到期收益率为 6%。

b. 如果到期收益率为 10%，这只债券的久期是多少？(LO11—2)

9. 一种收益率为 10%的 9 年期债券，久期为 7.194 年。如果债券收益率改变了 50 个基点，债券价格变化的百分比为多少？(LO11—2)

10. 一个养老基金计划接下来 3 年的每年年末分别支付 100 万美元、200 万美元和 100 万美元的养老金。如果每年的利率为 10%，计算该养老基金支出债务的久期。(LO11—2)

11. 如果前一个问题中的养老基金计划想使其支付得到保证，头寸完全得到免疫，并且只有两种资产可供投资，那么投资组合中应分配给一年期零息债券和永续年金的投资额比例分别为多少？(LO11—4)

12. 你拥有久期为 5 年的固定收益资产。如果当前利率水平为 8%，刚好下跌了 10 个基点，你预期资产的价格将上升多少（以百分比表示）？(LO11—2)

13. 将下面的两类债券按利率敏感性的大小排序：(LO11—1)

a. 债券 A 的息票率为 6%，到期期限为 20 年，按面值出售。

债券 B 的息票率为 6%，到期期限为 20 年，低于面值出售。

b. 债券 A 是 20 年期不可赎回债券，息票率为 6%，以面值出售。

债券 B 是 20 年期可赎回债券，息票率为 7%，也按面值出售。

14. 长期国债目前是以接近 6%的到期收益率出售。你预期利率会下降。而市场上其余的人均认为利率在来年保持不变。在下面每个问题中，选择一种债券，使得当你的预测正确时，哪种债券会给你带来更高的资本收益？简要解释你的答案。(LO11—2)

a. (1) 还有 20 年到期的息票率为 6%的 Baa 级债券。

(2) 还有 20 年到期的息票率为 6%的 Aaa 级债券。

b. (1) 期限为 20 年的息票率为 4%的 A 级债券，可在价格为 105 时赎回。

(2) 期限为 20 年的息票率为 6%的 A 级债券，可在价格为 105 时赎回。

c. (1) 息票率为 6%的不可赎回国债，期限为 20 年，到期收益率为 6%。

(2) 息票率为 9%的不可赎回国债，期限为 20 年，到期收益率为 6%。

15. 在今后 2 年的每年年末，你必须支付 10 000 美元的学费开支。债券当前的收益率为 8%。(LO11—2)

a. 你的债务的现值和久期各是多少？

b. 期限为多长的零息债券能使你的债务得到免疫？

c. 假定你购入一个零息债券，使其价值和久期完全等于你的债务。现在假定利率迅速上升至 9%，你的净头寸将会如何变化，即债券的价值与你的学费债务的价值之间的差额是多少？

d. 如果利率跌至 7%呢？

16. 养老基金向其受益人支付终身年金。如果该养老基金公司永续经营，养老基金的债务就类似于永续年金。假定你是这家养老基金的经理，该基金每年要向受益人支付 200 万美元。所有债券的到期收益率都为 16%。(LO11—4)

a. 如果息票率为 12%的 5 年期债券（每年付息一次）的久期为 4 年，息票率为 6%的 20 年期债券（每年付息一次）的久期为 8 年。要使你的债务得到完全的支付和免疫，则每种债券的持有量应为多少（以市价计算）？

b. 你持有的 20 年期息票债券的面值为多少？

17. 注册金融分析师弗兰克・迈耶斯（Frank Meyers）是一个大的基金公司的固定收益投资经理。投资委员会的成员弗雷德・斯皮斯（Fred Spice）对于学习管理固定收益投资组合很感兴趣。斯皮斯问了迈耶斯一些问题。具体来讲，斯皮斯想知道固定收益经理是如何在预期的利率基础上构造投资组合头寸使得投资获益的。

迈耶斯决定用一个固定收益债券和一个固定收益票据来向斯皮斯说明固定收益交易策略。这两种债券均半年付息一次。除非特别说明，所有的利率（收益率曲线）均平行变动。这些债券的属性如下页表所示。另外，他还考虑一个 9 年期的浮动债券，该债券每半年以浮动利率付息一次，目前收益率为 5%。

固定收益债券和固定收益票据的属性

	固定收益债券	固定收益票据
价格	107.18	100.00
到期收益率	5.00%	5.00%
距到期日时间（年）	18	8
修正久期（年）	6.984 8	3.585 1

斯皮斯问迈耶斯如何在预期利率增长基础上构造投资组合头寸使得投资获益。下面哪一项是最适合的策略？（LO11—5）

a. 缩短投资组合久期；

b. 购买固定收益债券；

c. 拉长投资组合久期。

18. 斯皮斯问迈耶斯（参见上一题）如何根据利率变动计算价格变动。为了说明这一点，迈耶斯计算了表格中固定收益票据的价格变动。具体来说，他假设利率水平上升了 100 个基点。利用表格中的信息，固定收益票据价格的预期变动是多少？（LO11—2）

19. 你管理着一个价值 100 万美元的组合，你的久期目标值为 10 年。你有两种债券可供选择：5 年期零息债券和永续债券，每种债券的当期收益率均为 5%。（LO11—4）

a. 你愿意持有的两种债券的份额各为多少？

b. 如果你现在的久期目标值为 9 年，则明年的持有比例会如何变化？

20. 债券的交收日为 2018 年 5 月 27 日，到期日为 2027 年 11 月 15 日。息票率为 7%，每半年付息一次。债券按 8% 的到期收益率出售。计算该债券的久期。可以利用我们网站上的电子表格 11.2；链接到第 11 章的资料。（LO11—2）

21. 在上一题中，如果债券每年付息一次，债券的久期会是多少？解释久期为何会朝该方向变动。（LO11—2）

22. 你管理的养老基金将为退休工人提供终身年金。你预计养老基金每年的年金支付水平基本在 100 万美元左右，利率为 10%。你计划用 5 年期和 20 年期零息债券为债务进行完全免疫。（LO11—2）

a. 如果你希望构建一个完全的免疫头寸，那么所需的每种零息债券的市场价值应为多少？

b. 这两种债券的面值应为多少？

23. 计算息票率为 6%、每年付息一次、按 8% 的到期收益率出售的 7 年期债券的凸性（提示：可以使用本章“市场前沿”专栏：“凸性”里的电子表格，将 7 年之后的现金流设为 0。电子表格在我们的网站上，链接到第 11 章的资料）。（LO11—3）

24. a. 利用电子表格来计算当利率上升到 12% 时，电子表格 11.1 中的两只债券的久期是多少。为什么息票债券的久期变小但是零息债券的久期保持不变呢？（提示：检查一下第 E 列中计算的权重。）

b. 利用同一个工作表计算当息票率由 8% 变到 12% 时，息票债券的久期是多少。解释一下为什么久期会变小。（还是看一下第 E 列。）（LO11—2）

25. a. 这一章的注释给出了计算债券凸性的公式。自己建立一个电子表格来计算电子表格 11.1 中息票率为 8% 的债券凸性。假设初始到期收益率为 10%。

b. 零息债券的凸性是多少？（LO11—3）

26. 一种 30 年期债券每年支付一次利息，息票率为 12%，久期为 11.54 年，凸性值为 192.4。债券当前售出时的收益率为 8%。（LO11—3）

a. 如果它的收益率降低到 7%，用金融计算器或电子表格计算债券的价格。

b. 如果运用久期规则来预测债券在新的收益率水平上的价格，那么价格是多少？

c. 如果运用共有凸性与久期规则来预测债券在新的收益率水平上的价格，那么价格是多少？

d. 每个规则的错误百分比是多少？你认为这两个规则的准确性怎么样？

e. 如果债券的到期收益率上升到 9%，重复你的分析。你对这两条规则的准确性的结论是否与 a～d 小题一致？

27. 目前的期限结构如下：一年期债券收益率为 7%，两年期债券收益率为 8%，三年期及以上的债券收益率均为 9%。你在一年期债券、两年期债券和三年期债券之间做选择，三者均有 8% 的息票率且每年付息一次。如果你坚信在年末收益率曲线会在 9% 处保持不变，你该选择哪只债券？（LO11—5）

28. 一只 30 年期的债券息票率为 7% 且每年付息一次。该债券今日售价为 867.42 美元。一只 20 年期的债券息票率为 6.5%，也是每年付息一次。该债券今日售价为 879.50 美元。一个债券市场分析师预测 5 年之后，25 年期的债券出售时的到期收益率为 8%，而 15 年期的债券出售时的到期收益率为 7.5%。因为收益率曲线是向上倾斜的，故该分析师认为息票会被投资于利率为 6% 的短期证券。

a. 计算 5 年内 30 年期债券的预期收益率。

b. 5 年后哪只债券的预期收益率更高？（LO11—5）

□ 挑战题

29. 一个期限为12.75年的零息债券当前以8%的到期收益率（年有效收益率）售出，凸性值为150.3，久期修正值为11.81年。一种息票率为8%的30年期息票债券具有与上述零息债券几乎相同的久期——11.79年——但是凸性值比零息债券大得多，为231.2。(LO11—3)

a. 假定这两种债券的到期收益率都上升到9%。

i. 那么每种债券的实际价值损失的比例为多少？

ii. 运用共有凸性与久期规则进行预测，那么价值损失的比例又为多少？

b. 假定到期收益率下降到7%，这时a小题的价值变动比例又为多少？

c. 比较这两种债券在随后的两种利率情景下的价格表现：一种是利率上升，另一种是利率下降。基于它们之间的价格表现分析，解释运用凸性分析的好处。

d. 在你对c小题问题的回答中，如果这两种债券的收益率上升或者下降的幅度相同，你认为这个具有相同久期，但凸性不同的债券起初是否以相同的到期收益率定价？在这种情况下，任何人都希望购买凸性值小的债券吗？

CFA 习题

1. 将下列债券按久期的长短从大到小排列：(LO11—2)

债券	息票率（%）	到期期限（年）	到期收益率（%）
A	15	20	10
B	15	15	10
C	0	20	10
D	8	20	10
E	15	15	15

2. 美国奥驰亚集团发行了一种每年付息一次的债券，该种债券具有以下特征：(LO11—2)

息票率	到期收益率	期限	麦考利久期
8%	8%	15年	10年

a. 利用上述信息，计算修正久期。

b. 解释为什么修正久期是计算债券利率敏感性的较好方法。

c. 根据下列情况，确定修正久期的变动方向：

i. 息票率为4%，而不是8%。

ii. 到期期限为7年，而不是15年。

3. 在你对蒙特塞罗公司发行的债券的分析中，你需要对下表所示的两种特定债券做出评估：(LO11—2)

蒙特塞罗公司的债券信息

	债券 *A*（可赎回）	债券 *B*（不可赎回）
到期期限（年）	2027	2027
息票	11.50%	7.25%
现价	125.75	100.00
到期收益率	7.7%	7.25%
根据到期日计算的久期修正值（年）	6.20	6.80
赎回日（年）	2021	无
赎回价格	105	无
收益率	5.10%	无
根据赎回日计算的久期修正值（年）	3.10	无

a. 根据表中的久期和收益率信息，比较两种债券在下列情形下的价格和收益率表现：

i. 强有力的经济复苏，同时伴随着高通货膨胀预期。

ii. 经济衰退和低通货膨胀预期。

b. 根据表中的信息，如果债券*B*的到期收益率下跌了75个基点，计算它的预期价格的变动情况。

c. 试述在分析债券*A*的久期时，严格限定为持有至赎回日或到期日的缺陷。

4. 与具有可比久期的政府债券相比，固定收益组合经理的共同目标之一是在公司债券上获得更高的累积收益。一些公司债券组合经理的方法是寻找并购买那些与可比久期政府债券相比具有更大初始利差的公司债券。HFS的固定收益经理约翰·埃姆斯（John Ames）相信，如果要最大化累积收益，需要更加严格的方法。

下面的表格提供了某个时期市场中相关公司/政府利差关系的数据：(LO11—5)

高级别公司债券当前和预期利差和久期（一年期）

债券评级	相对于政府债券的初始利差（基点）	预期期间利差（基点）	初始久期（年）	距今一年的预期久期（年）
Aaa	31	31	4	3.1
Aa	40	50	4	3.1

a. 给定最大化累积收益的目标，建议购买并持有一年的 Aaa 或者 Aa 债券。

b. 埃姆斯的选择不仅仅依赖于最初的利差关系。他的分析框架包括其他可能影响实际累积收益的一系列关键变量：赎回条款以及其他的潜在利率变化。除上面提到的以外，指出埃姆斯还应该将哪些变量包含在分析中，并解释每一个变量如何使得累积收益不同于初始的利差关系。

5. 塞维斯塔国的固定收益投资组合经理诺亚·克莱默（Noah Kramer）正在考虑购买塞维斯塔政府债券。克莱默决定评估一下他投资塞维斯塔国债的两种策略。表 11.6 介绍了两种策略的详细情况，表 11.7 包含两种策略的一些共同的假设。

表 11.6　投资策略（按投资的市场价值计算）

策略	5 年到期（调整后的久期为 4.83 年）	15 年到期（调整后的久期为 14.35 年）	25 年到期（调整后的久期为 23.81 年）
Ⅰ	500 万美元	0	500 万美元
Ⅱ	0	1 000 万美元	0

表 11.7　投资策略假设

债券市场价值	1 000 万美元
债券到期时间	5 年和 25 年 或 15 年
债券息票率	0.00%
调整后的目标久期	15 年

在做出选择之前，克莱默想分析一下如果在他投资之后利率立刻变动，债券的市场价值会如何变化。利率变动的具体情况列示在表 11.8 中。针对表 11.8 中列出的利率即刻变动情况，分别计算在两种投资策略下债券市场价格变动的百分比。（LO11—2）

表 11.8　投资后即时利率的即刻变动

到期时间	利率变动
5 年	下降 75 个基点
15 年	上升 25 个基点
25 年	上升 50 个基点

6. a. 珍妮特·迈尔（Janet Meer）是一位固定收益投资组合经理。注意到目前的收益率曲线是平坦的，她打算以平价购买一只新发行的无期权（option-free）的公司债券。表 11.9 介绍了债券的情况。计算该债券的久期。

表 11.9　7%的无期权债券，期限为 10 年

	收益率变化	
	上升 10 个基点	下降 10 个基点
价格	99.29	100.71
凸性	35.00	

b. 迈尔还打算购买另一只新发行的无期权公司债券，表 11.10 介绍了这种债券。她想估计当收益率曲线即刻向下平行移动 200 个基点时，这种债券的价格敏感性是多少。计算收益率曲线即刻向下平行移动 200 个基点，债券价格变化的百分比。（LO11—2）

表 11.10　7.25%的无期权债券，期限为 12 年

最初发行价格	票面价格（收益率 7.25%）
调整后久期（以最初发行价格计）（年）	7.90
凸性	41.55
凸性调整（收益率变化 200 个基点）	1.66

7. 桑德拉·卡普尔（Sandra Kapple）向玛丽亚·范胡森（Maria VanHusen）介绍由“星辰医院养老金计划”（Star Hospital Pension Plan）持有的债券投资组合，该投资组合的情况列在下面的表格中。投资组合中的所有债券都是不可赎回的美国国债。（LO11—2）

星辰医院养老金计划债券组合

票面价值（美元）	国债	市值（美元）	当前价格（美元）	收益率变化后价格		修正久期
				上升 100 个基点	下降 100 个基点	
48 000 000	2.375%，2020 年到期	48 667 680	101.391	99.245	103.595	2.15
50 000 000	4.75%，2045 年到期	50 000 000	100.000	86.372	116.887	
98 000 000	总债券投资组合	98 667 680	—	—	—	

a. 分别计算下面两者的有效久期：

i. 2045 年到期的 4.75%国债；

ii. 整个债券组合。

b. 范胡森对卡普尔说："如果你调整债券组合的收益率结构，使组合的久期变为 5.25，组合的价格敏感性就会和单只久期为 5.25、不可赎回国债的价格敏感性相同。"在什么情况下，范胡森的话是正确的？

8. 使债券组合免疫在一些情况下对债券组合经理来说是十分必要的。(LO11—4)

a. 讨论利率风险要素——也就是说，假定利率随时间而变动，解释债券持有人面临的两种风险。

b. 给免疫下定义，讨论债券经理为何要使他的投资组合免疫。

c. 解释为何久期匹配策略在使利率风险最小化方面优于期限匹配策略。

9. 你是一家养老基金的债券投资组合经理，基金的政策允许在管理债券组合时采用积极型策略。

经济周期看起来正在走向成熟期，通货膨胀率预计会上升。为了控制通货膨胀，央行的政策趋于从紧。在以下各种情况下，你会选择两种债券中的哪一种？并简要说明你的理由。(LO11—5)

a. 加拿大政府债券（以加元支付），息票率为 4%，2022 年到期，价格为 101.25，到期收益率为 3.50%。

或者加拿大政府债券（以加元支付），息票率为 4%，2032 年到期，价格为 95.75，到期收益率为 4.19%。

b. 得克萨斯州电力公司（Texas Power and Light Co.）债券，息票率为 4.5%，2025 年到期，AAA 级，价格为 85，到期收益率为 7.1%。

或者亚利桑那州公用事业（Arizona Public Service Co.）债券，息票率为 4.45%，2025 年到期，A—级，价格为 80，到期收益率为 8.1%。

c. 联邦爱迪生公司（Commonwealth Edison）债券，息票率为 2.75%，2024 年到期，Baa 级，价格为 81，到期收益率为 5.2%。

或者联邦爱迪生公司债券，息票率为 7.375%，2024 年到期，Baa 级，价格为 114，到期收益率为 5.2%。

d. 蒙特利尔银行存单（以加元支付），存单利率为 3%，2022 年到期，AAA 级，价格为 100，到期收益率为 3%。

或者蒙特利尔银行存单（以加元支付），浮动利率票据，2026 年到期，AAA 级，当前的利率设定为 2.7%，价格为 100（票面利率每半年根据加拿大政府 3 个月短期国库券利率加上 0.5%进行调整）。

10. a. 下面哪种情况将导致债券价格的波动性更大？(LO11—1)

(1) 票面利率较高，期限较短。

(2) 票面利率较高，期限较长。

(3) 票面利率较低，期限较短。

(4) 票面利率较低，期限较长。

b. 一个预期利率将下降的投资者很可能会购买拥有__________票面利率和__________到期期限的债券。(LO11—1)

(1) 低，长。

(2) 高，短。

(3) 高，长。

(4) 低，短。

c. 零息债券具有下面哪个特征？(LO11—1)

(1) 久期等于到期期限的加权平均值。

(2) 到期期限等于久期。

(3) 到期期限的加权平均值等于债券期限。

(4) 上述三项。

d. 与按面值出售的债券相比，折价较多的债券具有下列哪个特征？

(1) 再投资风险较大。

(2) 价格波动性较大。

(3) 较少被赎回。

（4）以上都不对。

11. 一家公司的一名投资委员会成员对于如何管理固定收益资产组合很感兴趣，他想知道固定收益投资组合管理人是怎样安排头寸的，以便根据影响利率的三个预期因素贯彻执行。假定没有投资策略的限制，详细描述固定收益投资组合管理人根据对每种因素的预期而采取的相应策略。（注意：要求有三种策略，每种策略对应上面所列的一个因素。）（LO11—5）

a. 利率水平的变动。

b. 部门之间收益率价差的变动。

c. 某一特定工具收益率的变动。

12. 下列债券互换都是近年来投资者为提高他们投资组合的总收益率而参与的互换。

利用下面提供的信息，解释投资者进行每种互换的原因。（LO11—5）

互换			赎回价格	市场价格	到期收益率（%）
a.	售出	Baa1 级电力公司（Electric Pwr.）第一抵押担保债券，利率 6.4%，2023 年到期	108.24	95.00	7.71
	买入	Baa1 级电力公司第一抵押担保债券，利率 2.4%，2024 年到期	105.20	79.00	7.39
b.	售出	Aaa 级电话公司（Phone Co.）票据，利率 5.5%，2024 年到期	101.50	90.00	7.02
	买入	美国中期国债，利率 6.5%，2024 年到期	NC	97.15	6.78
c.	售出	Aa1 级埃佩克斯银行（Apex Bank）零息债券，2027 年到期	NC	45.00	7.51
	买入	Aa1 级埃佩克斯银行浮动利率票据，2039 年到期	103.90	90.00	—
d.	售出	A1 级联邦石油天然气（Commonwealth Oil & Gas）第一抵押债券，利率 6%，2029 年到期	105.75	72.00	8.09
	买入	美国长期国债，利率 5.5%，2035 年到期	NC	80.60	7.40
e.	售出	A1 级智灵通（Zmart）可转换债券，利率 3%，2029 年到期	103.90	62.00	6.92
	买入	A2 级幸运鸭（Lucky Duck）公司债券，利率 7.7%，2035 年到期	109.86	75.00	10.43

Web 站点管理员

请扫描二维码或登录中国人民大学出版社
官网 www.crup.com.cn 下载。

第4部分

证券分析

当你告诉你的朋友或者亲戚你正在学习投资方面的知识，他们也许会问你：“我应该买什么股票?”这个问题实际上是证券分析的核心。分析师在进行证券组合投资时，他们应根据什么来选择股票和其他证券?

证券分析是多种技术的综合。首先你需要成为一个经济学家，精通宏观经济学和微观经济学，前者有助于你形成对市场大致方向的预测，而后者有助于你评价某一行业或公司的相对状况。你需要对人口特征和社会发展趋势有较深的了解，以有助于识别那些具有良好前景的行业。你要学会快速了解某些行业的进入和退出状况，以便选择那些将会在各自行业取得成功的企业。你需要熟练地掌握会计方面的知识，以便分析这些公司向公众披露的财务报表。由于证券分析的核心就是对一家公司进行估值的能力，你还需要掌握公司金融方面的知识。简言之，一个优秀的证券分析师应是一个多面手，精通涉及金融的方方面面的知识，而这也是“将方方面面集中在一起”这个做法的最大好处。

第 4 部分的各章都介绍了证券分析方面的知识。我们对证券分析这个问题进行“自上而下”的介绍，从对国际环境、宏观经济、行业状况开始，然后进入对特定公司的分析。这些话题构成了基本面分析的核心部分。在学习了这些章节的内容之后，你将对各种应用于分析股票和股票市场的技术有一个较全面的了解。

本部分包括以下章节：

12 宏观经济分析和行业分析

学习目标：

LO12—1 预测货币政策、财政政策和供给侧政策对主要宏观经济变量的影响；

LO12—2 运用先行、同步和滞后经济指标描绘和预测经济在商业周期中的运行路径；

LO12—3 预测哪些行业对商业周期的变动更具有或更不具有敏感性；

LO12—4 分析行业生命周期和结构对行业盈利前景的影响。

为了确定一家公司股票的合理价格，证券分析师必须预计这家公司的股利和盈利前景。这就是**基本面分析**（fundamental analysis）的核心，即分析价值的决定因素。而公司经营的成功与否将决定公司向股东支付的股利水平和公司股票在市场上的表现。由于公司的盈利前景与宏观经济状况有很大的相关性，因而价值分析必须考虑公司经营所处的经营环境。对于一些公司来说，宏观经济和行业环境对公司利润的影响比其自身在行业内的相对经营水平对利润的影响更大。也就是说，投资者必须对经济环境做到心中有数。

基本面分析：对公司价值决定因素的分析，如公司收入和股利前景等。

在分析一家公司的经营前景时，通常从分析整体的经济状况开始，考察总体经济甚至国际经济的状况。接着，要考察公司经营所处行业的外部环境对公司的影响。最后，要考察公司在行业内的经营状况。

本章介绍了基本面分析中的广义层面——宏观经济和行业分析。接下来的两章涉及具体的公司分析。我们先讨论与公司业绩相关的国际因素，然后对通常用于描述一国宏观经济水平的重要指标变量进行概要的介绍。接着我们将讨论政府的宏观经济政策和利率的确定问题。在宏观经济分析的结尾部分，我们将讨论经济周期现象。接下来，我们进行行业分析，介绍包括公司对商业周期的敏感性、行业的生命周期以及影响行业整体经营业绩的一些战略问题等相关的知识。

12.1 全球经济

对公司前景所作的“自上而下”的分析必须先从全球经济入手。世界经济可能会影响公司的出口前景，影响公司面临的来自海外竞争者的价格竞争，或者公司海外投资的盈利状况。从表 12.1 可以看出世界经济对公司前景的影响。例如，像泰国和新加坡这样的东南亚经济体，GDP 的预期增长率几乎是欧洲地区的两倍。

尽管全球宏观因素的重要性是显而易见的，但各经济体间的经济表现也会有很大差异。例如，在欧洲，德国经济预计将以 1.4%的速度增长，几乎是意大利 0.8%预期增长率的两倍。

表 12.1　经济表现

	2016 年股票市场收益率（%）		2017 年 GDP 预期增幅（%）
	以当地货币计价	以美元计价	
巴西	42.1	74.4	0.9
英国	15.2	−3.9	1.1
加拿大	19.3	24.6	1.9
中国	−10.7	−16.6	6.4
法国	5.7	1.9	1.2
德国	7.8	4.0	1.4
希腊	4.1	0.4	1.2
中国香港	1.0	0.9	1.8
印度	−5.2	2.0	−0.9
意大利	−8.4	−11.6	0.8
日本	2.9	5.6	1.0
墨西哥	8.4	−12.5	1.9
俄罗斯	28.9	55.4	1.2
新加坡	1.3	−0.2	2.0
韩国	4.3	1.4	2.5
西班牙	−0.9	−4.5	2.3
泰国	21.4	22.0	3.3
美国	14.4	14.4	2.2

资料来源：*The Economist*，January 7，2017.

也许会令你感到惊讶，股市收益并不总是与宏观经济预期相一致。这反映了市场有效性的影响，股市收益是受先前预期的业绩表现驱动。例如，尽管其预期的经济增长率位居首位，但由于其预期增长率相对于先前的预期下降，中国股市仍下跌了 16.6%（以美元计算）。

这些数据表明了国家经济环境是行业经营业绩的决定性因素。对于一个企业来说，要想获得成功，在经济紧缩的情况下要比在经济扩张的情况下难得多。观察结果强调了宏观经济分析在投资过程中的基础地位。

另外，政治上的不确定性也会产生很大的经济风险。欧债危机为政治和经济间的相互关系做出了最好的说明。在过去的十年中，对希腊的救助，和对同样在挣扎但是更为大型的经济体意大利和西班牙给予支持一样，大部分都是政治问题，但是最后却在全球经济中产生了重大影响。英国脱欧是另一个具有重大经济影响的政治斗争，英国投票支持“英国脱欧”的当天，全球股市暴跌，英镑兑美元的汇率下跌了 10%以上。

在这样的分析下，很明显，政治和经济学紧密地交织在一起。

其他一些政治事件可能不具有轰动效应，但仍是影响经济增长和投资收益的重要因素，这些因素包括保护主义和贸易政策、资本的自由流动和一国劳动力的状况。

汇率：本币兑换成外币的比率。

另一个影响一国行业国际竞争力的显著因素是该国货币与其他国家货币之间的**汇率**（exchange rate）。汇率是本币在换成外国货币时的比率。例如，2017 年中，购买 1 美元需要花费 110 日元，我们可以说汇率为 1 美元兑 110 日元，或者 1 日元兑 0.009 1 美元。

当汇率变动时，以外币标价的货物的美元价值就相应地发生了变动。例如，1980 年，美元/日元之间的汇率约为 0.004 5 美元兑 1 日元。由于 2017 年的汇率为 0.009 1 美元兑 1 日元，那么一个美国居民如果购买价格为 10 000 日元的产品，在 2017 年他支付的美元接近 1980 年支付额的 2 倍。如果日本厂商希望维持其产品的日元价格固定不变，那么该产品以美元计价的价格将比原来的价格提高两倍。对于美国的消费者来说，日本产品的价格更加昂贵，因而日本产品的销售量下降。很明显，日元的升值使日本厂商，例如汽车制造商，面临着美国厂商的激烈竞争。

图 12.1 是过去 13 年中美元相对于其他几种主要货币购买力的变化。购买力比率被称为“真实”汇率或者经通货膨胀调整的汇率。由于真实汇率考虑了两国之间汇率波动和通货膨胀率的差异，因而它的变化反映了外国货物对于美国居民是变贵了还是变便宜了。图 12.1 中，正的数值表示美元相对其他货币来说购买力提高了；负的数值表示美元的购买力下降了。因此，我们看到美元相对于图 12.1 中的每种货币都升值了，在某些情况下美元甚至是大幅升值。以外币计价的商品对美国消费者而言已经变得便宜了；相反，以美元定价的商品对国外消费者来说变贵了。

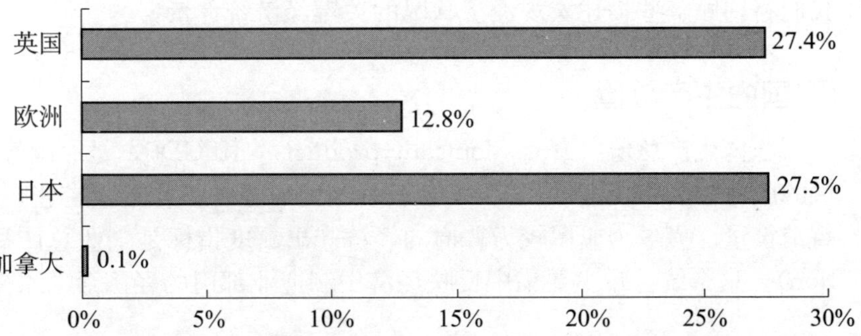

图 12.1　2003—2016 年实际汇率的变化：美元对主要货币

资料来源：OECD G20 CPI Base Year 2010.

12.2　国内宏观经济

所有的公司都在宏观经济这个大环境中运行。正如图 12.2 所示，宏观经济是决定投资业绩的重要因素。该图比较了标准普尔 500 价格指数和 500 家成份股公司每股收益的平均值。该图显示，股票价格倾向于随收益一起上升。尽管股票价格与每股收益的确切比值受利率、风险、通胀率和其他变量的影响而波动，但该图显示了通常情况下该比值在 12～25 的区间内波动。如果股价对每股收益的比值“正常”，标准普尔 500

价格指数就应该落在这个边界内。尽管收益乘数规则并不是很精确——20 世纪 90 年代末的互联网泡沫时期，市盈率乘数大幅度上升——但它还是反映了宏观市场和总体收益的变化。[①] 因此，预测市场总体变化情况的第一步就是评估经济的整体状况。

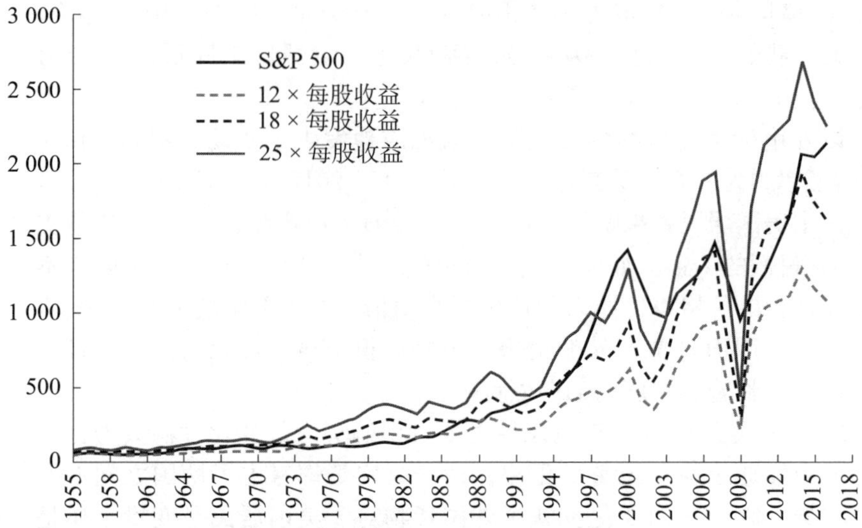

图 12.2　标准普尔 500 指数与每股收益

资料来源：S&P 500 Prices Saint Louis Fed Fred data base https：//fred. stlouisfed. org.

对宏观经济的非凡预测能力能带来辉煌的投资业绩。但是，仅仅能正确预测宏观经济是不够的，为了赚取超额收益，你必须比你的竞争者预测得更准确。在本节中，我们将回顾一些描述宏观经济状况的关键经济统计量。

□ 国内生产总值

国内生产总值：一段时间内生产的产品和提供的服务的市场价值。

国内生产总值（gross domestic product），即 GDP，是一国经济体生产的产品与提供的服务总和。快速增长的 GDP 表示该国的经济正在迅速扩张，公司有充足的机会提高销售量。另一个应用较为普遍的经济产出测度指标是工业总产量（industrial production）。这个统计量主要集中反映经济中制造业部门的经济活动水平。

□ 就业

失业率：被划分为失业人口的人数与总劳动人口的比率。

失业率（unemployment rate）是指正在寻找工作的劳动力占总劳动力（即包括正在工作和正在积极寻找工作）的百分比。失业率测度了当经济体能力达到极限时经济的运行程度。虽然失业率是仅与劳动力相关的数据，但是就业率和其他生产要素的经济信息有助于对经济生产能力进行更深层次的研究。例如，分析人员也会注意工厂生产能力利用率（capacity utilization rate）这个指标，它是实际产出与工厂潜在产出之间的比值。

① 图 12.2 表明，2009 年股票价格与每股收益的比值是 25 倍，甚至更高。这反映出这样一个事实，即在深陷衰退最严重的时期，当年收入仍大大低于趋势预测。市场价格很好地反映了未来的盈利前景，因此，其跌幅小于该特定年份的收益。正如我们将在下一章中看到的那样，应该相对于未来而非当前收益来解释市盈率：股票价格是企业价值的前瞻性度量。

□ 通货膨胀率

通货膨胀率（inflation）是指价格总体水平的上涨幅度。高通货膨胀率经常与经济“过热”联系在一起，也就是说，经济中对产品和劳务的需求超过了生产能力，从而拉动了价格的上升。许多政府制定和实施经济政策时都十分小心翼翼。它们希望刺激经济，以保持充分就业的状态，同时又不引发通货膨胀的压力。保持通货膨胀和失业之间微妙的平衡是众多宏观经济政策争论的焦点。几十年来对于通胀和失业的相对成本以及经济面对通货膨胀压力的脆弱性这两个问题，人们一直存在很大的分歧。

通货膨胀率：商品和服务总体价格水平的上涨率。

□ 利率

高利率会减少未来现金流的现值，因而会降低投资项目的吸引力。正是由于这个原因，实际利率才成为决定企业投资成本的关键因素。住房和高价耐用消费品（比如汽车）一般采用融资方式购买，这些商品对利率高度敏感，这是因为利率会影响利息的支付额。在 12.3 节，我们将讨论实际利率的决定因素。

□ 预算赤字

联邦政府的**预算赤字**（budget deficit）是政府支出与政府收入之间的差额。任何一个预算赤字都要通过政府借款来填补。大量的政府借款会增加经济中的信用需求，从而会抬高利率。经济学家通常认为，过量的政府借款会抬高利率，阻碍企业投资，从而对私人借款和投资产生“挤出”效应。

预算赤字：政府支出超过政府收入的数目。

□ 心理因素

消费者和厂商对经济形势感到悲观还是乐观是影响经济表现的重要因素。比如，如果消费者对他们未来的收入有良好的预期，那么他们就愿意进行大量的现期消费。同样，企业如果预计其产品的需求将上升，那么它们就会提高产品的产量和库存水平。这样，公众的信心就会影响到消费和投资的数量，以及对产品和劳务的总需求。

概念测验 12.1

假设一个经济体，其主导行业是用于国内消费和出口的汽车行业。现在假定延长了汽车使用期，这将对汽车市场产生威胁。描述这个变化对以下几个经济指标的影响：(a) GDP；(b) 失业率；(c) 政府预算赤字；(d) 利率。

扫描二维码
获取答案解析

12.3 利率

利率水平也许是投资者在进行投资分析时所要考虑的最重要的宏观经济指标。利率预期直接影响固定收益证券市场的收益预期。如果你预期利率将上升，而且上升幅度将超过公众普遍预期的幅度，你将会远离长期固定收益证券。同样，利率的上升对于股票市场来说也不是什么好消息。难以预期的利率上升通常紧随着股票市场的下跌，因而高超的利率预测技术对于那些试图确定其最佳组合分配方案的投资者来说，具有巨大的价值。

遗憾的是，利率预测是宏观应用经济学中最难的部分之一。不管怎样，我们都应该掌握决定利率水平的基本因素。

1. 来自资金供给者（主要是居民）的资金供应量。
2. 企业为厂房、设备和存货这些实物投资进行融资所需的资金量。
3. 由联邦储备银行的活动调整后的政府净资金供给或需求量。
4. 预期的通货膨胀率。

尽管经济体系中有许多种利率（就如证券的种类一样多），但这些利率趋于朝同一个方向变动，因而经济学家经常把利率当作一个整体来对待，就好像有一个唯一的代表性利率一样。如果我们了解资金的供给和需求曲线，我们就可以运用这种抽象方法来获得一些信息，并确定实际利率的水平。

图 12.3 显示出资金的需求曲线向下倾斜，供给曲线向上倾斜。横轴表示资金的数量，纵轴表示实际利率的水平。

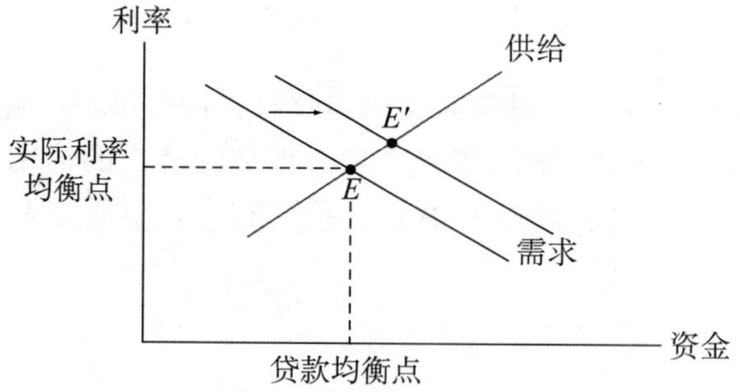

图 12.3　实际利率均衡点的确定

供给曲线向右上方倾斜，这是因为实际利率水平越高，居民储蓄的供给量就越大。假定存在较高的实际利率，居民将偏向于推迟当前的消费，将可支配收入的更多部分用于储蓄或者投资，以备将来之用。

需求曲线向右下方倾斜，这是因为实际利率越低，企业越愿意进行实物资本的投资。假定企业根据预期的实际收益率来给投资项目排序，如果这些项目融资所需资金的利率越低，企业就越愿意进行更多的项目投资。

图 12.3 中，资金供给曲线和需求曲线的交点 E 为利率的均衡点。

政府和中央银行（联邦储备系统）可以通过财政和货币政策来调控这些供给和需求曲线。例如，假定政府的预算赤字上升，这将导致政府的借款需求增大，从而使需求曲线向右移动，进而使实际利率的均衡点升至 E' 点。也就是说，由于政府借款的额度将突破原先预期的金额，市场预期未来利率将会上升。联储可以通过增加货币供给来抵消这种上升的趋势，因为这种方式将增加可贷资金量，从而使供给曲线向右移动。

因此，虽然影响利率水平的决定性因素是居民的储蓄意愿和企业以实物资本形式投资的预期生产能力（或者说盈利能力），政府的财政政策和货币政策也能对实际利率产生影响。

图 12.3 的供给和需求框架适合于确定实际利率的近似值。为了获得名义（nominal）利率的数据，我们在均衡实际利率的基础上加上预期的通货膨胀率水平。正如我

们在 5.4 节中讨论的一样，通货膨胀溢价对于投资者保持一个给定的实际投资收益率十分必要。

毫无疑问，货币政策会影响名义利率，但是在影响利率的力度方面，却有很多争论。目前人们比较认同的是：从较长的时期来看，货币供应量增加的最终影响是价格的上升，但它对实体经济活动将不会产生持久的冲击。货币供应量的快速增加，最终将导致相应的高通货膨胀率和高名义利率，但它不会对实际利率产生持续的影响。然而，从较短的时间来看，货币供应量的变动将对实际利率产生影响。

12.4 需求和供给冲击

对影响宏观经济的因素进行整体分析的一个有效办法是将它们按照需求冲击影响和供给冲击影响进行分类。**需求冲击**（demand shock）是指经济体中影响产品和劳务需求的事件。减税、货币供应量的增加、政府支出的增加或者对外出口需求的增加都是正的需求冲击的例子。**供给冲击**（supply shock）是指可能引起生产能力和成本变化的事件。例如，石油进口价格的变化；对大量农作物产生破坏的霜冻、洪水和干旱等自然灾害；经济体中劳动力教育水平的变化，或者劳动力愿意参加工作的工资率的变化。

需求冲击：经济体中影响产品和劳务需求的事件。

供给冲击：经济体中影响生产能力和成本的事件。

需求冲击通常会使总产出与利率和通胀率产生同向变动。例如，政府支出的大幅度增加将会刺激经济并提高 GDP。它还会提高利率，因为这增加了政府对借贷资金的需求，就如企业加大对新项目的融资需求促使利率提高一样。最后，如果此时对产品和劳务的需求已经相当于或者超过整个经济的总生产能力，它就会使通货膨胀率上升。

供给冲击却通常会使总产出与利率或通胀率产生反向变动。例如，石油进口价格的大幅度上升会引发通货膨胀，因为生产成本将上升最终导致产成品价格的上升。在短期内，通货膨胀率的上升会引起更高的名义利率。此时，总产出就会下降。这是因为随着原材料价格的上涨，经济的生产能力将下降，经济中个体的购买力也会随着产品价格的上涨而下降。于是，GDP 开始下降。

我们如何将这个知识框架应用于投资分析呢？在任何一个你所面对的宏观经济环境中，你应该首先分清楚这种冲击对哪些行业是有利的，对哪些行业是不利的。比如，如果你预计货币供给将紧缩，你就有可能停止对汽车这类行业进行投资，因为当利率上升时，这类行业将处于不利地位。我们再次提醒你：要作诸如此类的预测绝非易事。宏观经济预测的不可靠性已是路人皆知。并且，你必须认识到，所有的预测都只是基于公开的信息而做出的。你的投资优势都是因为你具备超常的分析能力，而不是因为你所掌握的好消息。

12.5 联邦政府政策

正如前一节所述，政府有两大类宏观经济调控工具：一类是影响产品和服务需求的工具；另一类是影响产品和服务供给的工具。第二次世界大战后的大部分时间里，针对需求方的政策成为主流，具体的方式有政府支出、税收水平和货币政策。但从 1980 年以来，针对供给方的政策逐渐得到各国的重视。粗略地讲，供给方的政策强调提高经济的生产能力，而不是增加对产品和劳务的需求。从实施方法来看，供给学派经济学家着眼于提高人们工作的积极性和创新性，并承担源自税收系统的风险。而且，诸如教育、基础设施（如通信和交通设施）和研发等在内的国家政策，通常也被认为是宏观经济政策中的供给方政策的一部分。

□ 财政政策

财政政策：运用政府支出和税收政策等方法以满足稳定经济的特殊目的。

财政政策（fiscal policy）是指政府的支出和税收行为，它是需求方政策的一部分。财政政策是刺激或减缓经济发展的最直接方式。政府支出的下降直接减少了对产品和劳务的需求；同样，税率的上升会立即减少消费者的收入，从而导致消费的快速下降。

但具有讽刺意味的是，尽管财政政策对经济的影响最直接，但是这些政策的制定和实施通常却是超乎寻常地复杂和缓慢。这主要是因为财政政策需要在行政机构和立法机构之间进行大量的协商讨论工作。税收和支出政策在起草完之后，要经过国会投票表决，这其中需要大量的政治协商，而且任何一项被通过的法令还需总统的签字才能生效，而这又需要更多的谈判。总之，尽管财政政策的影响很直接、很有效，但它的立法手续是如此繁杂，以至于在现实中它不能作为经济发展的微调工具。

除此之外，许多政府支出，如医疗和社会保障，都是非选择性的政策，这就意味着它们不是一种政策，而是一种法令，因而它们就不能随时根据经济状况进行调整，这就使得财政政策的形成和实施更加缺乏灵活性。

对政府的财政政策的净效果进行总结的一个普遍方法就是考察政府预算的赤字或盈余，即政府收入和支出之间的差额。财政赤字说明政府的支出超过它通过征税而得到的收入，净效果就是产品和劳务需求的增加数额（通过政府支出）超过产品和劳务需求的减少数额（通过税收），从而刺激了经济的增长。

□ 货币政策

货币政策：由联邦储备委员会所采取的影响货币供给和利率的行动。

货币政策（monetary policy）是另一种主要的需求侧政策，它是指通过控制货币的供应量而影响宏观经济的政策。货币政策主要通过影响利率而实现。货币供应量的增加会使短期利率降低，并最终刺激投资和消费需求。从较长的时期来看，大多数经济学家认为，货币的大量供给只会促使价格上升，它并不能对经济活动产生持续的影响。因而，货币当局面临着一个两难选择。扩张的货币政策可能会在短期内降低利率，从而刺激投资和消费需求，但是这些做法将导致价格上升。刺激经济与通货膨胀之间的权衡是有关适度货币政策争论的内涵所在。

财政政策尽管对经济的影响十分直接，但其实施操作复杂，而货币政策虽易于制定和实施，但其对经济的影响却不那么直接。货币政策由联邦储备委员会决定。委员会委员由总统任命，任期 14 年，因此基本不受政治压力的影响。由于委员会的规模较小，并且能由委员会主席有效地控制，因而一项政策的制定和修订就相对容易多了。

货币政策的实施也是比较直接的。被最广泛使用的工具是公开市场操作，即联储为自己的账户购买或出售债券。当联储购买债券时，它只需签发一张支票，于是货币供应量就会增加。（与我们不同的是，联储在支付购买债券的款项时，无须从一个银行账户里提取资金。）与此相反，当联储卖出债券时，被支付给联储的货币就离开了货币供应体系。公开市场操作每天都在进行，它使联储能对其货币供给进行微调。

联储可以运用的货币政策工具还包括再贴现率（discount rate）和法定存款准备金率（reserve requirement）。再贴现率是其他银行向联储进行短期借贷时，联储收取的利率；法定准备金率是银行必须以现金形式留在手中或存放在联储的那部分存款占银行总存款的比重。贴现率的下调预示着货币政策的扩张；法定存款准备金率的降低使银行每一美元的存款当中可贷出的份额增加，从而增加了货币的有效供给，刺激了经济的增长。

尽管联储能直接控制再贴现率的高低，它的变动其实并不频繁。联邦基金利率（federal funds rate）是到目前为止反映联储政策的更好的指标。联邦基金利率是银行之间进行短期借贷，通常是隔夜拆借的利率。这些借贷之所以会发生，是因为有的银行需要借款满足其法定准备金率，而有的银行有多余的资金。与再贴现率不同，联邦基金利率是市场利率，即它是由市场供求状况决定的，而不是由行政力量决定的。然而，联邦储备委员会会设定联邦基金利率的目标值，通过公开市场操作扩张或紧缩货币供给来促使利率接近其设定的目标利率。联邦基金利率是美国短期资金市场的基准利率，因此也对美国市场上的其他利率和整个世界有着巨大影响。

与财政政策相比，货币政策影响经济的方式是迂回曲折的。财政政策一般是直接刺激或减缓经济的增长，货币政策主要通过影响利率的水平而达到其效果。货币供给的增加将降低利率，从而刺激投资需求。当经济中的货币供应量增加时，投资者将发现他们资产组合中的现金过剩，于是他们就通过购买证券（如债券）的方式来使他们的组合恢复平衡。由于市场上对债券的需求增加，债券的价格就会上升，利率就会下降。从长期来看，个人投资者会增加他们手中的股票持有量，并增加实物资产的购买量，从而直接刺激消费需求。但是，货币政策对投资需求和消费需求的刺激远远不如财政政策那么直接。

概念测验 12.2

假设政府希望刺激经济，但不想使利率上升。要达到这个目标，你应该进行怎样的财政政策和货币政策的搭配组合？

扫描二维码
获取答案解析

□ 供给侧政策

财政政策和货币政策都是以需求为导向的工具，它们通过刺激产品和服务的总需求来影响经济。这些政策中一个暗含的假定就是，经济不能自动达到充分就业的均衡状态，因此必须用宏观经济政策来推动经济，努力实现目标。相比较而言，供给侧政策一般涉及经济中生产能力的问题。它的目标是创造一个良好的环境，使工人和资本所有者具有最大的动力和能力去生产和开发产品。

供给学派的经济学家也很重视税收政策。需求学派看到的是税收对消费需求的影响，而供给学派则注重边际税率以及由此产生的激励问题。他们认为，降低税率将引发更多的投资，也会提高人们工作的积极性，因此会促进经济增长。某些学者甚至认为，税率的减少可能会使税收增加，因为较低税率所引发的经济增长和税基增长的幅度将超过税率减少而导致的收入减少的幅度。

概念测验 12.3

2017 年的《减税和就业法案》(Tax Cuts and Jobs Act) 降低了公司和个人税率。需求学派和供给学派对这种税收变化如何刺激经济的解释有何不同？

扫描二维码
获取答案解析

12.6 经济周期

我们已经介绍了政府用来维持低失业率和低通货膨胀率的一些微调工具。但是，尽管政府付出了这些努力，经济还是重复高涨和萧条的周期循环状态。许多分析师进行资产配置决策时的一个决定因素是对宏观经济是走强还是衰退的预期。如果预期与市场的看法不一致，就会对投资决策产生很大的影响。

□ 经济周期

经济周期：衰退和复苏的周期往复。

波峰：经济扩张结束之后开始收缩的转折点。

波谷：衰退和复苏之间的转折点。

周期性行业：对经济状况的敏感度高于平均水平的行业。

经济会重复地经历扩张和收缩的阶段，不过这些周期的时间长度和影响深度可能各不相同。这种衰退和复苏交替发生的模式被称为**经济周期**（business cycle)。周期循环的转折点被称为波峰或者波谷，**波峰**（peak）是经济扩张结束之后开始收缩的转折点。而当衰退结束、经济开始复苏时，经济衰退的最底部即为**波谷**（trough)。

当经济经历经济周期的不同阶段时，不同行业之间可能会出现相互各异的盈利业绩。例如，在波谷时，因为经济马上就要从衰退走向复苏，所以那些对经济状况异常敏感的**周期性行业**（cyclical industries）就会比其他行业有更好的发展前景。这些周期性行业主要是指像汽车、洗衣机等耐用消费品的制造行业。由于在萧条期这些物品的购买经常被推迟，所以它们的销售对宏观经济状况具有很大的敏感性。周期性行业还包括那些生产资料的生产部门。所谓生产资料，顾名思义，就是被其他企业用于生产产品的物品。当需求不振时，很少有企业愿意扩张和购买生产资料。因此，生产资料行业在经济衰退时将遭受打击，在经济扩张时则会快速增长。

防守性行业：对经济状况的敏感度低于平均水平的行业。

与周期性行业相比，**防守性行业**（defensive industries）对商业周期的敏感性很小。这些行业所生产的产品的销售量和利润受经济状况的影响较小。防守性行业包括食品制造加工业、医疗设备制造业和公用行业。当经济进入萧条期时，这些行业的表现就会比其他行业好。

在资产组合理论中，我们曾提到系统风险或市场风险的概念，周期性行业/防守性行业的分类非常符合上述概念。当人们对经济状况变得乐观时，股价就会随着盈利预测的上升而上升。由于周期性行业是对经济状况最敏感的行业，它们股票的价格上升得最快，因此周期性行业的公司就具有高 β 值的股票。一般来说，当经济信息向好时，该行业公司的股票价格就趋于上涨；如果经济信息令人不满意，该类行业公司股价的表现最差。与此相反，防守性行业的公司的 β 值较低，它们的股价受市场整体状况的影响较小。

如果你对经济周期各个阶段的预测比其他投资者更准确、可靠，那么在周期性行业和防守性行业之间的选择就十分容易了。你所要做的就是，在你对经济持乐观态度时选择周期性行业，在对经济持悲观态度时投资防守性公司。然而正如我们在有效市场这一部分所讨论的，如此具有吸引力的投资机会不可能明显到这种程度。通常人们要在几个月之后才意识到萧条期已经开始或者结束了，对经济扩张的判断也是如此。当你回顾经济的周期变换时，你会觉得经济从扩张走向衰退或者从衰退走向扩张十分明显，但是在过渡的当时，任何人都很难说清经济到底是在加速发展还是在逐步衰退。

□ 经济指标

因为经济周期具有循环的特性，所以在某种程度上周期可以被预测不足为奇。国会委员会公布了一套有助于预测、测度和解释经济活动短期波动的周期指标。**先行指标**（leading economic indicators）是指那些在经济中预先上升或下降的经济指标。同步指标和滞后指标，顾名思义，就是与经济同时变化或落后于宏观经济的指标。

先行指标： 在经济中预先上升或者下降的指标。

目前被广泛采用的先行经济指标综合指数是由 10 组数据构成的。同样地，4 组同步指标和 7 组滞后指标组成了各自的指数。这些指数的构成如表 12.2 所示。

表 12.2　经济指标指数

A. 先行指标
1. 工人（制造业）平均周工作时数
2. 初次申请失业保险的人数
3. 制造商的新订单（消费品和原材料行业）
4. 新订单供应管理指数机构
5. 非国防资本货物的新订单
6. 地方建设当局允许开工的新私人住宅数量
7. 收益率曲线：10 年期国债收益率与联邦基金利率之间的利差
8. 500 种普通股的股票价格指数
9. 领先信用指数
10. 消费者预期指数
B. 同步指标
1. 非农业部门工资名册上的雇员人数
2. 扣除转移支付的个人收入
3. 工业产量
4. 制造业销售额
C. 滞后指标
1. 失业的平均持续期
2. 存货占销售收入的比重
3. 每单位产出劳动成本指数的变化
4. 银行收取的平均优惠利率
5. 工商业贷款余额
6. 分期付款式消费信贷余额与个人收入的比值
7. 劳务的消费者价格指数变化

资料来源：The Conference Board，*Business Cycle Indicators*，June 2017.

图 12.4 绘制了自 1999 年以来的先行指标和同步指标。图中的阴影区域表示衰退期。图表顶部的日期（格式为年：月）对应于波峰和波谷，即扩张和紧缩之间的转折点。虽然先行指标综合指数总是早于其他指标，但是提前的时间有点反复无常。而且，波峰的提前期总是长于波谷的提前期。

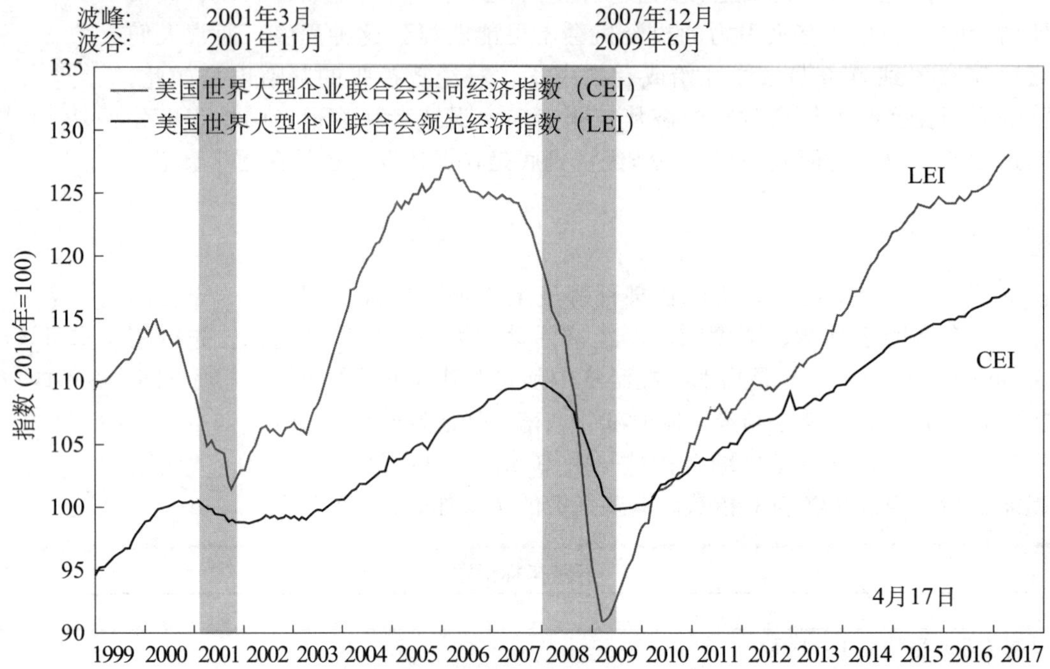

图 12.4 美国先行指标和同步指标

资料来源：The Conference Board，*News Release*，May 18，2017.

股票价格指数是一个先行指标。道理很简单，股票价格是反映未来盈利能力的指示器。遗憾的是，这使得先行指标数据对投资决策的作用不大，因为当数据预测到拐点时，市场实际上已发生了变动。尽管从某种程度上讲，经济周期具有可预测性，但股票市场却似乎很难知晓。这是对有效市场假说的又一证明。

货币供应量是另一个先行指标。在前面的讨论当中，我们知道货币政策对经济的影响是滞后的。正因为这个原因，我们可以马上觉察到一个扩张的货币政策，但是它也许要过几个月才会对经济产生影响。因而，现在的货币政策可能预示着未来的经济活动状况。

其他先行指标一般能影响最近产量的当期决策。例如，制造商的货物新订单、厂房和设备的订购合同、住宅行业的兴起都预示着未来经济的扩张。

正如下面的经济日历所给出的，这些应用比较广泛的经济指标是在一定的时期公布给公众的。表 12.3 列出了投资者比较感兴趣的 20 种统计指标的公布日期和来源。这些数据一般公布在金融类出版物上，例如《华尔街日报》。互联网上也可以得到这些数据，例如雅虎的网站。图 12.5 就是摘自近期雅虎的经济日历（briefing. com）这一页面。该页面列出了 2017 年 6 月 5 日这一周内经济指标的公布情况。我们注意到每个经济变量的近期预测值旁边都有相应的实际数值。这种做法很有用，因为在有效市场上，证券价格已经反映了市场的预期。指标公告中的新信息将决定市场的反应。

表 12.3 **经济日历**

统计变量	发布日期*	来源	网址（www.）
轿车和卡车销售额	每月 2 日	商务部	commerce. gov
商业存货	每月 15 日	商务部	commerce. gov

续表

统计变量	发布日期*	来源	网址（www.）
建设支出	每月的第一个营业日	商务部	commerce. gov
消费者信心指数	每月的最后一个星期二	世界大型企业联合会	conference-board. org
消费信贷余额	每月的第 5 个营业日	联邦储备委员会	federalreserve. gov
消费者价格指数（CPI）	每月 13 日	劳工统计局	bls. gov
耐用消费品订单	每月 26 日	商务部	commerce. gov
雇员工资指数	每季度第一个月的月底	劳工统计局	bls. gov
就业记录（或者失业记录，每个工作周数据的平均值，不包括农场的就业数量）	每月的第一个星期五	劳工统计局	bls. gov
原有住宅的销售额	每月 25 日	全国房地产经纪人协会	realtor. org
工厂的订单	每月的第一个营业日	商务部	commerce. gov
国内生产总值	每月的第三或第四个星期	商务部	commerce. gov
新开工的住宅数	每月 16 日	商务部	commerce. gov
工业产量	每月 15 日	联邦储备委员会	federalreserve. gov
首次申请失业补贴的人数	星期三	劳工部	dol. gov
国际贸易余额	每月 20 日	商务部	commerce. gov
先行经济指标指数	每月月初	世界大型企业联合会	conference-board. org
货币供应量	星期三	联邦储备委员会	federalreserve. gov
新住宅的销售额	每月最后一个营业日	商务部	commerce. gov
生产者价格指数	每月 11 日	劳工统计局	bls. gov
生产能力和成本	每季度第 2 个月（大概在该月 7 日）	劳工统计局	bls. gov
零售总额	每月 13 日	商务部	commerce. gov
经理人购买力指数	每月第一个营业日	供应管理协会	ism. ws

* 许多经济指标的发布日期是接近的。

上周　　　　下周

日期	时间	统计变量	月份	实际值	Briefing. com 的预期数	Briefing. com 的一致预期	前期数据	调整后数值
6 月 5 日	08:30	生产率-修订版	一季度	0.0%	−0.3%	−0.2%	−0.6%	
6 月 5 日	08:30	单位劳动力成本-修订版	一季度	2.2%	2.5%	2.4%	3.0%	
6 月 5 日	10:00	工厂订单	4 月	−0.2%	−0.2%	−0.2%	1.0%	0.2%
6 月 5 日	10:00	ISM 服务	5 月	56.9	57.6	57.0	57.5	
6 月 7 日	15:00	消费者信贷	4 月	56.9	NA	$15.0B	$19.6B	$16.4B
6 月 8 日	08:30	初始索赔	03/03	$8.1B	244K	240K	255K	248K
6 月 8 日	08:30	连续索赔	05/27	1 917K	NA	NA	1919K	1915K
6 月 8 日	10:30	天然气库存	06/03	106 bcf	AN	NA	81 bcf	
6 月 9 日	10:00	批发库存	4 月		−0.1%	−0.1%	0.2%	

图 12.5　2017 年 6 月 5 日雅虎网站上的经济日历

资料来源：www. briefiing. com/investor/calendars/economic，June 8，2017.

□ 其他指标

除了官方的经济日历和经济周期指标外，还有很多途径可以获得经济状况的重要信息。表 12.4 是《公司》(*Inc.*)杂志给出的一些建议，其中包含了很多指标。[1]

表 12.4	有用的经济指标
CEO 调查 http://businessroundtable.org	商界圆桌会议网站（business roundtable）对 CEO 们未来支出计划的调查，是反映他们对经济乐观程度的很好度量。
“临时帮助服务”的临时工作搜索 www.bls.gov	非常有用的指标。在经济刚开始好转时，公司倾向于雇用临时工人，直到经济上升的趋势明确后将他们转为正式员工。在劳工统计局（Bureau of Labor Statistics）网站上可以找到这项数据。
沃尔玛销售额 www.walmartstores.com	沃尔玛销售额是零售业的很好指标。沃尔玛每周都公布其连锁店（same-store）销售额。
工商业贷款 www.federalreserve.gov	中小企业是这些贷款的使用者。联储每周公布相关信息。
半导体行业 www.semi.org	订单出货比（book-to-bill ratio）（即新增订单与实际发出货物之比）反映了高科技行业的需求增加（比率大于 1）还是减少。该比率由国际半导体设备及材料协会（Semiconductor Equipment and Materials International）提供。
商业建造 www.bea.gov	建筑业投资能够反映商业部门对未来产品需求情况的预期。该项数据也被经济分析局（Bureau of Economic Analysis）作为 GDP 数据的一部分。

12.7 行业分析

与宏观经济分析重要性的原因一样，行业分析也是十分重要的。正如当宏观经济处于萧条期时，行业很难发展得很好。当某个行业处于困境时，该行业的公司也很难取得好业绩。同样，正如各国经济发展状况可能千差万别，不同行业的经营状况也可能各不相同。图 12.6 说明了行业收益增长率的分布情况。它显示了几个主要行业 2016 年的权益收益率（ROE）。权益收益率的范围从钢铁业的 0.9%到航天行业的 24.6%。

面对获利能力的巨大差别，不难理解在股票市场上不同行业股票价格的表现具有更大的分散性。图 12.7 列出了 2017 年一些行业的股票业绩表现。各个行业表现之间的差异很大，从航空业的 40.9%到石油和天然气行业的－8.4%。今年，在 22 个行业中，有 20 个行业取得了正收益，这一事实证明了系统因素或市场因素对投资绩效的影响。

这些行业所展示的业绩范围几乎对所有投资者都是可用的。回想一下安硕（详见第 4 章）是一种交易所交易基金，可以像股票一样交易，因此可以使得小投资者也在交易行业中拥有一席之地。投资者还可以选择集中于一种行业的共同基金。例如，富达公司旗下有超过 40 个基金，每个对应一种行业。

□ 定义一个行业

尽管我们很清楚行业的含义是什么，但在实际应用中我们却很难在一个行业和另一个行业之间划一条清晰的界限。比如，考虑一下应用软件行业。行业内部也会由于关注点和生产线的不同而产生很大的差别。它们之间的区别可能会在市场表现方面得到充分展示。图 12.8 是业内几家公司的权益收益率，可以看出它们的表现的确差异很大：从赛门铁克（Symantec）的－6.6%到财捷（Intuit）的 61.6%。

① Gene Sperling and Illustrations by Thomas Fuchs, “The Insider's Guide to Economic Forecasting,” *Inc.*, August 2003, p. 96.

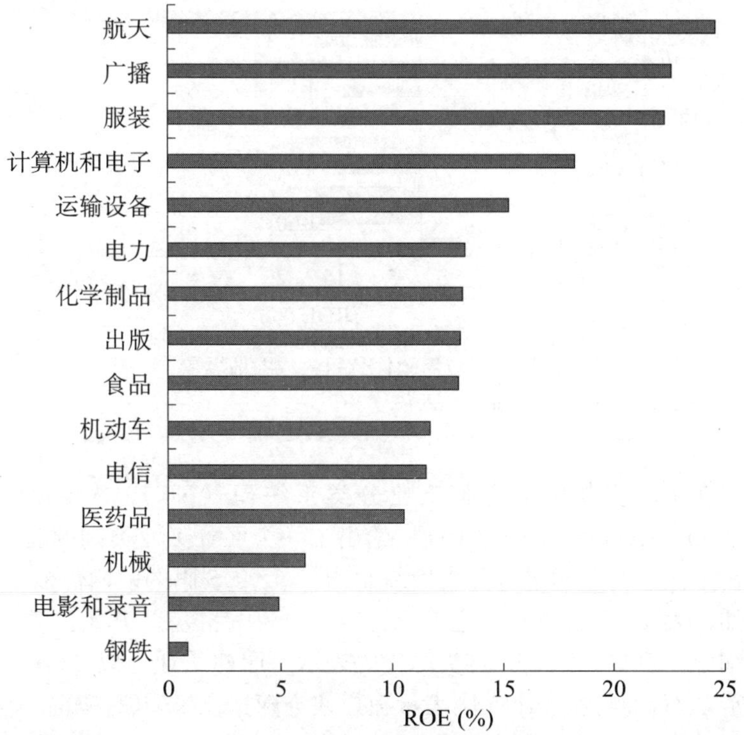

图 12.6　权益收益率

资料来源：U. S. Department of Commerce，*Quarterly Financial Report for Manufacturing*，*Mining and Trade Corporations*，March 2017.

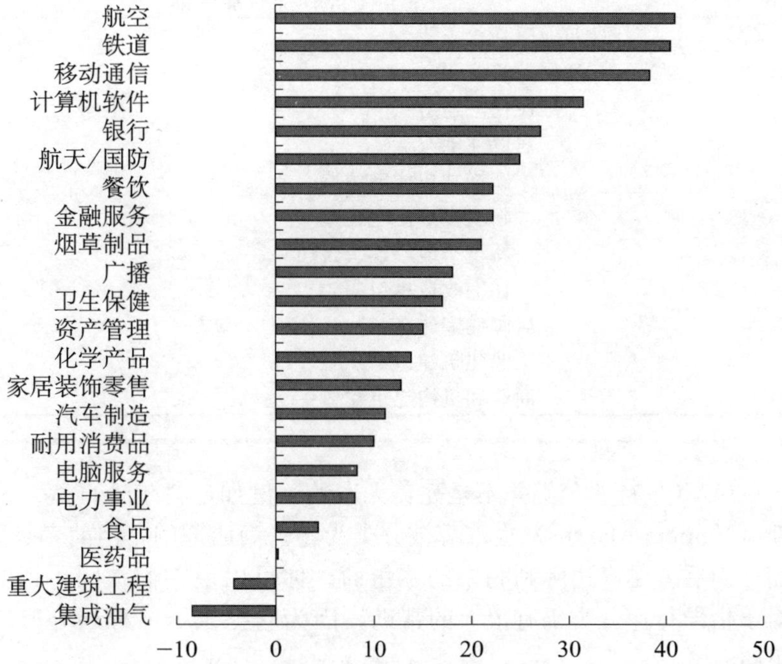

图 12.7　各行业股票价格表现

资料来源：*The Wall Street Journal Online*，June 8，2017.

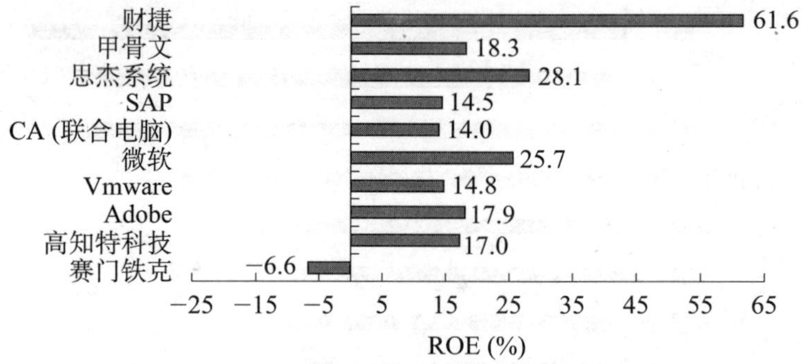

图 12.8　应用软件公司的权益收益率

资料来源：Yahoo! Finance，finance. yahoo. com，June 8，2017.

北美工业分类系统码： 用数字码将公司分为不同类别加以区分。

在实际操作中，**北美工业分类系统码**（North American Industry Classification System code，或 NAICS 码）[①] 给出了一个区分工业类别的有效方法。这是为了在统计分析中便于对公司进行分类而编制的。NAICS 码的前两位数字表示最宽泛的行业分类。例如，表 12.5 表明所有建筑业的 NAICS 码都以 23 开始。后几位数对行业做了进一步的细分。例如，以 236 打头的代码表示房屋建筑业，以 2361 打头的代码表示居民住宅建造，而代码为 236115 则表示独户住宅建造。NAICS 码前 5 位相同的企业一般从属于相同的行业。第六位数字是国家/地区特定的，并允许细分行业。具有相同四位数字 NAICS 代码的公司通常被视为属于同一行业。

表 12.5　NAICS 行业代码举例

NAICS 码	NAICS 行业名称
23	建筑业
236	房屋建筑业
2361	居民住宅建造
23611	居民住宅
236115	新增独户住宅建造
236116	新增多户住宅建造
236117	新增房地产建筑公司
236118	住宅改造承包商
2362	非居民住宅建造
23621	工业建筑建造
23622	商业和机构建筑建造

NAICS 行业分类并不是完美无瑕的。例如，科尔士百货（Kohl's）和尼曼 · 马库斯（Neiman Marcus）也许都被分类为零售商店部门，但前者是薄利多销的仓储式零售商，而后者是高边际利润率的零售商。你可以说它们在同一行业吗？然而这些分类法对于指导行业分类仍有很大的帮助，因为它提供了一种划分尺度或宽或窄的行业细分思路。

① 该代码适用于《北美自由贸易协定》（North American Free Trade Agreement，NAFTA），该贸易区包括美国、墨西哥和加拿大。NAICS 代码代替了美国之前使用的标准工业分类码（Standard Industry Classification）即 SIC 码。

其他分析师也提出了另外几种行业分类方法。例如，标准普尔公司定期公布约 100 个行业股票的表现，该公司计算每一个行业的股票价格指数，这对评估过去的投资业绩很有用。价值线投资调查公司（Value Line Investment Survey）定期报告约 1 700 家上市公司的经营状况和发展前景，并将它们归类为 90 个行业。价值线公司的分析师在预测每一家公司业绩的同时，也对每一个行业进行预测。

□ 对经济周期的敏感性

一旦分析师对宏观经济的未来状况做出预测，确定宏观经济预测对具体行业预测的内涵就很有必要。并不是所有的行业对经济周期的敏感性都是相同的。例如，考察图 12.9，图中标出了珠宝行业和食品业的销售额每年的变化情况。显而易见的是，作为奢侈品的珠宝销售的波动程度要比食品行业的波动程度大得多。珠宝销售额在 1999 年由于网络繁荣达到高点，但是在 2001 年和 2008—2009 年的经济衰退中急剧下降。相反，食品行业销售额的增长一直是比较稳定的，没有哪一年出现大幅下降。这说明珠宝是人们可以自由决定是否购买的商品，而食品是人们的生活必需，其需求即使在困难时期也不会有明显下降。

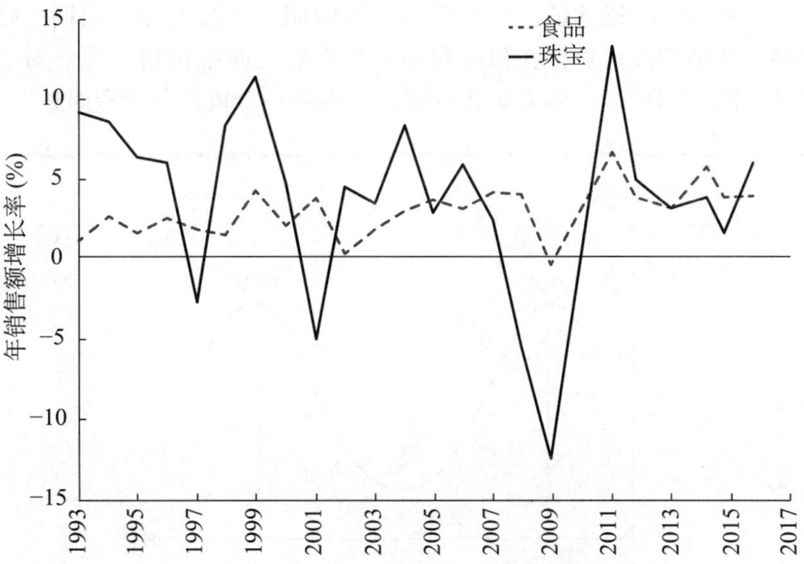

图 12.9 行业周期性，两个行业的年销售额增长率

资料来源：U. S. Census Bureau，www. census. gov/retail/index. html.

一家公司对经济周期的敏感性取决于三个因素。首先是销售额的敏感性。必需品对经济周期基本不具有敏感性，生产必需品的行业包括食品、药物和医疗服务行业。另外还有一些具有低敏感性的行业，收入并不是对该行业产品需求的决定性因素。正如我们上面提到的，烟草行业就是其典型代表。另一种属于这种类型的行业是影视业，因为当收入水平低时，人们倾向于用电影来代替其他昂贵的娱乐方式。相反，像机械制造业、钢铁、汽车和运输这类行业的公司对经济状况具有高度的敏感性。

决定经济周期敏感性的第二个因素是营业杠杆系数，它反映了企业固定成本与可变成本之间的比值。（固定成本是企业无论生产水平如何都必须负担的成本。可变成本是随企业产量变化而变化的成本。）如果相对于固定成本，企业的可变成本较高，那么它对经济的敏感性就降低。这是因为当经济衰退时，这些公司会由于销售量的下降而削减产量，从而减少了成本支出。固定成本水平较高的公司的利润受销售的影响较大，因为成本的变动不能抵消收入的变动。具有高固定成本水平的公司被认为具有高的营业杠杆系数，经济状况的轻微变动都可能对它们的盈利产生很大影响。

影响经济周期敏感性的第三个因素是财务杠杆，它反映了债务的使用程度。不管销售收入有多大，债务的利息都必须支付。因而债务利息也是固定成本，它增加了企业的利润对经济周期的敏感性。在第 14 章，我们将对财务杠杆进行详细阐述。

投资者并不会对具有低经济周期敏感性的行业情有独钟。敏感性行业具有高β值的股票，从而风险更大。但是当经济萧条时它们下降得很快，而在经济复苏时它们也增长得很快。正如我们经常考虑的，你所要关注的是投资的预期收益能否补偿该投资所承受的风险。

□ 部门轮换

部门轮换：将投资组合转移到宏观预测表现好的部门的投资策略。

很多分析人员在考虑行业分析和经济周期之间的关系时，会用到**部门轮换**（sector rotation）这个概念。这种方法建立在对经济周期状态的评估基础上，其主要思想是：将投资组合更多地转向预期会有高收益的行业或部门。

图 12.10 描述了一个典型的经济周期。在接近经济周期波峰的部分，经济可能过热，伴随着高通货膨胀和高利率，基本商品面临价格压力。对于主营自然资源开采和加工的公司而言，如采矿和石油，这将是一个极好的投资时机。

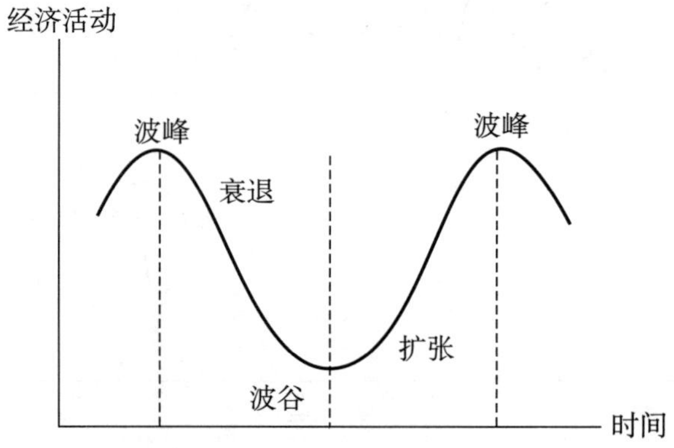

图 12.10　一个典型的经济周期

在波峰之后，当经济进入收缩或者衰退期时，人们会预期那些对经济条件不敏感的防守性行业，如制药、食品和其他必需品行业，会有更好的表现。当经济处于收缩期时，金融企业会受到影响，贷款减少，违约率升高。然而，在接近收缩的尾声时，收缩将导致低通胀和低利率，这对金融企业又是有利的。

在经济紧缩期的波谷，经济面临复苏，然后是扩张。因而企业可能购买新设备，以迎接新的需求增长。这将是投资于生产资料行业如设备、运输和建筑行业的好时机。

最后，在扩张阶段，经济迅速增长。在此阶段，周期性的行业，如耐用消费品和奢侈品都将获得巨大收益。银行在扩张阶段也可能运营良好，因为在经济迅速增长时，贷款量迅速增加，而违约风险敞口却很低。

图 12.11 描述了部门轮换过程。当投资者考虑到当前经济形势不大看好时，他们会选择那些非周期性行业，比如必需消费品和医疗。而当预见到经济的扩张即将来临时，他们更偏好周期性行业，比如原材料和技术部门。

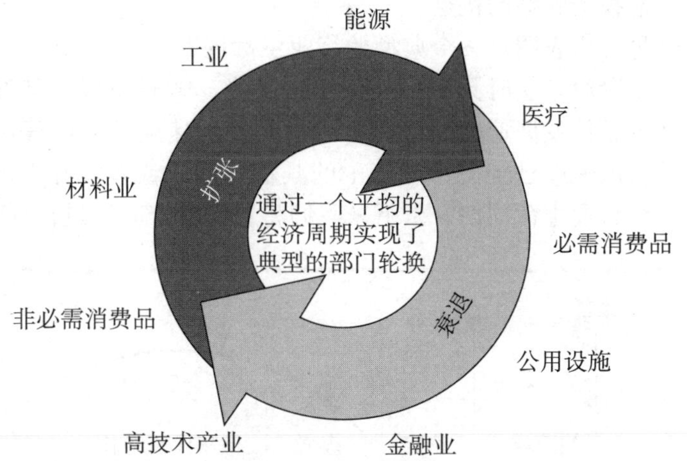

图 12.11　部门轮换

我们再次强调，部门轮换就像其他任何形式的市场时机选择一样，只有在某个投资者对经济周期下一个阶段的预测优于其他投资者的时候才会获得成功。图 12.10 描绘了典型的经济周期。在实际生活中，周期的每一阶段持续多长时间并不确切，其程度也不甚明了。这些预测正是分析人员赖以维持生计之处。

概念测验 12.4

在经济周期的哪一个阶段，你预期下面的行业会有最佳的表现？

(a) 报纸；(b) 机械工具；(c) 饮料；(d) 木材。

扫描二维码
获取答案解析

□ 行业生命周期

如果你正在研究生物技术行业，你就会发现许多公司具有高投资效率、高投资收益率和低股利支付率；而当你对电力行业进行研究时，你就会发现该行业具有低投资收益率、低投资效率和高股利支付率。它们为什么会具有这些特征呢？

生物技术仍是一个全新的行业。直到最近，还有许多可行的技术正在创造高收益率的投资机会。新产品会得到专利权的保护，边际利润率相当高。在如此具有诱惑力的投资机会下，众多厂家会把所有的利润都投到这个行业，于是该行业公司的平均规模急剧膨胀。

但是，行业发展速度终究会降下来，高利润率将驱使众多新公司涌入这个行业。日益激烈的竞争会使价格下降，从而边际利润率也会下降。新技术被越来越多的公司成功研究，其发展前景变得日趋明朗，风险水平也随之下降，进入壁垒也随之降低。由于内部投资机会逐渐失去了吸引力，公司利润中用于再投资的比例会减少。现金股利进而增加。

最后，当行业步入成熟期，我们就会看到具有稳定的股利支付率、稳定的现金流和低风险的“现金牛”公司。它们的增长率可能与经济的整体增长一致。处于生命周期较早阶段的行业将提供高风险、高潜在投资收益的机会，而成熟的行业只能提供低风险、低投资收益的机会。

行业生命周期：公司走向成熟时通常经历的阶段。

这种分析表明，一个典型的**行业生命周期**（industry life cycle）可以被分为 4 个阶段：起步阶段，这时具有很高的增长速度；成长阶段，其发展速度已经降低，但仍高于经济的整体发展速度；成熟阶段，其发展速度与整体经济的发展速度一致；衰退阶段，其发展速度已经慢于经济中的其他行业，或者实际上已经开始萎缩。图 12.12 说明了一个行业生命周期。接下来我们将对每一个阶段进行详细的阐述。

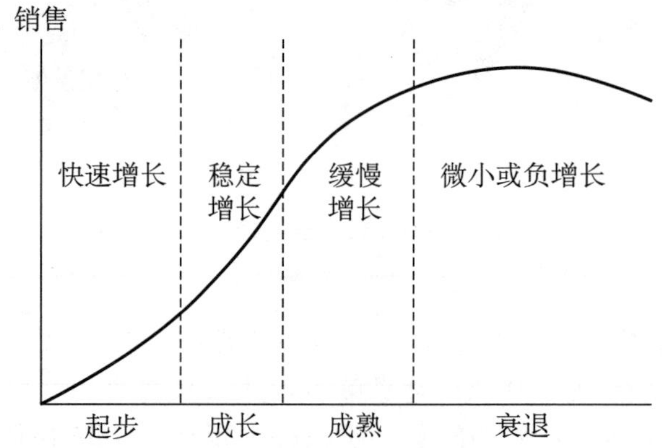

图 12.12　行业生命周期

起步阶段

任何一个行业都是起源于一项新技术或者新产品，例如 20 世纪 80 年代的台式个人电脑，以及 90 年代的手机和 2007 年面世的大屏触屏智能手机。在这个阶段，我们很难预测哪个公司将成为行业的领导者。一些公司将最终成功，而另外一些公司将折戟沙场。因而，在该行业中选择特定的企业进行投资具有很大的风险。例如，在智能手机行业，像安卓和 iPhone 这样的技术竞争还在继续。

从行业的整体水平来看，销售收入和收益将急剧膨胀，因为这时市场中的新产品还远未达到饱和状态。比方说，2000 年很少家庭有智能手机，因而该产品的潜在市场巨大。与此相反，像电冰箱这种成熟的产品，由于美国几乎所有的家庭都有电冰箱，因而这个产品的市场需求主要来自产品的替代需要。很明显，这个市场的增长速度远远低于智能手机市场。

成长阶段

当某个产品有了市场以后，行业领导者开始出现。例如，2015 年苹果和三星的加总的市场份额达到了 35%。从起步阶段存活下来的公司一般比较稳定，其市场份额也比较容易预测。因此，这些公司的经营状况就和整个行业的经营状况紧密联系在一起。由于产品开始渗透市场并且开始普及，该行业将比其他行业具有更高的发展速度。

成熟阶段

在这个阶段，该产品的市场已基本上达到饱和状态，进一步的发展只是源于整体经济的增长。产品变得更加标准化，厂商不得不在价格上进行激烈竞争。这导致边际利润率不断降低，从而对利润造成压力。这个阶段的公司被称为“摇钱树”，即有稳定的现金流，但是基本没有再增长的可能。于是现金流被不断地“挤出”，而不是用于对公司的再投资。

在20世纪80年代，我们将台式个人电脑行业看作处于起步阶段的行业。而到了20世纪90年代中期，它已经处在成熟阶段，具有很高的市场渗透程度（market penetration）、可观的价格竞争、很低的边际利润率，以及不断变缓的销售增长。到20世纪90年代末，台式机已经被笔记本电脑所取代，当时笔记本电脑正处在其起步阶段。20年内笔记本电脑行业从产品的标准化、价格竞争、市场渗透程度来看，也已进入成熟期。目前平板电脑和大屏幕智能手机正处于起步阶段。

衰退阶段

在这个阶段，行业的增长速度低于整体经济的增长速度，或者开始萎缩。这可能是由于产品过时、新产品的竞争或者新的低成本供应商的竞争导致的。例如台式机已经被笔记本电脑取代。

生命周期的哪个阶段对投资最具吸引力？传统的观点认为，投资者应寻找高成长行业的公司。然而这个成功的秘方似乎过于简单。如果证券的价格已反映了高增长的可能性，那么依据这一点知识来赚钱就已经太晚了。而且，高增长和丰厚的利润往往招致其他厂商进入该行业。对获利机会的追求带来了新的供给，并随之降低了价格、利润和投资收益率，最后减缓了该行业的增长速度，这就是行业生命周期的各个阶段过渡背后的动态机制。著名的投资组合管理人彼得·林奇（Peter Lynch）在《战胜华尔街》（*One Up on Wall Street*）这本书中描绘了这个过渡过程：

> 许多人偏好投资高增长行业，那里看起来热闹非凡，十分火爆，但是不包括我。我喜欢投资一个成长率低的行业……在低成长率的行业中，尤其是在那些使人们厌烦和不安的行业（例如殡仪公司和修补油桶的行业）中，毫无疑问不存在竞争。你不必提防竞争对手从侧翼向你进攻……这就为你提供了持续增长的空间。(p. 113)

实际上，彼得·林奇使用的行业分类系统与我们已经介绍的行业生命周期有很多相似的地方。他将公司分为以下6种类型：

1. 缓慢增长型。历史悠久的大型公司只能以比整体经济发展稍快的速度增长。这些公司已经从原先的快速增长阶段走向成熟。它们通常有稳定的现金流，并且发放股利也十分大方。这表明公司所产生的现金流大于公司的盈利性再投资对资金的需求。

2. 稳健型。许多著名的大公司，如可口可乐或者高露洁-棕榄公司，它们的增长速度快于缓慢增长型公司，但又不是处于快速扩张的起步阶段。它们一般处于非周期性行业，受经济衰退的影响相对较小。

3. 快速增长型。一些积极进取的小型公司，它们在创业期的增长率可达20%～25%。它们的增长可能源于整个行业的增长，也可能源于在一个成熟的行业中该公司的市场份额正在扩大。

4. 周期型。指那些销售和利润随着经济周期有规则地扩张和收缩的公司。例如汽车公司、钢铁公司或者建筑行业。

5. 反转型。指那些已经破产或者处于破产边缘的公司。如果它们能从即将到来的厄运中恢复，它们或许能提供巨额的投资收益。这类公司的一个典型例子就是1982年的克莱斯勒公司，当时为了避免破产，它向联邦政府申请提供债务担保。接下来的5

年，该公司的股票涨了15倍。

6. 资产运作型。指那些具有高价值资产的公司，但其资产的价值并没有反映在股价中。例如，一家公司可能拥有一块有价值的地产或坐落于这块地产上，而且地产的价值甚至超过了公司的商业价值。有时这些隐蔽的资产可以用来递延税负，有时这些是无形资产。例如，一家电缆公司可能拥有许多电缆订购商客户。这些资产并不能立刻产生现金流，因而很容易被其他试图对公司进行估值的分析师所忽视。

□ 行业结构和经营状况

一个行业的成熟过程还涉及公司竞争环境的规则变化。作为本章最后一个问题，我们考察行业结构、竞争策略和盈利性之间的关系。迈克尔·波特（Michael Porter，1980，1985）着重强调了5个竞争的决定因素：新竞争对手的进入威胁、现有竞争对手的竞争、替代品的价格压力、供应商的议价能力以及购买者的议价能力。

新竞争对手的进入威胁

行业的新进入者会对价格和利润造成威胁。即使一家公司还未进入一个行业，但是它潜在的进入行为将给价格带来压力，因为高价格和高边际利润率会驱使新的竞争者进入这个行业。因此，进入壁垒是行业获利的重要决定因素，它有许多种形式。例如，通过长期的商业关系，现有的公司可能已经和消费者或供应者建立了稳定的分销渠道，而这对于一个新进入行业的企业来说成本是巨大的。品牌忠诚度也使新进入行业的企业很难渗透市场，并且给予具有该优势的企业更多的定价自主权。专有知识或者专利保护也使公司在服务市场时具有优势。最后，市场中现有企业的经历可能也为其提供了优势，因为这是它通过长时间的磨炼学到的。

现有竞争对手的竞争

当某一个行业存在一些竞争对手时，由于竞争者力图扩大它们的市场份额，于是市场就出现了价格战，边际利润率也随之下降。如果行业本身的增长率缓慢，这些竞争就会更加激烈，因为此时扩张就意味着掠夺竞争对手的市场份额。高固定成本也会对降价产生压力，因为固定成本将促使公司尽量达到完全的生产能力。行业内产品相对同质也会导致相当大的价格压力，因为此时公司就不能在产品差别化的基础上进行竞争了。

替代品的价格压力

一个行业存在替代品意味着该行业面临相关行业的企业的竞争。例如，食糖制造商将面临玉米糖浆制造商的竞争。毛纺厂将面临合成纤维制造商的竞争。替代品的存在限制了厂商向消费者索取的价格水平。

购买者的议价能力

如果一个采购者购买了一个行业的大部分产品，那么它就会掌握很大的谈判主动权，要求生产商做出价格让步。例如，汽车厂商可以对汽车零部件生产商施加压力，而这将降低汽车零部件行业的盈利能力。

供应商的议价能力

如果关键投入品的供应商在行业中处于垄断地位，它就可以为产品索取高价，从而挤压了需求方行业的利润空间。这方面的一个特殊例子便是将劳动力这个生产中的关键投入品组织或联合起来。工会这个劳动力的统一组织致力于提高工人工资的各种谈判。当劳动力市场具有高度的组织性和统一性时，行业中潜在利润的一大部分就会被工人占有。

决定供应商议价能力的关键因素是是否存在替代品。如果存在替代品，供应商就失去了讨价还价的资本，因此难以向需求方索取高价。

小结

- 宏观经济政策的目标是使经济在零失业率附近运行，同时不引发通货膨胀的压力。这两个目标之间的权衡一直是争论的焦点。
- 宏观经济政策的传统工具包括政府支出和税收在内的财政政策以及货币供应量调控在内的货币政策。扩张性的财政政策能够刺激经济并拉动GDP，但也会使利率升高。扩张性的货币政策可以使利率降低。
- 经济周期是指经济往复不断的扩张—衰退的过程。由于先行经济指标的变化会早于其他经济变量，所以它可以用来预测经济周期的变化。
- 每个行业对经济周期的敏感性都不同。高敏感性的行业一般是生产昂贵耐用品的厂商，因为消费者具有选择购买该商品具体时机的自由度。例如汽车或耐用消费品行业。另外，为其他公司生产生产资料设备的行业也属于高敏感性的行业。营业杠杆和财务杠杆会增加厂商对经济周期的敏感性。

关键词

预算赤字	汇率	通货膨胀率	波峰
经济周期	财政政策	先行指标	部门轮换
周期性行业	基本面分析	失业率	供给冲击
防守性行业	国内生产总值	货币政策	波谷
需求冲击	行业生命周期	北美工业分类系统码	

习题

1. “自上而下”和“自下而上”的估值方法有什么不同？“自上而下”的分析方法有什么优点？（LO12—1）

2. 为什么直觉上把收益率曲线的斜率看作先行经济指标？（LO12—2）

3. 下面哪个公司对经济状况的敏感性处于均值之下？（LO12—3）

a. 资产运作公司；

b. 周期性公司；

c. 防守性公司；

d. 稳健型公司。

4. 2014年和2015年进口石油的价格惊人地下降。我们应该把这看作哪种宏观冲击？（LO12—1）

5. 下面各项是如何影响经济周期对利润的敏感性的？（LO12—3）

a. 财务杠杆；

b. 营业杠杆。

6. 公司预计现金流量的现值为1 500万美元。如果公司破产，你将主要资产和其他部分分开卖，将会得到2 000万美元。这就是彼得·林奇所说的：（LO12—4）

a. 稳健型公司；

b. 缓慢增长公司；

c. 部门轮换；

d. 资产运作。

7. 在经济周期中定义下面这些词。（LO12—2）

a. 波峰；

b. 紧缩；

c. 波谷；

d. 扩张。

8. 下面哪一项与斜率为正且数值很大的收益率曲线相一致？（LO12—2）

a. 货币政策和财政政策都是扩张的。

b. 货币政策是扩张的但财政政策是紧缩的。

c. 货币政策是紧缩的但财政政策是扩张的。

9. 下面哪一项政府结构性政策在供给学派的经济学家看来不是那种会推动长期经济发展的政策？（LO12—1）

a. 再分配的税收系统。

b. 增加竞争。

c. 减少经济中的政府干预。

10. 在行业生命周期的前期，公司的股利支付率应该是怎样的？这对公司发展有什么意义？（LO12—4）

11. 如果名义利率为 5%，通胀率为 3%，那么实际利率是多少？（LO12—1）

12. ATech 的固定成本为 700 万美元，利润为 400 万美元。它的竞争对手 ZTech 的规模大致相同，今年获得了相同的 400 万美元的利润。但它的固定成本较高，为 800 万美元，可变成本较低。（LO12—3）

a. 哪个公司具有更高的经营杠杆？

b. 如果经济走强，哪家公司可能会有更高的利润？

13. 选择一个行业并说明今后 3 年决定该行业经营状况的因素。你对这一期间内该行业的经营状况有何预测？（LO12—3）

14. 对于深陷衰退中的经济开出来的财政政策和货币政策“良方”应是什么？（LO12—1）

15. 如果你认为美元将贬值的幅度大于投资者对贬值的预期，那么你对投资于美国的汽车制造公司的股票持什么态度？（LO12—1）

16. 与其他投资者不同，你确信美联储会放松货币政策，那么你对以下行业的投资有何建议？（LO12—1）

a. 金矿开采业；

b. 建筑业。

17. 假设有两家生产智能手机的公司。一家使用高度自动化的生产设备，而另一家在生产流水线上大量使用工人，并且在有繁重的生产需求时，支付给工人加班费。（LO12—3）

a. 哪家公司在经济衰退时有较高的利润？

b. 在经济繁荣时情况又怎样？

c. 哪家公司股票的 β 值更高？

18. 根据供给学派的理论，所得税税率的降低会对价格造成什么样的长期影响？（提示：考虑一下员工愿意接受的工资率。）（LO12—1）

19. 这里有 4 个行业和对宏观经济的 4 种预期，确定在每种经济情景下经营状况最佳的行业。（LO12—3）

行业：住宅建筑业、卫生保健业、金矿开采业、钢铁制造业。

经济预期：

严重衰退：低通货膨胀率，利率下降，GDP 下降。

经济过热：GDP 迅速增长，通货膨胀率和利率迅速上升。

适度的扩张：GDP 上升，温和的通货膨胀率，低失业率。

滞胀：GDP 下降，高通货膨胀率。

20. 从每组企业中，选出你认为对经济周期较敏感的行业。（LO12—3）

a. 通用汽车公司与大众制药；

b. 友好航空与幸福影院。

21. 你认为下列行业处于行业生命周期的哪一个阶段？（注意：对什么是该习题的“正确”答案可能有不同的意见。）（LO12—4）

a. 油井设备；

b. 计算机硬件；

c. 计算机软件；

d. 基因工程；

e. 铁路。

22. 你为何认为消费者预期指数是一个十分有用的先行指标？（参见表 12.2。）（LO12—2）

23. 你为何认为单位产出的劳动力成本指标的变化是宏观经济的一个极为有用的滞后指标？（参见表 12.2。）（LO12—2）

24. 明年你有 5 000 美元的资金可以进行投资，假设你可选择的投资工具有 3 种：

a. 平均期限为 30 天的货币市场基金，当期年收益率为 3%。

b. 两年期的储蓄存款，利率为 4.5%。

c. 20 年期的美国长期国债，年到期收益率为 6%。

那么你对未来利率的预测怎样在你的投资决策中起作用？（LO12—1）

25. 通用除草剂公司通过它的专利产品 Weed-ex 垄断了化学除草剂市场，但是这个专利快要到期了。你预计在该行业内会发生什么变化？尤其是通用除草剂公司产品的价格、销售量和盈利前景及其竞争对手的盈利前景会发生什么变化？通过对这个市场的分析，你认为该行业目前处于行业生命周期的哪个阶段？（LO12—4）

利用下面的案例回答问题 26～28：ALL Inc.，或者说 IAAI 的机构顾问，是一个咨询公司，主要为所有类型的机构，比如说基金会、捐赠机构、养老基金和保险公司等提供咨询并给出建议。IAAI 也为拥有大量资产组合的某些个人投资者提供建议。公司在广告中宣称 IAAI 投入大量资源用于预测和决定长期趋势，并利用广为接受的投资模型来判断这些趋势会如何影响各种投资的表现。IAAI 调查组的成员最近得到了一些关于宏观经济趋势的重要结论。例如，他们观察到工作机会不断增加，同时消费者信心也在增强，并预测最近几年这种趋势将会持续。IAAI 调查组还想观察一些其他的本国先行指标，如工业产量、制造业平均周小时数、标准普尔 500 指数股票价格、M2 货币供给和消费预期指数。

根据对就业机会和消费者信心的预测，IAAI 的投资顾问想要给他们的客户一些建议。他们应用了一些已有理论，这些理论将就业机会和消费者信心与通胀和利率联系在一起，并将他们所预测出的通胀及利率的变动应用到那些模型中，进而解释资产价格。他们的主要关注点在于预测就业机会和消费者信心的这种趋势会如何影响债券价格和股票价格。

IAAI 调查组的成员还提到过去几年股票趋于上涨，这一信息已经在他们关于总体经济的预测中有所体现。调查人员把有上涨趋势的股票市场看作市场本身的一个积极信号，但是他们并不把这看作上涨的原因。

26. IAAI 的调查人员预测就业机会和消费者信心都有上涨趋势。这其中，如果有的话，哪些趋势会给股票市场带来正面影响？（LO12—1）

27. 股票价格是很有用的先行指标。为了解释这一现象，下面哪一项是最正确的？股票价格：（LO12—2）

a. 能预测未来利率与未来公司的盈利能力。

b. 不会预测未来利率，与其他先行指标也没有关系，股票价格作为先行指标的用处是个谜。

c. 只能反映其他指标的趋势，自身并没有预测能力。

28. IAAI 调查部门列出的指标中，哪一项作为先行指标是最不合适的？（LO12—2）

a. 工业产量；

b. 制造业平均周工作小时；

c. 货币供给。

利用下面的案例回答问题 29～32：玛丽·史密斯是 CFA 二级证书持有者，她最近被爱尔兰银行雇为分析师。她的第一项任务就是检查法国酒庄采用的各种竞争策略。

史密斯的报告分析了法国酒庄行业的四个主要参与者。每个酒庄的主要特征显示在表 12.6 中。在史密斯的报告中，她加入了关于法国酒庄行业竞争结构的讨论。她提到在过去的五年中，法国酒庄行业并未根据日益变化的消费者口味进行调整。利润率直线下降，代表这个行业的酒庄数量从 10 个降到 4 个。这表明法国酒庄行业的参与者们必须联合起来共渡难关。

表 12.6　四个主要法国酒庄的特征

	南方酒庄	北方酒庄	东方酒庄	西方酒庄
成立日期	1750 年	1903 年	1812 年	1947 年
基本竞争策略	?	成本领先	成本领先	成本领先
主要消费者市场（集中度超过 80%）	法国	法国	英国	美国
产地	法国	法国	法国	法国

史密斯在报告中提到，法国消费者有着很强的议价能力。她用五个要点来支撑她的结论，她把这五个要点称作“消费者的议价能力”。

- 很多消费者在吃饭时或者社交场合更喜欢喝啤酒而不是红酒。
- 网络销量的提高使得消费者可以更好地了解红酒，阅读其他消费者的意见并分辨出哪个品牌最为物美价廉。
- 法国酒庄行业虽然联合在一起，但与五年前的 10 家相比，目前只剩 4 家。
- 超过 65%的法国红酒是卖给酒店的。但是酒店一般都是大批量购入，一次大概 4～5 箱。
- 法国土地上很少有足够肥沃的土地可以生产出制造红酒所必需的葡萄。

在写完她的第一版报告后，她拿给她的老板 RonVan-Driesen 审阅。VanDriesen 告诉她自己就是红酒专家，他经常在南方酒庄买红酒。史密斯告诉 VanDriesen，“在我的报告中，我把南方酒庄列为中间级别的公司。这家酒庄总是试图让自己的价格略微低于其他酒庄，从而形成成本领先。但它为了将自己的产品与其他公司区分开，使用瓶颈为曲线的红酒瓶，这也使得成本结构提高了。最后的结论就是：南方酒庄的利润率由于以上两种原因降低了。”VanDriesen 回答说：“我曾经在一些红酒会议上遇见过南方酒庄管理团队的成员。我相信南方酒庄采用成本领先策略和差异化策略在接下来会取得成功，但是它们应该分成两部分，每个部分采取不同的策略。”史密斯决定在她提交最终报告之前要对基本竞争策略多做一些调查，来核实 VanDriesen 的主张。

29. 如果法国本币相对于英国货币大幅上涨，那么这对东方酒庄的竞争地位有什么影响？（LO12—1）

a. 使得公司在英国市场上竞争力削弱。

b. 没有影响，因为东方酒庄的主要市场是英国而不是法国。

c. 使得公司在英国市场上更具竞争力。

30. 史密斯的哪个要点有效地支持了她关于消费者具有很强竞争力的这一观点？（LO12—4）

31. 史密斯在报告中提到，西方酒庄可能会对红酒产品中买家认为很重要的部分进行改变，使得自己脱颖而出。西方酒庄最有可能关注下面哪个方面使得自己的产品与众不同？（LO12—4）

a. 产品运输方式；

b. 产品价格；

c. 关注年龄从 30 岁到 45 岁的消费者。

32. 史密斯知道一个公司的基本战略就是公司战略计划的核心。在对调查和文件整理编辑的基础上，史密斯对北方酒庄和它的战略计划过程有了三个观察结果：

i. 北方酒庄的价格和成本预测考虑了法国酒庄行业未来结构上的变化。

ii. 北方酒庄将每一个营业部分归入以下三个类别之一：构建，持有或者收获。

iii. 北方酒庄将市场份额看作竞争力的主要衡量方式。

哪个观察结果最不能表明北方酒庄的战略计划过程是根据基本竞争战略制定的？（LO12—4）

□ 挑战题

33. 海洋之门公司以每个 200 美元的价格出售外置硬盘。总的固定成本是 3 000 万美元，可变成本是每个 140 美元。公司所得税税率为 30%。如果经济状况好，公司可以卖出 200 万个硬盘，但如果不好就只能卖出一半。

a. 当经济进入衰退期时，销售额下降的百分比是多少？

b. 当经济进入衰退期时，利润下降的百分比是多少？

c. 比较你对 a 小题和 b 小题的答案。你如何衡量该公司的运营杠杆？（LO12—3）

CFA 习题

1. 作为证券分析师，你被要求对红石集团（RRG）一直持股的公司——威格马汽车零配件城公司（WAH）的价值评估报告进行复审。你将对该报告提出意见并对报告的每个部分进行分析，以证明自己的观点。WAH 公司的唯一业务是汽车配件零售。RRG 的评估报告包括名为“汽车配件零售行业的分析”这一部分，该部分完全基于表 12.7 和以下信息：

- 到 2016 年年末，WAH 公司和其主要竞争对手各自经营的连锁店在 150 家以上。
- 在汽车配件零售行业内，平均每个公司经营的连锁店为 5.3 家。
- 汽车配件商店的主要客户是二手汽车的新主人，这些车主根据其经济需要自己做维修保养。（LO12—1）

a. RRG 的结论之一是：汽车配件零售业作为一个整体处于该行业生命周期的成熟阶段。试述支持这一结论的表 12.7 中的相应内容。

表 12.7　汽车配件零售业的一些数据

	2016 年	2015 年	2014 年	2013 年	2012 年	2011 年	2010 年	2009 年	2008 年	2007 年
18～29 岁的人口数（变动百分比，%）	−1.8	−2.0	−2.1	−1.4	−0.8	−0.9	−1.1	−0.9	−0.7	−0.3
收入超过 40 000 美元的家庭的数量（变动百分比，%）	6.0	4.0	8.0	4.5	2.7	3.1	1.6	3.6	4.2	2.2
收入低于 40 000 美元的家庭的数量（变动百分比，%）	3.0	−1.0	4.9	2.3	−1.4	2.5	1.4	−1.3	0.6	0.1
使用了 5～15 年的汽车的数量（变动百分比，%）	0.9	−1.3	−6.0	1.9	3.3	2.4	−2.3	−2.2	−8.0	1.6
汽车售后服务营业额（变动百分比，%）	5.7	1.9	3.1	3.7	4.3	2.6	1.3	0.2	3.7	2.4
消费者用于汽车零件和附件的开支（变动百分比，%）	2.4	1.8	2.1	6.5	3.6	9.2	1.3	6.2	6.7	6.5
零配件商店在 100 家或以上的公司的销售额增长率（百分比，%）	17.0	16.0	16.5	14.0	15.5	16.8	12.0	15.7	19.0	16.0
零配件商店在 100 家或以上的公司所占的市场份额（百分比，%）	19.0	18.5	18.3	18.1	17.0	17.2	17.0	16.9	15.0	14.0
零配件商店在 100 家或以上的公司的平均营业利润率（百分比，%）	12.0	11.8	11.2	11.5	10.6	10.6	10.0	10.4	9.8	9.0
所有汽车配件零售公司的平均营业利润率（百分比，%）	5.5	5.7	5.6	5.8	6.0	6.5	7.0	7.2	7.1	7.2

b. RRG 的另一个结论是：WAH 公司及其主要竞争对手正处于生命周期的成长阶段。从表 12.7 中找出三个可以证明该结论的项目。WAH 公司如何能在其所处行业为成熟阶段的情况下，其自身处于成长阶段？

2. 环球汽车公司是一家大型跨国公司，其总部位于美国。为了分别报告的需要，该公司把自身的业务集中在两块：汽车制造和信息处理服务。

汽车业务在环球公司的两大业务中占了大部分，主要包括美国国内的客车生产、美国的小型货车制造和在其他国家的客车生产业务。环球公司汽车业务的业绩在过去的几年内很差，2018 年更是损失惨重。尽管该公司没有公布美国国内的客车分部的经营状况，但该分部被普遍认为是导致环球公司汽车业务业绩不良的主要原因。

环球公司的信息处理服务业务部门已经经营了 15 年。该业务强劲而稳定的增长完全来源于内部，即没有任何兼并发生。

保罗·亚当斯是注册金融分析师资格的申请人，在他对环球公司所作的研究报告中指出："假定环球公司能在 2019 年大幅度提高在美国生产的客车的价格，我们可以预计该公司将增加上亿美元的利润……"（LO12—4）

a. 通过描述行业生命周期的 4 个阶段来解释行业生命周期这个概念。

b. 试判断环球公司的两项主要业务——客车生产和信息处理——处在行业生命周期的哪一个阶段。

c. 基于这两项业务所处的行业生命周期阶段，试述环球公司这两项业务产品在定价上应有何不同。

3. 亚当斯的研究报告（参见上一题）接着指出：随着经济的逐渐扩张，预期的利润增长将导致环球公司汽车股票价格的上涨，我们强烈推荐购买该股票。（LO12—3）

a. 试述经济周期方法怎样应用于投资的时机安排。（你的答案要求说明在一个典型的经济周期的各个时点上，对股票和债券投资应采取何种策略。）

b. 假设亚当斯的推断是正确的（即经济正在扩张），根据用经济周期预测投资时机的方法，评价他推荐购买环球汽车这一周期性股票的建议是否合适。

4. 珍妮特·勒德洛正在准备一份关于美国电动牙刷行业中生产者的报告，并且已经获得了表 12.8 和表 12.9 中的信息。勒德洛的结论是：电动牙刷行业正处于其生命周期的成熟阶段。（LO12—4）

a. 从表 12.8 中选择并说明三个支持勒德洛结论的因素。

b. 从表 12.9 中选择并说明三个反对勒德洛结论的因素。

表 12.8　电动牙刷行业指数和股票市场指数的比率

年份	2011	2012	2013	2014	2015	2016
权益收益率						
电动牙刷行业指数（%）	12.5	12.0	15.4	19.6	21.6	21.6
市场指数	10.2	12.4	14.6	19.9	20.4	21.2
平均市盈率（P/E）						
电动牙刷行业指数	28.5×	23.2×	19.6×	18.7×	18.5×	16.2×
市场指数	10.2	12.4	14.6	19.9	18.1	19.1
月股利发放率						
电动牙刷行业指数（%）	8.8	8.0	12.1	12.1	14.3	17.1
市场指数	39.2	40.1	38.6	43.7	41.8	39.1
平均股利收益率						
电动牙刷行业指数（%）	0.3	0.3	0.6	0.7	0.8	1.0
市场指数	3.8	3.2	2.6	2.2	2.3	2.1

表 12.9　　电动牙刷生产行业的特征

- 行业销售增长率：行业销售额在近年保持年均 15%～20%的增长率，并且有望在未来 3 年保持 10%～15%的年增长率。
- 非美国市场：一些美国生产者尝试进入尚未被开发的快速增长的非美国市场。
- 邮件订单销售：一些生产者已经创造出一种通过邮件订单将电动牙刷卖给消费者的新方式。该项业务的销售额正以每年 40%的增长率增长。
- 美国市场占有率：目前在美国市场的占有率是 60%，并且很难增长。
- 价格竞争：生产者基于价格的竞争非常激烈，并且行业内的价格竞争十分普遍。
- 新的市场：一些生产者能够依靠公司声誉、产品质量和服务在美国挖掘出新的未被开发的市场。
- 行业整合：一些生产者已开始合并，并且这种整合的趋势会持续。
- 新进入者：新的生产者继续进入市场。

5. 下面的习题摘自注册金融分析师（CFA）考试试题。(LO12—1)

a. 下列哪种说法最贴切地表述了反周期财政政策的中心思想？

(1) 有计划的政府财政赤字在经济繁荣时期是适宜的，而有计划的盈余在经济衰退时期也是适当的。

(2) 平衡预算法是决定年度财政预算政策的正确标准。

(3) 实际赤字应等于通货紧缩期间的实际盈余。

(4) 政府财政赤字政策应安排在衰退时使用，盈余政策应用于抑制通货膨胀型经济繁荣。

b. 下列哪一个命题是货币供给学派的积极支持者很有可能要强调的？

(1) 高的边际税率将导致预算赤字规模的减小和利率的降低，因为它将增加政府的收入。

(2) 高的边际税率将使经济处于低效率状态，从而使总产出减少，因为这种税率将促使投资者投资低生产效率的项目，以便获得实实在在的税收规避好处。

(3) 收入再分配支出基本不对真实的总供给产生影响，因为它们不会直接消耗资源。

(4) 税收减免将增加家庭的可支配收入。因而税收减免对总供给的初步影响将源于税收变化对政府预算赤字或者盈余的影响。

Web 站点管理员

请扫描二维码或登录中国人民大学出版社官网 www.crup.com.cn 下载。

13 权益估值

学习目标：

LO13—1　运用财务数据和市场比较来估计公司价值；

LO13—2　运用固定增长模型或多阶段贴现模型计算一家公司的内在价值；

LO13—3　从市盈率的角度评估一家公司的增长前景；

LO13—4　运用自由现金流模型估计公司的价值。

我们在市场有效性的讨论中发现，寻找价值被低估的证券十分困难。同时，以人们不可能寻找到这种价值被低估的证券为前提的有效市场假说理论有许多漏洞。而且，正是由于人们不断寻找被错误估价的证券，市场才维持了高效率的状态。股票市场分析师也正是通过偶然发现这些稍微偏离内在价值的情况挣到了工资。

本章介绍了股票分析师发现被错误估价的证券的方法。本章中给出的模型是基本面分析师经常使用的，他们利用一家公司当前和未来盈利能力的消息来评估其合理的市场价值。技术分析师则不同，他们大多是使用趋势分析方法来寻找交易机会。

本章我们将从对一家公司价值的多种评估方法的讨论开始。接着介绍股利贴现模型，这是证券分析师经常用于在永续经营假设条件下测度公司价值的定量分析工具。接下来，我们转向市盈率，即P/E比率，解释分析师为何对它如此青睐，同时指出它的缺陷。我们将解释市盈率怎样用于股利估价模型，更直接地说，怎样用于分析公司价值的增长前景。

在本章最后，我们将讨论并扩展自由现金流模型的例子，分析师用这种模型，根据公司在商业活动中产生的现金流的预测值来估计公司的价值。我们将用本章中介绍的几种估值工具为一个真实的公司估值，我们会发现，它们得到的结果并不完全一致——这是困扰所有股票分析师的一个难题——并考虑导致这些误差的原因。

13.1　比较估值法

基本面分析的目的在于找到价格偏离某种“真实”价格的股票，而这种“真实”价格是根据一些观察到的金融数据计算出来的。显然，我们只能估计得出真实价格。在实践中，股票分析师利用观察到的市场数据和公司及其竞争者的财务报告，借助模型估计公司股票的基本价值。这些估值模型的区别在于使用的数据不同以及理论的复杂程度不同，但归根到底，大部分使用了比较估值的概念：通过观察类似企业中股票价格和各种决定因素之间的关系，然后利用这些关系推算目标公司的价值。

证券交易委员会（the Securities and Exchange Commission）在其 EDGAR 网站（www. sec. gov/edgar. shtml）上公布美国公司的相关信息。证券交易委员会要求所有公司（除了那些外国公司以及资产小于 1 000 万美元、股东人数少于 500 人的公司）通过 EDGAR 提供电子形式的申请上市登记表、定期报告以及其他文件。类似于 finance. yahoo. com，money. msn. com，和 finance. google. com 这样的 Web 站点也提供分析和数据，它们大多是从 EDGAR 报告中提取出来的。

表 13.1 给出了苹果公司的财务摘要，以及另一家大型科技公司 Alphabet（也是谷歌的母公司）的一些可比数据。苹果每股普通股价格为 142.71 美元，总市值或者说这些股票的资本价值为 7.48 亿美元。在“估值”栏，表 13.1 给出了苹果股票价格与几个基准的比值。在最近 12 个月中，其股票价格是每股收益的 13.92 倍、账面价值的 5.67 倍、售价的 3.43 倍。最后一个价值比率 PEG 是指市盈率除以收益增长率得到的值。我们认为售出时当期盈余乘数（我们之后会着重讨论）越大，公司增长越快，因此 PEG 通过增长率调整了市盈率的值。

当我们利用与同行业中其他公司相比较的方法估计公司价值时，以上讨论的比率都是经常用到的，而且我们会把它们全部考虑进去。一方面，最右边这一列给出了 Alphabet 公司相应的比率。从市盈率和市值—销售量比率两个方面来看，苹果的定价似乎不像 Alphabet 那样积极。另一方面，苹果的市值与**账面价值**（book value）比率、资产负债表上报告的公司净资产以及 PEG 比率均高于 Alphabet 的比率。显然，我们需要一个严格的估值模型来整理这些相互矛盾的价值信号。

账面价值：根据资产负债表确定的公司普通股的净值。

表 13.1 苹果公司和 Alphabet（谷歌）的主要财务数据

	苹果	Alphabet
每股价格	142.71	844.04
发行在外的普通股股数（十亿美元）	5.25	0.70
市值（十亿美元）	748.7	589.0
最近 12 个月		
销售收入（十亿美元）	218.12	90.27
EBITDA（十亿美元）	69.75	29.86
净收入（十亿美元）	45.22	19.48
每股盈利	8.33	27.88
估值		
市盈率	13.92	30.28
市值—账面价值	5.67	4.20
市值—销售量	3.43	6.52
PEG	1.70	1.32
利润		
ROE（%）	34.69	15.02
ROA（%）	11.85	9.41
营业利润率（%）	27.15	26.27
净利润率（%）	20.73	21.58

资料来源：由 finance. yahoo. com，April 20，2017 上的数据计算而成。

□ 账面价值的局限性

公司的股东又叫作“剩余索取权人”，即他们所持有的价值是公司资产中减去负债后剩下的价值。股东的权益是其净价值。然而，财务报表中资产和负债的价值都是基于历史价值而不是现有价值。例如，即使市场价格随着时间改变，一种资产的账面价值仍等于取得时的初始成本减去折旧的调整。而且折旧提存仅仅是将初始成本摊销到各年，并不考虑实际价值的变化。

账面价值是基于初始成本的，但公司股票的市值衡量的却是资产和负债的当前价值。股东权益投资的市场价值等于所有资产与所有负债当前价值的差额。我们之前强调了当前价值会逐渐偏离历史价值。更为重要的是，例如一个很好的品牌名或者发展多年的专业公司的价值，这些资产也许不会列入资产负债表，但是一定会影响市场价值。市场价值是将公司作为一个永续经营的主体来考虑。

账面价值能否代表股票价格的“底线”，且市价永远不会跌到这个水平以下？尽管苹果公司的每股账面价值大幅低于它的市场价格，但其他数据还是否定了这个说法。虽然这种情况不太普遍，但确实存在一些公司股票的市价低于每股账面价值。例如 2017 年陷入这种困境的公司包括巴克莱、花旗集团、三菱和雪佛龙。

反映股票价格底线的更好的指标是公司的每股**清算价值**（liquidation value）。清算价值是指一旦公司破产，在出售资产、清偿债务之后可以分配给股东的剩余资金。如果公司的市值跌落到清算价值之下，公司将会成为一个有吸引力的被收购目标。企业收购者发现，通过购买这种公司足够的股份来取得公司的控制权十分有利可图，因为将公司清算所得到的清算价值大于企业作为永续经营主体的价值。

清算价值：出售资产、还清负债后能够得到的资金数。

资产负债表中另一个用于评估公司价值的概念是资产减去负债之后的**重置成本**（replacement cost）。分析师认为，公司的市值不会比重置成本高出许多，因为如果是那样，竞争者将争相进入市场，竞争压力将使所有公司的市值下降，直到市值等于重置成本。

重置成本：替代公司资产的成本。

市值对重置成本的比率被称为**托宾 *q* 比率**（Tobin's q），因曾获得诺贝尔经济学奖的经济学家詹姆斯·托宾（James Tobin）而得名。根据托宾的观点，从长远来看，市场价值对重置成本的比率将趋于 1，但实践表明，相当长的时间内该比率显著不等于 1。

托宾 *q* 比率：公司市值对重置成本的比率。

虽然将重点放在资产负债表上可以得出清算价值或重置成本等有用的信息，但分析师倾向于用预期的未来现金流来更准确地估计一家公司作为永续经营实体的价值。我们现在考察分析师根据未来收益和公司派发的股利对普通股进行估值的定量模型。

13.2 内在价值与市场价格

基于公司作为永续经营实体的假设，最常用的估值模型来源于对一个事实的观察：股票投资的收益由现金股利和资本利得或损失构成。我们假定股票持有期为 1 年，ABC 股票预期的每股股利 $E(D_1)$ 为 4 美元，则每股的现价 P_0 为 48 美元，年底的预期价格 $E(P_1)$ 为 52 美元。现在不用担心你如何得到明年年底的预测。这里我们只想知道在给定明年的价值预测值时，现有的股票价格是不是有吸引力。

投资者预期持有期收益率为 $E(D_1)$ 加上预期价格升水 $E(P_1)-P_0$，然后除以现价 P_0 所得的数值。

$$\text{预期持有期收益率} = E(r) = \frac{E(D_1)+[E(P_1)-P_0]}{P_0}$$

$$= \frac{4+(52-48)}{48} = 0.167 = 16.7\%$$

注意，$E(\cdot)$ 表示预期的未来价值。这样，$E(P_1)$ 表示 1 年后对股票价格的预测值，$E(r)$ 表示股票的预期持有期收益率，它等于预期的股利收益率 $E(D_1)/P_0$ 和预期的价格上升幅度，即资本利得收益率 $[E(P_1)-P_0]/P_0$ 之和。

对于 ABC 公司的股票，要求的收益率是多少？我们从资本资产定价模型（CAPM）中认识到，当股票价格处于均衡水平时，投资者能够预期的投资收益率为 $r_f+\beta[E(r_M)-r_f]$。因此，在给定了 β 风险值的情况下，资本资产定价模型被认为提供了投资者预期收益率的估计值，这也是投资者对任何有相同风险的其他投资所要求的收益率。我们用 k 表示必要收益率。如果股票定价“准确”，将会给投资者提供一个“合理”的收益率，即其预期收益率将等于必要收益率。当然，证券分析师的目标是发现被错误定价的股票。例如，价值被低估的股票的预期收益率将比必要收益率大。

假定 $r_f=6\%$，$E(r_M)-r_f=5\%$，β 值为 1.2，则 k 值为：

$$k=6\%+1.2\times5\%=12\%$$

投资者 16.7%的预期收益率超过基于 ABC 公司风险程度的必要收益率的差额为 4.7%。自然，投资者希望在其资产组合中增加更多 ABC 公司的股票，而不是采取消极型策略。

内在价值：公司预期的未来净现金流由必要收益率贴现而确定的公司现值。

另一种观察思路是，比较股票的内在价值与市场价格。每股的**内在价值**（intrinsic value）用 V_0 表示，被定义为投资者能从股票上获得的全部现金回报的现值，现金回报包括股利和最终售出股票的收益，这个现值是用风险调整利率 k 进行贴现而得到的现值。不论何时，只要内在价值或者投资者对股票真实价值的估计超过市场价格，这只股票就被认为是低估的，因而值得投资。在 ABC 股票的例子中，根据一年的投资期和一年后股票价格 P_1 等于 52 美元的预测，该股票的内在价值为：

$$V_0 = \frac{E(D_1)+E(P_1)}{1+k} = \frac{4+52}{1.12} = 50\text{（美元）}$$

非常明显，当价格为 50 美元时，投资者要求股票投资有 12%的收益率——这刚好等于必要收益率。然而，当前股票价格为 48 美元，股价相对其内在价值被低估。这说明该股票提供了比公平收益率更好的回报。换句话说，如果采用 CAPM 中的术语，这是一只具有正的 α 值的股票。投资者将购买更多的 ABC 公司的股票，而不是采取消极型投资策略。

相反，当内在价值低于市场价格时，投资者应当购买比消极型策略下更少的 ABC 股票。甚至我们可以像第 3 章所讨论的那样，卖空 ABC 股票。

市场资本化率：市场对适当的公司现金流贴现率估计的共识。

在市场均衡中，市场现价将反映市场所有的参与者对内在价值的估计。这意味着对 V_0 的估计与市场价格不同的投资者，实际上是由于对 $E(D_1)$、$E(P_1)$ 或者 k 的估计全部或部分不一致。我们用一个常用的术语来描述市场对必要收益率 k 的共识，即**市场资本化率**（market capitalization rate），在本章中我们会经常用到它。

概念测验 13.1

你预期 IBX 公司股票的价格在一年后为 59.77 美元。它的现价为 50 美元，而且你预期该公司一年后将支付每股 2.15 美元的股利。

a. 该股票预期股利收益率、预期价格增长率和预期持有期收益率各为多少？

b. 如果该股票的 β 值为 1.15，无风险收益率为 6%，市场组合的预期年收益率为 14%，则 IBX 股票的必要收益率为多少？

c. IBX 股票的内在价值为多少？将计算结果与现价作比较。

扫描二维码
获取答案解析

13.3 股利贴现模型

假定一位投资者购买了一股恒安电子公司（Steady State Electronics）的股票，计划持有一年。股票的内在价值等于第一年末的股利 D_1 与预期出售价格 P_1 之和的现值。为了简便起见，我们用符号 P_1 代替 $E(P_1)$。然而，请记住，未来价格和股利都是未知的，我们所用的不过是预期价值，而不是确定价值。由此，我们可以建立下列公式：

$$V_0 = \frac{D_1 + P_1}{1+k} \tag{13.1}$$

在给出公司历史资料的情况下，我们可以合理地预测出今年的股利，但是你也许还会问我们怎样估计年末价格 P_1。根据公式（13.1），V_1（年末价值）将为

$$V_1 = \frac{D_2 + P_2}{1+k}$$

如果我们假定股票在下一年将会以内在价值出售，则 $V_1 = P_1$，我们可以将 P_1 值代入公式（13.1），可得

$$V_0 = \frac{D_1}{1+k} + \frac{D_2 + P_2}{(1+k)^2}$$

这个公式可以被解释为持有期为两年的股利现值加上售出价格的现值之和。当然，现在我们需要给出 P_2 的预测值。继续用相同的方法，我们可以用 P_2 来代替 $(D_3 + P_3)/(1+k)$，从而将 P_0 与持有期为 3 年的股利现值和预期售出价格的现值之和联系在一起。

将上述公式推广，在假设持有期为 H 年的情况下，我们可以将股票价值写成 H 年中股利现值加上最终售出价格 P_H 的现值之和。

$$V_0 = \frac{D_1}{1+k} + \frac{D_2}{(1+k)^2} + \cdots + \frac{D_H + P_H}{(1+k)^H} \tag{13.2}$$

注意，这个公式与第 10 章中推导出的债券估价公式有相似之处。两者都是将价格与支付流（债券的利息与股票的股利）的现值和最终支付流（债券的面值与股票的出售价格）的现值联系在一起。股票与债券的关键区别在于股利的不确定性、没有确定的到期日以及最终的售出价格是不确定的。事实上，由于价格的不确定，我们可以将上式不断进行代换，从而可得

$$V_0 = \frac{D_1}{1+k} + \frac{D_2}{(1+k)^2} + \frac{D_3}{(1+k)^3} + \cdots \tag{13.3}$$

股利贴现模型：使公司内在价值等于公司所有未来预期股利现值的公式。

公式（13.3）表明股票价格应等于所有永续股利的现值之和。这个公式被称为股票价格的**股利贴现模型**（dividend discount model，DDM）。

公式（13.3）很容易让人认为股利贴现模型仅仅重视股利，而忽视了资本利得这个股票投资的动机。这种看法是不正确的。事实上，在公式（13.1）中，我们明确地假定了资本利得（反映在预期出售价格 P_1 中）是股票价值的一部分。公式（13.3）中只出现股利的原因不是由于投资者忽视资本利得，而是在于这些资本利得是由股票被售出时的股利预期所决定的。这也是为何在公式（13.2）中我们能将股票价格写成股利现值与任何出售日价格的现值之和的原因。P_H 是时点 H 上对于该时点之后所有预期股利的现值。接着将该数值贴现到现在，即时点 0 上。股利贴现模型说明了股票价格最终取决于向股东累计支付的现金流，即股利。

□ 固定增长的股利贴现模型

公式（13.3）在对股票进行估值时的作用仍然不大，因为它要求对直到无限期的未来的每年股利进行预测。为了使股利贴现模型更实用，我们需要引入一些简化的假设。在这个问题上，第一个有用而且普遍的思路是，假设股利以稳定的速度 g 增长。比如说，如果 $g=0.05$，最近一期支付的股利为 $D_0=3.81$，未来的股利预测值为

$$D_1 = D_0(1+g) = 3.81\times 1.05 = 4.00$$
$$D_2 = D_0(1+g)^2 = 3.81\times (1.05)^2 = 4.20$$
$$D_3 = D_0(1+g)^3 = 3.81\times (1.05)^3 = 4.41 \text{ 等等}$$

将这些股利预测值代入公式（13.3），我们可以计算出内在价值为

$$V_0 = \frac{D_0(1+g)}{1+k} + \frac{D_0(1+g)^2}{(1+k)^2} + \frac{D_0(1+g)^3}{(1+k)^3} + \cdots$$

这个公式可以被简化为

$$V_0 = \frac{D_0(1+g)}{k-g} = \frac{D_1}{k-g} \tag{13.4}$$

注意，在公式（13.4）中，我们用 D_1（而不是 D_0）除以（$k-g$）来计算内在价值。如果恒安电子公司的市场资本化率为 12%，我们可以用公式（13.4）算出该公司的每股内在价值：

$$\frac{4.00}{0.12-0.05}=57.14\text{（美元）}$$

固定增长的股利贴现模型：假设股利会按照一个固定比率增长的一种股利贴现模型。

公式（13.4）被称为**固定增长的股利贴现模型**（constant growth DDM）或者以普及该模型的迈伦·J. 戈登（Myron J. Gordon）的名字命名的戈登模型。应当指出的是，这个公式中使用的是永续现金流的贴现值。如果预期股利不会增长，那么股利现金流将是单一的永续现金流，这种股利不增长的股票的估值公式将为 $P_0=D_1/k$。公式（13.4）[1] 是永续现金流公式的推广，以便涉及永续现金流有增长的情况。随着 g 的上升，股票价格也将上升。

---

① 回顾金融导论类书籍一般都会介绍 1 美元永续年金的现值为 $1/k$。例如，如果 $k=10\%$，永续年金的价值则为 1 美元/0.10=10 美元。注意，如果在公式（13.4）中 $g=0$，固定增长的股利贴现模型公式将等于永续年金的公式。

案例 13.1

优先股和股利贴现模型

支付固定股利的优先股可以运用固定增长的股利贴现模型来估值。优先股股利的固定增长率为 0。例如，当贴现率为 8%时，对于一个每股支付固定 2 美元股利的优先股来说，其价值为

$$V_0=\frac{2}{0.08-0}=25\text{（美元）}$$

案例 13.2

固定增长的股利贴现模型

滑翔翼公司（High Flyer Industries）股票每股刚刚支付了年度股利 3 美元。预计股利将无限期地以 8%的速度增长。滑翔翼公司股票的 β 值是 1.0，无风险收益率是 6%，市场风险溢价为 8%，股票的内在价值是多少？如果你预期股票风险更大，β 值为 1.25，那么你对内在价值的估计是多少？

因为 3 美元的股利刚刚被支付，而且股利的年增长率为 8%，那么年底股利的预测值应为 $3\times1.08=3.24$（美元）。考虑到该股票的市场资本化率为 $6\%+1.0\times8\%=14\%$，那么该股票的价值应为

$$V_0=\frac{D_1}{k-g}=\frac{3.24}{0.14-0.08}=54\text{（美元）}$$

如果该股票被认为风险较高，从而价值应更低，那么在市场资本化率为更高的 $6\%+1.25\times8\%=16\%$ 时，该股票的价值为

$$\frac{3.24}{0.16-0.08}=40.50\text{（美元）}$$

固定增长的股利贴现模型仅在 g 小于 k 时才有效。如果预期股利永远以一个比 k 快的速度增长，股票的价值将无穷大。如果分析师得出一个比 k 大的 g 的估计值，从长远的观点来看，这种增长是无法持续的。在这种情况下，合理的估价模型是下面将要讨论的多阶段股利贴现模型。

固定增长的股利贴现模型被股市分析师们广泛应用，我们应当探讨一下它的含义和限制条件。固定增长的股利贴现模型预示着股票的价值在以下情况下将更大：

1. 每股的预期股利更多。
2. 市场资本化率 k 更低。
3. 预期的股利增长率更高。

固定增长的股利贴现模型的另一个寓意是，预期股票价格的增长速度将与股利增长速度相同。例如，假定恒安电子公司的股票以其内在价值 57.14 美元售出，则 $V_0=P_0$，那么有

$$P_0=\frac{D_1}{k-g}$$

注意到股价与股利成比例。因而，在下一年，当支付给恒安电子公司股东股利的预期值增长 5%时，价格也将增长 5%。为了证实这个结论，注意到：

$$D_2=4\times1.05=4.20\text{（美元）}$$

$$P_1=D_2/(k-g)=4.20/(0.12-0.05)=60.00\text{（美元）}$$

这一结果比 57.14 美元的现价高 5%。进一步推广这个结论，则可得

$$P_1 = \frac{D_2}{k-g} = \frac{D_1(1+g)}{k-g} = \frac{D_1}{k-g}(1+g) = P_0(1+g)$$

因而，股利贴现模型暗示了在预期股利增长率固定的情况下，任何一年的价格预期增长率将等于固定增长率 g。注意对于一只市场价格等于内在价值（$V_0=P_0$）的股票，预期持有期收益率为：

$$\begin{aligned} E(r) &= \text{股利收益率} + \text{资本利得收益率} \\ &= \frac{D_1}{P_0} + \frac{P_1 - P_0}{P_0} = \frac{D_1}{P_0} + g \end{aligned} \tag{13.5}$$

这个公式提供了一种推断股票市场资本化率的方法，因为如果股票以其内在价值出售，那么 $E(r)=k$，则意味着 $k=D_1/P_0+g$。通过观察股利收益率 D_1/P_0 和估计股利增长率，我们可以计算出 k。这个公式也被称为现金流贴现（DCF）公式。

这是公用事业管理中常用的确定费率的方法。负责审批公用事业部门定价的管理机构允许该部门的公司在成本上加上一定的"合理"利润来确定价格，也就是说，允许公司的投资在其生产能力的基础上有一个竞争性的收益。反过来，这个收益率被认为是投资者在该公司股票投资上的必要收益率。公式 D_1/P_0+g 提供了一个推断必要收益率的方法。

案例 13.3

固定增长模型

假定恒安电子公司为其革新性芯片赢得了一个大合同。这个盈利丰厚的合同将保证该公司股利的增长率达到 5%～6%，而且这个增长率是在不削减即期每股 4 美元股利的基础上达到的。那么该公司的股价将会发生什么样的变化？未来股票的预期收益率为多少？

一方面，由于该合同的利好消息，该公司的股价理应上涨，该公司的股价也确实呈上涨趋势。股价从原来的 57.14 美元上涨到消息披露后的

$$\frac{D_1}{k-g} = \frac{4.00}{0.12-0.06} = 66.67\text{（美元）}$$

持有公司股票的投资者在消息披露时将从股价上涨中受益匪浅。

另一方面，当股价达到这个新的价位时，与关于合同的消息刚公布之前相比，股票的预期收益率为 12%。

$$E(r) = \frac{D_1}{P_0} + g = \frac{4.00}{66.67} + 0.06 = 0.12\text{，或者 } 12\%$$

这种结果理所当然十分容易理解。一旦关于合同的消息反映在股价中，股票的预期收益率将和股票的风险保持一致。由于股票的风险没有改变，股票的预期收益率也不会发生变化。

概念测验 13.2

a. 今年年底，IBX 股票的预期股利为 2.15 美元，而且预期股利会以每年 11.2% 的速度永远保持增长。如果 IBX 股票的必要收益率为每年 15.2%，那么它的内在价值为多少？

b. 如果 IBX 股票的现价等于内在价值，那么下一年的预期价格为多少？

c. 如果一个投资者现在买进该股票，并且在一年后收到 2.15 美元的股利之后抛出该股票，那么以百分比表示的预期资本利得率为多少？股利收益率和持有期收益率分别为多少？

扫描二维码
获取答案解析

□ 股票价格和投资机会

考虑有两家公司——摇钱树公司（Cash Cow，Inc.）和增长前景公司（Growth Prospects），预期它们未来一年的每股收益均为 5 美元。两家公司在原则上都可以将收益当作股利分派给股东，保持每股 5 美元的永续股利流。如果市场资本化率为 $k=12.5\%$，因而这两家公司的股价均为每股 $D_1/k=5/0.125=40$（美元）。没有一家公司的价值将会增长，因为在所有的收益都以股利的形式分派的情况下，没有留存收益用于再投资，两家公司的资本和盈利能力将保持不变，盈利[①]和股利将不会增长。

现在假设其中的一家公司——增长前景公司关注一个投资收益率为 15%的项目，这比必要收益率 12.5%要大。这样公司将所有收益都以股利的形式分配将是一种很愚蠢的行为。如果增长前景公司将一部分盈利留存下来，用于高盈利项目的投资，就可以为股东挣得 15%的收益率，但如果它将所有的盈利都以股利的形式分配给股东，它只能放弃这些投资项目，而股东用股利去投资于其他机会只能得到的合理市场收益率为 12.5%。所以，假设增长前景公司将其**股利支付率**（dividend payout ratio）从 100%降低到 40%，从而维持了 60%的**再投资率**（plowback ratio）。再投资率也被称为**留存收益率**（earnings retention ratio）。

股利支付率：公司收入中用于发放股利的比率。

再投资率或**留存收益率：**再投资资金（不用于发放股利）占公司盈利的百分比。

因此，公司的股利将为每股 2 美元（即 5 美元的 40%），而不是 5 美元。那么公司的股价将会下跌吗？不但不会，反而会上升。尽管起初股利会由于再投资政策的影响而下降，但后来由于再投资利润引起的公司资产的增长将使未来的股利增加，而这将反映在当前的股价中。

图 13.1 显示了增长前景公司在两种股利政策下的股利现金流情况。低再投资率计划使公司在起初的时候具有很高的股利支付能力，但是导致了较低的股利增长率。而高再投资率计划最终将使公司具有很高的股利支付能力。如果再投资引致的股利增长率足够高，在再投资策略下公司的股价将更高。

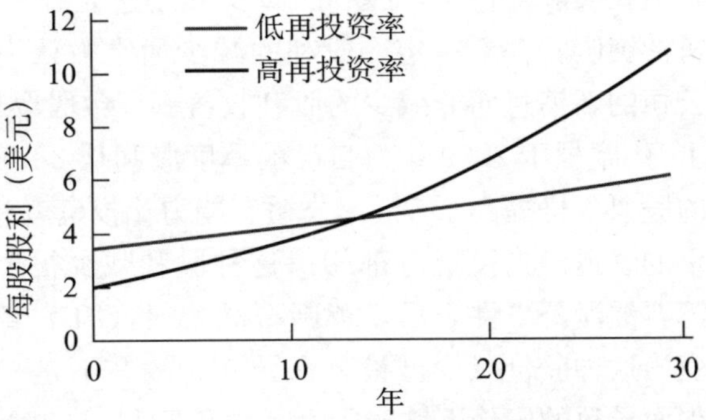

图 13.1　在再投资策略下两种收益的股利增长情况

那么会产生多大的增长率呢？假设增长前景公司最初的厂房和设备的价值为 1 亿美元，而这些资产都是通过融资获得的。如果投资收益率为 15%，总收益率为 ROE×

① 事实上，我们这里的盈利指的是扣除维持公司资本生产能力所需资金后的盈利，即扣除经济折旧后的盈利。换句话说，盈利数据应被解释为公司在不削弱生产能力的情况下每年可以支付的年金的最大数额。所以，净盈利数字与公司财务报表中反映的会计盈利数字完全不同。我们将在下一章进一步讨论这个问题。

1 亿=0.15×1 亿=1 500（万美元）。如果公司发行在外的股本为 300 万股，则每股收益为 5 美元。如前所述，如果今年 1 500 万美元的收益中有 60%用于再投资，那么公司的资本权益将增加 0.60×1 500=900（万美元），或者说增长 9%。资本权益增长百分比等于权益收益率（ROE）乘以再投资率（收益中转化为资本权益的比例），我们用 b 表示再投资率。

由于增加了 9%的资本，公司将多获得 9%的收益，并多分派 9%的股利。因而股利增长率为[1]：

$$g=\text{ROE}\times b=15\%\times 0.60=9\%$$

如果股价等于其内在价值，且增长率能够持续（也就是说，如果权益收益率和股利支付率与公司的长期经营能力保持一致），那么股价应为

$$P_0=\frac{D_1}{k-g}=\frac{2}{0.125-0.09}=57.14\text{（美元）}$$

若增长前景公司采用零增长政策，将所有的收益都以股利的形式发放，那么股票只值 40 美元。因而，你可以认为 40 美元就是公司已存在的每股资产的价值。

当增长前景公司决定减少当期股利，并将其用于新的投资项目时，它的股价开始上升。股价的上升反映了计划投资项目的预期收益率比必要收益率高。也就是说，新投资机会的净现值为正。由于投资机会的净现值为正，该公司的价值上升。这个净现值也被称为**增长机会现值**（present value of growth opportunities，PVGO）。

增长机会现值（PVGO）：公司未来投资的净现值。

因而，我们可以认为，公司的价值为公司现有资产的价值或者零增长公司的价值，加上公司欲参与的增长机会现值之和。对于增长前景公司，每股的增长机会现值为 17.14 美元：

价格=零增长情况下的价值+增长机会现值

$$P_0=\frac{E_1}{k}+\text{PVGO}$$

$$57.14=40+17.14 \tag{13.6}$$

我们知道在实际操作中，股利的减少几乎总是伴随着股票价格的下滑。那么这和我们的分析冲突吗？并不一定。股利的减少通常被认为是关于公司前景的坏消息，并且是关于公司的新消息而非减少的股利收益率导致股票价格的下跌。

例如 J. P. 摩根于 2009 年将自己的季度股利从 38 美分一股降到 5 美分一股，但实际上公司的股票价格提高了 5%：公司有能力让投资者相信股利的减少是为了储存现金以应付严重的衰退。当投资者都相信这种股利减少很合理时，股价自然会上升。同样地，在海湾石油泄漏事件之后，英国石油公司（BP）宣布当年暂停发放股利，其股价并没有改变。这种股价减少已被公众预知，故并不是一个新消息。这些例子都说明由于股利减少而导致的股价下跌实际上是由于股利减少而传递出来的信息导致的。

认识到投资者真正想要的并不是公司的资本增长这一点很重要。仅仅当公司投资的项目具有高利润率时（即投资收益率>k），公司的价值才会提高。为了弄明白原因，我们考虑增长前景公司不幸的姊妹公司——摇钱树公司。摇钱树公司的净资产收益率仅为 12.5%，与必要收益率 k 相等。投资机会的净现值为 0。我们已经知道，在零增长

---

① 注意到当 ROE 不变时，收益（=ROE×账面价值）的增长率同账面价值的增长率相同，这样我们可以把这个关系式一般化。将公司新投资净额提取出来后，账面价值的增长率就等于留存收益/账面价值。因此，g=留存收益/账面价值=（留存收益/总收益）×（总收益/账面价值）=b×ROE。

策略下，$b=0$，$g=0$，摇钱树公司的每股价值为 $E_1/k=5/0.125=40$（美元）。现在假设摇钱树公司采取与增长前景公司相同的策略，选择再投资率 $b=0.60$ 的策略，则 g 将为

$$g=\mathrm{ROE}\times b=0.125\times 0.60=0.075$$

而股价将为

$$P_0=\frac{D_1}{k-g}=\frac{2}{0.125-0.075}=40\text{（美元）}$$

与采取零增长策略下的股价没什么区别。

对于摇钱树公司，由于股利减少而为公司再投资节省下来的资金仅仅产生了维持股价水平的增长。这并不奇怪：如果公司项目的收益率只和投资者自己投资所获得的收益率相同，那么 NPV 等于 0。在高再投资率策略下，股东不会得到更多的好处。这说明了“增长”并不等于增长机会。只有当项目的预期收益率比股东自己投资所能获得的收益率高时，公司的再投资才是正确的。注意到摇钱树公司的增长机会现值为 $P_0-E_1/k=40-40=0$。当 $\mathrm{ROE}=k$ 时，将资金投入公司并没有什么好处；这种情况下 $\mathrm{PVGO}=0$。实际上，这也是为什么那些拥有充足现金流，而投资前景十分有限的公司被称作“摇钱树”的原因。这些公司产生的现金最好被取出或者“挤出”。

案例 13.4

增长机会

收购目标公司（Takeover Target）一直奉行保守的管理策略，坚持将其收益的 60%再投资于权益收益率只有 10%的项目，而没有考虑到公司的资本化比率 $k=15\%$。公司的年底股利为每股 2 美元，占其每股 5 美元收益的 40%。那么公司股票的价格应为多少？公司增长机会的现值为多少？为什么这种公司会成为另一家公司的收购目标？

在当前的投资管理策略下，公司的股利增长率为

$$g=\mathrm{ROE}\times b=10\%\times 0.60=6\%$$

股价应为

$$P_0=\frac{2}{0.15-0.06}=22.22\text{（美元）}$$

增长机会现值为

$$\begin{aligned}\mathrm{PVGO}&=\text{每股价格}-\text{零增长情况下的每股价值}\\&=22.22-E_1/k=22.22-5/0.15=-11.11\text{（美元）}\end{aligned}$$

PVGO 为负。这是因为公司投资项目的净现值为负：那些资产的收益率低于资本的机会成本。

这种公司将面临被收购的危险，因为另一家公司可以以每股 22.22 美元的市场价格收购该公司，然后通过改变该公司的投资项目使得公司价值上升。例如，如果新的管理层只要将所有的收益都以股利形式发放，公司的价值将上升至零增长策略下价值的水平，即 $E_1/k=5/0.15=33.33$（美元）。

概念测验 13.3

a. 计算一家公司的价值，该公司的再投资率为 0.60，权益收益率为 20%，当期收益（E_1）为每股 5 美元，$k=12.5\%$。

b. 如果权益收益率为 10%，低于市场资本化率，将会怎样？将这种情况下的股价与公司在权益收益率和当期收益（E_1）不变，但再投资率 $b=0$ 情况下的股价进行比较。

扫描二维码
获取答案解析

□ 生命周期与多阶段增长模型

固定增长的股利贴现模型十分有用，但你需要记住，该模型基于一个简化的假定：股利增长率永远保持不变。事实上，公司有生命周期，在生命周期的不同阶段，股利分派的特点会有所不同。早期，公司有充足的高盈利性再投资机会。这时公司的股利支付率低，增长速度相应较快。后期，当公司成熟之后，生产能力足以满足市场需求，竞争者也进入了市场，要发现较好的再投资机会较难。在这个成熟阶段，由于投资机会减少，公司可能会选择提高股利支付率。

表 13.2 说明了这一点。表中给出了价值线公司对计算机软件与服务行业和东海岸地区电力设备行业的一些样本公司的资产收益率、股利支付率和 3 年期每股盈利增长率的预测。(我们比较资产收益率，而不比较净资产收益率，因为后者受杠杆比率的影响，而电力设备行业的杠杆比率一般比软件行业大得多。资产收益率衡量长期资产中每一美元的营业收入，而不管资产的资金来源是股本还是债务。我们将会在下一章接着讨论这个问题。)

表 13.2　两个行业的财务比率

	股票代码	资产收益率（%）	股利支付率（%）	2017—2020 年的增长率（%）
计算机软件				
Adobe 系统公司	ADBE	15.0	0.0	20.6%
思杰	CTXS	17.5	0.0	7.6%
高知特	CTSH	15.0	0.0	11.1%
联合电脑	CA	13.5	39.0	9.6%
财捷	INTU	46.5	28.0	12.2%
微软	MSFT	26.0	52.0	10.2%
甲骨文	ORCL	13.5	21.0	10.4%
红帽公司	RHT	14.0	0.0	16.5%
赛门铁克	SYMC	13.5	18.0	8.1%
SAP	SAP	13.0	36.0	7.7%
中位数		14.5	19.5	10.3%
电力设备				
道明尼资源	D	7.5	87.0	5.8%
爱迪生联合电气	ED	5.5	65.0	3.4%
杜克能源	DUK	5.0	70.0	3.2%
Eversource	ES	6.5	55.0	8.3%
第一能源	FE	5.0	56.0	2.5%
新时代能源	NEE	8.0	64.0	5.9%
公共服务企业集团	PEG	7.0	59.0	5.9%
South Carolina E & G	SCG	6.0	57.0	6.5%
南方公司	SO	5.5	70.0	4.8%
爱克斯龙	EXC	6.0	49.0	6.6%
中位数		6.0	61.5	5.8%

资料来源：*Value Line Investment Survey*，February 17，2017.

总体而言，这组软件公司有很吸引人的投资机会。这些公司的资产收益率中间值预计为 14.5%，相应地，这些公司的再投资率也很高，其中有很多公司根本就不支付股利。高资产收益率和高再投资率将导致较高的增长率。这一组公司内每股收益中间值的增长率为 10.3%。

相比之下，电力设备公司则是成熟公司的代表。它们的资产收益率较低，为 6.0%；股利支付率则较高，为 61.5%；平均增长率较低，为 5.8%。可以认为，电力设备公司支付很高的股利反映出它们很少有机会以较好的收益率将收入进行再投资。

为了估计暂时具有高增长率公司的价值，分析师引入了多阶段股利贴现模型。例如，两阶段股利贴现模型允许企业在适应可持续增长轨迹之前，先经历一个高增长期。首先计算初始高增长期的股利总现值。然后，一旦公司进入稳定增长阶段，我们就用固定增长股利贴现模型来对剩下的股利流进行估值。该方法对于任何短期股利增长（无论高还是低）且当前不在长期趋势线上的公司很有用。

我们可以用一个现实的例子来说明**两阶段股利贴现模型**（two-stage DDM）。图 13.2 是一份关于雪佛龙汽车公司（Chevron）的《价值线投资调查报告》（*Value Line Investment Survey*）。图中强调了雪佛龙公司在 2017 年的相关信息。

两阶段股利贴现模型：假设股利增长率从未来某日开始稳定不变的股利增长模型。

A 右侧是雪佛龙公司的 β 值，B 处是该公司最近的股价，C 左侧是每股股利，D 左侧是 ROE（权益收益率），而股利支付率（股利总额对净利润的比率）则用 E 标出。C、D 和 E 上面的几行列出了一些历史数据。“2018”下面的斜体字是该年的估计值。类似地，最右边的一栏（标为“20－22”）给出了 2020—2022 年这段时间内某个时间段的预测值，我们将其视为 2021 年的数值。

价值线给出了相对短期的股利准确预测值，股利从 2018 年的 4.40 美元增加到 2021 年的 5.00 美元。如果我们在 2018—2021 年使用线性插值法，我们对股利的预测值为：

2018 年	4.40 美元
2019 年	4.60 美元
2020 年	4.80 美元
2021 年	5.00 美元

现在我们假定股利增长率在 2021 年达到稳定状态。那么稳定阶段的增长率应是多少？价值线公司预计股利支付率为 0.51，权益收益率为 11%，这预示着长期增长率为

$$g = ROE \times b = 11\% \times (1-0.51) = 5.39\%$$

价值线公司将该估计值四舍五入为 5.5% ［详见 D 左侧的“保留［收益］至普通股”(Retained to Com Eq)］，因此我们还将设定 $g=5.5\%$。

运用 2021 年的投资水平，雪佛龙公司的内在价值可以用公式（13.2）计算出来，该公式表述如下：

$$V_{2017} = \frac{D_{2018}}{1+k} + \frac{D_{2019}}{(1+k)^2} + \frac{D_{2020}}{(1+k)^3} + \frac{D_{2021}+P_{2021}}{(1+k)^4}$$

$$= \frac{4.40}{1+k} + \frac{4.60}{(1+k)^2} + \frac{4.80}{(1+k)^3} + \frac{5.00+P_{2021}}{(1+k)^4}$$

式中，P_{2021} 为我们对在 2021 年末出售雪佛龙公司股票时的价格预测值，从那一年开始，股利将进入固定增长阶段。根据固定增长的股利贴现模型，股价应为：

$$P_{2021} = \frac{D_{2022}}{k-g} = \frac{D_{2021}(1+g)}{k-g} = \frac{5.00 \times 1.055}{k-0.055}$$

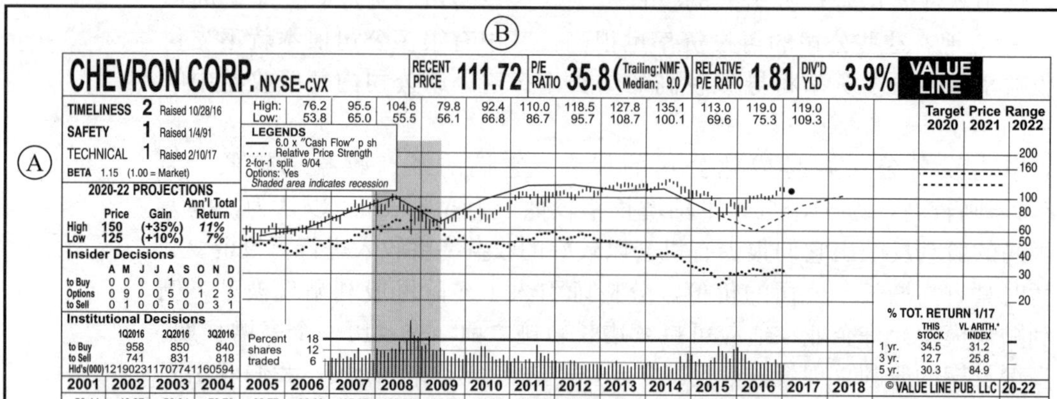

2001	2002	2003	2004	2005	2006	2007	2008	2009	2010	2011	2012	2013	2014	2015	2016	2017	2018	© VALUE LINE PUB. LLC	20-22
50.11	46.37	56.94	73.70	88.77	86.02	105.67	136.21	85.50	102.85	128.06	124.27	119.61	112.74	73.55	**60.65**	**71.45**	**76.60**	Sales per sh A	**97.35**
4.88	2.98	5.90	8.67	8.96	10.09	13.11	16.69	11.26	16.10	20.09	20.34	18.61	19.17	13.61	**10.05**	**14.80**	**17.55**	"Cash Flow" per sh	**22.35**
1.55	.54	3.48	6.28	6.54	7.80	8.77	11.67	5.24	9.48	13.44	13.32	11.09	10.14	2.45	d.27	**4.00**	**5.95**	Earnings per sh B	**9.75**
1.33	1.40	1.43	1.54	1.75	2.01	2.26	2.53	2.66	2.84	3.09	3.51	3.90	4.21	4.28	4.29	**4.32**	**4.40**	Div'ds Decl'd per sh C■	**5.00**
4.58	3.56	2.63	2.99	3.90	5.65	7.98	9.81	9.89	9.84	13.38	15.89	19.85	18.83	15.67	**13.50**	**10.50**	**11.50**	Cap'l Spending per sh	**13.15**
16.02	14.79	16.97	21.47	28.07	28.22	36.88	43.23	45.79	52.74	61.67	70.80	78.62	83.07	81.11	**77.10**	**76.65**	**78.10**	Book Value per sh	**89.65**
2120.2	2136.3	2138.3	2107.1	2232.7	2442.7	2090.4	2004.2	2007.4	1992.5	1981.2	1946.7	1913.3	1880.2	1882.8	**1888.0**	**1890.0**	**1893.0**	Common Shs Outst'g D	**1900.0**
28.8	74.4	10.2	7.6	8.8	8.1	9.4	7.3	13.4	8.2	7.5	8.1	10.9	11.9	39.4	--	Bold figures are		Avg Ann'l P/E Ratio	**14.0**
1.48	4.06	.58	.40	.47	.44	.50	.44	.89	.52	.47	.52	.61	.63	1.98	--	Value Line		Relative P/E Ratio	**.90**
3.0%	3.5%	4.0%	3.2%	3.0%	3.2%	2.7%	3.0%	3.8%	3.6%	3.1%	3.3%	3.2%	3.5%	4.4%	4.3%	estimates		Avg Ann'l Div'd Yield	**3.6%**

C

CAPITAL STRUCTURE as of 9/30/16
Total Debt $45519 mill. **Due in 5 Yrs** $20214 mill.
LT Debt $39462 mill. **LT Interest** $422.7 mill.
(Interest not earned)
(21% of Cap'l)

Leases, Uncapitalized Annual rentals $846 mill.
Pension Assets-12/15 $14.4 bill. **Oblig.** $18.9 bill.

Pfd Stock None
Common Stock 1,887,769,320 shs.

MARKET CAP: $211 billion (Large Cap)

2007	2008	2009	2010	2011	2012	2013	2014	2015	2016	2017	2018		20-22
220904	273005	171636	204928	253706	241909	228848	211970	138477	114472	**135000**	**145000**	Sales ($mill) A	**185000**
18.5%	19.3%	18.2%	22.3%	24.0%	24.9%	22.2%	23.2%	19.7%	**14.55**	**20.5%**	**22.5%**	Operating Margin	**25.0%**
8708.0	9528.0	12110	13063	12911	13413	14186	16793	21037	**19457**	**20500**	**22000**	Depreciation ($mill)	**24000**
18688	23931	10483	19024	26895	26179	21423	19241	4587.0	d497	**7500**	**11275**	Net Profit ($mill)	**18500**
41.9%	44.3%	43.4%	40.7%	43.5%	43.5%	40.3%	38.3%	5.3%	NMF	**34.0%**	**34.0%**	Income Tax Rate	**40.0%**
8.5%	8.8%	6.1%	9.3%	10.6%	10.8%	9.4%	9.1%	3.3%	NMF	**5.6%**	**7.8%**	Net Profit Margin	**10.0%**
5579.0	4447.0	11005	19829	19634	21508	17232	10306	8883.0	**5000**	**4000**	**6000**	Working Cap'l ($mill)	**21000**
6070.0	6083.0	10130	11289	9812.0	12065	20057	24028	33664	**39500**	**40000**	**40000**	Long-Term Debt ($mill)	**45000**
77088	86648	91914	105081	122181	137832	150427	156191	152716	145556	**144900**	**147825**	Shr. Equity ($mill)	**170325**
22.6%	26.0%	10.6%	16.6%	20.6%	17.7%	12.8%	11.0%	2.8%	NMF	**4.0%**	**6.0%**	Return on Total Cap'l	**9.0%**
24.2%	27.6%	11.4%	18.1%	22.0%	19.0%	14.2%	12.3%	3.0%	NMF	**5.0%**	**7.5%**	Return on Shr. Equity	**11.0%**
18.0%	21.7%	5.6%	12.7%	17.0%	14.0%	9.3%	7.2%	NMF	NMF	**NMF**	**2.0%**	Retained to Com Eq	**5.5%**
26%	22%	51%	30%	23%	26%	35%	41%	NMF	NMF	**108%**	**74%**	All Div'ds to Net Prof	**51%**

D

E

CURRENT POSITION ($MILL.)	2014	2015	9/30/16
Cash Assets	13215	11332	7672
Receivables	16736	12860	12522
Inventory (LIFO)	6505	6334	5976
Other	5776	4821	2703
Current Assets	42232	35347	28873
Accts Payable	19000	13516	12205
Debt Due	3790	4928	6057
Other	9136	8020	6482
Current Liab.	31926	26464	24744

ANNUAL RATES of change (per sh)	Past 10 Yrs.	Past 5 Yrs.	Est'd '13-'15 to '20-'22
Sales	3.5%	-1.0%	*-.5%*
"Cash Flow"	8.0%	3.0%	*4.0%*
Earnings	4.0%	-2.0%	*3.0%*
Dividends	10.0%	9.0%	*3.0%*
Book Value	14.0%	11.5%	*1.5%*

Cal-endar	QUARTERLY SALES ($ mill.) A Mar.31	Jun.30	Sep.30	Dec.31	Full Year
2014	53265	57938	54679	46088	211970
2015	34558	40357	34315	29247	138477
2016	23553	29282	30140	31497	114472
2017	***32500***	***33000***	***34500***	***35000***	***135000***
2018	***35000***	***35500***	***37000***	***37500***	***145000***

Cal-endar	EARNINGS PER SHARE B Mar.31	Jun.30	Sep.30	Dec.31	Full Year
2014	2.36	2.98	2.95	1.85	10.14
2015	1.37	.30	1.09	d.31	2.45
2016	d.39	d.78	.68	.22	d.27
2017	***.90***	***.95***	***1.05***	***1.10***	***4.00***
2018	***1.25***	***1.50***	***1.55***	***1.65***	***5.95***

Cal-endar	QUARTERLY DIVIDENDS PAID C■ Mar.31	Jun.30	Sep.30	Dec.31	Full Year
2013	.90	1.00	1.00	1.00	3.90
2014	1.00	1.07	1.07	1.07	4.21
2015	1.07	1.07	1.07	1.07	4.28
2016	1.07	1.07	1.07	1.08	4.29
2017					

BUSINESS: Chevron Corp. is the world's fourth-largest oil company based on proven reserves. Daily production in 2016: oil, 1.7 mill. barrels (-1% vs. '15); natural gas, 5.3 bill. cubic feet (flat vs. '15). Daily refinery input, 1.7 million barrels (-1% vs. '15). Daily sales of refinery products, 2.7 million barrels (-2% vs. '15). Reserves at 12/31/15: 11.2 billion barrels of oil equivalent, 56% liquids, 44% gas. (Affiliated companies account for 23% of total reserves.) Owns 50% interest in ChevronPhillips Chemical Co. Has about 61,500 emplys. Off. & Dir. own 0.8% of stock; Vanguard, 6.3%; BlackRock, 6.0%; State Street, 5.8% (4/16 proxy). Chairman and CEO: John S. Watson. Inc.: DE. Addr.: 6001 Bollinger Canyon Rd., San Ramon, CA 94583. Tel.: 925-842-1000. Internet:www.chevron.com.

Chevron should enjoy moderate production growth in 2017. Increased domestic drilling and the completion of two projects in Australia could pave the way for a 3%-6% increase in combined oil and gas production, after asset sales. And given the likelihood of higher average annual oil prices, the extra barrels should help lift earnings per share to around $4.00, That would be a significant turnaround from the $0.27-a-share loss in 2016. Note: We are assuming stable oil prices in the mid-$50-a-barrel range will allow the refining segment to pass along the higher cost of crude, year over year.

Further volume gains are quite likely in 2018. The full ramp-up of one of the LNG projects in Australia is set for next year, while the other should be close to full capacity. Meantime, Chevron is stepping up operations in the Permian Basin of West Texas, where it holds a major position. All told, 2018 is shaping up as another good year of production growth, perhaps in the 5%-7% range. Assuming oil quotations perk up a bit more, profits have the potential to reach close to $6.00 next year.

The strategy is to spend less and focus on shorter-duration projects. Specifically, that means concentrating on developing assets in the Permian Basin, where Chevron plans to add a rig every couple of months. Importantly, the expansion is tied to the strength of oil prices. Out to 2020-2022, our projection is for $9.75 a share in profits, based on modestly rising production and oil reaching $60 a barrel.

The company is in a good spot, in terms of spending requirements. The near-completion of upfront expenditures for the LNG projects is a plus for cash flow, as is the bounce in oil prices. An estimated $5 billion in asset sales should also help cash balances and allow Chevron to keep debt as a percentage of capital close to current levels, too.

These top-quality shares are timely (Rank: 2) and can be held long term. The stock's good 3- to 5-year risk-adjusted total return potential ought to appeal to conservative investors in particular, given its high Safety rank. For the income-minded, we note that the pace of dividend growth should quicken as the oil market recovery gains further traction.

Robert Mitkowski *March 3, 2017*

(A) Based on diluted shares. Includes non-recurring loss of $1.41 in '01. Next earnings report due late April.
(B) Dividends historically paid on or about 10th of March, June, September, and December. ■ Dividend reinvestment plan available.
(C) In millions, adj. for stock split.

Company's Financial Strength	A++
Stock's Price Stability	80
Price Growth Persistence	35
Earnings Predictability	15

图 13.2　雪佛龙公司的《价值线投资调查报告》

资料来源：From *Value Line Investment Survey*，March 3，2017.

要计算内在价值，剩下唯一需要解决的问题就是确定市场资本化率 k。

一种确定 k 值的办法是运用资本资产定价模型。从价值线公司提供的数据可以得到雪佛龙公司的 β 值为 1.15。2017 年长期国债的无风险收益率约为 2.4%。与历史平均水平近似，假设市场风险溢价为 6%。[①] 这暗示着市场收益率的预测值为：

无风险利率＋市场风险溢价＝2.4%＋6%＝8.4%

因而，我们可以计算出雪佛龙公司的市场资本化率为

$$k = r_f + \beta[E(r_M) - r_f]$$
$$= 2.4\% + 1.15 \times (8.4\% - 2.4\%) = 9.3\%$$

从而我们预测 2021 年的股价为

$$P_{2021} = \frac{5.00 \times 1.055}{0.093 - 0.055} = 138.82 \text{（美元）}$$

当前内在价值的估计值为

$$V_{2017} = \frac{4.40}{1.093} + \frac{4.60}{(1.093)^2} + \frac{4.80}{(1.093)^3} + \frac{5.00 + 138.82}{(1.093)^4} = 112.32 \text{（美元）}$$

我们从价值线公司的报告中可知，雪佛龙公司的实际价格为 111.72 美元（已在图 13.2 中的 B 下标出）。我们的内在价值分析说明了雪佛龙公司的股价基本被公平定价。也许我们需要转向其他地方以寻求一个更划算的股票。

但在接受这一结论之前，我们应停下来考虑我们估计的正确性。我们得到的近期股利、这些股利的最终增长率和贴现率都是估计值。而且，我们假定雪佛龙公司会经历相对简单的两阶段增长过程。实际上，股利的增长模式可能十分复杂。即使在估计中的一点小错误也可能将结论推翻。

特别是，很明显雪佛龙内在价值的绝大部分来自 2021 年的预测销售价格 138.82 美元。如果该销售价格不准确，那么我们对内在价值的估计也将不准确。我们有充分的理由对此表示怀疑。即使对该估计值进行很小的修订也会对内在价值的估计产生巨大的影响。

例如，假设我们低估了雪佛龙公司的可持续增长前景，2021 年之后的实际增长率将是 6%，而不是 5.5%。在两阶段股利贴现模型中使用这一较高的估计值会将内在价值的估计值提高到 127.59 美元，增加了约 14%。现在，雪佛龙的股价似乎很便宜。但是，你是否可以将自己的事业押注在增长率 0.5%的差异上？

这个例子强调了对股票进行估值时敏感性分析的重要性。你对股票价值的估计并不一定比你的假设好。敏感性分析将找出那些需要仔细检验的数据。例如，我们刚才发现，一方面，可持续增长率发生很小的变动，内在价值就会发生很大的变动。另一方面，2018—2021 年间的股利预测值的合理变动对内在价值只会产生较小的影响。

概念测验 13.4

证明当可持续增长率为 6%时，利用例子中相同数据计算出的雪佛龙公司的内在价值为 127.59 美元。（提示：首先计算 2021 年的贴现率和股票价格。接着计算所有股利的现值加上 2021 年股票售价的现值。）

扫描二维码
获取答案解析

□ 多阶段增长模型

我们刚刚考虑的雪佛龙公司两阶段增长模型是迈向现实的良好开端，但很显然如果我们的估值模型对不同增长模式具有更大的灵活性，情况会更好。多阶段增长模型

① 当我们对类似这种股票进行估值时，我们一般选择长期国债而不是短期国债作为无风险资产。

允许每股股利随公司成长而以不同的增长率增长。许多分析人员运用三阶段增长模型。他们可能在短期逐年预测股利，最后阶段设定一个可持续增长率，而在其间有一个过渡阶段，此阶段中股利增长率从初期的增长率逐渐过渡到可持续增长率。这些模型从概念上讲，并不比两阶段模型复杂，但是需要更大的计算量，很难通过手工完成。尽管如此，对此建立一个 Excel 电子表格还是很容易的。

电子表格 13.1 就是这样一个例子。B 列包含我们用到的雪佛龙公司数据。E 列是对股利的预测值。E2 至 E5 单元格是价值线公司给出的未来 4 年估计值，并估计 2021 年雪佛龙公司的股利增长率是 5.5%，但这一估计可能过于乐观，且不能永远保持。假设更合理的长期增长率是 4%。我们假设股利增长在 2021—2031 年的过渡期内从 5.5%（F6 单元格）线性下降到 2031 年的 4%的最终值。在转变期内的股利等于上年股利乘以本年增长率。一旦公司进入固定增长阶段（G17 单元格），其最终价值将根据固定增长的股利贴现模型计算出来。最后，投资者每一阶段获得的现金流（H 列）等于每年股利加上 2032 年的股票终值。这些现金流的现值在 H19 单元格计算出来，等于 87.01 美元，比利用两阶段模型计算出的结果低大约 23%。由于我们假设长期股利增长率是 4%而不是 5.5%，因此得到的内在价值会低于两阶段模型的结果。

电子表格 13.1 雪佛龙公司的三阶段增长模型

	A	B	C	D	E	F	G	H	I
1	雪佛龙的输入			年份	股利	股利增长率	终值	投资者的现金流	
2	β值	1.15		2017	4.4			4.40	
3	市场溢价	0.06		2018	4.6			4.60	
4	无风险利率	0.025		2019	4.8			4.80	
5	k_股本	0.094 0		2020	5			5.00	
6	期间增长率	0.040		2021	5.28	0.055 0		5.28	
7				2022	5.56	0.053 5		5.56	
8				2023	5.85	0.052 0		5.85	
9				2024	6.14	0.050 5		6.14	
10				2025	6.44	0.049 0		6.44	
11				2026	6.75	0.047 5		6.75	
12	价值线			2027	7.06	0.046 0		7.06	
13	每年股利			2028	7.37	0.044 5		7.37	
14	的预测			2029	7.69	0.043 0		7.69	
15				2030	8.01	0.041 5		8.01	
16				2031	8.33	0.040 0		8.33	
17	过渡期			2032	8.66	0.040 0	166.84	175.50	
18	股利缓慢增长								
19								87.01	=现金流现值
20		固定增长时期			E17×(1+F17)/(B5−F17)				
21		开始						NPV (B5, H2: H17)	

请访问我们：www.mhhe.com/bkm.

13.4 市盈率

□ 市盈率和增长机会

现实中对股市估值的讨论大多集中于公司的**价格—盈利乘数**（price-earnings multiple），它等于每股价格与每股收益的比值，通常叫作市盈率。实际上，对公司进行估值的一个常用方法是运用盈利乘数。股票的价格等于预计的每股收益乘以市盈率的预测值。这个过程看似简单，但是表面上简单的背后却蕴涵着复杂的本质。首先，预测收益本身就是一件具有挑战性的事。正如我们在前一章所看到的，盈利取决于国际、宏观经济、行业因素以及与公司相关的具体因素，而且这些因素中很多是非常难以预测的。其次，预测市盈率更加困难。市盈率在不同行业和不同阶段内表现各异。不管怎样，我们关于股票估值的讨论将或多或少涉及决定一家公司市盈率的因素。

价格—盈利乘数：股票价格与每股收益之比。

回想我们在增长机会部分的讨论，在那一部分我们比较了两家公司：增长前景公司和摇钱树公司，每家公司的每股股利均为 5 美元。增长前景公司将其收益的 60%再投资于权益收益率为 15%的项目，而摇钱树公司将其所有的收益都以股利的形式发放给股东。摇钱树公司的市价为 40 美元，则其市盈率为 40/5=8.0，而增长前景公司的股价为 57.14 美元，市盈率为 57.14/5=11.4。这个结果表明，市盈率或许可以作为增长机会预期的有效指示器。重新组合公式（13.6），我们可以清楚地看到，

$$\frac{P_0}{E_1}=\frac{1}{k}\left[1+\frac{\text{PVGO}}{E_1/k}\right] \tag{13.7}$$

当 PVGO=0 时，从公式（13.7）可知，$P_0=E_1/k$，股票估值就像每股收益零增长的永久年金。市盈率刚好等于 $1/k$。然而，当 PVGO 渐渐成为股价的主导因素时，市盈率可能会急剧上升。

针对 PVGO 对 E/k 的比率有一个简单直观的解释：它是公司价值中由增长机会贡献的部分与现有资产贡献的部分（也就是零增长模型下公司的价值，E/k）的比率。当未来增长机会主导了对全部价值的估计时，公司应具有相对于当前收益更高的价格。这样，高市盈率看上去表示公司拥有更广阔的增长机会。

案例 13.5

谷歌的增长机会

谷歌已经是一家利润丰厚的公司，但其 2017 年中期的远期市盈率为 23.54，表明其仍有大量增长机会。如果其市场资本化率约为 10%，则可以使用公式（13.7）来推导其增长机会的价值与现有资产的现值之比：

$$\frac{P_0}{E_1}=\frac{1}{k}\left[1+\frac{\text{PVGO}}{E_1/k}\right]=\frac{1}{0.10}\times\left[1+\frac{\text{PVGO}}{\text{PV(现有资产)}}\right]=23.54$$

我们可以求得 $\frac{\text{PVGO}}{\text{PV(现有资产)}}=1.35$，所以超过半数的谷歌市值反映了谷歌预期未来投资的净现值。

市盈率确实会随着增长预期的不同而有所变化。例如 2001—2016 年期间，百事公司市盈率的平均值为 20.2，而联合爱迪生公司（Consolidated Edison）的平均市盈率只有 14.7。这些数字并不一定意味着百事公司的股价相对联合爱迪生公司的股价被高估了。如果投资者认为百事公司的增长速度高于联合爱迪生公司，那么该公司股价较高也是合理的。也就是说，如果投资者预期收益将快速增长，他乐意为每一美元的当期收益（current earnings）支付较高的价格。事实上，百事公司的增长率与它较高的市盈率是一致的。在这段时期，百事公司的每股收益增长了 192%，而联合爱迪生公司的收益只增长了 19%。图 13.4（在本章的后面部分）显示了这两家公司每股收益的历史变化过程。

很明显，市盈率反映了市场对公司增长前景的乐观态度。分析师在使用市盈率时，必须先弄清楚它们是比市场乐观还是悲观。如果乐观，他们会建议购买股票。

有一种方法会使这种说法更加确切。我们再来看固定增长的股利贴现公式，$P_0 = D_1/(k-g)$。股利就是那些未用于公司再投资的盈余：$D_1 = E_1(1-b)$。回顾一下 $g = \text{ROE} \times b$，所以，代入 D_1 和 g，我们发现：

$$P_0 = \frac{E_1(1-b)}{k - \text{ROE} \times b}$$

该式意味着一家长期可持续增长的公司的市盈率为：

$$\frac{P_0}{E_1} = \frac{1-b}{k - \text{ROE} \times b} \tag{13.8}$$

很容易证明市盈率随权益收益率（ROE）的增长而增长。这个问题较容易理解，因为高权益收益率项目会给公司带来良好的增长机会。我们也可以确定，只要权益收益率超过 k，市盈率将会随 b 的增大而增加。这也很容易理解。当一家公司具有良好的投资机会时，如果它在利用这些机会时积极进取，将更多的盈利用于再投资，市场将回报给它更高的市盈率。[①]

然而请记住，增长并不一定是人们所希望的。在表 13.3 中，我们利用公式（13.8）计算在 ROE 和 b 的不同组合下的增长率和市盈率。虽然增长率一直随着再投资率的提高而增加［参见表 13.3 中（A）部分的各行］，但市盈率［（B）部分］并不随之变化。在表 13.3B 的最上面一行，市盈率随着再投资率的提高而下降。在中间的那一行，市盈率并不受再投资率的影响。在第三行，市盈率随着再投资率的提高而上升。

表 13.3　ROE 和再投资率对增长率和市盈率的影响

	再投资率（b）			
	0	0.25	0.50	0.75
（A）增长率，g				
ROE（%）				
10	0	2.5	5.0	7.5
12	0	3.0	6.0	9.0
14	0	3.5	7.0	10.5
（B）市盈率，P/E				
ROE（%）				
10	8.33	7.89	7.14	5.56
12	8.33	8.33	8.33	8.33
14	8.33	8.82	10.00	16.67

说明：假定每年的 k 均为 12%。

① 注意，公式（13.8）是股利贴现模型的简单变形，只需令 $\text{ROE} \times b = g$ 即可。由于公式要求 $g < k$，公式（13.8）仅在 $\text{ROE} \times b < k$ 的情况下才是有效的。

对这种变动有一个简单的解释。当预期权益收益率低于必要收益率 k 时，投资者希望公司将收益以股利的形式分配，而不是将盈利用于对收益率不足的项目进行再投资。也就是说，当权益收益率低于 k 时，公司的价值会随着再投资率的上升而下降。相反，当权益收益率高于 k 时，公司提供了较好的投资机会，所以应当提高再投资率，以便充分利用这些机会，这样，公司的价值就会增加。

最后，当权益收益率恰好等于 k 时，公司提供了收益率为市场合理收益率的这种"盈亏平衡"的投资机会。在这种情况下，投资者对将盈利留存于公司内部进行再投资，还是将盈利投到其他收益率为市场资本化率的地方并不介意，因为在任一情况下的收益率均为 12%，所以股价不受再投资率的影响。

我们可以总结得出再投资率越高，增长率就越高；但高再投资率并不意味着高市盈率。仅当公司投资的预期收益率比市场资本化率更高时，高再投资率才会增加市盈率；否则，高再投资率将会损害投资者的利益，因为这意味着更多的钱被投入收益率不足的项目。

尽管这些想法不错，但市盈率通常只作为股利或收益预期增长的替代物。事实上，华尔街的经验之谈是，增长率应大致与市盈率相等。换句话说，市盈率与 g 之比，这个被称为 **PEG 比率**（PEG ratio）的数字，应该在 1 左右。著名的投资组合经理彼得·林奇在他的专著《战胜华尔街》(*One Up on Wall Street*) 一书中说道：

PEG 比率：市盈率除以收入增长率的比值。

> 任何公司经合理定价的市盈率应与其增长率相等。我在此谈的是收益增长率……如果可口可乐公司的市盈率为 15，你预期该公司每年的增长率为 15%。但是如果市盈率低于增长率，你可能找到了一个很好的投资机会。

下面我们来试试他的经验法则。

案例 13.6

市盈率与增长率

假定：

$r_f=8\%$（大约是彼得·林奇在写这本书时的数值）

$r_M-r_f=8\%$（大约是市场风险溢价历史数据的平均值）

$b=0.4$（美国典型的再投资率）

因此 $r_M=r_f+$市场风险溢价$=8\%+8\%=16\%$，$k=16\%$是一家普通公司（$\beta=1$）的水平。如果我们认为权益收益率 16%是合理的（与股票预期收益率相等），那么

$$g=\text{ROE}\times b=16\%\times 0.4=6.4\%$$

且有

$$\text{P/E}=\frac{1-0.4}{0.16-0.064}=6.26$$

因此在这些假定下，市盈率几乎与 g 相等，这与经验法则是一致的。

然而，应该注意的是，这种经验法则与其他方法一样，并非在任何情况下都奏效。例如，当前长期国债利率非常接近 2.5%，当前一个 r_M 的合理值应为：

$$r_M=r_f+\text{市场风险溢价}=2.5\%+8\%=10.5\%$$

如果我们继续关注 $\beta=1$ 的公司，而且权益收益率大致与 k 相等，于是

$$g=10.5\%\times 0.4=4.2\%$$

而

$$P/E=\frac{1-0.4}{0.105-0.042}=9.5$$

现在市盈率和增长率出现了差异，市盈率与增长率的比值为 9.5/4.2=2.3。尽管如此，低于平均水平的 PEG 比率仍被大众认为是被低估的潜在信号。

无论有何缺点，PEG 比率仍然被广泛使用。标准普尔近 20 年来的 PEG 比率大致在 1.0 至 1.5 的范围内波动。

概念测验 13.5

ABC 股票年预期净资产收益率为 12%，预期每股收益为 2 美元，预期每股股利为 1.50 美元。它的年市场资本化率为 10%。

a. 它的预期增长率、价格、市盈率各为多少？

b. 如果再投资率为 0.4，预期每股股利、增长率、价格、市盈率和 PEG 比率分别是多少？

扫描二维码
获取答案解析

增长机会的重要性在起步阶段尤为明显，例如 20 世纪 90 年代的网络兴盛时期。许多未能派发一美分利润的公司的市场估值竟达数十亿美元。这些公司的价值纯粹源于增长机会。例如，网上拍卖商 eBay 公司 1998 年的利润达 240 万美元，比传统拍卖商索斯比拍卖行（Sotheby）赚得的 4 500 万美元利润要少很多；但 eBay 的市场价值是后者的 10 倍以上：220 亿美元对 19 亿美元，这显示出市场对 eBay 的估价比索斯比拍卖行更具有进取性是完全正确的：到 2016 年，eBay 的净收入为 23 亿美元，大约是索斯比的 20 倍以上。

当然，当公司估值主要由增长机会决定时，这些价值也容易受到前景估测改变的影响。当 20 世纪 90 年代末期市场开始更加怀疑互联网零售商的商业前景，也就是将增长机会的估计改为下降时，这些公司的股票价格出现了大跳水。

随着对未来预期的看好和看跌，股价变动很大。成长前景事实上很难被影响，但是最终这些预期推动了经济中最为活跃的公司的价值。

下面的“市场前沿”专栏介绍了价值分析的一个简单例子。当 Facebook 朝着 2012 年其 IPO 时的高预期情形发展时，市场普遍对其最后交易的价格持怀疑态度。我们注意到关于这篇文章的讨论关注两个主要问题：首先，对于 Facebook 的利润来讲，合理的增长率是什么？其次，将盈利预期转化为价格预期的合理乘数是多少？这正是我们股价估值模型中的问题。

市场前沿

Facebook 的 IPO

当 Facebook 临近 IPO 时，分析师和投资者对这家社交网络公司的价值估计在一个范围内变化——小到 500 亿美元，大到 1 250 亿美元。

关于公允价值的争议引发了几个关键问题：公司能够增长多快？广告能带来多少利润？市场愿意为该利润流支付多少倍的收益？

每个人都认为，Facebook 在此之前已经经历了许多年的快速增长，但即便如此，与早期相比，其增长速度已经开始放缓。尽管 2011 年收入增长了 88%，净收入增长了 65%，但这一增长仍大大低于 2009—2010 年收入增长 154%的水平。

为投资者分析 IPO 的 IPO 平台主席并不相信 Facebook 的价值会超过 500 亿美元。

即使这一估价较低，但在某些方面也似乎是慷慨的：这将是 Facebook 2011 年 10 亿美元利润的 50 倍，而 50 倍的市盈率也是当时市场平均市盈率的三倍以上。

当然，也存在一些较高的估计值。例如，Wedge Partners 的一位分析师认为其价值可能超过 1 000 亿美元。如果 Facebook 可以卖出的价格是其明年预期收益的 15～18 倍，这个收益包括利息、税以及某些非现金支出，即我们所知道的 EBITDA，那么其股票估值将约为 890 亿美元。但是，如果 Facebook 能够在广告支出上实现更快的增长，那么它的市盈率可能高达 20 倍，这意味着其市值为 1 100 亿美元。相比之下，更成熟的公司（例如微软和谷歌）的交易价格是 EBITDA 的 7～10 倍。IPO 平台并不相信，它指出，以 1 000 亿美元的估值，Facebook 的市值只有谷歌的一半，尽管谷歌的销售额和利润是 Facebook 的十倍。

最终，根据其 IPO 价格，Facebook 的市值约为 900 亿美元。

资料来源：节选自 Randall Smith，"Facebook's $100 Billion Question," *The Wall Street Journal*, February 3, 2012. Reprinted by permission of *The Wall Street Journal*.

□ 市盈率和股票风险

所有股票估值模型中都包含了一个重要的含义：（在其他条件不变的情况下，）股票的风险越高，市盈率就越低。在固定增长模型中，我们通过观察市盈率公式可以清楚地看到这一点［公式（13.8）］：

$$\frac{P}{E}=\frac{1-b}{k-g}$$

公司的风险越高，必要收益率就越高（即 k 值越大）。因而，它们的市盈率将降低。在不考虑固定增长模型的情况下，这个结论也是正确的。对于任何预期收益和股利流，当人们认为风险较大时，这些现金流的现值就越小，因而股价和市盈率就越低。

当然，许多刚起步的小型的、有风险的公司，它们的市盈率很高。这与市盈率随风险上升而下降的说法并不矛盾；相反，这正好说明了市场预期这些公司有着较高的增长率。这就是为什么我们说，在其他条件不变的情况下，高风险的公司将有较低的市盈率。如果对增长的预期保持不变，对风险的预期越高，市盈率就越低。

□ 市盈率分析中容易犯的错误

如果不提及市盈率分析中易犯的错误，我们的讨论就是不完全的。首先，市盈率中的分母是会计收益，而会计收益在某种程度上受会计准则的影响，例如在折旧和存货估值中，要用到历史成本。在高通货膨胀期，用历史成本计算的折旧和存货成本会低估真实的经济价值，因为货物和资产设备的重置成本将随着物价水平的上升而上升。如图 13.3 所示，市盈率通常与通货膨胀率成反比。在某种程度上，这反映了市场认为高通胀时期的收益是"质量较低"的，被通货膨胀扭曲，造成了较低的市盈率。

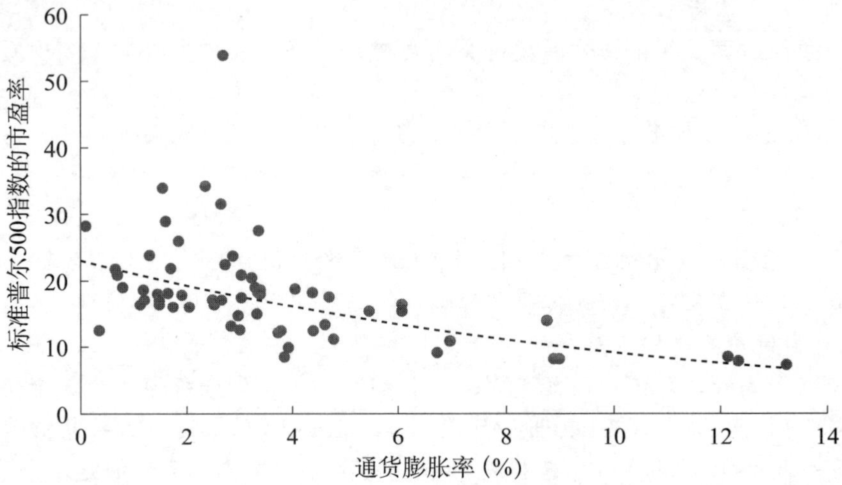

图 13.3　1955—2016 年标准普尔 500 指数的市盈率和通货膨胀率

收益管理：运用会计准则中的灵活性来提高公司获利能力的方法。

收益管理（earnings management）是运用会计准则中的灵活性来提高公司获利能力的方法。我们将会在下一章解释财务报表时详细说明这个问题。近年来常见的收益管理指标是"盈余"指标（pro forma earnings）。这些指标有时叫做经营收益（operating earnings），这是一个没有被普遍接受的定义。

盈余是在忽略一些费用的基础上计算出来的，例如重建费用和基于永续经营而发生的资产减值费用。公司表示，忽略这些费用可以显现出关于公司潜在获利能力的更清晰的图景。

但是目前公司在决定刨除哪些内容上选择的余地很大，以至对投资者或分析师来说，解释数字或进行公司间比较变得非常困难。标准的缺乏给了公司很大的余地去管理收益。

即使是公认会计准则（GAAP）都使企业有相当大的自由度管理收益。例如，20 世纪 90 年代后期，凯洛格（Kellogg）将通常记录 1 次的重建费用记了 9 次。这些费用是一次性的，还是应被当作普通的费用？考虑到收益管理中的可能余地，对市盈率乘数标准的确定将变得很难。

市盈率分析中另外一个复杂的地方与商业周期有关。我们在使用股利贴现模型时，将盈利定义为经济折旧的净值，也就是公司在不削弱生产能力的前提下可以分派的最大股利。而我们可以在前面看到，报表中的盈利是根据公认会计准则计算出来的，不需要与经济收益一致。除了这一点以外，在公式（13.7）或者（13.8）中，正常市盈率的概念隐含地假设了收益以固定的速度上升，或者换句话说，收益沿着一条平滑的曲线上升。相对而言，报表中的盈利会随着商业周期的进程围绕一个趋势线上下剧烈波动。

我们从另一个角度证实这一点。注意到由公式（13.8）预测到的"正常"市盈率等于现在的价格与未来收益趋势值 E_1 的比值，这被称为预测市盈率（forward P/E）。对比来看，报纸上的财务专栏中公布的市盈率是股价与最近一期以前会计收益的比值，这被称为历史市盈率（trailing P/E）。当前的会计收益可能与未来的经济收益相差很大，因为股票的所有权既包含了对当前收益的占有权，也包含了对未来收益的占有权。在商业周期中，当会计收益和经济收益趋势值或多或少地发生分离时，价格对近期收益的比值可能会变动很大。

由于市场重视公司所产生的全部未来股利流，因此当收益暂时受到抑制时，市盈率应趋于较高，也就是说，该比率的分母对经济周期的响应比对数字的响应更为敏感。相反，当收益暂时较高时，市盈率将下降，因为价格上涨的幅度不及收益。

图 13.4 描绘出了百事公司和联合爱迪生公司从 2001 年起的每股收益，图 13.5 绘制了两家公司的市盈率。当收益偏离趋势线时，市盈率实际上确实朝相反的方向移动。例如，当联合爱迪生的收入在 2001—2003 年下降时，其市盈率就会上升。同样，当百事公司的每股收益在 2008—2009 年以高于 17%的趋势增长率增长时，其市盈率下降了。

这些示例说明了为什么分析人员在使用市盈率时必须格外小心。如果不提及公司的长期增长前景以及相对于长期趋势线的当前每股收益，就无法说市盈率过高或过低。

尽管如此，图 13.4 和图 13.5 证明了市盈率与增长之间的明确关系。尽管出现了短期波动，但百事的每股收益在此期间仍明显上升。在 2001—2016 年期间，其复合增长率为 7.4%。康迪爱迪生（Con Edison）的收入增速远不如其快，复合增长率为 1.2%。百事公司的增长前景可以从它一贯较高的市盈率中反映出来。

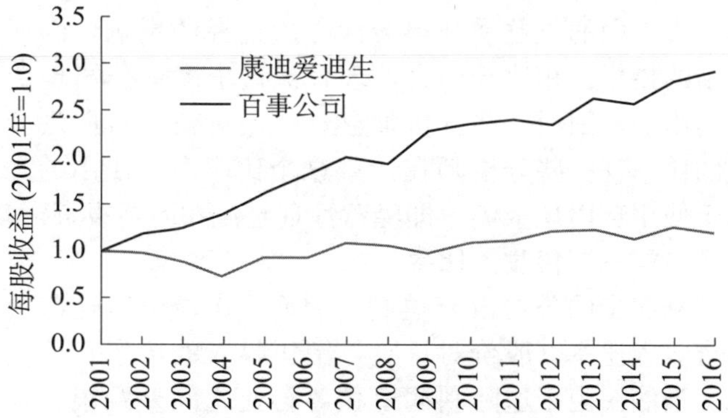

图 13.4　两家公司的收益增长情况

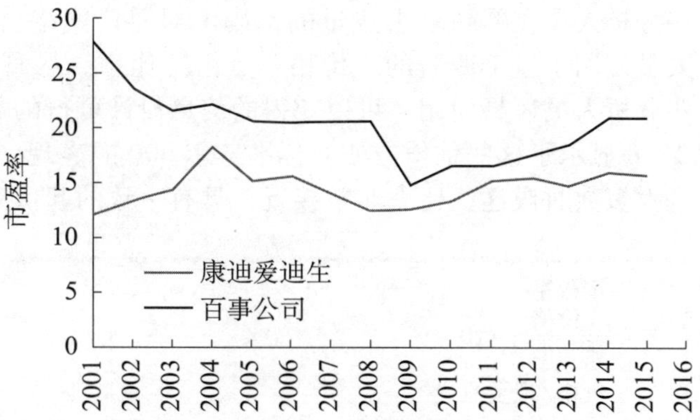

图 13.5　市盈率

□ 市盈率分析和股利贴现模型的综合

一些分析师从一个投资者的角度综合利用市盈率和盈利预测来估计股票的价格。图 13.2 中对雪佛龙公司的分析说明，价值线公司预计 2021 年的市盈率为 14，2021 年的每股收益预计为 9.75 美元，从而 2021 年的股价为 14×9.75＝136.50（美元）。在上

述预测下，我们就可以算出雪佛龙公司股票的内在价值为

$$V_{2017}=\frac{4.40}{1.093}+\frac{4.60}{(1.093)^2}+\frac{4.80}{(1.093)^3}+\frac{5.00+136.50}{(1.093)^4}=110.70\text{（美元）}$$

□ 其他估值比率

市盈率指标是估值指标体系中的一个范例。这类比率在运用一些基本的指标如收益的基础上，评估一家公司相对另一家公司的价值。例如，一个分析师可能会将属于同一行业的两家公司的市盈率进行比较，以测试市场对一家公司的估值是否比对另一家的估值更富于“进取性”。本部分将介绍其他一些经常使用的估值比率。

市场价格—账面价值比率

每股股价与每股账面价值的商即为该比率。正如我们在本章前面提到的，一些分析师将账面价值看成是一个有用的价值指标，因而用市场价格—账面价值比率作为衡量市场对公司估值程度的指示器。

市场价格—现金流比率

财务报表中的收益受公司会计方法选择的影响，因而通常被认为是不精确甚至是比较武断的指标。相比较而言，现金流这个度量公司现金流入和流出的指标较少受会计决策的影响。因而一些分析师喜欢运用价格对每股现金流的比率，而不是价格对每股收益的比率。一些分析师在计算这个比率时，使用的是经营性现金流；其他分析师则偏向于使用自由现金流，即经营性现金流扣除新投资活动占用的现金流后的数值。

市场价格—销售收入比率

许多刚起步的公司没有盈利。因而，市盈率对这些公司来说就没有意义。市场价格—销售收入比率（股价对每股年销售收入的比率）近些年来成为评估公司价值的流行指标。当然，由于边际利润率在各行业之间差距很大，价格对销售收入的比率在各行业之间相应地也会有很大的差别。

发挥创造性

有时，无法得到标准估值比率，此时你就需要自己设计估值方法。20 世纪 90 年代，一些分析人员在网站点击数量的基础上对零售网络公司进行估值。回想一下，这些分析人员使用了过于慷慨的“价格—点击”比率。尽管如此，在一个新的投资环境下，这些分析人员还是使用了可以获得的信息设计可行的最佳估值方法。

图 13.6 显示了这些估值方法对标准普尔 500 的表现。虽然这些比率的水平相差很大，但是大多数时候这些比率非常接近，具有一致的起伏升降态势。

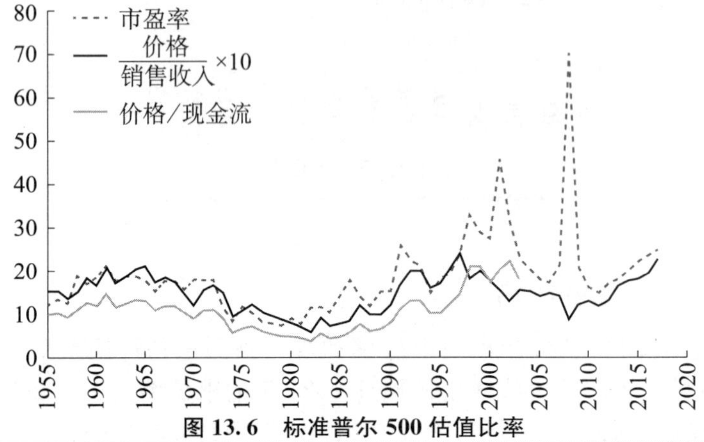

图 13.6　标准普尔 500 估值比率

13.5 自由现金流的估值方法

相对于股利贴现模型，估计公司价值的另一种方法是使用自由现金流模型。自由现金流是减去了净资本支出后可以供公司或者权益持有者使用的现金流。这种方法对没有股利发放的公司来讲尤为有用，因为股利贴现模型面对这些公司无从下手。自由现金流模型的作用还不止于此。它适用于所有公司，并能提供股利贴现模型无法带来的分析视角。

使用自由现金流模型的一种方法是，用加权平均资本成本作为贴现率对公司的自由现金流（free cash flow for the firm，FCFF）进行贴现，然后减去债权的价值，得到权益资本的价值。另一种方法是从开始就关注属于权益资本所有者的自由现金流（free cash flow to equityholders，FCFE），直接用权益资本成本对其贴现，得到权益资本的市场价值。

这是从公司经营活动中获得的现金流，减去资本方面的投资和净运营资本。这包含属于权益资本所有者的现金流和属于债务资本所有者的现金流。[①]

公司的自由现金流由下式计算：

$$\text{FCFF}=\text{EBIT}(1-t_c)+\text{折旧}-\text{资本支出}-\text{NWC 增加值} \tag{13.9}$$

式中，EBIT 为息税前利润；t_c为公司税税率；NWC 为净运营资本。

或者我们可以考虑属于权益资本所有者的现金流。计算的结果会与公司的自由现金流有差别，这是由于税后利息支付和发行或回购债务净值（即本金返还减去新增债务收入）引起的现金流。

$$\text{FCFE}=\text{FCFF}-\text{利息支付}\times(1-t_c)+\text{债务净增加值} \tag{13.10}$$

公司自由现金流法将每年现金流和估计的终值 P_T 贴现。在公式（13.11）中，我们使用固定增长模型估计终值。用加权平均资本成本作为合适的贴现率。

$$\text{公司价值}=\sum_{t=1}^{T}\frac{1+\text{FCFF}_t}{(1+\text{WACC})^t}+\frac{V_T}{(1+\text{WACC})^T} \tag{13.11}$$

式中，

$$V_T=\frac{\text{FCFF}_{T+1}}{\text{WACC}-g}$$

要得到权益价值，我们从计算得到的公司总价值中减去未偿还债务的市场价值。

另一种方法是，我们用权益资本成本 k_E 对权益自由现金流（FCFE）进行贴现。

$$\text{权益市场价值}=\sum_{t-1}^{T}\frac{\text{FCFF}_T}{(1+k_E)^t}+\frac{E_T}{(1+k_E)^T} \tag{13.12}$$

式中，

$$E_T=\frac{\text{FCFF}_{T+1}}{k_E-g}$$

如同股利贴现模型一样，自由现金流模型使用终值来避免计算无限期现金流总和的现值。这一终值可能就是固定增长年金（如上式）的现值，或者也可能建立在 EBIT、账面价值、收益和 FCFF 等乘数的基础上。一般来说，这些价值估计主要依赖于终值。

电子表格 13.2 是用图 13.2 价值线公司提供的雪佛龙公司财务数据进行的自由现

---

① 这是假设全权益资本融资的公司现金流。债务融资带来的税务优惠通过加权平均资本成本反映，加权平均资本成本的计算中包括税后债务成本。在任何一篇入门级的公司财务文章中都会说明这个问题。

电子表格 13.2 雪佛龙公司自由现金流计算

	A	B	C	D	E	F	G	H	I	J	K	L	M
1			2017	2018	2019	2020	2021						
2	A. 输入数据												
3	P/E		17.90	16.93	15.95	14.98	14.00						
4	每股资本支出		10.50	11.50	12.05	12.60	13.15						
5	长期债务（百万美元）		40 000	40 000	41 667	43 333	45 000						
6	股票数（百万）		1 890	1 893	1 895	1 898	1 900						
7	每股净利润		4.00	5.95	7.22	8.48	9.75						
8	运营资本		4 000	6 000	11 000	16 000	21 000						
9													
10	B. 现金流计算												
11	利润（税后，百万美元）		7 500	11 275	13 683	16 092	18 500						
12	利息（税后，百万美元）		728	728	758	789	819	=债务×(1−税率)×r _ 债务×长期债务					
13	运营资本变化（百万美元）			2 000	5 000	5 000	5 000						
14	折旧（百万美元）		20 500	22 000	22 667	23 333	24 000						
15	资本支出（百万美元）			21 770	22 841	23 913	24 985						
16										终值			
17	FCFF（百万美元）			10 234	9 267	11 301	13 334	357 373					
18	FCFE（百万美元）			9 506	10 175	12 179	14 182	300 371			假定 2020 年后债务比率固定		
19													
20	C. 贴现率计算												
21	当前 β	1.15								从价值线中得出			
22	无杠杆 β	0.963								当前 β/[1+(1−税率)×债务/股本]			
23	最终增长率	0.04											
24	税率	0.35								从价值线得出			
25	r _ 债务	0.028								2017 年穆迪 Aa2 级长期债券的到期收益率			
26	无风险利率	0.025											
27	市场风险溢价	0.06											
28	股票市值		134 250					259 000		第 3 行×第 11 行			
29	债务—价值比		0.23	0.21	0.19	0.17	0.15			自始至终价值的线性趋势			
30	有杠杆 β		1.150	1.129	1.109	1.090	1.072			无杠杆 β×[1+(1−税率)×债务/股本]			
31	k _ 股本		0.094	0.093	0.092	0.090	0.089	0.089		从 CAPM 和有杠杆 β 得出			
32	WACC		0.077	0.077	0.078	0.078	0.079	0.079		(1−t)×r _ 债务×债务/总价值+k _ 股本×(1−债务/总价值)			
33	FCFF 贴现因子		1.000	0.928	0.861	0.799	0.741	0.741		每年以 WACC 贴现			
34	FCFE 贴现因子		1.000	0.915	0.838	0.769	0.706	0.706		每年以 k _ 股本贴现			
35													
36	D. 现值									内在价值	股权价值	每股内在价值	
37	FCFF 现值			9 501	7 983	9 028	9 875	264 657		301 044	261 044	138.12	
38	FCFE 现值			8 699	8 531	9 364	10 010	212 004		248 607	248 607	131.54	

* 2017 年的市盈率数据选自 Yahoo! Finance，最终输入值选自价值线公司。中间值运用插值法得出。

金流估值。我们首先使用公式（13.9）的公司自由现金流法。A 部分是价值线公司提供的数据（中间年份的数据是根据初始值和终值计算插入的）。B 部分计算自由现金流。第 11 行的税后利润之和加上第 12 行的税后利息支付［利息支付×$(1-t_c)$］等于 EBIT $(1-t_c)$。[①] 在第 13 行我们减去净运营资本的变动，第 14 行加上折旧，第 15 行减去资本支出。第 17 行的结果就是 2018—2021 年每年的公司自由现金流 FCFF。

要得到这些现金流的现值，我们要用加权平均资本成本 WACC 贴现。这在 C 部分计算。WACC 是每年债务的税后成本与权益成本的加权平均数。计算 WACC 时，要考虑到价值线公司预测的杠杆率变化。计算权益成本时，使用前面的估值练习中（股利贴现模型）用到的 CAPM。但是要考虑到权益贝塔会随着公司的杠杆率降低而每年下降。[②]

雪佛龙公司的债务在 2017 年被穆迪评为 Aa2 级，一种对这些债务成本的合理的估计方法是参照相同评级的长期债务的到期收益率，大约为 2.8%（B25 单元格）。雪佛龙的债务—价值比在第 29 行计算（假定债务以接近面值的价格出售）。2017 年该值为 0.23。基于价值线公司的预测，2021 年该值将会降到 0.15，我们将中间年份的债务—价值比补充进去。WACC 在第 32 行计算。WACC 于 2017—2021 年随着公司债务—价值比的稳步下降而略有上升。每年现金流的贴现因子等于上一年的因子除以（1+WACC）。每笔现金流的现值（第 37 行）等于自由现金流乘以累积贴现因子。

公司的终值（H17 单元格）是用连续增长模型计算的，具体为 $FCFF_{2021}\times(1+g)/(WACC_{2021}-g)$，其中 g（B23 单元格）是固定增长率的估计值。在电子表格中我们假设 $g=0.04$。[③] 终值同样贴现到 2017 年（H37 单元格）。[④] 公司的内在价值就是 2018—2021 年每年自由现金流贴现值的和加上终值的贴现值。最后，从公司价值中减去 2017 年债务价值，得到权益的内在价值（K37 单元格），每股价值由权益价值除以 2017 年股票数得到，在 L37 单元格给出。

权益的自由现金流方法会得到类似的股票内在价值。FCFE（第 18 行）由 FCFF 减去税后利息支出和净债务回购数得到。然后用权益资本成本贴现现金流。像 WACC 一样，权益资本成本随着杠杆率的改变而改变。权益现金流的现值因子在第 34 行列出。权益价值在 J38 单元格给出，每股价值在 L38 单元格给出。

从在线学习中心 www.mhhe.com/bkm 可以得到电子表格 13.2。

---

① 在整个电子表格中，我们使用 35%的公司税率。在 2017 年初进行估值时，市场没有想到年底将公司税率降低到 21%这一情况是合理的。的确，对于下半年股价上涨的一个常见解释是，人们逐渐认识到减税的可能性。同样，电子表格会使用截至 2017 年初的折旧估算，然后在年底更改折旧税规则。

② 将初始杠杆率条件下的公司权益 β 称作 β_L。权益 β 反映了经营风险和财务风险。当公司改变其资本结构（债务—权益比）时，其财务风险也改变了，因而权益 β 也变了。如何理解财务风险的变化呢？你可能记得一些公司财务的入门课程，首先要对 β 去杠杆化。这给了我们一个只反映经营风险的 β。我们用下面的公式计算无杠杆 β_U（D/E 表示公司目前的债务—权益比）：$\beta_L=\frac{\beta_L}{1+(D/E)(1-t_c)}$，然后我们可以利用预测的资本结构对任意一年的 β 值再次杠杆化（这样就重新引进了当年的财务风险）：$\beta_L=\beta_U[1+(D/E)(1-t_c)]$。

③ 在 2017—2021 年间，价值线公司预测雪佛龙公司将会回收一小部分现有债务。这些假定的债务回购会用掉一部分资金，降低了权益资本的可用现金流。然而这种回购也不会无限期持续下去，因为债务会很快减少到零。所以，在估计终值时，我们假定到 2021 年雪佛龙公司会发行足够的债务维持其债务—价值比不变，在这个假定上我们计算最终的现金流。这种方法与假定 2021 年之后增长率固定和贴现率固定是一致的。为保持与债务将以与公司其余部分相同的增长率增长的假设的一致性，我们在单元格 H18 的分子中减去了最近一年债务的实际增长，并加上如果债务以长期增长率增长后的变化。

④ 这与我们在电子表格 13.1 中运用三阶段股利贴现模型时使用的最终增长率相同。从长远来看，一家公司不可能永远比整体经济增长得快，所以当我们认为增长达到了固定阶段时，比较合理的假定是，增长率并没有明显高于整体经济的增长率（当然，如果公司处在衰退行业，其增长率可能会更低）。

□ 各种估值模型的比较

从理论上讲，如果能找到公司按固定增长率支付股利的时期，自由现金流法应该与股利贴现模型完全一致，应该得到相同的内在价值估计值。这已被莫迪利亚尼和米勒（Modigliani and Miller，1958，1961）的两篇著名论文所证明。然而，在实践中发现用这些模型计算出的价值会有不同，有时是很明显的不同。这是由于在实际中分析师常常不得不做出一些简化性的假定。比如，公司需要多久才能进入固定增长阶段？折旧如何处理才最好？对权益收益率（ROE）的最好估计是什么？类似问题的回答对最终的结果有重大影响，而运用不同模型时维持一致的假定实属不易。

现在我们用几种不同的方法对雪佛龙公司进行估值，这些内在价值的估计如下：

模型	内在价值（美元）
两阶段股利贴现模型	112.32
收入乘以终值的股利贴现模型	110.70
三阶段股利贴现模型	87.01
公司自由现金流模型	138.12
权益自由现金流模型	131.54
2017 年市场价格	111.72

我们如何看待这些差异？三阶段股利贴现模型是最保守的估计，主要是因为（相比两阶段模型）我们假设股利增长率从 2021 年的 5.5%下降至一个较低的长期增长率 4%。两阶段模型和收益乘数模型估计的内在价值几乎与市场价格相匹配，但我们提醒你不要推断这是一个普遍的结果。最后，自由现金流的估值超过了市场价格。因此，关于雪佛龙公司的市场估值过高还是过低，我们的信号存在很大的差异。

这其中有一个更大的教训：模型都是对现实世界的不可避免的简化版本。正确使用它们的难点不是执行计算，真正的挑战是确保你的输入值有意义。我们已经提到敏感性分析的重要性，你还需要更广泛地考虑现实测试。可持续增长率是否合理？假定企业稳定到趋势增长轨迹的日期是否合理？ROE 和再投资的最终值是否一致且可信？这些问题需要良好的判断力，而不仅仅是技术能力。

因此，总的来说，这种估值方法表明，显而易见的结论将不常见。尽管这些模型都很容易使用，但真正的挑战是确定合理的数据。这并不奇怪，即使在半强式有效的市场上，找到盈利机会也要比仅仅把价值线公司的数据分析上几个小时麻烦得多。然而，这些模型对于分析师来说非常有用，它们提供了对内在价值的大致正确的估计。不仅如此，他们还要求对基本假设进行严格的思考，并突出显示对价值影响最大、收益最大的变量，以便进行进一步的分析。

□ 现金流贴现模型存在的问题

我们对于雪佛龙公司内在价值的估计都基于现金流贴现模型，在这一模型中我们计算了预期现金流的现值以及未来某时期的最终售价。从雪佛龙公司内在价值的计算中我们可以清楚地看到，模型中起最大作用的是终值，而且这个值对一些已知价值的微小变动都是非常敏感的（参见概念测验 13.4）。因此你必须认识到 DCF 价值估计总会是不准确的。增长机会和未来增长速度都很难确定下来。

由于以上原因，许多价值投资者采用一种分级的价值衡量方法。他们将价值之中大部分可靠的组成成分看作资产负债表中的项目，从而得到市场价格的合理估计值。不动产、车间和设备都属于这一类。

一些不太可靠的组成部分是资产中得到的经济收益。例如，一个像英特尔一样的公司，从其芯片制造设备的投资中所得到的 ROE 远高于其资本成本。那么这些“经济收益”的现值，或者说经济增加值[①]，是英特尔公司市场价值的主要组成部分。这部分的价值不如资产负债表中资产的价值稳定，但是由于总存在竞争者进入市场，会使得价格下降、利润缩水，进而降低英特尔公司的投资回报。因此，需要仔细评估保护英特尔定价和利润率的进入壁垒。在上一章讨论工业分析、市场结构以及竞争地位时我们就注意到了这些障碍（参见 12.7 节）。

最后，最不可靠的组成部分就是增长机会。例如英特尔就具备这种能力，它们会投资于那些 NPV 为正的项目，进而获得高的市场价值。价值投资者不会否认这些机会的存在，但是他们对依靠这部分得到准确价值表示怀疑。因此他们也不愿意对那些靠这些机会获取价值的资产进行投资。

13.6 股票市场的总体水平

预测股票市场总体表现的最普遍的方法是应用于整体水平的盈利乘数法。第一步是预测接下来一期的公司利润。接着我们基于对长期利率的预测，得到盈利乘数的预测值，即总体市盈率。在这两个预测值的基础上，我们就可以预测出期末股票的总体水平。

市盈率的预测值有时可以通过与图 13.7 类似的图形估算出来。图 13.7 描绘了标准普尔 500 指数的盈利收益率（每股收益除以每股价格，即市盈率的倒数）曲线和 10 年期长期国债的到期收益率曲线。该图清楚地显示，两条曲线随着时间的推移一前一后地变化，人们也许会运用这个关系和 10 年期长期国债的即期收益率来预测标准普尔 500 指数的收益率。在收益率给定的情况下，收益的预测值可以被用于预测未来标准普尔指数的水平。让我们来看一个简单的例子。

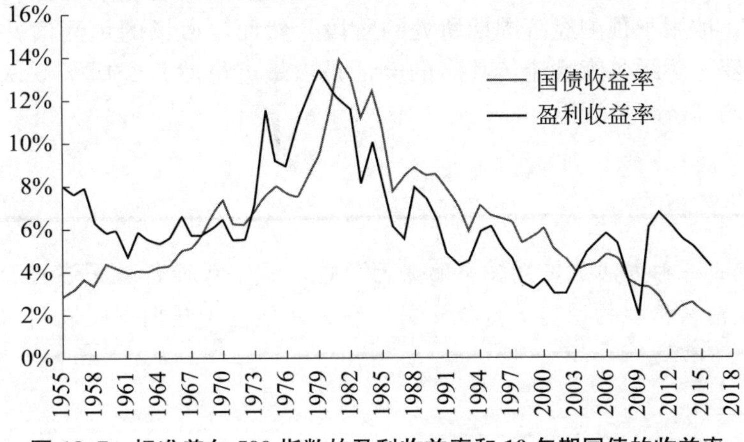

图 13.7 标准普尔 500 指数的盈利收益率和 10 年期国债的收益率

① 我们将在下一章详细讨论经济增加值。

案例 13.7

预测股票市场的总体表现

在 2017 年中，标准普尔 500 指数为 2 400，其未来 12 个月的每股收益的预测值为 126 美元。当时 10 年期长期国债的收益率约为 2.25%，但收益率曲线是向上倾斜的，因此，明年其价值的合理预测可能更高，也许为 2.5%。作为第一种方法，我们可能会假设，标准普尔 500 指数的收益率与国债收益率之间的价差（2017 年约为 2.4%）到年底将保持在该水平。考虑到假定的国债收益率，这意味着标准普尔的收益率为 4.9%，市盈率为 1/0.049 = 20.41。继而标准普尔 500 指数的预测值为 20.41×126 = 2 571，这也说明该指数一年期的资本收益为 171/2 400 = 7.1%。[①]

当然，这个分析中的三个输入量都可能存在不确定性：标准普尔 500 股票的实际收益、年底国债收益率以及国债收益率与指数收益率之间的利差。因而人们采用了敏感性分析和情景分析来测试这些变量的变化对指数预测值的影响。例如，表 13.4 给出了国债收益率的变动对可能结果的影响这个简单的情景分析例子。情景分析说明了股票市场指数的预测值与利率变化呈反向关系，且对利率变化十分敏感。

表 13.4　在不同情景下的标准普尔 500 指数预测值

	悲观的情景	最可能的情景	乐观的情景
国债收益率	3.0%	2.5%	2.0%
收益率	5.4%	4.9%	4.4%
相应的市盈率	18.52	20.41	22.73
每股收益预测值	126	126	126
标准普尔 500 指数预测	2 333	2 571	2 8641

说明：标准普尔 500 指数的收益率等于国债收益率加上 2.9%。市盈率为盈利收益率预测值的倒数。

一些分析师偏向于使用总股利贴现模型，而不是市盈率法来预测股市的总体水平。但不管怎样，这些模型对一些宏观变量都有很强的依赖性，这些宏观变量包括 GDP、利率和通货膨胀率等，它们一般很难精确地被预测出来。

因为股票价格反映了未来的股利预期，而股利的多少取决于公司的财富量，因而反映市场总体水平的股票指数，如标准普尔 500 的表现被看成经济的先行指标，即经济总体状况的晴雨表。股票价格被认为体现了对经济活动一致的预期，因而它的变动就反映了市场对经济运行的预期。股市近期的表现是政府先行经济指标体系的组成部分，被用于预测经济周期所处的阶段。然而，市场的预测值并非尽善尽美。一个出自保罗·萨缪尔森且流传甚广的笑话是：最近虽然只经历了 5 次经济衰退，市场却 8 次预测经济将要衰退。

小结

- 对公司进行估值的一种方法是重视公司的账面价值，这个账面价值是资产负债表上的价值，或者是反映资产重置成本或清偿价值的调整后价值。另一种方法则基于预期未来股利的现值。

① 从历史水平来看，这个资本收益率的数值相当高，这也意味对盈利或者年底市盈率的预测过于乐观。也许由于欧债危机以及投资者害怕欧洲经济低迷会减少美国公司利润等原因，指数的现值被压低。在这个案例中，我们也许希望构建一个具有可比性的贴现率用于预测年底的市盈率。最下面一行：这些模型都是你组织分析的好方法，它们会使你的假设准确，并发现可能投资机会的蛛丝马迹，但你不能机械地运用它们。

● 股利贴现模型认为股票价格应该等于以与股票风险相当的利率对未来每股的所有股利进行贴现后而得到的现值。

● 固定增长的股利贴现模型认为，如果预计股利总是以某一固定的比率增长，那么股票的内在价值由下式决定：

$$V_0 = \frac{D_1}{k-g}$$

● 这种形式是在假定固定的 g 值的情况下简化的股利贴现模型。在更为复杂的环境下，有更复杂的多阶段形式模型。当固定增长的假定成立时，该式可以转化成推导股票的市场资本化率的公式：

$$k = \frac{D_1}{P_0} + g$$

● 股市分析师十分关注公司的市盈率，这一比率是市场评估公司增长机会的有用工具。零增长率公司的市盈率应正好是资本化比率 k 的导师。当增长机会成为公司价值中越来越重要的组成部分时，市盈率将会上升。

● 许多分析师将预测的下一年每股收益乘以预计市盈率得到股价的估计值。有些分析师将市盈率分析和股利贴现模型混合使用。他们用收入乘数预测未来某个时间的股价终值，并将该终值的现值与期间内所有股利的现值相加得到结果。

● 自由现金流模型是公司财务中使用最多的模型。分析师首先利用整个公司预期未来自由现金流的现值估计公司的价值，再从中减去所有非权益资本的索取权的价值，或者可以选择对属于权益的现金流用适合股票风险的贴现率贴现。

● 本章中的模型可用于解释或者预测股市的总体表现。决定股市总体价格水平的关键宏观经济变量是利率和公司利润。

关键词

账面价值
固定增长的股利贴现模型
股利贴现模型（DDM）
股利支付率
收益管理
内在价值
清算价值
市场资本化率
PEG 比率
再投资率
增长机会现值（PVGO）
价格—盈利乘数（市盈率）
重置成本
托宾 q 比率
两阶段股利贴现模型
收益留存率

核心公式

内在价值：$V_0 = \frac{D_1}{1+k} + \frac{D_2}{(1+k)^2} + \cdots + \frac{D_H + P_H}{(1+k)^H}$

固定增长的股利贴现模型：$V_0 = \frac{D_1}{k-g}$

增长机会：价格 $= \frac{E_1}{k} + \text{PVGO}$

市盈率的决定条件：$\frac{P_0}{E_1} = \frac{1}{k}\left[1 + \frac{\text{PVGO}}{E_1/k}\right]$

公司的自由现金流：FCFF＝EBIT$(1-t_c)$＋折旧－资本支出－NWC 增加值

权益的自由现金流：FCFE＝FCFF－利息支付×$(1-t_c)$＋债务净增加值

习题

1. 在什么情况下你在对公司估值的时候选择股利贴现模型而不是自由现金流模型？(LO13—4)

2. 在什么情况下最为重要的是使用多阶段模型而不是固定增长模型？(LO13—2)

3. 如果一个证券被低估（即内在价值>价格），那么市场资本化率和预期收益率之间的关系是什么？(LO13—2)

4. Deployment Specialists 公司每年支付 1 美元股利，其后两年每年增长 20%，之后保持在 4%。如果 Deployment Specialists 公司的必要收益率为 8.5%，Deployment Specialists 公司股票的内在价值是多少？(LO13—2)

5. Jand 公司最近支付了 1.22 美元的股利，并预期以 5% 的速度增长。如果利用固定增长股利贴现模型估计出的 Jand 公司股票的内在价值为 32.03 美元，那么必要收益率是多少？(LO13—2)

6. 一个公司支付股利 1 美元，并预期以 5%的速度增长。如果公司股票的现有价值为 35 美元，那么利用固定增长股利贴现模型计算出的投资的必要收益率是多少？(LO13—2)

7. Tri-coat Paints 公司当前市场价值为 41 美元一股，每股盈利为 3.64 美元。如果必要收益率为 9%，那么 PVGO 是多少？(LO13—2)

8. 一个公司其流动资产可以以面值 1 000 万美元出售。公司固定资产的面值为 6 000 万美元，但现在可以卖到 9 000 万美元。公司总负债的面值是 4 000 万美元，但由于利率下降，负债的市场价值上升到 5 000 万美元。那么这个公司的资产市场价格—账面价值比率是多少？(LO13—1)

9. Admiral Motors 公司的市场资本化率为 8%，其预期 ROE 为 10%，预期 EPS 为 5 美元。如果公司的再投资比率为 60%，那么市盈率是多少？(LO13—2)

10. Miltmar 公司每年年底将会支付股利 4 美元，且之后的股利将会以 4%的固定增长率增长。无风险利率为 4%，市场组合的预期收益率为 12%。这只股票的 β 值为 0.75，那么该股票的内在价值是多少？(LO13—2)

11. Sisters 公司明年每股将会盈利 6 美元。公司的 ROE 为 15%且再投资比率为 60%。如果公司的市场资本化率为 10%，那么增长机会现值是多少？(LO13—3)

12. Eagle Products 公司的 EBIT 为 300 美元，税率为 21%，折旧为 20 美元，资本支出为 60 美元，运营资金净增加值计划为 30 美元。那么公司的自由现金流是多少？(LO13—4)

13. Fin 公司的自由现金流为 2.05 亿美元。公司的利息支出为 2 200 万美元。假设公司税率为 21%且公司的净负债增加了 300 万美元。如果权益的自由现金流以 3%的速度无限增长且权益成本为 12%，那么权益的市场价值是多少？(LO13—4)

14. 某只普通股每股的年股利为 2.10 美元，无风险收益率为 7%，该股票的风险溢价为 4%。如果年股利预期保持在每股 2.10 美元的水平，那么该股票的价值为多少？(LO13—2)

15. 已知无风险收益率为 5%，市场必要收益率为 10%，高飞滑翔翼公司股票的 β 系数为 1.5。如果预计该公司明年的每股股利为 $D_1=2.50$ 美元，$g=4\%$，求该公司的股票价格。(LO13—2)

16. 判断下面的命题是正确/错误/还是不确定。(LO13—3)

a. 假定其他条件不变，一家公司的 β 值越高，它的市盈率也就越高。

b. 权益收益率越高（假定再投资率为正），市盈率也越高。

c. 再投资率越高，市盈率也越高。

17. a. 近期计算机类股票的预期收益率为 16%。MBI 这个大型计算机公司即将支付每股 2 美元的股利。如果股票的售价为每股 50 美元，那么市场对股利增长率的预期值应为多少？

b. 如果预计 MBI 公司股利的年增长率将下降到 5%，那么 MBI 股票的价格将会发生什么样的变化？

c. 该公司的市盈率将为多少？(LO13—3)

18. 伊文·贝特制造公司生产出一种新的改进型产品。该公司项目的投资收益率为 20%，它的再投资率为 0.30。今年该公司的每股收益将为 2 美元，投资者预期公司的收益率为 12%。(LO13—3)

a. 该公司股票的售价和市盈率应为多少？

b. 增长机会现值为多少？

c. 如果公司计划只将其收益的 20%用于再投资，那么市盈率和增长机会的现值为多少？

19. a. MF 公司的权益收益率为 16%，再投资率为 50%。如果该公司明年的收益预计为每股 2 美元，那么股票的售价应为多少？假定市场资本化率为 12%。(LO13—2)

b. 试预测 MF 公司股票 3 年后的售价。

20. 市场普遍认为，同源电子公司的权益收益率为 9%，β 值为 1.25。公司传统的再投资率为 2/3，公司计划一直保持这一水平。今年的收益为每股 3 美元，年底的股利刚刚支付完毕。绝大多数人估计明年的市场收益率为 14%，近日的国债收益率为 6%。(LO13—3)

a. 该公司股票的售价为多少？

b. 计算市盈率。

c. 计算增长机会现值。

d. 假定你通过调研，确信该公司将随时宣布再投资率降至 1/3。求公司股票的内在价值。

e. 假定市场并不知道这个决策。解释为什么 V_0 不再等于 P_0，而是大于或小于 P_0。

21. 市场预期 FI 公司的每股股利以年 5%的速度无限增长。(LO13—3)

a. 如果今年年底股利为 8 美元，市场资本化率为 10%，根据股利贴现模型，当前股票的价格应为多少？

b. 如果每股预期收益为 12 美元，未来投资机会中隐含的权益收益率为多少？

c. 市场应为该公司的增长机会（即由于投资的权益收益率大于市场资本化率）每股支付多少？

22. Nogro 公司股票最近的价格为每股 10 美元。明年的每股收益预计为 2 美元。公司的利润分配政策是将其每年收益的 50%以股利的形式发放给股东。剩余的利润保留下来，用于收益率为 20%的项目投资。预期这种情况会永远维持下去。(LO13—3)

a. 假定当前的股票市价反映了用固定增长的股利贴现模型计算出来的内在价值，那么投资者要求 Nogro 股票的收益率应为多少？

b. 假定该公司所有的收益均以股利形式支付给股东，没有未分配利润用于再投资，那么当前的价值比这个情况下的价值大多少？

c. 如果 Nogro 公司将其股利支付率削减到 25%，那么股价会发生什么样的变化？

d. 如果该公司不支付股利，情况又会怎样呢？

23. 无风险收益率为 8%，市场组合的预期收益率为 15%，赛隆公司股票的 β 值为 1.2。赛隆公司将其收益的 40%以股利形式支付给股东，最近该公司公告每股收益为 10 美元。该公司刚刚发放了股利，股利每年支付一次。你预期赛隆公司用于再投资部分的收益每年的收益率一直为 20%。(LO13—2)

a. 一股赛隆公司股票的内在价值应为多少？

b. 如果每股的当前市价为 100 美元，你预期一年之后市价将等于内在价值，那么你预期持有赛隆股票一年的收益率为多少？

24. MoMi 公司上一年经营产生的现金流在支付利息和税收之前是 200 万美元，它预测该项收入会以每年 5%的速度无限增长。要维持这种增长率，公司每年需要将税前现金流的 20%用于投资，税率是 21%。上一年的折旧是 20 万美元，预计它将和经营现金流以同样的幅度增长。无杠杆现金流的合适的市场资本化率是每年 12%，公司目前拥有 400 万美元的债务。使用自由现金流法估计公司的权益价值。(LO13—4)

25. 利用电子表格 13.1（登录 www.mhhe.com/bkm，找到第 13 章资料）的三阶段增长模型重新计算雪佛龙公司股票的内在价值。分别依据下面三种情况计算：(LO13—2)

a. 最终的增长率是 5%。

b. 雪佛龙的实际 β 值是 1.0。

c. 市场风险溢价是 6.5%。

26. 利用电子表格 13.2（登录 www.mhhe.com/bkm，找到第 13 章资料）的自由现金流模型重新计算雪佛龙公司股票的内在价值。分别依据下面三种情况计算：(LO13—4)

a. 最终的增长率是 3%。

b. 雪佛龙目前的 β 值是 1.25（B21 单元格）。

c. 市场风险溢价是 8.5%（B71 单元格）。

□ 挑战题

27. 芯片技术公司（Chiptech Inc.）是一家生产电脑芯片的公司，拥有几种利润丰厚的产品，另外还有一些前景很好的新产品正在研发。公司去年每股收入 1 美元，只支付了 0.50 美元的股利。投资者相信公司计划维持 50%的股利支付率。权益收益率（ROE）等于 20%。市场上所有人都预测这种情况会持续下去。(LO13—2)

a. 芯片技术公司股票的市场价格是多少？电脑芯片行业的必要收益率是 15%，公司刚刚除息（也就是说，下次股利支付是整整一年以后，在 $t=1$ 时刻）。

b. 假设你发现芯片技术公司的竞争者已经开发出了一种新的芯片，这种芯片会影响芯片技术公司目前在市场上的领先地位。它会在两年后投放市场，到那时芯片技术公司将不得不降低芯片价格以维持竞争力。这将使 ROE 降为 15%。另外，由于对产品的需求下降，芯片技术公司要在第二年年末，即 $t=2$ 时把股利支付率降到 0.4。在每年年末，第二年的股利（在 $t=2$ 时支付）是当年收益的 60%。你估计芯片技术公司每股内在价值是多少？（提示：认真准备一个记录芯片技术公司未来 3 年每年收入和股利的表格。注意支付比率在 $t=2$ 时的变化。）

c. 其他人都没有觉察到芯片技术公司的市场所受到的这种威胁。事实上，你非常自信，在对手公司于第二年末宣布它的发现之前，没有人会意识到芯片技术公司竞争地位的变化。下一年（就是 $t=0$ 和 $t=1$ 之间）芯片技术公司股票的收益率是多少？

d. 第二年（$t=1$ 和 $t=2$ 之间）芯片技术公司股票的收益率是多少？

e. 第三年（$t=2$ 和 $t=3$ 之间）芯片技术公司股票的收益率是多少？（提示：注意市场何时意识到了新状况。记录每个时期股利和市场价格的表格会有帮助。）

CFA 习题

1. 利奇菲尔德化学公司（LCC）的董事长认为，投资者使用股利贴现模型说明了股利越高，公司股票的价格就越高。(LO13—2)

a. 运用固定增长的股利贴现模型作为参考，试评价该董事长的言论。

b. 解释股利支付率的上升将对下面的因素产生

怎样的影响（假定其他条件不变）：

i. 持续的增长率。

ii. 账面价值的增长。

2. 菲比·布莱克的投资俱乐部想从新软件公司与资本公司的股票中选择一只购买。为了完成这项任务，布莱克准备了如下相关信息。假定接下来的12个月经济运行良好，股市看涨，请你协助布莱克分析这些数据。(LO13—2)

	新软件公司	资本公司	标准普尔500指数
现价（美元）	30	32	
行业	计算机软件	生产资料	
市盈率（目前）	25	14	16
市盈率（5年平均）	27	16	16
市场价格—账面价值比率（目前）	10	3	3
市场价格—账面价值比率（5年平均）	12	4	2
β	1.5	1.1	1.0
股利率	0.3%	2.7%	2.8%

a. 新软件公司股票的市盈率和市场价格—账面价值比率均比资本公司高。试简要分析为什么比率的不同并不表示新软件公司的股票相对于资本公司来说估价过高。从这两个比率的角度回答这一问题，并假定没有发生其他影响公司的事件。

b. 布莱克运用固定增长的股利贴现模型，估计两只股票的估价分别为：新软件公司28美元，资本公司34美元。简要说明这一模型的缺点，并解释为什么这一模型更适合对资本公司进行估价。

c. 推荐一种更适合对新软件公司普通股进行估价的股利贴现模型，并给出合理的理由。

3. 半岛研究（Peninsular Research）将要发布一个对制造业成熟行业的报道。特许金融分析师约翰·琼斯是研究部门的领导，他收集了下面这些基本的行业和市场数据以有助于他的分析：(LO13—3)

预计行业的留存收益比率	40%
预计行业的权益收益率	25%
行业 β	1.2
国债收益率	6%
权益风险升水	5%

a. 根据基本数据计算行业市盈率（P_0/E_1）。

b. 琼斯想知道在国与国之间基础市盈率会有怎样的差别。他收集了下面的经济和市场数据：

基本因素	A国	B国
实际GDP预计增长率	5%	2%
国债收益率	10%	6%
权益风险升水	5%	4%

讨论每种因素是否会造成一个国家的市盈率比另一个国家高的结果。

4. 珍妮特·勒德洛所在的公司要求其分析师运用两阶段股利贴现模型和资本资产定价模型衡量股票价值。运用这些方法，勒德洛衡量出QuickBrush公司的价值为每股63美元。她现在必须为SmileWhite公司估值。(LO13—2)

a. 用下表中的信息计算SmileWhite公司的必要收益率：

	2010年12月	
	QuickBrush	SmileWhite
β值	1.35	1.15
市场价格	45.00美元	30.00美元
内在价值	63.00美元	?

说明：无风险利率=4.50%，市场预期收益率=14.50%。

b. 勒德洛估计了接下来SmileWhite公司的每股收益和股利增长率：

前3年	每年12%
以后年份	每年9%

用上表和两阶段股利贴现模型估计SmileWhite的内在价值。2017年每股股利为1.72美元。

c. 通过对每个公司内在价值和目前市场价格的比较来推荐购买QuickBrush或SmileWhite股票。

d. 通过与固定增长的股利贴现模型的比较描述两阶段股利贴现模型的一个优点。描述所有股利贴现模型的一个通用的缺点。

5. Rio National公司是一家美国公司，也是其行业中最大的竞争者。表13.5～表13.8提供了公司的财务报告和其他相关信息。表13.9是相关行业和市场的数据。

一个大型共同基金的投资组合经理对基金中的一位分析师Katrina Shaar说：“我们考虑购买Rio National公司的股票，所以我希望你能分析一下公司的价

值。首先，基于公司以往的表现，可以假定公司会以与行业相同的比例增长。”（LO13—2）

a. 利用固定增长模型和资本资产定价模型，计算 2018 年 12 月 31 日一股 Rio National 公司股票的价值。

b. 利用 2018 年年初公司资产负债表，计算 2018 年 12 月 31 日 Rio National 公司的固定增长率。

表 13.5 Rio National 公司的年末资产负债表摘要

单位：百万美元

	2018 年	2017 年
现金	13.00	5.87
应收账款	30.00	27.00
存货	209.06	189.06
流动资产	252.06	221.93
固定资产	474.47	409.47
累计折旧	(154.17)	(90.00)
净固定资产	320.30	319.47
总资产	572.36	541.40
应付账款	25.05	26.05
应付短期债券	0.00	0.00
长期负债比率	0.00	0.00
流动负债	25.05	26.05
长期负债	240.00	245.00
总负债	265.05	271.05
普通股票	160.00	150.00
留存收益	147.31	120.35
股东权益总计	307.31	270.35
负债和股东权益总计	572.36	541.40

表 13.6 Rio National 公司 2018 年 12 月 31 日损益表摘要

单位：百万美元

收入	300.80
总营业支出	(173.74)
营业利润	127.06
出售资产损益	4.00
EBITDA	131.06
折旧和摊销	(71.17)
EBIT	59.89
利息	(16.80)
收入税	(12.93)
净收入	30.16

表 13.7 Rio National 公司 2018 年补充信息

注释 1：	Rio Capital 在会计期间资本支出为 7 500 万美元
注释 2：	最初花 100 万美元购买的设备在年末以 700 万美元出售，净账面价值为 300 万美元，设备出售对公司来说并不常见
注释 3：	长期负债下降代表了计划外本金偿还；本年度没有新的借款
注释 4：	2018 年 1 月 1 日，公司以 25 美元/股的价格发行了 400 000 股普通股
注释 5：	年内新的估值显示公司投资的一块土地升值了 200 万美元，升值没有在 2018 年报表中确认

表 13.8 Rio National 公司 2018 年普通股数据

股利支付（百万美元）	3.20
2018 年平均发行在外股票数	16 000 000
每股股利（美元）	0.20
每股净利润（美元）	1.89
β	1.80

表 13.9 Rio National 公司 2018 年 12 月 31 日行业和市场数据

无风险收益率	4.00%
市场组合预期收益率	9.00%
市盈率	19.90
行业收入预期增长率	12.00%

6. 在对 Rio National 公司估值时（见上题），Katrina Shaar 在考虑是使用公司自由现金流（FCFF）还是权益自由现金流（FCFE）。（LO13—4）

a. 指出从 FCFF 得到权益自由现金流时，Shaar 需要做的两个调整。

b. Shaar 决定从净收益开始计算 Rio National 公司 2018 年的权益自由现金流。根据表 13.7 中给出的五点补充信息，分别说明为了计算 2018 年公司的权益自由现金流，是否有必要对净收益做出调整，以及调整的美元数。

c. 计算 Rio National 公司 2018 年的权益自由现金流。

7. （上一题中）Shaar 将估计的收益增长率稍作调整，并使用标准化的（基础趋势）每股收益，即根据影响收入的暂时冲击做出一些调整。现在，Shaar 想要比较 Rio National 公司股票的当前价值和经过增长调整的行业均值。Rio National 公司和行业的有关信息在表 13.10 中给出。

用标准化的每股收益，以市盈率—增长比率（PEG 比率）的基准来看，Rio National 公司的股票相对于行业来讲是高估了还是低估了？假设 Rio National 公司的风险水平与行业风险水平相同。（LO13—3）

表 13.10　Rio National 公司与行业水平的比较

Rio National	
收入预期增长率（%）	11.00
目前股价（美元）	25.00
2012 年标准化的 EPS（美元）	1.71
2012 年平均发行在外的股票数	16 000 000
行业	
收入预期增长率（%）	12.00
市盈率	19.90

8. 特许金融分析师海伦·摩根要用股利支付模型计算 Sundanci 公司的价值。他假设公司的收入和股利将以 32%的速度增长两年，然后以 13%的速度增长。利用两阶段股利贴现模型和表 13.11 与表 13.12 的数据计算 Sundanci 公司股票的现值。（LO13—2）

表 13.11　Sundanci 公司 2018 年实际财务表和 2019 年预计财务表，会计年度截至 5 月 31 日（单位为百万美元，每股数据除外）

利润表	2018 年	2019 年
收入	474	598
折旧	20	23
其他经营支出	368	460
税前利润	86	115
税收	26	35
净利润	60	80
股利	18	24
每股净利润（美元）	0.714	0.952
每股股利（美元）	0.214	0.286
发行在外股票数（百万）	84.0	84.0
流动资产	201	326
房屋、设备和土地净值	474	489
总资产	675	815
流动负债	57	141
长期负债	0	0
总负债	57	141
股东权益	618	674
总资产	675	815
资本支出	34	38

表 13.12　相关财务信息

股票必要收益率	14%
行业增长率	13%
行业市盈率	26

9. 继续 Sundanci 公司的例子，特许金融分析师阿比·内勒受命运用权益自由现金流模型（FCFE）估计 Sundanci 公司股票价格。内勒认为，Sundanci 公司的权益自由现金流在头两年里会以 27%的速度增长，而后以 13%的速度增长。预计资本支出、折旧、运营资本都会以与 FCFE 同样的速度增长。（LO13—4）

a. 利用表 13.11 的数据，计算 2019 年平均每股权益自由现金流的数目。

b. 运用两阶段权益自由现金流模型，计算 Sundanci 公司股票的现值。

c. i. 讨论用两阶段权益自由现金流模型表达的两阶段股利贴现模型的一个局限。

ii. 讨论不用两阶段权益自由现金流模型表达的两阶段股利贴现模型的一个局限。

10. 特许金融分析师克里斯蒂·约翰逊受命运用固定股利增长的市盈率模型分析 Sundanci 公司。约翰逊假定 Sundanci 公司的收入和股利按照固定速度 13%增长。（LO13—2）

a. 利用表 13.11 和表 13.12 以及约翰逊的假定计算公司的市盈率。

b. 在固定股利增长模型的范围内讨论下列因素会如何影响市盈率：

- Sundanci 公司的风险（β 值）；
- 收入和股利的预计增长率；
- 市场风险升水。

Web 站点管理员

请扫描二维码或登录中国人民大学出版社
官网 www.crup.com.cn 下载。

14 财务报表分析

学习目标：

LO14—1　解读公司的损益表、资产负债表以及现金流量表，并计算衡量公司运营效率、杠杆以及流动性的指标；

LO14—2　计算并解释一些绩效指标如经济附加值和资产、资本以及权益的收益率；

LO14—3　运用比率分解分析法说明资产的有效利用、利润率以及杠杆率是如何影响盈利能力的；

LO14—4　了解常见会计数据偏误的各种可能来源。

在前一章，我们探讨了权益估值的技术。这些技术将公司的股利和盈利预期作为估值模型中的输入变量。尽管估值分析师对经济收入流颇感兴趣，但只有财务会计数据较容易得到。那么对于那些能够帮助我们估算一家公司普通股内在价值的会计数据，我们能从中了解到什么呢？在本章，我们将说明投资者如何利用财务资料来进行股票估值分析。

我们先回顾基本的数据来源：损益表、资产负债表和现金流量表。我们注意到经济收入与会计收入是有差别的。虽然对于估值问题来说，经济收入更重要，但是它们充其量也是被估计出来的。因此实际上分析师总是采用会计数据进行公司估值。接下来我们将说明分析师如何在一个系统的结构内，利用财务比率来揭示一家公司盈利能力的来源，并且评价其盈利的“质量”。我们也要考察负债政策对各种财务比率的影响。

最后，我们对你将遇到的问题得到这样一个结论：财务报表分析作为找出定价不当的股票的一种工具，是有其局限性的。某些局限性源于每个公司会计程序的不同，其他则是因为通货膨胀使会计数字失真。

14.1　主要财务报表

□ 损益表

损益表（income statement）是对公司在一段时期内（例如一年）盈利能力的概括。它显示了在经营期内产生的收入以及与此同时产生的费用。收入减去费用的差额就是公司的净收益或利润。

损益表：表示公司在一段时期内收入和支出状况的财务报表。

区分四类主要的费用是有益的：产品销售成本是由于公司生产产品而产生的直接成本；各种管理费用包括间接费用、薪金、广告费和其他不是由生产直接产生的公司运营成本；公司债务产生的利息费用；应缴纳的联邦政府和地方政府所得税。

表 14.1 给出了家得宝公司（HD）的损益表。最上方的是公司的营业收入，接下来是营业费用，这些费用在产生收入的同时产生，其中包括折旧费。营业收入与营业费用之间的差额称为营业收益（operating income）。营业收益加上或者减去其他临时性收入或者费用就可以得到息税前收益（EBIT），它是指在不承担对债权人支付利息和缴纳税收前提下的公司所得。在忽略由借债筹资而产生的任何利息负担的情况下，息税前收益是检验公司盈利能力的一个重要方法。在损益表中，息税前收益减去净利息费用，就得到应税收入。最后，我们再从应税收入中减去应缴纳给政府的所得税，就得到损益表的最下面一行——净利润。[①]

分析师们多数情况下也使用同型损益表（common-size income statement）。同型损益表内的所有要素都表示为总收入的一个比例。这使得不同规模公司之间的比较更加方便。表 14.1 右边一列是家得宝公司的同型损益表。

表 14.1　家得宝公司的损益表

	百万美元	收益率（%）
营业收入		
销售收入	94 595	100.0
营业费用		
产品销售成本	62 282	65.8
销售和行政费用	15 159	16.0
其他	1 754	1.9
折旧	1 973	2.1
总运营支出	81 168	85.8
息税前利润	13 427	14.2
利息支出	936	1.0
应税收入	12 491	13.2
税收	4 534	4.8
净利润	7 957	8.4
净利润分配		
股利	3 404	3.6
留存收益	4 553	4.8

说明：列的加总可能存在由于四舍五入产生的误差。
资料来源：2017 年度家得宝公司年度报告。

经济收入：在生产能力不变的情况下公司所能支付的实际现金流。
会计收入：公司在损益表上报告的收入。

在前面的章节中，我们已经看到股票估值模型需要一种经济收入的测度方法，**经济收入**（economic earnings）是不以削弱公司生产能力为前提的支付给股东的持续现金流。相比较而言，**会计收入**（accounting earnings）受一些与资产估值有关的会计准则的影响，例如存货（有后进先出法和先进先出法），也受一些诸如资本投资支出的影响，这些支出要随着时间的推移才能逐渐被确认（作为折旧费用）。在本章的后

① 2017 年的《减税和就业法案》限制了为计算应纳税所得额可扣除的利息费用。直到 2021 年，净利息费用的扣除额不得超过 EBITDA（未计利息、税收、折旧和摊销的收益）的 30%。从 2022 年开始，限额为 EBIT 的 30%。但这两种限制都对大多数公司不具有约束力，因此我们通常会假设一家公司的所有净利息费用都是可扣除的。

面，我们将进一步详细探讨一些与会计惯例有关的问题。另外，当公司经历商业周期时，它的收益将围绕能精确反映持久经济收入的趋势线上下波动。这样，在解释净利润的数字时就更加复杂了。你可能想知道会计收入与经济收入的相关程度，相应地，你也想知道对于试图对公司进行估值的投资者来说，会计数据到底有多大用处。

实际上，公司损益表上的净利润数据传递了一个公司产品的相关重要信息：当公司公告的盈利超出了市场分析或者投资者预期时，股价将趋于上升。

□ 资产负债表

如果说损益表测度了一家公司在一段时期内的盈利能力，那么**资产负债表**（balance sheet）则为公司在某一时点的财务状况提供了一张“快照”。资产负债表是公司在某一时刻的资产和负债清单。资产与负债的差额是公司的净资产，也叫股东权益（stockholders' equity）或者所有者权益（shareholders' equity）。与损益表一样，资产负债表也以标准化的形式出现。

资产负债表：公司在特定日期财务状况的会计报表。

表 14.2 是家得宝公司的资产负债表。资产负债表的第一部分列出了公司的资产，首先是流动资产，它包括现金以及应收账款与存货等其他将在 1 年内转化为现金的资产。接着列出的是长期或者“固定”资产。有形固定资产（tangible fixed assets）指公司的不动产、设备和车辆。家得宝公司同样拥有无形资产，例如口碑好的品牌名称或者专业技能等。但是会计人员通常不愿意将这些资产算入资产负债表中，因为很难对无形资产进行估值。如果一个企业收购其他企业时所支付的金额超过其账面价值，超过部分就被记作商誉（goodwill），这是一种无形的固定资产（intangible fixed assets）。家得宝公司的商誉为 20.93 亿美元。①

同样，负债和所有者权益也是这样整理的。首先是短期或者流动负债，例如应付账款、应交税金和 1 年内到期的其他负债。接着是长期债务和期限为 1 年以上的其他负债。总资产与总负债之间的差额叫作所有者权益，它是指公司的净资产或者账面价值。

尽管这种划分并不重要，但所有者权益仍分为股本、资本公积（额外缴付的资本）和未分配利润。简而言之，账面价值加上资本公积金就相当于向公众出售股票而得的款项。相反，当公司向公众回购股票时，则被视为“负发行”，股东权益下降。这些回购的股票在公司的库存中持有，因此被称为**库存股**（treasury stock）。由投资者持有的股票是**已发行的**（issued）和**流通在外的**（outstanding）。家得宝公司的票面价值加上实收资本为−31 186 百万美元，这表明该公司此前已进行了更多的回购，且该公司回购先前发行的股票所花费的资金要比出售该股票所筹集的资金多。当然，公司可以代表股东将大量资金重新投资于新的业务；表 14.2 中的留存收益显示了从返还给公司的利润中积累的权益。

库存股：被公司回购并在库存中持有的股票。

已发行的股票：已经由公司发行的股票。

流通在外的股票：已经由公司发行且被投资者持有的股票。

如表 14.2 中的资产负债表所示，第一列数字代表了每项资产以美元计的价值。为了方便比较不同规模的公司，分析师有时把表中的每一项用占总资产的百分比表示。这种资产负债表被称为同型资产负债表，在表的第二栏标示。

① 公司每年需要检验它们的商誉资产来计提减值准备。如果其价值与其购买价格相差很大，差额部分需要算作费用。例如，2012 年，惠普因较早收购软件公司 Autonomy 而注销了 88 亿美元，这是因为有指控称，Autonomy 在收购前夸大了其盈利能力。美国在线时代华纳（AOL Time Warner）在 2001 年 1 月时代华纳（Time Warner）与美国在线（AOL）合并后，在 2002 年确认了 990 亿美元的减值准备，创造了纪录。

表 14.2	家得宝公司的资产负债表	
资产	百万美元	占总资产的百分比（%）
流动资产		
现金和流动证券	2 538	5.9
应收账款	2 029	4.7
存货	12 549	29.2
其他流动资产	608	1.4
流动资产总计	17 724	41.3
固定资产		
有形固定资产		
不动产、厂房和设备	21 914	51.0
其他长期资产	1 235	2.9
有形固定资产总计	23 149	53.9
无形固定资产		
商誉	2 093	4.9
固定资产总计	25 242	58.7
资产总计	42 966	100.0
负债与所有者权益	百万美元	占总资产的百分比（%）
流动负债		
还本付息债务	1 252	2.9
应付账款	11 212	26.1
其他流动负债	1 669	3.9
流动负债总计	14 133	32.9
长期债务	22 349	52.0
其他长期负债	1 855	4.3
递延长期负债费用	296	0
负债总计	38 633	89.9
股东权益		
普通股和其他实收资本	−31 186	−72.6
留存收益	−35 519	−82.7
股东权益总计	4 333	10.1
负债和股东权益总计	42 966	100.0

说明：列的加总可能存在由于四舍五入产生的误差。

资料来源：2017 年度家得宝公司年度报告。

□ 现金流量表

现金流量表：表示公司在一段时期内现金收入和现金支出状况的财务报表。

损益表和资产负债表均建立在权责发生制的基础之上，即使还没有发生现金交易，收入和费用也在销售时就得到确认。相反，**现金流量表**（statement of cash flows）只承认产生现金变化的交易。例如，现在销售一批货物，60 天之后付款，损益表在销售发生时将其确认为收入，资产负债表也立即增加一笔应收账款，但是现金流量表只有在账单被支付并拿到现金时才确认这笔交易。

表 14.3 是家得宝公司的现金流量表。经营活动产生的现金流量的第一项是净利润，接下来的部分是已被确认但现金并未产生变动的收入部分。例如，应收账款增加了 1.38 亿美元，这部分在损益表中收入已得到确认，但还未收到现金。因此，应收账款的增加减少了会计期内经营活动产生的现金流量。同样，应付账款的增加意味着费用已经发生，但是现金还未流出公司。任何支付的延期都会增加会计期内的现金流量。

表 14.3 家得宝公司的现金流量表

	百万美元
经营活动产生的现金流量	
净收益	7 957
净收益调整	
折旧	1 973
运营资本的变化	
应收账款的减少（增加）	(138)
存货的减少（增加）	(769)
其他流动负债的增加（减少）	654
其他	106
调整总额	1 826
经营活动产生的现金流量净额	9 783
投资活动产生的现金流量	
有形固定资产的总投资额	−1 621
投资于其他资产	38
投资活动产生的现金流量净额	(1 583)
筹资活动产生的现金流量	
发行长期债务得到的收入	2 274
应付债务的增加（减少）	(6 662)
股利	(3 404)
其他	(78)
筹资活动产生的现金流量净额	(7 870)
现金流的净增加额	(330)

资料来源：2017 年度家得宝公司年度报告。

损益表与现金流量表之间的另一个主要差别是折旧，它是现金流量表中调整部分的主要调整额。损益表试图使巨大的资本支出在时间上变得更平滑。包括美国在内的大多数国家，直到 2018 年，损益表上的折旧费用都可以在多年内摊销，而不应只记在发生时的那一刻，以此来“平滑”大量资本支出。与之不同的是，现金流量表在资本支出发生时就确认为现金流出。因此，它将折旧“费用”加回来并计算净收入，并且在付款时就确认资本支出。它通过分别报告经营、投资和筹资活动的现金流量来做到这一点。这样，任何巨大的现金流，比如用于大型投资项目的现金，都可以被清楚地确认，并且不会影响对由经营活动产生的现金流的测度。

2017 年的《减税和就业法案》(the Tax Cuts and Jobs Act) 允许至少在 2023 年之前，可以在购买当年将新的资本支出完全折旧。在那之后，资本支出将随着时间的推移再次得到确认，折旧额度在数年内分散。该法案通过之前进行的资本投资将随着时间的推移而折旧，就像该法案签署成为法律之前那样。

现金流量表的第二部分记录了投资活动产生的现金流。例如，家得宝公司的投资活动现金流中有 16.21 亿美元用于有形固定资产。这部分项目基本上是指用于公司所必需的资产上的投资，用于保持或提高公司的生产能力。

报表的最后一个部分列出了筹资活动产生的现金流。证券的发行将产生正的现金流，而证券的赎回或者偿付将耗费现金。例如，家得宝公司回购了价值为 66.62 亿美元的股份，这是减少现金的项目。它支付了 34.04 亿美元的股利，这也消耗了现金。家得宝公司的金融活动为其带来了总计 78.70 亿美元的现金。

总体上讲，家得宝公司的经营活动带来了97.83亿美元的现金流。其中的15.83亿美元被用来支付新投资，另外一部分，金融活动又用了78.70亿美元。家得宝公司持有的现金因此而变化了97.83亿－15.83亿－78.70亿＝3.30亿（美元）。这在表14.3最后一行列示。

现金流量表为公司运营状况的好坏提供了重要证据。如果一个公司不能由经营活动产生的现金流支付股利并保持公司的生产能力，例如借助于借款来满足这些需求，那么这就是一个严重的警告，即该公司不能长期在现有水平上支付股利。当现金流量表中显示经营活动中产生的现金流不足而必须通过借款来满足目前这种水平时，我们就会发现问题。

14.2　衡量公司绩效

在第1章中，我们注意到对于公司来说最自然的目标就是最大化公司价值，但是由于各种代理问题或者利益冲突阻碍了这一目标的实现。那么怎样衡量企业运行得如何呢？金融分析师纷纷拿出令人心烦的比率，这些比率可以衡量公司各个方面的绩效。在我们糊涂之前，我们先停下来，考虑一下哪些指标与价值增加这一终极目标相关。

企业财务管理人员的责任分为两个方面：投资决策和融资决策。投资决策，或者资本预算，涉及公司的资金使用：其所从事的经营活动。在这里，我们将要回答的问题涉及这些项目的盈利能力。应该如何衡量盈利能力？可以接受的盈利能力水平又是如何取决于购买公司项目的基金的风险和机会成本的？与此相反，财务决策涉及公司的资金来源。是否有足够的融资渠道以满足增长的需求？融资计划是不是过于依赖借贷资金？是否有足够的流动性以应对突发的现金需求？

这些问题使得我们需要按照图14.1给出的轨迹对我们选择的这些比率进行整理。这张图说明了当我们对企业的投资活动进行估值时，我们要问两个问题：公司运用这些资产的效率如何？盈利能力怎么样？反过来，效率和盈利能力这两个方面都可以用几个比率来衡量：效率通常用一些周转率进行评估，销售的盈利能力通常用各种利润率来衡量。同样，评估融资决策时，我们看一下杠杆率和流动性，而且我们会看到，这两个概念的各个方面可以用一系列统计数据来衡量。

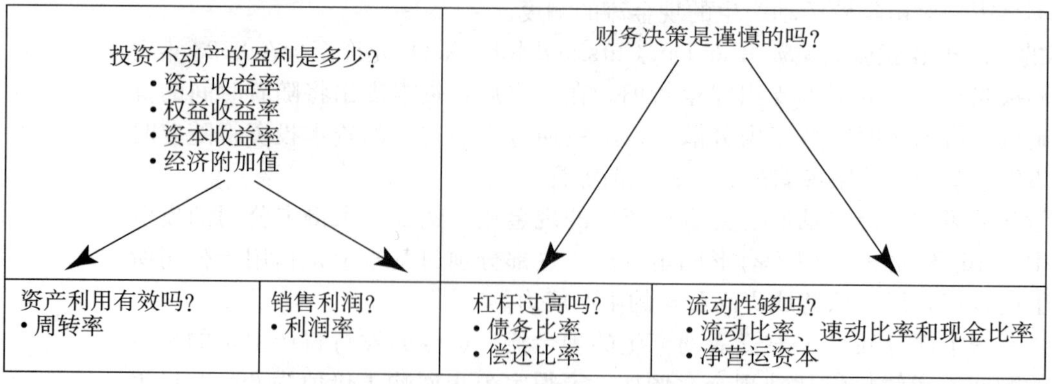

图14.1　重要的财务问题以及有助于回答这些问题的比率

下一部分我们将会介绍如何计算和解释这些关键的比率以及它们之中有多少是相互联系的。

14.3 利润指标

大企业自然会比小企业赚取更多的利润，因此绝大多数的盈利指标都以 1 美元得到的收入来衡量。其中最常见的指标为资产收益率、资本收益率以及权益收益率。

□ 资产收益率

资产收益率（return on assets，ROA）等于 EBIT 占企业总资产的比例。[①]

资产收益率（ROA）：息税前收益除以总资产。

$$ROA=\frac{EBIT}{总资产}$$

这个比率的分子可以被看作是企业总的营业收入，因此 ROA 告诉了我们企业运用每一美元赚到的收入。

□ 资本收益率

资产收益率将 EBIT 和总资产进行比较，而**资本收益率**（return on capital，ROC）等于 EBIT 占企业长期资本的比例，其中长期资本等于所有者权益加长期负债。这个比率告诉我们投资到公司的长期资本的每一美元赚到的收入。

资本收益率（ROC）：息税前收益除以长期资本。

$$ROC=\frac{EBIT}{长期资本}$$

□ 权益收益率

ROA 和 ROC 衡量的是相对于负债和权益融资的盈利能力，**权益收益率**（return on equity，ROE）仅仅关注股权投资的盈利能力。它等于股东投资到企业的每一美元所实现的净利润。

权益收益率（ROE）：净利润除以所有者权益。

$$ROE=\frac{净利润}{所有者权益}$$

我们注意到在第 13 章中，权益收益率（ROE）是确定一家公司收益增长率的两个基本因素之一。一方面，有时假设未来的权益收益率近似于过去的权益收益率是合理的，但是过去的权益收益率高并不意味着公司未来的权益收益率也一定高。另一方面，权益收益率的下降说明公司新投资的收益率低于过去投资的收益率。在这种情况下，对未来权益收益率的最佳预测是，它可能会低于最近的权益收益率。对于分析师来说，关键的一点是不要把历史价值作为未来价值的指示器。最近的资料提供了有关公司未来经营状况的信息，但是分析师还是应始终将注意力集中于未来。对未来股利与收益的预期决定了公司股票的内在价值。

不难理解，ROA 和 ROE 是相互联系的。而就像我们不久之后会看到的那样，两

---

① 有时 ROA 的分子用 EBIT×(1－税率）来计算。有时，它是用税后的营业收入计算，即：净收入＋利息×(1－税率)。有时，分子甚至是只使用净收入计算，虽然这个定义完全忽略了公司对投资者的债务所产生的收入。遗憾的是，许多关键财务比率的定义并不能完全标准化。

者之间的关系会受到公司财务政策的影响。

□ 财务杠杆和权益收益率

权益收益率受企业的债务—权益比率以及债务利率的影响。下面这个例子将说明原因。假设诺迪特公司（Nodett）1 亿美元的资产全部是由权益融资得来的，它按应纳税收入的 20%缴纳所得税。（目前确切的公司税率为 21%。）

表 14.4 显示了在三种经济周期阶段情景下，诺迪特公司的销售收入、息税前收益和净利润的表现。该表也显示了两种最常用的衡量盈利能力的指标的表现：资产收益率（return on asset，ROA）和权益收益率，前者等于息税前收益除以总资产，后者等于净利润除以所有者权益。

除了 1 亿美元总资产中有 4 000 万美元是通过利率为 8%的债务筹集而来，斯姆迪特公司（Somdett）在其他方面与诺迪特公司一样。它每年支付 320 万美元的利息费用。从表 14.5 可以看出，斯姆迪特与诺迪特的权益收益率不同。

表 14.4　诺迪特在经济周期中的盈利能力

情景	销售收入（百万美元）	息税前收益（百万美元）	资产收益率（每年%）	净利润（百万美元）	权益收益率（每年%）
坏年景	80	5	5	4	4
正常年景	100	10	10	8	8
好年景	120	15	15	12	12

表 14.5　财务杠杆对权益收益率的影响

情景	EBIT（百万美元）	诺迪特		斯姆迪特	
		净利润（百万美元）	ROE（%）	净利润*（百万美元）	ROE†（%）
坏年景	5	4	4	1.44	2.4
正常年景	10	8	8	5.44	9.07
好年景	15	12	12	9.44	15.73

* 斯姆迪特的税后利润等于（1－0.2）×（息税前收益－320 万美元）。

† 斯姆迪特的权益只有 6 000 万美元，所以 ROE＝净利润/6 000 万美元。

注意到这两家公司的年销售额、息税前收益和资产收益率（ROA）在三种经济情景下都是相同的，也就是说，这两家公司的业务风险是一样的。它们的区别只在于财务风险不同。尽管诺迪特和斯姆迪特在三种经济情景下的资产收益率均相同，斯姆迪特的权益收益率在正常和好年景的情景下超过了诺迪特公司，而在坏年景下低于诺迪特公司。

我们可以用下面的公式归纳出权益收益率、资产收益率和杠杆率之间的关系[①]：

---

① 公式（14.1）的推导过程如下：

$$\text{ROE}=\frac{\text{净利润}}{\text{权益}}=\frac{\text{息税前收益}-\text{利息}-\text{所得税}}{\text{权益}}=\frac{(1-\text{税率})\times(\text{息税前收益}-\text{利息})}{\text{权益}}$$

$$=(1-\text{税率})\times\frac{\text{ROE}\times\text{资产}-\text{利率}\times\text{债务}}{\text{权益}}$$

$$=(1-\text{税率})\times\left[\frac{\text{ROE}\times(\text{权益}+\text{债务})}{\text{权益}}-\text{利率}\times\frac{\text{债务}}{\text{权益}}\right]$$

$$=(1-\text{税率})\times\left[\text{ROE}+(\text{ROA}-\text{利率})\times\frac{\text{债务}}{\text{权益}}\right]$$

$$ROE=(1-\text{税率})\times\left[ROA+(ROA-\text{利率})\times\frac{\text{债务}}{\text{权益}}\right] \quad (14.1)$$

这个结论很好理解：一方面，如果资产收益率大于借款利率，公司赚的钱就多于支付给债权人的钱。这个收益的盈余部分归公司的所有者，从而提高了权益收益率。另一方面，如果资产收益率小于利率，则权益收益率将下降，下降的幅度取决于债务—权益比率的大小。

案例 14.1

杠杆率和权益收益率

为了说明公式（14.1）的应用，我们可以使用表 14.5 中的数字样本。在正常年景，诺迪特的权益收益率为 8%，等于（1－税率），或 0.8×10%的资产收益率。然而，斯姆迪特公司由于有利率为 8%的借款，所以它的债务—权益比率为 2/3，从而权益收益率为 9.07%。利用公式（14.1）计算如下：

$$ROE=0.8\times[10\%+(10\%-8\%)\times2/3]=0.8\times(10\%+4/3\%)=9.07\%$$

因为公司的资产收益率大于债务利率，所以斯姆迪特的负债才会为公司的权益收益率带来正的贡献。

表 14.5 显示了财务杠杆增加了股东收益的风险，斯姆迪特公司的权益收益率在坏年景里要比诺迪特公司差。反过来，在好年景里，斯姆迪特的权益收益率要比诺迪特好。债务使得斯姆迪特公司比诺迪特公司对经济周期更敏感。虽然这两家公司的业务风险相同（这体现为在三种经济情景下，两家公司的息税前收益都相同），但是由于企业经营的所有风险都被数量更少的股东承担，斯姆迪特的财务风险大于诺迪特公司。

即便财务杠杆使斯姆迪特公司的预期权益收益率相对于诺迪特公司有所提高（正如表 14.5 所显示的），这也并不意味着斯姆迪特公司权益的市场价值高于诺迪特公司。财务杠杆虽然提高了预期权益收益率，但也增加了公司权益的风险，较高的贴现率将抵消较高的预期收益。

概念测验 14.1

摩尔迪特公司（Mordett）是一家资产总值与诺迪特和斯姆迪特公司相同的公司，但它的债务—权益比率为 1.0，利率为 9%。那么在坏年景、正常年景和好年景当中，它的净利润和权益收益率各为多少？

扫描二维码
获取答案解析

□ 经济附加值

虽然常常使用盈利指标例如 ROA、ROC 和 ROE 来评价企业业绩，但仅有这一指标是不够的。只有当项目收益率高于投资者预期自己在资本市场上可以获得的投资收益时（在风险调整的基础上），该企业才会被认为是成功的。只有当企业在再投资资金上的收益率高于资本机会成本即市场资本化比率的时候，对企业的再投资才会增加股票价值。为了解释机会成本，我们可以使用资产收益率和资本机会成本之间的差额来

经济附加值或残值收入：衡量公司收益超出机会成本部分价值的指标。

衡量企业的成功与否。**经济附加值**（economic value added，EVA）等于资产收益率和资本机会成本之差乘以投资于企业的资本。因此它衡量的是企业收益超过机会成本那部分的价值。经济附加值［这个名字是由提出这个概念的咨询公司思腾思特（Stern Stewart）创造的］的另一个名称是**残值收入**（residual income）。

表 14.6 列示了一个小的公司样本的经济附加值。该样本中经济附加值的领先者是苹果公司。[①] 但是你应该注意到经济附加值会受到公司规模的影响。例如，家得宝公司的资产收益率与其资本成本之间的差额为 19.76%－8.05%＝11.71%，远大于苹果公司的差额。然而，苹果公司的经济附加值较高，因为苹果公司是将边际量乘在一个大得多的资本成本上。在另一个极端，本田在庞大的资本基础上获得的收益少于其机会成本，从而导致了大的负经济附加值。

注意，在表 14.6 中，甚至经济附加值表现不佳的公司通常也具有正利润。例如，用通常的标准判断，本田凭借 2.13%的资产收益率获利颇丰。但是其资本成本较高，为 5.42%。从这一点讲，本田不足以弥补其资本的机会成本，所以经济附加值为负。经济附加值将机会成本当作实际成本来处理，像其他成本一样，要从收益中减去这一成本，以获得更有意义的“底线”（bottom line）。一个有正收入但不能覆盖机会成本的企业应该将其资本重新配置于更高效的用途。因此，越来越多的企业现在开始计算经济附加值并将经理的奖金与之相联系。

表 14.6　2016 年的经济增加值

	股票代码	经济附加值（10 亿美元）	资本（10 亿美元）	ROA（%）	资本成本（%）
苹果	AAPL	5.28	220.07	11.85	9.45
家得宝	HD	3.27	27.93	19.76	8.05
沃尔玛	WMT	3.16	123.97	7.14	4.59
微软	MSFT	2.26	164.37	9.41	8.04
英特尔	INTC	0.60	91.28	8.78	8.12
沃尔特·迪士尼	DIS	0.44	63.15	9.75	9.05
AT&T	T	－2.35	250.28	4.07	5.01
本田	HMC	－4.10	124.56	2.13	5.42

资料来源：作者根据 2017 年 4 月 19 日从 finance.yahoo.com 得到的数据计算。

案例 14.2

经济附加值

2016 年沃尔玛的加权平均资本成本是 4.59%（基于其债务成本、资本结构、权益 β，以及用 CAPM 得到的权益成本估计值）。沃尔玛的资产收益率是 7.14%，比投资于店铺、设备和技术的资本的机会成本高出 2.55%。换句话说，沃尔玛每投资一美元带来的收益要比投资者投向相同风险股票的预期收益高 2.55 美分。沃尔玛是在以 1 239.7 亿美元的资本规模赚取这一高收益。因此，沃尔玛的经济附加值，也即收益超过机会成本的部分，等于（0.071 4－0.045 9）×123.97 亿＝31.6 亿（美元）。

① 由思腾思特公司报告的实际经济附加值估计数据不同于表 14.6 中的数据，因为还存在其他一些对会计数据的调整，包括对研发费用、税费、广告支出和折旧的处理等。表 14.6 中的估计量只是用来表明经济附加值背后所体现的逻辑关系，当然它们不是准确值。运用 2017 年 35%的公司税率计算加权资本成本。

14.4 比率分析

□ 权益收益率的分解

为了理解影响一家公司权益收益率的因素，包括权益收益率的变动趋势和相对于竞争对手的表现，分析师经常将权益收益率分解成一系列的比率。每一种比率都有其自身的含义，这个分析过程将帮助分析师将注意力集中于影响权益收益率的彼此独立的一系列因素上。这种权益收益率分解法经常被称为**杜邦分析法系统**（DuPont system）。

杜邦分析法系统：将利润指标分解为一些比率的组合。

下面给出一种权益收益率分解法：

$$\text{ROE}=\frac{\text{净利润}}{\text{税前利润}}\times\frac{\text{税前利润}}{\text{息税前收益}}\times\frac{\text{息税前收益}}{\text{销售收入}}\times\frac{\text{销售收入}}{\text{资产}}\times\frac{\text{资产}}{\text{权益}} \tag{14.2}$$

$$(1)\quad\times\quad(2)\quad\times\quad(3)\quad\times\quad(4)\quad\times\quad(5)$$

表 14.7 显示了在三种不同的经济情景下，诺迪特公司和斯姆迪特公司所有这些比率的数值。我们首先注意因子（3）和（4）。它们的乘积为公司的资产收益率，即息税前收益/资产。

表 14.7　诺迪特和斯姆迪特公司比率分解分析

	ROE	(1) 税后净利润/税前利润	(2) 税前利润/EBIT	(3) EBIT/销售收入（边际利润率）	(4) 销售收入/资产（总资产周转率）	(5) 资产/所有者权益	(6) 复合杠杆因子 (2)×(5)
坏年景							
诺迪特	0.040	0.8	1.000	0.062 5	0.800	1.000	1.000
斯姆迪特	0.024	0.8	0.360	0.062 5	0.800	1.667	0.600
正常年景							
诺迪特	0.080	0.8	1.000	0.100	1.000	1.000	1.000
斯姆迪特	0.091	0.8	0.680	0.100	1.000	1.667	1.133
好年景							
诺迪特	0.120	0.8	1.000	0.125	1.200	1.000	1.000
斯姆迪特	0.157	0.8	0.787	0.125	1.200	1.667	1.311

因子（3）被称为公司的**边际利润率**（profit margin）或**销售收益率**（return on sales）。利润率表示每一美元的销售收入可获得的营业利润。在正常年景，诺迪特的销售利润率为 0.10 或 10%；在坏年景，该比率为 0.062 5 或 6.25%；在好年景，该比率为 0.125 或 12.5%。

边际利润率或销售利润率：营业利润与销售收入之比（EBIT 除以销售收入）。

因子（4）是销售收入对资产的比率，称为**总资产周转率**（total asset turnover，ATO）。它表明公司使用资产的效率，在这个意义上，它测度出 1 美元资产在一年内产生的销售收入。在正常年景，诺迪特公司的总资产周转率为 1.0，这意味着 1 美元的资产每年可以产生 1 美元的销售收入。在坏年景，该比率下降为 0.8；在好年景，该比率上升至 1.2。

总资产周转率：每一美元资产所产生的年销售收入（销售收入除以总资产）。

比较诺迪特和斯姆迪特公司，我们发现，因子（3）和（4）与公司的财务杠杆系数无关。在三种经济情景下，两家公司的比率都相等。类似地，因子（1）是税后净利润与税前利润的比值，两家公司的这一比率相同，我们称其为税收负担比率。它的值是税法和公司为尽量减轻其税收负担而实行的财务政策的综合反映。在我们的例子中，它不随经济周期而变化，始终保持 0.80。

尽管因子（1）、（3）与（4）不受公司资本结构的影响，但是因子（2）和（5）却受其影响。因子（2）是税前利润与息税前收益的比值。当公司不必向债权人支付利息时，公司的税前利润将较大。实际上，这个比率可以用另一种方式表述：

$$\frac{\text{税前利润}}{\text{息税前收益}}=\frac{\text{息税前收益}-\text{利息费用}}{\text{息税前收益}}$$

我们称这个因子为利息负担比率（interest-burden ratio，IB）。诺迪特公司的该比率为其可能达到的最高值 1，说明该公司的财务杠杆系数为 0。财务杠杆系数越高，利息负担比率就越低。诺迪特的利息负担比率并不随经济周期所处的阶段不同而变动。该比率固定地保持在 1.0，反映了该公司不必支付利息。对于斯姆迪特公司来说，由于利息费用为一固定的数值，而息税前收益是变动的，所以利息负担比率在坏年景为 0.36，在好年景为 0.787。

利息保障倍数：一个财务杠杆指标，等于息税前收益除以利息费用。

与利息负担比率密切相关的一个数据是**利息保障倍数**（interest coverage ratio，or times interest earned）。该比率定义为

$$\text{利息保障倍数}=\frac{\text{息税前收益}}{\text{利息费用}}$$

高利息保障比率意味着年收入大大高于每年的利息支付要求。该比率被很多借款人和贷款人用来确定公司的还债能力，也是公司债券评级的重要决定因素。

杠杆系数：衡量公司负债与总资本比率的指标。

因子（5）是资产对权益的比率，它是衡量公司财务杠杆的指标，被称为**杠杆系数**（leverage ratio），它等于 1 加上债务—权益比率。[①] 在表 14.7 的数字样本中，诺迪特公司的杠杆系数为 1，斯姆迪特公司的杠杆系数为 1.667。

从公式（14.1）的讨论中我们知道，只有当资产收益率大于公司债务的利率时，财务杠杆才有助于提升权益收益率。这个事实又是如何体现在表 14.7 的那些比率当中的呢？答案就是：为了度量杠杆在整个结构中的全部影响，分析师必须计算利息负担比率与杠杆系数的乘积[也就是因子（2）和（5），它们的乘积在表 14.7 的第（6）栏列出]。因子（6）被称为复合杠杆因子，诺迪特公司的这个数值在三种经济情景下均为一个常数 1.0。但是我们看到，斯姆迪特公司的复合杠杆因子在正常年景大于 1，为 1.134，在好年景则为 1.311，这说明财务杠杆对权益收益率产生了正的影响。在坏年景，该值小于 1，这反映了一个事实，即当资产收益率低于利率时，权益收益率将随负债的增加而下降。

我们可以将所有这些关系概括为下式：

$$\text{ROE}=\text{税收负担率}\times\text{利息负担率}\times\text{利润率}\times\text{总资产周转率}\times\text{杠杆系数}$$

因为

$$\text{ROA}=\text{利润率}\times\text{总资产周转率} \tag{14.3}$$

且

$$\text{复合杠杆因子}=\text{利息负担率}\times\text{杠杆系数}$$

因此，我们也可将权益收益率表达为

$$\text{ROE}=\text{税收负担率}\times\text{ROA}\times\text{复合杠杆因子}$$

① $\frac{\text{资产}}{\text{权益}}=\frac{\text{权益}+\text{债务}}{\text{权益}}=1+\frac{\text{债务}}{\text{权益}}$。

等式（14.3）表明 ROA 是利润率和总资产周转率的乘积。通常一个比率比较高时总是伴随着另一个比率比较低的情形。例如，沃尔玛的利润率比较低但周转率很好，而蒂芬妮的利润率很高但周转率较低。企业总是希望两个比率都高，但这基本是不可能的：如果零售商想要高利润率，那么它们必须牺牲销量。相反地，那些周转率低的企业需要高利润率以保持活力。因此销售收益率和总资产周转率的比较在评估同一行业的公司时才有意义。

如图 14.2 所示，利润率要和周转率达到一种均衡。像出售杂货或者零售服装这种高周转率的行业倾向于有比较低的利润率。而那些有较高利润率的行业，比如公用事业行业，周转率都比较低。图中的两条曲线描绘了周转率与利润率的乘积，即 ROA 的轨迹为 3%或 10%。你可以看到大多数行业都在这个范围内，因此各个行业的 ROA 值都小于单独的利润率或者周转率。

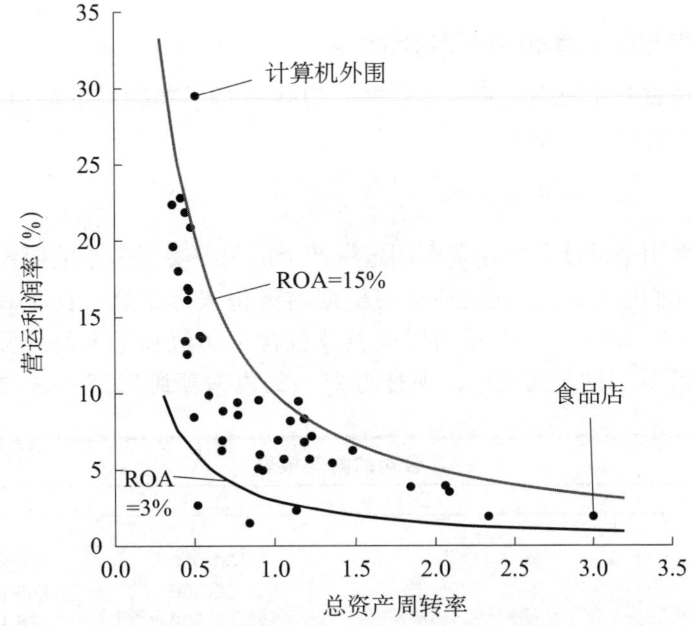

图 14.2　45 个行业的 ROA、利润率和总资产周转率的中位数

资料来源：Census Bureau，*Quarterly Report for Manufacturing and Trade Corporations*，*Second Quarter 2015*（www.census.gov/econ/qfr）。这是首次出现在下文中的一幅图的更新版：Thomas I. Selling and Clyde P. Stickney，"The Effects of Business Environments and Strategy on a Firm's Rate of Return on Assets，" *Financial Analysts Journal*，January-February 1989，pp. 43－52.

案例 14.3

利润率与总资产周转率

考虑两家资产收益率均为 10%的公司，一家是超市连锁公司，另一家是燃气和电力公用事业公司。

如表 14.8 所示，一方面，超市连锁公司的利润率较低，为 2%，但每年的总资产周转率为 5 次，从而其资产收益率为 10%。另一方面，那家资本密集型的公用事业公司总资产周转率很低，每年只有 0.5 次，但它的利润率为 20%，从而其资产收益率也为 10%。这说明了低的利润率或者低的总资产周转率并不能说明这家公司的情况很糟，每个比率必须按不同行业的标准来理解。

表 14.8	不同行业利润率和总资产周转率的差异				
	ROS	×	ATO	=	ROA
超市连锁公司	2%		5.0		10%
公用事业公司	20%		0.5		10%

概念测验 14.2

准备一张与表 14.7 相似的表格，为概念测验 1 中的摩尔迪特公司作一个比率分解分析。

扫描二维码
获取答案解析

□ 周转率和其他资产利用比率

计算利用效率或次一级资产的周转率对于理解一家公司的销售收入与资产的比率是十分有用的。例如，

$$固定资产周转率=\frac{销售收入}{固定资产}$$

该比率用来测度公司花费在固定资产上的每一美元带来的销售收入。

我们通过 GI 公司说明如何根据财务报表算出这个比率和其他比率。表 14.9 给出了该公司 2014—2017 年的损益表及包含年初值和年末值的资产负债表。(在案例中我们使用 40%的公司税率，现有的 21%的税率直到 2018 年才会生效。)

表 14.9　GI 公司的财务报表　单位：千美元

	2014 年	2015 年	2016 年	2017 年
损益表				
销售收入		100 000	120 000	144 000
产品销售成本（包括折旧）		55 000	66 000	79 200
折旧		15 000	18 000	21 600
销售和管理费用		15 000	18 000	21 600
营业利润		30 000	36 000	43 200
利息费用		10 500	19 095	34 391
应税收入		19 500	16 905	8 809
所得税（40%的税率）		7 800	6 762	3 524
净利润		11 700	10 143	5 285
资产负债表（年末）				
现金和有价证券	50 000	60 000	72 000	86 400
应收账款	25 000	30 000	36 000	43 200
存货	75 000	90 000	108 000	129 600
厂房和设备净值	150 000	180 000	216 000	259 200
资产总计	300 000	360 000	432 000	518 400
应付账款	30 000	36 000	43 200	51 840
短期债务	45 000	87 300	141 957	214 432
长期债务（8%的债务于 2030 年到期）	75 000	75 000	75 000	75 000
负债总计	150 000	198 300	260 157	341 272
所有者权益（发行在外的股份为 100 万股）	150 000	161 700	171 843	177 128
其他数据				
年底每股普通股市价（美元）		93.60	61.00	21.00

GI 公司 2017 年的总资产周转率为 0.303，比行业平均水平低 0.4。为了更好地理解 GI 公司为何表现不佳，我们决定分别计算固定资产、存货和应收账款的资产利用率。

2017 年 GI 公司的销售收入为 1.44 亿美元。它唯一的固定资产是厂房和设备，年初值为 2.16 亿美元，年末值为 2.592 亿美元。该年的固定资产平均值为 2.376 亿美元[=(2.16 亿美元+2.592 亿美元)/2]。GI 公司 2017 年的固定资产周转率为 1.44 亿美元/2.376 亿美元=0.606。换句话说，在 2017 年每一美元固定资产可带来 0.606 美元的销售收入。

注意到当一个财务比率包括来自损益表中的一项和来自资产负债表中的一项时，其中损益表的项目是某一时期上的数值，而资产负债表的项目则是某一时点上的“快照”，计算该比率时，应使用资产负债表中期初数字和期末数字的平均值。因此，在计算固定资产周转率时，你应该用销售收入（来自损益表）除以固定资产的平均值（来自资产负债表）。

2015—2017 年的固定资产周转率以及 2017 年的行业平均值如下：

2015 年	2016 年	2017 年	2017 年行业平均值
0.606	0.606	0.606	0.700

GI 公司的固定资产周转率在此期间是稳定的，但低于行业平均水平。

另一种广泛使用的周转率是**存货周转率**（inventory turnover ratio），它是反映每一美元存货所带来的销售成本的比率。它的表达式为产品销售成本（而不是销售收入）除以存货成本价值。它是测度存货周转速度的指标。

存货周转率：产品销售成本除以平均存货。

2015 年，GI 公司的销售成本（扣除折旧）为 4 000 万美元，而其平均存货为 8 250 万美元[=(7 500 万美元+9 000 万美元)/2]。它的存货周转率为 0.485/年（=4 000 万美元/8 250 万美元）。2016 年和 2017 年，该公司的存货周转率保持不变，但低于行业每年 0.5 的平均水平。换句话说，GI 每销售 1 美元负担了比它的竞争者更高水平的存货。这种对营业资本的更高的投资导致了每一美元的销售收入或者利润对应更多的资产，以及比竞争者更低的 ROA。

效率的另一方面涉及应收账款的管理，通常用**应收账款回收天数**（days sales in receivables）来衡量，即将平均的应收账款表示为每日销售额的乘数。它通常按平均应收账款/销售收入×365 天来计算，它等于将销售收入捆绑在应收账款上的天数。你也可以把它当作销售日期与收到付款日期之间的平均间隔时间，因此也被称为**平均回收期**（average collection period）。

应收账款回收天数或平均回收期：每一美元日销售额对应的应收账款。

对于 GI 公司来说，2017 年该数值为 100.4 天：

$$\frac{(3\,600\text{ 万美元}+4\,320\text{ 万美元})/2}{14\,400\text{ 万美元}}\times 365\text{ 天}=100.4\text{ 天}$$

行业平均值为 60 天。这个数据告诉我们 GI 公司每一美元的销售收入对应的平均应收账款超过它的竞争者。再次印证了运营资本的投资越多，ROA 值就越低。

总之，这些比率的运用使我们知道：相对于行业平均水平，GI 公司的资金周转状况较差，它部分是由低于平均水平的固定资产周转率与存货周转率以及高于平均水平的应收账款回收天数所导致的。这表明了 GI 公司存在生产能力过剩和存货与应收账款管理较差等方面的问题。

□ 流动性比率

杠杆系数是衡量一个企业负债安全性的指标。负债比率是将企业的债务与企业的总资产相比较，偿还比率是将盈利能力与偿还负债所需的现金流相比较。但是杠杆系数并不是财务审慎原则的唯一决定因素。你还想知道一个企业为了满足债务偿还要求或者不可预见的义务而需要的现金流。**流动性**（liquidity）就是在短期内将资产变现的能力，常用的指标包括流动比率、速动比率和现金比率。

流动性：短期内将资产变现的能力。

流动比率：流动资产/流动负债。

1. **流动比率**（current ratio）：流动资产/流动负债。这个比率用来测度公司通过兑现流动资产（即将流动资产转化为现金）来偿还流动负债的能力。它反映了公司在短期内避免无力偿还债务的能力。例如，GI 公司的流动比率在 2015 年为（60＋30＋90）/（36＋87.3）＝1.46。其值在其他年份为

2015 年	2016 年	2017 年	2017 年行业平均值
1.46	1.17	0.97	2.0

该表说明了随着时间的推移，该公司的流动比率趋于恶化，也说明了相对于行业标准，公司的该比率处于劣势。由于 GI 公司对应收账款和存货的管理很不高效导致运营资本负担很大，这一结果也就不奇怪了。

速动比率或酸性试验比率：与流动比率相似的流动性测度指标，只是它不包括存货。

2. **速动比率**（quick ratio）：（现金＋应收账款＋有价证券）/流动负债。这一比率也叫作**酸性试验比率**（acid test ratio），它与流动比率的分母相同，但其分子只包括现金及其等价物（如有价证券），和应收账款。对于那些存货无法立即转变为现金的公司，速动比率是比流动比率更好的流动性测度法。GI 公司的速动比率和其流动比率一样，呈现出不良的发展趋势。

2015 年	2016 年	2017 年	2017 年行业平均值
0.73	0.58	0.49	1.0

现金比率：测量流动性的另一比率，等于现金加有价证券除以流动负债。

3. **现金比率**（cash ratio）。公司应收款项的流动性要比所持有的现金和有价证券的流动性差。在速动比率之外，分析师们还计算公司的现金比率，该比率定义为

$$现金比率=\frac{现金+有价证券}{流动负债}$$

GI 公司的现金比率为

2015 年	2016 年	2017 年	2017 年行业平均值
0.487	0.389	0.324	0.70

GI 公司的流动性比率在这三年出现了惊人的下降，到 2017 年已经远低于行业平均水平。流动性比率与偿债比率（你可以确定利息保障倍数在这一期间也在下降）的下降都说明公司的信用评级也在下降。毫无疑问，GI 公司在 2017 年面临着相对较差的信用风险。

□ 市场价格—账面价值比率

市场价格—账面价值比率：公司普通股每股市价与每股账面价值之比。

市场价格—账面价值比率（market-to-book-value ratio，P/B）等于公司普通股每股市价除以其账面价值（book value），即每股股东权益。一些分析师认为，投资一个市场价格—账面价值比率较低的公司的股票是安全的选择，它们把账面价值视为市价的底线。分析师可能将账面价值视为这样一种水平：在其之下，市价不再下降，因为

公司总是可以按账面价值来变现或出售它的资产。但是，这种观点也有可疑之处。事实上，一些公司的股票确实是在账面价值之下交易。例如，2017 年中，本田、三菱和巴克莱的股票按低于账面价值的金额交易。不过，一些人认为，低的账面净值比率提供了一个“安全边际”，并且一些分析师在挑选股票的过程中，可以借助该指标筛掉或拒绝高 P/B 值的公司。

事实上，对于 P/B，一个更好的解释是衡量了成长机会。回顾之前的章节我们会发现，构成公司价值的两个部分是现有资产和成长机会。如下例所示，拥有更大成长机会的公司往往会表现出更高的市场价格与账面价值的倍数。

案例 14.4

市场价格—账面价值比率和成长机会

考虑两个公司，二者的账面价值均为每股 10 美元，市场资本化率为 15%，再投资比率为 0.60。

美好前景公司的 ROE 为 20%，这大大超过了市场资本化率；这个 ROE 值说明公司拥有充足的成长机会。当 ROE=0.20 时，美好前景公司今年每股收益为 0.20×10=2（美元）。再投资比率为 0.60 时，发放的股利 $D_1=(1-0.6)\times 2=0.80$（美元），增长率 $g=b\times \mathrm{ROE}=0.60\times 0.2=0.12$。股票价格为 $D_1/(k-g)=0.80/(0.15-0.12)=26.67$（美元）。它的 P/B 比率为 26.67/10=2.667。

相反，过往辉煌公司的 ROE 仅为 15%，恰好和市场资本化率相等。因此该公司今年每股收益为 0.15×10=1.50（美元），发放的股利 $D_1=(1-0.6)\times 1.50=0.60$（美元），增长率 $g=b\times \mathrm{ROE}=0.60\times 0.15=0.09$。股票价格为 $D_1/(k-g)=0.60/(0.15-0.09)=10$（美元）。它的 P/B 值为 10/10=1。这一结果并不令人惊讶，如果一个公司的收益率正好是投资必要收益率，那么售价就等于账面价值，不会更多了。

我们可以得出一个结论，即 P/B 值在很大程度上由成长机会决定。

市盈率：股价与每股收益之比，也叫价格—收益乘数。

另一个将公司的成长性与价值放在一起考虑的指标是**市盈率**（price-earning ratio，P/E）。事实上，从上一章我们看到，增长机会现值与现有资产现值的比率在很大程度上决定了市盈率。较低的市盈率使得你可以为每一美元赚到的收入花较少的钱，但是当你的公司成长得足够快时，较高的市盈率是一个更好的均衡策略。①

然而很多分析师相信市盈率较低的股票比市盈率较高的股票更有吸引力。事实上，当采用 CAPM 模型作为收益标准时，市盈率较低的股票 α 值通常为正。但是一个有效市场可能会忽略这一结果，他们认为如此简单的模型并不能真正产生异常收益，在这种情况下，CAPM 模型也许不是一个很好的收益率基准模型。

在任何情况下，我们需要牢记的重点是股票的所有权将权利放到了未来以及当期收益（current earning）上，因此一个高的市盈率可能会被解释为一种信号，即市场认为这个公司很有吸引力。

在结束市场价格—账面价值比率和市盈率的讨论之前，有必要指出这些比率与权益收益率之间的关系：

$$\mathrm{ROE}=\frac{\text{收益}}{\text{账面价值}}=\frac{\text{市场价格}}{\text{账面价值}}\div\frac{\text{市场价格}}{\text{收益}}$$

① 虽然在财务报告中市盈率的计算是基于过去的收益，但价格是由未来收益前景决定的。因此报告的市盈率可能反映了当期收益在趋势线附近的波动。

$= P/B \div$ 市盈率

通过重新排列这些项，我们发现一家公司的市盈率等于其 P/B 值除以权益收益率：

$$\frac{P}{E} = \frac{P/B}{ROE}$$

华尔街经常区分“好的公司”和“好的投资”。一个好的公司可能有较高的利润率，对应的 ROE 也很高。但是如果它的股票价格被抬高到与 ROE 相称的水平，其P/B 值也会很高，而股价可能比收益大得多，从而降低了其作为投资的吸引力。因此，一个公司如果只有 ROE 高并不能说明其股票是很好的投资。相反地，如果一个较差的公司其 ROE 足够低，那么它也可能是好的投资。

表 14.10 总结了本节提到的各种比率。

表 14.10　关键财务比率总结

杠杆率	
利息负担	$\frac{\text{EBIT}-\text{利息支出}}{\text{EBIT}}$
利息偿付率（利息保障倍数）	$\frac{\text{EBIT}}{\text{利息支出}}$
杠杆	$\frac{\text{资产}}{\text{股本}}=1+\frac{\text{负债}}{\text{股本}}$
综合债务因子	利息负担×杠杆
资产利用率	
总资产周转率	$\frac{\text{销售收入}}{\text{总资产}}$
固定资产周转率	$\frac{\text{销售收入}}{\text{固定资产}}$
存货周转率	$\frac{\text{销售成本}}{\text{平均存货}}$
应收账款回收天数	$\frac{\text{平均应收账款}}{\text{年销售收入}}\times 365$
流动性	
流动比率	$\frac{\text{流动资产}}{\text{流动负债}}$
速动比率	$\frac{\text{现金}+\text{有价证券}+\text{应收账款}}{\text{流动负债}}$
现金比率	$\frac{\text{现金}+\text{有价证券}}{\text{流动负债}}$
盈利性比率	
资产收益率	$\frac{\text{EBIT}}{\text{平均总资产}}$
股本收益率	$\frac{\text{净收入}}{\text{平均股东权益}}$
销售收入收益率（边际利润率）	$\frac{\text{EBIT}}{\text{销售收入}}$

续表

市场价格比率	
市场价格—账面价值比率	$\frac{\text{每股价格}}{\text{每股账面价值}}$
市盈率	$\frac{\text{每股价格}}{\text{每股净利润}}$
收益率	$\frac{\text{每股净利润}}{\text{每股价格}}$

概念测验 14.3

2017 年 GI 公司的权益收益率、市盈率和 P/B 值分别为多少？它们与行业平均值相比如何？行业平均值为：权益收益率＝8.64%，市盈率＝8，P/B 值＝0.69。

GI 公司的股票 2017 年的盈利率与行业平均值相比是高还是低？

扫描二维码
获取答案解析

□ 选择一个基准

我们已经讨论了如何计算主要的财务绩效。为了衡量给定企业的财务绩效，你还需要一个可对这些比率进行比较的基准。一个显而易见的基准是该企业早些年份的比率。例如，图 14.3 表明了近年来家得宝公司的资产收益率、利润率和总资产周转率。可以看出，2009 年以来，家得宝公司的资产收益率波动在很大程度上是由于利润率和周转率的变动引起的。

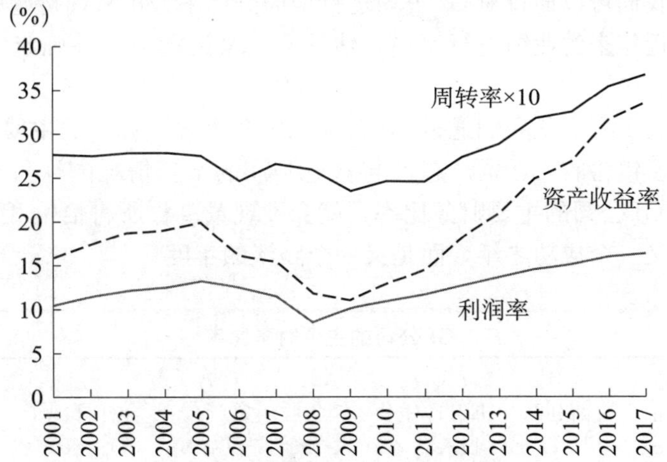

图 14.3 家得宝公司的杜邦分解式

将这些比率与同一产业内其他公司的相应比率进行比较也是有益的。美国商务部、邓百氏公司（Dun & Bradstreet）、风险管理协会以及其他一些公司都提供各个产业的财务比率。许多比率也可在网站上找到，如雅虎的金融网站。

表 14.11 提供了一份主要行业的当前财务比率比较，从中可以对行业间的差别有一个直观的感受。其中有些比率，像总资产周转率和总负债率，反映了公司或其行业的持久特征，并且相对比较稳定。例如，药品开发与生产公司的资产周转率一直比服装行业低，但是其他比率，比如资产收益率或权益收益率对当前的经营状况更为敏感。

表 14.11	主要产业群的财务比率								
	长期债务资产	利息保障倍数	流动比率	速动比率	总资产周转率	边际利润率（%）	资产收益率（%）	权益收益率（%）	支出比率
所有制造业	0.26	3.11	1.26	0.85	0.63	6.76	4.28	13.04	0.54
食品	0.25	6.87	1.52	0.97	0.91	8.92	8.09	13.05	0.44
服装	0.25	7.36	1.17	0.36	2.07	5.49	11.39	22.28	0.23
航天	0.23	5.70	1.15	0.47	0.71	9.29	6.62	24.59	1.01
化学	0.32	2.29	1.12	0.83	0.39	10.11	3.97	13.20	0.66
药品	0.33	2.18	1.05	0.81	0.32	11.85	3.76	10.52	0.86
机械	0.23	2.43	1.32	0.86	0.65	5.03	3.28	6.11	1.22
电气	0.21	4.51	1.12	0.74	0.54	7.74	4.19	13.29	0.74
汽车	0.14	4.50	1.04	0.74	1.25	3.24	4.06	11.70	0.54
计算机及电子	0.27	3.10	1.21	0.98	0.42	9.83	4.12	18.27	0.27

资料来源：*U. S. Department of Commerce*，*Quarterly Financial Report for Manufacturing*，*Mining and Trade Corporations*，March 2017. Available at http：//www2. census. gov/econ/qfr/current/qfr _ pub. pdf.

14.5 关于财务报表分析的说明

在向股东公布的 2017 年年度报告中，GI 公司的董事长写道："2017 年对于 GI 公司来说是成功的一年。与 2016 年一样，销售收入、资产总额与营业利润都继续保持了 20%的增长速度。"

她说得对吗？

我们可以通过对 GI 公司进行全面的比率分析来评价她的言论。我们的目的是对 GI 公司近年来的业绩进行评估，估计它未来的前景，并确定它的市值是否反映了其内在价值。

表 14.12 是我们通过 GI 公司的财务报表计算出的主要财务比率，结果表明，董事长关于销售收入、资产总额与营业利润的增长情况的评价正确无误。然而，仔细审查一下 GI 公司的主要财务比率，就会发现董事长所言恰恰相反：2017 年对 GI 公司来说绝非又一个成功之年，而是又一个黯淡的年度。

表 14.12	GI 公司的主要财务比率									
年份	ROE（%）	(1) 利润/税前利润	(2) 税前利润/EBIT	(3) EBIT/销售收入（%）	(4) 销售收入/资产	(5) 资产/权益	(6) 复合杠杆因子 (2)×(5)	(7) ROA（%） (3)×(4)	P/E	P/B
2015	7.51	0.6	0.650	30	0.303	2.117	1.376	9.09	8	0.58
2016	6.08	0.6	0.470	30	0.303	2.375	1.116	9.09	6	0.35
2017	3.03	0.6	0.204	30	0.303	2.723	0.556	9.09	4	0.12
行业平均	8.64	0.6	0.800	30	0.400	1.500	1.200	12.00	8	0.69

权益收益率从 2015 年的 7.51%逐渐下降到 2017 年的 3.03%。2017 年 GI 公司的权益收益率与该年 8.64%的行业平均值的对比使得这一随着时间恶化的趋势显得更加危急。水平较低并且不断下降的 P/B 值与不断下降的市盈率表明，投资者对公司未来的盈利能力越来越不乐观。

但是，资产收益率不再下降的事实告诉我们，造成GI公司的权益收益率随时间下降的趋势的原因一定是财务杠杆。而且事实上，当GI公司的杠杆系数从2015年的2.117上升到2017年的2.723时，它的利息负担比率从0.650下降到0.204——这导致了最后的结果：复合杠杆因子从1.376下降到0.556。

短期债务的逐年快速递增与利息费用的同步增长说明，为了维持销售收入20%的增长率，GI公司借入了大量高利率的短期债务。该公司为新投资的借款支付了比资产收益率更高的利率，因此，当这家公司扩张时，它的状况也就变得更加危险。

例如，在2017年，短期债务的平均利率为20%，而资产收益率为9.09%。（我们通过表14.9中的数据用如下步骤计算出GI公司短期借款的利率：资产负债表指出，长期债券的息票率为8%，面值为7 500万美元。因此长期债务的利息为0.08×7 500＝600万美元。用2013年全部利息费用34 391 000美元减去长期债务的利息600万美元，等于28 391 000美元。这就是年初短期债务的利率20%。）

在考察了表14.13所提供的现金流量表以后，GI公司的问题变得更加清晰了。该表可由表14.9中的损益表与资产负债表导出。GI公司经营活动产生的现金流逐步由2015年的1 270万美元下降到2017年的672.5万美元。相比较而言，该公司在厂房和设备上的投资已大大提高。厂房与设备净值（即扣除折旧后的数值）从2014年的1.5亿美元上升到2017年的2.592亿美元。固定资产近乎翻番使得经营产生的现金流量减少，并使该公司进一步陷入困境。

问题源自GI公司的巨额短期借款。在某种意义上，这家公司的运行采取的就是一个金字塔形的运转体制，每年借入越来越多的债务来维持资产和收入20%的增长率。但是，由于经营产生的现金流不断下降，这些新资产无法产生足够的现金流来支持由债务产生的额外利息负担。最终，当公司失去进一步借款的能力时，它的增长也就寿终正寝了。

表14.13　GI公司的现金流量表　单位：千美元

	2015年	2016年	2017年
经营活动产生的现金流量			
净利润	11 700	10 143	5 285
＋折旧	15 000	18 000	21 600
＋应收账款的减少（增加）	(5 000)	(6 000)	(7 200)
＋存货的减少（增加）	(15 000)	(18 000)	(21 600)
＋应付账款的增加	6 000	7 200	8 640
	12 700	11 343	6 725
投资活动产生的现金流量			
厂房和设备的投资*	(45 000)	(54 000)	(64 800)
筹资活动产生的现金流量			
股利分配**	0	0	0
发行短期债务	42 300	54 657	72 475
现金及现金等价物的变化***	10 000	12 000	14 400

说明：* 总投资等于厂房与设备净值增加和折旧之和。

** 我们得出的结论是：由于每年股东权益的增加数额等于全部的净利润，利润再投资率为1.0，从而没有支付股利。

*** 现金及现金等价物的变化等于经营活动产生的现金流量加上投资活动产生的现金流量和筹资活动产生的现金流量。注意这个数据等于资产负债表中现金和以市值计价的债券的年度变化额。

概念测验 14.4

你掌握了 IBX 公司 2018 年和 2021 年的如下信息（所有数值的单位均为百万美元）：

	2020 年	2018 年
净利润	253.7	239.0
税前利润	411.9	375.6
息税前收益	517.6	403.1
平均资产	4 857.9	3 459.7
销售收入	6 679.3	4 537.0
股东权益	2 233.3	2 347.3

扫描二维码
获取答案解析

IBX 公司权益收益率的变动趋势如何？你如何根据税负、毛利率、周转率和财务杠杆来解释这个趋势？

在这一点上，GI 公司的股票也许是一个吸引人的投资。它的市价只有其账面价值的 12%，市盈率为 4，其股票的年收益率为 25%。GI 公司很可能成为另一家公司的收购目标，这家公司在取得该公司的管理权之后，可能会通过对公司策略的根本性改变来重建公司的价值。

14.6 可比性问题

财务报表分析为我们提供了充足的工具来评价一家公司的绩效与未来的前景。但是，比较不同公司的财务结果却不是那么简单。根据公认会计准则，可用几种不同的方法来表示收入与支出项目，这意味着两家有着完全相同经济收益的公司却可能有着截然不同的会计收益。

而且，当通货膨胀扭曲货币这一衡量价值的标准时，解释一家公司在不同时间内的业绩表现就变得更为复杂。在这种情况下，可比性问题就成为特别突出的问题，因为通货膨胀对报表中的结果究竟会产生多大的影响，通常依赖于所采用的计算存货与折旧的方法。在试图比较不同公司之间随时间变化的财务结果之前，证券分析师必须调整收益与财务比率，以达到一个统一的可比标准。其他不可比性的潜在来源包括租赁和其他费用支出的资本化、养老金成本的处理和准备金的计提等。

□ 存货估值

LIFO：衡量存货价值的后进先出法。

FIFO：衡量存货价值的先进先出法。

在给存货估值时，有两种常用的方法：**后进先出法**（last-in，first-out，LIFO）和**先进先出法**（first-in，first-out，FIFO）。我们可以用一个例子解释两种计算方法产生的差异。

假设通用产品公司（GPI）有一笔经常性的存货，数量为 100 万单位。这批存货每年周转 1 次，即意味着产品销售成本与存货之比为 1。

后进先出法要求按当前的生产成本对这一笔在一年内用完的 100 万单位存货进行估价，这样最后生产的货物需要首先售出。它们按售出当天的成本估价。先进先出法假设被用完或者售出的单位是首先加入存货的部分，售出的货物按原始成本估价。

如果商品的价格保持 1 美元不变，存货与产品销售成本的账面价值将是一样的，在两种会计方法下均为 100 万美元。但在这一年中，假设由于通货膨胀，商品的价格每单位上升了 10 美分。

按照后进先出法，销售成本为 110 万美元，而年末资产负债表中 100 万单位存货的价值仍为 100 万美元。资产负债表中的存货仍按商品的成本估价。在后进先出法下，最后生产的商品假定按当前成本 1.10 美元销售，剩下的商品是先前生产的，成本仅为 1 美元。你可以发现，尽管后进先出法精确测度了当天的销售成本，但是它低估了在一个通胀环境下留存存货的当前价值。

相比而言，在先进先出法中，销售成本为 100 万美元，年末资产负债表中存货的价值为 110 万美元。这导致了采用后进先出法的公司与采用先进先出法的公司相比，有较低的报表利润及在资产负债表中有较低的存货价值。

在计算经济收益（即实际可持续性现金流）时，后进先出法比先进先出法更好，因为它使用当前价格来对销售成本进行估值。后进先出法的缺陷是：当对处于原始成本的存货进行估值时，它会使资产负债表产生扭曲。这种会计实践使得对于实际权益收益率的偏见不断增多，因为可获得收益的投资基础被低估了。

□ 折旧

另一个问题是折旧的测度，在计算真实收益时，它是一个关键性的因素。会计的折旧计算法与经济的折旧计算法存在明显的区别。根据经济计算法的定义，折旧是一家公司经营现金流的来源，它必须重新投入生产过程，以维持公司当前水平的实际生产能力。

而会计计算方法完全不同，会计折旧是资产的取得成本在一个既定的会计期间内分配到各期上的数额，其数值在财务报表中体现出来。

例如，假设一家公司购买一批经济寿命为 20 年、单价为 10 万美元的机器。然而，在公司的财务报表中，公司可以使用直线法在 10 年的期间内折旧这批机器，每年折旧额为 1 万美元。这样，在 10 年之后，一台机器的账面价值就全部折旧完了，虽然它仍是生产性资产，但在下一个 10 年里也不必替换。

在计算会计收益时，在机器经济寿命的第一个 10 年里，这家公司会高估折旧，在后 10 年里又会低估它。这将导致报表中的收益与经济收益相比较，在最初的 10 年里被缩小了，而在后 10 年中又被夸大了。

折旧的可比性问题还有一个缺点：一家公司为达到减税目的可使用不同的折旧方法，这么做不是为了报表的需要。大多数公司在减税目的下使用加速折旧法，而在公开的财务报表中使用直线折旧法。不同公司之间在对厂房、设备与其他可折旧资产的折旧期的估算上也存在差异。根据现行的美国税法，公司可以在资产投入使用的那一年折旧全部的资本成本，但是在大多数国家并非如此。

另一个复杂的问题与通货膨胀有关。因为从习惯上来说折旧建立在历史成本之上，而非资产的重置成本之上。相对于重置成本而言，在通货膨胀期间测算的折旧额变小，真实的经济收益（持续现金流）就相应地被夸大。

例如，假设通用产品公司有一台使用寿命为 3 年的机器，其原始成本为 300 万美元。每年的直线折旧费用为 100 万美元，不考虑机器的重置成本。假设第一年的通货膨胀率为 10%，那么实际年折旧额在当前时期为 110 万美元，而习惯上被测度的年折旧额为 100 万美元。会计收益把真实的经济收益夸大了 10 万美元。

□ 通货膨胀与利息费用

虽然通货膨胀在测度一家公司的存货与折旧额时会产生扭曲，但是它更大的扭曲作用也许还是体现在对实际利息费用的计算上。名义利率包括用以补偿贷款人的通货膨胀溢价，因为通胀侵蚀了资本的实际价值。因此，从贷款人与借款人的角度来看，对于一部分传统上的利息费用，更合适的说法应该将其作为对本金的补偿。

案例 14.5

通货膨胀和实际收入

假设通用产品公司有一笔票面价值为 1 000 万美元、年利率为 10%的未偿还债务，利息费用按惯例计算每年为 100 万美元。但是，假设这一年的通胀率为 6%，那么实际利率约为 4%。这样，在损益表中 60 万美元的利息费用实际上是一个通胀溢价，或者是对 1 000 万美元本金实际价值预期减少额的补偿，只有 40 万美元是实际的利息费用。本金余额的购买力减少的 60 万美元可以当作本金的偿还，而非利息费用，公司的实际收入因此少算了 60 万美元。

对实际利息的错误计算意味着通货膨胀使实际收入被低估。通货膨胀对我们前面已讨论的存货和折旧的影响是在相反的方向上起作用的。

概念测验 14.5

在一个通货膨胀高涨的时期，公司 ABC 和 XYZ 有相同的报表收益。ABC 公司使用后进先出存货计价法，与 XYZ 公司相比，它有相对较少的可折旧资产与更多的债务。XYZ 公司使用先进先出存货计价法。哪一家公司的实际收入更高？为什么？

扫描二维码
获取答案解析

□ 公允价值会计

很多主要的资产和负债并不在金融市场上交易，也不具有容易辨别的价值。比如，我们很难确定员工股票期权、退休员工医疗保障、房屋和其他地产，以及复杂的衍生品合同的价值。这些价值会随着时间的推移剧烈波动，而公司的实际财务状况又非常依赖它们，一般的做法是用历史成本对它们计价。**公允价值会计**（fair value accounting，mark-to-market accounting）的支持者宣称，如果财务报告能够很好地反映所有资产和负债的当前市场价值，报告就能对公司的状况做出更真实的描绘。

公允价值会计：在公司财务报表中使用当前市场价格而不是历史成本。

美国财务会计准则委员会的第 157 号声明是有关公允价值会计的，该声明将资产放到三个“桶”中的一个。一级资产是在活跃市场上交易的，因此其价值可以由市场价格度量。二级资产的交易没有那么活跃，但是仍可以用可以观察到的与之类似的资产的数据对其进行估值。三级资产很难估值。这里，我们甚至很难找出与之类似的资产来作为其市场价格的基准。人们必须求助于定价模型来估算其内在价值。人们经常把这叫作"按模型计价"而不是按市值计价。虽然他们很不屑于按市值计价的想法，因为这种估计也太容易通过模型输入的使用而被操纵。自2012年以来，公司被要求披露更多有关其估值模型中使用的方法和假设的信息，并描述其估值结果对方法变更的敏感性。

公允价值会计的反对者认为这种方法过于依赖估计。这种估计会将很多"噪音"悄悄地引入公司的报表中，而且由于资产定价中的波动会造成利润的剧烈波动。更为严重的是，在有利可图时这种主观性很强的估值方法会给管理人员提供一种操纵盈利和公司财务状况的工具。例如，伯格斯特拉瑟、德塞和劳（Bergstresser，Desai，and Rauh，2006）发现，当公司管理人员大量行使他们的股票期权时，公司对养老金的固定收益计划的收益率会做出更为进取性的估计（这会降低养老金支付金额的现值计算结果）。

一个有争议的辩论于2008年爆发，该争论是关于陷入困境的金融机构对公允价值会计的应用的。在那个时点上，许多金融证券的价值例如次级抵押贷款池以及这些池支持的衍生工具合约都出现了问题，因为利用这些工具的交易没有了。如果没有运作良好的市场，估计（更不用说观测）市场价值充其量是一个危险的行为。

有人认为这种按市值计价的会计方法迫使银行减记资产价值，这也加剧了金融危机。而另一些人则认为不按市值计价就是故意忽视现实，并放弃解决问题的责任，让已经参与或者将要参与的银行自生自灭。下面的"市场前沿"专栏就讨论了这个问题。

市场前沿

按市值计价的会计方法：生存还是毁灭？

2008年许多持有抵押担保证券的银行以及其他机构都对自己的投资组合进行重新估值。一方面，这个组合的净值随着这些证券价值的下跌而下跌。这个证券的损失是个惨痛的结局，但是另一方面，这些损失的连锁反应只是加深了银行的困境。例如，相对于资产数量来说，银行被要求需要保持足够的资本水平。如果资本公积下降，那么银行将被迫收缩额度，直到其资本水平再次回到标准之上。但是这种收缩使得银行需要降低贷款金额，即限制其客户的信贷。银行也许还需要出售一些资产；而且如果很多银行试着立即收缩它们的投资组合，一波又一波的被迫出售会给价格带来很大的压力，进而导致在自循环中进一步的资产减记以及资本价值减少。因此按市值计价这种会计方法的批评者总结道，这种行为加剧了已经摇摇欲坠的经济问题。

然而，支持者们认为批评者混淆了信息与报信人。按市值计价的会计方法使得已经发生的损失透明化，但它并不会造成这些损失。但批评者反驳说，当市场摇摇欲坠时，市场价格可能是不可靠的。如果交易活动大量崩溃，资产只能以大甩卖的价格出售，那么这些价格不再反映基本价值。如果市场不能运作，那么也就不再有效了。在那场关于拖垮银行的违约抵押贷款的风暴中，当时的财政部长亨利·保尔森的早期提案之一是政府以"持有至到期"的价格购买不良资产，而这个价格是在正常运转的市场中对内在价值进行估计得到的。本着同样的精神，2009年4月财务会计准则委员会就推迟减记这件事情上给予了金融机构更大的回旋余地，仅当作"暂时受损"。

取消减记要求可以被看作一种几乎不加掩饰的监管上的宽容。监管部门知道损失已经发生，而且资金已经受损。但是，允许企业根据模型而不是市场价格来调整账面的这种行为背后隐藏的不好的含义可能是对资本充足率的一种礼貌性的忽视。即便如此，如果我们的目标是避免在低迷市场中被迫出售资产，透明度可能仍然是最好的策略。相比于无视它们的损失，承认损失并明确修改资本规定，以帮助机构在艰难的情况下恢复其经济基础似乎是更好的选择。毕竟，如果它们被允许掩盖企业的真实状况，为什么还要费力编制财务报表呢？

在放弃公允价值会计之前，先想好替代方案才是谨慎的选择。让公司按照初始购买价格记账的传统的历史成本会计就更不值得推荐。这将使投资者无法准确了解摇摇欲坠的机构所处的情形，同理，也减轻了这些企业的压力。在处理损失之前首先需要承认它们。

□ 收益质量和会计实践

很多公司选择使用最有利于美化其财务报表的会计准则。不同的选择引起了我们已经讨论过的一致性问题。结果，不同公司的损益表或多或少是其真实“经济收入”美化后的呈现——向股东提供持续的现金流而不至于影响公司的盈利能力。分析师常常评价一个公司提供的报表的**收益质量**（quality of earnings）。这一概念主要针对收益数字的真实性和保守性，换句话说，报告的收益在何种程度上是可持续的。

收益质量：报告收益的正式性和持续性。

影响收益质量的会计选择包括：

- **坏账计提**（allowance for bad debt）。大多数公司通过贸易信用出售商品，因此必须计提坏账。不现实的低坏账计提降低了报告收益的质量。考察应收账款的平均回收期，可以发现未来款项的潜在问题。
- **非经常性项目**（nonrecurring items）。影响收益的某些项目并不能反复发生。这些项目包括资产出售、会计改变效应、汇率运动效应或者异常的投资收入。例如，在某些权益收益大的年份，一些公司因为持有的证券而获利颇丰。这些收益将算作当年的收入，但预期不能重复发生。这些项目可以看作收益构成的“低质量”构件。类似地，公司养老金计划收入可以使报告收益获得大量的一次性收入。
- **平滑收益**（earnings smoothing）。2003 年，房地美陷入了一个大的会计丑闻，有消息披露该公司对其投资组合中的抵押贷款进行了不适当的重新分级，试图降低其当期收益。它们为什么要这么做呢？因为如果在将来收入降低了，它可以通过相反的交易来“释放”收益，进而得到这种持续增长的表象。类似地，2012 年 10 月，4 家美国最大的银行“释放”了 182 亿美元的收益，占到它们税前收入的四分之一。这种“收益”很明显在长期来看是不可持续的，因此也被看作是低质量的。[①]
- **收入确认**（revenue recognition）。在公认会计准则下，企业被允许在收到货款前确认收入；这就是企业为什么有应收账款的原因。但是有时候很难知道究竟应在何时确认收入。例如，假设一家计算机公司签订了一份合约，在 5 年内提供产品和服务。这些收入是应该立即确认还是在 5 年间分摊？这个问题更极端的例子是“渠道填充”（channel-stuffing），即公司“出售”大量的商品给客户，但允许客户稍后拒绝交付货款或者退货。此项“出售”的收入现在已经确认在册，但很可能在实际发生（在未来的会计期间）前并不能收到款项。惠普公司（Hewlett-Packard）在 2012 年提出辩称，因为 Autonomy 使用渠道填充人为地提高了其财务绩效，导致它收购 Autonomy 时多付了钱。例如，Autonomy 显然向 Tikit Group 出售了价值超过 40 亿英镑的软件。它将整个交易记为收入，但是在 Tikit 实际向其客户出售软件之前，无须支付软件费用。因此，在 2010 年就确定了未来几年的临时销售价值。惠普以大约 111 亿美元的价格收购了 Autonomy。[②] 仅仅一年后，它就将该投资减记了 88 亿美元。

---

① Michael Rapoport, “Banks Depleting Earnings Backstop,” *The Wall Street Journal*, February 3, 2012.

② Ben Worthen, Paul Sonne, and Justin Scheck, “Long Before H-P Deal, Autonomy's Red Flags,” *The Wall Street Journal*, November 26, 2012.

如果你察觉应收账款的增加速度远远大于销售速度，或者占总资产的比例更大了，你就要小心这些伎俩。由于企业有多种操纵收入的方法，很多分析师选择集中于现金流分析，因为现金流很难被操纵。

● **表外资产和负债**（off-balance-sheet assets and liabilities）。假如一个公司为另一个公司发行在外的债务作担保，这也许是因为它在该公司拥有股权。这种义务应该被看作或有负债（contingent liability）加以披露，因为将来可能发生相应的支付，但这些义务或许不会被当成公司的未偿债务加以报告。在 2001 年破产之前，安然（Enron）因这种做法而臭名昭著。尽管它已经担保了其他公司的债务，但未能在资产负债表上确认这些潜在负债。相反，它掩盖了造纸公司的面纱——所谓的特殊目的实体（special-purpose entities，SPEs）。

你还需要注意其他表外项目。一个主要的例子是租赁。航线公司（Airlines）的资产负债表上可能没有飞机，但它有事实上等同于债务融资所有权的长期租赁合同。然而，如果这些租赁被当作经营性而非资本性的，它们可能只在财务报表的注释中加以披露。

□ 国际会计公约

上面的例子说明了分析师在试图解释财务数据时可能会遇到的一些问题。在解释国外公司的财务报表时，甚至会出现更大的问题。这是因为国外公司并不遵循公认会计准则，各国会计工作程序不一，与美国的标准存在着或大或小的差别。下面所列的是当你使用国外公司的财务报表时，必须注意到的一些主要问题：

准备金惯例（reserving practices）：与美国相比，许多国家允许公司在计提准备金上有更多的自主权，以应付未来的偶然性。因为追加准备金相当于要减少一块收益，所以这些国家的企业有比美国企业更多的经营支配权来处理报表收益。

折旧（depreciation）：在美国，公司通常都会保留几套独立的账本，用于税收与信息披露等不同的目的。例如，加速折旧通常的目的为少交税，而直线折旧的目的则是用于报告。与此相反，其他大部分国家不允许两套账本并存，外国的大多数公司也使用加速折旧来尽量减少税收，而并不考虑报告收益因此变得较低的事实。这使得外国公司的报告收益低于它们使用美国会计惯例得到的数值。

无形资产（intangible）：无形资产的处理有很大的变通余地。它们被分摊了还是被使用了？如果被分摊了，在多长的期间内分摊呢？这样的问题对报告的利润有很大的影响。

不同国家的准则影响很大。图 14.4 比较了报告的市盈率与按共同会计准则重新计算的市盈率。尽管在这项成果公布之后市盈率已经有了很大变化，这些结果还是说明了不同的会计准则对这些比率会有多大影响。

美国和欧盟会计标准的一些差异来源于对会计实务管理想法的不同。美国的公认会计准则是基于“规定”的，其规定很细致、很明确，也很长，几乎覆盖了可能遇到的所有道德方面的问题。相反，欧盟和其他包括澳大利亚、加拿大、巴西、印度和中国在内的 100 个国家采用的**国际财务报告准则**（international financial reporting standards，IFRS）是以“原则”为基础编制财务报表的。但是由于 IFRS 的标准更灵活，公司必须准备好说明它们的会计选择是与 IFRS 一致的。

国际财务报告准则： 世界上 100 多个国家，包括欧盟，所采用的一系列会计准则。

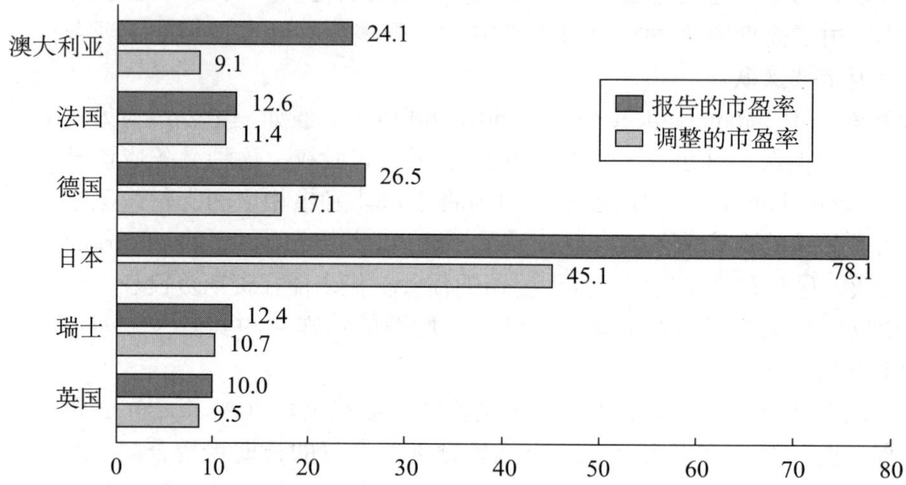

图 14.4 调整的与报告的市盈率

资料来源：Figure J：Adjusted versus Reported Price/Earnings Ratios：from Lawrence S. Speidell and Vinod Bavishi，"GAAP Arbitrage：Valuation Opportunities in International Accounting Standards，" *Financial Analysts Journal*，November-December 1992，pp. 58 - 66. Copyright 1992，CFA Institute. Reproduced and republished from *Financial Analysts Journal* with permission from the CFA Institute. All Rights Reserved.

多年来，证券交易委员会致力于使美国会计准则更符合国际标准。在 2007 年，美国证交所开始允许用 IFRS 编制财务报表的外国公司在美国发行证券。随后，它提议允许大型美国跨国公司使用 IFRS 而不是 GAAP 来报告收益时，甚至更进一步希望最终更广泛地采用 IFRS。但是经过多年持久的谈判，到 2014 年，美国证交所改用国际财务报告准则的计划已经停滞不前。尽管美国证交所和国际会计准则理事会（International Accounting Standards Board，IASB）继续就会计准则进行合作，但近期将美国纳入单一全球会计准则的希望不大。

14.7 价值投资：格雷厄姆技术

不提本杰明·格雷厄姆（Benjamin Graham）这位伟大的投资"领袖"的思想，证券基本面分析的理论就不完美。在 20 世纪下半叶提出现代投资组合理论之前，格雷厄姆是唯一一位在投资分析领域里最重要的思想家、作家与导师，而且目前他在投资领域的影响仍不减当年。

格雷厄姆的杰作是《证券分析》(*Security Analysis*)，与哥伦比亚大学的戴维·多德（David Dodd）合著于 1934 年，本章表述了他们的基本思想。格雷厄姆相信，只要仔细分析公司的财务报表，就能发现有投资价值的股票。在几年中，他发展了许多不同的准则，确定了一些重要的财务比率，并提出了判断股票价值的关键因素。他的著作多次再版，在投资领域产生了深远的影响。格雷厄姆的理论是如此成功，以至他的技术被广泛采纳，从而使那些十分便宜的股票完全消失了。

在 1976 年的一次研讨会上，格雷厄姆说①：

① 全文刊登在 *Financial Analysts Journal* Vol. 32，No. 5（Sep. -Oct.，1976），pp. 20 - 23。

为了发现投资良机，我不再主张应用那些复杂的证券分析技术。在 40 年前，当我们的教科书首次出版时，这是一个有意义的行为。但自那以后，情况有了很大的变化。过去，任何一位训练有素的证券分析师都能通过仔细研究，挑选出价值被低估的股票。但是在目前已有大量研究活动的情况下，我怀疑这种大范围的努力能否产生有价值的结果，以抵消研究成本。我只在非常有限的范围内站在“有效市场”学派的立场上，但现在的教授普遍赞同这个学派的观点。

在这次研讨会上，格雷厄姆建议使用一种简化的方法来识别有价值的股票：

我的第一项筛选范围更严格的技术是，购买那些低于运营资本值或净流动资产值的普通股。净流动资产值不包括厂房与其他固定资产，等于流动资产减去全部负债。在管理投资基金时，我们广泛地采用了这种方法，并因此在 30 多年内获得了年均 20%的收益率。在 20 世纪 50 年代中期以后，由于市场充斥着多头，这种购买机会变得非常稀少。但是由于 1973—1974 年的经济衰退，重新使这种机会大量涌现。1976 年 1 月，我们计算了在标准普尔股票指数中的 100 种此类股票——大约占总数的 10%。我仍然认为它是一种非常简明的系统投资方法，与以前的经验一样，它不是建立在个别结果之上，而是建立在对分组数据的研究之上。

小结

- 证券分析师主要关注的应是公司的实际经济效益而非报告收益。财务报表中的会计收益是对实际经济收益的估算，这个估算可能会有误差，尽管实证研究表明，报表中的收益显示了有关公司前景的大量信息。
- 一家公司的权益收益率是其收益增长率的决定因素，公司财务杠杆作用的程度对权益收益率产生了巨大影响。只有贷款利率低于公司的资产收益率时，公司负债与权益比率的增长才会提高公司的权益收益率，并因此提高公司的增长率。
- 把公司权益收益率分解为几个会计比率，并分别分析各会计比率随时间变化的趋势，再与同行业中其他公司的相应会计比率相比较，这种分析对我们非常有用。一个常用的分解公式是：

$$\mathrm{ROE}=\frac{\text{净利润}}{\text{税前利润}}\times\frac{\text{税前利润}}{\text{息税前收益}}\times\frac{\text{息税前收益}}{\text{销售收入}}\times\frac{\text{销售收入}}{\text{资产}}\times\frac{\text{资产}}{\text{权益}}$$

- 与公司盈利能力和（或）风险程度有关的其他会计比率是固定资产周转率、存货周转率、应收账款回收天数、流动比率、速动比率与利息保障倍数。
- 除了公司的财务报表之外，另外两个利用公司普通股市价的比率是账面净值比率与市盈率。分析师有时把它们的低比率值作为安全边际或股票有盈利空间的标志。
- 使用从公司财务报表中得来的资料的主要问题在于可比性，公司在使用什么方法计算各种收入与费用项目时，有很大的选择空间。因此，证券分析师有必要在比较不同公司的财务指标之前，按照统一标准调整会计收益与财务比率。
- 在通货膨胀时期，可比性问题十分突出。通货膨胀会在存货、折旧与利息费用的计算上造成扭曲。
- 公允价值或者按市值计价的会计方法要求大多数资产必须以当前市场价值而不是历史成本计价。这个政策极具争议，因为在很多例子中很难确定真实市场价值。而且批评者认为这会使得财务报表过度波动。而支持者反驳说，财务报表应该反映出对当前资产价值的最好估计。
- 国际财务报告准则逐渐被全世界接受，包括美国。它们与美国的 GAAP 不同的地方在于，它们是基于“原则”的而不是基于“规定”的。

关键词

会计收入	经济附加值	后进先出法	速动比率
酸性试验比率	公允价值会计	流动性	残值收入
平均回收期	先进先出法	公允价值会计	资产收益率
资产负债表	损益表	市场价格—账面价值比率	权益收益率
现金比率	国际财务报告准则	流通在外的股票	销售利润率
流动比率	存货周转率	市盈率	现金流量表
应收账款回收天数	已发行的股票	边际利润率	总资产周转率
杜邦分析法系统	杠杆系数	收益质量	库存股
经济收入			

核心公式

ROE 和杠杆系数：$ROE=(1-\text{税率})\left[\text{ROA}+(\text{ROA}-\text{利率})\times\dfrac{\text{债务}}{\text{权益}}\right]$

杜邦公式：$\text{ROE}=\dfrac{\text{净利润}}{\text{税前利润}}\times\dfrac{\text{税前利润}}{\text{息税前收益}}\times\dfrac{\text{息税前收益}}{\text{销售收入}}\times\dfrac{\text{销售收入}}{\text{资产}}\times\dfrac{\text{资产}}{\text{权益}}$

另一个杜邦公式：ROA＝利润率×资产周转率

习题

1. 利用表 14.14 中 Heifer 运动公司的财务报表得到 Heifer 运动公司的：(LO14—1)

a. 存货周转率；

b. 债务权益比；

c. 经营活动产生的现金流；

d. 平均回收期；

e. 资产周转率；

f. 利息保障倍数；

g. 营业利润率；

h. 权益收益率；

i. 市盈率；

j. 复合杠杆比率；

k. 经营活动产生的现金流量。

表 14.14　Heifer 运动公司财务报表　单位：美元

损益表	2018 年	
销售收入	5 500 000	
产品销售成本	2 850 000	
折旧	280 000	
销售和管理费用	1 500 000	
EBIT	870 000	
利息费用	130 000	
应税收入	740 000	
所得税	330 000	
净利润	410 000	
资产负债表（年末）	**2018 年**	**2017 年**
现金	50 000	40 000
应收账款	660 000	690 000
存货	490 000	480 000
流动资产总计	1 200 000	1 210 000
固定资产	3 100 000	2 800 000
资产总计	4 300 000	4 010 000
负债和所有者权益		
应付账款	340 000	450 000
短期债务	480 000	550 000
流动负债总计	820 000	1 000 000
长期债券	2 520 000	2 200 000
负债总计	3 340 000	3 200 000
普通股和其他股权	310 000	310 000
留存收益	650 000	500 000
股东权益总计	960 000	810 000
负债和股东权益总计	4 300 000	4 010 000

2. 利用火箭运输公司的现金流数据得到该公司的：（LO14—1）

a. 投资活动产生的现金流量。

b. 筹资活动产生的现金流量。

c. 当年现金的净增加值或者减少值。

单位：美元

现金股利	80 000
购买汽车	33 000
支付债务利息	25 000
出售旧设备	72 000
回购股票	55 000
向供应商支付的现金	95 000
向客户收回的现金	300 000

3. 克莱斯庭派公司（The Crusty Pie Co.）专营苹果的周转销售，其利润率高于行业平均水平。但是，它的资产收益率与行业平均水平相同。你如何解释这一现象？（LO14—3）

4. ABC 公司的销售利润率低于行业平均水平，但是其资产收益率高于行业平均水平，这反映了该公司资产周转率方面的哪些信息？（LO14—3）

5. 一家公司的流动比率为 2.0。如果该公司用现金偿付 1 年内到期的票据，那么这笔交易将提高还是降低该公司的流动比率？对资产周转率的影响又如何？

6. 投资活动产生的现金流量不包括：（LO14—1）

a. 收购支付的现金。

b. 销售固定资产得到的现金。

c. 由于新的（内部发展的）生产线而产生的存货增加。

d. 以上各项。

7. 经营活动产生的现金流量包括：（LO14—1）

a. 由于收购活动增加的存货。

b. 由于汇率变动增加的存货。

c. 支付给债券持有人的利息。

d. 支付给股东的股利。

8. 最近，银河（Galaxy）公司将坏账费用从销售额的 2%减到 1%。不考虑税收因素，这对（a）经营收入以及（b）经营现金流会产生怎样的即时影响？（LO14—1）

利用下列案例回答问题 9～11：哈特菲尔德工业（Hatfield Industries）是美国的一家大型制造业企业集团，其年销售额超过 3 亿美元。该公司现在正因为财务报表中出现的会计违规以及可能触犯法律的行为受到证券交易委员会的调查。证券交易委员会的一个尽职调查团队已经前往哈特菲尔德的企业总部费城，并在那里进行完整的审计，以对情况进行进一步的评估。

在调查过程中，尽职调查团队发现了哈特菲尔德的一些情况：

- 管理层正在与当地工会谈判，其中企业大约 40%的全职劳动力为工会成员。工会工作人员正在要求增加工资和养老金，而哈特菲尔德的管理层则认为由于目前盈利能力降低且现金流紧张，这个要求是不可能达成的。工会工作人员指责哈特菲尔德的管理层操纵公司的财务报表，并以此为证据在谈判过程中不进行任何让步。
- 最近几年获得的所有新设备在哈特菲尔德的账面上都算作了经营租赁，而过去同样方法获得的设备都记作融资租赁。同行的财务报表表明此类资产在报表中应该以融资租赁的方式呈现。SEC 希望哈特菲尔德的管理层为这种明显偏离“常规”会计实务的行为提供合理解释。
- 最近几年哈特菲尔德账面上的存货相对于其销售额增长来说一直稳步上升。管理信用提高了其生产方法的运营效率，进而使得整体生产水平大幅上升。SEC 正在寻找证据证明哈特菲尔德也许在某种程度是操纵了存货账户。

美国证券交易委员会的尽职调查团队寻找不一定是欺诈行为的证据，而是关于公司可能操纵会计准则来误导股东及其他相关各方的证据。哈特菲尔德财务报表的初步审查结果表明，至少存在某些行为导致收益质量低下。

9. 工会官员认为哈特菲尔德的管理层试图说低自己的净收入进而避免在谈判过程中作出任何让步。那么下列哪些管理层的行为最容易导致低质量的收益？（LO14—4）

a. 延长可折旧资产的折旧期限进而降低其折旧费用。

b. 在公司养老金的估值中降低贴现率。

c. 收入的确认是基于收付实现制而不是基于权责发生制。

10. 哈特菲尔德将其所有的设备租金记为经营租赁，和其原来记为融资租赁的行为相比发生了变化。而融资租赁会将租金支付算作负债中的一项。那么这种变化的背后最可能的原因是什么？哈特菲尔德尝试：（LO14—4）

a. 改善其杠杆率并降低杠杆。

b. 降低销售成本并增加利润。

c. 相对于同行增加其营业利润。

11. 美国证券交易委员会的尽职调查团队正在寻找哈特菲尔德存货相对于自己销售增长稳步上升这一事实背后的原因。一个可以判断出哈特菲尔德操纵了财务结果的方法是寻找：（LO14—4）

a. 存货周转率的下降。

b. 应收账款的增长快于销售额。

c. 推迟费用的确认。

12. 一个分析师运用杜邦财务分析系统分析一家公司的下列数据：

- 杠杆比率　2.2
- 总资产周转率　2.0
- 净利润率　5.5%
- 股利支付率　31.8%

那么公司的权益收益率为多少？（LO14—3）

13. 一个公司的 ROE 为 3%，债务—权益比率为 0.5，税率为 20%，债务的利息率为 6%，那么其运营资产收益率是多少？(LO14—2)

14. 一个公司的税负比率为 0.75，杠杆比率为 1.25，利率负担为 0.6，销售收益率为 10%。该公司每一美元的资产会产生 2.40 美元的销售额。公司的权益收益率是多少？(LO14—3)

15. 一名分析师收集了关于梅亚尔公司的一些信息：

● 梅亚尔公司发行在外的累积优先股总额为 1 000 股，每股利票率为 8%，面值为 100 美元，清偿价值为 110 美元。

● 梅亚尔发行在外的普通股为 20 000 股，面值为 20 美元。

● 梅亚尔年初的未分配利润为 5 000 000 美元。

● 本年梅亚尔的净利润为 70 000 美元。

● 今年是公司有史以来第一年没有向优先股或普通股支付一分钱的股利。(LO14—1)

那么梅亚尔公司普通股每股的账面价值为多少？

16. 下面是两个公司的数据：(LO14—2)

	所有者权益（百万美元）	负债（百万美元）	ROC (%)	资本成本 (%)
Acme	100	50	17	9
Apx	450	150	15	10

a. 哪个公司的经济附加值更高？

b. 哪个公司每一美元的投资资本产生的经济附加值更高？

CFA 习题

1. 琼斯集团拥有固定的税后权益收益率 (ROE)，但是其经营收入在不断下降。解释一下它如何能够维持税后权益收益率不变。(LO14—3)

2. 下面哪句话最好地解释了"销售净额与固定资产净值平均值"的比率超过行业平均水平的原因？(LO14—3)

a. 在过去的几年中，该公司扩建厂房和购买设备。

b. 该公司资产的利用效率比其他公司低。

c. 该公司有许多旧的厂房和设备。

d. 该公司运用直线折旧法。

3. 用芝加哥冰箱制造公司 2013 年的财务报表（见表 14.15 和表 14.16）计算 2019 年下述从 a 到 h 的比率：(LO14—2)

a. 速动比率；

b. 资产收益率；

c. 净资产收益率；

d. 普通股每股收益；

e. 销售利润率；

f. 利息保障倍数；

g. 存货周转率；

h. 杠杆比率。

表 14.15　芝加哥冰箱制造公司截至 12 月 31 日的资产负债表

单位：千美元

	2018 年	2019 年
资产		
流动资产		
现金	683	325
应收账款	1 490	3 599
存货	1 415	2 423
预付费用	15	13
流动资产总额	3 603	6 360
不动产、厂房和设备	1 066	1 541
其他	123	157
总资产	4 792	8 058
负债与所有者权益		
流动负债		
应付银行票据	—	875
期内到期的长期负债	38	115
应付账款	485	933
所得税预计值	588	472
应计费用	576	586
客户预付款	34	963
流动负债总额	1 721	3 945
长期负债	122	179
其他负债	81	131
负债总额	1 924	4 255
所有者权益		
普通股，面值 1 美元，获准发行的股本为 1 000 000 股；实际发行在外的股本这两年分别为 550 000 股和 829 000 股	550	829
累积优先股，A 系列，息票利率 10%；面值 25 美元；获准发行的股本为 25 000 股；实际发行在外的股本这两年分别为 20 000 股和 18 000 股	500	450
额外缴付的资本	450	575
未分配利润	1 368	1 949

续表

	2018 年	2019 年
所有者权益总额	2 868	3 803
负债与所有者权益总额	4 792	8 058

表 14.16　芝加哥冰箱制造公司截至 12 月 31 日的年度损益表

单位：千美元

	2018 年	2019 年
销售收入净额	7 570	12 065
其他收入净额	261	345
销售收入总额	7 831	12 410
销售成本	4 850	8 048
管理和营销费用	1 531	2 025
利息费用	22	78
成本和费用总额	6 403	10 151
税前利润	1 428	2 259
所得税	628	994
净利润	800	1 265

5. 珍妮特·勒德洛是一位刚被雇用的分析师。在描述了电动牙刷产业之后，她的第一份报告关注两个公司：QuickBrush 公司和 SmileWhite 公司。并且得出结论：

QuickBrush 比 SmileWhite 更具盈利性，因为在过去几年中公司保持着 40%的销售增长率和更高的利润率。SmileWhite 的销售和收益以 10%的速度增长，并且利润更低，我们不认为 SmileWhite 可以保持比 10%更快的增长率，但是 QuickBrush 却可以保持一个长期的 30%的增长率。(LO14—3)

a. 批评勒德洛的 QuickBrush 公司比 SmileWhite 公司更具盈利性（由权益收益率度量）和长期更高的增长率的分析与结论。运用表 14.17 和表 14.18 中提供的信息。通过计算和分析以下指标支持你的批评：

- 决定权益收益率的五个组成部分。
- 决定长期增长率的两个比率：权益收益率和再投资率。

b. 解释 QuickBrush 公司是如何在过去两年中权益收益率一直下降的情况下保持了 40%的年均每股收益增长率的，运用表 14.17 中提供的信息。

表 14.17　QuickBrush 公司的财务报表：年度数据　单位：千美元，每股数据除外

损益表	2017 年 12 月	2018 年 12 月	2019 年 12 月	
收入	3 480	5 400	7 760	
销售成本	2 700	4 270	6 050	
销售、一般费用和管理费用	500	690	1 000	
折旧和摊销	30	40	50	
运营收入（息税前收益）	250	400	660	
利息费用	0	0	0	
税前利润	250	400	660	
所得税	60	110	215	
税后收益	190	290	445	
稀释后的每股收益	0.60	0.84	1.18	
平均发行在外的股票	317	346	376	
财务统计	**2017 年 12 月**	**2018 年 12 月**	**2019 年 12 月**	**3 年平均**
销售收入占收入的百分比（%）	77.59	79.07	77.96	78.24
管理费用占收入的百分比（%）	14.37	12.78	12.89	13.16
运营利润率（%）	7.18	7.41	8.51	
税前利润/息税前收益（%）	100.00	100.00	100.00	
税率（%）	24.00	27.50	32.58	
资产负债表	**2017 年 12 月**	**2018 年 12 月**	**2019 年 12 月**	
现金及现金等价物	460	50	480	
应收账款	540	720	950	
存货	300	430	590	
净不动产、厂房和设备	760	1 830	3 450	

续表

资产负债表	2017 年 12 月	2018 年 12 月	2019 年 12 月
总资产	2 060	3 030	5 470
流动负债	860	1 110	1 750
总负债	860	1 110	1 750
所有者权益	1 200	1 920	3 720
负债和所有者权益总和	2 060	3 030	5 470
每股市价	21.00	30.00	45.00
每股账面价值	3.79	5.55	9.89
年每股股利	0.00	0.00	0.00

表 14.18　　SmileWhite 公司财务报表：年度数据　　单位：千美元，每股数据除外

损益表	2017 年 12 月	2018 年 12 月	2019 年 12 月	
收入	104 000	110 400	119 200	
销售成本	72 800	75 100	79 300	
销售、一般费用和管理费用	20 300	22 800	23 900	
折旧和摊销	4 200	5 600	8 300	
运营收入（息税前收益）	6 700	6 900	7 700	
利息费用	600	350	350	
税前利润	6 100	6 550	7 350	
所得税	2 100	2 200	2 500	
税后收益	4 000	4 350	4 850	
稀释后的每股利益	2.16	2.35	2.62	
平均发行在外的股票（千）	1 850	1 850	1 850	
财务统计	**2017 年 12 月**	**2018 年 12 月**	**2019 年 12 月**	**3 年平均**
销售收入占收入的百分比（%）	70.00	68.00	66.53	68.10
管理费用占收入的百分比（%）	19.52	20.64	20.05	20.08
运营利润率（%）	6.44	6.25	6.46	
税前利润/息税前收益（%）	91.04	94.93	95.45	
税率（%）	34.43	33.59	34.01	
资产负债表	**2017 年 12 月**	**2018 年 12 月**	**2019 年 12 月**	
现金及现金等价物	7 900	3 300	1 700	
应收账款	7 500	8 000	9 000	
存货	6 300	6 300	5 900	
净不动产、厂房和设备	12 000	14 500	17 000	
总资产	33 700	32 100	33 600	
流动负债	6 200	7 800	6 600	
长期负债	9 000	4 300	4 300	
总负债	15 200	12 100	10 900	
所有者权益	18 500	20 000	22 700	
负债和所有者权益总和	33 700	32 100	33 600	
每股市价	23.00	26.00	30.00	
每股账面价值	10.00	10.81	12.27	
年每股股利	1.42	1.53	1.72	

5. 下表的信息来源于 2017 年 QuickBrush 公司　　和 SmileWhite 公司的财务报表。

2017 年财务报表摘要		
	QuickBrush	SmileWhite
商誉	公司在 20 年内摊销商誉	公司在 5 年内摊销商誉
不动产、厂房和设备	公司在资产经济寿命期内用直线折旧法计提折旧，该期限从 5 年到 20 年不等	公司在资产经济寿命期内用加速折旧法计提折旧，该期限从 5 年到 20 年不等
应收账款	公司用应收账款的 2%计提坏账准备	公司用应收账款的 5%计提坏账准备

讨论表格中三项的每一项，并决定哪个公司的收益质量更高。(LO14—4)

6. 斯科特·凯利正在回顾 MasterToy 公司的财务报表，以便估计其持续增长率，运用表 14.19 中的信息：(LO14—3)

a. 确认并计算杜邦公式中的各项。

b. 用杜邦公式中的各项计算 2019 年权益收益率。

c. 根据公司权益收益率和再投资率计算 2019 年的持续增长率。

表 14.19 MasterToy 公司截至 12 月 31 日财务年度的财务报表
——2018 年实际报表，2019 年估计报表

单位：百万美元，每股数据除外

	2018 年	2019 年
损益表		
收入	4 750	5 140
成本	2 400	2 540
销售、一般费用和管理费用	1 400	1 550
折旧	180	210
商誉摊销	10	10
经营收入	760	830
利息费用	20	25
税前收益	740	805
收益税	265	295
净收益	475	510
每股收益	1.79	1.96
平均发行在外的股数（百万）	265	260
资产负债表		
现金	400	400
应收账款	680	700
存货	570	600
净不动产、厂房和设备	800	870
无形资产	500	530

续表

	2018 年	2019 年
总资产	2 950	3 100
流动负债	550	600
长期负债	300	300
总负债	850	900
所有者权益	2 100	2 200
总负债和所有者权益	2 950	3 100
每股账面价值	7.92	8.46
年每股股利	0.55	0.60

7. 杜邦公式将股东权益净收益率定义为下列元素的函数：(LO14—3)

- 营业利润率；
- 资产周转率；
- 利息负担率；
- 财务杠杆系数；
- 所得税率。

你只能运用表 14.20 的数据：

a. 计算上述元素在 2016 年和 2019 年的数值，并运用计算结果计算 2016 年和 2019 年的权益收益率。

b. 简要讨论资产周转率和财务杠杆系数的变动对 2010 年和 2013 年权益收益率的影响。

表 14.20 损益表和资产负债表 单位：百万美元

	2016 年	2019 年
损益表数据		
收入	542	979
营业利润	38	76
折旧和摊销费用	3	9
利息费用	3	0
税前利润	32	67
所得税	13	37
税后净利润	19	30
资产负债表数据		
固定资产	41	70
总资产	245	291
运营资本	123	157
债务总额	16	0
所有者权益总额	159	220

Web 站点管理员

请扫描二维码或登录中国人民大学出版社
官网 www. crup. com. cn 下载。

第 5 部分

衍生产品市场

野心勃勃的交易商们在衍生产品市场（如期货与期权市场）上损失惨重，这一类可怕的故事经常是晚报上的重要消息。事实上，在过去的10年中确实发生了一些相当惊人的损失，有的损失总计达到数千万美元，更有少数损失超过了10亿美元。这其中最为臭名昭著的当属法国兴业银行和美国保险集团（AIG），前者于2008年1月因股指期货合约损失72亿美元，后者则于2008年9月损失了超过1 000亿美元头寸的信用衍生产品，并使得美国政府不得不开展大规模的救市活动。随着这一系列灾难发生，一些老牌的金融机构也被卷入其中，如巴林银行，这家银行曾经资助美国购买路易斯安那州，并在拿破仑战争中资助大英帝国。

这些故事尽管很重要、很吸引人，甚至有时很令人震惊，但却往往没有切中要害。衍生工具如果没有被正确地使用，的确很容易导致破产，但如果被正确使用，它们却能成为管理与控制风险的有效工具。事实上，在接下来的章节中，你们将发现，有一家公司由于没有利用衍生工具对价格风险进行套期保值而遭到指控。近期的《华尔街日报》上刊登了一篇关于使用衍生工具进行套期保值的文章，其标题是“Index Options Touted as Providing Peace of Mind”。很少有材料是关于破产法院或者《国家询问报》（*the National Enquirer*）的。

衍生工具控制风险的手段与在投资组合理论中运用的传统技术有着本质的不同。与我们在第2部分和第3部分进行的均值—方差分析相比，衍生工具使投资者可以改变投资收益的概率分布形状。从这个角度来说，衍生工具是一种全新的风险管理工具。

接下来的章节将探讨在一个设计完美的投资组合策略中，衍生工具是如何被使用的。我们将考察一些使用了这些衍生工具的常用投资组合策略，并看看衍生工具是如何定价的。

本部分包括以下章节：

15 期权市场

学习目标：

LO15—1 计算不同期权头寸的收益，它们是证券最终价格的函数；

LO15—2 构造期权策略，以修改证券投资组合的风险—收益分布；

LO15—3 分辨不同证券中的嵌入式期权，并确定期权的特征是如何影响这些证券的价格的。

衍生证券［或者可简单地称为衍生品（derivatives）］在金融市场中起到了很大且越来越重要的作用。衍生产品就是价格由其他证券的价格决定或“衍生”的证券。

期权（options）和期货合约（futures contracts）都是衍生证券，它们的收益依赖于其他证券的价值。我们将在第17章中讨论的互换（swap contracts）也是一种衍生产品。由于衍生产品的价值依赖于其他证券，因此它们既可用来套期保值，又可用来投机。在接下来的三章中，我们将考察衍生产品的这些应用，本章则从期权开始。

在国际交易市场上交易标准化的期权始于1973年，当时芝加哥期权交易所（the Chicago Board Options Exchange，CBOE）开始将看涨期权挂牌交易。这些合约几乎立刻就获得了巨大的成功，挤走了那些以前在场外交易的期权市场。

现在，好几个交易所都交易期权合约，包括有关普通股、股票指数、外汇、农产品、贵金属以及利率的各类期权。此外，近年来，由于定制期权的交易出现了爆发式的增长，场外市场也再度复兴。由于期权极度流行，并且可以有效改变投资组合的特征，它已经成为每个组合投资管理人必须了解的基本工具。

本章介绍期权市场，并将解释看跌和看涨期权的原理及其投资特性。接下来考虑常用的一些期权策略。最后，我们将考察一系列附有嵌入式期权的证券，例如看涨债券或可转换债券。

15.1 期权合约

看涨期权：在特定的到期日或到期日之前，以既定的价格购买一项资产的权利。

执行价格：买入资产或卖出资产的设定价格。

看涨期权（call option）给予其持有人在特定的到期日或到期日之前，以既定的价格即**执行价格**（exercise or strike price）购买某一资产的权利。例如，一份执行价格为72美元的微软公司股票7月看涨期权允许其持有人在7月的到期日之前的任意一天，包括到期日当天，以 72 美元的执行价格购入微软公司的股票。看涨期权的持有人并不被要求一定要执行该期权，只有当微软公司的股票价格高于执行价格时，持有人才会选择执行。如果股票价格低于执行价格，期权就不会被执行。如果在合约到期日之前，期权未被执行，则看涨期权将过期且不再有价值。因此，如果在到期日股票的价格高于执行价格，该看涨期权的价值将等于股票价格与执行价格之间的价差；但是如果在到期日那天股票价格低于执行价格，则该看涨期权没有价值。看涨期权的净收入（net profit）等于期权的价值减去期权的购买价格。

期权费：买入一项期权的费用。

期权的购买价格被称为**期权费**（premium）。它代表看涨期权的购买方为了在有利可图时获得执行期权的权利所必须支付的补偿费用。而看涨期权的卖方，即“书写”（write）期权的人，则由于可能在以后被要求以低于资产市场价格的执行价格转让资产而得到期权费收入。当资产的市场价格低于执行价格时，期权过期无效，则看涨期权卖方的净收入即为从卖出期权中得到的最初收取的期权费。但是如果看涨期权被执行，期权卖方的收益则为期权最初出售时获得的期权费收入减去必须转让的股票价格与执行价格之间的价差。如果该价差大于最初的期权费，期权卖方将遭受损失。

案例 15.1

看涨期权的收益与损失

假设有一份 2017 年 7 月到期的微软公司股票看涨期权，其执行价格为每股 72 美元，该期权于 2017 年 2 月 25 日以 1.15 美元的价格售出。到期日之前，持有人可以选择执行期权并以 72 美元的价格买入微软公司的股票。因为 6 月 2 日的股票价格仅为 71.75 美元，很明显现在执行期权并以 72 美元买入股票是毫无意义的。事实上，一方面，如果微软公司的股票至到期日时一直低于 72 美元，期权购买者会让期权过期无效。另一方面，如果在到期日时微软公司股票以高于 72 美元的价格售出，看涨期权的持有人会发现执行期权是有利的。例如，如果在 7 月 7 日微软股票售价为 73 美元，期权就会被执行，因为期权持有人有权只支付 72 美元而购买价值 73 美元的股票。在到期日，期权的价值将为

到期日价值＝股票价格－执行价格＝73 美元－72 美元＝1 美元

尽管在到期日有 1 美元的收入，投资者在对该看涨期权的投资上仍遭受了 0.15 美元的损失，因为看涨期权的价格为 1.15 美元：

收益＝最终价值－初始投资＝1 美元－1.05 美元＝－0.15 美元

然而，如果股票价格高于执行价格，则在到期日执行看涨期权仍然是有利的，因为执行期权至少能部分弥补购买期权的费用。如果在到期日时，微软股票的售价高于 73.15 美元，则看涨期权的投资者会得到利润。如果正好在该价格售出，那么执行期权能全部弥补看涨期权的成本。

看跌期权：在特定的到期日或到期日之前，以既定的价格出售一项资产的权利。

看跌期权（put option）给予其持有人在特定的到期日或到期日之前，以既定的执行价格售出某一资产的权利。一份执行价格为 72 美元的微软公司 7 月看跌期权使其持有人有权在 7 月到期日之前的任意时刻，以 72 美元的价格出售微软公司的股票，即使微软公司股票的市场价格低于 72 美元。看涨期权的收益随标的资产价值的上升而上升，而看跌期权的收益随标的资产价值的下跌而上升。只有当标的资产的价格低于执行价格时，看跌期权才会被执行，也就是说，持有人可以用执行价格将一个低市场价

值的资产转让。(要执行微软公司股票的看跌期权,并不一定要持有微软公司的股票。在执行时,投资人的经纪人会以市场价格买入必要股数的微软股票,然后立即以执行价格转让或“出售”给期权卖方。看跌期权的持有人从执行价格与市场价格之间的价差中获得收益。)

案例 15.2

看跌期权的收益与损失

现在假设有一份2017年7月到期的微软公司股票看跌期权,执行价格为72美元,该期权于2017年6月2日售出,售价为1.32美元。该期权持有人有权在7月7日前的任意时刻以72美元的价格出售微软股票。如果看跌期权的持有人购买一股微软股票,然后立即执行其权利,即以72美元的价格售出,净收益将为72美元−71.75美元=0.25美元。很明显,一方面,花了1.32美元购买看跌期权的投资者不会立即执行该期权。另一方面,如果在到期日时微软股票的售价为70美元,看跌期权将是一项有利可图的投资。到期日时看跌期权的价值将为

到期日价值=执行价格−股票价格=72美元−70美元=2美元

收益将为2美元−1.32美元=0.68美元。持有期收益率达到了0.68美元/1.32美元=0.515或者51.5%——仅用了35天!很明显,看跌期权的卖方(交易的对方)并不对此结果持相同的态度。

当执行期权能给期权持有人带来正收益时,该期权被称为**处于实值状态**(in the money),因此,当资产价值超过执行价格时,看涨期权处于实值状态;当资产价值低于执行价格时,看跌期权处于实值状态。相反,当执行价格超过资产价值时,则该期权**处于虚值状态**(out of the money)。谁都不会以执行价格去购买实际价值低于执行价格的资产。当执行价格低于资产价值时,看跌期权处于虚值状态。当执行价格与资产价格相等时,期权**处于平价状态**(at the money)。

处于实值状态:执行期权能够获得正的现金流。

处于虚值状态:执行期权能够获得负的现金流,因此处于虚值状态的期权从不被执行。

处于平价状态:执行价格和资产价格相等的期权。

□ 期权交易

一些期权在场外市场(OTC)交易。场外市场的好处在于:期权合约的条款——执行价格、到期日以及承诺的股票数——可以根据交易者的需要来定制。然而,建立一份场外期权合约的成本也相对较高。现在,大部分期权交易都在有组织的交易所内进行。

在交易所内交易的期权合约,其到期日、执行价格都是标准化的。每份股票期权合约代表购买或出售100份股票的权利(期权合约上市后股票进行了分割,且合约根据股票分割条款进行了调整的情况除外)。

对上市期权合约进行标准化意味着所有的市场参与者交易的都是有限制的但又统一的证券。这加大了某一特定期权的交易深度,即降低了交易成本,增加了市场的流动性。

大多数美国的期权都在芝加哥期权交易所(CBOE)交易。直到2003年,纽约成立的一家全电子化的期权交易所——国际证券交易所(International Securities Exchange,ISE),取代了芝加哥期权交易所成为最大的期权交易市场。

图15.1是2017年6月2日微软股票期权合约的报价表。微软股票的最近交易价格是

每股 71.75 美元。[1] 图 15.1 包括了执行价格分别为 70 美元、72 美元和 74 美元的期权。

这些执行价格中包括了股票价格[2]，如果股票价格超出了现有期权执行价格的范围，将有执行价格更为合适的新期权用于交易。因此，在任何时候，就像上述例子中一样，实值期权和虚值期权都将被列出。

微软（MSFT）		标的股票价格＝71.75 美元	
到期日	行权价（美元）	买入（美元）	卖出（美元）
2017 年 6 月 16 日	70	2.02	0.24
2017 年 6 月 16 日	72	0.67	0.90
2017 年 6 月 16 日	74	0.13	2.37
2017 年 6 月 7 日	70	2.40	0.58
2017 年 6 月 7 日	72	1.15	1.35
2017 年 6 月 7 日	74	0.42	2.59

图 15.1　微软股票期权报价行情表，2017 年 6 月 2 日

资料来源：*The Wall Street Journal Online*，June 2，2017.

在图 15.1 中，给出了每种看涨期权和看跌期权的执行价格和到期日，比较到期日相同但执行价格不同的看涨期权的价格，我们会发现，执行价格越高，看涨期权的价值就越低。这一点很好理解，因为如果执行价格高了，以这一给定的执行价格购买股票的权利就不那么值钱了。因此，执行价格为 70 美元的 7 月微软看涨期权售价为 2.40 美元，而执行价格为 74 美元的 7 月看涨期权仅卖 0.42 美元。相反，执行价格越高，看跌期权的价值就越高：你会更希望以 74 美元的价格而不是以 70 美元的价格出售微软股票。而且，这一点也在看跌期权的价格上反映出来。执行价格为 74 美元的 7 月到期看跌期权售价为 2.59 美元，而执行价格为 70 美元的 7 月到期看跌期权仅卖 0.58 美元。

你会发现有些期权可能一整天都没有交易，这种情形并不少见。因为任意期权的交易都是分散的，因此出现有些期权的价格与其他价格不一致的情况并不奇怪。例如，你可能会发现，两个有着不同的执行价格的看涨期权竟然售价差不多。这种差别是由于这些期权的最后交易发生在一天中的不同时刻所造成的。在任意时刻，执行价格低的看涨（跌）期权价值必然高于（低于）其他条件相同但执行价格高的看涨（跌）期权。

大部分交易所交易的期权的到期时间都较短，最长的只有几个月。然而，以大公司的股票或股票指数为标的的长期限期权，其到期时间能长达 3 年。这些期权被称为长期股权预期证券（Long-term Equity Anticipation Securities，LEAPS）。

概念测验 15.1

a. 投资者购买执行价格为 72 美元且于 2017 年 7 月到期的微软看涨期权，如果到期日股票价格为 70 美元，该投资者的收入与净收益是多少？如果到期日股票价格是 74 美元呢？

b. 对于购买了执行价格为 72 美元且于 2017 年 7 月到期的微软看跌期权的投资者，在与 a 问中相同的情况下，投资者的收入与净收益分别是多少？

扫描二维码
获取答案解析

① 有时，此价格与报纸的股市版报出的收盘价并不一致。这是因为有些在纽约证券交易所交易的股票也在其他股票交易所交易，这些交易所收盘略晚于纽约证券交易所。股市版刊登的是最新的收盘价格。然而期权交易所是与纽约证券交易所同时收盘的，因此纽约证券交易所的收盘价更适合用来与期权收盘价作比较。

② 如果股票进行分割，期权的条款如执行价格将作相应的调整，以抵消股票分割的影响。

□ 美式期权与欧式期权

美式期权（American option）允许期权持有者在到期日或到期日前执行购买（如果是看涨期权）或出售（如果是看跌期权）标的资产的权利。**欧式期权**（European option）只允许在到期日执行期权。由于美式期权比对应的欧式期权有更大的余地，所以通常美式期权的价值更高。在美国交易的期权大部分是美式的。但是，外汇期权以及一些股票指数期权显然是例外。

美式期权：可以在到期日或到期日之前执行的期权。

欧式期权：只能在到期日执行的期权。

□ 期权清算公司

期权清算公司（Option Clearing Corporation，OCC），即期权交易的清算所，是由股票期权交易所共同拥有的。期权清算公司置身于期权交易者之间，有效地充当着期权卖出者的买方和期权购买者的卖方。因此，所有的个人只与期权清算公司交易，它能有效地保证合约的履行。

当期权持有人执行期权时，期权交易所就安排一个有客户出售该期权的会员公司来履行该期权的义务。该会员公司则从其客户中挑出出售了该期权的客户来履行合约。被挑出的客户必须对他售出的每份看涨期权合约以执行价格出让 100 股股票，或者根据他售出的每份看跌期权合约以执行价格购进 100 股股票。

因为期权清算所保证了合约的履行，期权的出售者必须缴纳保证金，以保证他们履行合约的义务。需缴纳的保证金一部分由期权处于实值状态时的金额决定，因为该价值代表了期权被执行时卖方的潜在义务。虚值期权要求卖方交纳的保证金较少，因为预期的支出较低。当所需要的保证金超过已缴纳的保证金时，期权出售者将收到追加保证金的通知。期权持有人不需要缴纳保证金，因为持有人只有在有利可图时才会执行期权。购买期权后，持有人就不必再付钱了。

保证金要求还与证券组合中是否有标的资产有关。例如，如果看涨期权的出售者拥有期权所指的股票，他只需允许经纪人将该股票存入经纪人账户就可以满足保证金要求了。这样，当看涨期权被执行时，就保证有股票可被转让。

□ 其他上市期权

标的为股票以外的其他资产的期权也被广泛交易，包括市场指数和行业指数期权、外汇，甚至包括关于农产品、金、银、固定收益证券的未来价格，以及关于股票指数的期权。我们将依次讨论这些期权。

指数期权

指数期权（index options）是指基于某种股票市场指数，例如标准普尔 500 指数的看涨或看跌期权。指数期权的标的资产是几种综合指数以及某几种特定行业指数。在第 2 章中，我们讨论了很多这类指数。

被交易的还包括许多关于外国股票指数的期权合约。例如，标的资产是日经指数（Nikkei Stock Index of Japanese stocks）的期权在新加坡以及芝加哥商品交易所进行交易。被交易的还有关于欧洲指数的期权例如《金融时报》股票交易指数（the Financial Times Share Exchange，FTSE 100）的期权在纽约证券交易所和泛欧证券交易所交易。芝加哥期权交易所还上市了关于行业指数，例如高科技产业或石油行业的期权。

与股票期权相比，指数期权在执行时不要求看涨期权的售出者“转让指数”或是看跌期权的售出者“购买指数”。相反，它使用现金交割，到期时计算执行期权所产生的收益，期权出售者只需将此金额支付给期权持有人即可。该收益等于期权的执行价格与指数值之间的差额。例如，如果当执行价格为 2 470 的标准普尔指数的看涨期权被执行时，标准普尔指数为 2 480，则看涨期权的持有人将得到的现金等于差额 10 乘以合约的乘数 100 美元，即每份合约收到 1 000 美元。

在芝加哥期权交易所中，标准普尔 100 指数期权合约（通常被称为 OEX）、标准普尔 500 指数期权合约（SPX）以及道琼斯工业指数期权合约（DJX）是目前为止交易最活跃的合约。这些合约共同影响着芝加哥交易所的交易量。

期货期权

期货期权（futures options）允许其持有人有权以期权的执行价格作为期货价格来购买或出售某一特定期货合约。尽管交割程序有一点复杂，期货期权合约条款的设计还是以期货的价格为标的物。期权持有人执行期权得到的收入等于期货的当前价格与期权的执行价格之间的差额。如果当前期货价格为 37 美元，看涨期权的执行价格为 35 美元，持有人执行该期货的期权将收到 2 美元的收入。

外汇期权

外汇期权（foreign currency options）提供了一种权利，即期权购买者可以以特定数量的美元购买一定数量的外汇或出售一定数量的外汇以获得特定数量的美元。期权合约以每单位外国货币等于多少美分或等于几分之几美分来报价。

外汇期权与外汇期货期权有一个重要的区别。前者的收益由执行价格与到期日汇率之间的差额决定，而后者的收益则由执行价格与到期日外汇期货的价格之间的差额决定。由于汇率和外汇期货的价格通常是不一样的，所以即使到期日和执行价格都一样，外汇期权与外汇期货期权的价格也不一样。现在，外汇期货期权的交易量远大于外汇期权。

利率期权

同时交易的还有关于国库券、中期国债、长期国债和一些主要经济体例如英国和日本的政府债券的期权。还有一些关于利率期货的期权，即**利率期权**（interest rate options）。包括中期国债、长期国债、联邦债券、伦敦银行间同业拆借利率和英国以及欧洲主导的利率期货的期权。

15.2 期权在到期日时的价值

□ 看涨期权

看涨期权给予持有人以执行价格购买有价证券的权利。如果你持有执行价格为 80 美元的 Fin Corp 股票看涨期权，且该股票现在的售价是 90 美元，你可以执行你的期权，以 80 美元的价格购买股票，同时以市场价格 90 美元出售股票，每股可获得 10 美元的收益。然而，如果股票的售价低于 80 美元，你可以持观望态度，什么都不做，这样你就不会有进一步的收益或损失。看涨期权在到期日的价值等于

$$\text{到期日看涨期权买方的收入}=\begin{cases}S_T-X, & \text{当 } S_T>X \text{ 时}\\ 0, & \text{当 } S_T\leqslant X \text{ 时}\end{cases}$$

式中，S_T 为股票在到期日的价值；X 为执行价格。这个公式强调了期权的属性，即收益不能为负。也就是说，只有在 $S_T>X$ 时，期权才会被执行；如果 $S_T<X$，期权就不会被执行，且期权到期时的价值为 0。在这种情况下，期权持有人的损失等于最初购买期权所支付的价格。更一般地，期权持有人的净收益等于期权的收入减去最初的买价。

下表给出了执行价格为 80 美元的看涨期权在到期日的价值。

股票价格（美元）	60	70	80	90	100
期权价值（美元）	0	0	0	10	20

当股票价格低于 80 美元时，期权到期时没有价值。当股票价格高于 80 美元时，期权价值等于股票的价格超过 80 美元的部分。股票价格每上涨 1 美元，期权的价值就上升 1 美元。这一关系可以用图形的方式表现出来，如图 15.2 所示。

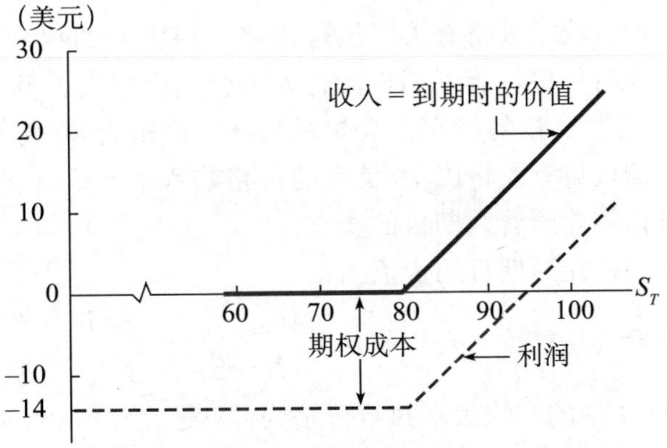

图 15.2　看涨期权到期时的收入与利润

图 15.2 中的实线表示的是看涨期权到期时的价值。看涨期权持有人的净收益等于他的毛收入减去他最初在看涨期权上的投资。假定看涨期权价格为 14 美元，则看涨期权持有人的净收益由图 15.2 中的虚线（底部的）表示。在到期日，如果股票价格低于或等于 80 美元，投资者将遭受 14 美元的损失。

只有到期日股票价格超过 94 美元时投资者的收益才会为正数。94 美元是盈亏平衡点，因为在这一价格上，看涨期权的收益 $S_T-X=94-80=14$（美元），等于购买看涨期权所支付的成本。因此，看涨期权的持有人只有在股票价格更高时才能获得利润。

相反，如果股票价格较高，看跌期权的出售者将会遭受损失。在上面所述的情况下，期权的卖方将收到通知，并且被要求以 X 美元的价格转让价值为 S_T 的股票。

$$\text{看涨期权卖方的收入}=\begin{cases}-(S_T-X), & \text{当 } S_T>X \text{ 时}\\ 0, & \text{当 } S_T\leqslant X \text{ 时}\end{cases}$$

如果股票价格上升，看涨期权卖方将遭受损失。由于他收到了期权费，看涨期权的卖方愿意承受该风险。

图 15.3 是看涨期权卖方的收入与利润图。该图是相应的看涨期权持有人的收入与利润的反映。对于期权卖方来说，盈亏平衡点也是 94 美元。在这一点，损失正好被期权出售时收到的期权费所抵消。

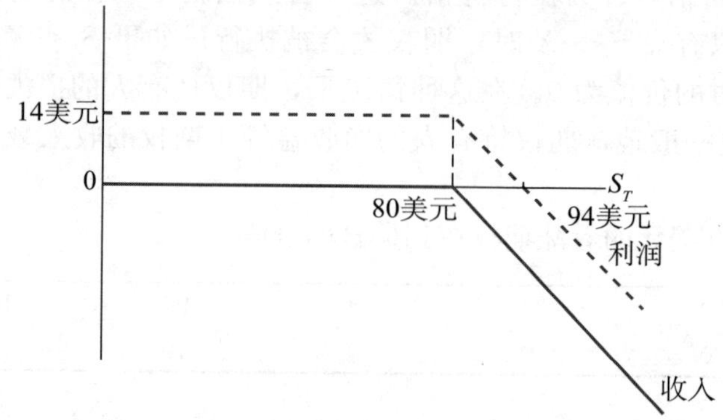

图 15.3　看涨期权出售者到期时的收入与利润

□ 看跌期权

看跌期权给予其持有人以执行价格出售资产的权利。在这种情况下，除非资产的售价低于执行价格，否则期权持有人不会执行期权。例如，如果 Fin Corp 股票降到了 70 美元，看跌期权的持有人会执行其执行价格为 80 美元的看跌期权，以获得 10 美元的收入。期权持有人将以 70 美元的价格购入 Fin Corp 股票，同时将该股票以 80 美元的执行价格转让给看跌期权的卖方。

看跌期权在到期日的价值为：

$$看跌期权持有人的收入=\begin{cases}0, & 当\ S_T \geqslant X\ 时\\ X-S_T, & 当\ S_T < X\ 时\end{cases}$$

图 15.4 中的实线表示执行价格为 80 美元的 Fin Corp 看跌期权的持有人在到期日的收入。如果在到期日，股票价格高于 80 美元，该看跌期权就没有价值，因为以 80 美元的价格出售股票的权利不会被行使。如果股票价格低于 80 美元，股票价格每下跌 1 美元，看跌期权的到期日价值就上升 1 美元。图 15.4 中的虚线表示看跌期权持有人在到期日的利润，即减去了看跌期权初始成本的净利润。

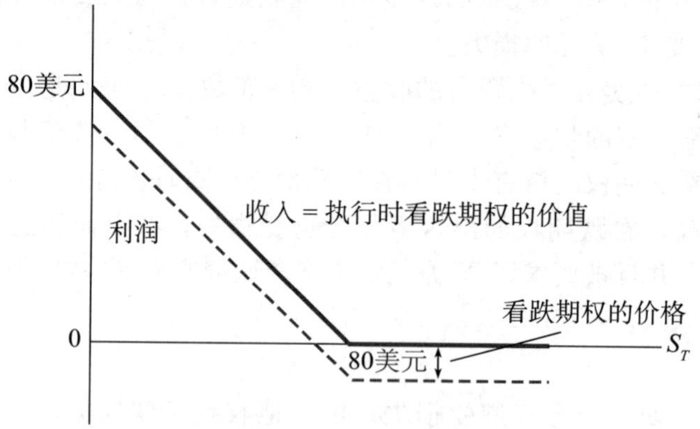

图 15.4　看跌期权到期时的收入与利润

出售裸期权（即出售看跌期权，但并不是基于抵消空头头寸的套期保值目的）将使卖方在市场下挫时遭受损失。出售处于深度虚值状态的裸看跌期权曾经被视为一种很有吸引力的可以产生收益的方法：只要市场在期权到期前没有大幅下挫，期权卖方就可以得到期权费，而期权买方根本不会行使期权。除非市场大幅下跌，否则看跌期权仍将处于虚值状态，因此普遍认为这一策略不会有过高的风险。然而，在 1987 年 10 月的市场暴跌中，那些看跌期权的卖方遭受了巨大的损失。现在，市场的参与者们意识到这项策略的风险很大。

概念测验 15.2

考虑以下四种期权安排：

（1）买入一份看涨期权；（2）卖出一份看涨期权；（3）买入一份看跌期权；（4）卖出一份看跌期权。

a. 对每一种期权，画出收入和利润同到期股票价格的关系图。

b. 为什么可以把买入看涨期权和卖出看跌期权看成是牛市策略？二者有何不同？

c. 为什么可以把卖出看涨期权和买入看跌期权看成是熊市策略？二者有何不同？

扫描二维码
获取答案解析

□ 期权与股票投资

购买看涨期权是牛市策略；也就是说，当股票价格上升时，看涨期权将会带来收益。相反，购买看跌期权是熊市策略。与此对称的是，出售看涨期权是熊市策略，而出售看跌期权是牛市策略。由于期权的价值依赖于标的股票的价格，购买期权可以看作直接购买或出售股票的替代策略。为什么与直接的股票交易相比，期权策略更优呢？我们可以通过比较 Fin Corp 股票的期权价值和股票头寸的价值来回答这个问题。

假设你相信股票的价值会比现在的水平有所上升，现在的价格假设是 90 美元。然而，你知道你的分析可能是不正确的，也许股票价格会下跌。假设还有 1 年到期的执行价格为 90 美元的看涨期权的期权费为 10 美元，年利率为 2%。考虑下面三个投资 9 000 美元的策略。假设公司在期权到期前不分配股利。

策略 A：全部投资于股票。购买 100 股 Fin Corp 股票，每股以 90 美元售出。

策略 B：全部投资于处于平价状态的看涨期权。购买 900 个价值为 10 美元的看涨期权（这需要购买 9 份合约，每份合约代表了 100 个看涨期权）。

策略 C：用 1 000 美元购买 100 个看涨期权。将剩下的 8 000 美元投资于 1 年期国库券，以获得 2%的利息。

期权的价值是到期时股票价格的函数，我们来描绘一下 1 年后期权到期时这三个投资组合的可能价值。

投资组合	Fin Corp 股票价格（美元）					
	85	90	95	100	105	110
A：100 股股票	8 500	9 000	9 500	10 000	10 500	11 000
B：900 个看涨期权	0	0	4 500	9 000	13 500	18 000
C：100 个看涨期权加 8 000 美元的国库券	8 160	8 160	8 660	9 160	9 660	10 160

投资组合 A 的价值等于股票价格的 100 倍。投资组合 B 的价值为零，除非股票的售价超过看涨期权的执行价格。当售价大于执行价格时，投资组合的价值就等于股票

价格超过执行价格的部分乘以 900。最后，投资组合 C 的价值等于国库券的价值 8 160 美元（=8 000×1.02）加上从那 100 个看涨期权上获得的收益。记住，每个投资组合都投入了相同的9 000 美元。这三个投资组合的收益率如下：

投资组合	Fin Corp 股票价格（美元）					
	85	90	95	100	105	110
A：100 股股票	−5.56%	0.0%	5.56%	11.11%	16.67%	22.22%
B：900 个看涨期权	−100.0	−100.0	−50.00	0.0	50.0	100.0
C：100 个看涨期权加 8 000 美元的国库券	−9.33	−9.33	−3.78	1.78	7.33	12.89

这些收益率如图 15.5 所示。

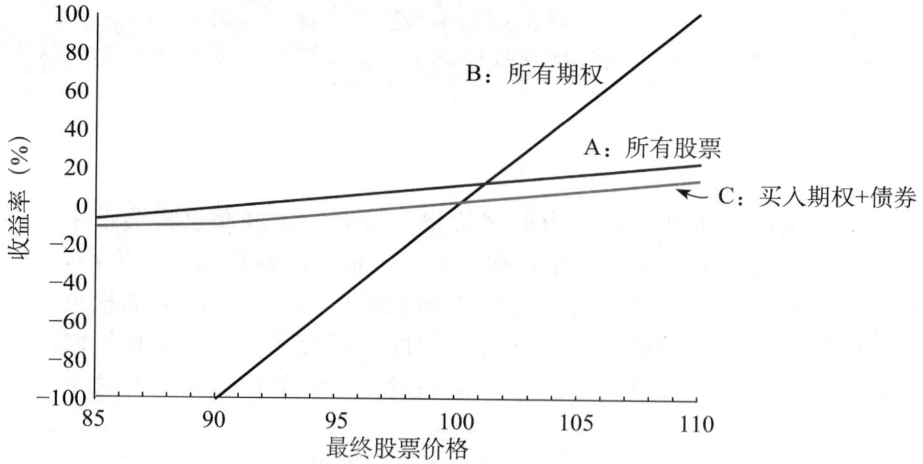

图 15.5　三种策略的收益率

Excel 应用

期权、股票和借款

下面是一个建立在教科书中讨论过的 Fin Corp 的例子上的电子表格。这个模型使你能在设定的投资额度下运用各种期权、股票和借款，它还能显示出期权投资的弹性。（表格可以在 www.mhhe.com/bkm 获得。）

	A	B	C	D	E	F	G	H
1	当前股票价格	90						
2	执行价格	90						
3	利率	0.02						
4	投资额度	9 000						
5	看涨期权费用	10						

续表

	A	B	C	D	E	F	G	H
6								
7			作为 Fin Corp 价格函数的组合价值					
8	投资组合		85 美元	90 美元	95 美元	100 美元	105 美元	110 美元
9	投资组合 A：全部投资于股票		8 500 美元	9 000 美元	9 500 美元	10 000 美元	10 500 美元	11 000 美元
10	投资组合 B：全部投资于看涨期权		0	0	4 500	9 000	13 500	18 000
11	投资组合 C：投资于看涨期权和国库券		8 160	8 160	8 660	9 160	9 660	10 160
12								
13								
14				作为 Fin Corp 价格函数的收益率				
15	投资组合		85 美元	90 美元	95 美元	100 美元	105 美元	110 美元
16	投资组合 A：全部投资于股票		−5.6%	0.00%	5.6%	11.1%	16.7%	22.2%
17	投资组合 B：全部投资于看涨期权		−100.0%	−100.0%	−50.0%	0.0%	50.0%	100.0%
18	投资组合 C：投资于看涨期权和国库券		−9.33%	−9.33%	−3.78%	1.78%	7.33%	12.89%

Excel 问题：

1. 用图 15.5 的形式画出看涨期权加国库券策略的收益率，不过此时假设投资者采用的是实值看涨期权，执行价格为 80 美元。假设看涨期权价格为 15 美元。由于投资额度仍为 9 000 美元，那么相对于平价状态来说，期权的成本越高，投资于国库券的金额越少。

2. 将采用平价看涨期权策略的收益率图像（如图 15.5 所示）与问题 1 的答案相比较，哪个策略风险更大？

比较投资组合 B 和投资组合 C 的收益率与由投资组合 A 所代表的单纯投资于股票的投资组合的收益率，我们可以看出，期权有两个有趣的特点。第一，期权具有杠杆效应。比较投资组合 B 和投资组合 A 的收益率。当 Fin Corp 股票表现不佳，价格低于 90 美元时，投资组合 B 的价值急剧地降至 0——收益率为−100%。相反，股票收益率的微小升幅将引起期权收益率不成比例地上升。例如，股票价格从 105 美元上升到 110 美元，只上涨了 4.8%，但期权的收益率却将从 50%上升到 100%。

从这个意义上来说，看涨期权是对股票的杠杆投资。期权价值并不与股票价值成比例变动。

图 15.5 生动地说明了这一点。当股票价格高于 90 美元时，纯期权投资组合的斜率要比纯股票投资组合大得多，反映出期权的价值对标的证券的价格变化有更高的敏感度。正是由于期权具有杠杆效应，所以（非法地）获得内幕信息的投资者通常选择期权作为他们的投资工具。

期权的第二个有趣的特点是，它们具有潜在的保险价值，正如投资组合 C 所示。6 个月后，国库券加上期权的组合的价值不会低于 8 160 美元，因为期权持有人总是可以选择让它过期无效。如果公司破产，Fin Corp 股票（理论上）最低的可能收益率为－100%，相比较而言，投资组合 C 最低的可能收益率是－9.33%。当然，这种保险是有代价的：当股票表现好时，投资组合 C 的表现不如全部是股票的投资组合 A。当股票价格高于 90 美元时，投资组合 C 的收益率要比投资组合 A 低 9.33 个百分点。

这个简单的例子说明了很重要的一点。尽管期权可以像投资组合 B 那样用于投机，因为它具有高度的杠杆效应，但期权也可以被投资者用来创造性地调整他们的风险敞口，就像投资组合 C 一样。例如，投资组合 C 中看涨期权加国库券策略的收益率就与单纯股票的收益率大不一样。这一策略最新颖、最有吸引力的特点就是对下跌风险的绝对限制。在接下来的部分，我们将讨论一些具有新的风险特征的期权策略，这些期权策略对于套期保值者和其他投资者来说很有吸引力。

15.3 期权策略

将具有各式各样执行价格的看跌期权和看涨期权加以组合，可以得到无限多种收入模型。下面我们将介绍一些常用策略的动因与结构。

保护性看跌期权：一项资产同一种看跌期权结合，以保证最低收益与看跌期权的执行价格相同。

保护性看跌期权（protective put）

假设你要投资于股票，但是你不希望承担的潜在损失超过某个既定水平。对于你来说，单独投资于股票风险很大，因为从理论上说，你可能会损失你的全部投资。你可以改为投资于股票，并购买一个关于该股票的看跌期权。

表 15.1 列出了期权到期时你的投资组合的总价值。无论股票价格如何，你保证至少能得到相当于看跌期权执行价格的收入，因为即使股票价格低于执行价格，看跌期权也使你有权以执行价格售出股票。

表 15.1　保护性看跌期权策略的收入

	$S_T \leqslant X$	$S_T > X$
股票	S_T	S_T
看跌期权	$X - S_T$	0
总计	X	S_T

图 15.6 说明了这一保护性看跌期权策略的收入与利润。图 15.6（C）中的实线代表总收入。虚线是实线向下平移得到的，平移的距离等于建立该头寸的成本，即 $S_0 + P$。注意，这里潜在的损失是有限的。

将保护性看跌期权策略的利润与股票投资的利润进行对比是很有意义的。为了简单说明这一点，假设有一个平价的保护性看跌期权，其 $X = S_0$。图 15.7 比较了这两种投资策略的收益。如果股票价格不变，即 $S_T = S_0$，股票的收益就为零。股票的最终价格每上升或下降 1 美元，该收益也随之上升或下降 1 美元。如果 $S_T < S_0$，保护性看跌期权策略的收益为负，且等于购买看跌期权的成本。当股票价格超过 X 后，每再上升 1 美元，保护性看跌期权策略的收益也随之上升 1 美元。

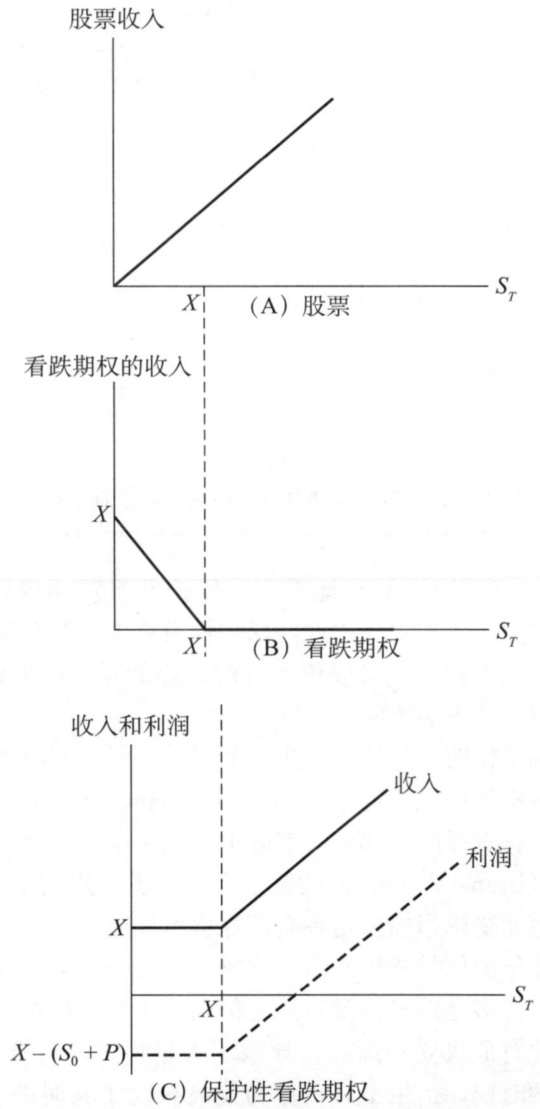

图 15.6　保护性看跌期权头寸的到期价值

案例 15.3

保护性看跌期权

假设执行价格 $X=90$ 美元，且期权到期时股票售价为 87 美元。于是，你的全部投资的价值是 90 美元：股票价格为 87 美元，到期的看跌期权的价值是

$$X-S_T=90\text{ 美元}-87\text{ 美元}=3\text{ 美元}$$

另一个计算投资价值的方法是，你持有的股票和看跌期权合约使你有权以 90 美元的价格出售股票。一方面，如果 $S<90$ 美元，你可以执行看跌期权，以 90 美元的价格出售股票。另一方面，如果股票价格高于 90 美元，比如说为 94 美元，则以 90 美元的价格出售股票的权利是毫无价值的。你可以让看跌期权过期不执行，最后股票的价值是 $S_T=94$ 美元。

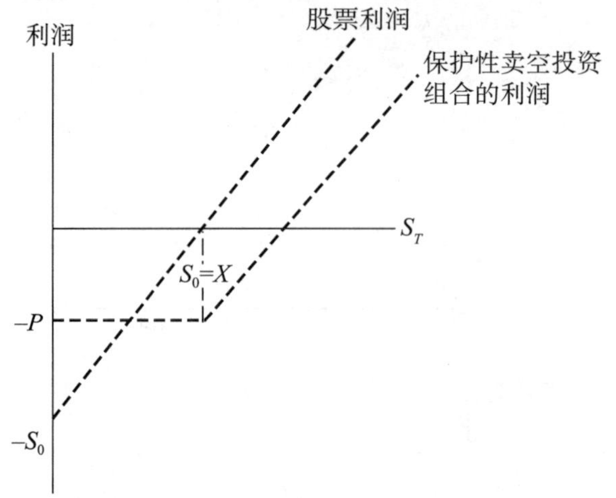

图 15.7 保护性看跌期权策略与股票投资（看跌期权处于平价状态）

从图 15.7 中可以清楚地看出，保护性看跌期权策略对股价下跌提供了一定的保护，因为它限制了损失。因此，保护性看跌期权策略提供了一种投资组合保险的方式。这种保护的成本在于，当股价上升时，你的收益因看跌期权的成本而减少，而此时看跌期权的成本是不必要的。

风险管理：限制资产组合风险的策略。

这个例子说明，尽管"衍生产品等于风险"的观念深入人心，但衍生证券也可以被用来进行有效的**风险管理**（risk management）。事实上，这种风险管理正在成为金融管理人员信托责任的一部分。实际上，在一个被频繁引用的诉讼案件中，布雷恩 · V. 罗斯公司（Brane V. Roth）的董事会由于没有用衍生工具来对储存谷物的价格风险进行套期保值而受到指控。这种套期保值可以通过保护性看跌期权来实现。

从近几年的信贷危机来看，之前关于衍生产品是最好的风险管理工具的说法是令人惊讶的。许多金融机构都建立了信用衍生产品的高风险头寸且于 2007—2008 年爆炸式扩张，此时危机立刻爆发，导致了大量损失，政府不得不开展救助。不过，至少在使用得当的时候，衍生工具在作为提高风险工具时的特点同样也使它们在风险管理中非常有效。衍生工具被恰当地比喻为动力工具：如果处理得好是非常有用的，但如果不小心处理也很危险。

抛补的看涨期权

抛补的看涨期权：购买一项资产的同时，出售该资产的一个看涨期权。

抛补的看涨期权（covered call）头寸是指购买一份股票，同时出售该股票的一个看涨期权。这一头寸被称为是"抛补的"，因为转让股票的潜在义务已经被投资组合中所持有的股票抵消了。出售期权并且没有用于弥补的股票头寸，这被称为出售裸看涨期权（naked option writing）。抛补的看涨期权的收入等于股票价值减去看涨期权的收入，如表 15.2 所示。

表 15.2 抛补的看涨期权的收入

	$S_T \leqslant X$	$S_T > X$
股票收入	S_T	S_T
一看涨期权收入	-0	$-(S_T-X)$
总计	S_T	X

图 15.8（C）中的实线代表了该策略的收入。你可以看出，如果在时间 T 时，股票价格低于 X，总头寸的价值就是 S_T，如果 $S_T>X$，总头寸的收益最大可上升到 X。实质上，看涨期权的卖方出售看涨期权，就意味着他出售了对超过 X 的那部分股票价值的要求权，代价是获得了初始期权费（即看涨期权价格）。因此，在到期日，该头寸的价值最多不超过 X。图 15.8（C）中的虚线代表了抛补的看涨期权的净收益。

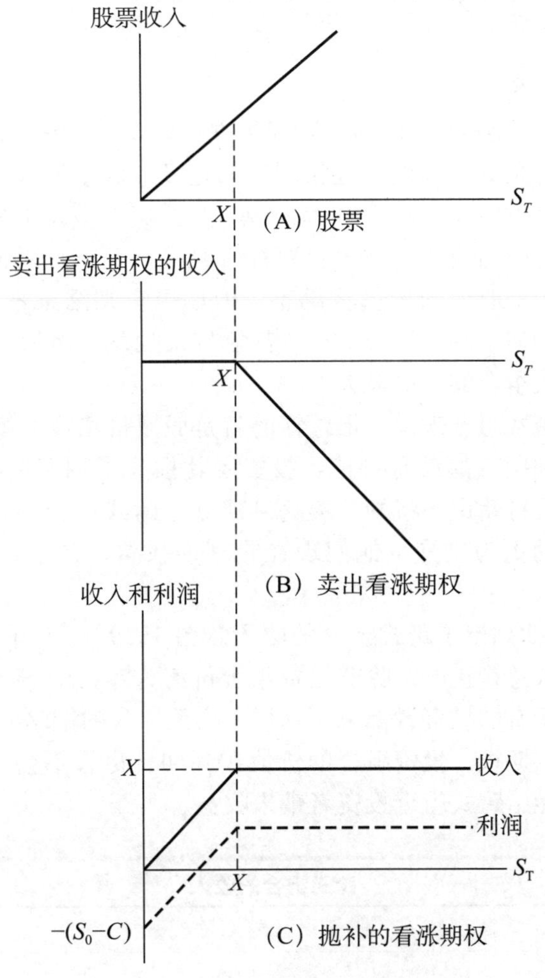

图 15.8　抛补的看涨期权到期时的价值

出售抛补的看涨期权曾经是机构投资者常用的投资策略。假设有一个基金管理人，其大量投资股票。基金管理人可能会发现，出售其所有或部分股票的看涨期权以增加期权费收入可能是一个很有吸引力的想法。尽管这样他们会丧失股价上升到执行价格之上可能带来的资本收益，但如果他们认为无论如何，他们都计划在 X 这个价格上出售股票，那么这个看涨期权可以看作是对“出售规定”的强制执行。投资者出售的看涨期权保证了股票出售按计划进行。

案例 15.4

抛补的看涨期权

假设有一个养老基金持有 1 000 股 GXX 股票，该股票的现价为每股 130 美元。假设管理者要求如果股价达到 140 美元，就要售出全部 1 000 股股票。当前，一个执行价格为 140 美元的 90 天后到期的看涨期权售价为 5 美元。出售 10 份 GXX 看涨期权合约（每份合约代表 100 个期权），该基金可以得到 5 000 美元的额外收入。该基金会失去 GXX 股票在 140 美元以上的价格交易所带来的收益，但是，如果基金已经以 140 美元的价格出售了股票，那么他不管怎样都不能实现那些收益。

跨式组合

跨式组合：同时购买具有相同执行价格和相同到期日的一份看涨期权和看跌期权。

多头**跨式组合**（straddle）即买进一只股票的看涨期权和看跌期权，它们的执行价格相同，都是 X，到期日也相同，都是 T。对于那些认为市场价格会剧烈变动但不知道会向哪个方向变动的投资者来说，跨式组合策略非常有用。例如，假设你认为一桩将造成一家公司成败的官司将要被宣判了，而市场对此情况还不清楚。如果审判结果有利于公司，股票的价值将翻番，但如果审判结果不利于公司，股价就会下跌一半。无论结局如何，跨式组合式投资都能带来收益，因为当股价离开 X 向上或向下走到极端时，跨式组合的价值最大。

对于跨式组合来说，最糟糕的就是股票价格没有变化。如果 $S_T=X$，看涨期权和看跌期权到期时都没有价值，投资者就损失了用于购买这两个期权的费用。基本上，跨式组合是打赌市场将剧烈震荡。建立了跨式组合的投资者必然认为该股票的变动会比市场变动更为剧烈。他们现在收到期权费，并希望在期权到期前股价变动不要太剧烈。

表 15.3 列出了跨式组合的收入。图 15.9（C）中的实线代表了这一收入。注意，组合的收入总是正的，除非投资组合价值为零，即 $S_T=X$。你也许会感到奇怪，为什么并不是所有的投资者都采用这样一个无损失的策略？跨式组合要求既购买看涨期权，又购买看跌期权。投资组合的价值在到期日尽管不会为负，但也必须超过最初的现金流出，才能给跨式组合投资者带来收益。

表 15.3　跨式组合的收入

	$S_T \leqslant X$	$S_T > X$
看涨期权的收入	0	S_T-X
+看跌期权的收入	$+(X-S_T)$	+0
总计	$X-S_T$	S_T-X

图 15.9（C）中的虚线是跨式组合的利润。这条利润线与收入线相比，下移的距离正好是购买跨式组合的成本，即 $P+C$。股价偏离 X 的程度必须超过投资者购买看涨期权与看跌期权所支付的费用，只有这样，才能给跨式组合投资者带来收益。

反叠做期权（strips）和叠做期权（straps）是跨式组合的变形。一个反叠做期权由一个证券的两个看跌期权和一个看涨期权组成，它们的执行价格和到期日都相同。一个叠做期权则由两个看涨期权和一个看跌期权组成。

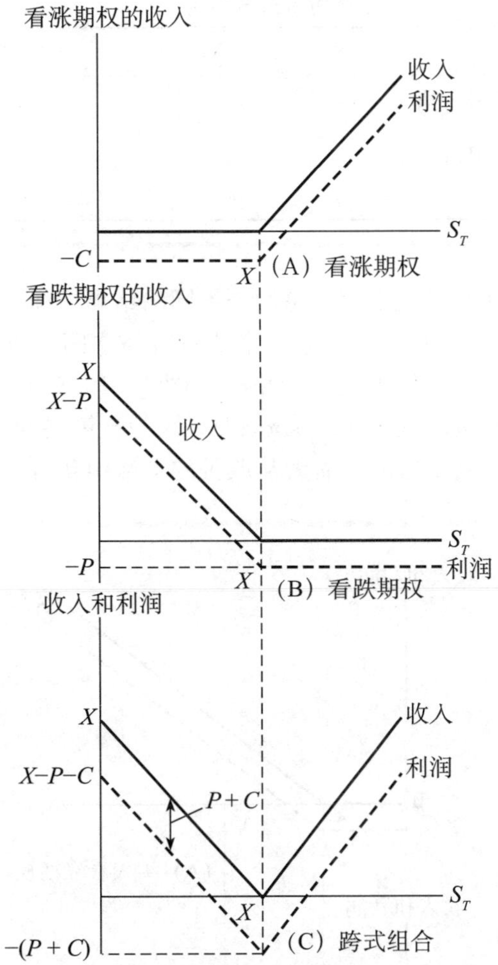

图 15.9　跨式组合策略到期时的收入与利润

概念测验 15.3

画出反叠做期权和叠做期权的收入和利润图。

价差策略

价差策略（spreads）就是标的股票相同，但执行价格或到期时间不同的两个或多个看涨期权（或是两个或多个看跌期权）的组合。其中一些期权被买进，另一些被售出。货币价差策略（money spread）是指买入一个期权的同时售出另一个执行价格不同的期权。时间价差策略（time spread）是指买进和售出到期日不同的期权。

价差策略：标的资产相同，但执行价格或到期时间不同的两个或多个看涨期权或看跌期权的组合。

假设有一个货币价差策略，买进了一个执行价格为 X_1 的看涨期权，而另一个到期日相同但有着不同执行价格 X_2 的看涨期权被售出。该投资的收入等于持有的看涨期权的价格与售出的看涨期权的价格之间的差额，如表 15.4 所示。

表 15.4　牛市价差策略的收入

	$S_T \leqslant X_1$	$X_1 < S_T \leqslant X_2$	$S_T > X_2$
第一个看涨期权的收入，执行价格$=X_1$	0	S_T-X_1	S_T-X_1
一第二个看涨期权的收入，执行价格$=X_2$	-0	-0	$-(S_T-X_2)$
总计	0	S_T-X_1	X_2-X_1

现在，就有了三个而不是两个不同的结果：如果 S_T 比两个执行价格都低，收入处于最低价格区；如果 S_T 位于两个执行价格之间，收入处于中间区；如果 S_T 比两个执行价格都高，收入处于最高价格区。图 15.10 说明了该策略的收入与收益，该策略被称为牛市价差策略（bullish spread），因为该策略的收益随着股价的上涨而上升或维持不变。牛市价差策略的持有者从股价的上涨中获益。

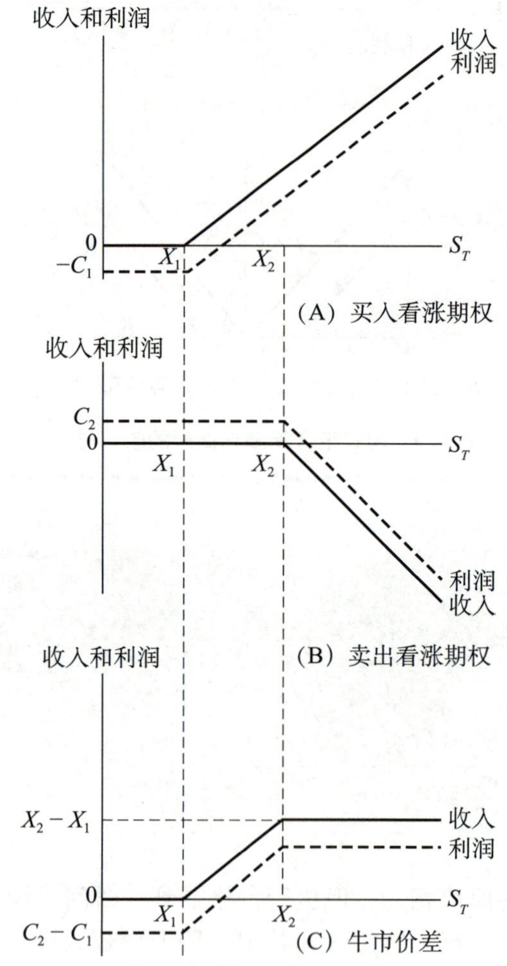

图 15.10　牛市价差策略到期时的价值

Excel 应用

跨式组合和价差策略

使用价差表分析期权的组合是很有帮助的。一旦建立了一个基本的模型，就很容易将分析扩展到不同的期权。下面显示的 Excel 模型“价差策略和跨式组合”可用于评价不同策略的盈利性。（表格可以在 www. mhhe. com/bkm 获得。）

	A	B	C	D	E	F	G	H	I	J	K	L
1	价差策略和跨式组合											
2												
3	股价											
4	开市时的市场价	116.5										
5	闭市时的市场价	130						X110 跨式组合			X120 跨式组合	
6							闭市	利润		闭市	利润	
7	买入期权						股价	−15.40		股价	−24.00	
8	看涨期权的执行价格	价格	收入	利润	收益率（%）		50	24.60		50	36.00	
9	110	22.80	20.00	−2.80	−12.28		60	14.60		60	26.00	
10	120	16.80	10.00	−6.80	−40.48		70	4.60		70	16.00	
11	130	13.60	0.00	−13.60	−100.00		80	−5.40		80	6.00	
12	140	10.30	0.00	−10.30	−100.00		90	−15.40		90	−4.00	
13							100	−25.40		100	−14.00	
14	看跌期权的执行价格	价格	收入	利润	收益率（%）		110	−35.40		110	−24.00	
15	110	12.60	0.00	−12.60	−100.00		120	−25.40		120	−34.00	
16	120	17.20	0.00	−17.20	−100.00		130	−15.40		130	−24.00	
17	130	23.60	0.00	−23.60	−100.00		140	−5.40		140	−14.00	
18	140	30.50	10.00	−20.50	−67.21		150	4.60		150	−4.00	
19							160	14.60		160	6.00	
20	跨式组合	价格	收入	利润	收益率（%）		170	24.60		170	16.00	
21	110	35.40	20.00	−15.40	−43.50		180	34.60		180	26.00	
22	120	34.00	10.00	−24.00	−70.59		190	44.60		190	36.00	
23	120	34.00	10.00	−24.00	−70.59		200	54.60		200	46.00	
24	140	40.80	10.00	−30.80	−75.49		210	64.60		210	56.00	
25												

Excel 问题：

1. 利用电子表格中的数据画出牛市价差策略的利润图（如图 15.10 所示），其中 $X_1=120$，$X_2=130$。

牛市价差策略的动机也许是投资者认为一项期权相对于另一个期权被高估了。例如，同执行价格为 55 美元的看涨期权相比，认为执行价格为 50 元的看涨期权更便宜的投资者会建立这个价差策略，即便该投资者没有建立牛市头寸的强烈愿望。

双限期权

双限期权：将所持有的投资组合的价值限定在两个界限之内的期权策略。

双限期权（collars）是将所持有的投资组合的价值限定在两个界限之内的期权策略。假设现在有一个投资者持有大量的 Eagle Corp 股票，股票现价是每股 70 美元。通过购买一个执行价格为 60 美元的保护性看跌期权，可以给投资组合的价值设定一个最低限 60 美元。这个保护性措施要求投资者支付看跌期权费。为了筹集购买看跌期权的资金，投资者可以出售一个看涨期权，假定看涨期权的执行价格是 80 美元。看涨期权的售价可以正好等于看跌期权的价格，这意味着两个期权的净支出几乎为零。出售看涨期权设定了投资组合的收益上限。即使股票的价格超过 80 美元，投资者也不能获得超过 80 美元的收益，这是因为股价更高时，股票将被买走。这样，投资者通过出售对高于看涨期权执行价格的潜在收益的要求权来购买看跌期权，同时又通过该看跌期权获得了对股价下跌的保护。

案例 15.5

双限期权

对于一个有一定的财产目标，但又不想承担超过某一水平风险的投资者来说，双限期权是一个合适的投资工具。举例来说，假设你正打算购买一幢价值 160 000 美元的房子。你可以把这个数字视作你的目标。你现在的财产可能是 140 000 美元，而且你不希望你的损失超过 20 000 美元。通过如下步骤，你可以建立一个双限期权：(1) 购买 2 000 股价格为每股 70 美元的股票；(2) 购买 2 000 个（20 份合约）执行价格为 60 美元的看跌期权，并且 (3) 出售 2 000 个执行价格为 80 美元的看涨期权。以上策略将使你有机会获得 20 000 美元的资本利得，而损失不会超过 20 000 美元。

概念测验 15.4

画出案例 15.5 中描述的双限期权的收入图。

扫描二维码
获取答案解析

15.4 类期权证券

即使你不想直接交易期权，你仍需要了解期权的特性。因为很多金融工具和协议都具有向一方或多方提供隐含的或外在的期权的特征。如果你想正确地评价和使用这些证券，你就必须了解这些嵌入式期权的特性。

□ 可赎回债券

从第 10 章你可以知道，许多公司债券的发行都是带有赎回条款的，该条款使发行人有权在未来的某一时刻从债券持有人手中以特定的赎回价格买回债券。赎回条款相当于赋予发行人一个看涨期权，其执行价格等于债券被购回的价格。出售可赎回债券（callable bonds）实际上相当于向投资者出售普通债券（straight bond，没有期权性质，例如不具有可赎回性或可转换性的债券）的同时，让投资者向债券发行公司卖出一个看涨期权。

投资者向公司提供这种隐含的看涨期权必须要有所补偿。如果发行的可赎回债券和普通债券的息票率一样，我们就希望它能折价出售。如果按面值出售可赎回债券，公司就必须制定比普通债券更高的利息率。高出来的利息是对投资者出售给发行人的看涨期权的补偿。通常发行人会选择提高利息率，这样新发行的债券将可以按面值出售。

图 15.11 说明了这个类期权证券的特性。横轴表示其他条件都与可赎回债券相同的普通债券的价值。45°虚线代表了普通债券的价值。实线是可赎回债券的价值，点线是公司持有的看涨期权的价值。可赎回债券的潜在资本利得受到公司持有的期权的限制，因为公司可以以赎回价格回购债券。

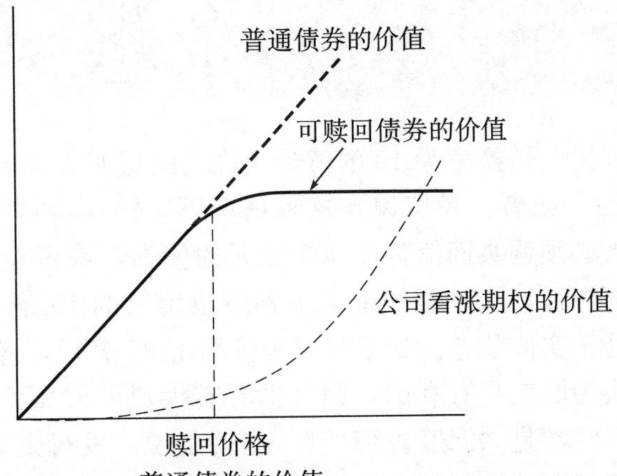

图 15.11　可赎回债券与普通债券的价值对比

概念测验 15.5

可赎回债券与普通债券的抛补看涨期权策略有哪些相似之处？

扫描二维码
获取答案解析

可赎回债券隐含的期权实际上比普通的看涨期权更复杂，因为它只有在最初的赎回保护期结束后才能被执行。债券被赎回的价格也可能随时间变化。与交易所内交易的期权不同，可赎回债券的这些特点都在最初的债券条款中有所规定，并且也取决于发行公司自身的需要以及对市场的把握。

概念测验 15.6

假定债券的赎回保护期延长了。根据这一变化，发行公司应设立多高的息票率才能以面值出售债券?

扫描二维码
获取答案解析

□ 可转换证券

可转换债券（convertible securities）和可转换优先股是向证券的持有人而不是向发行公司提供期权。一般的，可转换证券给予它的持有人将每份债券或每股优先股转换成固定数量的普通股的权利，而不管当时证券的市场价格是多少。

概念测验 15.7

按面值发行的可转换债券，与按面值发行的不可转换债券相比，息票率应该更高还是更低?

扫描二维码
获取答案解析

举例来说，转换率为 10 的债券允许它的持有人将面值为 1 000 美元的债券转换为 10 股普通股。或者，我们说在这种情况下，转换价格是 100 美元：要获得 10 股普通股，投资人必须购买面值为 1 000 美元的债券，或者说必须为每股支付 100 美元的面值。如果债券计划支付额的现值不到股票价值的 10 倍，它可能会被转换；也就是说，转换期权处于实值状态。如果股票售价高于 95 美元，将价格为 950 美元、转换率为 10 的债券转换为股票是有利的，因为债券转换成的股票价值高于 950 美元。大部分可转换债券发行时都是“深度虚值的”。也就是说，发行人设定的转换率不利于债券转换，除非发行后股票价格剧烈上升或债券价格剧烈下跌。

债券的转换价值等于如果立即将它转换为股票的价值。很明显，债券的售价应不低于它的转换价值。否则，你就可以购买债券，然后立即将其转换，得到一个无风险收益。这种情况是不会出现的，因为所有的投资者都会采取这个策略，从而最终提高债券的价格。

如果债券不能转换为股票，它的价值就会是普通债券的价值或者叫“债券底价”。债券的售价必须高于普通债券的价值，因为可转换债券的价值更高，它实际上是一个普通债券加上一个有价值的看涨期权。所以，可转换债券的市场价格有两条底线：转换价值和普通债券价值。

图 15.12 说明了可转换债券类似于期权的特性。图 15.12（A）说明了普通债券的价值是发行公司股票价格的函数。对于正常运转的公司来说，普通债券的价值几乎是独立于股票价值的，因为违约风险很小。但如果这家公司即将破产（股价很低），违约风险就会增加，导致普通债券价值下降。纵轴的截距表示当股票价格为零时债券的价值，你可以将它理解为当公司破产、股份变得没有价值的时候，持有人所能获得的价值。图 15.12（B）描绘了债券的转换价值。图 15.12（C）对可转换债券的价值和它的

两条价值底线进行了比较。

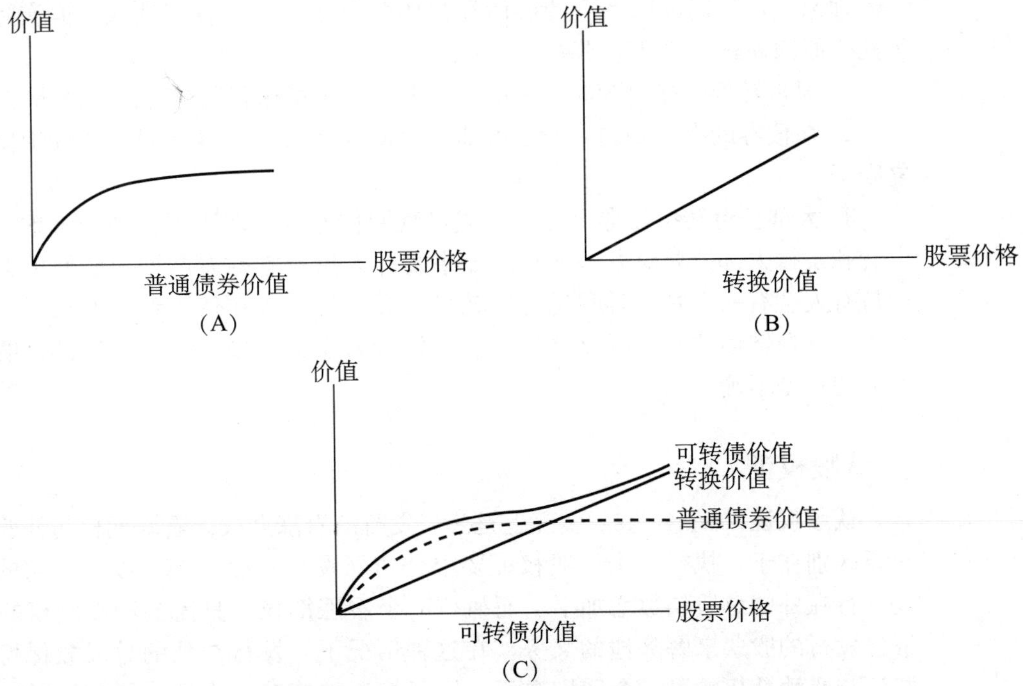

图 15.12　作为股价函数的可转换债券价值

当股价较低的时候，普通债券价值是有效的底线，而与转换期权则几乎无关，可转换债券会像普通债券一样交易。当股价很高的时候，债券的价格由它的转换价值决定。这时，由于转换几乎是一定的，债券实际上成为伪装了的股票。

我们可以用两个例子说明。

	债券 A	债券 B
年股利（美元）	80	80
期限（年）	10	10
信用级别	Baa	Baa
转换率	20	25
股价（美元）	30	50
转换价值（美元）	600	1 250
10 年期 Baa 级债券的市场收益率（%）	8.5	8.5
对应的普通债券的价值（美元）	967	967
实际债券价格（美元）	972	1 255
到期报告收益率（%）	8.42	4.76

债券 A 的转换价值仅为 600 美元。而它作为普通债券的价值却有 967 美元，这是按照普通债券的市场利率 8.5%计算的利息和本金的现值。债券的价格为 972 美元，只比普通债券高 5 美元，这反映了转换的可能性很低。以计划的利息支付额及 972 美元的市场价值为基础计算的到期收益率为 8.42%，这与普通债券的收益率很接近。

债券 B 的转换期权处于实值状态。转换价值是 1 250 美元，债券的价格 1 255 美元反映了它作为股权的价值（5 美元是债券提供的对股价下跌保护的补偿）。债券的到期收益率为4.76%，远低于对应的普通债券的收益率。收益率产生这样巨大的差距是由于转换期权具有很高的价值。

理论上，我们可以将可转换债券视作普通债券加上看涨期权。但实际上，由于以下几个原因，这个方法通常并不实用：

1. 通常转换价格会随时间的推移而上升，这意味着期权的执行价格在改变。

2. 在债券的有效期内，股票可能会分配几次股利，这使得对期权价值的分析更加复杂了。

3. 大部分可转换债券也可能变成可赎回债券，这取决于公司的考虑。实质上，投资者和发行人都持有对方的期权。如果发行人执行它的看涨期权赎回债券，通常债券的持有人会有一个月的时间仍可以转换债券。发行人在使用看涨期权时，知道债券持有人会选择转换债券，所以这又被称为发行人强迫转换。这些情况都说明，债券的实际到期日是不确定的。

□ 认股权证

认股权证：公司发行的用于购买公司股票的一项期权。

认股权证（warrants）实际上是公司发行的看涨期权。看涨期权与认股权证的一个重要区别在于，执行一个认股权证要求公司新发行一股股票，以履行它的义务——于是发行在外的总股票数增加了。而执行一个看涨期权，只需要看涨期权的卖方转让一股已发行的股票来解除他的义务。在这种情况下，发行在外的总股数保持不变。认股权证与看涨期权的另一个区别在于，认股权证的持有人支付执行价格时，认股权证会给公司带来现金流入。这些区别意味着认股权证的价值与有着相同条件的期权的价值多少会有些不同。

与可转换债券相似，认股权证的条款也可以根据公司的需要来定制。另一个与可转换债券的相似之处是，认股权证通常也有针对股票拆分和股利分配的保护性条款，在这种情况下，执行价格和持有的认股权证数都会被调整，以抵消拆股和发放股利的影响。

认股权证经常与其他证券一起发行。比如，债券可能会与一个认股权证包装在一起发行，通常是一个可以单独出售的认股权证。这被称为"可分离认股权证"（detachable warrant）。

发行认股权证和可转换证券使得当权证或证券执行时，发行在外的股票数可能会增加。权证或可转换证券的执行显然将影响所有以股票数为基础计算的金融统计数字，所以公司的年度报告必须提供假设所有的可转换证券和认股权证都被执行后的每股收益，这些数字被称为全面摊薄的每股收益（fully diluted earnings per share）。①

□ 抵押贷款

很多贷款协议都要求借款人提供抵押，以保证贷款的偿还。如果违约，抵押品就归贷款人所有。在无追索权的贷款中，贷款人除了对抵押品的权利外，没有其他追索权。也就是说，如果抵押品的价值不足以偿还贷款，贷款人也不能向借款人要求更多的偿付。②

---

① 应该注意的是，执行可转换债券不一定会降低每股收益（EPS）。只有当可转换债券节省的利息（每股）少于原来的每股收益时，摊薄的每股收益才会低于未摊薄的每股收益。

② 当然，事实上贷款违约并不是这么简单。违约不但是不道德的行为，而且会使借款人的信誉受到损害。本章中假设贷款是无追索权的，贷款双方从一开始就同意追索权仅至抵押物，并且如果抵押物价值不足以偿还贷款，则违约也不被视作信誉不佳的标志。

这个协议给予借方一个隐含的看涨期权。假设在贷款到期时，借款人必须偿还 L 美元。在到期日，抵押品价值 S_T 美元（抵押品现在的价值是 S_0）。借款人的选择权在于，他可以一直等到贷款到期，并且只在抵押品的价值高于偿还贷款所必需的 L 美元时，才偿还贷款。如果抵押品的价值低于 L，借款人可以违约，转让价值仅为 S_T 的抵押品来解除其义务。

另一个描述上述贷款的方法是，借款人将抵押品转让给贷款人，但保留了偿还贷款购回抵押品的权利，在贷款到期日时，如果 L 小于 S_T，借款人有权以 L 美元的价格回购抵押品。这就是看涨期权。

看待抵押贷款（collateralized loans）的第三种方法是，假设借款人一定会偿还 L 美元，但仍拥有以 L 美元的价格向贷方出售抵押品的权利，即使 S_T 小于 L。在这种情况下，出售抵押品所产生的现金必然可以偿还贷款。以 L 美元的价格“出售”抵押品的能力就代表了一个看跌期权，它保证借款人只要转让抵押品，就能筹得足够的资金来偿还贷款。

图 15.13 描绘了这几种解释。图 15.13（A）是贷款人要收回的价值，它等于 S_T 或 L 中较小的一个。图 15.13（B）说明了该数字可以表示为 S_T 减去看涨期权的收入，该看涨期权背后的含义是由贷款人售出，并被借款人持有。图 15.13（C）说明了该数字也可以被看作收到的 L 美元减去一个看跌期权的收入。

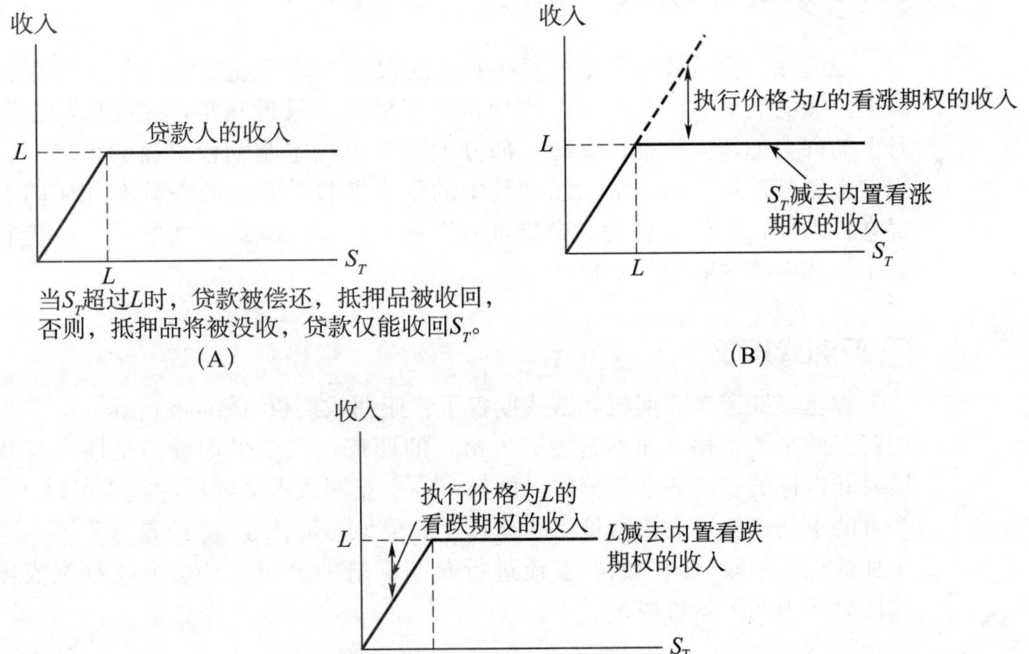

图 15.13　抵押贷款

说明：（A）抵押贷款的收入。

（B）贷款人可以看作从借款人处获得抵押品，并给予借款人一种选择权：在贷款到期日，如果 L 小于 S_T，借款人有权以 L 美元的价格回购抵押品，即相当于向借款人发行看涨期权。

（C）贷款人可以看作向借款人发放无风险贷款，并给借款人一种选择权：在贷款到期日，如果 L 大于 S_T，借款人有权以 L 美元的价格出售抵押品，即相当于向借款人发行看跌期权。

□ 杠杆股权与风险债务

持有有限责任公司股票的投资者受到有限责任的保护，也就是说，如果该公司不能偿还它的债务，公司的债权人只能要求公司以其资产进行偿付，而不能要求有限责任公司的股东支付更多的金额。实际上，无论有限责任公司何时借入贷款，贷款的最大可能的抵押品就是公司的全部资产。如果公司宣布破产，我们可以将此解释为公司承认自己的资产已无法履行公司的偿付义务。有限责任公司可以通过向债权人转让公司资产的所有权来解除其义务。

与无追索权的抵押贷款一样，债权人所要求支付的金额代表了隐含期权的执行价格，而公司的价值则是标的资产。公司的权益持有人拥有一个看跌期权，他们可以向债权人转让他们对公司的所有权，从而获得公司债务的账面价值。

或者，我们可以认为股东持有一个看涨期权。实际上，他们已经将他们对公司的所有权转让给了债权人，但他们仍拥有通过偿还贷款来赎回公司的权利。因此，股东拥有以一个特定价格“买回”公司的选择权，也就是说，他们有一个看涨期权。

这种观点的意义在于，分析家可以用期权定价技术来评估公司债券的价值。通常，风险债务的违约费可以用期权定价模型来估计。在下一章，我们将讨论一些这样的模型。

15.5 奇异期权

很明显，投资者非常重视那些通过期权交易才可能实现的投资策略：这可以从市场上巨额的交易量中看出来。成功带来了模仿，最近几年，在提供给投资者的期权工具上的许多创新大家有目共睹。部分创新发生在定制期权交易的市场上，这些新产品现在在场外市场交易非常活跃。其中的很多期权，它们的条款在几年前看起来还很不寻常；因此，它们被称为“奇异期权”（exotic options）。在这一节，我们将纵览这些新工具的一些更有趣的变形。

□ 亚洲式期权

你已经知道美式期权和欧式期权了。亚洲式期权（Asian options）是收入依赖于标的资产的平均价格（而不是最终价格）的期权，这个平均价格是期权有效期中至少一段时间内标的资产的平均价格。例如，一个亚洲式看涨期权的收入可以等于股票最后 3 个月的平均价格减去执行价格的差额（如果该差额为正），或是等于零。这些期权有利于那些想对一段时间内的收益流进行套期保值的公司，且这个收益流依赖于某商品在这段时间内的平均价格。

□ 货币转换期权

货币转换期权（currency-translated options）的标的资产或者执行价格是以外国货币标价的。一个典型的例子是汇率连动期权（quanto），它允许投资者事先约定汇率，并按此汇率将一项外汇投资转换成美元。以既定的汇率将固定数量的外国货币转换为美元的权利是一个简单的外汇期权。而汇率连动期权则更复杂，因为汇率连动期权需要转换为美元的货币的数量取决于外国证券的投资业绩。因此，实际上汇率连动期权提供的期权数目是随机的。

□ 指状期权

指状期权（digital options 或 binary options，又叫“赌博”期权）的收入是固定的，该固定收入由标的资产的价格是否满足条件决定。例如，如果到期日股票价格超过执行价格，二元期权可能会支付 100 美元的固定金额。

小结

- 看涨期权是以协议的价格购买资产的权利。看跌期权是以协议的价格出售资产的权利。
- 当执行价格较低时，看涨期权的价值较高；当执行价格较高时，看跌期权的价值较高。两种期权均是距离到期日越久，期权价值越高。
- 美式期权可以在到期日或到期日之前执行，欧式期权只能在到期日执行。交易中的大部分期权是美式期权。
- 期权的标的物有股票、股票指数、外汇、固定收益证券以及一些期货。
- 期权可以用来提高投资者的投资对于某资产价格的杠杆性，也可以为资产价格波动提供保险。常用的期权策略包括抛补的看涨期权、保护性看跌期权、跨式组合和价差策略。
- 很多常见的证券都具有期权的特征。比如可赎回债券、可转换债券和认股权证。其他协议，如抵押贷款和有限责任公司借款，均可以看作隐含了一方或多方持有的期权。

关键词

美式期权	抛补的看涨期权	处于虚值状态	风险管理
处于平价状态	欧式期权	期权费	价差策略
看涨期权	执行价格	保护性看跌期权	跨式组合
双限期权	处于实值状态	看跌期权	认股权证

核心公式

$$\text{看涨期权的收入}=\begin{cases}S-X, & \text{当 } S>X \text{ 时}\\ 0, & \text{当 } S\leqslant X \text{ 时}\end{cases}$$

$$\text{看跌期权的收入}=\begin{cases}0, & \text{当 } S_T>X \text{ 时}\\ X-S_T, & \text{当 } S_T\leqslant X \text{ 时}\end{cases}$$

习题

1. 我们说期权既可以增加整个投资组合的风险，也可以降低整个投资组合的风险。那么增加风险和降低风险的期权策略的例子有哪些？请解释。(LO15—2)

2. 你为什么认为那些接近平价的期权是交易最为活跃的期权？(LO15—1)

3. 下面是 Primo 公司普通股的交易所上市期权的报价表。

公司	执行价格	到期日	看涨期权	看跌期权
Primo 61.12	55	2 月	7.25	0.48

忽略交易费用，购买者购买一份看涨期权合约需支付多少费用？(LO15—1)

4. 回到列出了不同微软期权价格的图 15.1。利用该图中的数据，计算投资于下列于 2017 年 6 月到期的各期权的收入与利润，假定到期时股票价格为 71 美元。(LO15—1)

a. 看涨期权，$X=70$。

b. 看跌期权，$X=70$。

c. 看涨期权，$X=72$。

d. 看跌期权，$X=72$。

5. 你购买了一份微软的看跌期权，7 月份到期，执行价格为 72 美元，期权费为 1.32 美元。那么你的最大可能收益是多少？(见图 15.1。)(LO15—1)

6. 一个投资者购买了一份看涨期权，期权费为 4.50 美元，执行价格为 40 美元。股票价格为多少时，这个投资者实现了盈亏平衡？(LO15—1)

7. 你利用 Fin Corp 9 月到期的看涨期权和看跌期权构造了一个跨式组合，执行价格为 80 美元。看涨期权的期权费为 7 美元，看跌期权的期权费为 8.5 美元。(LO15—2)

a. 你的最大损失是多少？

b. 如果 Fin Corp 9 月份的售价为 88 美元，你的收益或者损失是多少？

c. 股票价格为多少时，你的跨式组合达到了盈亏平衡？

8. 下图描绘了一个看跌期权到期时的价值：忽略交易成本，下列关于该看跌期权在到期日的价值的论述，哪一个是对的？(LO15—1)

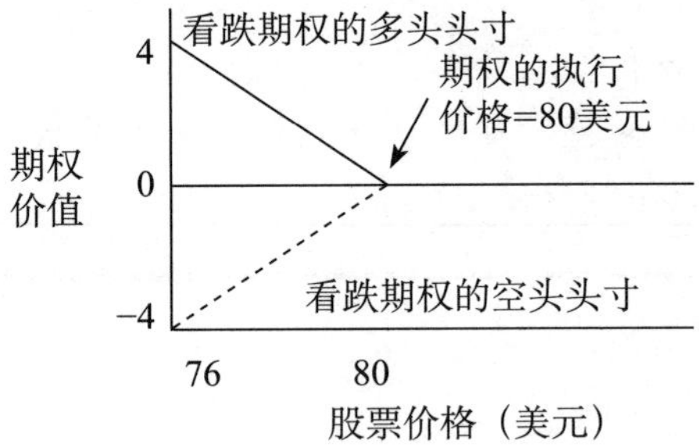

a. 当股票价格=76 美元时，看跌期权的空头头寸的价值是 4 美元。

b. 当股票价格=76 美元时，看跌期权的多头头寸的价值是−4 美元。

c. 当股票价格<80 美元的执行价格时，买入的看跌期权有价值。

d. 当股票价格≥76 美元时，看跌期权的空头头寸价值为零。

9. 你是一个投资组合经理，你采用期权头寸来为你客户的风险预测量身定做投资策略。在下列每种情况中，给定你客户的目标，最好的策略是什么？(LO15—2)

a. ● 到期日业绩：上涨 16%

● 客户目标：收益至少为 15%

● 你的情景：从现在到年底股票价格大起大落，你的好机会是：

i. 多头跨式组合

ii. 多头牛市价差策略

iii. 空头跨式组合

b. ● 到期日业绩：上涨 16%

● 客户目标：收益至少为 15%

● 你的情景：从现在到年底股票价格大跌，你的好机会是：

i. 买入看跌期权

ii. 卖出看涨期权

iii. 买入看涨期权

10. 一个投资者花 38 美元购买了一只股票，又花 0.5 元购买了一个执行价格为 35 美元的看跌期权。同时这个投资者以 0.5 美元出售了一个执行价格为 40 美元的看涨期权。那么这个头寸最大的利润或者损失是多少？画出这个策略的利润和损失图，其中利润和损失是到期日股票价格的函数。(LO15—1)

11. 假设你持有 5 000 股股票，这些股票目前售价为 40 美元一股。你准备售出这些股票，但是由于税收原因，你打算推迟到明年。如果你继续持有这些股票到 1 月份，你将面临年底之前股价下跌的风险。你打算采用一个双限期权策略，既可以限制股价下跌的风险，又不用安排其他基金。1 月到期的看涨期权的售价为 2 美元，执行价格为 45 美元，1 月到期的看跌期权的售价为 3 美元，执行价格为 35 美元。如果股票价格最后为 (a) 30 美元，(b) 40 美元，(c) 50 美元，那么 1 月份你的投资组合价值（期权的净收益）是多少？将这些收益与单纯持有股票的收益相比较。(LO15—2)

12. 假设你认为在未来一年内 AppX 公司的股票价格会剧烈上涨。假定股票的现价 S_0 是 100 美元，1 年后到期的看涨期权的执行价格 X 为 100 美元，售价 C 为 10 美元。为了对 10 000 美元进行投资，你有三个备选方案：(LO15—1)

a. 将 10 000 美元全部投资于股票，购买 100 股股票。

b. 用 10 000 美元购买 1 000 份期权（10 份合约）。

c. 用 1 000 美元购买 100 份期权（1 份合约），并将剩下的 9 000 美元投资于货币市场基金，该货币市场基金的年利率为 4%。

从现在起的 1 年后，在 4 个股价水平上，每个方案的收益率是多少？总结你的计算结果，并填入接下来的图表中。

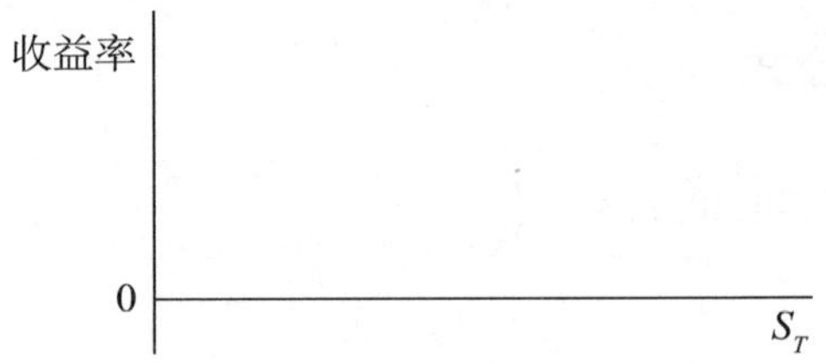

投资收益率

	1 年后的股票价格（美元）			
	80	100	110	120
a. 全股票（100 份）				
b. 全期权（1 000 份）				
c. 国库券+100 份期权				

13. P. U. T. T. 公司的普通股上个月的价格在一个很窄的范围内变动，你相信在接下来的 3 个月内，股票价格将大大突破这一范围。但是，你不知道股价会上升还是会下跌。

股票现在的价格是每股 100 美元，执行价格为 100 美元的 3 个月到期的看涨期权价格为 10 美元，与该看涨期权的到期日和执行价格相同的看跌期权价格为 7 美元。（LO15—2）

a. 为了利用你对股价未来走势的判断，应制定什么样的期权策略？

b. 股票价格在两个方向应变动多少，才能使你的初始投资获利？

14. 数月以来，C. A. L. L. 公司的股票一直围绕每股 50 美元的价格在一个很窄的范围内波动，并且，你相信在接下来的 3 个月中，股价将继续维持在这一范围内。3 个月后到期的执行价格为 50 美元的看跌期权售价为 4 美元，与该看跌期权的到期日和执行价格相同的看涨期权售价为 7 美元。（LO15—2）

a. 为了利用你对股价未来走势的判断，你应该用一个看跌期权和一个看涨期权构造一个什么样的期权策略？

b. 在这一投资上，你最多能挣到多少钱？

c. 在你赔钱之前，股价在两个方向上各能运动多远？

d. 怎样用一个看跌期权、一个看涨期权和一笔无风险的贷款来构造一个与到期日股票具有相同收入结构的投资？在接下来的 3 个月中，股票不支付股利。

e. 现在构造这样一个投资的净成本是多少？

15. 计算机科学公司（CSI）的经理约瑟夫·琼斯收到了 10 000 股公司股票，作为公司对他的奖励。当前股票售价为每股 40 美元。约瑟夫想推迟出售股票，直到下一个纳税年度。但是，1 月份的时候，他将需要出售他持有的全部股票，以便为他的新房子支付分期付款的首期。约瑟夫为他因持有股票所面临的价格风险感到非常担心。一方面，在当前的价格上，他出售股票可以得到 40 000 美元。如果他所持有的股票的价值低于 35 000 美元，他支付分期付款的能力就会受到威胁。另一方面，如果股票的价值上升到 45 000 美元，在支付完首期后，他甚至可以留有一小部分现金。约瑟夫在考虑以下三个投资策略：

a. 策略 A 是出售 1 月到期的执行价格为 45 美元的 CSI 股票的看涨期权。这些看涨期权现在的售价为每份 3 美元。

b. 策略 B 是购买执行价格为 35 美元的 1 月份 CSI 股票的看跌期权。这些期权现在的售价是每份 3 美元。

c. 策略 C 是通过售出 1 月到期的看涨期权和购入 1 月到期的看跌期权来建立一个零成本的双限期权。

根据约瑟夫的投资目标来评价这些策略。每个策略的优缺点是什么？你建议选择哪个策略？（LO15—2）

16. a. 蝶式价差策略（butterfly spread）是指，购入一个执行价格为 X_1 的看涨期权，出售两个执行价格为 X_2 的看跌期权，再购入一个执行价格为 X_3 的看涨期权。$X_1<X_2$，$X_2<X_3$。X_1 与 X_2 的差额和 X_2 与 X_3 的差额相等，并且所有看涨期权的到期日均相同。画出该投资策略的收入图。

b. 纵向联合是指购入一个执行价格为 X_2 的看涨期权和一个执行价格为 X_1 的看跌期权，$X_2>X_1$。画出该策略的收入图。（LO15—2）

17. 熊市价差策略是指，购入执行价格为 X_2 的看涨期权，售出执行价格为 X_1 的看涨期权，$X_2>X_1$。画出该策略的收入图，并与图 15.10 相比较。（LO15—2）

18. 你打算构造一个投资策略。一方面，你认为股市有很大的上升潜力，并且如果该上升实现，你将很乐意参与这一上升运动。但是，你无力承担一旦股市大幅下跌所带来的损失，而且你认为这也是可能发生的。你的投资顾问建议你投资于保护性看跌期权：购买市场指数基金中的股票，并且购买这些股票的 3 个月期看跌期权，执行价格为 1 950 美元。现在股票指数是 2 250 美元。但是，你的叔叔建议你购买执行价格为 2 100 美元的 3 个月期指数基金看涨期权，并购买面值为 2 100 美元的 3 个月短期国库券。（LO15—2）

a. 在同一张图中，画出每个策略的收入，各个策略的收入都是 3 个月后股票基金的价值函数。（提示：将这些期权看成是一“股”股票指数基金的期权，每一股指数的当前价格是 2 250 美元。）

b. 建立哪一个投资组合需要更多的初始投资？（提示：是否每个投资组合的最终收入总是不小于其他投资组合的收入？）

c. 假设证券的市场价格如下：

股票基金	2 250 美元
国库券（面值 2 100 美元）	2 025 美元
看涨期权（执行价格 2 100 美元）	260 美元
看跌期权（执行价格 1 950 美元）	15 美元

如果 3 个月后的股票价格为：$S_T=0$ 美元，1 750 美元，2 000 美元，2 250 美元或 2 400 美元，列表说明各投资组合的利润。在一张图中，画出各投资组合的利润图，该利润是 S_T 的函数。

19. 利用第 15 章价差策略与跨式期权组合的 Excel 应用中的表格回答以下问题：（LO15—1）

a. 画出执行价格等于 130 美元的跨式期权组合的收入和利润图。假设期权的价格与 Excel 应用中的定价相同。

b. 画出执行价格等于 120 美元和 130 美元的价差策略期权组合的收入和利润图。假设期权的价格与 Excel 应用中的定价相同。

20. 持有公司债券在哪些方面就像出售了一个看跌期权？在哪些方面又像出售了一个看涨期权？（LO15—3）

21. 一个经理人员补偿计划将在公司的股价超过某一水平后，股价每上升 1 美元，就向每个经理提供 1 000 美元的奖金。这一计划在哪些方面就像向经理人员发行了公司股票的看涨期权？（LO15—3）

22. 考虑下面的期权投资组合。你卖出了一个 2017 年 6 月到期的执行价格为 72 美元的微软看涨期权，还出售了一个 6 月到期的执行价格为 70 美元的微软看跌期权。（LO15—2）

a. 画出该投资组合在期权到期日的收入，该收入是微软股票到期日价格的函数。

b. 如果在到期日那一天，微软股票的售价为 70 美元，该投资的收益/损失是多少？如果微软股票的售价为 74 美元，情况又会怎样？利用图 15.1 的期权价格来回答这个问题。

c. 当股票价格处于哪两个价位时，你的投资将达到盈亏平衡？

d. 这个投资者所打的“赌”是什么？也就是说，投资者是基于对微软股票价格什么样的判断而做出该投资决策的？

23. 考虑以下投资组合。你卖出一个执行价格为 90 美元的看跌期权，并买进一个到期日相同的执行价格为 95 美元的看跌期权。(LO15—2)

a. 画图说明在期权到期时投资组合的价值。

b. 在同一张图中，画出投资组合的利润。(提示：哪个期权售价更高?)

24. 在 Acme 期权交易所交易的执行价格为 60 美元的看跌期权的售价为 2 美元。令你感到惊讶的是，在 Apex 期权交易所交易的到期日相同的执行价格为 62 美元的看跌期权的售价竟然也是 2 美元。如果你打算持有期权至到期，利用这个价格异常现象设计一个净投资为零的跨式组合策略。画出你的投资在到期时的利润图。(LO15—1)

25. 你购买了一股股票，出售了一个 $X=10$ 美元的一年期看涨期权，并购买了一个 $X=10$ 美元的一年期看跌期权。构建该投资组合，你的净支出是 9.50 美元。你的投资组合的收入是多少？无风险利率是多少？假设股票不分配股利。(LO15—1)

□ 挑战题

26. 乔·费南斯刚刚购买了一个股票指数基金，当前的售价是每股 2 400 美元。为避免损失，乔还以 120 美元的价格购买了一个该基金的平价欧式看跌期权，该期权在 3 个月后到期，执行价格为 2 400 美元。乔的金融顾问萨丽·卡姆指出，乔在看跌期权上花了很多钱。她说，执行价格为 2 340 美元的 3 个月期看跌期权售价仅为 90 美元，她建议乔使用这种便宜的看跌期权。(LO15—2)

a. 分析乔和萨丽的策略，画出 3 个月后在不同的股票基金价值下的股票加看跌期权投资的利润图。

b. 什么时候萨丽的策略表现更好？什么时候她的策略表现更糟？

c. 哪种策略承担了更多的系统风险？

27. 你出售了一个 $X=50$ 美元的看涨期权，并购买了一个 $X=60$ 美元的看涨期权。两个期权的到期日相同。一个看涨期权售价是 3 美元；另一个售价是 9 美元。(LO15—2)

a. 画出该策略在到期日的收入图。

b. 画出该策略的利润图。

c. 该策略的盈亏平衡点是什么？

d. 该投资者采取的是牛市策略还是熊市策略？

28. 只用看涨期权和股票构造一个到期日价值（收入）如下的投资组合。如果当前股票价格为 53 美元，投资者预期股价会发生什么变化？(LO15—2)

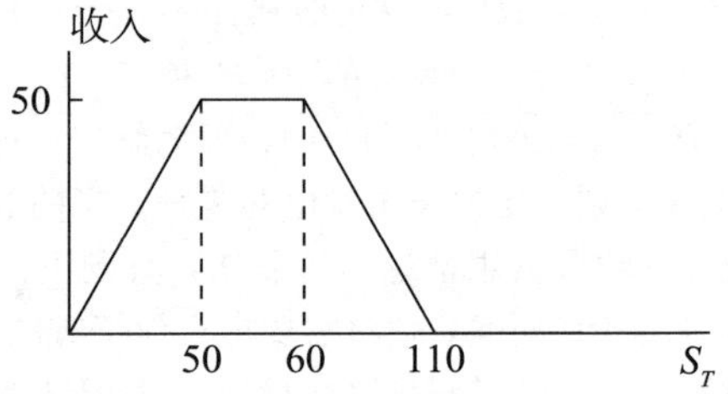

29. 农产品价格支持体系向农场主保证了农产品的最低价格。

a. 将该体系的条款当作一个期权来描述。

b. 其中标的资产是什么？

c. 执行价格是多少？(LO15—3)

CFA 习题

1. 下面关于看涨期权在到期日价值的论述，哪一个是错误的？(LO15—1)

a. 如果股票价格超过执行价格，看涨期权的空头头寸会带来损失。

b. 多头头寸的价值等于零或者股票价格减去执行价格这两个数中较大的一个。

c. 多头头寸的价值等于零或者执行价格减去股票价格这两个数中较大的一个。

d. 当股票价格等于或低于执行价格时，看涨期权空头头寸的价值为零。

2. 唐娜·东尼是一个特许金融分析师（CFA）。她的客户认为 TRT 材料公司的普通股价格（现价为每股 58 美元）有可能因为该公司的诉讼结果而不定向地大幅变化，而客户此时正持有 TRT 股票。她请东尼为股票可能的价格变动提出应对策略。跨式组合是到期日相同、执行价格不同的看涨期权和看跌期权的组合。东尼收集了以下有关 TRT 股票期权的价格信息：(LO15—2)

特征	看涨期权	看跌期权
价格（美元）	5	4
执行价格（美元）	60	55
到期日	90 天	90 天

a. 东尼应该选择多头跨式组合策略还是空头跨式组合策略？

b. 在到期日，对于a小题中所采取的策略，请计算：

（1）每股可能的最大损失。

（2）每股可能的最大收益。

（3）盈亏平衡点的股票价格。

3. 投资委员会的一个成员对学习更多关于固定收益投资的程序很感兴趣，他回忆起一个固定收益经理最近宣称，衍生工具可以用来控制投资组合的久期，该经理说："利用关于国债的看跌与看涨期权，可以构造出一个类似于期货的头寸。"（LO15—3）

a. 怎样用期权来构造一个类似于购买国债期货的"类期货头寸"？解释为什么你构造的这个头寸类似于购买国债期货。

b. 解释你在a小题中构造的头寸为什么会影响投资组合的久期，以及是向哪个方向影响的？

c. 假设一个养老金计划的投资策略要求该固定收益经理将投资组合的久期限定在一个很窄的范围内。简单说明当有效期受到限制时，在什么情况下，或在什么交易中，使用国债期货有助于管理固定收益投资组合。

4. 苏蕾施·辛格是特许金融分析师（CFA），正在分析可转换债券。债券和标的股票的信息如下表所示：（LO15—3）

可转换债券	
面值	1 000美元
年息票率（一年付息一次）	6.5%
转换比率	22
市场价格	面值的105%
普通债券价格	面值的99%
标的股票	
当前市场价格	每股40美元
年现金股利	每股1.2美元

计算债券的：

a. 转换价值；

b. 市场转换价格。

5. 理查·麦当劳是一位特许金融分析师（CFA），正在分析Ytel股份有限公司的可选投资工具——可转换债券和普通股。两种证券的特征如下表所示：（LO15—3）

特征	可转换债券	普通股
面值	1 000美元	—
息票（年付）	4%	—
当前市场价格	980美元	每股35美元
普通债券价格	925美元	—
转换比率	25	—
转换选择权	任何时间	—
股利	—	0美元
1年后预期市场价格	1 125美元	每股45美元

a. 基于以上数据，请计算：

i. 当前Ytel可转换债券的市场转换价格。

ii. Ytel可转换债券1年的预期收益率。

iii. Ytel普通股1年的预期收益率。

1年过去了，Ytel股票上升到每股51美元。并且，相同到期期限的Ytel不可转换债券的到期收益率上升，而信用价差不变。

b. 说出可转换债券价值的两个组成部分。指出当以下情况发生时，每个部分的价值如何变化，减少、保持不变还是上升？

i. Ytel股票价格上升。

ii. 债券收益率上升。

Web站点管理员

请扫描二维码或登录中国人民大学出版社官网www.crup.com.cn下载。

16 期权定价

学习目标：

LO16—1　学会识别哪些期权特征会影响期权的市场价值；
LO16—2　在双情景经济模型条件下计算期权价值；
LO16—3　计算期权的布莱克-斯科尔斯价值及其隐含波动性；
LO16—4　计算看涨期权和看跌期权之间正确的函数关系；
LO16—5　计算期权的套期保值率，并利用套期保值率调控风险。

在上一章中，我们研究了期权市场和期权策略。通过研究我们得出结论：很多证券都隐含着期权，而这些期权将影响证券的价值和风险—收益特征。本章我们转而研究期权定价问题。想要理解这些期权定价模型，需要相当好的数学及统计学知识，但这些复杂模型的思想可以用简单的例子来阐释，而这正是我们的重点。

首先，我们会讨论哪些因素影响了期权价格，这是一个定性问题。然后我们将进行定量研究，介绍一个简单的“两状态”期权定价模型，并说明如何将该模型变成一个有用而准确的定价工具。接下来，我们继续研究一个特殊的定价公式——著名的布莱克-斯科尔斯模型。期权定价模型能帮助我们“倒挤”出市场上股价的隐含波动性，我们将对这些隐含波动性进行估算。

接下来我们将探讨，期权定价理论在风险管理上所具有的更重要的应用。最后，我们将简要地看看对期权定价的一些经验证明，以及关于布莱克-斯科尔斯模型的局限性的一些证明。

16.1　期权定价引论

□ 内在价值与时间价值

假设有一个看涨期权正处于“虚值”状态，其股票价格低于它的执行价格。这并不意味着该期权没有价值。立即执行该期权虽然无利可图，但该期权仍具有正的价值。这是因为在到期日前，股票价格总存在着上涨并执行价格的可能性。即便股票价格最终没有上升，最坏的情况无非也就是期权到期价值为零。

S_0-X 有时被称为“实值”看涨期权的**内在价值**（intrinsic value），因为立即执行该期权就能获得收入。“虚值”期权和平价期权的内在价值设定为零。而看涨期权的价格与内在价值之差通常被称为期权的**时间价值**（time value）。

内在价值：股票价格减去执行价格，或者是立即执行实值看涨期权所能获得的现金流。

时间价值：期权价格和其内在价值之差。

需要注意，当“时间价值”这个术语用于期权时，其含义不同于货币的时间价值，切莫混淆。如前所述，期权的时间价值所指的仅仅是期权价格与期权内在价值（立即执行实值期权所得的收益）之间的差额。它是期权价值的一部分，期权之所以具有该价值，是因为期权还有一段时间才到期。

期权的时间价值大多都是典型的“波动价值”。期权的收入不可能为负，因为持有者最坏的打算是不执行期权，这时期权的收入不过为零而已，而且总有机会使得期权的收入为正。波动价值在于当无利可图时有权选择不执行期权。与执行义务相比，执行期权为投资者提供了股价下跌的保险。

当股价大大上升时，看涨期权很有可能在到期时被执行。在这种情况下，由于几乎确定要执行期权，波动价值变得很小。当股价更高时，波动价值可以忽略不计，期权价值将接近“调整了的”内在价值——股票价格减去执行价格的现值，即 $S_0-PV(X)$。

原因如下。如果你确定要执行期权（执行价格为 X 美元），这就相当于你已经拥有了该股票。也就好比股票现在已经放在你的保险箱里了，只不过你得过段时间才能把它们取出来。虽然你尚未真正付钱，那些股票却是你的囊中之物了。将来你购买股票时将花去 X 美元，$PV(X)$ 是其现值，所以该看涨期权净收入的现值为 $S_0-PV(X)$。[①]

图 16.1 说明了看涨期权价值与股价之间的函数关系。价值曲线说明，当股价很低时，持有人几乎不可能执行看涨期权，其价值近乎为零；当股价很高时，期权价值接近经过调整了的内在价值；在中间区域，当期权接近平价时，期权曲线与代表经过调整了的内在价值的直线距离最远。这是因为在该价格上执行期权的收入几乎可以忽略不计（或者说是负的），在该区域中期权的波动价值就会很高。

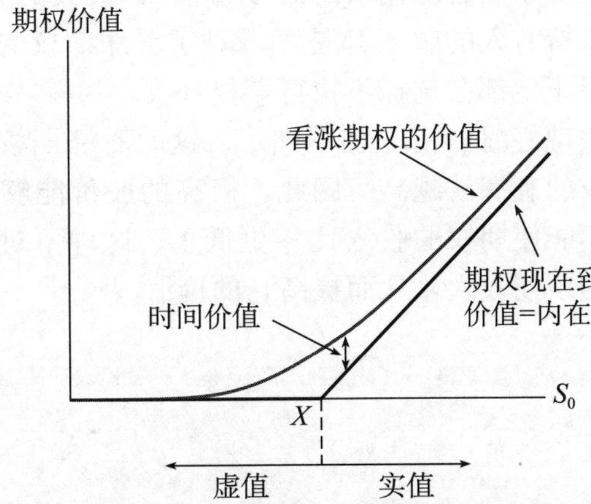

图 16.1　到期日之前的看涨期权价值

看涨期权的价值总是随着股价升高而增加，两者总是正相关。但只有当期权处于深度实值状态时，其斜率才最大。在这种情况下，期权的执行几乎是确定无疑的，而

① 该讨论假定股票在期权到期之前不支付股利。如果股票在到期前确实支付了股利，那么你有理由现在就买股票而不是在到期时才买股票，因为立即获得股票使你有资格获得期中股利。在这种情况下，调整后的内在价值必须减去该股票在行使认购权之前将支付的股利价值。调整后的内在价值通常定义为 $S_0-PV(X)-PV(D)$，其中 D 表示期权到期前要支付的股利。

且随着股票价值升高，期权的价值也会同步增加。

□ 期权价值的决定因素

至少有六个因素肯定会影响看涨期权的价值：股票价格、执行价格、股票价格的波动性、到期时间、利率以及股票的股利收益率。看涨期权执行后的收入为 $S_T - X$，所以当股票价格上升时，看涨期权的价值增加；当执行价格升高时，看涨期权的价值减少。看涨期权总的预期收入随着 $S_0 - X$ 的增加而增加。

看涨期权的价值也会随着标的股票价格波动性的增大而增加。为了诠释其原因，我们假设有如下两种情景：一种情景是到期日的股价处于 10～50 美元，另一种情景是到期日的股价仅处于 20～40 美元。在这两种情景下，股价的预期值都是 30 美元，假设一个看涨期权的执行价格也是 30 美元，期权的收入是多少？

单位：美元

高波动性情景					
股票价格	10	20	30	40	50
期权收入	0	0	0	10	20
低波动性情景					
股票价格	20	25	30	35	40
期权收入	0	0	0	5	10

假设股票每种价格出现的可能性相同（概率都是 0.2），在高波动性情景下，期权的预期收入是 6 美元，而在低波动性情景下，看涨期权的预期收入只是它的一半（只有 3 美元）。

在两种情景下，股票的平均价格都是 30 美元，但期权的平均收入在高波动性情景下显然更高。高波动性会带来额外的价值，这是由于期权持有人可能遭受的损失是有限的，或者说是由于“看涨期权的波动价值”。损失的有限性是指，无论股价比 30 美元低多少，期权持有人的收入都是零。对于看涨期权的持有人而言，股价极端低和比较低都一样，反正他都会选择不执行期权（收入为零）。

但当股价表现好时，情况就不同了。这时看涨期权到期时将处于实值状态，而且股价越高，期权的利润就越高。因此，极高的股价能够无限制地增加期权的收入，而极低的股价却不能使期权的收入比零更低了。这种不对称性意味着标的股票的价格波动能增加期权的预期收入，从而提高它的价值。[①]

概念测验 16.1

当股票波动性增加时，看跌期权的价值会增大吗？

扫描二维码
获取答案解析

① 在解释波动性与期权价值的关系时，我们要注意：这个分析既不是基于总体（而不是系统性）的波动性，也不会出现期权买方偏好波动性的计算，从而与现代资产组合理论相矛盾。在传统的贴现现金流分析中，我们发现，对于给定分布的未来现金流和相应的贴现率，风险越大，贴现率就越高，从而现值就越低。但在这里，期权的现金流取决于股票的波动性。期权价值上升的原因不是交易者偏好风险，而是期权持有人的预期现金流随着标的资产波动性的增大而增加。

与较大的波动性类似，较长的到期时间也能增加看涨期权的价值。这是由于，到期日距离现在越远，发生不可预知事件的可能性就越大，股价的变动范围也会扩大，这与波动性增加的影响相似。除此之外，随着到期时间的延长，执行价格的现值会减少，从而有利于看涨期权的持有人，并能增加期权价值。作为推论，当利率升高时（假设股票价格不变），看涨期权的价值也会增加，因为高利率同样会降低执行价格的现值。

最后，公司的股利分配政策也会影响期权价值。高股利分配政策会降低股价的增长率。对于股票的预期总收益率来说，高股利分配率必然导致低预期资本报酬率。股票升值程度的降低会减少看涨期权的潜在收入，从而减少看涨期权的价值。表 16.1 总结了这些关系。

表 16.1　看涨期权价值的决定因素

如果下述变量增大	看涨期权的价值变化
股票价格，S	增大
执行价格，X	减小
波动性，σ	增大
到期时间，T	增大
利率，r_f	增大
股利支付	减小

概念测验 16.2

为看跌期权价值的决定因素列出一个像表 16.1 那样的表。当 S，X，T，σ，r_f 以及股利支付增大时，看跌期权的价值会有何反应？

扫描二维码
获取答案解析

16.2　二叉树期权定价模型

□ 两状态期权定价法

如果没有足够的数学背景知识，我们很难全面了解常用的期权定价公式。但我们可以使用一个简单的特例来研究期权定价。假设股票的价格在到期日只有两个可能：股价将升高到某个给定的较高价格，或是降低到某个给定的较低价格。这是一个极度简化的例子，但它能使我们进一步理解更复杂和现实的模型。此外，我们还可以将该方法加以扩展，用以描述更合乎情理的股价行为特征。在实际运用中，一些金融公司对这个简单模型稍加变形，用于期权定价和其他具有期权特征的证券定价。

假定股票现在的售价为 100 美元。到了年末，股价将有两种可能：(1) 在乘数 $u=1.2$ 的作用下上升至 120 美元（u 代表 up，意思是上升），(2) 在乘数 $d=0.9$ 的作用下下降至 90 美元（d 代 down，意思是下降）。该股票的一个看涨期权的执行价格为 110

美元，到期时间是一年，利率是 10%。该年末，看涨期权持有人的收入要么是零（当股价下跌时）；要么是 10 美元（当股价升至 120 美元时）。

这些可能情况可以用下面的“价值树”来说明。

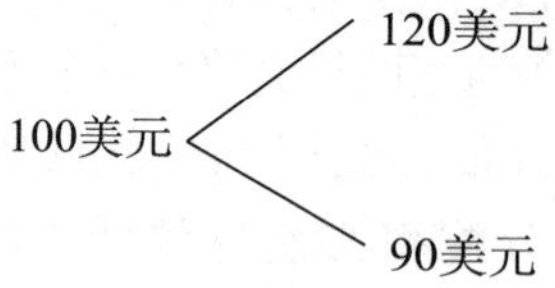

股票价格

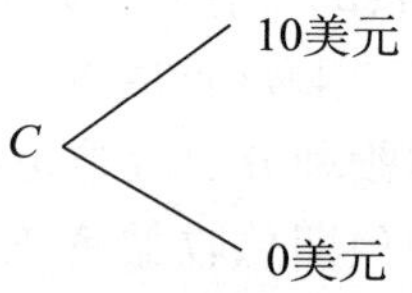

看涨期权价值

现在我们构造一个投资组合，并把上面的收入与这个投资组合的收入进行比较。该投资组合包括：一股股票和以 10%的利率借入的 81.82 美元。不难发现，这个证券投资组合的收入同样依赖于年末的股票价格。

年末的股票价值	90 美元	120 美元
一贷款的利息支出	−90 美元	−90 美元
总计	0 美元	30 美元

已知建立这个投资组合的现金支出是 18.18 美元：购买股票的 100 美元减去借入的 81.82 美元。因此，该投资组合的价值树是：

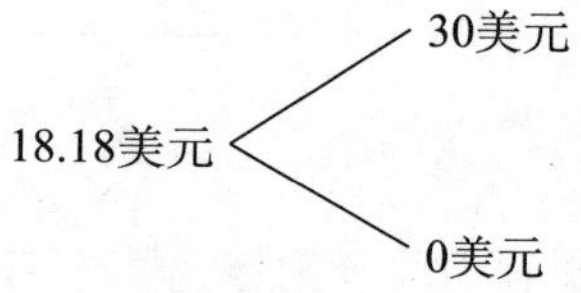

在两种不同的情景下（股价上升或股价下跌），该投资组合的收入都是看涨期权收入的 3 倍。换言之，同时持有三个看涨期权，其效果等同于持有一个该投资组合（三个看涨期权可以“复制”一个投资组合）；因此，三个看涨期权的价格应与建立该投资组合的成本一样。所以，三个看涨期权的售价应与这个“复制的投资组合”的售价相同。如下式所述：

$3C=18.18$ 美元

因此，每个看涨期权的售价应为 $C=6.06$ 美元。就像这个例子展示的那样，只要给出股票价格、执行价格、利率和股价的波动性（用股价的最高值和最低值表示），我们就可以算出期权的公平价格。

大部分期权定价公式都运用了复制这个概念。对于更复杂的股价分布，复制技术也就相应地更加复杂，但基本原理都是一样的。

我们再来看一下复制的作用，运用这个例子中的假设数字，我们可以看出，由一股股票和三个售出的看涨期权组成的投资组合实现了有效的对冲（完全的套期保值）。这个投资组合的年末收益不受股票最终价格的影响。

股票价格	90 美元	120 美元
一三个售出的看涨期权的成本	−0 美元	−30 美元
净收入	90 美元	90 美元

投资者以 90 美元的成本构建了一个无风险的投资组合。它的价值必然等于 90 美元的现值，即 90/1.10＝81.82（美元）。投资组合的价值应该等于 81.82 美元，即等于持有股票的多头头寸 100 美元，减去售出的看涨期权的价值 $3C$，$100-3C=81.82$（美元），$C=6.06$ 美元。

能否构造一个完全的套期保值？这是问题的关键。这个套期保值固定了年末的支出，并且可以用无风险利率来贴现。用股票价值来表示期权价值，我们并不需要知道期权或股票的 β 值或预期收益率。完全套期保值法（即复制法）使我们在没有这些信息的情况下，也能用股票的现值来表示期权的价值。由于有套期保值头寸，股票的最终价格不会影响投资者的收入，所以股票的风险和收益参数也不会受到任何影响。

这个例子中的套期保值率是一股股票对三个看涨期权，即 1/3，这一比率有一个很简单的解释：在两种可能结果下，期权的价值范围与股票价格范围的比值。期权的价值不是 0 就是 10 美元，因此价值范围是 10 美元。股票的价值不是 90 美元就是 120 美元，因此价值范围是 30 美元。两个范围的比率（10/30＝1/3）就是我们所需要的套期保值率。

在这种两状态的例子中，期权和股票是完全相关的，所以套期保值率等于价值范围的比率。当期权和股票的收益完全相关时，完全的套期保值就要求期权与股票之间的持有比例仅由它们的相对波动性决定。

我们可以将其他的两状态期权问题的套期保值率的一般公式总结如下：

$$H=\frac{C_u-C_d}{uS_0-dS_0}$$

式中，C_u 和 C_d 分别为股价上升或下降时看涨期权的价值；uS_0 和 dS_0 分别为两种情景下股票的价格。套期保值率 H 是期权和股票期末价值变化的可能范围的比值。如果投资者出售一个期权，并持有 H 股股票，投资组合的价值将不受股票价格的影响。在这种情况下，期权的定价非常容易：只要令套期保值的投资组合的价值等于已知收入的现值即可。

根据我们的例子，期权定价技术的程序如下：

1. 给定可能的年末股票价格，$uS_0=120$ 美元，$dS_0=90$ 美元，执行价格是 110 美元，计算得出 $C_u=10$ 美元，$C_d=0$ 美元。股票的价格范围是 30 美元，期权的价格范围是 10 美元。

2. 得出套期保值率为 10/30＝1/3。

3. 计算得出，一个由 1/3 股股票和一个出售的看涨期权组成的投资组合，它的年末价值固定是 30 美元。

4. 年利率为 10%，30 美元的现值为 27.27 美元。

5. 令套期保值头寸的价值等于固定收益的现值。

$$\frac{1}{3}S_0-C_0=27.27\text{ 美元}$$

$$33.33\text{ 美元}-C_0=27.27\text{ 美元}$$

6. 解出看涨期权的价值，$C_0=6.06$ 美元。

如果期权定价过高，比如说定价为 6.50 美元，情况会怎样？如果是这样，你就可以获得套利利润。说明如下：

单位：美元

	初始现金流量	每一种可能的股价下一年内的现金流量	
		$S_1=90$	$S_1=120$
1. 出售 3 个期权	19.50	0	−30
2. 购买 1 股股票	−100	90	120
3. 以利率 10%借入 80.50 美元，并在 1 年后偿还	80.50	−88.55	−88.55
合计	0	1.45	1.45

尽管初始投资净额为零，一年内的收入仍然为正，并且无风险。如果期权定价过低，你只需简单地反过来运用这个套利策略：购买期权，并且出售股票，以消除价格风险。此外还需注意，上面的套利策略的利润现值是期权被过高定价部分的三倍。无风险收益 1.45 美元在 10%的年利率下的现值是 1.32 美元。在上面的策略中，由于出售了 3 个期权，因此可以解释为每个期权获得了 0.44 美元的收益，这正是期权被过高定价的部分：等于 6.50 美元减去“公平价值”6.06 美元。

概念测验 16.3

假定看涨期权的定价过低，为 5.50 美元。构造一个套利策略来利用这个错误定价，并证明它能在一年内给所购买的每个期权带来 0.616 7 美元的无风险现金流。比较此现金流的现值与该期权的错误定价部分。

扫描二维码
获取答案解析

□ 两状态期权定价法的推广

尽管两状态期权定价模型看起来很简单，但我们可以将它推广，以适应更为现实的假设。首先，我们要将一年分成两个期间，每一期间有 6 个月，然后声明在每个半年期中，股票价格可能有两个值。这里我们假定它将上升 10%或下降 5%。一个初始价格为 100 美元的股票在这一年中将遵循以下可能路径：

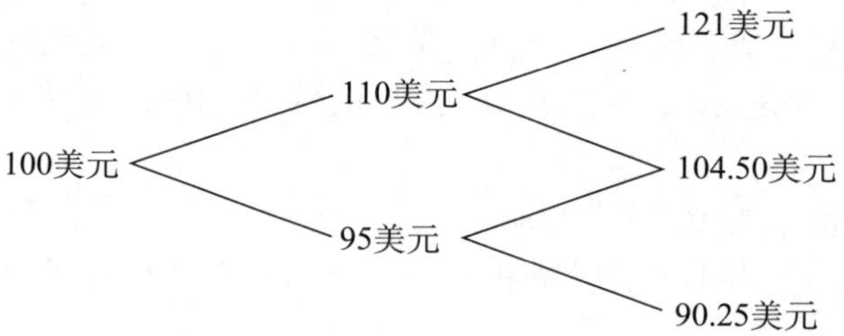

中间值 104.50 美元可以由两条途径获得：先上升 10%再下降 5%，或者先下降 5%再上升 10%。

这样，股票和期权就有三个可能的年末价值：

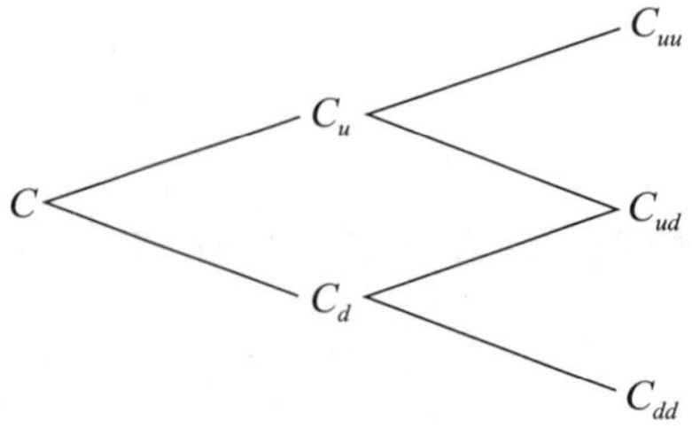

采用上文中的"倒推"法，我们可根据 C_{uu} 和 C_{ud} 确定 C_u 的值，然后根据 C_{du} 和 C_{dd} 确定 C_d 的值，最后再根据 C_u 和 C_d 确定 C 的值。我们还可以进一步对时间间隔进行调整。我们可以将一年以 3 个月为单位进行划分，或者将一年以月为单位分成 12 期，或者将一年以天为单位分成 365 期，每一期都可以假定为是一个两状态的过程。尽管计算量会变得很巨大并且相应地枯燥起来，但它们易于编成计算机程序，而且这些程序正被期权市场的参与者广泛地应用。

案例 16.1

二叉树期权定价模型

假如每 6 个月期的无风险利率是 5%，我们想要为一个执行价格为 110 美元、标的资产为上面二阶段价格树描述的股票看涨期权定价。我们从确定 C_u 的价值开始。从这一点，看涨期权的价值可能上升到到期价值 $C_{uu}=11$ 美元（由于在这一点上股价为 $u\times u\times S_0=121$ 美元），也可能下跌到最终价值 $C_{ud}=0$（由于在这一点上股价为 $u\times d\times S_0=104.5$ 美元，低于 110 美元的执行价格）。因此，该点上的套期保值率为：

$$H=\frac{C_{uu}-C_{ud}}{uuS_0-udS_0}=\frac{11-0}{121-104.5}=\frac{2}{3}$$

因此，不论期权到期日股票市场的最终价格是多少，下面的投资组合都将值 209 美元：

单位：美元

	$udS_0=104.50$	$uuS_0=121$
在 $uS_0=110$ 美元时买入 2 股	209	242
以 C_u 出售 3 个看涨期权	0	−33
总计	209	209

该组合当前的市场价值应该等于 209 美元的现值：

$2\times 110-3C_u=209/1.05=199.047$（美元）

求解得出，$C_u=6.984$ 美元。

下面我们确定 C_d 的值。很容易看出，该值应该为零。如果我们到达这一点（股价为 95 美元），期权到期时股价要么为 104.50 美元，要么为 90.25 美元。在这两种情况下，期权在到期时都是无价值的。（更正式地，我们注意到，$C_{ud}=C_{dd}=0$，套期保值率为零，故零股股份的一个投资组合即可复制看涨期权的支付情况！）

最后，通过使用 C_u 和 C_d 求解 C。概念测验 16.4 将引导你进行整个计算过程，期权的价值为 4.434 美元。

概念测验 16.4

表明案例 16.1 中的看涨期权的初始价值为 4.434 美元。

a. 证实期权价差为 $C_u-C_d=6.984$ 美元。

b. 证实股票价差为 $uS_0-dS_0=15$ 美元。

c. 证实出售每个看涨期权的套期保值率为购买 0.465 6 股。

d. 说明由 0.465 6 股股份和一个看涨期权（售出）构成的投资组合在阶段一的价值是无风险的。

e. 计算收入的现值。

f. 求解期权价值。

扫描二维码
获取答案解析

□ 让定价模型更为实用

随着我们将一年分成越来越短的时间单位，年末股票价格的可能范围变得越来越大。比如，当我们将整个期间划分成 3 段时，可能的股价有 4 种情况，展示在下面的股价树中。

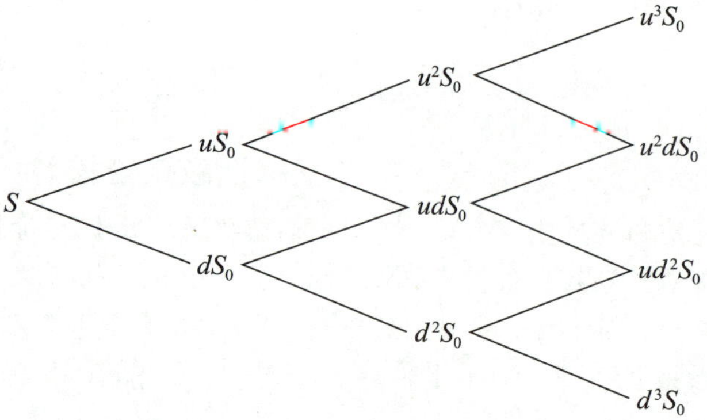

因此，当时间间隔越来越短时，我们可以克服价值模型的一个显著缺陷：到期日股票价格的可能情况太少。

请注意，极端事件例如 u^3S_0 或 d^3S_0 相对罕见，因为它们需要股价连续 3 次上升或连续 3 次下跌。处于中间的结果，例如 u^2dS_0，可以通过不止一条途径达到。总共有三个途径：*uud*，*udu*，*duu*。相反的是，只有 *uuu* 这一种情况可以使得最终的股价是 u^3S_0。因此，中间数值发生的可能性更大。为了使这个模型更符合现实，我们将该期权的期限划分得更细，让时间间隔更短。这时股票最终价格的可能性分布将越来越像我们熟悉的铃铛形曲线。在这种铃铛形曲线中，极端值很少出现，而中间值出现的可能性更大。由于各个结果的概率都可以用二项分布来描述，所以这个期权定价的多期方法被称为**二叉树模型**（binomial model）。

二叉树模型：一种期权定价模型。该模型假设，经过一个短暂的时期之后，股票价格只会出现两个不同的变化。

但我们还需要解决一个重要的适用性问题：在给真正的期权定价之前，我们需要为股价上升的价格乘数（用 u 来表示的情况）和股价下降的价格乘数（用 d 来表示的情况）确定合理的值。股价升降变化的分布反映出其收益率的波动性，所以我们在确定股价上升概率和下降概率的合理价值时，应该充分考虑波动性。设 σ 为股价的持续性综合年化收益率的标准差，令 Δt 为每个时间间隔的时长。为使二叉树模型里的股票标准差和 σ 相吻合，可令 $u=\exp(\sigma\sqrt{\Delta t})$ 和 $d=\exp(-\sigma\sqrt{\Delta t})$。① 我们可以看到，$u$ 和 d 之差随着年化波动性和时间间隔增大而增加。这个设定是有意义的，因为 σ 越大，股票持有期越长，股票的未来价格就越不能确定。下面的例子说明了怎样确定 u 和 d 的值。

案例 16.2

基于股票波动性来确定股票上升和下降的价格乘数

用一个 3 期的定价模型给一个一年期期权定价，该期权基于一个年化标准差 $\sigma=0.30$ 的股票。将股票期限（$T=1$，一年）等分为 3 个时段，那么 $\Delta t=T/n=1/3$，又因为我们设定 $u=\exp(\sigma\sqrt{\Delta t})$ 和 $d=\exp(-\sigma\sqrt{\Delta t})$，

① 请注意，$d=1/u$ 虽然是最常用的衡量经验型波动性的方法，但它不是唯一的方法。其他方法请参考 Robert L. McDonald，*Derivatives Markets*，2nd ed.（Boston：Pearson/Addison-Wesley，2006），chap. 11，sec. 11.3。

将 $\Delta t=1/3$ 代入，得到 $u=1.189$，$d=0.841$。当我们得到了股票上升的概率时，我们就可以算出任何一个最终股价出现的概率。例如，假设股票上升的概率是 0.554，而下降的概率是 0.446。① 那么股票年末价格的可能性分布如下表所示：

事件	路径	可能性	股票最终价格
股价 3 次下降	*ddd*	$(0.446)^3=0.089$	$100\times(0.841)^3=59.48$
股价 2 次下降，1 次上升	*ddu*，*dud*，*udd*	$3\times(0.446)^2\times0.554=0.330$	$100\times1.189\times(0.841)^2=84.10$
股价 1 次下降，2 次上升	*uud*，*udu*，*duu*	$3\times0.446\times(0.554)^2=0.441$	$100\times(1.189)^2\times0.841=118.89$
股价 3 次上升	*uuu*	$(0.554)^3=0.170$	$100\times(1.189)^3=168.09$

图 16.2（A）描述了上表的概率分布，请注意，中间股票最终价格的概率大于两个极值的概率。

现在我们可以通过将时间间隔缩短来扩展案例 16.2。这样的话，我们会得到更合适的结果，如案例 16.3 所示。

最终，随着我们将期权期限划分得越来越细，事件树的每一个节点都能对应一个无限小的时间间隔。而每个无限小的时间间隔内，可能存在的股票价格变动也相应地变得十分小。经过这个时段之后，最终的股票价格将越来越接近一个对数分布。② 因此，两阶段的模型虽然过于简单，但是我们可以通过不断地把期限划分到最细，逐步将模型变得实用。

案例 16.3

将期权期限划分得更细

在案例 16.2 里，我们把一年划分成了 3 个时段，现在我们把一年划分成 6 个和 20 个时段。

将一年划分成 *n* 个时段	$\Delta t=T/n$	$u=\exp(\sigma\sqrt{\Delta t})$	$d=\exp(-\sigma\sqrt{\Delta t})$
3	0.333	1.189	0.841
6	0.167	1.130	0.885
20	0.050	1.069	0.935

图 16.2（B）和图 16.2（C）分别描述了上表中时段数为 6 和 20 的概率分布。③

请注意，图 16.2（B）和图 16.2（C）的图形存在明显的“厚尾效应”，其图形的右尾明显要长于左尾。实际上，随着期限被划分得越来越细，其概率分布会越来越接近斜分布（实际上是对数正态分布）而非正态分布。这是因为，不管股价在每个时段内怎么下跌，期权都不可能带来负的收入（最差就是零而已）；但股价上升时，情况却不相同，股价上升时期权的收入并没有上限。这种不对称性使得分布倾斜。

① 使用这一概率，股票的持续性综合预期收益率是 0.10。整体来说，当年化预期收益率为 r 时，与其相关的股价上升概率是 $p=[\exp(r\Delta t)-d]/(u-d)$。

② 实际上，这个问题有更复杂的考虑。只有当我们假设股票变动是连续的，这个过程才是对数正态分布的。所以股价变动连续，是指在极小的时间间隔内，股价变动也相应地非常小。这就排除了一些极端情况：突如其来的信息使股价出现了极其剧烈的变动。要解决这种股价“跳跃”的问题，请参考 John C. Cox and Stephen A. Ross，“The Valuation of Options for Alternative Stochastic Processes,” *Journal of Financial Economics* 3（January-March 1976），pp. 145 - 166；或者 Robert C. Merton，“Option Pricing When Underlying Stock Returns Are Discontinuous,” *Journal of Financial Economics* 3（January-March 1976），pp. 125 - 144。

③ 我们用上面注释②的公式来调整股价上涨对下降的概率，从而使图 16.2 中的分布可比。在图 16.2 的各幅图中，p 都是选定的，因此股票的预期年化持续综合收益率为 10%。

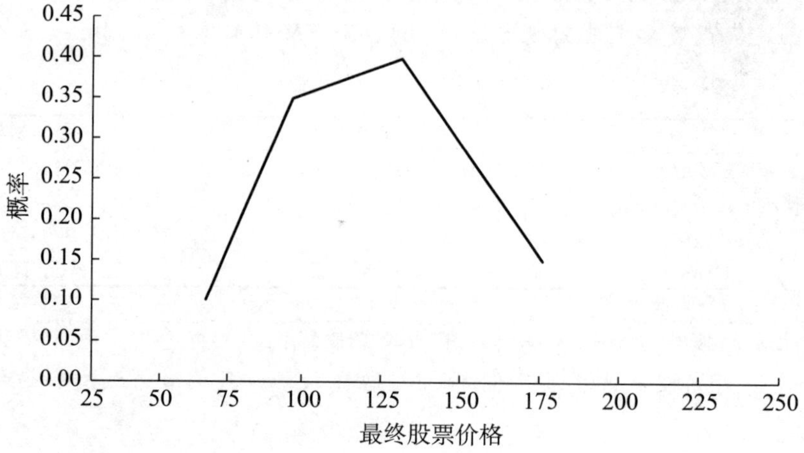

(A)：共分为3个子区间（或子时段）。在每个子区间内，股价以18.9%的幅度上升或以15.9%的幅度下降

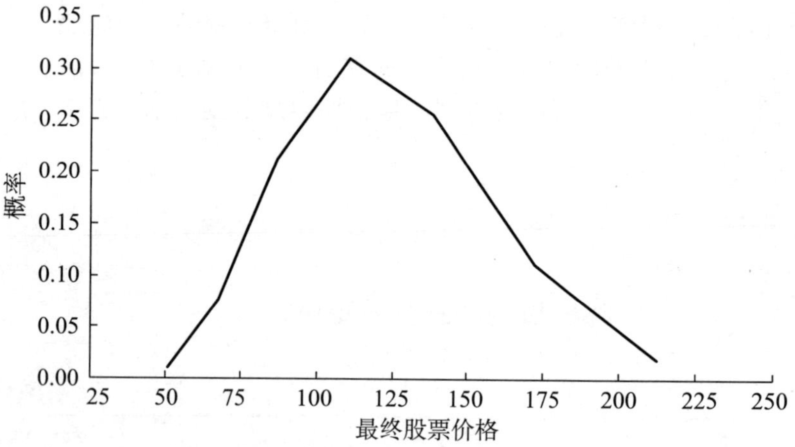

（B）：共分为6个子区间（或子时段）。在每个子区间内，股价以13.0%的幅度上升或以11.5%的幅度下降

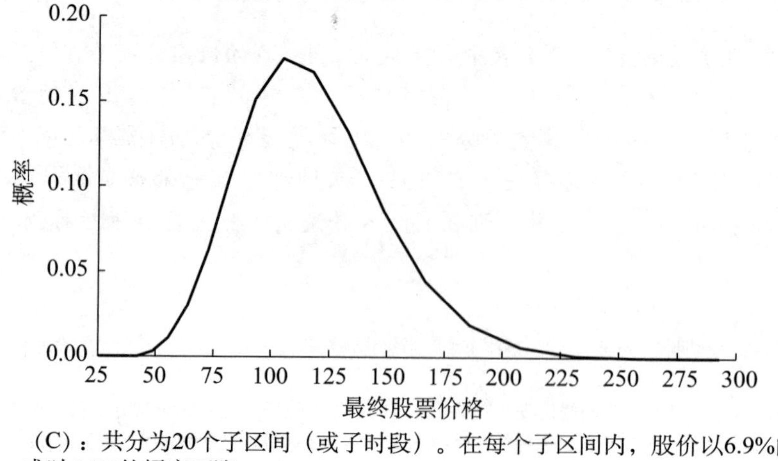

（C）：共分为20个子区间（或子时段）。在每个子区间内，股价以6.9%的幅度上升或以6.5%的幅度下降

图 16.2　最终股票价格的概率分布：可能的结果和相关的概率

说明：在每幅图中，股票的预期年化连续收益率均为10%，标准差均为30%。

在任何一个节点，我们都可以设计一个投资组合，并用这个投资组合来对下一个时段进行完全的套期保值。在一个时段的末尾（但是尚未到下一个时段节点），我们可以计算一个新的套期保值率，并修改投资组合的组成部分，使得该投资组合在下一个时段仍然可以进行对冲。通过不断地修改，投资组合可以持续不断地进行套期保值，并在每一个时段获得无风险的收益率。这就叫做动态套期保值，需要随时间的推移对套期保值比率进行持续更新。动态套期保值做得越好，期权定价就越准确。下面的“市场前沿”专栏提供了二叉树更为精炼的应用。

市场前沿

风险中性捷径

在本章的前面部分，我们指出，二叉树模型定价的方法是基于套利的。我们可以通过购买股票和借债来复制期权，从而得到期权的价值。复制期权的能力意味着，其价格和股票有关，利率必须且只能依赖于复制的技术，不能依赖于风险偏好。它也不能依赖于风险厌恶和资本资产定价模型，或者任何其他的风险—收益均衡关系的模型。

这一视角（定价模型必须独立于风险厌恶）可以引向一个关于期权定价的非常实用的捷径。假设在一个风险中立的经济中，所有的投资者都是风险中性的。在这个假设的经济中，期权定价必须像在现实中那样定价，因为风险厌恶不会影响定价公式。

在风险中性经济里，投资者不会要求风险溢价，故他们在对所有资产估价时，都会以无风险利率来贴现。例如，在对期权进行估值时，预期现金流会以无风险利率来进行贴现：$c=\frac{\text{“}E\text{”}(\mathrm{CF})}{1+r_f}$。我们在等式中加入引号是为了说明，这个预期值并不是现实中的预期值，而是在假设的风险中性的经济中的预期值。同样地，我们在计算预期现金流时，也要采用风险中性经济中股票所具有的预期收益率，而不是现实中的预期收益率。但如果我们成功地保持了一致性，从假设的经济中得到的价值应该与现实中的相吻合。

如何在风险中性经济中计算期权的预期现金流呢？因为这里没有风险溢价，所以股票的预期收益率必须与无风险利率相等。假设 p 为股价上升的概率。那么 p 必须使股票的预期上涨率等于无风险利率（此处不考虑股利）：

$$\text{“}E\text{”}(S_1)=p(uS)+(1-p)dS=(1+r_f)S$$

解上式可得，$p=\frac{1+r_f-d}{u-d}$。我们把这个 p 称为“风险中性概率”，以区别于真正和“客观的”概率。为了说明这个问题，我们举 16.2 节一开始的两状态的例子，$u=1.2$，$d=0.9$ 而 $r_f=0.10$，因而 $p=(1+0.10-0.90)/(1.2-0.9)=2/3$。

下面我们用贴现现金流公式来给风险中性经济中的期权定价。我们仍然使用 16.2 节一开始的两状态模型的例子，且用风险中性概率来表示期权支付的价值，再用无风险利率贴现：

$$C=\frac{\text{“}E\text{”}(\mathrm{CF})}{1+r_f}=\frac{pC_u+(1-p)C_d}{1+r_f}=\frac{\frac{2}{3}\times 10+\frac{1}{3}\times 0}{1.10}=6.06$$

这个答案和我们用无套利方法得出的答案是一致的。

再强调一遍，这并不是真实的预期贴现价值。

注意：

1. 分子并不是真正的期权预期现金流，因为我们采用了风险中性概率 p，而不是真实的概率。

2. 分母并不是最准确的贴现系数，因为我们没有考虑风险。

3. 但上述两个错误并不影响结果。这并非因为运气好，无套利方法已经暗含了一个概念：风险偏好不影响期权价值。因此，在风险中性经济假设基础上得到的价值，一定等于我们从现实经济中得到的价值。

如果我们要处理更为现实的多期模型，那么计算将会变得更加烦琐，但基本的思想是一样的。第 493 页的注释②表明了如何将 p 和任何预期收益率、波动预测相联系。只要假定股票预期收益率等于无风险利率，用风险中性概率去计算期权的预期支付，并用无风险利率贴现，我们就可以算出期权的价值。这些计算可以在 Excel 里简单地进行。

概念测验 16.5

在案例 16.3 中，当时间间隔 Δt 缩小时，u 和 d 都接近 1（u 比 1 小，d 比 1 大），这是否说得通？u 和 d 接近 1 是否表明在期权到期日前的股价波动都比较小？

扫描二维码
获取答案解析

16.3 布莱克-斯科尔斯期权定价模型

上一节讨论的二叉树模型非常灵活，但在实际交易中，我们需使用计算机来计算二叉树。而期权定价公式比二叉树模型中的枯燥运算简单得多。事实上，只需再做两个假设，就能得到期权定价公式，这两个假设是：无风险利率和股票价格的波动性在期权的有效期内都是不变的。在这种情况下，随着期权到期时间被细分成更多的期间，股票到期价格的分布逐渐接近对数正态分布，正如图 16.2 所示，当股票价格呈对数正态分布时，我们能够得到期权定价公式。

□ 布莱克-斯科尔斯公式

在布莱克和斯科尔斯（Black and Scholes，1973）以及默顿（Merton，1973）创造出看涨期权的定价公式之前，很多金融经济学家为了找出一个实用的期权定价模型进行了多年的研究。**布莱克-斯科尔斯定价公式**（Black-Scholes pricing formula）非常流行，当这个定价公式用于对欧式看涨期权估值时，可表达为：

布莱克-斯科尔斯定价公式：一种期权定价公式，该公式采用股票价格、无风险市场利率、到期日和股价标准差来计算期权价格。

$$C_o = S_0 e^{-\delta T} N(d_1) - X e^{-rT} N(d_2) \tag{16.1}$$

式中，

$$d_1 = \frac{\ln\left(\frac{S_0}{X}\right) + \left(r - \delta + \frac{\sigma^2}{2}\right)T}{\sigma\sqrt{T}}$$

$$d_2 = d_1 - \sigma\sqrt{T}$$

其中，

C_0 = 当前看涨期权的价值。

S_0 = 当前股票价格。

$N(d)$ =随机地偏离标准正态分布的概率小于 d。这等于正态曲线下直到 d 的面积，如图 16.3 中的阴影面积所示。在 Excel 中，这个函数被称为 NORMSDIST（）。

X=执行价格。

e=2.718 28，自然对数函数的底数。在 Excel 中，可使用 EXP(x) 估计 e 的 x 次方。

δ=标的股票的年股利收益率。（为了简化，我们假设股票支付连续的收入流，而不是离散地按期支付，如季度股利。）

r=无风险利率。（安全资产的连续复利年收益①，且该安全资产的到期日与期权的到期日相同。r 必须与离散的期间利率 r_f 区别开来。）

T=期权到期前的时间（以年为单位）。

ln=自然对数函数。在 Excel 中，可使用 LN(x) 计算 ln(x)。

σ=股票连续复利年收益率的标准差，表示为一个小数而非百分比。

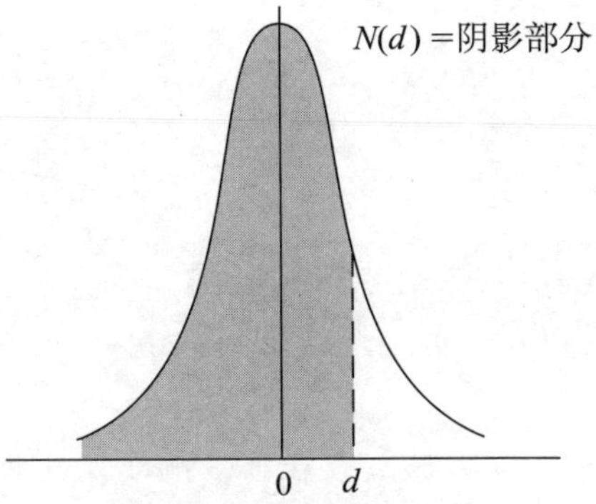

图 16.3　标准正态分布函数

注意等式（16.1）的一个令人惊讶的特征：期权的价值并不依赖于股票的预期收益率。在某种程度上，由于公式中已经包含了股票价格，所以这个信息已经被建立在公式中了，因为股票价格本身就由股票的风险—收益特征决定。布莱克－斯科尔斯公式的假定前提就是，标的资产的股利（或收益）率是不变的。

布莱克-斯科尔斯公式过于复杂，但我们也可以用比较直观的方式来解释它。假设有一个不分配股利的股票，它的 $\delta=0$。这样，$S_0 e^{-\delta T}=S_0$。

我们可以利用一个小技巧：将期间 $N(d)$（近似地）看作看涨期权到期时处于实值状态的风险调整概率。首先，等式（16.1）假设两个 $N(d)$ 期间都接近 1.0；也就是说，期权被执行的概率很大。然后，看涨期权的价值等于 S_0-Xe^{-rT}，它就是我们前面所说的经过调整的内在价值，$S_0-\mathrm{PV}(X)$。这一点很重要；如果执行是确定的，那么我们就对当前价格为 S_0 的股票拥有要求权，并且我们的义务的现值是 PV(X)，或者用连续复利表示，Xe^{-rT}。

现在再来看等式（16.1），假定 $N(d)$ 期间接近 0，这意味着期权几乎一定不会被执行。这样等式就得出看涨期权的价值几乎为 0。如果 $N(d)$ 等于 0～1 之间的中间数值，公式（16.1）告诉我们，看涨期权的价值可以被看成是期权的潜在收入的现值，且该潜在收入是按照期权到期处于实值状态的概率调整过的。

① 参见第 5 章 5.1 节，复习“连续复利”。

为何 $N(d)$ 期间可以被看成风险调整概率呢？这个问题将引导我们进入更为高级的统计问题。但要注意的是，当股票价格上升时，d_1 和 d_2 都会增大。因此，$N(d_1)$ 和 $N(d_2)$ 也都会随股价上升而增大。这正是我们要求"概率"所具有的性质。股票价格高出执行价格越多，期权就越有可能被执行。

案例 16.4

布莱克-斯科尔斯看涨期权定价法

我们发现布莱克-斯科尔斯公式的使用非常容易。假定你想在下列情况下对一个看涨期权定价：

股票价格 $S_0=100$

执行价格 $X=95$

利率 $r=0.10$

股利收益率 $\delta=0$

到期时间 $T=0.25$（1/4 年）

标准差 $\sigma=0.50$（每年 50%）

首先计算

$$d_1=\frac{\ln(100/95)+(0.10-0+(0.5)^2/2)\times 0.25}{0.5\times\sqrt{0.25}}=0.43$$

$$d_2=0.43-0.5\times\sqrt{0.25}=0.18$$

接下来算出 $N(d_1)$ 和 $N(d_2)$。正态分布函数表在很多统计教科书上都能找到。表 16.2 是 $N(d)$ 的列表。很多电子表格程序也提供正态分布函数 $N(d)$。例如，在 Excel 中，正态函数的名称是 NORMSDIST。利用 Excel 或表 16.2（用插值法计算 0.43 的值），我们可以得出

$N(0.43)=0.666\,4$

$N(0.18)=0.571\,4$

最后要记住的是，当 $\delta=0$ 时，$S_0 e^{-\delta T}=S_0$。因此，该看涨期权的价值是

$C=100\times 0.666\,4-95e^{-0.10\times 0.25}\times 0.571\,4=66.64-52.94=13.70$（美元）

概念测验 16.6

如果股票收益率的标准差是 0.6，而不是 0.5，计算看涨期权的价值。验证当股票波动性大时，期权的价值较高。

扫描二维码
获取答案解析

如果案例 16.4 中的期权价格是 15 美元而不是 13.70 美元，情况会怎样？期权的定价错了吗？在你用你的工作打赌之前，你也许想重新考虑一下定价的分析过程。首先，像所有的模型一样，布莱克-斯科尔斯公式也是建立在一些简化的抽象规定的基础上的，这些抽象规定使得公式只是近似有效。

这个公式隐含的一些重要的假设如下：

1. 直到期权到期之前，股票支付的股利收益率都是不变的、连续的。

表 16.2 累积正态分布

d	N(d)	d	N(d)	d	N(d)	d	N(d)	d	N(d)	d	N(d)
−3	0.001 3	−1.58	0.057 1	−0.76	0.223 6	0.06	0.523 9	0.88	0.810 6	1.7	0.954 5
−2.95	0.001 6	−1.56	0.059 4	−0.74	0.229 7	0.08	0.531 9	0.9	0.815 9	1.72	0.957 3
−2.9	0.001 9	−1.54	0.061 8	−0.72	0.235 8	0.1	0.539 8	0.92	0.821 2	1.74	0.959 1
−2.85	0.002 2	−1.52	0.064 3	−0.7	0.242 0	0.12	0.547 8	0.94	0.826 4	1.76	0.960 8
−2.8	0.002 6	−1.5	0.066 8	−0.68	0.248 3	0.14	0.555 7	0.96	0.8315	1.78	0.962 5
−2.75	0.003 0	−1.48	0.069 4	−0.66	0.254 6	0.16	0.563 6	0.98	0.836 5	1.8	0.964 1
−2.7	0.003 5	−1.46	0.072 1	−0.64	0.261 1	0.18	0.571 4	1	0.841 4	1.82	0.965 6
−2.65	0.004 0	−1.44	0.074 9	−0.62	0.267 6	0.2	0.579 3	1.02	0.846 1	1.84	0.967 1
−2.6	0.004 7	−1.42	0.077 8	−0.6	0.274 3	0.22	0.587 1	1.04	0.850 8	1.86	0.968 6
−2.55	0.005 4	−1.4	0.080 8	−0.58	0.281 0	0.24	0.594 8	1.06	0.855 4	1.88	0.969 9
−2.5	0.006 2	−1.38	0.083 8	−0.56	0.287 7	0.26	0.602 6	1.08	0.859 9	1.9	0.971 3
−2.45	0.007 1	−1.36	0.086 9	−0.54	0.294 6	0.28	0.610 3	1.1	0.864 3	1.92	0.972 6
−2.4	0.008 2	−1.34	0.090 1	−0.52	0.301 5	0.3	0.617 9	1.12	0.868 6	1.94	0.973 8
−2.35	0.009 4	−1.32	0.093 4	−0.5	0.308 5	0.32	0.625 5	1.14	0.872 9	1.96	0.975 0
−2.3	0.010 7	−1.3	0.096 8	−0.48	0.315 6	0.34	0.633 1	1.16	0.877 0	1.98	0.976 1
−2.25	0.012 2	−1.28	0.100 3	−0.46	0.322 8	0.36	0.640 6	1.18	0.881 0	2	0.977 2
−2.2	0.013 9	−1.26	0.103 8	−0.44	0.330 0	0.38	0.648 0	1.2	0.884 9	2.05	0.979 8
−2.15	0.015 8	−1.24	0.107 5	−0.42	0.337 3	0.4	0.655 4	1.22	0.888 8	2.1	0.982 1
−2.1	0.017 9	−1.22	0.111 2	−0.4	0.344 6	0.42	0.662 8	1.24	0.892 5	2.15	0.984 2
−2.05	0.020 2	−1.2	0.115 1	−0.38	0.352 0	0.44	0.670 0	1.26	0.896 2	2.2	0.986 1
−2	0.022 8	−1.18	0.119 0	−0.36	0.359 4	0.46	0.677 3	1.28	0.899 7	2.25	0.987 8
−1.98	0.023 9	−1.16	0.123 0	−0.34	0.366 9	0.48	0.684 4	1.3	0.903 2	2.3	0.989 3
−1.96	0.025 0	−1.14	0.127 1	−0.32	0.374 5	0.5	0.691 5	1.32	0.906 6	2.35	0.990 6
−1.94	0.026 2	−1.12	0.131 4	−0.3	0.382 1	0.52	0.698 5	1.34	0.909 9	2.4	0.991 8
−1.92	0.027 4	−1.1	0.135 7	−0.28	0.389 7	0.54	0.705 4	1.36	0.913 1	2.45	0.992 9
−1.9	0.028 7	−1.08	0.140 1	−0.26	0.397 4	0.56	0.712 3	1.38	0.916 2	2.5	0.993 8
−1.88	0.030 1	−1.06	0.144 6	−0.24	0.405 2	0.58	0.719 1	1.4	0.919 2	2.55	0.994 6
−1.86	0.031 4	−1.04	0.149 2	−0.22	0.412 9	0.6	0.725 8	1.42	0.922 2	2.6	0.995 3
−1.84	0.032 9	−1.02	0.153 9	−0.2	0.420 7	0.62	0.732 4	1.44	0.925 1	2.65	0.996 0
−1.82	0.034 4	−1	0.158 7	−0.18	0.428 6	0.64	0.738 9	1.46	0.927 9	2.7	0.996 5
−1.8	0.035 9	−0.98	0.163 5	−0.16	0.436 5	0.66	0.745 4	1.48	0.930 6	2.75	0.997 0
−1.78	0.037 5	−0.96	0.168 5	−0.14	0.444 3	0.68	0.751 8	1.5	0.933 2	2.8	0.997 4
−1.76	0.039 2	−0.94	0.173 6	−0.12	0.452 3	0.7	0.758 0	1.52	0.935 7	2.85	0.997 8
−1.74	0.040 9	−0.92	0.178 8	−0.1	0.460 2	0.72	0.764 2	1.54	0.938 2	2.9	0.998 1
−1.72	0.042 7	−0.9	0.184 1	−0.08	0.468 1	0.74	0.770 4	1.56	0.940 6	2.95	0.998 4
−1.7	0.044 6	−0.88	0.189 4	−0.06	0.476 1	0.76	0.776 4	1.58	0.942 9	3	0.998 6
−1.68	0.046 5	−0.86	0.194 9	−0.04	0.484 1	0.78	0.782 3	1.6	0.945 2	3.05	0.998 9
−1.66	0.048 5	−0.84	0.200 5	−0.02	0.492 0	0.8	0.788 2	1.62	0.947 4		
−1.64	0.050 5	−0.82	0.206 1	0	0.500 0	0.82	0.793 9	1.64	0.949 5		
−1.62	0.052 6	−0.8	0.211 9	−0.02	0.508 0	0.84	0.799 6	1.66	0.951 5		
−1.6	0.054 8	−0.78	0.217 7	−0.04	0.516 0	0.86	0.805 1	1.68	0.953 5		

2. 利率 r 和股票的方差 σ^2 都是常量（或者在公式的更一般化的形式中，两个变量都是时间的函数，因此任何变化都可以被完全预见到）。

3. 股票价格是连续的，这就意味着突然的、剧烈的价格波动（例如由于公布了收购企图而引起的价格波动）被排除了。

人们通过增加布莱克-斯科尔斯公式的变量来克服这些局限。

其次，即使在布莱克-斯科尔斯模型的范围内，你也必须确认公式中所使用的参数的准确性。其中的四个参数——S_0，X，T 和 r 很简单。股票价格、执行价格和到期时间可以很快确定。使用的利率是货币市场上到期期限与期权相同的利率，而股票的股利收益率则通常是相当稳定的，至少在短期内是稳定的。

但是，最后一个参数（股票收益的标准差）并不能直接得到。它必须通过对历史数据的估计得到，或者通过情景分析，或者从我们下面即将介绍的其他期权价格中得到。由于标准差是估计的，所以期权价格和它的布莱克-斯科尔斯价值之间的差额很有可能导致估计股票价格波动性时产生错误的结果。

事实上，市场的参与者们经常从另一个角度来看待期权定价问题。他们并不通过一个给定的股票标准差来计算布莱克-斯科尔斯期权价值，相反，他们会问："要使观察到的期权价格与布莱克-斯科尔斯公式相符，要求标准差必须是多少？"这被称作期权的**隐含波动性**（implied volatility），即期权价格中隐含的股票波动性。投资者们可以判断他们所认为的实际的股票标准差是否超过了隐含波动性。如果超过了，该期权就被认为应该购买；因为如果实际的波动性大于隐含波动性，那么期权的公平价格将超过实际观察到的价格。

隐含波动性：股票收益的标准差，每个标准差值对应一个固定的期权市场价值。

除此之外，我们还可以比较两个关于同一只股票的到期日相同但执行价格不同的期权。隐含波动性较高的期权被认为应该较贵，因为只有较高的价格才能说明较大标准差的合理性。分析家也许会考虑购买隐含波动性较低的期权，并出售隐含波动性较高的期权。

布莱克-斯科尔斯看涨期权定价公式以及隐含波动性可以用 Excel 电子表格很容易地计算出来，如电子表格 16.1 所示。模型中要输入的参数列在 B 列，输出结果在 E 列中给出。电子表格给出了 d_1 和 d_2 的计算公式，并且 Excel 中的公式 NORMSDIST（d_1）可以用来计算 $N(d_1)$。单元格 E6 包含了布莱克-斯科尔斯看涨期权公式。

电子表格 16.1　计算布莱克-斯科尔斯看涨期权价值的电子表格

	A	B	C	D	E	F	G	H	I	J
1	输入			输出			计算 E 列的输出结果的公式			
2	标准差（年）	0.278 3		d1	0.002 9		(LN (B5/B6)＋(B4－B7)＋0.5×B2^2)×B3)/(B2×SQRT(B3))			
3	到期期限（年）	0.5		d2	－0.193 9		E2－B2×SQRT(B3)			
4	无风险利率（年利率）	0.06		N(d1)	0.501 2		NORMSDIST(E2)			
5	股票价格	100		N(d2)	0.423 1		NORMSDIST(E3)			
6	执行价格	105		B－S 看涨期权	7.000 0		B5×EXP（－B7×B3)×E4－B6×EXP（－B4×B3)×E5			
7	股利收益率（年率）	0		B－S 看跌期权	8.896 7		B6×EXP(－B4×B3)×(1－E5)－B5×EXP(－B7×B3)×(1－E4)			

要计算隐含波动性，我们可以使用 Excel 中的“工具”菜单的“单变量求解”命令。（参见图 16.4 作为解释。）执行单变量需要改变一个单元格的取值以使另一个单元格（称为目标单元格）的取值等于一个特定的数值。举例来说，如果我们观察到在电子表格中价格为 7 美元的看涨期权和其他输入值，我们就可以用单变量求解来找出使单元格 E6 中的期权价值等于 7 美元的单元格 B2（股票的标准差）的取值。在这种情况下，目标单元格 E6 是看涨期权的价格，而电子表格会算出单元格 B2 的值。当你命令电子表格“单变量求解”时，你会发现等于 0.278 3 的标准差与 7 美元的看涨期权价格是相吻合的，因此，如果看涨期权的售价是 7 美元，它的隐含波动性就是 27.83%。

	A	B	C	D	E	F	G	H	I	J	K
1	输入			输出			计算 E 列的输出结果的公式				
2	标准差（年）	0.278 3		d1	0.002 9		(LN (B5/B6)＋(B4－B7＋0.5×B2^2)B3)/(B2×SQRT(B3))				
3	到期期限（年）	0.5		d2	－0.193 9		E2－B2×SQRT(B3)				
4	无风险利率（年利率）	0.06		N(d1)	0.501 2		NORMSDIST(E2)				
5	股票价格	100		N(d2)	0.423 1		NORMSDIST(E3)				
6	执行价格	105		B-S 看涨期权	7.000 0		B5×EXP(－B7×B3)×E4－B6×EXP(－B4×B3)×E5				
7	股利收益率（年利率）	0		B-S 看跌期权	8.896 8		B6×EXP(－B4×B3)×(1－E5)－B5×EXP(－B7×B3)×(1－E4)				
8											
9											
10											
11											
12											
13											
14											
15											
16											
17											

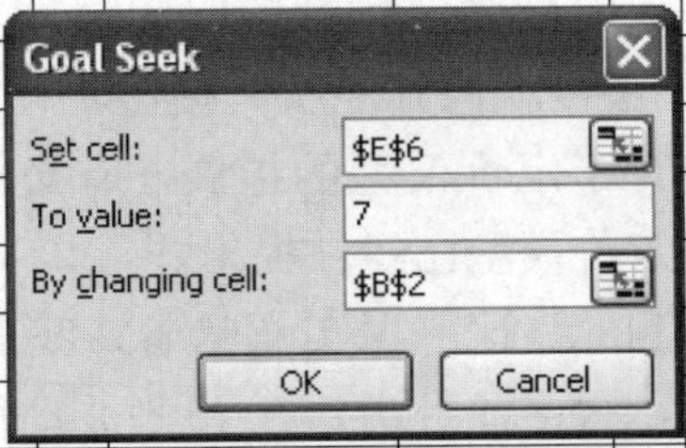

图 16.4　用搜索目标找到隐含波动性

概念测验 16.7

思考在案例 16.2 中的看涨期权，如果其卖价为 15 美元而非该案例中的价值 13.7 美元，它的隐含波动性大于还是小于 0.5？用电子表格 16.1（可从 www.mhhe.com/bkm 中获得）找到在这个价格上的隐含波动性。

扫描二维码
获取答案解析

芝加哥期货交易所（CBOE）会定期计算主要股票指数的隐含波动性。图 16.5 是标准普尔 500 的（30 天）隐含波动性。在动荡时期，隐含波动性迅速转折。注意观察 1991 年 1 月的顶峰（海湾战争）、1998 年 8 月［美国长期资本管理公司（LTCM）的崩溃］、2001 年 9 月 11 日、2002 年（美国入侵伊拉克）。由于隐含波动性与危机相关，它有时被称为“投资者恐慌指标”。

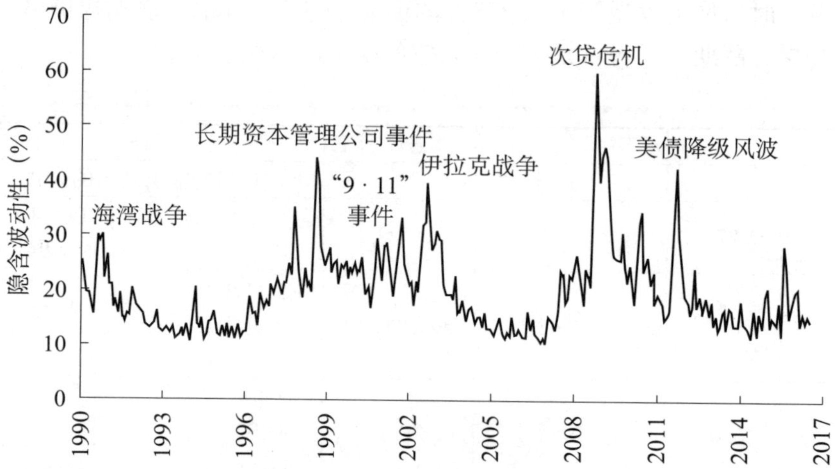

图 16.5　标准普尔 500（VIX 指数）的隐含波动性（用年化标准差来表示）

资料来源：Chicago Board Options Exchange.

2004 年 3 月，一种以标准普尔 500 的 30 天隐含波动性为标的的期货合约开始在芝加哥期货交易所交易。该合约的损益取决于合约到期日的市场隐含波动性。这种合约在股票行情指示器上的标志是 VIX。

图 16.5 也反映了一个尴尬的经验事实：布莱克-斯科尔斯公式基于股票波动性连续的假设，而与该公式一致的隐含波动性的时间序列显然不是连续的。这个矛盾提醒我们，布莱克-斯科尔斯模型（就像其他所有模型一样）只是一种简化，并不能完全反映现实市场。在本章中，对于定价模型的扩展，有必要允许股价波动性随着时间随机演变，事实上，许多这类定价模型已经被提出。①

波动性变动是不可预测的，这一事实意味着，我们很难选出适用于任何期权定价模型的波动性。近期以来，很多研究着眼于预测波动性变化的技术。那些称为自回归条件异方差和随机波动率模型的技术都假定波动性的改变是部分可预测的，通过分析近期波动水平与趋势，我们可以提高对未来波动性的预测准确度。②

□ 看涨—看跌期权平价关系

到目前为止，我们都在讨论看涨期权的定价。至于看跌期权的价格，大多数情况下并不难得到。在很多重要的案例中，看跌期权的价格都可以简单地从看涨期权的价格中得到。这是因为，欧式看跌和看涨期权通过一个等式联系在了一起。如果已知看

① 关于这个话题的重要文章，参见 Hull and White（1987），Wiggins（1987）和 Heston（1993）。若要回顾更多近期文章，参见 Ghysels，Harvey，and Renault（1996）。

② 关于这些模型的介绍，请参考 Alexander（2001）。

涨期权的价值，很容易就能得出看跌期权的价值。

要得出这个平价关系，假设你购买了一个看涨期权并卖出了一个看跌期权，两个期权的执行价格都是 X，到期日都是 T。在到期日，你在这项投资上的收入等于在看涨期权上的收入减去售出看跌期权所必须支付的支出。各期权的收入与支出由合约到期日的最终股票价格 S_T是否超过执行价格决定。

	$S_T \leqslant X$	$S_T > X$
持有看涨期权的收入	0	$S_T - X$
一售出看跌期权的支出	$-(X - S_T)$	0
合计	$S_T - X$	$S_T - X$

图 16.6 显示了这个收入模式。比较这个收入与由股票和借款组成的投资组合的收入，这个投资组合中的借款在到期时本息总共要支付 X 美元。这样的一个投资头寸被称作杠杆权益头寸，建立该头寸要借入 $PV(X) = Xe^{-rT}$ 美元（这样在到期日就要归还 X 美元），并投资 S_0 美元购买股票。这个杠杆权益头寸的总收入是 $S_T = X$，与前面的期权策略的收入相同。因此，购买看涨期权—出售看跌期权头寸复制了杠杆权益头寸。同时，我们也再次看到了期权交易提供的杠杆性。

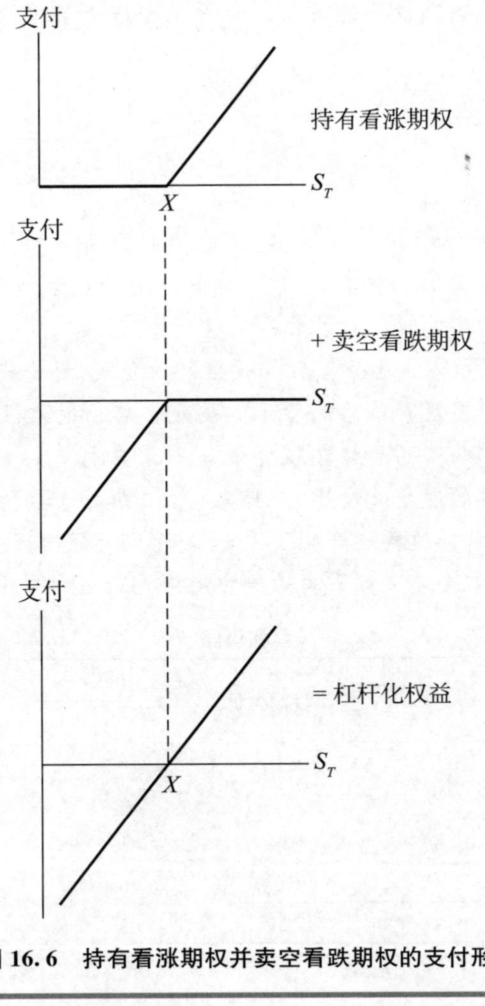

图 16.6　持有看涨期权并卖空看跌期权的支付形式

由于期权组合的收入与杠杆权益头寸的收入完全一样，建立它们的成本也应该是一样的。建立这个期权头寸必需的净现金支出是 $C-P$，即购买看涨期权要支付 C，而出售看跌期权又能产生 P 的收入。类似地，建立这个杠杆权益头寸的净现金支出是 S_0-Xe^{-rT}，即购买股票的成本减去借款所收到的资金。由于这两个成本相等，我们可以得到

看涨—看跌期权平价关系：该等式表示了看涨期权价格和看跌期权价格之间适合的关系。

$$C-P=S_0-Xe^{-rT} \tag{16.2}$$

等式（16.2）被称作**看涨—看跌期权平价关系**（put-call parity relationship），因为它表示看涨期权和看跌期权价格之间适合的关系。如果平价关系被打破，就会出现套利机会。

案例 16.5

看涨—看跌期权平价关系

假设你发现有关于某股票的下列数据：

股票价格	110 美元
看涨期权价格（6 个月期，X=105 美元）	14 美元
看跌期权价格（6 个月期，X=105 美元）	5 美元
无风险利率	5%的连续复利利率

我们将这些数据代入看涨—看跌期权平价关系，看看是否违背了平价关系。

$$C-P \overset{?}{=} S_0-Xe^{-rT}$$

$$14-5 \overset{?}{=} 110-105e^{-0.05\times0.5}$$

$$9 \overset{?}{=} 7.59$$

结果显示，以上数据违背了平价关系（$9\neq7.59$），这说明定价是错误的，将导致套利机会的产生。你可以购买相对便宜的投资组合（股票加上借款头寸的组合，由等式右边代表），并卖出相对昂贵的投资组合（也就是说出售看涨期权，并购买看跌期权，由等式左边代表）。

我们来看一看这个投资策略的收入。6 个月后，股票的价值是 S_T。借入的 100 美元将连同利息一起偿还，形成 105 美元的现金流出。如果股票价格高于 105 美元，售出的看涨期权就会形成 S_T-105 美元的支出；如果股票价格低于 105 美元，购入的看跌期权会带来 105 美元 $-S_T$ 的收入。

表 16.3 总结了这一结果。当期的现金流入是 1.41 美元，正好等于期权定价错误部分，6 个月后，不同的头寸产生的现金流正好可以互相抵消，这样就产生了 1.41 美元的无风险现金流入，而没有任何抵补的现金流出。许多投资者都会追逐这一套利机会，直到买卖的压力使得重新达到等式（16.2）中的平价条件。

表 16.3 套利策略

头寸	当期现金流	6 个月后的现金流	
		$S_T<105$	$S_T\geq105$
购买股票	−110	S_T	S_T
借入 $Xe^{-rT}=102.41$ 美元	+102.41	−105	−105
出售看涨期权	+14	0	$-(S_T-105)$
购买看跌期权	−5	$105-S_T$	0
合计	1.41	0	0

实际上等式（16.2）具有适用范围，只适用于到期日前不支付股利的股票的期权，而且只适用于欧式期权。因为分别由等式（16.2）的两边代表的两个投资组合的现金流只有在各头寸都持有至到期时才相等。但是，适用于支付股利的欧式期权扩展形式的平价条件则很容易求出。本章末尾的习题32将引导你求出这个扩展的平价关系。看涨—看跌期权平价关系的扩展形式如下：

$$P = C - S_0 + \mathrm{PV}(X) + \mathrm{PV}(\text{股利}) \tag{16.3}$$

式中，PV(股利）为股票在期权有效期内将要支付的股利的现值。如果股票不支付股利，等式（16.3）就与等式（16.2）一样了。

注意，这个扩展形式也可适用于除股票外的其他资产的欧式期权。我们可以不用等式（16.3）中的股利收入，而让标的资产支付的其他收入来扮演股利的角色。例如，债券的欧式看涨—看跌期权就满足这个平价关系，只是债券的利息将取代平价关系中的股利支付。

我们来看一看在前一章中，图15.1中有关微软期权的真实数据是否满足平价关系。还有35天到期（7月7日到期）的执行价格为72美元的看涨期权的价格是1.15美元，而相应的看跌期权的售价是1.32美元。微软股票的售价是71.75美元，而且这一天的年化短期利率是0.6%。在到期日之前微软股票不支付股利。根据平价关系，我们将发现

$$P = C + \mathrm{PV}(X) - S_0 + \mathrm{PV}(\text{股利})$$

$$1.32 = 1.15 + 72e^{-0.006\times(35/365)} - 71.75 + 0$$

$$1.32 = 1.15 + 71.96 - 71.75 + 0$$

$$1.32 = 1.36$$

由此可以看出，与平价关系相比，每一股大约偏离了0.04美元。这是一个大得可以加以利用的机会吗？恐怕不是。你必须权衡潜在的收益与看涨期权、看跌期权和股票的交易成本。更重要的是，考虑到期权交易事实上相当稀少，这个偏离也许并不“真实”，而是由于“陈旧”的价格所造成的，你不能以这个“陈旧”的价格进行交易。

□ 看跌期权定价

利用看涨—看跌期权平价关系［如等式（16.3）所示］，我们就通过看涨期权的价值来算出看跌期权。但有的时候，直接使用看跌期权定价公式也许更容易。欧式看跌期权定价的布莱克-斯科尔斯公式是①：

$$P = X\mathrm{e}^{-rT}[1 - N(d_2)] - S_0\mathrm{e}^{-\delta T}[1 - N(d_1)] \tag{16.4}$$

需要注意，等式（16.4）只对欧式看跌期权有效。但市场上的看跌期权大多是美式期权（允许提前执行）。由于美式期权允许持有者在到期日前的任何时间执行，因此它的价值至少等于相应的欧式期权的价值。换言之，等式（16.4）只是美式期权真正价值的最低界限。尽管如此，在很多实际应用中，这个近似值也是相当准确的。

---

① 这个公式满足看涨—看跌期权平价关系，事实上它就是从该平价关系中推出的。如果你想自己推算，请记得用连续复利来计算现值，并注意当股票以不变的股利率 δ 的形式支付连续的收入流时，该股利流的现值是 $S_0(1-\mathrm{e}^{-\delta T})$。（注意，$\mathrm{e}^{-\delta T}$ 近似地等于 $1-\delta T$，所以股利的价值近似地等于 δTS_0。）

案例 16.6

布莱克-斯科尔斯看跌期权定价公式

利用案例 16.4 中布莱克-斯科尔斯看涨期权的数据，我们可以求出与那只股票看涨期权的执行价格和到期时间相同的欧式看跌期权的价值为

$$95\text{ 美元}\times e^{-0.10\times 0.25}\times(1-0.571\,4)-100\text{ 美元}\times(1-0.666\,4)=6.35\text{ 美元}$$

注意这个价值是符合看涨—看跌期权平价关系的：

$$P=C+PV(X)-S_0+PV(\text{股利})=13.70+95\times e^{-0.10\times 0.25}-100+0=6.35(\text{美元})$$

就像我们所注意的交易者将采取的行动一样，我们接下来将把这个由公式求出来的价值与现实的看跌期权价格相比较，这是构造一个交易策略的一步。

16.4 使用布莱克-斯科尔斯公式

□ 套期保值率与布莱克-斯科尔斯公式

德尔塔系数或**套期保值率**：为了对冲持有期权的价格风险，投资者所需要的期权价值变化和股价变化之比。

在上一章，我们考虑了对 Fin Corp 股票的两项投资：100 股 Fin Corp 股票或 900 个 Fin Corp 的看涨期权。我们可以看出，看涨期权头寸对股票的价格变动比全股票头寸更敏感。但是，为了更准确地分析股票价格风险，必须对这种相对敏感性进行量化。一种衡量包含不同执行价格和到期时间的期权的投资组合总体风险的工具叫作**套期保值率**（hedge ratio）。一个期权的套期保值率是股票价格每变化 1 美元所引起的期权价格变化。因此，一个看涨期权的套期保值率是正的，而一个看跌期权的套期保值率是负的。套期保值率通常被称作期权的**德尔塔系数**（delta）。

如果你想画出作为股票价格函数的期权价值的曲线，就像我们在图 16.7 中所做的一样，那么套期保值率就是在当前股票价格下价值函数的斜率。例如，假设在 $S_0=120$ 美元这一点，曲线斜率是 0.60。股票价值每增长 1 美元，期权的价值约增长 0.60 美元，如图 16.7 所示。

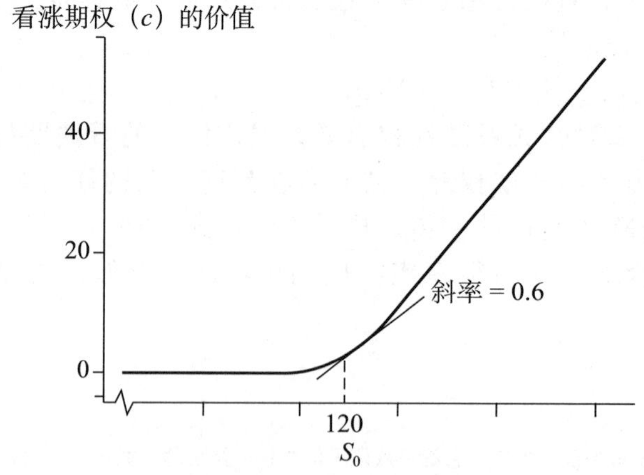

图 16.7 看涨期权的价值和套期保值率

对于售出的每一个看涨期权，都需要 0.60 股股票，以对投资者的投资组合进行套期保值。举例来说，如果一个人出售了 10 个期权，并根据 0.6 的套期保值率持有 6 股股票，那么股票价格每上升 1 美元，都将使持有的股票产生 6 美元的收入，而在售出的 10 个期权上的损失将是 10×0.60 美元，等于 6 美元。股票价格变动对总体财富没有影响，这正是套期保值头寸想做到的。

布莱克-斯科尔斯套期保值率的计算特别容易。看涨期权的套期保值率是 $N(d_1)$，而看跌期权的套期保值率是 $N(d_1)-1$。我们在等式（16.1）中将 $N(d_1)$ 作为布莱克-斯科尔斯公式的一部分进行了定义。$N(d)$ 代表标准正态曲线下方到 d 的面积。因此，看涨期权的套期保值率必然是正的并且小于 1.0，而看跌期权的套期保值率则是负的且其绝对值小于 1.0。

图 16.7 证实了看涨期权的价值函数的斜率是小于 1.0 的，且只有在股票价格变得非常大时才会接近 1.0。这告诉我们，股票价格每变化 1 美元，期权价值的变化小于 1 美元。为什么会这样？假设一个期权处于实值状态，你确定它一定会被执行。在这种情况下，股票价格每增长 1 美元，期权价值也会增长 1 美元。但是如果看涨期权将到期且处于虚值状态的可能性也较大，那么即使有一定的股票价格收益，股票价格上涨 1 美元也不一定会增加期权的最终收入，因此，看涨期权的价值不会相应地上升 1 美元。

我们前面曾经观察到期权能够提供杠杆性，并对股票的价格变动很敏感，而套期保值率小于 1.0 的事实与这一点并不矛盾。尽管以货币表示的期权价格波动幅度比以货币表示的股票价格波动幅度要小，期权收益率的波动性却比股票收益率的波动性要大，因为期权的售价较低。在我们的例子中，股票的售价是 120 美元，套期保值率是 0.6，而执行价格是 120 美元的股票期权的售价也许是 5 美元。如果股票价格上升到 121 美元，看涨期权的价格预期将仅上升 0.60 美元，即上升到 5.60 美元。期权价值的增长率是 0.60 美元/5 美元＝12%，但是，股票价格的增长率只有 1 美元/120 美元＝0.83%。变化率的比率是 12%/0.83%＝14.4。股票价格每上升 1%，期权的价格就增长 14.4%。这个比率，即股票价格每变化一个百分点所引起的期权价格变化的百分点，被称为**期权弹性**（option elasticity）。

期权弹性：标的证券价值上升 1%所引起的期权价值变化率（%）。

套期保值率是投资组合管理和控制的重要工具。下面的案例将说明其原因。

案例 16.7

投资组合的套期保值率

假设有两个投资组合，其中一个持有 750 个 Fin Corp 的看涨期权和 200 股 Fin Corp 股票，另一个组合持有 800 股 Fin Corp 股票。哪一个投资组合对 Fin Corp 股票价格变动的风险暴露更大？运用套期保值率，你可以很容易地回答这个问题。

股票价格每变动 1 美元，每个期权的价值将变动 H 美元，其中 H 就代表套期保值率。这样，如果 $H=0.6$，那么从股票期权的市场价值相对于 Fin Corp 股票价格变动的角度来看，750 个期权就等于 450 股（＝0.6×750）股票。第一个投资组合对股票价格变动的敏感性较低，因为期权相当于 450 股股票，加上实际持有的 200 股股票，仍然少于第二个投资组合所持有的 800 股股票。

但是，这并不是说第一个投资组合对股票收益率的敏感性更低。正如我们在对期权弹性的讨论中所指出的，第一个投资组合可能比第二个投资组合的总价值要低，所以，尽管以总市场价值表示的敏感性较低，它也可能具有较高的收益率敏感性。

概念测验 16.8

一个执行价格为 120 美元的看跌期权，现在的售价为 4 美元，且股票价格为 122 美元，套期保值率为−0.4，该期权的弹性是多少？

扫描二维码
获取答案解析

□ 投资组合保险

在第 15 章中，我们说明了保护性看跌期权策略能够提供一种对资产的保险。保护性看跌期权策略在投资者中特别流行。即使资产的价格下跌，看跌期权也能给予其以执行价格售出资产的权利，这是一种锁定投资组合最低价值的方法。使用平价看跌期权（$X=S_0$），可能发生的最大损失就是期权的成本。资产可以以 X 的价格售出，这等于它的最初价格，因此，即使资产的价格下跌，投资者在此期间的净损失也只是看跌期权的成本。然而，如果资产的价值上升，向上的潜在收益却不受限制。图 16.8 画出了保护性看跌头寸的收益与损失，这个收益或损失是标的资产价值变化的函数。

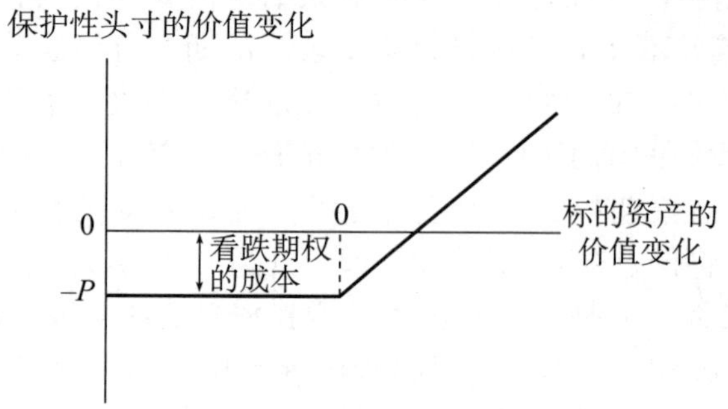

图 16.8　保护性看跌期权策略的收益

投资组合保险：限制投资损失的同时保持上涨潜力的投资组合策略。

保护性看跌期权策略可以简单而方便地实现**投资组合保险**（portfolio insurance），换言之，它限制了投资组合收益率的最坏情况。但是在实际情况中，要确保股票投资组合的收益有很多困难。例如，如果投资者的投资组合不符合合约上的标准市场指数，则该投资组合的看跌期权是无法购买到的。又比如，如果使用指数看跌期权来保护一个非指数的投资组合，就可能产生循迹误差（tracking error）。例如，如果投资组合的价值在市场指数上升的时候下跌，看跌期权就不能实现所要实现的保护。此外，期权的久期可能和投资者的偏好不匹配。因此，与使用期权策略相比，投资者更可能选择交易策略来模仿保护性看跌期权的收益。

下面介绍关于投资组合保险的通用理念。即使在要组成的投资组合中不存在具有合适到期日的看跌期权，但是，如果该期权确实可以交易，也可以使用一个理论的期权定价模型（例如布莱克-斯科尔斯模型）来确定期权的价格与投资组合的价值之间的关系。例如，如果股价下跌，看涨期权的价值将上升，期权模型可以将这个关系数量化。股价变化给这个（假定的）保护性看跌投资组合带来的净风险等于这个投资组合两个组成部分风险的总和，这两个部分分别是股票和看跌期权。

我们可以通过持有一定量的净市场变动风险相同的股票作为假定的保护性看跌头寸来创造出“合成的”保护性看跌头寸。这个策略的关键是期权的德尔塔系数，或者说套期保值率，即保护性看跌期权的价格变化与标的股票投资组合价值变化的比值。

案例 16.8

合成的保护性看跌期权

假设一个投资组合现在的价值是1亿美元。该投资组合的一个平价看跌期权的套期保值率（德尔塔系数）是−0.6，这意味着投资组合的价值每变化1美元，期权的价值就变化0.60美元。假设股票投资组合的价值下降了2%，假定的保护性看跌头寸（如果这个看跌期权存在）的利润将是：

单位：百万美元

股票的损失	2%×100=2.00
+看跌期权的收入	0.6×2.00=1.20
净损失	0.80

我们可以出售比例相当于看跌期权德尔塔系数的股票（即出售60%的股票），并将获得的收入投资于无风险的国库券，这样就创造出了一个合成的期权头寸。这样做的基本原理是，看跌期权可以抵补股票投资组合价值变化的60%，所以必须出售60%的股票，并将收入投资于无风险资产，以直接降低投资组合的风险。包含有6 000万美元无风险投资如国库券和4 000万美元股票投资的合成保护性看跌头寸的总收益为：

单位：百万美元

股票的损失	40×2%=0.80
+国库券的损失	=0
净损失	0.80

合成的与正式的保护性看跌头寸的收益一样。我们可以得出结论：如果你出售比例相当于看跌期权德尔塔系数的股票，并将收入投资于现金等价物，你的股票市场风险就等于你想得到的保护性看跌头寸的风险。

创建合成头寸的难点在于，德尔塔系数经常改变。图16.9说明了当股价下跌时，相应的套期保值率将上升。因此，市场下跌时需要额外的套期保值，也就是说，需要将更多的股票转化为现金。这种对套期保值率的不断更新被称为**动态套期保值**（dynamic hedging）。就像我们在16.2节中讨论过的一样，这种套期保值又叫德尔塔套期保值——因为需要购买或出售的股票数量是由期权的德尔塔系数决定的。

动态套期保值：随着市场条件变化，投资者不断地更新套期保值头寸。

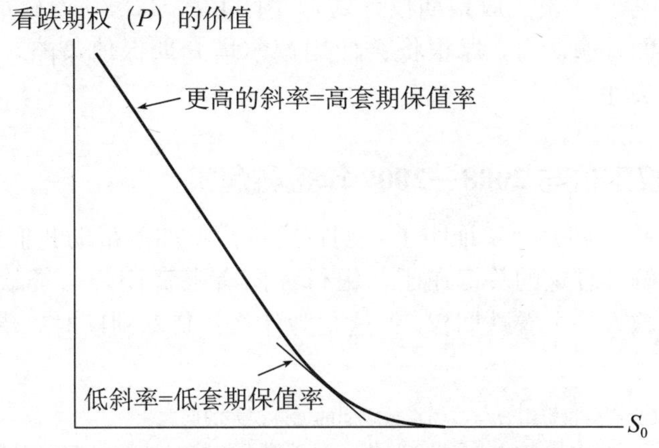

图16.9　股价波动时套期保值率的变化

投资组合保险增大了市场的波动性，动态套期保值是其原因之一。市场下跌将引发额外的股票出售，因为这时投资组合保险人将努力提高他们的套期保值程度。这些额外的出售被视为加剧或放大市场下跌的因素。

在实际操作中，当投资组合保险人更新他们的套期保值头寸时，他们实际上并不直接购买或出售股票。相反，他们通过购买或出售股指期货作为股票交易的替代品，以减少成本。正如你在下一章中将看到的，股票价格和指数期货的价格通常通过跨市场套利者结合得非常紧密，以至期货交易可以作为股票交易的可靠替代品来使用。保险人不必根据期权的德尔塔出售股票，相反，他们将出售同等数目的期货合约。[①]

在 1987 年 10 月 19 日的股市大跌中，道琼斯工业平均指数下跌超过了 20%，一些投资组合保险人遭到重挫。对那时所发生的一切的一个描述将帮助你理解使用一个看起来简单易懂的套期保值概念的复杂性。

1. 在市场崩盘时，市场的波动性比以前所遇到的要大得多。根据历史经验计算出来的看跌期权的德尔塔太低了；保险人的套期保值程度太低，持有的股票太多，从而承受了过多的损失。

2. 市场价格变动得太快，以至保险人无法通过必要的再平衡措施跟上价格的变化。他们一边“追逐着德尔塔”，一边又离它们越来越远了。在期货市场上出现了一个价格缺口，开盘价比前一天的收盘价几乎低了 10%。在保险人能够更新他们的套期保值率之前，价格又下跌了。

3. 执行的问题非常严重。首先，当前的市场价格难以获得，因为交易执行和报价系统滞后了几个小时，这样就不可能计算出正确的套期保值率。此外，在一些时期，股票和股票期货的交易是停止的。在市场暴跌期间，将无法进行连续的再调整，而连续的再调整能力对于可行的保险计划来说是最关键的部分。

4. 与报告的股票价格相比，期货交易价格相比它们的正常水平大打折扣，因此这使通过出售期货（作为出售股票的替代品）来提高套期保值看起来很昂贵。尽管你将在下一章中发现股指期货的价格通常要高于股票指数的价值，但在 10 月 19 日，期货的售价远低于股票指数的水平。所谓的现货—期货价差在这一整天几乎都是负的。当一些保险人赌定期货价格会恢复它们正常的高于股指的价格，并选择延迟出售时，他们的套期保值程度是不足的。当市场进一步下跌时，他们的投资组合遭受了巨大的损失。

尽管大部分观察家都相信投资组合保险业将无法从这场市场暴跌中恢复，但动态套期保值在华尔街仍然被广泛用来对冲期权头寸可能产生的损失。例如，当微软在 2003 年停止了员工股票期权计划，并且 J. P. 摩根从微软员工手中购入了大量已发行期权，人们普遍认为，摩根将会使用德尔塔套期保值策略，通过售卖微软公司股票来保护期权头寸。

□ 期权定价与 2008—2009 年金融危机

默顿（Merton）证明了，期权定价模型如何帮助我们研究 2008—2009 年的金融危机。理解其理论的关键在于，银行在向有限责任公司贷款或者买下其债务时，隐含地给了借款人一个看跌期权。[②] 这是为什么？贷款到期时，借款人的偿还方式就可以充分

---

① 但是请注意，使用指数期货又会产生投资组合与市场指数之间的循迹误差的问题。

② 这些资料基于罗伯特·默顿（Robert Merton）于 2009 年在麻省理工学院的讲座。讲座的网址是 http：//techtv. mit. edu/videos/16527-observations-on-the-science-of-finance-in-the-practice-of-finance。

地说明这个问题。如果借款人有足够的资产来偿清贷款，一切都好办，贷款人可以得到全部的支付。但如果借款人没有足够的资产，那么借款人可以宣布破产，或者通过转让有限责任公司的所有权来偿清债务。这种“转嫁”相当于将贷款的账面价值转卖给债权人。这种支付安排就相当于公司买了一份其执行价格等于贷款偿还额的看跌期权。

图 16.10 说明了这种到期贷款偿还方式的功能，在贷款期间（时间 T）内，借款公司的价值是 V_T，而贷款的账面价值是 L。如果 $V_T \geqslant L$，那么借款人会全部偿清贷款。但如果 $V_T < L$，那么贷款人会取得公司的所有权，虽然其价值低于之前规定的贷款 L 的价值。

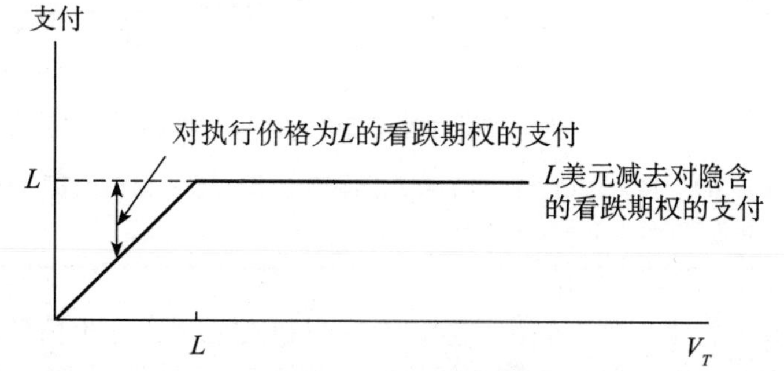

图 16.10　风险贷款

说明：支付给借款人的价格假设为 L 美元（贷款的账面价值），减去执行价格为 L 的看跌期权（标的资产为公司价值）。

我们可以把该支付过程写成如下形式（强调其暗含的看跌期权性质）：

$$支付 = \begin{cases} L \\ V_T \end{cases} = L - \begin{cases} 0, & 当\ V_T \geqslant L\ 时 \\ L - V_T, & 当\ V_T < L\ 时 \end{cases} \tag{16.5}$$

式（16.5）所展示的是价值为 L（当公司有足够的资产偿清债务时）的贷款的支付减去看跌期权（公司价值为 V_T，而期权的执行价格是 L）的支付。所以，在一个价值为 L 的保证支付和借款人看跌期权的空头头寸条件下，我们可以将风险贷款看作安全贷款的结合。

当公司出售信用违约互换（CDS，详见第 10 章）时，其暗含的看跌期权更为明显。在这种情形下，CDS 的出售者同意弥补债务人任何无力偿还的债务。如果债务人破产，只留下价值为 V_T 的资产给债权人，那么 CDS 的出售者必须偿还 $L-V_T$ 这一部分价值。这是一个纯粹的看跌期权。

现在我们想一想，当这些隐含的看跌期权出售者暴露时，会给这个公司的财务健康造成什么样的影响。图 16.11 说明了价值为 V_T 的看跌期权的价值变动。当公司的财务状况非常良好的时候（当 V 远远大于 L 时），曲线的斜率几乎为零，这意味着，相对于借款公司的价值而言，这些隐含的看跌期权出售者（无论是银行，还是 CDS 的出售者）极少暴露。例如，当公司价值是债务的 1.75 倍时，黑线所表示的切线说明曲线的斜率只有 −0.40。但是当经济遭到重大冲击时，公司的价值会大大缩水，不仅仅是隐含的看跌期权的价值会上升，曲线的斜率也会变得十分陡峭，这意味着，在更多冲击下，隐含的看跌期权会暴露得越来越多。当公司的价值只有贷款价值的 75%时，曲线的斜率更陡了，达到了 −0.644。你会发现，你是如何一步一步地逼近悬崖、越来越容易跌倒的。

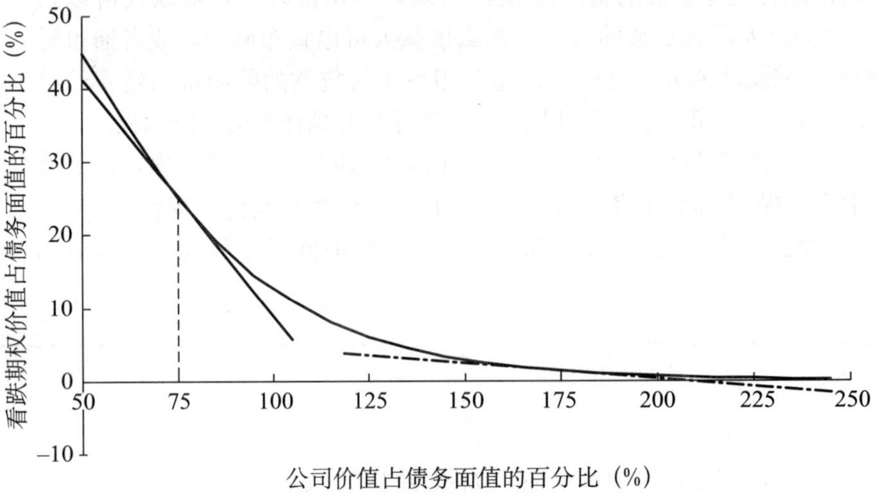

图 16.11　贷款保证上隐含的看跌期权价值作为债券面值的百分比

说明：债券到期时间＝1 年，公司价值的标准差＝40％，风险利率＝6％。

我们常常听到人们说，这次金融危机对公司资产价值的冲击是 10 级，这意味着这次事件很极端，相对于预期结果而言偏离了 10 个标准差。这种巨大的偏差令人难以置信。但这里的分析说明，标准差其实是可变的，当公司变得脆弱时，标准差会快速增大。当经济出现困难时，看跌期权越来越接近“实值”，它们对进一步经济冲击的敏感性就增加了，更大的损失也许就要来临。将风险暴露内生化，可以让模型更接近经济危机的真实情况，也让我们不再忽视那些被认为是“几乎不可能”的极端事件。

16.5　经验证明

关于布莱克-斯科尔斯期权定价模型的经验证明非常多。研究结果大部分都肯定了该模型的作用，证实了布莱克-斯科尔斯模型所产生的期权价值与实际的期权交易价格非常接近。但也有一些模型失败案例。

最大的问题和波动性有关。如果模型是准确的，所有以特定股票为标的、有相同到期时间的期权的隐含波动性将相等，毕竟每个期权的标的股票和到期时间都相同，所以由此推断其波动性也应该相同。但事实上，如果将隐含波动性作为执行价格的函数绘图，以标准普尔 500 指数期权作为标的资产，典型的结果如图 16.12 所示。隐含波动性随着执行价格上升而下降。显然，布莱克-斯科尔斯模型缺少了些什么。

鲁宾斯坦（Rubinstein，1994）将这个模型的问题归因于人们越来越害怕出现另一场股市大崩盘，就像他们在 1987 年经历过的一样。处于深度虚值状态的看跌期权几乎将一文不名，因为如果股价平滑变动，股价短期内剧烈下降（即看跌期权进入实值状态）的可能性很小。股价的突然的剧烈下行使得看跌期权有可能进入实值状态，比如在一场市场暴跌中，这确实会提高这些期权的价值。但市场对这些期权的定价往往表明：股价剧烈下跌的可能性比布莱克-斯科尔斯模型假设的更大。期权价格更高会产生比布莱克-斯科尔斯模型更大的隐含波动性。

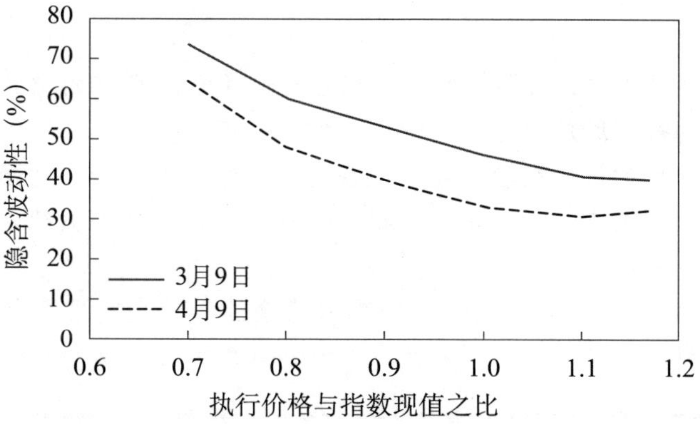

图 16.12　作为执行价格的函数的隐含波动性

资料来源：*The CBOE Skew Index*，Chicago Board Options Exchange，2010.

有意思的是，鲁宾斯坦指出，在 1987 年市场暴跌之前，隐含波动性图形会比图 16.10 中更平坦，说明市场对暴跌的担忧确实更小。但是该图形依然是向下倾斜的，这个形状被称为期权微笑。当我们能接受更一般的股价分布（包括跳跃、波动性的随机改变）的期权定价模型时，它们能产生向下倾斜的波动性曲线，这与图 16.12 中的曲线类似。①

小结

● 期权价值可以看成是内在价值加上时间（或“波动性”）价值的总和。波动性价值是当股票价格变动不利于持有人时，选择不执行期权的权利。因此，无论股票价格表现如何，期权持有人的最大损失都不会超过期权的成本。

● 看涨期权的价值在以下情况下更高：执行价格降低，股票价格升高，利率升高，期限延长，股票波动性变大，以及股利降低。

● 可以用简单的两状态定价模型来给期权定价。随着期数的增多，该模型可以得到更现实的股票价格分布。布莱克-斯科尔斯公式可以看成是二项式期权定价模型的一个特例，因为持有期间被分成了不断缩短的子期间。

● 看涨—看跌平价理论将看跌期权和看涨期权的价格联系在了一起。如果违背了这个关系，就会产生套利机会。特别地，这个关系必须满足

$$P = C - S_0 + \mathrm{PV}(X) + \mathrm{PV}(\text{股利})$$

式中，X 为看涨期权和看跌期权的执行价格；$\mathrm{PV}(X)$ 为在期权到期日对 X 美元要求权的现值。

● 期权的隐含波动性是指与期权市场价格一致的股票收益的标准差。通过找到使模型估计的期权价值等于观察到的价格的股票的波动性，我们可以将隐含波动性“倒挤”出来。

● 套期保值率（或期权德尔塔）是在出售一个期权时，需要用来对价格风险进行套期保值的股票数量 。对于处于深度虚值状态的看涨期权来说，套期保值率接近 0；对于处于深度实值状态的看涨期权来

① 关于这些更普通模型的更广泛的讨论，参见 R. L. McDonald，*Derivatives Markets*，2nd ed.（Boston：Pearson Education，Addison-Wesley，2006）。

说，套期保值率接近 1.0。

● 尽管套期保值率小于 1.0，看涨期权的弹性仍然大于 1.0 。股票价格每变动 1 单位，看涨期权的收益率（与用美元表示的收益相反）的变动大于 1 单位。

● 可以通过购买股票头寸的保护性看跌期权来获得投资组合保险。当适用的看跌期权不交易时，投资组合保险必须采用动态套期保值策略，其中，相当于所需要的看跌期权德尔塔系数的股票被出售，并将获得的收入投资于无风险证券。

● 经验表明，从布莱克-斯科尔斯模型得到的期权隐含波动性会随着执行价格升高而降低。这也证明了期权价格反映了股价突然剧烈下降的可能性。这种“暴跌”与布莱克-斯科尔斯假设是不一致的。

关键词

二叉树模型	动态套期保值	（期权的）内在价值	看涨—看跌期权平价关系
布莱克-斯科尔斯定价公式	套期保值率	期权弹性	（期权的）时间价值
德尔塔系数	隐含波动性	投资组合保险	

核心公式

二叉树公式：$u=\exp(\sigma\sqrt{\Delta t})$；$d=\exp(-\sigma\sqrt{\Delta t})$；$p=[\exp(r\Delta t)-d]/u-d$

看涨—看跌期权平价公式：$P=C+\mathrm{PV}(X)-S_0+\mathrm{PV}(\text{股利})$

布莱克-斯科尔斯公式：$C_0=S_0e^{-\delta T}N(d_1)-Xe^{-rT}N(d_2)$

$$d_1=\frac{\ln\left(\frac{S_0}{X}\right)+\left(r-\delta+\frac{\sigma^2}{2}\right)T}{\sigma\sqrt{T}}$$

$$d_2=d_1-\sigma\sqrt{T}$$

习题

1. 一个看涨期权的成交价是 50 美元，该期权基于一个售价为 55 美元的股票，交易成本为 6.50 美元。请问该期权的内在价值和时间价值分别是多少？（LO16—1）

2. 一个看跌期权基于现价为 33 美元的股票，其执行价格为 35 美元。其相对应的看涨期权的价格是 2.25 美元。假设无风险年利率为 4%，距离到期日还有 3 个月，根据看涨—看跌期权平价公式，这个看跌期权的价值是多少？（LO16—4）

3. 一个基于 Jupiter 机车股票的一年期看涨期权的执行价格是 75 美元，该期权售价是 3 美元。而基于同一股票的执行价格为 75 美元的看跌期权，其售价为 2.50 美元。假设无风险利率是 8%，而 Jupiter 公司不分派股利，那么其股价应该是多少？（LO16—4）

4. 我们在正文中讨论过，一个看涨期权的价格会随着波动性的上升而上涨。对看跌期权也是如此吗？运用看涨—看跌期权平价关系和数字举例来证明你的观点。（LO16—4）

5. 在下面的每一个问题中，都要求你比较两个参数已给定的期权。所有情况下的无风险利率都假定为 6%。假设标的股票不支付股利。（LO16—1）

a.

看跌期权	T	X	σ	看跌期权的价格
A	0.5	50	0.20	10
B	0.5	50	0.25	10

哪个看跌期权标的股票的价格更低？

（1）A；

（2）B；

（3）信息不足，无法判断。

b.

看跌期权	T	X	σ	看跌期权的价格
A	0.5	50	0.2	10
B	0.5	50	0.2	12

哪个看跌期权标的股票的价格更低？

（1）A；

(2) B;

(3) 信息不足，无法判断。

c.

看涨期权	S	X	σ	看涨期权的价格
A	50	50	0.20	12
B	55	50	0.20	10

哪个看涨期权的期限较短？

(1) A;

(2) B;

(3) 信息不足，无法判断。

d.

看涨期权	T	X	S	看涨期权的价格
A	0.5	50	55	10
B	0.5	50	55	12

哪个看涨期权标的股票的波动性较高？

(1) A;

(2) B;

(3) 信息不足，无法判断。

e.

看涨期权	T	X	S	看涨期权的价格
A	0.5	50	55	10
B	0.5	50	55	7

哪个看涨期权标的股票的波动性较高？

(1) A;

(2) B;

(3) 信息不足，无法判断。

6. 重新考虑一下在两状态模型中确定套期保值率的方法，当时我们说明了 1/3 股股票可以对一个期权进行套期保值。在执行价格分别为 120 美元、110 美元、100 美元和 90 美元时，套期保值率又是多少？随着期权实值程度的提高，你认为期权的套期保值率应如何变化？(LO16—5)

7. 说明布莱克-斯科尔斯看涨期权套期保值率也随着股价上升而升高。假设有一个执行价格为 50 美元的 1 年期期权，该期权的标的资产——股票的价格的标准差为 20%。国库券年利率为 3%。计算股票价格分别为 45 美元、50 美元和 55 美元时的 $N(d_1)$。(LO16—3)

8. 在本题中，我们将得出一个两状态看跌期权的价值。数据：$S_0=100$；$X=110$；$1+r=1.1$。S_T 的两个可能的值分别是 130 和 80。(LO16—2)

a. 证明两状态下 S 的波动幅度为 50，P 的波动幅度为 30，看跌期权的套期保值率是多少？

b. 构造一个由 3 股股票和 5 个看跌期权组成的投资组合。该投资组合的（非随机的）收入是多少？

c. 投资组合的现值是多少？

d. 假设股票当前售价是 100，说明看跌期权的价值一定是 10.91。

9. 计算习题 8 中股票看涨期权的价值，该看涨期权的执行价格是 110。证明你在习题 8 和习题 9 中所得出的答案符合看涨—看跌期权平价关系。（在本题中不要使用连续复利的方法计算 X 的现值，因为利率是以有效年利率的方式标出的。）(LO16—2)

用以下例子来回答 10～15 题：

马克·华盛顿（具有 CFA 资格）是一个 BIC 基金的分析员。一年前，BIC 认为美国的股票市场会经历一次轻微的下跌，并建议为 BIC 的投资组合做一个基于德尔塔系数的套期保值。正如其预测的那样，美国股市一年内的确经历了一个约为 4%的下跌。但是 BIC 的投资组合绩效糟糕，比竞争对手低了大约 10%。上级令华盛顿仔细检查投资策略，并找出套期保值投资组合表现不如预期的原因。

10. 下列哪个选项最好地解释了德尔塔中性投资策略？一个德尔塔中性投资组合的完全套期保值效用主要是针对：(LO16—5)

a. 标的资产的小幅价格变化；

b. 标的资产的小幅价格下降；

c. 标的资产的全部价格变化。

11. 在讨论了德尔塔中性投资组合的概念之后，华盛顿决定进一步解释德尔塔系数的概念。华盛顿将期权价值作为标的股票价格的函数，并据此绘制了一张函数图形。请问，在这张函数图形中，德尔塔系数是：(LO16—5)

a. 期权价格图形的斜率；

b. 期权价格图形的曲率；

c. 期权价格图形的基准线。

12. 华盛顿研究了一个德尔塔系数为−0.65 的看跌期权，如果其标的资产的价格减少了 6 美元，那么期权价格将会如何变动？(LO16—5)

13. BIC 基金持有史密斯和奥兹公司的 51 750 股。这些股票的现价是 69 美元。一个基于史密斯和奥兹公司股票的看涨期权（成交价为 70 美元）的售价是 3.50 美元，其德尔塔系数是 0.69。多少个看涨期权可以构成一个德尔塔中性套期保值？

14. 其他条件同上一个问题，如果股价下降，由这些看涨期权构成的德尔塔中性套期保值的价格会上涨还是下跌？(LO16—5)

15. 下列哪一条最符合德尔塔中性投资组合的目标？一个典型的德尔塔中性投资组合是要结合：(LO16—5)

a. 持有股票的多头头寸，并做空看涨期权，这样一来，无论股票价值如何变化，投资组合的价值都不会变；

b. 持有股票的多头头寸，并做空看涨期权，这样一来，投资组合的价值随着股票价值的变动而变动；

c. 持有股票和看涨期权的多头头寸，这样一来，无论股票价值如何变化，投资组合的价值都不会变。

16. 使用布莱克-斯科尔斯公式计算下列股票看涨期权的价值：(LO16—3)（表格可以从 www.mhhe.com/bkm 获得。）

到期时间＝6 个月

标准差＝每年 50%

执行价格＝50 美元

股票价格＝50 美元

利率＝3%

股利＝0

17. 计算上一题中股票看跌期权的布莱克-斯科尔斯价值，该看跌期权与上一题中看涨期权的执行价格和到期日都相同。(LO16—3)（表格可以从 www.mhhe.com/bkm 获得。）

18. 依次用下面的数据代替习题 16 中的相应参数，并保持其他参数不变，重新计算习题 16 中期权的价值。（表格可以从 www.mhhe.com/bkm 获得。）

a. 到期时间＝3 个月；

b. 标准差＝每年 25%；

c. 执行价格＝55 美元；

d. 股票价格＝55 美元；

e. 利率＝5%。

请分别思考每种情况，并保证期权价值的变化和表 16.1 所预测的一致。(LO16—3)

19. 计算电子表格 16.1 跨式组合的头寸的布莱克-斯科尔斯价值的 Excel 公式是什么？(LO16—3)

20. 你认为看涨期权执行价格每上升 1 美元，所导致的期权价值的下降会大于还是小于 1 美元？(LO16—1)

21. 其他条件相同，与 β 值较低的股票的看涨期权相比，β 值高的股票的看涨期权的价值会更高吗？假设两家公司具有相同的公司特定风险。(LO16—1)

22. 其他条件相同，与公司特定风险低的股票的看涨期权相比，公司特定风险高的股票的看涨期权的价值会更高吗？两只股票的 β 值相等。(LO16—1)

23. 其他条件相同，与执行价格低的看涨期权相比，执行价格高的看涨期权的套期保值率是更高还是更低？(LO16—5)

24. 与标的债券的收益率相比，长期国债看涨期权的收益率对利率的敏感性是高还是低？(LO16—1)

25. 如果股价下跌，看涨期权的价格上升，看涨期权的隐含波动性会如何变化？(LO16—1)

26. 如果期限变短，看跌期权的价格上升，看跌期权的隐含波动性会如何变化？(LO16—1)

27. 根据布莱克-斯科尔斯公式，当股票价格无限大时，看涨期权的套期保值率为多少？试简要解释。

28. 根据布莱克-斯科尔斯公式，当看跌期权的执行价格非常小时，它的套期保值率为多少？(LO16—5)

29. IBM 股票的平价看涨期权的套期保值率为 0.4。平价看跌期权的套期保值率为－0.6。IBM 的平价跨式组合头寸的套期保值率是多少？(LO16—5)

30. 现有 6 个月到期的欧式看涨期权，执行价格为 105 美元。标的股票价格为 100 美元/股，不支付股利。无风险利率为 5%。若期权现价为 8 美元，求期权的隐含波动性。运用电子表格 16.1（见 www.mhhe.com/bkm；找到第 16 章资料）来解题。(LO16—3)

a. 在“工具”(What-If) 菜单处找到“单变量求解”(Goal Seek)。对话框会要求输入三个信息。在那个对话框中，你通过改变 B2 来使得 E6 等于 8。换句话说，你用电子表去找到一个标准差（显示在 B2 单元格），使得期权价值（E6 单元格）等于 8 美元。然后点击“确定”(OK)，你将发现看涨期权价值 8 美元，标准差变成了与此一致的一个值。这就是看涨期权价值 8 美元时的隐含标准差。

b. 如果期权售价 9 美元，隐含波动性将是多少？为什么升高？

c. 如果期权售价不变而到期时间缩短，比如只有 4 个月，隐含波动性将是多少？为什么？

d. 如果期权售价不变而执行价格降低，比如只有 100 美元，隐含波动性将是多少？为什么？

e. 如果期权售价不变而股价降低，比如只有 98 美元，隐含波动性将是多少？为什么？

31. 以下三个看跌期权是关于同一只股票的。它们的德尔塔系数分别是－0.9、－0.5 和－0.1。将这三个德尔塔系数填入下表中的正确位置。(LO16—5)

看跌期权	X	德尔塔系数
A	10	
B	20	
C	30	

32. 在本题中，我们将求出以到期日前支付股利的股票为标的资产的欧式期权看涨—看跌期权平价关系。为简化起见，假定股票在期权到期日前每股支付 D 美元的股利。(LO16—4)

a. 在期权到期日，股票加看跌期权的头寸的价值是多少？

b. 假设有一个投资组合，该投资组合包括一个看涨期权和一个零息债券，债券的到期日与期权相同，债券面值为 $(X+D)$。在期权到期日，该投资组合的价值是多少？你将发现，无论股票价格是多少，该投资组合的价值都与股票加看跌期权的投资组合的价值相等。

c. 建立 a 和 b 中的两个投资组合的成本分别是多少？令这两个投资组合的成本相等，你就得到了看涨—看跌期权平价关系，即等式 (16.3)。

33. 通过购买一股价格为 50 美元的股票，购买一个执行价格为 45 美元的 6 个月看跌期权，并出售一个执行价格为 55 美元的 6 个月看涨期权，你构建起了一个双限期权策略。根据股票的波动性，你计算出当执行价格为 45 美元而期限为 6 个月时，$N(d_1)=0.60$，而如果执行价格是 55 美元，$N(d_1)=0.35$。(LO16—5)

a. 如果股票价格上升 1 美元，双限期权策略的收益或损失是多少？

b. 如果股票价格变得非常高，该投资组合的德尔塔系数会如何变化？

c. 如果股票价格变得非常低，该投资组合的德尔塔系数会如何变化？

34. 假设你对 EFG 股票非常乐观，比市场上的其他人要乐观得多。在下面的每一项中，如果你的牛市预期是正确的，选择能给你带来最大收益的投资组合策略，并解释你的答案。(LO16—5)

a. 选择 A：投资 100 000 美元购买看涨期权，期权的 $X=50$。

选择 B：投资 100 000 美元购买 EFG 股票。

b. 选择 A：10 份看涨期权合约（每份合约代表 100 股股票），$X=50$。

选择 B：1 000 股 EFG 股票。

35. 你正在尝试着给执行价格为 100 美元的 1 年后到期的看涨期权定价。标的股票不支付股利，当前价格是 100 美元，并且你相信该股票有 50%的可能升至 120 美元，有 50%的可能跌至 80 美元。无风险利率是 10%。用两状态股票定价模型计算看涨期权的价值。(LO16—2)

36. 如果习题 27 中股票的波动性增加。假设如果股价上升，它将上升到 130 美元；如果股价下跌，它将下跌至 70 美元。说明现在看涨期权的价值比习题 27 中看涨期权的价值要高。(LO16—2)

37. 回到案例 16.1。使用二叉树模型为一年期的欧式看跌期权定价，该期权的执行价格为 110 美元。你解出的看跌期权的价格是否满足看涨—看跌期权平价关系？(LO16—2)

□ 挑战题

38. 假设你是投资组合保险的提供者。你正在建立一个 4 年期的项目。你所管理的投资组合的当前价值为 1 亿美元，你希望提供的最低收益率是零。股票投资组合的标准差为每年 25%，国库券收益率为每年 5%。为了简化起见，假设投资组合不支付股利（或者说所有的股利都被再投资了）。(LO16—5)

a. 投资组合中应有多大比例的国库券、多大比例的股票？

b. 如果股票投资组合在交易的第一天就下跌了 3%，管理者应该怎么办？

39. 你希望持有 XYZ 公司的保护性看跌期权头寸，以锁定一年后有保障的最低价值 100 美元。XYZ 公司股票现在的售价是 100 美元。下一年，股票价格将上涨或下跌 10%。国库券利率是 5%。遗憾的是，市场上没有 XYZ 公司的看跌期权。(LO16—5)

a. 假设交易中存在所需要的看跌期权，购买的成本是多少？

b. 保护性看跌期权投资组合的成本是多少？

c. 什么样的股票和国库券头寸能确保你的收入等于执行价格为 100 美元的保护性看跌期权的收入？证明该投资组合的收入以及建立的成本与所需要的保护性看跌期权是相等的。

40. 假设你要为一个一年期、标的股票的波动性（年标准差）$\sigma=0.40$ 的期权估值。在使用二叉树模型时，u 和 d 应该是多少？(LO16—2)

a. 以一整年作为时期；

b. 将一年划分为 4 个时期，每个时期 3 个月；

c. 将一年划分为 12 个时期，每个时期 1 个月。

41. 你建立了一个包含一个时期的二叉树模型，并断言，一年之后，股票价格将上升 1.5 或下降 2/3，请问你对接下来一年股票收益率的波动性的隐含假设是什么？(LO16—2)

42. 用看涨—看跌平价关系解释，基于不分派股利股票的“实值”看涨期权肯定比“实值”看跌期权价值高。并证明，$S=(1+r)^T$ 时看涨期权和看跌期权的价格一样。(LO16—4)

43. 回到习题 35。利用前面的“市场前沿”专栏中介绍的风险中性捷径方法给看涨期权定价。并保证你的答案和用两状态方法得到的答案一致。(LO16—2)

44. a. 回到习题 37。如果股价上涨，看跌期权的支付 (P_u) 会是多少？

b. 如果股价下跌，看跌期权的支付 (P_d) 会是多少？

c. 用风险中性捷径来给看跌期权定价，并保证你的答案和用两状态方法得到的答案一致。(LO16—2)

CFA 习题

1. 肯·韦伯斯特管理一个以标准普尔 500 指数为基准的价值 4 亿美元的证券投资组合。在过去的两年内，标准普尔 500 指数上涨显著。韦伯斯特运用一些传统的基本面分析和经济指标认为市场被高估了。因此他担心潜在的损失，并认为指数不会高过现在的 1 766 点。(LO16—5)

韦伯斯特在考虑如下的双限期权策略：

- 购买一份标准普尔 500 指数看跌期权，执行价格为 1 760 点。
- 每份看跌期权的购买资金来源于出售两份执

行价格为 1 800 点的看涨期权。

● 因为两个看涨期权组合的德尔塔（见下表）的绝对值小于 1（即－0.44－0.30＝－0.74），期权的损失不会比标的投资组合的盈利多（如果市场上升）。

下表的信息是关于用来构造双限期权的两种期权。

特征	1 800 点看涨期权	1 760 点看跌期权
期权价格（美元）	34.10	32.20
期权隐含波动性（%）	22	24
期权德尔塔	0.30	－0.44

说明：忽略交易费用；
标准普尔 500 指数历史 30 天波动性为 23%；
期权到期时间为 30 天。

a. 请在以下情况下计算复合投资组合（标的投资组合加上双限期权）的预期收益：

i. 30 天后标准普尔 500 指数上升近 5%到 1 854 点；

ii. 30 天后标准普尔 500 指数保持不变，仍然是 1 766 点；

iii. 30 天后标准普尔 500 指数下降近 5%到 1 682 点。

（不需要计算。）

b. 如果标准普尔 500 指数如同习题 a 中的三种情况，请问在每种情况下，讨论其对每个期权的基于德尔塔系数的套值保期率的影响。

c. 用给出的波动性数据给下列期权定价：

i. 看跌期权；

ii. 看涨期权。

2. 迈克尔·韦伯（具有 CFA 资格）正在分析一个期权价值的如下方面：期权价值的影响因素、期权定价模型的特征、用定价公式所得的价值与市场价值可能出现的差异。(LO16—1)

a. 标的为普通股票的看涨期权会受到什么影响，如果：(i) 标的股票价格的波动性减少；(ii) 期权到期时间变长？

b. 韦伯用布莱克-斯科尔斯期权定价公式计算出一个 3 个月期限的看涨期权，并发现这个计算出来的价值与市场价值不同。假设韦伯的计算并没有出错，请讨论：(i) 为什么“虚值”欧式期权的计算价值与市场价值不一样；(ii) 为什么美式期权的计算价值和市场价值不一样。

3. 一个股票指数现在的交易额为 50。保罗·特里普（具有 CFA 资格）希望用二叉树来对一个两年期的指数期权估值。每一年里，股票都可能上涨 20%或者下降 20%。设年化无风险利率是 6%。并假设不存在股利。

a. 建立股票指数股价的二叉树模型；

b. 如果一个欧式股指看涨期权的执行价格是 60，请计算其价值；

c. 如果一个欧式股指看跌期权的执行价格是 60，请计算其价值；

d. 保证你的上述两个答案符合看涨—看跌利率平价。

Web 站点管理员

请扫描二维码或登录中国人民大学出版社
官网 www.crup.com.cn 下载。

17 期货市场与风险管理

学习目标：

LO17—1 计算期货头寸的收益，该收益是当前和最终期货价格的函数；
LO17—2 构造用于套期保值或投机目的的期货市场策略；
LO17—3 按照给定的标的资产价格计算期货的价格；
LO17—4 设计套利策略，利用期货市场上的错误定价进行套利；
LO17—5 掌握如何使用互换来减轻利率风险。

期货和远期合约都有明确的规定，在未来某一时间购买或出售某标的资产。在这一点上，它们很像期权。但它们与期权最关键的区别是“强制性”：如果交易无利可图，看涨期权持有人并不会被强制购买，并且他也不会购买；但期货或远期合约有执行商定交易的义务。

从严格意义上来说，远期合约并不是一项投资，投资是用于购买资产的资金，而远期合约只是今天对未来交易的承诺。但是，远期安排却是我们学习投资的一部分，因为它们提供了保护其他投资的有力手段，并且通常会改变投资组合的特征。

考察远期市场的历史，我们至少可以追溯到古希腊。但有组织的期货市场却是在19世纪才发展起来的。期货市场用高度标准化的、易于交易的证券取代了不正规的远期合约。

从历史的角度来讲，期货市场是在农产品和商品的基础上发展而来的。但今天的期货市场却完全由金融期货来主导，如那些基于股票指数、债券（如政府债券）和外汇的期货。市场本身也发生了变化，现在大部分交易都发生在电子化市场中。

这一章描述了期货市场的运作以及它们的交易机制。我们将说明，期货合约是怎样同时成为套期者和投机者的有用工具的，并将说明期货价格是如何与资产的现货价格联系在一起的。接下来，我们将探讨一些特殊的金融期货合约——那些关于股票指数、外汇和固定收益证券的期货。最后，我们将介绍互换合约——远期合约的一种延伸，在组合管理中是如何运用的。

17.1 期货合约

我们来看看期货和远期是怎样运作的，以及它们为什么有用：假设有一个农场主，他只种植单一品种粮食（假设是小麦），他遇到了投资多样化的问题。整个种植季节的收入严重依赖于波动性很大的粮食价格。这个农场主很难对他的头寸进行多样化，因为他的全部财富都与这种粮食紧密相关。

磨坊主所面临的投资组合问题也类似于农场主所面临的问题，因为磨坊主必须买入小麦作为生产原料，他没有别的选择。由于小麦的未来成本不确定，所以他的收入也是不确定的。

为了了解未来和远期如何运作以及它们如何有用，请考虑一个农民种植单一作物所面临的投资组合多样化问题，比如小麦。整个种植季节的收入主要取决于不稳定的作物价格。农民不能轻易地使他的组合多样化，因为他的整个财富实际上都与农作物捆绑在一起。

必须购买小麦进行加工的磨坊主所面临的风险管理问题也是农民的镜像。由于小麦成本不可预测，他受到利润不确定性的影响。

远期合约：该协议规定要在未来以商定价格交割某种特定资产。

无论收获时的市场价格如何，双方都可以通过签订**远期合约**（forward contract）来对冲风险，要求农民以现在商定的价格收获小麦。此时没有钱需要转手。所需要的只是每一方都愿意锁定最终交付价格。远期合约可以保护每个人免受价格波动的影响。

期货市场将远期合约正式化、标准化了。买方和卖方不必依赖于他们的利益匹配机会；他们可以在一个集中化的期货市场上交易。期货交易所也将交易的期货类型进行了标准化：它规定了合约的规模、可接受的商品等级、合约交割日等等。尽管标准化失去了非正规的远期合约所提供的很多灵活性，它也相应地获得了流动性，因为很多交易者会集中于这些相同的小单位的合约。与远期合约相比，期货合约的另一个不同之处在于，它要求对合约的收益和损失每日进行结算。而与此相反，远期合约在交割日之前，没有任何现金易手。

在一个集中的市场上，买方和卖方通过经纪人进行交易，而不必亲自去寻找交易对手。合约的标准化以及每份合约的交易深度使得期权头寸可以通过经纪人很容易地进行流通，而不必亲自去与合约的另一方谈判。因为交易所保证了双方都会履行合约，所以就无须对交易双方进行代价昂贵的信用审查。相反，交易各方只需存入被称为保证金（margin）的信誉存款，这笔保证金可以保证合约的履行。

□ 期货合约的基础

期货价格：期货合约到期时所支付的事前商定的价格。

期货合约规定，在特定的交割日或到期日时，签订合约的双方要以商定的价格——**期货价格**（futures price）——交割商品。合约规定了对商品的各种明确要求。对于农产品来说，交易所设定了可允许的等级（例如 2 号硬冬小麦或 1 号软红小麦）。交割地和交割方式也在合约中规定。农产品的交割可以通过转让经批准的仓库签发的仓单进行。对于金融期货，可通过电汇方式进行交割；对于指数期货，交割可以通过现金结算程序完成，例如用于指数期权的程序。（虽然期货合约在技术上要求交割资产，但很少发生交割。相反，合约的各方通常会在合约到期前平仓，获得现金收益或亏损。在本章的后面部分我们会告诉你以后如何做到这一点。）

多头头寸：持有人承诺在交割日购买商品。

空头头寸：持有人承诺在合约到期日转让商品。

期货交易所规定了合约的所有条款，因此交易者们只需对期货价格进行讨价还价。**多头头寸**（long position）持有人承诺在交割日购买商品。**空头头寸**（short position）持有人承诺在合约到期日转让商品。多头头寸持有人被称为是“买”合约；空头头寸持有人则“卖”了一份合约。“买”或“卖”这两个词只是象征性的说法，因为合约并不像股票或债券那样真正地被购买或出售。在签订合约时，并不需要交换金钱。

图 17.1 是从《华尔街日报》上摘录的期货合约价格行情表。每一格的粗体标题列出了商品名称、期货合约交易所（在圆括号中），以及合约的规模，即价格单位。例如，列在“Agriculture Futures”下面的第一个合约是在芝加哥商品交易所（CBT）交易的玉米，每份合约要求交割 5 000 蒲式耳玉米，并且价格用美分/蒲式耳标出。

下面的几行列出了到期日不同的合约的详细价格信息。例如，7 月到期的玉米合约，当天的开盘价是 381 美分/蒲式耳，当天最高的期货价格是 385 美分，最低的价格是 376.75 美分，结算价（在可交易的最后几分钟的代表价格）是 377 美分。结算价比前一个交易日下跌了 4 美分。最后，未平仓合约，或者说发行在外的未对冲的合约数，为 452 077。对于每个到期日的期货，都给出了与上面类似的信息。

多头头寸持有人（将要购入商品的人）将会从价格上涨中获益。7 月合约到期时，玉米的现价是 382 美分/蒲式耳，而多头头寸持有人所签的合约规定，交易双方在 7 月 15 日（《华尔街日报》所列出的日期）以 377 美分交易。结果多头头寸持有人获利 5 美分/蒲式耳，因为实际的价格要比合约规定的价格高 5 美分。如果每份合约规定交易 5 000 蒲式耳小麦，那么多头头寸持有人所得的总收益为 5 000 蒲式耳×5 美分/蒲式耳=250 美元。相反地，空头头寸持有人则会损失 5 美分/蒲式耳。空头头寸持有人的损失等于多头头寸持有人的收益。

在到期日，收入和损失的总结如下：

多头头寸持有人的收益=到期日现货价格－初始期货价格

空头头寸持有人的收益=初始期货价格－到期日现货价格

上式中，现货价格为商品在交割日的实际市场价格。

由此看来，期货合约其实是一个零和博弈，所有头寸的收益和损失的总和为零。每个多头头寸都由一个空头头寸来弥补。把所有交易者在期货交易上的收益加总，结果必然是零，这就是商品价格变动的净风险。

图 17.2（A）是购买期货合约的投资者实现的收益图，该收益是资产在到期时的价格函数。注意，当最终的现货价格 P_T 等于最初的期货价格 F_0 时，收益为零。每单位标的资产所带来的收益上升或下降的幅度与最终现货价格的变化是 1∶1 的关系。与看涨期权的收入不同，期货多头头寸的收入可能为负：如果现货价格低于初始期货价格，期货多头头寸的收入就是负的。与看涨期权的持有人拥有购买的选择权不同，期货多头头寸的持有人不能简单地取消合约。另外，与期权不同的是，期货无须区分毛收入与净收益。这是因为期货合约不是被购买的；它只是一个双方都同意的合同。期货的价格必须调整到使合约双方的现值都为零。

通过比较图 17.2（A）和执行价为 X 的看涨期权投资者的支付和利润图［图 17.2（C），其中执行价格 X 与期货价格 F_0 相等］，我们可以清楚地看到期货和期权的区别。如果资产的价格下降了，期货投资者将会暴露在很大的风险下。相反，期权投资者的损失最多是期权量。

图 17.2（B）是期货合约空头头寸持有人（卖方）的利润图。这正好与多头头寸持有人（买方）的收益相反。

Futures Contracts

Metal & Petroleum Futures

	Open	Contract High	hi lo	Contract Low	Settle	Chg	Open Interest
Copper-High (CMX)-25,000 lbs.; $ per lb.							
June	2.5800	2.5800		2.5625	**2.5705**	−0.0225	1,053
July	2.5990	2.6050		2.5605	**2.5735**	−0.0230	83,015
Gold (CMX)-100 troy oz.; $ per troy oz.							
June	1269.40	1278.00		1256.80	**1272.80**	7.00	1,551
Aug	1268.40	1284.20		1259.00	**1275.90**	7.30	345,745
Oct	1272.30	1287.20		1263.00	**1279.50**	7.30	10,913
Dec	1275.50	1290.00		1266.20	**1282.90**	7.30	80,269
Feb'18	1279.30	1291.00		1272.70	**1286.30**	7.30	10,331
Dec	1295.00	1303.20		1295.00	**1303.10**	7.00	5,920
Palladium (NYM)-50 troy oz.; $ per troy oz.							
June	862.80	869.50		862.80	**863.30**	−2.95	82
July	865.60	871.55		852.35	**857.60**	−3.75	45
Aug	858.50	863.50		858.50	**856.15**	−3.75	2
Sept	858.90	871.25		847.55	**853.80**	−3.75	34,111
Dec	843.90	857.10		837.00	**843.50**	−0.45	1,729
March'18	839.30	843.00	▲	835.00	**832.15**	−0.45	122
June	839.00	839.00	▲	839.00	**828.15**	−0.45	16
Platinum (NYM)-50 troy oz.; $ per troy oz.							
June	925.40	926.80		925.40	**950.70**	27.70	48
July	925.00	955.50		923.30	**951.90**	27.70	52,791
Silver (CMX)-5,000 troy oz.; $ per troy oz.							
June	16.840	17.180		16.840	**17.107**	0.369	28
July	16.820	17.365		16.790	**17.136**	0.369	100,533
Crude Oil, Light Sweet (NYM)-1,000 bbls.; $ per bbl.							
July	45.94	46.49		44.55	**44.73**	−1.73	209,102
Aug	46.13	46.68		44.74	**44.93**	−1.74	442,660
Sept	46.38	46.85		44.96	**45.14**	−1.75	274,042
Dec	46.90	47.37		45.59	**45.82**	−1.63	311,431
June'18	47.74	47.95		46.49	**46.74**	−1.36	121,798
Dec	48.00	48.24		46.90	**47.21**	−1.10	150,760
NY Harbor ULSD (NYM)-42,000 gal.; $ per gal.							
July	1.4412	1.4550		1.4062	**1.4102**	−.0375	81,641
Aug	1.4500	1.4618		1.4139	**1.4180**	−.0368	84,147
Gasoline-NY RBOB (NYM)-42,000 gal.; $ per gal.							
July	1.4856	1.4959		1.4292	**1.4327**	−.0668	97,511
Aug	1.4811	1.4953		1.4281	**1.4315**	−.0625	85,745
Natural Gas (NYM)-10,000 MMBtu.; $ per MMBtu.							
July	2.962	2.989		2.916	**2.933**	−.033	186,368
Aug	2.990	3.007		2.936	**2.953**	−.036	208,648
Sept	2.970	2.989		2.922	**2.937**	−.035	180,592
Oct	2.997	3.013		2.949	**2.962**	−.038	185,021
Jan'18	3.301	3.303		3.249	**3.263**	−.033	109,540
April	2.881	2.887		2.854	**2.856**	−.026	85,557

Agriculture Futures

	Open	Contract High	hi lo	Contract Low	Settle	Chg	Open Interest
Corn (CBT)-5,000 bu.; cents per bu.							
July	381.00	385.00		376.75	**377.00**	−4.00	452,077
Sept	388.50	392.75		384.25	**385.00**	−3.50	409,284
Oats (CBT)-5,000 bu.; cents per bu.							
July	254.00	256.25		252.50	**255.50**	2.25	4,211
Dec	241.75	243.75	▲	241.50	**242.75**	2.00	1,890
Soybeans (CBT)-5,000 bu.; cents per bu.							
July	932.00	939.00		931.00	**931.75**	−.75	248,150
Nov	938.25	945.25		937.50	**939.00**	—	284,651
Soybean Meal (CBT)-100 tons; $ per ton.							
July	301.20	304.20		301.20	**301.80**	.30	129,154
Dec	307.00	309.20		306.70	**307.70**	.80	135,043
Soybean Oil (CBT)-60,000 lbs.; cents per lb.							
July	32.09	32.28		31.96	**32.09**	—	126,008
Dec	32.50	32.71		32.40	**32.56**	.03	141,285
Rough Rice (CBT)-2,000 cwt.; $ per cwt.							
July	1124.50	1126.00		1086.00	**1103.00**	−22.50	5,163
Sept	1153.00	1153.00		1108.00	**1130.50**	−23.00	3,819
Wheat (CBT)-5,000 bu.; cents per bu.							
July	445.00	452.25		441.75	**443.00**	−2.00	154,696
Sept	459.00	466.50		456.00	**457.25**	−2.00	144,177
Wheat (KC)-5,000 bu.; cents per bu.							
July	457.25	468.00		455.00	**457.50**	.50	108,082
Sept	474.00	484.75		472.25	**475.00**	.75	78,968
Wheat (MPLS)-5,000 bu.; cents per bu.							
July	627.00	645.75	▲	623.25	**627.50**	−.50	24.255
Sept	634.25	651.50	▲	630.50	**634.50**	—	26,710
Cattle-Feeder (CME)-50,000 lbs.; cents per lb.							
Aug	149.100	149.400		145.550	**146.125**	−3.825	32,577
Sept	148.800	149.000		145.200	**145.700**	−4.000	9,864
Cattle-Live (CME)-40,000 lbs.; cents per lb.							
June	126.875	127.000		124.500	**124.500**	−3.000	12,798
Aug	120.300	120.425		117.875	**117.875**	−3.000	190,817
Hogs-Lean (CME)-40,000 lbs.; cents per lb.							
June	82.775	83.050	▲	82.700	**83.000**	.225	11,366
Aug	80.850	81.000		79.700	**80.400**	.175	86,145
Lumber (CME)-110,000 bd.ft., $ per 1,000 bd.ft.							
July	368.90	370.00		365.60	**368.00**	−.90	2.342
Sept	354.50	359.80		354.80	**357.60**	−.90	1,200
Milk (CME)-200,000 lbs.; cents per lb.							
June	16.34	16.36		16.30	**16.31**	—	5,097
July	16.70	16.70		16.50	**16.61**	−.06	4,344
Cocoa (ICE-US)-10 metric tons; $ per ton.							
July	2,017	2,043		2,001	**2,040**	18	15,136
Sept	2,048	2,077		2,033	**2,075**	19	120,024
Coffee (ICE-US)-37,500 lbs.; cents per lb.							
July	126.50	127.90		125.30	**125.55**	−.85	44,764
Sept	128.25	130.00	▼	127.55	**127.75**	−.90	97,731
Sugar-World (ICE-US)-112,000 lbs.; cents per lb.							
July	13.74	13.81	▼	13.36	**13.62**	−.17	212,475
Oct	13.97	13.99	▼	13.61	**13.85**	−.17	349,542
Sugar-Domestic (ICE-US)-112,000 lbs.; cents per lb.							
Sept	27.76	27.76		27.75	**27.67**	.03	1,964
Nov	27.39	27.39		27.39	**27.44**	−.04	1,279
Cotton (ICE-US)-50,000 lbs.; cents per lb.							
July	74.47	74.83		73.40	**73.50**	−.98	45,003
Dec	71.82	72.00		70.86	**70.95**	−.87	155,910
Orange Juice (ICE-US)-15,000 lbs.; cents per lb.							
July	141.05	141.50		139.00	**140.25**	−.80	6,044
Sept	138.45	139.55		137.40	**138.05**	−1.40	4,087

Interest Rate Futures

	Open	Contract High	hi lo	Contract Low	Settle	Chg	Open Interest
Treasury Bonds (CBT)-$100,000; pts 32nds of 100%							
June	155-130	157-130		155-120	**156-290**	1-19.0	3,304
Sept	153-310	156-050		153-290	**155-200**	1-19.0	730,435
Treasury Notes (CBT)-$100,000; pts 32nds of 100%							
June	126-180	127-175		126-180	**127-035**	16.0	48,739
Sept	126-110	127-080		125-105	**126-295**	17.5	1,131,656
5 Yr. Treasury Notes (CBT)-$100,000; pts 32nds of 100%							
June	118-225	119-057		118-217	**118-292**	7.5	49,887
Sept	118-065	118-247		118-060	**118-150**	8.0	1,123,645
2 Yr. Treasury Notes (CBT)-$200,000; pts 32nds of 100%							
June	108-085	108-130		108-085	**108-095**	1.2	11,027
Sept	108-030	108-092		108-030	**108-052**	1.7	1,174,,311
30 Day Federal Funds (CBT)-$5,000,000; 100-daily avg.							
June	98.968	98.975	▼	98.960	**98.963**	−.005	78,380
July	98.860	98.875	▼	98.850	**98.855**	−.005	457,474
10 Yr. Del. Int. Rate Swaps (CBT)-$100,000; pts 32nds of 100%							
June	93.391	94.500	▲	93.391	**94.141**	.578	12,681
Sept	102.531	103.313	▲	102.203	**102.984**	.625	16,446
1 Month Libor (CME)-$3,000,000; pts of 100%							
June	98.7900	98.8000	▼	98.7900	**98.7900**	−.0075	9,528
July	98.7900	98.7900	▼	98.7900	**98.7875**	−.0050	3,147
Eurodollar (CME)-$1,000,000; pts of 100%							
June	98.7275	98.7500		98.7250	**98.7275**	−.0025	1,493,523
Sept	98.6400	98.7000		98.6400	**98.6700**	.0250	1,407,477
Dec	98.5600	98.6300		98.5550	**98.5900**	.0300	1,724,980
Dec'18	98.2300	98.3500	▲	98.2250	**98.2900**	.0550	1,397,044

Currency Futures

	Open	Contract High	hi lo	Contract Low	Settle	Chg	Open Interest
Japanese Yen (CME)-¥12,500,000; $ per 100¥							
June	.9086	.9192		.9064	**.9129**	−.0033	145,801
Sept	.9124	.9228		.9102	**.9166**	−.0033	63,409
Canadian Dollar (CME)-CAD 100,000; $ per CAD							
June	.7554	.7597		.7536	**.7549**	-.0011	143,138
Sept	.7566	.7609		.7548	**.7561**	-.0011	56,254
British Pound (CME)-£62,500; $ per £							
June	1.2754	1.2821		1.2724	**1.2748**	−.0008	177,546
Sept	1.2787	1.2856		1.2761	**1.2784**	−.0008	89,873
Swiss Franc (CME)-CHF 125,000; $ per CHF							
June	1.0326	1.0376		1.0274	**1.0292**	−.0038	38,989
Sept	1.0387	1.0437		1.0336	**1.0353**	−.0038	16,045
Australian Dollar (CME)-AUD 100,000; $ per AUD							
June	.7534	.7636	▲	.7532	**.7591**	.0052	105,593
July	.7531	.7631		.7530	**.7587**	.0051	507
Aug	.7530	.7628		.7527	**.7585**	.0052	316
Sept	.7525	.7625		.7523	**.7581**	.0052	28,292
Dec	.7520	.7620		.7518	**.7572**	.0050	224
Mexican Peso (CME)-MXN 500,000; $ per MXN							
June	0.5536	0.5582		0.5531	**0.5560**	.00027	106,536
Euro (CME)-€125,000; $ per €							
June	1.1212	1.1299		1.1196	**1.1219**	.0003	326,182
Sept	1.1267	1.1354		1.1251	**1.1274**	.0004	143,565

Index Futures

	Open	Contract High	hi lo	Contract Low	Settle	Chg	Open Interest
Mini DJ Industrial Average (CBT)-$5 x index							
June	21322	21388		21289	**21371**	49	40,827
Sept	21282	21346	▲	21246	**21327**	47	102,619
S&P 500 Index (CME)-$250 x index							
June	2443.00	2443.00		2429.00	**2437.20**	-2.80	72,284
Sept	2437.10	2442.10		2427.00	**2435.30**	-2.70	33,603
Mini S&P 500 (CME)-$50 x index							
June	2440.25	2440.50		2427.75	**2437.25**	-2.75	1,023,610
Sept	2438.25	2443.25		2425.25	**2435.25**	-2.75	2,433,721
Mini S&P Midcap 400 (CME)-$100 x index							
June	1768.60	1773.60		1754.40	**1761.50**	-8.10	16,422
Sept	1770.30	1774.10		1754.30	**1762.10**	-8.00	81,233
Mini Nasdaq 100 (CME)-$20 x index							
June	5752.3	5780.0		5680.0	**5725.3**	-26.0	159,624
Sept	5762.3	5789.0		5687.0	**5732.8**	-26.5	287,790
Mini Russell 2000 (ICE-US)-$100 x index							
June	1428.30	1430.00		1410.00	**1416.30**	-11.10	164,216
Sept	1427.20	1429.70		1409.80	**1416.30**	-10.90	493,530
Mini Russell 1000 (ICE-US)-$100 x index							
June	1353.70	1353.70		1345.80	**1351.30**	-1.60	2,724
Sept	1352.70	1352.70		1345.10	1350.60	-1.00	7,716
U.S. Dollar Index (ICE-US)-$1,000 x index							
June	97.01	97.11		96.31	**96.31**	-.02	63,508
Sept	96.73	96.81		96.02	**96.59**	-.09	20,603

图 17.1　2017 年 6 月 15 日的期货清单

资料来源：*The Wall Street Journal*，June 15，2017.

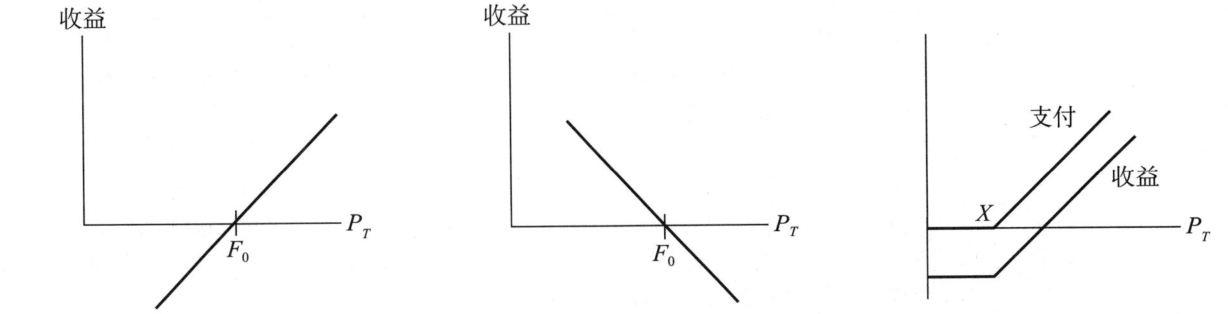

(A) 期货多头头寸持有人的收益=P_T-F_0　(B) 期货空头头寸持有人的收益=F_0-P_T　(C) 买入看涨期权

图 17.2　期权和期货合约交易双方的收益

说明：(A) 期货多头头寸持有人（买方）。(B) 期货空头头寸持有人（卖方）。(C) 买入看涨期权。

概念测验 17.1

a. 比较图 17.2 (B) 中的收益图和看跌期权多头头寸持有人的收益图。假设期权的执行价格等于初始期货价格。

b. 比较图 17.2 (B) 中的收益图和看涨期权多头头寸持有人的收益图。

扫描二维码
获取答案解析

□ 现有合约

期货和远期合约交易涉及的商品非常广泛，这些商品可以大致分为四类：农产品、金属和矿产品（包括能源商品）、外汇以及金融期货（固定收益证券以及股票市场指数）。除了传统的股指期货，现在还有所谓的**单一股票期货**（single stock futures）可供交易，即单一股票和窄基指数期货。2002 年，芝加哥单一股票期货交易所（One Chicago）成立，成为美国全电子化的单一股票期货交易所，由芝加哥期权交易所（CBOE）、芝加哥商业交易所（CME）和芝加哥期货交易所（CBOT）合资创建。该交易所交易的期货都是交易活跃、流动性好的股票。但到目前为止，该交易所的成交量并不好。

单一股票期货： 基于单一公司股票的期货合约。

表 17.1 提供了 2017 年合约交易的样本。虽然该表包含许多合约，但是大量且不断增长的市场使得该列表必然不完整。下面的“市场前沿”专栏讨论了一些相对奇特的期货市场，其中的收益可能与总统选举的获胜者、特定电影的票房收入或参与者愿意参与的其他任何事情有关。

表 17.1　常见期货合约

外汇	农产品	金属和能源	利率期货	股权指数
英镑	玉米	铜	欧洲美元	道琼斯工业指数
加元	燕麦	铝	欧洲日元	标准普尔中小企业 400 指数
日元	大豆	金	欧洲债券	纳斯达克 100 指数
欧元	豆粕	铂	欧元/瑞士法郎	纽约证券交易所指数
瑞士法郎	豆油	钯	英国政府债券	罗素 2000 指数

续表

外汇	农产品	金属和能源	利率期货	股权指数
澳大利亚元	小麦	银	德国政府债券	日经 225 指数（日本）
墨西哥比索	大麦	原油	意大利政府债券	FTSE（英国）
巴西雷亚尔	棕榈油	取暖油	加拿大政府债券	CAC 指数（法国）
新西兰元	油菜籽	粗柴油	美国长期国债	DAX 指数（德国）
	黑麦	天然气	美国中期国债	普通股价指数（澳大利亚）
	黄牛	汽油	美国国库券	多伦多 35 指数（加拿大）
	牛奶	丙烷	伦敦银行间同业拆借利率（LIBOR）	泰坦 30 指数（意大利）
	猪	商品指数	欧洲银行间同业拆借利率（EURIBOR）	道琼斯欧元区绩优股 50 指数
	猪肉	电力	利率互换	工业指数，例如
	可可	天气	联邦基金利率	银行业
	咖啡	煤油	银行汇票	自然资源
	棉花	燃油	标准普尔 500 指数	化学
	橙汁	铁矿石		医疗
	糖			科技
	木材			公用事业
	米饭			电信

市场前沿

预测市场

如果你认为标准普尔 500 股指期货或者国债期货合约有点索然寡味，也许你会对以下几种期货产生兴趣：收益取决于总统竞选获胜者的期货，或者基于下一季流感的严重程度的期货，抑或基于 2028 年奥林匹克比赛主办城市的期货。现在你可以找到基于这些或其他事件的期货市场了。

例如，艾奥瓦电子市场（Iowa Electronic Market，www. biz. uiowa. edu/iem）和 Predictlt（www. predictlt. org）都有总统选举期货交易市场。在 2016 年 9 月，你可以购买一份期货合约。如果 11 月希拉里・克林顿赢得了大选，你将收到 1 美元，否则你将一无所获。因此，期货合约的价格（表示为面值的百分比）可以看作是希拉里赢得大选的可能性，至少市场参与者的共识是这样的。如果 9 月份的时候，你认为希拉里获胜的概率大约为 55%，请准备 0.55 美元购买合约。相反，如果你希望赌她落选，你可以出售希拉里合约。同样地，通过期货合约，你可以打赌唐纳德・特朗普将赢得（或者输掉）大选。（当只有两个政党时，打赌其中一方获胜等同于打赌另外一方落选，但在其他选举中，例如有几个可行的候选人的初选，出售一个候选人的合同与购买另一个人的合约不同。）

下图显示了从 2014 年 11 月到选举日的民主党和共和党的期货合约的价格。价格清楚地跟踪每一方的预期前景。你可以看到希拉里在选举前一周的价格上涨到超过 0.90 美元，因为民意调查越来越多地表明她会赢。当联邦调查局宣布重新开始调查她的电子邮件服务器时，她的价格随后大幅下降。在大选前一天，调查显然已经结束，她的价格已经反弹至 0.80 美元：她的胜利似乎几乎是不可避免的——至少在计票之前。

将预测市场价格解释为概率实际上需要一个警告。由于合约支付是有风险的，合约的价格可能反映了风险溢价。因此，准确地说，这些概率实际上是风险中性概率（见第 16 章）。然而，在实践中，与这些合约相关的风险溢价很大似乎不大可能。

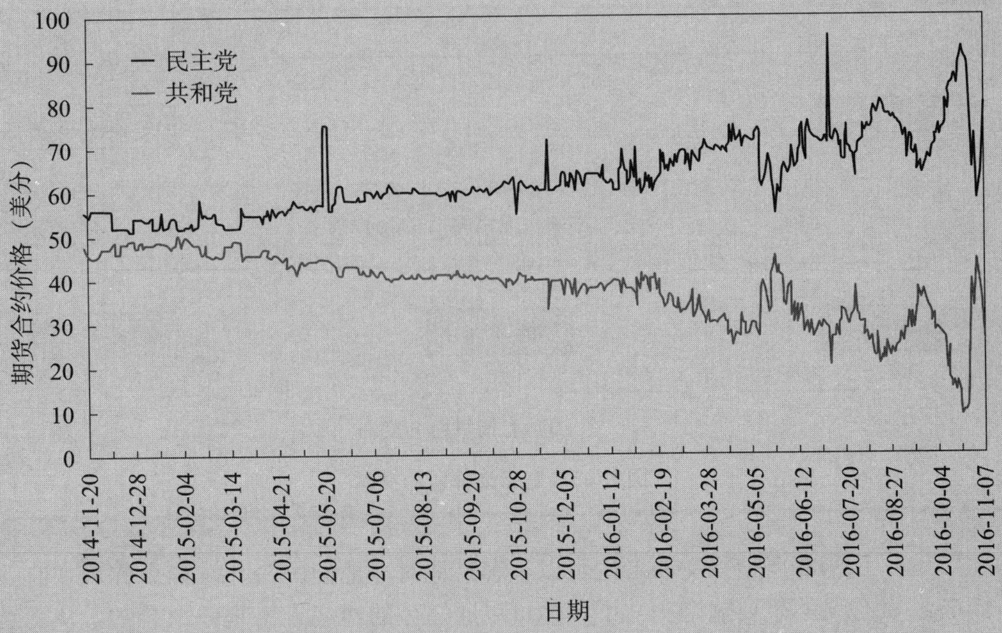

预测 2016 年总统大选的市场。如果该党赢得选举，各方的合约将支付 1 美元。价格是美分。

资料来源：Iowa Electronic Markets，downloaded November 16，2016.

在期货市场之外，一个发达的银行和经纪人网络已经建立起了外汇远期市场。在期货市场，合约规模和交割日期由交易所设定，非场外远期市场的参与者可以随时协商交付任何数量的货物。外汇远期市场巨大，每天有超过 5 万亿美元的外汇交易。

17.2　期货市场的交易机制

□ 清算所和未平仓合约

大约 20 年以前，大部分美国期货都是由一群场内经纪人在场内集中进行交易。但是，现在越来越多的交易通过电子网络进行。

当交易达成一致时，**清算所**（clearinghouse）就开始发挥作用了。购买和出售合约的交易员并不是互相持有合约，而是由清算所来充当多头头寸的合约卖方，以及空头头寸的合约买方。清算所向多头头寸转让商品，以及为空头头寸转让的商品支付货款，因此，清算所的净头寸为零。这一安排使得清算所成为每个交易者的对手，无论是合约买方还是合约卖方，清算所都必须履行合约，因此，一旦有交易者不履行他在期货合约中所负有的义务，清算所将是唯一的受害方。这样的安排是必要的，因为期货合约必须被履行，而这并不像立即进行的股票交易那样，可以很容易地得到保证。

清算所：为了促进交易，交易所所设立的机构。清算所的功能是作为两个交易者之间的中介。

图 17.3（A）展示了没有清算所的情况：如果没有清算所，购买合约的交易者必须向出售合约的交易者支付期货价格，而出售合约的交易者必须交付商品。图 17.3（B）说明了清算所作为每个合约的对方，是怎样成为一个中介的。清算所的头寸为零，因

为它在每个交易中都既持有一个多头头寸，又持有一个空头头寸。

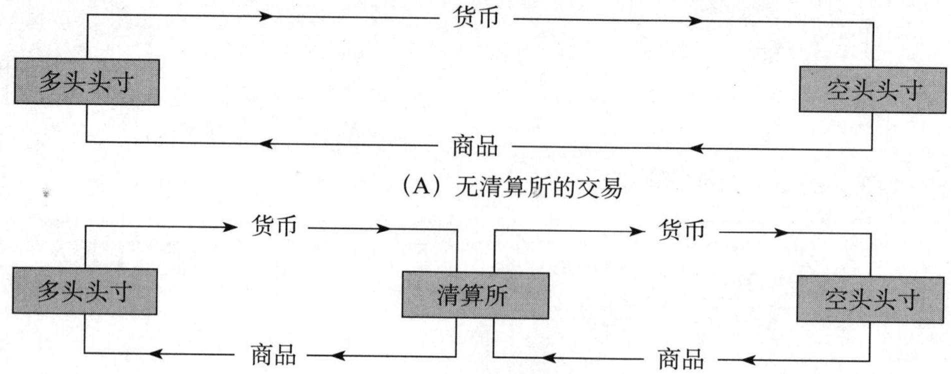

(A) 无清算所的交易

(B) 有清算所的交易

图 17.3　有无清算所的交易

清算所使得交易者们可以很容易地对冲他们的头寸。如果你现在有一个多头头寸，而你又不想要这个头寸了，你可以通知你的经纪人出售一个合约，从而结束你的头寸，这被称为反向交易。交易所将你的多头和空头头寸互相抵消，你的净头寸就变为零了。你在清算所的净头寸使得你在到期时，既无须执行最初的多头头寸，也无须执行那个反向的空头头寸。

未平仓合约数（the open interest on the contract）指未对冲的合约。多头头寸和空头头寸并不分开计算，换言之，未平仓合约数可以有两个定义：它既可以定义为未对冲的多头合约，也可以定义为未对冲的空头合约。清算所的净头寸为零，因此在计算未平仓合约数时，不必计算清算所的头寸。当合约刚开始交易时，未平仓合约数为零。但随着时间的推移，越来越多的合约进入市场，未平仓合约数也就会相应地增加。但是，几乎所有的交易者都会在合约到期前对冲掉他们的头寸。

有很多传闻称，在许多期货交易员住宅的草坪前，小麦或玉米都堆积成山了。这其实并不可信。事实上期货合约的交易很少伴有标的资产的实物交割。交易员建立多头或空头的头寸往往是为了从期货价格的涨跌中获益，并且总是在合约到期之前平仓。导致实物交割的合约所占的比例估计从低于1%到3%不等，这与标的商品以及合约交易的活跃性有关。在商品的实物交割的情况中，一般是通过固定的供货渠道，如通过仓库收货。

在图 17.1 中，你可以看到未平仓合约的典型模式。例如，在黄金合约中，6 月交割的合约即将到期，因而未平仓合约非常少，大部分合约都已经被对冲掉了。8 月份到期合约的未平仓合约多一些。最后，距离到期日最远的合约的未平仓合约最少，因为它们只是最近才提供，还很少有参与者进行交易。对于其他的合约如原油期货，最短的期限仍有 1 个月，因此最近到期的合约的未平仓合约是最多的。

□ 盯市与保证金账户

假设一个多头交易者在 0 时刻购买合约，在 t 时刻对冲掉合约，他的总收益或损失就是期货价格在这一期间的变化，即 F_t-F_0。与此相对应，空头交易者得到了 F_0-F_t。

盯市：针对期货头寸的每日债务清偿义务。

确定交易者的收益与损失的过程被称为**盯市**（marking to market）。最初开始交易时，每个交易者都要建立一个保证金账户。保证金是一个安全账户，由现金或接近于现金的证券构成，如国库券。保证金确保了交易者能够履行期货合约的义务。由于合约的双方均有损失的风险，因此双方均需要交纳保证金。为了进一步说明，我们以图 17.1 中的 7 月玉米合约为例，如果玉米的初始保证金是 10%，交易者必须为每份合约向保证金账户里存入 1 885 美元，这个金额等于合约价值的 10%（合约价值=3.77 美元/蒲式耳×5 000 蒲式耳/份）。

因为初始保证金也可以通过存入获取利息收益的证券来满足，所以保证金要求并不会给交易者的资金带来很大的机会成本。初始保证金通常设定为合约总价值的 5%～15%。价格波动性更大的资产，其期货合约就要求更高的保证金。

在期货合约交易的每一天，期货价格都会上升或下降。清算所并不是等到到期日才确定交易者的全部收入和损失，相反，它要求所有的头寸每天都结算所实现的收益。举例来说，如果玉米的期货价格从 377 美分/蒲式耳上升到 379 美分/蒲式耳，清算所将向多头头寸的保证金账户存入 5 000 蒲式耳与 2 美分/蒲式耳的乘积的金额，即每份合约存入 100 美元。相反，对于空头头寸，清算所将从每份合约的保证金账户中扣除相应的数额。因此，当期货价格变化时，收益立即累积到交易者的账户中。

除了标准化合约，盯市是期货与远期的主要区别。期货遵循这种“现收现付”的方式。而远期合约只是被持有至到期，且在到期日前没有现金转手。

概念测验 17.2

根据盯市制度，清算所的净流入或流出一定是？

扫描二维码
获取答案解析

如果交易者在每天的盯市中都遭受损失，他的保证金账户将低于一个标准值，该值被称为**维持保证金**（maintenance margin）。一旦保证金账户的金额低于该标准，交易者将收到追加保证金通知，要求补充保证金账户或将头寸减少到与剩余保证金相当的规模。保证金和追加保证金制度保护了清算所的头寸。在保证金账户耗尽之前，交易者的头寸就会被全部对冲掉——这将弥补交易者的损失，从而清算所不必承担任何风险。

维持保证金：一个既定的价值，交易者的保证金不能低于该价值。如果保证金价值跌至维持保证金，交易者就会收到追加保证金通知。

案例 17.1

如果玉米的维持保证金是 5%，初始保证金为 10%，即 1 885 美元。那么当初始保证金账户减少一半，即每份合约减少 943 美元时，清算所就会发出追加保证金通知。期货价格每下跌 1 美分，就会导致多头头寸损失 50 美元。因此只需要期货价格下跌大约 19 美分，投资者便会收到追加保证金通知。

在交割日当天，期货价格将等于商品在那一天的现货价格。由于合约要求立即交割，因此那一天的期货价格必须等于现货价格——商品的两个竞争性来源的成本在一个竞争性的市场上应是相等的。要获得商品，你既可以在现货市场上直接购买，也可以买入期货合约。[1]

所以两个来源（现货市场和期货市场）所提供的商品价格必须相等，否则投资者就会从便宜的市场大量购买商品，再在高价市场出售。只要价格的调整不消除这种套利机会，这种套利活动就不会停止。因此，在到期时，期货的价格与现货的价格必须相等，这被称为**收敛属性**（convergence property）。

收敛属性：期货合约到期时，期货价格和即期价格所具有的收敛性。

一个投资者现在（0 时刻）建立一个多头头寸，并持有至到期（T 时刻），对于该投资者来说，每日结算的总和将等于 F_t-F_0，其中 F_t 代表合约到期时的期货价格。但是，根据收敛性，到期日的期货价格 F_t 等于现货价格 P_t，所以总期货收益也可以表示为 P_t-F_0。这样，我们就可以看出，期货合约持有至到期的收益与标的资产的价值变化基本一致。

案例 17.2

盯市与期货合约收益

假设有一只从今天起 5 天后到期交割的银期货，其现在的期货价格是 16.10 美元/盎司。假定在接下来的 5 天，涉及的期货价格如下：

天	期货价格（美元）
0（今天）	16.10
1	16.20
2	16.25
3	16.18
4	16.18
5（交割日）	16.21

每份合约的多头头寸的每日盯市结算程序如下：

天	每盎司的收益（损失）	×5 000 盎司/份＝日收益
1	16.20－16.10＝0.10	500
2	16.25－16.20＝0.05	250
3	16.18－16.25＝－0.07	－350
4	16.18－16.18＝0	0
5	16.21－16.18＝0.03	150
		合计＝550

第 1 天的收益等于这一天的期货价格与前一天相比上涨的数值，即（16.20 美元－16.10 美元）/盎司。因为商品交易所的每份银期货合约要求购买或转让 5 000 盎司，所以每份合约的总收益是 5 000 乘以 0.10 美元，即 500 美元。在第 3 天，期货价格下跌，多头头寸的保证金账户将被借记 350 美元。到第 5 天，日收益的总和是 550 美元。正好等于 5 000 乘以最终期货价格 16.21 美元与初始期货价格 16.10 美元的差额的乘积。因为期货最终的价格等于到期日现货的价格，因此日收益（每盎司银的多头头寸）的总和等于 P_T-F_0。

① 在到期日，期货价格和现货价格之间可能存在很小的差异，这是由运输成本造成的，但这是一个次要因素。

□ 现金交割与实物交割

如果合约在到期日前没有被对冲掉，大部分期货市场都要求进行实物交割，例如某特定等级的小麦，或特定数量的外汇。对于农产品来说，其交割的商品的质量可能不同，所以交易所将质量标准作为期货合约的一部分。在某些情况下，期货合约可以用较高或较低等级的商品结算。在这些情况下，可以对交割的商品进行升水或贴水，以调整质量差异。

现金交割：交割标的资产的现金价值（而非资产本身），以满足合约的要求。

有一些期货合约要求**现金交割**（cash delivery）。一个实例就是股指期货，股指期货的标的资产是股票指数，例如标准普尔 500 指数。很明显，要求交割股指中的所有股票是不现实的。因此，合约要求"交割"一定数量的现金，其数量等于在合约到期日股票指数的数值。盯市制度下，每日结算的总和就是多头头寸的总收益或损失，即 $S_T - F_0$，其中 S_T 是股票指数在到期日 T 的数值，F_0 为初始期货价值。现金交割与实物交割相似，只不过空头头寸持有人转让的是现金价值而不是资产本身。

更具体地，标准普尔 500 指数中交易最广泛的合约，即 E-Mini，要求交割的现金等于 50 美元乘以指数的数值，50 即称为合约乘数。到期时，假设股票指数是 2 000，即指数中所有 500 只股票价格的市场价值加权指数。与直接交割指数不同，现金交割合约要求短头寸一方支付 50 美元×2 000，即 100 000 美元。这一收益正好等于以 100 000 美元的价格直接购买 50 单位的股票指数，再以 50 倍的初始期货价格将其转让出去所获得的收益。

□ 监管

期货市场由商品期货交易委员会（Commodities Futures Trading Commission，CFTC）监管。商品期货交易委员会设定了期货交易所的成员公司的资本金要求，负责审批新合约的交易，并负责保存每日交易的记录。

期货交易所可以设定每天的期货价格波动限制，例如，如果银合约的价格限制是 1 美元，并且银期货今天的收市价是 16.10 美元/盎司，明天银交易的价格就只能在 15.10 美元/盎司和 17.10 美元/盎司之间变动。交易所可以根据合约价格波动性所发生并实际观察到的变化来提高或降低这个价格限制。合约快到期时，价格限制通常会被取消，且通常是在交易的最后一个月内取消。

价格限制通常被认为是限制剧烈价格波动的手段。这一动机现在看起来非常值得怀疑。假设前一天一场国际货币危机将银的现货价格提高到了 25.00 美元。没有人会在 16.10 美元的低价位出售期货合约。相反，尽管报出的价格可能只代表未执行的买入指令，期货价格仍将每天涨停 1 美元——没有合约会以低报价进行交易。经过几天的涨停板之后，期货价格将最终达到它的均衡水平，并且交易将重新开始。这个过程意味着，在价格达到均衡水平之前，没人能够购买任何头寸。这个例子说明，价格限制实际上不能避免均衡价格的波动。

□ 税收

由于存在盯市制度，投资者们无法控制他们的收益或损失实现的税收年度。相反，随着每日结算，价格变化逐渐被实现。因此，无论该头寸是否被对冲掉，投资者都必须在年末为他的累积收益或损失纳税。通常来说，60%的期货收益或亏损被视为长期收益或损失，40%为短期。

17.3　期货市场策略

□ 套期保值与投机

期货市场经常被用来进行套期保值和投机。投机者从期货的价格变动中获利，而套期保值者则使用期货来预防价格变动所带来的风险。

如果投机者认为价格将上升，他们就会为预期的收益建立一个多头头寸。相反地，如果他们认为价格会下降，他们将建立一个空头头寸，以利用预期的价格下跌。

案例 17.3

用石油期货投机

假如你认为石油价格将上升，你可以购买石油期货。每一份合约要求交割 1 000 桶石油。因此石油价格每升高 1 美元，多头将获利 1 000 美元，空头损失同样数目。

反之，假设你认为石油价格将下降，因此卖出一份合约。如果石油价格下降，石油价格每下降 1 美元，空头将获利 1 000 美元。

一方面，如果在 2 月份交割的期货价格为 52 美元，且石油在合约到期日售价为 53 美元，购买一份多头合约将获利 1 000 美元，空头将相应损失同样多的金额。另一方面，如果油价下降到 51 美元，多头将发生损失，每份空头合约将获利 1 000 美元。

为什么投机者会购买期货合约？为什么他们不直接购买标的资产？原因之一是交易成本，期货市场的交易成本较小。

另一个原因是期货交易能提供杠杆性。期货合约需要交易者存入的保证金远远少于合约标的资产的价值。因此与直接交易商品相比，期货保证金使得投机者能够获得更大的杠杆性。

案例 17.4

期货和杠杆

假设石油期货合约的初始保证金要求为 10%。期货现价为 52 美元，合约规模是 1 000 桶，这要求的保证金为 0.1×52×1 000=5 200 美元。对于多头头寸，油价 1 美元的上升也就是 1.92%的上升，将带来 1 000 美元的收益，这个收益对于 5 200 美元的保证金来说是 19.2%的收益率，是油价上升百分比的 10 倍。这种 10∶1 的百分比反映了期货头寸内含的杠杆作用，因为合约是用标的物价值的十分之一购买的。

与之相反，套期保值者使用期货市场来保护他们免受价格波动的伤害。例如，计划出售石油的企业可能预见到在一个时期内市场将有所波动，并希望保护其收入免受价格波动的影响。在这种情况下，为对销售产生的收入进行套期保值，套期保值者持有石油期货的短头寸，正如下面的案例将要解释的，这锁定了他的全部收益（销售石油所得和期货头寸收益之和）。

案例 17.5

用石油期货套期保值

一个石油分销商计划在 2 月出售 100 000 桶石油以对冲油价可能下跌的风险。因为每份合约交割 1 000 桶，他需要出售 100 份合约。任何油价的下跌都能使合约产生利润，抵消石油销售收入的下降。

为了更好地分析，我们假设 2 月每桶油价仅有 51 美元、52 美元、53 美元三种可能。石油销售收入是每桶油价的 100 000 倍。每份出售的合约的利润为期货价格下降额的 1 000 倍。在到期日，收敛特征保证了期货最终价格将等于石油现价，因而 100 份合约的获利将等于 $100\ 000\times(F_0-P_T)$。这里 P_T 是交割日的油价，F_0 是期货初始价格 52 美元。

现在考虑公司的全部头寸。2 月份的总收入计算如下：

	2 月份油价，P_T（美元）		
	51	52	53
石油销售收入：$100\ 000\times P_T$	5 100 000	5 200 000	5 300 000
＋期货获利：$100\ 000\times(F_0-P_T)$	100 000	0	−100 000
总收益	5 200 000	5 200 000	5 200 000

石油销售收入加上期货合约收益等于期货现价，为 52 美元/桶。油价的变动完全被期货头寸的损益所抵消。比如，若油价下降到 51 美元/桶，期货的空头头寸将产生 100 000 美元的利润，刚好足够使总收入达到 5 200 000 美元。总收入和我们今天以 2 月份的期货价格出售石油所得的收入一样。

图 17.4 解释了案例 17.5 中套期保值的本质。向上倾斜的直线是来自石油销售的收入。向下倾斜的直线是来自期货合约的利润。水平线是销售收入与期货利润之和。这条线是平坦的，因为套期保值的头寸是独立于油价的。

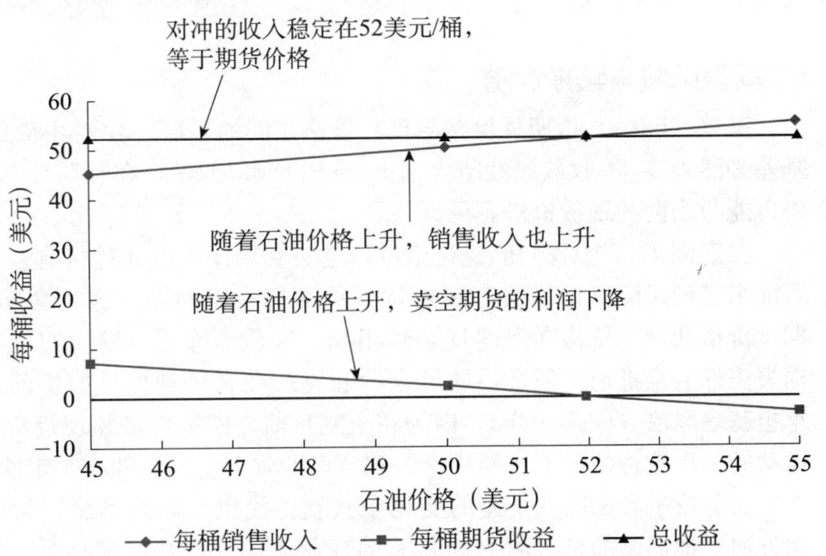

图 17.4　案例 17.5 中利用期货产生的对冲收益（期货价格＝52 美元）

要将案例 17.5 一般化，请注意石油将以 P_T/桶的价格在合约到期日出售。期货的每桶收益是 F_0-P_T。因而总收益是 $F_0-P_T+P_T=F_0$，这独立于石油最终价格。

这个例子可被称为空头套期保值（short hedge），持有空头期货头寸来对冲特定资产的销售价格的不确定性风险。而多头套期保值（long hedge）则类似，为希望消除购买价格不确定性风险的人对冲风险。例如，一个计划购买石油的能源供应商可能担心价格在购买时上升。正如下面的概念测验所显示的，公司可能会购买石油期货以锁定交易发生时的购买价格。

概念测验 17.3

就像案例 17.5 那样，假设 2 月份每桶油价可能是 51 美元、52 美元、53 美元。考虑一个公司计划 2 月购买 100 000 桶石油。该公司购买 100 份石油期货合约，净支出被套期保值，且等于 5 200 000 美元。

扫描二维码
获取答案解析

有些商品无法进行完全的套期保值，因为所需的期货合约并不交易。例如，投资组合经理可能希望在一段时间内对多样化、积极管理的投资组合的价值进行套期保值。但是，期货合约仅针对指数型投资组合。然而，由于经理人多样化投资组合的收益与指数型投资组合的收益率高度相关，因此可以通过出售指数期货合约来建立有效的对冲。使用期货对另一种资产进行套期保值称为交叉套期保值（cross-hedging）。

概念测验 17.4

使用股票指数期货来保护积极管理型股票组合头寸的投资者的风险来源是什么？你将如何测量这个风险？

扫描二维码
获取答案解析

□ 基差风险与套期保值

基差：期货价格和现货价格之差。

基差（basis）指期货价格与现货价格之间的差额。我们注意到，在合约的到期日，基差必然为零。① 收敛属性暗含了 $F_T - P_T = 0$。但是，在到期日之前，未交割的期货价格可能与当前的现货价格有巨大差异。

在案例 17.5 中我们已经讨论过，空头套期保值者通过持有空头头寸并在未来交割石油来管理风险。如果资产和期货合约都持有至到期，这个套期者就没有任何风险。期货价格和现货价格在到期日必然相等，这就消除了风险：期货和商品头寸的收益与损失正好完全抵消。但是，如果合约和资产在合约到期日前提前出售，套期保值就要承担**基差风险**（basis risk）。因为在交割日前，期货价格和现货价格并不总是完全同步运动的。在这种情况下，期货合约和资产的收益与损失就不一定能够相互抵消了。

基差风险：基差（期货价格和现货价格之差）分布不确定性所带来的风险。

有些投机者试图从基差的变化中获利。投机者们并不赌期货价格或现货价格的运动方向，他们赌的是二者之间差额的变化大小。当基差变小时，持有多头现货—空头期货头寸的投机者将获利。

---

① 基差（basis）一词的使用不是很严格。有时候它被用来指代期货—现货差额，即 $F-P$。而有时候它又被用来指代现货—期货差额，即 $P-F$。这里我们所说的基差都是 $F-P$。

案例 17.6

用基差投机

假设有一个投资者持有 100 盎司的黄金，并且出售了一份黄金期货合约。现在黄金的售价是 1 191 美元/盎司，并且 6 月交割的期货价格是 1 196 美元/盎司，因此，当前的基差是 5 美元。明天，现货价格将上涨到 1 194 美元，而期货价格将上涨到 1 198.5 美元，所以基差缩小为 4.50 美元，投资者的收益和损失如下：

持有黄金的收益（每盎司）：1 194 美元－1 191 美元＝3.00 美元

黄金期货头寸的损失（每盎司）：1 198.50 美元－1 196 美元＝2.50 美元

投资者在持有的每盎司黄金上获利 3 美元，但在期货空头合约上每盎司损失了 2.50 美元，净收益等于基差的下降数，即 0.50 美元/盎司。

与此相关的策略是**价差**（spread）头寸：投资者购买某到期日的期货合约，并出售相同商品的另一到期日的期货合约。当两个合约的价格差异朝预期方向变动时，就能带来收益；也就是说，多头头寸的期货价格的上涨超过（或者下跌小于）空头头寸的期货价格变动。与基差策略相似，价差头寸的目的是利用相关价格结构的变动，而不是从一般的价格水平变化中获利。

价差（期货）：针对同一个商品的不同到期日的合约，投资者分别持有多头头寸和空头头寸。

案例 17.7

用价差投机

假设有一个投资者购买了 9 月到期的合约，并出售了 6 月到期的合约。如果 9 月期货的价格上升 5（美分），而 6 月期货的价格下跌 4（美分），净收益就是 5（美分）－4（美分）＝1（美分）。

17.4 期货价格的决定

□ 现货—期货平价法则

想要在未来某一天获得某资产，我们至少有两种方法：（1）现在购买资产，并将其储存到目标日；（2）购买期货合约，合约持有人可以在要求的日期购买资产。由于两个策略所产生的结果是一样的（最终结果都是获得资产），所以你预计使用这两个策略的成本也应该是一样的。在当前的资产价格（包括持有和储存它的成本）和期货价格之间，应该有一种可预测的关系。

为了具体说明这个问题，假设有一份关于黄金的期货合约。这是一个非常简单的案例：黄金的外在储存成本非常少，它也不能给持有人带来现金流入（与股票和债券相比，股票和债券能带来利息或股利），而且黄金也不像大部分农产品那样适用于季节价格模式。有两种策略可以使投资者在未来的某个时间 T 获得黄金：

1. 策略 A：现在购买黄金，支付当前或“现货”价格 S_0，并持有它直到时间 T，这时黄金的现货价格将为 S_T。

2. 策略 B：建立一个期货多头头寸，并且在合约到期时投入足够的资金，以交割黄金。

策略 B 要求立即将相当于期货价格现值的资金投资于无风险证券上（比如投资于国库券），也就是说投资 $F_0/(1+r_f)^T$ 美元，其中 r_f 是国库券的利率。下表给出了整个策略的现金流①：

	行为	初始现金流	T 时刻的现金流
策略 A	购买黄金	$-S_0$	S_T
策略 B	持有期货合约多头头寸	0	S_T-F_0
	投资 $F_0/(1+r_f)^T$ 购买国库券	$-F_0/(1+r_f)^T$	F_0
	策略 B 合计	$-F_0/(1+r_f)^T$	S_T

策略 A 的初始现金流是负的，这反映为了以当前的现货价格 S_0 购买黄金所必需的现金流出。在 T 时刻，黄金的价值将是 S_T。

策略 B 的初始投资则等于期货价格的现值，这个期货价格将在期货合约到期时被支付。在 T 时刻，这项投资的价值将变成 F_0。此外，多头头寸在 T 时刻的收益将是 S_T-F_0。策略 B 的两个组成部分之和将是 S_T 美元，无论黄金当时的价格是多少，这笔钱都可以在 T 时刻购买到所要的黄金。

每个策略在 T 时刻的价值都相同，都是 S_T。因此，这些策略所需的成本，或者说初始现金流出，也应该是相等的。由此可得

$$F_0/(1+r_f)^T = S_0$$

或者

$$F_0 = S_0(1+r_f)^T \tag{17.1}$$

等式（17.1）给出了黄金当前的价格和期货价格之间的关系。这种情况下的利率可以看成是从现在到 T 时刻对黄金的“持有成本”。这时的成本代表的是根据货币时间价值调整后的机会成本——如果你不投资于黄金，你可以无风险地投资于国库券，获得利率收入。

案例 17.8

期货定价

假定黄金当前的售价是 1 200 美元/盎司。如果无风险利率是每月 0.1%，那么一个 6 个月期的期货合约的价格应为

$$F_0 = S_0(1+r_f)^T = 1\,200 \text{ 美元} \times (1.001)^6 = 1\,207.22 \text{ 美元}$$

如果合约的期限为 12 个月，期货价格应为

$$F_0 = 1\,200 \text{ 美元} \times (1.001)^{12} = 1\,214.48 \text{ 美元}$$

---

① 基于以下两个原因，我们忽略了期货合约所要求的保证金，并将建立期货头寸的现金流看做零：首先，与一份合约所控制的黄金数量相比，保证金的数量相对较小；其次，也是更重要的，必要的保证金可以用支付利息的证券来满足。例如，投资者仅仅需要将持有的国库券转入经纪人账户，所以没有货币时间价值成本。

如果不满足等式（17.1），投资者就可以获得套利收益。例如，假设案例 17.8 中的 6 个月期的期货价格是 1 210 美元，而不是我们算出的 1 207.22 美元这个“合适”的值。投资者就可以通过以下策略获得套利收益，即持有策略 A 中的多头头寸（购入黄金）和策略 B 中的空头头寸（出售期货合约，并借入足够的钱以购买黄金）。

单位：美元

行为	初始现金流	T 时刻的现金流（6 个月后）
借入 1 200 美元，在 T 时刻偿还本息	+1 200	$-1\ 200\times(1.001)^6=-1\ 207.22$
购买 1 200 美元的黄金	−1 200	S_T
出售期货合约（$F_0=1\ 210$ 美元）	0	$1\ 210-S_T$
合计	0	2.78

该策略的初始净投资为零。而且，它在 T 时刻的现金流是正的，并且是无风险的：无论黄金价格是多少，T 时刻的总收入都是 2.78 美元。（该收益等于期货合约的错误定价部分，即 1 210 美元减去 1 207.22 美元。）由于期货和黄金头寸的收益和损失正好能够相互抵消，所以消除了风险。该投资组合得到了完全的保护。

这样的策略可以产生套利收益——不需要初始净投资的无风险收益。如果存在这样的机会，所有的市场参与者都会抢着去利用。结果是，黄金价格将被推高，并且/或者期货价格将降低，直到满足等式（17.1）。如果 F_0 小于 1 207.22 美元，也可以做出类似的分析。在这种情况下，你只需简单地反过来运用上述策略，就可以获得无风险收益。因此，我们可以得出结论：在一个运转良好从而消除了套利机会的市场上，$F_0=S_0(1+r_f)^T$。

概念测验 17.5

回到刚提出的套利策略。如果 F_0 过低，比如是 1 206 美元，那么套利策略的三个步骤分别是什么？用一个与上面类似的表，计算该策略当前和 T 时刻的现金流量。

扫描二维码
获取答案解析

套利策略一般可以表示如下：

行为	初始现金流	T 时刻的现金流
1. 借入 S_0	$+S_0$	$-S_0(1+r_f)^T$
2. 购买价值为 S_0 的黄金	$-S_0$	S_T
3. 持有期货合约空头头寸	0	F_0-S_T
合计	0	$F_0-S_0(1+r_f)^T$

策略的构造使得初始现金流为零，第 2 步中购买股票所需的资金是在第 1 步中借入的，而第 3 步中用于保护股票头寸价值的期货头寸，其建立不需要初始现金流出。此外，该策略在 T 时刻的总现金流是无风险的，因为它所涉及的条件在订立期货合约时就是已知的。这种情形不会持续下去，因为所有的投资者都会试图用这一策略获利。最终，价格将发生变化，直到 T 时刻的现金流降为零，这时，F_0 将再一次等于 $S_0(1+r_f)^T$。这一结果被称为**现货—期货平价理论**（spot-futures parity theorem）或**持仓成本关系**

现货—期货平价理论或持仓成本关系：该理论描述了即期价格和期货价格之间理论上正确的关系。如果该等式被打破，市场上会出现套利机会。

（cost-of-carry relationship），它给出了现货和期货价格之间正常的、理论上正确的关系。

Excel 应用

现货—期货平价

现货—期货平价电子表格能帮助你利用不同到期时间、利率、利息产生的现货价格计算期货价格。你能运用电子表格看到更远期的合约如何随着现货价格和持有成本变化和波动。

登录我们的网站 www.mhhe.com/bkm，使用网站提供的版本，你将了解更多电子表格的知识。

	A	B	C	D	E
1					
2			现货—期货平价和时间价差		
3					
4	即期价格	100			
5	收益率（%）	2		期货价格与到期时间	
6	利率（%）	1.5			
7	今天的日期	10/05/2017		即期价格	100.00
8	到期日 1	10/11/2017		期货价格 1	99.75
9	到期日 2	10/07/2018		期货价格 2	99.42
10	到期日 3	10/09/2018		期货价格 3	99.33
11					
12	距离到期日时间 1	0.50			
13	距离到期日时间 2	1.17			
14	距离到期日时间 3	1.33			

Excel 问题：

1. 计算不同收益率和利率情况下的期货价格。如果利率上升 2%，时间价差（长期与短期合约的期货价格差异）会发生什么变化？
2. 如果收入增长 2%，那么时间价差会怎样？
3. 如果收益率等于利率，那么时间价差会怎样？

我们可以较为容易地将平价法则推广到标的资产向其持有人提供收入流的情况中。假设有一个股票指数（如标准普尔 500 指数）的期货合约。在这种情况下，标的资产（即构成标准普尔 500 指数的股票组合）向投资者支付股利。如果我们将股利收益记为 d，那么净持仓成本就只有 $r_f - d$，投资于股票的资金所损失的利息收入部分地由股票支付的股利弥补了。持有股票的净机会成本就等于损失的利息减去收入的股利。因此，在支付股利的情况下，现货—期货平价关系是①：

$$F_0 = S_0(1 + r_f - d)^T \tag{17.2}$$

式中，d 为股票的股利收益率。本章后面的习题 10 将引导你推导出这一结果。

当股利收益率低于无风险利率时，等式（17.2）意味着期货价格将超过现货价格，

① 该公式表示的是假设在合同到期前分得股利的一种近似关系。

并且距离合约到期越久，会使得期货价格更高。但是当 $d>r_f$ 时，就像今天标准普尔500指数的情况一样，股票的收益率实际上超过了投资期货所产生的（无风险）利息；在这种情况下，期货价格将低于当前股票价格，且距离合约到期越久，期货价格越高。你可以通过检测图17.1中的标准普尔列表来确认这一情况。相比之下，纳斯达克指数包括低股利公司，因此 $d<r_f$，且距离合约到期越久，期货价格越高。

尽管单个证券的股利的波动很难预测，但像标准普尔500指数的年股利收益是相当稳定的，近期稳定在每年2%左右。然而季度的收益出现了有规律的峰值和低谷，所以相关月份的股利收益必须是对应的月份。图17.5给出了标准普尔500指数的收益率图形。某些例如1月或4月的月份，均有低收益率，而另一些例如5月，有高收益率。

上述套利策略说明，平价关系不仅仅是理论上的结果。任何违背上述平价关系的情况都会产生套利机会，并给交易者带来巨大的收益。我们很快将学习的股票市场上的指数套利，正是利用股票指数期货合约违背平价关系的情况而获利的工具。

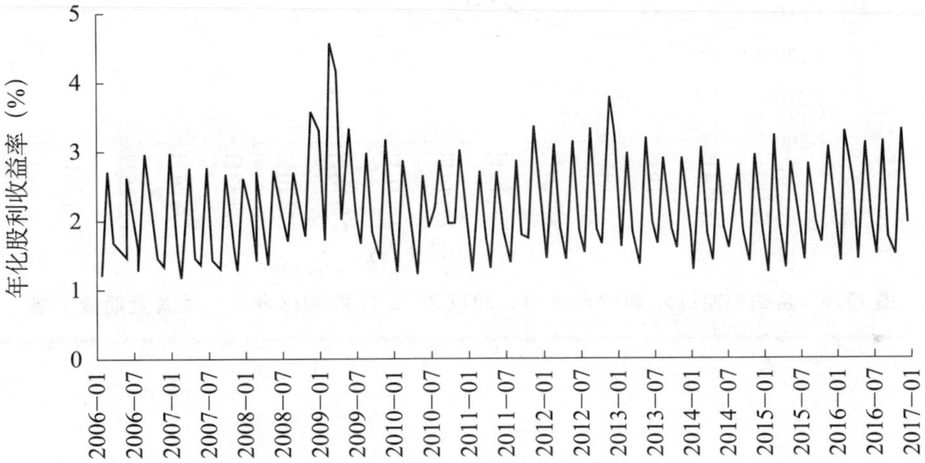

图17.5 标准普尔500指数的年化股利收益率

案例 17.9

股票指数期货的定价

假定无风险利率是每月0.1%，股票指数的股利收益率是每月0.2%，并且现在股指是2 400。因此，净持有成本是0.1%−0.2%=−0.1%/月。等式（17.2）告诉我们，在这种情况下，一份3个月合约的期货价格应该是 $2\,400\times(1-0.001)^3=2\,392.81$，而6个月的期货价格应为 $2\,400\times(1-0.001)^6=2\,385.64$。如果指数上升至2 410，两个期货价格都会相应地上升：3个月的期货价格将升至 $2\,410\times(1-0.001)^3=2\,402.78$，而6个月的期货价格将升至 $2\,410\times(1-0.001)^6=2\,395.58$。

□ 价差

像我们能够预测现货和期货价格之间的关系一样，我们也可以用类似的方法来确定到期日不同的合约的期货价格之间的正确关系。等式（17.2）说明了期货的价格部分由到期日决定。如果 $r_f>d$（就像 2017 年的标准普尔 500 指数期货一样），那么期限较长的期货合约的期货价格将更低。对于像黄金那样不支付“股利”的资产，我们可以令 $d=0$，并可以得出结论：F 必定是随着期限的延长而增大的。

等式（17.2）表明，具有不同到期日的期货价格应该一起变动，因为所有这些期货都有同样的现货价格，并通过平价关系联系在一起。图 17.6 描述了三种不同到期日的期货价格。很明显，期货的价格一个紧接着另一个变化，而且交割日期越远的期货，其价格越高。就像等式（17.2）预测的那样。

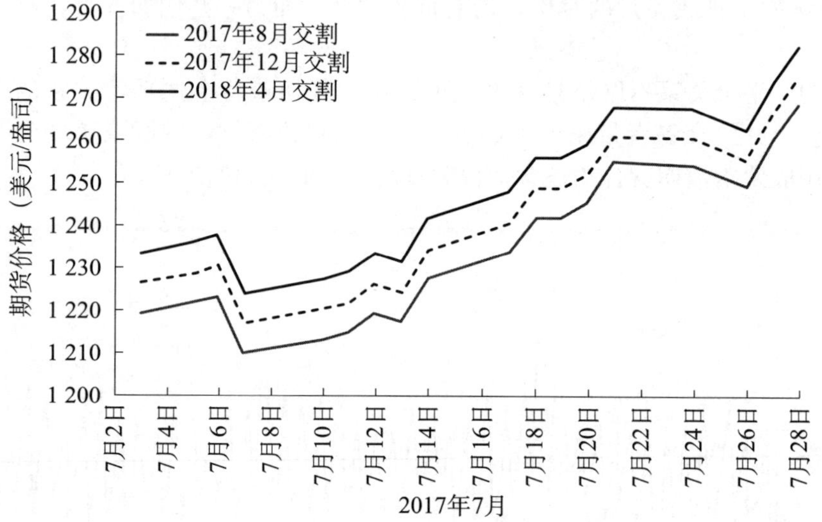

图 17.6　合约到期日为 2017 年 8 月、2017 年 12 月和 2018 年 4 月的黄金期货价格

17.5　金融期货

虽然期货市场起源于农产品交易，现在在期货市场上占统治地位的却是以金融资产为标的物的期货合约。在这一节我们回顾一下一些重要的期货合约：股票指数期货、外汇期货以及利率期货。

□ 股票指数期货

关于股票市场指数的期货交易十分活跃，例如标准普尔 500 指数。与大部分需要交割特定商品的期货合约相比，这些合约通过一定数量的现金进行交割，交割的现金等于相应的股票指数在到期日的值乘以一个乘数，该乘数由合约的规模决定。这种现金交割复制了实物交割所可能产生的收益。

现在市场上交易的股指期货有好几种。表 17.2 列出了一些主要的指数期货合约，并给出了根据期货合约规模确定的用于计算合约交割金额的乘数。例如，初始期货价格为 2 400 且最终指数值为 2 420 的标准普尔 500 指数合约，其多头头寸的收益将为 50 美元×(2 420−2 400)=1 000 美元。到目前为止，股指期货市场上最多的就是标准普尔 500 指数的合约。

表 17.2 股票指数期货			
期货	合约标的市场指数	合约规模	交易所
标准普尔 500 指数（E-Mini）	标准普尔 500 指数，500 种股票的价值加权算术平均值	50 美元乘以标准普尔 500 指数	芝加哥商品交易所
道琼斯工业（DJIA Mini）	30 只蓝筹股的价格加权算术平均值	5 美元乘以道琼斯工业平均指数	芝加哥交易所
纳斯达克 100（Mini）	100 只最大的场外交易股票的价值加权算术平均值	20 美元乘以场外交易指数	芝加哥商品交易所
罗素 2000（Mini）	2 000 家小公司的指数	100 美元乘以指数	洲际交易所，ICE
日经 225	日经 225 只股票平均指数	5 美元乘以日经指数	芝加哥商品交易所
富时 100	100 家英国公司的《金融时报》股票交易所指数	10 英镑乘以指数	伦敦国际金融期货交易所（Euronext）
CAC 40	法国最大的 40 家公司的指数	10 欧元乘以指数	巴黎泛欧交易所
DAX 30	德国最大的 30 家公司的指数	25 欧元乘以指数	欧洲期货交易所
恒生	香港最大公司的价值加权指数	50 港币乘以指数	香港交易所

美国股票的综合指数都是高度相关的，表 17.3 给出了四种美国指数的相关性矩阵。可以发现道琼斯工业和标准普尔 500 指数（均由大型公司主导）之间的相关性为 0.96，表明两者几乎完全相关。但与其他指数的相关性也很高。纳斯达克 100 由科技公司主导，其与标准普尔 500 指数的相关性为 0.925，与道琼斯工业的相关性为 0.836。罗素 2000 由小市值的公司组成，与其他三个指数的相关性较小，但即便如此，也接近 0.800。

表 17.3 2012 年 1 月—2016 年 6 月美国主要股票市场指数的相关性（月度收益）				
	标准普尔 500	DJIA	纳斯达克 100	罗素 2000
标准普尔 500	1.000			
DJIA	0.960	1.000		
纳斯达克 100	0.925	0.836	1.000	
罗素 2000	0.808	0.790	0.788	1.000

资料来源：作者自己计算。

创造合成的股票头寸

股指期货非常流行，原因之一是它们可以作为标的股票的替代物。指数期货使得投资者可以参与广泛的市场运动，而不必实际购买或出售多种股票。

由于这个原因，我们说期货代表了对市场头寸的“综合”持有。投资者并不是直接持有市场头寸，相反，他们只是购买指数期货合约。这种策略很有吸引力，因为建立和清算期货头寸的交易成本比真正的现货交易所需的成本要小得多。想要购买或出售市场头寸的投资者通常会发现，在期货市场上运作更便宜，也容易得多。

选择市场时机的一种方法是在国库券和股市投资之间转换。在市场上扬之前，市场时机选择者将把资金从国库券转移到股票市场上，然后再转回到国库券上，以避免股市下跌，从而他们将从市场的运动大势中获利。但是，用这种方法来选择市场时机，由于要频繁地购买和出售很多股票，所以将产生巨大的交易成本。一个较好的替代方案是投资于国库券，并持有不同数量的市场指数合约，如此一来，交易成本将大大降低。

该策略的运作方式如下：当市场呈现牛市时，他们将建立很多期货多头头寸，当市场转为熊市时，这些期货头寸可以迅速而便宜地被对冲掉。交易者们并不是在国库券和股票之间转来转去，而是购买并持有国库券，并且仅调整他们的期货头寸。（回忆一下上一节中的策略 A 和策略 B，我们证明了国库券加期货头寸所产生的收入等于股票价格。）这个策略将交易成本降到了最低。

指数套利

每当实际期货价格偏离它的平价价值时，市场上就会产生获利的机会。这就是平价关系之所以如此重要的原因。交易活动中最引人注目的一个发展就是**指数套利**（index arbitrage）的出现，指数套利是一种利用股市指数的实际期货价格与它的理论上正确的平价之间的偏离来获利的投资策略。

指数套利：该策略利用期货的实际价格和理论价格（根据平价理论计算而得）的背离，以进行无风险套利。

总体而言，指数套利非常简单。如果期货价格太高，就出售期货合约，并购入指数中的股票；如果期货价格太低，就买入期货，并出售股票。你的投资可得到完全的套期保值，并且获得的套利收益等于合约的错误定价部分。

虽然理论上十分简单，但指数套利在实践中可能很难实行。问题就出在购买组成指数的股票上。有两个原因致使很难出售或购买组成标准普尔 500 的全部 500 只股票。第一个问题是交易成本，交易成本可能比套利策略中所获得的收益还要高。第二，要想同时购买或出售 500 家不同公司的股票也特别困难——并且在这种策略中，任何执行上的延误都可能会破坏这个利用短期价格偏差的计划的有效性。

期货价格和它相应的股票指数之间的不平衡是暂时的，如果套利者想加以利用，他们必须迅速而且同时交易整个证券组合。为了达到这个目标，他们需要有一个同步的交易程序，这就是**程序交易**（program trading），它是指同时购买或出售整个股票投资组合。这些策略可以通过电子交易执行，通过电子交易，交易者们可以通过电脑传输买卖的程序，从而实现股票的流通。（请参见第 3 章关于电子交易的讨论。）

程序交易：同时协调完成整个组合的买入和卖出交易，而不是对组合中的股票单独进行交易，通常是为了实现指数套利。

□ 外汇期货

各种货币之间的兑换率总是在不断地变化，并且这种变动通常会很剧烈。这种波动性是每一个参与国际贸易的人士都十分关心的问题。例如，一个美国的出口商向英国出口货物，他将收到英镑，而这些英镑的美元价值则由支付时的汇率决定。在支付日以前，美国出口商一直要承受汇率风险，这种风险可以通过外汇期货或远期市场来规避。例如，如果你知道 60 天后你将收到 100 000 英镑，你今天就可以在远期市场上出售这些远期英镑，从而将汇率锁定为今天的远期价格。

外汇的远期市场相对不太正式。它只是一个由银行和经纪人组成的网络，该网络允许顾客签订合同，以一个现在商定的汇率在未来购买或出售货币。银行间的外汇市场是世界上最大的市场之一，大部分信誉良好的大交易商都在这个市场上进行交易，而不是在期货市场上交易。这些市场上的合约并没有像正式的市场上那样进行了标准化。相反，每份合约都是单独进行谈判的。此外，远期外汇市场也没有期货市场上的盯市制度，远期外汇合约只在到期日时才要求执行。

但是，对于外汇期货来说，却存在着由芝加哥商品交易所（国际货币市场）、伦敦国际金融期货交易所以及其他交易所建立的正式市场。这个市场对合约的规模进行了标准化，并且执行每日盯市制度。此外，市场上还有标准的结算机制，这使得交易者们可以轻易地建立或反转他们的头寸。

图 17.7 是从《华尔街日报》上摘录的外汇汇率。该报价表列出了购买 1 单位的外

国货币所需的美元数以及购买 1 美元所需要的外国货币数，即直接报价，然后是购买 1 美元所需的外国货币数，即间接报价。根据习惯，一些汇率（英镑或欧元）通常使用间接报价，例如 1.275 3 美元/英镑，但大多数货币使用间接汇率报价，例如，109.58 日元/美元。图 17.7 中的报价是即期汇率，即即时交割的汇率。

Currencies

U.S.-dollar foreign-exchange rates in late New York trading

Country/currency	Wed in US$	Wed per US$	US$vs, YTD chg (%)
Americas			
Argentina peso	.0629	15.9027	**0.2**
Brazil real	.3053	3.2756	**0.6**
Canada dollar	.7549	1.3248	**–1.4**
Chile peso	.001512	661.30	**–1.3**
Colombia peso	.0003418	2925.50	**–2.5**
Ecuador US dollar	1	1	**unch**
Mexico peso	.0558	17.9195	**–13.6**
Peru new sol	.3052	3.277	**–2.3**
Uruguay peso	.03534	28.3000	**–3.6**
Venezuela b. fuerte	.100150	9.9851	**–0.1**
Asia-Pacific			
Australian dollar	.7589	1.3177	**–5.1**
China yuan	-1472	6.7917	**–2.2**
Hong Kong dollar	.1282	7.7980	**0.5**
India rupee	.01558	64.172	**–5.6**
Indonesia rupiah	.0000753	13285	**–1.8**
Japan yen	.009126	109.58	**–6.3**
Kazakhstan tenge	.003159	316.58	**–5.1**
Macau pataca	.1244	8.0357	**1.5**
Malaysia ringgit	.2349	4.2580	**–5.1**
New Zealand dollar	.7268	1.3759	**–4.7**
Pakistan rupee	.00954	104.805	**0.4**
Philippines peso	.0202	49.415	**–0.4**
Singapore dollar	.7270	1.3755	**–5.0**
South Korea won	.0008929	1119.94	**–7.3**
Sri Lanka rupee	.0065479	152.72	**2.9**
Taiwan dollar	.03318	30.142	**–7.1**

Country/currency	Wed in US$	Wed per US$	US$vs, YTD chg (%)
Thailand baht	.02949	33.910	**–5.3**
Vietnam dong	.00004404	22705	**–0.3**
Europe			
Czech Rep. koruna	.04287	23.324	**–9.2**
Denmark krone	.1509	6.6281	**–6.2**
Euro area euro	1.1219	.8914	**–6.2**
Hungary forint	.003666	272.81	**–7.3**
Iceland krona	.009954	100.46	**–11.1**
Norway krone	.1187	8.4236	**–2.6**
Poland zloty	.2673	3.7413	**–10.6**
Russia ruble	.01740	57.461	**–6.2**
Sweden krona	.1149	8.7034	**–4.4**
Switzerland franc	1.0298	.9711	**–4.7**
Turkey lira	.2867	3.4882	**–1.0**
Ukraine hryvina	.0385	25.9985	**–4.0**
UK pound	1.2753	.7841	**–3.2**
Middle East/Africa			
Bahrain dinar	2.6515	.3772	**–0.01**
Eqypt pound	.0556	17.9985	**–0.7**
Israel shekel	.2839	3.5219	**–8.5**
Kuwait dinar	3.2957	.3034	**–0.7**
Oman sulrial	2.5972	.3850	**0.02**
Qatar rial	.2729	3.664	**0.7**
Saudi Arabia riyal	.2667	3.7501	**–0.02**
South Africa rand	.0792	12.6249	**–7.8**

	Close	Net Chg %Chg	YTD%Chg
WSJ Dollar Index	88.12	–0.19-0.22	**–5.19**

Sources: Tulett Preborn, WSJ Market Data Group

图 17.7　外汇汇率

资料来源：June 15，2017，*The Wall Street Journal*，page B9.

图 17.1 列出了外汇期货合约的清单。这一期货清单只使用直接报价（购买给定单位外币所需的美元数量）。期货合约规定了每份合约的大小和到期日。外汇也有非常活跃的远期市场。在远期市场中，交易者可以在合约双方同意的任何交割日进行谈判，以交付任何数量的货币。

□ 利率期货

现在交易的几种主要的美国利率合约都是关于欧洲美元、国库券、中期国债、长期国债。这些证券涵盖的范围广泛，因此，投资者可以使用它们来对各种期限的债券进行套期保值，范围从短期债券（如国库券）到长期债券（如长期国债）。此外，还有与欧洲、日本、英国以及其他几个国家的利率有关的期货合约。图 17.7 是摘自《华尔街日报》的一部分合约的报价表。

国债合约要求交割国库券、中期国债和长期国债。如果利率上升，交割的证券的市场价值将低于初始期货价格，转让者将获益。因此，当利率上升且债券价格下跌时，利率期货合约的空头头寸将获得收益。

类似地，对于债券交易者或承销商来说，国债期货也可以作为有用的套期保值工具。例如，考虑以下情景：

1. 某固定收益部经理持有一个债券组合，已赚得相当可观的资本利得收入。她预测利率会上调，但不愿意卖掉其组合而以较短久期的债券组合来替代，因为这样做会带来很大的交易成本和实现资本利得时产生的税收成本。但她仍旧希望对其利率风险敞口进行套期保值，以应对利率上升的风险。

2. 某公司计划向公众发行债券。公司认为现在即是最佳发行时间，但由于向证券交易委员会（SEC）注册阶段的拖延，3 个月之后才能发行。公司希望针对债券最终发行的收益率的不确定性进行套期保值。

3. 某养老基金下个月将有大量的现金流入，并计划将其投资于长期债券。但考虑到在它投资之前利率可能下降，公司希望锁定当前可以得到的长期债券的收益率。

在上述情景中，投资经理都希望对冲利率变化的风险。我们以第一个情景为例说明一下套期保值所需遵循的步骤。假设债券组合价值 1 000 万美元，修正久期为 9 年。如果市场利率果真如预料的上升了 10 个基点（0.10%），那么债券组合的收益率也会上升相同的幅度，基金则会有资本损失。[①] 回顾第 11 章资本损失的百分比是修正久期 D^* 与组合收益率的变化量的乘积。所以，损失为

$$D^* \times \Delta y = 9 \times 0.10\% = 0.9\%$$

或 90 000 美元。这说明未受保护的投资组合对市场收益率的敏感度为：每 1 个基点的收益率变化就带来投资组合的价值 9 000 美元的变化。市场实践者将这个比率称为**基点价格值**（price value of a basis point，PVBP）。PVBP 代表了组合的美元价值相对于利率变化的敏感度。

基点价格值：1 个基点的到期收益率带来的固定收益证券价值的变动。

$$\text{PVBP} = \frac{\text{组合价值的变化量}}{\text{预期的收益率变化量}} = \frac{90\ 000\ \text{美元}}{10\ \text{个基点}} = 9\ 000\ \text{美元/基点}$$

一种对冲这种风险的方式是持有一个利率期货的反向仓位。例如，国债期货合约。名义上用面值 100 000 美元、息票率为 6%、期限为 20 年的债券交割，但实际操作中，合约的结算可用息票率和期限不同的债券来替代，因此合约的交割比较复杂。不过，我们假设用于交割的债券已知，修正久期为 10 年。最后，假定每个面值为 100 美元的债券其期货价格为 90 美元。由于合约规定交割 10 000 美元面值的债券，故合约的乘数为 1 000 美元。

利用以上数据，我们可以计算出期货合约的 PVBP。如果交割债券的收益率提高了 10 个基点，债券价值会减少 $D^* \times 0.1\% = 10 \times 0.1\% = 1\%$。期货价格也会下降 1%，从 90 减少到 89.10。因为合约的乘数为 1 000 美元，每份空头合约的收益将为 $1\ 000 \times 0.90 = 900$（美元）。因此一份期货合约的 PVBP 为 900 美元/10 个基点的变化，即 90 美元对于 1 个基点的收益率变化。[②]

现在我们可以很容易地计算出套期保值比率：

$$H = \frac{\text{投资组合的 PVBP}}{\text{对冲工具的 PVBP}} = \frac{90\ 000\ \text{美元}}{\text{每份合约 90 美元}} = 1\ 000\ \text{份合约}$$

所以 1 000 份国债期货就足以抵消利率波动对组合价值的影响。

---

① 回顾修正久期 D^* 与久期 D 的关系：$D^* = D/(1+y)$，y 为债券的到期收益率。如果债券是半年付息的，则 y 表示的是半年期收益率。为了简单起见，我们假设债券为一年付息的，把 y 当作有效年收益率。

② 隐含的假设条件为期货价格与债券价格完全成比例，这基本上符合事实。

概念测验 17.6

假设债券组合价值增加到 2 倍，即 2 000 万美元，但其修正久期只有 4.5 年。试证明最佳套期保值率仍然是 1 000 份国债期货合约。

扫描二维码
获取答案解析

虽然套期保值率计算起来较容易，但实际操作中的套期保值更加复杂。例如，在上例中我们假设国债期货的收益率和债券组合的收益率完全一致。尽管不同固定收益证券利率是连接在一起的，但固定收益市场中不同板块的利率之间的差异是相当大的。

事实上大多数套期保值活动都是**交叉套期保值**（cross-hedging），即指用于保值的商品与需要避险的商品不同的情况。由于这两种资产的价格或收益率不完全一致，因此这种对冲是不完全对冲，但也消除了组合的大部分风险。

交叉套期保值：对一个资产进行套期保值时，对其相关资产（但不是同一个资产）设立一个补偿头寸。

17.6 互换

互换是延伸了多个期限的远期合约。例如，以英镑兑美元的**外汇互换**（foreign exchange swap）不是只在一个未来的日期按远期价格交割，而是在好几个未来的日期交割。比如，交易双方可能在接下来的 5 年中每年都以 140 万美元和 100 万英镑交换。同理，**利率互换**（interest rate swap）① 是一系列以固定利率计算出的现金流与一系列以浮动利率计算出的现金流相交换。例如，在接下来的 7 年中，一方支付的现金流为名义本金 100 万美元与一个可变的短期利率的乘积，另一方支付的现金流为名义本金 100 万美元与固定利率 4%的乘积。

外汇互换：按照当日约定的汇率，交易者把货币 A 表示的一组支付交换为货币 B。

利率互换：根据不同的利率，两个交易者互换现金流。

互换市场是衍生品市场的庞大组成部分，有超过 400 万亿美元的未平仓互换合约。我们接下来以利率互换为例，说明这些互换合约是如何运作的。

案例 17.10

利率互换

考虑一个面值为 1 亿美元的长期债券投资组合，平均息票率为 7%。投资组合经理预测利率有可能会上升，因此他希望卖掉一些债券而以短期或浮动利率证券来替代。但如果每更新一次利率的预期就要调整组合势必带来极大的交易成本。一种更便宜、更灵活的修正组合的方法是：投资组合经理将每年 700 万美元的利息收入互换成与短期利率挂钩的收益。这样一来，如果利率上升，投资组合的利息收入也会上升。

一位互换交易商会愿意以 LIBOR 利率计算的现金流交换（或称“互换”）基于固定利率 7%的现金流。（LIBOR，即伦敦银行间同业拆借利率，是欧洲美元市场银行同业间相互拆借短期资金的利率，也是互换市场中最常用的短期利率。）投资组合经理将与交易商订立互换协议，以 1 亿美元为名义本金支付 7%的利息，收取相同名义本金下以 LIBOR 计算的浮动利息。换句话说，投资组合经理以 0.07×1 亿美元的利息收入与 LIBOR×1 亿美元的利息收入互换。② 应该强调的是，互换协议并不意味着发生了贷款。参与方只

① 利率互换与第 11 章提到的霍默-利博维茨债券互换分类没有联系。

② 互换协议的参与方没有贷款给对方。他们仅仅协议将固定现金流与基于短期浮动利率的现金流相交换。这就是本金只是名义上的原因。名义本金只是描述互换协议规模的一种简便方法。在这个例子中，交易对手之间交换的现金流由 LIBOR 与 7%之差与名义本金的乘积确定。

是协议限于固定现金流和浮动现金流之间的交换。

现在考虑在三种利率情况下投资组合经理的净现金流：

	LIBOR利率		
	6.5%	7.0%	7.5%
债券投资组合的利率收益（=1亿美元债券投资组合的7%）	7 000 000美元	7 000 000美元	7 000 000美元
互换的现金流			
[=(LIBOR−7%)×名义面值1亿美元]	(500 000) 美元	0	500 000美元
总计（=LIBOR×1亿美元）	6 500 000美元	7 000 000美元	7 500 000美元

请注意所有头寸的总收入——债券加上互换协议的收入之和在每种情景下都等于LIBOR乘以1亿美元。投资组合经理已经成功地将固定利率的债券组合转化成合成的浮动利率投资组合。

□ 互换与资产负债结构重组

案例17.10解释了为何利率互换对固定收益投资经理如此有吸引力。这些合约提供了一种迅速、便宜、无形地调整资产负债结构的途径。假设某公司发行了固定利率债务，预期利率会下降，它们更情愿当初发行的是浮动利率债务。理论上它们可以再发行浮动利率债务，然后用这些收入购回发行在外的固定利率债务，但这样做的交易成本非常大。作为替代方法，该公司可以利用互换协议将已发行的固定利率债务转化成合成的浮动利率债务，即订立收取固定利率（以冲销固定利率的息票支付）而支付浮动利率的互换协议。

相反地，某家银行因为要支付市场利率给存款人，故面临利率上升的风险，它希望将其一部分融资渠道转化为支付固定利率的方式。该银行可以订立一份收取浮动利率而支付固定利率的互换协议。该互换头寸增加了银行的浮动利率存款债务，从而得到固定的净现金流债务。免去了利率风险，该银行就可以放心发放长期限的固定利率贷款了。

最后一个例子，互换使固定收益组合的投资经理能根据对利率预期的变化而在固定和浮动之间迅速而低成本地来回切换。持有固定利率组合的投资经理可以转化成合成的浮动利率投资组合，通过订立一个支付固定利率—收取浮动利率的互换协议就可以做到，在那之后还可以通过一个反向的互换协议回到最初的头寸状态。

□ 互换交易商

谁会充当互换交易商？为什么交易商（通常为诸如银行等金融中介）愿意满足这些市场参与者的需求，从而双方可以成为互换协议的交易对手方？

假设在一个互换交易中，交易商支付LIBOR、收取固定利率。该交易商将寻找另一个愿意收取固定利率、支付LIBOR的交易者。例如，公司A发行了息票率为7%的固定利率债券，它希望将其转化成合成的固定利率债务。交易商将会与公司A订立互换协议，由交易商支付固定利率、收取LIBOR。接着交易商会与公司B进行互换交易，由交易商支付LIBOR、收取固定利率。当这两个互换合并之后，交易商的头寸其实是利率中性的，在一个互换中支付LIBOR，而在另一个互换中收取LIBOR。类似地，交易商在一个互换中收取固定利率而在另一个互换中支付固定利率。交易商仅仅是一个中介，把一方的支付传给另一方。交易商发现这项业务有利可图，因为它可以从交易中收取买卖价差。[1]

图 17.8 说明了整个重新调整的过程。公司 A 发行了 7%的固定利率债务（图中最左边），互换协议中向交易商支付 LIBOR 并收取 6.95%的固定利率。因此，公司 A 的净支付额为 7%+(LIBOR−6.95%)=LIBOR+0.05%，将其固定利率的债务转化成了合成的浮动利率债务。相反，公司 B 发行了支付 LIBOR 的浮动利率债务（图中最右边），互换中向交易商支付 7.05%的固定利率并收取 LIBOR。因此，其净支付为 LIBOR+(7.05%−LIBOR)=7.05%，将其浮动利率的债务转化成为合成的固定利率债务。图 17.8 中此例的买卖价差为每年**名义本金**（nominal principal）的 0.10%，是交易商的利润源泉。

名义本金：用以计算互换支付的本金。

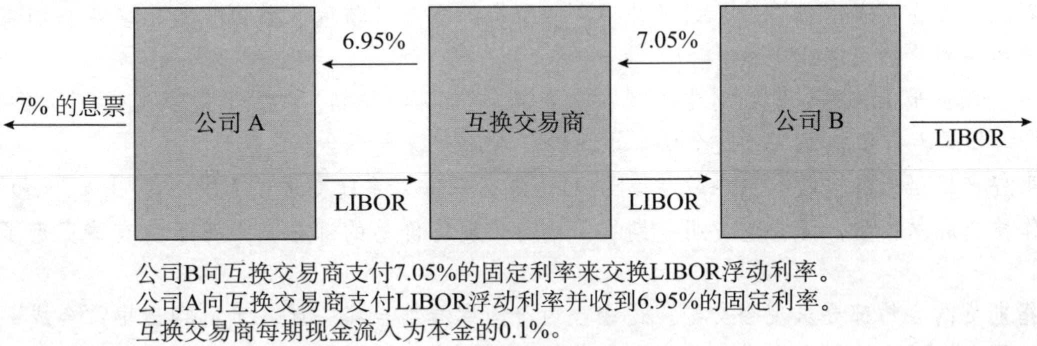

图 17.8　利率互换

说明：公司 A 发行了息票率为 7%的固定利率债券，以此为基础的互换要求支付 LIBOR 并接受 6.95%的利率。公司 B 发行了支付 LIBOR 利率的浮动利率债券，以此为基础的互换要求支付 LIBOR 并接受 7.05%的利率。

概念测验 17.7

某养老基金持有货币市场的证券组合，投资组合经理认为与其他风险相当的短期证券相比，该组合有更高的收益率。不过，投资组合经理认为利率将会下降。那么哪种互换能使该基金在继续持有该短期证券组合的同时还享受到利率下降的好处呢？

扫描二维码
获取答案解析

小结

- 远期合约是这样一种安排——要求按当前协商的价格在未来交割一项资产。多头交易者有义务购买该商品，而空头交易者则有义务转让该商品。如果在合约到期日，商品价格高于远期价格，多头头寸一方将由于能够以合约价格获得商品而获利。
- 期货合约与远期合约相似，它与远期合约的主要不同之处在于，期货具有标准化和盯市制度的特点，盯市是指每日结算期货合约头寸的收益和损失的程序。相反，远期合约在合约到期前并不要求现金转手。

① 实际情况还要更复杂一些。交易商不仅仅是中介，它还承担了交易对手有可能违约的信用风险。参照图 17.8，如果公司 A 违约，交易商仍需履行对公司 B 的义务。这样看来，交易商的职能就不仅仅是在互换协议的参与者中传递现金流了。

- 期货合约在有组织的交易所内进行交易，并对合约规模、交割资产的等级、交割日和交割地点都进行了标准化。交易者们需要谈判的仅仅是合约的价格。这种标准化增加了市场的流动性，并意味着买方和卖方对于要购买或出售的商品，能够很容易地找到很多交易者。
- 清算所是每一对交易者之间的中介，它是每个多头头寸的空头头寸方，也是每个空头头寸的多头头寸方，所以交易者无须关心合约的对方是否会履约。交易者们被要求存入保证金，以保证他们会履行合约。
- 在时刻 0 和 t 之间的时期内，持有的期货合约多头头寸的损益是 F_t-F_0。由于在到期日 $F_T=P_T$，所以如果合约被持有至到期，其多头头寸的收益就是 P_T-F_0。其中 P_T 是 T 时刻的现货价格，F_0 是初始期货价格。空头头寸的收益或损失是 F_0-P_T。
- 期货合约可以用来进行套期保值或投机。如果对资产的最终价格的判断正确，投机者可以使用期货合约获利。空头套期者出售合约，以抵补手中所持有的资产价值的收益或损失；多头套期者则购买合约，以抵补商品买价的上涨或下跌。
- 现货—期货平价关系说明，对于不提供服务或收入（如股利）的资产，其均衡期货价格为 $F_0=S_0(1+r_f)^T$。如果期货价格偏离了这个值，市场参与者就有套利机会。
- 如果资产提供服务或收入（令收益率为 d），那么平价关系就变成了 $F_0=S_0(1+r_f-d)^T$。这个模型也被称作持仓成本模型，因为它说明了期货价格高于现货价格的部分必须等于持有该资产至到期日 T 的净成本。
- 股指期货的合约都要求现金交割。这些合约与国库券结合在一起，可以构造出“合成”的股票头寸，所以对于市场时机选择者来说，股指期货是很有用的投资工具。当市场偏离平价关系时，想从中获利的套利者也使用市场指数合约。
- 利率期货可以保护资产免受几个不同市场上利率波动的影响。交易最活跃的合约是国债的期货合约。
- 利率互换市场是固定收益市场的主要组成部分。在这些协议中，交易方交换不同种类证券的现金流，而不直接交换任何证券。利率互换是管理证券投资组合的利率风险的重要工具。

关键词

基差	交叉套期保值	维持保证金	空头头寸
基差风险	外汇互换	盯市	单一股票期货
现金交割	期货价格	名义本金	现货—期货平价理论
清算所	指数套利	基点价格值	价差
收敛属性	利率互换	程序交易	远期合约
持仓成本关系	多头头寸		

核心公式

现货—期货平价：$F_0 = S_0(1+r_f-d)^T$

习题

1. 在 1 月 1 日时，你卖出了一份到期日为 2 月的标准普尔 500 指数期货合约，合约规定到期日的期货价格是 2 400。

如果 2 月 1 日的期货价格是 2 450，请问你的利润是多少？设合同的乘数是 50 美元。(LO17—1)

2. 标准普尔 500 现在的水平是 2 400，而标准普尔 500 的股利利率是 2%。假设无风险利率是 1%。请问一份一年期的期货合约售价是多少？(LO17—3)

3. 一年期黄金期货合约的售价是 1 247 美元，而黄金的现货价格是 1 200 美元。假设无风险年利率是 2%。

a. 根据现货—期货平价，期货的价格应该是多少？

b. 根据期货的错误定价，投资者可以找到什么样的套利策略？该策略的利润是多少？(LO17—4)

4. 假设你购买了一份国库券期货合约，初始保证金率是 15%，期货价格是 115 098 美元。期货的标的资产是一份价值 100 000 美元的国库券。如果期货价格下降到 108 000 美元，你的头寸将损失百分之多少？(LO17—1)

5. a. 使用图 17.1，计算一份标准普尔 500 指数期货合约所交易的股票的货币价值。如果保证金要求是期货价格的 10%乘以 50 美元，要交易 6 月份的合约，你必须在经纪人那里存入多少钱？

b. 如果 6 月份期货的价格将升至 2 460 美元，并且如果你按图中说明的价格购买了合约，你的净投资的收益率是多少？

c. 如果 3 月份期货的价格下跌了 1%，你的净投资的收益或损失的百分比是多少？(LO17—1)

6. 为什么人们要购买期货合约而不是购买标的资产？(LO17—2)

7. 出售一项资产和出售一份期货合约，它们产生的现金流有什么区别？(LO17—1)

8. 假设当前标准普尔 500 指数的价值为 2 400 美元。

a. 如果 1 年期国债的利率是 3%，且标准普尔 500 的预期股利率是 2%，1 年后到期的期货价格是多少？

b. 如果国债利率更低，比如 1%呢？(LO17—3)

9. 现在是 1 月，当前的年化利率为 3%。6 月到期的黄金期货的价格是 1 246.3 美元，而 12 月到期的期货的价格是 1 251 美元。是否存在套利机会？如果存在，应该怎样利用？(LO17—4)

10. 考虑一只每年支付 D 美元股利的股票，并且支付股利的时间也正好是期货合约到期的时间。考虑以下策略：购买股票，出售该股票的期货合约，并借入 S_0 美元，其中 S_0 等于股票当前的价格。(LO17—3)

a. 现在以及一年后的现金流量是多少？(记住：股票要支付股利。)

b. 说明均衡期货价格一定是 $F_0=S_0(1+r)-D$，这样才能消除套利机会。

c. 股利率 $d=D/S_0$。证明 $F_0=S_0(1+r-d)$。

11. a. 假设有一个不支付股利的股票期货合约，股票的当前价格是 150 美元，合约 1 年后到期。如果国库券利率是 3%，期货价格是多少？

b. 如果合约 3 年后到期，期货价格是多少？

c. 如果利率是 5%，合约的期限为 3 年，那么期货价格是多少？(LO17—3)

12. 本章的 Excel 应用（见 www.mhhe.com/bkm；找到第 17 章资料）告诉你如何使用现货—期货平价关系来找到不同到期时间的期货价格，即期货价格的期限结构。(LO17—3)

a. 假如今天是 2018 年 1 月 1 日，年利率是 1%，一种股指当前为 2 400 点，年股利收益率为 2%，如果到期日为 2018 年 2 月 14 日、5 月 21 日、11 月 18 日，分别求期货合约的价格。

b. 如果指数的股利收益率低于无风险利率，如股利收益率是 3%，期货价格的期限结构将会怎样？

13. 芝加哥贸易委员会引入了一种新的关于 Brandex 股票的期货合约，该公司现在不支付股利。每份合约要求 1 年后交割 1 000 股股票。国库券利率是每年 4%。(LO17—3)

a. 如果 Brandex 股票现在的售价是每股 120 美元，期货价格是多少？

b. 如果 Brandex 股票价格下跌了 3%，期货价格的变化和投资者保证金账户的变化各是多少？

c. 如果合约的保证金是 12 000 美元，投资者的收益率是多少？

14. 股票市场指数的期货合约的乘数是 50 美元，合约的期限为 1 年，现在的指数水平是 2 000，无风险利率是每月 0.5%，指数的股利率是每月 0.2%。假设 1 个月后，股票指数是 2 010。(LO17—1)

a. 计算合约盯市收入的现金流。假设总是很精确地保持着平价关系。

b. 如果合约的初始保证金是 10 000 美元，计算 1 个月持有期内的收益率。

15. 假设标准普尔指数投资组合每年提供 2%的投资收益率，目前的指数是 2 000。国库券利率是 3%，而且 1 年后交割的标准普尔期货的价格是 2 030 美元。构建一个套利策略，以利用这一错误定价，并证明你 1 年的收益率因此而等于期货市场上的错误定价部分。(LO17—4)

16. a. 怎样修改股票期货的平价关系［等式（17.2）］，才能让它适用于国债期货合约？在那个等式中，用什么来代替股利率？

b. 在收益率曲线向上倾斜的情况下，与近期的合约相比，那些期限更长的国债期货合约的价格应更高还是更低？

c. 通过对照图 17.1 来证明你的推断。(LO17—3)

17. 德斯克交易公司发行了价值 1 亿美元的长期债券，固定利润为 7%。然后这个公司签订了一个利率互换，互换合同规定该公司要支付伦敦银行间同业拆借利率（LIBOR），并要接受 1 亿名义本金的 6%的固定利率。那么这个公司为这笔资金总共花费了多少钱？(LO17—5)

18. 对于一个预计利率将很快下跌的投机者来说，哪种利率互换是合适的？（LO17—5）

19. 标准普尔500期货合约的保证金要求是10%，股票指数现在为2 000，每份合约的乘数是50美元。

a. 每出售一份合约，必须存入多少保证金？

b. 如果期货价格下跌1%变为1 980，持有一份合约的投资者，其保证金账户将如何变化？

c. 以投资者存入的保证金数为基数，投资者的收益率是多少？（LO17—1）

20. 某股票市场指数的期货合约，其乘数为50美元。合约的期限为1年，目前指数水平是2 000，无风险利率为每月0.2%，指数的股利率是每月0.1%。假定1个月之后，股票指数将变为2 040。（LO17—1）

a. 计算合约的盯市收入的现金流。假定一直维持平价条件。

b. 如果合约的初始保证金是5 000美元，计算持有期收益率。

21. 你是一个公司的债券交易员，你打算在3个月后为公司的偿债基金购买100万美元的债券。你认为债券利率很快会下跌，并希望能够在要求的时间之前提前赎回公司的偿债基金债券，该债券目前的售价低于面值。遗憾的是，你要进行的购买行为必须经过董事会的批准，而这大概要花2个月的时间。

a. 在你真正可以购买债券之前，为避免债券利率或价格的反向运动的影响，你应在期货市场上采取什么行动？

b. 你应该买进还是卖出合约？为什么？（LO17—2）

22. 一个经理持有100万美元的债券投资组合，修正久期为8年。她希望用卖空国库券来对冲投资组合的风险。国库券的修正久期是10年。她需要卖价值多少美元的国库券才能将她的头寸的风险最小化？（LO17—2）

23. 某企业计划在3个月内发行1 000万美元的10年期债券。根据现有投资收益，该债券的修正久期将是8年。国库券期货合约售价为$F_0=100$美元，修正久期为6年。该公司如何利用这种期货合约来对冲出售债券时投资收益率变化所带来的风险？债券和期货合约均以平价出售。（LO17—2）

□ 挑战题

24. 标准普尔500指数现在是2 000，你需要经营一个价值100万美元的基于指数的投资组合。标准普尔500期货合约的乘数是50美元。（LO17—2）

a. 如果你暂时对股市看跌，你应出售多少份合约，以消除你在未来6个月内的风险敞口？

b. 如果国库券每6个月支付2%的利息，并且半年的股利率是1%，期货价格的平价价值是多少？

c. 证明如果期货被正确地定价，a小题中套期保值策略的总的无风险收入所提供的收益率等于国库券利率。

25. a. 如果你未持有指数化的投资组合，相反，你的投资组合中仅包含一只β值为0.6的股票，那么你的套期保值策略应如何变化？

b. 现在你会选择出售多少份合约？你套期保值后的头寸是无风险的吗？

c. 套期保值的头寸的β值是多少？

26. 某企业发行了1 000万美元的浮动利率债券，每年支付的利率为LIBOR+1%，债券平价出售。公司担心利率上升，希望能锁定举债的利率。公司发现互换市场的交易员提供一种LIBOR与7%的利率互换。

a. 什么样的互换协议能帮助企业将其负债转换成一种合成的固定利率的负债？

b. 在那种合成固定利率负债中需要支付多少利率？（LO17—5）

27. 某特定的指数化股票组合的1年期期货价格是2 240，目前股票指数是2 200，1年期的无风险利率是3%，并且在指数证券组合上的每2 200美元投资在年末的股利是22美元。（LO17—4）

a. 合约的定价错了多少？

b. 构建一个净投资为零的套利策略，并说明你可以将无风险收益固定为期货的错误定价部分。

c. 现在假设（对于小投资者来说这就是事实）如果你卖空市场指数股票，卖空的收益将由经纪人保存，并且你在这笔资金上收不到任何利息。此时是否还存在套利机会（假定现在并不拥有市场指数中的股票）？试解释。

d. 考虑到卖空规则，对于股票—期货价格关系，什么是无套利操作？也就是说，当股指为2 200时，期货价格在什么最高价和最低价之间变动时不会产生套利机会？

CFA 习题

1. 在任意给定时刻，期货合约的未平仓数等于下列哪个选项发行在外的总数：（LO17—1）

a. 合约；

b. 未套期保值的头寸；

c. 清算所头寸；

d. 多头头寸和空头头寸。

2. 在期货交易中，在收到追加保证金通知之前，权益头寸可以下跌的最低水平，其准确的名称是：（LO17—1）

a. 初始保证金；

b. 变动保证金；

c. 现金流保证金；

d. 维持保证金。

3. 一份银期货合约要求卖方转让 5 000 盎司银，杰里·哈里斯以 28 美元/盎司的价格出售了一份 7 月份的银期货合约，并存入了 6 000 美元的初始保证金。如果要求的维持保证金是 2 500 美元，在哪个价格水平上，哈里斯将收到追加保证金通知？（LO17—1）

4. 在以下每一种情况中，讨论你作为一个投资组合管理人，应如何使用金融期货来保护投资组合？（LO17—2）

a. 你拥有一笔流动性不太强的债券，而且你想出售该债券。

b. 你所拥有的一只国债获利颇丰，并且你打算出售该债券，但是你又想推迟出售，直到下一个会计期间才实现该收益，下一个会计期间在 4 个星期之后。

c. 下个月你将收到一大笔捐款，你想将其投资于长期公司债券，现在该公司债券的基本收益率非常高。

5. 远期合约和期货合约可以用来调整风险。说明远期合约与期货合约之间的本质区别，并简单解释期货和期权在调整投资组合风险方面的不同之处。（LO17—2）

6. 琼·塔姆是一个特许金融分析师（CFA），根据下面提供的信息，她认为自己发现了一个商品的套利机会。（LO17—4）

商品价格和利率信息	
商品现货价格	120 美元
一年到期的商品期货价格	125 美元
一年期利率	8%

a. 描述要利用这个套利机会所需进行的交易。

b. 计算套利利润。

7. 数位投资委员会的成员询问关于利率互换协议，以及在管理国内固定收益投资组合时如何使用它们。（LO17—5）

a. 叙述利率互换协议的定义，简要描述协议各方的义务。

b. 列举两个关于利率互换的例子，解释固定收益投资组合管理者如何运用它们来控制风险和提高收益。

8. 贾尼丝·德尔森是一个美国的投资组合经理，她管理着 8 亿美元的投资组合（其中股票 6 亿美元，债券 2 亿美元）。为应对短期市场事件，德尔森决定利用期货将资产配置比例调整为 50%的股票和 50%的债券。这种头寸将会被持有至“适当恢复原有资产配置的时间”。德尔森决定使用一种基于金融期货的资产配置策略。股票期货指数乘数是 50 美元，债券期货合约的面额是 100 000 美元。其他基于金融期货的资产配置策略的信息如下：（LO17—2）

基于金融期货的资产配置策略的信息	
债券投资组合的修正久期	5 年
债券投资组合的到期收益率	7%
债券期货的基点价格	97.85 美元
股票指数期货价格	1 378
股票投资组合的 β 值	1.0

a. 描述基于金融期货的资产配置策略，解释该策略如何帮助德尔森实现她的资产配置调整。不需得出结论。

b. 计算要实现德尔森的资产配置策略所需要的以下合约数目：

i. 债券期货合约。

ii. 股票指数期货合约。

9. 玛利亚·范胡森是一名特许金融分析师（CFA），她认为，基于固定收益证券的远期合同可以使恒星医院养老基金计划债券的投资组合避免利率上升的风险。范胡森准备了以下例子来说明这个保护效果：

（1）一份账面价值 1 000 美元的 10 年期债券于今天按照票面价值发行。这个债券每年都支付息票。

（2）一个投资者决定今天买入债券，并在 6 个月之后卖出。

（3）6 月期无风险利率现在是 5%（年化）。

（4）这个债券可以用于 6 月期的远期合约，其价格是 1 024.70 美元。

（5）6 个月之后，由于利率上升，这个债券的本息和预计会下降到 978.40 美元。（LO17—2）

请问：

a. 在持有期内，为了规避利率上升风险，从而保护债券价值，投资者应该买入还是卖出这份远期合约？

b. 如果范胡森的计算是正确的，请计算远期持有期内，这份远期合约对投资者而言的价值是多少？

c. 合同开始后 6 个月，这个符合投资策略（包含其标的债券和相应的远期头寸）的价值有什么变化？

Web 站点管理员

请扫描二维码或登录中国人民大学出版社官网 www.crup.com.cn 下载。

第 6 部分

积极型投资管理

对于那些相信市场有效的投资者来说，消极的投资策略（也称作指数化投资策略）是一种很好的投资策略。尽管消极组合管理需要有效的组织管理和交易结构，但如果一个投资者仅限于管理指数化的组合，那么他的工作对证券分析和组合策略方面知识的需求就明显小得多。与之相反，积极的投资管理者深信市场并不总是有效的。他们也相信证券市场上至少偶尔会出现物超所值的证券。积极的管理者们必须运用资产估价和投资组合理论来确定最优资金头寸。

在前面的内容里，我们讨论了如何积极有效地发现被错误定价的证券——如何在丰厚的预期回报和增大的风险（投资多样化的降低会导致风险的增加）之间取得平衡？在市场经济中，我们要注意观察参与人的动机：如果采用标准度量去评价，投资组合经理会如何表现呢？他们会选择那些预计会为他们带来最高估值的投资组合。好的投资回报也会回过头来增加其管理下的资产，并提高利润。正因为如此，在第 18 章中，我们从绩效评估的方法和程序开始，就如何达到出色的管理绩效提出技术性建议。

跨区域投资是对分散化组合管理概念的一个简单拓展。但是，跨区域投资受到了来自政治风险以及未来汇率波动风险的挑战。第 19 章主要讨论这些产生于国际投资领域的特殊问题。

第 20 章讨论对冲基金。对冲基金可能是积极型投资管理中最为积极的。这一章也会涉及一些关系对冲基金估值的特殊问题。

投资活动来源于储蓄计划，储蓄是将资金从消费转向投资的重要环节。由于税收和通货膨胀的存在，你储蓄多少与你能通过积累的投资基金在多大程度上实现投资目的之间的问题变得更加复杂化。第 21 章介绍公式化表述的家庭综合储蓄/投资计划的框架和工具。

客户与组合管理人之间建立的合同契约关系是专业性积极投资管理的基础。在资金运营计划中，客户的经济需求和投资目标都必须得到详细的解释和说明。为达到这个目的，CFA 协会为积极投资组合管理设定了一个内容广泛的框架。通过第 21 章的学习，你会对这个框架有更深入的了解。

本部分包括以下章节：

第 18 章　评估投资业绩

第 19 章　国际分散化

第 20 章　对冲基金

第 21 章　税收、通货膨胀与投资策略

第 22 章　投资者和投资过程

18 评估投资业绩

学习目标：

LO18—1 计算原始和风险调整后的收益率，并用这些收益率来评估投资业绩；

LO18—2 明确各种风险调整后的业绩指标适用于何种投资环境；

LO18—3 为投资组合策略评估提供投资风格分析；

LO18—4 将投资组合的收益分为两类：一类是从资产配置角度进行挑选的组合，另一类是从证券选择角度进行挑选的组合；

LO18—5 评价市场时机选择能力的现值。

大多数金融资产被专业投资者管理，因此他们间接地配置企业间的大部分资本。能否有效配置取决于这些专业人员的素质高低以及金融市场将资金引导至最佳管理者的能力。因此，如果资本市场是有效的，投资者则能够衡量资产管理者的业绩表现。

我们如何评估投资业绩？事实证明，即使是投资组合平均收益的测量也不像看起来那么简单。此外，风险调整后的平均收益还存在许多其他问题。最后，业绩评估并非微不足道。

本章的开头我们探讨的是如何衡量投资组合的收益，然后探讨的是传统的风险调整方法。我们思考每种标准风险调整后的业绩指标在什么情况下对投资者是最有意义的，并说明风格分析如何被视为一般化的指数模型及其产生的α统计量。

当管理者在测量期间改变投资组合构成时，业绩评估变得更加困难，所以我们还检查了组合风险特征变化带来的复杂性。可能出现上述情况的一种情形是，管理者试图选择广义市场的时机操作并在预期市场走势时调整投资组合的β。市场时机问题在业绩评估中引发了广泛的讨论。

本章的最后，我们简要了解了业绩归因方法。这些工具用于将管理者的业绩表现归因于证券选择、行业选择和资产配置决策。

18.1 传统的业绩评估理论

□ 平均收益率

我们在第5章5.1节中定义了持有期收益率（HPR），并解释了算术平均收益率和几何平均收益率之间的区别，现在我们简要回顾一下。

假设我们要评估一个投资组合在 20 年之内的表现。算术平均收益率是对 20 个年收益率求和再除以 20。而几何平均收益率是 20 年来的恒定年收益率，它将在整个投资期间提供相同的总累积收益。因此，几何平均收益率 r_G 定义如下：

$$(1+r_G)^{20}=(1+r_1)(1+r_2)\cdots(1+r_{20})$$

等式的右边是 1 美元本金的复合最终价值，即 20 年收益率，左边是 1 美元本金加上投资收益 r_G 的复合值。我们可以求出 $1+r_G$ 为

$$1+r_G=[(1+r_1)(1+r_2)\cdots(1+r_{20})]^{1/20}$$

每个年收益率在几何平均收益率中具有相等的权重。出于这个原因，几何平均收益率又被称为**时间加权收益率**（time-weighted average）。

时间加权收益率：一个投资的各持有期收益率的平均（通常是几何平均）。

□ 时间加权收益率与货币加权收益率

为了给随后的问题打好基础，让我们从一个简单的例子开始。考虑一支每年支付 2 美元股利的股票，目前售价为 50 美元。你今天购买一股该股票并获得 2 美元的股利，然后在年底以 53 美元的价格卖出。你的收益率是：

总收益/初始投资＝(收入＋资本利得)/50＝2＋3/50＝0.10 或 10%

另一种适用于更复杂、多时期情形的计算收益率的方法是将投资视为现金流贴现问题。r，即收益率，使得投资中所有现金流量的现值等同于初始支出。在我们的例子中，股票以 50 美元的价格购买，并在年底产生现金流 2 美元（股利）加上 53 美元（出售股票）。因此，我们求解 $50=(2+53)/(1+r)$，再次求得 $r=0.10$ 或 10%。

当我们考虑在投资期内对投资组合增加或减少投入现金时，衡量收益率变得更加困难。延续我们的例子，假设你在第一年结束时又购买了一股该股票，并且持有这两股直到第二年结束，此时你以每股 54 美元的价格出售你的股票。

时间	支出
0	花费 50 美元购买第一股
1	花费 53 美元在一年后购买第二股
	收益
1	从一开始购买的股票中获得 2 美元的股利
2	第二年从两只股票中获得 4 美元的股利，加上卖出两只股票分别获得 54 美元，总计获得 108 美元

使用现金流贴现法（DCF），我们可以通过令现金流入和流出的现值相等来求出两年内的平均收益：

$$50+\frac{53}{1+r}=\frac{2}{1+r}+\frac{112}{(1+r)^2}$$

货币加权收益率：投资的内部收益率。

求得 $r=7.117\%$。这是投资的内部收益率，也称为**货币加权收益率**（dollar-weighted rate of return），因为投入更多资金时会对平均收益率产生更大的影响。

时间加权（几何平均值）收益率为 7.81%：

$$r_1=\frac{2+(53-50)}{50}=0.10=10\%，r_2=\frac{2+(54-53)}{53}=0.056\ 6=5.66\%$$

$$r_G=(1.10\times1.056\ 6)^{1/2}-1=0.078\ 1=7.81\%$$

在这个例子中，货币加权收益率低于时间加权收益率，因为第二年的投资越多，

第二年的投资收益率就越低。

概念测验 18.1

XYZ 公司的股票在每年 12 月 31 日支付 2 美元的股利。投资者在 1 月 1 日以每股 20 美元的价格购买两股该股票，在第二年的 1 月 1 日以 22 美元的价格出售其中一股，又在下一年同一时间以 19 美元的价格卖出第二股。请求出该两年期投资的时间加权收益率和货币加权收益率。

扫描二维码
获取答案解析

□ 风险调整收益率

仅根据平均收益率评估业绩并不是非常可靠，必须先对收益率根据风险进行调整才能对其进行有意义的比较。最简单和最普遍的调整方法是将收益率与具有类似风险特征的其他投资基金的收益率进行比较。例如，将高收益债券投资组合归类为一个**可比领域**（comparison universe），将增长型股票基金归类为另一可比领域，依此类推。然后对同一领域中每个基金的（通常是时间加权的）收益率进行排序，并且每个投资组合的经理在组内获得相对绩效的百分位数排名。例如，在有 100 个基金的某一领域中排名第九的经理人即处于第 90 百分位，即在评估期内，其所管理的基金的业绩优于该领域中 90%的其他基金。

可比领域：具有类似投资风格的投资组合经理，用于评估相对业绩。

这些相对排名通常显示在类似于图 18.1 的图中。该图总结了某领域基金四个时期的业绩排名：1 个季度、1 年、3 年和 5 年。每个方框的顶部和底部线以第 95 和第 5 百分位经理人的收益率绘制，三条虚线分别对应第 75、第 50（中位数）和第 25 百分位经理人的收益率。

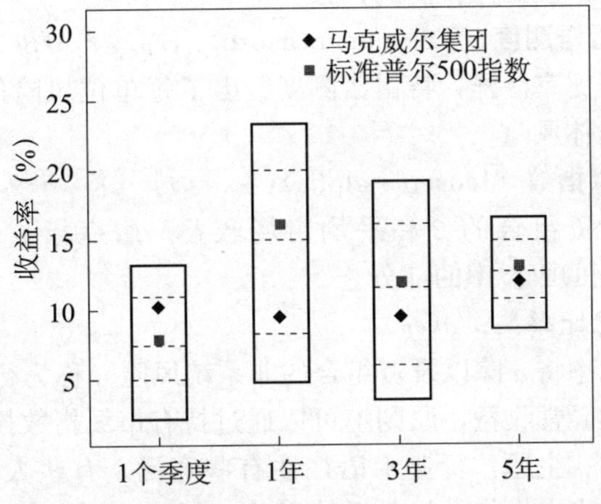

图 18.1　可比领域（时间截至 2022 年 12 月 31 日）

菱形表示的是某特定基金的平均收益率，而正方形代表的是基准指数（如标准普尔 500 指数）的收益率。绘制正方形是为了直观展示基准指数和可比领域的相对位置。

这种与其他类似投资风格管理者的业绩对比是评估业绩的第一步。但是，这样的排名可能会产生误导。在特定的领域内，一些管理者可能专注于特定的子群，因此这些组合特征不具有真正的可比性。例如，在股票领域内，一位经理可能专注于高β值或激进的成长股。同样，在固定收益证券范围内，管理人的久期也各不相同。

可比领域法的一个更基本的问题是业绩基准的选择问题。当我们评估专业投资人士的业绩表现并隐含地询问他们是否有理由收取相应的管理费时，我们会将他们的业绩与消极型投资者可获得的业绩进行比较。这就是为什么市场指数投资组合（其中许多可作为共同基金或 ETFs）是天然的比较基准。但是图 18.1 中收益率的中位数无法提前知晓，所以消极型投资者也无法获得中位数收益，而他们可以很容易地获得指数的收益。因此，基金收益率的中位数是一个不太令人满意的业绩基准。

这说明我们需要更精确的风险调整手段。

□ 风险调整后的业绩评估指标

使用均值—方差标准作为风险调整后的业绩评估指标与资本资产定价模型同时出台。杰克·特雷诺（Jack Treynor）、威廉·S. 夏普（William Sharpe）和迈克尔·詹森（Michael Jensen）立即认识到 CAPM 对管理者业绩评级的影响。在很短的时间内，学者们掌握了一系列评估指标，并且从象牙塔中涌现出了对共同基金业绩的学术调查。此后不久，出现了愿意为投资组合经理及其客户提供评级服务的代理商。

尽管被广泛使用，但风险调整后的业绩评估指标各有其自身的局限性。此外，它们的可靠性需要相当长一段时间的持续管理、具有稳定的业绩水平和具有代表性的投资环境样本：牛市和熊市。

我们首先为投资组合 P 编制一些可能的风险调整后的业绩评估指标，并检测每个指标可能最适用的情况。

夏普比率：超额收益率和标准差的比率。

1. **夏普比率**（Sharpe ratio）：$(\bar{r}_P - \bar{r}_f)/\sigma_P$

夏普比率将样本期间的平均投资组合的超额收益率除以该期间的收益率的标准差。它衡量（总）波动性权衡的回报。[①]

特雷诺测度：超额收益率和β的比值。

2. **特雷诺测度**（Treynor measure）：$(\bar{r}_P - \bar{r}_f)/\beta_P$

与夏普比率一样，特雷诺测度给出了每单位风险的超额收益率，但它侧重于系统风险而非总体风险。

詹森指数：投资的α；投资组合收益率与和投资组合具有相同β的市场指数和票据组合的收益率之间的差异。

3. **詹森指数**（Jensen's alpha）：$\alpha_P = \bar{r}_P - [\bar{r}_f + \beta_P(\bar{r}_M - \bar{r}_f)]$

给定投资组合的β和平均市场收益，詹森指数是投资组合的平均收益率超过 CAPM 预测的收益率的部分。[②]

信息比率：α和残差标准差的比率。

4. **信息比率**：$\alpha_P/\sigma(e_P)$

信息比率将α除以投资组合的非系统风险，称为行业中的“跟踪误差”。它衡量每单位风险的异常收益，原则上可以通过持有市场指数投资组合来分散。（我们应该注意到，关于这一主题，行业术语往往有些宽泛。有些人将信息比率定义为超额收益率，使用评估比率来指代α与非系统风险之间的比率。遗憾的是，该专业术语并不完全统一，你可能会遇到这两种信息比率的定义。而我们将始终如一地按照上文所述定义它，即α与残差收益标准差的比率。）

---

① 我们在 r_f 和 r_P 上加上小横线，以表示以下事实：由于无风险利率在整个测量期内可能都不是恒定的，因此我们正像对 r_P 所做的一样对无风险利率取样本平均值。同样的，我们可以简单计算出平均超额收益。

② 在很多情况下，业绩评估都假设一个多因素市场。例如，当使用法玛-弗伦奇（FF）三因子模型时，詹森指数变为：$\alpha_P = \overline{r_P - r_f} - \beta_P(\overline{r_M - r_f}) - S_P\bar{r}_{SMB} - h_P\bar{r}_{HML}$，其中 S_P 位于 SMB 组合中，H_P 位于 HML 组合中。

每项业绩评估指标都有一定程度的应用，但正如概念测验 18.2 所示，这些评估指标并不一定能提供一致的评估结果，因为用于调整收益的风险衡量标准差别很大。因此，我们需要考虑每种评估指标所适用的情况。

概念测验 18.2

考虑样本期内的下列数据：

	投资组合 P	市场指数，M
平均收益率	35%	28%
β	1.20	1.00
标准差	42%	30%
跟踪误差（非系统风险），$\sigma(e)$	18%	0

扫描二维码
获取答案解析

计算投资组合 P 和市场指数的以下业绩指标：夏普比率、詹森（阿尔法）指数、特雷诺测度、信息比率。投资期内的国库券利率为 6%。请问投资组合 P 通过哪些业绩指标跑赢了市场？

□ 整个投资组合的夏普比率

前面的章节有助于确定投资者最优风险组合的标准。如果偏好可以通过均值—方差效用函数来概括，我们就可以得出一个相对简单的标准：投资者寻求具有最高夏普比率的风险投资组合。

夏普比率是资本配置线的斜率，投资者自然会寻求具有最大斜率的投资组合，即每单位波动性增加所带来的预期收益增幅最大。我们关注的是总波动性而不是系统风险，因为我们正在研究的是整体的投资组合而不是其中的一小部分。可接受业绩基准是市场指数的夏普比率，因为投资者可以通过投资指数化的股权共同基金轻松选择消极型策略。因此，积极型投资管理组合如果是投资者最优风险投资组合的可接受的候选者，那么它必须提供比市场指数更高的夏普比率。

M^2 指数和夏普比率

虽然夏普比率可用于对投资组合业绩进行排名，但其数值不易解释。比较概念测验 18.2 中投资组合 M 和 P 的夏普比率，你应该发现 $S_P=0.69$ 且 $S_M=0.73$。这表明投资组合 P 的表现落后于市场指数。但夏普比率相差 0.04 在经济上有意义吗？我们经常比较收益率的差距，但夏普比率的差值难以解释。

一个夏普指数的同等替代方法由格雷厄姆（Graham）和哈维（Harvey）提出，并且稍后被摩根士丹利的利娅·莫迪利安尼（Leah Modigliani）以及她的祖父佛朗哥·莫迪利安尼（Franco Modigliani，诺贝尔经济学奖获得者）推广。这种方法被称为 M^2 指数（莫迪利安尼—平方）。与夏普比率类似，M^2 指数的重点也是用总波动性来衡量风险，但是它的风险调整业绩指标能够更好地解释收益率与基准指数之间的差异。

为了计算 M^2，我们假设一个积极型投资组合 P 与国库券的头寸混合，以便由此产生的"调整后"投资组合与消极型市场指数（如标准普尔 500 指数）的波动性相匹配。例如，如果积极型投资组合的标准差为指数标准差的 1.5 倍，你可以将其与国库券按照 1/3 的债券和 2/3 的积极型投资组合的比例混合。由此产生的调整后的投资组合（我们称之为 P^*）将具有与指数相同的标准差。（如果积极型投资组合的标准差低于指数，则可通过借入资金并投资于投资组合的方式进行杠杆化。）由于市场指数和投资组合 P^* 具有相同的标准差，我们可以简单地通过比较收益率来比较二者的业绩。这是投资组合 P 的 M^2 指数：

$$M_P{}^2 = r_{P*} - r_M \tag{18.1}$$

案例 18.1

M^2 指数的计算

考虑概念测验 18.2 中投资组合 P 和市场指数组合 M 的业绩。投资组合 P 的收益率较高，但风险也较高，因此其夏普比率低于市场指数组合。在图 18.2 中，我们绘制了每个投资组合的平均收益率和波动性，并绘制了每个投资组合的资本配置线。投资组合 P 的 CAL 不如 CML 陡峭，与较低的夏普比率一致。

调整后的投资组合 P^* 是通过将国库券与投资组合 P 混合而形成的。我们在 P 中使用的权重是 30/42=0.714，国库券的权重是 1−0.714=0.286。通过构造，调整后的投资组合具有与市场指数完全相同的标准差：30/42×42%=30%。尽管波动性相等，但其平均收益率仅为 (0.286 × 6%) + (0.714 × 35%) = 26.7%，低于市场指数。

你可以在图 18.2 中看到，投资组合 P^* 是通过向下移动投资组合 P 的资本配置线（通过将 P 与国库券混合）形成的，直到我们将标准差缩小到足以匹配市场指数的标准差。M^2 是点 M 和 P^* 之间的垂直距离。因此，投资组合 P 的 M^2 为 26.7%−28%=−1.3%；负 M^2 与较低的夏普比率一致。

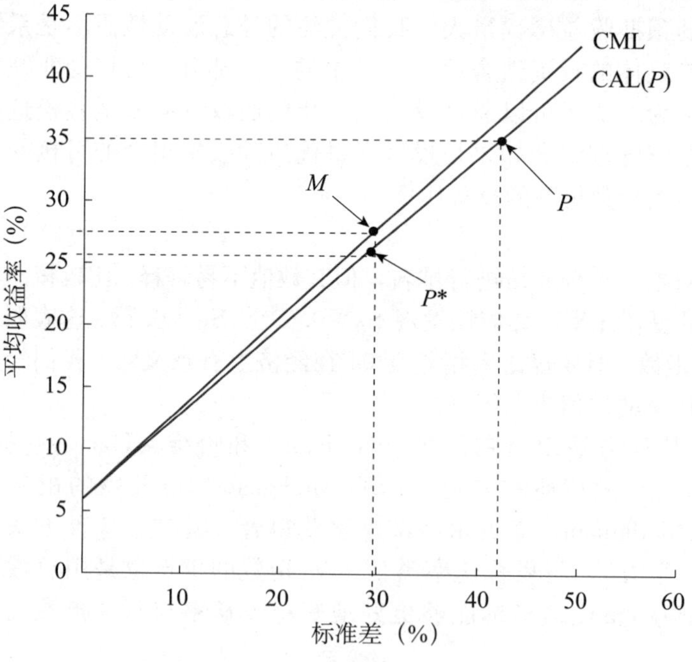

图 18.2　投资组合 P 的 M^2

□ 特雷诺测度

在许多情况下，你必须选择混合型基金或投资组合，以形成投资者的整体风险投资组合。例如，负责大型养老金计划的经理可能会将总资产分配给多个投资组合经理。考虑 CalPERS（加州公共雇员退休系统），其在 2018 年初的投资组合约为 3 500 亿美元。与许多大型计划一样，这个基金采用了基金中的基金（fund of funds）的方式，在大量的职业经理（及其管理的基金）范围内进行选择。在这种情况下，你应该如何比较候选管理者的业绩呢？

当雇用一些管理人员时，非系统风险将在很大程度上分散，因此系统风险成为风险的相关衡量标准。在评估全风险投资组合的潜在组成部分时，特雷诺测度是一个适当的绩效指标。这一回报—风险比率等于预期的超额收益除以系统风险（如 β）。

假设两个投资组合的相关数据和市场指数在表 18.1 中给出。投资组合 Q 的 α 值为 3.5%，而投资组合 U 的 α 值为 3%。看起来你可能更喜欢投资组合 Q，但结果并非如此。要了解原因，请查看图 18.3。如图 18.2 所示，我们在收益率—风险图上绘制投资组合，但现在使用 β 来衡量风险。

表 18.1　投资组合的业绩

	投资组合 Q	投资组合 U	市场指数，M
β	1.25	0.8	1.0
超额收益率（$\bar{r}-\bar{r}_f$）	16%	11%	10%
α^*	3.5%	3%	0

* α = 超额收益 − β× 市场超额收益率 = $(\bar{r}-r_f)-\beta(\bar{r}_M-\bar{r}_f)=\bar{r}-[\bar{r}_f+\beta(\bar{r}_M-\bar{r}_f)]$。

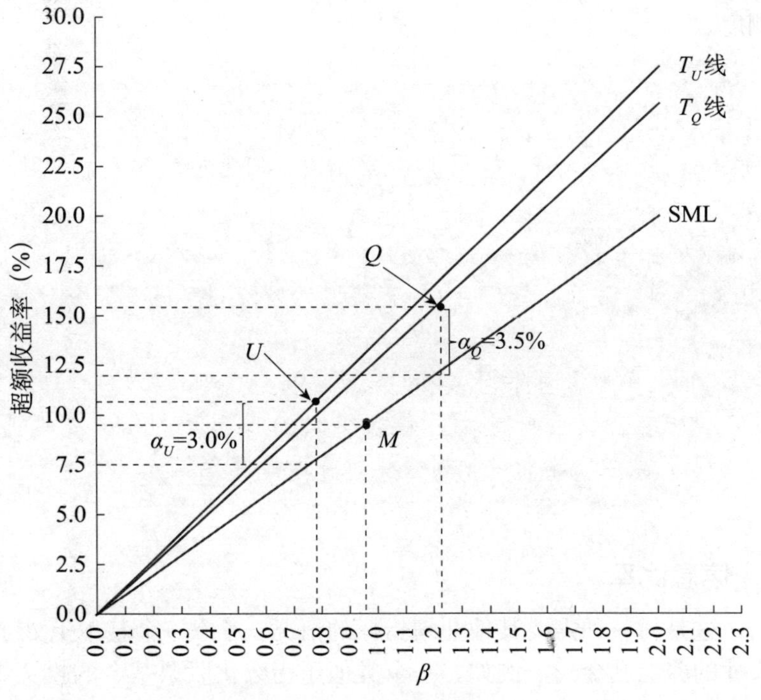

图 18.3　特雷诺测度

SML 是从原点（超额收益率和 β 均为零）到点 M 的黑线。它的斜率是市场指数的特雷诺测度，表示混合了市场指数和国库券的投资组合提供的每单位 β 所带来的超额收益率。

从原点到 Q 点的线显示了我们所有的 β 超额收益率组合，这些组合可以通过将国库券与投资组合 Q 混合来实现。这条线的斜率给出了超额收益率和 β 之间的权衡，是投资组合 Q 的超额收益率除以其 β；这是投资组合的特雷诺比率。因此，我们称之为 T_Q 线。类似地，T_U 线是从原点到点 U 的一条直线。

与往常一样，投资者希望投资组合提供最佳的风险—收益权衡。当我们使用 β 来衡量风险时，那将是为 T 线提供最陡斜率的投资组合，或者相当于具有最高特雷诺比率的投资组合。因此，我们看到，尽管组合的 α 较低，但投资组合 U 实际上将优于投资组合 Q。因为在任何风险等级（β）下，它都能提供更大的超额收益率。

我们可以使用类似于 M^2 的方法来衡量每个投资组合与市场指数相比的优势。我们再次将投资组合与国库券结合起来以匹配市场风险，以便我们可以直接比较收益率。然而，在这里，我们使用 β 来衡量风险，因此我们将形成调整后的投资组合，以匹配市场指数的 β（当然，等于 1）。我们通过按照 w_Q 和（$1-w_Q$）的比例将 Q 与国库券混合来形成调整后的投资组合 Q^*。我们寻求一个比例，使 Q^* 的 β 等于 1。因此，我们选择让 w_Q 满足

$$\beta_{Q^*}=w_Q\times\beta_Q+(1-w_Q)\times\beta_{\text{国库券}}=w_Q\times1.25+(1-w_Q)\times0=1.0$$

可得 $w_Q=0.8$。

因为调整后的投资组合的系统风险是为了与市场相匹配而构建的，所以我们可以有意义地比较它们的超额收益率。Q^* 的超额收益率为 $0.8\times16+0.2\times0=12.8\%$，超过市场 2.8%的超额收益率。这个度量类似于 M^2 指数的计算，但它扩展了特雷诺测度而不是夏普比率。因此，我们将其称为 T^2 测度。以下案例计算了投资组合 U 的 T^2 测度。

案例 18.2

投资组合 U 的 β 为 0.8，低于市场 β（等于 1）。因此，我们需要使用杠杆将系统风险增加到市场指数的水平。我们让 w_U 满足

$$\beta_{Q^*}=w_Q\times\beta_Q+(1-w_Q)\times\beta_{\text{国库券}}=w_Q\times0.8+(1-w_Q)\times0=1.0$$

这意味着 $w_U=1.25$。因此，调整后的投资组合 U^* 需要以无风险利率借入资金，并将所有资金投资于投资组合 U 中。

调整后的投资组合 U^* 的超额收益率为 $1.25\times11-0.25\times0=13.75\%$，超过市场 3.75%的超额收益率。与投资组合 Q 相比，投资组合 U 的更高的 T^2 值与图 18.3 中显示的更陡峭的斜率一致。当 β 是风险的相关度量时，我们可以使用 T^2 或特雷诺测度来对投资组合进行排名。

□ 信息比率

这是另一种需要其他业绩指标的情况。考虑一个基本上处于消极管理和高度多样化头寸的养老基金——例如，一个类似于指数化股票基金的投资组合。现在，该基金决定将积极型投资组合中的头寸添加到其当前头寸中。例如，一所大学可能会聘请一家对冲基金作为其传统投资组合的核心头寸的一种可能的附加，传统投资组合主要建立在多样化的基础上。

正如我们在第 6 章中所看到的，当对冲基金（或其他积极头寸）与基线指数投资组合以最佳方式结合时，根据

$$S_P^2 = S_M^2 + \left[\frac{\alpha_H}{\sigma(e_H)}\right]^2 \qquad (18.2)$$

夏普比率的优化将由其信息比率 $\alpha_H/\sigma(e_H)$ 决定。等式（18.2）告诉我们，适合于衡量对冲基金 H 的业绩评价指标是信息比率（IR）。如果你正在寻找积极型经理来添加到目前指数投资的头寸中，你将想要选择具有最佳信息比率的潜在候选人。

信息比率是收益率—风险比率的又一个版本。在这种情况下，收益率是积极型头寸的 α。一方面，这是增量组合超过与其系统风险相对应的风险溢价的部分的预期收益率。另一方面，增量头寸使总体风险投资组合偏离消极型指数，从而使其暴露于原则上可能分散化的风险。信息比率量化了 α 和可分散风险之间的权衡。

我们可以通过下表总结前面的讨论，该表显示了各种业绩指标的定义以及每种业绩指标的相关情况。

业绩评价标准	定义	应用范围
夏普比率	超额收益率/标准差	在为总体风险投资组合竞争的投资组合之间进行选择
特雷诺测度	超额收益率/β	对将要组成一个总体风险组合的多个投资组合进行排序
信息比率	α/残余标准差	评估由基准组合混合成的投资组合

Excel 应用

业绩测度

在下面的业绩测度（Performance Measures）Excel 模型里，我们计算了本章内容中讨论到的所有业绩测度方法。你可以根据所选标准查看相对排名的差异。读者可以登录我们的网站以获得该模型。

	A	B	C	D	E	F	G	H	I	J	K
1	业绩测度指数										
2											
3											
4											
5		平均	标准	β	非系统	夏普	特雷诺	詹森	M^2	T^2	信息
6	基金	收益	差	系数	风险	比率	测度	指数	指数	指数	比率
7	α	0.280 0	0.270 0	1.700 0	0.050 0	0.814 8	0.129 4	−0.018 0	−0.001 5	−0.010 6	−0.360 0
8	Omega	0.310 0	0.260 0	1.620 0	0.060 0	0.961 5	0.154 3	0.023 2	0.023 5	0.014 3	0.386 7
9	Omicron	0.220 0	0.210 0	0.850 0	0.020 0	0.761 9	0.188 2	0.041 0	−0.010 5	0.048 2	2.050 0
10	Millennium	0.400 0	0.330 0	2.500 0	0.270 0	1.030 3	0.136 0	−0.010 0	−0.035 2	−0.004 0	−0.037 0
11	Big Value	0.150 0	0.130 0	0.900 0	0.030 0	0.692 3	0.100 0	−0.036 0	−0.022 3	−0.040 0	−1.200 0
12	Momentum Watcher	0.290 0	0.240 0	1.400 0	0.160 0	0.958 3	0.163 4	0.034 0	0.022 9	0.024 3	0.212 5
13	Big Potential	0.150 0	0.110 0	0.550 0	0.015 0	0.818 2	0.163 6	0.013 0	−0.000 9	0.023 6	0.866 7
14	标普指数收益	0.200 0	0.170 0	1.000 0	0.000 0	0.823 5	0.140 0	0.000 0	0.000 0	0.000 0	0.000 0
15	国库券收益	0.06		0							
16											
17	按夏普指数	平均	标准	β	非系统	夏普	特雷诺	詹森	M^2	T^2	信息
18	排序	收益	差	系数	风险	比率	测度	指数	指数	指数	比率

Excel 问题：

1. 检验电子表格中所包含的基金业绩测度方法。根据不同的业绩测度方法分别对基金进行排序。各种测度方法对基金的排名相同吗？有哪些因素可以为这个结果做出解释？

2. 如果你想将你投资组合中的所有风险资产都投资于某一个基金，你会选择哪一个？如果你投资较小金额于其中某个基金，以把它加入你的由市场指数所构成的投资组合中，你会选择哪一个？

□ 阿尔法（α）与业绩评价的关系

鉴于 α 在指数模型、CAPM 和其他风险—收益模型中的核心作用，你可能感到惊讶的是，我们没有遇到过这样的情况：α 是用于选择一个基金而不是另一个基金的标准。但是不要推断这个 α 并不重要！通过一些代数运算，我们可以推导出目前讨论的业绩指标与投资组合的 α 之间的关系。下表显示了这些关系。在所有情况下，你都可以看到，除非基金预计会产生正 α，否则不可能超越消极型市场指数投资。由于优秀的业绩需要正 α，所以它是最广泛使用的业绩指标。

	特雷诺测度（T_P）	夏普比率（S_P）	信息比率
和 α 的关系	$\frac{E(r_P)-r_f}{\beta_P}=\frac{\alpha_P}{\beta_P}+T_M$	$\frac{E(r_P)-r_f}{\sigma_P}=\frac{\alpha_P}{\sigma_P}+\rho S_M$	$\frac{\alpha_P}{\sigma(e_P)}$
相对于市场指数的改进	$T_P-T_M=\frac{\alpha_P}{\beta_P}$	$S_P-S_M=\frac{\alpha_P}{\sigma_P}-(1-\rho)S_M$	$\frac{\alpha_P}{\sigma(e_P)}$

* ρ 表示投资组合 P 与市场之间的相关系数，小于 1。

虽然正的 α 是必要的，但仅仅保证投资组合的绩效超过指数是不够的：利用错误定价意味着偏离完全分散化，这需要在非系统风险方面付出代价。共同基金可以实现正 α，但与此同时，其波动性可能会增加到使其夏普比率下降的水平。

□ 实施业绩评价：一个案例

为了说明标的投资组合评估的一些计算，让我们看一下过去 12 个月投资组合 P 的业绩。表 18.2 显示了每个月投资组合 P、替代投资组合 Q 和市场指数组合 M 的超额收益率。表 18.2 的底部两行提供了每个投资组合的样本平均值和标准差。根据这些，以及 M 对 P 和 Q 的回归，我们可以计算出必要的业绩数据，这些数据详见表 18.3。

表 18.2　投资组合 P、投资组合 Q 和市场指数组合 M 过去 12 个月内的超额收益率

月	投资组合 P（%）	投资组合 Q（%）	市场指数组合 M（%）
1	3.58	2.81	2.20
2	−4.91	−1.15	−8.41
3	6.51	2.53	3.27
4	11.13	37.09	14.41
5	8.78	12.88	7.71
6	9.38	39.08	14.36
7	−3.66	−8.84	−6.15
8	5.56	0.83	2.74
9	−7.72	0.85	−15.27
10	7.76	12.09	6.49

续表

月	投资组合 P（%）	投资组合 Q（%）	市场指数组合 M（%）
11	−4.01	−5.68	−3.13
12	0.78	−1.77	1.41
平均值	2.77	7.56	1.64
标准差	6.45	15.55	8.84

表 18.3 业绩数据

	投资组合 P	投资组合 Q	市场指数组合 M
夏普比率	0.43	0.49	0.19
M^2 指数	2.16	2.66	0.00
SCL 回归数据			
α	1.63	5.26	0.00
β	0.70	1.40	1.00
特雷诺测度	3.97	5.38	1.64
T^2 指数	2.34	3.74	0.00
$\sigma(e)$	2.02	9.81	0.00
信息比率	0.81	0.54	0.00
R^2	0.91	0.64	1.00

表 18.3 中的业绩数据表明，投资组合 Q 比 P 更激进，因为其 β 值明显更高（1.40 对 0.70）。与此同时，投资组合 P 的残差标准差较小，表明它比 Q 更好地分散了风险（2.02%对 9.81%）。这两个投资组合的业绩均优于基准市场指数组合 M，这可从其较高的夏普比率（因此有正的 M^2）及其正 α 值看出来。

根据报告的业绩，哪个投资组合更具吸引力？第一种情况，如果投资组合 P 或 Q 代表整个投资基金，那么 Q 基于其较高的夏普比率（0.49 对 0.43）和更高的 M^2（2.66%对 2.16%），将会更受欢迎。第二种情况，当投资组合 P 和 Q 正在竞争作为众多子资产组合之一的角色时，投资组合 Q 也占主导地位，因为其特雷诺测度值较高（5.38 对 3.97）。然而，作为与指数投资组合混合的积极型投资组合时，P 更受欢迎，因为其信息比率 $[\text{IR} = \alpha/\sigma(e)]$ 更高（0.81 对 0.54）。

因此，该例子说明评估投资组合的正确方法在很大程度上取决于投资组合如何去适应投资者的整体投资计划。

上述分析仅基于 12 个月的数据，这段时间太短，无法为结论提供统计意义。然而，分析说明了人们可能希望用更广泛的数据进行分析。我们的官网中提供了计算这些业绩指标的模型。

□ 选择偏误和投资组合估值

一个警告：无论是哪种业绩标准，一些基金在任何一年都将跑赢基准，而其他基金则表现不佳。表现优异者可能会吸引更多来自财经媒体和潜在投资者的兴趣。但要关注这些高于平均水平的基金并推断它们未来的业绩。

当我们决定共同基金的业绩入选是因为它们获得了成功，我们在评估它们的业绩时就需要非常谨慎。特别是，我们需要认识到，即使所有的管理者都同样熟练，少数

"赢家"各个时期会出现也是纯属偶然。随着成千上万的资金在运作，业绩最好的资金已经非常成功，即使这些结果反映了运气，而不是技能。下面的"市场前沿"专栏强调了根据过去部分业绩选择基金样本时可能出现的问题。

市场前沿

麦哲伦基金和市场有效性：评估货币经理的业绩

富达的麦哲伦基金（Magellan）在其经理彼得·林奇退休后的13年里，有11个年份的业绩优于标准普尔500指数。这样的业绩与有效市场假说一致吗？不经意的统计分析给出了否定的答案。

如果胜出市场的业绩像掷硬币一样，正如我们在所有证券均公平定价的情形中所看到的，那么对于任意选出的经理而言，在13年里有11个年份业绩胜出的概率仅为0.95%，或者1/105。然而，麦哲伦基金并不是随意选出的基金。相反，在13年的"比赛"后，该基金是当之无愧的胜出者。假定我们的选择集中于货币管理竞赛的胜出者，当我们发现其业绩远远高于平均水平时，还应该感到惊讶吗？显然不应该。

一旦我们选择某项基金完全是因为它的业绩好于其他基金，预期业绩的合理基准就不再是一个如标准普尔500的标准指数。基准应该是从随机样本基金中选出的表现最佳的基金业绩。

作为一个类比，考虑掷硬币比赛的例子。如果50个比赛者掷硬币13次，胜出者在13次中有11次掷出人头，我们不应该认为这是胜出者的硬币有偏误的证据。相反，我们应该意识到，在50个参赛者的比赛中，胜出者实际上掷出11个以上人头的概率本来就应该大于40%。（相比之下，随机选择的硬币，如果在13次中有11次掷出人头，将被认为是高度可疑的。）

那么我们应该怎样评价那些在（近期）财务刊物上以胜出者面貌出现的经理的业绩呢？我们知道，事实过后，有些经理还可能会非常幸运。当经理的业绩如此之好以至在对选择性偏误——事后胜出者的选择——进行了解释以后，我们依然不能将这样的业绩解释为偶然。

选择性偏误和业绩基准

考虑这样一个实验。让50个货币经理掷硬币13次，并记录下任何一个参赛者掷出的最大人头数。（如果市场是有效的，硬币出现人头的概率和货币经理击败市场的概率是一样的。）现在重复这一比赛，再一次记下获胜者掷出的人头数。将此试验重复10 000次。当我们完成实验的时候，我们可以计算在10 000次试验中获胜者掷出的人头数的频率分布。

下表（第一栏）显示了计算机模拟的此项试验的结果。该表显示，9.2%的胜出者其掷出的人头数是9；对于47.4%的胜出者而言，10个人头已经足以成为最佳经理。有趣的是，在43.3%的尝试中，胜出者的人头数是11或者更高。

最佳业绩基金经理13年中成功年数的频率分布（%）

获胜年	参赛的经理			
	50	100	250	500
8	0.1	0	0	0
9	9.2	0.9	0	0
10	47.4	31.9	5.7	0.2
11	34.8	51.3	59.7	42.3
12	7.7	14.6	31.8	51.5
13	0.8	1.2	2.8	5.9
最佳业绩的均值（年）	10.43	10.83	11.32	11.63

在这种背景下，麦哲伦基金的业绩依然令人印象深刻，但不是那么令人惊讶了。模拟结果显示，在经理的大样本中，运气本身就会提供43.3%的概率，使得在13年里有11年击败市场。对所有的10 000次实验作平均，在13年中，要足以使某人成为最受信赖的经理，其胜出年份的平均数是10.43。

因此，一旦我们意识到麦哲伦基金并不是一个随机选择的基金，而是这样一个基金，它与50个以上的经理相比，其业绩胜出并引起了我们的注意，该基金击败市场的频率不再高得足以对市场有效性构成挑战。实际上，在5%的置信水平下，我们不会拒绝其业绩源于幸运的假设。

上表中其他各栏显示了在其他样本规模下，胜出者胜出数目的频率分布（类似地，最佳经理击败市场的年份也与此相同）。并不出乎意料的是，当经理集合增大的时候，预期的最佳业绩将稳定增长……通过以此作为最佳业绩的频率分布基准，而不是使用平均业绩，该表告诉我们，应该在最近的投资权威报告中增加多少怀疑。

资料来源：Alan J. Marcus, "The Magellan Fund and Market Efficiency," *The Journal of Portfolio Management*, Fall 1990, 85-86. Used with permission of Institutional Investor Inc., www.iijournals.com. All Rights Reserved.

当我们将基金样本限制在那些在整个样本期间收益率都可得的基金时，另一个选择偏误又出现了。这种做法意味着我们不考虑那些在样本期间已经关闭的基金。随后的偏差被称为**生存偏差**（survivorship bias）。事实证明，当只有少数基金失败时，生存基金业绩中向上的偏误可以很大。大多数共同基金数据库现在包含失败的资金，使样本可以防止生存偏差。

生存偏差：在样本期间，因为失败的基金的失误所导致的基金平均业绩的向上偏误。

18.2 风格分析

指数模型回归可以被视为衡量和描述投资组合经理投资风格的一种方式。具有高β的投资组合被称为周期型或激进型，因为它们对经济发展的反应更明显。低β的投资组合被描述为防御型的。多因素模型概括了这一观点，描述了投资组合对多个风险因素或细分市场的暴露程度。每一种风险敞口都可以被视为一种隐含的资产配置决策。

风格分析由威廉·夏普（William Sharpe）[①] 引入，可作为系统地衡量所管理的投资组合的风险敞口的工具。这一概念经由一项著名的研究[②]得到了进一步普及，该项研究得出结论：82只共同基金的收益率变动中的91.5%可由基金资产对国库券、债券和股票的配置得到解释。虽然后来的研究对这些结果的确切解释产生了问题，但人们普遍认为，资产配置是造成各基金投资业绩变化的主要原因。

夏普的想法是，使用代表一系列资产类别的指数对基金收益率作回归。每种指数的回归系数将衡量对该种“风格”的隐含配置。由于基金不允许卖空，回归系数被限定为0或者为正并且加总等于100%，以代表一个完整的资产配置。回归的系数可以衡量可归因于证券选择效应的收益率变动的百分比。接着，回归的R^2将衡量归因于风格选择而不是证券选择的收益率波动的百分比。截距衡量的是基金组合由于证券选择产生的平均收益。因此，它跟踪样本期间证券选择的平均成功率。

---

① William F. Sharpe, "Asset Allocation: Management Style and Performance Evaluation," *Journal of Portfolio Management*, Winter 1992, pp. 7-19.

② Gary Brinson, Brian Singer, and Gilbert Beebower, "Determinants of Portfolio Performance," *Financial Analysts Journal*, May/June 1991.

为了说明夏普的这种方法，我们在 1986 年 10 月—1991 年 9 月著名基金经理彼得·林奇任职期间，使用富达麦哲伦基金的月收益率，结果如表 18.4 所示。虽然此分析中包括七个资产类别（其中六个由股票指数代表，一个是替代国库券），但回归系数为正的只有三个，即大盘股、中盘股和高市盈率（增长）股票。仅这些投资组合就解释了麦哲伦收益率方差的 97.5%。换句话说，将三种风格的投资组合按照表 18.4 中给出的权重组成的跟踪投资组合将解释麦哲伦绝大多数月度表现的变化。我们由此得出结论：三种风格的投资组合很好地解释了基金的收益率。

表 18.4　富达麦哲伦基金的风格分析

风格投资组合	回归系数
国库券	0
小盘股	0
中盘股	35
大盘股	61
高市盈率（增长）	5
中市盈率	0
低市盈率（价值）	0
总计	100
R^2	97.5

资料来源：作者的计算。麦哲伦基金的收益数据来自 finance. yahoo. com/funds；风格投资组合的收益数据来自肯尼恩·弗伦奇的个人网页：mba. tuck. dartmouth. edu/pages/faculty/kenfrench/data _ library. html。

不能由资产配置解释的收益率变动比例可归因于资产类别内部的证券选择，以及资产配置期间的周期变化。对麦哲伦而言，这一数字是 100－97.5＝2.5（%）。这种结果通常被解释为反对证券选择重要性的证据，但这样的结论忽略了这种回归中截距的重要作用。（回归的 R^2 可以是 100%，但由于持续优异的选股，截距可能是正数。）对于麦哲伦来说，截距是每月 32 个基点，5 年间提供的累计异常收益率为 19.19%。图 18.4 显示了麦哲伦在这一时期的卓越表现，它绘制了截距加上月度残差的复合影响，月度残差与个人风格投资组合和证券市场线构成的简单 CAPM 基准组合而成的跟踪投资组合有关。

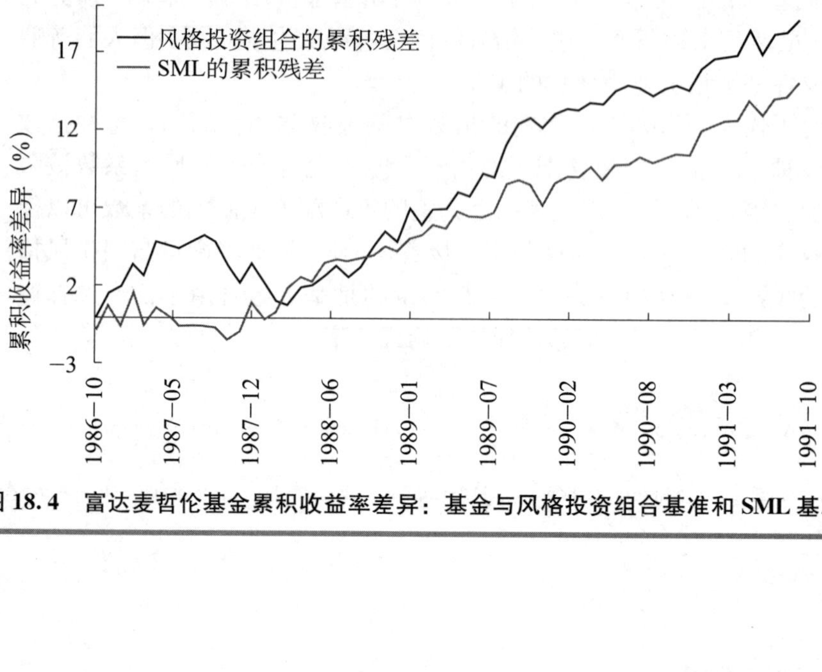

图 18.4　富达麦哲伦基金累积收益率差异：基金与风格投资组合基准和 SML 基准

当然，麦哲伦的持续正残差收益率（反映在累积收益率差异的稳定增长上）并不常见。图 18.5 显示了 636 只共同基金平均残差的频率分布。该分布类似钟形，每月的均值略微为负，为－0.074％。

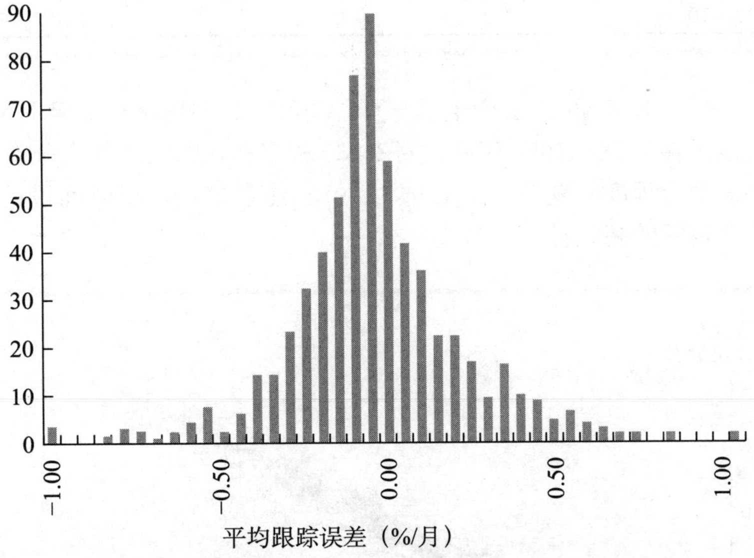

图 18.5　1985—1989 年 636 只共同基金的平均跟踪误差

资料来源：William F. Sharpe，“Asset Allocation：Management Style and Performance Evaluation，” *Journal of Portfolio Management*，Winter 1992，pp. 7－19.

风格分析在投资管理行业已经非常流行，并且有了夏普方法的多个变种。很多投资组合经理利用一些网站，这些网站帮助投资者识别其风格和股票选择业绩。

18.3　晨星的风险调整评级

作为共同基金信息第一来源的晨星公司的商业成功，使该公司的风险调整评级（Risk Adjusted Rating，RAR）成为最广泛使用的业绩评价方法之一。晨星的五星评级受到其服务所覆盖的成千上万名经理的瞩目。

晨星公司计算一系列 RAR 业绩评价指标，这些指标虽然不完全等同于标准的均值—方差指标，但也非常相似（想要了解更多内容，请参考本书第 4 章）。其中最突出的指标——晨星的星级评级（Star Rating）——建立在每种基金和同等组别的对比之上。每种基金的同等组别以基金的投资范围（如国际、增长与价值、固定收益等）和组合特征为基础进行选择。这些组合特征包括平均价格—账面价值比率、市盈率和市场资本化。

晨星计算基金收益率（对负荷进行调整）和风险测度指标，这些风险测度指标建立在最差年份的基金业绩的基础上。风险调整业绩在一个风格组别中进行排序，然后按照下表中的方法赋予星级数量：

百分位	星级数量
0～10	1
10～32.5	2
32.5～67.5	3
67.5～90	4
90～100	5

晨星的 RAR 方法产生了与夏普均值—方差比率类似但不完全相同的结果。图 18.6 显示了在 1994—1996 年间，对 1 286 种多样化的权益基金分别按照 RAR 和夏普比率排序的契合程度。夏普（Sharpe，1997）注意到，这个时间段的突出特征是有助于达成契合良好的高收益率。

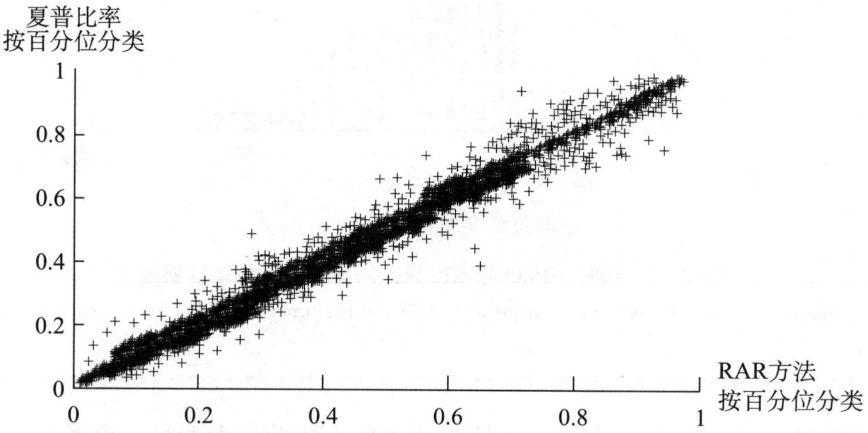

图 18.6　分别按照晨星 RAR 方法和夏普比率超额收益率排序的契合程度

资料来源：William F. Sharpe (1997), "Morningstar Performance Measures," www. stanford. edu/～wfsharpe/art/stars/stars0. htm.

18.4　针对投资组合组成变化的业绩衡量

风险调整技术的一个潜在问题是，我们假设投资组合风险（无论是用标准差衡量，还是用β值衡量）在相关时期内是恒定的。当投资组合经理认为市场要增长时，她会提高投资组合的β值，反之会降低β值，在这段时期内，标准差和β值都会变化。这会严重影响我们的业绩评价，如下面的案例所示。

案例 18.3

投资组合构成变化

假设一个市场指数基金的夏普比率是 0.4。第一年，基金经理执行了一个低风险的策略，其年化平均超额收益率是 1%，而标准差为 2%。其夏普比率是 0.5，这就胜过了消极型策略。

在下一年中，这个经理发现了一个高风险的策略更优，其年化平均超额收益率是 9%，而标准差为

18%，其夏普比率也是 0.5。在这两年内，这个经理都保证了比消极型策略更好的夏普比率。

图 18.7 显示，每个季度的年化收益率和我们上文的描述一致。在第一个四季度期间，超额收益率分别是−1%、3%、−1%和 3%，其均值和标准差也和我们预测的相同，分别是 1%和 2%。而在第二个四季度期间，超额收益率分别是−9%、27%、−9%和 27%，均值和标准差仍然和高波动性时期相同，分别为 5%和 13.42%，其夏普比率只有 0.37，明显比消极型策略更差。

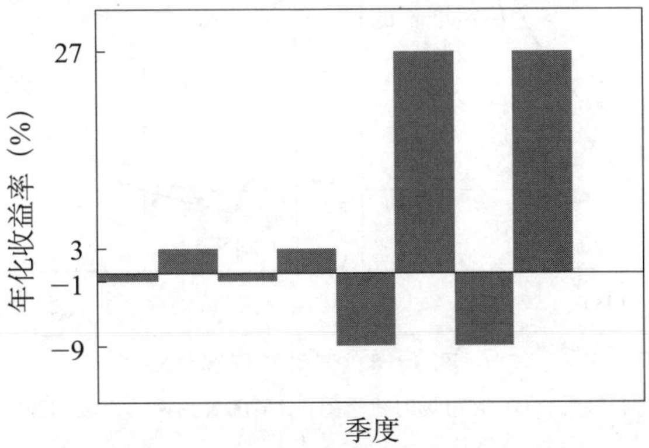

图 18.7　投资组合收益率：后四个季度的收益率比前四个季度的波动更大

案例 18.3 中发生了什么？平均值从前四个季度转移到下一个季度并未被视为战略转变。相反，两年平均收益的差异增加了投资组合收益的波动性。具有更高平均收益率的积极型策略表面上具有更高的风险，这使得夏普比率的预测值更低了。我们由此得出结论：对于积极管理的投资组合，有必要跟踪投资组合的构成以及投资组合平均收益率和风险的变化。当我们在本章后半部分研究市场时机选择时，我们会看到这个问题的另一个例子。

18.5　市场时机选择

投资组合风险变化的潜在重要驱动因素是**市场时机选择**（market timing）。简单来说，市场时机选择涉及在市场指数投资组合和安全资产之间的转换，具体取决于市场指数的收益率是否会超过安全资产。在实践中，大部分经理并不在国库券和市场组合之间进行完全转换。当市场预期会有良好的业绩时，我们如何评价向市场的部分转换呢？

市场时机选择：基于相对业绩表现的预测，基金投资策略在风险投资组合和现金之间的转换。

为简化起见，假设投资者只持有市场指数投资组合和国库券。如果市场的权重是恒定的，比如为 0.6，那么投资组合 β 也将是不变的，如图 18.8（A）所示，证券特征线（security characteristic line，SCL）将是一条斜率为 0.6 的直线。但是，如果在市场表现良好的时期，投资者可以正确地选择时机并将资金转移到市场中，SCL 将如图 18.8（B）所示。如果可以预测牛市和熊市，当市场更有可能上涨时，投资者将更多地将资金投向市场。当 r_M 较高时，投资组合的 β 和 SCL 的斜率将更高，最终会出现图 18.8（B）中的曲线。

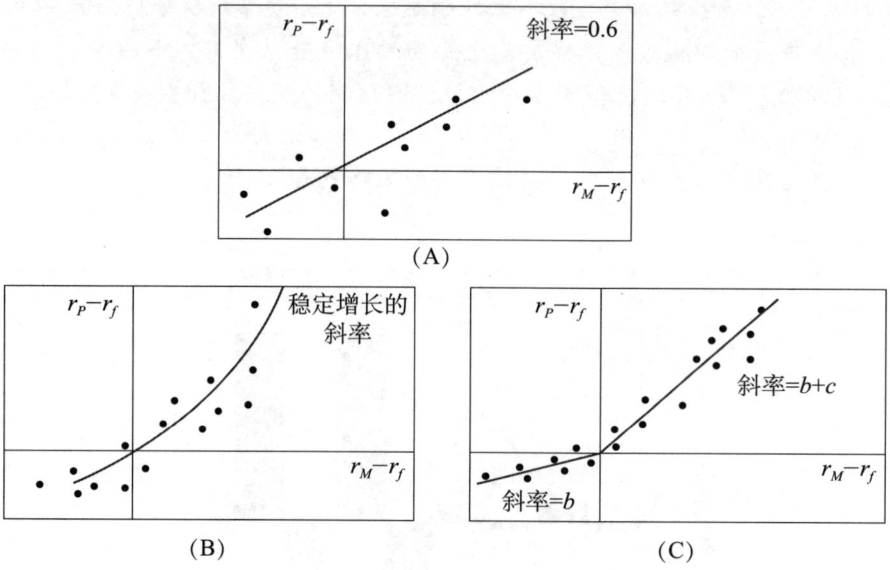

图 18.8 证券特征线

说明：(A) 没有市场时机选择，β 值为常数。(B) 有市场时机选择，β 值随着预期的市场超额收益稳定增长。(C) 只有两个 β 值的市场时机选择。

特雷诺和玛泽（Treynor and Mazuy，1966）[①] 是第一个提出通过在一般线性指数模型中增加平方项来进行估计的：

$$r_P - r_f = a + b(r_M - r_f) + c(r_M - r_f)^2 + e_P$$

式中，r_P 为投资组合的收益率；a，b 和 c 通过回归分析计算得出。如果 c 是正的，我们有时机选择能力的证据，因为最后一项将使特征线更陡峭，且使得 r_M-r_f 更大。特雷诺和玛泽利用许多共同基金的数据测试了这个等式，但他们几乎没有发现时机选择能力的证据。

亨里克森和默顿（Henriksson and Merton）[②] 提出了一种类似但更简单的方法。两位作者认为，投资组合的 β 只需要两个值：如果预期市场表现良好则为较大值，否则为较小值。在此方案下，投资组合的特征线如图 18.8（C）所示。该线的回归方程为

$$r_P - r_f = a_P + b_P(r_M - r_f) + c_P(r_M - r_f)2 + e_P$$

式中，D 为虚拟变量，当 $r_M>r_f$ 时等于 1，否则为 0。因此，投资组合的 β 在熊市中是 b，在牛市中是 $b+c$。同样，c 的正值意味着市场时机选择能力。他们也没有发现这种能力的证据。

为了说明如何对市场时机进行测试，请返回表 18.2，其中包含两个管理的投资组合（P 和 Q）以及市场指数 M 的 12 个月的超额收益率。将每个投资组合关于市场指数 M 和这些收益的平方作回归，可以得到以下公式：

$$r_Q - r_f = a_Q + b_Q(r_M - r_f) + c_Q(r_M - r_f)^2 + e_Q$$

$$r_Q - r_f = a_Q + b_Q(r_M - r_f) + c_Q(r_M - r_f)^2 + e_Q$$

你可以得出下面的统计数据。括号中的数字表示的是对照组的数据：它们是表

① Jack L. Treynor and Kay Mazuy, "Can Mutual Funds Outguess the Market?" *Harvard Business Review* 43 (July-August 1966).

② Roy D. Henriksson and R. C. Merton, "On Market Timing and Investment Performance. Ⅱ. Statistical Procedures for Evaluating Forecast Skills," *Journal of Business* 54 (October 1981).

18.3 中单变量回归的回归估计值。

估计值	投资组合	
	P	Q
$\alpha(a)$	1.77 (1.63)	−2.29 (5.26)
$\beta(b)$	0.70 (0.70)	1.10 (1.40)
时机（c）	0.00	0.10
R^2	0.91 (0.91)	0.98 (0.64)

没有证据证明投资组合 P 尝试了选择时机：其时间系数 c 的估计值为零。目前尚不清楚这是不是因为没有在时机上做出任何尝试，或者因为任何选择市场时机的努力都是徒劳的，并且只是导致不必要地增加了投资组合的波动性。

然而，投资组合 Q 的结果表明，Q 很有可能尝试了时机选择。这里系数 c 为正，估计值为 0.10。因此，有证据表明，正确的时机选择被不成功的选股（a 为负数）所抵消。请注意，α 的估计值为−2.29%，而不是从不允许时机选择行为的回归方程中得出的估计值 5.26%。

这个例子说明了常规业绩评价方法的不足之处，这些方法假定了不变的平均收益和不变的风险。市场时机选择者不断进出市场，从而改变了 β 和平均收益率。因此，时机选择提供了另一个投资组合构成和风险变化的实例，使业绩评价的工作变得复杂。虽然扩展后的回归囊括了这种可能性，但简单的 SCL 却没有。业绩评价的重点在于，扩展后的回归可以捕捉到投资组合构成变化的许多影响，这些影响会混淆更多传统的均值—方差度量。

□ 市场时机选择的潜在价值

假设我们将完美的市场时机选择定义为能够在每年年初（确切地）判断标准普尔 500 指数组合是否会超过全年滚动投资为期一个月的国库券的策略。因此，在每年年初，市场时机选择者将所有资金转换为现金等价物（国库券）或股票（标准普尔投资组合），取决于哪个策略预期有更高的收益。从 1926 年 12 月 31 日的 1 美元开始，与在整个期间将资金保留在股票或国库券中的投资者相比，完美的市场时机选择者将如何在 2016 年 12 月 31 日结束为期 90 年的实验？

表 18.5 列出了根据国债和股权的历史年收益率计算得出的三种消极型投资策略的汇总统计数据。从股票和国债的收益率来看，我们计算了全国国债和全股权投资的财富指数，并展示了这些投资者在 2016 年底获得的终值。每年完美的市场时机选择者的收益率是股票和国债的收益率中的最大值。

表 18.5　国债、股票和完美的（年度）市场时机选择者（初始投资为 1 美元）

	国债	股票	完美的市场时机选择者
终值	20 美元	5 143 美元	617 929 美元
算术平均值	3.43%	11.66%	16.51%
标准差	3.15%	19.97%	13.38%
几何平均值	3.38%	9.96%	15.97%
最大值	14.71%	56.38%	56.38%
最小值*	−0.02%	−43.73%	0.00%
偏度	1.02	−0.42	0.73
峰度	0.94	0.10	−0.15

* 在 1940 年，国债的利率出现了负值。早期数据系列中使用的国债实际上不是国库券，而是还有 30 天到期的长期国债。

表 18.5 的第一行显示，在 90 年（1926—2016 年）期间投资 1 美元的国债的终值为 20 美元，而相同的初始投资的股票终值为 5 143 美元。我们在第 5 章中讨论过，与终值的差异一样令人印象深刻的是，最好将其解释为对股票投资者承担的风险的公平补偿。而年化收益率的差异仅为 8.23%，这似乎并不那么引人注目。

现在观察到完美的市场时机选择者的终值是 617 929 美元，比全股票策略已经很大的终值还增加了 120 倍！事实上，这个结果甚至比它看起来更好，因为市场时机选择者的收益率是真正无风险的。这是典型案例，其中较大的标准差（13.38%）与风险无关。因为市场时机选择者永远不会收到低于无风险利率的收益率，因此标准差仅是对意外惊喜的度量。

市场时机选择者分布的正偏度（0.73，与股票的负偏度相比）表明极端值都是正值。这一杰出业绩的另一个标志是最小和最大收益率——市场时机选择者的最小收益率等于零（1940 年），最大收益率为 56.38%，是股票的最大收益率（1933 年）。市场时机选择者避免了股票的所有负收益（1931 年低至−44%）。

□ 将市场时机选择作为一个看涨期权估值

分析完美的市场时机选择的收益模式的关键是，将具有完美预测能力的投资者的收益与其他持有股票投资组合看涨期权的投资者（无须为此付出代价）的收益进行比较。这些市场时机选择者将资金 100%地投资于安全资产或股票投资组合，具体投资哪一类资产则取决于哪类资产提供了更高的收益率。收益率至少是无风险利率，见图 18.9。

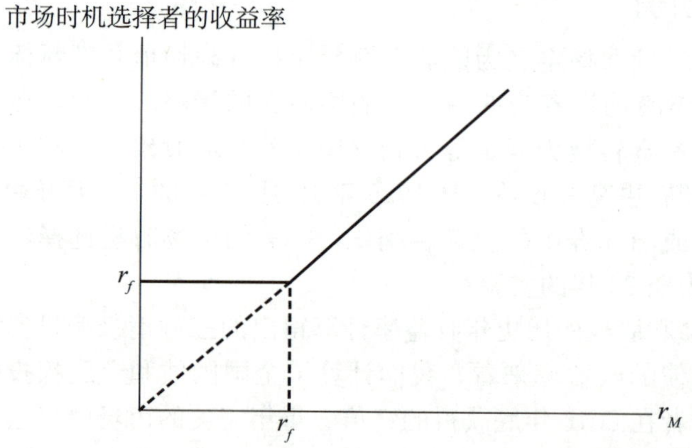

图 18.9　作为市场指数收益率的函数的完美市场时机选择者的收益率

为了说明信息的价值是怎样被看成期权的，我们假设市场指数现在是 S_0，且该指数的看涨期权的执行价格是 $X=S_0(1+r_f)$。如果在接下来的一个时期内，股票市场的收益率高于国债的收益率，那么 S_T就将大于 X，否则，S_T就将小于 X。现在我们来看看由该期权和投资 S_0美元购买国债组成的投资组合的收入是多少：

$S_T<X$	$S_T\geqslant X$	
国债	$S_0(1+r_f)$	$S_0(1+r_f)$
看涨期权	0	S_T-X
合计	$S_0\ (1+r_f)$	S_T

当市场呈现熊市特征时（也就是说，当市场收益率低于无风险利率时），投资组合的收益率等于无风险利率；当市场呈现牛市特征时，即市场收益率高于国债收益率时，投资组合的收益率等于市场收益率。这样的投资组合就是完美的市场时机选择者。[1]

因为预测具有更好业绩的投资的能力相当于在市场上获得（免费的）看涨期权并将其添加到国债头寸中，所以我们可以使用期权定价模型去给完美的市场时机选择能力定价。这个价值将构成完美市场时机选择者可以向投资者收取的服务费。

对于 1 美元的股权投资组合，完美市场时机选择者的看涨期权的执行价格是国债投资的最终价值。使用连续复利，则等于 1 美元$\times \mathrm{e}^{rT}$。当你使用布莱克-斯科尔斯公式得出的执行价格去计算看涨期权的价值时，公式将大幅简化为[2]

$$\text{MV}(\text{每 1 美元资产的完美市场时机选择者}) = C = 2N\left(\frac{1}{2}\sigma_M\sqrt{T}\right) - 1 \qquad (18.3)$$

目前我们假设的都是年化的预测，也就是 $T=1$ 年。当 $T=1$ 时，表 18.5 中股票的标准差为 19.97%，我们可以计算出看涨期权的价值是 7.95 美分，或者说是股权投资组合价值的 7.95%。[3]

□ 不完美预测的价值

美国亚利桑那州图森市的一个总是预报“无雨”的天气预报员也许在 90%的时间内都是正确的，但是这种“停止时钟”策略的高成功率并不能说明他的预测能力。同样地，我们也不能把所有的正确预测都用来衡量预测市场的能力。如果市场在 3 天中有 2 天上升，那么，一个总是预测市场上涨的预言家就有三分之二的成功率，但这个成功率并不能用来衡量他的预测能力。我们既要检验正确预测牛市（$r_M > r_f$）的比率，也要检验正确预测熊市的（$r_M < r_f$）的比率。

如果我们把正确预测牛市的比率称为 P_1，把正确预测熊市的比率称为 P_2，那么 $P_1 + P_2 - 1$ 就是衡量时机选择能力的重要指标。例如，一个总是预测正确的预言家，他的 $P_1 = P_2 = 1$，他的预测能力是 $P_1 + P_2 - 1 = 1$（100%）；一个总是赌市场下跌的分析家对牛市总是预测错误（$P_1 = 0$），但对所有的熊市都将“预测”正确（$P_2 = 1$），他最终的市场时机选择能力将是 $P_1 + P_2 - 1 = 0$。

概念测验 18.3

如果一个人通过掷硬币来预测市场走向，那么他的市场时机选择能力的评分是多少？

扫描二维码
获取答案解析

默顿表明，不完美市场时机选择的价值等于看涨期权的一部分。不完美市场时机选择者的价值就等于完美市场时机选择者的看涨期权的价值乘以市场时机选择能力的衡

① 市场时机选择和期权之间的类比，以及随之产生的估值模型来自 Robert C. Merton, “On Market Timing and Investment Performance: An Equilibrium Theory of Value for Market Forecasts,” *Journal of Business*, July 1981.

② 令等式（16.1）中的 $S_0 = 1$ 美元，即股票投资组合的现值，且从第 16 章的等式（16.1）可知 $X = 1$ 美元$\times \mathrm{e}^{rT}$，你将得到等式（18.3）。

③ 这低于表 18.5 中显示的完美市场时机选择者的历史平均超额收益率。这反映了以下事实：市场时机选择的实际价值对收益分布中的“厚尾”很敏感，然而，布莱克-斯科尔斯假设存在一个对数正态分布。

量指标，P_1+P_2-1。

$$\begin{aligned} \text{MV}(\text{不完美的市场时机选择者}) &= (P_1+P_2-1)\times C \\ &= (P_1+P_2-1)\left[2N\left(\frac{1}{2}\sigma_M\sqrt{T}\right)-1\right] \quad (18.4) \end{aligned}$$

由正确的市场时机选择能力所能带来的巨大收益以及相对稀少的亿万富翁可以看出，完美市场时机选择并不具有现实性，而我们所能实现的只能是非常不完美的市场时机选择。

18.6 业绩归因程序

实际操作者们往往只想确定哪个决策将导致较好的或较差的业绩，他们并不关注风险调整收益率。较好的投资业绩取决于在正确的时机购买"正确"的证券的能力。这种选择时机和投资对象的能力可以从一个较宽泛的角度来考察，例如，在市场表现好时应投资于股票而不是投资于固定收益证券。这种能力也可以被更具体地定义，例如定义为在某特定的产业中选出业绩相对较好的股票的能力。

投资组合管理人总是既要做出宏观的资本市场配置决策，又要做出更为具体的各市场内部的行业和证券分布决策。业绩解析研究试图将总的业绩分成几个独立的部分，并将各部分收益归功于不同层次的决策。

归因分析从最广泛的资产配置选择开始，并逐渐集中于非常具体的投资组合选择上。有管理的投资组合的业绩和基准投资组合的业绩之间的差异可以表达为投资组合构建过程中的一系列不同水平的决策对业绩贡献的总和。例如，一个普通的业绩归因系统将把业绩分解成三个部分：(1) 在股票、固定收益证券和货币市场之间做出的广泛的资本市场配置选择；(2) 在各市场内部进行的产业（部门）选择；以及 (3) 在各部门内进行的证券选择。

标准收益率：人们评价投资经理的业绩时所使用的基准投资组合的收益率。

业绩归因方法解释了一个有管理的投资组合 P 与所选基准投资组合 B 之间的收益差异，这个基准投资组合的业绩水平就是**标准收益率**（bogey）。标准收益率衡量的是在遵循完全消极的投资策略时，投资组合管理人可以获得的收益率。这里的"消极"有两个属性。首先，这意味着跨资产类别的资金配置是根据跨部门的"正常"或中性分配的概念设定的。这将被视为消极型资本市场配置。其次，这意味着在每个资产类别中，投资组合经理持有指数投资组合，例如股票行业的标准普尔 500 指数。通过这种方式，被当成业绩基准的消极型策略排除了资产配置以及证券选择决策。经理的收益与消极型基准的任何偏离都必须归因于资产配置投注（偏离市场中性资产配置）或证券选择投注（偏离资产类别中的消极型指数）。

虽然我们已经在前面的章节中讨论了在行业内进行指数化的理由，但仍然值得简要解释一下如何在广泛的资产类别中确定中性资金分配。被指定为"中性"的权重将取决于投资者的风险承受能力，并且必须在与客户协商后确定。例如，风险承受能力较强的客户可能将其大部分投资组合放在股票市场中，或许可以指示基金经理设定75%的股权、15%的债券和10%的现金等价物的中性权重。任何与这些权重的偏差必须通过相信一个或另一个市场将超过或低于其一般的风险—收益情况来证明。相比之下，更多愿意规避风险的客户可能会将三个市场的中性权重设定为 45%/35%/20%。因此，他们在正常情况下的投资组合风险将低于风险承受能力较强的客户。只有对市场表现的故意投注才会导致偏离此权重。

为了说明，我们考虑一个假设的投资组合的业绩归因结果。该投资组合投资于股票、债券和货币市场证券。归因分析见表 18.6 至表 18.9。该月的投资组合收益率为 5.34%。

表 18.6　有管理的投资组合的业绩

标准收益率业绩与超额收益率		
组成	标准权重	指数的月收益率（%）
股票（标准普尔 500 指数）	0.60	5.81
债券（雷曼兄弟指数）	0.30	1.45
现金（货币市场）	0.10	0.48
标准收益率=(0.60×5.81)+(0.30×1.45)+(0.10×0.48)=3.97%		
有管理的投资组合的收益率		5.34
−基准投资组合的收益率		3.97
有管理的投资组合的超额收益率		1.37

表 18.7　业绩归因

（A）资产配置对业绩的贡献

市场	（1）市场上的实际投资权重	（2）市场的基准投资权重	（3）超额投资权重	（4）指数的收益率（%）	(5)=(3)×(4) 对业绩的贡献（%）
股票	0.70	0.60	0.10	5.81	0.581 0
固定收益证券	0.07	0.30	−0.23	1.45	−0.333 5
现金	0.23	0.10	0.13	0.48	0.062 4
资产配置的贡献					0.309 9

（B）证券选择对总业绩的贡献

市场	（1）投资组合业绩（%）	（2）指数的业绩（%）	（3）超额业绩（%）	（4）投资组合的权重	(5)=(3)×(4) 贡献（%）
股票	7.28	5.81	1.47	0.70	1.03
固定收益证券	1.89	1.45	0.44	0.07	0.03
市场内证券选择的贡献					1.06

表 18.8　股票市场内的部门选择

	(1) 月初的投资权重（%）	(2)	(3)	(4)	(5) =(3)×(4)
部门	投资组合	标准普尔 500	权重差（%）	部门收益率（%）	部门分配的贡献（%）
基础材料	1.96	8.3	−6.34	6.9	−0.437 5
工商服务	7.84	4.1	3.74	7.0	0.261 8
资本品	1.87	7.8	−5.93	4.1	−0.243 1
周期性消费品	8.47	12.5	−4.03	8.8	−0.354 6
非周期性消费品	40.37	20.4	19.97	10.0	1.997 0
信用敏感部门	24.01	21.8	2.21	5.0	0.110 5
能源	13.53	14.2	−0.67	2.6	−0.017 4
技术	1.95	10.9	−8.95	0.3	−0.026 9
总计					1.289 8

在表 18.6 中，中性权重设定为 60%的股票、30%的固定收益和 10%的现金（货币市场证券）。由 60/30/10 权重的每个指数投资组成的组合的标准收益率为 3.97%。管理投资组合的业绩是正的，等于其实际收益减去标准收益率：5.34－3.97＝1.37%。下一步是将 1.37%的超额收益率分配给贡献这一收益的每个独立的决策。

□ 资产配置决策

表 18.7 显示，在本月，基金经理确定了在股票、固定收益证券和现金等价物上的投资权重分别为 70%、7%和 23%。为了将基金管理人进行的资产配置选择所产生的效果分离出来，我们来衡量一个合成的投资组合的业绩，该投资组合对各个市场的市场指数按 70/7/23 的权重进行投资。该收益率衡量了由于投资权重偏离标准权重 60/30/10 但没有管理人对各市场内选出的股票进行积极管理的情况下所带来的收益。

在收益水平高于基准水平的市场上增加投资，在表现差的市场上减少投资，可以使业绩超过基准水平。资产配置对所获得的较优异的业绩所作的贡献等于各市场的超额投资权重分别与各市场指数的超额收益率（各市场指数的收益率超过标准收益率的那一部分）的乘积的和。

表 18.7（A）说明，在 137 个基点的投资组合总超额收益率中，资产配置贡献了 31 个基点。而导致这个月的优异业绩的主要因素是，当股票市场的收益率较高，达到 5.81%时，组合加大了对股票的投资权重。

□ 部门和证券选择决策

如果表 18.7（A）中 0.31%的超额收益率可以归因于正确的市场间资产配置，那么其余 1.06%的收益率就必然是由各市场内部的部门选择以及证券选择决策而产生。表 18.7（B）详细说明了有管理的投资组合中部门和证券选择对总业绩所做出的贡献。

表 18.7（B）说明了有管理的投资组合中股票部分的收益率为 7.28%，而标准普尔 500 的收益率是 5.81%，固定收益证券的收益率是 1.89%，雷曼兄弟指数的收益率是 1.45%。股票和固定收益证券的超额业绩分别乘以投资组合在该市场上的投资比重，然后加总，就等于 1.06%，这就是部门和证券选择对业绩所做的贡献。

表 18.8 根据市场内各部门的数据记录了股票市场业绩的具体来源。前 3 列详细列出了资金在股票市场的配置情况，并与标准普尔 500 的部门构成权重进行了比较。第（4）列说明了各部门的收益率。第（5）列代表的是部门投资权重的差异乘以部门的相对业绩。

注意，这种好的业绩表现（正的贡献）是因为加大了在绩优部门（例如非周期性消费品）的投资比重。投资组合的股票部分由于部门选择正确而产生的超额收益率是 1.29%。表 18.7（B）第（3）栏表明，投资组合的股票部分的业绩总体来说比标准普尔 500 要高 1.47%，所以我们可以得出结论：剩下的超额收益率部分，即 1.47%－1.29%＝0.18%，应归功于投资组合的股票部分的业绩。

我们也可以对投资组合的固定收益部分进行类似的部门分析，不过详细结果就不在这里说明了。

Excel 应用

业绩归因

Excel 模型“业绩归因”建立在 18.5 节出现的案例上。该模型使你能确定不同的配置方法，并对不同的业绩进行部门解析和权重分析。

通过使用我们网站 www.whhe.com/bkm 上的交互式版本，你可以学到更多关于此电子表格模型的知识。

	A	B	C	D	E	F
1	业绩归因					
2						
3						
4	标准收益率					
5	组合的		基准	指数	投资组合	
6	构成	指数	权重	收益率	收益率	
7	股票	标准普尔 500	0.6	5.810 0%	3.486 0%	
8	债券	雷曼指数	0.3	1.450 0%	0.435 0%	
9	现金	货币市场	0.1	0.480 0%	0.048 0%	
10			标准收益率		3.969 0%	
11						
12		有管理的				
13		投资组合的	投资组合的	实际	投资组合的	
14		收益率	权重	收益率	收益率	
15		股票	0.70	7.280 0%	5.096 0%	
16		债券	0.07	1.890 0%	0.132 3%	
17		现金	0.23	0.480 0%	0.110 4%	
18			有管理的投资组合的收益率		5.338 7%	
19			超额收益率		1.369 7%	

Excel 问题：

1. 如果在三个市场中，实际权重分别是 75/12/13，而不是 70/17/13，对资产配置整个业绩的归因来说会发生什么？请解释。

2. 如果权益投资组合的实际收益率是 8.28%而不是 7.28%，并且债券组合的收益率是 0.89%而不是 1.89%，对证券选择业绩的归因来说会发生什么？请解释。

□ 总结各部分的贡献

在该月，投资组合各方面的选择都很成功。表 18.9 详细列举了各方面的选择对业绩的贡献。在三个证券市场上进行的资产配置贡献了 31 个基点。在这些市场内的部门配置和证券选择贡献了 106 个基点，投资组合总的超额业绩是 137 个基点。

表 18.9　　业绩归因总结

	贡献（基点）
1. 资产配置	31.0
2. 选择	
a. 股票的超额收益率（基点）	
1）部门配置	129
2）证券选择	18
	147×0.70（在投资组合中的权重）=102.9
b. 固定收益证券的超额收益率	
	44×0.07（在投资组合中的权重）= 3.1
投资组合的总超额收益率	137.0

部门配置和证券选择所产生的 106 个基点还可以进一步细化。股票市场内的部门配置产生了 129 个基点的超额收益率，部门内的证券选择贡献了 18 个基点的收益率。（147 个基点的总股票超额收益率乘以投资于股票的 70%的权重，就得到了对投资组合业绩的贡献度。）同样，我们也可以对固定收益证券部分进行类似的分析。

概念测验 18.4

1. 假设表 18.7 中的基准权重设定为 70%的股权、25%的固定收益和 5%的现金等价物。这对投资经理的资产配置选择会有什么影响？

2. 假设标准普尔 500 指数的收益率为 5%。计算投资组合经理的证券选择的新价值。

扫描二维码获取答案解析

小结

- 最简单的业绩评价指标将平均收益率与基准收益率测度，例如适当的市场指数，甚至是可比范围内的基金收益率的中位数进行比较。平均收益率的替代指标包括算术平均值、几何平均值、时间加权收益率和货币加权收益率。
- 适当的风险调整业绩评价指标取决于要评估的投资组合的角色。适当的业绩评价指标如下：
  - 夏普比率：当投资组合代表整个投资基金时。
  - 特雷诺测度：当投资组合代表许多子组合中的一个时。
  - 信息比率：当投资组合代表积极型投资组合与消极型投资组合的混合时。
  - 詹森指数：所有这些评价方法都要求投资组合具有正 α 值，以使其具有吸引力。
- 风格分析使用多元回归模型，其中因子是不同类别（风格）的投资组合，如国债、债券和股票。风格投资组合中的系数表示隐含的资产配置与有管理的投资组合的风险敞口相匹配。有管理的投资组合和与之匹配的投资组合之间的收益率的差异衡量了类似风格基金的表现。
- 积极型投资组合的预期收益率和方差经常变化，这使得业绩评估变得更难。当投资组合经理试图选择市场时机时就是积极型管理的一个典型例子，因为这种行为导致投资组合的 β 不断变化。

● 同时衡量市场时机选择和选择是否成功的一种简单方法是估计扩展后的证券特征线，当市场收益率增加时，斜率（β）系数也会增加。另一种评估市场时机选择者的方法是基于其业绩中隐含的看涨期权。

● 通常的业绩归因过程将业绩提高归结为资产配置、部门配置和证券选择。通过计算投资组合的组成与基准投资组合的偏离度，就可以评价投资组合的业绩。

关键词

标准收益率	生存偏差	詹森指数	货币加权收益率	特雷诺测度
信息比率	可比领域	时间加权收益率	市场时机选择	夏普比率

核心公式

几何平均收益率：$1+r_G=[(1+r_1)(1+r_2)\cdots(1+r_n)]^{1/n}$

夏普比率：$S_P=\dfrac{r_P-r_f}{\sigma_P}$

投资组合相对于夏普比率的 M^2 指数：$M^2=\sigma_M(S_P-S_M)$

特雷诺测度：$T_P=\dfrac{r_P-r_f}{\beta_P}$

詹森测度：$\alpha_P=\bar{r}_P-[\bar{r}_f+\beta_P(\bar{r}_M-\bar{r}_f)]$

信息比率：$\dfrac{\alpha_P}{\sigma(e_P)}$

习题

1. 下表展现了一个家庭储蓄账户每月第一天的资金情况：

月份	增加	减少	价值
1月			148 000
2月	2 500		
3月	4 000		
4月	1 500		
5月	13 460		
6月		23 000	
7月	3 000		
8月			198 000

计算这个家庭这段时间内的月度货币加权收益率。(LO18—1)

2. 正的 α 是否有可能与较差的表现相关联？请说明。(LO18—2)

3. 我们知道风险投资的几何平均收益率（时间加权收益率）总是低于相应的算术平均收益率。内部收益率（IRR；货币加权收益率）是否可以相对于其他两个平均值进行排序？(LO18—1)

4. 假设你的投资组合的价值在任何特定年份都会以相同的概率翻倍或下跌。

a. 一年后投资组合的预期价值是多少？

b. 投资组合的算术平均收益率的预期值是多少？

c. 几何平均收益率的预期值是多少？

d. 根据 a 小题的答案，你会认为算术或几何收益率能为业绩评估提供更多信息吗？(LO18—1)

5. 考虑股票 ABC 和 XYZ 的收益率。

年	r_{ABC}（%）	r_{XYZ}（%）
1	20	30
2	12	12
3	14	18
4	3	0
5	1	−10

a. 计算样本期内这些股票的算术平均收益率。

b. 哪只股票在平均收益率附近具有更大的分散性？

c. 计算每只股票的几何平均收益率。你能得出什么结论？

d. 如果你每年有同样的可能性获得 20%、12%、14%、3%或 1%的收益率（这是 ABC 股票五个年度的收益），你的预期收益率是多少？

e. 如果这五种可能的收益率是股票 XYZ 的呢？

f. 基于你对 d 和 e 小题测量平均收益率的答案，算术或几何收益率是否对于预测未来的表现更有用？(LO18—1)

6. XYZ 的股价和股利记录如下：

年份	年初价格（美元）	年末支付的股利（美元）
2017	100	4
2018	120	4
2019	90	4
2020	100	4

一位投资者在 2017 年初购买三股 XYZ，在 2018 年初购买另外两股，在 2019 年初出售一股，并在 2020 年初出售所有剩余的四股。

a. 投资者的算术和几何平均时间加权收益率分别是多少？

b. 货币加权收益率是多少？（提示：请小心准备 2017 年 1 月 1 日到 2020 年 1 月 1 日中四个年初日期的现金流量表。如果你的计算器无法计算 IRR，则必须使用反复试验或电子表格程序。）（LO18—1）

7. 一位经理今天买入三股股票，然后在接下来的三年中每年出售其中一股。他的行为和股票历史价格总结如下。股票不分配股利。

时间	价格（美元）	行动
0	90	买 3 股
1	100	卖 1 股
2	100	卖 1 股
3	100	卖 1 股

a. 计算该投资组合的时间加权几何平均收益率。

b. 计算该投资组合的时间加权算术平均收益率。

c. 计算该投资组合的货币加权平均收益率。（LO18—1）

8. 根据当前的股利收益率和预期的资本收益，投资组合 A 和 B 的预期收益率分别为 12%和 16%。A 的 β 是 0.7，而 B 的 β 是 1.4。目前的国库券利率为 5%，而标准普尔 500 指数的预期收益率为 13%。投资组合 A 的标准差为年化 12%，B 的标准差为 31%，标准普尔 500 指数的标准差为 18%。

a. 如果你当前持有市场指数投资组合，你是否会选择将这些投资组合中的任何一个添加到你的持有中？请说明理由。

b. 相反，如果你只能投资于国库券和这些投资组合之一，你会选择哪一种？（LO18—2）

9. 考虑股票 A 和股票 B 的两个（超额收益率）指数模型回归结果。该时期的无风险率为 6%，市场的平均收益率为 14%。使用超额收益率的指数模型回归来衡量业绩。

	A 股票	B 股票
指数模型回归估计值	$1\%+1.2(r_M-r_f)$	$2\%+0.8(r_M-r_f)$
R^2	0.576	0.436
残差标准差，$\sigma(e)$	10.3%	19.1%
超额收益率的标准差	21.6%	24.9%

a. 计算每种股票的以下统计信息：

ⅰ. α。

ⅱ. 信息比率。

ⅲ. 夏普比率。

ⅳ. 特雷诺测度。

b. 在以下情况下哪种股票是最佳选择？

ⅰ. 这是投资者唯一持有的风险资产。

ⅱ. 这只股票将与投资者的其余投资组合混合在一起，目前仅由市场指数基金构成。

ⅲ. 这是投资者正在形成的积极管理的股票投资组合的众多股票之一。（LO18—2）

10. 下面的 4 幅散点图代表了 4 个管理者的业绩，评价他们的市场时机选择能力和证券选择能力。（LO18—5）

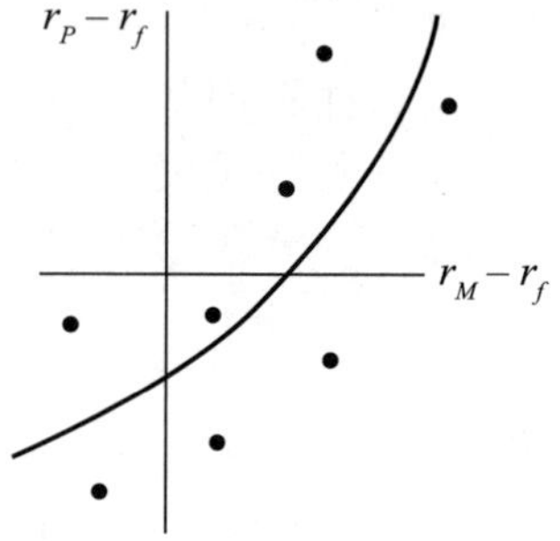

(A)

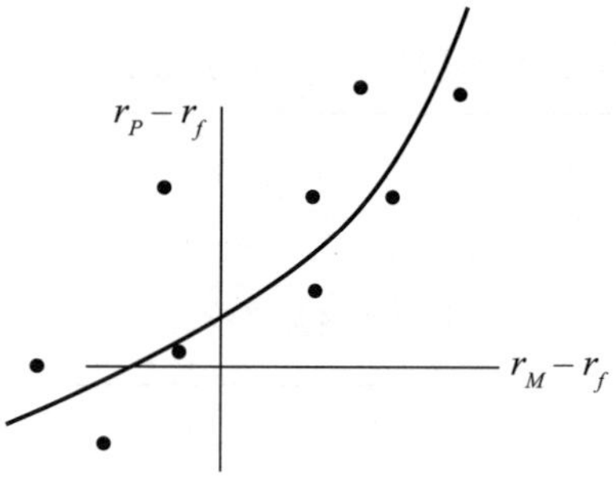

(B)

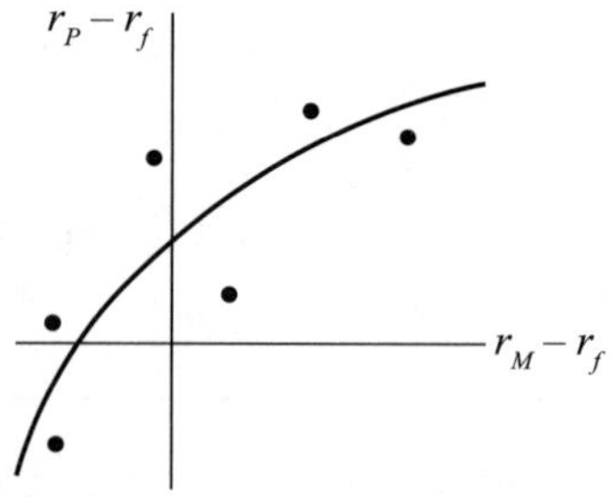

(C)

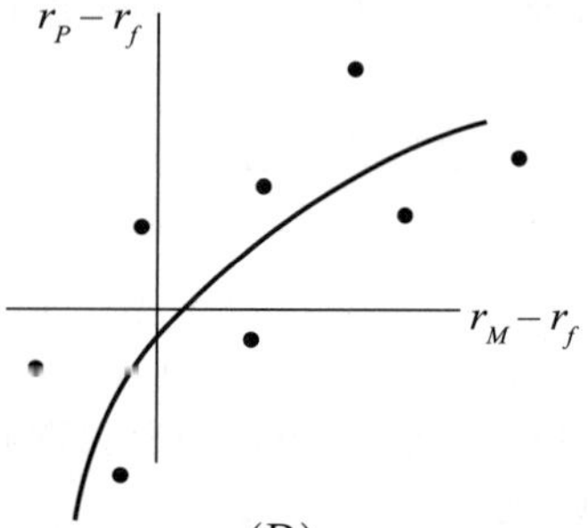

(D)

11. 考虑下面一个资金管理人在最近 1 个月的业绩信息。该表的第（1）列给出了管理人的投资组合中各部门的实际收益率，第（2）列给出了投资组合在各部门的分布比例，第（3）列是基准或中性投资组合在各部门的投资比例，第（4）列是部门指数的收益率。（LO18—4）

	(1) 实际收益率（%）	(2) 实际权重	(3) 基准权重	(4) 指数收益率（%）
股票	2.0	0.70	0.60	2.5（标准普尔 500）
债券	1.0	0.20	0.30	1.2（巴克莱综合债券指数）
现金	0.5	0.10	0.10	0.5

a. 管理人这个月的收益率是多少？他的表现比基准水平好还是差？

b. 证券选择对相对业绩的贡献是多少？

c. 资产配置对相对业绩的贡献是多少？证明“选择”和“配置”的贡献总和等于管理人相对基准水平的业绩。

12. 一个全球股票经理被指派从世界各地的大型股票中选择股票。通过比较她的收益率与 MSCI 世界市场投资组合的收益率来评估该经理的业绩，但她可以按照她认为合适的比例自由持有来自不同国家的股票。下表是给定月份的结果：

国家	MSCI 指数的权重	经理的权重	经理在该国的收益率	该国股票指数的收益率
英国	0.15	0.30	20%	12%
日本	0.30	0.10	15%	15%
美国	0.45	0.40	10%	14%
德国	0.10	0.20	5%	12%

a. 计算在此期间经理所有决定带来的总附加值。

b. 计算她的国家配置决定所增加（或减去）的价值。

c. 计算她在国家内的选股能力所带来的价值。

d. 确认其国家配置和证券选择对增加值的贡献之和等于较好的业绩或较差的业绩。（LO18—4）

13. 传统观点认为，应在整个市场周期结束后，再来衡量一个管理人的投资业绩。哪些论据支持这一观点？哪些论据反对这一观点？（LO18—2）

14. 用投资风格相似的经理作为对照组来评价相对投资业绩，这种方法能否克服用 β 值或总体波动性来衡量业绩所带来的统计上的问题？（LO18—2）

15. 在某年内，国库券利率为 6%，市场收益率为 14%，β 值为 0.5 的投资组合管理人所实现的收益率是 10%。

a. 根据投资组合的 α 来评价该投资组合管理人。（LO18—1）

b. 鉴于经验发现证券市场线太过平缓（请参见 第 7 章），请重新考虑你对 a 小题的回答。

现在，你如何评估经理的业绩？（LO18—2）

16. 比尔·史密斯估算了四个投资组合：*A*，*B*，*C*，*D*。作为他的研究的一部分，他估算了四个基金的特雷诺测度和夏普比率排名：

	特雷诺测度排名	夏普比率排名
A	1	4
B	2	3
C	3	2
D	4	1

A 和 *D* 之间排名的不同主要是因为：（LO18—2）

a. 相对于 *D* 而言，*A* 缺少投资的多样性。

b. 估算时所采用的基准不一样。

c. 风险溢价不同。

利用下列信息回答 17～20 题：普利莫管理公司怎么最好地评估经理人的业绩？普利莫听说了基准投资组合法，并有兴趣去尝试这种方法。因此，公司雇用了萨利·琼斯，一个注册金融分析师，作为评价顾问。琼斯教会这些经理人如何构建基准投资组合，如何选择基准，管理基金的风格是否有意义，以及如何从基准的角度管理国际化的基金。

为了讨论方便，琼斯对普利莫现在的基金业绩和潜在的基准做了一个比较：

风格类型	权重		收益率（%）	
	普利莫	基准	普利莫	基准
大盘成长	0.60	0.50	17	16
中盘成长	0.15	0.40	24	26
小盘成长	0.25	0.10	20	18

作为其研究的一部分，琼斯也观察了普利莫的国际基金。在这个特殊的投资组合中，普利莫公司 75%的基金来源于荷兰股票，25%的基金来源于英国股票。基准投资组合在荷兰和英国股票市场上各投资 50%。平均来看，英国股票的业绩好于荷兰股票。普利莫公司 75%的基金来源于荷兰股票，25%的基金来源于英国股票。基准投资组合在荷兰和英国股票市场上各投资 50%。平均来看，英国股票的业绩好于荷兰股票。持有期间，欧元兑美元升值了 6%，而英镑兑美元则贬值了 2%。就本地收益而言，普利莫在荷兰投资方面的业绩优于基准，但在英国股市方面却落后于该指数。

17. 对于每个独立的部门而言，部门内部的选择效应是什么？（LO18—4）

18. 计算在这一段时期内，普利莫策略比市场表现好（或表现糟）的数量，与此同时，也请计算纯粹部门配置和证券选择决定的贡献。（LO18—4）

19. 如果普利莫决定用基于收益风格的分析，消极管理基金配置的回归方程的 R^2 比积极策略的大还是小？(LO18—3)

20. 下列哪一个关于普利莫国际基金的叙述是正确的？(LO18—5)

a. 负市场配置效应和正证券配置效应；

b. 负市场配置效应和负证券配置效应；

c. 正市场配置效应和正证券配置效应。

21. 凯利·布莱克利是一个来自米兰达基金（一只核心大盘股基金）的投资组合经理。市场衡量业绩的代理和基准是标准普尔 500 指数。尽管米兰达投资组合大体上模仿了标准普尔 500 的资产配置和投资权重，布莱克利还是被赋予了很大的自主管理余地。她的投资组合主要投资于标准普尔 500 指数和现金及其等价物。

通过其市场时机选择和证券选择能力，布莱克利去年能够产生额外收益（如下表所示）。然而，今年她非常担心经济脆弱和政治局势不稳定会严重影响她的收益。她采取了大胆的一步——改变了市场配置。在这一年中，她的资产平均有 50%投资于股票、50%投资于现金及其等价物。而标准普尔 500 有 97%投资于股票、3%投资于货币市场。无风险利率是 2%。(LO18—2)

一年期的相应收益		
	米兰达基金	标准普尔 500
收益率（%）	10.2	−22.5
标准差（%）	37	44
β	1.10	1.00

a. 米兰达基金和标准普尔 500 的夏普比率是多少？

b. 米兰达基金和标准普尔 500 的 M^2 指数是多少？

c. 米兰达基金和标准普尔 500 的特雷诺指数是多少？

d. 米兰达基金的詹森指数是多少？

22. 登录网站 http://mba.tuck.dartmouth.edu/pages/faculty/ken.french/data_library.html，并找到肯尼思·弗伦奇的数据库，选择两个行业组合并下载 36 个月的数据。同时还可以根据需要从站点下载其他数据以执行以下任务。

a. 根据夏普比率、詹森指数、特雷诺测度以及信息比率，将投资组合的业绩与市场指数的业绩进行比较。绘制 α 加剩余收益的月度值。

b. 现在使用法玛-弗伦奇（FF）三因子模型（见第 7 章）作为收益率的基准。使用 FF 模型计算 α 加剩余收益的值。使用此基准替代市场指数后，业绩如何变化？(LO18—2)

CFA 习题

1. 你和潜在客户正在考虑衡量投资业绩，尤其是过去五年中的国际投资组合。下表列出了你讨论到的数据：

国际投资经理或者指数	总收益率	国家和证券选择的收益率	货币选择的收益率
经理 A	−6.0%	2.0%	−8.0%
经理 B	−2.0%	−1.0%	−1.0%
国际指数	−5.0%	0.2%	−5.2%

a. 假设经理 A 和经理 B 的数据准确反映了他们的投资技巧，并且两个经理都在积极地管理货币敞口。简要描述每位经理的优势和劣势。

b. 推荐并证明一项策略，该策略可以使你的基金能够利用两个经理各自的优势，同时最大程度地减少他们的劣势。(LO18—4)

2. 卡尔是阿尔卑斯山信托公司的投资组合管理人，从 2020 年开始，他就负责阿尔卑斯山城的雇员退休计划，这是一个市政养老基金。阿尔卑斯山城是一个成长中的城市，在过去的 10 年中，该城的城市服务和雇员数每年都在扩张。在 2025 年的财政计划里，该退休基金的收益大大超过了养老金支付，它们之间的比例大于 3：1。

该计划的受托人董事会在 5 年前指示卡尔对基金的总收益进行长期投资。但是，作为一个受到高度关注的公众基金的受托人，他们也提醒卡尔，如果投资业绩波动很大，他们将陷入十分尴尬的境地。他们还指出，国家法规规定，基金对普通股的投资不得超过基金资产价值（按成本计算）的 25%。

在 2025 年 11 月召开的受托人年度大会上，卡尔向董事会作了以下投资组合与业绩报告。

阿尔卑斯山雇员退休计划

2025 年 9 月 30 日的资产构成	成本（百万美元）		市场价值（百万美元）	
固定收益资产				
短期证券	4.5	11.0%	4.5	11.4%
长期债券和抵押贷款	26.5	64.7%	23.5	59.5%
普通股	10.0	24.3%	11.5	29.1%
	41.0	100.0%	39.5	100.0%

投资业绩

	截至 2025 年 9 月 30 日的年收益率	
	5 年	1 年
阿尔卑斯山基金		
时间加权	8.2%	5.2%
货币加权（内部）	7.7%	4.8%
假定的精算收益率	6.0%	6.0%
美国国库券	7.5%	11.3%
大样本养老基金（平均 60%的股票、40%的固定收益证券）	10.1%	14.3%
普通股——阿尔卑斯山基金	13.3%	14.3%
平均资产组合的β系数	0.90	0.89
标准普尔 500 股票指数	13.8%	21.1%
固定收益证券——阿尔卑斯山基金	6.7%	1.0%
所罗门兄弟公司债券指数	4.0%	−11.4%

卡尔对他的业绩很骄傲，因此，当一名受托人提出以下批评意见时，他感到很生气：

a. “我们这 1 年来的收益糟糕极了，而这主要是你造成的。”

b. “在过去 5 年里，我们基金的总业绩明显地比其他大部分养老基金要差。这除了反映糟糕的投资管理，还能反映什么呢？”

c. “在过去 5 年里，我们的普通股投资的业绩尤其糟糕。”

d. “为什么要那么麻烦地将你的收益率和国库券的收益率以及假定的精算收益率进行比较呢？你的努力能给我们带来什么呢？如果我们投资于消极指数（无须费用），我们的收益率将是多少？”

e. “谁会重视时间加权收益率呢？如果它不能为养老基金带来收益，它就毫无益处。”

评价这些指责的正确之处，并给出卡尔先生所能使用的反驳论点。（LO18—2）

3. 退休基金是一种开放式共同基金，由 5 亿美元的美国债券和美国国库券组成。该基金的投资组合久期（包括国库券）为 3～9 年。根据独立提供的固定收益业绩评估服务，退休基金在过去五年中表现出四分之一的业绩。但是，该基金的董事希望评估该基金的唯一债券投资经理的市场时机选择技巧。外部咨询公司建议了以下三种方法：

a. 方法Ⅰ在每年年初检查债券投资组合的价值，然后计算如果全年持有相同的投资组合，将会获得的收益。然后将该收益率与该基金实际获得的收益率进行比较。

b. 方法Ⅱ计算债券和国库券中投资组合的平均权重。不使用实际的债券投资组合，而是使用长期债券市场指数和国库券指数的收益。例如，如果平均投资组合是债券 65%、国库券 35%，则将计算 65%投资于长期债券指数和 35%投资于国债的年化收益率。将此收益率与使用指数和经理在每个季度的实际债券/国库券权重所产生的年化收益率进行比较。

c. 方法Ⅲ检查一年中每个季度的净债券购买活动（购买的市场价值减去销售）。如果任何季度的净购买量为正（负），则将评估债券的业绩，直到净购买活动变为负（正）。正（负）净购买量将被视为经理采取的看涨（看跌）观点。这种观点的正确性将得到评估。

针对市场时机选择评估问题批判每种方法。（LO18—1）

使用以下数据回答 CFA 问题 4 和 5：大型养老基金的管理者希望评估四个投资组合经理的业绩。每个投资组合经理仅投资于美国普通股。假设在最近的五年中，标准普尔 500 指数的包括股利在内的年平均收益率为 14%，政府国库券的平均名义收益率为 8%。下表显示了每个投资组合的风险和收益情况：

组合	平均年收益率（%）	标准差（%）	β
P	17	20	1.1
Q	24	18	2.1
R	11	10	0.5
S	16	14	1.5
标准普尔 500	14	12	1.0

4. 投资组合 P 的特雷诺测度是什么？（LO18—2）

5. 投资组合 Q 的夏普比率是什么？（LO18—2）

6. 一位分析师希望使用特雷诺测度和夏普比率评估完全由美国普通股组成的投资组合 X 的业绩。下表提供了过去 8 年中投资组合 X、市场投资组合（由标准普尔 500 指数衡量）和美国国库券的平均年收益率：

	平均年收益率（%）	收益率的标准差（%）	β
组合 X	10	18	0.60
标准普尔 500	12	13	1.00
国库券	6	N/A	N/A

a. 计算投资组合 X 和 S&P 500 的特雷诺测度和夏普比率。使用特雷诺测度和夏普比率，简要说明在经过风险调整的基础上，投资组合 X 的业绩是否低于、等于或超过标准普尔 500。

b. 根据在 a 小题中计算的投资组合 X 相对于标准普尔 500 的业绩，简要说明使用特雷诺测度与夏普比率的结果不一致的原因。(LO18—2)

7. 假设你投资了一项资产两年的时间。第一年你获得 15%的收益率，第二年你获得－10%的收益率。你的年几何收益率是多少？(LO18—1)

8. 一个股票投资组合在 2017 年产生了－9%的收益率，在 2018 年产生了 23%的收益率，并在 2019 年产生了 17%的收益率。整个投资期间的年几何平均收益率是多少？(LO18—1)

9. 一项为期两年的 2 000 美元投资，除了返还原始投资外，第一年末的现金流量为 150 美元，第二年末的现金流量为 150 美元。该投资的内部收益率是多少？(LO18—1)

10. 在衡量投资组合的业绩时，时间加权收益率优于货币加权收益率，因为：

a. 当收益率变化时，时间加权收益率更高。

b. 货币加权收益率假设所有投资组合存款都在第一天进行。

c. 货币加权收益率只能估算。

d. 时间加权收益率不受投资组合进款和提款时间的影响。(LO18—1)

11. 养老基金投资组合的起点是 500 000 美元，第一年获利 15%，第二年获利 10%。在第二年年初，赞助商又捐赠了 500 000 美元。时间加权和货币加权收益率分别是多少？(LO18—1)

12. 在对 Acme 的退休金计划进行年度审查时，几位受托人向其投资顾问询问了多方面有关业绩评估和风险评估的问题。

a. 评论下列业绩基准在业绩评估中的适用性：

- 市场指数。
- 基准正常投资组合。
- 全体基金经理的中位数。

b. 区分以下业绩指标：

- 夏普比率。
- 特雷诺测度。
- 詹森指数。

i. 描述如何计算三个业绩指标。

ii. 说明每项指标假定相关风险是系统的、非系统的还是整体风险。解释每项指标如何将超额收益率和相关风险联系起来。(LO18—2)

13. 百乐公司养老基金计划的受托人请顾问唐纳德·米利普（Donald Millip）对以下陈述发表评论。他应该如何回复？

a. 长期来看，基金经理的中位数基准是在统计上无偏的业绩指标。

b. 基金经理的中位数基准是明确的，因此很容易被希望采用消极型或指数投资的经济复制。

c. 基金经理的中位数基准并不适合所有情况，因为其范围包含不均匀的投资风格。(LO18—1)

14. 詹姆斯·查恩正在评估贾维斯大学捐赠基金的全球股票经理的业绩。威廉姆森资本公司（Williamson Capital）目前是捐赠基金唯一的大型资本全球股票管理公司。表 18.10 显示了威廉姆森资本公司的业绩数据。

表 18.10　2007—2018 年威廉姆森资本公司业绩数据

平均年收益率	22.1%
β	1.2
标准差	16.8%

詹姆斯·查恩还向捐赠基金的投资委员会介绍了乔伊纳资产管理公司的业绩信息，该公司是另一家大型资本全球股票管理公司。表 18.11 中给出了乔伊纳资产管理公司的业绩数据。相关的无风险资产和市场指数的业绩数据如表 18.12 所示。

表 18.11　2007—2018 年乔伊纳资产管理公司业绩数据

平均年收益率	24.2%
β	0.8
标准差	20.2%

表 18.12　2007—2018 年无风险资产和市场指数的业绩数据

无风险资产	
平均年收益率	5.0%
市场指数	
平均年收益率	18.9%
标准差	13.8%

a. 计算威廉姆森资本公司和乔伊纳资产管理公司的夏普比率和特雷诺测度。

b. 投资委员会注意到，针对威廉姆森和乔伊纳使用夏普比率与特雷诺测度将得出不同的业绩排名。解释为什么这些指标可能导致不同的排名。(LO18—2)

Web 站点管理员

请扫描二维码或登录中国人民大学出版社官网 www.crup.com.cn 下载。

19 国际分散化

学习目标：

LO19—1 了解影响国际分散化的效果的特殊问题；
LO19—2 构造套期保值策略，以抵补国际投资中的货币风险；
LO19—3 应用国际投资策略；
LO19—4 了解在国际背景下政策风险的组成因素；
LO19—5 将投资收益分解成由各个因素贡献的收益，这些因素包括国家、货币以及股票选择等。

虽然我们习惯性地将美国股票指数视为市场指数投资组合，但这一举动越发不合适了。美国股票指数仅占全球股票市场价值的不到40%，在全球财富中的占比更小。

在某种意义上，国际投资可以被认为只不过是我们前面所讨论的问题的一般延伸，即在一个更大的资产"菜单"中进行资产选择，以构建投资组合。一方面，投资者同样面临着与国内投资类似的分散化、证券分析、证券选择以及资产配置等问题。另一方面，国际投资还涉及一些国内市场没有的问题：汇率风险、国际资金流动的限制、政治风险、个别国家的管制问题以及不同国家间会计准则的差异等。因此，在本章中，我们将回顾本书中所讨论的主要问题，并强调它们的国际化方面。

我们首先简要介绍一下国际股票市场，并指出投资者可以使用的各种场所。然后，我们转向投资组合理论的核心概念——风险和风险分散。我们将看到汇率波动如何为收益率的不确定性增加了另一个因素。然而，全球分散化投资为改善投资组合风险—收益的权衡提供了机会。国际投资也带来了一系列政治风险。我们考虑了其中的一些风险以及与之相关的信息来源。最后，我们说明了除了传统的国内资产类别选择以及在国际背景下的绩效归因之外，如何将活跃的资产配置概括为包含国家和货币的选择。

19.1 全球股票市场

你可以轻松地在近100个国家的资本市场进行投资，并获得你在每个国家/地区的投资的最新数据。2017年，超过20个国家的股票市场市值超过1 000亿美元。

美国投资者可以通过多种途径进行国际投资。实际上，主要面向大型机构投资者的最明显的方法是直接在其他国家的资本市场上购买证券。当然，即便是小投资者也可以利用国际上关注的几种投资工具。

几家外国公司的股票直接或以美国存托凭证（ADR）的形式在美国市场交易。诸如银行等美国金融机构可以在外国公司本土购买其股份，然后在美国境内发行对这些股份的要求权。每一份 ADR 都是对该银行持有的一定数量股份的要求权。一些股票在美国通过直接上市和 ADR 两种方式交易。

还有一系列以国际为重点的共同基金。除了单一国家基金外，还有一些以国际为重点的开放式共同基金。例如，富达提供的投资集中在海外（一般在欧洲、太平洋盆地，以及发展中经济体）的新兴机会基金。先锋（Vanguard）与其指数理念一致，为欧洲、太平洋盆地和新兴市场提供独立的指数基金。最后，如第 4 章所述，有许多交易所交易的基金被称为安硕或世界股权基准股票（World Equity Benchmark Shares，WEBS），这些基金是国家特有的指数产品。

美国投资者也可以根据外国证券市场的价格交易衍生证券。例如，他们可以在东京证券交易所交易日经 225 指数的期权和期货，或者交易英国和欧洲的 FTSE 指数的期权和期货。

投资行业通常区分“发达”和“新兴”市场。典型的新兴经济体仍在经历工业化，增长速度超过发达经济体，并且资本市场通常带来更大的风险。我们使用强调资本市场条件的富时①标准将市场分类为新兴市场或发达市场。

□ 发达国家（地区）

美国的股票和债券得到了特别的集中投资，要观察这种缺乏远见的情况，请看表 19.1，我们列举了发达国家（地区）的部分数据。美国仅占世界股票市值的 40.6%。显然，积极型投资者可以通过扩大对海外有吸引力证券的搜索来获得更好的风险—收益权衡。发达国家（地区）占 2015 年世界 GDP 的 70%左右，占世界市值的 78.6%。

表 19.1　2015 年发达国家和地区股票交易所市值和 GDP 情况

	市值（百万美元）	占世界比重（%）	GDP（百万美元）	人均 GDP（美元）	市值占 GDP 比重（%）
美国	25 068	40.6	17 947	55 837	139.7
日本	4 895	7.9	4 123	32 477	118.7
中国香港	3 185	5.2	310	42 423	1 027.6
英国	2 781	4.4	2 849	43 734	97.6
法国	2 088	3.4	2 422	36 248	86.2
德国	1 716	2.8	3 356	41 219	51.1
加拿大	1 593	2.6	1 551	43 249	102.8
瑞士	1 519	2.5	665	80 215	228.6
韩国	1 231	2.0	1 378	27 222	89.4
澳大利亚	1 187	1.9	1 340	56 328	88.6
西班牙	787	1.3	1 199	25 832	65.7
荷兰	728	1.2	753	44 433	96.8
意大利	587	1.0	1 815	29 847	27.5

① 富时指数公司是英国富时（《金融时报》股票交易所）股票市场指数的赞助商，它使用 14 个特定标准将市场分类为“已开发”或“新兴”。

续表

	市值（百万美元）	占世界比重（%）	GDP（百万美元）	人均 GDP（美元）	市值占 GDP 比重（%）
比利时	415	0.7	454	40 231	91.3
墨西哥	402	0.7	1 144	9 009	35.2
以色列	244	0.4	296	35 330	82.4
挪威	94	0.3	388	74 735	49.9
智利	190	0.3	240	13 384	79.2
土耳其	189	0.3	718	9 130	26.3
波兰	138	0.2	475	12 494	29.0
爱尔兰	128	0.2	238	51 290	53.8
奥地利	96	0.2	374	43 439	25.7
新西兰	74	0.1	174	37 808	42.8
葡萄牙	60	0.1	199	19 223	30.1
卢森堡	47	0.1	58	101 450	81.6
希腊	42	0.1	195	18 036	21.6
匈牙利	18	0.0	121	12 259	14.7
斯洛文尼亚	6	0.0	43	20 713	14.1
所有发达国家	49 609	78.6	44 823		110.7
全世界	63 150	100.0	63 982		98.7

资料来源：世界银行，data. worldbank. org.

按 GDP 或股票市场规模衡量，美国是迄今为止最大的经济体。然而，瑞士是人均 GDP 的领导者，而与 GDP 相比，中国香港拥有最大的股票市场。综合来讲，这些经济体的股票市值总额与年度 GDP 大致相同，但这些数字之间存在巨大差异。在资本市场规模较小的经济体中，股票市值作为 GDP 的一小部分，被列于列表底部，其数值通常远低于接近顶部的经济体。这表明发达经济体的经济结构也存在广泛差异。

□ 新兴市场

人们也许会认为，对于消极型策略而言，如果它包含前 6 个最大国家（地区）的股票投资组合，那么，由于这一组合占到了世界投资组合的 70%（2015 年），该组合很可能已经很好地实现了分散化。但对寻求投资于有潜力的资产的积极型投资组合而言，这一观点也许并不成立。积极型投资组合自然应当包括新兴市场的许多股票或指数。

当然，积极型组合经理不愿意错过那些在过去 5 年 GDP 年增速超过 15%的国家的股票市场，例如中国。表 19.2 展示了 15 个最大的新兴市场的数据。这些国家占全球 GDP 的 21%。这些新兴市场的人均 GDP 差异较大，从 1 582 美元（印度）到 52 889 美元（新加坡）不等。这些国家的市值占 GDP 的比例仍然低于 70%，这表明即使未来 GDP 没有惊人的增长，这些资本市场在未来几年也会大幅增长。

表 19.2　新兴市场的股票交易所市值

	市值（百万美元）	占世界比重（%）	GDP（百万美元）	人均 GDP（%）	市值占 GDP 比重（%）
中国	8 188	13.3	10 866	7 925	75.4
印度	1 516	2.5	2 074	1 582	73.1
南非	736	1.2	313	5 692	235.3
新加坡	640	1.0	293	52 889	218.6
俄罗斯	393	0.6	1 326	9 057	29.7
马来西亚	383	0.6	296	9 766	129.3
印度尼西亚	353	0.6	862	3 346	41.0
巴西	491	0.8	1 775	8 539	27.6

续表

	市值（百万美元）	占世界比重（%）	GDP（百万美元）	人均 GDP	市值占 GDP 比重（%）
泰国	349	0.6	395	5 816	88.2
菲律宾	239	0.4	292	2 899	81.8
哥伦比亚	86	0.1	292	6 056	29.4
秘鲁	57	0.1	192	6 122	29.4
阿根廷	56	0.1	583	13 432	9.6
斯里兰卡	21	0.0	82	3 926	25.3
塞浦路斯	3	0.0	19	22 957	13.9
所有新兴市场	13 510	21.9	19 660.6		68.7

资料来源：世界银行，data. worldbank. org.

□ 市值与国内生产总值

经济发展的现代观点[①]认为，经济进步的一个主要条件是要有完善的法规，包括商业法律、制度和监管等，这些法规使得公民可以依法拥有和交易资本资产，并对其资产进行资本化。据此进行推论：我们预期股票市场的发展将成为大众致富的催化剂。

图 19.1 刻画了人均 GDP 和股票市值（这两个变量都被转化为其对数形式了）之间的关系。经过散点且斜率为正的回归线表明，平均而言，资本市场较大的国家的人均 GDP 水平往往较高。该回归线的斜率是 0.32，意味着总市值每增加一个百分点，将会带来人均 GDP 0.32%的增长。[②] 可以观察到，发达国家（以圆圈表示）的观测值大多在回归线以上，而新兴市场（以三角形表示）大多在回归线以下，这几年间新兴市场的相对市值仍然出现了显著上升。这可能可以证明较发达经济体的法律、监管政策和经济制度也有助于提高生产率。

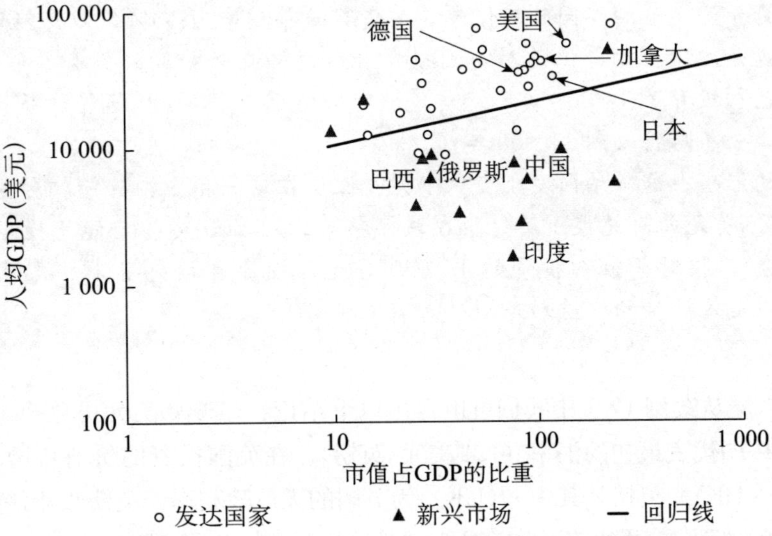

图 19.1 2015 年各国人均 GDP 和市值占 GDP 的比重

资料来源：作者使用世界银行（data. worldbank. org）的数据计算得出。

---

① 该领域中一篇极具影响力的论文是 Rafael La Porta，Florencia Lopez-de-Silanes，Andrei Shleifer，and Robert W. Vishny，"Law and Finance，" *Journal of Political Economy* 106 (December 1998)，pp. 1113 - 1155。

② 这种简单的单变量回归不是作为因果模型提出的，只是作为描述人均 GDP 与市场规模之间关系的一种方式。

□ 本国偏见

我们知道，完全消极型的投资策略会要求风险投资组合是投资于广泛市场的指数投资组合。在国际背景下，该市场投资组合应该包括所有国家的股票市场，市场指数将是一个充分分散化的世界投资组合。

尽管如此，很明显，世界各地的投资者都倾向于增加对本国的投资（与世界投资组合相比），并减少对外国资产的投资。例如，回顾表 19.1，纯粹指数化的美国投资者其股票组合中美国证券占比约为 41%，其余 59%投资于海外。然而在实践中，美国投资者将很大比例的投资投向了美国公司。这种模式反映在世界各地投资者的行为中，通常被称为本国偏见（home-country bias）。

19.2 汇率风险和国际分散化

□ 汇率风险

当美国投资者在海外投资时，以美元计价的收益取决于两个因素：第一，按照当地货币计算的投资业绩；第二，当投资可以被收回时，美元的汇率。我们用以下案例说明。

案例 19.1

汇率风险

假设某投资者投资于无风险的英国政府债券，该债券的年利率为 10%，以英镑计价。尽管这些英国债券对于英国投资者来说是无风险的，但是对美国投资者来说却未必如此。例如，假设汇率是 1.4 美元/英镑，并且美国投资者最初投资了 14 000 美元。这笔钱可以兑换成 10 000 英镑，并且如果投资于年利率为 10%的英国政府债券，一年后将收到 11 000 英镑。

如果美元兑英镑的汇率在这一年内发生变化了呢？假设在这一年中，英镑相对美元贬值了 10%，所以在该年年末，只需 1.26 美元就可兑换 1 英镑。在该年年末，11 000 英镑只能兑换 13 860 美元（=11 000 英镑×1.26 美元/英镑），相对于最初投资的 14 000 美元，投资者损失了 140 美元。尽管以英镑计价有 10%的正收益，但是以美元计价的收益却是−1%。

从案例 19.1 中我们可以得出以下结论：14 000 美元可兑换 14 000 美元/E_0英镑，其中E_0代表最初的汇率（1.4 美元/英镑）。在英国投资的价值将增长至（14 000/E_0）[1+r_f(UK)] 英镑，其中 r_f(UK) 为英国的无风险利率。英镑收益最终将按后来的汇率 E_1转换成美元，总的美元收益是 14 000(E_1/E_0) [1+r_f(UK)]。因此，这笔英国债券以美元计价的收益是

$$1+r(US)=[1+r_f(\text{UK})](E_1/E_0) \tag{19.1}$$

从等式（19.1）中我们可以看出，美国投资者获得的以美元计价的收益等于以英镑计价的收益乘以汇率“收益”。对于一个美国投资者来说，对英国债券的投资相当于把英国的安全投资和对英镑的风险投资（英镑兑美元的汇率变动的风险）结合起来了。

在这个例子中，英镑的表现很差，它的价值从 1.40 美元跌到 1.26 美元。英镑汇率变化所造成的损失比英国债券的收益还大。

图 19.2 说明了这一点。它列出了 2016 年一些经济体股票市场指数的收益率。每对中的上方条形图以当地货币表示收益率，而下方条形图表示根据汇率变动进行调整之后，以美元表示的收益率。很明显，这个时期内的汇率波动对一些经济体以美元表示的收益率有很大的影响。

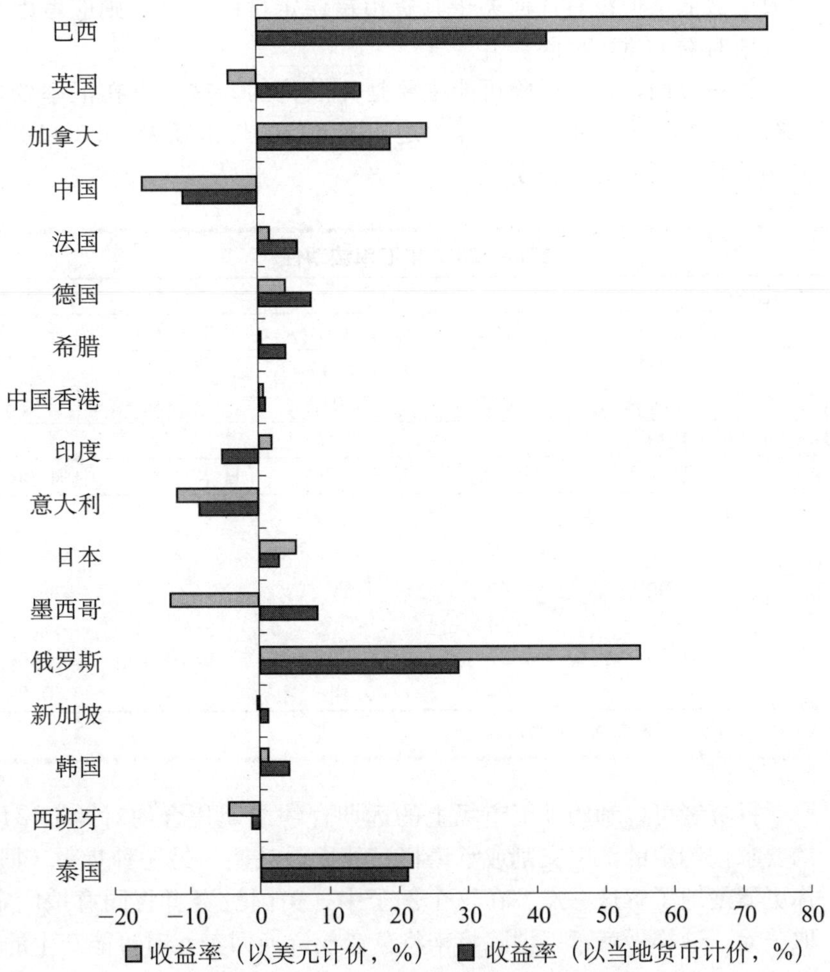

图 19.2　2016 年各经济体股票市场收益率

资料来源：*The Economist*，January 7，2017.

概念测验 19.1

使用案例 19.1 中的数据，如果年末汇率是：

(a) E_1＝1.40 美元/英镑；

(b) E_1＝1.540 美元/英镑。

计算持有英国债券的美国投资者的美元收益率。

扫描二维码
获取答案解析

汇率风险：由美元和外汇之间的汇率变化所引起的资产收益率的不确定性。

汇率风险（exchange rate risk）来自汇率波动的不确定性。案例 19.1 中持有英国债券的投资者只承担英镑兑换美元的汇率风险。通过考察各种汇率的历史变化率及其相关性，我们可以评估汇率风险的大小。

表 19.3（A）显示了在 2011—2016 年间，六种主要货币兑美元汇率每月变动百分比的年化标准差。数据表明，一方面，汇率的波动性很大。除人民币外，汇率变动百分比的标准差约为标准普尔 500 指数的四分之三，年化值从 7.47%（加元）到 10.01%（瑞士法郎）。同期美国大型股票的年收益标准差为 12%。一个积极投资者如果认为外国股票被低估但没有任何关于其货币错误定价的信息，则应考虑在将投资组合倾向于该股票时对冲货币风险。

另一方面，汇率风险可能主要是分散化的。这一点在汇率变化与表 19.3（A）第二行所示的标准普尔 500 收益率之间的低相关性以及表 19.3（B）中出现的货币之间的低相关系数两方面都很明显。

表 19.3　2011—2016 年汇率波动性

（A）兑美元汇率的每月变化情况	欧盟（€）	英国（£）	瑞士（SFr）	日本（¥）	中国（RMB）	加拿大（C$）
标准差（%，年化）	8.19	8.72	10.01	9.47	2.60	7.47
与标准普尔 500 指数的相关性	−0.095	−0.090	−0.042	0.134	−0.373	−0.453

（B）兑美元汇率的每月变动的相关矩阵	欧盟（€）	英国（£）	瑞士（SFr）	日本（¥）	中国（RMB）	加拿大（C$）
欧盟（€）	1.00					
英国（£）	0.56	1.00				
瑞士（SFr）	0.43	0.28	1.00			
日本（¥）	0.20	0.23	0.28	1.00		
中国（RMB）	−0.05	0.27	0.09	−0.10	1.00	
加拿大（C$）	0.46	0.44	0.14	0.14	0.29	1.00

资料来源：作者根据从 Datastream 下载的数据计算得出。

投资者可以利用外汇市场上的远期合约或期货合约对冲汇率风险。远期或期货合约要求按约定的汇率交割或承诺将一种货币兑换为另一种货币。回忆案例 19.1 能帮助你更清楚地了解这一点。在这个例子中，美国投资者将同意按固定利率交割英镑以换取美元，这样做就可以消除将来将英镑投资换回美元时可能产生的风险。

案例 19.2

对汇率风险进行套期保值

案例 19.1 中的美国投资者可以通过花费 11 000 英镑将 1 年后的汇率锁定为 1.33 美元/英镑而确保一个无风险的以美元计价的收益率。在这种情况下，无风险的美元收益率将为 4.5%。

$$[1+r_f(\text{UK})](F_0/E_0)=1.10\times(1.33/1.40)=1.045$$

以下是锁定以美元计价的收益率的步骤。第二步中所订立的期货合约正好可以抵补第一步中发生的汇率风险。注意到一年之后的整体现金流是没有风险的，并且产生了 14 000 美元初始投资的 4.5%的增长。

初始交易	1 年后的收入（以美元表示）
将 14 000 美元兑换成 10 000 美元并投资于利率为 10%的英国债券	11 000 英镑×E_1
订立一个合约，按照（远期的）汇率 1.33 美元/英镑将 11 000 英镑兑换成美元	11 000 英镑×(1.93－E_1)
合计	11 000 英镑×1.33 美元/英镑=14 630 美元

细想一下，你将发现案例 19.2 中的期货套期保值与第 17 章中的现货—期货平价关系的核心套期保值战略是同一类型的。这两个例子都是用期货市场来消除持有另外一项资产的风险。美国投资者若想获得以美元计价的无风险收益率，他既可以投资于英国的证券，再对汇率风险进行套期保值，也可以投资于无风险的美国资产。由于这两项无风险的投资策略提供的收益率一定是相等的，我们可以得出

$$[1+r_f(\text{UK})](F_0/E_0)=1+r_f(\text{US})$$

或者

$$\frac{F_0}{E_0}=\frac{1+r_f(\text{US})}{1+r_f(\text{UK})} \tag{19.2}$$

这个关系就被称作**利率平价关系**（interest rate parity relationship）或**抛补利率套利关系**（covered interest arbitrage relationship）。

利率平价关系或抛补利率套利关系： 排除套利机会的即期—远期利率关系。

考虑一下这个结果背后的含义。如果 $r_f(\text{US})>r_f(\text{UK})$，那么投资于美国的资金的增长率将高于投资于英国的资金的增长率。如果事实确实如此，那么为什么并不是所有的投资者都决定把他们的钱投到美国去呢？一个很重要的原因是，美元会相对于英镑贬值。尽管投资于美国的美元将比投资于英国的英镑增长得快，但随着时间的流逝，每一美元的英镑价值也将不断减少。这种效果正好抵消了美国的高利率所带来的好处。

为了完成讨论，我们只需确定贬值的美元对等式（19.2）有什么样的影响。如果美元正在贬值，也就是说，需要越来越多的美元才能购买 1 英镑，那么远期汇率 F_0（它等于将来要购买 1 英镑所需的美元数）必须大于即期汇率 E_0。

这就是等式（19.2）想要告诉我们的：当 $r_f(\text{US})>r_f(\text{UK})$ 时，F_0 必须大于 E_0。体现在 F_0 和 E_0 这两个比率中的美元贬值正好可以抵补两国利率之间的差异。当然，这个观点反过来也是对的：如果 $r_f(\text{US})<r_f(\text{UK})$，那么 F_0 必须小于 E_0。

案例 19.3

抛补利率套利

如果违背了利率平价关系会怎么样呢？假定 $r_f(\text{US})$ 是 4.5%，期货价格是 1.30 美元/英镑而不是 1.33 美元/英镑，你可以采取一个策略以获得套利收益。在这个例子中，用 E_1 代表一年后的汇率。当然，对于现在的投资者来说，E_1 是一个随机变量。

行动	初始现金流（美元）	1 年后的现金流（美元）
1. 在伦敦借入 1 英镑，1 年后偿还	1.40	$-E_1$×1.10
2. 将英镑转换为 1.40 美元并在美国借出	－1.40	1.40×1.045
3. 订立合约，以（期货）价格 F_0=1.30 美元/英镑购买 1.10 英镑	0	1.10×(E_1－1.30)
合计	0	0.033

第一步，你在英国借入 1 英镑（按照当前的汇率它价值 1.4 美元），并且在 1 年后连本带息一并偿还这借入的 1 英镑。由于在英国的借款需按英国的利率计息，所以你 1 年后将偿还 1.10 英镑，价值 $E_1\times1.10$ 美元。第二步中的美国贷款则按美国的利率 4.5%计息。第三步中的期货合约将让你收到 1.10 英镑，代价是对每一英镑你必须首先支付 F_0（例如，1.30）美元，并且在 E_1 的汇率下转化。

在这个例子中，汇率风险正好可以被第一步中的英镑义务和第三步中的期货头寸所抵消，因此，这个投资策略所产生的收益是无风险的，并且无须任何净投资。这就是一个套利机会。

概念测验 19.2

如果初始期货价格是 $F_0=1.35$ 美元/英镑，那么应采用什么样的套利策略？相应的收益是多少？

扫描二维码
获取答案解析

大量的经验证明都证实了这个理论关系。例如，在 2017 年 8 月 28 日，3 个月的美元 LIBOR 利率为 1.318%，而英镑 LIBOR 利率为 0.773%。由于美国的利率高于英国，远期汇率应该超过即期汇率。即期汇率为 1.293 6 美元/英镑。使用等式（19.2），我们发现利率平价意味着三个月交割的远期汇率应该是 $1.2936\times(1.01318/1.00773)^{3/12}=1.3006$ 美元/英镑。实际远期汇率为 1.296 7 美元/英镑，这非常接近平价值，交易成本将阻止套利者从差异中获利。

直接标价与间接标价　在案例 19.1 中，英镑兑美元的汇率显示的是每单位英镑可以兑换多少美元。这就是被称作“直接汇率标价法”的一个很好的例子。同样地，欧元兑美元的汇率标价法也是典型的直接标价法。以美元兑换其他货币的汇率，例如兑换日元和瑞士法郎的汇率，通常被称作间接标价法，即每单位美元可以兑换多少单位外国货币，例如，每单位美元可以兑换 110 单位日元。对于以间接标价法计价的货币，美元的贬值会导致汇率下降（因为 1 美元只能买到更少的日元）；与之相比，美元对英镑贬值则会导致更高的汇率（因为要买到 1 英镑需要更多的美元）。当汇率被表示为 1 美元兑换多少单位外币时，等式（19.2）中的本国外国汇率应该发生转换，这样等式（19.2）就变为：

$$F_0(\text{外国货币}/\text{美元})=\frac{1+r_f(\text{外国})}{1+r_f(\text{美国})}\times E_0(\text{外国货币}/\text{美元})$$

例如，美国的利率高于日本的利率，那么在远期市场上，美元就会以比在即期市场上更低的价格被卖出。

□ 利率风险非完美对冲

遗憾的是，这种完美的汇率套期保值通常并不这么简单。在案例 19.2 中，我们能准确地知道在远期或期货市场上应出售多少英镑，因为在英国以英镑计价的收益是无风险的。如果这项英国投资不是债券，而是有风险的英国股票，我们就无法知道这项投资的最终英镑价值，也就无法知道远期应出售多少英镑，也就是说，由外汇远期合约所提供的套期保值仍然是不完美的。

概括起来，等式（19.1）的一般形式是：

$$1+r(\text{US})=[1+r(\text{外币})](E_1/E_0) \tag{19.3}$$

式中，r（外币）为外币投资可能获得的风险收益率，并且采用的是直接标价法（1 美元可以兑换多少单位的外币）。只有在 r（外币）已知的情况下，你才能进行完美的套期保值。这时，你知道你在远期或期货市场上需出售的外币数量等于 $[1+r(\text{外币})]$ 乘以你当前购买的货币数量。

概念测验 19.3

在下面两种情况下，求出案例 19.1 中，那位打算在英国市场投资 10 000 英镑的投资者为了对汇率风险进行套期保值，需远期出售多少英镑？

(a) $r(\text{UK})=20\%$；

(b) $r(\text{UK})=30\%$。

扫描二维码
获取答案解析

□ 国际市场的投资风险

虽然积极型投资组合管理者同时参与个人市场资产配置和证券选择，但我们将把重点放在各国的市场指数投资组合上，使我们始终站在增强后的消极型策略的一边。尽管如此，我们的分析还说明了扩展后的积极型投资管理的关键特征。

正如我们在第 5 章中指出的那样，如果没有很长的数据序列，平均收益率的估计是非常不可靠的。如果数据期只有 5 年甚至 10 年，我们很难从平均收益率数据中发现什么。这是因为预期收益率的估计基本上仅取决于初始和最终股票价格（这确定了收益率的平均增长率）。为了精确估计预期收益率，较长的样本周期本质上是十分必要的。但是，在这么长的时期内，收益率分布的均值可能会发生变化。这对于实证研究来说是一个难以克服的障碍。

相反，对风险的估计可以通过样本期间收益率的波动性来计算。因此，增加观测频率可以提高风险评估的准确性，这意味着即使样本期相对较短，精确估计也是可行的。

因此，我们将主要关注国际投资的风险，我们对风险的经验估计也更有信心。我们将使用截至 2016 年 10 月的 5 年间国家指数收益率的月度数据。

表 19.4 显示了此期间各种股票指数投资风险的关键统计数据。这些指数包括世界上大多数较大的股票市场以及较小和较不发达地区的资本市场。第一列显示的是以当地货币计算的月收益率的标准差，并将其转换为美元，从而反映每个月汇率变动的影响。

美国股票市场（此处为标准普尔 500 指数）在此期间以美元计价的收益率波动性最低，但加拿大的本币波动率最低。其以美元计价的较高波动性反映了汇率变动带来的额外风险。但总的来说，汇率变动对以美元计价的收益波动的影响微乎其微。以美元计价的收益率的平均波动性并不比当地货币计算的波动性高。（表 19.4 中报告的平均值和中位数估计值仅根据各个国家的指数计算。）

在下一列中显示了股票市场波动性和 MSCI 世界指数之间的相关性，无论是以当地货币计价还是以美元计价，结果都大致相似。鉴于美国在世界投资组合中的重要性以及其经济在世界经济中的重要性，美国与世界指数拥有极高的相关性这一点并不奇怪。同样，无论是以当地货币计价还是以美元计价，富时指数（英国）和泛欧证券交易所指数（欧洲）均测量大型和发达经济体的收益率，与世界指数的相关性也很高，约为 0.85。上海指数因其与世界其他地区的低本币相关性而闻名。

表 19.5 显示了每个经济体的指数与 MSCI 世界投资组合的指数模型的回归结果。每个经济体的指数对世界投资组合的 β 值展示在第一列中。美国对世界投资组合的 β 值小于 1，也是其他指数的 β 的中位数。用以美元计价的收益率计算的 β 平均高于使用当地货币计价的 β。

我们不在此表中显示国家指数的 α，是因为利用 5 年期数据对未来业绩进行预测，其结果是不可靠的。如上所述，这是使用历史样本估计预期收益（与风险度量相反）的常见问题。这就是为什么数十年的数据通常用于估算大盘指数的“正常”收益率的原因。在这个样本期间，我们可以得出按照当地货币计算的中位数 α 仅为 1 个基点，几乎约等于零。美元在此期间普遍升值，因此以美元计价的平均值为负，为每月 −32 个基点。

表 19.5 中的第二列显示了每个经济体指数的剩余标准差。如第 6 章所述，每个月的回归残差是每个经济体收益率的一部分，与世界投资组合的收益率无关。因此，第二列中的数字是“特定经济体收益率”的标准差的估计值。结果与其他风险度量一致。到目前为止，美国的国家风险最低，反映了其在世界投资组合中的突出地位，中国的风险最高，这与中国和世界投资组合的相关性较低相吻合。阿拉伯国家和拉丁美洲国家的指数具有高于平均水平的非系统风险，尽管这些指数已经在各经济体区之间实现了分散化。无论收益率是以当地货币还是外国货币计算，特定经济体风险的平均值基本相同。总的来说，特定经济体的风险是有意义的。即使美国每月只有 1.4%，也并不是微不足道的。国际分散化具有潜在的价值。

总的来说，表 19.4 和表 19.5 中的结果表明，无论我们使用的是当地货币还是以美元计价的收益率，投资风险几乎都是相同的。因此，当我们在下一部分讨论转向国际分散化的潜力时，我们将主要关注按当地货币计价的收益率。

表 19.4　使用本国货币和美元计价收益率的股票市场波动性

	月度收益标准差		以美元计价的 MSCI 世界指数的相关性	
	以当地货币计价	以美元计价	以当地货币计价	以美元计价
标准普尔 500	0.032	0.032	0.958	0.905
日经	0.060	0.044	0.696	0.796
FTSE	0.038	0.044	0.863	0.855
上海	0.071	0.072	0.254	0.545
泛欧交易所	0.045	0.048	0.837	0.856
恒生	0.052	0.052	0.653	0.777
多伦多	0.025	0.037	0.711	0.401
瑞士	0.044	0.039	0.726	0.845
印度	0.045	0.065	0.614	0.603
韩国	0.035	0.051	0.693	0.743
MSCI-阿拉伯	0.047		0.494	
MSCI-拉丁美洲	0.070		0.725	
MSCI 世界	0.035	0.034	0.952	1.000
平均数	0.045	0.048	0.701	0.733
中位数	0.045	0.046	0.703	0.786

资料来源：作者根据从 Datastream 下载的数据计算得出。

表 19.5　使用当地货币和美元计价收益率的经济体指数对 MSCI 世界指数的指数模型回归

	相对 MSCI 世界指数的 β		剩余标准差（月度收益）	
	以当地货币计价	以美元计价	以当地货币计价	以美元计价
标准普尔 500	0.885	0.847	0.009	0.014
日经	1.207	1.022	0.043	0.027
FTSE	0.955	1.095	0.019	0.023
上海	0.521	1.150	0.069	0.061
泛欧交易所	1.089	1.195	0.025	0.025
恒生	0.975	1.186	0.039	0.033
多伦多	0.512	0.428	0.018	0.033
瑞士	0.919	0.954	0.030	0.021
印度	0.804	1.140	0.036	0.052
韩国	0.692	1.109	0.025	0.034
MSCI-阿拉伯	0.667		0.041	
MSCI-拉丁美洲	1.473		0.049	
MSCI 世界	1.000		0.000	
平均数	0.856	1.013	0.031	0.032
中位数	0.902	1.102	0.028	0.030

资料来源：作者根据从 Datastream 下载的数据计算得出。

□ 国际分散化

在第 6 章中，我们研究了由随机选择的不同数量的美国股票组成的等权重投资组合的风险，并看到了分散化投资的功效。图 19.3 显示了类似实验的结果，但其中分散化包括来自世界各地的股票。你可以看到，将可投资资产的范围扩展到外国股票可以为降低风险提供更大的机会。

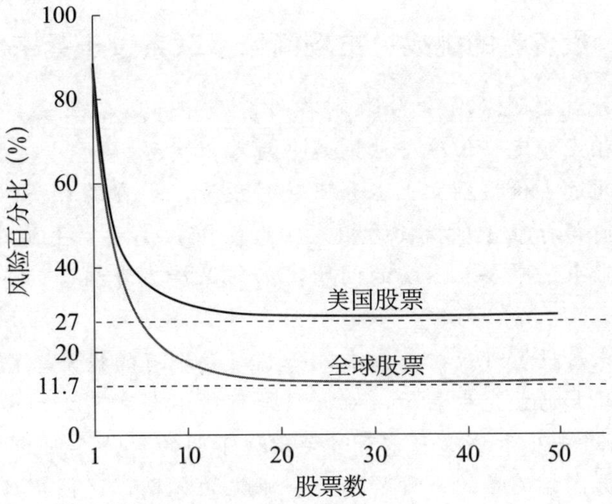

图 19.3　国际分散化

说明：图中所示为投资组合标准差占单一股票型投资组合平均标准差的百分比。

资料来源：B. Solnik, "Why Not Diversify Internationally Rather Than Domestically?" *Financial Analysts Journal*, July/August 1974, pp. 48 - 54. Copyright 1995, CFA Institute. Reproduced and republished from Financial Analysts Journal with permission from the CFA Institute.

当然，正如下面的“市场前沿”专栏所强调的那样，分散化带来的好处取决于证券之间的相关结构。该专栏表明，国际上的相关性随着时间的推移而增加。表 19.6 显示了最近五年的一些国家和地区样本指数的相关关系（使用当地货币收益）。该相关矩阵可用于构建最小方差投资组合，与图 19.3 中等权重的分散化操作相比，可以更好地估计分散化的潜在收益。

表 19.6　2011—2016 年使用当地货币计价的收益率之间的相关矩阵

	标准普尔500	日经	FTSE	上海	泛欧交易所	恒生	多伦多	瑞士	印度	韩国	阿拉伯	拉丁美洲	世界
标准普尔 500	1.000	0.684	0.832	0.231	0.790	0.555	0.633	0.697	0.562	0.621	0.461	0.677	0.958
日经	0.684	1.000	0.644	0.341	0.621	0.484	0.377	0.636	0.511	0.513	0.283	0.473	0.696
FTSE	0.832	0.644	1.000	0.233	0.844	0.651	0.649	0.724	0.588	0.627	0.353	0.716	0.863
上海	0.231	0.341	0.233	1.000	0.232	0.590	0.231	0.113	0.153	0.360	0.199	0.277	0.254
泛欧交易所	0.790	0.621	0.844	0.232	1.000	0.535	0.559	0.730	0.455	0.578	0.339	0.558	0.837
恒生	0.555	0.484	0.651	0.590	0.535	1.000	0.615	0.393	0.548	0.711	0.486	0.753	0.653
多伦多	0.633	0.377	0.649	0.231	0.559	0.615	1.000	0.484	0.521	0.543	0.442	0.674	0.711
瑞士	0.697	0.636	0.724	0.113	0.730	0.393	0.484	1.000	0.339	0.485	0.272	0.355	0.726
印度	0.562	0.511	0.588	0.153	0.455	0.548	0.521	0.339	1.000	0.566	0.266	0.624	0.614
韩国	0.621	0.513	0.627	0.360	0.578	0.711	0.543	0.485	0.566	1.000	0.478	0.692	0.693
阿拉伯	0.461	0.283	0.353	0.199	0.339	0.486	0.442	0.272	0.266	0.478	1.000	0.472	0.494
拉丁美洲	0.677	0.473	0.716	0.277	0.558	0.753	0.674	0.355	0.624	0.692	0.472	1.000	0.725
世界	0.958	0.696	0.863	0.254	0.837	0.653	0.711	0.726	0.614	0.693	0.494	0.725	1.000

资料来源：作者根据从 Datastream 下载的数据计算得出。

市场前沿

投资者的挑战：市场间似乎联系过于紧密

投资的黄金法则之一就是，通过将资金分散到各种资产——股票基金、债券和大众商品中来降低风险，使得这些资产之间不会相互锁定。但这一法则越来越难以实施。

根据最近的研究，一系列过去价格独立上涨和下跌的投资，现在的相关性越来越高。例如，衡量新兴市场的 MSCI EAFE 指数目前与标准普尔指数的相关性为 0.96，高于六年前的 0.32。

对于投资者来说，这会带来一个令人不安的问题：如何保持投资组合的分散化，使得所有部分不会同时下跌？

目前的相关趋势并不意味着投资者应该走出去，并且放弃现有的投资。诺德基金管理公司（Lord Abbett & Co.）的首席经济学家 Ezrati 先生表示，他们只是可能不会和不久前做出的投资决策一样“获得相同的分散化”，他补充说，自过去几十年以来，有时会出现不同的资产类别趋同的现象。

对于现在资产之间具有更高相关性的一种解释是全球化的加剧，这使得各国经济更加相互依存。数据公司利珀公司（Lipper Inc.）的分析师 Jeff Tjornehoj 表示，即使目前相关性较高的国际股票也需要在长期投资者的持股中占到一定的份额。他认为这些相关性是一种暂时现象，并且分散化有希望在一年或几年后回归。

资料来源：Shefali Anand, “Investors Challenge: Markets Seem Too Linked,” *The Wall Street Journal*, June 2, 2006, p. C1.

表 19.7 显示了每个经济体指数（第 1 列）等权重投资的组合的波动性，并使用最小方差权重（第 2 列）计算，或使用最小方差权重而不允许卖空（第 3 列）。等权重的投资组合符合图 19.3 的精神。即使是普通的分散化也能带来相当大的好处：投资组合的标准差为 3.3%，仅为各个经济体标准差的平均值的 70%。但我们可以大幅降低波动性。当我们允许卖空时，最小方差投资组合的标准差仅为 1.9%，而当我们不允许时，则为 2.4%。我们可以看到，有充分的证据表明，国际分散化可能会大幅降低投资组合风险。

表 19.7　国际分散化投资组合的构成和波动性

	等权重投资组合	最小方差投资组合	最小方差投资组合（不允许卖空）
A. 权重			
标准普尔 500	0.083	0.318	0.114
日经	0.083	−0.034	0.000
FTSE	0.083	0.207	0.000
上海	0.083	0.051	0.024
泛欧交易所	0.083	−0.149	0.000
恒生	0.083	−0.103	0.000
多伦多	0.083	0.696	0.742
瑞士	0.083	−0.107	0.000
印度	0.083	0.046	0.000
韩国	0.083	0.308	0.109
阿拉伯	0.083	0.044	0.012
拉丁美洲	0.083	−0.276	0.000
B. 波动性			
标准差	0.033	0.019	0.024

资料来源：作者根据从 Datastream 下载的数据计算得出。

如何实现最佳风险—收益权衡的有效分散化？这很难评估，因为正如我们多次指出的那样，样本的平均收益率并不是预期收益率的可靠估计。但是，作为历史收益率的替代方案，我们可以从 CAPM 的国际版本中估算预期收益率。

表 19.8 使用 MSCI 世界指数作为市场投资组合，假设无风险利率为 2%，市场风险溢价为 8%。鉴于这些预期收益率、表 19.4 中的标准差以及表 19.6 中的相关性矩阵，我们可以得出有效边界。结果如图 19.4 所示。

表 19.8　使用相对于 MSCI 世界投资组合和国际 CAPM 模型的当地货币的 β 求得的预期收益率

	β	预期收益率（%）
标准普尔 500	0.885	9.1%
日经	1.207	11.7
FTSE	0.955	9.6
上海	0.521	6.2
泛欧交易所	1.089	10.7
恒生	0.975	9.8
多伦多	0.512	6.1
瑞士	0.919	9.3
印度	0.804	8.4
韩国	0.692	7.5
MSCI-阿拉伯	0.667	7.3
MSCI-拉丁美洲	1.473	13.8
MSCI 世界	1.000	10.0

资料来源：β 是作者根据从 Datastream 下载的数据计算得出的，预期期收益率从 CAPM 模型中求得，假设无风险利率是 2%，市场风险溢价是 8%。

图 19.4 中的边界是在不允许卖空的情况下绘制的。这反映了许多机构交易者对卖空的限制。然而，即使在这种限制下，国际分散化的好处也是显而易见的。美国投资组合（标准普尔 500 指数）显示为实心点，尽管它在相切的投资组合中的权重接近 50%，但位于资本配置线的下方。经过美国指数的资本配置线的夏普比率（基于月收益）为 0.185，远低于与此相切的投资组合的夏普比率 0.248。因此，放弃国际股票市场的美国投资者正在放弃大量可以改善其风险投资组合的风险—收益权衡的机会。

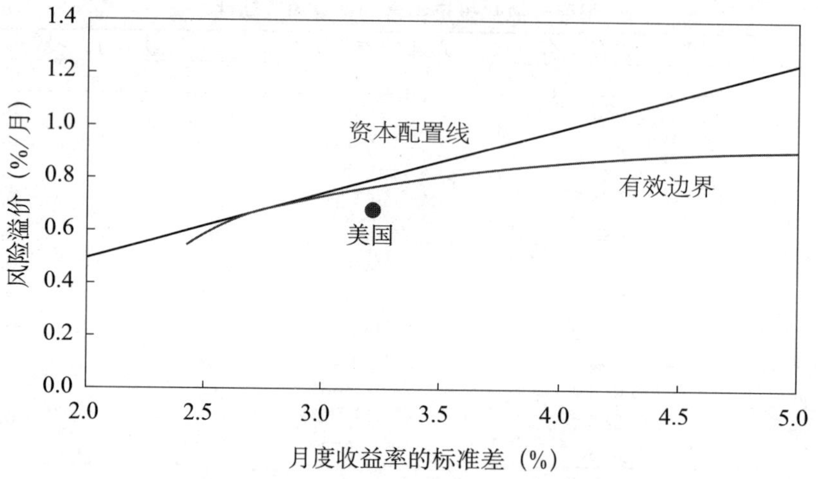

图 19.4　使用国家和地区股票指数求出的有效边界和 CAL

资料来源：作者根据表 19.7 和表 19.8 计算得出。

□ 来自国际分散化的好处在熊市中依然成立吗?

一些研究[①]表明，各国投资组合收益率之间的相关性在资本市场动荡时期会有所上升。如果是这样，那么来自分散化的好处恰恰将在人们最需要它的时候消失。例如，罗尔（Roll，1988）[②] 的一项关于 1987 年 10 月股市大崩盘的研究表明，被研究的全部 23 个国家的指数在 10 月 12—26 日都下降了。这种相关性在图 19.5 绘制的地区指数移动中得到了反映。罗尔发现，国家指数关于世界指数的 β 值（在股市崩盘之前估计）是该指数对美国股市 10 月大崩盘做出反应的最佳预报器。这意味着，全世界股票市场的运动有一个共同的驱动因素。该模型预言，宏观经济冲击将对所有国家产生影响，而分散化只能减轻风险，不能消除此类影响广泛的事件。

2008 年全球股市崩盘使我们得以对罗尔的预测做出检测。图 19.6 中的数据包括 1999—2008 年 10 年间和 2008 年最后四个月的危机时期的月平均收益率、美国市场的 β 和一些投资组合的月标准差。该图表明，美国市场的 β 和国家指数的标准差都为危机时期的收益率和整个时期平均收益率之间的差别做出了解释。1987 年危机时期的市场行为——在极差的时期会出现较大的相关系数——在 2008 年危机中再次上演，印证了罗尔预测的正确性。

---

① F. Longin and B. Solnik, "Is the Correlation in International Equity Returns Constant: 1960—1990?" *Journal of International Money and Finance* 14 (1995), pp. 3 - 26; and Eric Jacquier and Alan Marcus, "Asset Allocation Models and Market Volatility," *Financial Analysts Journal* 57 (March - April 2001), pp. 16 - 30.

② Richard Roll, "The International Crash of October 1987," *Financial Analysts Journal*, September-October 1988.

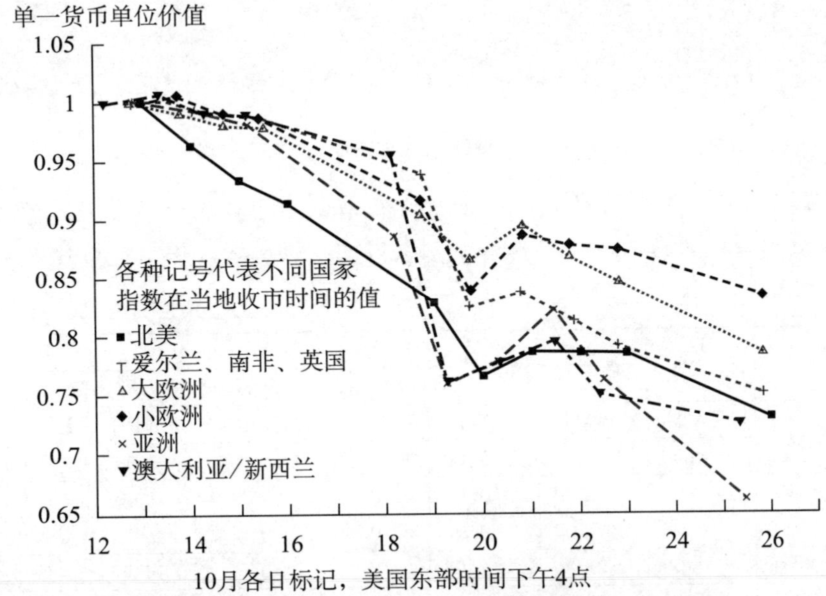

图 19.5　1987 年 10 月 14—26 日大崩盘前后的地区指数

资料来源：From Richard Roll, "The International Crash of October 1987," *Financial Analysts Journal*, September-October 1988. Copyright 1998, CFA Institute. Reproduced and republished from *Financial Analysts Journal* with permission from the CFA Institute.

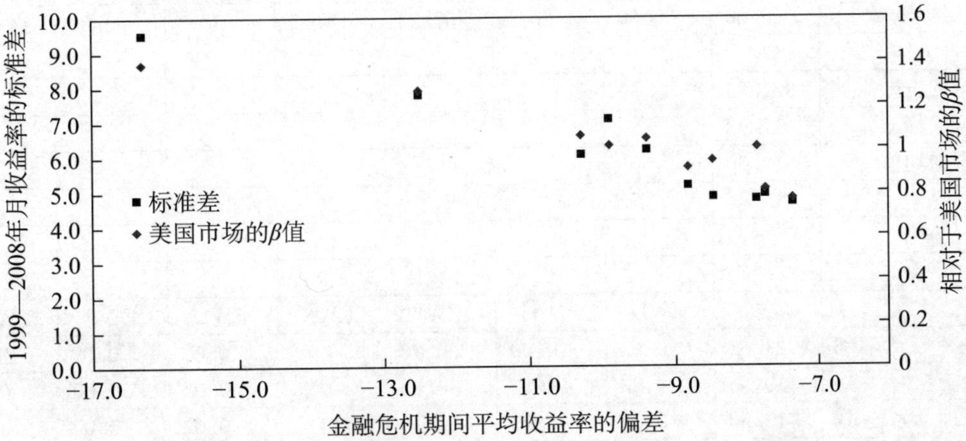

市场	平均月收益率，1999—2008 年	2008 年：9—12 月	与均值的偏差	相对于美国市场的 β	标准差
美国	−0.47	−8.31	−7.84	1	4.81
全世界除美国以外最大的六个市场	−0.16	−7.51	−7.35	0.77	4.71
欧盟发达市场	−0.05	−10.34	−10.29	1.06	6.08
其他欧洲发达市场	0.14	−7.59	−7.73	0.82	4.95
澳大利亚＋远东	0.10	−9.29	−9.38	1.04	6.21
新兴远东市场＋南非	0.20	−9.70	−9.90	1.01	7.10
新兴拉美市场	0.80	−11.72	−12.52	1.27	7.83
欧洲新兴市场	0.90	−15.43	−16.32	1.38	9.54
世界-美国（共涵盖 48 个国家）	0.01	−8.79	−8.81	0.91	5.19
世界投资组合（以国为单位）	−0.15	−8.60	−8.45	0.94	4.88

图 19.6　基于 2008 年 9—12 月的月收益率与 1999—2008 年的平均收益率的偏差的 β 值与标准差的分布

资料来源：作者的计算。

Excel 应用

国际分散化

Excel 模型提供了与第 6 章类似的有效边界分析。在第 6 章中，这一边界建立在个别证券的基础上，而这里的模型考察了进行国际交易的基金的收益率。我们可以使用这一模型，结合收益率数据分析国际分散化带来的好处。

	A	B	C	D	E	F	G	H	I	J
58		目标收益投资组合的边界协方差矩阵								
59		EWD	EWH	EWI	EWJ	EWL	EWP	EWW	SP 500	
60	权重	0.00	0.00	0.08	0.38	0.02	0.00	0.00	0.52	
61	0.000 0	0.00	0.00	0.00	0.00	0.00	0.00	0.00	0.00	
62	0.000 0	0.00	0.00	0.00	0.00	0.00	0.00	0.00	0.00	
63	0.082 6	0.00	0.00	4.63	3.21	0.55	0.00	0.00	7.69	
64	0.380 5	0.00	0.00	3.21	98.41	1.82	0.00	0.00	53.79	
65	0.017 1	0.00	0.00	0.55	1.82	0.14	0.00	0.00	2.09	
66	0.000 0	0.00	0.00	0.00	0.00	0.00	0.00	0.00	0.00	
67	0.000 0	0.00	0.00	0.00	0.00	0.00	0.00	0.00	0.00	
68	0.519 8	0.00	0.00	7.69	53.79	2.09	0.00	0.00	79.90	
69	1.000 0	0.00	0.00	16.07	157.23	4.59	0.00	0.00	143.47	
70										
71	投资组合的方差	321.36								
72	投资组合的标准差	17.93								
73	投资组合的均值	12.00								
74										
75										
76					权重					
77	均值	标准差	EWD	EWH	EWI	EWJ	EWL	EWP	EWW	SP 500
78	6	21.89	0.02	0.00	0.00	0.71	0.00	0.02	0.00	0.26
79	9	19.66	0.02	0.0	0.02	0.53	0.02	0.00	0.00	0.41
80	12	17.93	0.00	0.00	0.08	0.38	0.02	0.00	0.00	0.52
81	15	16.81	0.00	0.00	0.14	0.22	0.02	0.00	0.00	0.62
82	18	16.46	0.00	0.00	0.19	0.07	0.02	0.00	0.00	0.73
83	21	17.37	0.00	0.00	0.40	0.00	0.00	0.00	0.00	0.60
84	24	21.19	0.00	0.00	0.72	0.00	0.00	0.00	0.00	0.28
85	27	26.05	0.00	0.00	1.00	0.00	0.00	0.00	0.00	0.00
86										
87										

Excel 问题：

1. 在有效边界上找三个对应于三个不同的预期收益的点。这三个预期收益率所对应的组合的标准差分别是多少？

2. 现在假设标准普尔 500 指数和其他国家指数之间的相关系数下降为之前的二分之一。找出这三个预期收益率所分别对应的新的标准差。它们比以前更高还是更低？为什么？

19.3 政治风险

大体上，从宏观层面、产业层面及企业层面进行证券分析在所有国家都是类似的。这些分析的主要目标是，估计个别资产及投资组合的预期收益率和风险。在外国，要获得同等质量的信息，从本质上讲更加困难。

考虑两个投资者：一个希望投资于印度尼西亚股票的美国投资者和一个希望投资于美国股票的印度尼西亚投资者。虽然两人都需要对外国进行宏观分析，但这一任务对美国投资者而言更加困难。原因并非投资于印度尼西亚一定比投资于美国具有更大的风险。你很容易就可以发现，在最后的分析中，许多美国股票都比印度尼西亚股票具有更大的风险。这种差异源于一个事实，即美国金融市场比印度尼西亚金融市场更具透明度。

此外，各国的**政治风险**（political risk）差别很大，其评估需要每个国家的经济、法律、税收和政治环境方面的专业知识。在为投资者提供政治风险评估方面，处于领先地位的组织是 PRS 集团（Political Risk Services），此处的说明采用 PRS 方法。①

政治风险：资产征用、税收政策改变、外币兑换本币的限制和其他商业政策改变的可能性。

PRS 国家风险分析产生的国家综合风险评级位于 0（风险最大）～100（风险最小）之间。为了说明，表 19.9 显示了 2015 年 1 月 PRS《全球国家风险指南》中的一小部分国家的排名。并不让人感到意外的是，瑞士位于该表中“极低风险”国家的第一位；而那些小的新兴市场国家位于该表底部，尤其是索马里（排名 140）几乎排在了最底端。可能会让人感到吃惊的是美国相当平庸的排名（排名 27）。

表 19.9 2014 年 1 月和 2015 年 1 月的综合风险评级

排名	国家	2015 年风险评级	2014 年风险评级
1	瑞士	89.8	89.5
6	加拿大	83.0	82.3
6	德国	83.0	85.3
10	卡塔尔	82.3	82.0
19	日本	79.5	81.5
27	美国	77.3	75.3
47	中国	72.0	73.3
59	西班牙	69.5	69.3
68	巴西	68.0	69.3
77	印度尼西亚	67.0	65.5
90	俄罗斯	64.5	69.5
97	土耳其	63.3	59.3
118	海地	60.8	58.8
126	巴基斯坦	58.3	61.3
132	委内瑞拉	54.8	54.3
138	利比里亚	49.3	52.8
139	叙利亚	41.3	42.0
140	索马里	37.5	37.5

资料来源：*International Country Risk Guide*，January 2015，The PRS Group，Inc.

① 你可以在网站 http://www.prsgroup.com 上找到更多信息。非常感谢 PRS 集团提供的信息和帮助。

综合风险评级是三个指标的平均：政治风险、金融风险和经济风险。政治风险的度量数值位于 0 和 100 之间，而金融和经济风险的度量数值位于 0 和 50 之间。这三个指标加总并除以 2 就得到了综合评级。PRS 用于三个指标综合风险评级的变量如表 19.10 所示。

表 19.10　PRS 政治风险评级中使用的变量

政治风险变量	金融风险变量	经济风险变量
政府稳定性	外债（占 GDP 的百分比）	人均 GDP
社会经济环境	外债服务（占 GDP 的百分比）	实际年均 GDP 增长
投资曲线	现金账户（占出口的百分比）	年通货膨胀率
内部冲突	进口月度净流动性	预算平衡（占 GDP 的百分比）
外部冲突	汇率稳定性	现金账户平衡（占 GDP 的百分比）
腐败		
军事		
宗教冲突		
法律秩序		
种族冲突		
民主责任		
官僚质量		

表 19.11 按 2011 年 1 月的综合风险评级顺序，列举了 11 个国家的 3 个风险指标。在该表中，就政治风险而言，美国是表现最佳的国家之一。但在金融指标方面，美国毫无疑问是垫底。美国在金融风险方面令人吃惊的不佳表现很有可能是由于受到了政府过度干预和贸易逆差的影响，因为政府干预和贸易逆差都会给汇率走势带来很大的压力。汇率的稳定性（exchange rate stability）、国际贸易不平衡（foreign trade imbalance）以及外债（foreign indebtedness）都是计算 PRS 金融风险所需考虑的因素。

表 19.11　2015 年各国分类风险评级

国家	政治	金融	经济	综合
巴基斯坦	48.5	37.5	30.5	58.3
土耳其	53.0	37.5	36.0	63.3
俄罗斯	56.5	35.5	37.0	64.5
印度	61.0	43.0	33.5	68.8
中国	56.5	47.5	40.0	72.0
美国	82.5	32.5	39.5	77.3
英国	84.0	35.5	38.0	78.8
卡塔尔	73.5	42.5	48.5	82.3
加拿大	85.0	39.0	42.0	83.0
德国	84.5	38.0	43.5	83.0
瑞士	88.0	46.5	45.0	89.8

资料来源：*International Country Risk Guide*，January 2015，The PRS Group，Inc.

最后，表 19.12 给出了政治风险评级的 12 个构成部分。美国在腐败风险（变量 F）和民主问责制（变量 K）方面做得很好。中国在政府稳定方面（变量 A）做得很好但在民主问责制方面（变量 K）表现不佳。

PRS 集团每月发行的《全球国家风险指南》包含非常详细的资料，约 250 页。其他一些组织也在提供此类评估方面展开竞争。这使得现在的投资者可以很好地评估国际投资所包含的风险。

表 19.12　2015 年 1 月按组成部分划分的政治风险点

下表列出了每个政治风险所占的最大分值，最后一列显示了各国总体的政治风险（每个组成部分分值的加总）。

A	政府稳定	12	G	政治上的军事	6
B	社会经济条件	12	H	宗教紧张局势	6
C	投资概况	12	I	法律与秩序	6
D	内部冲突	12	J	民族紧张局势	6
E	外部冲突	12	K	民主问责制	6
F	腐败	6	L	官僚主义素质	4

国家	A	B	C	D	E	F	G	H	I	J	K	L	风险评级
巴基斯坦	6.0	5.5	7.0	6.0	9.0	2.0	1.5	1.0	3.0	1.0	4.5	2.0	48.5
土耳其	7.5	6.0	6.0	7.0	7.0	2.5	2.0	4.0	3.0	2.0	4.0	2.0	53.0
俄罗斯	9.0	5.5	7.5	7.5	7.0	1.5	4.0	5.5	3.0	3.0	2.0	1.0	56.5
中国	9.0	7.0	6.0	7.0	8.0	2.0	3.0	4.0	3.5	3.5	1.5	2.0	56.5
印度	8.5	5.0	7.5	6.5	9.0	2.5	4.0	2.5	4.0	2.5	6.0	3.0	61.0
卡塔尔	10.5	8.0	10.0	9.5	8.5	4.0	4.0	4.0	5.0	6.0	2.0	2.0	73.5
美国	7.5	9.5	12.0	10.0	9.5	4.5	4.0	5.5	5.0	5.0	6.0	4.0	82.5
英国	7.5	9.5	11.5	10.0	9.5	5.0	6.0	6.0	5.0	4.0	6.0	4.0	84.0
德国	8.5	9.0	11.0	10.5	10.5	5.0	6.0	5.0	5.0	4.0	6.0	4.0	84.5
加拿大	7.5	8.5	12.0	10.0	11.0	5.0	6.0	6.0	5.5	3.5	6.0	4.0	85.0
瑞士	9.0	10.5	11.5	12.0	10.5	5.0	6.0	4.5	5.0	4.0	6.0	4.0	88.0

资料来源：*International Country Risk Guide*，January 2015，The PRS Group，Inc.

19.4　国际投资与业绩归因

由于许多证券市场的效率可能低于美国等高度发达经济体，因此国际投资为积极型经理提供了更多的机会。国际投资需要对更多领域进行专业分析：货币、国别和世界产业前景，以及股票选择的更大空间。

□ 建立一个外国资产的基准组合

积极型国际投资，如同消极型投资一样，需要一个基准组合（标准）。一个广泛使用的国际市场指数是 MSCI 世界指数。MSCI 还在该指数中计算了包括美国等大型市场在内的变量。另一个由 MSCI 计算的被广为使用的非美国股票指数——**欧洲、澳大利亚和远东指数**［European，Australian，Far East（EAFE）index］——是 21 个发达市场的大中型证券的指数。摩根士丹利资本国际、所罗门兄弟、瑞士信贷第一波士顿及高盛等公司也提供其他一些世界股票业绩指数。用于模仿甚至是复制这些指数所代表的国家、货币和公司而建立的投资组合，显然是那些纯粹消极型国内股票投资策略的推广。

欧洲、澳大利亚和远东指数：摩根士丹利计算的一个广为使用的非美国股票指数。

在国际投资背景下有时出现的一个问题是，在建立国际指数时，市值权重配置方案是否合适？市值权重配置方案是最为常见的方法。尽管如此，一些人仍然认为它并不是国际背景下最佳的权重配置方案。这种观点在一定程度上是正确的，因为在不同的国家，可用于公开交易的公司部门所占的比例是不一样的。

表 19.13 显示了 EAFE 中各国（地区）的市值权重与 GDP 权重的对比。数据显示，在市值与 GDP 的相对规模之间，这些数据给出的结果是迥异的。股票市场较小的国家（地区）（排在最后）占 EAFE GDP 的比重，比占 EAFE 总市值的比重往往小得多。例如，一方面，虽然葡萄牙占 EAFE 总 GDP 的 0.5%，但它仅占该指数市值的 0.1%。另一方面，中国香港仅占 GDP 的 0.7%，但它占 EAFE 总市值的 6.5%。这些差异表明，与其他国家（地区）相比，中国香港经济活动中更大的部分是通过公司组织形式完成的。

表 19.13　2015 年 EAFE 各国（地区）权重配置方案

	EAFE 市值百分比（%）	EAFE 百分化（%）
美国	50.8	43.1
日本	9.9	9.9
中国香港	6.5	0.7
英国	5.6	6.8
法国	4.2	5.8
德国	3.5	8.1
加拿大	3.2	3.7
瑞士	3.1	1.6
瑞典	2.6	1.2
澳大利亚	2.4	3.2
西班牙	1.6	2.9
荷兰	1.5	1.8
新加坡	1.3	0.7
意大利	1.2	4.4
比利时	0.8	1.1
挪威	0.4	0.9
丹麦	0.4	0.7
芬兰	0.3	0.6
爱尔兰	0.3	0.6
奥地利	0.2	0.9
新西兰	0.2	0.4
葡萄牙	0.1	0.5
希腊	0.1	0.5

资料来源：作者根据表 19.1 和表 19.2 计算得出。

一些人可能会争辩说，使用 GDP 对国际指数进行加权要比使用市值更加合适。这种观点的主要理由是，国际分散化的投资组合应该根据各国的总资产基数按比例购买股份，而要衡量一个国家在国际经济中的地位，GDP 也许是比股票市值更为合适的测度工具。还有一些人甚至建议用各国的进口份额作为权重。这一主张的理由是，希望对进口商品价格进行套期保值的投资者，也许会选择根据从各国进口商品的比例持有该外国公司的证券。

□ 业绩归因

我们可以用与第 18 章中介绍的业绩归因技术类似的方法来分别衡量这些因素的贡献。

1. **货币选择**（currency selection）衡量相对于投资者的基准货币（我们在此使用美元）的汇率波动对整个资产组合业绩的贡献。我们可以用 EAFE 这样的基准指数来比较一个特定时期内资产组合的货币选择与消极型基准货币的差别。EAFE 货币选择是这样计算的：它把 EAFE 投资组合对各货币的投资比例作为权重，对各国货币汇率的升值水平进行加权平均。

货币选择：投资者在不同货币标的的投资之间进行选择的资产配置。

2. **国家选择**（country selection）衡量由于对世界上业绩较好的股票市场进行投资而对总业绩做出的贡献。它是以投资者的投资组合中各个国家所占的份额为权重，对各国的股票指数收益的加权平均。在这里，我们使用指数收益，以消除一国内证券选择的影响。为了衡量国家选择的贡献，我们将经理的加权平均值与基准消极型策略的加权平均值进行比较，例如，EAFE 投资组合中每个国家的份额。

国家选择：投资者在不同国家的投资中进行选择的资产配置。

3. **股票选择**（stock selection）（如同第 18 章一样）能力可以用各国股票收益率的加权平均值与股票指数的差额来衡量。这里，我们以本国货币为单位，并以投资者在各国的投资比例作为权重。

股票选择：在一国证券市场上对特定股票的选择。

4. **现金/债券选择**（cash/bond selection）可以用各种债券和票据有别于基准组合权重而产生的超额收益来衡量。

现金/债券选择：在货币市场和长期债券市场之间进行的投资选择。

表 19.14 是评价国际投资组合管理人所做的决策对业绩的贡献的一个实例。

表 19.14　　国际投资业绩归因实例

	EAFE 权重	股权指数收益率（%）	货币选择 E_1/E_0-1（%）	管理人的权重	管理人的收益率（%）
欧洲	0.30	10	10	0.35	8
澳大利亚	0.10	5	−10	0.10	7
远东	0.60	15	30	0.55	18

总业绩（美元收益率＝指数收益率＋货币升值）

EAFE：　$0.30\times(10+10)+0.10\times(5-10)+0.60\times(15+30)=32.5\%$

管理人：　$0.35\times(8+10)+0.10\times(7-10)+0.55\times(18+30)=32.4\%$

与 EAFE 相比损失了 0.10%

货币选择

EAFE：　$0.30\times10\%+0.10\times(-10\%)+0.60\times30\%=20\%$升值

管理人：　$0.35\times10\%+0.10\times(-10\%)+0.55\times30\%=19\%$升值

与 EAFE 相比损失了 1%

国家选择

EAFE：　$0.30\times10\%+0.10\times5\%+0.60\times15\%=12.5\%$

管理人：　$0.35\times10\%+0.10\times5\%+0.55\times15\%=12.25\%$

与 EAFE 相比损失了 0.25%

股票选择

$(8\%-10\%)\times0.35+(7\%-5\%)\times0.10+(18\%-15\%)\times0.55=1.15\%$

与 EAFE 相比增加了 1.15%

贡献总和（等于总业绩）

货币（−1%）＋国家（−0.25%）＋选择（1.15%）＝−0.10%

概念测验 19.4

使用表 19.14 中的数据，计算当投资组合的权重为欧洲 40%、澳大利亚 20%、远东 40%时，投资组合管理人的国家选择和货币选择。

扫描二维码 获取答案解析

小结

● 美国资产只是世界投资组合的一部分。国际资本市场为投资组合分散化以改进风险—收益特征提供了重要机会。

● 如果投资是以外币标价的，那么汇率风险就会成为不确定性的又一来源。这种风险大部分都可用外汇期货或远期市场进行对冲，但是除非外币的收益率已知，否则你无法进行完全的风险对冲。

● 不同国家的收益并非完全相关。因此，国际分散化带来了好处。全球投资组合的最小方差具有比几乎任何个别国家指数低得多的波动性，包括美国的指数。更重要的是，在外国股票市场被添加到投资菜单中时，那些单一国家的股票指数（同样包括美国的指数）在有效边界内占据相当大的位置。因此，国际投资提供了充分的机会来改善风险—收益权衡。

● 国际投资增加了政治风险，包括政府和社会稳定的不确定性、民主责任、宏观经济条件、国际贸易以及为个人、企业和投资者提供的法律保护。现在有几种服务可以向有关各方出售有关政治风险的信息。

● 有些世界市场指数可以构成消极型国际投资的基础。积极型国际管理可以分为货币选择、国家选择、股票选择和现金/债券选择。

关键词

现金/债券选择　利率平价关系　欧洲、澳大利亚和远东（EAFE）指数　政治风险
汇率风险　货币选择　国家选择　抛补利率套利关系
股票选择

核心公式

直接汇率（美元/外币）的利率平价（抛补套利）：

$$F_0 = E_0 \frac{1+r_f(\text{美国})}{1+r_f(\text{外国})}$$

间接汇率（外币/美元）的利率平价：

$$F_0 = E_0 \frac{1+r_f(\text{外国})}{1+r_f(\text{美国})}$$

习题

1. 你是否同意以下观点："全球化经营的美国公司可以给你提供国际分散化投资。"请同时考虑商业风险和外汇汇率风险。（LO19—1）

2. 在图 19.2 中，我们采用以本地和美元计价的两种方式计算了股票市场的收益率。哪一个相关度更高？这与投资的外汇风险是否已经对冲有什么关系？（LO19—1）

3. 假设有一个美国投资者计划投资于英国公司的股票，该股票现在售价为每股 40 英镑，投资者要投资 10 000 美元，现在的汇率是 2 美元/英镑。

a. 投资者能购买多少股股票？

b. 将以下 9 种情况（3 种可能的英镑股价，以及 3 种可能的汇率）下一年的收益率填入下表。

c. 什么时候以美元计价的收益率等于以英镑计价的收益率？（LO19—2）

股价（英镑）	以英镑计价的收益率（%）	按1年后的美元汇率计价的收益率		
		1.80美元/英镑	2.20美元/英镑	2美元/英镑
35				
40				
45				

4. 如果习题3的9种结果发生的可能性相同，计算以英镑计价的收益率和以美元计价的收益率的标准差。(LO19—2)

5. 现在假设习题1中的投资者以2.10美元/英镑的远期汇率出售远期5 000英镑。

a. 重新计算各种情况下以美元计价的收益率。

b. 以美元计价的收益率的标准差会有什么变化？将新的计算结果与原来的值以及以英镑计价的收益率的标准差进行比较。(LO19—2)

6. 计算下面的例子中管理人的货币、国家以及股票选择对总业绩的贡献。所有的汇率都是按照每一单位美元可以兑换多少单位外币标价的。(LO19—5)

	EAFE权重	股票指数收益率（%）	E_1/E_0	管理人的权重	管理人的收益率（%）
欧洲	0.30	20	0.9	0.35	18
澳大利亚	0.10	15	1.0	0.15	20
远东	0.60	25	1.1	0.50	20

7. 如果现在的汇率是1.35美元/英镑，1年期的远期汇率是1.45美元/英镑，并且英国政府债券的利率是每年3%。投资者若投资于英国债券，能获得的以美元计价的无风险收益率是多少？(LO19—2)

8. 如果你打算在问题7中投资10 000美元购买英国债券，你应该怎样锁定你的以美元计价的收益率？(LO19—2)

9. 本章的大部分内容都是从美国投资者的角度撰写的。但假设你正在为生活在一个小国家的投资者提供建议（选择一个具体的国家）。如何为这样的投资者修改本章的课程？(LO19—3)

CFA 习题

1. 你是一名美国投资者，一年前购买了价值2 000英镑的英国证券，当时的汇率是1英镑等于1.5美元。如果证券目前价值2 400英镑，且现在的汇率是1英镑等于1.45美元，你的总收益（以美元计价）是多少？在此期间不支付任何股利或利息。(LO 19—1)

2. 美国股票指数的收益率与其他工业化国家的股票指数收益率之间的相关系数大多为________，美国股票各种指数收益率之间的相关系数大多为________。

a. 小于0.8；大于0.8

b. 大于0.8；小于0.8

c. 小于0；大于0

d. 大于0；小于0 (LO19—1)

3. 外国公司普通股的投资者可能希望对冲投资者本国货币的________，并且可以通过________远期市场中的外币进行对冲。

a. 贬值；抛售

b. 升值；购买

c. 升值；抛售

d. 贬值；购买 (LO19—1)

4. 注册金融分析师约翰·艾瑞希是一个独立投资顾问，他正在帮助阿尔弗莱德·达尔文（大众技术公司的投资委员会主席）建立一个新的养老基金。达尔文向艾瑞希询问了有关国际投资的问题，并问他投资委员会是否应当考虑将国际股票投资作为养老基金的附属资产。(LO19—3)

a. 解释将国际股票包括在大众公司股票投资组合中的根据，确定并描述你做出这种回答的三个相关的考虑因素。

b. 列出三条反对国际股权投资的理由，并简单讨论各条理由的重要性。

c. 为了说明国际股票投资长期业绩的几个方面，艾瑞希向达尔文出示了下面这张图，这张图是最近一个美国养老基金的投资结果示意图。比较美元和非美元股票，以及美元和非美元固定收益资产的业绩，解释与四种单类资产指数的业绩相比，养老基金账户业绩指数的结果的重要意义。

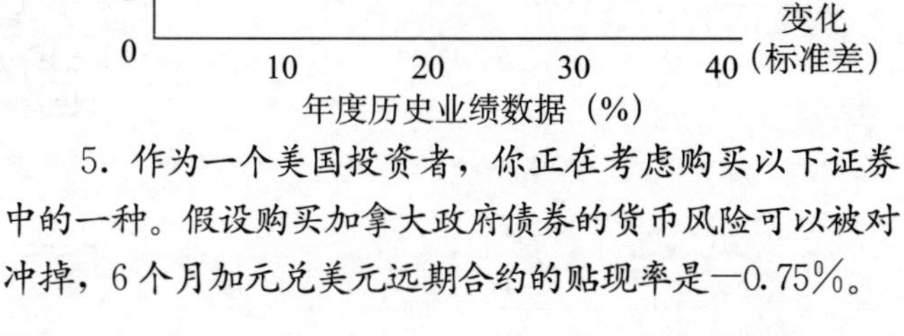

5. 作为一个美国投资者，你正在考虑购买以下证券中的一种。假设购买加拿大政府债券的货币风险可以被对冲掉，6个月加元兑美元远期合约的贴现率是−0.75%。

债券	期限	票面利率	价格
美国政府债券	6个月	6.50%	100.00
加拿大政府债券	6个月	7.50%	100.00

在6个月的投资期限内，如果投资于以上两种债券可以获得相同的以美元计价的总收益，计算此时加拿大政府债券的预期价格变化。假设美国政府债券收益率保持不变。(LO19—2)

6. 一个全球化投资的经理打算投资100万美元购买期限为接下来90天的美国政府债券（现金等价物），同时她也被授权可以投资于非美国政府的现金等价物，但她必须用远期货币合约对外币相对于美元的汇率风险进行套期保值后才能进行投资。(LO19—2)

a. 如果她投资于加拿大或者日本的货币市场工具，并且对她的投资进行了套期保值，那么投资的收益率是多少？请使用下表中的数据。

b. 期限为90天的美国政府债券的隐含利率是多少？(LO19—2)

90天现金等价物的利率（%）	
日本政府债券	2.52
瑞士政府债券	6.74

汇率（货币单位/美元）		
	即期	90天远期
日元	0.011 9	0.012 0
瑞士法郎	0.728 4	0.726 9

7. 温莎基金会是一家总部位于美国的非营利性慈善组织，拥有一个1亿美元的多样化投资组合。温莎董事会正在考虑对新兴市场股票进行初始投资。该基金会的财务主管罗伯特·休斯顿发表了以下评论：

a. “对于只持有发达国家的股票的投资者而言，存在稳定的新兴市场货币是该投资者在新兴市场中实现强劲表现的几个先决条件之一。”

b. “投资于新兴市场的美国投资者经常会遇到当地货币兑美元汇率贬值的情况，美国投资者经常遇到其收益率的大部分被货币贬值所抹去的情况。即使是长期投资者也是如此。”

c. “从历史上看，将新兴市场股票增加到标准普尔500指数等美国股票投资组合中降低了组合的波动性；当新兴市场股票与MSCI EAFE指数等国际投资组合相结合时，波动性也有所降低。”

讨论休斯顿的每一条评论是否正确。(LO19—3)

8. 基于对Otunia国正处于发展中的经济和资本市场的大量研究，你所在的公司GAC决定在其新兴市场混合基金里加入对Otunia股票市场的一笔投资。但是，GAC并没有决定是采取指数化投资策略还是积极的投资策略。对于这个问题，公司会征求你的意见。以下是研究结果摘要：

Otunia国的经济在农业、自然资源、制造业（既包括消费品，又包括耐用品）以及其正处于发展中的金融部门之间得到了很好的分散。由于佣金和政府对证券交易所收的印花税相对较高，Otunia国证券市场的交易费用也相对较高。会计准则和有关披露的监管都非常具体详尽，这使得公众投资者能够获得有关公司财务状况的可靠信息。

Otunia国政府机构的一个专职部门严格监管着该国的资本流入和流出，以及外国投资者对该国证券的持有情况。受严格监管的影响，非本国居民投资的交易清算过程往往会出现长时间的延误。政府的高级官员们正在着手放松对资本流动和外国股权持有的监管。但是GAC的政治咨询师却坚持认为国内的孤立主义情绪可能会使去监管化在短期内很难有较大程度的进展。(LO19—3)

a. 简要讨论Otunia国内有利于积极型投资策略和有利于指数化投资策略的因素。

b. 根据你的建议，GAC应该对Otunia国进行积极的投资还是指数化投资？基于a小题中讨论的因素，简要阐述你提出该建议的理由。

Web站点管理员

请扫描二维码或登录中国人民大学出版社官网 www.crup.com.cn 下载。

20 对冲基金

学习目标：

LO20—1 识别定向和非定向或市场中性的投资策略；

LO20—2 在看似错位的证券价格上制定“单一风险投资策略”(pure play)，识别在此策略中被对冲的和剩余的风险；

LO20—3 举例说明在评价对冲基金投资绩效中涉及的多种困难；

LO20—4 说明对冲基金中收取的被视为隐含期权的激励费用，并用期权定价方法对其定价。

尽管对于多数证券市场的投资者而言，共同基金仍是占据统治地位的投资方式，但在过去的20年间，对冲基金的增长率要高得多。对冲基金管理的资产从1997年的2 000亿美元增长到2017年的3万亿美元。与共同基金类似，对冲基金允许私人投资者集合资产以供基金经理投资。与共同基金不同的是，它们通常是私人合伙制，因此不受多数证券交易委员会监管规则的约束。它们通常仅对实力雄厚的投资者或机构投资者开放。

对冲基金实际上涉及本书前面章节讨论的所有问题，包括流动性、证券分析、市场有效性、组合分析、套期保值和期权定价。例如，这些基金通常认定某个证券被错误定价，而对大盘敞口进行套期保值。这种纯粹的“搜寻阿尔法”行为需要将对冲基金和一种更为传统的投资组合进行优化混合。另一些基金激进地进行市场时机选择，其风险属性会发生急剧的质变，从而引起绩效评估方面的难题。许多对冲基金持有大量衍生品头寸。即使是不进行衍生品交易的基金也会收取激励费用，这些激励费用类似于看涨期权的损益，因此，对期权定价的了解有助于理解对冲基金策略及其成本。简而言之，对冲基金涉及积极的投资组合管理中可能遇到的各种问题。

我们首先将从不同角度研究对冲基金，重点讲解经典的“市场中性”策略以及对冲策略，对冲基金也因此得名。接下来我们考察对冲基金的绩效，讨论评估其绩效过程中的难点。最后，我们考虑对冲基金特殊的费用结构及其对投资者和管理者的启示。

20.1 对冲基金与共同基金

对冲基金：一个面向富人和机构投资者开放的私人投资池，在很大程度上不受证券交易委员会监管，因此相比共同基金能够追求更具投机性的策略。

与共同基金类似，**对冲基金**（hedge fund）最基本的思想就是汇集投资。投资者购买基金股份，基金代表投资者将集合资产进行投资。每股的净资产价值代表投资者在投资组合中的价值。从这个角度看，对冲基金与共同基金无异。但是，两者之间存在着重要差别。

透明度

1993 年《证券法》和 1940 年《投资公司法》（为保护投资新手）要求共同基金具有透明度和投资策略的可预测性，共同基金均需服从这一要求。它们必须定期向公众披露投资组合成分的信息。相比之下，对冲基金常为有限责任合伙制，仅对其投资者提供少量关于组合构成和投资策略的信息。

投资者

通常对冲基金只向"老练"的投资者开放，实践中往往以最低净资产和收入要求来定义。它们不对公众宣传，即便现在对冲基金有面向市场、面向更小和更少经验投资者的趋势。对冲基金的最低投资额一般在 50 万和 100 万美元之间。

投资策略

共同基金在其计划书中披露基本投资策略（例如，偏向大盘价值股或小盘成长股）。它们往往受到阻力而难以转变形式（即偏离既定的投资导向），尤其是考虑到退休基金如 401（k）计划对行业的重要性以及可预测策略对这类计划的需求。绝大多数共同基金承诺限制使用卖空和杠杆，它们对衍生品的应用也受到严格的限制。近年来出现了主要面向机构投资者的 130/30 共同基金，该基金明确允许持有更多空头和衍生品头寸，但即便是这样，其灵活性也不及对冲基金。①

相比之下，对冲基金可以有效地执行任意投资策略并随机应变。基于此，纯粹将对冲基金视为一种资产类型是错误的。对冲基金致力于进行广泛的投资，关注衍生品、陷入困境的公司、货币投机、可转换债券、新兴市场、兼并套利等。某些基金可能由于预测投资机会转移而从一个资产类别转投其他资产类别。

流动性

禁售期：在此期间投资者不能赎回对冲基金投资。

对冲基金通常有**禁售期**（lock-up periods），即在长达数年的时间里投资者不能撤出投资。很多对冲基金也包含撤资通告规定，要求投资者在撤资前数周或数月提交报告。这些规定限制了投资者的流动性，但是使得基金可以投资在缺乏流动性却可能获得更高收益的资产上，而不用担心遇到意料之外的撤资风险。

薪酬结构

在费用结构方面对冲基金也不同于共同基金。共同基金的管理费用为资产的一个固定比率，例如股权基金通常是每年 0.5%～1.25%。对冲基金收取的管理费用通常是资产的 1%～2%，再加上相当一部分激励费用（incentive fee），这个激励费用等于其超过某个指定基准水平的投资收益的固定比例。激励费用通常是 20%。激励费用所对应的基准收益率通常是货币市场利率，例如 LIBOR。所以，有人也半开玩笑地称对冲基金是"一个貌似资产池的报酬计划"。

---

① 此类基金可以卖空投资组合资产价值的 30%用以增加投资。因此对于每 100 美元的净资产，基金可以卖空 30 美元，从而有 130 美元的多头，所以得名 130/30。

20.2 对冲基金策略

表 20.1 列出了对冲基金行业中多数常见的投资类型。这个表包罗万象，可见将对冲基金视为一个整体实在牵强。但我们也可以将对冲基金分为两大类：定向和非定向。

表 20.1　对冲基金类型*

可转债套利	投资于可转换债券，尤其是多头可转换债券与空头股票。
卖空偏好	纯卖空策略，通常在股权投资中使用，面临纯卖空敞口。
新兴市场	目标是发掘新兴市场中的非有效性，通常只持有多头，因为这样的市场中往往不允许卖空。
股票市场中性	常使用多头—空头套期保值，主要是控制行业、板块、规模和其他敞口，建立市场中性头寸以发掘市场非有效性。通常会引入杠杆。
事件驱动	试图从事件中获利，例如兼并、收购、改制、破产或重组。
固定收益套利	试图从利率相关证券的异常定价中获利，包括利率互换套利、美国与非美国政府债券套利、收益率曲线套利和有抵押证券套利。
全球宏观形势	在全球资本或衍生品市场中持有多头与空头。组合头寸反映了对于市场状况和宏观经济走势的观点。
多头—空头股权对冲	在市场展望的基础上持有某一方头寸（多头或空头）。这不意味着市场中性。可能集中于某一地区（如美国或欧洲）或某一板块（如科技或医疗股票，可能用到衍生品套期保值）。
管理期货	利用金融、货币或商品期货。可能会用到技术交易规则或非结构化的评判方法。
混合策略	结合展望伺机选择投资策略。
基金中的基金	将自身资产分给其他基金代为管理的基金。

* 瑞士信贷维护着最全面的对冲基金业绩数据库之一。它把对冲基金分为这 11 种不同的投资方式。

□ 定向策略与非定向策略

定向策略（directional strategies）很容易理解。它们单纯地认定市场中一个板块的表现会超过市场中的其他板块。

与之相对，**非定向策略**（nondirectional strategies）主要是用来发掘证券定价中暂时出现的偏差。例如，如果企业债券的收益率相较于国库券格外高，对冲基金可能购入企业债券而卖空国库券。注意，基金并没有在赌整个债券市场的波动：它购入一种债券而卖掉另一种。基金实际是在赌两个板块的相对价差，我们可以通过持有企业债券的多头头寸以及国债的空头头寸对其利率敞口进行套期保值。当收益率价差返回到其“常态”时，无论利率如何变动，基金都将获利。由此可见，要力争达到**市场中性**（market neutral）或利率风险的对冲，这也是对冲基金（hedge fund）得名的原因。

非定向策略有时被进一步划分为趋同策略和相对价值策略。趋同和相对价值的区别就在于存在一个时限，在此期间内能够确信将所有错误定价都分析出来。一个趋同策略的实例即为期货合约的错误定价在合约到期日一定会被修正。相比之下，刚才我们讨论的企业债券和国债的例子即为相对价值策略，因为没有错误定价一定会被“修正”的时限。

定向策略：推断市场中一个板块的表现会超过其他板块。

非定向策略：用以在关联定价中发掘暂时出现的偏差，通常涉及一种债券的多头头寸和另一种相关债券的空头头寸。

市场中性：发掘市场中相关错误定价的策略，但避免站在大盘的角度进行对冲。

案例 20.1

市场中性头寸

我们可以用一个在对冲基金中广泛使用的策略来说明市场中性头寸。新发行的 30 年国债通常售价高于（收益率低于）29.5 年国债，尽管二者具有几乎相同的久期。其收益率价差被认为是源于 30 年国债的流动性。而对冲基金往往不太需要流动性，因此购入 29.5 年国债并且售出 30 年国债。这是一个套期保值，或者说是市场中性策略，即只要两个债券的收益率趋同就能获利。而事实上当 30 年国债不再是流动性最高的债券时，溢价会消失，收益率往往会趋同。

注意到上述策略在不论利率如何变化的情况下均能获利。只要 30 年国债的业绩不如 29.5 年国债，随着流动性溢价的消失，多头—空头策略一定能够获利。由于上述定价差异一定会在某个时刻消失，这个策略就是趋同套利的举例。尽管趋同期限不如期货例子中那么确定，我们仍然可以断言下一个 30 年国债发售时，现有 30 年国债的优势地位会随即消失。

案例 20.1 中的多头—空头头寸是对冲基金的典型策略。它们完全押注于一些错误定价而完全不考虑市场敞口。无论市场如何变动，价格一旦“收敛”或回到“恰当”水平即可获利。因此，卖空和衍生品是该行业的重要组成部分。

一个更为复杂的多头—空头策略例子是可转换债券套利，它在对冲基金中更为常见。可转换债券可视为一个普通债券加上一个看涨期权，市场中性策略是持有一个可转换债券头寸然后持有一个相反头寸的标的股票。例如，若认为可转换债券被低估，基金应当购入该债券而通过卖空标的股票来对冲掉股价变动风险。

单一风险投资策略：押注于两个或多个有价证券特定的错误定价，而将其他的外来风险比如一般市场风险对冲掉。

尽管市场中性策略经过了套期保值，但其并不是无风险套利策略。相比之下，其应当被视为**单一风险投资策略**（pure plays），即押注于两个指定板块之间的错误定价，而将其他的外来风险比如一般市场风险对冲掉。进而，由于基金大量使用杠杆，收益率的波动性会加大。

概念测验 20.1

将下列策略分类为定向策略或非定向策略。

a. 该基金购买印度投资基金的股份并售出 MSCI 印度指数互换，印度投资基金是一个折价出售的封闭式基金。

b. 基金购入皮特里连锁店（Petrie Stores）股份，卖出玩具反斗城股份，后者是皮特里连锁店资产负债表的重要组成部分。

c. 基金购买杰安瑞药业（Generic Pharmaceuticals）股份，期待其被辉瑞（Pflzer）溢价收购。

扫描二维码
获取答案解析

□ 统计套利

统计套利：利用量化系统揭示许多人认为的相关定价中的偏差，以确保通过分散化这些小赌注获利。

统计套利（statistical arbitrage）是市场中性策略的一种形式，但是值得单独讨论。因为它不是通过寻找错误定价（比如指数套利）而实现无风险获利的策略，所以它有别于纯套利。事实上，它使用量化工具和自动交易系统来找出有价证券价格中的暂时性偏差。通过在这些丰富的机会中持有较小的头寸，根据平均数法则，从中获利的概率非常高，这几乎是一种“统计上的确定性”。当然，这种策略要求基金的建模技术能够可靠地辨别出市场的无效性。仅当预期收益率为正值时，平均数法则才能保证获利有效。

统计套利通常需要每天交易上百个证券，其持有期以分钟计算。这种快速的交易需要大量运用量化工具，例如自动交易和数学算法，以此来识别获利机会并有效分散头寸。这些策略试图通过察觉到最微小的错误定价而获利，这要求有最快的交易技术和最低的交易成本。没有第 3 章中提到的算法交易工具是无法实现的。

配对交易：在潜在相似性的基础上对股票进行配对，利用多头—空头头寸来发掘被配对股票之间关联的错误定价。

统计套利的特殊形式是**配对交易**（pairs trading），根据股票本质上的相似性或市场敞口（β）来配对。常见的做法是将收益高度相关而一个公司的定价较另一个公司更为激进的股票进行配对。[①] 购入较为便宜的股票而售出较贵的股票即可实现市场中性头寸。对冲基金的全部组合由这些配对构成。每一个配对可能具有不确定性，但是有较多这样的配对之后，大量的多头—空头赌注被期望获得正向的超额收益。更多的普通配对交易是允许持有可能被错误定价的股票的。

数据挖掘：通过收集大量历史性数据来揭示可以被发掘的系统性规律。

统计套利通常与**数据挖掘**（data mining）相结合，数据挖掘即收集大量历史性数据来揭示那些可被交易者发掘出来的关于收益的系统性规律。数据挖掘的风险通常也是统计套利的风险，在于当经济形势改变时，历史关系可能会被破坏，又或者数据表面体现出来的规律只是巧合。对足够多的数据进行足够多的研究必然会产生表面的规律，然而这种规律没有反映真实的联系，更不能用于预测未来。

20.3 可携阿尔法

可携阿尔法或阿尔法转移：投资于正阿尔法值头寸，进而对冲该投资的系统风险，最后在需要用到消极型指数时建立市场敞口的策略。

市场中性纯赌局的一个重要推论是**可携阿尔法**（portable alpha）的概念。假设你想利用一个你认为被低估的股票投机，但是你认为大盘会下跌。即使在该股票被相对低估方面你是正确的，但它仍然可能随着大盘而下跌。你想把纯股票赌注与由股票的正β值引起的市场资产配置赌注区分开来，解决方案是购买股票并且通过出售足够多的指数期货来消除市场敞口，从而使β值降为零。这种股票多头—期货空头的策略使你可以进行一场纯赌局，或者说是该股票的市场中性头寸。

一般来说，你也许希望将资产配置与证券选择分开。方法是投资于任何可以“找到α”的地方，然后你可以对冲掉系统风险，从而将α剥离出来。最终，你通过消极型产品（如指数基金、ETF、指数期货）来对市场的目标板块建立敞口。换句话说，你已经创造了可以与市场任意选定板块敞口混合的可携α。这个过程也被称为**阿尔法转移**（alpha transfer），因为你把α从你发现的板块转移到了你最终建立敞口的板块。寻找α需要技巧，相较之下，β，或者市场敞口是一种可以通过指数基金或者 ETF 廉价购得的“商品”。

□ 一个纯赌局的例子

假设你管理 250 万美元的投资组合。你确信该投资组合的α是正值，$\alpha>0$，但是市场将会下跌，即$r_M<0$。因此你将针对上述错误定价建立一个纯赌局。

下个月的收益率用式（20.1）描述，该式说明，组合收益率等于“公平”的

---

① 判断“激进”与否的标准不统一。在一种方法下，电脑自动搜索历史上价格紧跟但是最近却分离的股票。如果上述差异终将消失，基金会购入近来业绩低迷的股票而售出业绩优良的股票。在另一种方法下，可能根据价格与内在价值的关系决定是否为“激进定价”。

CAPM 收益率（右侧前两项），加上由“残差项”表示的公司特有风险 e，再加上代表错误定价的 α：

$$r_{投资组合}=r_f+\beta(r_M-r_f)+e+\alpha \tag{20.1}$$

具体而言，假设 $\beta=1.20$，$\alpha=0.02$，$r_f=0.01$，现在的标准普尔指数为 $S_0=2\ 000$，为简化起见，我们假设组合无股利发放。你想要抓住每月 2%的 α，但你不希望被股票的正 α 影响，因为你预计大盘会下挫，所以你通过售出标准普尔期货来对冲风险。

由于标准普尔期货合约乘数为 50 美元，组合 β 为 1.20，通过售出 30 份期货合约可以对股票头寸套期保值一个月[①]：

$$对冲比率=\frac{2\ 500\ 000\ 美元}{2\ 000\times 50\ 美元}\times 1.20=30\ 份合约$$

一个月后投资组合的美元价值为

$$\begin{aligned}&2\ 500\ 000\ 美元\times(1+r_{投资组合})\\&=2\ 500\ 000\ 美元\times[1+0.01+1.20\times(r_M-0.01)+0.02+e]\\&=2\ 545\ 000\ 美元+3\ 000\ 000\times r_M+2\ 500\ 000\ 美元\times e\end{aligned}$$

由期货头寸带来的收入为

$30\times 50\ 美元\times(F_0-F_1)$	按市值计价，售出 30 份合约
$=1\ 500\ 美元\times[S_0\times(1.01)-S_1]$	代入根据平价关系得到的期货价格 F_0
$=1\ 500\ 美元\times S_0\times[1.01-(1+r_M)]$	无股利时 $S_1=S_0(1+r_M)$
$=1\ 500\ 美元\times[S_0\times(0.01-r_M)]$	化简
$=30\ 000\ 美元-3\ 000\ 000\ 美元\times r_M$	因为 $S_0=2\ 000$

股票和期货头寸在月末的总价值即为组合价值和期货进项之和，等于

$$套期收入=2\ 575\ 000\ 美元+2\ 500\ 000\ 美元\times e \tag{20.2}$$

注意到期货市场的敞口完全抵消了股票组合的敞口，换句话说，你已经将 β 降为零。你的投资为 250 万美元，你的套期收入为 2 575 000 美元，所以你总的月收益率为 3%加上剩余的非系统风险［式（20.2）的第二项］。这种零 β 头寸的合理预期收益率即为无风险利率 1%，所以你可以在得到 2%的 α 的同时消除股票投资组合的市场敞口。

这是一个纯赌局的理想化示例。实际上，这个例子简化假定一个已知且固定的投资组合 β 值，但是该例说明了在对冲市场风险后对股票进行投机的目标。该目标一旦达成，借助指数或指数期货，你可以针对任何系统风险构建所需的敞口，因此你实现了 α 的转移。

图 20.1 是该纯赌局的图示。图（A）示例了一个“裸露”的正 α 赌注，即没有进行对冲。风险固定时，你的预期收益率高于均衡收益率，但由于你的市场敞口，你仍有可能在市场下挫时亏损。图（B）是系统风险对冲后的特征线，没有市场敞口。

警告：即使是市场中性头寸也是一种赌局，故它们也有可能失败。这不是真正的套利，因为你的收益仍然依赖于你的分析（你所察觉到的 α）是否正确。而且，你也许仅仅因为坏运气而失败，也即你的分析准确，但是特定风险［式（20.1）和式（20.2）中的 e 为负值］仍可能导致亏损。

① 我们简化设定期货到期日为套期时限，这里为一个月。如果合约到期日较长，我们需要略减对冲比率，称为“对冲去尾”。

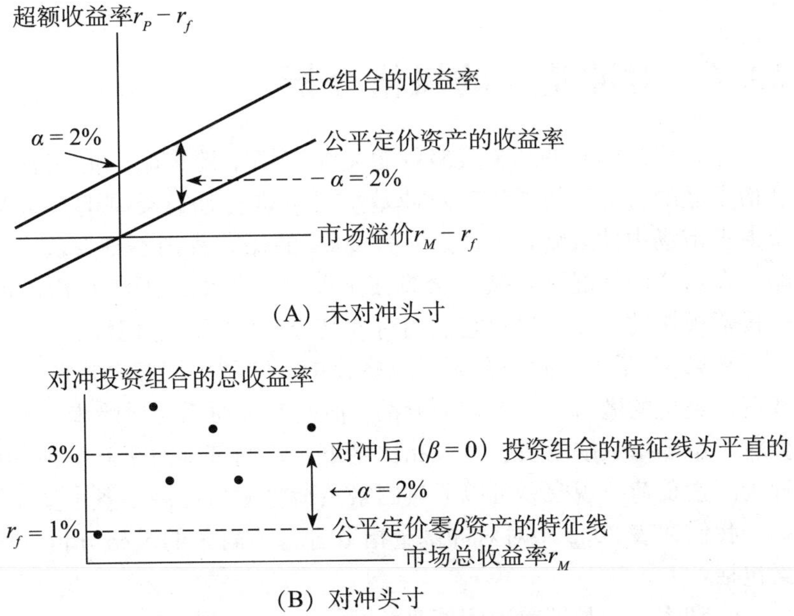

图 20.1　纯赌局

概念测验 20.2

如果残差项为−4%，市场中性头寸的美元价值和收益率将为多少？如果该月市场收益率为5%，在图20.1中，收益率位于什么位置？

扫描二维码
获取答案解析

案例 20.2

纯赌局的风险

市场中性赌局在1998年时遭受了一次严重的质疑。尽管30年对29.5年国债策略（见案例20.1）数年来操作顺利，但当俄罗斯债务违约时，事情发生了逆转，引发大量投资涌向最安全、流动性最高的30年国债。巨大的损失证明了，即便是最安全的赌注（基于趋同套利的赌注）也有风险。尽管价差最终一定会被消除，事实上数周之后也是如此，长期资本管理公司（LTCM）与其他对冲基金却蒙受了巨大损失。最后价格的趋同对于LTCM而言来得太迟了，它同时蒙受了其他投资的损失，最终只得破产。①

由于对冲基金大量使用杠杆，即使是市场中性赌局的收益也会有巨大波动。多数错误定价相当微小，而多头—空头策略的本质使得总体波动较小。对冲基金不断加大赌注金额，当赌注成功时加大了收益，但失败时也放大了损失。最后，基金波动自然不会小。

① 对于积极型管理者而言，市场时机选择尤为重要。我们在第9章讨论投机限制时已经接触过其他的案例，一般来说，证券分析师察觉到错误定价后，他们普遍承认，价格何时收敛至内在价值难以确定。

20.4 对冲基金的风格分析

尽管传统的对冲基金策略可能关注市场中性策略，但随着市场的发展演进，卖空和衍生品的自由使用意味着对冲基金可以进行任意类型的投资策略。尽管很多对冲基金追求市场中性策略，但通过对表 20.1 的探究我们不难发现，很多基金遵循着定向策略。在这样的情况下，基金会直接下赌注，例如，下注在币值波动、并购结果或者某个投资板块的业绩。尽管它们叫对冲基金，但显然它们没有经过风险对冲。

在第 18 章中，我们介绍了风格分析，即利用回归分析度量一个组合对于各种因素或资产类型的敞口。一系列因素的 β 值是基金对系统风险来源的敞口。一个市场中性基金对于市场指数缺乏敏感性。相比之下，定向基金对于其下注的因素有明显的 β，大多称为因素负荷。观察者可以通过因素负荷将敞口归因于各个变量的变动。

我们在表 20.2 中对对冲基金指数进行了简单的风格分析。所考虑的四种系统性因素包括：

- 利率——长期美国国债收益率；
- 股票市场——标准普尔 500 指数收益率；
- 信用状况——Baa 级债券和国债收益率差；
- 外汇——美元相对于一篮子外币的价值变动百分比。

表 20.2 对冲基金指数的风格分析

基金类型*	α 值	标准普尔 500 指数	长期国债	信用状况	美元
所有基金	0.005 2	0.271 8	0.018 9	0.175 5	−0.189 7
	3.348 7	5.011 3	0.306 4	2.046 2	−2.127 0
市场中性	0.001 4	0.167 7	−0.016 3	0.330 8	−0.509 7
	0.199 0	0.691 7	−0.058 9	0.863 1	−1.279 0
卖空偏好	0.005 8	−0.972 3	0.131 0	0.389 0	−0.263 0
	1.338 1	−6.368 4	0.752 7	1.611 3	−1.047 6
事件驱动	0.007 1	0.233 5	0.000 0	0.205 6	−0.116 5
	5.115 5	4.785 8	−0.000 2	2.664 2	0.152 0
风险套利	0.003 4	0.149 8	0.013 0	−0.000 6	−0.213 0
	3.067 8	3.862 0	0.044 2	−0.009 7	−3.339 4
不良资产	0.006 8	0.208 0	0.003 2	0.252 1	−0.115 6
	5.769 7	4.998 5	0.067 9	3.831 8	−1.690 1
新兴市场	0.008 2	0.375 0	0.262 4	0.455 1	−0.216 9
	2.886 7	3.745 2	2.299 5	2.874 8	−1.317 3
固定收益套利	0.001 8	0.171 9	0.228 4	0.570 3	−0.171 4
	1.014 9	2.813 9	3.280 6	5.903 2	−1.706 3
可转换套利	0.000 5	0.247 7	0.210 9	0.502 1	−0.097 2
	0.219 7	3.106 6	2.321 4	3.982 5	−0.741 4
全球宏观形势	0.007 9	0.074 6	0.059 3	0.149 2	−0.253 9
	3.521 7	0.943 7	0.658 7	1.193 8	−1.953 3

续表

基金类型*	α 值	标准普尔 500 指数	长期国债	信用状况	美元
多头—空头股权	0.005 3	0.444 2	−0.007 0	0.067 2	−0.147 1
	2.569 3	6.142 5	−0.085 0	0.587 4	−1.237 2
有管理的期货	0.004 1	0.256 5	−0.299 1	−0.522 3	−0.270 3
	0.885 3	1.594 4	−1.631 0	−2.052 8	−1.021 7
混合策略	0.007 5	0.256 6	−0.004 8	0.178 1	−0.117 2
	4.218 0	4.128 4	−0.068 4	1.811 6	−1.147 1

* 基金定义见表 20.1。

注：上面一行是因素 β 的估计值，下面一行为估计值的 t 统计量。

资料来源：作者的计算。套期保值基金的收益率的计算基于 Credit Suisse/Tremont Index，LLC 提供的指数。

对冲基金指数 i 在月份 t 的收益率在统计上表述为：

$$R_{it} = \alpha_i + \beta_{i1} \times 因素\ 1_t + \cdots + \beta_{i4} \times 因素\ 4_t + e_{it} \tag{20.3}$$

β 值（等价于因素负荷）衡量了每一个因素的敏感度。通常情况下，用残差 e_{it} 衡量与解释变量无关的非系统风险，用截距 α_i 衡量基金 i 在剔除系统因素影响后的平均绩效。

表 20.2 显示了对 13 种对冲基金的敞口估计。结果证实了多数基金实际上是对于四个因素中的一个或多个具有显著敞口的定向策略基金。而且，估计的 β 值与基金所宣称的类型也是相符的。例如：

- 当预测的市场形势为市场中性时，股票市场中性基金具有较低而且统计上不显著的 β 值。
- 卖空偏好基金对于标准普尔 500 指数有着显著的负 β 值。
- 不良资产基金对于信用状况（此表中的信用价差越大，说明经济状况越好）和标准普尔 500 指数存在明显的风险敞口。这种风险敞口产生的原因在于重组活动通常依赖于借款的可获得性且成功重组经常依赖于宏观经济形势。
- 全球宏观基金对强势美元有负敞口，这使得美元海外投资贬值。

我们由此得出结论：多数对冲基金都在一系列经济因素上进行着明显的定向赌注。

概念测验 20.3

分析表 20.2 中固定收益套利指数的 β 值。结合分析结果，此类基金是市场中性的吗？如果不是，其因素风险在其投资的市场中有效吗？

扫描二维码
获取答案解析

20.5 对冲基金的业绩评估

表 20.3 列出了根据以标准普尔 500 指数为市场基准的标准指数模型计算出的一系列对冲基金指数的基本业绩数据。该模型采用 2011 年 10 月—2016 年 9 月的月度超额收益进行估计。对于每一个指数，我们列出了与标准普尔 500 指数相关的 β 值、收益的

序列相关性、夏普比率和 α 值。结果显示 β 值倾向于小于 1；卖空偏好基金的 β 值较大且为负值，这一结果一点都不奇怪。

表 20.3 对冲基金指数的指数回归模型*

	β	系列相关性	α(%月度)	夏普比率
对冲基金组合	0.232	−0.031	−0.17%	0.116
可转换套利	0.088	0.151	0.12%	0.238
精心设计的空头偏差	−0.955	−0.113	0.14%	−0.268
新兴市场	0.497	−0.069	−0.22%	0.157
股市中性	0.169	−0.203	−0.08%	0.097
事件驱动	0.313	0.067	−0.31%	0.054
固定收益套利	0.020	0.104	0.10%	0.244
全球宏观形势	0.125	−0.094	−0.29%	−0.102
多头—空头股权	0.501	−0.117	−0.26%	0.195
有管理的期货	−0.071	0.000	0.21%	0.037
多策略	0.063	0.123	0.23%	0.448
平均值	0.089	−0.017	−0.05%	0.111
标准普尔 500	1.000	−0.145	0.00%	0.306

*2011 年 10 月—2016 年 9 月间的月度数据。

资料来源：作者利用从 Credit Suisse，*Hedge Fund Indexes*，hedgeindex.com，October 2016 下载的数据计算得出。

大体上看，对冲基金的表现并不令人满意。大多数估计的 α 值都是略小于 0 的负数，平均夏普比率低于标准普尔 500 指数。然而在早期，尤其是 2010 年之前，对冲基金的业绩表现显著优于指数。除了结果的波动性，另一些因素也使得对冲基金难以评估，这些因素值得我们深思。

□ 流动性与对冲基金业绩

回顾前面提到的，CAPM 的一个重要拓展是对于持有流动性较差资产的投资者给予收益溢价。与其他机构投资者如共同基金相比，对冲基金更倾向于持有非流动性资产。它们可以这样做是得益于禁售条款保证了投资在一段时期内的稳定性。因此，在进行业绩评估时，控制流动性很重要。一旦被忽略，对流动性的补偿将被视为真正的 α，即经过风险调整后的异常收益。

阿拉贡（Aragon，2007）证实了拥有禁售限制的对冲基金愿意持有流动性较差的投资组合。而且，当控制住禁售和其他股份条款（如赎回通告期限）后，这些基金的正 α 会变得不显著。阿拉贡的研究表明，对冲基金所谓的“α”并非来自选股能力，而是流动性溢价，换句话说，对于其他拥有流动性的投资者而言，这是一个“公正的”奖赏。

阿拉贡关注流动性的平均水平，萨德卡（Sadka，2009）则强调了对冲基金的流动性风险。他指出，市场流动性意外下降将严重影响对冲基金的收益率，最高和最低流动性敞口的基金平均收益率每年可相差 6%。对冲基金的绩效可视为对流动性风险的补偿。图 20.2 是根据他的研究报告，并结合表 20.2 中各类资产的平均收益和流动性风险 β 所绘制的散点图。随着市场流动性的提升，平均收益率显著提高。[1]

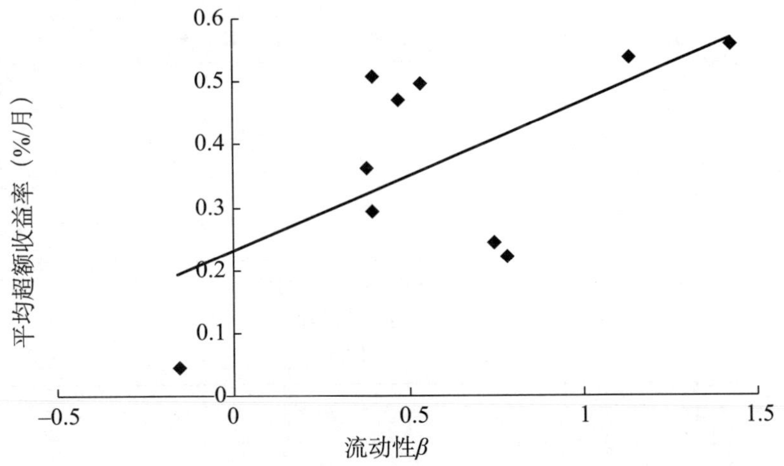

图 20.2　将对冲基金的收益表示为流动性风险的函数

资料来源：Reprinted from *Journal of Financial Economics*, Vol. 98, Issue 1, Ronnie Sadka, "Liquidity Risk and the Cross-Section of Hedge-Fund Returns," pp. 54 – 71.

非流动资产的特征之一是收益的序列相关性。正序列相关表示在出现正收益率之后，更容易出现正收益率而不是负收益率。这种现象常被视为市场缺乏流动性的征兆，原因有：交易不活跃的资产难以获得准确的即时价格，对冲基金为了计算净资产价值和收益率必须对这些资产进行估值。杰特曼斯基、罗和马卡诺夫（Getmansky, Lo, and Makarov, 2004）的研究表明，由于基金公司要么倾向于平滑其估计，要么倾向于向市值靠近，所以这一过程存在明显的缺陷，会导致价格正相关。因此，正的序列相关通常用来证明流动性差的问题，在无摩擦的近似有效市场中，序列相关或者其他可以预测的价格模式可以达到最小化。大多数共同基金的收益率不存在序列相关性，标准普尔 500 指数的序列相关性几乎为零。[2]

哈森霍德兹克和罗（Hasanhodzic and Lo, 2007）发现对冲基金的收益率存在显著的序列相关。平滑的价格给予我们两个启示。第一，它再次证明了对冲基金持有非流动性资产，且显著的 α 可能只是流动性溢价。第二，它说明对冲基金的评估指标是被高估的，因为任何平滑在评估投资组合价值时都会降低波动性（因此提升夏普比率）、协方差和系统风险因素的 β 值（提升经风险调整的 α 值）。

实际上，图 20.3 显示对冲基金指数在表 20.3 中的 α 和夏普比率随收益率的序列相关性的增长而增长。这些结果与哈森霍德兹克和罗对于基金的研究结果一致，表明价格平滑可能会为对冲基金绩效带来明显的正向影响。

---

① 就像股票市场的 β 衡量的是收益对于反映在整个大盘指数上的整个市场业绩变化的敏感性，流动性 β 衡量的是对市场流动性变化的敏感性。因为流动性风险是不可分散的，拥有较高流动性 β 的股票通过较高的预期收益率对投资者进行补偿。

② 当然，在任意特定样本区间，序列相关性的点估计可以为正或者为负，在长样本区间中，我们发现序列相关性实际上非常小。

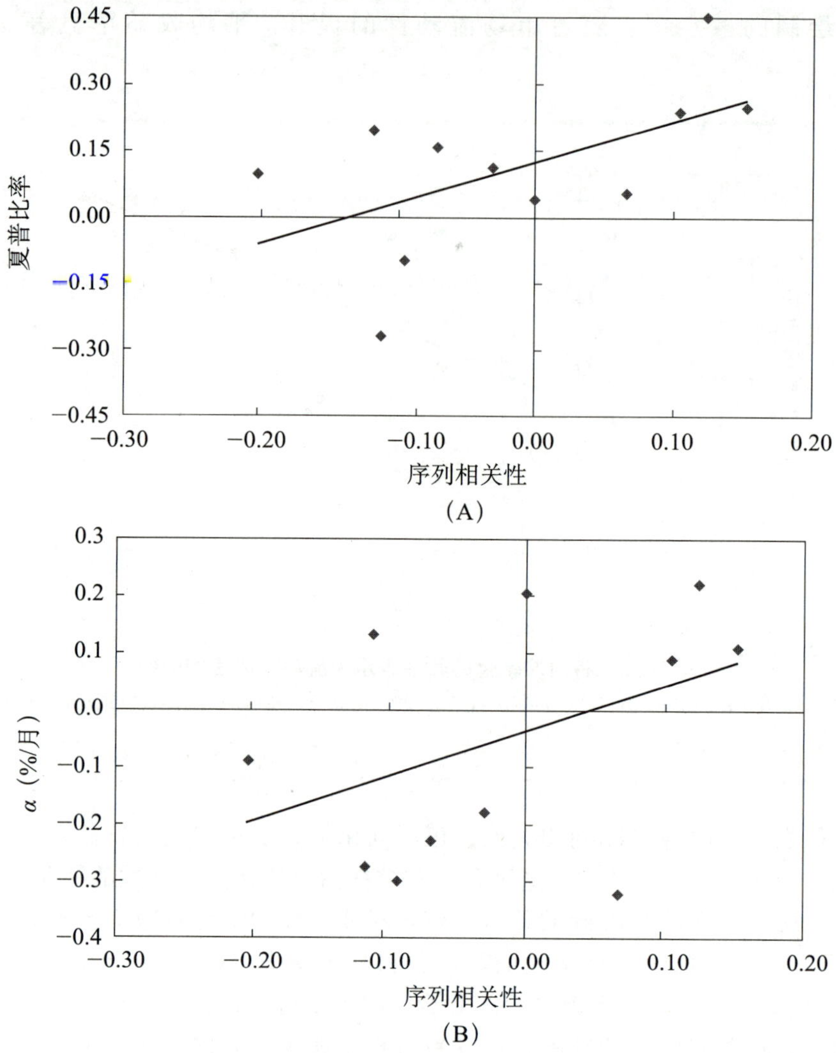

图 20.3　收益率序列相关性较高，即说明持有投资组合流动性很低的对冲基金显现出较高的夏普比率［图（A)］和 α 值［图（B)］

资料来源：表 20.3 中使用的数据。

如果对冲基金可以利用流动性缺乏的市场对流动性较差的资产故意进行错误估价，从而操纵收益率，情况就变得更为复杂。在这种情况下，值得注意的是，对冲基金 12 月的收益率比起其他月份显得格外高（Agarwal，Daniel，and Naik，2011）。对于那些流动性差的基金和处在激励费用起征点附近的基金而言，这种规律更为明显。基金通过资产定价的判断力将收益移至 12 月，同时提高其年度激励费用。

有些对冲基金通过购买已有股票的额外份额来拉高股价，从而操控基金的业绩（Ben-David，Franzoni，Landier，and Moussawi，2013）。这些交易通常发生在每月末市场即将关闭时，那时也是对冲基金需要汇报业绩的时候。此外，这样的操作主要集中在流动性较低的股票上，因为预计这些股票的价格变动会更大。如果如文章所说，基金利用非流动性资产来操控收益，准确的绩效评估就是不可能的了。

□ 对冲基金业绩和选择性偏差

我们已经知道了生存偏差（只有成功的基金才被纳入数据库）可以影响样本共同基金的业绩评估。对冲基金也有同样的问题。**回填偏差**（backfill bias）源于只有在基金主动选择时，其基金报告才会进入数据库。对于从原始资本开始的基金，只有在其过去的业绩足够好到可以吸引投资者时才会选择向公众开放，因此具有领先业绩最后被包含在样本里的基金可能不具有典型绩效的代表性。**生存偏差**（survivorship bias）源于失败的基金会被自动剔除出数据库，从而只有成功的基金幸存。马尔基尔和萨哈（Malkiel and Saha，2005）发现对冲基金的损耗率远远高于共同基金——通常是后者的两倍以上，这是一个值得研究的问题。众多研究认为，生存偏差可以达到 2%～4%。[①]

回填偏差：在计算基金收益率时，通常包括了过去业绩比较好的收益率，进而导致的普通基金平均收益率的偏差。

生存偏差：由剔除过去不成功的基金引起的普通基金平均收益率的偏差。

□ 对冲基金业绩和因素负荷变化

在第 18 章中，我们指出业绩评估的一个重要的传统假设是，投资组合经理有一个较为稳健的风险属性。但对冲基金是天生的投机主义者而且很容易改变属性。这也使得业绩评估更加扑朔迷离。而且如果风险属性系统性地随着市场预期收益率变化，业绩评估可谓难上加难。

下面来看看为什么，请看图 20.4，该图显示了一个不涉及选股，仅在市场可能超过短期国库券收益时将资金从短期国库券转向市场投资组合的市场时机选择者（见第 18 章 18.6 节）的特征线。其特征线不是线性的，当市场收益率为负时斜率为 0，为正时斜率为 1。如果单纯尝试对其进行线性回归，将会得到一条斜率介于 0 和 1 之间、α 为正的拟合直线。就连统计学也无法准确描述此类基金。

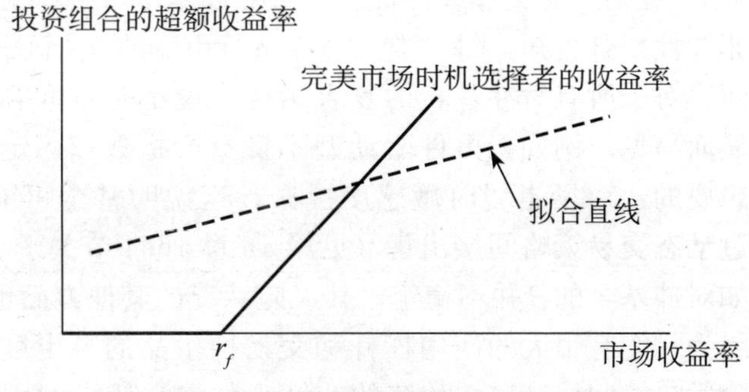

图 20.4　完美市场时机选择的特征线

说明：真实的特征线类似于看涨期权，而拟合直线的斜率和截距都有偏差。

我们在第 18 章和图 20.4 中看到，准确的时机选择能力很像一个无须付费的看涨期权。事实上，如果基金购入或售出期权也会有类似的非线性特征。图 20.5（A）表示一个基金持有投资组合并且出售看跌期权，图 20.5（B）表示持有投资组合并出售看涨期权。两种情况下，投资组合收益疲软时特征线都会更加陡峭，也就是说，基金在其下跌时具有更强的敏感度。这与时机选择能力具有相反的属性，时机选择能力更像

---

① 例如，马尔基尔和萨哈（Malkiel and Saha，2005）估计偏差为 4.4%，阿米恩和卡特（Amin and Kat，2003）发现偏差大致为 2%，芬格和谢（Fung and Hsieh，2000）发现偏差为 3.6%。

是购入期权并且在市场上扬时获得更大的敏感性。[①]

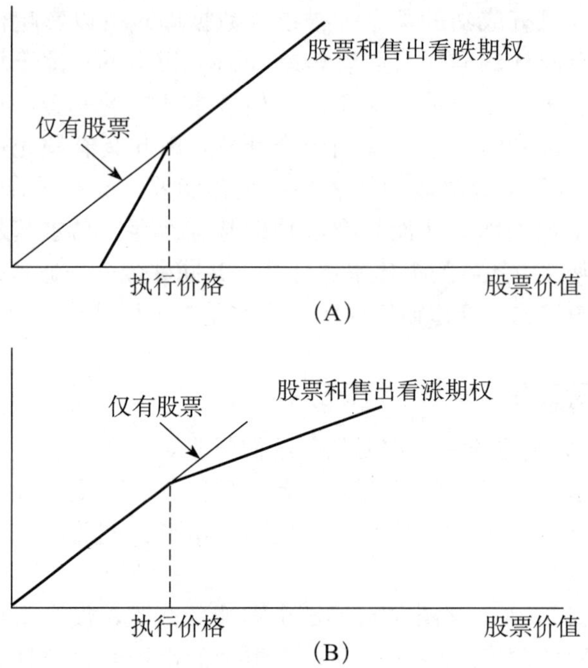

图 20.5　售出期权的投资组合特征线

说明：(A) 买入股票，售出看跌期权。这里基金售出的看跌期权少于所持的股份。

(B) 买入股票，售出看涨期权。这里基金售出的看涨期权少于所持的股份。

图 20.6 证明了这类非线性性质。将对冲基金收益率关于标准普尔指数收益率的散点图用非线性拟合可知，每一类基金在下行市场的 β（斜率更大）都高于上行市场。趋势线的曲率对于所有对冲基金的复合指标来说都是不大容易观察的，但是比一些次级指标更显而易见，例如，事件驱动型不良资产指数和固定收益公司指数。这显然不是投资者想要的：市场走弱时敏感度提升。这说明基金可能出售期权，要么直接出售，要么通过动态交易策略间接出售（见第 16 章 16.4 节关于动态策略的讨论）。[②]

正如对冲基金的 β 并不稳定，其风险状况的其他方面也可能不稳定，例如总收益波动性。因为它们有很大的使用杠杆和交易衍生品的自由度，这些基金有巨大的能力改变其风险敞口。归根结底，传统的业绩评估方法假设的固定市场风险敞口在应用于对冲基金时尤其危险。

□ 长尾事件与对冲基金业绩

设想一个对冲基金的策略是持有标准普尔 500 指数基金并且售出该指数通常难以执行的看涨期权。很明显该基金管理人不需要过多的技巧。但是如果你仅仅在短时间内知道其投资的结果而不是其投资策略，你可能会愚蠢地以为他绝顶聪明。因为如果期

① 但是，售出期权的公司因其不诱人的特征线已经先行在售出期权时获得了补偿。

② 不是所有的对冲基金都有此类性质。很多显示出了对称的上行、下行市场 β。但是，图 (A) 把对冲基金看作一类，而图 (B) 和图 (C) 选取了两类最有名的对冲基金。

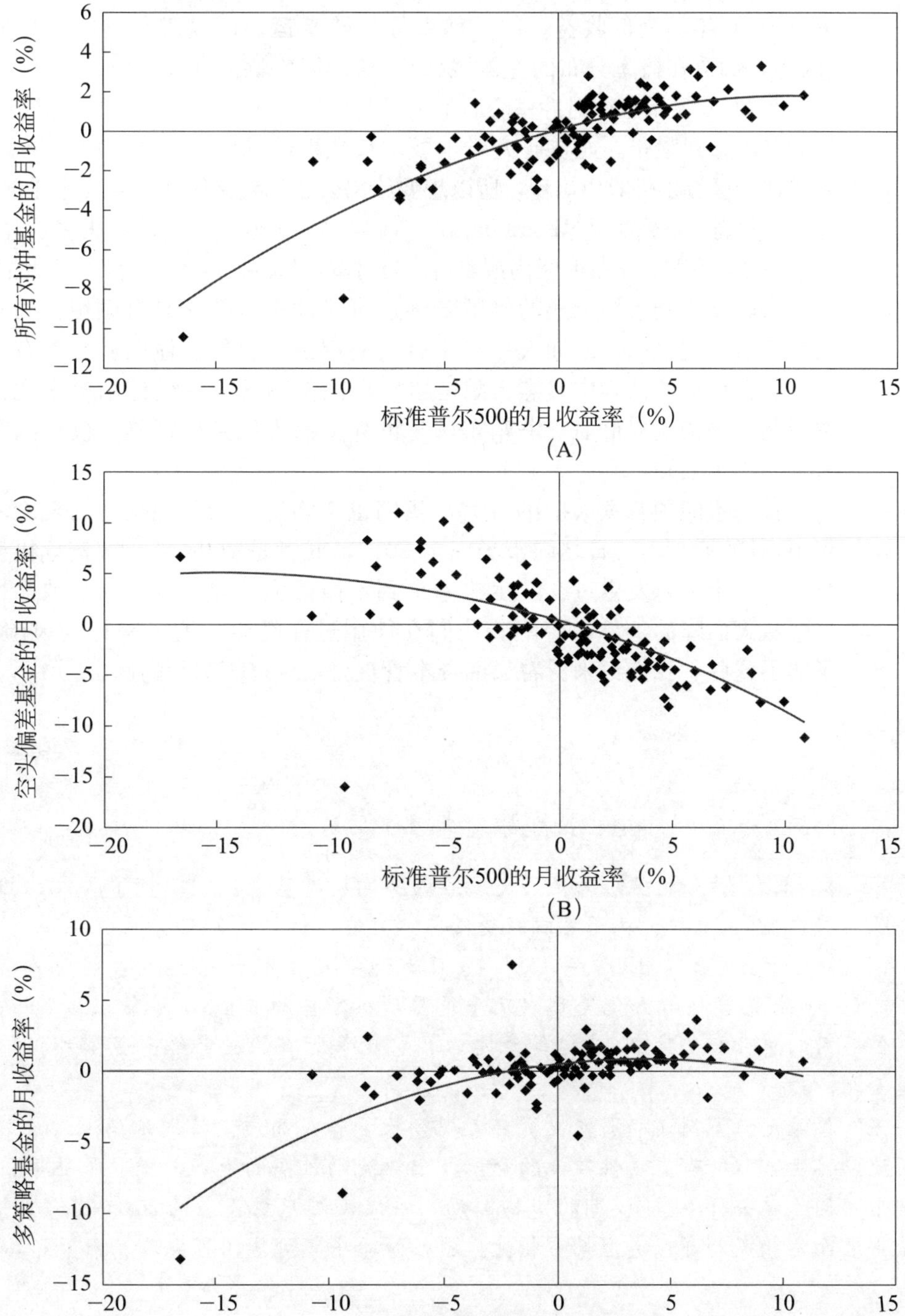

图 20.6　2005 年 1 月—2011 年 11 月对冲基金指数月收益率和标准普尔 500 指数月收益率比较

资料来源：利用从 www. hedgefundresearch. com 和 finance. yahoo. com 上下载的数据绘制。

权的执行价格足够低，它们很难被执行，从而上述策略在很长时间内甚至很多年内都持续性地盈利。在多数时间段内，这项策略是出售看涨期权，同时对于标准普尔 500 指数具有适度的溢价，因此会给人留下业绩持续优良的印象。但是多年难遇的市场下跌却会对其造成毁灭性的打击。例如 1987 年 10 月的股市崩盘，这个策略会使基金失去过去 10 年的全部收益。但是如果你足够幸运，可以避免这些罕见的极端长尾事件（因为它们落在概率分布的左侧尾部），这个策略就很有含金量。

图 20.6 显示至少对冲基金看上去像是期权出售者，这让我们在进行票面价值业绩衡量的时候感到紧张。而在研究对于极端长尾事件具有敞口的策略（例如出售期权）时，问题在于极端事件难以出现，所以想要给出公正的判断往往需要几十年的时间。对冲基金经理纳西姆·塔勒布（Nassim Taleb，2004，2007）认为，实际中很多经理的做法与我们假设的一样，在绝大多数时间内攫取名望与财富，却将投资者置于蒙受巨大损失的风险中。

塔勒布用到了黑天鹅的例子来阐述可能性很小却又具有颠覆性力量的事件。在澳大利亚被发现之前，欧洲人相信所有天鹅都是白色的：他们从来没有见过不是白色的天鹅。在他们的认知中，黑天鹅是超出理性范围的，用统计术语来说，就是在他们样本观测下的极端离群值。塔勒布认为世界上黑天鹅到处都是，仅仅因为现有知识积累所限而不为人知。

我们不能预测黑天鹅的行为，我们也不知道黑天鹅在任意时刻会不会出现。1987 年 10 月的崩盘，一日之内市场缩水 20%，或者是 2008 年的次贷危机都可以视为黑天鹅——一个从未发生过、发生概率小到不值得为其建模的、却是致命性的事件。这些看似从天而降的事件，警醒着我们在使用过往经验预测未来行为风险时应心存谦逊。了解了这些，我们再来看看长期资本管理公司（LTCM）的例子。

案例 20.3

长尾事件与 LTCM

20 世纪 90 年代末，LTCM 普遍被认为是历史上最成功的对冲基金。它维持了两位数的收益率并且资本几乎为它组合收益标准差的 10 倍，从而可以经受任何“可能”的资产震动（至少在正态分布下）。但是在 1998 年的夏天，情况开始恶化。1998 年 8 月 17 日，俄罗斯主权债务违约，将资本市场推入混乱。LTCM 在 8 月 21 日一天损失高达 5.5 亿美元（几乎是月度标准差的 9 倍）。尽管 LTCM 认为其主体头寸是市场中性的，但 8 月的总亏损仍达到 13 亿美元左右。它几乎所有的投资都出现了亏损，情况与设想的投资分散化背道而驰。

怎么会这样呢？答案是俄罗斯违约引发投资者大规模投资转投高质量特别是高流动性的资产。LTCM 作为一个典型的流动性卖家（持有流动性较低的资产，出售流动性高的资产，赚取收益率价差）蒙受了极大损失。这是一个不同于过去样本/建模期的市场震动。被流动性危机侵袭的市场中，平时毫不起眼的流动性风险共性使得表面不相关的资产类型紧密相连。以往经验中不可能的损失现在出现了，LTCM 成了黑天鹅的受害者。

20.6 对冲基金的费用结构

激励费用：对冲基金收取的费用，数量上等于投资收益超过某一基准后分得的部分。

对冲基金常见的费用结构包括资产 1%～2%的管理费加上**激励费用**（incentive fee），激励费用等于每年投资利润超过某一基准后的 20%。激励费用实际上是一个以现有投资组合价值乘以（1＋基准收益率）为执行价格的看涨期权。如果增值足够多，经理就会得到这笔费用，在资产下跌时也不会有损失。图 20.7 展示了以 20%作为激励费用、以货币市场利率 r_f 作为基准的基金激励费用。投资组合现值记为 S_0，年终价值为 S_T。激励费用等于以 $S_0(1+r_f)$ 为执行价格的 0.20 个看涨期权。因此，我们可以使用像布莱克-斯科尔斯这样的期权定价模型去估计基金的价值。

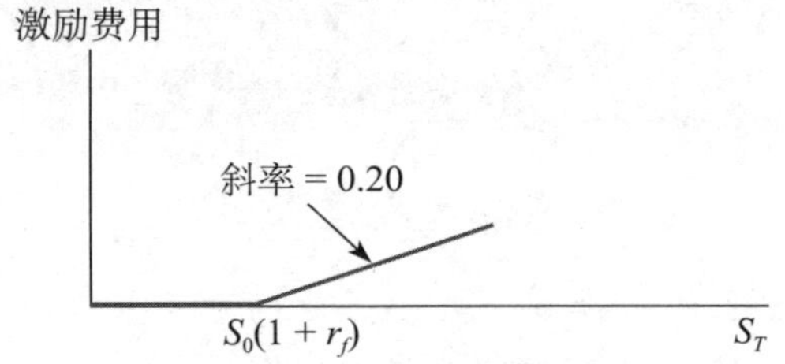

图 20.7　作为看涨期权的激励费用

说明：投资组合的现值记为 S_0，年终价值为 S_T。激励费用等于以 $S_0(1+r_f)$ 为执行价格的 0.20 个看涨期权。

案例 20.4

激励费用的布莱克-斯科尔斯定价法

假设对冲基金年收益率的标准差是 30%，激励费用是投资收益超过无风险利率部分的 20%。如果组合现值为 100 美元/股，实际无风险利率为 5%（用连续复利计算则为 4.88%），则激励费用的执行价格为 105 美元。看涨期权的布莱克-斯科尔斯定价法对于 $S_0=100$，$X=105$，$\sigma=0.30$，$r=0.0488$，$T=1$ 年的看涨期权，定价为 11.92 美元，略小于净资产价值的 12%。由于激励费用为看涨期权的 20%，其价值大约为净资产价值的 2.4%，再加上 2%的管理费，对冲基金的投资者需要支付总价值 4.4%的费用。

这个补偿费用结构的主要副作用就是**高水位线**（high water mark）。如果基金蒙受了损失，在它取得比以前更高的价值之前都无法收取激励费用。如果亏损很严重，情况就更糟糕了。高水位线使经理关闭业绩糟糕的基金，这也是对冲基金损耗率较高的一个原因。

高水位线：投资组合在对冲基金可以收取激励费用之前需要达到的最低价值。

对冲基金中成长最快的一类是所谓的**基金中的基金**（funds of funds）。这种对冲基金投资于一个或多个其他对冲基金，基金中的基金也被称为连接基金（feeder fund），因为这些基金将投资者和其他基金联系起来。它们由于具备帮助投资者在基金之间分散化的能力而受到市场追捧，而且它们也可以代表投资者考察基金投资价值。理论上说，这是一种极富价值的服务，因为很多对冲基金是非透明的，而连接基金通常比个人投资者有更多的信息渠道。

基金中的基金：投资于其他对冲基金的对冲基金。

然而，当 2008 年 12 月伯纳德·麦道夫（Bernard Madoff）因涉嫌 650 亿美元的庞氏骗局而被捕时，很多连接基金被证明是他的大客户，可见他们的“尽职调查”能力值得质疑。名列榜首的是法菲尔德-格林威治集团（Fairfield Greenwich Advisors），所陷金额高达 75 亿美元，其他多家连接基金和资产管理公司也被钓走 10 亿美元以上，事实证明，某些基金甚至变成了麦道夫的营销代理人。更普遍的，布朗、格雷戈里奥和帕斯卡劳（Brown，Gregoriou，and Pascalau，2011）认为，高度分散化的基金中的基金存在更大的长尾风险，这将使得对于所管理的大量基金采取及时的尽职调查变得很困难。下面的“市场前沿”专栏详细讨论了麦道夫丑闻。

类期权性质的补偿对于对冲基金的基金的预期费用有着深远影响。这是因为，即便连接基金的总业绩不佳，它仍然对每一家超过基准的基金都支付激励费用。这样一来，分散化就会伤害你（Brown，Goetzmann，and Liang，2004）！

市场前沿

伯纳德·麦道夫丑闻

伯纳德·麦道夫似乎是金融史上的传奇故事之一。他的资产管理公司伯纳德·麦道夫投资证券公司（Bernard L. Madoff Investment Securities）向客户报告说它们约200亿美元的投资在2008年已经增长到650亿美元。但是当年12月，麦道夫向他的两个儿子承认他多年来操纵庞氏骗局。庞氏骗局是一类臭名昭著的投资欺诈，管理人向客户收集资金，号称代为投资并声称获得了丰厚的收益，但事实上将资金挪为他用。[此骗局因查理斯·庞齐（Charles Ponzi）得名，其骗局在20世纪初期的美国臭名昭著。]当早期投资者要求撤资时，支付给他们的资金来源于新进入的投资者，而非投资的真实收益。只要新进入的投资者能够满足撤资需求，骗局便可以维持下去，而吸引新投资者进入的是早期投资者所获得的丰厚收益和灵活的撤资能力。

作为华尔街的大佬，麦道夫的骗局进行得很顺利。他是电子商务的先驱者，又是纳斯达克前任主席。除此之外，他名下的伯纳德·麦道夫投资证券也充当了资金管理人的角色，不论市场好坏，都声称能取得10%～12%的收益率。人们猜测他的策略是大量运用期权套期保值，但是麦道夫本人从不提起他的投资之道。即便如此，他在华尔街的声望以及他的客户名单依然向人们证明了他的合法性。而且，他努力吸收新客户，需要关系才可以加入他基金的事实更是吊足了投资者的胃口。据称骗局维持了数十年，在2008年股市大跌之后，几家大客户要求撤回70亿美元，而公司资产仅剩不足10亿美元，骗局因此大白于天下。

不是每个人都被愚弄了，回顾过去，曾有不少质疑和警告被提出。例如，由于它的异常和神秘，数家机构投资者离开了基金。考虑到其资产规模，被认为是麦道夫投资策略核心的期权交易应当主宰了期权市场的交易规模，事实上并无迹象支持上述假定。不仅如此，麦道夫的审计公司只有3个职员（其中只有1个会计！），似乎无法完成如此巨额且复杂交易的审计。而且，麦道夫的费用结构也与众不同。与对冲基金管理费加激励费用的模式不同，他声称其利润来自交易佣金，若果真如此，对客户可是一笔巨大的价差。最后，与多数基金将资金托管于银行不同，他声称将资金保管在家中，也就是说，谁也无法确认它们的存在。在2000年，证券交易委员会收到一个名为哈里·马科波洛斯（Harry Markopolos）教授的来信，声称“麦道夫证券是世界上最大的庞氏骗局”，但麦道夫经营照旧。

甚至到今天，还有一些没有解决的问题。麦道夫得到了哪些帮助？到底流失了多少资金？大多数“不见了”的资金说明麦道夫的利润是虚构的，其余的资金则返还给了早期投资者。有多少钱是被麦道夫挥霍一空了？最重要的是，为什么早前的警告没有引起管理者的警觉？

案例 20.5

连接基金的激励费用

假设一个连接基金对3家对冲基金分别投资100万美元。为简化起见，我们忽略基于资产价值的费用（管理费）而仅仅关注激励费用。假设基准收益率为零，所以每家基金都能收到总收益率为20%的激励费用。下页表列出了各家基金在一年内的业绩、总收益率、连接基金收益率和相对应的激励费用。基金1和基金2有正的收益率，因此获得激励费用，但是基金3业绩惨淡，激励费用为零。

单位：百万美元

	基金 1	基金 2	基金 3	基金中的基金
年初	1.00	1.00	1.00	3.00
年末	1.20	1.40	0.25	2.85
总收益率	20%	40%	−75%	−5%
激励费用	0.04	0.08	0.00	0.12
年末净费用	1.16	1.32	0.25	2.73
净收益率	16%	32%	−75%	−9%

即使总投资组合的收益率为−5%，但因为前两个基金业绩较好，它仍需为每 3 美元的投资付出 0.12 美元的激励费用，这一费用占到了资产净值的 4%。如最后一列所示，连接基金的收益率从−5%降到−9%。

连接基金的基本理念在于将风险分散至多家不同的基金。但是投资者应该意识到，连接基金的杠杆往往很大，这使得收益的波动巨大。而且如果连接基金投资的多家基金具有相似的投资风格，所谓分担风险的作用就化为泡影——可是为此多付出的费用是不会随之消失的。[①]

小结

- 与共同基金类似，对冲基金汇集了多个客户的资产，并代表他们管理集合资产。然而，对冲基金在公开披露、投资人群、投资方向、监管和费用结构的灵活性和可预测性方面与共同基金不同。
- 定向基金瞄准大盘板块的业绩。非定向基金则根据相对错误定价构建市场中性头寸，即便如此，对冲基金仍有特定风险。
- 统计套利是利用量化体系发掘错误定价，并通过一系列小额赌局获得平均收益的方法。它通常利用数据挖掘的方法找出过去数据的规律并以此作为构建投资的基础。
- 可携 α 是构建正 α 头寸、对冲系统风险，最终利用消极型指数或期货合约所需要的市场敞口的策略。
- 由于幸存者偏差、风险因素的潜在不稳定性、流动性溢价和弱流动性资产的不可靠性，对冲基金的业绩评估较为复杂。
- 当基金持有期权头寸时，业绩评估尤为困难。长尾事件使得在获取足够长的收益率历史记录之前，公正的业绩评估难以实施。
- 对冲基金同时收取投资人管理费和超出基准收益部分一定比例的激励费用。激励费用类似于投资组合的看涨期权。
- 即便总体业绩不佳，连接基金也对持有的每家超出基准的基金支付激励费用。

关键词

阿尔法转移　　高水位线　　可携阿尔法　　回填偏差　　激励费用

① 一线希望：当连接基金向它投的各家基金支付激励费用时，它们向自身投资者收取的激励费用会比较低，一般大约在 10%而不是 20%。

单一风险投资策略　统计套利　市场中性　基金中的基金　对冲基金
数据挖掘　定向策略　生存偏差　非定向策略　配对交易
禁售期

习题

1. 市场中性对冲基金适合作为投资者的全部退休金的投资组合吗？如果不适合，对冲基金在该投资者的总组合中可以占有一席之地吗？（LO20—1）

2. 一个基金管理着 360 亿美元的股票投资组合，其 β 值为 0.6。如果标准普尔合约乘数为 50 美元，近期指数为 2 400，那么基金要卖出多少份合约才能让其整体达到市场中性？（LO20—2）

3. 国债收益率为 2%，一个对冲基金收取投资收益超过国债收益率部分 20% 的激励费用。在第一年，基金遭受到 8% 的损失。第二年的收益率要达到多少才有资格收取激励费用？（LO20—4）

4. 下列对于对冲基金业绩评估中生存偏差和回填偏差的叙述，哪一项最准确？（LO20—3）

a. 生存偏差和回填偏差都使得对冲基金指数收益率被高估。

b. 生存偏差和回填偏差都使得对冲基金指数收益率被低估。

c. 生存偏差使得对冲基金指数收益率被高估，而回填偏差使得对冲基金指数收益率被低估。

5. 下面哪一个最适合作为对冲基金业绩评估标准？（LO20—3）

a. 多因素模型；

b. 标准普尔 500 指数；

c. 无风险利率。

6. 考虑对冲基金投资，连接基金的投资者净收益要小于单个基金投资者是因为：（LO20—4）

a. 额外的多层费用和更高的流动性。

b. 无理由，两种基金的收益应当相等。

c. 仅额外的多层费用。

7. 下面哪个对冲基金的收益率最有可能接近无风险利率？（LO20—1）

a. 市场中性对冲基金。

b. 事件驱动对冲基金。

c. 多头—空头对冲基金。

8. 对冲基金的激励费用将对管理人在投资组合中加入高风险资产产生怎样的影响？（LO20—4）

9. 为什么说评估对冲基金的业绩比共同基金更难？（LO20—3）

10. 统计套利真的是套利吗？请解释。（LO20—2）

11. 一家 10 亿美元的对冲基金收取 2% 的管理费和 20% 的激励费用，基准利率是 5%。计算在下列投资组合收益下所需支付的总费用，分别用美元和占管理资产的百分比表示：（LO 20—4）

a. −5%；

b. 0；

c. 5%；

d. 10%。

12. 一家资产净值为 62 美元/股的对冲基金高水位线为 66 美元。它的激励费用比高水位线为 67 美元时要高还是低？（LO20—4）

13. 重新考虑上一题中的对冲基金。假设在 1 月 1 日，基金年收益率的标准差为 50%，无风险利率为 4%。基金的激励费用为 20%，现有高水位线为 66 美元，而净值为 62 美元。（LO 20—4）

a. 根据布莱克-斯科尔斯公式所得的每年激励费用为多少？

b. 如果基金没有高水位线而且每年的激励费用根据总收益率计算，它每年可以获得多少激励费用？

c. 如果基金没有高水位线，且激励费用根据超出无风险利率的部分计算，它每年可以获得多少激励费用？（根据布莱克-斯科尔斯公式，无风险利率被视为连续复利。）

d. 假设由于杠杆加大，波动率升值 60%，重新计算 b 小题中的激励费用。

14. 登录在线学习中心 www.mhhe.com/bkm，进入第 20 章，找到标准普尔指数月度值的表格。假设每月你售出一个单位的看涨期权，执行价格比当时指数低 5%。（LO20—3）

a. 1977 年 10 月—1987 年 9 月这十年间，你每月在看涨期权上的平均收入为多少？标准差呢？

b. 将你的样本期延伸至 1987 年 10 月，重新计算上述策略的平均收入和标准差。

c. 对于尾部风险，你学到了什么？

15. 设想一个执行下述策略的对冲基金：每个月持有 1 亿美元的标准普尔指数基金，出售价值为 1 亿美元的看涨期权，执行价格比当时指数低 5%。假设出售每单位看涨期权的溢价为 25 万美元，基本与看涨期权的实际价值相当。（LO20—3）

a. 计算 1982 年 10 月—1987 年 9 月间该对冲基金的夏普比率。将其与标准普尔指数比较。利用上一题的数据，月度风险利率设为 0.7%。

b. 将 1987 年 10 月计入后，现在计算该对冲基金的夏普比率。

c. 对于业绩评估和基金的尾部风险，又能学到什么呢？

16. 下表是将 Waterworks 股票的月收益率与标准普尔指数回归的结果。一位对冲基金经理认为，Waterworks 被低估了，下个月应该有 2%的 α 值。(LO20—2)

β	R^2	残差标准差
0.75	0.65	0.06（即 6%/月）

a. 如果他有 600 万美元的 Waterworks 股票，而且希望通过标准普尔期货合约对冲下个月的市场敞口，需要多少份合约？购入还是售出合约？标准普尔指数现为 2 000，且合约乘数为 50 美元。

b. 对冲基金组合的月收益率的标准差是多少？

c. 假设月收益率大致符合正态分布，下个月市场中性策略亏损的概率为多少？设无风险利率为每月 0.5%。

□ 挑战题

17. 回到上一题。(LO20—2)

a. 假设你有 100 只股票，它们都与 Waterworks 有相同的 α、β 和残差标准差。现将其按相等权重构建投资组合。设每只股票的残差［公式（20.1）和公式（20.2）中的 e］相互独立。组合的残差标准差是多少？

b. 考虑市场中性的该组合，重新计算下个月这 100 只股票亏损的概率。

18. 回到问题 16，假设经理错误估计了 Waterworks 的 β，认为其应当为 0.50 而不是 0.75，市场月收益率的标准差为 5%。(LO20—2)

a. 对冲投资组合（现在对冲不完全）的标准差为多少？

b. 市场月度收益率为 1%、标准差为 5%时，下个月亏损的概率是多少？与第 16 题的答案比较。

c. 如果基金经理在第 17 题中同样将 β 误估为 0.50 而不是 0.75，亏损的概率为多少？将本小题的答案与上一小题的答案进行比较。

d. 为什么 β 的错误估计对 100 只股票投资组合的影响远大于对一只股票的影响？

19. 这里有 3 只对冲基金的数据。每只都收取总收益率的 20%作为激励费用。假设最初连接基金（FF）经理等权重购买了这 3 只基金，并且收取投资人 20%的激励费用。为简化起见，假设所有基金的管理费用都为零。(LO20—4)

	对冲基金 1	对冲基金 2	对冲基金 3
年初价值（百万美元）	100	100	100
总收益率	20%	10%	30%

a. 计算缴纳激励费用后连接基金投资人的收益率。

b. 假设不购买 3 家对冲基金的股份，一家独立对冲基金（SA）购买了与 3 只基金相同的组合。因此 SA 基金的价值将与持有 3 家基金的连接基金相等。考虑一个持有 SA 基金的投资人，支付 20%的激励费用后，年底投资人的投资组合价值为多少？

c. 确认 SA 投资人收益率超出 FF 的部分正是连接基金收取的那一层激励费用。

d. 假设对冲基金 3 的收益率为−30%。重新计算 a 和 b。

e. 在 d 小题的情况下，FF 和 SA 还会收取激励费用吗？为什么 FF 的投资人的境况比 SA 投资人更糟糕？

Web 站点管理员

请扫描二维码或登录中国人民大学出版社
官网 www.crup.com.cn 下载。

21 税收、通货膨胀与投资策略

学习目标：

LO21—1　分析并设计生命周期储蓄计划；
LO21—2　解释储蓄和投资计划中的通货膨胀；
LO21—3　解释储蓄和投资计划中的税收；
LO21—4　理解避税；
LO21—5　说明逆向选择和道德风险是如何影响市场的，例如它们是如何影响保险和年金产品的。

在现实中一笔好的投资交易的出发点应当是个人如何设计和管理其一生的储蓄/投资计划。我们都面临很多现实的复杂问题，例如税收和避税、社会保障、保险以及通货膨胀。在这一章，我们介绍了在一个税收和通货膨胀相互影响的复杂环境中个人储蓄管理的基本原理，而不是对（不断变化的）税法进行详细分析。

退休、购买房屋和为子女教育融资是大多数家庭储蓄的主要目标。通货膨胀和税收使实现这些目标的投资调整变得复杂。税收的长期性质和通货膨胀与税收的混合效应交织在一起。只有富有经验的投资者才能在其投资组合策略中整合这些问题。合适的投资策略还包括对诸如死亡、伤残和财产损失等意外事件进行充分的保险。

我们从设定退休计划这一长期目标开始。我们将考察通货膨胀效应对储蓄计划的影响，并检验如何将避税整合到该计划中。这里介绍的框架将很容易调整到适用于其他国家的税法。接着我们引入社会保险，并分析如何将储蓄计划推广到实现其他目标，如购买房屋或者为子女的教育融资。最后，我们讨论生命的不确定性及其他或有事件。理解我们在整个过程中演示的电子表格将使你能够为自己或其他人设计储蓄/投资计划，并可以根据变化的环境对这些计划进行调整。

21.1　针对长期的储蓄

本章我们的主要目标是将储蓄/投资计划的基本点进行量化，并对其进行调整，以适用于通货膨胀和税收同时存在的情况。在下一章中，我们将描绘一个如何构建储蓄/投资计划的基本框架，这个框架也是 CFA 协会为了帮助理财咨询师们与客户交流合作而建立起来的。作为整个过程的第一步，我们建立一个忽略其他储蓄目标的简单的退休计划电子表格。

在分析之前，先简单谈一谈我们所指的储蓄。经济学家将储蓄看作对生命周期消费流进行平滑的一种途径，当拥有高收入的时候，你进行储蓄，以支持低收入年份的消费。从“整体”的意义上讲，这一概念意味着你为退休储蓄，以确保在退休时期内的消费相对储蓄时期不至于太低；从“局部”的意义上讲，平滑消费意味着你可以为大宗购买（如汽车）融资，而不是使用现金购买。显而易见，局部消费平滑的重要性居于次要地位，也就是说，你如何购买耐用商品对整个储蓄计划仅有很小的影响，但也许非常大宗的支出，如购买房屋或者送子女上大学除外。因此，我们从一个忽略了大宗支出的储蓄计划开始，再讨论如何整合这些需要。

□ 一个假想的家庭

假想你已经 30 岁，完成了正式的教育，积累了一些工作经验，并稳定下来筹划后半生的经济生活。你的计划是在 65 岁退休，届时的剩余寿命还有 25 年。然后，我们进一步假定，你有两个小孩，并计划为他们的大学教育融资。

一开始，我们假设你准备在 25 年的退休期内获得（等量的）年金；我们将针对死亡时间的不确定性而进行计划的讨论延后。（你可能活到 100 岁以上，那会怎么样?）假如你今年的总收入是 5 万美元，预计年收入的增长率是 7%。在这一部分，我们假设你忽略通货膨胀和税收的影响。你计划固定地将收入的 15%储蓄起来，并投资于整个期间的收益率均为 6%的无风险政府债券。你投资的收益将自动以 6%的利率进行再投资，一直持续到退休。在退休时，你退休账户中的资金将被用于购买一个 25 年期的年金（同样使用 6%的利率），以为稳定的消费年金融资。下面我们来考察这一框架的结果。

□ 退休年金

我们可以很容易地从电子表格 21.1 获得你的**退休年金**（retirement annuity），在该表中我们隐藏了一些年龄的数据行。你可以从本书的网页 http://www.mhhe.com/bkm 获得本章中所有的电子表格。

退休年金：在退休期间可用于消费的现金流。

我们首先看看这个表是怎样建立的。为了看到 Excel 电子表格中每一格的公式，在命令菜单下点击“Formulas”选项，并选择“Show Formulas”。电子表格 21.1 的公式浏览也可以在第 2 页看到（数据是用户输入的）。

电子表格 21.1 储蓄计划

	A	B	C	D	E
1	退休年份	收入增长	储蓄率	ROR	
2	25	0.07	0.15	0.06	
3	年龄	收入	储蓄	累积储蓄	消费
4	30	50 000	7 500	7 500	42 500
5	31	53 500	8 025	15 975	45 475
6	32	57 245	8 587	25 520	48 658
9	35	70 128	10 519	61 658	59 608
19	45	137 952	20 693	308 859	117 259

续表

	A	B	C	D	E
29	55	271 372	40 706	943 477	230 666
39	65	533 829	80 074	2 457 518	453 755
40	总计	7 445 673	1 116 851	退休年金	192 244

	A	B	C	D	E
1	退休年份	收入增长	储蓄率	ROR	
2	25	0.07	0.15	0.06	
3	年龄	收入	储蓄	累积储蓄	消费
4	30	50 000	=B4×$C$2	=C4	=B4－C4
5	31	=B4×(1+$B$2)	=B5×$C$2	=D4×(1+$D$2)+C5	=B5－C5
39	65	=B38×(1+$B$2)	=B39×$C$2	=D38×(1+$D$2)+C39	=B39－C39
40	总计	=SUM（B4：B39）	=SUM（C4：C39）	退休年金	=PMT（$D$2，$A$2，－$D$39，0，0）

第2行输入的数据包括退休年份（A2单元格＝25）、收入增长（B2单元格＝0.07）、年龄（A列）以及在30岁时的收入（B4＝50 000）。B列使用了B2格的增长率计算未来各年的收入；C列使用了收入的储蓄率（C2单元格）计算各年的储蓄；E列计算了消费，它是收入和储蓄之差：B列－C列。累积储蓄显示在D列中。比如，为获得D6中的数值，用D2单元格（ROR）中的假定收益率加上1后乘以D5单元格，再加上来自C列的当前储蓄。最后，C40显示了你在整个生命周期内储蓄的美元数量，而E40则使用Excel函数表中的财务函数PMT将在65岁时的累积储蓄（包括利息）转换成了25年期的年金：PMT（利率，期间数，现值，终值）。

我们看到，你的退休年金将在65岁时累积到约250万美元（D39单元格）。这个大的数字显示了复利的威力，因为你投入储蓄账户的资金只有110万美元（C40单元格）。这个基金将在你的25年退休期内每年提供192 244美元的年金，这看起来很有吸引力，除非在退休期内你必须适应的生活水平比你在65岁（E39）时的生活水平要低很多。事实上，如果让隐藏的行显示出来，你就会看到，在退休时，你必须以51岁时的消费水平设法度日。这可能不会使你过度担忧，因为你的子女已经长大成人，抵押贷款已经还清，你可能还能继续维持近来已经习惯的奢侈消费。但是，你所筹划的福利是一种假象：马上考虑通货膨胀和税收的影响。

概念测验 21.1

如果计划的收益率只有5%，为了维持相同的退休年金，你需要多大的储蓄率？

扫描二维码
获取答案解析

21.2 对通货膨胀的解释

通货膨胀以两种方式妨碍了你的计划：第一，它侵蚀了迄今为止你所累积储蓄的美元的购买力；第二，每年你在投资组合上收入的真实美元数量依赖于实际收益率，而实际收益率约等于名义利率减去通货膨胀率。由于一个合适的储蓄计划必须给出适宜的真实年金，所以我们必须用实际美元值对整个计划进行重新调整。我们假定你的收入依然保持7%的增长率，但现在你意识到部分收入增长源于通货膨胀，这一数字大约是每年3%。

□ 一个真实的储蓄计划

为了将名义美元兑换成实际美元，我们需要计算相对于今天价格的未来年份的价格水平。某个给定年份的"平减因子"（或者相对价格水平）是当年的价格水平除以今年的价格水平。它等于在将来提供相当于今天（30岁时）的1美元的购买力所需要的美元数量。当通货膨胀率 $i=3\%$ 时，35岁时的平减指数是 $(1+i)^5$，或者用Excel的标记，(1+*i*)^5=1.03^5=1.16。65岁时，平减指数是2.81。因此，即使在通货膨胀率较低的情况下（3%低于历史平均水平），长期中名义美元的购买力也会大打折扣。我们还可以根据名义收益率6%计算出实际收益率（rROR）：$\text{rROR}=(\text{ROR}-i)/(1+i)=3/1.03=2.91\%$。

电子表格21.2是重新整理过的经通货膨胀调整的电子表格21.1，公式显示位于下表。除通货膨胀率（C2单元格）和实际收益率（F2单元格）外，此表的主要新增部分还包括价格水平平减指数（C列）。我们提供的也不再是名义消费，而是**实际消费**（real consumption）（F列），其值等于名义消费（B列−D列）除以C列的价格平减指数。

实际消费：名义消费除以价格平减指数。

这些数字发生了巨大变化。我们当初预期的奢侈消费消失了。在65岁及以后，获得的年金为49 668美元，你的生活水平将倒退到34岁时实现的水平；这比你的上一个工作年度65岁时的实际消费的三分之一还要少。原因是250万美元（E39）的退休年金按今天的购买力计算（E39/C39），价值仅为873 631美元。这就是通货膨胀效应。如果你想获得更高的消费水平，就必须储蓄得更多。

在最初的计划中（电子表格21.1），我们预想了一个在退休年限内水平的名义年金。一旦我们考虑了通货膨胀，这个目标就是不恰当的，因为这意味着从65岁起生活水平会持续降低。65岁时以当前美元计的购买力是68 320美元［即192 244美元/$(1.03)^{35}$］，但在90岁时仅剩32 630美元（核对看看是否如此）。

考虑通过提高假定的投资收益率来提供足够的退休年金是具有吸引力的。但是，这只能通过将你的储蓄置于风险之中才能实现。这本教材的大部分内容都在诠释如何有效地做到这一点。然而需要强调的是，承担风险虽然可以为退休生活提供更好的预期，但它同时也意味着更坏结果出现的概率并不是零。在30岁的时候，你可能会承受退休年金的某些风险，因为一旦问题出现，你还可以改变路径，提高储蓄率，并更加努力地工作。但当你逐渐变老，这种选择权会迅速丧失，增加风险不再是一个可行的选择。因此，对于大多数投资者来说，正确的方法是锁定安全的、较低的实际收益率，并努力在退休前后平衡生活水平。

因此，电子表格中我们唯一可以控制的变量是储蓄率。在不损害安全性的前提下，为了提高退休后相对于退休前的生活质量，你不得不在储蓄的年份里降低消费——世上没有免费的午餐。

电子表格 21.2　一个真实的退休计划

	A	B	C	D	E	F
1	退休年份	收入增长	通货膨胀率	储蓄率	ROR	rROR
2	25	0.07	0.03	0.15	0.06	0.029 1
3	年龄	收入	平减因子	储蓄	累积储蓄	实际消费
4	30	50 000	1.00	7 500	7 500	42 500
5	31	53 500	1.03	8 025	15 975	44 150
9	35	70 128	1.16	10 519	61 658	51 419
19	45	137 952	1.56	20 693	308 859	75 264
29	55	271 372	2.09	40 706	943 477	110 167
39	65	533 829	2.81	80 074	2 457 518	161 257
40	总计	7 445 673		1 116 851	退休年金	49 668

	A	B	C	D	E	F
1	退休年份	收入增长	通货膨胀率	储蓄率	ROR	rROR
2	25	0.07	0.03	0.15	0.06	=(E2－C2)/(1＋C2)
3	年龄	收入	平减因子	储蓄	累积储蓄	实际消费
4	30	50 000	1	=B4×＄D＄2	=D4	=(B4－D4)/C4
5	31	=B4×(1+ ＄B＄2)	=C4×(1+ ＄C＄2)	=B5×＄D＄2	=E4 * (1+ ＄E＄2)+D5	=(B5－D5)/C5
39	65	=B38×(1+ ＄B＄2)	=C38×(1+ ＄C＄2)	=B39× ＄D＄2	=E38×(1+ ＄E＄2)+D39	=(B39－D39)/C39
40	总计	=SUM (B4：B39)		=SUM (D4：D39)	实际年金	=PMT(＄F＄2，＄A＄2，－＄E＄39/＄C＄39，0，0)

概念测验 21.2

如果预计的通货膨胀率是 4%，为了维持电子表格 21.2 中相同的退休年金，你需要多大的名义投资收益率？

扫描二维码
获取答案解析

□ 一个可选的储蓄计划

在电子表格 21.2 中，我们将收入的固定比例储蓄起来。但是由于实际收入随着时间的推移会增长（名义收入以 7%的速度增长，但通货膨胀率仅为 3%），我们可以考虑将储蓄推迟到实际收入更高的未来。通过提高未来（更高的）实际收入的储蓄率，我们可以降低当前的储蓄率。在电子表格 21.3 中，我们使用了 10%的基本储蓄率（比先前电子表格中的储蓄率低），但每年将储蓄率提高 3%。因此，每年的储蓄等于固定的储蓄率乘以年收入（B列），再乘以指数增长因子 $(1.03)^t$。在后面的年份中，当实际收入更高的时候，通过将更多的收入用于储蓄，你建立了一条更加平滑的实际消费曲线。

电子表格 21.3 显示了在初始储蓄率为 10%的情况下，与前一个电子表格中 15%的不变储蓄率相比，你可以获得 59 918 美元的年金，大于前一个计划中的 49 668 美元。

电子表格 21.3　　来自实际收入的储蓄

	A	B	C	D	E	F
1	退休年份	收入增长	通货膨胀率	储蓄率	ROR	rROR
2	25	0.07	0.03	0.1	0.06	0.029 1
3	年龄	收入	平减因子	储蓄	累积储蓄	实际消费
4	30	50 000	1.00	5 000	5 000	45 000
5	31	53 500	1.03	5 511	10 811	46 592
9	35	70 128	1.16	8 130	44 351	53 480
19	45	137 952	1.56	21 492	260 927	74 751
29	55	271 372	2.09	56 819	947 114	102 471
39	65	533 829	2.81	150 212	2 964 669	136 331
40	总计	7 445 673		1 572 466	实际年金	59 918

	A	B	C	D	E	F
1	退休年份	收入增长	通货膨胀率	储蓄率	ROR	rROR
2	25	0.07	0.03	0.1	0.06	=(E2−C2)/(1+C2)
3	年龄	收入	平减因子	储蓄	累积储蓄	实际消费
4	30	50 000	1	=B4×C4×$D$2	=D4	=(B4−D4)/C4
5	31	=B4×(1+$B$2)	=C4×(1+$C$2)	=B5×C5×$D$2	=E4×(1+$E$2)+D5	=(B5−D5)/C5
39	65	=B38×(1+$B$2)	=C38×(1+$C$2)	=B39×C39×$D$2	=E38×(1+$E$2)+D39	=(B39−D39)/C39
40	总计	=SUM(B4：B39)		=SUM(D4：D39)	实际年金	=PMT($F$2，$A$2，−$E$39/$C$39，0，0)

注意，早期年份中的实际消费大于前一个计划。你所做的仅仅是将一些储蓄推迟到你收入更高的时候。乍一看，这个计划是有利的：它允许在开始时更加舒坦地消费收入的 90%，并在工作年份中持续提高生活水平，然而这些都不会对退休年金产生显著影响。但这个方案有非常严重的底线：通过将美元储蓄推迟，你不得不依赖于你的健康、长寿，而且，更加难以预料的是（同时没有任何保险的可能性），还要依赖于你未来的事业。换句话说，这个计划通过增加风险来实现舒适的消费，从而使这个选择变成了一个风险容忍的问题。

概念测验 21.3

假设你喜欢将储蓄调整到后面年份的计划，但担心将美元储蓄推迟到未来所增加的风险。为了减少风险，你可以做些什么？

扫描二维码
获取答案解析

21.3 对税收的解释

统一税率：对于所有收入（可能除去部分免征额）采取同样的固定税率。

在开始讨论税收之前，我们假设，除去 15 000 美元的免征额，剩余的应税收入的**统一税率**（flat tax）为 25%。这类似于时刻都在散播的几个简化的美国税法提议。这个税法的重要特征之一是，税率按名义收入征收，同时也适用于投资收入。为了调整我们的电子表格以适用于这个简单税法，我们必须添加税收和税后收入栏。税收调整后的计划见电子表格 21.4。它调整了电子表格 21.2 中的储蓄计划，即存储名义收入的 15%。

电子表格 21.4　简单税法下的储蓄

	A	B	C	D	E	F	G	H
1	退休年份	收入增长	通货膨胀率	免征额	税率	储蓄率	ROR	rROR
2	25	0.07	0.03	15 000	0.25	0.15	0.06	0.029 1
3	年龄	收入	平减因子	免征额	税收	储蓄	累积储蓄	实际消费
4	30	50 000	1.00	15 000	8 750	6 188	6 188	35 063
5	31	53 500	1.03	15 450	9 605	6 584	13 143	36 224
9	35	70 128	1.16	17 389	13 775	8 453	50 188	41 319
19	45	137 952	1.56	23 370	31 892	15 909	245 334	57 864
29	55	271 372	2.09	31 407	69 943	30 214	733 467	81 773
39	65	533 829	2.81	42 208	148 611	57 783	1 874 346	116 365
40	总计				1 884 163	834 226	实际年金＝	37 882
41	退休							
42	年龄	提取	平减因子	免征额	税收		剩余基金	实际消费
43	66	109 792	2.90	43 474	17 247		1 877 014	31 931
47	70	123 572	3.26	48 931	15 743		1 853 382	33 056
52	75	143 254	3.78	56 724	12 200		1 721 015	34 656
57	80	166 071	4.38	65 759	6 047		1 422 954	36 503
62	85	192 521	5.08	76 232	0		883 895	37 882
67	90	223 185	5.89	88 374	0		0	37 882
68	总计	4 002 944			203 199			

	A	B	C	D	E	F	G	H
1	退休年份	收入增长	通货膨胀率	免征额	税率	储蓄率	ROR	rROR
2	25	0.07	0.03	15 000	0.25	0.15	0.06	＝(G2－C2)/(1＋C2)
3	年龄	收入	平减因子	免征额	税收	储蓄	累积储蓄	实际消费
4	30	50 000	1	＝$D$2×C4	＝(B4－D4)×$E$2	＝(B4－E4)×$F$2	＝F4	＝(B4－E4－F4)/C4
5	31	＝B4×(1＋$B$2)	＝C4×(1＋$C$2)	＝$D$2×C5	＝(B5－D5＋G4×$G$2)×$E$2	＝(B5－E5)×$F$2	＝G4×(1＋$G$2)＋F5	＝(B5－E5－F5)/C5

续表

	A	B	C	D	E	F	G	H
39	65	=B38×(1+$B$2)	=C38×(1+$C$2)	=$D$2×C39	=(B39−D39+G38×$G$2)×$E$2	=(B39−E39)×$F$2	=G38×(1+$G$2)+F39	=(B39−E39−F39)/C39
40	总计				=SUM(E4：E39)	=SUM(F4：F39)	实际年金	PMT（$H$2，$A$2，−$G$39/$C$39，0，0）
41	退休							
42	年龄	收入	平减因子	免征额	税收	储蓄	累积储蓄	实际消费
43	66	=$H$40×C43	=C39×(1+$C$2)	=$D$2×C43	=MAX（0(G39×$G$2−D43)×$E$2)		=G39×(1+$G$2)−B43	=(B43−E43)/C43
44	67	=$H$40×C44	=C43×(1+$C$2)	=$D$2×C44	=MAX（0，(G43×$G$2−D44)×$E$2)		=G43×(1+$G$2)−B44	=(B44−E44)/C44
67	90	=$H$40×C67	=C66×(1+$C$2)	=$D$2×C67	=MAX（0(G66×$G$2−D67)×$E$2)		=G66×(1+$G$2)−B67	=(B67−E67)/C67
68	总计	=SUM(B43：B67)			=SUM(E43：E67)			

该表的上半部分涉及工作年份。D列通过价格水平（C列）调整了免征额（D2）。E列将税率（E2）用于应税收入（B列至D列）。储蓄率（F2）用于税后收入（B列至E列），使我们能够计算累积储蓄（G列）和实际消费（H列）。公式观察栏中显示了公式建立的细节。

正如你可能已经想到的，实际消费在存在税收时更低了，储蓄和退休基金也是如此。退休基金提供的税前实际年金仅37 882美元，相比之下，电子表格21.2中在无税情况下的年金是49 668美元。

电子表格下半部分显示了在退休年份里由于税收导致的实际消费的进一步减少。虽然你并不为退休计划里的累积储蓄交税（你已经以应计储蓄利息的形式交过税了），但当你从基金提取资金的时候，你确实要为基金获取的利息交税。这些税收非常重要，且进一步消耗了基金及其净税获利能力。由于这个原因，在早期年份里，当你的基金还未被耗尽且应税利息收入很高时，你的消费年金更低了。

最后，虽然拥有接近4%的实际增长率的体面收入、高达15%的储蓄率、温和的通货膨胀，你也只能获得平常的（但至少风险很低的）实际退休收入。这是一个大部分人都必须经历的现实。是选择通过提高当前的储蓄率牺牲今天的生活水平，还是以储蓄实际年金或/和投资于具有更大预期收益率的风险组合的形式承担某些风险，是一个有关偏好和风险容忍的问题。

21.4 避税经济学

避税：尽可能长地延迟税收支付义务的方法。

避税（tax shelter）的范围虽然从简单到令人困惑的繁杂，但它们都有一个共同目标：尽可能长地延迟纳税义务。我们已经知道这绝非无足轻重。延迟纳税意味着更小的税负现值，如果税负推迟的时间足够长，其现值可以接近零。尽管如此，只有在税率并不随时间的推移而增加的情况下，延迟纳税才肯定是有益的。如果退休收入的税率高于工作年份的税率，延迟的税收价值就是成问题的；如果税率将下降，延迟纳税的好处甚至更加明显。

□ 一个避税基准

无论何时你有了应税收入，纳税义务一旦形成就（几乎）不能再消除。因此，推迟纳税是唯一可能的（法定的）目标。[①] 正因为如此，一个避税基准推迟了储蓄及其收入的所有税收。在这种情况下，当你动用退休基金的时候，你的整个储蓄账户都会在退休期进行纳税。这种形式的避税实际上相当于我们即将讨论的个人退休账户（IRAs）中对税收的处理，因此我们将此种方法叫做“个人退休账户式（IRA 式）”避税法。

为了考察在统一税率情况下使用 IRA 式避税法（假设你能对所有的储蓄避税）的影响，我们维持电子表格 21.4 中（无避税的统一税率）的消费水平，但现在在电子表格 21.5 中输入新的避税的储蓄计划。这使得避税的整个效应集中于退休消费。

在这张表中，我们输入想要的消费（H 列，从电子表格 21.4 中复制）。然后按下方法得到税收（E）：将税率（E2）乘以名义消费减去免征额（H×C－D）。这样一来，储蓄就可以通过名义收入（B）减去税收（E），再减去名义消费（H×C）得到。整个数据表说明你为所有的支取纳税——退休账户中的所有基金都要纳税。

电子表格 21.5　　统一税率下的储蓄和使用 IRA 式避税法下的储蓄

	A	B	C	D	E	F	G	H
1	退休年份	收入增长	通货膨胀率	免征额	税率	储蓄率	ROR	rROR
2	25	0.07	0.03	15 000	0.25	0.15	0.06	0.029 1
3	年龄	收入	平减因子	免征额	税收	储蓄	累积储蓄	实际消费
4	30	50 000	1.00	15 000	5 016	9 922	9 922	35 063
5	31	53 500	1.03	15 450	5 465	10 724	21 242	36 224
	A	B	C	D	E	F	G	H
9	35	70 128	1.16	17 389	7 628	14 600	83 620	41 319
19	45	137 952	1.56	23 370	16 695	31 106	438 234	57 864
29	55	271 372	2.09	31 407	34 952	65 205	1 393 559	81 773
39	65	533 829	2.81	42 208	71 307	135 087	3 762 956	116 365
40	总计				944 536	1 773 854	实际年金	76 052
41	退休							
42	年龄	提取	平减因子	免征额	税收		剩余基金	实际消费
43	66	220 420	2.90	43 474	44 236		3 768 313	60 789
47	70	248 085	3.26	48 931	49 789		3 720 867	60 789
52	75	287 598	3.78	56 724	57 719		3 455 127	60 789
57	80	333 405	4.38	65 759	66 912		2 856 737	60 789
62	85	386 508	5.08	76 232	77 569		1 774 517	60 789
67	90	448 068	5.89	88 374	89 924		0	60 789
68	总计	8 036 350			1 612 828			

① 当然，破产或死亡可以消除某些税收义务。我们将暂不考虑这些不幸结果。

	A	B	C	D	E	F	G	H
1	退休年份	收入增长	通货膨胀率	免征额	税率	储蓄率	ROR	rROR
2	25	0.07	0.03	15 000	0.25	0.15	0.06	＝(G2－C2)/(1＋C2)
3	年龄	收入	平减因子	免征额	税收	储蓄	累积储蓄	实际消费
4	30	50 000	1	＝$D$2×C4	＝(H4×C4－D4)×$E$2	＝B4－E4－H4×C4	＝F4	35 062.5
5	31	＝B4×(1＋$B$2)	＝C4×(1＋$C$2)	＝$D$2×C5	＝(H5×C5－D5)×$E$2	＝B5－E5－H5×C5	＝G4×(1＋$G$2)＋F5	36 223.771 237 864 1
39	65	＝B38×(1＋$B$2)	＝C38×(1＋$C$2)	＝$D$2×C39	＝(H39×C39－D39)×$E$2	＝B39－E39－H39×C39	＝G38×(1＋$G$2)＋F39	116 364.980 523 664
40	总计				＝SUM(E4：E39)	＝SUM(F4：F39)	实际年金	＝PMT($H$2,$A$2,－$G$39/$C$39,0,0)
41	退休							
42	年龄	收入	平减因子	免征额	税收	储蓄	累积储蓄	实际消费
43	66	＝$H$40×C43	＝C39×(1＋$C$2)	＝$D$2×C43	＝MAX(0,(B43－D43)×$E$2		＝G39×(1＋$G$2)－B43	＝(B43－E43)/C43
44	67	＝$H$40×C44	＝C43×(1＋$C$2)	＝$D$2×C44	＝MAX(0,(B44－D44)×$E$2)		＝G43×(1＋$G$2)－B44	＝(B44－E44)/C44
67	90	＝$H$40×C67	＝C66×(1＋$C$2)	＝$D$2×C67	＝MAX(0,(B67－D67)×$E$2)		＝G66×(1＋$G$2)－B67	＝(B67－E67)/C67
68	总计	＝SUM(B43：B67)			＝SUM(E43：E67)			

这个结果非常有意思。一生中，通过个人退休账户避税支付的税款达到 250 万美元；在无避税情况下的一生税款支付超过 210 万美元。原因在于，在可以避税的情况下，一生累积储蓄可增长到 370 万美元，而在无避税的情况下仅 190 万美元。通过对比可以发现，工作期间的收入与消费和以前是相同的，所以由避税得到的所有净收益都被推迟到退休期间。正因为如此，退休期间的真实年金（纳税前的）从 37 882 美元增长到 76 052 美元。

概念测验 21.4

在使用 IRA 式避税法时，你所有的税收都在退休时到期。此时免征额和税率之间的交替关系与无避税时的情形有什么不同吗？

扫描二维码获取答案解析

□ 税法的累进性效应

由于存在免征额，统一税率具有某些累进性：作为收入的一部分的税收随着收入增长。当收入非常高的时候，边际税率（25%）仅略高于平均税率。如果开始的收入是 50 000 美元，平均税率应是 17.5%(＝0.25×35 000/50 000)，且随着时间的推移稳定增长。总的来说，在统一税率下，平均与边际税率之比等于应税收入和总收入之比。这一比例在 45 岁时是 0.89（检验一下是否如此），而此时的平均税率高于 22%。当前的美国税法含有多种收入档次分类，比我们假定的结构更具累进性。

累进税收：税率随着收入的提高而提高。

在电子表格 21.6 中，我们使用一个接近于因加入州税而放大的美国联邦税法的**累进税收**（progressive tax）结构。我们假定的税收进度表列示在表 21.1 中。

我们已经看到工作期间的收入税由于货币的时间价值而具有更大的影响；早期的税款支付（发生在工作期间）比晚期的支付（发生在退休期间）有更大的影响。在累进税制下，如果你的退休收入（来自退休基金）低于工作期间的收入，那么这个效应会得到放大。

电子表格 21.6 仍保持工作期间的收入和消费不变，其与电子表格 21.4 的不同仅在于将表 21.4 中 E 列的统一税率替换为表 21.1 中的税率。令人惊讶的是，这对消费产生的影响在工作期间和退休期都很小。这是两个抵消效应导致的。较高的税率适用于有高收入的工作期后期，这就加剧了税收对收入的侵蚀。同时，在工作早期和退休期较低的收入和相应的较低税级抑制了这一效应。底线就是大约中产阶级一生的收入缓减了单一税制和累进税制的不同。

电子表格 21.6　累进税率下的储蓄

	A	B	C	D	E	F	G	H
1	退休年份	收入增长	通货膨胀率	免征额	税率	储蓄率	ROR	rROR
2	25	0.07	0.03	10 000	表 21.1 中的税率	0.15	0.06	0.029 1
3	年龄	收入	平减因子	免征额	税收	储蓄	累积储蓄	实际消费
4	30	50 000	1.00	10 000	8 000	6 300	6 300	35 700
5	31	53 500	1.03	10 300	8 716	6 718	13 396	36 958
9	35	70 128	1.16	11 593	12 489	8 646	51 310	42 262
19	45	137 952	1.56	15 580	32 866	15 763	248 018	57 333
29	55	271 372	2.09	20 938	76 587	29 218	731 514	79 076
39	65	533 829	2.81	28 139	186 335	52 124	1 833 644	104 970
40	总计		总计	632 759	2 116 533	799 371	实际年金	37 059
41	退休							
42	年龄	提取	平减因子	免征额	税收		剩余基金	实际消费
43	66	107 408	2.90	28 983	16 207		1 836 254	31 467
47	70	120 889	3.26	32 620	15 371		1 813 134	32 347
52	75	140 143	3.78	37 816	13 083		1 683 643	33 599
57	80	162 464	4.38	43 839	8 831		1 392 054	35 045
62	85	188 341	5.08	50 821	1 757		864 701	36 714
67	90	218 338	5.89	58 916	0		0	37 059
68	总计	3 916 018			227 675			

表 21.1　累进税率下的避税基准

应税收入* 超过（美元）	但不超过（美元）	税收是（美元）	超过数额（美元）
0	50 000	0+20%	0
50 000	150 000	10 000+30%	50 000
150 000	…	40 000+40%	150 000

* 当前税收法规规定的免征额是 10 000 美元，也就是说，应税收入＝收入－10 000。免征额和税率等级都在不停地根据通货膨胀作调整。

电子表格 21.7 通过我们的避税基准（IRA 式）放大了累进税法，IRA 式的避税基准允许你对消费（减去一个免征额）交税，同时将纳税义务的履行累积到退休年份。这张电子表格的结构与电子表格 21.5 相同，唯一的区别是加入了 E 列的税收结构。我们从电子表格 21.6 复制了实际的退休前消费流，以将注意力集中于退休年份中避税对生活水平的影响。电子表格 21.7 表明，退休年份的低税收档次使你能在计划过程中支付较低的税收，同时显著增加了退休消费。IRA 式避税法大概将每年的退休年金增加了 32 000 美元，与在统一税率下相比，避税的结果更好。

电子表格 21.7　　累进税率下避税基准（IRA）

	A	B	C	D	E	F	G	H
1	退休年份	收入增长	通货膨胀率	免征额	税率	储蓄率	ROR	rROR
2	25	0.07	0.03	10 000	表 21.1 中的税率	0.15	0.06	0.029 1
3	年龄	收入	平减因子	免征额	税收	储蓄	累积储蓄	实际消费
4	30	50 000	1.00	10 000	5 140	9 160	9 160	35 700
5	31	53 500	1.03	10 300	5 553	9 880	19 590	36 958
9	35	70 128	1.16	11 593	7 480	13 654	77 112	42 262
19	45	137 952	1.56	15 580	14 749	33 880	434 916	57 333
29	55	271 372	2.09	20 938	32 920	72 885	1 455 451	79 076
39	65	533 829	2.81	28 139	66 100	172 359	4 125 524	104 970
40	总计			632 759	879 430	2 036 474	实际年金	83 380
41	退休							
42	年龄	提取	平减因子	免征额	税收		剩余基金	实际消费
43	66	241 658	2.90	28 983	49 311		4 131 398	66 366
47	70	271 988	3.26	32 620	55 500		4 079 381	66 366
52	75	315 309	3.78	37 816	64 340		3 788 036	66 366
57	80	365 529	4.38	43 839	74 588		3 131 989	66 366
62	85	423 749	5.08	50 821	86 467		1 945 496	66 366
67	90	491 241	5.89	58 916	100 239		0	66 366
68	总计	8 810 670	总计		1 797 848			

避税的有效性还具有某种形式的套期保值性质。如果你幸运地发了财，避税的效应就会减弱，因为你的税收档次在退休时变得更高了。尽管如此，平庸或者不幸的结果会导致退休时低的边际税率，使避税变得更加有效，税收对收入的侵蚀也越少。

概念测验 21.5

在低收入档次税率升高与高收入档次税率的等量升高之间，你是否无所谓？

扫描二维码
获取答案解析

21.5 避税清单

□ 固定收益计划

1974 年的《雇员退休收入保障法案》(the Employee Retirement Income Security Act，ERISA)规定了对两种雇员养老基金(固定收益养老金计划，或者固定缴款养老金计划)之一的管理机构的管制。

固定收益计划：承诺给既定退休雇员指定数量收入的养老基金。

固定收益计划(defined benefit plan)的种类很多，一般来说，它们相当于一种在退休时替代一定比例的员工收入的年金。提供固定收益计划的雇主必须致力于管理一只独立基金，以承诺为既定的退休雇员(工作年限能够满足获得养老金所需要的工作年限的退休雇员)的一生支付特定(或"固定")数目的收入。公司负责在合格的资本和货币市场投资充足的资金，以使得这些投资的预计现金流将足以满足支付欠既定员工的支出。因此，当养老基金投资于高风险的资本市场时，公司承担的风险就会上升。

政府在这个养老金计划推广中扮演着双重角色：第一，政府对固定收益基金以及养老基金资产收益免征税。第二，政府成立了养老金福利保障公司(PBGC)，如果发起公司违约或养老金计划资金不足，养老金福利保障公司保证至少支付给既定员工所承诺养老金收益的一定比例的资金。你可能会从这项计划中猜测，公司在申请破产时可能会违背它们所承诺的收益。因此，由公司资金承担风险的固定收益计划是有限的，雇员承担了潜在的灾难性的破产风险，而 PBGC 提供的担保金通常比原本承诺的固定收益少很多。这项计划会鼓励养老基金的发起公司选择具有高预期收益但风险高的投资策略，因为它们能够将大部分投资风险转嫁给雇员和政府。

□ 固定缴款计划

固定缴款计划更广为人知是作为《雇员退休收入保障法案》相关部分中的 401(k)(私营部门)计划和 403(b)(非营利部门)计划[这两个计划是一致的，我们将在提及它们时统一用 401(k)来代表]。

401(k)计划：雇主缴款与雇员的既定比例缴款相匹配的固定缴款计划。

在 **401(k)计划**(401k plan)中，雇主将会在同一个管理人下为每一位雇员设立一个账户，管理人通常是诸如富达或先锋这样的管理公司。雇员缴出工资的一部分，雇主也会为该账户缴出工资的一部分。和工资一样，对于公司这种补偿金也是可以抵扣税款的。这是雇员薪酬的有效税收形式，因为缴款基金(和投资收益)直到晚年都是免缴个人所得税的。为了限制政府由于税收损失而增加的成本，雇员在 50 岁以前每年的缴款额限定在 17 000 美元，50 岁及以后限定为 22 000 美元；雇主和雇员的缴款额总和限定在工资的 100%和 49 000 美元中的最小值。

雇主匹配的直接含义就是即使需要借款来为消费需求买单，401(k)的雇员也应该在最大化雇主的匹配缴款额下缴出最少的金额。

□ 个人退休账户

个人退休账户由国会在 1984 年建立，用于增加对退休储蓄的激励。这些账户的一个重要特征是其容量的有限性。目前(2018 年)，年缴款额限制在 5 000 美元。50 岁及以上的工人可以将年缴款额再增加 1 000 美元。个人退休账户具有某种程度的非流动性（大多数避税都是如此），因为在 59 岁半之前提款会有 10%的惩罚金。尽管如此，在符合条件的事由出现时，如（一次性）购买房屋、高等教育支出，提前支取并不会处以罚金，从而大大减轻了这一问题。

对退休人员而言，401（k）计划和个人退休账户在很多方面是一致的；雇员可以把二者的优势结合起来使用。因此，从这个角度来看，我们可以把它们都简单地称为退休“账户”或退休“计划”。

国税局允许你为退休账户避税来选择避税计划，有两个不同的避税计划：一个被称为传统计划（第一个被介绍），另一个是罗斯计划（以提议的国会议员的名字命名）。它们之间的选择并不是微不足道的。

传统退休计划

传统退休账户（traditional retirement accounts）的缴款是免税的，其账户收益在退休前也可以免税。大体上，如果你能将所有的储蓄都投入传统账户，你的储蓄计划将与我们的避税基准相同（电子表格 21.5 和电子表格 21.7），而税收减少的有效性依赖于你退休时的边际税率。

传统退休账户： 退休前的缴款和投资收益都是免税的账户。

罗斯退休计划

罗斯账户（Roth account）是传统避税的一个变种，既有优点，也有缺点。投入罗斯个人退休账户的资金不是免税的。尽管如此，罗斯个人退休账户中累积基金的收益是免税的，并且与传统计划不同，在退休期间提取储蓄也不需要交税。评估这里的权衡关系并非易事。为了洞察并演示如何分析这里的权衡关系，我们在目前更现实的累进税法下比较罗斯和传统计划。

罗斯账户： 缴款不免税但是投资收益免税的账户。

□ 累进税法下的罗斯个人退休账户

正如我们已经注意到的，传统计划与在电子表格 21.5 和电子表格 21.7 中所示的两种可选择的税法下建立的避税基准是完全相同的。作为一个一般原则，我们看到，避税的有效性依赖于税法的累进性：退休期间的较低累进税率使纳税义务推迟到退休年份内。在罗斯个人退休账户下，在退休期内你根本不用为提款交税。因此，在这种情况下，避税的有效性不再依赖于退休期内的税率。对任何投资者而言，现在的问题是，这种优势是否足以弥补缴款资金的非避税性，而缴款资金的避税性正是传统计划的主要优点。

为了评估这里的权衡关系，电子表格 21.8 对电子表格 21.7（累进税）进行了修正，使其符合罗斯个人退休账户的特征，也就是说，我们去除了缴款资金的避税性和退休期内的税收。我们保持工作年份的消费与避税基准中的一致，以便比较退休期内由罗斯账户避税支持的生活标准。

表 21.2 显示了两种避税类型的差异。在两种情况下，工作期内的一生收入、真实消费以及累进税收计划都是无差别的。唯一的区别在于你究竟选择的是哪一种计划——传统计划还是罗斯计划。因此，表 21.2 中第 1 行“生命周期内劳动收入”均为固定值 740 万美元。但是两种情况下的避税原理却不尽相同。通过传统计划，工作期内的收入可以得到更大程度的避税。因此传统计划下的工作期内总纳税额仅为 879 430 美元。相比之下，如果采用罗斯计划，相应的税款就达到了 175 万美元。不过，在退休期内，罗斯计划就不再产生税款；而此时，传统计划还会产生略低于 180 万美元的

税款。就整个生命周期而言，传统账户下的税款将达到 270 万美元；而罗斯计划下产生的税款仅为 175 万美元。尽管如此，由于传统个人退休账户积累了更多的储蓄，因此该账户也为我们提供了更多的退休基金和税后真实退休年金。与罗斯个人退休账户仅积累了 240 万美元退休基金相比，传统个人退休账户积累了退休基金 410 万美元，积累了税后真实退休年金 66 366 美元。底线是对这里所讨论的中等收入家庭而言，传统计划更加有效。

电子表格 21.8　累进税法下的罗斯计划

	A	B	C	D	E	F	G	H
3	退休年份	收入增长	通货膨胀率	免征额	税率	储蓄率	ROR	rROR
4	25	0.07	0.03	10 000	表 21.1 中的税率	0.15	0.06	0.029 1
5	年龄	收入	平减因子	免征额	税收	储蓄	累积储蓄	实际消费
6	30	50 000	1.00	10 000	8 000	6 300	6 300	35 700
7	31	53 500	1.03	10 300	8 640	6 793	13 471	36 958
11	35	70 128	1.16	11 593	11 764	9 370	52 995	42 262
21	45	137 952	1.56	15 580	28 922	19 707	278 528	57 333
	A	B	C	D	E	F	G	H
31	55	271 372	2.09	20 938	64 661	41 143	883 393	79 076
41	65	533 829	2.81	28 139	145 999	92 460	2 432 049	104 970
42	总计	7 445 673		632 759	1 752 425	1 163 478	实际年金	49 153
43	退休							
44	年龄	提取	平减因子	免征额	税收		剩余基金	实际消费
45	66	142 460	2.90	28 983	0		2 435 512	49 153
49	70	160 340	3.26	32 620	0		2 404 847	49 153
54	75	185 879	3.78	37 816	0		2 233 096	49 153
59	80	215 484	4.38	43 839	0		1 846 348	49 153
64	85	249 805	5.08	50 821	0		1 146 895	49 153
69	90	289 593	5.89	58 916	0		0	49 153
70	总计	5 194 003			0			

表 21.2　累进税法下的传统计划避税和罗斯计划避税

	传统个人退休账户	罗斯个人退休账户
生命周期内劳动收入	7 445 673	7 445 673
税收（美元）：		
收入年份	879 430	1 752 425
退休年份	1 797 848	0
生命周期内的总支付	2 677 278	1 752 425
生命周期内的平均税率（%）	35.96	23.54
退休年金（美元）：		
税前	83 380	49 153
税后	66 366	49 153

为什么对于中等收入的家庭，传统计划将是更好的选择呢？这个问题的答案同时解释了在什么情况下罗斯计划更受人们青睐。如果在工作期间你的收入（同时也包括你的税率）比较高，那么传统计划的避税对你更有价值，就像电子表格 21.8 中的投资

者一样。然后，如果你认为未来的税率会提高，那么你可能更倾向于罗斯计划，因为退休之后的收入是完全免税的。罗斯计划的另一个优势和 IRA（国税局）的缴费限额有关：对罗斯计划缴款的限制适用于税后而不是税前，因此相比于传统计划，这使得更多的资金流入你的退休账户。

注意表 21.2 中，在传统计划下，储蓄在整个生命周期的平均税率为 35.96%。这一结果源于在退休时征税的储蓄上所产生的收入的大量累积，这也显示了早期累积的重要性。虽然生命周期的税率更高，但这一避税方案的结果是在退休期内提供了更高的税后实际消费。一生的平均税率不能很好地衡量税收对一生消费情况的影响，因为它没有很好地考虑税收的时机。在我们假定的这种情况（长期的中等收入水平）下，罗斯计划的节税效果比传统计划好。

概念测验 21.6

假设所有的纳税人都像你一样，而个人退休账户想要筹集固定的税收收入。此时传统计划和罗斯计划哪个更好？

扫描二维码
获取答案解析

□ 风险投资和用于避税的资本利得

迄今为止，我们仍将讨论局限于安全投资，相应的确定收益率为 6%。这一数字与通货膨胀率假定（3%）一起，决定了在相应的税法框架下的各种储蓄规则的结果。显然，6%的收益率和 3%的通货膨胀率并不是一成不变的，你必须同时考虑在储蓄的生命周期内其他可能情况的含义。我们建立的电子表格使情景分析变得非常容易。一旦你为自己深思熟虑的储蓄计划建立了一个电子表格，你只需要改变收益率（名义收益率）和通货膨胀的输入值，同时记录下每种情景的结果。偏离预期数字的概率以及你的风险容忍度将决定哪一种储蓄计划为你的目标实现提供了最大的安全保障。当你考虑风险投资组合的时候，这种敏感分析将更加重要。

我们讨论过的避税方法允许你投资于一系列证券和基金，同时你还可以将未经避税的储蓄投资于其他任何资产。选择什么样的投资组合取决于风险与收益的对比。也就是说，税收使得本来大体上不相关的现金股利和利息收入与资本利得的对比变得重要起来。

根据美国当前的税法，利息收入与其他收入的税率相同。然而，大多数股利和长期资本利得适用于较低税率：低收入和中等收入投资者为 0%，中高收入投资者为 15%，最高收入家庭为 20%（例如在 2018 年的应税收入高于 479 000 美元并提交联合申报表的已婚夫妇）[①]。更重要的是，仅当你卖出证券的时候才根据适用税率纳税。因此，投资于不支付股利的证券提供了一个隐含的部分避税。因此，投资于低股利或者无股利的组合可能是投资超过 IRA 缴款限额的投资者的有效工具。此类投资组合的另一个优势是，你可以售出已经失去价值的证券，以实现这些资本损失，这样你就可以在任何给定的年份减少应税账单额度。风险证券的这种特征被称作税时期权（tax-timing option）。

---

① 高收入投资者（例如应税收入超过 25 万美元的已婚夫妇）的投资收益还将面临 3.8%的额外附加税。

标准普尔500指数的平均股利收益率略高于2%，其他指数（如纳斯达克）的股利收益率甚至更低。这意味着你可以轻松建立一个股利收益率很低的良好多样化的投资组合。这样的投资组合使你能够利用资本利得相对于股利的税收优势。电子表格21.9[①]对电子表格21.6（无避税情况下的累进税）进行了改编，以适用于无股利的股票投资组合，退休消费流仍维持在原来的水平，收益率依然保持在6%，但假设资本利得的税率为15%。实际的退休消费，平均为45 105美元，与罗斯计划（电子表格21.8）提供的数字基本一样。

电子表格21.9　累进税下无股利股票的储蓄计划

	A	B	C	D	E	F	G	H
3	退休年份	收入增长	通货膨胀率	免征额	税率	储蓄率	ROR	rROR
4	25	0.07	0.03	10 000	表21.1中的税率	0.15	0.06	0.029 1
5	年龄	收入	平减因子	免征额	税收	储蓄	累积储蓄	实际消费
6	30	50 000	1.00	10 000	8 000	6 300	6 300	35 700
7	31	53 500	1.03	10 300	8 640	6 793	13 471	36 958
11	35	70 128	1.16	11 593	11 764	9 370	52 995	42 262
21	45	137 952	1.56	15 580	28 922	19 707	278 528	57 333
31	55	271 372	2.09	20 938	64 661	41 143	883 393	79 076
41	65	533 829	2.81	28 139	145 999	92 460	2 432 049	104 970
42	总计				1 752 425	1 163 478	实际年金	49 153
43	退休				税率	资本利得的	0.15	
44	年龄	提取	平减因子	累积资本利得	免征额	税收	剩余基金	实际消费
45	66	142 460	2.90	1 340 186	28 983	6 799	2 435 512	46 808
49	70	160 340	3.26	1 561 124	32 620	10 178	2 404 847	46 033
54	75	185 879	3.78	1 660 844	37 816	14 598	2 233 096	45 293
59	80	215 484	4.38	1 503 386	43 839	19 338	1 846 348	44 742
64	85	249 805	5.08	995 489	50 821	24 535	1 146 895	44 326
69	90	289 593	5.89	1 500	58 916	30 626	0	43 955
70	总计				1 056 691	445 850		

□ 避税与非避税储蓄

假设你的期望储蓄水平是计划允许避税数量的两倍。同时你希望对股票和债券进行等量投资。你应该把股票放在何处？债券又放在何处？当告诉你很多投资者实际上错误地将股票置于避税的账户中，同时将债券置于非避税的账户中的时候，你可能会觉得惊讶。大部分债券的收益是以应税利息的方式支付的，而股票已经提供了某些避税优势。

回顾避税从两个基本方面提高了退休年金：（1）缴款的税收延迟；和（2）储蓄收入的税收延迟。每一方面的有效性均依赖于提款时的税率。在我们分析的两种避税方法中，传统计划同时具备这两个基本方面，而罗斯计划则仅提供了后者，但其优点是，提款并不纳税。因此，我们需要针对各种类型的退休计划分别分析相应的股票—债券避税问题。表21.3显示了使用罗斯计划时的分析层次。通过对比各列的税收，差异非

① 在电子表格21.9中，我们还没有充分利用税法的优势。你可以通过利用卖出的股票进一步推迟资本利得，这样可以首先卖出资本利得很少的新股，最后才卖出老股。

常明显。当你对股票避税，而不对债券避税时，你以普通的所得税率纳税且纳税的时间较早；当你对债券避税，而不对股票避税时，你以较低的资本利得税率纳税且纳税的时间较晚。

表 21.3　罗斯计划下投资于股票和债券的税收缴款

日期	资产	股票内部；债券外部	股票外部；债券内部
储蓄	债券	累进税	无税
	股票	无税	税收延迟
提款*	债券	无税	无税
	股票	无税	以资本利得税率征税

* 既然两种计划下的税收年金是类似的，对这种年金的税收可以忽略不计。

当你使用传统计划的时候，不管你是否购买股票或债券，缴款都是税收延迟的，因此，我们只需要比较储蓄和提款的税收。表 21.4 显示了传统个人计划的权衡关系。

表 21.4　传统计划下投资与股票和债券的税收缴款

日期	资产	股票内部；债券外部	股票外部；债券内部
储蓄	债券	累进税	税收延迟
	股票	税收延迟	税收延迟
提款*	债券	无税	以边际税率征税
	股票	以边际税率征税	以资本利得税率征税

* 既然两种计划下的税收年金是类似的，对这种年金的税收可以忽略不计。

最终的优势与罗斯计划一样。通过将债券纳入避税账户，将股票置于避税账户之外，你获得了储蓄时期的债息纳税延迟。在退休期内，你获得了一般收入与股票收入资本利得之间的差额。

概念测验 21.7

对债券避税而不对股票避税的推理是否同样适用于优先股？

扫描二维码
获取答案解析

21.6　社会保险

社会保险（social security，SS）兼具养老基金和保险计划的某些共同特征。社会保险大大退化了，因为雇员按其总收入的一定比例（目前为 6.2%）交税，没有任何免征额，但有一个收入上限（2018 年为 128 400 美元）。雇主和雇员的缴款匹配，因此他们也需要向联邦政府按照收入的 6.2%缴纳社会保险税。对雇员和雇主提供的医疗保险

社会保险：联邦管理的给所有工人提供最低退休保障的养老基金计划。

税为 1.45%，此税不受收入上限的限制。另外，社会保障在分配福利方面是渐进的：低收入人士在退休后获得相对较大的退休收入替代。

社会保险支付是在整个工作生涯中完成的，但只有最高的 35 年缴款才能确定福利。虽然你可以提前退休（62 岁）或更晚退休（直到 70 岁）并分别提取更小或更大的年金，但福利的形式是基于退休年龄 67 岁的终身实际年金。

预计社会保险在未来几年将面临财政困难的一个原因是人口寿命的延长以及退休人员在整体人口中的比例不断上升。预计未来社会保障预算的巨额赤字将需要进行金融改革。随着寿命的延长而提高退休年龄并不会减少计划参与者预期收益的现值，因此似乎可以合理地解决因预期寿命延长而产生的赤字。

概念测验 21.8

你的部分退休支出将来源于社会保险给付，另一部分来源于退休储蓄。比较由这两种不同收入来源所产生的风险。

扫描二维码
获取答案解析

21.7 大宗购买

送子女到私立大学读书，若以当前美元计，每年家庭的花费会超过 50 000 美元，这会持续 4 年。就算是州立大学，每年也会花费 30 000 美元以上。许多家庭在几年内将送两个或更多的子女上大学，因而需要为这些庞大的支出融资。其他一些大宗的支出，如购买第二栋房屋（我们将在下一节考虑初始住房的问题）或者购买昂贵的交通工具，也会带来同样的问题，只是规模小一些罢了。

问题是，工作年限内计划的大规模现金流出是否需要对我们的计划方法进行重大创新？答案是否定的。你只需要在电子表格中为来自储蓄的额外消费支出添加一列。只要累积储蓄在现金流出时并未变成负值，你需要考虑的唯一效应是由这些支出引起的退休年金的减少。针对低于预期的退休年金，你有四种选择：（1）提高储蓄率，（2）靠较少的年金生活，（3）放弃购买或降低支出的幅度，以及（4）通过承担更高的风险增加预期收益率。但是要记住，在 21.2 节中，我们已经说明了选择（4）对大多数投资者而言并不可行。

当退休计划中的额外消费支出导致了负的储蓄，情况就稍微复杂一些。原则上，人们可以直接负债借入资金为支出融资（对诸如汽车等大宗购买而言，这是常见做法）。退休年金依然是主要的兴趣所在。然而，问题在于，如果在储蓄计划很晚的时期出现了负储蓄，你将寄希望于较晚年度的成功计划。在其他条件相同的情况下，较晚年度的风险更加不易处理，因为你从挫折中恢复的时间所剩无几了。

一个演示性的例子需要在电子表格 21.2 中添加一列，如电子表格 21.10 所示。G 列加进了额外的消费支出。我们将假设的每个小孩每年的大学费用 40 000 美元作为输入量（G2 单元格）。我们假定你的第 1 个孩子在你 48 岁的时候进入大学，第 2 个孩子在你 50 岁的时候进入大学。G 列的支出经 C 列的价格水平放大，并从 E 列的累积储蓄中减掉。

电子表格 21.10　　为子女教育融资

	A	B	C	D	E	F	G
1	退休年份	收入增长	通货膨胀率	储蓄率	ROR	rROR	额外消费
2	25	0.07	0.03	0.15	0.06	0.029 1	40 000
3	年龄	收入	平减因子	储蓄	累积储蓄	实际消费	支出
4	30	50 000	1.00	7 500	7 500	42 500	0
5	31	53 500	1.03	8 025	15 975	44 150	0
9	35	70 128	1.16	10 519	61 658	51 419	0
19	45	137 952	1.56	20 693	308 859	75 264	0
22	48	168 997	1.70	25 349	375 099	84 378	68 097
23	49	180 826	1.75	27 124	354 588	87 654	70 140
24	50	193 484	1.81	29 023	260 397	91 058	144 489
25	51	207 028	1.86	31 054	158 252	94 595	148 824
26	52	221 520	1.92	33 228	124 331	98 268	76 644
27	53	237 026	1.97	35 554	88 401	102 084	78 943
28	54	253 618	2.03	38 043	131 748	106 049	0
29	55	271 372	2.09	40 706	180 359	110 167	0
39	65	533 829	2.81	80 074	1 090 888	161 257	0
40	总计			1 116 851	实际年金	22 048	

额外消费支出前的实际退休年金是 49 688 美元，但支付子女教育费用后的年金仅为 22 048 美元。以当前美元计的 320 000 美元支出比你整个生命周期实际消费的 25×(49 688−22 048)＝690 154（美元）少，因为本来用于储蓄的基金利息损失掉了。如果你将 G2 中的输入数据变为 25 000 美元（对很多公立大学是合理的估计费用），退休年金将降低到 32 405 美元，“仅仅”损失了生活水平的 35%。

避税最新的形式是“529 计划”，它允许为高等教育免税储蓄（参见 www.saveforcollege.com）。这些计划类似于罗斯计划，它们都是吸收税后资金，但投资收益是免税的。利用好这些计划能够更大程度地减少孩子教育对终身消费的影响。

概念测验 21.9

对于大学学费迅速上涨的风险，如果可能，你应该做些什么？

扫描二维码
获取答案解析

21.8　住宅所有权：租与买的决策

大多数人都梦想拥有一套住房，这也是合情合理的事情。除了对伴随着拥有住房而来的“生根”的自然欲望外，这种投资对大多数家庭而言是一种重要的保值策略。对于大部分人而言，住所是最大的长期消费项目，而住所成本的波动也是人们面对的最大的消费风险。住所成本反过来也受一般通货膨胀和特定地理位置因素的重要波动的影响。

然而，住宅是非流动性的资产，而且买卖的交易成本很高。因此，购买对所有者而言并非长期住所的房屋可能也是一种预期收益率不高的投机性投资。

记住这些之后，很明显，住宅投资以两种方式进入储蓄计划。首先，在工作年限内，应该像对待前面讨论过的其他任何大宗额外消费支出一样对待现金支付和抵押贷款。其次，住宅所有权会影响你的退休计划，因为如果你在退休时完全拥有了自己的房屋，你仅需要较少的年金即可度日。不但如此，住宅的价值也是退休财富的一部分。

概念测验 21.10

固定利率抵押贷款与浮动利率抵押贷款相比，你是否应该有所偏好？

扫描二维码
获取答案解析

21.9 寿命期的不确定性及其他或有事件

也许，我们生命中最令人望而生畏的不确定性就是死亡之时。这种不确定性有经济上的意义。即使没有支出忧虑，老年生活也相当艰难。此外，你可能需要的金钱数量即使不是与寿命期呈指数关系，至少也是线性关系。你需要的金钱数量的不确定性，加上规避风险的合理支出，将使我们的储蓄大大超过必要数量，目的是为寿命期的不确定性提供保险。

终身年金：终身支付收入的年金。

解决这一问题的途径之一是投资于终身年金，以补充你的基本年金——社会保险福利金。当你拥有**终身年金**（life annuity）（一种对你支付收入直至你死亡的年金）的时候，它的提供者承担了死亡时间的风险。为了生存，终身年金的提供者必须确保与风险等量的收益率。尽管如此，除了战争和自然灾害外，个体的死亡时间是一个特定的非系统风险。既然如此，那么终身年金的成本似乎可以将利率应用于死亡率表中的预期寿命并经过简单计算得出。遗憾的是，逆向选择成了拦路虎。

逆向选择：被提议合约的倾向性，即该合约吸引的特定投资者类型会对合约提出方造成伤害。

如果被提议的合约（交易）具有一种倾向性，即该合约吸引的特定投资者类型会对合约提出方造成损害，那么，这种情形就是**逆向选择**（adverse selection）。逆向选择的一个典型例子出现在医疗保险中。假如蓝十字公司在你就医处提供健康保险并支付医疗费用的80%。另一个健康维护组织（HMO）对医疗费用提供100%的保险且只对每次治疗收取一笔名义费用。如果健康维护组织准备以调查出的大众平均医疗保健需求为基础对其服务定价，那么它们将遭到令人不悦的意外情况。那些需要频繁和昂贵医疗的人们将选择健康维护组织而不是蓝十字公司。这种情况下的逆向选择表现为高医疗需求的个人将选择更完全的保险计划。健康维护组织最不希望投保的个人恰恰最有可能签订保险合约。因此，为了不至于破产，健康维护组织必须预期到它们的顾客有高于平均水平的医疗需要，并在此基础上定价。

终身年金的提供者也会遇到不少逆向选择问题，因为预期寿命最长的人将是它们最热心的顾客。因此，在年纪较小时购买这些年金是有利的，那时个人或承保人还不太清楚自己的寿命预期。社会保险信托不存在逆向选择问题，因为实际上所有人都必须强制购买，这对双方而言都是一个公平交易。

遗憾的是，我们还必须考虑家庭成员工作年限内的提前死亡或者伤残。这些需要合适数量的人寿和伤残保险，尤其是在储蓄计划的早期阶段。合适的保险范围应该置于退休年金的背景下加以确定。保险范围至少应该可以替代退休年金最基本的部分。

概念测验 21.11

保险公司为你的子女提供人寿保险，那么购买这种保险有经济效益吗？

扫描二维码
获取答案解析

21.10 婚姻、遗产及跨代转移

在退休计划的背景下，我们以安全第一的方式来考虑风险，此时均值—方差分析不足以解决问题。我们讨论这个问题的背景包括：(1) 通过风险投资提高收益率；(2) 避免过分依赖于较晚年份的储蓄计划；(3) 购买人寿保险和终身年金。

市场不能提供的一种保险是工资保险。如果我们能够购买工资保险，建立储蓄计划将容易得多。市场空白的原因在于**道德风险**（moral hazard）。如果合约（交易）的一方具有以某种方式改变行为的激励，并且这种行为改变降低了交易对合约对方的吸引力，那么这种现象就是道德风险。例如，购买工资保险的人具有放弃努力工作而消费闲暇的激励。道德风险也是禁止向大于其市场价值或内在价值的物品提供保险的原因。如果你的仓库的保险价值高于其本身的价值，你防火的激励就会大大降低，这明显是由于道德风险。

道德风险：合约的一方具有以某种方式改变行为的激励，并且这种行为改变了交易对合约对方的吸引力。

相比之下，婚姻提供了一种联合保险，这种联合保险涉及寿命期问题。已婚夫妇至少一方具有更长寿命的可能性增加了，因而进行长期储蓄的激励更大。换言之，为更长生命准备的储蓄降低了浪费的概率。

遗产是进行储蓄的又一动机。当你为下一代（及以后的）家庭成员储蓄的时候，你的计划期增加了一倍，如果再考虑以后的各代，你可以有效地将储蓄扩展至无限的未来。这对储蓄投资组合的构成有启发意义。例如，当遗产在储蓄计划中占有重要地位的时候，那种认为随着年龄增大应该放弃投资股票而改向投资债券的传统智慧就不那么灵验了。

在考虑了婚姻联合保险和遗产之后，我们还需提醒，虽然为长期储蓄具有多种优点，但很多人却是过犹不及。当一个人为了养老进行储蓄，但在好好享受这些预防储蓄（nest egg）之前就传给了后代时，我们将这些财产称为“非自愿的跨代转移”。数据表明，这种转移大量存在。这表明了人们对终身年金市场的利用不足。但如果你能健康长寿，同时又能利用你那永不到期的年金尽情享受生活，你就有希望能避免成为其中的一员。

小结

- 储蓄计划的主要目标是提供充足的退休收入。
- 温和的通货膨胀也会影响退休年金的购买力。因此，计划应该按实际消费和实际退休收入制定。
- 立足于平滑消费，按实际收入的固定份额或增长比例进行储蓄是有利的。然而，将储蓄推迟到较晚年份增加了退休基金的风险。
- IRA 风格的避税类似于消费税，同时推迟了缴款和储蓄收入的纳税时间。
- 累进税法提高了退休期间的税收的重要性。退休期间的高税率降低了避税的有效性。
- 罗斯个人退休账户不能对缴款避税，但免除了退休期间的税收。预期具有高退休收入（及税收）的储蓄者必须考察这种避税与传统个人退休账户相比，哪一个更有利。
- 401（k）计划与传统个人退休账户类似，允许雇主对缴款进行匹配。这种福利不应该被遗弃。
- 资本利得可以推迟并以更低的税率纳税。因此，投资于低股利的股票相当于自然避税。应该首先对派发股利的证券投资避税。
- 社会保险是退休收入的重要组成部分，社会保险的税率通常是递减的，而收益是递增的。
- 住宅所有权应该被看作针对出租成本的套期保值。
- 寿命的不确定性和其他或有事件可以通过终身年金和其他保险来处理。

关键词

逆向选择	固定收益计划	统一税率	401（k）计划	终身年金
道德风险	累进税收	实际消费	退休年金	罗斯账户
社会保险	避税	传统退休账户		

习题

1. 一个船东试图为一艘旧船以当前市场价值的两倍来投保。请问这是逆向选择还是道德风险？（LO21—5）

2. 同一个船东发布广告声称，对所有的货品收取的运费所适用的关税税率将会是一样的。那么这个船东是想吸引哪一种货品来承运呢？（LO21—5）

3. 什么类型的投资者会对目标期限退休基金感兴趣？为什么？（LO21—1）

4. 社会保障年金的保险性质是什么？（LO21—1）

5. 为什么累进税制会像统一税率那样，为中产阶级家庭产生出一个退休年金？（LO21—3）

6. 如果没有税收和通货膨胀（电子表格 21.1），将储蓄率提高 1%后，你的退休年金是多少？（LO21—1）

7. 在通货膨胀率为 3%的情况下（电子表格 21.2），如果将储蓄率提高 1%，你的退休年金将增长多少？存在通货膨胀时的福利更高了吗？（LO21—2）

8. 实际收入的储蓄率达到多少时（电子表格 21.3），将产生与名义收入 15%的储蓄率相同的退休年金？（LO21—2）

9. 在统一税率（电子表格 21.4）下，收益率提高 1%能抵消 1%的税率增长吗？（LO21—3）

10. 通过传统避税（电子表格 21.5），比较当通货膨胀率增加 1%和税率增加 1%时，对实际消费的影响有何不同。（LO21—4）

11. 在累进税收下（电子表格 21.6），比较低税档次提高 1%和高税档次提高 1%的结果。（LO21—4）

12. 验证在累进税收下的传统避税（电子表格 21.7）起着套期保值的作用。比较收益率降低 2%和提高 2%产生的效应。（LO21—4）

13. 对累进税收下的罗斯计划（电子表格 21.8）而言，收益率和通货膨胀率有何交替关系？（LO21—3）

14. 假设你能将资本利得收入税推迟到你退休的最后一年（电子表格 21.9），这在税法累进性给定的情况下是有价值的做法吗？（LO21—3）

15. 使用 21.6 节中的参数设计你的社会保险福利。（LO21—1）

16. 使用电子表格 21.10，评估学费增加 1%的现值占劳动收入现值的多大份额？（LO21—4）

17. 举一个逆向选择的例子。（LO21—5）

18. 除预期寿命期外，个人的其他哪些特征还会影响对终身年金的需求？（LO21—5）

19. 举一个道德风险的例子。（LO21—5）

Web 站点管理员

请扫描二维码或登录中国人民大学出版社官网 www.crup.com.cn 下载。

22 投资者和投资过程

学习目标：

LO22—1 了解机构投资者和个人投资者的投资目标；
LO22—2 认识机构投资者和个人投资者的投资限制；
LO22—3 开发与客户的目标和约束相一致的投资策略说明。

将各个家庭纷繁复杂的投资热情与投资环境结合，转化为适当的投资决策是一件令人望而生畏的工作。财务顾问必须经常将模糊和非定量的问题转化为具体的投资决策。

对于机构而言，这项任务同样非常困难，因为所有的机构投资者都有很多不同的出资者，而且受许多其他权力机构的管制。因此，想把投资程序简化为简单或机械的计算问题，也是十分困难的。

虽然许多投资原则非常普遍，几乎适用于所有投资者，但某些问题是特定投资者所特有的。例如：税收级次、年龄、风险承受力、财产、工作前景及不确定性使得每个投资者所处的环境具有一定的唯一性。在本章中，我们会对投资者如何系统地确定他们的投资目标、投资限制及投资环境这一整个过程进行学习。其中，我们会考察几种主要的机构投资者，看看它们必须面对的一些特殊情况。

虽然没有一套唯一"正确"的投资程序，但有一些方法的确比其他方法好，把一个高质量的方法作为一种有用的案例研究是很有帮助的。因此，我们来看看由注册金融分析师协会（CFA Institute）推荐的系统的投资方法。注册金融分析师协会是对于金融从业者来讲最重要的职业协会之一。它授予那些满足其要求的人注册金融分析师称号，其要求包括拥有工作经验和通过一系列三个级别的考试。目前在超过150个国家雇用大约150 000名注册金融分析师。（下面的"市场前沿"专栏将指出如何成为一名注册金融分析师。）数十个国家采用了CFA协会的全球投资业绩标准。因此注册金融分析师课程影响着世界各地最高级别、最受尊敬的投资经理的培养。

注册金融分析师协会创建了一个能够用来帮助专业人员开发和向个人及机构投资者解释金融政策的框架。本章介绍了注册金融分析师协会的做法。阅读本章时，注意关注设计投资过程的方法。

注册金融分析师协会推荐的投资方法的基本框架把投资过程分成4个阶段：描述

投资目标、考虑投资所受的限制、形成投资策略、监控或在需要时更新投资组合环境。在本章开头，我们将描述一下机构投资者以及个人投资者的主要类型及各自的投资目标；接下来，我们会讨论不同类别的投资者所处的不同的投资环境或投资限制，并且研究他们各自所采取的投资策略。

市场前沿

如何成为一名注册金融分析师

注册金融分析师协会是一个非营利的国际性组织，其使命在于培训职业投资家和设定高标准的道德操守。注册金融分析师协会还制定了《道德规范和职业操守准则》(Code of Ethics and Standards of Professional Conduct)，为职业投资者的操作提供指导。

注册金融分析师协会于1990年1月成立，由原来的金融分析师联盟（Financial Analysts Federation）和注册金融分析师协会（the Institute of Chartered Financial Analysts，ICFA）合并而成，它通过注册金融分析师协会建立了一套程序，通过这套程序，职业投资者将会得到注册金融分析师的认证。当前，对于机构资金管理者而言，拥有这一认证已经变得越来越必要。2012年，共有约100 000名职业投资者成为注册金融分析师协会会员。同时，协会在58个国家拥有135所专业分支机构。为了成为一名注册金融分析师，你必须在3年内通过一系列考试，这些考试涵盖了以下内容：

- 固定收益证券、权益资产和衍生证券的估值原理。
- 财务报表分析和公司财务。
- 产业和公司分析。
- 宏观和微观经济理论。
- 定量分析方法。
- 资产组合构建与管理原则。
- 资本市场理论。
- 金融市场与金融工具。
- 金融分析师协会制定的《道德规范和职业操守准则》。

除此之外，候选人必须有3年以上在货币金融管理部门的工作经验，并且要求是当地金融分析师协会的成员。

欲知详情，请登录注册金融分析师协会的网址 www. cfainstitute. org。

22.1 投资过程

注册金融分析师协会将投资管理过程划分为构成动态反馈循环——规划、执行和反馈的元素。图22.1和表22.1描述了上述过程的步骤。规划（planning）主要集中在建立做决策所必需的投入上。这些投入包括客户数据以及资本市场，从而得出广泛的政策指导方针（战略性资产配置）。执行（execution）使最优资产配置和证券选择的细节具体化。最后，反馈（feedback）是适应期望和目标的变化，以及由于市场价格变化而导致的证券投资组合成分变化的过程。

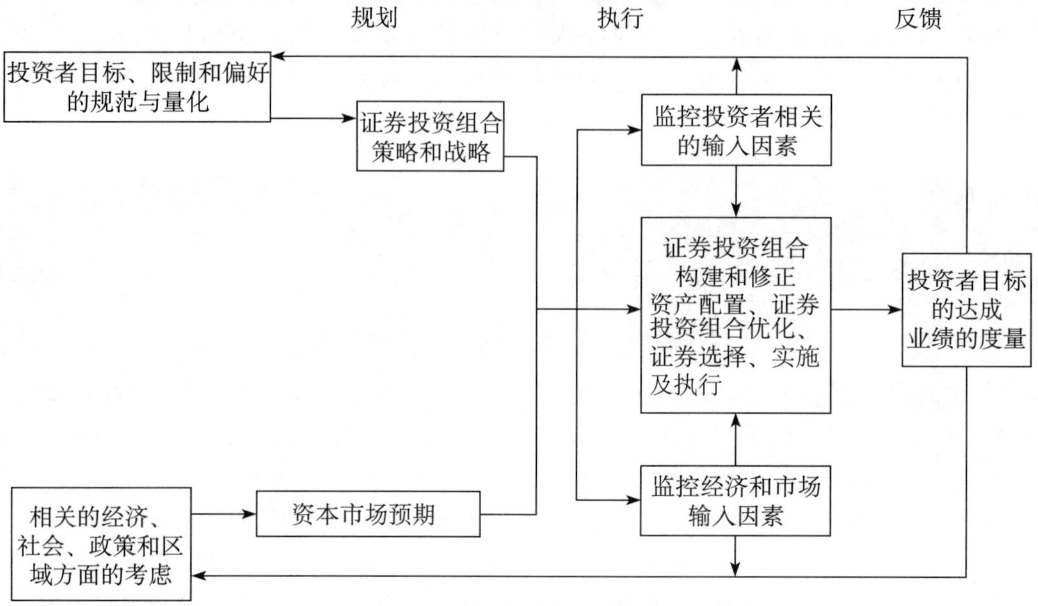

图 22.1　注册金融分析师协会的投资管理过程

表 22.1　投资管理过程的构成

Ⅰ. 规划
- A. 识别和规定投资者的目标及约束
- B. 建立投资策略声明（investment policy statement）［见表 22.2］
- C. 形成资本市场预期
- D. 建立战略性资产配置（最小和最大权重）

Ⅱ. 执行：证券投资组合的建立和修正
- A. 资产配置（包括战术性的）和证券投资组合的最优化（结合资产以满足风险和收益的目标）
- B. 证券选择
- C. 实施和执行

Ⅲ. 反馈
- A. 监控（投资者、经济和市场因素）
- B. 再平衡
- C. 绩效评估

资料来源：John L. Maginn，Donald L. Tuttle，Dennis W. McLeavey，and Jerald E. Pinto，"The Portfolio Management Process and the Investment Policy Statement，" in *Managing Investment Portfolios*：*A Dynamic Process*，3rd ed.（CFA Institute，2007）以及与 Tom Robinson 关于教育内容的讨论。

上述分析的结果可以归纳在投资策略声明（investment policy statement，IPS）中，参见表 22.2 中几个特定的组成部分。在下一小节中，我们将详细说明建立投资策略声明的步骤。我们从表 22.1 顶部的规划阶段开始。

表 22.1 表明，投资管理规划过程首先要分析投资客户——特别的，要考虑支配投资者决定的他们的目标和约束条件。证券投资组合的目标以风险—收益权衡为中心，即投资者要求获得的预期收益（表 22.3 中第一栏，收益率要求）以及他们愿意为此承担的风险（风险承受能力）之间的权衡。投资经理必须知道他们在追求更高预期收益时能够承受的风险水平。投资者也必须处理好各种约束证券投资组合选择的条件，这

些约束条件源自对流动性需求、政府管制或税收等的考虑。表 22.3 中的第二栏列举了更多的重要约束条件。

表 22.2	投资策略声明的构成
1. 客户简要描述	
2. 建立策略及准则的目的	
3. 涉及的当事人义务及投资责任	
4. 投资目标及约束的说明	
5. 评述投资业绩及投资策略声明（IPS）的计划	
6. 业绩的度量和基准	
7. 发展战略资产配置的注意事项	
8. 投资策略和投资类型	
9. 再平衡的准则	

表 22.3 证券投资组合策略的决定

目标	约束
收益率要求	流动性
风险承受能力	投资期限
	法规
	税收
	独特的需求，例如：
	道德观念
	特殊的套期保值需求
	年龄
	财富

在下一小节中，我们将讨论其中的一些目标和约束条件。

22.2 投资目标

□ 个人投资者

影响个人投资者目标的基本因素通常取决于他们在生命周期中所处的阶段。对于大多数个人投资者来说，他们的第一项重要投资决策是教育，这是一种对“人力资本”的投资。在大多数人参加工作的初期，他们拥有的主要资产是利用自己掌握的技能挣钱的能力。对于这些人来讲，疾病或受伤所带来的金融风险要远远大于与资产组合收益率相关的风险。在生命周期的这一阶段，最重要的金融决策就是针对发生致残或死亡的可能进行保险。

当人们逐渐长大，并积累了可供退休后使用的积蓄后，财富的组成就从原来的人力资本变成了金融资本。这时，关于投资组合的选择就逐渐变得愈加重要了。在中年的时候，大多数投资者为了提高其预期收益率，都愿意承担一定数量的投资组合风险；

当退休年龄逐渐临近时，人们的风险承受力又会逐渐变小。

问卷调查表明，对待风险的态度将随着年龄的增长从风险容忍向风险厌恶转化。（问卷调查见下面的“市场前沿”专栏。）当人们老了以后，他们就会丧失从灾难性的投资损失中恢复的能力。当投资者还比较年轻时，他们可以靠更加努力地工作、攒更多的钱来弥补其损失；但当接近退休的年龄时，投资者们意识到他们只有很少的时间来恢复，因此他们就转向了更安全的资产进行投资。

市场前沿

什么样的风险水平适合你？

没有风险，就没有回报。大多数人直观地了解到，他们必须承担一些风险才能获得可接受的投资组合收益。

但是你适合多大的风险呢？如果你的投资情况变坏，可能会危及你退休、支付孩子的大学教育费用或承受意外的现金需求。这些最糟糕的情景将我们的注意力集中在如何管理我们对不确定性的风险敞口。

婉转点说，评估和量化风险厌恶程度是十分困难的。它至少要面对这两大问题。

首先，你可以承担多少投资风险？例如，如果你有稳定的高薪工作，你就有更大的能力承受投资损失。相反，如果你临近退休，你就不太可能根据糟糕的投资结果调整自己的生活方式。

其次，你需要考虑自己的个性，并决定你能承受多大的风险。在什么情况下，你会在晚上睡不着觉？

为了帮助客户量化他们的风险厌恶程度，许多金融公司设计了测验来帮助人们确定他们是保守派、中性派还是积极派的投资者。这些测验试图了解客户对风险的态度以及他们吸收投资损失的能力。

以下是这些测验所提出的一系列问题的样本，以揭示投资者的风险承受能力。

衡量你的风险承受能力

在你选择的答案对应的字母上画圈。

1. 2008 年股市下跌超过 30%。如果你在那一年持有大量股票投资，你会：

a. 在进一步下跌前卖出你剩余的投资。

b. 维持现状，既不赎回也不购买。

c. 购买更多股票，因为现在市场更加便宜，创造了更好的交易机会。

2. 你的 401（k）计划中的一个基金（你主要的退休金来源）的价值去年增加了 30%。你会怎么做？

a. 为了防止价格反转，将资金转入货币市场账户。

b. 什么也不做。

c. 将更多的资产投入该基金中，因为其价值明显呈上升趋势。

3. 你将你的非投资收入来源（例如，你的薪水）描述为：

a. 高度不确定。

b. 中度稳定。

c. 高度稳定。

4. 这个月底，你发现自己：

a. 缺少现金，在不耐烦地等待下一次薪水。

b. 没有超支你的薪水，但也没有太多储蓄。

c. 有足够的资金存入你的储蓄账户。

5. 你已经 30 岁且已加入公司的退休计划，你需要在三个基金中分配你的资金：货币市场账户、债券基金和股票基金。下面哪种分配听起来最适合你？

a. 将所有的资金投入安全的货币市场基金。

b. 在债券基金和股票基金之间平均分配资金。

c. 将所有资金都放到股票基金中，原因是当你退休时，股票收益的年度波动将会持平。

6. 你是 *Let's Make a Deal* 的参赛者，并且刚赢了 1 000 美元。但是你可以用两种方式替代奖金收入：一个是抛一枚硬币，如果人头像朝上，你将会得到 2 500 美元的回报；另一个是抛两枚硬币，如果两个硬币都是人头像朝上，你将会得到 6 000 美元的回报。你会：

a. 选择得到 1 000 美元现金。

b. 选择抛一枚硬币。

c. 选择抛两枚硬币。

7. 假设你有机会投资一家初创公司。如果公司成功，回报等于你的投资金额乘以 10 倍。但如果它失败了，你将失去一切。你认为成功的概率是 20%左右。你愿意给初创公司投资多少钱？

a. 不投资。

b. 2 个月的薪水。

c. 6 个月的薪水。

8. 假设你需要借钱来投资初创企业。你愿意拿出 1 万美元贷款来进行投资吗？

a. 不愿意。

b. 也许愿意。

c. 愿意。

给你的风险承受能力打分

针对每一题，如果你的答案是 a 的话记一分，b 记两分，c 记三分。你的总分越高，你的风险承受能力越强，等同于你的风险厌恶程度越低。

□ 职业投资者

职业投资者提供投资管理服务，并收取费用。有些职业投资者直接被富有的个人投资者雇用，然而，对于大多数职业投资者来说，他们或者将许多个人投资者的资金聚集在一起进行管理，或者为机构投资者服务。

个人信托

个人将其财产的合法持有权授予其他个人或机构，由其代为一个或多个受益人进行管理，这样**个人信托**（personal trust）就建立起来了。持有这一所有权的人被称为托管人（trustee），托管人通常是银行、律师或职业投资者。信托投资必须遵从相关的信托法律和“审慎投资人法则”，这一法则从谨慎的角度出发，限制了信托资金允许投资的类型。

个人信托：由受托人持有的代表另一个人利益的资产利益。

和个人投资者相比，个人信托的目标在范围上一般要受更多的限制。由于个人信托管理人负有信托的责任，一般认为他们比个人投资者更加厌恶风险。某些种类的金融资产，例如，期权和期货合同是不允许交易的，而且一些投资策略，例如卖空和保证金信用购买等也是不允许进行的。

共同基金： 将个人投资者的基金集合起来进行管理的机构。

共同基金

共同基金（mutual funds）是指将个人投资者的资金集中起来进行管理的机构。它们根据投资目标进行投资，并发行基金份额，这些基金份额使投资者有权按比例享有基金产生的收入。

由于不同基金分割了投资者市场，因此共同基金的收益要求及风险承受能力是高度可变的。不同基金吸引不同的投资者群体，且采用一个适合特定利基市场的收益率需求和风险承受能力。例如："收益型"基金适合保守型投资者；"高增长型"基金可以分离出风险承受能力强的投资者。免税债券基金以纳税等级分割市场。

共同基金的投资目标必须在其募股说明书中指明。我们在第 4 章详细介绍了共同基金。

养老基金

养老基金有两种基本的类型：固定缴款型（defined contribution）和固定收益型（defined benefit）。固定缴款型养老基金计划主要针对由公司为其雇员建立起来的有效储蓄账户。雇主为整个计划提供资金，但雇员承担这一基金的投资业绩的全部风险。这一计划之所以被称为固定缴款计划，是因为公司的唯一责任就在于对雇员的保证金账户提供规定的资金。雇员负责对资产的管理加以指导，他们通常从各种投资基金中选择一部分进行投资。因此，固定缴款计划的目标与每个个体投资者相似。上述投资计划我们在第 21 章中已经讨论过。

与之相对，在固定收益型养老金计划中，雇主负有每年提供一个既定数额退休金的责任。该数额通常由一个公式计算出来，公式中包括服务期限和薪金或工资水平两个变量。例如，雇主承诺付给其退休雇员的年退休金相当于雇员服务期限与 2%的最终年薪的乘积。一个工作了 30 年的雇员退休后，每年可收到相当于最终年薪 60%的退休金。这笔付款即构成了雇主的责任，养老基金中的实际资产则为这些他们承诺的收益提供了担保。如果这些资产的投资业绩不好，公司就有责任提供其他资产来补足其承诺的收益。和固定缴款型投资计划不同，对于固定收益型投资计划来说，投资业绩所产生的风险是由公司来承担的。

由养老基金的赞助商，即建立基金的公司，来任命养老基金经理。虽然它所谓的支持者是养老基金对象中的退休人员群体，但赞助商的管理仍然很大程度上影响着基金经理。受雇于基金的养老基金精算师必须签字保证资产组合的预期收益率。这用作贴现率来计算基金债务的现值。债务的现值决定了养老基金负债是有充足的资金来偿还还是需要通过赞助商捐赠来偿还。例如，如果此精算师假设一个 10%的收益率，公司就必须支付 385.54 美元为 1 000 美元的养老基金债务融资，这笔养老基金将在 10 年内凑齐，因为 385.54 美元$\times(1.10)^{10}=$1 000 美元。

如果某一养老基金的实际收益率超过了预先的假设，那么公司的股东就会得到一个预期之外的收益，因为额外的收入可用于抵消未来的支出。如果该投资计划的实际收益率低于预先的假定，公司就必须增加在未来的支出。因为在固定收益型养老基金计划中，赞助商公司的股东承担风险，所以这一计划的投资目标和公司股东的投资目标是一致的。因此，出现了利益冲突：虽然该基金原则上应该为退休人员谋利益，但是由于养老基金计划经理和精算师是受到赞助商的雇用，因此赞助商的股东的利益被视为是最重要的。

□ 人寿保险公司

人寿保险公司通常通过投资为其卖出的保单中注明的债务进行套期保值。人寿保险公司会投资于那些随着保单的承保范围扩大，收益率也相应升高的资产，以此来降低自身的风险。

例如，如果人寿保险公司签发一份保单，将死亡险的赔付与消费者价格指数联系在一起，这样公司就要承受通货膨胀的风险。因此，人寿保险公司就应搜寻当通货膨胀率上升时收益率也提高的资产，以此消除由其保单与消费者价格指数之间的联系带来的风险。

有多少种不同的寿险保单，就有多少种投资目标。然而到 20 世纪 70 年代，只有两种寿险保单可供个人选择：终身寿险和定期寿险。

终身寿险保单（whole-life insurance policy）将死亡险和一个储蓄计划组合在一起，这一储蓄计划使现金价值逐渐积累，保单持有人通常在退休时可以将其取出。定期寿险（term insurance）保单只提供了死亡赔付，没有现金价值的积累。

在终身寿险保单中，现金价值积累计划中承诺的利率是一个固定利率，保险公司对冲其债务的方法之一是投资于长期债券。被保险的个人通常有权按事先约定的固定利率从保单的现金价值账户中借入款项。

在利率很高的 20 世纪 70 年代和 80 年代早期，许多旧的终身寿险保单允许保单持有人以 4%或 5%的低利率借入资金，于是部分持有人从保单的现金价值账户大量地借入现金，投资于那些可得到双倍收益的资产。另外一些实际及潜在的保单持有人则放弃了终身寿险保单，转投定期险，使得定期险占了新销售的个人寿险保单的一半以上。

为了适应这种发展趋势，保险业出现了两个新的险种：可变寿险和万能寿险。在可变寿险保单（variable life policy）中，保单持有人可以得到一份固定的死亡赔偿金和现金价值账户，并且可以决定将现金投资于自己选择的共同基金。而万能寿险保单（universal insurance policy）则允许保单持有人根据自己的需要，增加或减少保费（保单每年需缴付的费用）或者死亡赔偿金（当被保险人死亡时偿付给受益人的现金）。另外，现金价值部分的利率水平也是随着市场利率而变化的。可变寿险保单和万能寿险保单的一个重要的优点是：在现金被取出之前，现金价值账户是不必缴税的。

□ 非人寿保险公司

非人寿保险公司，如财产险和意外损失保险公司，也将保费基金用于投资，这主要是因为它们在收取保险金后可能要支付索赔的款项。通常，它们对待风险的态度比较谨慎。

养老基金计划和保险公司投资目标之间的共同点是：它们都需要对可预测的长期债务进行保值。它们的投资策略通常要求投资于不同期限的债券来为这些债务保值。

□ 银行

大多数银行的投资是对企业和消费者的贷款，而其债务大部分是存款。作为投资者，银行希望在赚取一个借贷利差的基础上，使其资产和负债的风险相匹配。

银行和储蓄机构的多数债务是支票账户、定期存款或储蓄存款以及存单。支票账户中的资金可以在任何时间提取，其期限最短。定期存款或储蓄存款具有多种期限，有些存款的期限可以长达 7 年，但它们的平均期限仍然相当短。存单是指银行向投资者发行的各种期限的债券，其期限从 90 天到 10 年不等，平均期限约为 1 年。

过去储蓄机构的贷款组合中，大部分是住房抵押贷款，期限通常为 15～30 年。今天，储蓄机构的证券投资组合大部分为商业贷款。这些贷款的期限通常小于抵押贷款，但仍普遍超过资金来源的期限。因此，利润面临利率风险。当利率上升时，储蓄机构就要对储户支付更高的利率，而其长期投资的收益率却是相对固定的。

银行放出贷款（银行的资产），同时吸收存款或存单（银行的负债），银行就是这样靠存贷款利率差以及收取服务费用来获得利润的。管理银行资产需要实现银行的贷款组合与存款和存单组合之间的平衡。通过向风险偏好的借款人放款和增加长期贷款的比重，银行就可以增大存贷利差。但这两种策略都会增加风险。现在银行的资本监管是以银行风险为基础，因此高风险的投资策略将会引出很高的资本需求，并可能导致监管力量介入银行日常经营事务。

正如我们在第 2 章中所谈到的，当前大多数长期固定利率抵押贷款已经证券化，变为转手证券，成为共同基金、养老基金和其他机构投资者的投资组合中重要的证券品种。抵押贷款的发行人通常将它们发行的抵押贷款卖给如联邦国民抵押贷款协会和联邦住宅抵押贷款公司等转手机构，而不是将其当成资产组合中的一部分。它们凭借发行抵押贷款和收取服务费用来赚取利润。这种避免持有长期抵押贷款的趋势同样可以降低利率风险。

□ 捐赠基金

捐赠基金：为非营利机构的利益而运行的资产组合。

捐赠基金（endowment funds）由已注册的组织持有，并用于某些特定的非营利目的。它们靠一个或多个赞助人捐赠来融资，并通常由教育、文化和慈善机构以及那些专门为实现基金的特别目的而设立的机构来管理。通常，捐赠基金的投资目标是产生一个稳定的收入流，且仅仅愿意承受一个较小的风险。但是，捐赠基金的托管人也可以根据投资环境的不同，制定其他投资目标。

表 22.4 总结了这些类型投资者的约束条件。

表 22.4　目标矩阵

投资者类型	收益率要求	风险承受能力
个人投资者、个人信托	生命周期（教育、子女、退休）	生命周期（越年轻，风险承受能力越强）
共同基金	可变的，取决于基金客户	可变
养老基金	假定的精算收益率	取决于与支出的相近程度
捐赠基金	由当前收入需求及为保持实际价值而要求资产增值的需求决定	一般较保守
人寿保险公司	应该超过货币市场利率，以便有足够的利差满足费用支出和盈利目标；精算收益率同样十分重要	保守
非人寿保险公司	与或有负债相匹配	保守
银行	维持正的利差	可变

概念测验 22.1

描述捐赠基金区别于养老基金的一些显著特征。

扫描二维码
获取答案解析

22.3 投资限制

对于不同的家庭或机构来说，即使对待风险的态度相同，它们也会选择不同的投资组合，这是由它们所处的环境不同决定的。这些环境因素包括税收状况、对流动性的要求、对投资组合所带来的收入流的不同要求以及各种各样的制度约束。这些环境因素给投资者的选择带来了限制。总的来说，投资目标和投资限制共同决定了一个投资策略。

正如我们刚提到的，投资限制总是和投资者所处的环境相关。例如，一个家庭中有孩子要上大学，那么他们就对流动性有一个较高的要求，因为他们需要现金去缴纳学费。而在另一些情况下，投资限制是外部强加的。例如，银行与信托公司在其资产组合中所能持有的资产类型要受法律规定的限制。而最后一种限制来自自身。例如，所谓的“社会投资”，意味着投资者不能持有那些在伦理上受到反对的公司的股票。用来判断一家公司的股票是否适于进入资产组合的标准包括是否涉及侵犯人权的国家、生产烟草或酒精、参与制造污染的活动。

下面我们讨论 5 种比较普遍的限制因素。

□ 流动性

流动性（liquidity）是指资产能够以一个合理的价格（或为了立即出售而折价）顺利变现的能力，它是一种所投资资产的时间尺度（卖出它需要多长时间）和价格尺度（与公平市场价格相比的折扣）之间的关系。

流动性：一项资产变现的速度和难度。

当我们确实需要对流动性进行测量时，我们会考虑到当需要立刻卖出这一资产时的折扣幅度。现金和货币市场工具，如国库券和商业票据，其买卖价差约为价格的 1%，是最具流动性的资产，房地产则是流动性最差的资产之一。[①] 在一些较为极端的例子中，办公大楼和制造业建筑有可能面临高达 50%的流动性折价。

不管是个人投资者还是机构投资者，他们都需要考虑他们在很短的时间内需要现金的可能性。从这种可能性入手，他们将在其投资组合中安排他们所需要的流动性资产的最小比例。

□ 投资期限

这是指预先计划的投资清偿日。个人投资者的**投资期限**（investment horizon）的例子包括需要为大学教育筹资的时间或一个工薪族的退休日。对于一所大学或一家医院的捐赠款来说，投资期限可能和一个主要建筑工程的融资时间有关。当投资者在不同期限的资产中进行选择时，投资期限是必须考虑的一个因素。例如，一种债券的到期日如果恰好与需要现金的时间重合，这一债券对投资者来说无疑更具吸引力。这个概念类似于从企业融资的匹配原则：尽可能使融资期限与金融资产的到期日相匹配。

投资期限：预先计划的投资清偿日。

---

① 在大多数情况下，如果资产不是实际被抛售，我们不可能确切地测量出该资产的流动性。根据我们在第 3 章的交易商市场部分学到的知识，测量可交易资产的流动性的依据可以是买卖价差，也就是买价（交易商愿意向资产所有者支付的较低的价格）与卖价（买方必须向交易商支付的较高的价格）的差距。

□ 监管

审慎投资人法则：专业投资者的受托责任。

只有职业投资者和机构投资者受法律的限制。第一个也是最重要的法规是**审慎投资人法则**（prudent investor rule）。它是指：替他人理财的职业投资者有信托责任将其投资限定在那些被谨慎的投资者所认可的资产中。这一法规有目的地设置为不具特定性。每一个职业投资者必须随时准备在法庭上为某一投资策略辩护，而其解释又会随着不同时间的标准变动而变化。

2016 年，劳工部根据 ERISA（1974 年的《雇员退休收入保障法案》）裁定，从事涉及税收优惠的退休储蓄工作的顾问将遵守受托标准，这意味着他们必须为了客户的最佳利益工作。以前，他们只需提供"合适"的指导，这意味着投资建议应该是可被接受的，但不一定可以作为客户的最佳选择。例如，即使存在可以获得几乎相同的投资收益，且更便宜的基金，客户的资金也可能被放置在"合适"的共同基金中。这条新规则旨在减少顾问和客户之间的利益冲突。新的规则尚未完全实施，鉴于最近的政治阻力，推进的时间表（以及最终的生存）还不明确。

此外，还有适用于各种机构投资者的特定法规。例如，美国的共同基金持有的任何上市公司公开发行的股票份额不能超过 5%。

有时，自我强加的法规也会影响投资决策。例如，我们在前面多次提到，共同基金需要在募股说明书中描述其投资策略，而这些策略指导相当于为投资组合的自由选择施加了一个限制。

□ 税收考虑

税收影响是投资决策的中心问题。任何投资策略的业绩好坏都以税后收益率来衡量。对于面临高税率的家庭投资者和机构投资者来说，避税和税收延付将对投资策略起到至关重要的作用。

□ 独特的需求

事实上每个投资者都会面对独特的投资环境。假设有一对航空工程师夫妇，在同一家航空工程公司拥有高收入的职位。那么，这个家庭的所有人力资源将与同一个周期性行业息息相关。因此，这对夫妇则需要在航空业景气时对航空业衰退的风险进行规避。

相似的情况同样会发生在华尔街一个在工作地点附近拥有一套公寓的主管身上。因为在曼哈顿地区，房屋价值的高低取决于证券业的波动，这样这位主管面临的风险就会双倍于股市的异常行为。由于工作和房屋都取决于华尔街的财富，购买一个典型的多样化投资组合将会在实际中增加其在股市上的风险。

这些事例证明了工作，或者更通用地说是人力资本，往往是个人首要的"资产"，从工作中派生出来的风险状况可以在决定一个适当的投资组合过程中造成非常大的影响。

正如我们前面所讨论的，其他一些独特需求经常围绕着他们的生命周期。退休、住房以及孩子的教育构成了对资金的三大主要需求。投资策略在一定程度上将取决于这些支出的急需程度。

机构投资者同样会面临独特的需求。例如，养老基金将根据其参与者平均年龄的不同而在其投资策略中显示出差异。独特需求的另一个例子可以是一所大学，其托管人只允许管理人员使用捐赠基金所产生的现金收入。这一限制就可以解释为对一种高股利收益率资产的偏好。

共同基金所受的一条特别的限制源于投资者对其基金业绩的反应。当一只共同基金的收益率不令人满意时，投资者就会撤销其股份——从共同基金中撤回投资，共同基金的规模便开始萎缩。而当共同基金获得较高的收益率时，可能发生相反的情况，它可能在一夜之间变得广为人知，资产规模飞速膨胀。

养老基金受 1974 年的《雇员退休收入保障法案》的严格约束。该法案使美国人的退休储蓄发生了革命性的变化，是社会立法的主要组成部分之一。这样，对于养老基金来说，法规的限制是相当重要的。同时，成熟期的养老基金比刚成立的养老基金的现金支付多，因此需要更大的流动性。

当新的捐款超过支出时，就像许多捐赠基金的情况一样，该基金不需要清算资产，甚至不需要使用股利收入来支付开支。在这种情况下，流动性不是最重要的问题。

人寿保险公司将受到各种各样法规的约束。当前公司税率是 21%，这也同样适用于保险公司的投资收益，所以税收是保险公司所关心的重要问题。

像定期人寿保险一样，财产保险和灾害保险也建立在短期的基础上。大多数保单必须每年更新一次，这就意味着财产保险和灾害保险公司要受制于一些短期限制因素。

银行投资期限的短期限制来源于利率风险因素（例如，当银行应用短期负债为长期资产融资时，利率风险就会增加）。基于风险的资本监管要求对风险较高的投资组合提出更高的资本要求，也会对银行投资组合施加限制。

表 22.5 是说明不同投资者所受的投资限制的矩阵。正如预想的一样，流动性和税收限制是可变的，这是由于财富与年龄的差异而引起的。

表 22.5　约束条件矩阵

投资者类型	流动性	投资期限	法规	税收
个人	可变	生命周期	无	可变
个人信托	可变	生命周期	谨慎投资人法则	可变
共同基金	通常较低	短期	很少	无
养老基金	年轻时低，年老时高	长期	ERISA	无
捐赠基金	低	长期	很少	无
人寿保险公司	低	长期	复杂	受限
非人寿保险公司	高	短期	很少	受限
银行	低	短期	基于风险的资本金要求	受限

概念测验 22.2

a. 考察和你父母同辈的一个近亲（例如，你父母的家人，如果恰好他们就住在你附近）的财务状况。写下在他们进行投资决策时需要考虑的投资目标和投资限制。

b. 考察你的一位 30 岁的亲戚或朋友的财务状况，写下符合他们投资决策的投资目标和投资限制。

c. 上述两种结果的差异在多大程度上是由年龄造成的？

扫描二维码
获取答案解析

22.4 投资策略

一旦确定了投资目标和投资限制，那么，投资者就可以得到与自己相适应的投资策略了。投资策略必须反映出一个适宜的风险收益率前景以及流动性需要、收入层次和税收状况。养老基金计划和捐赠基金等机构投资者通常必须对它们的投资策略发表正式的声明。这些策略声明应该基于投资基金的目标和约束条件，且作出明确说明。

投资策略声明是投资计划规划和实施的战略指南。①

成功实施后，IPS 预计与投资计划治理相关的问题，规划适当的资产配置，实施内部投资计划和/或外部经理，监控结果，进行风险管理和适当的报告。IPS 还为可能代表投资者工作的各个实体建立问责制。也许最重要的是，IPS 可以作为一种策略指南，当情绪或本能反应可能会促使不那么谨慎的行为时提供客观的行动方案。

下面的方框表明了可供个人和/或高净值投资者使用的投资策略声明的理想组成部分。并非每个组成部分都适用于所有投资者和所有情况。可能存在其他的组成部分以反映独特的投资者情况。

下面的例子节选自一个固定收益型养老基金计划的声明。

> 在特别关注通胀相关方面的计划的同时，本计划应该以关注真实收益的适当产出水平作为基本收益目标。在一定程度上与资产组合风险的适当控制保持一致性，投资行为应试图去保持或增加与跨期收益负债相关的计划资产的盈余。在五年期间内每年更新一次，投资决策的制定应采用这种方式；该计划的精算师应当每三年按国家复利将负债细分更新一次。
>
> 投资规划的方向应该是长期性的。另外，只要公司每年的资金捐助和投资收益超过年计划支付给退休人员的福利支出和运营支出，就应当保持最小的流动资金储备。该计划的精算师须每年更新现金流量规划。规划主管部门应确保服从所有关于计划的免税地位的法律法规和《雇员退休收入保障法案》的所有要求。

市场前沿

个人投资者投资策略声明的组成部分

范围和目的

定义背景。

定义投资者。

定义结构。

治理

明确确定投资策略的责任。

① 本材料改编自 CFA 协会的文件，这些文件以草稿形式提供给作者。它们可能与最终发布的文档不同。

描述 IPS 的审核流程。

描述聘用/解雇外部顾问的责任。

分配确定资产配置的责任。

分配风险管理责任。

投资、收益和风险目标

描述总体投资目标。

明确收益、分红和风险要求。

确定投资者的风险承受能力。

描述相关的约束条件。

描述其他相关注意事项。

风险管理

建立绩效评估机制。

为衡量风险建立适合的标准。

定义再平衡投资组合的流程。

投资者作出的最重要的投资组合策略是风险资产和无风险资产占总投资额的比例。这种选择是控制投资风险最基本的方法。

投资者必须进行的第一个决策就是资产配置决策。资产配置是指资产组合在主要的资产种类之间的分配。主要资产种类一般有：

1. 货币市场资产（现金等价物）。
2. 固定收益证券（主要是债券）。
3. 股票。
4. 境外（非美国）股票或债券。
5. 不动产。
6. 贵金属及其他商品。

只有在资产组合所涵盖的资产种类确定后，投资者才能明智地选择购买特定的有价证券。

那些相对具有高风险承受力的投资者将会选择一个相对集中于高风险投资品种的资产配置方式，例如，进行权益投资来获取相对高的收益率。保守的投资者将会选择一个债券与现金等价物所占的比重更大的资产配置方式。

资产配置将取决于对未来一段时期内资本市场业绩的预期。（由前面的图 22.1 和表 22.1 可以看出，注册金融分析师协会将规划过程的这一部分归为“资本市场预期”的形成。）考虑到投资者对风险—收益的要求和预期，我们可以得出一个最优资产组合（见表 22.1 中的步骤Ⅱ，执行阶段）。

□ 机构投资者的自上而下的投资策略

个人投资者不必考虑自己组织效率的高低，但是操作大量投资的机构投资者就需要建立一个资产配置活动的适当组织结构来对一些决策选择进行分权处理。

大的机构投资者的一个共同特点是：它们都有投资委员会和资产一览表。投资委员会包括高层管理人员、高级投资组合经理以及高级证券分析师。委员会决定投资策略，并确认组合管理人员和证券分析师是在既定的投资策略所允许的范畴之内进行操作。投资委员会的一个主要责任就是将**资产一览表**（asset universe）、投资目标及投资限制具体化为一个，它是公司每个投资组合中可以投资的资产清单。

资产一览表：投资组合管理者可以进行投资的资产清单。

这样，投资委员会就有责任对大量资产进行配置。尽管投资管理者个人还有一定的自主权，可以决定在其管理的投资组合中对各类资产的投资比例，然而投资委员会建立了一个分配标准来大体确定投资组合的风险特征。而从已经确定的证券一览表中选择特定的证券，这个任务就都委派给投资管理者了。

“宫殿投资”是一家进行国际性投资的虚拟公司，图 22.2 显示了宫殿投资公司资产组合选择过程中的各个阶段。前两个阶段是资产配置阶段。最初的选择是确定在美国和日本投资的比重。宫殿基金选择了在美国投资的比重为 75%，而在日本投资的比重为 25%。接着，需要确定组合中各类资产的配置。例如，在美国的投资中，15%的资金投资于现金等价物，40%投资于固定收益证券，45%投资于股票。通常各类资产的比重是由投资委员会决定的，但投资管理人有时也有权在一定的限度内更改资产配置的比重，这是基于他对不同资产的投资业绩预期所做出的判断。最后，在每个国家内证券的选择则是由证券管理人从经过批准的证券一览表中决定的。例如，在美国权益市场上的投资中，45%的资金投资于 IBM 的股票，35%投资于通用汽车，20%投资于埃克森-美孚。（由于篇幅限制，我们只列举了 3 只股票。但显然，一只 10 亿美元的基金要持有远多于此的公司的股票。）

正是以上这些选择决定了每只证券在整个投资组合中所占的比重。例如，我们可以考虑一下埃克森-美孚的股票在宫殿投资组合中的比重（6.75%）的确定过程。首先，美国的证券占整个投资组合的比重为 75%，而股票投资又在其中占了 45%。这是资产配置的结果。埃克森-美孚又占了对美国股票投资 20%的比重，这是证券选择的结果。因此，埃克森-美孚在整个投资组合中的比重应该是：$0.75\times0.45\times0.20=0.0675$，即 6.75%。如果整个投资组合的总值是 10 亿美元，则有 6 750 万美元投入埃克森-美孚股票中。如果埃克森-美孚的股价为每股 90 美元，则必须购买 750 000 股股票。图 22.2 中最下面的一行显示了每种资产在整个投资组合中所占的比重。

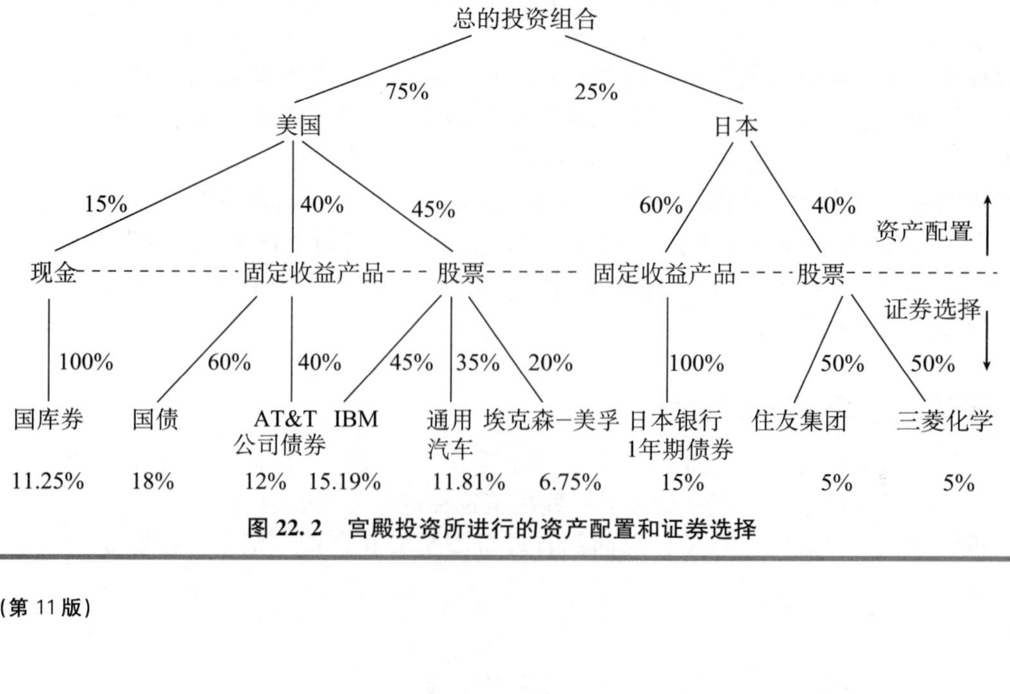

图 22.2　宫殿投资所进行的资产配置和证券选择

这个例子表明了这种自上而下的方式是与大投资机构的需求相适应的。高级管理者通过制定资产配置指导纲要来设定总体投资策略，低层的组合管理者则用其证券选择决策来具体执行投资策略。

□ 积极型与消极型投资策略

不管是个人投资者还是机构投资者，他们必须面临的一个选择就是：其投资组合要在多大程度上实行积极型或消极型管理。回顾消极型管理方式是基于这样一种观点：证券价格总是会非常接近于一个“公平”的水平。投资者不必花费大量的时间或其他资源来“击败市场”，即发现那些错误定价的、具有不同寻常的风险—收益特征的证券。只要承受风险一定会得到补偿，那么选择一个适合的风险承受能力的投资组合就够了。[①]

消极型管理既可以被应用于证券选择，也可以被应用于资产配置决策过程中。在进行资产配置时，消极型管理意味着，不管对不同市场上证券的预期有何变动，高级管理者并不必改变“正常的”资产配置比重。这种所谓“正常的”比重建立在我们先前讨论过的投资者的风险和收益目标的基础之上。例如，在前面的“市场前沿”专栏中，对于一个45岁的投资者，持有65%的股票、25%的债券以及10%的现金等价物这种投资组合是很常见的。不管对市场业绩的预期如何，一个纯粹的消极型管理者是不会改变这一比重的，只是随着时间的推移，年龄和财富的变化引起其风险承受力出现变化时，才会调整这一比重。

下面我们来看消极型证券选择。假设在你没有掌握关于证券价格的任何特殊信息的前提下，你需要在证券市场上进行选择。这将是如下情况：你相信你对一只股票的了解程度和别人完全一致，并且你所了解的信息已经完全反映在价格之中。如果你不能预测出哪只股票可能收益率高，你就应该使你的投资多样化，以避免将所有的鸡蛋都放在同一个篮子里。这样一个投资者在进行股票组合的选择时自然会“每样都选择一点”。

以上论证将引导我们去寻找一个投资组合，该投资组合能涵盖整个证券市场。在第4章中我们看到，一些共同基金的操作者们正是根据类似的策略建立起了指数基金，基金根据各股票或债券在某一指数中的权重按比例持有，例如标准普尔500股票价格指数和巴克莱资本综合债券指数。持有一个指数化的投资组合代表了纯粹的消极型证券选择策略，因为投资者的收益率仅仅是复制了整个市场的收益率，而不是把赌注压在某一只股票或证券市场的某一部分之上。

和消极型投资策略相反，积极型管理假定具有一种超出市场上其他投资者的能力，能够事先判断出在不远的将来哪种证券或资产类别会升值。机构投资者所进行的积极型证券选择通常有两层含义：证券分析和资产配置。证券分析侧重于特定的行业或公司，对其所处的市场地位进行评估。然后投资组合管理者利用许多分析师的报告筛选所要投资的证券。他们运用对市场状况的预测来进行资产配置决策，运用证券分析师的推荐报告来选择每一资产种类下应购入的证券。

在积极型和消极型管理策略之间进行的选择不必过于极端。例如，投资者可以同时进行积极的证券选择与消极的资产配置。在这种情况下，管理者将保持一个固定比

① 我们在前面的章节已经详细介绍了消极型投资策略。

率的资产配置目标，但同时在每一种资产种类中又可以积极地选择证券。或者，他还可以进行积极的资产配置与消极的证券选择。在这种情况下，管理者将积极地制定在股票和债券之间的资产配置比例，但同时在每一类资产中持有指数化的投资组合。而另一种混合方式称为消极型核心策略。在这种情况下，管理者将部分资产组合指数化，即以消极型管理为核心，然后积极管理其余的投资组合。

那么，积极型和消极型管理策略哪一种更好呢？乍一看，积极型管理者似乎更占上风，因为积极型管理必须获得更出色的业绩。但不要忘了积极型管理者实际上也面临一些不利因素。他们在进行市场分析与证券分析时要承受较高的成本。而且，其资产组合周转率较高，他们要承担高额的交易成本。如果他们不能发现那些现在还不为其他投资者所知的信息（在近乎有效的市场中，这并不是一项微不足道的任务），他们这些成本高昂的活动都将被浪费，其业绩也将不如消极型投资策略。事实上，低成本的消极型投资策略在近几十年的业绩非常好，就像我们在第 4 章和第 8 章中所看到的。

概念测验 22.3

分析下面几种情况，找出每种情况下符合目标—限制—策略分析框架的要素：

a. 投资 5%于债券，95%于股票。

b. 在任何一种证券上的投资不要超过整个预算的 10%。

c. 追求一个 10%的平均收益率。

d. 保证在 2035 年 12 月 31 日，账面上有 95 000 美元现金。

e. 如果市场是熊市，将股票的投资比例降到 80%。

f. 明年，我们的税率将会提高。

g. 我们的新董事长认为，任何养老基金中的养老计划都应该采取无风险策略。

h. 我们的并购计划将要求在任何时候都要有大量的现金。

扫描二维码
获取答案解析

22.5 投资组合的监控与调整

选择投资组合需要投资者确定投资目标，确认投资限制，决定各类资产所占的比重以及进行证券分析。这一过程是否及时完成了呢？当我们完成了所有这些步骤，我们所进行的许多投入都已经过时了。而且，我们所处的投资环境与我们的投资目的是随着时间的变化而变化的。因此，投资过程要求我们连续不断地监控并随时更新我们的投资组合。这个调整的过程在表 22.1 和图 22.1 中的反馈过程部分已有描述。

另外，即使我们所处的投资环境不变，我们的投资组合也有必要进行改变。例如，你现在持有 1 000 股埃克森-美孚的股票，每股售价为 90 美元；同时你持有 1 000 股微软公司的股票，每股售价为 70 美元。如果埃克森-美孚的股价跌至 80 美元，而微软的股价上涨到每股 75 美元，即使你不采取任何行动，你的投资组合中分配给每种证券的比重也已经发生了变化。你所投资的埃克森-美孚股票的价值降低，而微软股票的投资价值上升。除非你对这种投资比例变化感到满意，否则，你就需要采取行动，将投资组合比重保持在你所需要的水平。

因为不同类型资产的投资业绩不同，资产配置同样会随着时间的变化而变化。如果股票市场的业绩优于债券市场的业绩，你的投资组合中股票投资的比重就要上升，而债券投资的比重就要下降。如果你对这种投资组合的变化不满意，你就需要通过卖出一些股票，并买入债券来重新使你的投资组合达到平衡。

因此，投资是一个动态的过程，这意味着你要随着时间的推移持续不断地重新评价并更新你的决策。

小结

- 注册分析师协会建立了一个系统的架构来将投资者的投资目标化为投资策略。它的三个主要部分是：投资目标、投资限制和投资策略。投资目标包括投资收益率和风险承受力，这反映了投资过程中风险—收益的权衡这个被首要关注的问题。投资限制包括流动性需求、投资期限、法律监管、税收以及不同投资者的独特需求。投资策略决定了资产配置和证券选择决策。
- 主要的机构投资者包括养老基金、共同基金、人寿保险公司、非人寿保险公司、银行以及捐赠基金。对于个人投资者来说，生命周期是设置投资目标、投资限制和投资策略的重要因素。
- 主要的资产种类包括现金（货币市场工具）、固定收益证券（债券）和股票。其他相关资产种类包括不动产、贵金属和收藏品。资产配置是指将投资资金按比例分配给不同种类资产的决策。积极型资产配置策略要进行频繁的市场预测，并根据这些市场预测进行资产配置的调整。
- 积极型证券选择要求进行证券分析和组合选择。证券分析被要求能使选择的证券形成一个适当的组合，且业绩水平超过消极管理型投资。
- 投资过程的一个最重要的特点也许就在于它是动态的。投资组合必须不断地被监控和更新。决策制定的时机选择和频率本身就是极其重要的决策，成功的证券管理要求掌握这种动态的管理方法。

关键词

资产一览表	个人信托	流动性	审慎投资人法则	共同基金
投资期限	捐赠基金			

习题

1. 你在参加一家投资咨询公司招聘组合管理人的职位的面试。作为你面试的一部分，你需要展示自己为客户提供组合投资策略的能力。客户资料如下：

a. 一家公司的养老基金，具有较成熟的固定收益的养老计划，公司工作人员的平均年龄为 54 岁，没有债务，预测工资每年增长 5%。

b. 一家大学的捐赠基金，较为保守，其投资收入和接受的捐赠一起被用来满足目前支出的需要，年均支出率为 5%，成本之中的通货膨胀率预期为每年 3%。

c. 人寿保险公司，目标为年金收入，其保险费率是建立在最低年累积率的基础上的。最低年累积率在第 1 年为 7%，在接下来的 5 年内为 4%。

分别对上面提到的各个客户进行讨论，列明它们的投资目标和投资限制，这些投资目标和投资限制将对你为他们提供的投资策略产生决定性的作用。（LO22—3）

CFA 习题

1. 你是 P.J. 沃尔特（P.J. Walter），CFA，一家著名的投资咨询公司的管理合伙人，专门针对个人投资者而非机构账户。该公司因其融合现代投资组合理论和传统投资组合方法的能力而享誉全国。

梅森博士和夫人已被转介到你的公司，专门转介给你。在 2018 年 6 月 2 日，你们的第一次会面中，梅森博士介绍说，他是埃塞克斯学院的电气工程师和长期教授。他也是一名发明家，经过 30 年的教学，他的一项专利发明“反向热电偶阀”刚刚被一家新的电子公司 ACS 收购。

为了预测他的发明的潜在价值，梅森博士遵循了他的会计师的建议，建立了一个由他全资拥有的私人公司，用来持有反向热电偶阀门专利的所有权。ACS 是以 100 万美元现金从梅森公司收购的这项专利，款项支付截止日期为 2018 年 6 月 7 日。此外，ACS 同意根据其销售的、利用反向热电偶阀的系统来向梅森博士或其继承人支付特许权使用费。

因为 ACS 没有运营记录，所以公司或梅森博士都很难预测未来的销售收入和特许权使用费。虽然各方都对成功的前景持乐观态度，但他们也注意到任何新公司可能面临的风险，特别是那些电子行业中技术过时的公司。ACS 的管理层向梅森博士表示，他可能会在生产的第一年获得高达 10 万美元的特许权使用费，以及此后每年高达 500 000 美元的特许权使用费。

在你的咨询会议期间，梅森夫人对于运用 100 万美元的初始现金流进行投资表达了担忧。她指出，梅森博士已将全部积蓄投入他的发明中。因此，他们退休后将只有社会保险和来自埃塞克斯学院的小额退休金。梅森博士 2022 年时将为 65 岁。他从埃塞克斯学院获得的薪水为每年 75 000 美元。此外，他预计每年通过咨询和演讲活动将继续赚取 10 000～25 000美元。

梅森博士有两个女儿和一个儿子，他们都已婚，并有自己的家庭。梅森博士和夫人有兴趣为他们孙子孙女的教育提供帮助，并且表示他们愿意在他们的子女和孙子女之间分配他们的遗产。

如果 ACS 的特许权使用费支付符合上述预测，梅森夫人有兴趣以梅森博士的名义提供奖学金基金，以帮助进入埃塞克斯学院的有进取心的年轻工程师。学术基金的优先级排在第三位，仅次于梅森夫妇的退休计划和孙子孙女的教育。

在你与梅森夫妇的讨论中，你强调了确定投资目标和投资约束以及制定适当投资策略的重要性。为梅森博士和夫人确定并描述一套适当的投资目标和投资约束，并根据这些投资目标和约束条件制定全面的投资策略声明。（LO22—1，22—2）

2. 你的客户说：“利用我的投资组合所产生的未变现的资本利得，我几乎已经为我女儿 8 年以后上大学攒够了钱，但是学费却每年都在上涨。”以上面的陈述为依据，你可以判断在你的客户的投资策略中，哪一项似乎是最不重要的？（LO22—2）

a. 投资期限。

b. 购买力风险。

c. 流动性。

d. 税收。

3. 在投资组合的管理过程中，最不可能包括哪一方面？（LO22—3）

a. 辨明投资目标、投资限制以及投资偏好。

b. 组织管理过程本身。

c. 根据资产选择实施相应的策略。

d. 监控市场状况、相对价值以及投资环境。

4. 一份清晰的投资策略声明对以下哪一项是非常重要的？（LO22—3）

a. 共同基金。

b. 个人投资者。

c. 养老基金。

d. 所有的投资者。

5. 一个机构的投资策略声明可以不包括以下哪一项？（LO22—3）

a. 对客户的责任。

b. 市场的价格水平。

c. 法律限制。

d. 税负情况。

6. 在一个典型的固定收益型养老金计划条款中，雇主必须对以下哪些负责？（LO22—2）

a. 为退休的雇员支付福利。

b. 投资于保守型固定收益资产。

c. 咨询雇员意见，进行资产选择。

d. 保持一个由预先统计决定的、资金充足的养老基金计划。

7. 以下哪一项反映了资产配置决策对投资过程的重要性？(LO22—3)

a. 帮助投资者决定实际投资目标。

b. 确定应入选投资组合的证券。

c. 决定大多数投资组合的收益率和波动性。

d. 创建一个设定适宜的投资期限的标准。

8. 你是一名投资组合经理，是证券选择咨询有限公司的执行副总裁。你的公司接到邀请，与树木博物馆捐赠基金的托管人见面。树木博物馆是一家私人捐赠的慈善机构。每年依靠2 500万美元的捐赠基金的利息来平衡其预算。财务人员刚刚完成一个预算，预计需要在2019年实现300万美元的现金流入，在2020年需要320万美元，在2021年需要350万美元。目前，该捐赠基金的资金都用于投资短期债券和货币市场基金，因为其托管人担心遭遇金融危机。他们也不期待有任何其他的捐赠加入这一基金。

托管人都是很成功的商业人士，他们对先前的投资咨询人员都很挑剔和不满，因为他们并没有遵循一个逻辑性很强的投资决策程序。事实上，已经有几位投资管理人被解职了，因为他们无法及时与托管人取得联系，并且，他们过于看重资金的相关市场业绩而不是现金收入。

托管人之所以与证券选择咨询公司取得联系，是因为该公司良好的声誉以及对客户需求的充分理解力。托管人现在邀请你针对以下问题准备一份书面报告，这一报告将在2019年6月15日之前在托管人之间传阅。

针对以下有关投资目标和投资限制的各个方面给出详细解释，以帮助树木博物馆投资基金确定一个3年内的投资策略。(LO22—1，LO22—2)

a. 流动性需求。

b. 收益率要求。

c. 风险承受力。

d. 投资期限。

e. 税收考虑。

f. 法律条令考虑。

g. 独特需求与环境。

9. 玛丽·阿特金斯太太，66岁，自5年前她丈夫去世之后，她就一直是你公司的客户。查尔斯·阿特金斯博士生前曾创办了一个成功的报纸企业，在他去世的2年前，他把企业卖给了一家出版和广播联合体——成就公司（Merit），换取了成就公司的股票。阿特金斯夫妇没有子女，他们的愿望就是去世以后建立阿特金斯捐赠基金，来资助好的撒马利亚人医院（Good Samaritan Hospital）。

好的撒马利亚人医院是一家拥有180个床位的非营利性医院，其每年的运作预算为1 250万美元。过去，医院自身的运作收入总能满足其运作成本，有时还会有一些剩余。然而，近年来，由于成本不断升高，而住院就诊率不断下降，好的撒马利亚人医院已经在赤字运营，平均每年的运营赤字为30万～40万美元。现有的捐赠资产（也就是说，不包括阿特金斯的捐赠）为750万美元左右，平均可以产生37.5万美元左右的年收入，高于前些年的20万美元的年收入。这种增加的年收入源于略微升高的利率水平，且投资组合略倾向于债券。为了消除赤字，好的撒马利亚人医院董事会决定将现在捐赠基金的收益率提高到6%左右（高于现在的5%）。在过去的5年内，该医院没有接到其他重要的捐助。

请为阿特金斯捐赠基金描述一套适当的投资目标和投资限制，该基金将在阿特金斯太太去世后建立。(LO22—1，LO22—2)

10. 几次讨论会提供了以下信息：你的一个新的咨询客户——一只慈善捐赠基金最近刚刚成立。其成立方式是一次性投入1 000万美元的捐赠。

目标：

收益率要求。每年最低8%的总收益率，包括当前的初始收入50万美元（原始资本的5%）。注意，这种当前收入目标是此捐赠基金的主要收益目标。（见下文“特殊需求”。）

限制条件：

投资期限：永续年金，除了在2020年6月30日需要支付850万美元的现金。（见“特殊需求”。）

流动性需求：到2020年之前，并不需要每天兑现。收入分配将在每年年末进行。

税收考虑：无。此捐赠基金是免税的。

法律法规限制：很小，但审慎投资人法则适用于所有投资行为。

特殊需求、投资环境和投资偏好：捐赠基金必须在2020年6月30日付给另一个免税实体850万美元现金，在这次支付之后，资产可以永久保存在基金中。捐赠基金需要遵循以下“支付原则”：在第一年的收入中需要付出50万元，之后，每年的支付额度以3%的实际水平增长。直到2020年，年收入超过支付原则所规定的支出部分可以重新投资于基金，在2014年以后，支付费率将定为当时尚存的基金资产的5%。

根据以上信息，联系本章的内容，请回答以下问题：(LO22—3)

a. 为这个慈善捐赠基金建立一个合适的投资策略声明。

b. 考虑到这个捐赠基金受投资环境的影响较大，确定并简单介绍三种主要的资产配置方法。

11. 你刚刚被任命为沃特・琼斯博士建立的一只基金的投资咨询顾问。这只基金全部由Jomedco公司的股票构成。Jomedco公司生产并销售由沃特・琼斯博士研制的医疗器械，并为其他注册过的革新征收专利权使用费。

所有构成这一资金的股票都是通过Jomedco公司的首次公开发行卖出的，所获得的500万美元的收入将在下周送到公司。与此同时，琼斯夫人也将通过Jomedco公司的股票销售行为获得500万美元的收入。

琼斯博士建立琼斯基金的目的是：为尽可能多的优秀学生克服由于通货膨胀而带来的医学院学费上涨。你正在准备与资金托管人之间的一次会议，以讨论相应的投资策略和资产配置。(LO22—1，LO22—2，LO22—3)

a. 定义并举例说明投资目标、投资限制和投资策略之间的区别。

b. 确定并描述适合于琼斯基金的投资目标与投资限制。

c. 在b小题中所阐明的投资目标与投资限制的基础上，准备一套综合、全面的投资策略，以能被琼斯基金的托管人所推荐并被采纳。

Web站点管理员

请扫描二维码或登录中国人民大学出版社官网 www.crup.com.cn 下载。

附录 A 参考文献

Affleck-Graves, John, and Richard R. Mendenhall. "The Relation between the Value Line Enigma and Post-Earnings-Announcement Drift." *Journal of Financial Economics* 31 (February 1992), pp. 75–96.

Agarwal, Vikas; Naveen D. Daniel; and Narayan Y. Naik. "Why Is Santa So Kind to Hedge Funds? The December Return Puzzle!" March 29, 2007, http://ssrn.com/abstract=891169.

Alexander, C. *Market Models.* Chichester, England: Wiley, 2001.

Alexander, Sidney. "Price Movements in Speculative Markets: Trends or Random Walks, No. 2." In *The Random Character of Stock Market Prices,* ed. Paul Cootner. Cambridge, MA: MIT Press, 1964.

Amihud, Yakov, and Haim Mendelson. "Asset Pricing and the Bid-Ask Spread." *Journal of Financial Economics* 17 (December 1986), pp. 223–50.

_____ "Liquidity, Asset Prices, and Financial Policy." *Financial Analysts Journal* 47 (November–December 1991), pp. 56–66.

Amin, G., and H. Kat. "Stocks, Bonds and Hedge Funds: Not a Free Lunch!" *Journal of Portfolio Management* 29 (Summer 2003), pp. 113–20.

Aragon, George O. "Share Restrictions and Asset Pricing: Evidence from the Hedge Fund Industry." *Journal of Financial Economics* 83 (2007), pp. 33–58.

Arbel, Avner. "Generic Stocks: An Old Product in a New Package." *Journal of Portfolio Management,* Summer 1985, pp. 4–13.

Arbel, Avner, and Paul J. Strebel. "Pay Attention to Neglected Firms." *Journal of Portfolio Management,* Winter 1983, pp. 37–42.

Arnott, Robert. "Orthodoxy Overwrought." *Institutional Investor,* December 18, 2006.

Asness, Cliff. "The Value of Fundamental Indexing." *Institutional Investor,* October 16, 2006, pp. 94–99.

Ben-David, Itzhak; Francesco Franzoni; Augustin Landier; and Rabih Moussawi. "Do Hedge Funds Manipulate Stock Prices?" *Journal of Finance* 68 (December 2013), pp. 2383–434.

Ball, R., and P. Brown. "An Empirical Evaluation of Accounting Income Numbers." *Journal of Accounting Research* 9 (1968), pp. 159–78.

Banz, Rolf. "The Relationship between Return and Market Value of Common Stocks." *Journal of Financial Economics* 9 (March 1981), pp. 3–18.

Barber, B.; R. Lehavy; M. McNichols; and B. Trueman. "Can Investors Profit from the Prophets? Security Analysts Recommendations and Stock Returns." *Journal of Finance* 56 (April 2001), pp. 531–63.

Barber, Brad, and Terrance Odean. "Trading Is Hazardous to Your Wealth: The Common Stock Investment Performance of Individual Investors." *Journal of Finance* 55 (2000), pp. 773–806.

_____ "Boys Will Be Boys: Gender, Overconfidence, and Common Stock Investment." *Quarterly Journal of Economics* 16 (2001), pp. 262–92.

Barberis, Nicholas, and Richard Thaler. "A Survey of Behavioral Finance." In *The Handbook of the Economics of Finance,* ed. G. M. Constantinides, M. Harris, and R. Stulz. Amsterdam: Elsevier, 2003.

Basu, Sanjoy. "The Investment Performance of Common Stocks in Relation to Their Price-Earnings Ratios: A Test of the Efficient Market Hypothesis." *Journal of Finance* 32 (June 1977), pp. 663–82.

_____ "The Relationship between Earnings Yield, Market Value, and Return for NYSE Common Stocks: Further Evidence." *Journal of Financial Economics* 12 (June 1983), pp. 129–56.

Battalio, R. H., and R. Mendenhall. "Earnings Expectation, Investor Trade Size, and Anomalous Returns around Earnings Announcements." *Journal of Financial Economics* 77 (2005), pp. 289–319.

Benveniste, Lawrence, and William Wilhelm. "Initial Public Offerings: Going by the Book." *Journal of Applied Corporate Finance* 10 (March 1997), pp. 98–108.

Bergstresser, D.; M. Desai; and J. Rauh. "Earnings Manipulation, Pension Assumptions, and Managerial Investment Decisions." *Quarterly Journal of Economics* 121 (2006), pp. 157–95.

Berk, J. B., and R. C. Green. "Mutual Fund Flows and Performance in Rational Markets." *Journal of Political Economy* 112 (2004), pp. 1269–95.

Bernard, V., and J. Thomas. "Evidence That Stock Prices Do Not Fully Reflect the Implications of Current Earnings for Future Earnings." *Journal of Accounting and Economics* 13 (1990), pp. 305–40.

Bernard, Victor L., and Jacob K. Thomas. "Post-Earnings-Announcement Drift: Delayed Price Response or Risk Premium?" *Journal of Accounting Research* 27 (1989), pp. 1–36.

Bernhard, Arnold. *Value Line Methods of Evaluating Common Stocks.* New York: Arnold Bernhard, 1979.

Black, Fischer. "Yes, Virginia, There Is Hope: Tests of the Value Line Ranking System." Graduate School of Business, University of Chicago, 1971.

Black, Fischer; Michael C. Jensen; and Myron Scholes. "The Capital Asset Pricing Model: Some Empirical Tests." In *Studies in the Theory of Capital Markets,* ed. Michael C. Jensen. New York: Praeger, 1972.

Black, Fischer, and Myron Scholes. "The Pricing of Options and Corporate Liabilities."

Journal of Political Economy 81 (May–June 1973), pp. 637–59.

Black, Fischer, Charles Smithson, Richard Mason, Mark Rubinstein, Kenneth Leong, Alan White, John Hull, Ron Dembo, Mark Garman, and Greg Bentley. "*From Black-Scholes to Black Holes: New Frontiers in Options.*" London: *Risk* Magazine, 1992.

Blake, Christopher; Edwin J. Elton; and Martin J. Gruber. "The Performance of Bond Mutual Funds." *Journal of Business* 66 (July 1993), pp. 371–404.

Blume, Marshall E., and Robert F. Stambaugh. "Biases in Computed Returns: An Application to the Size Effect." *Journal of Finance Economics,* 1983, pp. 387–404.

Bogle, John C. "Investing in the 1990s: Remembrance of Things Past, and Things Yet to Come." *Journal of Portfolio Management,* Spring 1991, pp. 5–14.

_____ *Bogle on Mutual Funds.* Burr Ridge, IL: Irwin, 1994.

Bollen, Nicolas P. B., and Jeffrey A. Busse. "Short-Term Persistence in Mutual Fund Performance." *Review of Financial Studies* 19 (2004), pp. 569–97.

Brav, Alon; Christopher Geczy; and Paul A. Gompers. "Is the Abnormal Return Following Equity Issuances Anomalous?" *Journal of Financial Economics* 56 (2000), pp. 209–49.

Brennan, Michael. "Taxes, Market Valuation and Corporate Financial Policy." *National Tax Journal,* 1970.

Brinson, G.; C. R. Hood; and G. Beebower. "Determinants of Portfolio Performance." *Financial Analysts Journal,* July–August 1986.

Brinson, Gary; Brian Singer; and Gilbert Beebower. "Determinants of Portfolio Performance." *Financial Analysts Journal,* May–June 1991.

Brock, William; Josef Lakonishok; and Blake LeBaron. "Simple Technical Trading Rules and the Stochastic Properties of Stock Returns." *Journal of Finance* 47 (December 1992), pp. 1731–64.

Brown, David, and Robert H. Jennings. "On Technical Analysis." *Review of Financial Studies* 2 (1989), pp. 527–52.

Brown, Lawrence D., and Michael Rozeff. "The Superiority of Analysts' Forecasts as Measures of Expectations: Evidence from Earnings." *Journal of Finance,* March 1978.

Brown, S. J.; W. N. Goetzmann; and B. Liang. "Fees on Fees in Funds of Funds." *Journal of Investment Management* 2 (2004), pp. 39–56.

Brown, Stephen J.; Greg N. Gregoriou; and Razvan Pascalau. "Diversification in Funds of Hedge Funds: Is It Possible to Overdiversify?" *Review of Asset Pricing Studies* 2 (2012), pp. 89–110.

Busse, J. A., and T. C. Green. "Market Efficiency in Real Time." *Journal of Financial Economics* 65 (2002), pp. 415–37.

Campbell, John Y., and Robert Shiller. "Stock Prices, Earnings and Expected Dividends." *Journal of Finance* 43 (July 1988), pp. 661–76.

Cao, Jie; Jason C. Hsu; Zhanbing Xiao; and Xintong Zhan. "Smart Beta, 'Smarter' Flows," (2018), Available at SSRN: https://ssrn.com/abstract=2962479.

Carhart, Mark. "On Persistence in Mutual Fund Performance." *Journal of Finance* 52 (1997), pp. 57–82.

Chen, Nai-fu; Richard Roll; and Stephen Ross. "Economic Forces and the Stock Market." *Journal of Business* 59 (1986), pp. 383–403.

Chen, Y.; W. E. Ferson; and H. Peters. "Measuring the Timing Ability and Performance of Bond Mutual Funds." *Journal of Financial Economics* 98 (2010), pp. 72–89.

Chopra, Navin; Josef Lakonishok; and Jay R. Ritter. "Measuring Abnormal Performance: Do Stocks Overreact?" *Journal of Financial Economics* 31 (1992), pp. 235–68.

Chordia, Tarun; Avanidhar Subrahmanyam; and Qing Tong. "Have Capital Market Anomalies Attenuated in the Recent Era of High Liquidity and Trading Activity?" *Journal of Accounting and Economics* 58 (August 2014), pp. 41–58.

Clarke, Roger, and Mark P. Kritzman. *Currency Management: Concepts and Practices.* Charlottesville: Research Foundation of the Institute of Chartered Financial Analysts, 1996.

Clayman, Michelle. "In Search of Excellence: The Investor's Viewpoint." *Financial Analysts Journal,* May–June 1987.

Connolly, Robert. "An Examination of the Robustness of the Weekend Effect." *Journal of Financial and Quantitative Analysis* 24 (June 1989), pp. 133–69.

Conrad, Jennifer, and Gautam Kaul. "Time-Variation in Expected Returns." *Journal of Business* 61 (October 1988), pp. 409–25.

Copeland, Thomas E., and David Mayers. "The Value Line Enigma (1965–1978): A Case Study of Performance Evaluation Issues." *Journal of Financial Economics,* November 1982.

Coval, Joshua D., and Tyler Shumway. "Do Behavioral Biases Affect Prices?" *Journal of Finance* 60 (February 2005), pp. 1–34.

Cremers, Martijn; Antti Petajisto; and Eric Zitzewitz. "Should Benchmark Indices Have Alpha? Revisiting Performance Evaluation." *Critical Finance Review* 2 (2013), pp. 1–48.

Davis, James L.; Eugene F. Fama; and Kenneth R. French. "Characteristics, Covariances, and Average Returns, 1929 to 1997." *Journal of Finance* 55 (2000), pp. 389–406.

De Bondt, W. F. M., and R. H. Thaler. "Does the Stock Market Overreact?" *Journal of Finance* 40 (1985), pp. 793–805.

_____ "Further Evidence on Investor Overreaction and Stock Market Seasonality." *Journal of Finance* 42 (1987), pp. 557–81.

_____ "Do Security Analysts Overreact?" *American Economic Review* 80 (1990), pp. 52–57.

_____ "Financial Decision Making in Markets and Firms." In *Handbooks in Operations Research and Management Science, Vol. 9: Finance,* ed. R. A. Jarrow, V. Maksimovic, and W. T. Ziemba. Amsterdam: Elsevier, 1995.

Del Guercio, Diane, and Jonathan Reuter. "Mutual Fund Performance and the Incentive to Generate Alpha." *Journal of Finance* 69 (2014), pp. 1673–1704.

DeLong, J. Bradford; Andrei Schleifer; Lawrence Summers; and Robert Waldmann. "Noise Trader Risk in Financial Markets." *Journal of Political Economy* 98 (August 1990), pp. 704–38.

DeMarzo, Peter M.; Ron Kaniel; and Ilan Kremer. "Diversification as a Public Good: Community Effects in Portfolio Choice." *Journal of Finance* 59 (August 2004), pp. 1677–1716.

de Soto, Hernando. *The Mystery of Capital: Why Capitalism Triumphs in the West and Fails Everywhere Else.* New York: Basic Books, 2000.

Dimson, E.; P. R. Marsh; and M. Staunton. *Millennium Book II: 101 Years of Investment Returns.* London: ABN-Amro and London Business School, 2001.

Douglas, George W. "Risk in Equity Markets: An Empirical Appraisal of Market Efficiency." *Yale Economic Essays* IX (Spring 1969).

Dunn, Patricia, and Rolf D. Theisen. "How Consistently Do Active Managers Win?" *Journal of Portfolio Management* 9 (Summer 1983), pp. 47–53.

Errunza, Vihang, and Etienne Losq. "International Asset Pricing under Mild Segmentation: Theory and Test." *Journal of Finance* 40 (March 1985), pp. 105–24.

Fama, Eugene. "The Behavior of Stock Market Prices." *Journal of Business* 38 (January 1965), pp. 34–105.

_____ "Market Efficiencies, Long-Term Returns, and Behavioral Finance." *Journal of Financial Economics* 49 (September 1998), pp. 283–306.

Fama, Eugene, and Marshall Blume. "Filter Rules and Stock Market Trading Profits." *Journal of Business* 39 (Supplement, January 1966), pp. 226–41.

Fama, Eugene F., and Kenneth R. French. "Permanent and Temporary Components of Stock Prices." *Journal of Political Economy* 96 (1988), pp. 246–73.

_____ "Dividend Yields and Expected Stock Returns." *Journal of Financial Economics* 22 (October 1988), pp. 3–25.

_____ "Business Conditions and Expected Returns on Stocks and Bonds." *Journal of Financial Economics* 25 (November 1989), pp. 3–22.

_____ "The Cross Section of Expected Stock Returns." *Journal of Finance* 47 (June 1992), pp. 427–65.

_____ "Common Risk Factors in the Returns on Stocks and Bonds." *Journal of Financial Economics* 33 (1993), pp. 3–56.

_____ "Multifactor Explanations of Asset Pricing Anomalies." *Journal of Finance* 51 (1996), pp. 55–84.

_____ "The Equity Premium." *Journal of Finance* 57 (April 2002), pp. 637–60.

_____ "Luck versus Skill in the Cross-Section of Mutual Fund Returns." *Journal of Finance* 65 (2010), pp. 1915–47.

Fama, Eugene, and James MacBeth. "Risk, Return and Equilibrium: Empirical Tests." *Journal of Political Economy* 81 (March 1973).

Fisher, Irving. *The Theory of Interest: As Determined by Impatience to Spend Income and Opportunity to Invest It.* New York: Augustus M. Kelley, 1965, originally published in 1930.

Flannery, Mark J., and Christopher M. James. "The Effect of Interest Rate Changes on the Common Stock Returns of Financial Institutions." *Journal of Finance* 39 (September 1984), pp. 1141–54.

Foster, George; Chris Olsen; and Terry Shevlin. "Earnings Releases, Anomalies, and the Behavior of Security Returns." *The Accounting Review* 59 (October 1984).

French, Kenneth. "Stock Returns and the Weekend Effect." *Journal of Financial Economics* 8 (March 1980), pp. 55–69.

Froot, K. A., and E. M. Dabora. "How Are Stock Prices Affected by the Location of Trade?" *Journal of Financial Economics* 53 (1999), pp. 189–216.

Fung, William, and David Hsieh. "Empirical Characteristics of Dynamic Trading Strategies: The Case of Hedge Funds." *Review of Financial Studies* 10 (1997), pp. 275–302.

_____ "Performance Characteristics of Hedge Funds and CTA Funds: Natural versus Spurious Biases." *Journal of Financial and Quantitative Analysis* 35 (2000), pp. 291–307.

Gervais, S., and T. Odean. "Learning to Be Overconfident." *Review of Financial Studies* 14 (2001), pp. 1–27.

Geske, Robert, and Richard Roll. "On Valuing American Call Options with the Black-Scholes European Formula." *Journal of Finance* 39 (June 1984), pp. 443–56.

Getmansky, Mila; Andrew W. Lo; and Igor Makarov. "An Econometric Model of Serial Correlation and Illiquidity in Hedge Fund Returns." *Journal of Financial Economics* 74 (2004), pp. 529–609.

Ghysels, E.; A. Harvey; and E. Renault. "Stochastic Volatility." In *Statistical Methods in Finance,* eds. C. Rao and G. Maddala. Amsterdam: Elsevier Science, North-Holland Series in Statistics and Probability, 1996.

Gibbons, Michael, and Patrick Hess. "Day of the Week Effects and Asset Returns." *Journal of Business* 54 (October 1981), pp. 579–98.

Givoly, Dan, and Dan Palmon. "Insider Trading and Exploitation of Inside Information: Some Empirical Evidence." *Journal of Business* 58 (1985), pp. 69–87.

Goetzmann, William N., and Roger G. Ibbotson. "Do Winners Repeat?" *Journal of Portfolio Management,* Winter 1994, pp. 9–18.

Graham, J. R., and C. R. Harvey. "Grading the Performance of Market Timing Newsletters." *Financial Analysts Journal* 53 (November–December 1997), pp. 54–66.

_____ "Expectations of Equity Risk Premia, Volatility and Asymmetry from a Corporate Finance Perspective." 2001, available at SSRN, http://ssrn.com/abstract=292623.

Grieves, Robin, and Alan J. Marcus. "Riding the Yield Curve: Reprise." *Journal of Portfolio Management,* Winter 1992.

Grinblatt, Mark, and Bing Han. "Prospect Theory, Mental Accounting, and Momentum." *Journal of Financial Economics* 78 (November 2005), pp. 311–39.

Grinblatt, Mark, and Sheridan Titman. "Mutual Fund Performance: An Analysis of Quarterly Portfolio Holdings." *Journal of Business* 62 (1989), pp. 393–416.

Grossman, Sanford J., and Joseph E. Stiglitz. "On the Impossibility of Informationally Efficient Markets." *American Economic Review* 70 (June 1980), pp. 393–408.

Hasanhodzic, Jasmina, and Andrew W. Lo. "Can Hedge Fund Returns Be Replicated? The Linear Case." *Journal of Investment Management* 5 (2007), pp. 5–45.

Haugen, Robert A. *The New Finance: The Case against Efficient Markets.* Englewood Cliffs, NJ: Prentice Hall, 1995.

Henriksson, Roy D. "Market Timing and Mutual Fund Performance: An Empirical Investigation." *Journal of Business* 57 (January 1984).

Heston, S. L. "A Closed-Form Solution for Options with Stochastic Volatility with Applications to Bonds and Currency Options." *Review of Financial Studies* 6 (1993), pp. 327–43.

Hirshleifer, David. "Investor Psychology and Asset Pricing." *Journal of Finance* 56 (August 2001), pp. 1533–97.

Homer, Sidney, and Martin L. Leibowitz. *Inside the Yield Book: New Tools for Bond Market Strategy.* Englewood Cliffs, NJ: Prentice Hall, 1972.

Hull, J. C., and A. White. "The Pricing of Options on Assets with Stochastic Volatilities." *Journal of Finance* 42 (1987), pp. 281–300.

Ibbotson, Roger G. "Price Performance of Common Stock New Issues." *Journal of Financial Economics* 2 (September 1975).

Ibbotson, Roger; Richard C. Carr; and Anthony W. Robinson. "International Equity and Bond Returns." *Financial Analysts Journal,* July–August 1982.

Ibbotson, R. G., and L. B. Siegel. "The World Market Wealth Portfolio." *Journal of Portfolio Management,* Winter 1983.

Ibbotson, R. G.; L. B. Siegel; and K. Love. "World Wealth: Market Values and

Returns." *Journal of Portfolio Management,* Fall 1985.

Jacquier, Eric, and Alan Marcus. "Asset Allocation Models and Market Volatility." *Financial Analysts Journal* 57 (March–April 2001), pp. 16–30.

Jaffe, Jeffrey F. "Special Information and Insider Trading." *Journal of Business* 47 (July 1974), pp. 410–28.

_____ "Gold and Gold Stocks as Investments for Institutional Portfolios." *Financial Analysts Journal* 45 (March–April 1989), pp. 53–59.

Jagannathan, R.; E. R. McGrattan; and A. Scherbina. "The Declining U.S. Equity Premium." *Federal Reserve Bank of Minneapolis Quarterly Review* 24 (Fall 2000), pp. 3–19.

Jagannathan, Ravi, and Zhenyu Wang. "The Conditional CAPM and the Cross-Section of Expected Returns." *Staff Report 208,* Federal Reserve Bank of Minneapolis, 1996.

Jegadeesh, N.; J. Kim; S. D. Krische; and C. M. Lee. "Analyzing the Analysts: When Do Recommendations Add Value?" *Journal of Finance* 59 (June 2004), pp. 1083–1124.

Jegadeesh, Narasimhan. "Evidence of Predictable Behavior of Security Returns." *Journal of Finance* 45 (September 1990), pp. 881–98.

Jegadeesh, Narasimhan, and Sheridan Titman. "Returns to Buying Winners and Selling Losers: Implications for Stock Market Efficiency." *Journal of Finance* 48 (March 1993), pp. 65–91.

Jensen, Michael C. "The Performance of Mutual Funds in the Period 1945–1964." *Journal of Finance,* May 1968.

_____ "Risk, the Pricing of Capital Assets, and the Evaluation of Investment Portfolios." *Journal of Business* 42 (April 1969), pp. 167–247.

Kahneman, D., and A. Tversky. "Subjective Probability: A Judgment of Representativeness." *Cognitive Psychology* 3 (1972), pp. 430–54.

_____ "On the Psychology of Prediction." *Psychology Review* 80 (1973), pp. 237–51.

Keim, Donald B. "Size Related Anomalies and Stock Return Seasonality: Further Empirical Evidence." *Journal of Financial Economics* 12 (June 1983), pp. 13–32.

Keim, Donald B., and Robert F. Stambaugh. "Predicting Returns in the Stock and Bond Markets." *Journal of Financial Economics* 17 (1986), pp. 357–90.

Kendall, Maurice. "The Analysis of Economic Time Series, Part I: Prices." *Journal of the Royal Statistical Society* 96 (1953), pp. 11–25.

Kopcke, Richard W., and Geoffrey R. H. Woglom. "Regulation Q and Savings Bank Solvency—The Connecticut Experience." In *The Regulation of Financial Institutions,* Federal Reserve Bank of Boston Conference Series, No. 21, 1979.

Kosowski, R.; A. Timmermann; R. Wermers; and H. White. "Can Mutual Fund 'Stars' Really Pick Stocks? New Evidence from a Bootstrap Analysis." *Journal of Finance* 61 (December 2006), pp. 2551–95.

Kothari, S. P.; Jay Shanken; and Richard G. Sloan. "Another Look at the Cross-Section of Expected Stock Returns." *Journal of Finance* 50 (March 1995), pp. 185–224.

Kotlikoff, Laurence J., and Avia Spivack. "The Family as an Incomplete Annuities Market." *Journal of Political Economy* 89, no. 2 (April 1981), pp. 372–91.

Kotlikoff, Laurence J., and Lawrence H. Summers. "The Role of Intergenerational Transfers in Aggregate Capital Accumulation." *Journal of Political Economy* 89, no. 4 (August 1981), pp. 706–32.

Lakonishok, Josef; Andrei Shleifer; and Robert W. Vishny. "Contrarian Investment, Extrapolation, and Risk." *Journal of Finance* 50 (1995), pp. 1541–78.

Lamont, O. A., and R. H. Thaler. "Can the Market Add and Subtract? Mispricing in Tech Carve-Outs." *Journal of Political Economy* 111 (2003), pp. 227–68.

La Porta, Raphael. "Expectations and the Cross-Section of Stock Returns." *Journal of Finance* 51 (December 1996), pp. 1715–42.

Latane, H. A., and C. P. Jones. "Standardized Unexpected Earnings—1971–1977." *Journal of Finance,* June 1979.

Lease, R.; W. Lewellen; and G. Schlarbaum. "Market Segmentation: Evidence on the Individual Investor." *Financial Analysts Journal* 32 (1976), pp. 53–60.

Lee, C. M.; A. Shleifer; and R. H. Thaler. "Investor Sentiment and the Closed-End Fund Puzzle." *Journal of Finance* 46 (March 1991), pp. 75–109.

Lehmann, Bruce. "Fads, Martingales and Market Efficiency." *Quarterly Journal of Economics* 105 (February 1990), pp. 1–28.

Levy, Robert A. "The Predictive Significance of Five-Point Chart Patterns." *Journal of Business* 44 (July 1971), pp. 316–23.

Liebowitz, Martin L., and Alfred Weinberger. "Contingent Immunization—Part I: Risk Control Procedure." *Financial Analysts Journal* 38 (November–December 1982).

Lo, Andrew W., and Craig MacKinlay. "Stock Market Prices Do Not Follow Random Walks: Evidence from a Simple Specification Test." *Review of Financial Studies* 1 (Spring 1988), pp. 41–66.

Loeb, T. F. "Trading Cost: The Critical Link between Investment Information and Results." *Financial Analysts Journal,* May June 1983.

Longin, F., and B. Solnik. "Is the Correlation in International Equity Returns Constant: 1960–1990?" *Journal of International Money and Finance* 14 (1995), pp. 3–26.

Lynch, Peter, with John Rothchild. *One Up on Wall Street.* New York: Penguin Books, 1989.

Macaulay, Frederick. *Some Theoretical Problems Suggested by the Movements of Interest Rates, Bond Yields, and Stock Prices in the United States since 1856.* New York: National Bureau of Economic Research, 1938.

Malkiel, Burton G. "Expectations, Bond Prices, and the Term Structure of Interest Rates." *Quarterly Journal of Economics* 76 (May 1962), pp. 197–218.

_____ "Returns from Investing in Equity Mutual Funds: 1971–1991." *Journal of Finance* 50 (June 1995), pp. 549–72.

Malkiel, Burton G., and Atanu Saha. "Hedge Funds: Risk and Return." *Financial Analysts Journal* 61 (2005), pp. 80–88.

Malmendier, U., and G. Tate. "Who Makes Acquisitions? CEO Overconfidence and the Market's Reaction." *Journal of Financial Economics* 89 (July 2008) pp. 20–43.

Marcus, Alan J. "The Magellan Fund and Market Efficiency." *Journal of Portfolio Management* 17 (Fall 1990), pp. 85–88.

Mayers, David. "Nonmarketable Assets and Capital Market Equilibrium under Uncertainty." In *Studies in the Theory of Capital Markets,* ed. M. C. Jensen. New York: Praeger, 1972.

McDonald, Robert L. *Derivative Markets,* 2nd ed. Boston: Addison-Wesley, 2005.

McLean, R. David, and Jeffrey E. Pontiff. "Does Academic Research Destroy Stock Return Predictability." *Journal of Finance* 71 (2016), pp. 5–32.

Merton, Robert C. "Theory of Rational Option Pricing." *Bell Journal of Economics and Management Science* 4 (Spring 1973), pp. 141–83.

_____ "On Market Timing and Investment Performance: An Equilibrium Theory of Value for Market Forecasts." *Journal of Business* 54 (July 1981).

_____ "A Simple Model of Capital Market Equilibrium with Incomplete Information." *Journal of Finance* 42 (1987), pp. 483–510.

Miller, Merton H., and Myron Scholes. "Rate of Return in Relation to Risk: A Reexamination of Some Recent Findings." In *Studies in the Theory of Capital Markets,* ed. Michael C. Jensen. New York: Praeger, 1972.

Modigliani, Franco, and Leah Modigliani. "Risk-Adjusted Performance." *Journal of Portfolio Management,* Winter 1997, pp. 45–54.

Modigliani, Franco, and M. Miller. "The Cost of Capital, Corporation Finance, and the Theory of Investment." *American Economic Review,* June 1958.

_____ "Dividend Policy, Growth, and the Valuation of Shares." *Journal of Business,* October 1961.

Morrell, John A. "Introduction to International Equity Diversification." In *International Investing for U.S. Pension Funds,* Institute for Fiduciary Education, London/Venice, May 6–13, 1989.

Niederhoffer, Victor, and Patrick Regan. "Earnings Changes, Analysts' Forecasts, and Stock Prices." *Financial Analysts Journal,* May–June 1972.

Norby, W. C. "Applications of Inflation-Adjusted Accounting Data." *Financial Analysts Journal,* March–April 1983.

Odean, T. "Are Investors Reluctant to Realize Their Losses?" *Journal of Finance* 53 (1998), pp. 1775–98.

Patel, J. M., and M. A. Wolfson. "The Intraday Speed of Adjustment of Stock Prices to Earnings and Dividend Announcements." *Journal of Financial Economics* 13 (June 1984), pp. 223–52.

Perold, André. "Fundamentally Flawed Indexing." HBS mimeo, January 2007.

Perry, Kevin, and Robert A. Taggart. "The Growing Role of Junk Bonds in Corporate Finance." *Continental Bank Journal of Applied Corporate Finance* 1 (Spring 1988).

Pontiff, Jeffrey. "Closed-End Fund Premia and Returns Implications for Financial Market Equilibrium." *Journal of Financial Economics* 37 (1995), pp. 341–70.

_____ "Costly Arbitrage: Evidence from Closed-End Funds." *Quarterly Journal of Economics* 111 (November 1996), pp. 1135–51.

Porter, Michael E. *Competitive Strategy: Techniques for Analyzing Industries and Competitors.* New York: Free Press, 1980.

_____ *Competitive Advantage: Creating and Sustaining Superior Performance.* New York: Free Press, 1985.

Poterba, James M., and Lawrence Summers. "Mean Reversion in Stock Market Prices: Evidence and Implications." *Journal of Financial Economics* 22 (1988), pp. 27–59.

Rau, P. R.; O. Dimitrov; and M. Cooper. "A Rose.com by Any Other Name." *Journal of Finance* 56 (2001), pp. 2371–88.

Ready, Mark J. "Profits from Technical Trading Rules." *Financial Management* 31 (Autumn 2002), pp. 43–62.

Redington, F. M. "Review of the Principle of Life-Office Valuations." *Journal of the Institute of Actuaries* 78 (1952), pp. 286–340.

Reinganum, Marc R. "The Anomalous Stock Market Behavior of Small Firms in January: Empirical Tests for Tax-Loss Effects." *Journal of Financial Economics* 12 (June 1983), pp. 89–104.

_____ "The Anatomy of a Stock Market Winner." *Financial Analysts Journal,* March–April 1988, pp. 272–84.

Rendleman, Richard J., Jr.; Charles P. Jones; and Henry A. Latané. "Empirical Anomalies Based on Unexpected Earnings and the Importance of Risk Adjustments." *Journal of Financial Economics* 10 (November 1982), pp. 269–87.

Ritter, Jay R. "The Buying and Selling Behavior of Individual Investors at the Turn of the Year." *Journal of Finance* 43 (July 1988), pp. 701–17.

Roberts, Harry. "Stock Market 'Patterns' and Financial Analysis: Methodological Suggestions." *Journal of Finance* 14 (March 1959), pp. 11–25.

Roll, Richard. "A Critique of the Capital Asset Theory Tests: Part I: On Past and Potential Testability of the Theory." *Journal of Financial Economics* 4 (1977).

_____ "The International Crash of October 1987." *Financial Analysts Journal,* September–October 1988.

Ross, Stephen A. "Return, Risk and Arbitrage." In *Risk and Return in Finance,* ed. I. Friend and J. Bicksler. Cambridge, MA: Ballinger, 1976.

_____ "Neoclassical Finance, Alternative Finance and the Closed End Fund Puzzle." *European Financial Management* 8 (2002), pp. 129–37, ssrn.com/abstract=313444.

Rubinstein, Mark. "Implied Binomial Trees." *Journal of Finance* 49 (July 1994), pp. 771–818.

Sadka, Ronnie. "Liquidity Risk and the Cross-Section of Hedge-Fund Returns." *Journal of Financial Economics* 98 (October 2010), pp. 54–71.

Samuelson, Paul. "The Judgment of Economic Science on Rational Portfolio Management." *Journal of Portfolio Management* 16 (Fall 1989), pp. 4–12.

Schleifer, Andrei. *Inefficient Markets.* New York: Oxford University Press, 2000.

Schleifer, Andrei, and Robert Vishny. "Equilibrium Short Horizons of Investors and Firms." *American Economic Review* 80 (May 1990), pp. 148–53.

_____ "The Limits of Arbitrage." *Journal of Finance* 52 (March 1997), pp. 35–55.

Seyhun, H. Nejat. "Insiders' Profits, Costs of Trading and Market Efficiency." *Journal of Financial Economics* 16 (1986), pp. 189–212.

Sharpe, William F. "A Simplified Model for Portfolio Analysis." *Management Science* IX (January 1963), pp. 277–93.

_____ "Mutual Fund Performance." *Journal of Business* 39 (January 1966).

_____ "Asset Allocation: Management Style and Performance Evaluation." *Journal of Portfolio Management,* Winter 1992, pp. 7–19.

Shefrin, Hersh. *Beyond Greed and Fear.* Boston: Harvard Business School Press, 2002.

Shefrin, Hersh, and Meir Statman. "The Disposition to Sell Winners Too Early and Ride Losers Too Long: Theory and Evidence." *Journal of Finance* 40 (July 1985), pp. 777–90.

Shefrin, Hersh and Meir Statman. "Explaining Investor Preference for Cash Dividends," *Journal of Financial Economics* 13 (1984), pp. 253–282.

Shefrin, Hersh and Meir Statman. "Behavioral Portfolio Theory," *Journal of Financial and Quantitative Analysis* 35 (June, 2000), pp. 127–151.

Shiller, Robert. "Do Stock Prices Move Too Much to Be Justified by Subsequent

Changes in Dividends?" *American Economic Review* 71 (June 1981).

Solnik, B. *International Investing,* 4th ed. Reading, MA: Addison-Wesley, 1999.

Solnik, Bruno, and A. De Freitas. "International Factors of Stock Price Behavior." CESA Working Paper, February 1986 (cited in Bruno Solnik, *International Investments*. Reading, MA: Addison-Wesley, 1988).

Speidell, Lawrence S., and Vinod Bavishi. "GAAP Arbitrage: Valuation Opportunities in International Accounting Standards." *Financial Analysts Journal,* November–December 1992, pp. 58–66.

Statman, Meir. "Behavioral Finance." *Contemporary Finance Digest* 1 (Winter 1997), pp. 5–22.

Statman, Meir. "What Is Behavioral Finance?" *Handbook of Finance,* vol. II, chap. 9 (2008), pp. 79–84.

Statman, Meir; Kenneth L. Fisher; and Deniz Anginer. "Affect in a Behavioral Asset-Pricing Model." *Financial Analysts Journal* 64 (2008), pp. 20–29.

Stickel, Scott E. "The Effect of Value Line Investment Survey Rank Changes on Common Stock Prices." *Journal of Financial Economics* 14 (1986), pp. 121–44.

Taleb, Nassim N. *Fooled by Randomness: The Hidden Role of Chance in Life and in the Markets.* New York: TEXERE (Thomson), 2004.

_____ *The Black Swan: The Impact of the Highly Improbable.* New York: Random House, 2007.

Thaler, Richard H. *The Winner's Curse.* Princeton, NJ: Princeton University Press, 1992.

_____ *Advances in Behavioral Finance.* New York: Russell Sage Foundation, 1993.

Tobin, James. "Liquidity Preference as Behavior toward Risk." *Review of Economic Studies* XXVI (February 1958), pp. 65–86.

Treynor, Jack L. "How to Rate Management Investment Funds." *Harvard Business Review* 43 (January–February 1965).

Treynor, Jack, and Fischer Black. "How to Use Security Analysis to Improve Portfolio Selection." *Journal of Business* 46 (January 1973).

Treynor, Jack L., and Kay Mazuy. "Can Mutual Funds Outguess the Market?" *Harvard Business Review* 43 (July–August 1966).

Trippi, Robert R., and Duane Desieno. "Trading Equity Index Futures with Neural Networks." *Journal of Portfolio Management* 19 (Fall 1992).

Trippi, Robert R.; Duane Desieno; and Efraim Turban, eds. *Neural Networks in Finance and Investing*. Chicago: Probus, 1993.

Wallace, A. "Is Beta Dead?" *Institutional Investor* 14 (July 1980), pp. 22–30.

Wermers, R. R. "Mutual Fund Performance: An Empirical Decomposition into Stock-Picking Talent, Style, Transaction Costs, and Expenses." *Journal of Finance* 55 (2000), pp. 1655–1703.

Whaley, Robert E. "Valuation of American Call Options on Dividend-Paying Stocks: Empirical Tests." *Journal of Financial Economics* 10 (1982), pp. 29–58.

Wiggins, J. B. "Option Values under Stochastic Volatilities." *Journal of Financial Economics* 19 (1987), pp. 351–72.

Womack, K. L. "Do Brokerage Analysts' Recommendations Have Investment Value?" *Journal of Finance* 51 (March 1996), pp. 137–67.

附录 B
CFA 习题来源

第 2 章

2. 1986 Level Ⅱ CFA Study Guide, © 1986.

第 3 章

1. 1986 Level Ⅰ CFA Study Guide, © 1986.

19～21. 1986 Level Ⅰ CFA Study Guide, © 1986.

第 5 章

1～3. 1998 Level Ⅰ CFA Study Guide, © 1998.

6～8. 1991 Level Ⅰ CFA Study Guide, © 1991.

9～13. 1993 Level Ⅰ CFA Study Guide, © 1993.

25. 1993 Level Ⅰ CFA Study Guide, © 1993.

第 6 章

1. 1998 Level Ⅰ CFA Study Guide, © 1998.

2. 2001 Level Ⅲ CFA Study Guide, © 2001.

5. 2001 Level Ⅱ CFA Study Guide, © 2001.

22～24. 1982 Level Ⅲ CFA Study Guide, © 1982.

26. 2000 Level Ⅱ CFA Study Guide, © 2000.

第 7 章

1. 1998 Level Ⅰ CFA Study Guide, © 1998.

2. 2000 Level Ⅱ CFA Study Guide, © 2000.

22. 2002 Level Ⅱ CFA Study Guide, © 2002.

30. 2001 Level Ⅱ CFA Study Guide, © 2001.

32～41. From various CFA exams.

第 8 章

6～10. 1993 Level Ⅰ CFA Study Guide, © 1993.

11. 1998 Level Ⅰ CFA Study Guide, © 1998.

12. 1981 Level Ⅰ CFA Study Guide, © 1981.

13. 1989 Level Ⅲ CFA Study Guide, © 1989.

19. 1996 Level Ⅲ CFA Study Guide, © 1996.

27. 1996 Level Ⅲ CFA Study Guide, © 1996.

28. 1996 Level Ⅲ CFA Study Guide, © 1996.

第 9 章

1. 2000 Level Ⅲ CFA Study Guide, © 2000.

4. 2003 Level Ⅲ CFA Study Guide, © 2003.

5. 2002 Level Ⅲ CFA Study Guide, © 2002.

第 10 章

6. 1998 Level Ⅰ CFA Study Guide, © 1998.

20. 1999 Level Ⅱ CFA Study Guide, © 1999.

31. 1994 Level Ⅰ CFA Study Guide, © 1994.

33. 1992 Level Ⅱ CFA Study Guide, © 1992.

34. 1993 Level Ⅰ CFA Study Guide, © 1993.

39. From various CFA exams.

第 11 章

7. 1985 Level Ⅰ CFA Study Guide, © 1985.

8. 1985 Level Ⅰ CFA Study Guide, © 1985.

16. 1992 Level Ⅱ CFA Study Guide, © 1992.

20. 1983 Level Ⅲ CFA Study Guide, © 1983.

21. 2001 Level Ⅱ CFA Study GUide, © 2001.

22. 2003 Level Ⅱ CFA Study Guide, © 2003.

23. 2004 Level Ⅱ CFA Study Guide, © 2004.

24. From various CFA exams.

25～28. 1983 Level Ⅲ CFA Study Guide, © 1983.

第 12 章

13. 1995 Level Ⅱ CFA Study Guide, © 1995.

14. 1993 Level Ⅱ CFA Study Guide, © 1993.

15. 1993 Level Ⅱ CFA Study Guide, © 1993.

16. 1998 Level Ⅱ CFA Study Guide, © 1998.

18. 2004 Level Ⅱ CFA Study Guide, © 2004

19. From various CFA exams.

第 13 章

2. 1998 Level Ⅰ CFA Study Guide, © 1998.

7. 1995 Level Ⅱ CFA Study Guide, © 1995.

12. 1987 Level Ⅰ CFA Study Guide, © 1987.

15. 2001 Level Ⅱ CFA Study Guide, © 2001.

16. 1994 Level Ⅱ CFA Study Guide, © 1994.

18. 2003 Level Ⅰ CFA Study Guide, © 2003.

19. 2003 Level Ⅰ CFA Study Guide, © 2003.

20. 2003 Level Ⅱ CFA Study Guide, © 2003.

23. 2001 Level Ⅱ CFA Study Guide, © 2001.

24. 2001 Level Ⅱ CFA Study Guide, © 2001.

25. 2001 Level Ⅱ CFA Study Guide, © 2001.

第 14 章

3. 2002 Level Ⅱ CFA Study Guide, © 2002

4. 1988 Level Ⅰ CFA Study Guide, © 1988.

7. 1998 Level Ⅱ CFA Study Guide, © 1998.

9. 1992 Level Ⅰ CFA Study Guide, © 1992.

10. 1987 Level Ⅰ CFA Study Guide, © 1987.

11～14. From various CFA exams.

15. 1999 Level Ⅱ CFA Study Guide, © 1999.

18. 1998 Level Ⅱ CFA Study Guide, © 1998.

19. 1998 Level Ⅱ CFA Study Guide, © 1998.

第 15 章

1. 1984 Level Ⅱ CFA Study Guide, © 1984
15. 2000 Level Ⅱ CFA Study Guide, © 2000.
18. 1984 Level Ⅲ CFA Study Guide, © 1984
22. 2001 Level Ⅱ CFA Study Guide, © 2001.
23. 2002 Level Ⅱ CFA Study Guide, © 2002.
25. 2002 Level Ⅱ CFA Study Guide, © 2002

第 16 章

25. 2000 Level Ⅰ CFA Study Guide, © 2000.
31. 2000 Level Ⅱ CFA Study Guide, © 2000

第 17 章

1～3. 1998 Level Ⅰ CFA Study Guide, © 1998.
11. 1982 Level Ⅲ CFA Study Guide, © 1982
16. 2004 Level Ⅱ CFA Study Guide, © 2004.
17. 1986 Level Ⅲ CFA Study Guide, © 1986
20. 2000 Level Ⅱ CFA Study Guide, © 2000.
29. 1993 Level Ⅰ CFA Study Guide, © 1993.
31. 2000 Level Ⅲ CFA Study Guide, © 2000

第 18 章

1～3. From various CFA exams.
10. 1981 Level Ⅰ Study Guide, © 1981.
12. 1981 Level Ⅰ Study Guide, © 1981.
15. 2000 Level Ⅰ Study Guide, © 2000.

第 19 章

7. 1986 Level Ⅲ Study Guide, © 1986.
11. 1986 Level Ⅲ Study Guide, © 1986.
12. 1991 Level Ⅱ Study Guide, © 1991.
13. 1998 Level Ⅱ Study Guide, © 1998.

第 21 章

1. 1988 Level Ⅰ CFA Study Guide, © 1988.
2. 1988 Level Ⅰ CFA Study Guide, © 1988.
3. From various CFA exams.
4. From various CFA exams.
5. 1981 Level Ⅱ CFA Study Guide, © 1981.
6. 1985 Level Ⅲ CFA Study Guide, © 1985,
7. 1988 Level Ⅰ CFA Study Guide, © 1988.
8. 1982 Level Ⅲ CFA Study Guide, © 1982,
9～12. From various CFA exams.

第 22 章

1. 1988 Level Ⅰ CFA Study Guide, © 1988.
2. 1988 Level Ⅰ CFA Study Guide, © 1988.
3. From various CFA exams.
4. From various CFA exams.
5. 1981 Level Ⅱ CFA Study Guide, © 1981.
6. 1985 Level Ⅲ CFA Study Guide, © 1985.
7. 1988 Level Ⅰ CFA Study Guide, © 1988.
8. 1982 Level Ⅲ CFA Study Guide, © 1982.
9～10. From various CFA exams.

经济科学译丛						
序号	书名	作者	Author	单价	出版年份	ISBN
1	投资学精要(第11版)	兹维·博迪等	Zvi Bodie	118.00	2021	978-7-300-29193-2
2	时间序列分析——单变量和多变量方法(第二版·经典版)	魏武雄	Willian W. S. Wei	89.00	2021	978-7-300-29640-1
3	市场设计:拍卖与匹配	纪尧姆·海宁格	Guillaume Haeringer	52.00	2021	978-7-300-28854-3
4	环境与自然资源经济学(第十一版)	汤姆·蒂坦伯格等	Tom Tietenberg	79.00	2021	978-7-300-29213-7
5	货币金融学(第十二版)	弗雷德里克·S. 米什金	Frederic S. Mishkin	98.00	2021	978-7-300-29134-5
6	现代经济学原理(第六版)	罗伯特·J. 凯伯	Robert J. Carbaugh	72.00	2021	978-7-300-25126-4
7	现代劳动经济学:理论与公共政策(第十三版)	罗纳德·G. 伊兰伯格等	Ronald G. Ehrenberg	99.00	2021	978-7-300-29116-1
8	国际贸易(第十一版)	保罗·R. 克鲁格曼等	Paul R. Krugman	52.00	2021	978-7-300-29058-4
9	国际金融(第十一版)	保罗·R. 克鲁格曼等	Paul R. Krugman	59.00	2021	978-7-300-29057-7
10	国际经济学:理论与政策(第十一版)	保罗·R. 克鲁格曼等	Paul R. Krugman	98.00	2021	978-7-300-28805-5
11	财政学(第五版)	乔纳森·格鲁伯	Jonathan Gruber	118.00	2021	978-7-300-28892-5
12	面板数据分析(第三版)	萧政	Cheng Hsiao	69.00	2021	978-7-300-28646-4
13	宏观经济学(第十三版)	鲁迪格·多恩布什等	Rudiger Dornbusch	89.00	2021	978-7-300-28853-6
14	曼昆版《宏观经济学》(第十版)课后题解答与题库	N. 格里高利·曼昆等	N. Gregory Mankiw	62.00	2021	978-7-300-28855-0
15	共谋理论和竞争政策	小约瑟夫·E. 哈林顿	Joseph E. Harrington, Jr.	39.00	2021	978-7-300-28804-8
16	离散时间的经济动力学	苗建军	Jianjun Miao	108.00	2020	978-7-300-28814-7
17	微观经济学(第四版)	戴维·A. 贝赞可	David A. Besanko	125.00	2020	978-7-300-28647-1
18	经济建模:目的与局限	劳伦斯·A. 博兰德	Lawrence A. Boland	49.00	2020	978-7-300-28532-0
19	计量经济分析(第八版)(上下册)	威廉·H. 格林	William H. Greene	158.00	2020	978-7-300-27645-8
20	微观经济学(第四版)	保罗·克鲁格曼等	Paul Krugman	86.00	2020	978-7-300-28321-0
21	发展宏观经济学(第四版)	皮埃尔·理查德·阿根诺等	Pierre-Richard Agenor	79.00	2020	978-7-300-27425-6
22	平狄克《微观经济学》(第九版)学习指导	乔纳森·汉密尔顿等	Jonathan Hamilton	42.00	2020	978-7-300-28281-7
23	经济地理学:区域和国家一体化	皮埃尔-菲利普·库姆斯等	Pierre-Philippe Combes	56.00	2020	978-7-300-28276-3
24	公共部门经济学(第四版)	约瑟夫·E. 斯蒂格利茨等	Joseph E. Stiglitz	96.00	2020	978-7-300-28218-3
25	递归宏观经济理论(第三版)	拉尔斯·扬奎斯特等	Lars Ljungqvist	128.00	2020	978-7-300-28058-5
26	策略博弈(第四版)	阿维纳什·迪克西特等	Avinash Dixit	85.00	2020	978-7-300-28005-9
27	劳动关系(第10版)	小威廉·H. 霍利等	William H. Holley, Jr.	83.00	2020	978-7-300-25582-8
28	微观经济学(第九版)	罗伯特·S. 平狄克等	Robert S. Pindyck	93.00	2020	978-7-300-26640-4
29	宏观经济学(第十版)	N. 格里高利·曼昆	N. Gregory Mankiw	79.00	2020	978-7-300-27631-1
30	宏观经济学(第九版)	安德鲁·B. 亚伯等	Andrew B. Abel	95.00	2020	978-7-300-27382-2
31	商务经济学(第二版)	克里斯·马尔赫恩等	Chris Mulhearn	56.00	2019	978-7-300-24491-4
32	管理经济学:基于战略的视角(第二版)	蒂莫西·费希尔等	Timothy Fisher	58.00	2019	978-7-300-23886-9
33	投入产出分析:基础与扩展(第二版)	罗纳德·E. 米勒等	Ronald E. Miller	98.00	2019	978-7-300-26845-3
34	宏观经济学:政策与实践(第二版)	弗雷德里克·S. 米什金	Frederic S. Mishkin	89.00	2019	978-7-300-26809-5
35	国际商务:亚洲视角	查尔斯·W. L. 希尔等	Charles W. L. Hill	108.00	2019	978-7-300-26791-3
36	统计学:在经济和管理中的应用(第10版)	杰拉德·凯勒	Gerald Keller	158.00	2019	978-7-300-26771-5
37	经济学精要(第五版)	R. 格伦·哈伯德等	R. Glenn Hubbard	99.00	2019	978-7-300-26561-2
38	环境经济学(第七版)	埃班·古德斯坦等	Eban Goodstein	78.00	2019	978-7-300-23867-8
39	管理者微观经济学	戴维·M. 克雷普斯	David M. Kreps	88.00	2019	978-7-300-22914-0
40	税收与企业经营战略:筹划方法(第五版)	迈伦·S. 斯科尔斯等	Myron S. Scholes	78.00	2018	978-7-300-25999-4
41	美国经济史(第12版)	加里·M. 沃尔顿等	Gary M. Walton	98.00	2018	978-7-300-26473-8
42	组织经济学:经济学分析方法在组织管理上的应用(第五版)	塞特斯·杜玛等	Sytse Douma	62.00	2018	978-7-300-25545-3
43	经济理论的回顾(第五版)	马克·布劳格	Mark Blaug	88.00	2018	978-7-300-26252-9
44	实地实验:设计、分析与解释	艾伦·伯格等	Alan S. Gerber	69.80	2018	978-7-300-26319-9
45	金融学(第二版)	兹维·博迪等	Zvi Bodie	75.00	2018	978-7-300-26134-8
46	空间数据分析:模型、方法与技术	曼弗雷德·M. 费希尔等	Manfred M. Fischer	36.00	2018	978-7-300-25304-6
47	《宏观经济学》(第十二版)学习指导书	鲁迪格·多恩布什等	Rudiger Dornbusch	38.00	2018	978-7-300-26063-1
48	宏观经济学(第四版)	保罗·克鲁格曼等	Paul Krugman	68.00	2018	978-7-300-26068-6
49	计量经济学导论:现代观点(第六版)	杰弗里·M. 伍德里奇	Jeffrey M. Wooldridge	109.00	2018	978-7-300-25914-7
50	经济思想史:伦敦经济学院讲演录	莱昂内尔·罗宾斯	Lionel Robbins	59.80	2018	978-7-300-25258-2
51	空间计量经济学入门——在R中的应用	朱塞佩·阿尔比亚	Giuseppe Arbia	45.00	2018	978-7-300-25458-6
52	克鲁格曼经济学原理(第四版)	保罗·克鲁格曼等	Paul Krugman	88.00	2018	978-7-300-25639-9
53	发展经济学(第七版)	德怀特·H. 波金斯等	Dwight H. Perkins	98.00	2018	978-7-300-25506-4

经济科学译丛

序号	书名	作者	Author	单价	出版年份	ISBN
54	线性与非线性规划(第四版)	戴维・G. 卢恩伯格等	David G. Luenberger	79.80	2018	978-7-300-25391-6
55	产业组织理论	让・梯若尔	Jean Tirole	110.00	2018	978-7-300-25170-7
56	经济学精要(第六版)	巴德、帕金	Bade, Parkin	89.00	2018	978-7-300-24749-6
57	空间计量经济学——空间数据的分位数回归	丹尼尔・P. 麦克米伦	Daniel P. McMillen	30.00	2018	978-7-300-23949-1
58	高级宏观经济学基础(第二版)	本・J. 海德拉	Ben J. Heijdra	88.00	2018	978-7-300-25147-9
59	税收经济学(第二版)	伯纳德・萨拉尼耶	Bernard Salanié	42.00	2018	978-7-300-23866-1
60	国际贸易(第三版)	罗伯特・C. 芬斯特拉	Robert C. Feenstra	73.00	2017	978-7-300-25327-5
61	国际宏观经济学(第三版)	罗伯特・C. 芬斯特拉	Robert C. Feenstra	79.00	2017	978-7-300-25326-8
62	公司治理(第五版)	罗伯特・A.G. 蒙克斯	Robert A. G. Monks	69.80	2017	978-7-300-24972-8
63	国际经济学(第15版)	罗伯特・J. 凯伯	Robert J. Carbaugh	78.00	2017	978-7-300-24844-8
64	经济理论和方法史(第五版)	小罗伯特・B. 埃克伦德等	Robert B. Ekelund. Jr.	88.00	2017	978-7-300-22497-8
65	经济地理学	威廉・P. 安德森	William P. Anderson	59.80	2017	978-7-300-24544-7
66	博弈与信息:博弈论概论(第四版)	艾里克・拉斯穆森	Eric Rasmusen	79.80	2017	978-7-300-24546-1
67	MBA宏观经济学	莫里斯・A. 戴维斯	Morris A. Davis	38.00	2017	978-7-300-24268-2
68	经济学基础(第十六版)	弗兰克・V. 马斯切纳	Frank V. Mastrianna	42.00	2017	978-7-300-22607-1
69	高级微观经济学:选择与竞争性市场	戴维・M. 克雷普斯	David M. Kreps	79.80	2017	978-7-300-23674-2
70	博弈论与机制设计	Y. 内拉哈里	Y. Narahari	69.80	2017	978-7-300-24209-5
71	宏观经济学(第十二版)	鲁迪格・多恩布什等	Rudiger Dornbusch	69.00	2017	978-7-300-23772-5
72	国际金融与开放宏观经济学:理论、历史与政策	亨德里克・范登伯格	Hendrik Van den Berg	68.00	2016	978-7-300-23380-2
73	经济学(微观部分)	达龙・阿西莫格鲁等	Daron Acemoglu	59.00	2016	978-7-300-21786-4
74	经济学(宏观部分)	达龙・阿西莫格鲁等	Daron Acemoglu	45.00	2016	978-7-300-21886-1
75	中级微观经济学——直觉思维与数理方法(上下册)	托马斯・J. 内契巴	Thomas J. Nechyba	128.00	2016	978-7-300-22363-6
76	动态优化——经济学和管理学中的变分法和最优控制(第二版)	莫顿・I. 凯曼等	Morton I. Kamien	48.00	2016	978-7-300-23167-9
77	投资学精要(第九版)	兹维・博迪等	Zvi Bodie	108.00	2016	978-7-300-22236-3
78	环境经济学(第二版)	查尔斯・D. 科尔斯塔德	Charles D. Kolstad	68.00	2016	978-7-300-22255-4
79	MWG《微观经济理论》习题解答	原千晶等	Chiaki Hara	75.00	2016	978-7-300-22306-3
80	横截面与面板数据的计量经济分析(第二版)	杰弗里・M. 伍德里奇	Jeffrey M. Wooldridge	128.00	2016	978-7-300-21938-7
81	宏观经济学(第十二版)	罗伯特・J. 戈登	Robert J. Gordon	75.00	2016	978-7-300-21978-3
82	动态最优化基础	蒋中一	Alpha C. Chiang	42.00	2015	978-7-300-22068-0
83	管理经济学:理论、应用与案例(第八版)	布鲁斯・艾伦等	Bruce Allen	79.80	2015	978-7-300-21991-2
84	微观经济分析(第三版)	哈尔・R. 范里安	Hal R. Varian	68.00	2015	978-7-300-21536-5
85	财政学(第十版)	哈维・S. 罗森等	Harvey S. Rosen	68.00	2015	978-7-300-21754-3
86	经济数学(第三版)	迈克尔・霍伊等	Michael Hoy	88.00	2015	978-7-300-21674-4
87	发展经济学(第九版)	A.P. 瑟尔沃	A. P. Thirlwall	69.80	2015	978-7-300-21193-0
88	宏观经济学(第五版)	斯蒂芬・D. 威廉森	Stephen D. Williamson	69.00	2015	978-7-300-21169-5
89	现代时间序列分析导论(第二版)	约根・沃特斯等	Jürgen Wolters	39.80	2015	978-7-300-20625-7
90	空间计量经济学——从横截面数据到空间面板	J. 保罗・埃尔霍斯特	J. Paul Elhorst	32.00	2015	978-7-300-21024-7
91	战略经济学(第五版)	戴维・贝赞可等	David Besanko	78.00	2015	978-7-300-20679-0
92	博弈论导论	史蒂文・泰迪里斯	Steven Tadelis	58.00	2015	978-7-300-19993-1
93	社会问题经济学(第二十版)	安塞尔・M. 夏普等	Ansel M. Sharp	49.00	2015	978-7-300-20279-2
94	时间序列分析	詹姆斯・D. 汉密尔顿	James D. Hamilton	118.00	2015	978-7-300-20213-6
95	微观经济理论	安德鲁・马斯-克莱尔等	Andreu Mas-Collel	148.00	2014	978-7-300-19986-3
96	产业组织:理论与实践(第四版)	唐・E. 瓦尔德曼等	Don E. Waldman	75.00	2014	978-7-300-19722-7
97	公司金融理论	让・梯若尔	Jean Tirole	128.00	2014	978-7-300-20178-8
98	公共部门经济学	理查德・W. 特里西	Richard W. Tresch	49.00	2014	978-7-300-18442-5
99	计量经济学导论(第三版)	詹姆斯・H. 斯托克等	James H. Stock	69.00	2014	978-7-300-18467-8
100	中级微观经济学(第六版)	杰弗里・M. 佩罗夫	Jeffrey M. Perloff	89.00	2014	978-7-300-18441-8

经济科学译丛

序号	书名	作者	Author	单价	出版年份	ISBN
101	计量经济学原理与实践	达摩达尔·N. 古扎拉蒂	Damodar N. Gujarati	49.80	2013	978-7-300-18169-1
102	经济学简史——处理沉闷科学的巧妙方法(第二版)	E. 雷·坎特伯里	E. Ray Canterbery	58.00	2013	978-7-300-17571-3
103	环境经济学	彼得·伯克等	Peter Berck	55.00	2013	978-7-300-16538-7
104	高级微观经济理论	杰弗里·杰里	Geoffrey A. Jehle	69.00	2012	978-7-300-16613-1
105	高级宏观经济学导论:增长与经济周期(第二版)	彼得·伯奇·索伦森等	Peter Birch Sørensen	95.00	2012	978-7-300-15871-6
106	卫生经济学(第六版)	舍曼·富兰德等	Sherman Folland	79.00	2011	978-7-300-14645-4
107	计量经济学基础(第五版)(上下册)	达摩达尔·N. 古扎拉蒂	Damodar N. Gujarati	99.00	2011	978-7-300-13693-6
108	《计量经济学基础》(第五版)学生习题解答手册	达摩达尔·N. 古扎拉蒂等	Damodar N. Gujarati	23.00	2012	978-7-300-15080-8

金融学译丛

序号	书名	作者	Author	单价	出版年份	ISBN
1	货币金融学(第三版)	R. 格伦·哈伯德等	R. Glenn Hubbard	96.00	2021	978-7-300-28819-2
2	房地产金融与投资(第十五版)	威廉·B. 布鲁格曼等	William B. Brueggeman	118.00	2021	978-7-300-28473-6
3	金融工程学原理(第三版)	罗伯特·L. 科索斯基等	Robert L. Kosowski	109.00	2020	978-7-300-28541-2
4	金融市场与金融机构(第12版)	杰夫·马杜拉	Jeff Madura	99.00	2020	978-7-300-27836-0
5	个人理财(第11版)	E. 托马斯·加曼等	E. Thomas Garman	108.00	2020	978-7-300-25653-5
6	银行学(第二版)	芭芭拉·卡苏等	Barbara Casu	99.00	2020	978-7-300-28034-9
7	金融衍生工具与风险管理(第十版)	唐·M. 钱斯	Don M. Chance	98.00	2020	978-7-300-27651-9
8	投资学导论(第十二版)	赫伯特·B. 梅奥	Herbert B. Mayo	89.00	2020	978-7-300-27653-3
9	金融几何学	阿尔文·库鲁克	Alvin Kuruc	58.00	2020	978-7-300-14104-6
10	银行风险管理(第四版)	若埃尔·贝西	Joël Bessis	56.00	2019	978-7-300-26496-7
11	金融学原理(第八版)	阿瑟·J. 基翁等	Arthur J. Keown	79.00	2018	978-7-300-25638-2
12	财务管理基础(第七版)	劳伦斯·J. 吉特曼等	Lawrence J. Gitman	89.00	2018	978-7-300-25339-8
13	利率互换及其他衍生品	霍华德·科伯	Howard Corb	69.00	2018	978-7-300-25294-0
14	固定收益证券手册(第八版)	弗兰克·J. 法博齐	Frank J. Fabozzi	228.00	2017	978-7-300-24227-9
15	金融市场与金融机构(第8版)	弗雷德里克·S. 米什金等	Frederic S. Mishkin	86.00	2017	978-7-300-24731-1
16	兼并、收购和公司重组(第六版)	帕特里克·A. 高根	Patrick A. Gaughan	89.00	2017	978-7-300-24231-6
17	债券市场:分析与策略(第九版)	弗兰克·J. 法博齐	Frank J. Fabozzi	98.00	2016	978-7-300-23495-3
18	财务报表分析(第四版)	马丁·弗里德森	Martin Fridson	46.00	2016	978-7-300-23037-5
19	国际金融学	约瑟夫·P. 丹尼尔斯等	Joseph P. Daniels	65.00	2016	978-7-300-23037-1
20	国际金融	阿德里安·巴克利	Adrian Buckley	88.00	2016	978-7-300-22668-2
21	个人理财(第六版)	阿瑟·J. 基翁	Arthur J. Keown	85.00	2016	978-7-300-22711-5
22	投资学基础(第三版)	戈登·J. 亚历山大等	Gordon J. Alexander	79.00	2015	978-7-300-20274-7
23	金融风险管理(第二版)	彼德·F. 克里斯托弗森	Peter F. Christoffersen	46.00	2015	978-7-300-21210-4
24	风险管理与保险管理(第十二版)	乔治·E. 瑞达等	George E. Rejda	95.00	2015	978-7-300-21486-3
25	个人理财(第五版)	杰夫·马杜拉	Jeff Madura	69.00	2015	978-7-300-20583-0
26	企业价值评估	罗伯特·A. G. 蒙克斯等	Robert A. G. Monks	58.00	2015	978-7-300-20582-3
27	基于Excel的金融学原理(第二版)	西蒙·本尼卡	Simon Benninga	79.00	2014	978-7-300-18899-7
28	金融工程学原理(第二版)	萨利赫·N. 内夫特奇	Salih N. Neftci	88.00	2014	978-7-300-19348-9
29	国际金融市场导论(第六版)	斯蒂芬·瓦尔德斯等	Stephen Valdez	59.80	2014	978-7-300-18896-6
30	金融数学:金融工程引论(第二版)	马雷克·凯宾斯基等	Marek Capinski	42.00	2014	978-7-300-17650-5
31	财务管理(第二版)	雷蒙德·布鲁克斯	Raymond Brooks	69.00	2014	978-7-300-19085-3
32	期货与期权市场导论(第七版)	约翰·C. 赫尔	John C. Hull	69.00	2014	978-7-300-18994-2
33	国际金融:理论与实务	皮特·塞尔居	Piet Sercu	88.00	2014	978-7-300-18413-5
34	并购创造价值(第二版)	萨德·苏达斯纳	Sudi Sudarsanam	89.00	2013	978-7-300-17473-0
35	应用公司财务(第三版)	阿斯沃思·达摩达兰	Aswath Damodaran	88.00	2012	978-7-300-16034-4
36	资本市场:机构与工具(第四版)	弗兰克·J. 法博齐	Frank J. Fabozzi	85.00	2011	978-7-300-13828-2

Zvi Bodie, Alex Kane, Alan J. Marcus
Essentials of Investments, Eleventh Edition
9781260013924

北京市版权局著作权合同登记号：01-2019-1196

图书在版编目（CIP）数据

投资学精要：第11版/（美）兹维·博迪，（美）亚历克斯·凯恩，（美）艾伦·J. 马科斯著；张婷婷，钟俊虹译. --北京：中国人民大学出版社，2021.10

（经济科学译丛）

书名原文：Essentials of Investments（eleventh edition）

ISBN 978-7-300-29193-2

Ⅰ.①投… Ⅱ.①兹… ②亚… ③艾… ④张… ⑤钟… Ⅲ.①投资学-教材 Ⅳ.①F830.59

中国版本图书馆 CIP 数据核字（2021）第 063322 号

"十三五"国家重点出版物出版规划项目

经济科学译丛

投资学精要（第11版）

兹维·博迪

亚历克斯·凯恩　著

艾伦·J. 马科斯

张婷婷　钟俊虹　译

胡　波　校

Touzixue Jingyao

出版发行　中国人民大学出版社

社　　址　北京中关村大街31号　　**邮政编码**　100080

电　　话　010－62511242（总编室）　　010－62511770（质管部）

010－82501766（邮购部）　　010－62514148（门市部）

010－62515195（发行公司）　　010－62515275（盗版举报）

网　　址　http://www. crup. com. cn

经　　销　新华书店

印　　刷　北京七色印务有限公司

开　　本　890 mm×1240 mm　1/16　　**版　　次**　2021年10月第1版

印　　张　44.25 插页2　　**印　　次**　2023年11月第2次印刷

字　　数　1 362 000　　**定　　价**　118.00元

美国麦格劳-希尔教育出版公司教师服务表

尊敬的老师：您好！

感谢您对麦格劳-希尔教育出版公司的关注和支持！我们将尽力为您提供高效、周到的服务。与此同时，为帮助您及时了解我们的优秀图书，便捷地选择适合您课程的教材并获得相应的免费教学课件，请您协助填写此表，并欢迎您对我们工作提供宝贵的建议和意见！

教师服务中心
美国麦格劳-希尔教育出版集团

★ 基本信息					
姓		名		性别	
学校			院系		
职称			职务		
办公电话			家庭电话		
手机			电子邮箱		
省份		城市		邮编	
通信地址					

★ 课程信息			
主讲课程-1		课程性质	
学生年级		学生人数	
授课语言		学时数	
开课日期		学期数	
教材决策日期		教材决策者	
教材购买方式		共同授课教师	
现用教材 书名/作者/出版社			
主讲课程-2		课程性质	
学生年级		学生人数	
授课语言		学时数	
开课日期		学期数	
教材决策日期		教材决策者	
教材购买方式		共同授课教师	
现用教材 书名/作者/出版社			

★ 教师需求及建议			
提供配套教学课件 （请注明作者 / 书名 / 版次）			
推荐教材 （请注明感兴趣的领域或其他相关信息）			
其他需求			
意见和建议（图书和服务）			
是否需要最新图书信息	是/否	感兴趣领域	
是否有翻译意愿	是/否	感兴趣领域 或意向图书	

填妥后请选择电邮或传真的方式将此表返回，谢谢！

地址：北京市海淀区清华科技园科技大厦A座906室 教师服务中心 100084
电话：010-82150719　　传真：010-62790292
邮箱：instructorchina@mheducation.com
网址：www.mcgraw-hill.com.cn, www.mhhe.com